唐君毅作品

中国哲学原论·原道篇（一）

中国哲学中之『道』之建立及其发展

唐君毅 著

九州出版社
JIUZHOUPRESS

图书在版编目（CIP）数据

中国哲学原论. 原道篇 / 唐君毅著. -- 北京 : 九州出版社, 2021.5

ISBN 978-7-5108-8845-8

Ⅰ. ①中… Ⅱ. ①唐… Ⅲ. ①古典哲学—研究—中国②道家—研究 Ⅳ. ①B215

中国版本图书馆CIP数据核字(2020)第249636号

中国哲学原论·原道篇

作　　者　唐君毅　著
责任编辑　王　佶
出版发行　九州出版社
地　　址　北京市西城区阜外大街甲 35 号 (100037)
发行电话　(010)68992190/3/5/6
网　　址　www.jiuzhoupress.com
印　　刷　三河市兴博印务有限公司
开　　本　650 毫米 ×950 毫米　16 开
印　　张　79.25
字　　数　980 千字
版　　次　2021 年 11 月第 1 版
印　　次　2021 年 11 月第 1 次印刷
书　　号　ISBN 978-7-5108-8845-8
定　　价　360.00 元

目　录

原道篇自序

——述作缘起、宗趣、内容之限极，与论述之方式

一 缘起

以本书之缘起而言，可谓事出偶然。盖自七年前，吾母逝世，吾即尝欲废弃世间著述之事。后勉成《原性篇》，于此篇自序言吾今生之著述，即止于是。旋即罹目疾，乃不远秦楚之路，求医异域，几于不读书者，半载有余。病中唯有如庄子所谓“视乎冥冥，听乎无声。冥冥之中，独见晓焉；无声之中，独闻和焉”；更念佛家五眼之说，聊以自娱。五眼中，肉眼之外之天眼、佛眼，非吾所敢望。然佛家之慧眼、法眼在中国固有之名，即是道眼，则吾意人皆有之，吾亦非无。不必如佛家之谓唯二乘与菩萨，方能有之也。吾于病中，即依此人人本有之法眼、慧眼或道眼，以兴起种种思、种种见。吾亦不以此皆为天台宗所谓见思惑。盖吾人平日之视而不见，见而实不知者，唯于不视之时，方能更如实知见。吾所知见者，是天地间实有运于至变至动、生灭无常之中，而又至常至静、悠久不息之道或种种之道在。循此道，则可彻幽明之隔、通死生之变、贯天人之际。此原为古今东西之圣哲所同有之契向。吾初为学，即已慕此哲人之言，有此契向。吾年三十左右，写《人生之体验》之《心理道颂》一篇时，即言当循此契向，以写一书。然以种种问题未能解决，于道所见者，不真不切，故因循未就。然在此病目之时，平日所见之不真不切者，于废书

不读之际，乃渐宛然在目，时有思维之“径路绝而风云通”之境，更无不决之疑。当时虑吾之目疾，不能复愈，意欲仍仿《心理道颂》之体裁，以四言韵语，抒吾所见。然亦未尝不念此道之昭昭然在天地间，乃人所能共知见，不以吾之言与不言，而增损也。不意天假以明，后仍有一目可用。乃于此五六年中，以教课办公之余，先写一书，拟定名为“生命三向与心灵九境”。其大旨是由吾人现有生命心灵之前后向之顺观、内外向之横观、上下向之纵观或竖观，以开出九境；九转还丹，而导向于上述之澈幽明、通死生、贯天人之一境。然此书无异自抒其平生求道之历程，未出吾一人之所见。在吾今生，或当可于此道，更有所窥，亦暂不拟问世，以免自误误人。此道既昭昭然在天地间，乃人所能共知见，悟者同悟，迷者自迷，亦原无秘密可言。此与修道工夫，举足便是深密者，亦不相悖。吾书之归趣不出于立三极、开三界、成三祭。此可概括吾数十年来一切所思，亦盖非吾今后之所能逾越者。所谓三极者，即吾于二十年前，写《中国文化精神之价值》中，所谓人极、太极与皇极。此三名太古老。所谓三界者，人性世界、人格世界，与人文世界。吾意人性直通于天命与太极。人格之至为圣格，即所以立人极。全幅人文之大化成于自然之天地万物，而不以偏蔽全，是为皇极。皇者，大也；极者，不偏之中也。此三界之名，较易为今世所接纳，而涵义亦更弘远。至于成三祭者，则专是为彻幽明、通死生、贯天人而设。此是本儒家之礼教，以开摄未来世界之宗教。三祭中祭父母祖先者，是通吾个人之人格所自生之原。祭圣贤与有功德之人者，是通社会人文所自生之原。祭天地者，是通人之性，与有情众生之性之原。此所谓天地，乃张横渠所谓称父称母之乾坤。乾坤即宇宙生命，或宇宙精神，或宇宙存在之道，而与佛家之一真法界，一神教之梵天上帝之义，相通摄者。然此三祭之有形者，属于宗教，宗教只中国之礼教之一端，亦只人文之一端。三祭之无形者，即存于人之德性与智慧之一念契会之中。祭者，契也；故当下具足，不待他求。至一般人文之基层，则仍在人对自然物之生产技术之事，人类社会之相生相养之经济、政治与人伦日用之事。科学、哲学、文学、艺术之学，则为人文之中心。三祭之事，乃所以由此更向上，充达人之至情至性之量，以完满人之所以为人，而使人文不只大化成天下之人间，亦大化成于天上之神明；以澈幽明，而成大明；通死生，而超死生；贯天人，而人即天者。此三祭之事，非志在求福，唯是人义之所当为，以顺尽人之性情，而立人道之至极。固非如已往之宗教，未脱巫道，恒志在求福，不免使人道倒悬于神道，而以宗教凌驾于人文世界之上之外者也。凡此等等，皆吾之《生命三向与心灵九境》一书之归趣所存，此外别无高论。但因其皆由对所关联之种种纯哲学之义理，先为判教之功，多辨析西哲之说，故较昔年吾于此所述著，皆大为复杂，而论述之道路，亦更悠阻而多曲折耳。

吾既写上所述之书，复自顾吾之所知所见，则点点滴滴，仍皆由吾幸生而为中国人，得接前哲之余绪之故。吾书之有无价值，尚未可定，然前哲之所知所见者，其价值所在，已多有一定而永定者。吾书多针对西哲立论，所论述之问题，自与古人有异，亦自有发古人所未发者。然不识吾书之渊原所自者，亦不能知其所发古人所未发者在何处，抑亦解人难遇于当今之世。故还为此《原道篇》，以广述此中国前哲对此道之所发明，以报前哲之恩我，亦如陆象山之以六经还注我。吾初意原只欲写孔老墨之言道者三篇，以补吾昔著《原性篇》于孔老墨之言，因限于体例，而未能及之之憾。三篇既完，方觉责不容已，遂论及其后之哲人所言之道。

吾昔年所为之《中国哲学史稿》[1]与读书之随手抄记，原只堪覆瓿者，多可供我自由取用之资。然因虑目疾延及右眼，故多急就之章，对前哲之旨，或终成孤负。唯在行文之际，亦时有程伊川所谓“思如泉涌，浚之愈新”之感；恒能“濯去旧见，以来新见”。自谓差有进于前此之论述。吾行文不欲崖岸自高，以使人望而生畏，以远离斯道；亦不能故为谦退，而使人掉之以轻心，还屈斯道。吾以不肖，而伤及吾父母之遗体，盲其一目，而今之天下则半在晦盲否塞之中；亦幸尚留一目，观另一半之世界于阳光普照之下，兼得成此二书。此皆事出偶然，而亦莫非天赐。又吾此二书写成以后，字若涂鸦，吾亦苦难自识。若非李君武功，耐心钞正，此二书亦将长埋天地。上兼述此二书之缘起竟。今更回顾本书之宗趣、内容之限极，及论述之方式如下，以便读者之观览焉。

二　宗趣

（一）以本书之宗趣而言，要不外对唐以前中国前哲所开之诸方向之道，溯其始于吾人之生命心灵原有之诸方向，而论述其同异与关联之际，为宗趣。故其性质在哲学与哲学史之间。其大体顺时代之序而论述，类哲学史；其重辨析有关此诸道之义理之异同及关联之际，则有近乎纯哲学之论述，而亦有不必尽依时代之先后而为论者。

（二）本书与拙著《中国哲学原论》中《原理》《原心》《原名》《原辩》《原致知格物》《原命》与《原性》诸篇，乃分别写成。

① 吾三十年前有《中国哲学史稿》未正式出版，但来港后曾在二大学暂油印为讲义。世如有存此讲义者，务须全部毁弃为要。

此道之名之义，原可摄贯此理、心、性、命等名义，而为其中心。然直对此中心之道而论，其详略轻重，又自不同。如一中心之圆，与其旁之数圆交切，其间虽有共同之切面，其形仍非一。此书所论，宜与吾前此之所述者，相观而善。譬诸建筑，吾前此于中国哲学所论，皆为立柱，此书方为结顶。其于同一之论题，偶有互相违异者，此书皆有交代，亦应以此书为准。

（三）此书言道虽亦及于天道、物道、佛道二家之教中之出世超世道，然其始点，则在人之生命心灵之活动所共知所共行之道。盖此人之生命心灵之活动，沿其向上或向下，向前或向后，向内或向外之诸方向进行，即原可开出种种道路，以上及于天，下及于物，内通于己，外及于人；以使其知、其行，据后而向前；由近而无远不届，由低而无高不攀，由狭而无广不运；而成己成人，格物知天；以至如程明道诗所谓“道通天地有形外”，仙家之游于太清，一神教徒之光荣上帝，佛徒之庄严佛土，普度众生，皆可实有其事。然此一切高妙之境，其起点与根原，仍只在吾人之眼前当下之生命心灵之活动，原有此种种由近至远，由低至高，由狭至广之道路在。至其有关之义理，则多为前哲所明，学者可循其义理之序而知者。故本书之论述前哲所明之道，亦特重此义理之序。故于一家所明之道之义理之论述，亦大率皆是先近后远，先低后高，先狭后广，循下学而次第上达之序而进。此与世之论先哲之道者，或重类别义理之型态，加以比对排列，而不依义理之次序为论，以见其会通者，则颇有不同。

（四）吾所谓眼前当下之生命心灵活动之诸方向，其最切近之义，可直自吾人之此藐尔七尺之躯之生命心灵活动以观，即可见其所象征导向之意义，至广大，而至高远。吾人之此身直立于天地间，手能举、能推、能抱、能取；五指能指；足能行、能游、能有所至而止；有口能言；有耳能听；有目能见；有心与首，能思能感，即其一切生命心灵之活动之所自发。中国哲学中之基本名言之原始意义，亦正初为表此身体之生命心灵活动者。试思儒家何以喜言“推己及人”之“推”，庄子何以喜言“游于天地”之“游”？墨子何以喜言“取”？老子何以言“抱”？公孙龙何以言“指”？又试思仁何以从人，义何以从我？性、情、意、志、思、念、忠、恕之名，何以皆从心？认、识、诚、信之字，何以皆从言？知字何以从口？圣字何以从耳？德行之行从彳亍，初岂非两足之事？止善之止，初岂非足之止？再思德何以从目、从心，道何以从首？由此便知即吾人当下现成之浑然一身，其生命心灵之活动，所象征而导向之意义，即至广、至大、至高、至远。中国之哲学义理，表现在中国之文字。中国文字之字原，今犹多保存于字形，故其字形直状吾人身体之生命心灵活动者，今犹可触目而见。此即中国文化与其哲学中之一无价之宝，足使人得恒不忘中国人之文化与哲学智慧之本原，即在吾人此身之心灵生命之活动者。诚然，字之原义，不足以尽其引申义，哲学之义理尤非手可握持，足所行履，亦非耳目之所可见可闻。然本义理以观吾人之手足耳目，则此手足耳目之握持行履等活动之所向，亦皆恒自超乎此手足耳目之外，以及于天地万物。此即手足耳目所以为手足耳目之义理。此义理之为人之心知所知，即见此手足耳目，亦全是此“义理”之流行之地。故真知手之“推”，亦可知儒者之推己及人之“推”。真知足之“游”，亦可知庄子之游于天地之“游”。充手之“抱”，至于抱天地万物，而抱一、抱朴，即是老子。尽手之取，至于恒取义，不取不义，利之中恒取大，害之中恒取小，即是墨子。穷手之指，至于口说之名，一一当于所指，即公孙龙也。

（五）此中国哲学之以吾人当下之活动为根，亦自中国古代之原始之政治社会文化中，生长而出。中国之原始之政治社会文化，则直接自生活于此绿野神州之华族生命中生长而出。此华族之生命，初又原是朴实无华。故不同于希腊民族之自始有美丽凄艳之神话者；亦不同于犹太民族之屡经亡国于“天苍苍、野茫茫，风吹草低见牛羊”之地上，而寄望于救主天国之来临者；又不同于征服土民，而创造印度文化之雅里安民族，初不知下民之疾苦，而重自祷于其神祇为事者。此古代之华族生命，盖先平水土，裂山泽，而成为“大地之子”或地上之劳动者，然后聚宗族，成邦国。故传说中之圣王如伏羲、神农、黄帝等，并是发明民生日用之器物之人。哲之一字，先用于圣王之负社会政治责任者，而有哲王之名。此中国哲学智慧，乃中国古人在一沉重之“对群体生命之存在”之“责任之负担”之下，寅畏戒慎之情之中，次第生起，而缓步前进。故其哲学思想，不如希腊哲学思想，初起于殖民地之不负实际社会政治责任之哲人之仰观俯察者之轻灵活泼，而多姿多采；亦不如印度之《吠陀》与《奥义书》中思想，初起于主祭祀之僧侣之闭目冥想者之幽深玄远，而如梦如醉；复亦不如犹太民族思想之初起于其民族之先知之叹往希来者之忧思辗转，而如怨如慕。然此中华民族之哲学智慧，则可谓为此民族之社会政治文化之“举体俱运”之产物，其思之所及，亦恒为其行之所能及，而稳步前进。遂由朴实无华之生命以次第开出，与“日月光华，旦复旦兮”相辉映之哲学智慧。此则时在春秋之际，有管、晏、子产诸贤，及孔子之出世。孔子之自言其一生为学，乃由“十五而志于学，三十而立，四十而不惑，五十而知天命，六十而耳顺，七十而从心所欲不逾矩”，亦为一稳步而次第升进之历程。《史记·孔子世家》记孔子幼而“嬉戏常陈俎豆”，乃以习礼始。其殁则《礼记》载其“咏歌而卒”，即以为乐终。此明不同于苏格拉底之终服药自杀，释迦之初从外道出家，耶稣之尝经魔鬼试探，其生命历程，皆显见有波澜起伏，而多跌荡，未能平流顺进者。吾观整个中国哲学智慧之次第升进，亦以为大体是一平流顺进之历程。至少不同西方印度哲学思想之发展，其起伏跌荡之幅度之大。然其平流顺进，如江河之宏纳众流，而日趋浩瀚，亦非不进。此亦正可以孔子一生为学之历程，为一象征也。

吾之此书，视中国哲学为一自行升进之一独立传统，自非谓其与西方、印度、犹太思想之传，全无相通之义。然此唯由人心人性自有其同处，而其思想自然冥合。今吾人论中国哲学，亦非必须假借他方之思想之同者，以自重。故吾在论此中国哲学之传统时，即柏拉图、亚里士多德、奥古斯丁、多玛斯、康德、黑格耳之思想，亦不先放在眼中，更何况马克思、恩格斯与今之存在主义之流？此固非谓必不可比较而观其会通。然要须先识得此独立传统之存在，然后可再有此比较之事。大率中国之哲学传统，有成物之道，而无西方唯物之论；有立心之学，而不必同西方唯心之论；有契神明之道，而无西方唯神之论；有通内外主宾之道，而无西方之主观主义与客观主义之对峙。则此比较亦非易事。至若如近人之唯以西方之思想为标准，幸中国前哲所言者与之偶合，而论中国前哲之思想，则吾神明华胄，降为奴役之今世学风也。吾书宗趣，亦在雪斯耻。

三　内容之限极

（一）以本书之内容而言，其“导论上”，乃论道之名义及类比。此言道之名义，乃重在指出此道之名，在西方及印度之哲学之名言中，可说无全相当者；其所涵之义之广大丰富，亦其他中国哲学之诸名言，所不能及。此“导论上”文，言道之类比，则要在以人行之道路为类比，以使人先对“道”作一图像的思考。此图像的思考，吾不如今之西哲之或加以轻视。吾以为凡人所思考之义理之有种种方向者，其方向皆可加以直观，而以图像表之，吾亦尝欲于此书所说，皆为之画图。唯图像亦须用文字加以解释，既有文字之解释，善观者亦皆可自形成此种种图像，故不复画。至于在“导论下”，则吾略论孔子以前之诸哲学性之名言，如天命、德、心、性、礼、天道、地道、人道、道等之次第出现。此所据者，唯限于就《尚书》及《诗经》与《左传》《国语》数书之哲王哲臣之言而论，以见孔子所论之道，亦渊原有自耳。

（二）本书自论孔子以降，为本书之正文。第一编论周秦诸子之哲学中之道。此中，吾首论孔子之仁道，于此仁道，吾以生命心灵之感通说之。此感通即兼具一己之生命心灵之“前后之度向”中之感通，人我生命心灵之“内外之度向”中之感通，及人与天命鬼神之“上下之度向”中之感通。孔子后有墨子言义道，为一普遍横通之道。孟子承孔子，辨人禽之别，而言人之心志之向上兴起，要在立人自下而上之纵通之道及自近而远之顺通之道，以拒墨子之只知横通之道。于道家之流，则吾分其型态为三：慎到、田骈、彭蒙，乃顺物势以成其外通之道。老子由法地、法天、法道，以成其由外通而内通之道。《庄子》内篇则重在言由调理人之生命与心知之关系以成真人、至人、圣人之道。此则能“徇耳目内通”以“调适上遂”之道也。至《庄子》外、杂篇，《韩非》之《解老》《喻老》，及《管子·心术》《内业》，则同属道家之流，亦皆有其言道之新义。今皆于论庄子之道之后，附及之。至于荀子之道，则吾以由内心之知统类，以外成人文统类之道标之，以见其别于道墨二家之道，与孟子之偏重人之内在心志之兴起以立人道者。孟、荀皆儒学之大宗。韩非学于荀子，沿荀子之“知通统类”之圣王，而下流，以慕“用智刻深，运法术势以为政”之“明君”。韩非之智，亦限于知此明君之为政之道。韩非之言，可称为一标准之法家言。周秦思想至韩非，而儒墨道法之学派皆立。然实皆循思想发展之流，而次第衍成，此为本书所最重。故吾不先持汉人六家九流之说以为据。九流之说，以九流一一皆出一王官，只见学派之分，而实未见其如何流行而成派也。至于世传之《管子》书，则其论及政法者，盖韩非后法家之流之著，而足补韩非所见之偏，以求上达之政道者，今附及之于论韩非文之后。世传之《礼记》《易传》之书，盖皆属孟荀后之儒学之流。此与《庄子》外杂篇及《管子》书，盖一时代之著。今由道家之《庄子·天下》篇之言内圣外王，《礼记》中之《大学》之言内自明其德，而外新民，《中庸》之言内成己，而外成物，及《管子》书之除论及政法者外，兼有《内业》之篇之编入；即见晚周儒道法之流，同趣向在言内圣外王之道，亦遥契孔子言仁道之兼具修己与治人之旨。此中以《中庸》为最能言“人性上通天命，合内外，而成终始”之道。《礼记》中之言礼乐，与《孝经》之言孝，亦为儒学之传之所独。至于《易传》之通天人以为道，则上接其前学者之言通天人之道之旨。《易传》之特色，则盖在循卜筮中之“感应之神”之义，更契于孔子之言天命之义，以见神之无方而遍运。此上所及之《管子》、《庄子》外杂篇，《礼记》诸篇及《易传》诸书，其成书亦或有在汉世者。如《礼记·乐记》，传为河间献王所献；《礼记·王制》，传为汉文帝时博士著；《礼记》之《大学》《学记》亦有谓其由有汉之太学后人所著者。《庄子》外篇有十二经之言，更当是有六经、六纬后之语。然吾则并视为晚周至秦之儒道法之流之著，而不以之代表汉世之思想。此则由于汉世思想之特色，别有所在之故。此上诸书，纵成书有在汉世者，亦当说为挹晚周至秦之思想之流而成。至于周秦诸子之对名言辩说之道，则吾前之《原论》中已有《论〈荀子·正名〉与名学三宗》，及《〈墨子·小取〉篇论辩》，及《孟墨庄荀之论辩》三篇，以见中国古代之名辩之学。今则更补以“周秦诸子之用名对名之道”上下章，于论韩非子之法家言之后。此乃总论周秦思想中环绕于中国所固有之“名”之一名之思想之发展，而于人之名字、名谥、名位、名教、名义、名闻、名誉、名实、形名之名，皆统而观其有关思想之如何次第衍生。于惠施、公孙龙之名实之论，世所视为属逻辑知识论之问题者，今则视之为一更广大之对名之道中之一节，其前有所承，后有所归，皆在此一道上。而世之于其言视为怪说诡辞，异释纷披者，今皆絜裘而振之，以归其宗趣于至简，以见其实为此广大之对名之道上之一节，中国之名言哲学之一隅；更无如在西方哲学中之逻辑知识论在哲学中居优先地位之情形。旨在使彼苛察缴绕之小言，涵摄于今兹所重之大道。至于吾之释惠施、公孙龙之遗文，与他人所释之同异得失，则非今所暇辨也。

（三）第二编论两汉经子之哲学中之道。此两汉思想之主流，自亦有承先秦思想而来者。如阴阳家是。此阴阳家思想之流，在晚周已盛，其五德终始之说，并影响及秦之政治。然必至汉代，此阴阳之思想，乃遍注遍流，而无孔不入，几为一切学者，所不能外。阴阳家之道，吾名之为顺天应时之道。《吕氏春秋》、《管子》、《淮南子》、董仲舒之《春秋繁露》等书，同言此顺天应时之道。此顺天应时之道，其涵义可通及于人之瞻往察来，求开一历史上之新时代之其他种种道，皆为前此所未有者也。吾论汉代之哲学思想中之道，除一为上述之顺天应时之道之外，二为成就学术之类别与节度之道，三为法天地以设官分职之道及对人之才性之品类之分辨、对人物之品鉴之道，四为道教之炼养精气神之道，五为春秋学中之褒善贬恶之道，亦即今所谓对人事作道德的或政治的价值判断之道，六为汉代易学中之象数之道，亦即今所谓为存在事物之普遍范畴之道。于此六者，吾皆通贯汉代思想之要义而论，而无意于一一学者之思想，分家而备述之。此则由于吾唯视此上之六者为汉代学者所开之新道，为昔所未有，宜通贯诸学者之所言以并论，而后显。合此六者，即可说汉人之观“宇宙”之“节度”，而炼养精神，以成就人之“日常生活、学术人文、政治社会与其价值判断”之“节度”之道，乃其有进于周秦学者之言道者也。

（四）第二编中、后论魏晋至六朝之玄学及文艺之哲学中之道。魏晋至六朝承中国固有学术之流，而开之新道，一为王弼之通《易》与老之玄学之道，二为郭象之注《庄》中之玄学之道。吾论王弼之易学重说其与汉易同而异之处，吾论王弼之老学与郭象之注《庄》，亦重其与老庄之学之同而异之处。皆意在观其所开之观照玄理之新道，果何所似。三为文学之道，本文以陆机、刘勰之若干文学之论，通于玄学儒学之论者为代表。四为艺术之道，本文以阮籍、稽康之论音声之道，宗炳之论画道为代表。此魏晋人之成其文艺之道，要在通过“虚无寂寞”，以成其对意象之观照。此与对玄理之观照，亦可视为同在一道上。此魏晋六朝之文学艺术之道既开出，而中国之人文世界各方面之道，即皆已全部开出。依道眼而观诸道，亦皆一成而永成矣。至于吾之论此魏晋以后之文学艺术中之道，则亦如吾之论汉人之《易》《春秋》之经史之学中之道，皆不同世之专家之所为。其旨唯在指明其各自为一方向之道，而亦自有其独特之哲学意义为止；乃所以见中国之哲学之思想，不只存于四库之子部之著述之中；即中国之经史之学文艺之学，亦不能自位于具哲学意义之“道”之外，然后可免于“道术将为天下裂”。过此以往，亦非我所及知者也。

第三编论由魏晋至隋唐之佛家之哲学中之道。汉末至魏晋六朝为印度之佛法，陆续传入中国之时。下及隋唐，而佛家之大宗派皆立。佛法乃宗教，佛教之高僧大德之讲经论，重在起信成修；故一般经论之义疏，亦为此而著。然吾今之所重者，则限在言佛道中哲学义理之发展。一般之佛教史，恒不足以应我之所需。故后文所论，亦大皆只就个人之直接读中国佛书典籍，而述其所见。佛书之为翻译者，其与印度之原典之文义，是否相合，非我所及知。然吾据中国之翻译之文，以论中国佛学中之道，亦可暂不问其与印度之原典之文义，是否相合。考其相合与否，应别为一专门之学。即全不相合，吾所论者，亦仍是中国佛学中之道也。

按自佛教入中国后，中国学者自始多兼通儒道之学与佛家之学。若《牟子理惑论》，果为汉末之著，则其书已通三教为言。上述之宗炳论画，刘勰之论文学，固皆纯本于中国固有之儒道思想，然其人则皆兼擅佛学。在魏晋时初讲佛学者，亦恒以中国固有之学之义与佛家之义，相比格而论。如竺法雅之依格义讲佛学是也。佛家之“佛”，原为“得菩提或智慧者”之称。然据宋法云所编《翻译名义集》卷五谓，罗什弟子僧肇，尝言菩提之一名，初即译为道，亦即道之极。晋孙绰《喻道论》言“夫佛也者，体道者也”。智顗《摩诃止观》亦言“菩提者，天竺音也，此方称道”。罗什弟子多兼善老庄。僧肇之论般若学，亦以老庄与孔子之言与佛理互证。今观僧肇之言所表之理境，实与玄学家如王弼、郭象之理境，正相契合。罗什弟子之道生，则盖承中国孟子言“人皆可以为尧舜”之义，以言人皆有佛性。唯佛学传自印度，其初之目标在出世，亦有其自印度带来之一套与哲学义理有关之特殊问题。僧肇、道生等亦不能不多少对应此套特殊问题，以成其论；故其论所及之义，亦多溢出于中国固有哲学义理之外耳。

（五）吾书之论中国佛学中之道，首重其与中国固有之学中之道之同异之际。唯吾论印度大乘般若学，则不能不多少持之与西方哲学之若干义理，对比而观。盖此佛学与西方哲学，皆原出自雅里安之文化。梵文与西方文字固同原。故其哲学问题，亦有相类者。然西方哲学之大流，皆重一般知见，而佛学之般若宗，则正以扫荡一般知见以证空为学，遂与西方哲学之大流，正相对反。以中国固有之学，亦原非只重一般知见，故般若宗之归旨，与中国固有之思想之归旨，亦易相契合。然中国固有思想中，却又无般若宗之所用以扫荡知见之种种论辩。此种种论辩之传入中国，亦大开一哲学思想之天地。至于印度佛学中之唯识法相宗之流，则虽未尝不归于证空，而有其所扫荡之知见；然亦以成就人对种种之法相之知见始，遂更能补中国思想之所缺。至印度之法相唯识宗之所以不能大盛于中国，印度所传般若学，亦不为后之为佛学者所视为至极，则盖由中国佛学之次第发展，而更自开之佛学宗派，其立义亦自有进于印度所传之大乘佛学之故耳。

此中国佛学之发展，其由般若学而天台宗之学，盖以南朝之成实学及吉藏之般若三论学，为其过度。然国人为中国佛学史者，或忽此成实学及吉藏学之贡献，则由僧肇、道生至天台之智𫖮间之佛家思想义理之次第发展，尚不得而明。吾今兹所论，则自谓可差补此缺。由此以观智𫖮之天台学之新义，亦更得昭显。智𫖮之学，除以法华涅槃之教义，为其根本外，亦言禅观，重戒律，而信净土。其学弘深阔大，立义亦更有进于吉藏。要之，中国佛学至吉藏及智𫖮之时代，已如日之中天。故吉藏、智𫖮，以及时稍后之玄奘，皆轻视中国固有之学。此则与僧肇之尚以孔子、老、庄，与佛家言互证，大不同者也。

至于印度法相唯识宗一流之传入中国，则始于南北朝时有摄论地论二宗。陈隋之际，有《大乘起信论》一书之出。玄奘自印度归，而弘扬印度之法相唯识学。其时之法藏，则遥承地论宗之学，本《大乘起信论》之义，以判玄奘所传之法相唯识学为始教，谓其立义，尚不如《起信论》之为终教，更于《起信论》之终教之上，立一顿教，以通于《华严经》所启示之圆教义。由此中国佛学之次第发展，而印度传来之般若学，为天台学之光辉所掩；印度传来之法相唯识学，亦终为由法藏至澄观、宗密之华严宗之学之光辉所掩，唐以后遂衰矣。

法藏之言顿教义，以绝言会旨为说，原与禅宗之义通。而法相唯识宗所宗之《楞伽经》，原有说通与宗通之别。般若宗及天台宗，亦皆有禅观之学。数者会流，至唐而禅宗盛兴。禅宗之教，简易直截，人得其旨，则当下有所受用。华严宗之宗密原学于神会，更为华严宗四祖澄观之弟子，遂为书以会通禅教，而宗下与教下，可并行不悖之旨亦彰矣。

于中国佛学，吾书所论者即止于宗密。此佛学诸宗大师之学，皆如深山大泽，著述等身。论一家之全部义理，亦可成一生之专门之业。吾之所论，则亦要在明其能开一佛学新方向之义理而止，自不免挂一漏万之讥。然吾所挂之一，亦非苟说，多是反复观其异同之际，然后为之。吾之所以止于宗密者，则由至宗密之时期，而中国佛学之诸宗皆立。然于中国佛学中所谓净土宗、律宗，及密宗或真言宗之义，则吾全未特标出之以为论。盖吾意此诸宗所言之哲学义理，大体实不出法相、唯识、般若、天台、华严与禅宗之所说。吾意法相唯识如佛学中之荀学，般若如老庄，天台如佛家之《中庸》，华严如佛家之易教，道生之顿悟及惠能之言本心即佛，则佛家中之孟学也。至于密宗之于诸宗所言之心之上，更言一秘密庄严心，虽似更有进，然吾亦可说一切佛心，无不秘密庄严。又密宗之原，乃印度教与佛教之合流，其重身、口、意三密与种种仪轨，重在修行布教。吾书只重言佛法中之哲学义理或道，则可存之而不论。此外于律宗之戒律之学，净土宗之言有种种净土，若将佛学作宗教而观，其意义皆至为重大，吾书亦存之而不论。此皆非忽其言宗教之修持工夫与其在布教上之价值之谓也。

（六）吾此书之论述佛学，即暂止于唐。此中国之佛学，前接中国玄学家之义，其次第发展，亦即其次第摄入于中国学术思想自身之发展之流之中。故吾之论述中国佛学之所止，亦即吾之论中国哲学思想中之道之所止。吾之止于是，固因时间精力之所限。然吾亦可谓自中国哲学之道之诸大方向之开拓言，至唐而至于极。亦如中国之国力，自上古历汉至唐，而及于世界，其人文亦化及于世界，而极其盛。盛极而衰，由五代宋明至今之中国，则大体上只为一自固自守其民族与人文之局面，于哲学中之道之大方向，唯循前人所定而进，学者要在以辨道而守道行道自任。或道之大方向，已尽于此唐以前人所开拓者，亦未可知。故吾人今亦不能不怀念汉唐前人开拓之功。今断至唐以为吾书，亦可一醒耳目。然开拓固难，守成亦不易。江山不老，代有贤才，中国哲学慧命相续，自五代宋明至今，吾亦未见有全然断绝之时。宋以后儒佛诸家之学者，为守道行道，而辨道，亦恒更能至于义理之精微，有非唐以前之学者所及者。宋以后之学者，在承继昔人所言之道，而付之于个人之身心性命之实践，及社会政治教化之实践，而切实行道之精神，亦有大非唐以前之学者所能及者。吾于此书之最后一章，一方略说南北朝至隋唐时期之佛学以外之学术思想，一方略说此五代宋明至今中国学术思想，其以辨道、守道、行道，胜于前世者在何处，以见此道之千古常新，即以暂结束本书。对此五代至宋明以后学者之言道，友人及时贤之论述不少。吾前所述作，亦有数十万言，则大皆以观学者之如何辨道为中心。俟稍整理，另册刊行。但欲对此中全幅辨道之论，举而述之，尚不能及。此上述本书之内容之限极竟。

四 论述方式

（一）本书论述之方式，不能离此书之宗趣而说。前已言此书乃以对唐以前中国之前哲思想中诸方向之道，溯其始于吾人生命心灵活动原有之诸方向，而论述其同异与关联之际，为宗趣。故吾书未尝必求于此一一方向之道，皆穷至其极，而加以尽论。如吾之述儒家之学，未论圣贤气象，论佛学而不及佛果等是也。然吾亦以为循一一方向之道，穷至其极而论之，乃似可能而又实不可能之事。因凡道皆以无极为极故，亦非必穷至其极，乃得知其会通之处故。论道之要，要在于诸方向之道，知其皆始于吾人生命心灵活动诸方向，如星鱼六爪，出于一体。则其始点原自会通。又既论述其同异与关联，即同时使人得缘其同异与关联之处，以往复周行于其中，而无不通。故论道之著述方式，要在使所论述者能互相配合照映，以形成一全体之理境。此理境所包涵之义理之成分，可多可少，然必由配合照映，而见其相涵相摄，互容互让，以合成一全体，具足圆成，无欠无余。有如碎蛋壳而注蛋于碗中，一蛋可成一全体，二蛋相对如双目，三蛋成品字形，四蛋成四方形，五蛋成梅花形……皆各成一全体。此皆由其能相涵相摄，互容互让而致。然论述种种义理之文，至于如此，其事实难。吾慕之而愧未能达。然亦望读者得会此意，以观吾书为幸。

（二）一般之见，以中国哲学思想之著述，为缺乏形式系统，故吾人须选取编集其言，以成一形式系统，而论述之。吾意则以为今若以一著述，必先自对其所用一一名言，一一与以一指定之定义，并将其所述之内容，加以类分，使纲目具足，方为有形式系统；则中国哲学思想之著述，其形式系统，诚不如西方哲学思想著述之显明。然一名言不必只有一指定之定义，而可有各方面之义，同以此名言，为其辐辏之中心。又一系统，可由类分而使纲目具足以成，亦可唯由此系统中之诸义理之依次序先后或层位高下之连结而成。系统更至少有直线系统与圆周系统之分，及单一系统与交摄系统之分。系统若为唯依次序先后、层位高下而结成者，或若为一圆周系统或交摄系统者，皆不能只对其义理加以类分，使纲目具足之道为之。中国哲学之著述，对其所述义理，缺乏“类分使纲目具足”之系统形式，然亦非无依义理之次序、层位等，加以编次之系统形式。以先秦之著述而论，如《论语》《孟子》之书，因其原是答问之语之结集，故原缺系统性。然《论语》《孟子》经后人编次，亦非全无依序、依类相从之义，今暂不及。至于《墨子》书，则除《墨辩》诸篇外，皆各以其主旨名其篇，其论说亦有法度，则不能谓无系统之形式。吾观《庄子》内七篇其诸篇之义，实大皆次第相从。《荀子》亦然。汉儒之著，如董子《春秋繁露》、扬雄《太玄》等，魏晋时王弼之《周易略例》之书，及后之佛家之书，如僧肇、吉藏、智𫖮、法藏之书，皆显具系统之形式。近人因先存中国哲学思想著述无系统之心，故论述其中国先哲之学者，恒于诸篇章之文，任意割裂，加以去取，以代编造一系统为事。故于其书之最原无系统者，如《墨辩》之经与经说上下，禅宗、宋明儒语录之类，则最为近人所喜论，因其更可容人任情取舍，以骋其编造系统之能也。近人之论一家哲学者，或又以为必先其名学、知识论，再至其宇宙观或形上学，更至其人生文化政治社会之哲学，方足成一系统之论述。此乃以通俗西方之哲学概论书之系统为标准，以论述中国哲学之系统。吾昔年之写《哲学概论》，及写《中国哲学原论》之第一册，而以原名、原辩、原致知格物为先，亦未能免俗。然实则人之哲学思想，其次序进行，以成系统，尽可以任何哲学观念为始点。依中国哲学之传统而观，则正当以有关人生之事之学之观念为始点。故编《论语》者，则以《学而》章之弟子之入孝、出弟为先。《荀子》书亦以劝学、礼义为先，而将《天论》之论宇宙，《解蔽》之论心知，《正名》之论名者，列于其后。《庄子》则以《逍遥游》之论圣人、至人、神人为先，以《齐物论》之论是非之知者为后。人固先有其学为人之事，而有其人生之观念；再有对其生活所在之宇宙之观念，更有其若干对宇宙之知识，而有宇宙论；方有对其知识之反省所成之知识论，及其知识表于名言之方式之反省所成之名学。则哲学之论述，又岂必须以名学知识论为先？故论中国哲学中之道，而谓必依一名学、知识论、宇宙论、人生哲学之序以论之，最为吾此书所不取。吾今之论述中国前哲之思想，尝尽量求依其原著之编次，扼要论述其所陈之义理之次序、层位等，而不任情为取舍，以合于吾一人之主观所代为编造之系统。而其结果，则吾所发见之中国前哲之思想中之义理，其依次序层位等相结，以具系统性者，或反较世之论者为多。唯凡吾书之扼要论述者，皆宜与原书互观，方更能识得前哲之旨之全耳。

（三）吾书论述中国前哲之思想，而吾为今世之人，自不能不用若干今世流行之名言。此名言亦恒有为西方哲学之译名，其义由西方哲学而规定者。然吾仍以中国哲学之名言，乃自成一套，杂以译名，初不甚调和。故读者宜于观名用名之时，知新成之译名之义与旧名之义之别。即以哲之一名而言，西方哲学Philosophy为爱智之义，中国之哲，则为有智之人。爱智则智可为所爱、所求，而未得者。只此去爱、去求之事，即哲学之事。以有智之人为哲人，则只知对智去爱去求者，尚不足以为哲。此外，如本体之名，或以Substance为之译名。此Substance之名，原自希腊哲学，初指“客观的站立于下”者。故言Substance恒指一客观存在之实体。然在中国，则“本初指枝叶之本”，为枝叶之生长或生命之原者。“体”初指人之身体，为人之视听言动之活动所自出者。合为哲学中之“本体”之一名，即恒指吾人之生命心灵之主体，而此主体即表现于生命心灵之种种活动或用，如体验、体会、体贴、体悟、体达等之中。故于“体用合一”之义，以中国文字之“体”“用”之字表之，最易明白。今如以西方Substance指主体之生命心灵，更言与其用如Function或Activity之合一，或先想着西方哲学之本体问题，再以中国哲学中之体用之论，为其答案；则须经一曲折支离之论，而或使人偏向于此体之形上学的客观义，而忽略在中国哲学中，此体之主体义乃本义，客观义只是末义。至于译中国之本体为Reality者，则当知西方之Reality乃与现象或幻象对。此与中国之本只与末对，体只与“用”或“相”对，而不与幻象对者，亦有不必同。此外之例，不可胜举。要之，中国哲学，自原有其一套名言。佛学入中国，其译名又成一套。今之西方哲学之译名，再成一套。中国哲学有此种种套之新名言，固皆为丰富中国之学术思想之事，然并用之，又实最易形成种种思想之混乱。吾今为免于混乱计，于论中国哲学时，仍尽量求少用新名。不得已而用之时，读者亦务须知其义之不同其名之旧义为幸。

（四）吾之此书，初尝欲以语体文为之，以便初学。然吾之论述，多将所征引之文句与吾之解释，一齐俱滚，罕将此二者，离裂而成文。若用语体为解释，则文气不顺，故仍用浅近之文言。语体与文言，乃文字体裁之别，各有所长，难分优劣。大率中国语体之文，近乎口语。因中国之字多形异声同，则在口语中，恒于一字，更加上一字，方能使闻者得解。语体之文，亦如将所说者，加以拉长而说之，故易见条理清晰畅达。又语体近于口语，观者易对所说之事理，有亲切之感。读文言之文，则形声并观，耳目并用，在口语中须二字者，文言中一字即足。此即如将所说者，加以凝聚说之，而少废辞，故宗旨凸出易明。又文言远于日常生活中之口语，观者易对所说之事理，起庄严之感。然无论语体文言，其表意表义，皆有一文字之技巧，或佛家所谓文字般若。吾于此皆未尝真用功夫。吾之为文，恒一任气机鼓荡，泥沙并下，故不能醇雅。又时有冗长之句，使人厌倦，初学或更感艰难。然吾于吾心意之所之，所见之义理之所往，则尚未见有必不能用吾文，加以表达者。其时有冗长之句，亦恒由其所说之义理，须迂回而达之故，有如登山者之或须环山而进。忆康德似尝言，其书之长句，如皆化为短句，则其文当更长。吾亦恒有同感。又文字所表之义理，本有其高下、浅深、广狭与远近，如合为一立体；而纸上之文字，则皆一样大小，以平铺纸上。故人若不能将平铺之文字，前后重叠贯通而观之，使此如一立体之义理，宛然在目，亦不能对此所表达之义理，有如实之知见。再义理之高者、深者、远者、大者、曲者，亦本自难见，不思则不得。此不必皆与文字之表达有关。此则吾自为吾书之行文，更作辩解之语。然亦非自讳其于文字之技巧，及文字般若，未尝真用功夫也。

五　余言

上述本书之宗趣、内容之限极，及论述方式竟。今更有余言，以敬告读吾此书者，以结束此长序。

吾对中国哲学思想之全体，恒有一整个之观感。即其虽沿不同道路而形成，然皆自同一本原而发，如长江黄河之同原于星宿海，中国之山脉之同出于昆仑。昆仑山脉有三，黄河、长江并珠江之水亦有三，俱蜿蜒东向于海，以迎日出于沧溟。此可喻中国之思想主流如周秦之儒道墨三家，或后之儒释道三教之有不同道路，皆可并行不悖。吾人生于今世以观中、西、印之思想之并流于吾人之心，亦必能见其并行不悖。欧洲之山水，以阿尔蒲士山为中心，以四散延入于东西南北海，其方向恒互相对反。此正可喻欧洲思想之方向歧出，而各见精彩，多矛盾冲突。西方不同哲学理论之结构严整，故在外部看，恒彼此对立，不易相通，正如西方中古之堡垒，唯赖其外之牧场草地为之通者。中国之不同哲学理论，其结构疏朗，故在外部看，则恒互相涵摄，则正如中国之宫殿，其楼阁之可隔窗相望者。此乃吾对中西哲学不同之一印象。故吾意论中国哲学，亦不宜只以排比其一一义理，以化之成一西方式之堡垒，以言其义理之骨骼为功。于一切义理之排比，当用以显义理之流行，如当于人之骨骼之中，更见其血脉。然后中国哲学可成一有生命之物。为显此义理之流行，吾书于述一家之思想义理时，亦或兼及于后世之学者对此一家之义理，如何重加解释，或如何重加估价。如吾之论周秦孔、墨、孟、荀、老、庄诸家，恒于文初，兼略论此各家之学之道，在后世学者之心目中之地位之升降起伏。此亦意在增加“对此一家之思想义理之恒活在世代之人心，而为一有生命之物”之观感。吾书之论此唐以前中国哲学之道，虽漏略甚多，而卷帙已不少。此中之义理流行所成之血脉，亦非一览可见。故望读吾书之初学之士，先本好学之志，低首降心，即文而读，不遗一字，如匍匐而行，五体着地；学曹操诗之“北上太行山，艰哉何巍巍，羊肠坂诘屈，车轮为之摧”；再举身而起，与此书所说者平齐，而顺观此书所论之义理之流行，如李白诗之“朝辞白帝彩云间，千里江陵一日还”；然后汰繁入简，去杂成纯，如左思诗之自“振衣千仞岗，濯足万里流”，以升于此书所说者之上，以俯览此中国哲学之不同之道；要在见其如中国之山川之蜿蜒东向，以迎东海之日出于沧溟；其不同理论之互相涵摄，如中国之宫殿，其楼阁之可隔窗相望；其义理之流行，亦如音乐之有节奏、次第，与旋律为止。则吾与读者可相契言外，莫逆于心矣。过此以往，则更当见此中国哲学之道之义理之流行，其精神血脉，直贯注于中国古往今来之人文学术、礼乐风教之各方面，为百姓之所日用，而不可须臾离者；有如江河之水之储为湖沼，散为支流，盈于沟浍，浸润于山林皋壤，以遍泽群生。此则更有超于吾书所及之大学问在。当合天下人之聪明智慧以共为之，以见此大学问之大。昔释迦说法，其所传之经，数千万言，而自谓其所说之法如爪上土，未说者如大地土。唐人诗亦曰：“流落人间者，泰山一毫芒。”则吾今兹之所言之及于此大学问者，直一尘一毫之不若。安得知此大地土与泰山之天下人，共竭其聪明智慧，以共从事于此大学问哉。

辛亥除夕

导论上：道之名义及其类比

一　中国哲学中之“道”与西方及印度哲学中之相类似之名言

本书乃以道为中心，以论中国哲学思想之书。兹当先说此道之名义。为便于了解，先略说，再稍广说。广说处，稍曲折，如读者不耐，或觉难解，可暂不读。今先略说此道之名义，则此道之名原为中国人日常生活中所共用，其义亦为人在日常生活中所共知。此道，即初指人所行之道路，向东西南北诸方向伸展，能将人之行为导向于此诸方向，而使其行为有所取向者。故人之一切有所取向之行事或活动，以至任何存在之物之有所取向之任何活动，其所循之道路，皆是道。俗言于一事已知，曰：“知道了。”某人说话，亦曰“某人道”。何以于人知一事理时，不只说“知了”，而须说“知道了”，又何以“道”为“说话”，初观皆似甚怪。实则此亦是自人之“知”与“说”之活动之进行，亦有其所循之道路而已。此中人与任何存在之物之活动所循之道路，可认为人与任何存在之物与其活动之所以然之道。此与人之“知之之道”及“更说之以示人”之道，三者之义有层次之不同。故《墨辩·经下》谓“物之所以然”，“所以知之”与“所以使人知之，不必同”。然其皆有道，则又同。自其同为道言，亦可不更分层次也。此是道之名义之略说，乃人不难直下加以把握者也。

今如对此道之名义，作为中国人之哲学思想言说所对之一名言概念而观，则此道之一名言概念之涵义，实至为广大丰富，对上所略说者，亦当更加以敷陈广说。今首须知道之一名言概念之成中国历代前哲所习用，而特加以重视，实可谓为西方与印度思想中之所未有。故西方人于中国哲学中之道之一名言，初唯有直译其音为 Tao。按人类所用涵义最广大之名言，在西方思想，莫若“存有”与“变化”或“活动”；在印度思想中，则莫若“法”或 Dharma。此皆为可遍用于宇宙人生中之任何事物者。总一切有或一切法，而成一名，则西方有 Nous Logos 转成之“全有”，印度有“法界”，皆是意在于一切事物或一切存有与其变化或活动，无所不包以成其名。然在西方哲学中，存有与虚无相对，变化与恒常相对，活动与寂静相对，相对而相限，则总一切存有变化活动而成之“全有”，其义亦不能无所不包，以其只是存有而非虚无，即不能包虚无故。然在印度所谓之“法界”中，则“虚无”或“空”，亦为一法，而法界之义大于“存有”与“全有”。言“法界”，乃总一切法与其因，而为一界，或一无界之界。此乃将人之生或我之生中之一切法，与其外之一切法，合而观之，所成之辞。然此合观，则只为吾人之心思之活动。吾人之心思必继续作无尽之活动，乃能总此一切法，而合观之，以名之为法界。此心思之继续作无尽之活动，依中国哲学言之，即此心思之自行于“继续以至无尽”之一“道”上。吾人心思不行于此道，则法界之辞亦不成。亦唯以此心思之行于此道，乃能总一切法而合观之，以成此法界之辞。由此而进，人自可自思其思之“继续至无尽”，而亦视之为法界中之法。然要必此心思之能自翻上一层，更自循其道，以自思其思，乃能自思其思之“继续至无尽”。此“自思其思”之思，自在上层，而其所循之道，亦总在上层。此自思其思之事，亦必至于思此“继续至无尽”为一法，亦为其自循之“道”，而思及此“道”，然后至乎其极。则道之为义，固有进于法界之义者矣。

诚然，于此如循西方印度之思想而观，则可说此道亦为一种存有，或初不过吾人之感觉思想所通过之，以感以思一切存有之范畴方式，或初不过法界中之一法。此亦皆可说。中国思想之道之义，亦实有同于此法或范畴方式，而亦可视之为一种存有者。然此中国思想中之道之义，又有不尽于此者，则在此道之义，可唯就一存有之“通”于其他存有而言。就通言道，则道非即是一存有，亦不必是一积极性的活动或变化，而只是消极性的虚通之境。如太空之为一虚通之境，则其中便有日月之道、飞机之道在；此道之自身，固初非一存有或活动或变化也。至于说此道为方式范畴者，则自可更说此虚通之“空间”以及“时间”，并为人之感觉进行之方式范畴，“虚无”“继续”等，则为人思想进行之方式范畴。然依中国先哲所谓道之义，则于此亦可说此一切感觉思想之方式范畴，皆只为此感觉思想之活动所通过以知物者，而通过之即超越之。唯通过之而超越之，乃可说此方式范畴为感觉思想所经之道路。然此“通过之超越之”之自身，则又自超越于此方式范畴之义之外。故人之只求超越此一切感觉思想之方式范畴之应用，以求至于无感无思之境，仍可言有一至此无感无思之境之道。是即见“道”之义，亦不为此所谓方式范畴之义所尽也。依同理，则吾人亦可说道之义，非法之义所能尽。因本于“次第通过一一法”之道，以感以思，而至无感无思者，亦即有超越“次第一一法”之义故。诚然，吾人亦可说此“通过而超越”，亦是一法，亦即一思想之普遍的方式范畴。则道与法或方式范畴，仍可同义，东西之思想，于此亦可相通。吾亦无异辞。但在西方印度一般言法或方式范畴，乃是自其为一定之法或方式范畴而言，此则恒只为人之感与思所次第通过而超越之者。此“通过而超越”之活动或此“通过而超越”之自身，则不在其内。然道之一名义，则兼能直下启示一“次第通贯一一法与方式范畴，而更超过之”之涵义。就其能直下启示此一义，而法与方式范畴，不能直下启示此一义言，道之涵义仍较为富，而非法与方式之义，所直下能尽之者也。

上文唯说此道之涵义，非西方之存有变化活动，以及方式范畴或法之义之所能尽，而见其涵义之至广至大为止。然吾无意对道之一名作定义。因作定义，亦有种种定义之道。欲先定以何定义之道，作定义，则成一逻辑上之循环游戏。吾更不能直说此中国之所谓道之全幅意义，吾当说此道之全幅意义毕竟如何，亦中国先哲在其思想之次第创成，或次第发现之历程中，而次第加以规定者。此正吾全书之论题，而不当先答者。故吾人亦无妨先视此“道”只是一无义之名，直下先提举此名于心目中，然后更观此“道”之名之能容许吾人对其义，次第加以规定，以至对其义作无定限之思维，形成无定限之概念。今谓此即见“道”之名义之“妙”也可。不妙亦不足以为道也。

此道之一名，可容许人对其义作无定限之规定，首见于吾人于任何存有或变化活动之事物，皆可说其有道。如天有天道，地有地道，物有物道，鬼神有鬼神道，人有人道。由日常生活之衣、食、住、行，饮茶醉酒，至修身、齐家、治国、平天下，成贤、成圣，升天、成佛之事，无不有其道。一切宇宙人生之事物之为善为恶，为美为丑，为是为非，为正为邪，为利为害，为吉为凶，为祸为福，亦莫不有其所以致其善致其恶，以至致其祸致其福之道。此即见于道之一名，吾人可对其义作无定限之规定，而皆为道之一名，所可堪受。此亦同于说：吾人可用此道之名，以连于任何事物，与其善恶是非等，而观其“所以然”以及“能然”“已然”“实然”“将然”“必然”“偶然”“适然”“本然”“自然”“当然”之道，更以此道之义，还规定事物与其善恶是非等之义。则于道与一切事物之义，只说其为互相规定也可。

二 “道”之名义与“物”“事”“生”“命”“心”“性”“理”“气”等之名义

中国思想之名言概念，可与一切事物相连，以互相规定其意义者，自不限于此“道”。如“事”“物”“生”“命”“心”“性”“理”“气”等名言概念，亦似皆可为一切事物之义所规定，而亦可用之以规定一切事物之义者，故皆为具普遍性之名言概念。如一切事物无不可名之曰“事”或“物”。吾人亦可说心之为物、道之为物。又一物即可名为一物事。宇宙为一大物，亦是佛家所谓大事因缘。事物皆生生不已，而“生”无所不在；其生皆如有命之生者，而命无所不在，生命可合为一词。心可为思任何事物之心，而任何事物，亦皆可说为心所可能思及之事物，以为心所涵摄。再一切事物皆可说有性、有理、有气。是见此诸名言概念之皆具普遍性。然吾今将说此诸名言概念之义，至少在一般之理解上看，其内涵之广大或丰富，仍不足与道相比。如以生而论，则一切事物之创生，自必有道，而道在生中。然事物未生，亦非无其所以生之道，则道之义广而生之义狭。如以心而论，心在思及某事物之后，自可说此心为“思某事物之心”，而可以此“某事物之义”属于此“心”之义中，而见此心之义，广于所思之事物。然心之往思事物，必先循一思之之道，方成一思事物之心，而后其义得广于其所思之事物。此心之思自所循之道，亦即可说为此心之性。然只说道为心之性，又不足以尽道之义，必心之实已循能思之性，以实通达于所思之事物，然后可言心之已循此思之道以思事物。故《中庸》言率性之谓道，即必于“性”加以“率”之义，或表现之义，乃为道。则道之义即丰于心之性，不可说道之义只同于心之性之义，而只属心也。诚然，一切由人行道而修成者，皆可说是德，而此修成之德，亦可只是性所本有之德，则此具德之性之义，又似丰于道，或与之同。然此乃要终以原始说。专自其始而言，必率性而表现之方为道，道之义初固丰于性，亦不同于性之初只属于心者也。

至于中国哲学中之物一名之义，则可同于西方哲学中之存在之义。物与物相关系曰事。物无不与他物相关，而无不有事。故物皆物事，事皆事物。气之一名，吾常谓其即指一流行的存在，或存在的流行。物与气二名之涵义，皆至为广大。故可说一切存在皆物，皆气所成。吾人固可将道视为一存在之物或气，故老子言“道之为物”，汉儒或以道为元气。然吾人又不必能将任何道，皆化为存在之物或气。如物有道而未行其道，则道非物。又物为器，《易传》谓“形而下者谓之器，形而上者谓之道”，道非器，即非物。老子亦言道为“无物”。宋儒如程朱以理说道。程伊川谓道为理，非阴阳之气，而为所以有此阴阳之气之流行者。朱子更谓理先气后，而有理有道，不必有气。则理道非气。只可说凡物或气必有道有理，以成其为物为气，而无物无气处，仍可说有理有道。此道与理之义，固大于物与气也。

至于以理与道二名，相较而观，则自一方看，此二名似可互用，其涵义似同大。凡事物之道，似皆可说为事物之理，而事物之理，亦即事物之存在或变化所循之道。然事物之理，亦犹事物之性。事物之性未表现，如人性未率，不足以言道，则事物虽有如何存在变化之理，而其理未表现，以使事物循理以存在变化，亦不足以言道。然言事物循其道而存在变化，则其有如此存在变化之理可知。故道之义涵理之义。道之义与理之义固最近似，而可说凡道皆理，无理不可为道，然可为者未必实为，则道之义仍富于理之义也。

由此道之一名之义广大丰富，故道之一名在中国人之思想中恒居一至尊之位，而亦恒尊于理。如言儒者之道、成佛之道、圣人之道、君子之道，则尊之重之之情见。今只言儒者之理、成佛之理、圣人之理、君子之理，则尊之重之之情即略轻。又于人初甚重之事，如博弈饮酒之事，谓有博弈之道、饮酒之道，则其事如由轻而重。故合道与理以成名，则曰道理，罕曰理道。先道而后理，即所以尊道。此皆由道之一名即直接启示人以尊重之情故也。

三 道之字原之义与引申义、一道多名、道之交会，与存在即道

此道之一名之义所以广大丰富，而为人所尊，可溯原于此道字之一字之字原。《说文》谓：所行道也，从辵从首。辵，《说文》训为乍行乍止。《说文》又言：古文道，从首寸。刘熙《释名》则谓：道，蹈也。此古文道字之形，亦近导字。丁福保《说文诂林》道字下，引《说文古籀补》所载金文，则或作，与导字形更同，则道或即初以导或蹈为义。此盖言人之首能导其足身之行止。或谓此金文中首之四旁，即是行字，则所谓道路之道，乃自其为人之行止之活动所经之境，而引申出之义。又或谓此首字之四旁，乃指道路之形状，则道字之初义，即道路之道。然此亦是以人首之在中，以表其所经者为道路。故此道之字原，无论初即导蹈之义，或初即指人所经行之道路，皆连于此人首加以界定。亦皆与人之行有关。此人首，自始即有一可尊之义。故此道之字原，即有可尊之义。又人首之动，全属于人之主体或主观，其动所经行之境，则亦为客观。故道自具由主观以通达客观之义。此即不同于理之字原，只为治玉使之显文理者。玉之小不如首之大，玉虽可宝，而不如首之尊。又治玉之活动，初只对为客观之物之玉而有，亦由此客观之物而引起，不能纯赖人自身之活动而成。“由人主观之动以通达客观之境”，与“缘客观之物以引起主观之动”，亦有人之为主与为从之别。凡自为主者，亦固尊于为从者也。

由此道之字原，即从人首，表此人首之自导其行于道路之中，

故亦即具有人前望其所将行之道路，以自导其身、其足，以经行之义，复有“此道路，即此有首之身或足之所经、所行，或所蹈、所践履”之义。前望即其知之前伸，前望而有其知之所通达。次第前望，即其知之次第更有所通达，而超越其前之知之所通达。其次第前行，即其行之次第通达，亦次第超越其前之行之所通达。此即道之“通过或通达而超越”义之原始。

此人于道上向前望，以有其知之前伸，即可由近及远，亦可由低至高，或由浅至深，由狭至广，由此而有其知之种种远度、高度、深度、广度之不同。然其继知之行，则恒始于近处、卑处、其浅狭仅可容足之处。然此行连于其知，其知之前望所及者，既高远而深广，则此始于卑近而浅狭之地之行之意义，亦随之而高远深广。此中，人之前望之知之所及，可是人身以外之山川、草木、日月、天地或他人之身，而其行，则唯系于其既有所知于其身之外者，同时更内有意、有志，以自率其身，然后得成。此身之外者，属于客观之世界，此身之内者，则属于主观之世界。而通此内外者，则是此人之知行。知能知道，此知亦有其所以知之道，如以目正望，或依昔日之尝经此道路之记忆经验，以推知等。行能行道，此行亦有其所以行之道，如侧足、正身，或以意志自持其身等。此即人之自主其知、其行之道，以得“知此道路、行此道路”之道。亦一切人之身心之修养之所自始之道。此则皆在人之最原始、最简单之行路之事中所具有者。由此以引申至人之一切衣食住之事，一切其他言行之事，一切用其心知、心意、心志之事，其中皆莫不有其所知之事物之道，与知之、说之之道；及求有以达其心意心志之所愿欲，而如何如何行之道。此皆同可名之为道，亦皆莫不以此知行之次第有所通过或通达，而亦次第有所超越，以通贯此人身之内外，成其生命之进行，而拔于其旧习，为其“知道”“行道”之义者也。此中，凡有所通达，即必自有所超越，又必自导其知其行，乃有其向前通达之事。故中国于道之一字，可只训为通达或导，如《说文》谓“一达之谓道”。刘熙《释名》于“道者，导也”下，更有“所以通导万物者也”之文。《论语》孔子言“道之以政”“道之以德”，皆导之义。孔子言“吾道，一以贯之”，则兼通达之义。《庄子·齐物论》篇明言“道通为一”，《庚桑楚》篇亦言“道通”。扬雄《法言·问道》篇曰：“道者，通也，无不通也。若涂若川，车航混混，不舍昼夜。”宋张横渠《正蒙·乾称篇》言“通万物而谓之道”。中国先哲之文中，以通达言道之义者，不可胜数。本此以通达言道之义，遂或以道如虚空之无形，为万物之“所共由”，如道家之常言；或以道为人之率性、尽性、尽心之所显，如儒者所常言。此二者亦可有其互通之义。然既可互通，则吾人亦非必须处处以通或通达言道，而此通之一名，如加以解释，亦不简单。明儒湛甘泉辑《圣学格物通》一百卷，其《大序》曰：通有“总括之义”，有“疏解之义”，有“贯穿之义”，有“感悟之义”，而一一详释之。其论甚美，亦非如湛甘泉之大儒，不能为之。故通于此“通”以言道，亦非易事。吾人亦非必以“通”言道，而可以其他之种种之名义言道。然依此种种名义言道，其诸名义间，亦应有其相通之义，亦有与道之一名之字原之义，乃指人之知行之所经之道路，或此人之如何自导其知行之道，有相通者。否则此道之何以可用种种名义，加以解释，其种种解释，何以皆可辐辏于此道之一名，即不可解矣。

此道之一名，可以种种之名义，加以解释，如可由此道之属于某事某物，而以某事某物之名，名其道；更可由某事某物之连于其他事物，而以其所连之其他事物名其道。如孝可属于子，而名为子道；亦可自其连于父，而名为事父之道。此即同于谓道可以其所自始之事物名其道，亦可以其所自终之事物名其道。如世间道路，可依其自何地始以得名，亦可以其所自终以得名。除此之外，道亦可以道上之物或一道之所经之物以得名。如道可以其所经者为山为水，而称为山道水道；或其上之物为碎石或水泥，而名之为碎石之道或水泥之道。此亦如子之行孝道，必经对父母侍养之事，而人可以侍养之道，名孝道也。

上言凡道皆可自其所自始所自终或其中所经者名之。然复须知，此中之所经者，固是一道；而其所自始自终之处，则通常又称为一站口。然此站口，更可为一道路与其他之道路之交会之站口。此站口之存在，遂成为使道路与道路得其交会之道者。故此站口之自身，亦可说为道。如我之孝，自我或我心发，而此我或我心，亦可更有忠以为对友对君之道。则此我或我心，即无异我之忠与孝之二道，所同自发之一站口。又此我所孝之父母，为我之行孝道之事之一终点，亦为祖父母对之行慈道之一终点。此我之父母，又即为我之孝道与祖父母之慈道，所交会之一站口。世间之道路，若无一站口，则不同之道，不得相交会。而此站口之存在，亦即使不同之道，得以交会通达之道。故此父母之存在，亦即所以使上述之孝道、慈道得相交会通达之道；我或我心之存在，即上述之我之孝道与忠道等得相交会通达之道。循此以观，则不只通贯我与父母者，是道，我与父母之存在之自身，即是道。推而广之，则不只通贯此各人物以及天地、鬼神者是道，即此一切人、一切物以及天地鬼神之存在之自身，即是道。故道无乎不在，为一切人物天地鬼神之所不可须臾离者。故以道眼观此一切人物与天地鬼神，亦可说其皆道之所凝成者，而“道遍满天下，无些小空阙”（陆象山语）矣。

四 道之远近、大小与曲直，非道之道，平行道与相贯道

道之所通达，有其远近之殊。其次序通达，而所历之站口更多者，为远；所历之站口少者，为近。道又有大小之别，为多人物所共行，而一道中有多人物之道在者，其道大；反是者，则相

对为小。然道之能通达于其他之道者，又自有其多少之别。如一站口，可只有一二道路于此交会，则其道所通之道少，其道亦名为小；一站口可为四通八达之站口，则其道所通之道多，其道亦名为大。又由人或事物通达于他人他事物之道，可是中无阻而可直达者，是为直道，亦可是中有阻而只能曲达者，是为曲道。由此道之有远近、大小、曲直之不同，而于远、大、直者谓之道，则于近、小、曲者，即可只名之曰术。道之近且小或曲而自环自封闭者，其通也即有所不通，其为道，亦有所至而止。此即为不通之非道。世间之道路有死巷、死路，不能更通者。而人与事物之所依之道，亦有通于此时此地，而不能更通于另一时一地，可以通于一人，不能通于他人，或只通于少数之他人，而不能通国家、天下与古今之历史或天地万物者。其通之向于小者，为小人之道，其通之向于大者，为大人之道。凡道至此不能更通，而向前向大以开展之处，则其道即成一前路不通，或其前无道者。然其前路不通，亦非初无所通。知其有所通，亦有所不通，而不以其所不通为其所通，则此“知”兼通于“通”与“不通”。此知亦自有道。唯以“不通者”为“通”，此“知”乃自陷于非道矣。然此“知”之陷于非道者，能更自拔起，则回头是道。回头亦经此“非道”而更非之，故此“非道”，亦是所经；而凡所经者，亦皆是道，故非道亦是道也。唯在此非道之道之前，人必先自拔起，自回头，而更非之。而于此非之之时，则当只见其为非道，亦当只以“非道”名之耳。

世间之道路，有交会于一处者，亦有彼此平行者，如火车道侧之更有人行道。又有纵横相贯，不相交会，而亦不相碍者，如桥下行船为水道，桥上行人为人行道。平行而同向者谓之同方。《说文》谓方为两舟并，即两舟并而同向也。纵横相贯者谓之异方。此皆可喻人之知行之道，亦尽多彼此交会或平行或纵横相贯，各异其道，不相交会，亦不相碍者。如人之孝悌忠信仁义礼智之道，五伦之道，治国平天下之道，以及人类之种种学术文化之或循如何之感觉想象理解之知的道路而成，或循如何之表现情感、运用意志之行的道路而成，其不同之道亦皆有交会于一处，或平行，或纵横相贯，而不交会亦不相碍之情形。克就哲学思想进行之道而言，则哲学所思想者皆为普遍究竟之宇宙人生之真理或道，而皆可称为大真理或大道。此各哲人所思之大真理或大道，可有互相交会，或平行，或纵横相贯而不交会之种种情形，亦复如是。

五　发现道、创成道、目的道、手段道，与道不同之论争，其相容以并存，及哲学思想中之“道”之次第修建之历史

世间有种种之道，皆可说为人物与其知行之事之所依以进行，有如先于其知与行之进行而在者；有可说为由此进行而成者。如吾可说因有世间之道路先在，故人足乃能行，如孔子言“谁能出不由户，何莫由斯道也”，庄子言“道恶乎往而不存”。然人足之屡行于一地，则地上即有道，如庄子所谓“道行之而成”，孟子所谓“山径之蹊间，介然用之而成路”。故道可视为先人之知行而有，更为人所知所发现而行之者，如《易传》所谓“苟非其人，道不虚行”也。亦可视为后人之知行而有，为人之知行所创成者，如孔子所谓“人能弘道，非道弘人”也。然此人之发现之事，亦为人所自创成；而其创成之事所循之道，亦必先被发现。则此二说可无诤。但道如为人所发现，则道千古而常在；道如为人所创成，则道世世而常新。“常在”与“常新”，不必同义，人如偏执其一，则二说可相诤无已。或谓有道只是发现，有道全属创成。此则折衷之说，未必融通之论。又道似有只作手段用者，与作目的用者之别。如马路似只作行车之手段用，花园中之道，则人之游行其中，其本身可为一目的。又如一般以求财为资生之手段，人之行

于正常生活之道，则其本身可为一目的。然一切目的之达到，亦可视为其他目的之手段，如人之行于正常生活之道，可为求升天。又任何手段行为，当其为目的所贯注时，其本身亦或被人直视之为一目的，如守财奴亦可以守财本身为生活之目的。手段之道与目的之道，亦可通而观之。然人生亦可有一恒常或究竟之目的，更不可作手段用者。此目的之道在中国哲学，称为经道，佛学称为究竟道。而实现此经道或究竟道之工夫或手段之道，则称为权道或方便道。唯人所视为恒常或最后目的之道者为何，与所用以达同一之目的之工夫，或手段之道又为何，在一般人与在哲人，皆可彼此不同。即二人同取一道，一人视为目的之道非手段道者，另一人可视为手段道非目的道；则其所谓目的之道与手段之道，仍彼此不同，遂貌合而神离。又人之取何目的道，或取何手段道，初皆可互不相知，亦不相为谋，人遂可不见他人所取者之亦原是道，而径以之为非道。如行船者只以顺江行为道，则可以横渡江者为非道，亦可由其眼见河岸是陆地，更不信有其他平行之河道，在此所见陆地之外；彼未必知桥上人之固自能横渡江而过，而未尝非道，其所见之陆地外，亦可有其他平行之河道也。人各有其所习之事，故人亦恒互斥为非道。而在学术文化之世界，以至在哲学之世界中亦然。于是人之自知其实非非道者，则必将更非他人之所斥，以自言其非非道。由此而在学术文化之世界或哲学之世界中，亦必不免于种种论争。此中，固有实非道之道，由论争而显其实为非道，遂更不被人视为道者。然亦有诸道，原是彼此平行，或纵横相贯，初不相碍，而人本其所知之道为标准，乃不见其交会于其所知之道，遂互斥为非道者。人于此“遂必须各自辩自明，以见其皆非非道，而以此自辩自明之事，为成其道之相知而相交会”之“道”。然要必先有种种之道为人之所知，乃有此互斥为非道，以成论争之事。故此论争为后于人之知种种道而有者。观此人之论争，就人之文化全体言，则在宗教政治之事中者最多。就人之学术思想言，则以哲学中为最多。此则由于哲学乃期在求最大最高或最普遍最究竟之真理或道，此最大最高之道，似不容有二，则二人所见不同，即必不免于相争矣。

吾人今之所论者为哲学，亦当肯定人自有求最大最高之道之权利。在已有之人类哲学思想中，亦可有一哲学思想知此最高最大之道，又可说此道尚待于人之探求。然亦可谓最高最大之道，即在一切次高次大之道之互相贯通之中。此互相贯通即一切次高次大之道之道。盖此最高最大之道，若不能贯通诸次高次大之道，亦不能为最高最大。此最高最大之道纵必为一，次高次大者，则可不只一而为多，因无多，亦无多之贯通为一故。由此而人之哲学思想欲求一至高至大之道者，虽恒不能免于论争，然其论争中之自辩自明，既所以成其道之相知，而见其交会；则其争即恒归向于诸道之互相让，以共存于一“道并行而不悖”之世界中。人亦可由此以进而望至庄子所谓“鱼相忘乎江湖，人相忘乎道术”之境矣。是即人类哲学思想发展中之种种道之次第发现，亦次第而修建成，更还相通接之历史。此亦如世间之道路之有其次第之修建成，亦必更还相通接也。此事则在中国哲学思想之发展史中，最显然可见。

今将此哲学中所谓道，与所谓理或义理相对而观，则道大理小，故大理为道，小道为理。大道贯小道，大理贯小理，亦可称为道贯理。道贯理，而理亦所以说明此道，而属于此道，是为道统理。一道之统贯诸理，亦可称为此一道在诸理中贯注流行，同时定诸理之次第相连结之方向。如一城市之大道，统贯其小街小巷，而加以连结，以定小街小巷所通达之方向也。吾人所谓哲学思想中之道之所在，亦即哲学思想中之种种义理之连结，所示之大方向之所在。此哲学思想之道，亦即可说为流行贯注于哲学义理之连结中者。故哲学思想中之道之次第修建成之历史，亦即次第依哲学义理之连结，以建立种种哲学思想大方向之历史也。观世间道路之修建成，初虽皆有其历史，然其既成之后，则人之行于上者，亦可不问其历史。哲学思想中之道，为昔人所已修建成后，人亦可只求知之，更不问其历史。又哲学中之道，既为既高且大之道，或普遍究竟之真理，则其为真也，亦可贯古今四海而皆真，人固可不问其在何时何地初为人所发见或建成。故哲学中亦可只论此有关种种之道之义理，而不言其被发见或建成之历史，此即纯哲学之事。然人不知世间道路之修建之历史，则不能知人何以先建此道路，而次第建成其他种种道路之理由或义理；而对此理由或义理无所知，则亦少知若干道理。此即喻人之为哲学，而只就已成之哲学之道而观之，更于其道所以建成之历史无所知者，亦即少知若干道理。故治哲学不能不兼知哲学之历史。然吾人之言一道路修建之历史，亦可注重在此修建道路之一一人所先经之一一事，复可偏重在其所以修建此道路之直接的理由或义理之何在，其修建之道路，乃向何大方向进行。人之治哲学史者，亦可重观历史中之哲人所经之事，其家庭社会与时代之文化环境，对其哲学思想之影响之何若，亦可只重在其一人或合多人所以建立某哲学思想之道之义理之何在，其所说之道，乃向何思想之大方向进行。此中之前者，则为更标准之哲学思想史，而此中之后者，则更切近于纯粹之哲学，其目标唯在将哲学中之道之所以建立之义理，略依历史次序加以展示，而见此种种诸大方向之道，所由建立之“道”，其整个面目之何所似者。此亦即吾之此书之论述，由周秦至隋唐之中国哲学之道之“道”也。故于此吾之论述之道，如美之，可称为即哲学史之形成之道，以为哲学中之道，以见此哲学史所由形成之道，运行于历史之变之中，亦洋溢于历史之变之上，不来不往，千古常新，以为哲学之永恒的观照之所对；如贬之，则二者皆非，乃似哲学史，而不必合乎于世所谓哲学思想史之标准者。故吾不名之为哲学史，而名之为《中国哲学原论》中之《原道篇》也。

导论下：孔子所承中国人文之道

一　中国人文中之不言之道，及言中之道，与孔子之契在不言之道，而为言

在此“导论下”之文中，吾将略论本书何以自孔子之道始，及孔子之道所承之其前之人文之道者。吾书之自孔子之道始，非谓其前之人未尝言道，而不知道也。依“导论上”所说，人生之事，既无不有道，天地万物，亦无不有道，人固未有全不知道之时。然人之知道而继以行道者，则可不言道，而道自在。中国之哲人之言道，固原于其先已生活于中国之人文世界中。当中国人文之初创，其人之聚而成家成国，敬天事神，利用厚生，固皆各有其所依、所知之道，而初不必皆自言之者也。吾人今由中国古代所遗留于后世之文物如钟鼎之类，亦可略想象其时之人文。观此钟鼎等文物，具敦朴厚重之质，亦具变化精细之文，即已可见中国古代人之仁与智。此钟鼎之物上所铭刻之文字，恒有“子子孙孙永保”“其万年用”“万年无疆”“万年眉寿无疆”之文，尤见为此器物之人，其生命意识之通及于子子孙孙与万年。此铭刻之文字，不特于钟鼎等中有之，于人所用一切器物中盖皆有之。据《大戴礼记·武王践祚》篇言武王席、机、盥、盘、楹、杖、带、履、觞、豆、户、牖、剑、弓、矛之上，莫不有铭。如席之前左端之铭曰“安乐必敬”，前右端之铭曰“无行可悔”，……鉴之铭曰“见尔前，虑尔后”，……屦之铭曰“慎之劳，劳则富”……此

铭之文，皆人之自戒自勉之辞，而具道德意义者。此铭之刻在日用之器物，即使人于用器物之时，得缘之以知人之自修其德之道，而使此道德之事，与用器物之日常衣食住行之生活之事，其敬天事神之宗教性之典礼之事，成家成国之社会伦理之事，及利用厚生之经济上之事，初皆不可分者。由今存之商周之文物，皆多有文字铭刻于其上，大不似其他古代之文化民族所遗留至今之文物，其文字恒只刻于建筑中之壁上，而罕刻在日用之器物者。此则盖亦由中国文字除由声音表义，更兼象形以表义，而象形则近乎图画，其文字之形状，最富变化曲折，亦最富审美之价值，即可用以为刻镂之故。文字所表之意义，固恒为抽象，其象形则象具体之形。表义而兼象形之文，刻在器物之中，则使人于用器物之时，即依文字之具体之形，以思及其抽象而在形之外或形之上之意义，而和融此抽象意义与具体之形以为一。后之中国思想中即器见道之精神，亦盖即最先由此而养成。至于此中国古代之文字，何以于除以声音表义之外，必兼以象形，则盖缘于中国古人之兼重综合耳目所见之声形，而合之以表心思所及之意义，而即循如此之一“道”，以创造中国之文字之故。此道之自身，则为中国文字之创造之所以然，而又为一超文字之不言之道也。

此不言之道，在有言之道之先，乃中国后之善言道者，如儒道佛之家共许之一义。故其既言道，亦恒欲再还契于一不言之道；而其言道，即只为中间一段事。吾人今所谓哲学思想，皆必以言表之，亦即只属于中间一段事，其前其后之事，即皆为超言说亦超哲学者。又中国哲学之明言及道之一名者，更只是中国哲学中之一部分。中国人初由言天、言神、言命、言德等而有之哲学思想，亦未用道之一名言。此哲之一名，在中国之出现固甚早，在《尚书·虞书·皋陶谟》已有“知人则哲”之言，然其初只所以泛指人之睿智。《尚书·周书》中恒连王并用，称为哲王。哲王之哲，固只见于其为政之言行，初不同于今所谓哲学。而吾人固可谓哲王以及哲臣之言中，有若干之哲学观念或思想存于其中，并谓其思想中亦有道在。然此亦是其“尚未言其为道”之哲学思想或哲学之道。对正式言道之哲学思想说，则仍是一不言道之哲学思想也。

吾今之论中国哲学中之道，乃限在就中国先哲之明言及“道”，并有一道为中心，可通贯其全部思想者，而论之。此则唯有始于孔子。因孔子乃明言“吾道一以贯之”，而确有一道为其思想之中心，以通贯其全部思想。然孔子虽言道，而亦知有一不言之道在。其梦魂之常在周公，即由于其心之常契在周公所制之礼乐制度中之不言之道；故自谓“述而不作，学而不厌，信而好古”。其言“予欲无言”，更谓“天何言哉，四时行焉，百物生焉，天何言哉”，皆表示其心之常契在天之不言之道。吾人亦即可说孔子乃契在其前之中国文化中不言之道，以言道，而开启以后之言道之中国哲学者。此即昔人之所以称孔子为道贯古今。故吾书重论中国先哲之言道，亦当自孔子始也。

然孔子既自谓依“述”与“好古”以成其学，则吾人欲知孔子，亦似不能不求知此孔子之所述所学之古，否则吾人亦不能知孔子。然吾人若专往考孔子所述所学之古，由周之礼乐，以至唐、虞、夏、商及其前之中国文化，由考证《诗》《书》之典籍，以至其前之文物，文物中之金文、甲骨文之字义与地下发掘之古物，则属专门之学，非吾之所能为。此所考证得者，亦不知其是否皆果为孔子之所述、所学之古与否，而不必皆与吾之论中国哲学中之道，或孔子所言之道者，直接相干。然国人所素习之《诗》《书》《春秋》《左传》《国语》诸书，即未经孔子删定，其所载者亦应为孔子所知。吾今即以此诸书为限，以略说此一道之名言观念，如何缘此其他之哲学性之名言观念之次第衍生，而出现，而使孔子得言一贯之道。

二 《虞书》《夏书》《商书》中哲学性观念之次第生起

此吾所据之《诗》《书》《左传》《国语》等之成书时代，自昔之学者，即有种种争论。今人持金文、甲骨文及其他文物为对证者，其说尤多。然此诸书之成书，即在后世，而不免有后人之整理之笔、附益之文；要必非凭空意构。观中国之史官之早设，则文献之传，必有所征。故除伪古文《尚书》出于东晋，其来源复杂，今暂不引用外，下文设定孙星衍《尚书今古文注疏》中之《尚书》各篇，为大体可信。今本之以言中国虞、夏、商、周诸哲学性观念之演进，以更接于周之《诗经》《左传》《国语》中所载之言中之哲学性观念，应即可说明孔子之“道”之渊原所自。吾观其中之哲学性观念之次第出现，亦固大体合乎人类思想之自然发展应有之常情者也。

《尚书》始于《虞书》之《尧典》，及《皋陶谟》，并继以殷周之诰、训。其所及于尧、舜、禹、汤、文、武、周公、皋陶、伊尹等之言与行事者，大体与诸子之所称道者相合。《尚书》之不夹杂神话，而唯载古先之哲王哲臣之言事，即见其初不出于后人之推想，而当本于史官之纪载。盖直接负社会政治责任，而首为后世所念念不忘者，应为有相当德行之人物，故《尧典》以尧之“克明峻德”为说。此自为他人对尧之赞颂之辞。此德之名言与观念，亦可为后出。然于一历史上之为后人所念之不忘，而负政治社会责任之人物，谓之有一峻德，固非溢美。其言尧“钦若昊天，敬授民时”，则表示古人生于自然，原必以上观天象，并依时历以生活，为其首事，如《国语·周语》明论“古者太史顺时覛土”是也。其言舜之“肆禷于上帝，禋于六宗，望于山川，遍于群神”，乃总言其对神之敬祀。此乃一切民族之人文之初创时，所共有之宗教性之典礼。其时固未必有殷周之天帝之观念，然亦不能谓其必无一群神中之主神，而相当于天帝者也。至于言其“以亲九族，平章百姓”，则由人群社会与政治组织，本始于氏族与各不同氏族之联成邦国。则谓古代有一特出之人物，如尧者，其所联成之邦国最大，而称之为能平章百姓，或称其大之近似乎天之大，如孔子所谓“巍巍乎唯天为大，唯尧则之”，亦非溢美之辞也。

至于《虞书》之言舜之命契为司徒，敷五教；皋陶为士，察狱讼；益为虞，治草木鸟兽；伯夷典礼；夔典乐等，则不外言中国古代之人文社会之次第形成中，有掌政教礼乐之事之官守。此诸官守，为一切古代民族社会所共有。其中夔典乐，同时以“直而温，宽而栗，刚而无虐，简而无傲”之德教胄子，则由于人之音乐，原可直接养此中和之德之故。唯在中国文化，于一切人文之事，恒归功于始创此种种人文之业之特殊人物。吾人亦不能谓任何人文之事，无始创之之特殊人物，亦不能言契、皋陶、夔等之必非其人也。则《尚书》记之，而后人信之，固未为不可。此诸人文之事之成，固又必有其所由成之种种不言之道在也。

至于在《虞书》中之《皋陶谟》中，则更言九德、六德、三德，又言“天叙有典，天秩有礼，天命有德，天讨有罪”，及“天聪明自我民聪明，天明畏自我民明畏”。此则由古代人文始创之时，人原无将其自己与天或神帝相对立之意识，故于人所奉行之典礼与所当为之事，皆视为天所垂典、降命，而命之为者。于是天之聪明即表现为人之聪明，亦表现于民之聪明；天之光明与可敬畏，亦即表现于人文之光辉与人民对天之敬畏之情中。古代亦必有智者初能见及此义而言之者，《尚书》纪其人名皋陶。吾人不能谓其必名皋陶，亦不能谓其必非皋陶也。

在此剔除伪古文之《尚书》中，初无尧舜禹之以“人心惟危，道心唯微，唯精唯一，允厥执中”之心法相授受之语。其所述者，大体合于人文演进之自然之序，乃由敬祀昊天，观天象，逐渐形成人文；而初尚未能大反省及其内心之事者。故《尚书》中之于

《皋陶谟》之后，唯继以《禹贡》之纪地理与河流之分布。一切古代民族皆历洪水之灾，中国古代亦然。洪水为灾，人必合力以治水，而禹盖即善治水之民族之领袖。由治水而知河道、知土地之分布，则更必有加以纪载者。其初固不必即有今之《禹贡》之文。然要必有此类似《禹贡》之文者。由治水而广土地，由广土地而农业盛，故禹所命官有后稷，传为周人之祖，则周人盖初为长于业农之民族也。在今《禹贡》之文中，首见“九河既道”“沱潜既道”等语。此道之义，应即同导，导河而河有其河道。此则尚无哲学意义之道也。

《商书》中之《甘誓》《汤誓》，乃伐有扈氏与伐纣之誓师之辞。其文言有扈氏与夏桀，有罪而不正，天命殛之，故汤本其对天之敬畏，而恭行天罚云云。汤之承天命、章天讨，而有对夏之革命，无异后世所谓替天行道。此革命之本身，必依所革命者之无道或不正，而求正其不正，以为此革命之自身之道。然此中亦尚未明言其为替天行道，或为一革命之道也。

至于《商书》之《盘庚》一篇为迁都之诰文，乃借“天之断命于旧邑，而永我命于兹新邑”，以告其世臣，当“黜乃心、无傲从康，施实德于民，勿自生毒、自致祸”。此盘庚之迁都，乃“震动万民以迁”，惟赖人各自黜其旧习之心，而齐一众德，乃克有济。故此文中屡用“黜乃德”“迁乃心”等语，而归在望其世臣之“各设中于乃心”。此乃《尚书》中用心字之始。所谓“设中于乃心”，即以中为存心之道。此“中”初何所指，不可知。王国维《观堂集林》有文谓“中”初只是状一版册之形，或谓乃指射之目标。此篇文中亦有“若射之有志，无侮老成人，无弱孤有幼”之语。则设中于乃心，即使心志定向在敬老慈幼，以恭承民命，以永天命于新邑之谓。当迁都之际，人离其故土，亦自然最易回头自觉及此心之存在。此义亦不难知。故心之一名，首屡见于《盘庚》之一篇中，亦非偶然。射之有志或心之有志，亦即见心之道，然此中亦尚无此道之名也。

至于《高宗肜日》篇言“天监下民，典厥义，降年有永不永，非天夭民，民中绝命。民有不若德，不听罪，天既孚（付）命正厥德”，则不只指出此人之义，为天所垂之典则，如《皋陶谟》之“天叙有典”；而是兼指出人之不永年，皆由人之自绝于天命，而不修德之故。故天之降命，即同时命人之自正其德。人能修德正德而奉天命，则其殁得“宾于帝”。此在殷墟卜辞中已有之。至周而一方颂后稷文王之德，一方定后稷文王与天帝配享之制。反之，而人王不修德正德，即自绝于天命，其殁亦即“不宾于帝”，其生亦不得终命。故《商书·西伯戡黎》一篇，即言文王兴，而纣尚淫戏，即自绝于天命；故纣亦不得更言“我生不有命在天”，而“责命于天”。此亦谓不德即自绝于天命，而其生亦不得终命也。

在《西伯戡黎》中，有殷王自言之“天弃我，不有康食，不虞天性，不迪率典，今我民罔弗欲丧”。此中首见天性之一名。然此天性之一名，初无深义，当犹今所谓生命之自然欲望。此与《周书·召诰》中所谓“节性”之性，指自然欲望者同义。依古注：“虞，度也；迪，由也；率，法也，罔，无也。”则此节之文，盖即言天绝我，而我不得康食，即不能自遂，而度合于其自然欲望，亦未能自依此天所垂之典法而行，故为人民所弃，民皆无不欲丧亡我也。此乃纪纣之自觉其生命之将绝而自叹之辞，以证不德而自绝于天命者，其自身之命亦终绝。《微子》一篇之微子，传为殷之宗室，数谏纣不听，而持祭器奔周者。此则要在证不德者为天所弃，亦为贤人之所弃。此二文虽在《商书》，然亦为周初之武王周公召公所用以自戒，以免为天人所共弃，而自绝其命者也。

三　殷周之际与周初之王道，及人文礼乐之道

《周书》中《泰誓》为武王伐纣初誓师之辞，《牧誓》则为至

商郊决战之誓师之辞，皆不外言纣之自绝于天，故今唯有恭行天罚，使民有政有居。此与《商书·汤誓》伐桀之辞同旨。《易经》革卦卦辞所谓“汤武革命，顺乎天而应乎人”，其道固同也。然其尚未有道之名，亦同也。

《周书》中《洪范》，传出自箕子，乃一总述自昔之贤王之政之大端之书。秦汉儒者本之作《洪范五行传》，用以配合阴阳家之五行之说。宋儒多过分张扬其义理，唯王柏等则疑其有错简。近人如梁任公等，又疑其言五行休咎，为阴阳家兴起后之著。然《洪范》中所谓休咎五行，则不同于后之阴阳家之说。友人徐复观先生于《中国人性论史》之附录中之二文，尝辨之。柳翼谋《中国文化史》，谓《洪范》以五行为九畴之一畴，而非“以九畴摄于五行”，唯后者乃阴阳家之说云云。然又或谓在殷周之际，不应有此纲目分明之大文，不似周诰殷盘之佶屈聱牙者。吾观此文虽可能经后人之整理润饰，然内容则大皆综结其前之中国思想中之观念以成。如文中之九畴中之“三德”，曰正直、刚克、柔克。《左传·文公五年》，亦有此“沉潜刚克，高明柔克”二语。此《洪范》之三德与《虞书》中夔典乐，用以教胄子之乐德，及《皋陶谟》之言九德，皆同为合刚柔之义言者。其始于何时，虽不可知，然应其来有自。其“稽疑”之言“大疑”当谋及乃心、卿士与庶人云云，则盘庚迁都之诰，亦即谋及众心之旨。至于“谋及卜筮”，则为古人素所习用。其言“八政”中之食货，乃一切时代之民生之所须。八政中之祀，则虞夏殷周所同重。八政中之司空、司徒，则《虞书》中已有“禹作司空”“契为司徒”之语。八政中之司寇，即皋陶为士之士。至于八政中之宾师二者，则较特出。然《书经·微子》篇已有“父师”“少师”之名。《史记·宋微子世家》太师少师注，孔安国曰：太师，箕子也。《左传》《国语》中所纪之师之官尤多。八政中有宾者，由接待嘉宾之礼，亦政事之一。此亦诗礼之教之所重。如微子抱礼器奔周，而不臣周，亦即居宾之位者也。至于“协用五纪”之五纪，即岁、月、日、星辰、历数。协用五纪，不外观天象以治时之事。此《虞夏书》中亦已言之，亦人文始创之时，人皆自知为之者。至于其言“庶征”中之休征、咎征，不外言自然界之气候之雨、旸、燠、寒、风之五者之来，是否适其时而有叙，以说其是否能使百谷用成、家用平康等，以定休咎；初无汉儒之以卜筮定休咎之种种奥秘之说也。其“五福”中之“寿、富、康宁、攸好德、考终命”，则人自始所欲知者。其“六极”中之“凶短折、疾、忧、贫、恶、弱”，亦人自始所知恶者。至于其五行中之金、木、水、火、土，则《虞夏书》中已言禹平水土，益治鸟兽草木，即及于木。《孟子》又言益烈山泽而焚之，即用火。殷已有青铜器，即用金。《国语·郑语》亦有“先王以土金木水火杂，以成为百物”之语。《左传·文公七年》引《夏书》曰“水、火、金、木、土、谷”谓之“六府”，则五行之物之见重，其来甚远。此五者固皆民生日用中之物也。故此《洪范》中之九畴之“三德”“稽疑”“八政”“五纪”“庶征”“五福与六极”“五行”之七畴，皆不外综合中国文化与人之日常生活中所共知者以为说。此固殷周之际之人所能为，为之亦不必待于甚高之智慧者也。其中较特殊之观念，唯是言敬用五事及言皇极二者。此敬用之五事，为貌、言、视、听、思。并谓“貌曰恭、言曰从、视曰明、听曰聪、思曰睿”，“恭作肃、从作乂、明作哲、聪作谋、睿作圣”。此五事乃人之五种活动。谓貌曰恭、言曰从、听曰聪等，则表示此五种活动之各有其所当然者，而恭作肃、从作乂等，则指人之此五活动之合其所当然，而成之五德。此中之将人之德行分别连于五种之活动或五事，即一方为对人之德作一种分类，一方示人以修德之下手处，即在敬用此五事。此则不同前此言德者之未如此分类，亦未言人之修德之下手处，即在敬用五事者。言此敬用五事，即无异言人之修德之道。然亦未明言其为道也。

《洪范》明用道之一名者，在言皇极之一节。在此一节中，言皇建其有极之旨，不外谓“凡厥庶民”之“有猷、有为、有守”之德者，“汝则念之锡之福”；“不协于极，不罹于咎，皇则受之；无虐茕独，而畏高明”。此不外表示一为政之宽容而好德之精神。故后文更言：“无偏无陂，遵王之义；无有作好，遵王之道；无有作恶，遵王之路。无偏无党，王道荡荡；无党无偏，王道平平；无反无侧，王道正直。……天子作民父母，以为天下王。”此中则明用及道之一字。此所谓王道，配前后文以观，应是王所自行之宽容好德之道。盖谓必如此无偏无党，无有作好，无有作恶，乃为遵王者之所以为王之道也。此盖非教人民遵从王道之语。因此言皇极之前文，乃明对王者而教之，而《洪范》中之八政稽疑，亦皆对王者而言也。

按此“天子作民父母以为天下王”语，在《泰誓》中“元后作民父母，民之有政有居”，已涵其义。此与《康诰》“若保赤子”之语，及《诗经》中记为康公戒成王之“岂弟君子，民之父母”(《生民之什》)之句，并可互证。桀纣之亡，皆民共叛之。失民则失天下，亦失天命，即证天命之见于民意，亦见天之必命有德者以保民。故后之《召诰》有“天亦哀于四方民”之语，《诗经》有“皇矣上帝，临下有赫，监观四方，求民之莫（定也）”(《文王之什》)之诗。此即《左传·襄十四年》师旷之谓“天之爱民甚矣，岂其使一人肆于民上”一节语，所自本之义。故王者欲“奉答天命”，必“和恒四方民”(《周书·洛诰》)。此理初非难知。在殷周之际，人历观桀纣之所以亡国之故，固必悟及天子当如父母之保民，乃能奉天命；而为天子者以为民父母之心待民，亦自必当自勉于无偏无陂、荡荡平平之王道也。此中之皇极之皇，其意盖初非战国时之皇帝王霸之皇，或三皇之皇。皇极之极，亦与太极无极之极无关。因后文唯言王道与天子，并未言皇道。则此皇可只是大义。如《周书》多言皇天上帝，此皇只是大之义，上则是高之义也。至于极则只是至极之义，如六极之凶短折、忧、疾等为生命之至极。皇建其有极，即后文“惟皇作极”，亦即以大为至极。后文言“凡厥庶民……汝则念之”，于民之在“不协于极者，皇则受之”，即谓王者必大，而能受民之不协于极，而不见有不协于极者，方为能配皇天之皇极之道者也。此与《周颂·清庙之什》“思文后稷，克配彼天，立我烝民，莫非尔极”之诗，正可相证。《国语·周语》单穆公曰：“物得其常曰乐极。”芮良夫曰“使神人百物，无不得其极”，则更引此《周颂》为证。此芮良夫言，亦与《洪范》尚宽大宽厚而无偏无党，以无所不极之皇极为“王道”者，同其旨趣。无偏无党，即大中。皇极之道，自是大中之道，不必单训极为中也。此尚宽大宽厚之旨，为稍后之《秦誓》所承，而言“一介臣，断断猗无他技，其心休休焉，其如有容，人之有技，若己有之；人之彦圣，其心好之……寔能容之，以保我子孙黎民”。《诗经·烝民》称美仲山甫，始于“天生烝民，有物有则；民之秉彝，好是懿德”之句，更言其“既明且哲，柔亦不茹，刚亦不吐，不侮鳏寡，不畏强御”，则兼仲山甫之正直与宽厚，以称其明哲。若更溯此尚宽厚之思想之原，则《虞书》中已有舜命契“敬敷五教在宽”之言。《盘庚》言“奉畜汝众，作福作灾，予不敢动用非德”，“汝无侮老成人，无弱孤有幼”。《康诰》言文王“明德慎罚，不敢侮鳏寡，庸庸祗祗，威威显民”，皆是尚此“宽厚而能包容众民，而保之显之”之德。《诗经·文王之什》言“帝谓文王，予怀明德，不大声以色，不长夏以革，不识不知，顺帝之则”。此亦是以德之能宽厚而能包容，若无识知者为贵之旨。《尚书·君奭》篇言“我道惟宁王德延，天不庸释于文王受命”。即谓周公之道，唯是宁此王德，而延长之，以继此天之“所未放弃之文王受命之事”。此文王之德即一宽厚包容之德。顺此德而延之，是为道。故曰“我道唯宁王德延”。于此即见此“道”之名，乃缘此“德”之名而出。德为王德，则道亦应为王道。此王道当求大，乃所以奉答天命。“天命”在殷周之书，皆恒称为“大命”。《周书》于“天”多简称为皇天或称皇天上帝，皇即大。故奉答皇天大命，固当求宽大能容也。《泰誓》言武王伐纣，“八百诸侯，不召自来”。《康诰》言“周公初基，作新大邑……四方民大和会”。《洛诰》言“其自时中乂，万邦咸休”。周公《多方》篇又言“夏初受天命，后至于桀，不肯戚言于民，乃大淫昏，帝……‘大’降罚……‘大’不克开”，遂有成汤之“代夏作民主”；然至纣而又“弗克以尔多方，享天之命”，“惟我周王之克堪用德……我惟‘大’降尔四国民命”。此即见文、武、周、召，确有一依皇天大命，以开创大时代、“作新民”（《康诰》）之精神。《洪范》之洪，亦即大之义也。故前文谓皇极之皇，亦如皇天之皇，乃所以表大。八百诸侯之会、四方民大和会、万邦咸休，皆见此周王之道之大者也。此与《诗·大雅》之言“上天之载，无声无臭，仪型文王，万邦作孚”之诗，正可互证也。

循上所述，而通观《周书》中之周公召公之训诰，与《诗经》中之《周颂》之称太王、王季、文、武，《鲁颂》之颂周公之德，则见此中确有一伟大之政治精神，其本则为一道德精神。故周召之教，乃恒先言夏殷之王，皆初承天之大命，唯其末世之王不德，乃自绝于天命，亦自绝于四方民。遂由此以言“天不可信”（《君奭》）；“天难谌”“天命靡常”（《诗经·文王之什》），更言周之文王，唯以其德之纯一不已，乃得契于“维天之命”之“於穆不已”（《诗经·清庙之什》）。故谆谆教周人唯有“疾（速）敬德”“丕（大）显德”（《洛诰》）以“祈天永命”（《召诰》），否则亦当如夏殷之末世之王，为天与四方民之所绝弃。周公《无逸》之篇，则以知艰难为教，并举殷之哲王如中宗、高宗、祖甲，初亦皆“不敢荒宁”；故不可谓“昔之人无闻知”。周公《君奭》之篇，更言夏殷王之贤臣初有伊尹、伊涉、巫咸、巫贤等，辅文王之贤臣，则有散宜生、南宫括等。此皆超乎夏殷之民族之对立之观念，而举昔之哲王贤臣之言行，以教周人。此即一对有永久性、普遍性之道德精神之肯定。至于史所传之周之文教制度可考见者，则近人王国维《观堂集林》中之《殷周制度论》，尝谓周之立君之立嫡长之制，与其他宗法封建制度，皆开创一新制，应大体可信。立长立嫡之制，足以定君位。其封建制度之兼封同姓与异姓之诸侯，无论是出于理之当然，或势之不得不然，皆出于兼容天下之器度。其宗法制度之重合族敬宗，并有同姓不婚之制，以使此同姓与异姓之诸侯，同姓公族与异姓世族，得以姻媾之谊通其情，亦凝协天下之制度。此二者与周之礼乐之盛，及其《雅》《颂》之诗之称美赞颂祖德与贤臣之德，叙王政之所由废兴，皆必依于一坚实而伟大之道德文化之精神，而后能为。此中种种周之礼乐制度毕竟如何，争论甚多，吾亦不能详考。然吾人于《诗经》，只须平心讽诵其《大雅》与《颂》，由其文句构造之典重整秩，味其肃肃穆穆之气象；更讽诵《国风》《小雅》，由其文字之回环往复，味其温柔敦厚之心情；则可略想见此周代人之生命精神状态，乃充实而雍容，亦有余而不尽者。周之国运能至于八百年，为世界之历史中所未有。此不能事出偶然，而当由文武周公之道德精神，以立此开创之功。孔子之言吾从周，而梦魂常在周公，亦即契在周之人文制度之道之大也。

四 周之礼教及春秋时人之言文德、天道、人道，及孔子以后中国思想之尊道

周之文教制度之次第建立，自亦有一长时期之历史。如春秋以前之西周数百年，即周之文教制度次第建立之时期，而不必皆有史文可考者。此一切文教与制度，盖皆统于一礼之名之下。礼原所以祭天帝社稷、祖宗，及生前有功有德之人之为鬼神者。赞颂鬼神之诗乐，初与祭礼俱行。主祭者为宗子国君，而与祭者则依其亲疏尊卑之序，以就列而成礼。于是礼初为人之致敬于鬼神

者，亦皆渐转而为致敬于人者。一切亲亲、尊尊、贵贵、贤贤，天子与诸侯，诸侯与诸侯及士大夫之相与之事，无不可以礼敬之意行之，皆可名之为礼。此礼遂于人之宗教、艺术、文学、人伦、政治之事，无所不贯；而人在种种为礼之事中，亦同时即可养成种种不同之德矣。

由此人之为礼之事，同可养人之种种之德，故由《左传》《国语》诸书所记，即可见春秋时人之言德行，恒环绕礼文之名而说。今可略举其言为证。如《左传·昭公二年》谓："忠信，礼之器也，卑让，礼之宗也。"《昭二十六年》记晏子曰"君令、臣共（恭）、父慈、子孝、兄爱、弟敬、夫和、妻柔、姑慈、妇听，礼也"。又如《国语·周语下》曰："言敬必及天，言忠必及意，言信必及身，言仁必及人，言义必及利，言智必及事，言勇必及制，言教必及辩，言孝必及神，言惠必及和，言让必及敌。敬，文之恭也；忠，文之实也；信，文之孚也；仁，文之爱也；义，文之制也；智，文之舆也；勇，文之帅也；教，文之施也；孝，文之本也；惠，文之慈也；让，文之材也。"再《左传·昭二十八年》："心能制义曰度，德正应和曰莫，照临四方曰明，勤施无私曰类，教诲不倦曰长，赏庆刑威曰君，慈和遍服曰顺，择善而从之曰比，经纬天地曰文。"此《昭二十八年》语之九德，皆名文德。上引《周语》，则皆以种种德，连于礼文之义而说。其谓言敬必及天，即以敬为对天之道。言忠必及意，即以忠为定意之道。言信必及身，即以信为身之践其言之道。言仁必及人，即以仁为待人之道。言义必及利，即以义为分利之道。言智必及事，即以智为处事之道。……言勇必及制，即以勇为自制自强之道。言教必及辩，即以施教为明辩之道。言孝必及神，即以孝为对神之道。言惠必及和，即以惠为和人之道。言让必及敌，即以让为对敌之道。然此中皆未用道之一名。《左传·文公元年》之谓"忠，德之正也；信，德之固也；卑让，德之基也"，则以德之名统此忠信卑让之诸德。《周语下》言“正，德之道也，端，德之信也；成，德之终也；慎，德之守也……慎成端正，德之相也”，“始于德让，中于信宽，终于固和，故曰成”，则以慎、成、端、正之可分说为诸德者，更视之为成此一德之辅相，亦意在以一“德”之名，统此“慎”“成”“端”“正”之诸德。此中之谓“正，德之道也”，盖是谓正只为德之始道。然由德之始，至于德之信，德之终，德之守，皆可说为德之次第完成，所经或所依之道路，而亦当皆可说之为德之道。唯《周语》则限此道之义于“德之始”之道，即见其虽知重此“德”之义，以统贯其种种相或种种德，而尚未能以道之义，通贯于种种相或种种德也。

兹按此道之一名，在《国语》与《左传》中，恒用作导之义。《文公六年》言“古之王者，知命之不可长，是以并建圣哲，树之风声，告之训典，道之礼则”，《昭公五年》“道之以训辞，奉之以旧法……”，皆是以“道”之义为“导”。《国语·周语下》“诗以道之”，《晋语》“道之以文”，《楚语上》“道之以言”等语，此中之“道”之义，亦是“导”。至于有客观存在意义之道，则初多是自天道说。天之日月星云雷等之变，固属于天道。如《左传·昭二十一年》“日月之行也分，同道也”，《昭二十六年》齐有彗星之出，晏子说是天道，《昭三十二年》“雷乘乾曰大壮，天之道也”。由此而自然界之普遍的反复原理是天道。如《庄四年》“盈而荡（亏），天之道也”，《哀十一年》“盈必毁，天之道也”，《国语·周语》“天道导可而省否”，《越语下》“天道盈而不溢，盛而不骄，劳而不矜其功”。其所谓天道之义，皆不相远。由此而人间之祸福之反复或相补，亦是天道。如《左传·宣公十五年》“瑾瑜匿瑕，国君含垢，天之道也”；《昭九年》“后陈卒亡，楚克有之，天之道也”；《昭十一年》“蔡复楚凶，天之道也”；《昭二十七年》“叔孙氏惧祸之滥，而自同于季氏，天之道也”。《国语·周语》中更有“天道赏善而罚淫”之语。由此更进一步，则事天之礼亦说为天之道。如《左传 · 文公十五年》“女何故行礼，礼以顺天，天之道也”。至于如《襄二十二年》晏平仲曰“君人执信，臣人执恭，忠信笃敬，上下同之，天之道也”，《国语 · 周语》言“古之神瞽，考中声而量之，以制度律均钟，百官轨仪，纪之以三，平之以六，成于十二，天之道也”，则是以人之忠信笃敬之道，与人制乐之道，皆依天所垂于人之律则而有，故皆说之为天之道。至于特言人之道者，则《国语》《左传》之书有之而甚少。此则如《晋语》之言“报生以死，报赐以力，人之道也”，“思乐而喜，思难而惧，人之道也”。至《庄公三十二年》记史嚚曰“国将兴，听于民；国将亡，听于神”，《昭十八年》记子产之言“天道远，人道迩”，则是意在以民与神、人道与天道及鬼神之道相对而言。至于《楚语》之记观射父语谓古者民神不杂，后乃民神杂糅，颛顼乃“命南正重司天以属神，命火正黎司地以属民，而绝地天通”，“使民神复不杂”云云，则正是当时人对上古之事，加以推述之语。实则其前之民与神，当是自始不免于杂糅。唯在春秋之时，有此人道与天道、鬼神之道之分别之论，民神乃不相杂。以人道与天道相对，而此天道之名，亦可概括一切人以外之天地鬼神之道，而以人道之名专指人事之道。至于《左传 · 桓公六年》纪季梁曰“所谓道，忠于民而信于神……夫民，神之主也。是以圣王先成民，而后致力于神”，此则单言“道”，而其意指则唯是人之上信于神，下忠于民之道，而以“忠于民成民”为先于“事神”者。然尚未至于孔子之言“人能弘道，非道弘人”，“吾道一以贯之”，明以一仁道，贯通人之对己对人及对天命与鬼神之道也。孔子以后，墨子乃以义道，为天鬼神与人之共同之道。道家之流如老子，则以天地人皆法道，《庄子 · 齐物论》言道通为一，言天地与我并生。然后道之名之义广大深远，乃大显于世也。

总上所述，在中国哲学思想中最具通贯意义之名词观念，盖“天命”之观念最先出，人必有德乃能承天命，而“德”之观念，即继天命之观念而出。德依心而有，由节自然之性而成，而“心”与“性”之观念更继之。至周之礼教立，而德与“礼”相连。至于道之观念，则在《禹贡》中初有导河之道，此为人对水地之道。《周书》乃有顺文王之德以为道，更有此“王道”之名。在《国语》《左传》中，乃明见反复为“天道”之语。“人道之名”则自子产乃言之。最后乃有统天道人道之“道”。由是而有孔子以仁言道，墨子以义言道，老庄以道言道。在此道与德二者中，则自孔墨老庄以降，皆知必行于道，修于道，然后可以成德。德唯属于各人，亦或只为人所自知；而道则为人所共行共知。故道先而德后，道大，在天下，而德专于各人之一己；故欲修己兼治人，以成人己之德，必以道为先。孔子言道之以德，此道即导，亦即导人以道，以成其德。故孔子以“学道”“志于道”为首，而以“据德”为其次。墨子先言义道，乃有为义之人；先言兼爱之道，乃有具兼爱之德之兼君兼士。《老子》第一章言道之玄，其后乃言玄德。《庄子·逍遥游》先言逍遥之游，以此游即游于无待之道，而后有其至人神人之德。《齐物论》先言“道行之而成”，“道通为一”，乃有后文之至人之忘是非、利害、生死之德。此外，则《孟子·尽心》篇言“仁者，人也，合而言之道也”。《荀子·天论》篇言“道，非天之道，非地之道，人之所以为道也”。法家则偏在言政治上之道与术。此术之一名与道之一名，则略有大小之别。然孟子之言德行术知，荀子之言治气养心之术，此术之义，与道之义，亦无大别。《庄子·天下》篇有道术之名，则意在以“道”统“术”，而言内圣外王之道。及于汉世陆贾《新语》，第一篇为《道基》。贾谊《新书》之六理，以道德之名先于性神明命。《淮南子》首为《原道训》，钱大昕《十驾斋养新录》，谓“原道”之名首见于此。后董仲舒言“道之大原出于天”。魏晋之人多以道德论名篇。后世道教之徒，直以道名其教。佛家之徒亦自称道人，佛法为佛道，其菩提之名，亦初译为道。于是道之名之义，其广大深远，更大显于世。在汉魏以后之学者，即莫不言道。史家如太史公，自序其作《史记》之意，首“因道衰废”之语，并以孔子作《春秋》之道为言，而终之以“自古圣贤著书，皆意在通其道”之语。班固作《汉书·叙传》，终于言志在“纬六经，缀道纲”。即文学家如刘勰《文心雕龙》，亦首有《原道》之篇。韩愈作《原道》。柳宗元亦有文以明道之说。宋明儒者中，周濂溪《通书》首言“乾道变化”，张横渠作《正蒙》首言“太和所谓道”，明道象山皆重明道。伊川朱子乃以穷理为先，而朱子学生编《朱子语类》亦先编其言理气。然朱子乃意在合理气以言道。至清之戴东原，大反朱子，而其《孟子字义疏证》，亦以理字为先，道字次之。然其先作《原善》，首节仍先道而后理。章实斋著《文史通义·内篇》，首是《原道》之篇。文家如姚鼐言文之阳刚阴柔之美，亦先以天地之道为言。然总观宋以后之学者，则较重析理以辨道，与唐以前之学者重开拓种种道之大方向者不同。后文当及。然辨道亦所以明道。要之，自孔子而后之中国学者之尊尚在道，二千五百年来，初未尝大异也。

五 “中”国哲学与中和之道

上文吾人只说道之一名，自孔子以后即为中国学术思想所环绕之一核心，然不如宋儒之说自尧舜禹起即有一贯之道统相传。宋儒之本古文《尚书》，而谓尧舜禹即以“道心惟微，人心惟危，惟精惟一，允执厥中”之心法相传，吾人只能视之为后来之说。然除去伪古文《尚书》，《盘庚》篇亦已见有“各设中于乃心”之句。《召诰》《洛诰》有“时中”之名，《酒诰》有“中德”之名等，《论语》之纪尧曰“咨！尔舜，允执厥中”。《中庸》之引孔子语谓舜“执其两端，用其中于民”，亦可其原甚远。吾人可由一树之果之何若，以推其本之何若，则吾人自亦可由中国后来之学术思想之重此心之合乎中道，以推中国之文化学术之本原，即自始向在此“中道”。此“中”之义为无偏，则恒与大之义及和之义相连。和之一字初原于音乐，其原盖尤远。在《虞书》中已有“协恭和衷”，而具道德意义之语。中国之政治文化之自觉的求大而能容，以成大中或大和，则至少在周代人之思想中，已逐渐形成。如上述《周书》之言“和恒四方民”，以立无偏无党，而为大中之“皇极”。在《左传》与《国语》中，言及中与和之语已甚多。如《左传 · 成公十三年》，刘康公之言“民受天地之中以生，所谓命也”。《襄七年》晋韩献子言“正直为正，正曲为直，参和为仁”，正直即中也。余不尽举。《周语》所记单穆公言“耳之察和”以成乐，至“政象乐，乐从和，和从平”，“有和平之声”，而“道之以中德”之一大段文，及《国语 · 郑语》之言“和实生物，同则不继，以他平他谓之和”之一大段文，皆中国学术思想之一原始所在。《郑语》辨和与同之不同，轻同而重和。故谓：“唯和能丰长而物归之，若以同裨同，尽乃弃矣。故先王以土与金木水火杂，以成百物，和五味以调口，刚四支以卫体，和六律以聪耳，正七体以役心，平八索以成人，建九纪以立纯德，合十数以训百体，出千品，具万方，计亿事，材兆物，收经入，行姟极……先王聘后于异姓，求财于有方，择臣取谏工；而讲以多物，务和同也。声一无听，物一无文，味一无果，物一不讲。”此与《左传 · 昭二十年》晏子对齐侯所论之“和”与“同”之不同之一大段文，大旨相合。唯晏子更据以言君臣之或可或否之相反相成，以致其政之平，德之和。故谓：“君所谓可，而有否焉，臣献其否，以成其可。君所谓否，而有可焉，臣献其可，以去其否。……以平其心，成其政也……心平德和。”孔子继之以言礼之用，和为贵，更言中庸为至德。孟子继之言君子中道而立，恶乎执一而废百者。荀子亦言“凡人之患，偏伤之也”，以道为“体常尽变，举一隅不足以当之”者。荀子贵隆正，言中与和之语亦多。老子言“守中”，言“知和”，庄子言“养中”，言“和之以是非”，“寓诸庸”。至《中庸》而言“致中和，天地位焉，万物育焉”，以中庸为至德。此虽立说不同，然于贵中和之义，则一脉相承。汉人贵中和之语，不必一一举，此可观惠栋《易微言》，陈澧之《汉儒通义》所辑。佛学入中国，印度之般若三论宗与法相唯识宗，皆自谓为大乘佛学之中道。中国之成实论师及吉藏、智𫖮，皆特标出种种之中道义，华严宗则尤重在言相异者之相入相即，以成和。唐人有王通自号文中子，作《中说》，柳子厚亦随处言大中。宋代理学则周濂溪《太极图说》，以中正仁义之道立人极。张横渠首太和之论。程子以中为未发之大本，和为已发之达道，则纯自心上言中和。朱子之辨中和，亦即辩心之已发未发。阳明之学，亦初由此心之中和之问题入，其时之湛甘泉，以中正言天理。至刘蕺山而明谓宋明之儒学之工夫，不出致中与致和之外。清人言汉学，则惠栋至陈澧，皆谓汉儒最重此中和之义。爰及民国肇造，而立国名为中，定国制为共和，今正当历甲子一周之年。而中华之华，则固由中国中原民族之自称华夏。而称华者则自其文化之花朵光华而说。此中国今日之立国定名，皆非事出偶然，而由数千年之思想，原重此中与和及文华之旨，冥权密运于其中之故。则为伪古文《尚书》者，与宋儒之由树之果以推其本，谓尧舜禹之相传，即有一允执厥中之道，为其统，亦非不可说。中以不偏为义，然又即在内之心之称。此二义初不同。然心之所以为心之性，亦原是不偏。则此二义，未尝不相通。以不偏之中心为体，其表现之用，则为合异以成和，则中和二而不二矣。然吾书之不直以此中和为中国之道统所系者，则由吾特重《周语》晏子所说“以他平他谓之和”，君臣互献其可否之义。故吾亦当由中国学术思想中，诸先哲所言之种种道之互相可否，而相反相成处，以见此中国学术思想中之太和之道；更由此太和之道，以见此大中之道。故吾不说此中和为中国之道统，亦正所显此中和为中国之道统。盖若只处处扣紧中和之一名而说，则我与读者，皆将以此二名之义，先自束缚，而于诸前哲之互相可否，而大开大合所成之种种思想之光华，反将蔽而不见；亦不能实知此中华之学术思想中，由太和以成之大中之道之何所似矣。此吾之不说此中和，以成吾说之中和，原亦为吾书之密意之一，本亦不宜更自加点破。但点破后，读者可更忘之，则亦无害耳。

第一编

第一章　孔子之仁道（上）

一　导言：孔子以来言仁之思想之数变，并自述究心于此问题之经过，及本文宗趣

孔子之言仁，其义旨何在，古今论述，不可胜数。按以仁为一德，与忠信礼敬智勇等相对，自古有之，而以仁统贯诸德，则自孔子始。以仁与他德相对，则以爱说仁，最为原远流长，如《国语·周语》谓“仁，文之爱也”，“爱人能仁”，“仁以保民”，《楚语》言“明之慈爱，以导之仁”。孔子而后，以爱言仁者，其旨亦最切近易见。孔子尝答樊迟之问仁，曰爱人。匪特《孟》《荀》《礼记》皆有“仁者爱人”之言，即道、墨、法诸家，皆有相类之语。如《墨子·经上》谓“仁，体爱也”，《庄子·天地》篇言“爱人利物之谓仁”，《韩非·解老》谓“仁者，中心欣然爱人也”，其旨皆大体不殊。此以爱言仁，要在即人之爱人之情，以及于施仁爱之事，言求仁之道。以爱言仁，其旨自切近易见；爱人之效，亦至为广远。故今皆习用仁爱为复词。然此人之仁爱之原何在，则历《中庸》《易传》至汉之董仲舒，即更推本其原于天之仁。董仲舒之天，即一人格神，无殊中国《诗》《书》中所言之天或上帝。董子谓人之仁原于天之仁，亦言人当法天以爱人，即类似其他宗教以人之爱心原于神之爱心，人亦当由爱神以及于爱人之说。董子亦同时是以一人格神之天，为人之仁之形上的宇宙根原，以天之仁为第一义之仁，并以人之仁之原于天，乃天人间之一客观关

系。董子分言仁义时，又以仁原于天之阳，义原于天之阴。有如《易传》之言立天之道曰阴与阳，立人之道曰仁与义。董子更言以仁治人，以义正我，则重仁义与阴阳、人我之不同的客观关系。后许慎《说文解字》以仁从二人释仁，又引古文仁从千心，亦即重此仁为二人或千人间之关系之义。郑玄以仁为相人偶之仁，即自人之相偶关系说仁。此汉人之自仁之宇宙根原，天与人、人与人之客观关系言仁，即为先秦以后言仁之一大变，而与先秦以前诸子之直接即人之爱以说人之仁，大不同者也。

唐韩愈《原道》谓"博爱之谓仁"，此仍是先秦即爱言仁之旨。周濂溪《通书》亦言"德爱曰仁"，然又以仁义礼智信五常之德，其原在天之诚道或太极。此仍是推本人之仁之原于天。唯不同董子之推本人之仁于一人格神之天，要在推本人之仁于天之道，类似《新约》中所谓太初有道之道而已。张横渠言仁，则更有直体天之神化，为乾坤之孝子为说。此则兼重在人之承天德，以成人之仁德，而不只重在推本人之仁于天之仁。程明道言仁者浑然与物同体，又言此仁之道"与物无对"；并以疾痛相感为仁，则又涵直下合天人物我，以成此仁德之旨。此浑然与物同体、疾痛相感，则为仁者之情怀或心境，而明道未特重此爱之义。朱子以仁为心之德、爱之理，乃不更离爱以言仁。然仁只是心之德、爱之理，此德此理自在心之内，而不在其外，又非必皆表见于爱之情者。此仍不违明道在心上说仁之旨。唯不如明道自仁者心境情怀之通内外处说仁，而专自心之内在之德之理上说仁而已。此自心上说仁，亦教学者在心上求仁，为宋明儒之通说。宋明儒大皆以人果能知得此仁之内在之本原之在心，为心之性，亦即同时知其本原之亦在天。故其说与董仲舒之直下视天之仁为人之仁之原之说，与一般宗教之先说神之心，而后说人之心者，又大不同其思路。此又孔子后言仁之思想一大变也。

至于清儒之言仁者，则除承程朱陆王之学者之外，大约趣向在就仁之表现于人之事功上者言仁，而近乎宋之永康永嘉学派之论。如颜习斋之连利用厚生之事功，言仁义圣智中和之德；戴东原之以同民之欲，遂民之情言仁；焦循之以旁通情言仁；皆趣向在言仁之表现于利用厚生，遂情足欲之事功者。刘宝楠之《论语正义》一书，更以人之德性的行为，必表见为礼乐政治教育社会之制度之建立，而连种种古代之制度，以考释孔子言仁之旨。晚清自龚定庵、魏源、康南海、谭嗣同、孙中山之言，其及仁之义者，乃皆连于社会政治制度之改革为言。是皆同属于依事功以言仁之流。依此以言求仁、为仁之学，即皆当表见于事功。此与宋明儒之言仁者，首重在求仁之原于内心，与汉之董仲舒等之首重推本仁之原于天者皆不同，而为中国思想言仁之思想又一大变也。

至于民国以后之论中国思想，而及于孔子之言仁者，其说又有种种。大体而言，则恒趣向在对孔子之仁之概念，求一解说。而学者见孔子之言仁，恒连于人之其他种种德行，如义礼智忠信恕之类而说；遂以孔子之未尝对仁有一明确之界说为憾，乃欲试为之界说，以确定仁之主要意义或根本意义。学者又或求孔子之所谓仁之一德之界说而不得，遂谓仁为“全德”之名，或“人道”之通称。此现代学者之论中国思想，而及于孔子之仁者，皆趣向在对中国思想史中之孔子思想有一客观的理解，与昔之学者之言仁者，皆兼意在教人体仁而行仁者，其态度皆有不同。此客观的理解之态度，其原尽可为一非仁之“智”。然以此非仁之智，求客观的理解仁而知仁，则又未尝不可更为人之体仁、行仁之先导。是为中国思想言仁之思想之再一大变也。

凡中国思想中之言仁之义者，自孔子至今二千五百余年，皆可纳之于上述之数大变中，而更细观其同异出入之处，以论此孔子以后言仁思想之发展。此则非本文之所及。吾人亦不能谓此孔子以后之言仁之思想，属于孔子以后之人，即必不同时属于孔子。吾人今就孔子对仁之所言者以观，亦固与其后之学者，本其不同之言仁之方式所言者，皆分别有若干契合之处。唯吾人今毕竟当依何一方式说仁，最能契合于孔子所谓仁之为仁之本质，或孔子言仁之根本之义，使人亦自得其求仁之道，则是吾人之一问题。此则须兼本吾人对孔子言仁之义，与其后之学者之所言者之理解，与吾人自己对仁之为仁，或自己之求仁之工夫之体会，方可更为之评断。吾个人初亦尝缘现代人求客观理解之方式，会萃孔子对仁之言，以求孔子言仁之义，而于此孔子以后之数方式之言仁之论，自始即以为自见于事功者言仁，其义固最切实而易明。然溯事功之原，必在人之爱人利物之情，则以爱言仁，其义应深一层。至于此人之所以当爱人利物之理由何在，则又当进一层说。于此吾初尝以为孔子之言仁，应有其形而上学或天道论之根据。据《论语》《礼记》《易传》所载，孔子言天之使四时行而百物生，亦明见一天道之仁；故尝以为孔子言人之仁道，即所以法天道。此则无意间类似董子之以人之仁原于天之仁之说。继后复念凡此以人之仁溯原于天之仁，如董子与一切宗教家或形上学家以天道、天神之仁为第一义，以视人道之仁为第二义之说，皆与墨子之法天志之仁爱，以成人之仁爱，在思想根底上为同一类型。此既与孔子多重在人之行事德行与内心上言仁之旨不合，而以哲学义理衡之，亦非究极之论。盖即天神天道是仁，人之法天道仍是人之事。直先说一天神天道之是仁，仍只是说一宇宙间之客观之事实。然人何以当顺承此事实，而法天道、天神，其理由仍只能在人之自身。又纵此人心之所以有仁，其原可推本于天，此亦当先实见得人心中之仁，然后能更推本之于天。而此推本之事，如只是一纯理论的推论，则其本身正可是一不仁或非仁。本此推论所成之论，亦可以推论之愈多，而愈不仁。如西方神学家哲学家所为之天道论、神道论是也。由此而吾乃知孔子之言及法天道之仁者，与孔子之言直在人之行事德行与内心言仁者，其言既明有多少轻重之别，而其义亦有先后本末之别。理当以在人之行事、德行与心上言仁之义，为先、为本，而以其言之推本于天道者，为后、为末。乃知宋明儒之自人之德行与内心境界、内心性理上言仁，而知其本亦在天道，最能契于孔子之旨。故循宋明儒之言而进，亦更合于哲学义理之当然之次第。至对宋明儒之言仁之说，吾初本其体证之所及而最契者，则为明道以浑然与物同体及疾痛相感之情怀、心境言仁之义。并以唯此明道之言能合于孔子言“仁者静”“仁者乐山”“刚毅木讷近仁”之旨。此浑然与物同体之感，又可说为吾与其他人物有其生命之感通，而有种种之爱敬忠恕……之德之原始，亦通于孔子之言法天道之仁，人事天如事亲，与“仁于鬼神”之旨者。此则吾三十年前《中国哲学史稿》已及其义，亦尝布之于世。来港后讲授中哲史之课程，初仍本此意讲述。十年前新亚书院移天光道，乃将此诸意综摄而说孔子言仁之旨，更开之为对人之自己之内在的感通、对他人之感通，及对天命鬼神之感通之三方面。皆以通情成感，以感应成通。此感通为人之生命存在上的，亦为心灵的、精神的。如说其为精神的，则对己之感通为主观的精神之感通，对人之感通为客观的精神之感通，对天命鬼神之感通，则为绝对的精神之感通。又此感通之三方面，其义亦可相涵而论，有如主观精神、客观精神，与绝对精神之可通为一。此亦是承宋儒之言感通之旨，进而更兼通西方哲学义理为说，复皆可以孔子言证之者。《论语》虽无感通之一名，此乃本于《易传》，然《易传》之言感而遂通，初连卜筮说。宋儒乃直以人之心与生命之感通说仁。然《论语》记孔子言“吾道一以贯之”，贯即通也。通即见“道”，亦即见“一”。又孔子言达，如己欲达而达人，君子上达，又自言其“下学而上达”。清人阮元《揅经室集》，亦有文论及。阮氏初意在反宋儒之自心上言孔学。然达即是通。无感亦无此通。己达，即人之自己生命之有其内在之感通，达人即与人感通。而君子上达之义，固亦可包括人与天命鬼神之感通也。吾之此总括统包之解释，固已不同于只归纳孔子之言仁而综合其义，以为仁造一界说者，而可用以说明孔子所谓仁之境界之全貌。然于孔子教人求仁之工夫之节次，仍未能加以指出。而观孔子之答弟子问仁，与自说仁之言，虽或亦就仁之境界而说，然更多就为仁之方而说，即多就求仁之工夫而说。朱子所谓孔子之言多是泛言做工夫（《语类》十九雉录）是也。孔子之言既多说做工夫，而学者之工夫之进行，非一蹴而至圣，便有其节次，则此孔子之言为仁之方者，虽因人而随机点示，毕竟是在何工夫之节次上说，亦不可不思之，而求有所契；方可于工夫次第中，展现此仁的境界。然后此仁的境界方不为一虚悬之境界，而后可实见其全貌也。唯对此问题，吾则初殊无善解。

吾近为诸生讲说孔子，乃忽念及此当于孔子之答弟子问为仁之方与为学工夫之效验处，先分别细观，遂见孔子答其高弟如颜渊仲弓问仁者，其义显然更有进于其答子贡，及其余一般及门弟子者。而《论语》所记孔子之自言仁，而未注明是答问者，其义又显然更高一层。其间即明见有一求仁之工夫之高下之次第或节次。乃更纯就义理上之当有之次第，以观孔子之仁与其相连之诸德之关系，而循序思之，乃不期而正合于此孔子之自言仁，与答弟子问仁之言之高下之次第或节次，亦与孔子自言其为学之历程之由志于学，而立，而不惑，而知天命之阶段，正相应合。乃知朱子注引程子语，谓孔子自言进德之序如此者，只对学者而说、圣人未必然云云者，亦只是程子之揣测。程子之言亦正未必然也。实则孔子自言其进德之序如此，亦即以之教学者，言其进德之序当如此也。由此而吾更见得昔人之直下以一语说孔子之仁，或只以上列之五方式之一，说孔子之仁者，皆只是就孔子言求仁之某一功夫之节次上说。故恒未能合孔子言仁之全旨。然吾人果能皆置之于孔子言仁之某一工夫之节次上说，又皆未尝不有据于孔子之言，而有所契于孔子言仁之旨。若吾人更能通之于孔子言仁之其余之旨以观，则又虽偏而可未尝不全。今更顺此求仁工夫之节次，以次第言孔子之所谓仁之义，则吾昔之以对己、对人、对天命鬼神之感通，言孔子之仁之境界者，亦皆有其在一一工夫之节次上之更确切之意义可说，而更不虚悬。本此以评论古今人之释孔子言仁之旨之说，则亦可实见其是非之所在。此即本文拟由卑至高，由近至远，循下学而上达之途，加以一一论者。其所以先自道其平昔究心之经过者，盖所以说明其写作之缘起，亦所以使学者更易于契其微旨之所在也。

二　仁德、事功及志于道之涵义

孔子言仁之义，其最切近易解，而在义理之层面上最低者，为即人之事功，而连于仁与其所关联之德而言者。于此说求仁之道，则求仁虽不同于求有事功，然求仁者必志于道，亦志在事功，而事功亦当以爱人之德为本。按孔子尝言管仲之器小而不知礼，然亦尝谓“桓公九合诸侯，一匡天下”，为管仲之力；“民到于今受其赐，微管仲吾其被发左衽矣”，为管仲之功；而称之曰：“如其仁，如其仁。”孔子言仁恒连于礼，必复礼而后仁。则其就管仲之功，而称其“如其仁”之正解，即非其功之仁同于其德之仁之谓，而应为其功“如”出于其仁，而同于“依仁而有此功”者之谓。盖依孔子之教，有仁之德者，固当爱人爱民，求有功于民，使民受其赐，亦望民之受赐。今管仲既有功，而合此仁者之所望，则当就其“合此仁者之所望”，而称其“如出于仁”。此固非谓有功即是仁，如宋之陈同甫之“功到成处，便是有德；事到济处，便是有理”，及后此由清至今视功之所在即仁之所在之说也。若孔子果以功之所在即仁之所在，则无功者应即无仁，孔子便不当称颜渊之不违仁。颜渊一生在陋巷，固未尝立功业于世也。颜渊未尝立功，而其尝问如何为邦，其志未尝不欲立功，其心不违其志，即不违仁，而与功盖天下，泽被生民者，同其德，同其道。故后之孟子称“禹、稷、颜回同道”。此明承孔子称颜回之仁而说。则吾人固不能由孔子之尝就管仲之功，而称之曰如其仁，谓孔子径视其功之所在，即其仁之所在也。

孔子之未尝以功之所在即仁之所在，亦未尝以求有事功即是求仁，兼可由孔子对人之才艺能力之言以证之。人之成其功业，固赖其所具之才艺能力。孔子固明言管仲之“力”，亦尝称其弟子之才艺能力，然未尝以其弟子有才艺能力者，即许其有仁。故孔子答孟武伯问，谓子路可使治千乘之国之赋，谓冉求可为千室之邑、百乘之家之宰，公西华可立朝与宾客言，而皆不许其仁。又尝谓“如有周公之才之美，使骄且吝，其余不足观也已”。于人之称孔子博学多能者，孔子则答曰“君子多乎哉，不多也”。是皆明见孔子未尝以人之才艺能力之所在，即其仁之所在。才艺能力固为人成功业之所必需，而有才艺能力者，亦恒能成或大或小之功业。则此孔子之不以才艺能力之所在为仁之所在，亦正如其不直自人之功业之所在，视为仁之所在也。

然孔子虽不直以人之功业才艺之所在，即人之仁之所在，亦非谓求仁者不当求有功业，求具才艺以成功业之谓。若仁者而果不求功业，则亦将不望见他人之有功业，而孔子对管仲当只有贬斥，而不当有就其功之及于民，而赞之之事。仁者果欲成其功业，固须具才艺，而孔子亦明教人博学于文，游于艺，亦谓必有冉求之艺而后可以成人。是见孔子之旨唯是教人依于其仁，以游于艺，而成其功业。人亦必先有成功业之志，然后能乐见他人之功业之成，合于其志之所向而称之，亦乐见人之才艺之足以成功业而美之，乃可暂不问其是否皆依于其人内心之仁德。此方为仁之至也。则谓孔子轻功业才艺，决无是处。观孔子一生之栖栖皇皇，亟于用世，使天下有道，其欲建功业于天下之志甚明。其博学好问，善艺与多能，则皆所以遂其志之具也。

以孔子言仁未尝轻功业与才艺，然亦不以有功业才艺为仁；

故孔子言人为学之始，唯曰“弟子入则孝，出则悌，谨而信，泛爱众，而亲仁；行有余力，则以学文”，有子谓“孝弟也者，其为仁之本欤”。此孝弟之事乃庸言之信，庸德之谨，初唯表现于在家为弟子，非所以成世间之功业，亦不待乎才艺也。然此即是为仁之本，亦所以亲仁。孝弟者人之生命与父母兄弟生命之感通，即人之生命与他人之生命之感通之始也。毕竟孝弟便是仁否？仁由孝弟之本而生？或孝弟只是仁之表现，非仁之本而只是人之行仁为仁之本？宋以后之学者，更有细微之讨论。然观有子孔子之言孝弟，则无如许曲折之义。无论说仁由孝弟之本而生，或孝弟只为人之仁性仁心之原始表现；人之行于仁道，皆必以孝弟为先，即以其生命在日常生活中，与父母兄弟之生命相感通为先，再及于爱众亲仁，则无异也。

孔子言人之为学与行于仁道，乃自为弟子始。人之共学，初亦当即共学为弟子。孔子自言十五志于学，自亦包括此学为弟子。然学为弟子，而至于以泛爱对众人，而亲仁，学至于学文；则人之生命之所感通者，渐及于一家之外。文即礼乐之事，亦通于种种之才艺。由此而志于学之义，即可更通于孔子所谓“志于道”“志于仁”“据于德”“依于仁”以“游于艺”之旨。以其皆是学之事也。则孔子之言其十五而“志于学”，即可涵“志于道”“志于仁”之旨。志之字原为心之所之，即心之所往之方向。孔子最重志，故论“三军可夺帅也，匹夫不可夺志也”。志于仁，即依于仁。凡人知泛爱众而亲仁者，皆依于仁，而皆可谓志于仁者也。学为仁，即成己之仁德，以为己之所据；学礼乐才艺，即可成人己之事，以通人己之情。而志于道者，则不外志在此己之有通达于众人之道路，使己行于此道路，己有此道路可行；同时求人之同行于此道，以至天下皆有道可行，有路可走也。天下之人不知以己之生命通达于人之生命，而互相阻隔，人乃皆无道路可走。是谓天下无道，是谓世之乱。而所谓天下有道、世之治者，亦不外人人皆有路可走，而各得其所，如江淮河汉之水，各顺其流而已。此由人之志于仁，依于仁，而兼志于天下之有道，而各得其所，则可由志于学之发展而至，以为孔子所好之学之所涵。孔子对弟子自言其志曰“老者安之，朋友信之，少者怀之”，即老少朋友皆得其所之谓。《礼运》大同之言，虽或由后人之所增益，然其谓：“大道之行也，天下为公，选贤与能，讲信修睦，故人不独亲其亲，不独子其子，使老有所终，壮有所用，幼有所长，鳏寡孤独废疾，皆有所养，男有分，女有归。……”仍不出此使天下有道，人皆得其所之外也。何晏皇侃《论语》注疏“志于道”章，以“道不可体，通无形相”为说。此乃以玄言说道。孔子之言道，初固不如此之不可把握也。循此以观孔子所谓士志于道，自必兼包涵由自己之有道，以使天下有道之义。而志在天下有道，即志在道之行于天下，德泽功业之见于世。人之“志于仁”“依于仁”之仁，自其属于主观之一己而言之，即是由己之学而成之德；自其通达于外之客观之他人或于天下者而言之，即是道。则孔子之言“志于道，据于德，依于仁”，可涵“志道本于据德，依仁而后行道”之先后之工夫之序。然非视此道、德、仁为高下不同之三境界，如老子“失道而后德，失德而后仁”之说；而只是谓道为人之所前向，德为人所后据，而仁则为本此后据，以向前行道者而已。故对此仁之为物，吾人当谓自其属于内而观，即是德，自其兼通于外而观，即是道。而志于仁者，亦必须同时求与其外者相感通，否则虽能“克伐怨欲不行”，为人之所难，孔子亦不谓其为仁也。故仁者自必当有志于道之行，而见于功业之成，以使己之德泽，流及于外。人欲成功业，自亦当求具才艺。故于依于仁之下，亦更言游于艺。于艺只言“游”者，即言人当于其才艺无骄吝，毋“意”“必”“固”“我”之谓也。是即孔子言仁之本旨。此固明非功业才艺之所在，即仁之所在之谓，亦非仁者之志在成德，即不志在成功业，不求有才艺之谓也。

识得孔子之志于仁，即志于道之行，以使德见于功，即知孔子言仁，虽断然不同于以功即仁，或墨家之以利即爱，“爱大而利小，不如爱小而利大”之功利主义之说；然亦有其连于功利以言仁之德之效用之一面。兹按孔子答弟子之亟于用世者之问仁，即皆偏重在指出此一面。孔子之弟子如子张尝问达，樊迟欲学为圃，子贡善言语为货殖，皆最亟于用世者。而孔子答子张之问仁，则曰“恭、宽、信、敏、惠”：敏乃勉于事，而原于对事之忠；惠乃以财物济人，而原于对人之爱；宽在容众而原于恕；恭近乎礼而原于敬；信则忠恕之极，此皆为仁所连之德。后文将再及之。然孔子于子张之问，则唯释之曰“恭则不侮，宽则得众，信则民任焉，敏则有功，惠则足以使人”。此皆明是偏自关联于“仁”之恭宽信敏惠诸德行，在政治上对人民众庶之“功用效验”上说。樊迟问仁，孔子答曰“居处恭，执事敬，与人忠”。此亦直在居处、执事、对人之事上说。孔子又答樊迟问仁曰爱人，答樊迟问知曰知人。此所谓知人，子贡更释孔子之意，谓知人即所以举贤。此亦是自政事上说。则孔子答樊迟问所谓爱人，亦是自政事上当爱人民，而见于种种爱人民之事而说也。至于子贡之问仁，则问曰：“如有博施于民，而能济众何如？”此即见子贡初纯自仁爱之德见于博施济众之事功者言仁。然孔子则答曰：“何事于仁，必也圣乎。尧舜其犹病诸。仁者己欲立而立人，己欲达而达人，能近取譬，可谓为仁之方也已。”此孔子之答，其意何在，下文当释。然就原文，亦可见孔子于仁者之爱之见于博施济众者，亦有叹美之意。故曰：“何事于仁，必也圣乎。”此虽非必以圣在仁之上，然要是一叹美之意，故更以博施济众之功，尧舜犹难尽为说。此皆见孔子对其弟子之亟于用世者，而言仁与其所关联之德行之意义，多就其对政事上功效而说也。

三 为仁之方与忠、恕、信

以上所说孔子之志于学、志于仁、志于道，只是孔子言求仁工夫之第一步。此中之志，只是一吾人生命向外通达之一向往，于此可说人之存此向往，立此志，即是工夫。然此外尚无所谓存立此志之工夫，故只为工夫之第一步。此孔子于言教人志于仁时，同时注重此仁与其所关联之德行在政事上之功效，乃唯在孔子答子张、樊迟、子贡诸弟子之亟于用世时，方如此说。上所引之答子贡之问中，虽未明斥子贡之言，已兼教子贡不当只重仁之见于博施济众之事，而教子贡当知仁者之所以为仁者，在“己欲立而立人，己欲达而达人”之心，而当于切近处取譬，以知为仁之方。此即已意在由子贡之语，进一层言仁。子贡之问，以博施济众言仁，纯重在仁之见于其外面之功。孔子之答，则教子贡由外转内，而知其当如何有此“由己以及人”之仁，而勿只外慕博施济众之功。人果能德位兼备，而博施济众，固是仁之至，而其人可称圣，其功亦为圣之功。然人果已至于圣而有其功，则人已不须更从事于求仁。故孔子有“何事于仁，必也圣乎”之言。然孔子则教子贡以仁者必由己立以至于立人，由己达以至于达人，而告以“为仁之方”，更告以人由为仁之方，以至于仁如尧舜之博施济众，此博施济众之事，乃无尽之事；则在此事上看，无最后终结完成处，亦无可慕。唯在循仁之方而行，以求自成其仁德，方当下有切实之求仁工夫落脚点。有求仁工夫以成仁德，而后仁乃不只为所志之道，亦为足据之德。此即孔子答子贡之问之转进一层之义也。

孔子教子贡之为仁之方，在能近取譬，己欲立而立人、己欲达而达人。孔子又答子贡曰“有一言可以终身行之者乎”之问曰：“其恕乎。己所不欲，勿施于人。”吾观《左传》《国语》所记春秋时人言德之语，于忠信义勇智诸德，皆随处及之，而言及恕者则甚少。忠信恒合一成辞，然合忠恕以成一辞，则吾未见。想有之亦必不多。今孔子答仲弓问仁，亦以“己所不欲，勿施于人”为言。则此恕亦即是孔子教子贡之为仁之方。己所不欲，勿施于人，与己欲立欲达，即以立达施于人，原为推己及人之事之二面。于己所不欲，不施于人，为消极之恕，则于己所欲者，施之于人，即应为积极之恕。然孔子言恕，则又明以己所不欲，勿施于人为本，故其答子贡仲弓之问，皆以此为说。而《大学》言絜矩之道，亦以“所恶于上，毋使于下；所恶于下，毋以事上；所恶于前，毋以先后；所恶于后，毋以从前；所恶于右，毋以交于左；所恶于左，毋以交于右”为说。《中庸》则谓“忠恕违道不远，施诸己而不愿，亦勿施于人”。此亦言消极之恕。然其下引孔子曰“君子之道四，丘未能一焉：所求乎子，以事父，未能也；所求乎弟，以事兄，未能也；所求乎臣，以事君，未能也；所求乎朋友，先施之，未能也”。此则要在由己之所求所欲于人者，而知人之所求所欲于己者，以使己自得其所以待人之道，则又正为积极之恕。合此二者，而见孔子之所谓恕，其始乃全在体察吾人自己对他人之所恶，与对他人之所求所欲者之所在，而即以此为人之求仁之始。此其旨最切近于庸言庸行，而其所涵之义旨，亦较泛言志于仁、志于道，以立功业于天下者，更深一层，而恒为人之所忽。兹试更一略加以发明如下。

吾人首当知人之志于仁、志于道，固原非易事。然人亦能自然发出一望天下有道，望人人皆有路走之理想。如望世界由乱而治，望天下太平之理想，此即今之中小学生皆有之。今之青年之顺此理想，而信奉一社会政治上之主义，以求改造社会政治者，亦初未尝不出于一自然的向上愤悱而奋起之意，与对人民之同情之心。即亦皆多少是依于其仁，而欲有所志于道之事。凡人之能成或大或小之功业于社会者，其始亦皆同多少有一向上愤悱奋起之意，与自然发出的对社会中之他人之事，能加以关切之心，而后能之。孔子之教人志于仁，志于道者，亦初不外就学者有此愤悱之意，关切之情之处，更自觉或自知此“心之所之”，而确定的建立之，以形成为“志”而已。此中人之自然发出的愤悱关切之情意，有大有小，有切有泛，故此所形成之志，亦或大或小，或切或泛。而此所志之内容，亦初非确定，而待于不断之开拓与扩展。所谓志于道者，亦即要在志于此不断之开展，使由此不断开展而成之“由己以通达于人之道路”，日广日大，而其志日真切而已。然人于此，若果能志于此由己通达于人之道路之日广日大，则其志亦可化为无限量，以至视天下为一家，中国为一人，视万物皆备于我，或视天地万物为一体。而人果更能真切此志，则为贤为圣，而功盖天下，德被生民，皆可别无工夫可说。孔子言“苟志于仁，无恶也”，亦可是谓能志于仁，至于相续不已，则过恶无不可去之意。孟子于言“万物皆备于我矣”之下，亦只须说“反身而诚，乐莫大焉”，即足为全部工夫之所在。宋儒程明道以“仁者浑然与物同体，识得此理，以诚敬存之而已”。象山言学者须先明道，而直识宇宙即吾心、吾心即宇宙。此皆是即此人之所志之道之开展，可广大至无限量处，而教人自存此心，自诚此志，使之真切，便是工夫之言。吾今亦未尝不可承认只此志于仁，志于道之一语，即可为一当下具足之求仁工夫。然孔子之教学者以求仁之方，却又不如此孟子以至明道象山之说，而更由行恕，知己之所欲不欲，以更推及于人为言者，则正别具一下学而上达之深旨。朱子之所以以明道言太高，而不满象山之论，以至对孟子亦有微言，即初由疑其将忽此下学工夫之故。然依吾人之意言之，则孔子之以志于道、志于仁为先，初正是孟子与象山之先志于大之旨。然由此更有下学之行恕等之工夫，为第二步。则于朱子之言，亦可更见其具有深切之旨。盖此志于仁、志于道之事，原是由己以通达于人、于天下之事。此志此仁此道之所通达者，其前面范围，无论如何广大无限，然毕竟是由己通达出去。此中人之志向前开拓推广，人之自己亦随之俱往。而人之自己之所据者，则在自己已成之德。则如己德未尝修、过未尝改，则人之过，与其志、其仁、其道，常俱往而夹杂俱流；亦尽可随其所自觉之志之道之仁之无限量，而其过亦化为无限之罪恶。故吾人于他人之过恶，固亦当观过而知其仁；然学者则当首自见其过，而当先自疑其志于仁、志于道，或是“色取仁而行违”；而不当自谓其能志于仁、志于道，即更无不仁无不道，而居之不疑。观世之自谓有救天下之道，而自谓出于爱人，而强天下人之行其道者，固常是夹杂一己之大私大恶，以为祸生民者也。吾人如能深观此“人一己之过恶，恒与其志道、志仁之事，夹杂俱流于人类历史人类社会中”之事实，并知上文所谓此事实之所以必然产生之故；则知人之能向前以志于道志于仁，以至视中国为一家、天下为一人者，亦必须同时向后自求其一己之德之实可据，而使其行道之事之实依于仁，并先自见过恶而改之。此则必落实至庸言庸行中之行恕，而以知己之所欲与所不欲，为求仁修德之始。则志于道之广大高明，必同时以行恕之中庸精微，为其基始。此则亦正孔子之教之至高明而至广大之处也。孔子之言行恕，要在知己之所欲与所不欲。据上引《论语》《中庸》所记孔子之言，与《大学》所发挥之孔子之言之旨，此中之所欲，即初指吾一己之所求于人者而言，所不欲即指吾一己所恶或“不欲人之加诸我者”而言。此皆属吾人在日常生活中最平凡而为吾人所切感之实事。人固皆生而有欲求于人，期望人之能足我之欲，而于人不能足我之欲之处，则怨恶之心，不期而生。吾人之朝朝暮暮，与人相接，生心动念，固无时不在此求于人，或怨恶于人之情欲中轮转也。然人于此恒事过境迁而遽忘之，更不自知，乃自谓其未尝求于人，未尝怨恶人。孔子则能自知其求于子者以事父之未能、其求于臣者以事君之未能、其求于弟者以事兄之未能、其求于朋友者先施之未能；而即此未能处以求能，于其所恶于人之处，即不更将此所不欲、所恶，再施于人，以为行恕而求仁之始。则孔子之更重己所不欲、所恶之勿施于人，似初不重在将己所欲者施于人，又正有其最切实之义在也。

此一最切实之义，在人之欲求于人，乃人之向外而求。此时人心之所向者，初乃在外，故人初未必能反省其欲求；当他人之不顺其欲求时，其所首表现之情，即为怨恶。故人较易知其对人之怨恶之所在。今吾人能就此所恶、所不欲于人之所在，而更不将此所恶、所不欲者，再施于他人，即当为行恕之始。盖当人之所施于我者，为我所不欲所恶，而我既受之之后，此中我即原有以将此所受者，还施于另一他人之自然倾向。如人之受居上位者之颐指气使之后，即转而对居其下位者之颐指气使；弱者为强者所凌，即转而凌其更弱者；寡者为众者所暴，即转而暴其更寡者。此皆可说为一般心理生理或物理之自然倾向。此自然倾向，其原至远，其势至大，而人类社会中之层层之压迫、剥削、侵略之形成，无不原于此。由此而人欲自制此心理生理物理上之自然倾向，不将他人之所施于我而为我所恶者，转施之于人，“所恶于上，毋以使下；所恶于下，毋以事上；所恶于前，毋以先后；所恶于后，毋以从前；所恶于左，毋以交于右；所恶于右，毋以交于左”，必待吾人之中立于此上下左右前后之间，以受天下之所恶而不倚，更截止其流行者，而后能之。以此行恕，则人终身行之而不能尽，其故在人有其所欲，即必有其所不欲或所恶，而人亦无时能无所不欲与所恶。孔子曰“唯仁者能好人，能恶人”，又言“君子亦有恶”。至于此恕之道之另一面，即为将己之所欲施于人。此即孔子告子贡“己欲立而立人，己欲达而达人”之旨。此是以己及物之仁，即推己及物之恕，而亦为人皆可终身行之而不尽者。盖一般人与一般学者固有所欲立、欲达者，君子仁者以至圣人，亦有其所欲立、欲达者。则皆不能离此恕以为道，以更立人达人。故宋儒程朱言忠恕曰，有学者之忠恕，有圣人之忠恕。谓《中庸》所言违道不远之忠恕，乃学者之忠恕，而《论语》载曾子谓夫子一贯之道，“忠恕而已矣”，为圣人之忠恕。圣人之忠恕又同于天地之忠恕。“维天之命，於穆不已，不其忠乎？乾道变化，各正性命，不其恕乎？”圣人之忠恕行，而后万物各得其所，一夫一妇莫不被其泽，而天下无不立不达之人。此义甚为弘远。然一般人与学者之忠恕至极，即是圣人之忠恕，亦同于天地之忠恕。不远道而近道至极，即全是道。则亦不可轻一般人与学者之忠恕。一般人、学者与圣人，皆不可离忠恕，以有其立己立人、达己达人之仁，即皆同依于忠恕以有其仁，而见此忠恕与仁之不可须臾离者也。依孔子所言之忠恕之道以观，初盖未必及于圣人之忠恕与天地之忠恕。曾子谓夫子之一贯之道，即忠恕，亦只是曾子之理解。实则如忠恕可为一贯之道，则信与仁智等莫不可为一贯之道。观孔子之言忠恕之道者，实多唯由人己之感通而一贯之道为言，尚未及于己与己之感通一贯之道，己与天命鬼神之感通一贯之道，则吾人对此孔子言忠恕之道，仍当自其切近学者之义而了解之为是也。

至于此中忠恕之二名其所涵之义之同异何在，自亦当说。《中庸》谓忠恕违道不远，而下文所谓“施诸己而不愿，亦勿施于人”，则只以恕为释。《论语》孔子言仁或以恕言，或以“与人忠”言，是见忠恕应为皆统于仁者。然忠恕既为二名，其义自亦有不同。宋儒如程子言尽己之谓忠，行己而推己及人之谓恕，忠为体，恕为用。此则先忠而后恕。盖恕而不行之以忠，则恕亦不得成，故忠为恕之原，而为体也。然就孔子之言忠者细按之，则忠之原自在心，而忠之事则要在及于人。兹按《国语·周语》谓“考中度衷”，“中能应外”为忠，又言“帅意能忠”，《晋语》言“忠不可暴（露）”，“忠自中，而信自身”，“除暗以应外谓之忠”。此皆以忠出于内心之中之旨。而忠之及于人，则《周语》有“忠，所以分也”，“忠分则均”之语。《左传·桓公六年》言“上思利民，忠也”。此皆以利民为忠。《僖公九年》“公家之利，知无不为，忠也”。《文公六年》“以私害公，非忠也”。则以忠于公家为忠。又《文公六年》“敌惠敌怨，不在后嗣。忠之道也”，则言报怨不及于后世为忠。《庄公十年》“小大之狱，虽不能察，必以情，忠也”。《定公九年》“郑驷歂杀邓析而用其竹刑，君子谓子然于是不忠。苟有利于国家者，弃其邪可也”。则以慎狱轻刑为忠。《昭公十二年》言“外强内温”“内外倡和”为忠，则与《国语·周语》“中能应外”为忠之旨同。要之，可见此忠之原义，乃本一内心之忠，以为利民利公之事，以使内外相倡和为本，初无后世专以忠对君之说。故孔子以“与人忠”，及“臣事君以忠”并举，曾子则只言“为人谋而不忠乎”。此忠之义，皆在发于心而及于人与事上说，而与恕之义要在于自己心之所欲与所不欲上体察，然后推及于人者不同。人必先推己及人，知有人之事，然后能忠于人之事。能忠于人之事，必已先有恕之功。故忠之内涵，亦可说大于恕。恕之功尚待于勉强而后就，忠则必已不待勉强而自忠。故恕成于忠，而忠可摄恕。由此而言忠恕，即可以忠为先而后恕，并可以此先后之相贯，见忠恕之一贯。此固非必如程子朱子之以“忠为天理，恕为人道”，“忠为体，恕为用”（《二程遗书》卷一明道语，又卷十八卷二十三伊川语，《朱子语类》卷四十一，又卷四十五），然后能说此先忠后恕与忠恕一贯之旨也。

孔子言忠，或与恕并言，或与信并言，故言主忠信。其答樊迟问仁曰“与人忠”，答子张问仁曰“信则民任焉”。此所谓信皆要在就言者之必行其言而说。朱子以信为德之实有于心之名。此纯偏在内心上说信。然古义之信，则初只就人之自践其言之约上说。人之忠于人之事者，可只就其现在之尽忠说。然与人有约，而后必求自践其言，则及于未来。对人之忠，至于“久要不忘平生之言”，一诺而死生以之，以贯彻始终，即忠之至，而为信者也。是见信之义又有以进乎忠，而为忠之至。则信所以成忠，而信之涵义亦大于忠。此当是忠信之古义，而亦为孔子所承者。故主忠信乃以信为终。孔子言政事，尝言行之以忠。然“民信之矣”，则为政事之归极。人之为学亦必至于能信、能笃信，而后极。人之一切守死善道之事，亦无不由笃信而致。孟子言“可欲之谓善，有诸己之谓信”。忠恕之善德，亦必实有诸己而后至于信。则信之德固有所进于忠也。程伊川谓“尽己之谓忠，……见于事之谓信”。程明道谓“尽己之谓忠，以实之谓信”（《二程遗书》十一）。忠见于事，而信为忠之实，即其义亦有进于忠也。《论语》记孔子于“微子去之，箕子为之奴，比干谏而死”，更称之为三仁。此称为三仁，皆自其为忠之至以说。忠之至，必不易其谏诤之言，以违平生之志，而去就死生以之，即信之至也。按《论语》言子以四教：文行忠信。此文即博文之文，亦游艺之艺，乃人之仁得见于事功之具。而行之一字，泛言德行，其义不定，固亦不必专指恕。然子贡问“有一言而可终身行之者乎”，子曰“其恕乎”，恕要为推己及人之行，而四教终之以忠信，则见孔子之四教，归在主忠信。唯此四教，盖指孔子之教之切实者言之。至于自孔子之教之全言之，则固不止于此四者也。

四　仁与礼敬

在孔子答子张、樊迟、子贡问仁之言中，已及于忠恕与信。此皆要在言人之如何依恕以求仁，而由己以通达于人，以见于忠信之事，亦兼及其效之见于为政者。然孔子之答颜渊仲弓之问仁，则明又有进乎此者。颜渊问为邦，仲弓可使南面，即皆志在政事功业者。然又皆在孔门之德行之科，而不同子贡、子张、樊迟之只亟亟于用世，而未必能知修德为政事功业之本者。故孔子答颜渊仲弓之问仁，即兼涵摄为政与修德之二端，而明教之以修德为本。孔子所告于颜渊仲弓之为政之道，则要在达其仁，而本一礼敬之心以临民。此则匪特非只以功业言政，亦非只以忠于国、信于民言政。孔子答仲弓之问仁曰："出门如见大宾，使民如承大祭，己所不欲，勿施于人，在家无怨，在邦无怨。"兹按《左传·僖公三十三年》记臼季语，已有"出门如宾，承事如祭，仁之则也"之语。《楚语》亦记沈诸梁有"仁者：好之不逼，恶之不怨"之语。然孔子之答仲弓之后四语，则要在言依恕而行仁，以至无所怨恶之旨。此即恕之至。盖恕之始，原是由知己之所恶、所不欲，而勿施于人。然人果能既受"人所施于己而为其所恶、所不欲者"之后，更转而只求再不将之施于人，其用力已别转一方向；即必能忘其初之对人怨恶之心，故能无怨。而此无怨之进一层之义，又可由不怨人、"不尤人"，以进至孔子所谓"不怨天"之旨。是即为对道之行与不行皆知命而不怨之义。后文当再及之。

孔子答仲弓依恕以行仁，以恕之至为无怨，以"在家无怨，在邦无怨"为言。此即较其答子贡之只以己所不欲勿施于人，己立立人，己达达人之工夫为言者，更及于此工夫之效验，而其义亦更深一层。至于前二句"出门如见大宾，使民如承大祭"，则此自是直对为政之道说。按孔子之答樊迟之问仁，只及于爱人知人。爱人即爱民，而爱民之事，可只为"使民也惠"之事。孔子答子张之问仁，亦只及于宽惠恭信敏，以得众、得民之不侮与信任，而有功等。然孔子此答仲弓问仁，而以"出门如见大宾，使民如承大祭"为言，则是谓仁之见于政，必表现为对人民有一至礼极敬之情。此与恭之只是个人居处态度上之事不同。至孔子答颜渊问仁，则曰"克己复礼为仁，一日克己复礼，天下归仁焉"。按《春秋左传·昭十二年》谓"仲尼曰：古也有志，克己复礼，仁也"。则此语及告仲弓语，皆古语。崔东壁《论语考信录》，尝指出之。孔子以此语教颜渊，即教其由克己而依于仁，并以此至礼极敬之心为政，而"使天下之人民，乃皆为此依于仁之礼敬之心之所对所向，而天下之人民，亦如归向于此依于仁之礼敬之心"

之谓。曰“一日克己复礼，天下归仁焉”，此犹言一日用力于仁而仁至。仁至而礼敬之心及于天下之人，则天下之人，即如归向归往于其心之仁矣。朱注之以天下归仁，“为天下皆与其仁而效之”，亦必其依于仁之礼敬之心，先向在天下之人民，而后有此天下之人之与其仁，而效之事。故吾意于此下非礼勿言四句，实不宜如邢昺疏之以《曲礼》所言人在视听言动上之礼仪节文为解，亦不宜只如朱子之礼即天理之节文为解。盖朱子之意乃如程伊川之视听言动之四箴所说，意谓人之视听言动，皆有其种种天理之节文，以此节文克己，即克己复礼之意。此虽较邢昺之以礼仪节文为解者，其义为深，然仍重在视听言动之一一节文上。今若以节文为此复礼之礼，则此复礼之功，乃在此视听言动上节文之条目上。然孔子之答颜渊实只以视听言动为目，而未言视听言动之上之节文条目也。人若只以此诸节文条目自制自律，其效亦尽可只形成个人居处态度上之恭，而未必即为对人之礼敬也。颜渊尝曰“夫子博我以文，约我以礼”，此与博对言之约，乃“博学而详说，将以反说约”之约，应即简约义之约，而非约束之约。若此礼为视听言动上之种种节文，则此中节文之条目无尽，当说“博我以礼”，不可言“约我以礼”也。故吾意此孔子之答非礼勿视、非礼勿听、非礼勿言、非礼勿动，唯是言人之礼敬当运于视听言动之中，而无所不极，或人之视听言动，皆当为一礼敬之意之所贯之意。则视听言动之事虽博，而贯乎其中之礼敬则至约，方可言约我以礼也。若然，则孔子之答颜渊之问仁与其答仲弓之问仁，虽似一以克己为主，一以推己之所不欲，而勿施于人为主；然其归本于对人民之礼敬之旨则同。孔子答颜渊之复礼，亦犹其答仲弓之“出门如见大宾，使民如承大祭”之旨。复礼之心，即一如见大宾、如承大祭之至礼极敬之心也。本此心而其视听言动皆至礼极敬，以向天下之人民，而在此心境中之天下之人民，即皆如归向于此心境之仁，而亦可与其仁，而更效之。然后可说一日克己复礼，而天下归仁也。此自仁之见于至礼极敬之心，而表现于礼处言仁，唯孔子对仲弓颜渊之兼求为政与修德之功者，方有此答。孔子之此答，则固较其答子张、子贡、樊迟之切切于事功者之言，其义深一层；亦较其言忠于国，爱于人，与信于民，为政之道者深一层。忠于国，爱于人，信于民之为仁，固不如以礼让为国、以礼敬之心待天下之人民，为仁之至也。

按上述之忠信礼让，乃春秋时人常言之德行。然当时人言礼让，多以有位之君子之间之礼让为言。然孔子则特标出恕以为求仁之道为本，并特重此礼敬之及于使民之事，为礼敬之至。则孔子之进于当时之言礼让忠信者也。

孔子之连于忠恕信爱与礼敬以言仁者，皆同为由己以通达于人之道。而其所以为由己以通达于人之道者，则不同其义。恕皆连一己之特定的所欲或不欲，而推己及人。忠则忠于为人谋之一定之事。臣事君以忠，亦就臣对君所作之一定之事言。无条件之忠于君一人，孔子无此说也。信之求言之必行，亦为一定之言与行。敬若是执事居处之恭敬，则与忠无大别；如指对人之礼敬，则此礼敬与对人之仁爱，不必连于一定之欲不欲之事与言行为说，而可只是整个的对人之礼敬之情。孔子曰“恭近于礼”。《礼记》记孔子言“忠信之人，可以学礼”，则礼敬之义有深于恭忠信者。礼敬之为一整个的对人之情，亦有如对人之仁爱之可为整个的对人之仁爱之情。人能爱人敬人，自必已有对人之忠恕与信。然人之只有“强恕而行”之事，而其言有信者，则未必能对他人有一整个之爱与敬。故对人之忠恕信之行，其义专而狭；而对人之爱与敬，其义广而宽。此中对人之敬与对人之爱之不同，则在爱为横施之情，而对人之礼敬，则为如将人加以升举，而自己亦向上兴起之情。恕之为横施，近乎爱，忠之竭己力以作为人之事，则近乎礼敬。爱敬之情之相续而无间，皆所以信于人己。然爱之为横施之情，与礼敬之为上达之情不同。爱人亦必至于对人之礼敬，其爱乃远离于占有，以随他人之生命心灵或精神之发展以扬升，而后其生命心灵，乃不只有一横面的通达人己之广度，兼有一将人己并加升举之高度也。故本仁者之心以为政者，亦必不只于爱人爱民，而当以“见大宾”“承大祭”之礼敬之心，待人民而行政事，方是为政之极则。此即孔子之所以言“道之以德，齐之以礼”之意。“齐之以礼”之“齐”，吾意非整齐之齐，当如《礼记》言“妻者齐也，与己齐者也”之齐。此齐即平齐之齐。齐之以礼，盖即平齐地施此礼敬之心以为政，则教民之守礼之意，自在其中。不当谓只以礼文之仪节，约束人民之行为而整齐之，便为齐之以礼也。以齐为整齐之齐，与孔子告颜渊仲弓以克己复礼，以见大宾承大祭之心为政之旨不合，故宜改如上说。

五 仁与智及勇、义

孔子言仁，除与忠恕信爱惠及恭礼敬连说之外，亦与智义勇并言。然其旨又不同。盖此忠恕信爱敬恭等，皆为纯正面的由己以通达于人之德，人可顺之而行而无碍者。此中人之行之，皆惟赖孔子所谓直道而行。亦唯人之质直者，乃能行之而不疑。孔子喜言直。如谓“人之生也直”，“直哉史鱼，邦有道如矢，邦无道如矢”。此盖皆自人之由己以直感、直应、直通达于外处说。故谓微生高于人之求于己者，不能直感直应，而转求于他人为不直。恕道之推己及人，人我平观，即为直道。《大学》所谓絜矩之道，即方直之道也。而忠之直往尽心，信之直践其言，爱敬之直对人而施，皆同为直道。人行之而成之德，亦皆可谓之直德。至于智，则须兼知贤愚善恶之正反两面，而辨别之，并择其贤者与善者以从之。而于贤者善者之不同种类，不同程度者，亦赖智为之辨。行义当本于智以辨事之宜与不宜，而在不同情形之下，亦各有其宜与不宜。则“唯义所在”之大人，可“言不必信，行不必果”。

而勇则见于对“阻碍人之为仁者”之无所畏惧，并当求合乎人所知之义。此皆为人之兼面对为反面之事物，而后有之德。其德即皆非直下顺行之所能就，乃必历曲折艰难而后成者。亦皆可谓“由曲以成直”之德。孔子之所以言“仁者，必先难而后获”者，亦正以人之顺此忠恕爱敬以求仁者，其初若可直下顺行即能就者，当其见有种种反面之事物，多方面之事物之出现在前；则必待于智为之辨、义为之择，由“质直”而进至“好义”，乃有其合义之勇而无所畏以成其仁也。此智义勇之所以皆历曲折艰难而成，在其恒表现于一具体特殊之境，不同于只顺直道而行，所能成之忠恕爱敬之德，只须普遍化吾人之所欲不欲，以施或不施于人，便能成者。故由智义勇以成仁，皆大有其难处。而此智、义、勇之连于仁，即又不同上述之诸德，而有其更进一层之旨矣。

在智、义、勇三者中，孔子言仁，恒与智并言。孔子十五志于学，固未必即志于道。故言“可与共学，未可与适道”。然志于学自亦可通于“志于道”“志于仁”之旨。孔子三十而立。而忠恕信礼敬之德，即皆所以自立也，而礼敬之德为其至，故曰“立于礼”。孔子“四十而不惑”，又言“智者不惑”，则智之工夫之层面节次，又高一层。《论语》“未可与适道”之下文，为“可与适道，未可与立；可与立，未可与权”。此即谓“志于学而适道”为先，“立”为其中，而“权”为其后。权即待乎不惑之智，能知义之所在，而后有者也。《公冶长》子张问令尹子文，孔子曰“忠矣而未知，焉得仁”，又问陈文子，孔子曰“清矣而未知，焉得仁”。则忠清而无知，皆不得为仁。是见仁者必不可无知。孔子亦尝自谓“盖有不知而作之者，我无是也”。无不知而作，即无无智之作也。孔子又尝言“仁者安仁，智者利仁”。智者于仁利而行之，固不如仁者于仁之安而行之，以摄智归仁。至所谓智之旨，自可兼自对己、对人、对事理等各方面说。如樊迟问智，子曰知人。此知人之智，乃自为政者之用人上言。子曰“里仁为美，择不处仁，焉得智”。此知人之智，则由知自修之事赖于“以友辅仁”而言。至于谓“智及之，仁不能守之，虽得之，必失之”，则是自己之智若不进至于仁，则不足以守其智之所知而言。樊迟问智，子曰“务民之义，敬鬼神而远之”。则此智乃重在自知事理之当然而言。凡此中人之所以必智而后仁，则其要义盖在言仁德之成，必包涵自觉的内在的感知。知己之欲与不欲或爱恶，即是一内在之感知。此内在的感知，即是己与己之一内在之感通。人之此内在之感知感通，各有其不同之深度与广度，而其推己及人之忠恕，亦有种种之不同之深度与广度。此当即程子之言一般学者及圣人之忠恕之所以别之旨。人既能推己及人，以行忠恕等之道之后，人对所行之忠恕之道，以及其所成之德，亦皆无不有一内在之感知、感通，亦即原无不有智行乎其中。对此忠恕等之道之德所及之他人与事理等，亦即同有所感知、感通，而有智行乎其中，合以形成吾人由己以通达于外之仁。故仁之必与智俱，原为理所当然。而智之所以为智，则除此感知感通外，要在由此而对感知感通者，更能加以辨别，以知人与己之贤愚善恶，而更自知其所当择。故人之仁是仁，而知人之仁，而与之友，与之处，而好仁，即是智。“不仁”不是仁，而知人之不仁，而远之，而恶不仁，亦是智。此智皆所以利仁，而使人自免于不仁。此皆见智之足以利仁。智之利仁之大者，则吾意在智者之能不惑。此所谓不惑，尚非只是于贤愚善恶之间，能知所当择而不疑惑之谓，而尤要在自己之好恶之能不过。故《论语》谓：“好之欲其生，恶之欲其死，是惑也。”“一朝之忿，忘其身以及其亲，非惑欤。”此皆见智者之不惑，要在好恶之不过。仁者之能好人恶人而不过，即全赖于智。此智之足以使人免于好恶之过而致不仁，尤为智之辅仁之大者。自智之能知仁与不仁之分，而不为好恶之所惑言，则智若在仁与不仁及人之好恶之情之上一层次。而自智之亦知“知与不知”之分，“知之为知之，不知为不知”，亦是智言；则人又有若在“知与不知之上或智与不智之上”之智，而智即若至高而无上。然此实只是腾上虚说，而未归实际。若究实际，则人之知其“知与不知”之智，必归在“去不知以成知之行”，亦如知仁与不仁之分之智，亦必归在“去不仁以求仁之行”，而成其好人恶人之好恶之正。是即见此知“知与不知”“仁与不仁”之分之智，仍只所以自辅其仁而利仁，成人之仁者而已。今只自此智之所以辅仁、利仁、成仁看，则此智仍摄在其所成之仁之中，而其地位仍在仁之下。故孔子虽恒以仁对智言，然亦终是以仁为主，以智为从也。

至于孔子之言勇者不惧，仁者必有勇，勇者不必有仁，则是自勇之见于对外之行动上说。仁者欲求行其仁，而不求生以害仁，有杀身以成仁，自必有勇。然有勇之行动者，则未必依于由己以通达于人之仁心，可出于欲望、冲动、野心。故勇者不必有仁。《国语·周语》单襄公言“以义死用谓之勇”。孔子言勇，必节之以义，谓“君子有勇而无义为乱，小人有勇而无义为盗”。故告子路曰：“暴虎凭河，死而无悔者，吾不与也，必也临事而惧，好谋而成者也。”则义与智，正所以辨勇之是非者。义者事之宜，知义，即是智。故孔子答樊迟问知曰“务民之义”。人不知义，则其勇非勇。是见勇之必本乎智。仁可摄智，即亦摄义。合义之勇，不出于欲。无欲则其勇同于刚，亦为仁者之勇。是亦见人由智所知之义，即所以成其仁。则仁者自亦当有义，而仁亦当摄义。然此皆吾人之推说。在孔子之言中，则无明文谓仁之摄义。盖由义之古谊，皆自客观之事之宜上言。义与不义之分，当随人当下所处之境、所为之事，加以确定。故义似初非指一人之内心之常德。墨子贵义，亦自其为客观之事之宜，或事之标准上说。后之告子亦以义为外。及至孟子，乃明言仁在内，义亦在内。孔子之言义，乃顺义之古谊，亦多只自行事之表现于外者说，固尚未明谓义亦为人之一德。此盖即孔子之言仁之德统诸德，而未尝有明文说仁之统义德之故也。然推孔子言行义所以成仁之旨而说，则吾人固亦当说义亦为人之一德，而亦当统于孔子所言之仁之内也。

六　孔子自心上说仁之旨及孔颜乐处之问题之讨论

吾人上论孔子之连诸德以言仁，大皆见于其答弟子之问仁之语。吾人今更辨其所关联之德之义理层面之不同，即见求仁工夫之自有其节次。然《论语》所记孔子之言仁之语，更有未明载其为答弟子之问者。此或为孔子答诸弟子之问仁时所说之语，或孔子之无问而自说之语。吾观孔子言仁之语，则以此一类之言，其义最为深远，而亦大皆唯是就人之内在之心志，及仁者之表见于外之气象态度，与其内心之境界而说。此则似不属于求仁之工夫，而只为此工夫之效验。然人之求实有此诸效验，亦恒兼赖进一步工夫。于此类之言中，孔子尝言“巧言令色鲜矣仁”“刚毅木讷近仁”。此乃指仁者之态度气象而说，显见孔子之所谓仁德纯为内在之德。孔子称“回也其心三月不违仁”，“我欲仁斯仁至矣”，“君子无终食之间违仁，造次必于是，颠沛必于是”，亦显见仁之境界之内在于心，故求则得之，而可更不违。又尝言“志士仁人，无求生以害仁，有杀身以成仁”，又言“我未见蹈仁而死者也”。则见仁者之生命之超越洋溢于其一身之外。至于其言“仁者乐山”，“仁者静”，“仁者寿”，以与“智者乐水”，“智者动”，“智者乐”对言，则其以乐山与静及寿说仁，皆所以表状仁者之生命之安于其自身，而有其内在的感通，亦见仁之纯属于人之生命之自身，而初不在其外之表现。此乃将仁者与智者对言而说。若自仁之摄智而说，则仁者静，而亦未尝不动。故曰“惟仁者能好人，能恶人”。好人恶人之动，即本于知人之智也。仁者静故能久能寿，亦未尝不乐。故曰“仁者不忧”。又曰“不仁者不可以久处约，不可以长处乐”。仁者乐山，亦未尝不乐水。此如孔子之为仁者而喜观于水，而在川上有逝者如斯之叹也。凡此诸孔子自说仁之言，皆纯自仁者之心境态度上，言仁者生命之自身，有其内在的感通，而初不自其德业之见于外者说。是即见孔子之言求仁之工夫，其要旨即在人心境中之实有此仁，而恒不违，以自然表现为一仁者之气象态度，以见工夫之效验。此则为人只志在表现其仁于功业，只志在对人之行事上，求合于忠恕信礼爱敬智勇之道者，所未必能届之境；而唯是人更知仁之在内心，而有念念不违之工夫者，然后能届之境。则达此境之工夫之节次，固亦在进一层也。

此孔子之言仁者之心境之语中，其言仁者之不忧，而能常处乐，其义尤为深远。孔子之称颜渊，在其能不改其乐；而孔子之自道，亦以“乐以忘忧”为说。《论语》首章记孔子之言学亦以悦、乐、不愠言，孔子又谓“知之者不如好之者，好之者不如乐之者”。宋儒周濂溪告二程，亦以寻孔颜乐处为工夫。然此孔颜乐处果何所在，则亦不易说。此孔颜之乐，自必与孔颜之德相连。此固非谓孔颜之德唯在所以得乐，如西方之快乐主义之哲学，视人之德唯是求己与人乐之手段之说，亦非柏拉图、亚里士多德以德为得幸福之方之说，复非如西方宗教与康德哲学中以幸福为生前之有德者死后之报偿之说。而唯是以人能否由德行工夫，而至于乐，为其德行工夫之效验之说。故修德为学而未至于乐之境，恒见其工夫之尚有所未济。故此乐不可说为德行之报偿，德行亦非求乐之手段，乐只是德行完足之效验，其本身亦为一德者。人之德行必完足圆满，而更能自己受用之，或自己感受之者，而后有其长乐。此长乐之为德，亦如吾人前所谓由人之直道而行，或由曲而成之德，再返回于人之自身，以为人自己之所受用感受，而自周流于有德者之生命之内之所成，而可姑称之为圆德之德。有此长乐之圆德，正为学者之大不易事也。

循孔子所言之德行工夫，何以可至于长乐，如更分析而言之，此首当自人之德行之完足圆满而内省不疚、心无愧怍说。故孔子答司马牛曰：“内省不疚，夫何忧何惧？”孟子亦言“仰不愧于天，俯不怍于人，二乐也”。由此心之内省不疚，无所愧怍，则人之生命心灵即无所虚歉，而有其内在的一致与贯通，或内在的感通，亦有一内在的安和舒泰，故能乐。朱子所谓“颜子私欲克尽，一心中浑是天理流行”（《语类》三十一），为颜子之乐是也。其次则当是自人之有德行，私欲克尽，而其生命即有与他人之生命相感通，而自扩大充实其生命处说。盖人有一己之生命犹可乐，则由与人之生命相感通，而合他人之生命，于一己之生命，自更可乐。故弟子入则孝、出则悌，泛爱众而亲仁，所以养德，即所以成乐。故孟子谓“父母俱存，兄弟无故，一乐也……得天下英才而教育之，三乐也”。此皆人与父母兄弟英才有生命心灵上之感通，而自然有乐之事也。则人果能由爱众亲仁，至于天下为一家，中国为一人，则其生命心灵之所感通者，及于天下中国，其乐亦与天下中国同大。孟子言：“中天下而立，定四海之民，君子乐之。”理当如此，事亦实如此也。则孔子之言有德之乐，固亦当涵此义也。

除此上述之二者以外，孔颜是否尚别有其乐处，其此外之乐为何，则是一个问题。二程十五六岁时与周濂溪游。濂溪每令寻孔颜乐处。此无异一儒家公案。按孟子尝言“万物皆备于我矣，反身而诚，乐莫大焉”。此所谓万物，若非如朱子之说为万物之理，则此万物之范围应大于人，而此万物皆备之乐，亦不只限于与人感通之乐。二程与濂溪游，吟风弄月以归之乐，固亦包涵与风月之感通也。后程明道言“仁者浑然与物同体，反身而诚，乃为大乐”，此物应亦不限于人。濂溪于窗前草，见与自家意思一般，张横渠之观驴鸣，明道之观鸡雏以观仁，畜小鱼数尾以观万物自得意，皆与物同体也。今问此孔颜之乐中，是否亦包涵此类之乐，则明文似不足征。然孔子尝言：“饭疏食、饮水、曲肱而枕之，乐亦在其中矣；不义而富且贵，于我如浮云。”又言：“颜子居陋巷，一箪食、一瓢饮，人不堪其忧，回也不改其乐。”于此亦似可言孔颜之乐，即在与此饭疏食、饮水，有同体之感之中。而此饭疏食、饮水之乐，则亦似初不同于内省不疚，心无愧怍之乐，亦非与他人之生命心灵上有其感通之乐，而为一种由忘富贵、忘我，而遂能于极简单之自然生活，或自然生命之流行中，与自然物之感通中，自得其乐。故程伊川谓“颜子箪瓢，非乐也，忘也”。此即谓唯能忘富贵、忘我，而后有此乐。伊川更对弟子之言颜子乐道者曰：“若有道可乐，便不是颜子。”其意殊难解，朱子亦尝疑之。察其旨盖是谓若颜子不能有道，而更“忘”道，即不能乐也。程明道则谓“曲肱饮水，乐在其中，万变俱在人，其实无一事”，“将这一身，放在万物中一例看，大小快活”。其诗有：“闲来无事不从容，睡觉东窗日已红，万物静观皆自得，四时佳兴与人同。道通天地有形外，思入风云变态中，富贵不淫贫贱乐，男儿到此是豪雄。”更有“傍花随柳过前川，时人不识予心乐”之句。此亦谓唯人能知“万变无一事，将此身放在万物中一例看”，而忘富贵忘我，方能于曲肱饮水中观万物自得，四时佳兴；于风云变态中，见无形之道，而自得其乐。而人之所以能忘富贵、忘我，则固可说由其有“浑然与物同体”或“万物皆备于我”之心境，然后能致。又《论语》“子路、曾皙、冉有、公西华侍坐”一章，子路、冉有、公西华皆志在功业，而曾皙独言“暮春者，春服既成，冠者五六人，童子六七人，浴乎沂，风乎舞雩，咏而归”，为其志；而孔子曰：“吾与点也。”此则当由曾点之兼能忘功业，而后孔子与之。此曾点所言之舞雩咏歌之乐，亦纯为一能忘我而在自然中生活，与自然物相感通之乐。人果能有忘富贵、忘功业，至于忘我之德者，固当能将我放在自然万物中看，亦静观其自得，而与之有感通，以有此乐。孔颜固有此德行，则孔颜之乐亦当包涵此义之乐也。

然孔颜之乐是否即止于上之所述，又孔颜之能忘功业，是否即实忘功业？孔子虽尝与曾点，是否孔子真唯以舞雩咏歌于暮春，观“万物之自得”或“万物之各遂其性”（《朱子语类》卷三十一谓明道有此说），即所以自有其乐？又是否真以忘富贵而曲肱饮水之乐，为其言仁者之不忧、仁者之乐之最后旨趣所在？则皆有问题。观孔子一生栖栖皇皇，求天下之有道，言“鸟兽不可以同群，吾非斯人之徒与而谁与？”固实未尝一日不求其德行之见于功业。舞雩咏歌之乐，吟风弄月之乐，傍花随柳之乐，隐逸之士皆能有之；而忘富贵、忘功业、忘我、吟风弄月、傍花随柳之乐，道家之徒如庄子者更优为之。然孔子自道曰：“其为人也，发愤忘食，乐以忘忧。”忘食非忘功业，而发愤则固涵栖栖皇皇、知不可为而为之之意。孔子之自道，乃以此“发愤忘食”与“乐以忘忧”并举，则如何于“发愤忘食”中，兼有“乐以忘忧”？于不忘其德行之见于功业、求天下有道之事中，兼能“乐以忘忧”？则正为一更难答之问题。盖人真求其德行之见于功业而行其道于天下，固正未必恒有浴乎沂，风乎舞雩之乐也。人若求德行之见于功业，以行其道于天下，则人虽可忘情于其一人之贫贱富贵；而未必能忘情于功业之就与不就，道之行与不行，则未必能无忧而乐也。人若于无论道之行与不行，皆有以自得其乐，盖必俟人于道之行与不行，皆视为天命之所在，而更能知之、俟之、敬畏之者，然后能于道“用之则行，舍之则藏”，而皆有以自得其乐也。按孔子尝谓颜渊曰：“用之则行，舍之则藏，唯我与尔有是夫。”则孔颜之乐，显然更当于孔子言知命，而于用舍行藏能自在，而无碍处，求加以契入，方能知孔颜之乐处之全。《易传》有言曰“乐天知命故不忧”，《中庸》引孔子曰“君子居易以俟命……君子无入而不自得焉”。此皆显然足证孔子之言仁者不忧而有其自得之乐，亦在其能知命。则朱子之以孔颜之乐不干乐天知命（《语类》三十一），其言盖未是也。又按孔子自言五十而知天命，则其工夫明又较四十而不惑，更进一层；而知天命之知，亦较智者不惑之知更进一层，而应兼为一超一般之智，以上达天命之知。此上达天命，非只是以己之生命通达于人，亦非只是自己之生命之自有其内在的感通及与人感通；应是以此己之生命由上达天命，而与天感通之义，则其义属于生命之感通之另一由下而上之纵的进向。一己之生命之内在的感通，见一内在之深度；己与人之生命之通达，则见一横面的感通之广度；而己之生命之上达于天，则见一纵面的感通之高度。此三者之义固不同。然此中之孔子之天命之义毕竟当作何解，是否能离"己"与"人"之事以言，仁者又何以能由知天命、畏天命、俟天命，而乐且不忧，则其故亦当深察，而更以吾人之体会所及者，加以印证，方不至失孔子言之全旨。故下文于此不得不于此中种种歧出之义，次第加以简别，亦不能不多本吾意，略加推衍，以指归正解。故其哲学意味，较多于上文所陈，而行文亦辨析多于征引，至于后文缘此天命之义而论及于对天之礼与仁之义，与事鬼神之义者，亦是辨析多于征引，故并列为本文下篇。

第二章　孔子之仁道（下）

一　天命思想之三型与孔子之说

吾昔尝本《孟子》书所言孔子“无义无命”之旨，论孔子乃即当然之义之所在，见天命之所在。(《中国哲学原论》卷上第十六章第六节）盖一般西方宗教哲学与先秦他家学中所谓天命，皆恒先视天命为一存在上之“本然”或“实然”。此命或出自先已有之天神或上帝，或为必然而不可改移之命运，或直指一天道之流行。此皆与孔子就“当然”之义上言天命者不同。至人之缘此先视天命为存在上之本然实然之诸说，而由信天命以求得其安身立命之地，而乐且不忧者，即约有三形态。其一种形态，为自觉有上天之使命或神力在身，为我之助，而谓世间一切事物，皆不足阻碍我之行其志，遂其愿欲。大约西方宗教家之真信上帝者，皆欲赖神力为助，以行上天之使命。而中国《书经》中如纣之亦尝自谓“我生不有命在天”，阴阳家言帝王受天命。此所谓命或天命，即皆为存在上本有之天神之命，而人受之，即感一使命在身，而若见世无能阻碍其使命之实现，或愿欲之必遂，而更无所忧惧者也。其第二种形态，即为人于当前所遭遇之环境，觉非己力之所能转移时，即信此为一必然而不可转移之命运。无论人于此命运视为上帝或天神所预定，或前生之业所定，或自然社会之因果关系所定，或只是一盲目之命运之如是如是；在人之安于此命运处，皆须取同一的将其意志欲望，加以压服，更加超化之态度，然后人能安于此命而无怨。如人之信上帝者之愿以上帝之旨意为旨意，与一般道家之安命、任命、顺命，即以求自除其忧虑，而自乐其生者，皆是此形态之思想。其第三形态，则为由观照或玄思或体证，而于万物之变化流行中，见得天神或天道之表现于其中，而于此万物之变化流行中，万物之依此天道以生者之不已，见此天道之如命万物生而不已，即见天命之不已，而直下加以契会。遂由此以乐天命之流行于万物，而更自得其乐。此在西方之泛神论者如古之斯多噶派、近世之斯宾诺萨，及《易传》之观天之神道之见于四时之不忒，穷天地万物变化之理以至于命，与中国之宋明儒者之由观自然之变化流行，而于其中见天道天命者，皆在大体上相类之思想。而依吾人上所引程子之言，人果能忘我，而“将其自己放在万物中一例看”，“浑然与物同体”，则亦除一方能于自己之曲肱饮水之自然生命之流行中，自得其乐外，一方亦可于自然万物之变化流行生生不息中，“见万物之各遂其性”，知“万物静观皆自得”，而即以“自得此万物之所自得”，为其自身之乐。而此亦皆是由知天道、知天命，而有之乐也。

对此三型态之天命观，人若信其中之任何一种，皆可至于某一程度之乐且不忧。然此皆是先设定天命为一存在上之实然或本然，而更加以信受或契会，而非先自当然之义上契会天命者。故以之言孔子所谓天命，虽皆有似是处，然细勘之，则又皆不能全切合孔子之言“知命”而乐且不忧之本旨。表面观之，如孔子尝言：“天生德于予，桓魋其如予何？”孔子似自觉有上天之使命在身。又《论语》载公伯寮诉子路于季孙，孔子曰：“道之将行也欤，命也，道之将废也欤，命也，公伯寮其如命何？”亦似以天命所在，则无人能奈之何。秦汉所传之纬书，有以孔子实尝受天命以为素王，而删述六经，为汉制法。此亦若视孔子同于耶稣之受天命，而降世以立律法，而预定未来者。然孔子之言道之将行与将废，皆天命，则亦无“天命必使其道得行”之意。孔子言

“天之将丧斯文也，后死者不得与于斯文也；天之未丧斯文也，匡人其如予何”。则于道之行不行，天之是否丧斯文，皆非孔子之所知。孔子亦未尝自觉其有天命在身，神力为助，以使其道必行于天下，谓匡人必不能使天丧斯文也。其天生德于予之言，当只是言桓魋可杀害孔子之生命，而不能害及其天生之德之谓。此只是言其德之不可伤，非自信其道之必可行于天下之谓。亦非朱子《论语》注，所谓天使孔子有德，桓魋即“必不至违天害己”之谓也。

至言孔子之知命，只是第二形态之安命、顺命、任命，亦似可以孔子之言“贤者辟世，其次辟地”，“道不行，乘桴浮于海”之言证之。乘桴浮于海，即安命而顺命也。然孔子又言“知其不可而为之”，孔子亦毕竟未尝辟世辟地。孔子念鸟兽不可与同群，吾非斯人之徒与而谁与，而不愿从长沮、桀溺、楚狂接舆游。则其言辟地辟世与乘桴浮海，或为一时之感叹之辞，或只所以见其“隐居以求其志”之怀。然孔子为此言之外，更明言“行义以达其道”，则此辟地辟世之言，固不足以表孔子之精神之全，亦不可说孔子之知命，即全同于道家人物或隐者之“辟世辟地，知不可为而即更不为”之安命顺命之行也。

至于谓孔子之天命即见于天地万物之变化流行中之天道，似可以《论语》记孔子“天何言哉，四时行焉，百物生焉，天何言哉”之语为证，以说孔子之言天命即属上述之第三形态。盖天既不言，则其命不必由言以传，而天之命即可不同于西方宗教之上帝之言语启示，表示其所命于人者。而吾人欲见天命，则当由天之行事以见。故孟子亦尝谓“天不言，以行事示之而已矣”。而四时行、百物生，亦即天之行事。吾人即可由之以见天道天命。按《礼记·哀公问》篇载哀公问孔子曰“君子何贵乎天道也”，孔子对曰“贵其不已也，如日月东西相从而不已，是天道也；不闭其久，是天道也；无为而物成，是天道也”。又《孔子闲居》篇载孔子曰“天无私覆，地无私载，日月无私照”。又曰“天有四时，春秋冬夏，风雨霜露，无非教也，地载神气，神气风霆，风霆流形，庶物露生，无非教也”。《易传》亦引孔子曰：“天下何思何虑，日往则月来，月往则日来，日月相推而明生焉；寒往则暑来，暑往则寒来，寒暑相推而岁成焉。往者，屈也；来者，信也。屈信相感而利生焉。”乾《象》曰：“大哉乾元，万物资始，乃统天。云行雨施，品物流行。大明终始……乾道变化，各正性命。”并可作“天何言哉”一段文注解。吾人对天之四时行百物生，随处体玩默契，固可见天道之流行，及天“命四时成、百物生”而正其性命也。朱子于“子在川上曰”一章注曰：“天地之化，往者过，来者续，无一息之停，乃道体之本然也。”故以孔子之见川流之叹，即体天道、见天道之不已，而《语类》卷三十六更言于此即见天命。是即此说也。吾人固可谓由孔子之言天及天命者，未尝不可申出此义，或隐涵此义。然就孔子之明言所及者而观，则孔子并未明言此道之流行，便是天对吾人之所命，亦未明言此道之流行，即同时命吾人对此流行，加以体玩，而默契此天道。若此天道之流行，未尝命吾人默契之，而吾人自默契之，以有其生命之流行，则此只是吾人之生命与天道之流行于万物者相应而平流。吾人之生命，如非必须与天道之流行于万物者相应而平流，则此默契之事，即可无义理之上当然可说。然《论语》中载孔子之言知天命、俟天命、畏天命，言“不知命，无以为君子也”，言“君子居易以俟命”。此乃明以知命俟命等，为吾人成君子所必当有之一事。孔子言五十而知天命，亦实为孔子之成学之历程中之一事。故此天命当是孔子之生命历程或孔子之成学历程或人求成君子之历程中，所遭遇，亦所必当遭遇之一“贯于其生命历程或成学历程，而有一真实存在之意义，如实对其有所命令呼召；而待于其知之、俟之、畏之，以为其义所当然之回应”之天命。若此天道之流行，亦对人有所命令呼召，人必须以其生命与之相应平流，为其义所当然之回应，则此天道之流行，自亦有天命之意义。然天命之意义应不限于此。当说人对天与天地间之事物之一切义所当然之回应中，同可见天命。按朱子尝谓孔子之天命即天道，乃事物之所以当然之故，即当然之理之所以然。并举例言“子之当孝，弟之当悌”之当然，其所以当然之故，则在天命。（《语类》二十三，及《论语》注“五十而知天命”章）其意是谓凡人之视为当然者，其所以当然之故，在天命吾人以此性理之仁义等。性理示吾人之所当然，而人所以有此性理，则由此天道之流行而生人，人之“气成形而理亦具焉”，而人由天以禀赋得此性理，即如天命人以有性理，故谓天命为所以当然之故也。此朱子思想之入路，原已是由当然之义以契入天命。此乃朱子之敻绝处。然其论乃于人之所以有当然之性理处见天命，则天命即纯属“人生以上”之事。此天命虽为人之所以有其当然之性理之本原，而其本身又无所谓当然；而只是一形而上之本然的或实然的如此如此流行而已。朱子依此以言天命，则天命乃唯由人之追溯推求其所以知有种种当然之理之“所以然”，而后加以建立者。以此讲孔子之知天命，即只是知得此“所以然”而已。此外人对此天命之自身，即另无必当有之工夫可用，而于孔子所谓由“知天命”而来之“俟天命”“畏天命”与“乐天知命故不忧”之工夫，即皆不易讲。此朱子之天命，亦复非人在其生命之成学历程中所必当遭遇，而对人实显一命令呼召义，而待人之回应之天命矣。然孔子所言之天命，则明有一命令呼召义，亦明可说为在生命历程或成学历程中之所遭遇，而为人所必当知之、俟之、畏之，以为回应者。此即见朱子之以天命为人之当然之性理之所以然，释孔子之言天命，仍未能合于孔子之旨之故。此则由于朱子虽已知由当然之义上识天命，而尚未脱前此之由程子张子偏自本然的实然的形而上之天道之流行以言天命之说；故更混合之，以成其以“当然之所以然”言天命之说也。

二 “天命”“自命”与义之同义及异义，与义命不二及天命不已

由孔子之天命为人在其生命成学历程中所遭遇，而对人有一命令呼召义，人亦必当有其知之、畏之、俟之，以为回应者，故吾人于此孔子所谓天命，不能先就其为存在上本然实然者而说，亦不宜只说其为吾人所知之“当然之义，或当然之性理之所以然”之形上的本原；而当直接连于吾人之对此天命之遭遇，感其对吾人有一动态的命令呼召义，而更对此命令有回应，而直接知其回应之为义所当然之回应说。而吾人亦当同时由吾人之自识其义所当然之处，求识得此所遭遇之天命。此即吾昔年论孔子之言天命乃即义见命之旨。天命为天之命令呼召，原为古义。此天原有人格神之义，而其呼召命令，亦必继以人之回应。《周颂》：“维天之命，於穆不已，於乎丕显，文王之德之纯。”朱子注《中庸》引此段文，更引程子曰“天道不已，文王纯于天道亦不已”。此只有天人同一道之义，失天人相呼召与回应义。《诗经》言“维天之命，於穆不已”者，言天时降新命于人，而对文王亦常有所言，如“帝谓文王，予怀明德”，而文王即丕显明德，以为回应。上天之命令呼召不已，而文王之以明德回应之事亦不已，方为《周颂》此语之的解。此中天命与人德之关系，乃天人相对，而直命直应，其归自是天人同一道，然初不自天人一道说。孔子于天，虽不重其人格神之义，然于此命仍存旧义。其即义见命，即直接于人之知其义之所当然者之所在，见天之命令呼召之所在，故无义无命，而人对此天命之知之畏之俟之，即人对天命之直接的回应。此即成孔子之新说也。

依此孔子之新说，则天命不在天对人之有一秘密的言语，由预言家先知所次第传来，而永恒不变，如西方宗教之说；亦不同

《诗》《书》之谓天之时降新命，时对人有新的言语。此天命，乃即人于其生命存在之境遇或遇合中，自识其义之所当然之回应时，即直接显示于人，而为人所识得者。孔子之言义与命，皆恒与人于其所处之位、所在之时之遇合，相连而言。人在处不同之位，于不同之时，有其不同之遇合，而人之义所当然之回应不同，而其当下所见得之天命亦不同。盖凡人之处不同之位于不同时，有不同之遇合，非己之所自能决定，亦非他人所能决定，即皆可说其出于天。如孔子之畏于匡，非孔子自欲畏于匡，匡人初亦意在围阳虎，而孔子貌类阳虎，遂被匡人所误会而被围。此孔子之有此被围，非孔子之意，亦非匡人之意，而只为孔子之适貌类阳虎，又适经过匡，而有之一遇合。此遇合之原，即可说其出于天。凡人在世间之于某地位、某时，有某一遇合，其中皆有非人之始料所及者，即无不可说其在一义上出于天。至于此天是否实为一主宰之天，或人格神，或只为一自然界之种种力量之和，而由之安排决定此一人之种种遇合，则皆是由感此原始之天之存在，而有之进一步之想象推论或信仰。人对天之存在之体验，初不赖对此进一步之想象推论信仰而成立。人只须体验及一非己与人之始料所及之存在，即同时体验及一天之存在矣。由此以观人之降生于某时某地，而遇某人为父，某人为母，某人为兄，某人为弟，亦同可视为一遇合，其原皆出于天。故人之生皆为天生。人生在世之事，无一而非遇合，人亦无时不与天相接；而人之在世，即人之在天。然于此人之在世，或人之在天之事，又不可只视为一存在上的实然之事。因人之在世、在天，与所遇合者相接，而与人相感通时，人即同时有其义所当然之回应之道。如人当对父母以孝，当对子女以慈。此义所当然之回应之道，为我之所以自命于我，亦待我所遇合之父母子女等而后有，故亦同时可视为父母子女与天之所以命我。天使我有父母，即命我对父母以孝；天使我有子女，即命我对子女以慈。故父子之伦为天伦。天使我遇老者，即命我求安之；天使我有朋友，即命我求信之；天使我遇少者，即命我求怀之。由此更推之，则人生在世，其遇合时有不同，即其义所当为，亦时有不同。义之范围至大，凡自然之事而合当然者，皆是义，亦皆可由之以见天命。故我之晨兴，即天之朝阳命我兴；我之夜寐，即天之繁星命我寐。《庄子·大宗师》言“大块载我以形，劳我以生，佚我以老，息我以死”。本以上之义言之，则死自命我息，老自命我佚，生自命我劳，我之形骸命我载于此大块之上。凡自然之事而合当然者，皆是义之所存，亦天命之所在。义何所不存？义何时不新？则天何所不在？命何时不降？天时降新命于我，固亦同时是我之所自命于我，如为孝子、为慈亲，皆我之自命于我者也。然却不可只说是自命。因无我，固无此一自命，无我之所遇合，亦无此自命。则于此凡可说之为自命者，而忘我以观之，皆可说为我之遇合之所以命我，亦即天之所以命我。由此而可说我之有命，乃我与我之此自命相遭遇，亦我与天之所以命我相遭遇。我之实践此义所当然之自命，为我对此自我之回应，同时即亦为我对天命之回应也。

依上所说，则人之感义之所当然，而有以自命之时，若从此命之为我之所遇，或天之所以命我者看，即是天命。则人之自命与天命，其内容上尽可无不同，然在意义上，则又大有不同。此不同，恒在人当前之所遇，与其昔之所遇、所期、所望，若全然相违之时，即大为显出。盖当人之所遇与其昔所期所望全不同时，则人昔之所以自命者，到此即可全失其用；而此新所遇之境，即若直接命其以在此境中之义所当为。兹举二凸出之例，则此义可全彰显。如耶稣从未尝上十字架。而当其至十字架前，此十字架即若直接命其上十字架。此一命，虽亦实是耶稣之自命，然耶稣尽可不自觉其是自命，而只觉在当其至十字架前，此十字架即若直接命其上十字架，而亦觉是天以此十字架，命其上十字架。又如孔子畏于匡，亦孔子前所未遇之境。今孔子忽畏于匡，孔子亦即同时感天之存在。然于天之所命者为何，则初不能定。此则由于孔子于其自己生命之存亡，原不能定之故。孔子于此之回应，其一遂为念天将使斯文丧，念“后死者不得与于斯文”之慨叹。此即孔子之所以承受此天命，而有之义所当然之慨叹也。其一为念天或不使斯文丧，而亦不使之亡，而孔子对此之回应，亦为承受此天命，而仍以斯文自任。故曰“匡人其如予何”。此仍以斯文自任之回应，亦义所当然者也。由此而孔子在此畏于匡之境遇中，即可觉其对天命恒存一敬畏之心，而在一畏天命，亦俟天命、知天命之心境之中。此中之天命，亦即为孔子之在此畏于匡之心境中，所实感之天命。孔子之实感此天命，亦即同时实感其为此畏于匡之境遇，所直接显示，直接发出。正如吾人见父母之病危，而忧伤，或侍奉汤药，即如父母之病危之直接命我如是也。此境遇之命人，即天之命人以其所当为也。此境此天之是否尚有一主宰之者，皆无碍于人在此之实感天命之存在也。唯此天命既为人所实感，亦与人之义所当然之回应相俱，故亦必同时即在人之所以自命之中，而此中之天命，亦除命人以义所当然者外，别无其他内容。如孔子在畏于匡之境之中，天除以此境，命孔子以当有之慨叹，或仍以斯文为己任之外，别无其他内容；又如耶稣在十字架之前，除见此天之以十字架，命其上十字架之外，别无可思想也。

上文说天之命于人，与人之所以自命，或人之视为义所当然者，在其内容上说，可无不同。然人在一前所未遇或预料所不及之境中，则恒易实感一天命之存在，而初可不视此天之命于我，即是自命，即我之义之所当然。此天命之一词，即在此一意义上，不同于泛言之自命，与义所当然，而自有其在人之实感中之一独立意义。人若时时与前所未遇之境，或预料所不及之新境相遇，即可时时实感一天之存在，或时时与天命相遭遇。反之，人若只袭于故常、在习熟之境中生活，则罕能实感一天命之存在。孔子之所以有知天命、畏天命、俟天命之言，而恒感知天命之存在，则正由孔子之生命，非只一袭于故常，只在习熟之境中生活之生命。此不只关连于孔子一生之栖栖皇皇之经历，亦关连于孔子之“发愤忘食，不知老之将至”之一生活态度。人果有一“发愤忘食，不知老之将至”之生活态度，则其生命即无时不在一新境中，亦可说其生命所遇之境，对之无不新，由此而其生命所遇之境，其相续呈于其前者，皆新新不已，而流行不息，如“黄河之水天上来”者之不已不息；而亦无时不可实感此天命之不已不息，若恒超越乎其昔之所以自命者之上，以呈于其前，而亦无时不在“知天命”“俟天命”“畏天命”之心境中矣。

由上所论，则吾人之存在于世间，果能如孔子之有一“发愤忘食，不知老之将至”之生活态度，于其生命所遇之境，亦将无不可视为新境，而不同于昔之所遇者；则吾人亦可时时实感天之对我新有所命，以超越于我之昔之所以自命之外；而吾人亦可实感此天之新命，若永超越于吾人之所以自命之上。然吾人实感此一天之新命时，吾人即亦同时实感吾人于义当有一回应。吾人之自谓其当有一回应，即吾人所新自命者。故此天命又实内在于吾人之新自命之中。人亦皆可由反省，而知此吾人对天命之当有之回应，即义之所当然。故人在纯粹之宗教心情中，人初虽可只直感此天命之超越于我之昔之所以自命之上，而为一具独立意义之天命之存在，为吾人所当奉承。然人只须更加反省，即可同时见得此奉承为吾人之回应，亦吾人之所以自命，而知此天命之存在于吾人之回应与自命之中。人亦必实知此回应或自命，为义上之所当然；然后实知此天命之为其所当奉承。若其不然，则此人所自视为实感一天命者，即尽可只是一出于不容自已之冲动，缘其所遇之境，而直接引起者；而非当奉承之天命。即当奉承之天命，必为人所可直感其为超越之天命，而又可由反省而知其内在于人之义所当然之回应或自命中者。否则当奉承之当字，即无从说。

由此而吾人可言：凡当奉承之天命，即虽可初只显一超越于我，而属于天之普遍客观之意义，亦必兼具一内在于我，而属于我之特殊主观之意义者。自另一方面言，人之尝以之自命，而知其为义所当然者，虽初可只显一内在于我，而属于我之特殊主观之意义者，亦必同时即我所存在之境遇中之人物之所以命我，即天之所以命我，而亦必有一普遍客观的属于天之意义者。否则吾人所谓义所当然者，亦可非真实之义之所当然，而可实只出自我之"主观之私欲，而以为义所当然当有，加以理由化者"。由此而吾人如欲考核吾人所直感之天命，是否非只是原于所遇之境，所引起之冲动，则当观我之奉承之自命，是否为我之义之所当然，是否可即天命而见我之义以为衡断。反之，吾人欲考核吾人之所以自命者，是否真为义之所当然，则当观其是否为我所存在之境遇或天之所以命我，是否可即我之义而见为天之命，以为衡断。此即吾之谓义命之似有分而又合一之微旨，而窃以为最能契孔子义命不二之意者也。

识得上文所谓义命不二，即知人在任何境遇，皆可行义俟命，而有以自得之旨；则于吾人上文所谓"仁者不忧"，仁者之"长处乐"，及"乐天知命故不忧"之义，即不难解。吾人前说孔子之所谓知命，非自觉有天命神力为助为保障之谓，亦非安命顺命任命之谓，复非只面对天地万物变化流行而视为天道天命流行之所在之谓。则孔子之"乐且不忧"，亦非以觉有天命神力为助为保障，而乐且不忧之谓；复非以安命、顺命、任命，而更不有所为，以自逸而不忧之谓；亦非只于自然之变化流行中见天道天命，静观万物之自得，而得其所自得以有其乐且不忧之谓。由孔子必"知不可为而为之"，不肯自逸，必求行道于天下，则亦初不能不忧其道之未是，与道之不行。孔子固亦言"君子忧道不忧贫"也。当孔子之畏于匡，念天或将丧斯文而慨叹，亦不能说此慨叹之情，即一般所谓乐也。哀公西狩获麟，孔子闻之潸焉出涕曰："吾道穷矣。”此道穷之叹，亦非一般所谓乐也。此如耶稣之奉天命而上十字架之时，亦无一般所谓乐也。则孔子之能乐且不忧，应更有其特殊之意义。此当是在于更有见于此道之行不行，皆同是命，故曰：“道之将行也欤，命也；道之将废也欤，命也。”而对此道之行与不行之命，亦更各有其当有之回应，为其义之所当然，而为人所当以之自命者。不知此所当自命之道，即不知天命也。知所当自命之道，则知道之穷于此外面之天下者，实未尝穷于人自身，亦未尝穷于天。盖当道之将行于天下，此时人之义，在用道而求行道于外；当道之不行于天下，则人不当枉道以行非义；以其义即在暂舍道，以藏此道于内。此用之则行，是义，此舍之则藏，亦是义也。如行义以达其道，是义，隐居以求其志，亦是义也。无行之义，必有藏之义，是义无断绝也。求行道而道行，以通于天下，如道之横贯于天下，是知天命；道不行，以守道而不移，如道之竖立于一身，亦是知天命也。无论道之行不行于天下，天皆对人有所命，而见于人之义所当然之自命者之中。是此天命无断绝之时，而义之所当然者之呈于人之所以自命之中者，亦无断绝之时也。人若只就外面之天下而观，子畏于匡与西狩获麟，固为道穷，然孔子之慨叹斯文之丧，而潸焉出涕，即其情之由道穷而生起，正见道之不穷。是见道穷于外，必可见道之不穷于内。此不穷于内，义上之所当然当有者也。见其穷于外，人或不能自然兴起其不穷于内之情，即勉求有不穷于内之德，足以藏此道于内，亦学者所以当以之自命者也。此自命之所在，即天命之所在也。此自命之不断，即天命之不断也。此即上所谓道穷于外，必可见道之不穷于内之旨。亦即天命与义，永无断绝之谓也。人由此内心之体证，以知天命与义永无断绝，则于此天命与义在一切人心，与在天地间，亦当信其只有舍之则藏，而亦永无断绝。唯此天命与义永无断绝，故人无论在何境遇，皆有其所以自得之处。此自得之所在，即乐之所在也。诚然，人正当见道之穷于外时，孔子亦不能无慨叹，如耶稣之上十字架时，亦不能不有为上帝所舍弃之感。此慨叹或被舍弃之感，固非即为乐，然当人转而见道之未尝穷于内，则虽遇患难至于死亡，犹是孟子所谓死于安乐，文天祥所谓“鼎镬甘如饴”是也。此境诚非易企及。然自义理上言之，人生固亦当有能有此一境。是方为孔子言“素富贵行乎富贵，素贫贱行乎贫贱，素夷狄行乎夷狄，素患难行乎患难”之“君子无入而不自得焉”，“君子居易以俟命”，“乐天知命故不忧”，“仁者乐”，“仁者不忧”诸言之实解，而程朱之所注，尚未能尽者也。

三　天与己及人之存在意义，及知天命、俟天命、畏天命之不同意义

由上文之连人所遇之境、自命、义及乐，以说孔子所谓知天命之义，则孔子之天命，非离于人之存在于世间之地位，与其所接之人物，及人之自命之事者。唯就此天命之初为人所实感时言，以其有一超越于吾人昔之所以自命之意义，而天命即有其不同于自命之独立意义。于此吾人即可说：此能命之天，为一客观真实存在，我亦存于此客观之天之中。然凡天所命于我又知其为义之所当然者，又皆同时是我所自命于我者。则此天命与天又未尝不存于此主观之我之中。而我之奉行此自命，以成其为我，是我之所为，即天之命与天之所为。如我之生命之年，为我之年，亦可称为天年。则凡属我之事，皆有属天之意义。二意义之不同，唯依人如何观之之态度而定。至于吾所谓一己以外之其他人物之存在，则又可说兼有属己、属人物自身与属天之三种意义。三意义不同，亦依吾人之如何去观此其他人物之态度而定。此态度如为我与其他人物相对而观，于此即有我与其他人物之别。如为我与其他人物相摄而观，则其他人物在我中，我亦在其他人物中，而其他人物属于我，我亦属于其他人物。如将我与人总摄入于一天

之全体以观，则人与我皆在天中，皆属于天。今以我之父母为一存在，则我与之相对而观时，父母即非我，而为他人。我属于我自己，而我之父属于父之自己，我之母属于母之自己。则我与父母，即有人我之分别。然当我将父母视为我所孝之人而言，则孝属于我，父母亦属于我，而为我之父母；而我亦只为父母之子，则亦属于父母也。此则原于对我与父母取一相摄而观之态度也。至于将父母之生如此之我，我之遇如此之父母，视为一天地间之事实，则父母为天地间之父母，我为天地间之我，乃并属于天；父母之生我即天之生我。此天之生我，亦如天之生任一人，天之生任一物，皆只见天之表现其生道于一人一物之生之事中，则此中可更不见有所谓“我之父母”与“我”之分矣；故同此我之父母之存在，依此不同之三观，而可称之为属于父母之自己，或属我之自己，或与我并属于天，则其他任何之存在事物，皆可兼有属己、属其自身，与属天三种不同之意义。则任何存在事物其自身之内容之同一于其自身，并不碍其所具之三种不同之意义之互相独立。故吾人不能谓世间只有己与人或其他万物之分别存在，而无所谓天之存在，犹不能谓只有己之生命与己之所以对世间之当然之义之存在，而无所谓全体之天或天命之存在也。

然吾人如承认属己、属人物自身，与属天之分别，不必由于存在者自身之内容之不同，而唯是由吾人所以观同一存在者之态度之不同，而有其意义上之分别；则自存在的内容而观，人之尽己之事，即可同时是及于人之事，亦同时是事天之事。如人之尽己之孝，即及于己之父母，亦即所以完成此天之使我有此父母，使我有此孝心，而为我之所以事天之一事也。在此一事中，若言我之孝父母之事，为我之能孝之心之表现，其中有一我之自己之生命中之“心”与“事”之“一贯”，或内在的自我感通；则须知此感通，同时是我与我父母之生命之一相互的横面的外在的感通，亦同时是我与“使我以有此父母，有此孝心之天”之一纵面的感通。人亦必须见及此我尽孝之一事之中，兼具此我之内在的感通，与对父母，及对天感通之三种意义，然后能知此一事之存在之意义之全。此则人未必皆能之。而世间之宗教思想，固有以人之当孝父母，唯是奉耶和华之命者，亦有以人之孝父母唯是父母之使我孝，更有以此唯是我个人之主观心理上之不能不如此者。是即见人之未必真能同时自觉此一事之对己、对人、对天之三种感通之意义也。

此己与人及天之意义之不同，虽可只由于吾人之观同一之存在之事物之态度之不同而来，然此己与人及天之存在，亦可原有其存在内容之不同，而唯由吾人之自己与他人及天之次第感通，而后渐趣向于有同一之存在之内容者。如我之父母固为我之父母而属于我，父母有所思所感而我知之，亦属于我之所思所感。然父母之所思所感者，亦可为我初所不知，则其所思所感，即初只属父母之存在之内容，而不属于我之存在之内容；而我与父母之存在内容即不同。一切为我所接之其他任何人物，其存在内容，亦皆同有此为我所知或所思所感，而属于我者之一面，与初为我所不知，不为我所思所感，而不属于我者之另一面。而凡非我所接之天地间之人物，一般亦公认其存在之内容，有在我之所以为我之存在内容之外，而为初不属于我者。然凡此初不属于我者，又皆无不在原则上可由我之次第知之、感之、思之，简言之曰与之感通，而见其亦可属于我。对此初不属于我，而我欲与之感通者，我初恒只能以一原始之恭敬心，加以期待盼望，而更求与之感通，以见其亦有属于我之意义。我又必进而求种种义所当然的种种待之应之之道，如进一步之对人之恭敬与智，以及对人之忠信之道等。当我对此世间中一切不属于我者，只同以一原始之恭敬心期待盼望之，而不知其中之一一具体的内容时，此世间中一切未属于我者，即只合为浑然一体之天，或统体之天。由此统体之天，其具体内容之毕竟将如何呈现于我之前，非我之所知，即见我在此天中之所将遇者如何，非我之所知。则吾之义所当然的应之待之之道之具体内容，亦非我所能预定；而天所命于我之具体内容如何，亦非我所能必。然吾却又知吾必将在此统体之天中有所遇，我亦必将有一应之待之之道，天亦必将对我有所命，而我则自知待俟此命之出现，并有一欲自拱现出一应之待之之道，或欲奉承天所命者之情。此情即吾人之"当有之应之之道，将出现而未出现，或天命将临而未临时"之一对天之恭敬寅畏之情。此恭敬寅畏情，只以一统体之天为所对，亦只以一统体之天命为所对，而人却不知此天命之毕竟为何。此即可称为纯粹的对天命之宗教道德性之敬畏。是待学者之默识其义者也。

然此畏天命、知天命与俟天命之三言既不同，则其义自当微有别。如以知情意分之，知天命属知，畏天命属情，俟天命则属意；知为现在所已有之知，畏为现在所正生之情，俟则唯是由现在以待未来之意。又"俟天命"为俟待未来之天命之降，更于其时知其义所当为之事。"知天命"应为已知其义所当为。"畏天命"则一方为当下对统体之天命之一敬畏或寅畏，一方亦为对此统体之天命之化为一特定之天命而降于我，而有我之义所当为时，恐"我之不克为其所当为，不克担任负荷此天命之重"，而有一"自惧其陨越，而违于天命"之情。此中自亦可连带包涵："念其自己之有负于天命时，天将降之惩罚祸害"之畏惧之情。然此则决非孔子言畏天命之本义或主旨所在。因孔子明以畏天命与畏大人、畏圣人之言并举。畏圣人之言与畏大人，非畏其惩罚之意，则"畏天命"，亦非即畏其惩罚之意也。然人于"畏天命"时，恐惧自己之不克负荷此天命，不克为其义所当为，因而亦遂恐惧其相连带而有之祸害，则非不可说。此祸害，亦未尝非人所先当恐惧者，因其乃由我之不克负荷天命而致。此不克负荷之本身，原当事先恐惧，则对相连而起之祸害，亦当有事先之恐惧也。此恐惧仍是兼为义之所当然，而非只出于求利避害之心者也。至在人之畏天命而俟天命时，人对此统体之天命，所将化出之特定之命之内容，尚未知，则此所畏俟之天命，“必有非我所知”或“超我所知”之意义。亦正以此天命之有非我所知、超我所知之意义，然后有我之畏俟。然吾人亦不能由此以谓此所畏俟之天命，不同于知天命中之天命，而别为一种之天命，或竟以知天命与畏俟天命，其对天命之态度有异而无同。此理由甚简单。即吾人于所畏俟之天命，虽不知其具体之内容，仍可知其将有。其次，则吾人畏俟天命时，必自知此畏俟天命之本身，亦是义所当为，而知畏俟为畏俟，固亦是知也。再其次，则吾人之对天命之具体的特定内容有所不知，而自知其于是有所不知，而以不知为不知，不以不知为知，此亦是知。则人所畏俟之天命，即在此种种意义下，同时为人所知之天命。不能谓人所畏俟之天命，即非人所知之天命，而径以之为不同之天命；亦不能以“知”“畏”“俟”有不同之意义，表示吾人不同之对天命之态度，即以知畏、俟、知之三态度，有异而无同；而当谓其虽异而未尝不通以为一也。此则亦正如人之“知”“情”与“意”，人之“现在之所已有”及“其所正生”，与“其所待之未来”虽异，而未尝不通为一也。

四　孔子之天与人格神

总上数段之言，则见孔子之所谓天命，即由人之自识自知其义之当然之所在，而识得知得。故人之知天命、畏天命、俟天命之事之本身，亦皆为义所当然之事，亦即人之所以事天或感通于天之事。而孔子之教人以仁之涵义，亦即明有事天而感通于天之一义。故《礼记》载孔子言“仁人之事天如事亲”，“郊祀之礼，所以仁鬼神也”。郊本为祭天兼祭祖先之鬼神之礼，故以郊祀之礼为仁之及鬼神，即包涵以郊之礼，以使人之仁感通于天之义。《中庸》引孔子曰：“明乎郊社之礼、禘尝之义，治国其如示诸掌乎？”

则祭天与祖，而求与之相感通之礼中所表现之仁，即为人之治国爱民之仁之本。又《论语》言“祷尔于上下神祇”，古注谓指上之天神与下之地祇。是皆证孔子之言仁，明有与天及鬼神感通之一义。《先进》篇言季路问事鬼神，孔子固言“未能事人，焉能事鬼”。然已能事人，则孔子固亦许人之事鬼神，而与之感通也。今若以孔子未明言天为人格神，未尝视天为超越于人与万物之存在之上一绝对完全之独立自足的真实存在等，而疑及孔子之言仁思想中有由知畏天命，而事天，或与天相感通之义；此则显然忽视上所引孔子之明重郊祀之礼之旨意所存。殊不知孔子之是否明言天之为人格神，与天之是否人格神，皆不碍人之有事天之礼，及人之仁之感通于天之事。因孔子虽未明言天为人格神，亦未尝否认《诗》《书》所传之天为人格神之说；而孔子言“知我者其天乎”，亦可涵视天为一有知之人格神之意。即孔子之天非一人格神，亦仍可为人所敬畏之一真实之精神的生命的无限的存在。以人物有其生命与精神，则生人物之天，不得为一无生命非精神之存在。天所生之人物无穷，则天不能为有限之存在。此中之义不须于此多说，智者亦可一言而悟。此天之为一真实之存在，亦自有其超越于其所已生之人物之存在之上之意义。此亦不碍天之为人之仁之所感通，人之所敬畏，而亦内在于此人之仁之感通与敬畏之中，而非只一往超越于人与万物之外，以自为一绝对完全之独立自足之真实存在也。此种在西方神学中以绝对完全、独立自足之概念，规定天为一人格神或上帝之说，自非孔子思想中所有。然孔子思想，亦未尝谓世间之一一人物之自身能独立而自足，以成一绝对之个体存在。本吾之前文所谓“己与人及天，可有同一存在之内容，亦可由其继续之相互感通，使其存在之内容之不同者，由不同而同”之说，则吾之一己与他人及天，皆原不能各成一独立自足之绝对个体。而己与人及天为分为合，要在自吾人之所以观其存在之三种态度，所发现之三种意义上，分别而说。则吾人亦不必须说天为独立自足而绝对之人格神，然后可言天之为真实存在也。吾人之不必须意在事如此之人格神，然后可言事天及祭天之礼，与感通于天之仁；亦如吾人之不须视己与人，各为一独立自足而绝对之个体人格，然后可言吾人对他人之仁与礼及对人之感通，与吾人对自己之感通，以有其中心之安仁，使其心自不违仁之事也。盖在西方之思想中，原有视自然物由原子组成，社会以个人为原子，及人各为一独立自足之个体之个人主义等种种之说；故于天亦初视之为一绝对完全，而独立自足之超越的人格神，而即视此超越的人格神如一超越的个体，以使人自超越其“个人之个体”之观念，于其一己之外，而知有他人与上天之存在。然在中国传统思想与孔子思想中，则原无此视个人为一原子或个人主义之说，而自始即以吾人之一己，乃一存在于“人伦关系中，及与天地万物之关系中”之“一己”。吾人之一己，原是一能与其他人物相感通，而此其他人物，亦原为可由此感通，以内在于我之生命之存在中者。依此思想，则一人之为一个体，即原为通于外，而涵外于其内之一超个体的个体，亦即一“内无不可破之个体之硬核，或绝对秘密，亦无内在之自我封闭”之个体。故中国之思想，亦不缘此以视天为一“超越于一切人物之上，其知、其意、其情皆非人之所能测，而有其绝对秘密或神秘”之个体人格神，然后人乃得由信仰之所及，以自超越于其个体之自我封闭之外也。

对此中西之宗教形上学之思想形态之不同，其详论固非今之所及。然其实有此不同，则非人所难见。吾人果见得此中之不同，则知中国思想中之不说天为绝对超越之人格神，未尝不可言对天之感通，与事天之礼，及对天之仁。至于西方思想之言天为一绝对超越之人格神，而人若不赖之以实自超越于其个体之自我封闭之外，只转而恃此人格神之天之神力，为其个体之个人主义之保障，或转而执此人格神之天之秘密，以藏于其个人之秘密之内，以成一更大之自我封闭；则信此天之人格神者，固未必真有事天之精神，亦未必能真有事天之礼与对天之仁也。此人之事天之精神、事天之礼、对天之仁，必依于人对天之真实感通。此真实感通，必由人之真超越其自我之封闭，对天开朗，亦对天下之人物开朗，同时将自己的秘密，亦使之开朗而后致。故人于此所当信之天，亦当为对外开朗之天，而非一只有其超越的秘密性神秘性之人格神之天。只有超越性、神秘性之人格神之天，亦实无异一有超越的自我封闭性之人格神之天，非必一具至德与至道之天也。具至德至道之天，必为开朗而向外表现，以发育万物流行于万物，亦内在于一切人物之天。此一天之秘密性、神秘性，唯是由其发育流行之无尽处之所昭显。即在其发育流行之无尽处，同时有此秘密性、神秘性之昭显，而见此天之原无必然须保留之秘密或神秘。故此天，永只在其由隐而显，由微而彰之一历程中，而亦恒内在于其所生之人物之中；亦容吾人之由对此天所生之人物之感通，以与天相感通；而不须吾人之超离与此天所生之人物之感通，以别求与天之秘密或神秘之感通，然后能实有此与天之感通，及事天之事者也。故孔子亦不须明说此天为一绝对完全独立自在之超越的人格神，然后可言事天与事天之礼，与对天之感通之仁；而吾人亦不可以孔子之未尝有以天为超越的人格神之说，而疑孔子之有其事天之礼对天之仁，以与天感通之圣教也。此则还有赖于吾人之深识其一己与他人及天之存在之内容之可同，亦可由异而同；然后可知此孔子之言仁，何以不离己与人以言天，而又可分别说此仁有对己、对人、对天之感通，以有尽己心、尽人伦、事天之三义之故也。

五　如何理解孔子之言鬼神

孔子之仁者之感通，除与天命及天相感通外，亦兼及于与人之鬼神之感通。由周以来之郊祀宗祀，已以祖考配天，合祭天与祭祖为一。则《礼记·孔子闲居》之言“郊祀之礼，所以仁鬼神”，《论语》之言“祭神如神在”，《中庸》之言“鬼神之为德……洋洋乎如在其上，如在其左右”，“体物而不可遗”，亦兼指天地之神祇与人之鬼神而说。而此于对天之祭之外，兼有对人之祖宗与先贤先圣及昔之有功德于民者之祭，亦实为中国宗教思想中之一特色。依孔子之教，仁必以孝为本，孝必极于慎终追远，则于祖先之鬼神之祭祀，明似更为重视。然于此人死之后，必有鬼神之存在，与此鬼神之必有知，则孔子皆未尝如西方之宗教哲学思想，更为之论证。故人亦可谓孔子之教中之有对祖宗之人神之祭祀，唯是以慎终追远，为使民德归厚之手段，或谓孔子实未尝真有信鬼神之存在。如墨子之谓儒者乃无鬼而学祭礼是也。如孔子果以鬼神为无，而学祭礼，则祭礼唯是一礼俗之形式，而由此祭祀，亦不能实有人之仁及鬼神，而与鬼神相感通之可说。则孔子所谓“郊祀之礼，所以仁鬼神也；禘尝之礼，所以仁昭穆也”之言，便皆为虚说。以孔子之未尝论证鬼神之必存在，与其必有知，则不能使人无此虚说之疑。凡此皆待吾人之另有说以通之，然后其疑可解也。

兹按孔子固未尝论证人亡之后其鬼神之必存在，然孔子亦未言鬼神之必不存在。而凡以人亡之后，即一无所有，而谓鬼神必不存在者，皆意谓唯在现实上与我相对而存在之人物，方为真实存在，而一切已往或过去之人物，即非真实存在，而同于无有。然孔子则亦未尝以只有在现实上与我相对而存在者，方为真实之存在之说；而无宁是谓在吾人自己之生命当下之现实存在中，凡其生命之感通之所及者，无非对吾自己之生命，为一真实之存在。吾人之当下之生命其感通之所及，则又明不限于在现实上与我相对而存在之人物。盖即此在现实上与我相对而存在之人物，其所以存在，亦未尝无一超现实之意义。而吾人亦未尝不依其具此超现实之意义，而后求与之有生命上心灵上精神上之感通。譬如当父母在世，此父母固可说在现实上与我相对而存在。然父母之心意之所存，志愿之所往，或其所思所感，则吾人前已言其初非必皆为吾之所知，亦初未现实的存在于我之知之中，即对我之现实存在，有一超越之意义。然人子之尽孝，则正当体此父母之心意之所存，志愿之所往，而有以体贴之、慰藉之，方为此人子之生命与父母之生命互相感通，而尽孝之事。则此尽孝之事，亦正由人子之与“初超越于其现实之存在之外之父母之心意志愿”，互相感通，而后有者也。自此人之求与人感通之实事上验之，人亦并非必待确知他人之为一现实上与我相对而存在者，然后吾人求与之有生命上以及心灵上精神上相感通。如在乱离之世，吾人于亲友之存亡，恒不能确知。然吾人仍可音书频寄，或一日不忘其怀念之情。是即证吾人对其存亡之不能确知，并无碍于吾人之有求与之相感通之情。如实而言，则人与人只须一朝分手，皆有遽死于非命之可能。于此如纯自逻辑理性以推，则除我当下所见之人之外，此外一切人皆死于非命，而皆不存在，亦逻辑上可能者也。则人当独处之时，谓世间之人，已皆不存在，亦逻辑上可能者也。然人在独处之时，并未尝以此而不更作种种为人之事。此固可说由人之知此逻辑上之可能，其概然性至小；然亦由人于其过去尝确知其存在，只须今无理由谓其不存在，即自然肯定其存在。盖吾人之现在之自己，原可对于其过去，有一生命上之直接的感通。由此而吾人即可以其过去之所确知，而肯定其存在者，为其现在之所确知，而肯定其存在者；而初不待任何其他理由，而后作此肯定；亦不能别无理由，而径对此肯定，加以怀疑。夫然，故人与其亲友分别，并不无故作其死于非命之想。人独处之时，亦不作世间之人皆已不存在之想。故人若与亲友分别，忽闻其死于非命，必首露惊讶之情。若一人独处，即作世间之人已不存在之想者，吾人必以为疯狂之人，或绝对自私之不道德之人。是即证吾人之心中对人物之存在与否，原依于一原则以措思：即凡吾人昔所知为存在者，今若无理由谓其不存在，即必自然的思其为存在；然后人乃免于疯狂，与成为绝对自私之不道德之人也。

今依此原则，以论人死之后，是否有鬼神之一问题；则说他人死，即不复能在一般所谓现实上世界中，与我重相见，以相对而存在，此固无问题。生离之不同于死别，即在生离之时，虽不相见，仍可重相见，而死别则无此重见之可能。故生离之人之在现实上之不存在于我之前，不同于死别之人之在现实上之不存在于我之前。生离之人虽不呈现于我前，而有重呈现于我前之可能，故谓之仍存于现实世界；而死别之人无此可能，故可说其已不存在于此现实世界。此皆无问题。然只此吾人对死别之人无在现实世界中重见之可能，是否即足证其鬼神之不存在，则为另一问题。此中，人若如唯物论者之先假定人之生命心灵精神，不能离其身体生理之状态而存在，自可谓人之身体之生理之状态，至人死而大变，以化为异物，则人之生命心灵精神，亦化为异物而不存在。然吾人若先不作此假定，而只由吾人所直感之人之生命心灵精神之存在之意义，不同于其身体之生理状态之存在之意义以观，则人不能直由其身体之生理状态之化为异状，而径推论其生命心灵精神，必不能存在于一般所谓现实世界外之世界。凡一切本唯物论之说，以推论人之生命心灵精神，必不能自己存在于一般所谓现实世界以外之一世界者，吾人皆不难指出其逻辑上之谬误。盖此推论，皆本吾人所见之现实世界之事，如人亡之后，其身体之化为异状之物，以作推论，而人亡之后，吾人既谓其不在此现实世界，则吾人不能据此现实世界之任何事实，以推论其必不能存在于现实世界以外之世界。今将吾人上述之原则，即“凡吾人所尝确知其为存在者，若无说其不存在之理由，则吾人恒自然的思其为存在”，应用于此人亡之后，其生命心灵精神或其鬼神是否存在之一问题；则吾人亦只须无决定之理由谓其不存在，即可任吾人之自然的依此原则，以思其为存在，而无任何不当之处。而此一思其为存在之思想，即正为合乎人对死者之至情，不忍谓其一死而无复余，而必有之思念之心，祭祀之礼，以对鬼神求生命上心灵上精神上之感通者也。

吾人以上之言，自只是吾人之一论辩。然吾人之论辩，非意在自提出一原则，在理论上积极的证明鬼神之必然存在。吾之论辩，唯在说：只须此中之“消极的证明其不存在”不能有，则人在实际上自然能依一原则以思想其为存在。此思想乃合于人之至情，此至情为当有，则此思想亦为当有；而此思想所依之原则，亦为当遵之原则；则由此思想与至情而有之人之思念祭祀之礼，以求与鬼神，有相感通之仁，亦皆同为人所当有或义上之所当然者矣。由此而见孔子亦不须更对鬼神之实有，作种种之论证，然后方可言对鬼神之礼与仁。而孔子之不作此种种之论证，亦非即墨家所谓无鬼神，而亦不碍孔子依此人之自然的思想与至情，以信鬼神之实有，而此信亦为当有之信。孔子之缺此种种之论证，亦非即孔子之思想之短缺。吾人之论辩，亦不在代之更立此种种之论证，而唯在言：只须消极的鬼神不存在之论证不能成立，吾人即不须更待有任何其他积极鬼神存在之论证，方得信有鬼神之存在。故吾人之论辩之目标，亦只是消极的说一切论证，于此皆不相干，亦皆不必须。此吾人之论辩之自身，固亦更可有其自身之是否圆足之问题。但于此吾人亦不必更加讨论。然要之可见鬼神存在之是否当先为之论证，本身为一问题。如其本身为一问题，则孔子于此之不作论证，即非孔子思想之一短缺。吾人之论孔子思想，亦不当于此致憾，仍可由孔子之非理论性之对鬼神与祭祀之言，以观孔子思想之胜义之所在也。

由人之亡者其鬼神之存在，原不待吾人之自提出一原则，在理论上加以证明，而人即可依一自然亦当然之原则，思想其为存在，而合乎人对死者当有之至情；故人于鬼神之存在之状态，亦不必纯理论的加以推知。依吾人对死者之情，而生起之鬼神之存在状态之种种想象，吾人亦无法纯理论的或以现有之经验，证明其必真或必假，故亦永不能确知鬼神存在状态之必为如何，或必不如何。此今已为鬼神之人，虽尝存在于世间，然其为鬼神之后，是否不再死亡于鬼神所存在之世界，或永远为一存在之鬼神，或由其死亡于鬼神界，即再投生为世间之人或他物，皆非吾人所能确知。人或只据人之鬼神原只是曾存在之人，而非现存在，以谓其必无者，亦复无必然之理由。因如曾存在于昔者，必不能存在于今，则吾人亦不能谓昔日之我之经验为存在。吾人之谓昔日之我之经验之为存在，唯由吾人能对之加以回忆与重念。此回忆与重念，即吾人与自己之过去之感通。若离此感通，则吾人亦未尝不可谓此昔日之我之经验，既不存于现在，即同于不存在。然吾人自对其昔日之我之经验，有此一感通，则吾人即可谓昔日之我之经验，存在于今日之我对之之回忆重念之中，而其自身亦为存在者。顺此意而推扩言之，则鬼神果在思念与祭祀之礼之中，为人之感通之所及，自亦存在于此感通之中。至于其在此感通之外如何存在，如何存在至于未来，则为吾人所不能知，而吾人亦无理由谓其不被感通时，即不存在，或不能存在至未来。此亦正如吾人之过去之经验中之知识技能，除存在于吾现在之对之之回忆重念，或应用之事之外，其自身之如何存在，与其如何能存在至未来，以使未来之我得重念回想之应用之，亦非我之所知。我亦无理由以此而谓此我之经验中知识技能，在不被回忆重念或应用时，其自身即不存在，或谓其必不能存在至未来也。

六　孔子言鬼神之涵义，与礼与仁

上言吾人不能离吾人对曾为人之鬼神之感通，而问鬼神自身之如何存在，亦犹吾人不能离吾对吾人之自己之过去经验等之重念回忆之感通，而问吾人之过去经验等之自身如何存在。实则吾人亦不能离吾人对任何事物之感通，而问其自身如何存在。于此如有问，吾人皆不能答，而只能谓此非吾人之所能知。反之，则凡吾人之感通所及者，吾人皆可谓其在此感通中，为一所感通之存在，而凡可感通者，亦皆可说之为存在。则吾人所能感通之范围愈广，由感通以知其存在于此感通中者，亦愈大。如吾人之感通之范围，能无所不及，则一切为其所能及者，无不可对此无所不及之感通为存在。然在感通所及之范围外，而问任何事物自身之如何存在，则同非吾人之所知。亦不特鬼神及吾人自己之过去经验之自身之如何存在，于其不被吾人加以思念或回想重念时，非吾人之所知而已。而对此鬼神之自身存在之问题，吾人亦复须从根上打断一切对其自身如何存在之问。然此一问虽可打断，吾人谓其不存在之念，则在理上不能有，而在情上则不忍有，亦不当有。故《礼记·檀弓》载孔子曰："之死而致死之，不仁而不可为也。"此即谓由死者之死，而更谓之为死为不存在，乃不仁而不当有而失义之念也。至于下文"之死而致生之，不智而不可为也"，即言：谓其死后之存在如生者之存在，而以其主观所知之存在状态，想象推测死者自身如何存在之状态，是为无礼，亦于理上无据，而为不智。不仁、失义、无礼、无智，皆足以伤情而害德。人对鬼神之礼及仁，唯所以使其生命与鬼神有心灵上精神上之感通为止。此鬼神之存于吾人仁与礼之感通中，只是"洋洋乎如在其上，如在其左右"。此鬼神之为德，乃"体物而不可遗"，又"视之而不见，听之而不闻"。故此鬼神之存在，乃非可想象推测其为有一定之存在状态。人之祭祀之礼，只是"祭神如神在"，"事死如事生，事亡如事存"。《礼记·祭义》发挥孔子言祭之义，亦只谓"斋之日，思其笑语，思其志意，思其所乐，思其所嗜"。此乃于祭之先，就其所祭之人，思其生平之笑语志意之实事，而视之如尚在，以为交于神明之媒。固非想象推测其所亲者之鬼神在幽冥之存在状态，即如此如此之谓也。此中所谓如在，亦非其本不在，只假想之为在之谓。此“如在”只是谓其不同于一般之由想象推测，而视之为吾人知识之对象之“在”；而为一只可本吾人之回忆思念所祭者之生平，而视死如生之在。故其在，又不同于一般之生者之在。此不同处，即在其既为鬼神乃非有一定之存在状态之在，而只是一纯粹的在于此感通中之“纯在”。对此鬼神之“纯在”，正赖人之将一切对死者如何存在于幽冥之状态，一切想象推测，加以超化，亦将此一切想象推测之活动，加以止息；然后人有一纯粹的对死者之生平之回念与纯粹之诚敬，以与其“纯在”相契应、相感格，而使吾人得仁及于鬼神。然以人之习于以可想象推测感觉把握得之一定存在，方为存在者，恒以为不可以感觉、想象推测把握，即为不存在。或以为言“如在”或“洋洋如在其上”，即恍惚不定，不可把握之谓，而其在同于不在，而主无鬼神，并谓孔子实未尝信有鬼神。至于人之主有鬼神者，遂亦必求对鬼神之存在，加以推测而论证之，或对其存在之状态，加以想象为如可感觉，以实化此鬼神之存在，如一般哲学中之有神论与宗教家之说。或即又以此而疑孔子之鬼神论，尚未能实化此鬼神。然此二者，皆同是由人之习于唯以可感觉想象推测把握得之一定之存在，方得为存在，然后意此不知其状态为如何之在，即为不存在，而或者遂必欲由想象推测等以实之，然后方谓其存在。此二者之言，虽似绝相反，而正同出于人之唯以“知其存在状态之存在，方为存在”之习。亦同由人之离其对鬼神之诚敬时，方有此种种歧出之想。实则人在有对鬼神之诚敬时，正当不见有一般由想象推测而把握得之存在。人如对此鬼神以想象推测求把握之之时，正当进一步，就其体物不遗、不可见、不可闻处，以见其非此可把握之存在而不可测，而只为一“纯在”也。此方为孔子言鬼神之如在之旨也。

至于世之哲学宗教之必欲对鬼神之存在，与其如何如何存在状态，本想象推测加以实化者，则其初虽意只在使此鬼神成所知而可把握，然其归恒在对鬼神之有所祈求，而落入于功利心。此则由一切本想象推测，而有所知于鬼神之存在之状态，皆本吾人所知于生人之状态以想象推测，而此想象推测之结果，即为视鬼神同于世间之生人之存在。于是吾人即可以吾人之求于生人之态度求之，此即恒落入于对鬼神之功利心。此与不信鬼神者，恒只求世间之功利者虽不同，然其为功利心则同。故人之对鬼神祈求功利而不得者，人恒转而不信鬼神。而求世间之功利而不得者，亦可转而求之于超世间之鬼神。此人之跌宕于信与不信之间，即皆同依于一功利心。而其鬼神，亦皆非其诚敬心之所感通；而实皆同于无鬼神。而孔子之于鬼神，则初不以想象推测把握之，故亦不重对鬼神之祈求，不重对鬼神之祷，而重对鬼神之礼。祷以求为本，而礼以敬为本。礼敬者无求之情，无求之德也。以礼敬对人如是，以礼敬对鬼神，亦如是也。由此而依孔子以言人之当祭鬼神，以“仁及于鬼神”，即全脱于功利心之外，而纯只是义上之所当然。而人之祭鬼神之事，乃可全绝于求福报之心之外，而同于人之行一切之义时之无心于求报。然人之以礼对祖先圣贤天地之鬼神，却又可说只是人之报本报恩之事，而后鬼神可实为吾人之诚敬心之所感通，而在此感通中，乃实有鬼神也。茫茫世界，芸芸众生，多未尝知此义利之分，为世俗与宗教之事者，皆同只以利心动人。不知义，则不知天命，亦不知鬼神，又焉能实有此鬼神哉。

至于在祭祀之礼中，孔子与后之儒者之传，所以于祭天神之外，重对人神之祭祀者，则盖以唯人神乃可为天神与生人之连结。人神皆尝为生人。人亡之后，则与生人不复为一相对并在之存在，自可说其鬼神之在天。此则由生人既可说为由天所生，而属于天之全体，则凡尝生于世间之人，皆原可说其生于天地间。然当人之生时，以其乃与世间他人相对而并在，则一方可自视为“己”，一方与他人相对，而为“人”。然当人之既殁而为鬼神，则不复与世间他人相对而并在，即可说其只在此天之全体中。故人于鬼神，可只说其在天。在天，而可与天帝或天神相对而并在，或合为一而俱在，人神遂成为生人与天神之媒介。无人神，则天神可只至尊无上，而非生人之所企及。则天神与生人之间，上下大小，互相悬绝而难通。此即世间之宗教之凡尊天神上帝者，必兼言有先知，为天神与一般世人之媒，或必言上帝之化身为人之故。此皆依于无天神与一般世人之媒，则天人之道不得通也。然世间宗教家之先知与上帝所化身之人，仍皆较近于天，而较远于人。依孔子之教与儒者之传，言人当祀祖宗与圣贤忠烈之教，则祖先为吾人自己之自然生命之所自出，圣贤与先德先烈，皆尝泽被生民，为世所共知。故其鬼神虽在天，而亦切近于人。人之一己，即可直接缘其与人感通之仁之及于其父母，以至其祖先，更及于世间之人，以至于对世间有功德之圣贤忠烈，更上达于天。而人之各有其父母祖先，各地之各有其圣贤忠烈，则人各有其所祀之人神，以分别致其对鬼神之礼敬与仁，以与之相感通，以合契于天。夫然，而人之对鬼神之礼敬与仁，乃并行而不悖，而未尝不可以合契于天，而交涵互摄。此即不同世之宗教之只有一先知一救主之为天人之媒，彼先知救主，皆唯是传达天神之意旨，或为天神之化身，而非吾人之生命所自出之祖宗，亦非必为泽被生民之圣贤忠烈，在天而又切近于人者。故此中天神之意旨，只能由先知救主，以孤线单传于僧侣，成单独之宗教组织，而不能使人人皆能即其生命之所自生，与其所感通之父母与世间人，以顺序上达于鬼神，以通天人之际，以融宗教精神与人伦道德而为一也。此则非加以比较，无以见孔子与后儒之言鬼神之至切近，而极高明，尽广大之处。孔子之言皆不出乎言礼敬与仁。礼敬出乎仁，则又可以仁之一言而尽。吾人之仁，其表现于对鬼神之感通，与其对他人之生命，及对吾人自身之一己之内在的生命之感通者，其义又皆原互为依据，互相涵摄，乃一而三，亦三而一。此则非“固聪明圣智，达天德，其孰能知之”。人类未来之宗教，亦舍今所论，别无他途。此言亦可百世以俟圣人而不惑。而通观孔子之言教，则显然已明有此义。然此则非徒逐章句训诂之迂儒，与世之锢蔽自封之宗教徒，及今之好行小慧之哲学家之所能及。故并推衍而说之如此。

上下篇　结论

综上文所论，则见孔子之言仁与求仁之工夫，乃实有与他人之生命之感通，与对吾人一己自身之生命之内在的感通，及与天命鬼神感通之三面。而其工夫之节次，则第一步在志于道、志于仁、志于学。此则要在吾人一己之向往于与他人或天下之感通，而有对人之爱，与求天下有道之志。此即孔子十五志于学之事也。而其第二步，则为于志道之外，求实有据于德，以依仁而行道。而修德之本在恕，由恕以有忠信，而极于对人之礼敬。此中之忠信礼敬，原为孔子以前所共重之德。孔子则特标出恕之一字，而恕亦实当是忠信礼敬之德之所由成之本。至孔子之所以重礼敬之德，则由仁之正面的表现，乃至礼敬而极，亦必赖礼敬而后能人与己皆立。故曰立于礼。孔子之三十而立，当亦要在立于礼也。至于仁所关连之智勇义诸德，则皆由对人与己之贤不肖善恶之辨以成，遂不同于恕、忠、信、礼敬之德，可由人之直顺恕忠信礼敬之道而行之所成者；而是由人之辨别于道与非道之间，德与不德之间，能不惑于非道与不德，而后成之德。则其德之成，又在后一节次。此中之智，乃兼通于知人、知外，与知己、知内之二面，以成人之不惑。故智亦有对外对内之感知与感通之二面；而与人之仁德之见于外与存于内，皆不可须臾离者。故无智则无仁，而智最足以辅仁。智能知义，勇能行义，则义勇皆直缘智而生，亦皆所以成人之仁者也。孔子言四十而不惑，即智之至也。至于仁者之乐且不忧，则纯自仁者之内在的感通上说，而此乐且不忧，必本于人之知天命。知天命，则见仁者之生命与天命或天之感通，亦仁者之智之极。此则孔子五十之知命之学。孔子知天命，而亦知天之知之，故言“知我者，其天乎”。人有与天命及天之感通，亦有与鬼神之感通，以仁及于鬼神，是为仁之至。此则为孔子由下学而求极其上达之功夫之最后一步。至于此下之“六十耳顺”“七十从心所欲不逾矩”，则是知命功夫纯熟后之自然效验。朱子谓此孔子六十七十之事，乃“只熟了，自然恁地去。横渠曰大可为，化不可为也”（《语类》三十六）。此皆非用工夫着力之境也。孔子六十耳顺，声入心通，如孟子言大而化之之境；孔子七十从心所欲不逾矩，如孟子言圣而不可知之谓神之境；亦略类佛家大乘七地以上以无功用行；皆不待工夫着力之境也。至于孔子之此知天命以知天之工夫，与其所言之乐，及人之行义时之自命之关系，则其旨最深微而难见。然亦显然皆具存于孔子之言之中，故吾人上文不得不试加详辨，而引申其旨以说之。

循上所论，则言孔子之求仁之工夫，其极必至于知天命、知天，故孟子言尽心知性以知天为极，《中庸》首言天命之谓性。董仲舒以“道之大原出于天”为说，更明视天为天神，又言人必本天志以为仁。汉儒之尊天之论，又无不连鬼神之说。此则似直承孔子之最后一步言仁于鬼神与知天命之学问工夫，所成之论。然自孔子之学问工夫之次第言，则初又不由此知天命之工夫而始。孔子之言仁，亦不自事鬼神始。孔子固言：“未能事人，焉能事鬼？未知生，焉知死？”学固以事人而先尽生人之道为始，如其言仁亦以爱人，而志在天下之有道为始也。依孔子之教，则人果能先尽生人之道，并志在天下之有道，以志于仁，则其功，终必有己与人之生命感通、一己生命之内在之感通，以及于对天命之鬼神之感通三者。然为学求仁之工夫，则不自知天命，事鬼神始。是方为孔子下学上达之旨。此则明见孔子之学之不同于西方宗教之以知天命，事鬼神为始，亦不同汉儒董仲舒之以人必本天志以为仁之说，乃由上达而下学者也。凡本此一切由上达而下学之教，以释孔子之言学与言仁，皆不明孔子为学与为仁之工夫之节次，而颠倒孔子之言所成之论，而未能契于孔子之为学与为仁之旨者也。

至于宋明儒，则大皆知孔子之为学与为仁，应由践仁于人伦日用为始，然后更及于知天命与对鬼神之诚敬，而识仁之工夫，亦要在于人之自心上先自识得。程朱陆王，其旨亦大体不殊。朱子注《论语》，谓孔子告颜渊，以克己复礼即乾道，告仲弓则以敬恕即坤道，亦是以循天地乾坤之道以为仁之工夫，初当在一心之克己复礼而行敬恕也。故宋明儒之言，实较汉儒之言更合于孔子由下学而上达之旨。至于清儒之必就仁之见于事功，言仁之德必表现于利用厚生之事，更不喜自心之性理言仁，乃自人与己之情欲之相感通上言仁，则亦可说是更落实于事功以言仁。然就其言事功，而未尝否认其原出于爱人之仁，言利用厚生，而亦言正德处看；则亦未尝不有契合于孔子称管仲之功，与言学者必先志在立人达人之道之旨。则清儒之言亦与孔子之言求仁工夫之第一步相通。然人之如何能定立其志，必赖于据于德之工夫；则人于此必当有内心上之自己反省之内在之感通之功，然后能由强恕而行，以至于克己复礼，而天下归仁之境。由此更进，亦当实有与天命鬼神感通之知天命、俟天命、畏天命之工夫，然后人能乐且不忧，而人之仁更及于“体物而不遗”之鬼神。必兼此三者，而后人之仁，乃内有其自己与自己感通之深度，外有与人相感通之广度，上有与天相感通之高度。此则皆非清儒之所及耳。

第三章　墨子之义道（上）

一　略述墨学之演变，及本文宗趣

周秦儒墨同为显学，然墨学自汉而湮没不彰。《墨子》书除晋鲁胜《墨辩注》，与唐乐台注已失传外，自宋迄明，虽时有人道及其言，而未闻专治其书者。及清中叶，学者之校勘训诂考证之业，由经史而旁及于诸子。毕沅始有《墨子注》。王念孙等继对墨子之文，有所校诂。张惠言始注《墨经》。孙诒让集诸家注，为《墨子间诂》，并附《墨子佚文》《传授考》《墨学通论》等，于其书后。自是，《墨子》之书，乃差可读，墨学在中国学术史中之地位，亦渐以明。清末王闿运为《墨子注》，曹耀湘为《墨子笺》，更重申韩愈"孔必用墨，墨必用孔"之旨。汪中《墨子注》叙、张惠言书《墨子经说解》后序，及孙诒让《墨子间诂》自序，亦皆以墨子所言者，多为儒者所不可废，以为墨学辩诬。然清末民初之学者，凡不自足于儒学之传者，或求之于老庄，如早年之章太炎；或求之于墨子，如康有为之《大同书》，推墨子节葬之义，至于主张人死即烧骨成灰为肥料。梁任公早年即本墨家义，评儒者之学。夏曾佑为《中国历史》一书，更重言儒墨之种种相反之义。自此以降，民国治墨学者日众，而扬墨以抑儒之论，亦日以出。其流下接西方传来之实用主义、社会主义、马克思主义。民国以来论墨学之书出版者既益多，而专以治《墨辩》名家者，亦过十数。此则清末至今墨学史上之一大变，亦中国学术史之一大变也。

今暂舍《墨辩》不论，以言今人于墨学大义之评论，盖皆是先平观儒墨道诸家之学，以论墨学之异于诸家者。昔《庄子 · 天下》篇尝言墨子尊禹之道，《淮南子》言墨子“背周道而用夏政”，《墨子 · 公孟》篇亦载墨子尝非儒者之公孟，谓其“法周而未法夏”。近人遂多持此以谓墨子之学，乃承夏道之尚质，故别于儒者之尊周文，而谓墨与儒“其为礼也异”；孙星衍《墨子注》后叙，固亦言之矣。民国初年江瑔《读子卮言》，论墨子非姓墨，儒与墨皆学派之名，墨家乃以“瘠墨”之刻苦生活为教者。其言甚辩。后此之学者，乃或就墨子与其徒，多为当世之贱人刑徒，如今所谓劳苦大众，以言墨学之基础，在社会之平民，故不同于儒者之教，为当时之士大夫而设者。此则纯为民国以来观学术与社会阶级职业之关系者，所为之新说。或者又更谓墨子原为殊方异域之印度人、阿拉伯人或犹太人，故其学亦异于中国固有之学术文化之传。此则于史最无征之怪说。然亦由今之学者必欲求墨之所以异于儒之故，而生之论也。又《墨子 · 鲁问》篇尝言：“凡入国必择务而从事焉。国家昏乱，则语之尚贤尚同；国家贫，则语之节用节葬；国家憙音湛湎，则语之非乐非命；国家淫僻无礼，则语之尊天事鬼；国家务夺侵凌，则语之兼爱非攻。”毕沅注以此证墨子之通达经权，近人又或以此证墨子之所以为此异于儒之说，只为补偏救弊而设。如陈柱《墨学十论》之言是也。昔《淮南 · 要略》固亦已尝谓诸子之学皆起于救时之弊，则墨子之所以与孔子以前之学异者，亦唯以其所处之时代不同，所见之时代弊患之不同而已。此喜自时代之不同，论学术思想之所由异，亦为今世之一流行观念。此与自一学术思想所自出之社会阶级，与其所传承、所宗法者之异，论学术思想之所由异者，皆同是自一学术思想之外在关系，论一学术思想之所以成之实际上的原因；而非论学术思想之内在的本质之异同之说也。

今吾人欲论诸学术思想之内在的本质上之异同，则赖于吾人之直就一学术思想之本身，而观其所涵之义理观念，与其义理观念，如何次第衍生以相结，其诸义理观念中何者为本、为第一义之义理观念，何者为末、为第二义以下之衍生的义理观念，以观其义理观念，与其所衍生者之限极之所在；然后更观其与其他不同义理观念，及其所衍生者之同异出入，与互相关涉之处。昔人之能缘此以论墨学者，则在周秦之世多以墨学之本在兼爱。故孟子谓“墨子兼爱”，庄子谓“墨子泛爱兼利而非斗”，尸子谓“墨子贵兼”。至荀子之谓“墨子有见于齐无见于畸”，“尚俭约而僈差等”，则又不只以兼爱为说。盖兼爱固是爱无差等而尚爱之齐，然齐或无差等之义，不尽于兼爱也。荀子又言“墨子蔽于用而不知文”，“由用谓之道”，则墨学之本又当在重用也。

至近人之论墨子之根本观念者，则又或以墨学之本在天志，持此说之人甚多。如张纯一《墨子集解》，即持此说而更注《墨子》书者也。此盖初有见墨学之尊天志，似耶教之说而来。耶教既为今世之一显教，今谓墨学之言天志在耶教之前，则宗耶者可视墨子为一先知，而宗墨与宗中国文化者，亦可以此墨之言天志先于耶自喜。又由墨子言天志之义，以次第引出其兼爱尚同之教，亦似理有可通。昔班固《汉书·艺文志》谓“墨家者流，出于清庙之守……宗祀严父，是以右鬼”，亦似与此说相类。然《汉志》所重者，在墨子之右鬼。墨子之以天鬼并举，兼言明鬼与天志，乃显为二义而非一义。则近人之以墨子唯以天志为本，亦昔所未有之说也。又顺此近人以天志为墨学之本之说，人亦可以尚同为墨学之本。因尚同乃以尚同于天为至极，则尚同即涵天志之义。而今以马克思主义释中国思想者有郭沫若《十批判书》，则自《墨子》尚同之说，要在教下之同于上，《非儒》篇亦屡以教下叛上为儒者之罪；以谓墨子之学非重平民，而重在上之阶级者。则尚同或上同亦可为墨学之根本义也。至于此外言墨学之根本观念所在者，则或以为墨子重立故，重说一事之为什么，如早年胡适《中国哲学史大纲》之说。一事之为什么之所在，即其利之所在，由此而或以墨子之根本观念在重功利，而同于西方之功利主义，其言天志明鬼兼爱，皆所以完成其功利主义之论，如冯友兰《中国哲学史》之说。此则可取证于墨子之喜以爱利并举，有“义，利也”之语，亦可上合于荀子言墨子蔽于用之旨。然为此上之二说者，皆先知西方哲学之有此实用主义、功利主义之论，然后以之释墨，又初非承荀子之言而生之论。其曲为比附之处，亦可视为当世之一新说。此外又或以墨子之学要在非儒，其非命、节葬、非乐、天志、明鬼，以及兼爱、尚同、尚贤之说，皆是于儒者之是者即非之。由非儒，而墨学之论即可次第立。此则清末之夏曾佑为《中国历史教科书》，已言之。昔《淮南子·要略》谓“墨子学儒者之业，受孔子之术，以为其礼烦扰而不悦，厚葬靡财而贫民，久服伤生而害政”。此乃谓墨子先学于儒，而后异于儒。近人则不重《淮南子》所言之墨子之学于儒之一面，而唯重其异于儒之一面，以谓墨学之根本义，即由其非儒而衍出，亦前所未有之新说也。

吾今之此文，不重在论墨学之兴起之外在的原因，而唯重在论墨学之根本义理观念之果何所在，以及如何可由此义理观念，次第衍出墨学所立之诸义，与其义之所限极，以为与他家思想比较之资。盖吾初亦尝主墨子之根本观念在兼爱，并以兼爱之说之形上学之根据，则在天志。由此兼爱、天志之说，即有其非命、非乐、节葬之论，则不得不非儒，遂与儒之思想，成对立之二型。至于其兼爱之说之所以成，则吾于十余年前，尝作《孟墨庄荀言心申义》(《中国哲学原论（上）》)，谓其原于一理智心或知识心，以普遍化此“爱”，并求此爱之必有其效果上之“利”以成。此则自谓更能探出墨子之所以成其兼爱之说之人心论上的根据，而按之于墨子言兼爱之义之文，亦无不合。然《墨子》书之言心者，其明文不多。则吾亦不能径说重此理智心，即为墨学之宗旨所在，或墨子之道所在。因吾谓墨子之心是一理智心，虽不误，然墨学之宗旨或道所在，则可根本不在其论心之处。欲说墨学之宗旨或道所在，固当更就《墨子》明文所及最多，而又可由之以次第衍生墨学之诸义者言之。后忽念墨子之根本义理观念，或即在其所谓“义”，乃遍查《墨子》之书，见其除有《贵义》之专篇首言“万事莫贵于义”，《耕柱》篇巫马子谓墨子曰“子之为义也……子为之有狂疾”，《鲁问》篇载“吴虑谓子墨子曰：义耳义耳，焉用言之哉”等外；其《兼爱》《尚同》《天志》《明鬼》《节用》《非攻》《节葬》诸篇，无不本“义”以立论。《贵义》篇又谓“为义而不能必，无排其道，譬若匠人之斫而不能，无排其绳”。则义之为道，亦如匠人之绳也，故更言义即圣王之道，则墨子之学以义道为本甚明。甚怪何以吾与昔人，皆忽此遍见之明文，而必欲另作他求，以为解释。因于论孔子之仁道文既毕，即成此文。后乃更见陈拱君赠我之《墨学研究》，与李绍昆君赠我之《墨子研究》，亦重此“为义”与“义自天出”之旨。在此点上，皆度越前人之别求中心观念，以释墨学之论。然吾文自单独写成。吾初于此之所悟者，唯是见《墨子》诸篇所谓“义”之义，正足涵摄吾前以“理智心”言墨学时所及之义，其次是思此墨家所谓义与其所谓兼爱，果是何关系？兼爱与仁义果是何关系？又墨子以天为义，是否即证其学之本即在天志？以及此“义”之义，如何可内在的贯通于其兼爱尚贤尚同等诸说之中，而不只是外在的统括此诸说？此诸说如何由此“义”之义衍生，当以何次序说之为宜？则吾之此文亦别有其用心。吾之结论是兼爱虽亦可说是仁，然实则是以义说之仁。墨子之说义，又在理论上原有由儒家所说之义，而转出之可能。在历史上看，则《淮南子》所谓“墨子学孔子之术，受儒者之业”，亦可能为事实。再墨子虽有天为义、义自天出之言，然《墨子》书亦随处以天、鬼神、人三者并言，而以义道为通贯，则义道之大，亦可说有大于天者。故于“天为义”“义自天出”之言，当另作善解，亦不可持以证其说即以天志为本。后文当辩。由此而吾不复重吾前此亦尝以天志为墨学之形上学根据之说，以为此只是吾人习于西方之宗教形上学者之一可有可无之推述。今当纯就墨子之自言其学之根本在“贵义”，以释墨子。又于墨子由义之观念所次第衍生之观念，吾意亦当重观其与儒家类似之观念之同异。由此可见其不必皆与儒家处处对立。墨家之言义道，有不及儒家之广大之处，然亦自有其精彩，而不可废。自墨家重义，孟子乃辄仁义并言，而荀子之言政治上之“义”，亦正有类墨家言义处。如此以通观儒墨之关系，而不为一刀两剖之论，亦可减除若干不必要之思想葛藤。此则本文辩墨学中之义道之宗趣也。

墨子之所谓义以古语释之，即“天下之公义”，以今语释之，即一客观普遍之义道，而不必兼自觉其本在内心之仁者。其与儒之异，不得而泯，后文亦当更及。但此义一名，初固为一公名。言义必及利，在《国语·周语》中，已有其言。《论语》中时言及义。则墨子之贵义，初亦当袭用此公名之义。故于墨学之历史起原，即不说出于儒，亦必与儒学有同原之处。此虽非本文重心所在，亦当略辨。按《墨子》书，明多征引《诗》《书》，其立言之三表，一曰必本于上古三王之事，故处处言上古之圣王，亦处处言仁义。庄子谓墨子尊禹之道，《淮南子》谓墨子背周道用夏政，乃自墨子之勤劳天下似禹，而轻周之礼乐处言之。然若谓墨子只上法夏禹之道，则与《墨子》书处处兼言尧舜禹汤文武之圣王之道之明文不合。清人汪中《墨子后序》，已尝辩之。按《墨子·非乐》篇明谓由尧舜至禹汤文武，乃世愈降、德愈衰，而乐愈多。禹汤之乐固少于文武，而尧舜之乐更少于禹汤，其尊尚尧舜，固可过于禹汤也。《韩非子·显学》篇谓“孔墨俱道尧舜，而取舍不同”，固更得其实。则谓墨子之道只为夏禹之道，不足信也。至于《墨子·公孟》篇载墨子之谓公孟子，只“法周而未法夏”，下一句是“子之古非古也”。此乃谓公孟子知法古之周，而尚未及更古之夏而言。夏之礼乐较周之礼乐为朴实，固墨子视为更当法者。故有此以“法周未法夏”，以责公孟子之言。然依《墨子·非乐》篇之文，明谓尧舜之乐更少于夏殷之乐，则墨子之以未法夏责公孟子，固可更进一步以谓其未法尧舜也。此未法夏之责难，唯所以见公孟子所法之周非古，故引而进之，由周以及于夏；谓其尚未及于夏，更何论尧舜。此固非即墨子以法夏禹为至极之谓也。方授楚《墨学源流》第五章亦引汪中《述学·墨子后序》文辩墨子之非只用夏政。今知此以墨子之道只为法夏禹之道之说之非，则知韩非所谓儒墨俱道尧舜之说，更为近是。再细观：墨子之随处征引《诗》《书》言仁义，于尧舜禹汤等古先圣王，并加尊崇之言；则固当谓《淮南子》言墨子初“学儒者之学，受孔子之术”，正可能为事实。至少墨者之学与儒者之学，自历史上观之，固同原于中国之传统文化。其与儒之异，固只是韩非所谓取舍不同。是乃学术思想之流之异，非其原之异，固显然无疑。至于谓墨学原自印度、阿拉伯、犹太之说，更不待辩矣。

吾人若知墨者之学与儒者之学之同原于中国传统之文化，则墨子之言仁义，或专言“义”，虽有其特殊涵义，此亦必有本于传统习用之涵义，而亦当有与儒者之用此仁义之名之涵义，有相类似而接近者。吾人欲了解墨子用此仁义之名之特殊涵义，亦当由此二名之一般之涵义，或儒者用此名之涵义，以观墨子所增之涵义之何所在。

二　由仁义之不同，辨墨子之兼爱为以义说仁之义道

按仁之一字从二人，其初义应为爱人。孔子言仁，亦以爱人之义为主。此对人之爱，即吾自己与他人之生命之感通。然此感通，可不只表现为爱人，亦可表现为爱他人之亦能爱人者，并恶他人之不爱人者，而仁者亦恶不仁。故孔子言“唯仁者能爱人、

能恶人”，则爱恶皆可出于仁。又此感通亦可表现为敬人或其他对人之德，而孔子之仁可摄诸德。此具如吾论孔子仁道文所及，今不赘。至于义一名，则昔多训为宜，所谓宜者，初当是自行为或行事之宜有者言。宜有亦即当有、应有，而为正当者，亦即合于当有应有或正当之标准法则者。人之能知何为当有应有，何为正当，亦即知义。克就此知义之知而言，可称为智。此知或智，自在人之内心。然知当有、应有、正当，而不表见之于行为行事，则不足言行义。有知义而无行义，不能称为义。行义而无畏，则称为勇。故义必连于人之行为行事之表见于外者言，亦恒连于行之勇而说。此盖为“义”之一名之通义。孔子言仁，既以之摄智，亦兼摄义与勇，即由知义、行义，原必连于智与勇之故也。然就此义之不特内连于知义，又必须外连于行义上说，则义对自己，为一通此知与行之德，而对他人，则为人所能共见之德。此便有其不同于仁之为德，乃可不见于爱人之事，而只存于自己之内心，以为一爱人之心者。人有一爱心，即亦可称为有仁心。人之有仁心者，当其无爱人之事之表现时，此仁之为德，即只为人内心所自觉之德，而非其外之人人所能共见之德。故仁之爱人，虽初是由我以爱及人，而此仁爱之心，则可只存于内，不为人所知。至于义，则初亦只是自求其行为行事之正当。义字从我，古音亦读如我，故有“以义正我”之言。此义亦可初只为人所自知。然以义正我之行事行为，又必表见于外，以为人所共知。此即将仁与义之德对言时，二者之不同所在。由此，而仁人虽可兼为义士，而不必能兼为。重仁与重义，可相涵，而不必相涵。重仁者，重在开拓其一己之内心，以包括他人以至天地鬼神万物，于其内心。重义者，重在实行其内心所知之义，而表现于其外之人之前，以至天下之一切人之前，或客观之天地万物鬼神之前。仁偏在内说，义偏在外说，原为古义。此即仁内义外说之远原。孔子固不主张仁内义外，然于义之必表现于外之行事，亦无异辞。孔子言“君子之仕也，行其义也”，即义必见于行事之谓。又曰“不义而富且贵，于我如浮云”，即谓以不合义之行事求富贵，于我如浮云之谓。又言“君子之于天下也，无适也，无莫也，义之与比”，亦即涵君子之比于义，必见于其应天下事时之无所适莫；亦涵君子之行义，可为天下人所共见之旨。则将义与仁对言时，重义与重仁之有所不同，固亦未尝非孔子之所许也。

然吾人若承认将仁义对言时，重仁与重义，其旨有所不同，则重仁而以仁说义者，与重义而以义说仁者，即为二不同之思想之道路。吾人如谓孔子与儒者之传为重仁，而以仁说义者，则墨子正为重义而以义说仁者。此即儒墨虽共本《诗》《书》言仁义，其原未尝不同，而其流终以大别之故。此以仁说义与以义说仁，其初固只有毫厘之差；然有千里之距，亦不可不察。

吾之所以谓墨子乃重在以义说仁者，乃由于有见于《墨子》书中虽恒兼言仁义，亦恒单言义而特标贵义之旨。此与孔子之言虽亦兼及仁与义智者，却多单言仁，而恒教弟子以求仁之学者，正相对反。表面观之，墨子言兼爱，此爱固明是仁。墨子之摩顶放踵以利天下，其为人亦当是一敦厚笃实之仁者。但吾人论墨子之学术思想，可将墨子之为人之人格一点，加以撇开。墨子之为人之人格，固为其所以有其学术思想之一主观的精神背景之所在；其学术思想中之重兼爱，则亦可说初即墨子之人格之为一能兼爱者之直接反映于其思想。然墨子所以教人奉行此兼爱之教种种理由，方是其学术思想之核心。此理由即墨子所谓“故”。《墨子·非儒》篇言“仁人以其取舍是非之理相告”，使人“无故从有故”。则仁人之取仁而是之，舍不仁而非之，以教人仁，固必重在说出其理由，使人从其说，以为仁也。自此墨子之教人仁之理由上看，即可明见墨子之言兼爱，虽似亦为一种仁教，而实只是一以义说仁之教或一义教也。

所谓兼爱似仁教者，即兼爱乃兼爱一切人，此与儒家言仁者之博施济众，亦似无差别。《庄子 · 天道》篇谓孔子尝答老子曰“中心物恺，兼爱无私，仁义之情也”。此言固非必孔子所说，然要是庄子之以墨子之兼爱说孔子之仁之言也。后韩愈谓“博爱之谓仁”，又谓“孔必用墨”，亦盖以兼爱、博爱与仁爱无别之言也。墨子言兼爱，要在言爱己亦当爱他人，爱其家亦当爱他人之家，爱其国亦当爱他人之国。儒者言治国平天下，固亦不能谓他人之家与他人之国不当爱也。则墨家之兼爱，明与儒家仁爱极相似，而亦为一仁教。然墨家之兼爱，所以毕竟不同于儒家之仁爱者，则在墨家言爱必及利，而儒家之言爱则不必及利。此点亦为墨家所提出。故《墨子 · 大取》篇谓“圣人有爱而无利，儒者之言也；天下无爱不利，子墨子之言也”。此说儒者之圣人只爱人不求利人，儒者固不能同意。儒者之圣人有爱人之事时，亦固必对人求有所利也。然儒者以人有爱人之心，而无爱人之事，或有爱人之事，而其事未必实有利于人时，其人不必即非一爱人之人，亦不必非一仁者。墨子则以爱人必求归于利人之事，则对人之只有爱而无利者，即不当称为爱人之人或仁者。后之为墨学者更有“爱厚而利薄，不如爱薄而利厚”之说（《大取》），即似轻爱而重利，则与儒者之言大异。然吾人如试问墨子之言仁爱何以必连利以为言，则此中只有一个理由，即在墨子意，爱人之心必当求表见于爱人之事，爱人之事，必当求同时为利人之事。此即所谓言“志”必及于“功”也。此言初正是纯自义之当然上说。盖纯自义之当然上说，人有爱人之心，固当求有此爱人之事，而求此事对人有利也。自义之当然上说，人之爱人之心志，固义当见于事，此事即必有利人之功。有志必求有功，儒者亦不能非。兹按《左传 · 成公二年》记仲尼曰“义以生利，利以平民”，《成公十六年》记申叔时曰“义以建利”，《昭公十年》记晏子曰“义，利之本也”，《国语 · 周语》记单襄公曰“言义必及利”，又曰“畜义丰功谓之仁”，《晋语》里克言“义者，利之正也”。此并见古之贤哲共许此言义之连于利。但在儒者看，则吾人谓仁爱之心当见于事之有功，此义之当然，仍初在人之知义之当然之心志。故仁在内，而义亦当在内，此孟子之辩义内之旨也。又自儒者言，仁爱之心，固义当求见于事之有功，然事如不成，功若未就，亦不能谓此仁义之心即不存在，更不能以此疑人之心无仁义，而谓其不能称为仁人义士。当说无论仁人义士之事功之就不就，其仁义之德皆可成。此即儒者之所以能肯定道德人格之本身价值也。然在墨者，则以仁爱之心既当求见于爱人利人之事功，然后为义，则于无此事功之见于外者，便亦不可称为仁人义士；遂有“爱厚而利薄，不如爱薄而利厚”之说，乃重事功之利，而轻此人之原始的“欲成此事功”之心志。此则与儒者之教，大相对反。然此盖又未必即墨子之本意，亦不必后一切墨者皆如此说。观墨子本人之意，盖唯是倡爱人必当求利人之说，以矫当时儒者或空谈仁义之心之志，而不求事功之弊耳。然墨子本人亦仍未思及如爱人而欲成此事功，事竟不成，功竟不就时，是否其人即无仁义之一问题；亦未明言此时人之爱之仁，仍存在于人之内心。是即只知仁之必当求有事功以行义，而不知行义不成时，其仁之仍在，其依仁而起之行义知义之心仍在；而不知此仁义之不行于外，未尝不行于内也。此则初唯由墨子之只见于仁之必求归于义，乃特贵此义，而只知以义说仁之故耳。读者细思之。

墨子之言爱人，必求表见于爱人利人之事功，而以此乃义所当然。此即《墨子》书所以言仁恒必连于义，而合仁义为一名，又或以义统仁，或单言贵义之故。此重爱人之必表见于事功，即重此“仁”之客观化亦外在化于此事功中，以为人所共见。重此客观化的“爱”存于客观之天下，而爱即必求兼，并见其结果于利。是为墨子之兼相爱交相利之论所由出。所谓客观化的爱之存于天下，又可同时为一普遍化的爱之存于天下。此一理想之所以出现者，则以人对他人之爱，原有可客观化普遍化之理。如吾爱一人，而有爱人利人之事时，此事中有此爱之表现，则此爱即存在于此事中。此事既见于外，为人所共知，即为一客观存在之事。此事既有利于人，此利亦为客观存在之利。则此爱亦即当视为一客观存在之爱，是为客观化之爱。至于所谓爱之普遍化者，则如吾人之爱一人更次第及于他人，即为普遍化此吾人对人之“爱”。由吾人之爱人，人效我而学我之爱人，此亦可视为我之“能爱之德”之普遍化于人，以为人之德。我之观此德之亦存于此客观存在之他人，亦可视“其德”，为“我所自有之此德”之一客观化。凡此所谓吾人之爱之能客观化与其能普遍化，皆原有其可如是客观普遍化之理。儒者之有仁爱之心者，亦未尝不求其仁爱之表现于爱人之事，并次第及人，而望人之同有此仁爱之德，以有此上述之种种“客观化普遍化其仁爱之德之表现”之历程。然吾人更须说，儒者于此必同时更重一与此上所述似相对反之“主观化并特殊化其仁爱之表现”之历程。此即谓儒者于将其仁爱之心表现为爱人之事时，必同时自知此事之原于其仁爱之心，知此事之能实现于此心，亦对此心而显其主观之价值。又儒者之于其普遍化其爱，以次第及人，并次第教人亦成为具仁爱之德者之时，必同时重此“次第历程本身之存在”。爱之次第及人，名为推爱；教之次第及人，是为施教。在此推爱或施教之次第历程中，吾人所次第遭遇之人不同，即有此同一之“仁爱”之心之不同的特殊化之表现，一一为吾人之主观所自觉，而加以主观化，方见仁者之怀。又吾人之本其仁爱之心，以次第推爱于人，并次第对人施教以使他人亦有此仁德等，皆所以自尽其仁心，而外无所求。则于他人之仁爱及于我者，我虽自觉义当有以报之，然我之爱人，则不期于其报。故可以义自责，而不必以义责人。此即纯为以自尽其仁为主，而以义自辅其仁之教。然吾人于此若纯以义为主，则我爱人，人即亦应有一报我以爱之义务，则亦未尝不可兼以人之未尽此义务责人也。

吾人如识得上文所说之旨，便可知墨子之重兼爱，正是一以义说仁之义教。此兼爱之遍及于人，固同于儒家之推爱之亦可遍及于人。然言推爱，必有自我之主体，言次第及人，即必然有亲疏远近之差。今言兼爱，则兼字原为一手执二禾，即二禾同时并执之意。故兼爱之爱及人我，乃是同时并爱人我。此“能同时并爱之我”，乃如初在人与我之后，平等观此人与我而爱之。则此中之人固为客观存在之人，此我亦为客观化之我。而“能兼爱此人与我”之“我”，则如隐于后于上而不见。则此明与由我之爱我而推及于人者，此“能推爱之我”之亦自始次第显于当前者，大不相同。故儒者只言“老吾老，以及人之老，幼吾幼，以及人之幼”，以爱及他人之父母子女。此便是推爱。墨家之言“爱人之父若其父”，则此是先将人之父与吾之父，直下平等观之而并爱之，此便是兼爱。此推爱与兼爱之毫厘之别，唯在兼爱之中所兼爱之二者，皆同为客观化了的存在。故在吾人行兼爱之道，对人既有爱，人若对我全无爱，转施还报于我时，吾人之心必有所憾。吾人于此必谓人当以爱还报我，谓此人当以爱还报我，乃人之义务，亦即我所可责于人之义。反之，如人爱及于我，我亦自谓当报之以爱，此即为我所自责于我之义或义务。此人与我之义之所在，不必为人与我之“已有之爱”之所在，而只是人与我之“当有之爱”之所在。凡当有而未有者，即皆只是义或义务也。由此而顺吾行兼爱之道，以求爱之客观化普遍化，吾即必要求人与我以爱相施报，以为人我共有之义或义务之所在。重此义或义务，亦即重此仁爱之客观化普遍化者，所亦必然着重之教义。如依儒家之言仁爱之事，重在实现仁爱之心方面说，则仁者在已能推爱之后，再还观此爱之兼及人与我时，亦未尝不可说其此时之爱已为一兼爱之爱。如吾既爱吾父，由推爱，而爱及人之父之后，吾固可谓此时吾已兼爱吾父与他人之父也。然此是依推爱之结果，而说兼爱。此仍是以推爱为先。至于以兼爱为先者，尽可不重此推爱，并将疑此推爱之事，或随时停止而不推，不能达无所不爱之兼爱之结果，遂必以言推爱不如言直下言兼爱。是见兼爱之说与推爱之说，仍有不同。然吾人亦可谓人之推爱之情虽未及，亦理当爱及一切人，以天下为一家，中国为一人，以由推爱得兼爱之结果。此“理当无所不爱”，便是义。而儒者之善言仁者，亦固当依理、依义，以爱及一切人也。盖必依义以爱及一切人，而又实爱及一切人，然后全尽其仁。此即以义辅仁之教，儒家之所不废者也。然墨家于此却并不由推爱以达于兼爱，而是直下标出爱一切人之兼爱为教，即又纯为自义之当无所不爱说，而明见其为以义说仁之义教，而不同于儒者之以义辅仁之仁教者也。

又吾人上说，儒者之言爱人之事，可只求自尽其心，而不求施报于人，唯对人之爱我者，则我又必自知义当有以报之。然依墨子之言兼爱，恒以兼相爱交相利为说，却自始即重此人与我之以爱利相施报之关系。此更明是重人与我间相互之义或义务。对人之爱他人而不求施报，亦不得他人之施报者，墨家固未尝加以尊敬，而称扬赞美之。墨子以爱利相施报，望天下人，视为天下人所当共守之普遍客观的义道之所在，儒者亦初不能有异议。因儒者之个人，固可爱人而不求施报，然其对客观存在的天下人，固不愿其人之能爱他人者之不得其报也。儒者于天下之为子者尽孝于其父母，其父不慈，而无以报之者，固亦必视其父之行不合于客观上应有之人义也。由此言之，则自客观的观点，谓人义当兼相爱交相利，儒者固不能以为非。然儒者于此能尽孝之子女之能爱其亲，而不得其亲之爱以为报者，又必特加尊敬，而称扬之赞美之，由此而为礼以祭之，美名以褒之，诗乐以颂之。儒者虽不教其子之自往责报于其亲，然亦可自以义责其亲，而教其亲，亦以慈道待其子。此上所言，正为儒者之“所以待天下之行义不求报之人，与不知义而不知报之人”之义道。今墨子不言“对此行义而不求报之人，如何加以尊礼褒扬颂赞”之道；亦不言“如何教彼不知义而不知报之人”之道，而徒以兼爱交利，以相施报之义道望人，则人若不行此相施报之义道，而墨子之道穷。势必唯有济之以赏罚，以使人得尽其义道。此则入于政治，而非道德世界中之事，当俟后论。在道德世界中言，墨子之义道，于此固必穷也。然儒者于此义道之穷处，则仍有所以补其穷之更上一层，所以待“行义而不求报之人”与“教不知义不知报之人”之道，为儒者之义道之所存，此则仍是属于儒者之道德世界之中之事。是即“徒知以此相施报之义道之当立于客观之天下”之墨子，所未能及者也。

总上所述，要不外谓在墨子兼爱之教中，其言爱虽似孔子之仁道，然实只是以义说仁，而为一义道。吾人之意，在一方说明爱固是仁，然爱之必求归于利，则初只是一当然之义。人之相爱，固初分别出于相爱者之仁。然平等的爱客观存在的人与我，与爱之必求兼而尽爱之，则初亦只为一客观的当然之义。人能行此当然之义，固即所以更实现其仁爱之心，亦更充达其仁爱之心，则行义所以辅仁。然仁出自内心之情；知义而行义，亦初出自内心之情；又人行义之事，如不能成就利人之功于外，人亦未尝不能行义于其内心。再人之由爱人以行义，只当先责己之于人之施未能报，而不当责人于己之所施未能报，然又未尝不当望天下人之皆以义相施报，此望亦未尝不出自人之内心。乃有上文所谓“待行义而不求报，与教不知报之人”之义道，为儒者自身之所行。此即为孔孟之儒者所共同之思想道路。依此思想道路，以观墨子之言兼相爱交相利之义道，初未尝不可皆加以涵摄。墨子之言兼相爱交相利之义道，亦初未尝不知其原于仁。故《兼爱》篇亦恒以仁义并举。然墨家只限于言此兼相爱、交相利以相施报之义道，而不言“人之能行义而不求报者”，其心其德之更足贵，其人之更足尊足敬，亦不知所以待此种人，与教不知报之人之道，以补其所言之义道之穷，则显然与儒者之说异趣。墨子之徒自执其说以非儒，则儒者亦固必辟其言之偏执。此即孟子之所以辟墨，而必兼言仁义之根于心，又必辩未尝有利之义之仍是义，更必言礼与诗乐之教化之重要性者也。然若墨子不偏执其言以非儒，则儒者亦自原可望天下人之兼相爱交相利，而相施报，而视此为天下人之公义之所存；而墨子之特重此人皆共行于此兼相爱交相利，而相施报之义道，亦所以辅儒；而其所以教人兼爱之论，亦自有其理趣。细观其言之理趣，亦更可见墨子之兼爱之教之为客观的义教也。

三　由墨子之言人当兼爱之理由，辩墨子之兼爱为客观之义道

忆昔年尝读伍非百氏之《墨子大义述》一书，其书尝言墨子主兼爱之理由有四。今就此四理由以辩墨子兼爱之道为义道如下文。

（一）在《墨子》书之《兼爱中》篇言人当兼爱之理由曰：“仁人之所以为事者，必兴天下之利，除天下之害。……天下之害……以不相爱生，……天下之人皆不相爱，强必执弱，富必侮贫，贵必敖贱，诈必欺愚。凡天下祸篡怨恨所以起者，以不相爱生也。是以仁者非之。既以非之，何以易之？曰以兼相爱交相利之法易之，……”观此节墨子谓仁人之欲兴天下之利，除天下之害，即是说此兴利除害，初乃原于仁者之仁爱。于此，若依儒者之言以说，则仁者既能爱人，即必在主观上自知其为爱人者。又由己之为爱人者，而亦必望他人之亦成为爱人者，即己有此爱人之德，而必望人亦有此德。此亦如己之有衣而望人之有衣，己之得食，而望人之得食，同为己立而立人，己达而达人之事。我见人亦成为有爱人之德者，即我自见此我之爱人之德之普遍化而客观化。此望人之有此德，求人之有此德，而爱人以德，以立己立

人，达己达人，固人之义之所当为也。此即为直接依仁而教人以仁，即所以行其义之教。然墨子于《兼爱中》篇，却又不直下如此说，而说仁者欲兴利除害，当使天下人之相爱，否则仁者不能达其爱天下人之目标云云。此却纯是先视天下人为一客观之对象，而望其彼此相爱，以达仁者之爱天下人之目标。此即初不是视天下人与己为同类，而爱人以德，以立己立人，达己达人之义；而纯为望此为客观的对象之天下人，有彼此皆相爱之事实，遍存乎其中。此望固未尝不当有，此望固亦合于义。然此望之所望之天下人之相爱之事实，既尚未有，则其有，纯只是义上之当有。于此若墨子更自“仁者之兴天下人之利，而去其害之心”上看，则此心不只为义上之当有，而亦为实已有而现有之仁心，而其望天下人相爱之望，亦出于此实已有而现有之仁且义之心。则于仁者之望天下人相爱，亦当知其本于此实已有而现有之心。然墨子之言，则全不自此等处论；而唯自天下之人之当有皆相爱之事实，方得遂此仁人之为天下人兴利除害之目标立论。即显见其欲天下人之相爱，只为一客观之义教，非自觉其亦依于主观仁义之心之义教，而不同儒者之旨矣。

（二）墨子言兼爱又一理由，见于其士有别士、兼士，君有别君、兼君之说。别士别君只自爱不爱人，不行兼爱之道；兼士兼君则能兼爱他人，而行兼爱之道者。故人若交友必交兼士而友之，择君必择兼君而事之。墨子即以此证人之行莫不取兼士兼君，而谓人之非兼爱之说者，其在行为上，亦同莫不交友择兼士，事君择兼君。是见其“言而非兼，择即取兼”，即足以证其言行之自相矛盾，亦证兼爱之道，实不可非。此处墨子之论，似极其幼稚。因一般人之言而非兼者，以其欲自利也。而在交友择君，取兼士兼君，亦以其能行兼爱之道，而能爱我，亦于我有利也。则自利之人之“言非兼，而择取兼”，固不自相矛盾也。然此不自相矛盾，又乃只自此自利之人之行为之动机上说。若自人之行为之当然之义上说，则仍是自相矛盾。因我之在行为上取兼士兼君，即在事实上以能行兼爱之道之人为是，而不得更以为非。我既以人之能行兼爱之道者为是，则亦当以我之行兼爱之道为是，而我即亦当有兼爱之行。反之，我若以兼爱之道为非，而不行兼爱之道，则亦当以人之不行兼爱之道者为是，而我即不当择兼士而友之，择兼君而事之。“言而非兼，择即取兼”，在当然之义上说，仍为自相矛盾也。故在一般之道德判断上，人亦固皆知己不爱人，专求人之爱之者，为不义之人也。则墨子之据此论以教人之行兼爱之道，纯为本于义之当然以为教，亦可知矣。

（三）墨子教人兼爱之再一理由曰：“欲人之爱利其亲也……即必先从事乎爱利人之亲，然后人报我以爱利吾亲也。……无言而不仇，无德而不报。投我以桃，报之以李，即此言爱人者，必见爱也。”（《兼爱下》）此即谓天下原有此以爱利相报答之理。然此理，在经验之事实上看，初并无必然。如我虽先爱别人之亲，而人不更报以爱利吾亲之事，我爱人而不见爱于人之事，天下固多有之也。然自义之当然上说，则吾既欲人之爱我之亲，则我固亦当求先爱利人之亲；而我果先爱利人之亲，人亦必当爱利我之亲。言爱人者必见爱，此亦只是言必当见爱，亦为自义上之当然说。若只纯自事实上说，则此必固不必，墨子之愚，亦不至不知此。若墨子果愚至此，则墨子之此论，固不足以服人，而与墨子贵义之旨，不相干矣。

（四）墨子教人兼爱更有一理由，又见于《耕柱》篇所载其与巫马子之辩。巫马子曰：“我不能兼爱，我爱邹人于越人，爱鲁人于邹人，爱我乡人于鲁人，爱我家于乡人，爱我亲于我家人，爱我身于吾亲。故有杀彼以利我，无杀我以利彼也。”（据《墨子间诂》校改）此即纯为一自私自利之道。然墨子谓之曰：“子之义将匿邪？意将以告人乎？”巫马子曰：“我何故匿我义？吾将以告人。”墨子曰：“然则一人说（同悦）子，一人欲杀子以利己；十人说子，十人欲杀子以利己；天下说子，天下欲杀子以利己。一人不说子，一人欲杀子，以子为施不祥言者也；十人不说子，十人欲杀子，以子为施不祥言者也；天下不说子，天下欲杀子，以子为施不祥言者也。说子，亦欲杀子；不说子，亦欲杀子。……”

此中之巫马子，所以见困于墨子之言，唯由其不肯自匿其自私自利之道，而亦欲告之于天下人耳。今若巫马子只自奉行此道，而不告之天下人，亦不告于墨子，则墨子亦无奈之何。然巫马子若不以其道告之于人，则其道只为私道，而不能成为天下人共行之道，亦不足与墨子所言之兼爱之道，可为天下所共行者相抗。巫马子欲以其道，与墨子之道相抗，必须说与人。既说与人，则人无论悦或不悦巫马子之此道，巫马子皆将为天下人所恶，而为人所欲杀；则巫马子亦不得自行其道。此即见其道之不能“由说与人，以成为天下人共悦共行之道，而又使其自己得安然行于此道”。又见此道之说出时，“必须求客观普遍化，而又不能客观普遍化”之一自相矛盾。今谓真能客观普遍化者，方为真正之义道，则巫马子之说出此道，即只可谓为求成一义道，而又实不能成为一义道者。自巫马子求其成一义道言，故墨子仍称为“子之义”。自其实不能成一义道言，则只同于今所谓主义。主义固可为求客观普遍化，而又为实不能客观普遍化于天下者也。墨子之以其所谓真能客观普遍化于天下之义，折伏巫马子求客观普遍化于天下，而不真能客观普遍化于天下之义或主义，即又见墨子之所谓义之所以为义，亦即自其真能客观普遍化于天下处说。此客观普遍化之义，即可以客观而具普遍性之理智的理性，加以辩解，而可由与之相反之巫马子之义或主义之不能成立，而反证其不可破者。故《墨子·贵义》篇谓人：“以其言非吾言者，是犹以卵投石也。尽天下之卵，其石犹是也，不可毁也。”以自私自利为义或主义，欲毁兼相爱交相利之义道，诚哉其不可毁也。此墨学之尊严之所在也。然儒者之依仁而言义，则又不必待此客观之理智的理性上之辩解，加以反证而后明，其故又正可深长思也。

四　非攻、节葬、节用、非乐，与人民之生存及经济生活中之义道

吾人若知墨子之兼爱之道，乃为义道，则于其言非攻、节葬、节用，皆明依义与不义以为论，即轻而易解。其非攻节葬节用等，亦实皆由兼爱所必然衍出之义。依兼爱而以正面之爱人，为义所当然，则其反面之害人杀人，必为不义。杀人有死罪，而杀一人一死罪，杀十人十死罪。攻战之杀人，恒及于千万，则为攻战者，有千万之死罪，而为世间最大之不义。则欲行义，固必当非攻。世人之知杀一人十人之不义，而不知攻战杀千万人之不义，而或以之为义者，则正如“少见黑曰黑，多见黑曰白”，而不知义不义之辨矣。人诚知义与不义之辨者，则必当非攻。此具详《墨子·非攻》篇，不一一引。至于墨子非攻而不非诛伐无道之战者，则以无道者先为不义，诛伐无道，即诛伐其不义，是即为义。此亦有理之必然。若乎《墨子·非攻中》之所以驳饰攻伐之说，如以攻伐可得“伐胜之名”及“得之利”为说者，则墨子以“伐胜之名，无所可用，计其所得，不如所丧之多”斥之。《非攻下》又以若能“以义名立于天下”，亦可不待攻伐而天下服为说。此墨子之论似可引起争辩。因人之贪伐胜之名者，可除得名之外，更不求其他之用。又攻战之亡人国，而虏其子女玉帛者，亦可所得过于所丧；而义名立于天下者，又未必皆能使天下服也。然吾可更代墨子辩解。即墨子此处之言，唯意在破斥饰攻战之说者。今将墨子之言纯视作破斥之言看，则墨子之言未尝不是。墨子此处所说者，唯是说攻战所得之利，不必多于所丧；并言欲使人服，不必待于攻战，亦可由立义名而致。墨子即由此以证“饰攻战之说，以攻战达客观上之得利，与服天下之目标”之说，无客观上之必然性；

即亦不能成为一普遍之原则，而人亦不能以攻战为义。反之，若天下人皆以兼爱交利之道为义，而废攻战，则天下所共得之利，必然多于不废攻战之天下。又天下人若皆共行义，以求立义名，则行义最多者，即最为人所尊服。此则有一客观普遍的必然性者。至于“贪伐胜之名”者，虽可在主观个人上，不求其他之用，然只有此名，而无其他客观上之用，即无客观的价值，其名只为个人之名，如上述巫马子之所求者之只为个人私利之类。然上文已论及若人人皆只求个人之私利，则人不能自保其私利，而人人皆求伐胜之名，人亦不能自保其名。故人若只倡“求名为义”之说，而此义又客观而普遍的为人所奉行，人人皆争名，则必互毁其名，即使倡此“求名为义”之说者，亦不得其名。此中将产生一自相矛盾之情形，正同于上述巫马子之倡自私自利即为义之情形。此即已足证：凡以求得利及服人，与以得伐胜之名，饰攻战之理由，无一能真正建立此攻战之为义之所当有。是即足以破饰攻战之说矣。攻战既与兼相爱、交相利之义，相矛盾，则攻战之为不义，即可确定无疑矣。

至墨子之言非乐与节葬，则固由其不知儒者言丧葬之礼与乐之旨。然其论亦同是依其所见及之义之所当然者而建立。依儒家如孔孟荀以降之说，多谓此丧葬之礼，乃人对死者之情不容已的表现，乐为人欢乐之情之不容已的表现。若此哀乐之情为当有，其表现亦即为当有；礼乐又可转而养此人之当有之情。人民之聚合而听乐行礼，亦足使人民之相与，更和亲而有序，和亲即仁，序即义。由此而礼乐即为人之义所当有，亦合乎仁义之道者。今墨子既言人之仁义为当有，则礼乐宜亦为当有，而其所以当有之理由，固可客观的普遍的对天下人而建立者也。然墨子则于礼乐之可养人之当有之情及仁义之心之处，未尝加以正视。故不知礼乐之用，与其亦为“义所当有”之义。其所以非乐而主薄葬，则观其《非乐》《节葬》诸篇所论，盖与其主节用之旨同。其《节用》

篇言节用，要在言王公大人当节其饮食、衣服、居室、车马之奢侈，而对大多数人民之利无所加者。奢侈于王公大人之利少，而节此奢侈，则对民之利所加者多。此固为一经济学上共认之事实。则墨子依兼爱天下人之义，固当主节用，以求天下人民之利之加也。墨子之反对厚葬久丧，亦要在反对王公大人之厚葬久丧，“辍民之事，靡民之财”，浸至“杀人为殉，众者数百，寡者数十”。而厚葬久丧，“久禁从事，扶而能起，杖而能行”，亦明足以怠事，而使人生财日少。是见厚葬久丧，明不足以“富贫、众寡、定危、理乱”。故墨子谓主厚葬久丧者，唯所以“便其习，而义其俗”。便其习，即只为人之循其主观上已往所养成之特殊习惯之事，义其俗，即以风俗为义，而不知“俗”与“义”之不同之谓。故墨子谓以厚葬久丧“为政”“为俗”，“为而不已，操而不择，此岂实仁义之道哉”。是见墨子所以非厚葬久丧，唯由其有见于此厚葬久丧之习俗，不合客观普遍之仁义之义，而后非之也。至后儒如孟荀之所以为此丧葬之礼辩护，亦正不外言其足以养人之当有之哀敬之情，亦养人之仁义之心，而实未尝不合于仁义之道云云。此其立论之标准，固与墨子同。唯墨子只见当世王公大人为厚葬久丧者，其行其事之不合仁义之道之处，而不见其亦合仁义之道之处。此即儒墨之言之所由异。此固非不可解之冲突。后儒之重丧葬之礼，乃谓天下之人人皆当重此丧礼。此亦即使丧葬之礼，为客观普遍的人所当有之礼，非只为王公大人所私有之礼者也。儒者欲使之成非王公大人之所私有之礼，则固亦不能谓王公大人之“辍民之事，靡民之财”，“杀人以殉，众者数百、寡者数十”，为合仁义之道也。则儒墨于此所论之冲突，固非不可解，而亦实未尝如世所想者之甚者也。

至于墨子之非乐，亦要在非王公大人之厚敛乎万民，以为大钟鸣鼓，琴瑟竽笙之声，“与君子听之，废君子听治；与贱人听之，废贱人之从事……惟亏夺民之衣食之财，以拊乐如此多也”。墨子言“民之三巨患：民饥者不得食，寒者不得衣，劳者不得息”，而乐不能有补于去此三患，以兴天下之利，除天下之害，故谓“乐之为物，不可不禁而止”。此亦纯依对天下人之客观普遍之仁义以立言，与其非厚葬久丧之旨同。其所以异于儒者，亦唯在墨子不知乐之亦足养人之哀敬等当有之情，合众而听乐行礼，即可使人相亲，而使人之行合仁义之道。则此中儒墨之冲突之非不可解，亦如儒重丧葬之礼，与墨之言厚葬久丧，无不可解之冲突也。墨子言非攻，所以保人民之生命之生存中之义道，言节用节葬非乐，乃所以成人民之经济生活中义道，固皆非儒者之所能废者也。

第四章　墨子之义道（下）

五　尚贤、尚同与社会政治上的义道

在墨子之教中，兼相爱交相利者，人之德性生活之义道；非攻、节用、节葬与非乐者，人民之生存与其经济生活中之义道。至墨子之言尚贤与尚同者，则要在成就社会政治上之义道。此中尚贤之旨，重在举天下能知义行义之贤能之人，以共治天下国家。尚同之旨，则重在集合天下人之意见、思想、言论之异者，而次第同化统一之于在上位者，以“一同天下之义”，以成一普遍客观之公义，而更由上以施行之于天下。墨子《尚贤》《尚同》诸篇之文，即更为处处明举“义”为论者也。

《墨子·尚贤》之篇，首论为政于国家，当举众贤，以共为政。今欲得众贤以为政，则要在“不义不富，不义不贵，不义不亲，不义不近”，举义“不辟贫贱”，“不辟疏”，而“不辟远”；则“远鄙郊外之臣，门庭庶子，国中之众，四鄙之萌人，闻之皆竞为义”。由此而墨子主“列德而尚贤，虽在农与工肆之人，有能则举之；高予之爵，重予之禄，任之以事，断之以令。曰爵位不高，则民弗敬；蓄禄弗厚，则民不信；政令不断，则民不畏。举三者授之贤者，非为贤赐也，欲其事之成。……以德就列，以官服事，以劳殿赏，……量功而分禄。故官无常贵，民无终贱；有能则举之，无能则下之；举公义，辟私怨。此若言之谓也”。此文旨已甚明。此中吾人所当注意者，唯是依墨子贵客观的义之旨，为政固必当举能知义行义之贤能之人，而视此为一客观普遍之原则，亦必须对天下之任何阶级、任何职业、任何地区之贤能之人，皆平等看待，而求有以举之。则举贤之事，固当“不党父兄，不偏贵富，不嬖颜色”(《尚贤中》)，而不能不超拔于一切亲近狎习之人之外。而此即所以使客观之天下中，一切地之一切人，莫不竞为义之道。天下人皆竞为义，则为义之贤能之人遍于天下，而可举之贤能，以共治天下者，亦日众；天下亦愈易归于治矣。此更显然为一求义道之普遍客观的实现于天下之教。此中，墨子言以爵禄待贤者，使之贵富，并加亲近，初固未有使一切人无贫富贵贱亲疏远近之别之旨。唯谓一切人之得贵富亲近之机会，皆平等，而无人得常富、常贵、常亲、常近，而民可为官，官亦可降为民耳。此乃唯意在使天下人之贤或不贤、能或不能者，得转易升降于贵贱、贫富、亲疏、远近之间，而见此贤能与义之标准之至尊至上而已。则世之谓墨者之立论乃为下层阶级，所以反统治阶级者固误，谓其以上层阶级为统治阶级者亦误。墨子之尚贤，唯是欲以贤能者负政治之责，亦即以义为政治上之最高原则耳。

此墨子尚贤之教，唯在举贤能者以负政治上之责，此自不同于周之封建政治，初要在以亲亲贵贵之原则，凝固上层之社会者。墨家言尚贤举贤，儒家亦言尊贤举贤。此皆同是意在使天下之贤者共政。然儒家之尊贤之尊，另有一道德情感上之意义，而尚贤之尚，则要在用贤能使居上位以为政而已。又在儒家孔孟言尊贤，亦初尚未有此“无义必不贵、不富、不官”之论。故孟子言为政，亦亲亲尊贤并重，而为舜之封象一事辩。直至荀子言王制，乃有“王者之论，无德不贵，无能不官，无功不赏，无罪不罚；朝无幸位，民无幸生；尚贤使能，而等位不遗”之论，此实同于墨子。此即见其前之儒家，在此点上初尚未能如墨家之求将此原则，贯彻的应用于政治，以为普遍客观的原则。墨子之将此原则贯彻于政治，明似更合乎仁义，而更为理所当然。如孟子学生问孟子曰：

“象至不仁，封之有庳……仁人固如是乎？在他人则诛之，在弟则封之。”孟子亦实不易答。因封不仁之弟，以祸及封地之民，固明为不合于仁义之事也。然孟子之答，亦不能谓为全无理。此则由于儒家原有亲亲之义。亲亲为仁之始，故亲亲亦是义所当有。则舜本亲亲之义，亦不能自为天子，以处贵富，而任其弟之为匹夫，以悖此亲亲之义。然此孟子之答，亦只是别举一亲亲之义为理由，以言舜之封象，合于此义。亦终不能说象之以其不仁，祸及封地之民之事，为合天下之公义也。于此，如依告子言，则亲亲是仁，属于内，公义方为义，属于外，仁内义外，不可相混。然儒家则可说亲亲是仁，亦是义所当然。求天下之公义，亦出于仁。然无论如何说，此亲亲之义与天下之公义，在政治上如何兼立，则是一真问题，孟子亦未能善答。对此问题，如不单取墨子与荀子所立之原则，以为解决，而要求兼合此一亲亲之义，与天下之公义，以为一解决，在中国过去之政治上，唯有对王室之亲贵，使之有相当之贵富，而不使之实际负对人民之政事之责，以免不贤之亲贵之祸及人民。否则即须对王室之亲贵，负政事之责者，亦有与一切官吏同等之法律，加以制裁，所谓王子犯法，庶人同罪。中国后世之法律，亦固未尝不向此而趋。然在实际上，王室之亲贵，可既不贤，又必欲问政，而其枉法行私，非法律得而制裁，则问题仍在。对此问题，在有世袭之天子与王室之制度下，实无一究竟之解决法。墨子荀子之不义则不贵不富之原则，若要贯彻到底，亦当归于去除世袭之君主与王室之制度。墨子于此，亦似明向慕古代之世“选天下之贤者立以为天子”之制。然古代之世之天子，如何选出，墨子固未详言之，而在后世，又当如何选天子，墨子更未有所论。则墨子真欲贯彻其原则，亦实无一定之办法，而留此为中国数千年政治之一基本问题。唯在今日确立一民主选举制度，乃可言实有一贯彻墨子原则之办法。但今日之民主选举，是否必能选出贤者，亦是一问题。则墨子所立之政治原则，如何在今日真能实现，又仍为一问题。但此是别一问题，今可不及。

由上所述，故吾人如欲对此选贤之一问题，评论孟子与墨子之是非，即不能以孟子及后儒之谓在实际政治上一面言亲亲，一面言尊贤之论，全为悖理。因在君主世袭与有王室之情形下，此中即设定王者皆为圣王，全无私其所亲之心；然人民对圣王，既望其负天下万民之重任，而又谓其必不可亦不当使其所亲者，稍贵富于天下万民之上；亦未免对此圣王太苛，并不合于人之所以待圣王之义。诚然，在实际政治上一面尊贤举贤，一面天子要亲其所亲，而贵其所贵，此二者亦必不免发生冲突。而政治上之亲贵之问政，恒越出其当有之限制之外，如上所述。故外戚宗族之祸，遍于中国之历史。然吾人却又不能只由此历史之事实以立一原则，谓在有世袭之君主制度下为君者，只当一人终身负天下之责，其亲近者，皆只当为平民匹夫，君主必不当亲其所亲而贵其所贵。此除对君主太苛外，复须知此亲亲而贵贵，亦是君主之仁之及于其亲贵者，此在义上，亦不能说全不当有。因若其全无有，君主之仁，亦不能由亲及疏、由近及远，而及天下之民矣。自此而言，则在有君主世袭之制度下，墨子之欲绝对贯彻无义则不官、不贵、不富、不亲、不近之原则，即势不可行，亦非最高之义。昔日之儒者之兼肯定尊贤举贤与亲亲贵贵之二原则，在昔日之君主世袭制度下，又实为唯一可行，而亦较墨子为合于一更高之义者。至于由其兼肯定此二原则，而有种种之外戚宗族之祸，则咎当在法制之不立，君主外戚宗族等之不贤，而不能说此二原则之必不当兼加以肯定也。至墨子思想之所以未能思及此中之问题者，则又正以其所谓义，只是一客观普遍之原则，或天下之公义，而不知人之有亲亲之情，虽属于特殊之一一个人之主观，其本身亦为人之仁之始，而不可断，亦不当断。就其不可断不当断，乃在原则上肯定其价值，因而亦容许在君主世袭制度之君主，在一定范围内亲其亲，而贵其贵，与尊贤尚贤并重，亦正是政治上之一公义。故吾人亦不能谓昔之孟子与儒者之求于政治上兼肯定此二原则，乃纯为适应现实之有权阶级之曲说也。

至于墨子之尚同之教，则吾人前文谓其意在集合天下人之意见、思想、言论，以“一同天下之义”。其所谓天下之义，初即指天下人之自视为义之所在者。然人所自视为义之所在者，不必真为可普遍化客观化于天下之义所在，如巫马子之以自私自利为义，即不能客观化普遍化为天下之义者也。此自视为义而不必真为义之义，前文曾谓此乃同于今所谓主义之义。人之任何思想意见言论，凡自以为是者，亦皆可说为其人所持之或大或小之主义也。以致凡人之思想意见言论，其内容包涵有意义者，亦皆可称为义。此亦即“主义”“意义”之一名，所以由“义”之名而引申以出也。《墨子 · 耕柱》篇所谓巫马子之义，与《尚同》篇所谓天下人之义，初皆是此一主义或意义之义，而又望其成为天下人所视为当然，而当知、当行之义者也。则今所谓主义意义之义，实乃导原于《墨子 · 耕柱》《尚同》之篇所谓义。孔孟与墨子他处之言仁义之义，固非皆此主义意义之义，而多指天下之公义者。然人之抱一主义，而持一有意义之思想言论意见，又必求其普遍化客观化，以成人人所共视为义所当然之“天下之公义”。即见此“义”之二义，又未尝不相连。《尚同》篇言尚同之旨，则正在集中人之思想言论意见之有其主义或意义者，而观其是否可成为公义，更求一同此天下之公义；以使人免于各执其一己思想言论意见，彼此互相差别歧异，以至各为其所执之义，而相争相杀；即所以使人得由其义之一同，而兼相爱交相利之道也。故《尚同上》篇首曰：

> 古者民始生，未有刑政之时，盖其语人异义，是以一人一义，二人则二义，十人则十义。其人兹众，其所谓义者亦兹众。是以人是其义，以非人之义，故交相非也。是以内者父子兄弟，作怨恶离散，不能相和合；天下之百姓，

> 皆以水火毒药相亏害；至有余力，不能以相劳；腐朽余财，不以相分；隐匿良道，不以相教。天下之乱，若禽兽然。

此即谓天下之乱，初唯由于人所谓义者之不同，而后人不相爱相利，乃更相争，以致天下之乱。墨子在《贵义》篇，尝谓人可争一言以相杀。此可见墨子深知人所持之义之异同，对人与人是否相爱利或天下之治乱之关系。人所持之义不同，人必不相爱；则人必待其所持之义之同，而后能相爱。则人之相爱与否，为人之所持之义之异同所决定。则人之相交相接时，其相爱与否，犹是次要之事；而其思想意见言论中所持之义之异同，方为最重要之事也。是亦正足证前文所谓墨子之道在根本上为一义道之旨者也。

由墨子之特有见于人所持之义之不同，为人之不相爱不相利，而致天下于乱之原，故《墨子·尚同》篇，即更进而言其所以一同天下之义之道。此要不外人将其所知所闻之善不善者，告于里长，更上及于乡长、国君、天子。一里之人，即学里长之善行善言，以一同其义于里长；于里长之是者，必皆是之，于其所非者，必皆非之。一乡之人，即学乡长之善行善言，以一同其义于乡长，而于乡长之是者，必皆是之，于其所非者，必皆非之。由此次第而上，一国之人，一同其义于国君；天下之人，一同其义于天子；于是天下之人，则皆学天子之善言善行，于天子之所是皆是之，天子之所非皆非之。此即天下之人民次第一同其义于在上，以一同天下之义之道。在此人民之次第上同之道之中，人民将其所知之善与不善者告之于上，亦包括将其所见他人行为善不善者，告之于上。由此而在上者即可据天下人民之报告，而其“视听也如神”，亦可不待一般人民之知之，在上者已先知之，而赏其善，罚其不善。又人民之以其所见之善不善，告或不告于上者，上亦可赏其告者，罚其不告者。此中赏罚之有效，必以上下之所谓义或善之标准之相同，为条件。如善之标准相同，人民又告其所见于他人之善与不善者，又共知此“告为善，不告为不善”；则上下之所知之善与不善皆相同，而所谓义亦同也。如上下之所谓善或义之标准不同，人亦不以所知之他人之善与不善，告其上，并不以“告为善，不告为不善”；则上下之所知之善与不善，彼此不同，而所谓义者亦不同。在此后者之情形下，上之所赏，可为百姓之所毁，上之所罚，可为百姓之所誉；则“上之赏誉，不足以劝善，计其毁罚，不足以沮暴。此何故以然，则义不同也”。故一同天下之义，而一同上下之所谓义，以使上下所知之善，所知之义相同，亦即赏罚有效之根据。赏罚有效，则上下之所谓义者，亦复更归于一同。此二者又互为根据，以合为一政治上之尚同之道，以使天下归于治，人与人皆兼相爱而交相利。此即墨子尚同之大旨也。

此墨子所谓尚同之道，乃以下将其所谓义告于上，而由上者衡定其是非，而在下者更上同于其是非之道。此必须在上者之为贤然后可。故里长必为一里之贤者，乡长必为一乡之贤者，国君必为一国之贤者，天子必为天下之贤者。是见尚同与尚贤之教，实相辅为用。若不尚贤而上不贤，则下不肯同于上之义。若下不肯同于上之义，上下无共同之义，上亦不能据此义以为赏罚之标准，而其赏罚亦将不为下之所重。必既尚贤而又尚同，然后能合众贤，以使天下治。言尚贤乃以贤者能行义之故，言尚同乃所以一同天下之义。则二者皆依于贵义而立，以为天下之义之所存也。

然此墨子之言尚贤尚同之问题，则除上述之如何使贤者皆居上位，如使天下之最贤者得为天子之外，尚有此居上位之贤者，如何能集合天下之义，而皆一同之，使其是非莫不当，亦莫不为其下之所同是同非之问题。盖贤者有不同之程度，而其是非即不必皆合于义。事物之是非有不同之方面，亦非一时之所能尽知。则一同天下之义之事，即只能为逐渐求一同，而亦一永无底止之历程。在此求一同之历程中，则上与下之间及天下人之间，其是非固有尚未能一同，而其义亦未能一同者。则此时人当先究察此不同之义，不同之是非，与其不同之理由，并当先任其俱存；以使持不同之义者，各得尽其是非之论。不宜先强求其同，而宜先以从容之态度相商，和而不必求同；此即孔子言和而不同之旨；亦或更当通观其各有所是所非，而各有所当之处，而俱是之。此即《庄子·齐物论》言“因是”而“和之以是非”之旨。中国之传统政治中，则固有纳言之官与议官之设；而在近世，则除依一定是非以行政之行政机关之外，尚有容人自由讨论政事之议院之设，与自由言论之制度之建立等，以容人各得尽其对一事之是非之辞，而畅申其所谓义之所存。此皆初非意在立即措之于行政为目标者也。凡此等等，皆待于吾人于求一同天下之义，以形为赏罚之外，更知有其外之种种之事在。尤要在知此一同天下之义之事，原为一无尽之历程。在此历程中，人亦必将见有义之尚未能一同者，待吾人以上述之种种其他态度遇之，而有其他种种之事在。然墨子言尚同，则未能及此。其言尚同，又教在下者告其所见之善不善于上，以便上之赏罚。其进一步，即成法家之告奸，以便上之统治，则其理论之所必归，而非墨子之始料所及者也。

六　天与鬼神之义道，及天鬼神及人交互关系之“宇宙的义道”

《墨子》诸篇中，除依此义道，以兴天下之利，除天下之害之外，几每篇皆言及天与鬼神。凡事之无利于人者，亦无利于天与鬼神者，而凡事之合乎人之义者，亦为天志与鬼神之义之所存者。故《非攻》篇言攻战之事“上不中天之利，中不中鬼之利，下不中人之利”。《非乐》篇非乐，谓乐之为物，“上者天鬼弗戒，下者万民弗利”。《节葬》篇言厚葬久丧，既“伤生害事，亦不能得上帝鬼神之福，而得祸焉”（《节葬下》）。《尚贤》篇言“圣贤王为政于天下也，兼而爱之，从而利之，是故天鬼赏之，立为天子；暴王则天鬼罚之，使身死而为刑戮”。《尚同下》言人皆上同于天子，“天子又总天下之义，以尚同于天”，《尚同中》言“尚同乎天子而未上同乎天，则天灾将犹未止”。必尚同于天，以明天鬼之所欲，而避天鬼之所憎，而后天鬼之福可得，方为尚同之至极。此所谓尚同于天者，即上同于天志，而天志之所在，即在兼爱兼养一切人，而皆利之。故人之行兼爱之道，亦即所以上同于天志，而天志与鬼神之意又正相同。则墨学之诸义，似皆可归于其言天志明鬼之义，而或乃以墨学之本，即在其天志明鬼之论也。

《墨子》之诸篇皆言及天鬼，此不容疑。然以此而谓墨学以天志明鬼为本，则似可说，而又实不可说。因墨子之言天鬼，亦与人并言。其曰“下事人”“中事鬼”与“上事天”，明是以天鬼与人，为上中下之三层，而加以并重之论。至贯于此三者之中，以统此三者，则应别有在。如言“上利于天”“中利于鬼”“下利于人”，即以利为之统。而人之求兼利此三者，则是人之义之所当为，即以义为之统也。墨子固言天者义之所从出，言“天为知”“天为义”，即言天为知义行义者。然天亦唯以其为义所从出，而知义、行义，方得成为天。义则固不只天有之，人与鬼神亦有之。墨子又初未尝有人与鬼神皆天所自无中创出之论，如西方宗教之说。则言义为天与人鬼神所兼，便是以“义”为天与鬼神及人之统也。兹留此俟后详，先一述墨子天志明鬼之义如下：

墨子言有天志有鬼神，然墨子所以论证鬼神之存在者，则《明鬼》篇唯举史事，以谓昔人之百姓，皆尝共见鬼神，而《诗》《书》亦皆载上古圣王之鬼神之存在为说。然墨子未尝疑此所谓人共见之鬼神，由于人之幻觉或思念存想，亦未尝疑此《诗》《书》所载圣王之鬼神，或亦只为人对其幻觉或思念存想之记载。此外墨子亦并无纯理论的论证，或本特殊之启示，以说鬼神之存在之言。则其所举之历史上之记载，以证鬼神为人所见，为人所信，其论证之效力，实极微弱。关于其《天志》篇之就天于人之“兼而食之、兼而养之”，以证天之“兼而爱之”，为一有情感意志之人格神，吾于《孟墨庄荀言心申义》文中，谓其说乃由此人之耳目所见，人之共生养于此自然之天中，以逆推此为人格神之天之存在，在理论上为无效。近人乃或谓墨子实不信天志鬼神，唯姑设有天志鬼神之赏罚，以劝人兼爱行义。前如梁任公《墨子学案》，谓墨子乃用天神之说，以为推行兼爱之手段；后如傅斯年《性命古训辨证》，举《明鬼》篇有“使鬼神诚无，犹得合欢聚众”之句，以证墨子之教人信鬼神，不过姑设以之为合欢聚众之具。此则又推类过当，不合墨学之真。盖墨子明责公孟子之“无鬼而学祭礼”，其《明鬼》三篇皆力主有鬼。《天志》篇亦明言天有志。岂得谓墨子言天志鬼神，非诚信之言？实则此《明鬼》篇“使鬼神诚无”之句，乃当连前文之及于不可不信鬼神，以合欢聚众之言而说。其意是谓若鬼神诚无，岂犹得合欢聚众？非谓鬼神为无，而姑设之为有，以合欢聚众也。若然，则正是无鬼而学祭礼之类，乃必不可通之于《明鬼》三篇之全旨者也。

本上所说，则对墨子之天志鬼神之论，吾人一方须知墨子论证天与鬼神之存在之言，不必有效，一方须知墨子实相信有鬼神与天志。在另一方，吾人又须知墨子天志明鬼之论，原不重在论证天与鬼神之存在，而要在论此天与鬼神乃能知义，而本义以行其赏罚者。其中之天，尤自始为一兼爱万民，公而无私，至神至明，而恒能知义，本义以行赏罚，而其行赏罚之事，无不周遍者。盖此天与鬼神之存在，固当时一般人民之所共信，墨子之所不疑。故其论证天与鬼神之存在之言是否有效，实亦无关大体。盖在承认此天与鬼神之存在之前提下，则由天之“兼生、兼养、兼食万民”，亦固未尝不可证天之为一“兼爱无私，兼爱万民，而为能知义，更本义，以行赏罚者”。又人所共崇敬之鬼神，其生前必为知义行义人，则死而为鬼神，即亦必能知义，而本义以行赏罚者。

今可试次第代墨子略说明其义于下。

在一般之观念中，所谓天之存在，不过指一“广大之空间，在时间中继续包涵有种种万物之相继生出，而皆相继得其养，以存在于此空间中”之一自然之全体。此自然之全体，只是一自然之万物之和，其中固不见有为一人格神之天之存在。然此中吾人如已信此自然之全体之上或之中，有此一为人格神之天之存在；却可直下由此自然之广大，其中之万物，皆相继得其养，以生、以存在，而谓此天神之本性，亦必为一广大无私，而又以兼生万物，亦兼爱万民为志者。在耶教《新约》，亦尝由此天之雨露之无所不降，阳光之无所不照，以言上帝之为普爱世人者。此实本于同一之义理。因若吾人信有此上帝之存于此自然全体之上之中，而又谓此上帝为偏私；则决不能解释此自然之全体之空间，何以能无所不包，其在时间中之生物生人，何以继续不穷；其雨露之何以不限对一时一地之一物一人而降，其阳光之何以不限对一时一地之一物一人而照之故。至于在人之主观心理方面说，人在思此广大之自然，同时其心中呈现一广大之时间空间，以包涵万物时，此一心即明同时是一广大无偏私之心。当吾人想彼阳光照物，雨露润物之时；吾人之心亦即随此阳光雨露之遍照遍润，以及于物。此时如吾人同时乐观彼万物之生，则吾人固亦可自觉愿自施此阳光雨露，以遍及万物而使之生；而自见其此心之即一无偏私而兼爱万物之心也。此即可转证世果有一天神之存在，遍在于此广大之时间空间或宇宙与此阳光雨露之中，以使万物生者，其心亦必然为一更广大无偏私兼爱万物之心也。吾人固不能直接由此自然之全体之时空之大，与有雨露之润、阳光之照处，以证天神之存在，如吾之昔日之文之所已说。然吾人若先已意许或已相信有天神之存在，却亦可由此所见此宇宙之大而无不容，雨露之遍润，阳光之遍照，以证此天神必然为一无私而兼爱之天神也。由此言之，则人只须先已信天神之存在，则人即可于观此宇宙之大，与其光明雨露之不息处，体证此天神之兼爱无私之“德”与“义”，随处表现，而更无难处。人亦实舍此更无直接体证其“德”其“义”之随处表现之道也。由此言之，则墨子以人与万物之兼生兼养于天地间之一事实，以论证天神之存在，吾前固尝谓其论证尚不足。然若墨子已意许或相信此天神之存在，其所欲指证者，唯是此天神之德必为无私而兼爱，必非偏私而不兼爱者，则此一“人与万物之兼生兼养于天地间”之事实，固亦足证此天神之必为兼爱无私者也。

此中，人尚可有对天神兼爱无私之疑，唯是由自然宇宙中万物之自相争杀，人物之既生而死，或不得终其生而死，更不得永生不死，以疑此天神之爱，并疑此天神何不止息此万物之相争杀，何不使之生而不死等。然此诸问题，初实皆是自一一人物之不免于偏私之情上着想，而非自天着想。物相争杀而死，自是物之事，非天之事；天未尝以此而死也。物相争杀，乃物生后之事，物之生由天生，天固先使物兼生。此使之兼生，即已见天之兼爱。物必于既兼生之后，乃有自相争杀之事。此乃后于天之兼生兼爱之事。固不可以此后之事，疑其先之天之兼生兼爱之事也。又物之既生以后，而更相争杀时，天亦未尝使某物必胜，而物之胜于此者，莫不可败于彼。此亦正证天之于此诸相争杀之物，初未尝有所偏私也。物之死固于物为害。然天若生物而使物不死，以充满于天地，而窒塞其后之物，使不得生，则正是天之偏私于其一时所已生之物。则天之生物，而又任之死，以使未来之物亦得生，又正见天之不偏私于其一时所已生之物也。故凡此一切由物之相争杀或有死，而疑天之兼爱者，皆由初未尝实信有此天神之存在，更自此人自身之偏私之情起念，对此天神有要求过多，然后引起之问题。若人先实信有此天神之存在，而又不自人之偏私之情起念，唯直就此天神之本身，看其遍在于广阔之空间、长久之时间中，而其所生之万物，亦初无不是兼生而兼养于其中；则只此“兼生”“兼养”之事实，固已足证明此天神之必然为一兼爱无私者，而更不作他想，以更生疑。人即可直下以此兼爱无私，为天志所存，而更以此天志为法，而亦法此天之德以为德，法此天之义以为义，法天之能行此义、知此义，以自成其行其知矣。此即墨子之所以言人当知义、行义，而又言“天德”“天明”“天为义”“天为知”，天为人之“法仪”之所在，而教人法天之德、法天之义，种种之论之所由出也。若人既知此天之兼爱无私，而不直下即求所以法之，乃更一念落下，依其偏私之心，在一个体之人物上着想，以更生疑，则其疑无穷，于墨子之教，必不能契，而又实全不相干，自成不足以动墨子言天志之一毫者也。是亦学者所不可不深长思者也。

然墨子之言天志，不只谓天志之为兼爱而知义者，且亦为能行义，而赏义罚不义，亦赏善而罚不善，并由史事以证古之圣王之为义者，莫不得天之赏，而暴君为不义，莫不得天之罚。此言则尤难为今人所契。盖说人之为义者必得天赏，为不义者必得天罚，以人所经验之事证之，正未必然。如墨子弟子固尝以墨子之为圣贤之行，而未尝得其赏为问，见《墨子·贵义》篇。世为义而贫贱夭折，为不义而富贵寿考者亦多矣。则天之赏义罚不义，讵可信哉？于此若依儒家之教言，则人之为义而不为不义，乃所以自成其德，固非所以得天之赏、避天之罚。为求天赏避天罚，以为义不为不义，此亦不免于自私自利之情，不足以言至德。则天赏天罚之论，亦不必立者也。然此一问题，亦有其不同之方面。墨子之必言有天赏与天罚，乃先相信天神存在、天能知义行义之故。天能知义而行义，固亦必当有其对为义者之赏，与对为不义者之罚；而此赏罚之事之实有于此天地间，亦未尝不可如墨子之以长时期人类之历史经验为证者也。

所谓天能知义、行义，必有其赏罚者，此实正如人能知义行义者，必有其对他人之赏罚。如人知义，则人即必乐见他人之为义者，而是之、爱之、称美之，亦不乐见他人之为不义者，而非之、恶之、斥责之。此是非、爱恶、称美斥责，即人之行义之赏罚之始也。谓人能知义行义，而于人之为义不义者，无所是非，无所爱恶，必未尝真知义，而真行义者也。仁者必好仁而恶不仁，义者必好义而恶不义。儒墨于此，固皆不能有异议，任何人亦皆决不能于此有异议也。由或爱或恶，而或称美或斥责，由称美而至于行为上之赏，由斥责而至于行为上之罚，乃一贯之事。则人之知义行义者，固必然有其对人之赏罚也。人是否实能为赏罚之事，可有客观条件之限制。然求赏义而罚不义，则人之知义而行义者，所必有之志也。则世间若果有天神之存在，为知义而行义者，此天之志中，亦固当必然有一赏义而罚不义之志。天以兼爱为义，则天志必赏兼爱者，亦必罚不兼爱者。则天之有赏罚，即必然之结论。故当儒者于谓天为实有时，亦未尝全不言天之福善祸淫，而能为赏罚。世界任何宗教，凡信有天神，而谓其能知义知善，而行义行善者；此天神亦固无不能赏义或善，而罚不义与不善。此固同为理之所必至者也。至于人之是否为希天赏而为善，或畏天罚而不为不善，此则另一问题。吾人固可说人之不希赏而为善者，亦非畏罚而不为不善者，其德更高。儒者之勉人于此更高之德，故不喜言天神之赏罚，亦犹其在一般政治教化之论中，不以赏罚为重也。然此与天神之自身，毕竟是否有赏罚，或若天神存在，吾人是否当说天神能为赏罚，乃不同其问题。如人能知义行义者必有赏罚，则若天神存在，其知义行义之德，尚可说远高于人者，自更必有其赏罚矣。今墨子既谓天神存在，而为能知义行义者，则亦固必更当说其为能赏罚者，然后其天神之论，方为备足也。世若谓有天神存在，亦能知义行义，但不能为赏罚，或能全忘赏罚，而不用赏罚；则此天神必非真知义而行义者矣。

吾人于此所最感困难之问题，乃在见世间之为义不义者之恒不得其报。由此而即人之信天神者，亦恒疑天神之实能赏罚。但吾人仍可谓如自长久之时间与广大之空间看，则为义者确有得赏之理，为不义者确有得罚之理。此固可证之于人心之要求，与长时期中之人类之历史经验。人心固或行义或不行义，或自以为行义而实非真行义者。然人之为义者必恶为不义者，则不义者必有被为义者所恶之理。反之，则为义者，亦必有被为义者所爱之理。又一人之为不义者，则亦同不被其他为不义之人之所爱，而必有被其他为不义者之所恶之理。如二自私自利之人之亦相恶是也。世之为不义者，只能据其昔日所为之事之合义者，或其父母等他人所为之义之归功于彼者，或其自所伪为之义，以得人之爱，而邀世间之福禄富贵。若无其昔所为之义，无其父母等他人所为之归功于彼，或其自所伪为之义，被人所知为伪为；则凡为不义者，固无不见恶于人。此随处可证者也。由此言之，则世之为不义者，虽可在一时以有其昔所为之义等为所据，以得福禄富贵；然若其长时期为不义，或在任何处皆为不义，则其昔日所为之义之事，其父母等他人所为之义，归功于彼者，渐为人所忘，其伪为之义，又终必为人所知为伪；则其所据以得福禄富贵者，即终不足据。彼亦终将成为世间所共恶之人，而受世间之罚。反之，人之为义者，固可以其所为之义，不为人所知，而不得人之爱赏，以自居于贫贱。然如彼在长时期于任何处，皆为义，则亦终将为人所知，而见爱于人，而未尝不可得世之福禄富贵。此亦世间随处可证者也。

此中唯一之问题，唯在此所谓长时期毕竟是多长。人之为不义者，固可终其身，皆在富贵中，而为义者亦可终其身仍在贫贱中。此世之所以疑为义之必得赏，为不义之必得罚也。然吾人可谓此长时期乃无定限之长，而谓人之为义不义者，人对之之赏罚，不限于当身，亦不必为其当身之所实受。则人寿虽有终，而人对之所加施之赏罚，并不以其寿终而终。此即后世之人对前世之人有褒贬毁誉，以为赏罚之事也。后世之人于前世人为义者，而知其为义，必褒之、誉之，以至祭祀之，使血食千秋，即后世之赏也。于前世人为不义者，而知其不义，必贬之、毁之，为之塑像，使跪于为义者之侧，即后世之罚也。此中，吾人不须问彼已死之人，是否能知此后人之褒贬赏罚。吾人不能证其必知，亦不能证其必不知也。然在墨子，以其信人之死而为鬼，则当谓其必知之，而实受此赏罚也。此中之要点，唯在人为义，他人知之，必欲赏之，人为不义，他人知之，必欲罚之。故其人虽已死为鬼，而此后人之赏罚，固不以其已死而已也。此即谓自人类社会中之长时期经验看，即足证此为不义有此必受罚之理，为义有必受赏之理。其所以必自长期经验看方可证此理者，以义之所以为义者，即在其为能客观的普遍化于天下者；而不义者之所以为不义者，即在其为不能客观的普遍化于天下者也。一行为之是否能客观的普遍化于天下，则必待长时期而后显出。故人之为不义之行于家者，当其为此不义之行于此家之外，而及于其乡人之家，则乡人或即知其不义；而其不义之行，即见为一不能客观的普遍化于其乡者矣。如其不义之行，及于乡人，而乡人不知，乃更为此不义之行，于此乡之外，而及于国中之他乡，则其国之人又或即知其不义；而其不义之行，即见为一不能客观普遍化于国者矣。由此推之，则人之为不义之行，以欺一世者，后世亦可知其不义。即其不义之行足欺千百世，而必不能欺永世。故不义之行者，乃愈求客观的普遍化，愈将见其不义，而为世所恶所罚者，而见其为实不能客观的普遍化者也。反之，则义行之所以为义行，乃愈求客观的普遍化，愈将见其义，而为世所爱所赏，而得见其为实能客观的普遍化者也。故名满天下，而垂后世者，毕竟善人多，而不善人少。是见此人心中自有公是公非，与公赏公罚，由长时期经验，而得见其实存在于人类社会之历史中者也。在此中看，善与义之有此被赏之理，不善与不义有被罚之理，固无可疑。则墨子之由历史以证尧舜禹汤实尝见赏，桀纣幽厉之实尝见罚，亦无可疑也。

此中最后一问题，唯是人或谓此所谓赏罚，皆人类社会所自为之赏罚。尧舜为义于天下，而为天下人所归往，后世所褒称，固人自为之赏；桀纣幽厉之为不义于天下，而众叛亲离，身死国亡，为后世所贬，亦人自为之罚。皆非天之赏、天之罚，亦非鬼神之赏罚也。又鬼神乃死人之所成，死人又如何能更为赏罚？然此皆是先设定天与鬼神不存在之论，此不足以难墨子。墨子之论，乃先设定天与鬼神存在，而信其存在之论也。设定其存在而信之，则吾人上已说，天果知义而能行义，必有赏罚之志矣。人在生前既能本知义行义，以行赏罚，方为人所崇敬之鬼神。则其为鬼神，亦必仍能知义，而行义，而能行赏罚。在人类社会中，不义之人终必见罚，则在鬼神之世界中，不义之人而为鬼，在鬼神之世界中，自当终必见罚，亦必不能为鬼神世界之主也。在人类社会中，唯善人名垂千古，以存在于后世之人心；则在鬼神之世界中，亦唯生前为义之人，死而为鬼神者，得长为鬼神世界中之主，以行赏罚。是天与鬼神之赏罚之标准同，亦与上所谓长时期之人类社会之赏罚之标准同；则其所为之赏罚之事，亦固当同也。则世之谓尧舜之见赏，为人之所为，桀纣之见罚，亦为人之所为者，即不足证其只为人之所为，而非天与鬼神助人之所为，或天与鬼神与人之所共为者，以其事固同此一事也。吾人若不设定天神存在，固可谓尧舜为人民所归往，乃人民自归往之。然吾人若设定天与鬼神之存在，则吾人岂不可说：此人民之归往之心中，亦同时有天志与鬼神之意之贯于其中，以促进其归往之心？岂不可说当人民有欲归往之心时，其心之后，即同时有天志与鬼神之意，在冥冥中，加以推动，以使人民之此归往之心，更强而不可御？此在后推动之天志与鬼神之意，为人民者，固可不自觉其有，然为人民者，亦复无理由，以径断其无。其不自觉其有者，以其原在其自觉所及之后也。则只本此自觉所及者，以推其有与无，皆无所当。然人若信其有，他人亦永无理由以证其必无。墨子固可信其有也。果信其有，则人之归往尧舜，是人意，亦同时是天志与鬼神之意。人之归往尧舜，为人之所以赏尧舜，亦即天赏之，鬼神赏之也。依同理，人之所以离叛桀纣，是人罚之，亦天罚之，鬼神罚之也。而天果原有赏义罚不义之志，固亦必当于人之本爱义恶不义之心，以为赏罚之时，同时表现其赏罚于此人之爱恶之心中也。至于此外如尧舜时天所降之祥瑞，桀纣时天所降之灾害，吾人今以为纯是自然现象，非天之有意之赏罚者，在信有天志者观之，亦固皆可谓有天志鬼神之意，贯注其中，以表现其赏罚，亦同为人所永不能推证其必无者也。然此中，无论人之赏罚，天与鬼神之赏罚，皆依于为义者之原有当赏之理，为不义者原有当罚之理；由此义此理，为天与人所同不能外之故；然后有此为义者之实受赏，为不义者实受罚之事等。墨子之所重者，亦唯在证此义此理，为天与人所同不能外，与为义者之必召致赏，为不义者之必召致罚。此则吾人只须真知不义之行，必不能普遍的见爱于长时期之天下，而必归于见恶；而人之为义者，必愈在长时期之天下，愈见其能普遍的见爱；则知此赏罚之有，在人情上看，在人类社会历史上看，为必然。吾人于此若更信天与鬼神之存在，则此赏罚之有，亦对天与鬼神为必然矣。则此赏罚之事属诸人，是人之所为，亦皆可视为：天与鬼神之所共为者矣。

吾人上文谓墨子言天之志与人之意，皆同能知义行义以施赏罚，此即谓天志与人意，在墨子乃并行于义道之中。此即见墨子之言天志与人意，不同于西方宗教之说之重人之自天创出，人除以天之意志为意志之外，不能真有独立之意志与天并立之说者。由此而可更了解墨子之天人关系，为一对等的交互关系之意。墨子于《天志》篇上言，天之所以赏罚不义曰："天欲义而恶不义，然则率天下之百姓，以从事于义，则我乃为天所欲也。我为天之所欲，天亦为我所欲，……我欲福禄而恶祸祟。若我不为天之所欲，而为天之所不欲，……天亦为我之所不欲。"此即谓人为义之所以见赏于天者，以天欲义，而我为其所欲，故天亦以我所欲之福禄施我也。人之为不义而见罚于天者，以天不欲不义，而我为其所不欲之不义，故天亦以我所不欲之祸祟施我也。

由上所言，即见墨子言天人关系，纯为对等的交互关系，亦如人间之施报关系，为一对等的交互关系。我对他人爱之利之，而为其所欲，则人亦报我以爱利，而为我之所欲。此人与人之由施报而有兼相爱与交相利也，亦人间之义道也。然今墨子言人与天之关系亦如此，以天欲义，而我为其所欲，故天赏我，亦正如人与人之投桃而报李耳。则此天与人之相施报之本身，亦正为天与人间之义道。人投桃而不报李为不义，不投桃而希李之报，亦为不义。则人行义而为天之所欲，而天不赏，天亦为不义。反之，人不为天所欲之义，而欲得天赏，亦为不义。然为义者天必有赏，如为不义者天必有罚。墨子已由历史事实证之矣。则人欲希天赏避天罚，人亦只有强为义，以为天之所欲而已矣。此墨子之论天之欲义、人之欲义，各为一事，即所以见天与人之分别有此义道。天欲义而人行义，以为天所欲，而天报之，又使此天人之二事相关系，合以成一天人相施报之一事；即于此事中，见天人之相施报，亦本于一义道。则墨子之天，亦如一大人，其与人之关系，乃对等之交互关系，在本质上正同于人与人之交互关系。此固迥不同于西方基督教之先视人为由天自无中创出，不能真有独立之意志，以与天并立之说也。则吾人于墨子所谓义自天出之言，固当求有善解。义自天出，与义之自人出，固不相悖。义固自天出，而天与人之交互关系中亦有义道，天亦须自遵此义道以待人，则义道有大于天者矣。至于墨子之所以教人法天者，则以天恒知义行义，亦恒遵义道以待人，而人则或义或不义，故天之义道大，而人之义道小。又人之父母君师之行，亦或不义，故亦不必皆足为法（《法仪》篇），故不说义自人出，而人不可不法天，以期于如天之恒知义而行义，而可说“义自天出”也。由是而人亦即当由天之兼养万物处，思此天之恒行兼爱之义，念“天之行广而无私，其施厚而不德，其明久而弗衰”（《法仪》篇），以为人之“法仪”。此亦如人之学圣贤者，当以圣贤为法仪之类。此固非谓义自天出，则义只属于天，而不属于鬼神与人。若其然者，则墨子当只教人以顺从天之意志即为义，而发展为西方宗教之教人在上帝之前，忘其自己之意志者。世之谓墨子之学纯以天志为本，同于西方式宗教，而不能说明其何以竟全不向此西方式之宗教而发展，则见其说之不当矣。

七　非命与外无限制之绝对的义道

循吾人上文所论墨子所谓天人之不同，唯是天为全义、人则或义或不义之不同，而天人之关系，只为对等之交互关系，天以义道待人，人亦能本义道以待天。故墨子虽言法天志，而又不信天志之能决定人之意志。故墨子有天志之说，而无天命之说。昔《诗》《书》之言天志者，恒与天之命并言。孔子即义言命，另有其旨，吾已论之孔子言仁道文。然春秋战国时，世俗之所谓天命，亦渐变为人之死生富贵与行事，皆由天所命定之说。当时儒者，亦有习其说者。墨子则力言无命。若依西方宗教之说，人由天自无中创出，其所以创出，必依天之计划，则其创出后之命运，可由天所预定。纵谓天于创人之时，赋以意志自由，对此意志之自由程度，天神亦必当对之有所限定。在此限定处看，仍将言命定。西方神学中之命定与自由之争论，亦实一不可解之死结，恒不免归于言上帝之命定，否则上帝终将失其创人时与创人之后之全知全能也。对此问题，今姑不多论。然要之，墨子无此人由天自无中创出之论。此人之初自何来，盖墨子可问而非必须问者。墨子亦无天本其计划以造人，与以自由，而更加限定之论。天之造人有无计划，亦墨子可问，而非必须问者也。在未有此天依计划以造一切人与鬼神之宗教上或形上学之论时，必不能说一切义只属于天，不属于人与鬼神；亦必不能说人之行义，皆天之所命定；而只能视天与人之关系，亦为一对等之交互关系。天自有志，其志在义。此志在天，为天之所往，亦如人之志，为人之所往。天志往在义，人志亦可往在义，人亦可以法天之志之故，而更往在义，与天更同道而同行。故天志之说，不涵人之意志由天定之说，亦不涵人之行义由天命加以决定之说。故墨学亦不发展为西方式宗教之一往皈依于天命之教，而只发展为后世之侠义之教也。

墨子天志之说，不特不涵人之行义由天命决定之说。且谓人之自行其义之事，正与此“行义之事，必有命为之限”之说相违。故墨子必非命。盖此行义之事，在墨子乃纯属于人之自身者。人固可不行义，然亦可行义。人行义之事，自可随时止，然亦可相续不断。此时，人若先谓其行义之事，先有命为限，人即可以此命限之观念，以自止其行义之事，而视义为不能行，或不必行，而更不行矣。此时“命限”之观念，即成阻碍人之行义者。故曰“执有命者之言，是覆天下之义”(《非命上》)。而此命亦为真知行义之人、真欲行义之人，所必当加以反对者。反对之，亦正所以成就人之行义，而其本身亦为义之所当然者也。此即墨子非命之论之所以必立也。

至于就《墨子 · 非命》之文而论，则其《非命上》首谓：“言必有三表，有本之者，有原之者，有用之者。于何本之？上本于古者圣王之事。于何原之？下原察于百姓耳目之实。于何用之？发以为刑政，观其中国家百姓人民之利。”此三表者，固墨子以之评论其他之说之标准。如墨子之言兼爱、非攻、节葬、节用、非乐、法天志而敬鬼神，即皆以上古圣王之事为本，更以其对国家人民之利，与百姓耳目之实所见之种种事实为说者也。然命之为物，则墨子言人无实见之者。又言上古之圣王皆只求为义，由行义以致福，由去不义以去祸；由行义以生利，由去不义以去害；

而更赏义罚不义，赏贤而罚不贤。此即古之圣王之政也。至于人民之所以或受赏或受罚者，皆其义与不义之行所自致，初非由命定。如谓为命定，则“上之所赏，命固且赏，非贤故赏也；上之所罚，命固且罚，非（依王引之校改）暴故罚也”。若然，则赏罚不足以劝善阻恶。人若信一人之富贵贫贱，国之安危治乱之事，皆是命定，即皆不关乎人力；人必一切任命，“上不听治，下不从事”，是“立命者必怠事也”。此即见命之说，于国家人民无所利，而为“天下之厚害也”。故《非命下》曰：“命者，暴王所作，穷人所术，非仁者之言也。今之为仁义者，不可不察，而强非者，此也。”此其旨皆甚明晰，可更不多论矣。

八　总论墨学中之义道之大

总上所论，吾人之旨，要在依序说明墨子之义道之涵义。《贵义》篇首曰：“万事莫贵于义，争一言以相杀，是贵义于其身也。”《公孟》篇又曰：“夫义，天下之大器也。”墨子又常言“世之学者恒明于小，不明于大”。此在其书如《尚贤》《天志》《鲁问》诸篇，随处屡言之。吾人观墨子言义之旨，亦实甚大。墨子之言仁义本于《诗》《书》，亦初不与儒者言仁义之旨全违。墨子固有《非儒》之篇，议及孔子之徒与孔子。然《公孟》篇亦言其称于孔子，并说其故曰：“是亦当而不可易者也。”则墨子于孔子之言，当而不可易者，固亦有所承，如其于中国传统之《诗》《书》之言仁义之论，有所承也。然孔子言仁义，尚以仁义分言，而其所重者则在言仁。孟子乃辄仁义并言，此则盖当始自墨子之仁义并言。墨子言仁义，而其归在义，故罕单独言仁，而恒单独言义，乃特贵义。吾文因更论此墨子之兼爱之教，亦为以义说仁之义教，而不同于孔子以仁说义之仁教。此皆具详前文。前文既说由孔子之仁可涵义，亦论墨子之重义，以义说仁，而重点转移至贵义。墨子之言仁者之爱，必求其与利相连，而求其兼，是即墨子兼相爱、交相利之教。此仁者之爱之必连于利，即重仁者之爱之客观化；爱之必求其兼，则为求此爱之普遍化。客观化普遍化此仁者之爱，即依理智的理性，以普遍化人之仁爱，以客观的表现于天下，以成其望天下人莫不兼相爱、交相利之教也。爱至于望天下人莫不兼相爱，利至于望天下人莫不交相利。此人之爱利之范围亦大矣。此墨子之言“义之大”之第一端也。

兼爱交利，正面之教也；非攻、节用、节葬、非乐，反面之教也。墨子之设教，必有所是，且有所非。非非而易之以是；既易之以是，亦必本之以非其所非。兼爱、交利，人相爱相利之至大者；攻战，则人相贼恶，而害之至大者也。非攻者，所以去人之相贼恶之害之至大，以成之相爱相利之至大者也。故兼爱之义大，攻战之不义亦大。人之知窃人桃李、伤人牛马、取人性命之为不义，而不知攻战之不义，是明于小不义，而不明于大不义。世之君子明于小不义，知去此小不义之为义；而不知去此攻战之大不义，以成兼爱之大义。是明于去小不义以成小义，而不明于去大不义以成大义也。此墨子言“义之大”之第二端也。

至于墨子言节用、节葬、非乐之旨，则要在节人之财用之浪费于衣食住行与礼乐者，以成其对天下大多数人民之大利。利者少而爱不兼，其为义也小，亦为不义，而非真义。利者愈多而爱愈兼，而其为义也大，是为大义，为真义。故墨子必言节用、节葬、非乐。至其对礼乐之所以为义所当有，则未能知，盖由其识不及之故，非墨子不本义以非乐节葬之谓也。

墨子言兼爱而非攻贵义，而非不义，故亦贵行兼爱之道之兼士兼君，贵为义之贤者，而不贵彼不行兼爱之道之别士别君，亦不贵彼不为义之不贤者。故墨子之言为政，必尚贤。匪特尚贤，而有贤者足以为用而已，且必求众贤，以共治国。贤者能为义，则尚贤亦是义。贤愈众，而为义者愈多，则能尚众贤，即为大义。

尚众贤，而至于天下之远近亲疏，农与工贾贱人中之贤者，莫不有其所以得举之道，至“无义不官，无义不贵，无义不富”。此为政之大义，即墨子言“义之大”之第三端也。

墨子言尚贤，而以贤者居上位，更言尚同，以教其负一同天下之义之任，而后天下之人之不同之义，乃皆得集中于在上位之贤者之所谓义，而正之；以归于在上位与在下位者之一同其所知之义，而同其是非。依此尚同之教，天下之人又皆咸当告其所见之善不善者，于此上位之贤者，以使此贤者得据以施其赏罚，使义者得赏，不义者得罚；而天下之人，乃皆不特得一同其所知之义，亦一同其所行之义，以使天下之万民，与为政者之义，即莫不趣向于一同。此墨子言“义之大”之第四端也。

兼爱交利尚贤尚同，乃人之爱利之遍及天下，更使选举遍及于天下之贤者，以一同天下之义之道。此皆仁人君子所以待天下人之大仁大义也。仁义遍及天下，则正如天之爱利之遍及万物万民。故仁人君子必法天。尚同之极，即上同于天。天之爱利之遍及于万物万民，天之所以为天之大义也。法天之此大义，即人之大义也。然墨子不只特信天为义，亦信鬼神之为义。则人之行义，不特行天之义，亦行鬼神之义。天与鬼神，在墨子固皆真实存在，皆恒知义而行义，亦恒欲人之行义，而不欲人之行不义者也。人之欲他人之行义者，于他人行义者必赏之，于他人之行不义者必罚之；则天与鬼神于人之行义或不义者，亦必有赏罚也。赏罚，亦天与鬼神之照临天下之大义也。则人欲得天与鬼神赏，而避其罚，固当力为义，而不为不义；亦如人民之欲得贤君之赏，而避其罚，皆当力为义，以避不义也。贤君欲义，则人民能为义，以为贤君之所欲；故贤君亦为人民所欲之赏以报之。天与鬼神欲义，则人能为天与鬼神所欲之义；天与鬼神，亦为人所欲之赏以报之。此皆同为一“往来施报”之大义也。然此非特尊天与鬼神之义之说，亦如墨子言君上之义，亦无特尊君上之说也。天与鬼神固欲义；人为义，则人使天得足其所欲。此即人与天鬼间之交利也。故人为义者，不只是为人之爱人利人之行，亦人之敬天而利天，敬鬼神而利鬼神之事。凡此兼爱、非攻以及节用、节葬、非乐、尚贤、尚同等，对人表现其爱利之事，皆人之敬天与鬼神之行，而为人之利天与利鬼神之行也。故人为义行，而人与鬼神及天，莫不受利。此墨子之所以恒言“下利人”“中利鬼”“上利天”也。此亦如人民之为贤君所欲之义者，亦所以表见其爱君忠君，而亦所以利君也。由此言之，人为义而天与鬼神受其利，天与鬼神乃赏人以福，以为人之利，则天鬼神与人间，亦有兼相爱、交相利之事也。此亦犹人民之为义，而贤君得其所欲于人民者，乃更赏之，即人民与贤君之兼相爱、交相利之事也。墨子言兼相爱、交相利之义道，初见于人与人间，次见于人民与君上之间，而终则见于天下之人与天及鬼神之间。义道及于与天及鬼神之间，而义道充塞于宇宙，此墨子言“义之大”之第五端也。

义道大矣，然世间有能限制人之为义者乎？有限制人之为义，以使天下之乱不得治，危不得安者之命运乎？有不待人之为义，而乱自成为治，危自成为安之命运乎？曰无。无命，故人为义，则危莫不可安，乱莫不可治；人不为义，则安亦未尝不可化为危，治亦莫不可化于乱。于是天下之治乱安危，即全系在人之为义与否；而人之一切吉凶祸福富贵贫贱之事，亦莫不可由人之为义与否而变。人之为义与否，而天与鬼神，亦变其赏罚。则天之赏罚，非命定之赏罚，乃由人之为义与不为义之所定之赏罚也。人为义而天与鬼神之赏罚定，此外天对人别无所命定，则义诚为天下之至贵，为天下之大器。此墨子言“义之大”之第六端也。

能明上述六端之义之大，则于墨子之义道之旨，庶几乎皆会之而无遗，然后可称为明于墨学之大，而不只明于墨学之细也。以此六端之义之大，以观古之论墨学者，则孟子庄子之谓墨子重兼爱与非斗，荀子之谓墨子有见于齐，与“由用谓之道”，皆可谓能知墨学之第一二端之义之大。司马谈《论六家要旨》，言墨家强本节用，则只及于第二端之节用。班固《汉志》论墨学以明鬼为主，而有尚贤尚同之说，此乃只知上述第五端之旨为本，而及于第三四端之旨。然谓尚贤尚同只由明鬼而出，明为不赅不备之说。尚同尚贤，固可直接由兼爱贵义，而尊兼士兼君之义而出，亦可由法天志而出也。至于今世人之谓墨学重功利者，则本于墨子之言仁义必及于爱利，言志必及于功，又重政治上之赏罚与天及鬼神之赏罚而说。然墨子言仁义，固必及于功利，亦未尝不以仁义为本。其言君上之仁义，天与鬼神之兼爱而知义，必表现为对人之赏罚，亦仍是以仁义或义为本也。此犹未识第一端之大旨也。至近人之见及墨子有天为义，天为知，天能知义行义，并教人法天之说，遂谓墨学之诸端皆由天志而引出，而以墨子之学同西方宗教之论，则皆不知墨子之言天与鬼神及人三者并列，而各为其义之旨，与义道纵贯于天、鬼神、人三者之旨，亦不知天及鬼神对人，仍依一对等之义道为赏罚之旨。此于墨子之第五端，亦犹未识其全也。至于近人之由墨子言尚同尚贤，又喜言王公大人，其尚同即上同，贤者亦居上位之贤者，而疑其为统治阶级说话者；与人之见墨子之谓农与工贾及贱人之贤者，皆可为官而富贵，而谓墨子乃代表平民阶级说话者；此皆同是以阶级之观念，横裂墨子尚贤尚同之全旨，于墨子之第三四端之旨，皆未能识也。凡此等等，皆于墨子所言之六端之义之大，徒举一端，或数端之一部分为说。通此六者，以见其义之大，非上列诸说之所及。此诸说皆于墨学，“明于细而不明于大”也。观《墨子》之诸篇，反复言当世之君子“明于细不明于大”，《公孟》篇言“夫义，天下之大器也”，则明于大固非易事。明墨子之所言之义之大，亦非易事。吾于墨子，亦尝徘徊于上列诸说数十年，而未能见及此“义之大”之义，足以贯通于其学之全。今乃自谓差见得。此墨子之言义道，亦实可称为“通贯于爱与利之间，人与我间，一切人间，在下人民与在上之为政者之贤者之间，贤者之义与人民之义间，生人与死人之为鬼神者及天志之间”之一“不受其外之任何命运之限制”之一“绝对普遍而客观之义道”。其说之原，又正当说亦由孔子所重之仁道，外转而出。然既转出之后，而墨子或忘所自转出之本；则其普遍而客观之义道，即可成一外在于人之仁心，而只存于客观之天下之义道，是即成义外论矣。《墨子·公孟》篇言，“告子言义而行甚恶”，墨子尝叹其行，而仍称其言。此告子盖墨子之后辈或学生，考其年可为孟子所及见，其言义又与《孟子》书中告子之思想相合，当即《孟子》书中之告子。孙诒让《墨子间诂》谓别是一告子，而未言其所据。然宋王应麟《困学纪闻》卷八，已疑其或是一告子。清末陈澧《东塾读书记》卷十二，亦论其为一告子。唯陈又以之证赵岐之言告子兼治儒墨之学，则亦无据。吾意《孟子》书中之告子，当即传墨子言客观天下之义道之学，而明主义外者。然孟子又非告子之义外，而主仁义皆出于内在之心性，以承孔子之学。则由孔子之重心之不违仁，至墨子之重义道之立于客观之天下，告子之言义外，再至孟子之以仁义皆出于内在之心性，正见中国古代学术之大开大合。墨子能开此“义”之涵义，至于如此之大，诚庄子所谓“真天下之好也，将求之不得也”，岂非豪杰之士哉？

第五章　孟子之立人之道（上）

一　导言：述中国历代孟学之三变，及孟子之兴起人之心志以立人之道

孟子初只为孔子后学之一，未尝与孔子并称。先秦人唯恒以孔墨并称。《论语》乃七十子之后学所记，唯称颜子、曾子、子游、子夏、子张等。荀子乃以子思孟轲并称。韩非子谓儒分为八，其中有孟氏之儒。汉儒言其经学之传，于《春秋》之《公》《穀》与《毛诗》，皆溯原子夏；于《鲁诗》《韩诗》《左传》《礼记》，皆溯原荀卿；《易》则溯原商瞿；皆未尝明溯原于孟子。董仲舒尝非难孟子之言性，王充书有疑孟之篇。唯扬雄有“窃自比于孟子”之“辟杨墨”之语。此非谓孟子所述之义理，后无人缘之而加以发挥。如《礼记》诸篇文，正多承孟子义而进是也。董子非难孟子之言性，而兼合荀子言以论性，此与扬雄之合孟荀而论性者略同。汉儒言《诗》《书》之义，亦多循孟子以意逆志之旨，而言之。后赵岐注《孟子》，其序乃谓孟子通五经，尤长于《诗》《书》。赵序又谓孝文帝为《孟子》及《孝经》《论语》《尔雅》，皆置博士官，后又罢之。唯诸经通义，得引《孟子》以明事，谓之博文云云。此乃本经学之观点，以言孟学之地位。由汉至唐《孟子》注，只有赵岐注，宋孙奭乃疏之。昔贤之推尊孟子于荀扬之诸儒之上者，盖始于韩愈之言孟子醇乎醇。然在宋初，孟荀扬之地位，仍略相等。司马光、王安石、曾巩等，皆推尊扬雄。司马光、李觏，并

尝疑孟。晁说之亦诋孟。然王安石亦推重孟子以尧舜之道望于其君之精神。二程乃尊孟子之性善义，而贬荀扬。朱子遂订《孟子》为四书之一。然程朱于孟子，其辞皆若有憾焉。如明道谓“仲尼，元气也；颜子，春生也；孟子并秋杀尽见”，“孟子尽雄辩”，“露其材”，“仲尼无迹，颜子微有迹，孟子其迹著”。此皆朱子所编《近思录》最后卷所征引，故亦为朱子所同意者。朱子又谓“孟子说心，后人遂有求心之病”（《朱子语类》卷十九）。唯象山之学，自谓由孟子得，特推尊孟子之发明本心。自宋以降，而孟子与孔子，并称孔孟，以易唐以前之周孔并称。以周孔并称，重在孔子之言政，故孔子于汉称素王，在唐封文宣王。以孔孟并称，重在孔子之教，故至明而孔子改称至圣先师，至清而改称大成至圣先师。宋明以后，孟子乃称亚圣，其书亦列为经书之一。孔孟并称，则荀子见抑。清之学者乃更为荀学辩诬，谓其除言性恶之外，其言礼义等皆儒者之言。然亦未尝以荀与孟平列也。唯孟子之思想中，尚有“民为贵，社稷次之，君为轻”之言，则汉以后之儒者，罕加以发挥。明太祖朱元璋见之，尝欲逐孟子出圣庙。然孟子之此旨，则为明末之大儒，如黄梨洲等所重；延及清末，而为其时之言变法革命者所重，于孟子言民贵之义，大加以推尊。孟子又成中国民本民主之政治思想之宗师。民国至今，一切反专制极权之思想，皆有此孟子民贵之义为其本。此自民贵之义，推尊孟子，则不同于宋儒之自孟子之言性善言本心，以推尊孟子者；更不同于赵岐之自羽翼五经，推尊孟子者。此上三者可谓之为中国历代孟学之三大变。然孟学之精神或孟子之道其核心果何所在，则亦尚待于更加考究。

吾初意从宋明儒之说，谓孟学之核心，在其言心性，而尤在即心言性，此吾已论之于《孟墨庄荀言心之义》与《原性篇》。唯以人之心性是善，故人皆可以为尧舜，而有其良贵，遂得言民贵。吾素不取赵岐之孟子长于《诗》《书》，纯自经学观点，推尊孟子之说。然近忽有会于孟子言心性之善，乃意在教人缘此本有之善，以自兴起其心志，而尚友千古之旨。《论语》记孔子尝言“兴于《诗》”，“《诗》可以兴，可以观……”而《书》之所载，正多古之贤圣之事，足使后世之人们闻风而兴起者。吾乃于赵岐所谓孟子之长于《诗》《书》，自谓另得一善解。更观孟子之贵民，亦正处处重在兴民。孟子之言人性之善，则下在使人自别于禽兽，上则在使人由自兴起其心志，以为圣贤；故言“舜何人也，予何人也，有为者亦若是”。为政则重在以天下为己任者，自兴起于草野之中，更升举于上位，以为民望。于是吾对整个孟子之学之精神，遂宛然见得其中有一“兴起一切人之心志，以自下升高，而向上植立之道”，自以为足贯通历代孟学之三大变中之义旨。斯道也，简言之，可姑名之为“立人”之道。古今学者唯陆象山最能契此义，故言发明本心，即所以使人得自树自立于天地间。然其所论说者，不甚成条贯，亦未举孟子言以实之。而吾今兹之所论，则将循孟子之明言所及，更加以连属，并连于其时代，以见其兴起人之心志，以立人之道，虽自谓是承孔子，然实则要在针对当时之墨学，以别开一道，而发明孔子之道。孔子之仁道，乃对人、对己、对天命鬼神，四面平伸，如成一浑圆。故程子谓其如元气之无迹。而孟子之道，则教人下别于禽兽，而向上兴起，以尽心知性、存心养性，以知天、事天，而尚友千古之圣贤；更兴起人民之心志，皆以“天民”自居，“天爵”自贵，若为政则以“天吏”自任之道。此道之所在，即人之义所当行。是为人之配义与道之事。反此，而安于凡俗者，即皆只知利害，而不知道义之禽兽之道。故义利、人禽之辨不可不严，而其辨大人小人之道、王霸之道、夷夏之道、文野之道、异端与正学之道、大丈夫与妾妇之道，出处、去就、辞受、取与之道，皆基在此人禽义利之道之辨，以次第引申而出者。故孟子之雄辩，不可不有，才气不得不露为辟异端，为秋杀，此皆孟子之精神必有之表现也。然于此须知孟子之言人之义，乃归本在人之仁，故不同墨子之径以义道为本。孟子言“仁者，人也；合而言之，道也”。人而能仁以有其义，而立此人之道，方为孟子之道之所存。此唯有将孟子之学与孔子墨子之学，先加以比对，而观其所言之种种之义理，方可次第见孟子之道，在兴起一切人之心志，以立人之道也。

二　孟子言道与孔墨之不同，及孟子之人禽之辨

吾人前论孔子之言仁，本在言为仁由己。仁者之修己，以安人、安百姓，而己之生命与他人生命相感通，乃一“次第由内以及于外，而未尝离其一己之仁之流行”之一历程。吾人前论墨子以义说仁，其言义或仁义，则重在其表现为对他人之实际上的爱利，而见于事功，以建立普遍客观的“人与人以爱利相施报”之义道。在此普遍客观的义道中，能行此义道之我，亦客观化为人之一，以与其他人平等的兼相爱、交相利，并客观化为一国家中之居下位之人民之一，或居上位之为政者之一，或众贤之一。其所知所行之义，则又为当与天下人之义，求“一同”，以成天下之公义，可更上同于天与鬼神之义者。由此而成之墨子之重客观化之义道之思想系统，便与孔子之重人之一己主观生命之为仁，以感通于人与天及鬼神者，成为异流。又墨家之言仁义，重在爱之必有利，事功之必可加利于民者，故以礼乐为无用。墨子更不见礼乐之足以表现人之情意，以畅通人我之生命，养人仁义之心，使人行仁义之道等价值。此尤与孔子之重礼乐之旨相对反。于是孟子起，重发明孔子之道，乃不得不一方辟墨学之言义之只重归于客观化之实利之思想，亦重发挥孔子以仁言义之旨，乃说仁义皆内在于人心，并重申儒者言丧祭之礼与乐之价值。孟子之言，自大不同于墨子。然墨子之学既为新出，孟子之重申孔子之学，亦自必当有其新立之义，而其言亦不得皆全同于孔子。孟子固亦

自有其学，自有其道，皆可与孔墨之言相较而见者也。

孟子所言之道，即上说之“立人之道”或“人之自兴起其心志，以为贤为圣之道”。故上文引《孟子》曰“仁者，人也；合而言之，道也”之语为证。此仁者人也之语，《中庸》中有之。《春秋公羊传·成公十六年》传文，亦用此语以为言。盖皆后于孟子。孔子墨子所言之道，固亦皆要在言人道。然孔子言人道，要在辨君子与小人之道之分，夷夏之道之分。墨子言人道，要在言辨义与不义之分，圣王与暴君之道之分。此皆在人道之内部辨。孟子之言人道，则除亦在人道之内部作种种之分辨外；却要先对人与禽兽之道，加以分辨。孔子未尝特论人与禽兽之不同。墨子以人与鬼神及天并言，上者为天，中者为鬼神，下者为人，亦未尝更及于人以下之物。自墨子之天为兼生兼养人与万物者看，则人与万物之地位，对天而言，尚不甚相远。然在孟子，则特重言人与人以下禽兽之分别，以凸显此人之道。此则重在言人之居禽兽之上，而将其在天地间之地位，加以升举；便不同于墨子之言人之位居天与鬼神之下，亦不同于墨子之重在言人之上法天而事鬼神，以立人之义道于天下者矣。

孟子之以人与禽兽对观，而言人与禽兽之别，与墨子之以人与天鬼对观，而言人之法天鬼之事，二者虽不同，然又皆可说是将人客观化为天地间之一类存在，而后有之论。此即不同孔子言人道，未尝将此人之自身客观化为天地间之一类存在，而与禽兽、天及鬼神对观者。孟子视人与禽兽为异类之存在，《孟子》书亦时言及“类”。类之观念非孔子所重。墨子则特重“类”，而其立言、论故，亦必求明于事物之类。则孟子之言类，亦当有所承于墨子之用名，犹孟子之合言仁义，亦初当始自墨子之合言仁义也。此孟子之重辨人与禽兽之类之不同，固亦是将人客观化为天地间一类之存在，而后有之论。若人只如孔子之生活在己与人与天命鬼神相感通之世界中，或只生活在人伦世界中，而不将此人类客观化为天地间一类之存在，固无此人与禽兽之辨可说也。

孟子之言人与禽兽之辨，虽必待将人客观化为一类之存在，而后有此辨；然孟子此辨之目标，又不真在客观的辨万物之类之有种种，而要在由辨人与禽兽不同类，以使人自知人之所以为人。此自知，则要在人之能重返于其自身之主体，而加以反省自觉。由此反省自觉所得者，唯是人之生命心灵之自身之性，为其仁义之德之根之所在者。此其思路，又大不同于墨子，而同于孔子之言学言仁，必在人自己之生命心灵上立根，而重人之内省自求之功者。然孔子之言人之内省自求之事，要在对他人而言。学者当内省而求诸己、以尽己，而行己之当然之道，以成就其内在之德性生活；不可只求在外之闻达，亦不可只多所求于人之所以待我，更不可求之不得，而怨天尤人。故孔子以“古之学者为己”与“今之学者为人”，“君子求诸己，小人求诸人”，相对较而说。后明儒刘蕺山言圣学三关，以此“人己关”为首是也。今孟子进而将人与禽兽相对而说，则学者之学为己之学者，亦兼所以别人于禽兽，方见其学乃所以学为人，而尽人伦。故孟子言学特谓“学则三代共之，皆所以明人伦也”（《滕文公》章），亦特重即人而言人道，与人之所以自兴起其心志，以为圣贤之道之故也。

孟子之学，重人与禽兽之别，而此人与禽兽之别，孟子又谓其初只有几希之别。故曰：“人之所以异于禽兽者几希，庶民去之，君子存之。”又曰：“山径之蹊间，介然用之而成路。”（《尽心》篇）因此“别”初只在“几希”，如山径之介然；则人可不见此几希之别，而忽之、去之。今欲存此几希之别，以“用之而成路”，以立人道，使人自兴起其心志，以为圣贤，则为大不易事；而人之行事，乃恒不免同于禽兽。故明王船山谓“庶民者，流俗也；流俗者，禽兽也”。（《俟解》）又谓“人与禽兽，自形而性，自道而器，件件有几希之异……几希严词，亦大辞”（《读四书大全说》卷九），“壁立万仞，止争一线，可弗惧哉”（《俟解》）。如实言之，人欲不为禽兽，只有顺此几希而存之充之，并尽人之所以为人之道，至于成贤成圣，然后乃得全免于为禽兽。是即后儒如曾国藩所谓“不为圣贤，便为禽兽”也。由是而此人之地位，即或升至万仞之上，以为圣贤；否则堕于万仞之下，而失其所以为人。人乃如恒在壁立万仞之危崖之旁，升降系于一线，故不可不惧。此则唯由孟子之识得此人与禽兽之别，在此几希之故。识得此几希，则人只有或仁而为圣贤，或不仁而为禽兽。人道只有二，“仁与不仁而已矣”；为人之道亦只有二，求为圣贤，或为禽兽而已矣。人果为禽兽则亦已矣，如其真不为禽兽，则又不只为一般之人而已，亦必将为圣贤之人而后止。人与圣人同类，不与禽兽同类，则人之与禽兽，正有天渊之别也。

于此当附及者，孟子之辨人与禽兽之不同类，虽是辨类，然其目标，在使人自觉其所以为人，以至尽人道，而为圣贤。故此孟子之辨人与禽兽之不同类，又不同于西方哲学家如亚里士多德之辨万物之类，而谓人是理性的动物等。此西方式之辨类，纯为逻辑或知识之观点上之分类，故小类属于大类，如动物亦为人与其他禽兽所共属之大类。此大类，初只是一逻辑上之大类之概念，而非真实存在者。论小类属于大类，则亦当重人与禽兽之共同之处，故亦可说人是动物。然孟子之辨人与禽兽之别，则只重此几希之不同之处，而无“人是动物”之可说。若只说人是动物，则此动物之概念中，无此“几希”，则犹同于说人是禽兽矣。若重此“几希”，则当说人非动物，亦如其非禽兽也。故如由孟子之辨人与禽兽之类，而谓孟子之辨类，如西方逻辑与知识观点上之分类，此又不知此二“类”之义之不同类，而不知孟子之所谓“类”之义者也。

孟子言人与禽兽不同类，圣人与我同类，故谓“圣人之于民，亦类也”。此所谓人与圣人同类，乃由“人之自存其与禽兽相异之几希，而充之尽之，以至于极，即是圣人”上说。此乃自人之内在的存有此几希，及人可充之、尽之，以使人逐渐同于圣人之历程上，说我与圣人同类；而非外在的、逻辑的将人与圣人比较，见圣人亦是人类之一分子上，说其为与我同类也。若如此说，圣人乃于人之涵义上，加一圣之涵义，圣人乃人类之大类中之小类，如人是动物之大类中之小类。则吾人亦可说人非一般之动物，圣人非一般人，人与动物或禽兽不同类，圣人与其他之人亦不同类。此即明与孟子意相违。孟子言："泰山之于丘垤，河海之于行潦，类也；圣人之于民，亦类也。"盖充行潦之水之量，而成河海；充丘垤之土之量，而成泰山；充人之所以异于禽兽之几希之量，而成圣人。故河海与行潦同类，泰山与丘垤同类，圣人与人同类也。故言人与圣人同类，只是内在的说人自存有此几希，而充之尽之，便至圣人之谓；非外在的说或逻辑的说：圣人与人有相类之处。盖只外在的说、逻辑的说，则人与圣人有相类之处，亦有不相类处。圣人乃人之大类中之小类，小类与大类，乃不同之类概念，又岂可必说圣人与我同类哉。

此人之异于禽兽之"几希"，即人之心性。此人之心性，初见于人之有恻隐、羞恶、辞让、是非之四端之心。此四端之心，可说为人之仁义礼智之四德之端始，然尚不足称为仁义礼智之全德。孔子言仁义礼智之德，即直对此诸德而言，而未尝就此诸德之端始而言。墨子言仁义之德，则就其表现爱人利人之客观外在之事功上言。孟子则要在就人之主观内在的心性之自动表现，为此诸德之端始本原处言。故不同于墨子向外看此诸德之客观的意义价值者，亦不同于孔子之未尝多及心性之原始表现者。此孟子所说之恻隐羞恶之四端之表现，又初只是一人之心灵或生命，一种内在的不安、不忍、不屑之情，尚未及于实际之爱人利人之行为者，故亦初全无客观之事功之可说者。如人之见孺子将入井，而不安、不忍，动一恻隐之心，此时人固可尚未有往救孺子之行为。然此不安、不忍，已是往救孺子之行为之开始，亦是救孺子之事功之开始，而为仁之端。则此仁之端，不能以墨子之“爱利”之有客观事功者为说。恻隐之心之初表现为不安、不忍，只是纯主观之消极的不安、不忍之感情。此感情，即是人之心灵生命之一内在的感动。此感动则禽兽所无，而为人所独有，人亦初不知其所自来，而只见其突然生起者。此处即见人与禽兽之差别之几希。孟子之教，即要人自识此几希，而存养之扩充之，以实成其仁德；并知此几希虽微，然人之成为具仁德之仁者，而至有如墨子之爱天下人、利天下人之无尽事功，其本原亦只在此几希。故学者即当首在此本原处，自施存养扩充之功，为其先务，而不可如墨子之只向此爱人利人之客观的事功上，看仁之价值与意义矣。

孟子之言仁之端在不安、不忍之恻隐，而言义之端，则在羞恶。人有恻隐之心，固直接表现人之所以异禽兽；而人有羞恶之心，亦直接表现为人之不甘自同于禽兽。禽兽可食嗟来之食，人有羞恶之心，即不屑食此嗟来之食，并以食嗟来之食为羞辱，而恶之，以至宁死不食。人之所以不食此嗟来之食，初不自知其所以然。人初只觉人之与以嗟来之食，无异待之如禽兽。人直下不愿自居于禽兽，即直下不愿人以禽兽待之，而宁死不食此嗟来之食。此人之不食，即人之所以自表现其不同于禽兽，而亦表见人之心性之不同禽兽者。孟子即说此为义之端。人有此义之端之表现，即见人之能自制自守，亦见人自己之心性，自有其内在的尊严。然此对他人有何利益，初全说不上。墨家之谓“义，利也”，于此即显然不能说。然此人之能自制自守，却正是人之不侵犯他人之所有，而亦尊重他人之所有，使人与我各得其利，以及依人我之平等，以立种种义道于客观天下之本原所在。此外，礼之始于辞让，智之始于是非，初亦只直接表见人之不同于禽兽之心性，而亦未必有客观的利人之价值与意义者。人之有此四端之表现，初只所以见其不同于非人，故曰“无恻隐之心，非人也；无羞恶之心，非人也；无辞让之心，非人也；无是非之心，非人也”。人有此四端之表现，得见其不同于非人，以为其仁义礼智之德之端本原始，即其价值与意义之所在也。

三 仁义之心，与义外义内之辨

孟子之言人之心性之表现，初只是人与禽兽不同之几希之四端。然顺此端始本原，而存养之、扩充之，则其所成之仁义礼智之德之用，又是无穷无尽。故孟子谓“人能充无欲害人之心，而仁不可胜用矣；人能充无欲穿窬之心，而义不可胜用也”。无欲害人，更使人不受害，则墨子所谓兼爱，利天下之事，皆不外乎是。一切利天下之事，亦不外充此使人不受害之心之量而已。人无欲穿窬，自不侵犯他人所有。墨子所以言非攻、节用、节葬、非乐，亦唯以“攻”为侵犯人之所有，王公大人之侈用厚葬声乐，不加利于民，又不免夺民之衣食财力，无异侵犯民之所有之事之故也。则墨子所以必言此非攻、节用等，亦只是充此无欲穿窬，不侵犯人所有之心之量而已。此外，墨子所言一切仁义之道之表现于其他尚同、尚贤种种之论者，无论其说之是否皆能立，然墨子之所以言之，要本于墨子之仁义之心。然此仁义之心，皆由此人人所共有之“无欲害人，无欲穿窬”之心，充量发展之所涵及，而不能溢出于其涵及者之外者。然此心之充量发展之所涵及者，则墨子之言，又尚不足以尽。后文当次第及之。知此则孟子之学孟子之道，进于墨子者可见矣。

此孟子之学及道，与墨子之学及道之不同，在孟子始终把稳住“人之仁义之心之有其端始本原之表现，而由存养扩充，可至无穷无尽”之一义。故此孟子之道，在本质上为一由本而末，由内而外，亦由末反本，摄外于内之一道。人之行于此道，亦同时为人之自别于禽兽，自尽其与禽兽异之心性，以使其心之志向上兴起之道。此人与禽兽异之心性，为人之“大体”，乃人所独有；

而不同于人之耳目之官之“小体”，乃人与禽兽所共有者。故人之尽其心性，即养其大体，而为大人。只顺其耳目之官之小体之欲，即养其小体，而只为小人。人为大人，而至于圣人。人为小人，而不远于禽兽，亦终不免为禽兽。故人之心志之向上兴起，即人之所以成大人，而上为圣人者。反是，则为向下陷溺其心于耳目之官之欲，而成小人为禽兽者。故孟子之道，亦即教人之心志，由下而上，由小而大，以自兴起，而成大人之道也。

缘此上所谓“由本而末，由内而外，亦由末反本，摄外于内”之义，故孟子必重为“人之仁义之原始的表现”之孝弟之德、丧葬之礼，及“与人同乐”之“音乐”者。孟子之言仁义之道，与人之为仁义之事，亦必自其根于仁义之心，而为此心之表现而说；便不同于墨家之只归在一客观之义道之建立者。只归在客观的义道之建立，而不知其根于心，为此仁之客观的表现，即是以义为外，而为义外之论。则孟子以仁义之事，必根于仁义之心，固必辟告子之义外之论，亦必以墨子之不重此孝弟之德，为仁义之心之本原的表现，而只泛言兼爱者，为无父之论；并亦必以墨子之薄葬、非乐之论，为不然而非之也。

关于孟子辟告子义外之说，可由略分析孟子与告子辩之辞以明之。按告子言“仁，内也；义，外也”，而以“吾弟则爱之，秦人之弟则不爱也”，为“仁内也”之证。此即谓在仁爱，乃以我个人之特殊之主观，为一决定之原则。同为“弟”，我或爱或不爱，则此爱有主观性，亦有特殊性。告子言“义，外也”，则以彼长而我长之，故长楚人之长，亦长吾之长为说，并以“彼白而我白之”为喻。此乃谓吾人之敬长之义，乃以所敬者之客观的原为长，为一决定之原则。同为长，无论是吾之长与楚人之长，皆同以敬之为义。则此敬之义，有客观性，亦有普遍性。此中告子之分辨二者，非全无理。因人之对人之德，固可有此具上述之具主观性特殊性者，与具客观性普遍性者二种之分也。

告子之以后者为义而义为外，如此“外”之意义，同于具此上之普遍性客观性之意义，亦非不可说。墨子望天下人之兼相爱交相利，而相施报，以立义道于天下，此中，只须客观对象是人，即皆当兼爱而利之，亦可谓一切是人者，皆有此当兼相爱交相利之义。此义，即为亦有客观性、普遍性者也。墨子固未尝以此之故，明谓凡有此客观性、普遍性之义为外，更与为内之仁相别。此则由墨子之言仁，必表现为兼爱，乃以义说仁，而使仁归于义，则仁义可无别之故。然墨子言义道为具客观性普遍性者，而视之为天下之公义，亦天与鬼神之所共知，所共欲，却未说其为本于人之内在心性之表现，则亦即无异于只视义为外也。细观孟子之辟告子义外之说，亦非谓此义如敬长之义，无此客观性、普遍性，而唯是谓此敬长之义，亦原于我对长者之特殊之关系，故我对长马之长不敬，而对长人之长乃敬之，则此敬亦发自我之主观内在之心性，故不可只视之为外，亦当视之为内，而与仁之为内同也。若视之为内，则内可摄外，义之为客观普遍，亦同时为主观内在之心性，表现于“我与所谓客观对象之特殊关系中”，而具特殊性者。依此，则由仁而有之爱与由义而有之敬，即皆同为主观内在之心性之表现矣。后之《墨辩》谓：“仁，爱也；义，利也。爱利此也，所爱所利彼也。爱利不相为内外，所爱利不相为内外。”此即谓自主观爱利方面看，仁义无内外之分，自客观之所爱利方面看，仁义亦无内外之分。此则盖为墨家后期之论，而亦不同告子之分仁内义外者，或抑亦由孟子之驳仁内义外之说，而更有之墨家新说也。

《孟子·告子》篇所载孟子与告子之辩，及公都子与孟季子之辩，其旨略有不同，而人或忽之。在孟子与告子辩之一章，孟子之言，要在言敬长之义有客观性、普遍性。在敬长中，长吾之长亦长楚人之长，正如吾之嗜秦人之炙，亦嗜吾之炙，其皆有客观性、普遍性。然此不碍此敬长之敬，兼出自我之特殊个人之主观，正如嗜炙之嗜，出自为特殊个人之我之主观。与公都子辩之孟季子之论，要在言吾人之敬，随客观情境或所敬者所处之地位而变。如在平常情形之下，乡人长伯兄一岁，则敬兄；在乡人之聚会中，则先酌乡人。在平常情形下，敬叔父；在弟为尸之情形下，则敬弟。此则重在言吾人之同此一敬心，随客观外在情境之特殊性，而变其所敬。此在孟季子，即取以证吾人之敬，乃为客观外在之情境之特殊性所决定，便不由吾之主观内在之心性所决定，以证其义外之说。孟子之意，则谓此随客观情境之特殊性，而变吾人之所敬，仍出于吾人之内在之心性，有如冬日饮汤、夏日饮水之事之仍由内发。此则注重在言吾人之内在的心性如敬，原能在特殊的客观情形中，有其种种不同之特殊的主观的表现。此表现为义，此义亦由内发，由内在的心性所决定，而非由客观外在之特殊的客观情形所决定。今亦必合此二段之义，然后知孟子之通此主观与客观、普遍与特殊，以言义内之全旨也。

兹按《孟子·公孙丑》篇述孟子之立身处世之辞受、取与、进退、出处之道，恒以所在情形之不同，而或辞或受，或取或与，或进或退，或出或处。孟子弟子盖尝疑孟子前后所行之不一致，而孟子皆一一答之。此即见孟子之于义与不义之辨，固依人所在之具体的特殊之情形而定。然在各具体特殊情形下，何者为义、何者为不义，固又皆由人自己决定。故皆不足持以证义外，而唯足以证吾人内在之心性，原能随各具体特殊之情形，而各有其所表现之义而已。

四　孝弟与行义之道

由孟子之言义，不同于墨子、告子、孟季子之只视义为客观普遍之道，而亦兼为吾人主观内在之心性，在种种特殊情形下之表现，而亦在内者；故孟子言仁义之原，必在此心性之原始表现，见于吾人之生命之始生时所在之家庭，而有之孝弟之情、孝弟之德上言。此中孝为仁之始，弟即为义之始。吾之生命，生自吾父母，而吾与吾父母有一原始的感通，此即一切感通之仁之本。此中不说慈为仁之本者，则以人之爱其子女，虽亦为生命之感通，然人必自为父母，而有子女，而后有慈。故慈为人之后有之情，非如孝之为生而即有者也。又吾继先吾生之兄姊，而同为一父母而生。此兄姊，为在吾家庭中之先已存在之生命，吾后之而生，遂能自然本此同为一父母所生，而更对此先已存在之生命，有一直接的肯定尊重，是即一切敬长之义之本。孝为吾之生命直接对生我之父母，而有之纵贯之情，弟则为对同此父母所生之兄姊，而有之横施之情。由孝父母，而及于父母之父母；此纵贯之情，遂可上通于过去百世之祖先之生命。及人有子女，而知慈于其子女时，人亦更可缘其对祖先之情，而慈爱及于同出一祖先之家族中之后裔与幼辈。再由孝父母，更老吾老，以及人之老；幼吾幼，以及人之幼，而此敬老之情，可横施于天下之一切之老；此人之慈爱之情，可横施于天下一切之幼。此中，吾人之敬吾之老，敬吾之兄、之长，而敬天下一切之老、之长之情，合为一敬天下一切之老与长之义。此吾之敬老敬长之义之所至，亦即吾之生命与老及长之生命相感通之仁之所至。此是儒家由孔子至孟子言孝弟之情为人之仁义之原始表现之大旨。由此而孟子谓“仁之实，事亲是也；义之实，从兄是也。无他，达之天下也”，又言“尧舜之道，孝弟而已矣”。孟子之特称舜，更要在舜之以孝之至，而感化其不慈之亲。故《离娄》篇谓“舜之为君，视天下悦而归己，犹草芥也”，而唯以“不得乎亲，不可以为人，不顺乎亲，不可以为子”为念。及舜尽其事亲之道，而“瞽瞍底豫，而天下之为父子者定，此之谓大孝”。大孝之舜，视天下大悦而归己，犹草芥，必使瞽叟底豫，使天下之为父子者定，方为舜之大孝。则孝弟之道之立于天下，其事，固有大于为天子者矣。

孝弟之教，乃中国昔所固有。孔门言学，亦以“入则孝，出则悌”为首。人之知孝弟者，固多有之。然亦有只知孝弟，而自限其仁义之心于一家者，则其仁义之心未充量表现，其仁义之德与仁义之事，亦未得真实成就。故充达此孝弟之情，如孟子所说之“老吾老以及人之老，幼吾幼以及人之幼”，敬吾长以及人之长，如孔子所说“老者安之，朋友信之，少者怀之”；遂为一当然之道。然此中，却又决不容许人之有见于此人之有孝弟者，可自限其仁义之心于一家；遂因噎废食，谓人不当以孝弟之情之德为本而忽之，更不以孝弟立教。故墨家之不以孝弟立教，即为儒者所不容。然墨子亦实未尝非此孝弟之道，唯常谓人爱其亲，而望他人之爱其亲，则当兼爱人之亲耳。依儒家义，老吾老，亦当及人之老，亦非即无此墨家所说之兼爱。儒与墨于此之异，则要在儒者之知此中人之爱父母与爱他人之父母，不能无先后之次第，而有次第即必不能无差等。故与孟子辩之墨者夷之，谓“爱无差等”，又谓“施由亲始”，即不可通。因既施由亲始，则施之及于亲者，尚未遽及于人，即已有差等在。吾之特殊之生命，与吾父母之生命，有原始之特殊的感通关系，固与他人之父母之关系不同。此特殊关系为一真实存在，而不容抹杀者。则其爱固不能无等差，而不能如墨子之只重爱之普遍性平等性，而忽此特殊性差别性也。复次，墨子之谓欲人之爱吾亲，我当先爱他人之亲云云，此固不必是以爱人之亲为手段，以使人爱吾亲之谓。因当吾欲人爱吾亲之时，而念及我当先爱其亲；此亦如孔子所谓“所求乎朋友，先施之”，亦是义恕之道也。但墨子之以此言劝人兼爱他人之亲，以使人爱其亲，却忽此人之仁爱之心之先表现于自己之爱父母，更推及于爱他人之父母时，初非与“欲他人爱我父母之念”相杂者。若本此以言爱，可说已落至爱之第五义以下。因人之仁爱之初表现于自爱其父母时，此中只有自己与父母生命之直接的感通，而初无“我”之想，亦无“他人”之爱我父母与否之问题在心。此为第一义。至人由自爱其父母，而及于伯叔，及于他人之老时，人亦初只是循自然之理性，而自然扩充其情之及于父母者，以及于他人之老。此中，亦初无欲人爱我父母之念在心。此为第二义。唯在我已知敬人之老后，或他人之亦循其自然之理性，而由爱其父母，以及于吾之老之后，吾乃知他人有爱我父母之可能。此为第三义。由此第三义，而后我乃本我爱我父母之心，更望他人之爱我父母，此为第四义。再后我更念我既望他人爱我父母，我亦义当先爱他人之父母，遂有此墨子之教，此即是爱之第五义矣。至于由此而降，我或只以爱他人之父母为手段，以使他人爱我父母，此则无异商业上之交换，非真正之道德，亦非真正之义。此可说为第六义。若乎为欲使人爱我父母，而伪为爱人父母之行，则成不道德而不义，此可说为第七义。吾人固不能谓墨子之教同于此第六、七义。此未免侮辱墨子。墨子固贵义，其言欲人之爱吾亲，当先爱人之亲，其旨盖在此第五义。然彼不知在此第五义中，吾之欲人爱吾亲，正根于吾之已知自爱其亲，亦根于我之原能推爱及他人之亲，他人亦原能推爱及吾之亲，然后有之想。又在吾初之知自爱其亲，更"推爱"于他人之亲之事中，实即已有吾之仁义之情之心之表现。在此表现中，乃根本尚无"欲他人爱吾亲"之欲望之出现；亦尚无第五义中"为足此欲，则吾当爱他人之亲"之义务感之出现，自亦尚无第六、七之义中之事之出现，则言仁义之表现于此"爱亲"之事者，固决不能由此第五义说起，而当先认清前此之四义。教人以仁义，亦当先在教人自爱其亲，更推爱及人之亲处说起，亦即在自己尽孝于父母，更老吾老及老人之老处说起，如孔孟之论；而不能是墨子之自此第五义说起矣。读者细思之。

此墨子之言仁义之表现于爱亲之事，自第五义说起，除不见此仁义之原始的表现之外，亦忽人之本此第五义以爱他人之亲者，可降堕而为依六、七义以爱人之亲。凡依墨子之教，谓欲人对我如何，则我当如何者，无不可降堕而为以此“当如何”为手段，或伪为此“为如何”，而自陷于不义。盖吾人欲人对我如何，初只是孔子所谓求于人。此乃吾人对他人之一欲望。此欲望初只是自私。即吾欲他人爱我之亲，此亦可说是自私。人由此自私之欲望，而更念欲达此欲，我当先爱人以及其亲，虽是一义务感，人由此义务感，亦可更升至只爱人之亲，而不问人之爱我亲与否，有如人之初为有求于人，而知其义当先足他人之求者，可更升至只足人所求于我者，而更不问人之是否能足我对之之所求，而不求其报也。此方是更高之道德境界。此即只行己之义所当为，而不求利之道德境界。吾人之教人而真爱人以德，亦当指向此更高之道德境界为说。因必指向此更高之境界，人乃得免于下堕至其下之第六义第七义之境界。故孔孟之教人行义，恒不连于人之如何报我为说。此方为以“心志之向上兴起”望学者之事。人亦唯由只求其自己之行义，而不望报之利，人乃得不为小人，而更异于禽兽，以成其所以为人，为大人，为圣人。故孔子言“君子喻于义，小人喻于利”，孟子亦必辨义利，皆不同墨子之言行义必与报之利并言者。墨子之教，只言欲人对我如何使我得如何之利，则我有当对人如何之义云云。此固亦是教人以义。然此乃就人之能喻于利，以教其喻于义；亦是先视人为能喻利之小人，而后教其为能喻义之君子。此固未能如孔子之直下便以君子望人，亦自始不就人先所喻之利以设教也。至于在孟子，则正由其对人之原有异于禽兽之仁义之心性，认识真切；而遂更能直接上人之此心性，以立言施教；而更严辨义利之分，以使人之心志直向上兴起，见义而不见利。故孟子谓“我非尧舜之道，不敢陈于王前”。此方真正尊重人、尊重学者之教。墨子之教，必斤斤连他人之报以为说，或君上与天与鬼神之赏以为说，而更不能上进一旨，焉能及此哉。

诚然，自客观之天下社会上言，人之行义于他人者，他人亦义当报之以利。父母慈于子，而养其子；子亦当孝于父母，而养父母。此中固当有人与人之兼相爱交相利之义道存焉。此吾人于论墨学时，亦以为此义道当立于客观之天下，儒者亦未尝不以此为人义之所存。儒者于人之受他人之施，而不知报恩者，亦必教之以报恩，或赏其知报者，而罚其不知报者；而为名教法律，以为劝惩。此儒墨之所不相远者也。然此中之劝惩之最后目标安在，则仍有不同。依儒者之义，则此劝惩，仍所以使人各得自成其为人。谓忘恩负义为非道者，此不仅是谓此客观之天下中，人无此恩义之相报，为天下之不美；而是彼忘恩而负义者，尚未真成其人之所以为人，自尽其义之所当为，而于德性有亏；亦尚未自远于禽兽，未自尽其心性也。君子欲自尽其心性，自成其德，自远于禽兽，以自为君子；则不忍见人之不自尽其心性，不成其德，而为禽兽、为小人。故不可不望人亦自成其德以为君子。若君子只自为君子，而任天下人之为小人；则君子自私其君子之德，亦犹是小人也。故大君子必不私其君子之德，亦望人之成其德、成君子，则其教人之不忘恩负义，以至于杀彼忘大恩负大义之人，以为大惩，仍是本其望人成德成君子之志之所为，而杀之，亦所以免其长为不义之人，而仍是爱之。故可“杀之而不怨”（《尽心》篇语）也。由此言之，则墨子之只言行义于天下，彼固是乐见此义道之行于天下，而以天下之不义，为不美也。然墨子果知其赏义罚不义，乃所以使人各自成其德，以自尽其心性，而得自免于为禽兽小人，以成君子乎？吾不能无疑也。墨子之言中固未有行义于天下，所以使天下人各成君子，使人皆可以为尧舜之言也。天下之不义固为不美，人亦固乐见天下有义道。然此所乐见而美之者，与吾心成相对，此仍只是客观外在之义也。必义道立于天下，而天下之行义者，皆由行义而自尽其心性，自成其德；然后此义道，乃分别存于“行义者之主观内在之心性之自尽”之中，非对天下人，只为客观外在者。又必吾于望见此义道之立于天下时，更自知其本于吾欲义之心性，而吾亦能本此心性之欲义，以行义，使义道得实立于天下；更视其实立于天下，即我之欲义行义之心性要求之表现或实现；然后此义道之立于天下，方不只为客观外在之事，而兼为我之主观内在之事，此义道乃非只外在，而兼为内在，以进至此孟子之说。墨子于此二者，固皆未能及也。

上言儒家之孔孟未尝不欲“人与人以恩义相报”之义道立于天下，而其最后之目标则与墨子不同。儒家之望义道之行于天下，亦犹其望仁道、礼道、智道，与一切“其所自有之德性所由成之道”之立于天下，其目标皆不外望天下之共有此德，以更自成其德。此即所谓化民成俗之业也。在儒者之望天下之人，皆有其自己所已有之德，亦即望此德自身之普遍化而客观化。求此德之客观化普遍化之本身，固儒者之义所当为也；而此义亦仍是内在于儒者之此望者也。此望中所望之世界，乃人皆成德，皆为尧舜为君子之一人格之世界。此人格世界之人格，皆能主观内在地享有其德，知自美其德、自乐其德，亦称美他人之享有其德，而乐见之，更可称美他人之“有能称美人，而乐见他人之德”者。故儒者亦必尊贤，而亦尊彼“能尊贤者”之贤。则儒者固亦有墨子之尚贤之义。贤者之言之行，为其他贤者之所共称美，其言乃足为天下法，其行足为天下则，则儒者亦有尚同之义。然唯以我之心性，原能知贤之可称美，方称美贤者与其言其行，则此称美之事，非只称美一客观外在之贤者之事，亦即此我之心性之表现。则君子当“贤其贤”之“义”，亦如其当“亲其亲”之“义”，皆非外在而仍为内在也。则尊贤、尚贤、尚同之事，凡义所当为者，皆义内也。贤者殁而为鬼神，则我祭祀其鬼神，乃此尊贤之意，不以其殁而遽已，如陶渊明诗所谓“其人虽已殁，千载有余情”。故千载之后，仍有对其鬼神之祭祀也。如实有墨子之所论天神，更贤于世之贤者之殁为鬼神者，为天下之至仁至义而最贤者，则我之敬祀天神，亦犹我之敬贤之至者。此敬祀天神与其他鬼神，为我义所当为，亦犹敬贤之为我之义所当为者也。今更设此天神与鬼神，能本义以赏义、罚不义，吾固亦当敬且畏之。然此亦犹吾人之敬畏彼贤者之为政之公正严明，同为吾人之义所当为也。凡义所当为者，其原皆在吾人之心性，能知其为义所当为，皆为内在而非只为外在，则天下尚有何义之可徒视为客观普遍，更不属于此主观特殊之我之心性，而外此心性者哉？此上文所发挥而说者，固大详于《孟子》之明文所及，然实亦未尝越《孟子》之言本有之涵义以外，读者可细思之。

五　孟子言学者之志，及生与义

上文既述孟子言义非外在而为内在，则吾人于孟子之教人向上兴起其心志，自拔于禽兽，以由小人而为大人为圣人，至于“万物皆备于我”，“尽心知性以知天，存心养性以事天，修身以俟以立命”之境，其义即皆不难解。依墨子之教，在客观存在之世界，上为天，中为鬼神，下为人；在人中，则君与贤者为上，民为下；而未及于人以下之禽兽。墨子更不重此人之原是位在禽兽之上，可由小人为大人为圣人，亦不知人能敬贤者与君上，以敬鬼神而敬天，此敬即上达，而无所不至。天与鬼神果为实有，亦不能存于此敬之上达之所及者之外。若其果在外，人又焉得知天与鬼神而敬之哉。天与鬼神在此敬之内，则天与鬼神虽高，此人之敬亦与之俱高，而未尝低。则必谓鬼神与天，高居人上，乃未尝自反省主观内在之敬之之心，而不见此心性之陋说也。

人果能成大人圣人，其仁义之心无尽，爱人泽物之德无尽，则鬼神与天之德，亦不过如是。大人圣人在其生之所为，非已往之鬼神之所为，可得而限之者也；亦非天之所已为，可得而限之者也。则大人圣人，固当与上天鬼神合其德，而其所为之事，则更有进于已往之鬼神与天所已为者矣。于此谓天与鬼神之德，亦与此大人、圣人新为之事共流行，并与大人、圣人共成其事，固亦可说。而世果有天与鬼神之德之事，亦必当如此说。然既共流行，则于此共流行处看，天、鬼神与圣人之德之事，即合而为一，又岂有墨子所谓上、中、下之三者之悬绝者哉。至于学者如何得成大人圣人，以与天及鬼神合其德业，以共流行，则下文试聚孟子之言以略释之。

《孟子》曰："士何事？曰：尚志……仁义而已矣。杀一无罪，非仁也；非其有而取之，非义也。"尚志即孔子志于道之意。仁义之始，只是有所不忍而不杀，有所不屑而不为不取，如恻隐羞恶之心，只初为有所不忍不屑。此固纯为人之存心之事也。

孟子曰："生亦我所欲也，义亦我所欲也，二者不可得兼，舍生而取义者也。生亦我所欲，所欲有甚于生者，故不为苟得也。死亦我所恶，所恶有甚于死者，故患有所不避也。如使人之所欲，莫甚于生，则凡可得生者，何不用也？使人之所恶莫甚于死，则凡可以避患者，何不为也？由是则生而有所不用也；由是可以避患，而有所不为也。……人皆有之，贤者能勿丧耳。"

人之所欲，必有超越于其求生恶死之事之外者，故下文举人不食嗟来之食为证。实则岂特人不食他人之嗟来之食哉。父母对子女之斥责，子女不以为然，则家家户户皆有子女之赌气而不食者矣。子女赌气之不食，因其以父母之斥责，为非义也。其不食也，固可继而又食。然其一时之以父母之斥责为非义而竟不食，则其于此一时，固已视义不义之辨为重于食矣。如食所以求生，则其此时固以义不义之辨，重于其生矣。此即已非禽兽之所有者也。充此一时之视义不义之辨，重于食重于生之心，而至于不受人之无礼之嗟来之食，以食之为不义；再充之以至于一切不义皆不为，此即由泉源至于江海之事，其心固未尝不同也。则识得人之有此欲义过于欲生之心，即人之自识其不同于禽兽之第一义也。禽兽只欲生，而人则能欲义过于欲生，此人心之欲也。此人心之欲，能超越于其一人之生之上，而其由此超越之所达，则更可于其一人之生之外者，无不能达。此理且难知哉。绘一圆于纸，而超出此圆，则此圆以外之无限空间，皆由超出此圆而能达者也。人之心灵，一朝而突破其一己之生之限制，则他人与天地万物，固皆此心灵之自依仁以行，所能次第加以感通关切之地，而亦此心灵之自依义以行，所欲次第使之得其所者矣。

第六章　孟子之立人之道（下）

六　孟子言君子之所乐、所欲与所性

孟子曰：“君子有三乐，而王天下不与存焉。父母俱存，兄弟无故，一乐也。仰不愧于天，俯不怍于人，二乐也。得天下英才而教育之，三乐也。……广土众民，君子欲之，所乐不存焉。中天下而立，定四海之民，君子乐之，所性不存焉。君子所性，虽大行不加焉，虽穷居不损焉，分定故也。君子所性，仁义礼智根于心，其生色也，睟然见于面，盎于背，施于四体，四体不言而喻。”此言君子之三乐，就君子所已得者而言之也。君子之所欲，就君子之义所当欲，而未得者言之也。君子所性，就其自尽其心性，以成其德，自践其形色，使其身之自然生命，成为德性生命之表现，而言之也。父母兄弟者，君子本其孝弟之情，而有之原始的生命之感通之所在者也。仰不愧、俯不怍者，君子自知其已成之德，而自享有之事也。君子有此乐，则德得其偿，而可不待他人与天及鬼神之赏。天与鬼神之赏，即在君子之自赏其德之中也。有此自赏，亦无更能罚之者矣。若君子于此乐外，更希其外之赏，则未尝自知其德在己，而自享其德，自乐其德，则亦不得称为真有德之君子。故君子之学，必有其乐。未有此乐，即德不真在己，亦未真有其德之证。故孔子首言“学而时习之，不亦悦乎……人不知而不愠，不亦君子乎”。待人知之而赏，待天与鬼神之知之而赏之，即皆不能于不被知之时不愠，而自悦自乐其德者也。故孟子亦必言“理义之悦我心，犹刍豢之悦我口”。儒者言德之成，必及于乐。此非世之快乐主义之说。乃谓未至于乐，不足以验其德之成也。此在前文论孔子处，已及之。既至于乐，即已自得其赏，则不须更希望他人与天及鬼神之赏矣。墨子与世之宗教家，必求赏于天及鬼神者，无论说得如何神妙动听，皆对“有德而尚未至于自乐者”，加以安慰之言也，非真对成德者之所说者也。此乃真知儒者之德乐一致之义者，所必视为第二义以下之说者矣。至于孟子之第三乐，所谓得英才而教育之者，则君子之既成其德，而望人之成德，必自望英才始之谓也。人固皆有其异于禽兽之心性，然自知其有此心性，非英明之才者不能也。君子固望天下人皆为君子，然唯当自得英才，先使之为君子始。君子之仁义始于孝弟，君子之教始于教英才，皆贵本始之旨也。有孝弟之行，而后老吾老，以及人之老，长吾长，以及人之长；英才育，而后教泽次第化及于天下之众民。徒言教育群众，如墨子之遍上说下教，非儒者重本始之教也。亦犹不先教孝弟，而只教仁义，非儒者重本始之教也。

君子之乐，在父母兄弟之存，在仰不愧、俯不怍，在得英才，此自其最切近于己，而亦最易得者，而言之也。易得之所在，则乐之所在也。至于“广土众民，中天下而立，定四海之民”，则此君子之充达其仁义之心之所欲得者，恒欲之，而亦恒不能得者也。故三乐不在是。三乐不在是，其愿欲固未尝不在是。愿欲而未遂，则不足以言乐，且有终身之忧也。然其愿欲，固亦本于其德。自其本于其德处说，则其可自乐其德，亦能自乐其对此天下之有此广大高远之愿欲。故君子“忧以天下”，亦“乐以天下”；忧以终身，乐亦终身也。乐则不希赏于外，忧则不惧罚于外。盖天下之罚，又岂有过于君子之“忧以天下”者乎？为天下忧，即已为天下身受其罚也。既已身受其罚，外即无更能罚之者矣。《庄子·大宗师》篇载孔子曰“丘，天之戮民”。其原旨暂不问，今如以此意说之，则圣人即天之戮民，身受天罚者也。此以西方神学言之，即耶稣必代万民受罚之旨。耶稣之代万民受罚，即其代万民受上帝或天之罚也。耶稣既代万民受此上帝之罚，则上帝亦即更无此外之人民之可罚，故基督教即以此言一切人民之罪，皆由耶稣赎之矣。耶稣受罚赎罪，而上帝之罚尽于耶稣；上帝亦不能更有所罚，而上帝遂化为赐恩之上帝、纯爱之上帝。上帝不能更有所罚，则上帝于此失其独有之威严，而使之失其独有之威严者，则耶稣也。耶稣出而上帝之独有威严失，则耶稣之德之力与上帝相等，而耶稣与上帝，即同为全德而全能。此即成耶稣与上帝为父子而一体之说。上帝之威严以耶稣而失，而上帝之威严，化为耶稣之威严，耶稣乃称为君王。此皆西方神学之论也。然若以中国之圣人之教言之，则圣人之为天之戮民，其忧以天下、忧以终身，即不得不为天之戮民，而亦躬受天罚，然却无代万民受罚，而使一切人罪皆尽赎之说。若果一圣人出，一切人之罪皆尽赎，他人更不得有为戮民之圣者，亦更不再出代一切人受罚之圣人；则一圣人出，而使天下人不得更为圣人。此自私其圣之圣人，非大圣人也。西方神学之论，只许耶稣能赎罪为天之戮民，而不知天下之圣人，无不为戮民。此自私其圣之说也。未尝闻大道也。夫天下之罪，岂可由一人而赎哉。耶稣之后，仍多不信耶稣能赎罪者，固亦仍有为罪人者也。故天下永有罪人，亦永有愿为人赎罪，自甘为戮民之圣人。圣人固自甘忧以天下、忧以终身也。世之学圣人者，亦皆学此忧以天下、忧以终身者也。吾人今欲学此圣人，又安得而逃于此忧之外哉。故庄子谓孔子之为戮民，乃天刑之，而不可解。学圣人者，亦甘于自投此天刑之罗网者也。如真学耶稣者，皆终必为甘上十字架者也。然甘之则乐之。如理而言，则耶稣真甘上十字架，必其所欲有甚于生者。其上十字架，为自得其所欲，而求仁得仁之事，则亦必有其乐。贤者如文天祥被囚，尚有“鼎镬甘如饴，求之不可得”之言，岂可遽谓耶稣之上十字架，纯为代人受罪受苦受难哉。今吾人若念耶稣尝受苦受难，愿代吾人受罪，至于涕泣淋漓，此固可见吾人不忘恩之义；然以为耶稣只有苦而无乐，则非知耶稣之圣者也，否则耶稣亦非真圣也。凡谓吾人之说为不然者，皆实未尝知人之所欲有甚于生者，得其所欲之甚于生者，则其生其死，其心皆未尝不兼有其乐也。以此观孔孟乐以天下，忧以天下之言，虽至简而义则至深。岂浅见者之所能测哉。顺笔所之，遂说至于此，然亦非不相干者也。

至于君子所性一段，则要在言君子之仁义礼智之德，皆由于君子之实现其心性而成。君子之实现其心性，而有仁义礼智之德，其德亦即表现于其具形色之身躯，以使其自然生命，成为德性生命之表现之地。人之有此形色之身躯，乃人与禽兽之所同。依此身躯，而人有其耳目之欲等，亦人与禽兽之所同。然人有其德性生命，充满于此形躯之自然生命之中，则可使此具自然生命之形躯，全变其意义与价值，以为其德性生命之见于其生活行为，以表见于外之地；而此形躯，即亦如为此德性生命之光辉之所贯彻，而化为透明。由此而形躯之所在，即其德性之所在。故曰“形色，天性也。唯圣人然后可以践形”。圣人必践此形如践地，而后形色为天性之表现，方有天性之在此形色中。固非泛言形色即天性也。

七　孟子言成德之历程

孟子曰：“可欲之谓善，有诸己之谓信，充实之谓美，充实而有光辉之谓大，大而化之之谓圣，圣而不可知之之谓神。”

“可欲之谓善”者，犹言人之义所当欲，或所欲之义为善也。人知义或善之可欲，而唯见义与善，当生则生，当死则死。此学者志于仁义之第一步之事也。“有诸己之谓信”者，谓得此可欲，而居仁由义，以使仁义之德，实有于此己，而更由此仁义行；非只视仁义为一可欲之对象，而行仁义之谓也。墨子之望天下人之兼相爱以为仁，交相利以为义，共视此仁义为一客观普遍之道德标准，而依之以行，此犹是视仁义为客观之对象，而行仁义也。必也知此仁义，本于吾人之心性，此心性原自能欲仁义，而仁义内在于此欲，即顺此内在之欲仁义之心而行，方为由仁义行，而非只行仁义也。“充实之谓美”者，实有仁义于己，而由之以行，更充满此仁义之心之行之量于内，而更无不仁不义之念，为之夹杂，则其表现于外者，皆其德性生命之流行。此即上文之人践其形色、至于“睟于面，盎于背，施于四体”之谓。美者德性生命之充内形外之名也。“充实而有光辉之谓大”者，此德性生命之光辉之形于外，而普照于人，亦见其人之为大人之谓也。“大而化之之谓圣”者，此则言此大人之德，化及他人之功。圣者通也，德化及人，而人之德亦成，己之德即与人之德，亦可相感通。“君子所过者化”，即言其所过之处，皆足化民成俗，而己之德与民之德相感通。此即圣功之著见于外者也。至于“圣而不可知之之谓神”者，则是谓其感化之功，亦不可预测预知，不可以人之已有之知，加以限定，恒不期至而自至，亦不知其所以然而然，故谓之神。非谓在圣之上更有一神；而是即自此圣德之内在的深度之不可测，与其见于外之感化之功，不可测处，名之曰神。此神固内在于圣德与圣功之中。故孟子言君子“所过者化”，同时言君子“所存者神”。若谓此外尚有鬼神之神，天神之神，则此天神与鬼神之为圣人所祭祀，其德亦即与此祭祀之心共流行，亦与此圣人之德合一而不可二。故学而至于圣，其德即“上下与天地同流”，“万物皆备于我矣。反身而诚，乐莫大焉”。孟子之只言圣而不可知之谓神，更不言其外之鬼神与天神，亦正见其不更外圣德，而言鬼神天神之德，以见圣德之无所不备之旨者也。《孟子·离娄》章曰：“君子深造之以道，欲其自得之也。自得之，则居之安；居之安，则资之深；资之深，则取之左右逢其原。故君子欲其自得之也。”君子深造其道，至于“所过者化，所存者神”，“上下与天地同流”，唯是左右逢其原，与之共流行之事，固未尝出乎其自得之圣德之外者也。

八 孟子言尽心知性以知天、存心养性以事天及立命之涵义

孟子曰："尽其心者，知其性也；知其性，则知天矣。存其心，养其性，所以事天也；夭寿不贰，修身以俟之，所以立命也。"

孟子言人之心之性，固言此为天之所以与我者，即言其有其所自之本原是名为天。今谓此天为自然为天神或上帝，皆无所不可。人之生固不由其自己而生，而由父母所生，亦由得天地万物之养而生。则谓人与其心之性，由一整个之自然而生，更谓此整个之自然中，有天神在，或此自然即此天神之所表现或创造者，亦皆无不可。然此皆非要点所在。人亦可各自有其神学与形上学之说。当知此类之说，初皆原自人之推论想象，或人自以为独得之启示。此中，人之种种想象推论与启示，互不相同，永相辩争，即见其说之无定。然人如真面对此天之所以与我之心性之自身而观，则又可直就此心性之表现于人"生而即有"之爱亲、敬兄、恻隐、羞恶之情，次第扩充升进；以见此心性之表现，乃继续向上兴起，向前生长，以由卑而高，由小而大，而在吾人有生之年，未尝知其限极之所在，亦即当自有其本原者。则吾人思此心性与其本原之天之为何物，亦唯当顺此心性表现之继续而不断扩充升进之次第历程中，加以识取；而不当逆此序，以反溯至吾人之生前，以问此吾心性，在吾未生前，存于何处，及为此心性本原之天，其初之毕竟为何物。此乃吾人思想之逆此吾人之心性之表现之序，以由前而后，而退缩其心，如降落至吾人未生之前而思之。此中吾人之思想既退缩降落至未生以前，又何能真识得此心性之表现之向上兴起，向前生长之历程中所包涵者，为何物乎？凡人作如此类之形上学与神学之思者，果尝自思其思想之出现于何时

乎？此种种思想，在生前即有乎，抑在生后始有乎？此自思想其生命之心性之本原之思想，果能超出于此心性之表现之外乎？若其更如实自思其此思想之出现，则当知此思想之自身，亦其一生生命心灵中之一事，其生命心灵之性一表现；则又焉能以此一表现，穷尽其一切表现乎？今如必欲穷其一切表现，则亦唯有顺其一切表现之继续兴起生长，以由卑而高，由小而大处，思之，然后方能自知此心性所以为心性，而知其必有本原也。则吾人欲知此心性，舍充尽此心之表现，而更自知此心如何兴起生长，固别无他道。此外亦无知“与我以此心性，为此心性之本源”之“天”之道。此心由为其本原之天与我，此心自出于天。然于其所自出之天，此心永不能自出于此心之外，以知之。欲自出于此心外者，皆只在此心之中，自旋转其思想，实皆未能出也。故孟子曰：“尽其心者，知其性也；知其性，则知天矣。”尽其心者，充尽其心之表现，知其性者，由此表现，而知此心能兴起生长之性也。知天者，知为我之此心性之本原之天也。此知心知性知天之功，即在顺心之相续表现，以自默识此心如何兴起生长之性，而知其有所自本自原之天。此正有如人顺水流行，而全身在水，即知此水之寒暖等性，亦知此水有其泉原。水有水性，水有泉原，岂难知哉。人身在水中，寒暖在肌肤，又觉此水相续而至，即知水性，亦知水有泉原矣。且必待出于水之外而至水之始流处，然后能知此水之性，与水之有泉原哉。人不能自离心性之相续表现以知其心性，亦如鱼不能出于水，以知水之原泉。出于外则鱼死矣。人离其心性之表现，非人也。然人固可不待离此心性之表现，以自知其心性，与为其泉原之天也。知此，则知孟子言尽心知性，则知天之旨矣。

至于所谓“存其心，养其性，所以事天也”与“尽其心者，知其性也”，“夭寿不贰，修身以俟，所以立命也”之不同处，则在昔贤如王阳明《答顾东桥书》（《传习录》卷中）尝以尽心知性，当为圣人之境；存心养性，当为贤人之境；以下所说之夭寿不贰、修身以俟，当为学者之境。然朱子在《孟子·尽心》章注及《语录》，则以“尽心知性”即尽心以格物穷理而知其性，此当为学者之事。存心养性，则由知而行，而存养得此心性，应为贤人之境。夭寿不贰，为全其天之所付，乃圣人之境。然吾意则以为此尽心知性与存心养性，可只是分说一事之二面。尽心知性之尽心，即心之求充量的继续表现，此中自已有“行”在，非只有“知”也。知性者，即知此心之求充量继续表现中自能兴起生长之性也。言存心，则是自此心之不放失，而说此心之存在。然心无其继续表现而尽心之事，亦无此心之存在。养性，则当是自当下之尽心存心之工夫，与其前后尽心存心之工夫之互为根据，使互得其养，而更尽其心，更存其心说。则“尽心知性”“存心养性”二者，乃一事之二面。至于“知天”与“事天”之别，则亦只是知与行之别。人有其尽心之表现或尽心之行，而知其性，即知为其本原之天，故曰知性则知天。既存得此心，亦自养其心，使更兴起而生长，则如波波之相继，后波奉前波以起，而继长增高，正同出于一泉原之不息。此泉原之所在，即所以喻本心之所在，亦即与我以此心之天之所在。后波之奉前波以起，即所以喻人之奉此本心此天前有之表现，以成其新表现。此奉天之事，即事天之事也。尽心知性以知天，如《易传》之言“先天而天弗违”，存心养性以事天，如《易传》言“后天而奉天时”。此二者固相依为用也。人有事天之事，而自知其事天之事，亦是知天。人之知天，必有其心之尽，于此心之尽之中，见有一泉原之不息；则亦必有更奉此泉原前有之表现，以成其新表现之事天之事。故尽心知性以知天，与存心养性以事天，乃一事之两面而相依为用者。非必一高而一低也。[①]

由此以说下文所谓“夭寿不贰，修身以俟，所以立命”，则亦可说其与存心养性，尽心知性，无高下之分。夭寿不贰，修身以俟，所以立命者，言能尽心知性，存心养性，以知天事天者，则其命之夭寿，不足以贰其心；而唯自修其身，以俟其命之临，而亦自立其“尽其道而死”之正命。此孟子之言俟命立命，固承孔子知命之旨而来，而异于墨子之非命之说者。盖人之自然生命，固与外境相接，而有其得失、利害、顺逆、吉凶、祸福，而或夭或寿，固有非人所能自主者。此人之所自主者，唯自尽其道，此亦如墨子之言人自能行义也。然墨子言行义，则必非命。其必非命，乃谓若命皆有定，则人将不自尽其力以行义。孟子言命，固未尝谓命皆定，而不可移；然人要必有其所遭遇之命。此所遭遇之命之为如是之境，即自定然如是。即以人加以转移，在转移之后，其一一之时，仍各有其所遇之定然如是之境。然人在其所遇之一一定然之如是之境之前，人皆时时有其当行之义。此人所遇之一一定然如是之境，亦如命人之自行其义、自尽其道，则人时时遇其所遇之境，亦即时时俟其命之临。人自尽其道，则命得其正，而此正命，亦即可说为由人而立矣。至于过此以往，而问人之自尽其道者，何以夭寿终有死，死后此自尽其道者之心灵与德性生命又安在，则观孟子之言人之尽心知性、存心养性，盖无此类之问题。谓此尽道而死者，必不为鬼神，孟子固未有此论。若谓其鬼神常在，孟子亦当承认。然孟子亦不必斤斤证明鬼神之有与其常在。盖人为尽心知性、存心养性之事者，其一生只见其心性之表现为其心自兴起生长，以扩充升进，而不息不已，未尝见其限极；则其尽道而死，亦只见此道未尝见有死。如欲义甚于欲

① 吾写上段文既毕，偶读《湛甘泉文集》卷二十六《玉泉书堂》诸章，释孟子此章，亦言尽心知性存心养性“其实一段工夫，即尽即存”，并评及朱子以养心知性为圣人之境之说，但未提及阳明之说耳。

生者，只见义而未尝自见其生，则亦未尝见其生之死。而其心志之在兴起生长，而不息不已之历程中者，即未尝一念自遁逸于此历程之外，而不必更想及其自身在死后之不存在，亦不必更想及在此不存在之时，以鬼神之资格而存在等。凡人于未死之时，而先以死后之将为鬼神以自慰，皆人之尚未忘其“个体之自然生命之求存在”之“欲”者，方有之出位之思。若彼已超出于此欲之外，而只见道义者，固不必究心于此；而孟子亦不须更论此尽道而死之鬼神之仍在也。在固当自在。人在有生之年，能超越其个体之自然生命，已见其德性生命有其超自然生命者在。其在有生之年，既已超于其自然生命而在，自不当以其自然生命之死而不在。然在自在，不论之而亦在，不思其在而亦在，孟子固不必论其在也。吾今之谓其在者，固亦唯所以明其非不在也。知其非不在，亦不必更思其在。此方为真“只见道义不见生死，一生只见其心性之表现为其心志之兴起而生长，更不见其他”之大人君子也。

九 孟子之养气，与知言之学

孟子弟子问夫子恶乎长，曰“我知言，我善养吾浩然之气”。此知言与养气，即孟子之所以存心养性、尽心知性，而修身以俟命之工夫。养浩然之气，犹言养性。知言则本于知人，知人本于知己，知己本于自知其心性。人有浩然之气，塞于天地之间，而无所畏怯，则亦能尽道而死，而不见有死生。然养气之名，与养性尽性等又不同。其不同，乃在气之一名，连于形色之身躯，故曰“气，体之充也”。然君子之养性尽性之功，至于“其生色也，睟于面，盎于背，施于四体”。此即践形之功，使德性充实于内，而光辉自见乎外者。故曰：“充实而有光辉之谓大。”则所谓浩然之气盛大流行，即德性充实于内者，其充于体之气，皆为其德性所弥满，而其充体之气，皆如透体而出，以散为光辉，以塞乎天地之间之谓也。然孟子言“充实之谓美，充实而有光辉之谓大”，其先必有“有诸己之谓信”与“充实之谓美”之功。故孟子言养浩然之气，其先亦必有集义之功。集义之功，即由欲义，而使此义实有诸己者也。则孟子之言养浩然之气之旨，固与其上文所及之存心养性，以及言善、信、美、大之旨，密切相关。不可以养气与养性为二名，而疑养气为养性以外之又一事也。

至于就孟子知言养气章之文句而论，则初由不动心之义说来。此不动心之义，又初由外无所畏怯说来。故下文论及北宫黝、孟施舍之养勇，与曾子之大勇，再及于告子之不动心之道之评述，方及于孟子言集义，以持志毋暴其气之旨。此不畏怯，乃要在对他人无所畏怯，而亦对他人之言行，皆无所畏怯。此则更连于知言之论。知言者，即知他人之言也。已能养气以有大勇，又能知人言以有智，此即兼勇与智之学，勇之本则在集义。此盖孟子以集义成勇，而以知言成智，以求孔子所谓仁之学欤。

关于养勇之义，北宫黝之养勇，乃直下自恃其气，而“不肤挠、不目逃”，知进而不知退，以求胜之勇。战国时之武士之对时君曰“士之怒也，伏尸二人，流血五步”，固亦可使时君自谓其怒能“伏尸十万，流血千里”者，为之惧矣。然此在孟子，则为养勇之最低者。孟施舍则曰：“舍岂能为必胜哉，能无惧而已矣。”求胜不必胜，知不必胜而不惧难。盖此须能于不胜之时，犹能自胜其畏惧之情也。此不胜他，犹能自胜，即“视不胜犹胜也”一语之旨也。此则固难于自信其能胜，而求胜者矣。自信能胜而求胜者，自恃其气之足以胜人者也。知不必胜，而能自胜其畏惧之情者，则是无胜人之气可恃，而能自敛其气，以自补其气之虚歉，更不有虚歉之感者也。此乃自充其气之虚，使之实，故尤难于自恃其气之足以胜人者，原有实足据者也。然此孟施舍之工夫，仍只是直在气上用之自制工夫，而未能本义以养气。在气上用工夫，而自恃其气者，气或不足恃；自制其气者，其自制之力，亦有时而穷。则其养勇皆不能至于大勇，而全无所惧。至曾子之大勇之功，则在先自反其言行之是非。若自反而非，则焉有气以凌人？故曰“虽褐宽博，吾不惴焉”。若自反而是，则心先无虚歉，而气亦无虚歉，故“虽千万人吾往矣”。此则本义以成其勇，而为孟子之所尊者也。

至下文言不动心，则是以告子之说与孟子之说对论。前言曾子之大勇，固本于知义，然其“义”由何而知，人尚可有疑。告子之不动心，则固亦本于知义。告子之知义，亦能至于不动心，亦似同曾子之“虽千万人，吾往矣”。然孟子则以告子之不动心，乃本于义外之说，而其不动心之道，亦未善。由此遂引至孟子之言义内而主集义，持其志而毋暴其气之说。告子曰“不得于言，勿求于心；不得于心，勿求于气”。于此告子语，《孟子》书之赵岐注、朱子《集注》及焦循《正义》，皆于此所谓“言”之一名，无善解，故不能畅通文旨。兹按《墨子 · 公孟》篇谓告子言“义”，而行甚恶，墨子谓其“称我言，以毁我行，愈于亡”。吾于论墨子章之末，已谓此当即《孟子》书中之告子。告子主义外，即同墨子之视义为客观外在之公义。《墨子 · 贵义》篇亦曰：“争一‘言’以相杀，是‘义’贵于身也。”此亦以“言”与“义”，更迭成文。是见墨子告子所谓“言”，即“义”，亦同今所谓主义。而孟子之知言，亦即知人之主张主义，而知其是非之谓也。则告子所谓“不得于言，勿求于心”，犹谓于客观外在之义有所不得，只须求此义之所在，不当求之于主观内在之心也。然人果能求得客观外在义之所在，而心即著于其上，亦可更不他求，而不动心。如今之一偏执一政治上之主义之党徒，与宗教信徒之坚信一教义者，亦可更不动心也。至于“不得于心，勿求于气”者，则盖谓心若不能求得义之所在，而著于其上，即不当求之于其身体之气，求之亦无助于心之不动也。然心果能外求得义之所在，而著于其上，即亦可不以其身之处境之如何，而自动其心矣。此亦如今之政治上之党徒与宗教信徒及墨子之徒，皆能由偏执坚信其主义教义或义，以赴汤蹈火而不辞也。然疯狂之人有一念之坚信偏执者，亦能赴汤蹈火而不动心。此未必皆足贵也。孟子之异于告子，则要在谓此义乃是内在于心，而非外在于心者，故谓“不得于言，勿求于心，不可”，又谓“告子未尝知义，以其外之也”。然孟子亦以心为主，以自率身体之气。则不得此内在之义于心，亦不当求诸身体之气。故谓“不得于心，勿求于气，可”，此即谓在尚未得义于心之先，固不当径求之于气也。此孟子所谓内在于心之义，即为人之心之性之表现，更为吾人所自知自行者。孟子之不动心之道，则为心之相续自知义自行义而集义之功。盖人心性之表现于知义行义，日积月累，至于全无所愧怍于心，则内心无馁，而有其自信自慊，充实于己者在，故能不动。告子只外用外注其心，以外著于义，其不动心易；故告子能先孟子而不动心。如今之政治上之党徒与宗教之信徒，亦能二十岁即不动心也。然孟子则必集义。集义必在种种不同情形，知其义所当为，而为之，则初不能不动心也。孟子尝言“天之将降大任于是人也，必先苦其心志，劳其筋骨，饿其体肤，空乏其身，行拂乱其所为；所以动心忍性，增益其所不能”（《告子》章）。人心之有动者，乃人之心之自求知义所当为，而初尚未得之兆也。此初不可非者也。然心亦能自兴起生长。心既兴起生长，而为一知义之心，而志在行义以达其道，则必以形色之躯体践之，以成其行，即必更以志率气，而“志至焉，气次焉”。志者心之所之，心之所往。心志壹往而气随动，故曰“志壹则动气”。若气不随志往，而自壹往，则“志”将只随于此不往之“气”而动，是谓“气壹则动志”。人之心志之所以虽向在道义，而不免有动摇之情形，恒由心志孤行，而气未随之，则心志还将退堕。体气原能随志而往，故必心志既至，气即次之而往，兼此“持其志”，而又“无暴其气”之工夫；以使心志充于内，形于外，更有光辉，方有配义与道之浩然之气之盛大流行，“至大至刚，以塞乎天地之间”也。此气之盛大流行，乃集义工夫之所致，亦持志养气工夫之所致。若工夫有所不及，亦不能强慕而强求之；而虚提起此气，以求其盛大。故集义持志、养气之工夫，不可忘；然亦不可助长，如不可揠苗以求苗之长。助长即虚提起其气，以强求、强慕一浩然之气之盛大流行也。

至于孟子之知言之功，则要在知人所持之主张主义之是非。孔子谓“不知言，无以知人也”。孟子盖以养浩然之气立己，以知言之学知人。孟子言知言，要在知人之言之不是者，故当“诐辞知其所蔽，淫辞知其所陷，邪辞知其所离，遁辞知其所穷”。盖义理有多端，不可“执一而废百”。执一者其心蔽于一，则言有诐辞。墨子知仁义而不知孝弟，知义之可有利，而不知义之不必有利，知兼爱而不知差等；杨朱知为我而不知家国天下；许行知劳力者之价值，而不知劳心者之价值，皆为诐辞也。诐辞而更夸大其说，则淫辞矣。诐淫之辞，离于正道，而据之以反正道，则邪辞矣。今斥其邪辞，而为邪辞者，更遁而之他，别造作一理由以自文，则为遁辞矣。然此知言之事，初唯由知是者之为是，乃知不是者之为不是，而人之所以能知是者之为是，不是之为不是，唯赖人之是非之心。人之是非之心，初固未必为知他人之是非之心，而是自知其是非之心。人之有是，由心性之自尽其用；人之有非，由人之或放失其心，而心未能尽其用，乃只见一端，而自蹈于非。是非之心，固为心性之表现，而其心之所“是”所“非”者，亦心性能尽其用时之所成之“是”，与尚未能自尽其所用时，所自蹈之“非”。如以心之蔽于一端，即有诐辞之非。其由心之陷离穷，而有之淫辞邪辞遁辞，皆由此始。此心之蔽于一端，即心性之未尽其用也。此心性之尽其用，或尚未尽其用，同为此心性之事，亦同为此心性之一种表现。则人不能自尽心，以有是而无非，或不能自尽心，以自知其心性之未尽其用时，所自蹈之非，而更自

“格其非心”；则亦不能知他人之言之是非，亦不能如孟子之知言而善辩，以辟天下之诐淫邪遁之辞，以达其是非之心于天下。故孟子之知言之学，固连于其集义养气，以尽心知性之学，而不可视为二者也。读者幸会之。

十　孟子之言王者之政与民之兴起，及圣贤豪杰与王者、学者之兴起

对孟子之言政，人论之者至多。吾今将说者，唯是谓孟子言政之精神，亦不外此使人向上兴起其心志之义。孔子罕言王霸之辨，孟子多言王霸之辨，而恒教人君行王道。王道霸道之分，在王者乃以德服人，而霸者则以力服人。王者之于仁义，如“尧舜，性之也”，霸者之于仁义，则“假”之。然孟子更言“王者之民，皞皞如也；杀之而不怨，利之而不庸，民日迁善而不知为之者”（《尽心》篇）。王者之政，在使人民日迁善。则王霸之分，即有善教与无善教之分。有善教而民日迁善，则人皆可自成其德，无善教则只有政而已。则王霸之分，有教无教之分也。人或谓孟子言王者之政，唯是保民，使民衣食足。此固不足以尽孟子所谓王者之政之义。“饱食暖衣，逸居而无教，则近于禽兽。”则王者之政，固亦必有教，以使人远于禽兽也。然无论王政霸政，皆能使人民有一心志之兴起。孟子言“霸者之民，欢虞如也”。欢虞乃人生命之欢欣鼓舞，即人之心志之兴起。此由于霸者之亦能用仁义以鼓舞人心志之故。然霸者于仁义，只是用之。用之即假之也。此乃视仁义为外，而效其行，非其心志之自悦仁义，而由仁义行。故亦不能真使人民自悦仁义，而自兴起其心志也。进于霸者为王道。王道依于王者之先实有一自悦于仁义，而由仁义行之心志之自兴起，更本之以兴起人民之心志。故孟子与梁惠王言王道，则首辨义利，以使其心自悦义。孟子与齐宣王言王道，则言推恩而保四

海，举此斯心以加诸彼，以使其心自悦仁。孟子与齐襄王言王道，则由仁者之不嗜杀人，以言其能一天下，使天下之民，引领而望，如天作云下雨，旱槁之苗，皆浡然而兴。（皆见《梁惠王》章）是见由王者自身之生命中，心志之由仁义行而兴起，而以仁义之政兴民，使“沛然德教，溢乎四海”（《离娄》），正孟子言王道之宗旨所在也。此亦犹孟子之教学者之为圣贤，亦必以自兴起其心志，由仁义行为本也。

孟子之言王道之言，其要旨尚非教当时之大国之君，而在其教小国之君者。故孟子答滕文公之问者，其义最深挚。滕小国也，地五十里，处于齐楚之间，事齐事楚，两皆未可。《孟子·滕文公》及《梁惠王》两章，皆载孟子告滕文公之言。于滕文公为世子，而教之以道，告之以舜学文王周公之事，又告之以礼，告之以仁政，告之井田之制，以使民有恒产之道；更告之以“苟为善，后世子孙必有王者矣。君子创业垂统，为可继也”；再告之以如齐楚来攻，则当与民守之效死而勿去；更告之以庠序学校之教，三代之学，“皆所以明人伦也；人伦明于上，小民亲于下，有王者起，必来取法，是为王者师也”。孟子常言汤以七十里，文王以百里，而孟子则盖尝深寄望于五十里之小国之滕，以为其平治天下之所据，亦正类柏拉图之尝试建一理想之小国也。然柏拉图之理想国，原为小国，而孟子则是以小国之政，可为王者之所取法，以平治天下。汤之七十里，文王之百里，皆可以为平治天下之据，则滕小国亦未尝不可法尧舜汤文。人之异于禽兽者，初只几希之微，扩而充之，则万物皆备于我，故小可大，而卑可升于高。学者之道如是，政治之道亦如是也。

孟子之所以言王者之可以数十里之地而起，在其信王者之必为人民所归往。此则由于孟子之信人民，皆原有向善之心。王者起，天下之民必往而归之。尧舜禹之得天下者，以人民之朝觐者、讼狱者、讴歌者，皆归往之也。文王为西伯善养老。“伯夷辟纣，居北海之滨，闻文王作，兴曰：盍归乎来"，"太公辟纣，居东海之滨，闻文王作，兴曰：盍归乎来"。(《尽心》) 故孟子心中之人民，皆时时待王者之兴起，而亦能自兴起之人民也。王者兴起，而"民之归仁也，犹水之就下也，兽之走圹也"(《离娄》)，而天下讴歌之，赞叹之，王业成而天下大悦。孟子言君子之修德之要点，全在礼义之悦心。心悦德而乐德，德之至也。民悦王者，而安于王者之政，"使之主祭而百神享之，是天受之；使之主事而事治，百姓安之，是民受之"，是为"天与之，人与之"。故天未尝谆谆然命人为天子，昔日之天子亦不能以天下与人(《万章》)；而唯人民之心悦而归往之，安于其所为之政事，能使王者得为王者也。孟子此义为汉儒所承。董仲舒《春秋繁露》、班固《白虎通》皆言王者为民之所归往而归心。安悦之而归往归心之政，政之至也。霸者之民，欢虞如也，固不如王者之民之皞皞如也。皞皞者，欢虞之充满，朱注所谓"广大自得"，天下大悦之谓也。若非欢虞之极，天下大悦而安之，又焉能"杀之而不怨，利之而不庸"哉。故孟子之言政治之理想，乃与民同乐，而至于天下安悦之政；亦犹其言君子之学，由悦归于乐，而论君子之必有三乐也。

知孟子之言政，以人民之兴起，而归往于王者，而使天下安悦为归，则知孟子之教学者，亦必以其生命中之心志之兴起，而向往于古往今来之王者，与圣贤为归。圣贤与王者皆"奋乎百世之上，百世之下，闻者莫不兴起者也"。孟子曰："待文王而后兴者，凡民也，若乎豪杰之士，虽无文王犹兴。"后之学者亦有豪杰之士，固亦可不待古人而自兴起。初为凡民者，则虽待文王而后兴起；然既能兴起，则亦不是凡民，而亦是向慕彼百世之上之圣贤与王者之豪杰矣。孟子之言昔之圣贤与王者之自兴起曰："舜居深山之中，与木石居，与鹿豕游，其所以异于深山野人者几希。及其闻一善言，见一善行，沛然若决江河莫之能御也。"(《尽心》篇）又《万章》篇言："伊尹耕于有莘之野，而乐尧舜之道焉。……

汤使人币聘之，嚣嚣然曰：我何以汤之以币聘为哉。我岂若处畎亩之中，由是以乐尧舜之道哉。汤三使往聘之，既而幡然改曰：吾岂若使是君为尧舜之君哉，吾岂若使是民为尧舜之民哉，吾岂若于吾身亲见之哉。天之生此民也，使先知觉后知，先觉觉后觉也。予天民之先觉者也，予将以斯道觉斯民也，非予觉之而谁也。”此伊尹之自兴起于畎亩之中也。伊尹自称为天民之先觉，如《公孙丑》篇言仁者之无敌于天下者，为“天吏”。君为天吏，则不只为一国之君；民为天民，亦非一国之民；而皆是能独立于天地间，以自兴起，而为先觉或后觉之民，即皆是天民。尧舜伊尹与古之圣贤，皆天民之为先觉或后觉，而忽然兴起，以兼为天吏者也。民皆为天民，而能为先觉、为后觉，为王者、为圣贤，而为天吏，故民贵。民贵即天民贵，天民贵，则以人原自贵。自贵者何？则因其心性之善，亦原能自兴起其心志，而“人皆可以为尧舜”之故也。

孟子又曰：“舜发于畎亩之中，傅说举于版筑之间，胶鬲举于鱼盐之中，管夷吾举于士，孙叔敖举于海，百里奚举于市。”此犹《论语》言“禹稷躬稼而有天下”，皆谓为政者，自农工商而出也。为农工，则为劳力者，为政，则为劳心者。孟子言“劳心者治人，劳力者治于人”。今人或以为此乃劳心之阶级统治劳力者。不知治之字原，乃为治水之治。治水者须顺导水使能流畅，治民者须顺导人民之生命，使能流畅，非今所谓统治之治也。孟子固已言劳心者由劳力者而出矣。劳力者更自兴起其心志，即得举而成为政者，以劳心为事。岂阶级统治之论哉。然劳力者之得举为劳心之为政者，又孰举之？则或其先之君上举之，或者自兴起而自举，以为王者。然必其人之先自兴起其心志，以自为贤者，而后君上举之，或自举以为王者。此则不同墨子之言举贤，未尝言贤者之如何自兴起，以成为贤者，亦未尝言其可不待他人之举，而自兴起，以为王者也。古今圣贤与王者往矣，然其人之心志奋乎百世之上，以自兴起，后人得闻其风而亦自兴起，则虽往而未往也。故曰：“圣人，百世之师也。……故闻伯夷之风者，顽夫廉，懦夫有立志；故闻柳下惠之风者，薄夫敦，鄙夫宽。”（《尽心》）古人奋乎百世之上，以自兴起，后人闻风，更兴起于百世之下；而时间之今古，不足成限隔；地之相距，亦不足成限隔。故“舜，东夷之人也；文王，西夷之人也。地之相去也，千有余里；世之相后也，千有余岁，得志行乎中国，若合符节”。圣贤之道，正由异时异地之人之闻风兴起，而得通此百世千岁之久，与千里万里之遥也。孟子之自言其所以自兴起，则尝曰：“伯夷，圣之清者也；伊尹，圣之任者也；柳下惠，圣之和者也；孔子，圣之时者也；……乃所愿则学孔子也。”然及于言政，则曰：“夫天未欲平治天下；如欲平治天下，当今之世，舍我其谁也。”（《公孙丑》）又尝三宿而出昼，而望齐君用之，则“岂徒齐民安，天下之民举安”。孟子未尝不欲自兴起，以为王者师也。然孟子终不得用于世，而《孟子 · 尽心》章之终篇则曰：“由尧舜至于汤，五百有余岁；若禹皋陶，则见而知之；若汤，则闻而知之。由汤至于文王，五百有余岁；若伊尹莱朱，则见而知之；若文王，则闻而知之。由文王至于孔子，五百有余岁；若太公望、散宜生，则见而知之；若孔子，则闻而知之。由孔子而来，至于今，百有余岁。去圣人之世，若此其未远也；近圣人之居，若此其甚也。然而无有乎尔，则亦无有乎尔。”此孟子历述古人之兴起者，而叹其不见于今之辞也。此中之见而知之者，自奋乎百世之上之先觉，而独自兴起者也。闻而知之者，百世之下，闻风兴起之后觉也。见知与闻知，先觉与后觉不同，其皆有以自兴起其心志则同。兴起心志者，人之所以自拔于禽兽，以使人自免于为小人，以成大人或圣贤之必由之道也。人之生命心灵，即恒以自兴起而生长，以为其性者也。孔子之尝叹曰：“圣人吾不得而见之矣，得见君子斯可矣；善人吾不得而见之矣，得见有恒者斯可矣。”此与孟子之叹之旨略同。当孔子之有此叹之时，固已忘其已超乎君子而为圣，而唯自兴起于此叹之中。孟子生于孔子殁后百有余岁，更叹未有“见而知之，或闻而知之者”。孟子亦自忘其自为一能有见知与闻知者，而亦唯自兴起于此一叹之中。则吾人生于孔孟之千百之世之后，安能不求会于此孟子所言兴起心志之道，以自兴起乎哉。

第七章　道家之起原与原始型态

一　道家思想之起原与杨朱之说

汉司马谈《论六家要旨》，以道家能合诸家之长而用之，乃自道家之学可养人之精神为言，未及道家之所自起。《汉书·艺文志》乃谓道家者流，其原出于史官，其学以清虚自守，卑弱自持为宗。此乃唯本老子传尝为史官，及其学之两义，以说道家。此明不足尽道家之旨。《汉志》所载道家之书，有管子、鬻子、伊尹、太公，以至黄帝之书。然道家书，世皆知其多后人伪托。姚际恒《古今伪书考》，谓伪书以子书为多，而子书中又以道家书为多是也。由宋之叶水心、黄东发至今之学者，更多疑及旧传老子之年代，迄今未有定论。而谓道家者流皆原自史官之言，亦于史未必有征。吾今言道家思想之起原，则不拟先自历史考证入，而先自道家之精神意识之形态入。此一精神意识之形态，吾将谓其在根本上，乃始于求自拔于一般世俗之精神意识。人之所以欲自拔于世俗，则由世俗之事物，确有无价值，或反价值者，其中之有价值者，又恒与无价值、反价值者，相夹杂混淆，如泥沙与水相杂，以成污浊之故。世俗固有一污浊性。凡人在感到世俗之污浊性时，人直下生起之第一念，亦恒是求自拔于此污浊，而自保其一身之心灵之清洁、生命之清洁。直下顺此措思，则可有种种高远之思想，次第生出；然人在有种种高远之思想之后，又可再还求如何应此世俗之道。是则道家思想之发展之道路也。

本上述之意，以言道家思想之起原，则亦可由人类社会中有污浊处，以言人之道家式之精神意识之生起。若人类社会永有污浊，人亦永有此道家式之精神意识之生起。则道家形态之思想，自有一永恒性。吾人亦可说任何个人在见世俗之污浊时，皆可直接生起一“此求自拔于污浊，以自清，而向于高远”之道家式意念或思想。故儒家所宗之孔子，在其感道不行，欲乘桴浮于海时，其心情即为道家式。其言“贤者辟世，其次辟地，其次辟色，其次辟言”。此避之心情，即道家式。孔子尝言“隐居以求其志，行义以达其道”。如实言之，重行义以达其道者，即墨者之原始，故前文论墨子之道为义道；而重隐居以求其志者，即道家之原始也。孔子兼此二者，故不纯顺隐居求志之一心情而发展，以成道家人物。然亦未尝不称许特具此心情之隐者与逸民，唯惜此类人物之“欲洁其身而乱大伦”，“清矣而未仁”，亦未“行其义”耳。吾人今如断自孔子之言，以论道家思想与人物，则《论语》书中之长沮、桀溺、楚狂接舆、荷蓧丈人，以及孔子所称之伯夷、叔齐，即皆是具道家型思想之人物。孔子弟子颜渊，就其箪食瓢饮，居陋巷而如愚言，其行亦类道家人物之自洁其身者。然颜渊尝问“为仁”，问“为邦”，则清且仁矣；其如愚非愚也，故为孔子之徒。然后之道家如庄子之称颜渊，固以其清且如愚。故以心斋坐忘之功，皆归诸颜渊也。则道家之学，在孔子颜渊之生活与思想，固有其根原。近人章太炎氏《菿汉昌言》论庄子之学传颜氏之儒，于史不必有征；然超世拔俗之情，固有同者也。又孔子弟子子夏为人狷介，少许可。《礼记·檀弓》言其退而老于西河之上。韩愈《送王秀才序》，谓庄子之学，遥出子夏，亦于史无可考，然归隐告退之行亦同也。由此再上溯，则孟子所言伊尹之耕于有莘之野，初不受汤之币聘，以自乐其道时，亦即此道家式之心情。故道家书有后人伪托之伊尹书。文王传尝囚于羑里，以善养老闻，而初未尝必欲代殷纣而兴，故有托为文王师之鬻子之书。太公传先隐于渭滨，后武王师之，故有托诸太公之书。世又传黄帝常登仙而上天，以浮游于世外，故亦有托诸黄帝之书。老子其人，一生事迹，于史不详，而《史记》言其出函谷关而去，则亦终于为避世之人。孔子固尝称彼隐者与逸民，于荷蓧丈人，尝使子路往见之，《庄子》外篇乃多载孔子问道于老子之言矣。老子之为人，其一生事迹，既于史不详，其书之出于何时，亦难考定。抑亦正以此之故，其人乃如天际游龙，在此尘世之上；其书之言，亦如其咳唾之声，自九霄而降，而被视为道家之宗祖也。

今如必本历史之所确证者为论，则孔子以后之道家型思想，盖首当以杨朱为代表。杨朱之书未有闻。《庄子》《列子》及其他书所载杨朱言，亦不足尽据。杨朱亦盖未尝著书。孔墨之书，皆为弟子所记。《孟子》之书亦当非自著。则杨朱固当亦未尝著书也。然孟子谓杨墨之言盈天下，则为杨朱之一形态之学者固多，杨朱其代表耳。孟子又言“逃墨必归于杨，逃杨必归于儒”，此二言深有理趣。其下句之旨，非今之所及。上句之旨，在言人恒初为墨，后乃为杨。墨者急欲救世，而初不见世之污浊者也。然人欲救世，而涉世而入世，再见其污浊者，则必求自清，而必欲逃世、避世。故亦必逃于墨之外，以归于杨也。孟子言“杨子取为我，拔一毛而利天下不为”。人之为墨而欲救世，固欲利天下；然当其见天下之污浊，不能救亦不值救时，则人固必不欲更利天下，以求自洁其身、自全其性矣。后《淮南子·泛论训》言：“全性葆真，不以物累形，杨子之所立也。”杨子之为我，其旨盖当如是。形即身，不以世间之物累形，即自洁其身，亦自全其性之旨也。如实而言，则人只须不去救世、利天下，而闭门归隐，亦皆无不能多多少少“不以物累形”，而多少得此“自洁其身，自全其性”之效。至于人闭门归隐以后，如何自洁其身，自全其性之道，皆初可不必问者也。又《列子·杨朱》篇载，杨子尝谓“人人不损一毫，人人不利天下，则天下治矣”。此义不难解。因人人欲利天下而入世，人即可自染于污浊，亦可自本一污浊之心，而以利天下为名。世之名曰利天下，而实出自其一人之贪欲野心者多矣。此人之名曰利天下之行愈多，而天下亦愈污浊，亦如人之以污浊之手，入污浊之水而搅之，以求去其污浊者；水愈荡愈摇，而手之污浊，与其下之污浊并起，而益不可清矣。此时人固宜不更以手入于水，先自清其手，而亦当任水之自定，而自澄清。然后天下可治。故人人不利天下，即所以治天下。杨朱是否尝有此言不可知，然凡道家言不利天下，即所以利天下，盖皆涵具此义。而此义亦实一切言利天下者之所不可不知，而其中有一颠扑不破之真理在者也。杨朱之言为我，其说之行于天下，盖亦当持有此一理由。信其为我之说者，亦当尝依此理由以信其说。若谓杨朱之为我，只是教人自私自利，自足其一人之耳目声色之欲，如《列子·杨朱》篇若干段文所记，则此乃出自人之本能，亦禽兽之所共能，不待立说为之教也。依孟子之说以言人性，人性中固亦原有关切家国天下之心。人初固未尝不欲其行之有利于天下。仁义之心，固原人所共有。顺此心以求利天下，凡人在青年时，固皆为多少有之也。则人固皆生而能为墨者也。夫然，人在其更不求利天下，而只为我之时，亦必初有一理由，方足以自安。谓我之不利天下，以天下之未尝利我而尝害我，此一般人之不肯利天下之理由也。至于谓我之不利天下，由于天下不待此区区之我之利之，我实无能以利天下，利天下之事，当让诸能者，则为较高级之理由。若乎既有感于人与我之名曰利天下之行，实包藏祸心，适足以害天下；遂更不以利天下为名，而与人共勉于不利天下，使天下实少受其害，即使天下蒙大利，则为一更高级之理由。人亦唯有对此高级之理由，信之而不疑；然后于其不利天下之行，更无所愧慊于心，而其为此不利天下之说，乃可更为人之所奉行，而皆无愧慊。此不利之可以为利，既有其不可拔之真理在，则世必有见及此真理，而据之以为人不当求利天下之理由者。则杨朱固亦可依此理由，以倡不利天下以治天下之说。即杨朱未尝自觉及此一理由，此理由亦必为道家之徒，当其决定不作利天下之事时，所必能思及者，而为道家思想中所必涵。否则道家之徒，将自觉于心有愧慊，而道家之思想，亦更不能有进一步之发展，以自恣其说矣。此义可细思之。

二　陈仲、史鳍之忍性情与它嚣、魏牟之纵性情之说

吾人于上文唯自义理上说，杨朱或已持不利以利天下之说。然纯自历史考证上说，亦不能遽下断定。在孟子时持类似杨朱之说者，亦不当只限于杨朱。此则由上述人感于世之污浊，而求自洁其身，乃一人类思想之一共同的基本形态之故。如孟子所言之陈仲，以兄之禄为不义，而处於陵，以濒于饿死，即一只求自洁其身之当世之贤者也。《荀子 : 非十二子》篇谓“忍性情，綦溪利跂，苟以分异人为高，不足以合大众，明大分”，为陈仲史鳍之说。《不苟》篇以二人为“盗名不如盗货”者。此欲分异人以为高，即本于欲避世遁世，以超世俗之心情而有者。此固可成一特殊之思想形态。是否以之盗名，不必问也。荀子所谓史鳍，盖即《庄子》书时以曾史并称之史。《庄子 · 骈拇》篇成玄英疏谓史即史鳍，字子鱼，孔子弟子。王先谦《荀子集解 · 不苟》篇注，亦言史鳍字子鱼。则史鳍即孔子所称之史鱼。孔子曰 :“直哉史鱼，邦有道如矢，邦无道如矢。”则史鳍亦不问世之有道无道，以独行其是，而能自异于世俗之贤者，其行亦类同陈仲。故荀子以二人并举。观此二人皆为独行其是，以分异于人为高，则亦正同于杨朱之为我，而不利天下者。故荀子谓其不足以“合大众，明大分”也。

此外《荀子 · 非十二子》又言“纵情性，安恣睢，禽兽行，不足以合文通治”者，为它嚣魏牟。它嚣之名，世莫能详。魏牟即庄子与《吕氏春秋》所言之魏公子牟。《汉志》道家书有《公子

牟》四篇。公子牟乃主贵生贵身，以其生其身贵于天下者。《庄子·让王》篇谓："今使天下书铭于君之前，书之言曰：左手攫之则右手废，右手攫之则左手废。然而攫之者必有天下，君将攫之乎？昭僖侯曰，寡人不攫也。"人之攫天下者，乃人之野心贪欲。人不肯为此野心贪欲而废其手，固见人之身有贵于野心贪欲所攫之天下者，亦见能贵身之人，即不肯本野心贪欲以攫天下。人皆本野心贪欲攫天下，而天下乱，则能贵身，而不攫天下，亦即未尝非天下之利。魏牟之贵身不攫天下，是否亦所以为此天下之利，固不可知；然其能贵身而不攫天下，以止其野心贪欲，固亦有其清高之处。其不攫取天下，而视天下如无物，即其清高之处。既不攫天下，只贵身贵生，即求自养其生命之情性。故荀子谓之曰"纵情性"。视天下如无物，即藐视天下，而自恣其心，故荀子言其"安恣睢"。而谓其禽兽行者，盖亦当是言其如禽兽之自外于人世与人文耳，故更言其不足合文通治。固非谓其如禽兽之放纵其耳目身体之情欲，方为纵情性，安恣睢也。则荀子所谓它嚣、魏牟，与陈仲、史鳝及杨朱，皆在避世、超世、外世一点上，属同一形态。唯以陈仲史鳝之避世，只要在消极的避世之不义，而独行其是；而它嚣魏牟，则由其更积极的自见其生、其身之有贵于天下者，以藐视天下而自恣。故荀子所说之二派，实亦未尝不可说之同于杨朱为己为我之一型态思想之下之二派也。

三　田骈、彭蒙、慎到之弃知去己之论及其意义与价值

至于此外之道家型之人物，则如《庄子》之书之所举肩吾、连叔、长梧子、子舆、子来、子犁、叔山无趾、列子、庚桑楚等，或为寓言，或实有其人，然要皆为隐者逸民，而非汲汲于世间事功之人物。《庄子·天下》篇论天下学术，其中唯老聃、关尹与庄子二派，为一般所共认为道家之学者。然《天下》篇于论老

聃、关尹之前更及于田骈、彭蒙、慎到之说，亦应同属道家。《汉书·艺文志》道家者流有《田子》书，班固注曰名骈。《史记·孟荀列传》亦言田骈学黄老道德之术。庄子之书，时及田子方。吾疑田子方即田骈。骈为两马并，方为两舟并，古音方读若旁，田子方名无择，亦与《天下》篇言田骈之学“与物无择”相合也。韩愈《送王秀才序》，据《史记·儒林传》言田子方受业子夏，谓“子方之后，流而为庄周”。若田子方即田骈，则与庄子之学，固有类似处也。《庄子·天下》篇言田骈师彭蒙；《田子方》篇，又言田子方师东郭顺子。吾又疑顺子即慎子，《荀子》书“慎、墨”或作“顺、墨”。顺慎二字，固音形皆近也。后见姚振宗《汉书艺文志条理》，谓梁玉绳已谓慎亦作顺。则田骈或亦兼师慎子耶？慎子尝论政而贵势。《荀子·非十二子》篇谓慎到田骈“尚法而无法”。《韩非子·难势》篇即评慎子贵势之说。《汉志》有《慎子》书，即列入法家者流。《吕氏春秋·慎势》篇，亦引慎子论政贵势之说。钱熙祚辑校《慎子·因循》篇，有“天道因则大，化则细”，“用人之自为，而不用人之为我”之言，皆因循为用之旨。《淮南子·道应训》与《吕氏春秋·执一》篇，皆有文谓田骈尝以道术说齐王，言“无政可以为政”。《吕氏春秋·不二》篇言田骈贵齐。《尸子·广泽》篇言田子贵均。《尹文子》记田骈言事，亦有数则。其记田骈言“君人者之使人，使其为自用，而不使为我用”，盖即君与民齐，无政以为政之旨。《战国策·齐策》卷四言“骈设为不宦，而赀养千钟，徒百人”。则田骈亦以言无政之政，而致贵显。然慎与田之言政，只其学之一面，不可据以谓为法家。田骈既列为道家，慎到亦道家也。故《庄子·天下》篇论此慎到田骈学术，不在其言政，而要在谓彼等一面顺世、一面求自为“道人”，而反于世之人处。即见诸人之正为道家之徒。然此诸人所以为道家之徒者，则又不同于孟子所言杨朱之为我，及荀子所言陈仲、史䲡、它嚣、魏牟之只求分异人为高，而以恣睢之心，藐视天下者。此不同，盖在其有此“道”之一观念之正式提出，而彼等所慕之“道人”，亦不在表面上以清高自居，又不倡“贵己”；而言“去己”，以成其“公而无党，决然无主”之“无已”之义；更高视此一“无己”之义，以“笑天下之尚贤”，“非天下之大圣”。则又实不止藐视天下，而亦藐视天下人所共尊之贤圣。其不自以为高，亦正见其高之至。此则较荀子所谓“以分异人为高”者更高。此乃不以己分异于人，而以此无己之义，“分异于天下共以为高之贤圣，而笑其高，非其高”之一不高之高。故《战国策 · 齐策》卷四言田骈亦以高义闻也。田骈、慎到、彭蒙皆明言“道”，则为道家思想之正式形成为一学术理论者。其与老子庄子之学术理论之形成，未知孰先孰后。然自此理论之型态而言，则盖循于上述之杨朱、陈仲、史鳝、魏牟、它嚣之“有我可为、有己可高、有身可贵，而有高可高者”，进至于“无己、不高”之“高”之一形态之学，而又尚未达于老子自觉的明显的“无己以成己，忘身以贵身，外身以存身，以知我者之希，言我之贵”之境者；亦未达于庄子言无己丧我，以与天地精神相往来，与造物游之境者也。此慎到等之不如老庄者，下文当更说。今先本《庄子 · 天下》篇略说此一型之道家之学，其别于《天下》篇所言之墨翟宋钘之学，与其前之道家之学者；以言如何循此一型之道家之学，而升进其旨，即可至于老子庄子之义矣。

今先抄《庄子 · 天下》篇论慎到等之学一段全文于下：“公而不党，易而无私，决然无主，趣物而不两；不顾于虑，不谋于知，于物无择，与之俱往。古之道术有在是者，彭蒙、田骈、慎到闻其风而悦之，齐万物以为首。曰：天能覆之，而不能载之；地能载之，而不能覆之；大道能包之，而不能辩之。万物皆有所可，有所不可。故曰：选则不遍，教则不至，道则无遗者矣。是故慎到弃知去己，而缘不得已；泠汰于物，以为道理。曰：知不知，将薄知而后邻伤之者也；谿髁无任，而笑天下之尚贤也；纵脱无行，而非天下之大圣。椎拍輐断，与物宛转，舍是与非，苟可以免。不师知虑，不知前后，魏然而已矣。推而后行，曳而后往，若飘风之还，若羽之旋，若磨石之隧，全而无非，动静无过，未尝有罪。是何故？夫无知之物，无建己之患，无用知之累，动静不离于理，是以终身无誉。故曰：至于若无知之物而已，无用贤圣，夫块不失道。豪杰相与笑之，曰：慎到之道，非生人之行，而至死人之理，适得怪焉。田骈亦然，学于彭蒙，得不教焉。彭蒙之师曰：古之道人，至于莫之是，莫之非而已矣。其风窢然，恶可而言？常反人不见观，而不免于鲩断。其所谓道非道，而所言之韪，不免于非。彭蒙、田骈、慎到不知道。虽然概乎皆尝有闻也。”

《天下》篇之文论彭蒙、田骈、慎到之学，古今注家多未能顺通其文理与义蕴。兹按此文首所谓“公而不党，易而无私”云云，乃对较《天下》篇上述墨翟、禽滑厘，与宋钘、尹文所闻于古之道术者而言。墨翟、宋钘，在《荀子·非十二子》篇视为一派，其学大体相近。《天下》篇论墨翟、禽滑厘以绳墨自矫，而备世之急，乃只知公而无私者。《墨子》书亦重“公”与“无私”。《论语》《孟子》书，固未用此二名也。墨子只知公而不知私，故曰“其行难为”，“反天下之心，天下不堪”。而《天下》篇言宋钘尹文，则曰“愿天下之安宁，以活人命”，以求“人我之养，毕足而止，以此白心”。则重公亦不忘私者。《天下》篇言彭蒙、田骈、慎到之所闻之道术，则曰“公而不党，易而无私”。则其重公而无私，似墨子；然其道又“易”，则不同墨子之其行“难为”。曰不党，或谓当作不尚，然不党亦自有心无所主尚之旨，则与墨子之重天下之公义，教尚贤尚同者不同。墨子之道，重在以知虑取择于利害是非之中，故《墨子》书多言“取”，亦多言“择”。取择即取择于两者之中。取择之事，必待于有所主尚。墨子言义与利，虽以之为客观外在，然吾人之取义而舍不义，取利而去害之事，固由人之自有所主尚。而尚贤尚同，于上之贤者之所是，必皆是之，于其所非者必皆非之，亦即所主尚者，在以上之贤者之义，求“一同天下之义”也。墨子之学，明有其所主尚之义。《天下》篇言墨子之弟子，“俱诵《墨经》，而倍谲不同，相谓别墨”，“以巨子为圣人，皆愿为之尸，冀得为其后世，至今不决”，即必求有所主尚之“义”，所宗之巨子之故也。彭蒙、田骈、慎到之道，则不以知虑取择于是非利害之“两”，而直趣乎物，故曰“趣物而不两”。不党不尚，“决然无主”，归于“于物无择，与之俱往”。则明与墨子之道异。《荀子·儒效》篇以慎墨并举，则二人之所言，固亦有相异，而相引相发者在也。《天下》篇言宋钘、尹文之道，虽不同墨子之全为人而忘公而无私；而是乃兼求人我之养之足，公私兼顾者，只自为太少，为人太多耳。《天下》篇又言宋钘尹文“接万物以别宥为始”，则亦重辨别。又言“语心之容，命之曰心之行，以聏合欢，以调海内，请欲置之以为主。见侮不辱，救民之斗、禁攻寝兵，救世之战，以此周行天下，上说下教”。则宋钘尹文亦持其所主尚之义，以上说下教，并有本“心之容，心之行”，以知所主尚之意。彭蒙、田骈、慎到之不以心之知虑择物，而决然无“主”，则亦异于宋钘、尹文之有别宥辨别，本“心之容、心之行”，以求知所主尚者也。

由上文所述，即见彭蒙、田骈、慎到之学，要在去除由心之知虑，而有之取舍选择辨别，以自去其内心之所主尚；而不说教，即不同墨翟、宋钘等之说教者，故曰“不教”。此则由于彭蒙、田骈、慎到有见于“选则不遍，教则不至”之故。选之所以不遍，教之所以不至者，以选此则遗彼、选彼则遗此，即如天能覆犹不能载，地能载犹不能覆，则选万物之一，其不能遍可知。万物固皆有所可，有所不可。以此物可取，不知其亦有不可取；以彼物不可取，不知其亦有可取。则以其可者为是，本之说教，则未及于不可处之非；以其不可者为非，本之说教，则未及于可处之是。故凡有说教，皆有所未及，而有所未至。则人唯有弃其取舍是非之知虑，以大道包之，以求“无遗”，则将不重知虑之辩。故曰“大道能包之，而不能辩之”。此所谓之辩，即如墨子、宋钘于说教时之辩。墨宋之辩利害是非，乃以利者定为利，害者定为害；是者定为是，非者定为非；可者即无不可，不可者即无可。今反此说，即无此辩，唯知万物之有所可者亦有所不可，有所不可者，亦有所可；而不作一定之利害是非之辩之谓也。若然，则作一定之利害是非之想之知虑，皆所当弃，而可任万物之陈于前，更不作一定之利害是非之选择，不以不可者定为不可，亦不以可者定为可。则人只须任物势之不得已者，而与之俱往。是为泠汰于物，以为道理。按《庄子 · 逍遥游》言“列子御风而行，泠然善矣”。郭象注曰“泠然，轻妙之貌”。今按汰当如沙汰之汰，言去水之重浊者。则“泠汰于物，以为道理”，即言任顺物势之不得已，而与之俱往，以此为道理，则己之负累轻也。王斯睿《慎子校正》引《太平御览》七百六十八所辑慎子之言曰：“燕鼎之重乎千钧，乘于吴舟，则可以济所托者，浮道也。”泠汰于物之道，即去负累以自轻之“浮道”也。

至于下文曰：“知不知，将薄知，而后邻伤之者也。”则吾意盖是谓“知万物之有所可、有所不可”之知，亦同于不知。盖知与物俱往，而此知化同于物，即更无知，则言知亦归在薄此知，以伤此中相邻之知，以至无知也。既已无知，则圣智皆无可尚。人只随物势俱往，如椎之拍，以与物合；如韩之断（鞔圆也，完车之轮恒圆也），其断恒圆。言随物势之宛转而宛转，则可“舍是与非”，以求免是非，“不师知虑”，以瞻前顾后；亦任顺物势之转，而与之俱转，“若飘风之还，若羽之旋，若磨石之隧”。己无所取舍，则于物势之转，无不任顺，即“全而无非”；动静皆随物势，而己不任过，亦不受罪责，而皆未尝离于理。此即由自弃其知虑，以化同于无知之物之功。人有知虑、有取舍是非，意在建立自己；

而建立自己，则不能与物势俱转，而有得有失，有利有害；而不免于“建己之患、用知之累”。人能无此患累，则动静皆缘“不得已”之道理，而无他人之罪责加于我，亦无他人之称誉之可施于我。以此人之化同无知之物为道，则人如土块，而土块亦不失道；而或者则笑之以“非生人之行，而至死人之理”矣。

至后文言彭蒙之学，原于其所谓“古之道人，莫之是莫之非”者，则亦当是谓有此道之人，非世俗之罪誉之所及之谓。盖其对世既无是非，则人亦莫能是之非之，“其风窢然”，如在穴，非人可得言。“常反人不见观，不免于魭断”之一句，其义不详。王先谦《集解》谓魭断即前文之輐断，则亦即“与物宛转”之谓。此语盖谓其道既非人所得而言，而反于人，今人果弃知，以至同无知之物，此道亦不被见，而不被观；则其行于与物宛转之道，化同于无知之物，亦不能知此道。则其所谓道，亦可视为非道，其所言之韪者或是者，亦不免于非。此则为《天下》篇者评论彭蒙、田骈、慎到之论，言其“欲化同于无知之块，势不可能”之辞也。

依《天下》篇之评论此流之说，谓人果以化同无知之块，为不失道，则人亦不能知此道。知道之“知”，固知道者当自谓其有者也。若果化同于块而无知，固不能知道也。此评论固具深义。然舍此具深义之评论以观，人亦实未尝不在一时欲化同无知之物，而求能无知。《诗经》中之诗人固有“乐子之无知”之语矣。盖人固可感其用知虑之事，恒不免于累。凡用知虑以辨是与非、可与不可，而虑利与害者，皆时不免见其所谓利者之未尝不害，于其所是所可者，旋自非之，而见其不可。即用知之累也。则人固可有“厌弃此利害之虑，厌弃此是非、可不可之辨”，以自甘化同于木石土块之时。人之有利害之虑，是非、可不可之辨，皆依于人之有其己所建立之标准，以建立其自己于所选择之物之中。则选择不当，或更易不定，或不能常得其所选择者，人即不能建立其自己，而时有“建己之患”。人果能化同无知之物，纵别无所得，而能去此“用知之累，建己之患”，即亦大有所得。盖此累患，如人生之病患。能去此病患，即别无所得，人固亦愿去此病患也。当人之病患，至不能愈，或病患之苦，至不堪忍受之时，人亦固可宁死，以化同土壤之无知也。此时人果得化同土壤之无知，亦人之至大愿望也。由此推之，则人之求无知，固对深感“用知之累、建己之患”者，可为一至高之理想，而亦人所不易达之一理想。亦如小乘佛学之只求断尽烦恼，而灰身灭智，西方斯多噶派之求无情（Apathy），为一人所不易达之理想也。人若果真能达此理想，其自制之功，亦可谓至难能而可贵矣。又人果能达此理想，不建己，而无己，亦不见人之罪责与称誉，而无人；此即无我无人之境。而在《天下》篇即视之为高于墨翟有以“己”为“人”之心，宋钘之求“人”“我”之养毕足之旨，而未忘人我之分别者。将田骈、彭蒙、慎到之徒，与杨朱、陈仲、史鳍、魏牟、它嚣等相较而言，则凡言为我而有我可为，言贵身而有身可贵，即皆不免于以“分异人为高”或“藐视天下之情”，而为未忘人我之分者。则以《天下》篇之田骈、彭蒙、慎到不知道者，乃唯对其忽此知道之“知”而言，亦对较其后所言之老子、庄子，有更高一层之知道之知而言，非谓其理想之必不足贵也。

人之达此慎到、田骈、彭蒙之理想之所以不易，在人恒不免于欲用智以建己。凡人之欲用智以建己，而自定利害、是非、可不可之标准以应物者，则当吾人之所可者在此，所遇之物亦合此所可者，吾人之行为固有其“由内以直通达外”之道路。然当吾人所可者在此，而所遇之物非其所可，而为其所不可者，则吾人之行为，即无“由内以直通达于外”之道路，此道路如为外所遇之物之所阻滞。今欲使吾人之行为，在任何时对任何所遇之物，皆有其通达于外之道路，以田骈、彭蒙、慎到之说言之，即赖于吾人之此行为，对物势之转变，无不能顺应，而随之以转变。此时吾人之行为所循之道路，即为一与物宛转，无任何特定之方向，而可向任何方向运转之一道路。此即为无一般所谓特定道路之道。此则大不同于儒墨之言道，初皆为特定之道者。如儒言子对父之孝道，父对子之慈道，对国之如何治之道，对天下如何平之道，墨言如何兼爱，如何尚同、尚贤之道等，皆吾人依特定方向，对特定之事物之特定之道也。此与物宛转之道，则非依特定方向，对特定之事物之特定之道，而只是随事物之转易变化于前，而与之俱转易变化，若飘风之还，若羽之旋，即见吾人之行于一“转易变化，而与物相顺应”之道上。此道初不以有特定方向，对特定事物而得名，故亦不可名之曰特定之道，而只可名之为“道”或“大道”也。老子庄子所谓道，亦皆涵具此一义，而亦皆在其非特定之道之一点上，不可以特定之名名之，亦不可以特定之言更道说之。故老子曰“道可道，非常道”，而名此常道之常名，亦非如一般之名，可更以名名之者，故曰“名可名，非常名”。此亦与慎到、田骈、彭蒙之所谓“大道能包之，而不能辩之”之旨，不甚相远。依大道以包万物，而谓物皆有所可、有所不可，以齐万物，而任其势之转，即与之宛转，更“莫之非、莫之是”，亦似庄子言齐物论之是非，而与物俱化以为道之旨。此即见老庄言道之旨，与田骈、彭蒙、慎到之旨之相通处。然老庄子之言道，则更有不限于此者在。庄子之齐物论与慎到、田骈、彭蒙之齐物之论，亦似之而非也。吾人若能知老庄与田骈、彭蒙、慎到之学之同而异之关键，则于吾人之说明老庄之学之重点之所当在，亦可思过半矣。

四　老庄对知与己之观念，及老子之道与田骈、彭蒙、慎到之道之异同之分际

此老庄之道与田骈、彭蒙、慎到之道之不同，吾意要在慎到只言弃知去己，有如佛学中小乘之灰身灭智，上已说。老庄则弃

一般之知与己，而亦有其不弃之知，不去之己，则有如佛学中由小乘趣向大乘者。《天下》篇固已言及此。故其论老聃、关尹所承之道术曰："澹然独与神明居。"独即己也，神明即知也。故于关尹唯曰："在己无居，形物自著。"此唯言己之无居，以使形物著。此使形物著，亦即心之知也。其下文言"其动若水，其静若镜，其应若响，芴乎若亡，寂乎若清"，皆指此己之心知之状态。此固不同一般之知虑之知，意在建己于物者；而重在使此己之心知自身之灵活如水，安静如镜，应感如响，而寂且清者。然固非无知也。《天下》篇于老聃，则首引其知其雄，守其雌，知其白（依王弼本之《老子》文，应加"守其黑，知其荣"二句），守其辱。此知，固不同一般人之知之所在，即欲之所在、守之所在，知雄则慕雄、知白则慕白、知荣则慕荣者；然亦是知也。下文言"人皆取先，己独取后；人皆取实，己独取虚；人皆求福，己独曲全"。则固有"己"，以有其所取，非如慎到等弃知去己，而无所择取者也。唯下文更言"常宽容于物，不削于人"，则老子之己，固不同于一般人以己为主，而求建己于物，不能宽容他人与万物者矣。至于《天下》篇言庄子之学，则言其"神明往欤"，"与天地精神相往来，而不敖倪于万物"，更言"其充实而不可以已，上与造物者游，下与外死生无终始者为友……其应于化，而解于物也，其理不竭"，亦非只弃知去己之谓。乃是言己本神明之往，以"与天地精神相往来"。此己固有其充实于内者，而自然不可已者以见于外。此即非慎到、田骈、彭蒙之只循外之物势之转之"不得已"，而与之俱转之"弃己"之说也。言"其应于化，而解于物"，固已先有己之知，以应之而解之，其理乃不竭。此亦非只"泠汰于物"，徒顺物势之转，"以为道理"之说也。唯庄子之己，与造物者游，与外死生无终始者为友，乃"天地与我并生，万物与我为一"之己，故无一般之己，亦非老子之求"己之曲全"，或只以己"容物"之己。其知能应化而更解之，则知亦自解，故不可以一般之知名之，其知亦不同于老聃、关尹之静居之神明之知，而唯是一动往之神明之知。此知之见于外者，则见于其卮言之曼衍，“以重言为真，以寓言为广”，其言之自流行于天壤，其言中之理之不竭。此固超于田骈、彭蒙、慎到之弃知去己之境，亦异于关尹、老聃所言之知与己，只为一静敛之知、静敛之己；而为一“至充实以与天地万物为一”之“己”，其知皆“由内以表现于外之言中之理，而与之共流行”之“知”者也。

吾人今更纯自义理上言田骈、彭蒙、慎到之言道之思想方向，如何可转至老庄之言道之思想方向处说，则当知此慎到、田骈、彭蒙之道，在根柢上初只为对物势之变，一往加以顺任之道。后王弼注老以因应、无主、不宰、不违自然为说，正多无意间本此类似慎到等之义以释老，唯又更重由此以使物自得其性，而自济之义耳。由此一往之顺任，而更求己与物宛转，此己与其知，即只应当前或“斯须”之物，而化同之，更与之合为一，以忘知忘己，即可玄同彼我，亦忘物势之变，而势非势。后郭象又多无意间本此类似慎到等之此义，以释庄；唯更重观物之独化、自生之义耳。人真作到一往顺任，不违自然，其心知只应当前或“斯须”，以玄同彼我，而内无所执，外无所择，亦可无往而不顺适。老庄书亦非不涵具此诸义。故王弼郭象之注，亦有其所得。然老庄义之进于此者，则非王郭注所能尽也。大约老子之进于田骈、彭蒙、慎到之论者，要在于见物之势之转时，更用工夫以自撤回此己之知，不与之相冥为一，以更往遥观此物势之转。慎到言物而贵势，老子言“物形之，势成之”。物之转固有其势之所向，此恒有非己力己智之所能移者。故慎到弃己力己智以就物，而与其势相宛转，若飘风之还，若羽之旋，则物势亦不伤己，而自然相顺适，而势亦非势。然老子则于此物势之转，不遽弃己之知，以与俱转，而更向后退一步以静处；而己之知，则自物势之转中拔出，方可更往遥观此物势之转。故慎到等顺物势之转，而不必观之。其只顺物势之转而行，亦可无所观，亦非人所得而观。故曰“常反人不见观”。而老子书则明重此观。故《老子》首章有“常无欲以观其妙，常有欲以观其徼”之言。他处又言“万物并作，吾以观其复”，“以身观身，以家观家，以邦观邦，以天下观天下”。老子固明重此即物而观其物，亦重观物势之自转。凡老子所谓“有无相生、长短相形、前后相随、高下相倾”，“坚则毁，锐则挫”，“柔弱胜刚强”，皆物势之自转也。然老子之所以能观此物势之转，则要在于物势之转于前时，己不与之俱转，自退一步而静处。则己与物势间，如有一距离或空间，而己则可以其知，更往遥观此物势之转。此中即必须有此一己，亦有此一己之“观”，以成其“知”，不能遽言弃知去己也。人于物势之转时，自退一步，以遥观其转，则可言一切物势之转之始终，其始生也恒由“无”而生，其生之初，恒微弱柔和；继而刚强锐利，而大显其“有”，而其终则刚强锐利者，无不归于挫折隳败，而归于死亡，以复归于“无”。故无为天地之始，亦万物之终，而此“有”，则中间之一大段事，合以见芸芸万物之盛衰成败者。无则无名可名，有则有名可名，故曰“无名天地之始，有名万物之母”。然此中人之所重者，在观此天地万物之始终之际其“有而无，无而更有”之妙，更求观此万物之“有”之边际外之“无”。此则赖人于无欲之时，无所希求，方能于“有无相生”之际，以常观得此妙。妙至微而亦至小，唯“见小曰明”，必常无欲乃见妙见小，故曰“常无欲以观其妙”，“常无欲可名为小”也。又必待于人于其有欲之时，由其所欲之物，在“此物势之转之全程之归向”之所在，以常观得此归向，以知其有之生于无，亦归于无。故于“常无欲以观其妙”之外，又言“常有欲以观其徼”。《玉篇》：徼，要也，求也。即归向也。合此无欲之际与有欲之际观，即所以观物势之始终之观法也。人既有此观法，以通物势之转之始终而观之，即恒见万物皆在此一“有无相生、刚柔互易、自相反复”之常道上。万物依此有无相生之一道，而始而终，此道即常道，亦为主乎万物之太一。故《天下》篇曰“建之以常无有，主之以太一”也。此中唯无为有之本，亦即虚为实之本，静为动之本，柔弱为向于生，而为生之徒。则人欲得生，当致虚守静而自居柔弱，“以懦弱谦下为表”。而在另一方面，则吾人之观物势之心，既能遍观万物，亦即能以其虚静之心，兼容万物，故能“以空虚不毁万物为实”，“宽容于物”，而“不削于人”。由此而《老子》书中乃有容公之道，同于天之能于万物无所不容者。天容万物，以兼利万物而不害；人之有此容公之道，而为圣人者，即能兼利万物，而有其慈以孩民。此则可通于圣王之无为而无不为之治天下之道，非只如王弼之以顺任因应为事也。由此更上达，则可言得道者之恒“生而不有，为而不恃，功成而不居”之玄德。此则为由观一般之物势之知之“博”，以更观其所本所根之道之“约”，而由外反内，以更上达于容、公、慈之心境德量，以法天法道之老子之学。而其法天法道之义，虽至深远，然其始则在观物势之转，而知以柔弱虚静自处。此以柔弱虚静自处，则为法地上之牝雌水等，能静而似柔弱之物，亦法地之退处于下。故老子之学，始于法地。而此法地之旨，与慎子言“块不失道”之旨，则似同而实不同。其不同则在慎子乃学块之无知以为道，而老子则初只学地之退处于下，以归柔静，而法地也。大约先秦之学，初皆只及于则天、法天以尊天，后文当更及此义。自慎到言块不失道，而有一法地之无知之旨，老子乃以法地之退处于下为始教。法地即包涵观地上之物之客观外在之物势之归向于卑下之地。慎到等顺物势俱转，初亦即顺客观外在之物势俱转，更使己之知，与物俱冥，而无我与物之别。老子观物势之观，虽由人之此知自物势撤出而后有；然其所观之物势，初亦为一客观外在之物势，其法地，亦初只是法一客观外在之处于卑下之地。但其由观物势而有之种种处卑下柔弱虚静之思想，所引致之义，更有上述之容、公、慈之主观内在的心境德量之开辟，以上达于得道者之玄德耳。关于此老子由观物势而法地，以进至法天、法道与法道之自然之思想之次第历程，即由“物之粗”以至“本之精”之次第历程，则详论在下章。上文乃先略述其大旨。至于庄子之道与老子之道及慎到、田骈、彭蒙之道之异同之分际，则下节亦先略述之，详论在更下之章。

五　庄子之道与老子之道及田骈、彭蒙、慎到之道三者之分途

关于庄子与老子之学之不同，《庄子·天下》篇已言之。荀子于老子庄子之所见与所蔽，亦分别说之。汉人宗黄老，亦未与庄子并言。唯淮南王书杂取老庄言以成其书，《史记》亦以庄子为能明老子之术者。魏晋人乃更渐有通老庄儒道之论。然阮籍之通老与达庄之论，仍分撰。而王弼之注老，郭象之注庄，亦分别为注，初无必以庄注老，或以老注庄之意也。《老》《庄》《易》三玄，亦各自为一玄也。道教立而宗祖老子，唐人乃多以庄列注老。宋人多承之。然至晚明，则学者又多知老子庄子之不同，而多以庄子为更近于孔子者。如王船山其著者也。老庄时代之先后，自《史记》以老先于庄亦先于孔，后人多承其说。然上文已言宋人已有疑及此者。近人则大皆以老庄之学，后于孔墨。吾意亦云然。唯《老》《庄》之成书先后，则甚难定。老庄之书皆可非其自著。则难以成书之先后，遽定其思想之先后。而谓庄子之思想，皆承老子而发展出，或谓老子思想由庄子发展出，皆难有确证。观庄子言之恍洋自恣，老子之自谓“知我者希，则我者贵”，皆不似自附于他人之下以立说，而实皆自谓有其特独之思想者。道家之徒之历史文化意识较淡，不同儒墨之徒，皆重其学之上有所承，后有所开，而各有其所宗师崇敬之贤人与圣王。故老子庄子之学之师承，皆无可考。老子之事迹固可疑。庄子之事迹，唯见《庄子》

书，又恶知其非为《庄子》书之寓言？亦同有可疑。至专就《老子》《庄子》之书之言而论，则《庄子》外杂篇，明有释老子之言者，而《老子》书之言，亦似有本《庄子》书中之言而出者。然老庄之言之似同者，亦可同出于前之为道家之说者之公言。章实斋《文史通义》，固有古之学者之“言公”之论矣。则徒由其言之似同者，亦不足遽定其思想之相承。又若只就其言之相承而同者以观，则有老无庄，有庄无老，皆不为少，亦无甚学术思想史上之价值。如老之外必有庄，庄之外必有老，则吾人固可只重观其不同何在，其思想出现之先后，亦无足重轻也。

吾今论老庄之异，自亦将略及其所同，且拟先自一更广大之角度，言庄子与老子及慎到等之学之一同处，而共异于儒墨者，更及庄子与老子与慎到等之学之不同。此慎到等与老庄之言道之一同处，即其言道，皆以其生命面对天地万物之全体，而言人之所以应之之道。上文言先秦之学，初皆只及于“则天”“法天”，孔子之言道，初乃自吾人之如何对己、对人，而及于知天命、畏天命，更及于贵天道，而则天。如谓“巍巍乎惟天为大，惟尧则之”是也。墨子言道，则自人如何爱利天下人，行天下之义，以言法天之仁，而得天与鬼神之赏，以“下利人、中利鬼、上利天”。孔墨之道，存于人与己及人与天及鬼神之间，皆初未及于人以外之万物与地。然《墨子》书已尝偶言地之仁有过于天之仁者。(《墨子间诂》墨子佚文引《艺文类聚》)则人当兼法地之仁。孟子言人之别于禽兽之心性，此心性乃天所予我，而重人之自尽其心性，以至备万物于我，又言君子之德，上下与天地同流。此乃以我之尽其心性为主，而附及其能备万物，与天地同流者。盖自此以降，而先秦学者于天地万物多并言之，乃更面对天地万物之全，而求所以知之与所以应之之道。其中人面对天地万物陈于前者，各有其类，而顺墨子之重客观天下之义之态度，更客观的分别不同类之物之所以然之故，与人之“所以知之”，及人之如何依故或理由，成论辩，“所以使人知之”。此即《墨辩》一流之科学、知识论、逻辑之说也。顺墨子之兼爱天下人之义，更泛爱万物，而视天地万物为一体；并观天地万物之在时空中同异、大小、高卑、四方与中央、今昔、往来等分别，无不可泯为一体，即说之为一体，即惠施之宇宙论形上学之说也。《墨辩》之学意在成客观之科学、知识论与逻辑，惠施之学为一客观之宇宙论与形上学，是皆原于人之心知之散于天地万物而不返，而未详人之此生命面对天地万物全体而应之之道。故皆非道家之流。道家之流之慎到、田骈、彭蒙，顺天地万物之转易变化之势，而见天能覆不能载，地能载不能覆，万物皆有所可、有所不可，以去建己之患，用知之累；即已自有其生命之面对天地万物之全体，而应之处之之道在。老子之教人于物势之转易之前，自退一步，以凝敛其心知于自己，以观物势之转，自居于虚静柔弱以法地；进而以宽容之心，对天下人利而不害，以法天，以慈孩民；更由“无名天地之始，有名万物之母”，以知有此为天地万物之始母之道，而法道，以成其上德与玄德，而由末之粗，至本之精。则又为人之生命面对天地万物之全体，而应之另一道。庄子之道，自其不同于此二者而言，则在其既非面对天地万物转易变化之势，弃知去己，为顺应之道；亦非如老子之自退一步以居虚静，以知观物势，自居柔弱，以曲道自全为始；而要在既化人生命中之心知为神明，以往向于此天地万物之转易变化于前者，即更游心于其中，亦更超越于其外，昭临于其上，以成神明之无所不往，见“天地与我并生，万物与我为一”，为其根本。故其神明之运，自始为开展的，放达的，六通四辟，而无所不通，无所不往，亦无定所，为其所必适者。故《天下》篇曰：“芒乎何之，忽乎何适。”则其所见之一切天地万物之变化转易而无常，亦无有定常之形势之万物，足以归心。故《天下》篇论庄子之学曰：“芴漠无形，变化无常……万物毕罗，莫足与归。”则“死欤？生欤？天地并欤？”以更超越于此天地万物之变易，一身之生死之外，以至乎其上。故《天下》篇更言“与造物者游，与天地之精神相往来”。神明往至天地万物之外之上，至于接天地之精神与造物者之“大本大宗”，而更回到此吾人之生命之自身，求自成为至人、真人、神人、天人、圣人。则庄子之道也。此人在成为至人、真人等时，虽无一般之己，而自是天地间之一人。庄子自是要使人“贵在于我而不失于变”。郭象之“与物冥”而“玄同彼我”，亦不足以尽之也。庄子之“人”为能外死生、超乎生死之人，固大异于慎到之顺应物势之变，而弃知去己以同“死”人之理者，亦异于老子之先全此一己之“生”，再求容人与物，以大其心境德量者也。

上来所陈，乃本《庄子·天下》篇言，加以发挥，以见庄子之道，可自始与田骈、慎到等之道及老子之道为三型。此三型之道，乃原自吾人自己面对天地万物之全体之转易变化于人之前时，人原可有之所以应之三方式。此三方式，各有一独立意义，以自成一思想之途。则老庄与慎到等之学，固可无相师之关系。若必谓其相刺激影响而生，则老子之学可由见于慎到等之学，始于顺应当前物势，而更向后退一步，以观此物势，更法天法道，以成。庄子之学，可由见于老子之学之重收敛，而更转其用心思之方向，以向前开展放达，以成。亦可说庄子之学，初由见于慎到等之学，只顺天地万物之势，而更超进一步，以游于天地万物之中，更至乎其外其上，以成。再亦未尝不可说老子之学，初由不满于此庄子之超进一步，而缩回一步，自退于世间之下，一己之内，以成。又未尝不可说慎到等之说，乃由不满于老子之退缩与庄之超进，皆将与当前之物势相离，而不切实际，人即不能顺势以应世，以成。慎到之贵势之学，固能应世而用于现实之政治也。则此三型之思想，固可互相刺激影响而生。然孰先孰后，依上所说，则皆有其可能，未易遽定。至于自此三型之思想所成之生活之价值高下言之，则慎到等之顺应物势，至于弃知去己，以冥于物，而未有升进一层之神明之知与真己之发见，故为道犹低。老子之学，先收敛其心知，以曲道自全，初亦未脱杨朱为我之遗。然自其以物为粗，以本为精，由容、公、慈以求心境德量之大，至于具玄德，而有一为道之真工夫。故老子有“古之善为士者”与“圣人”，为作人之范，不同慎到、田骈之一往非笑贤圣，无作人之范者矣。庄子更直下化心知为神明之无所不往，无所不通，以游于天地万物之中，更超乎其外其上，以与天地精神往来，与造物者游，而调适上遂于大本大宗，更直下标出至人、神人、天人、真人、圣人为作人之范。则在开始点之地位上，又较老子更占得高，占得大。田慎似孟子所言之柳下惠，与世随和；若因而同乎流俗，合乎污世，则可沦为乡愿。老近狷而庄近狂。狂者进取，则庄固有进于老者。然老子之收敛其心知，以居虚静柔弱，以更修道成玄德，亦自有其“微妙玄通，深不可识”，足以涵高明广大于至卑至微者在。人之循老子之学以为道者，亦可谓庄子之学尚浮游于天际，回旋于空阔，未尝落实至“深根固蒂，长生久视”之境者。故太史公叹“老子深远矣”。则老又有进于庄。老庄之优劣，亦似未易一言而决。此亦后世道家之所以宗老与宗庄，各异其途之故。然循吾上文旨，则庄仍当进于老也。若人类思想之发展趋于进，则宜先田骈、彭蒙、慎到之说，至于老，再至于庄。《老》《庄》之成书，同当将时间推于田慎等后。然人类思想亦进退无常，则思想史中先后问题，或终有不可决者。然此固不碍其思想形态之异同，可直本其所言之义理而决也。

第八章　老子之法地、法天、法道，更法自然之道（上）

一　老学简史，及吾论述老学之经过

《老子》一书，文约旨远，世所公论；而老学之传，亦最为复杂。《汉志》《隋志》及《经典释文》，所著录之《老子》经说及注，今大皆已佚。然韩非《解老》《喻老》，及《淮南子》与司马谈之言道之语，并能发挥老子之义，各为老学之一型。魏之王弼注老，则为《老子》注之大宗，亦为老学之另一型。佛学入中国，鸠摩罗什、僧肇并有《老子》注，以见老学之旁通于异国之学，开近世以老学通西学之先河，此又为一型。道教以老子为宗祖，唐代君王多重道教，而老子之地位益尊。韩愈谓二氏之徒，以孔子为“吾师之弟子”，即以老在孔上，故韩愈非之。然宋人如司马光、王安石、苏辙、吕惠卿之《老子》注，并以儒道之义，未尝相妨。唯程朱之传，则视老子为异端，而加以贬抑。叶适、黄震于老子之为人与书之时代，始致疑。元明儒者，为学又渐尚通达。元儒吴澄有《老子》注，明儒则陈白沙、王阳明与其徒，皆有取于道家之义。然湛甘泉则疑《道德经》非老聃著（《甘泉文集》卷十七）。泰州王门之学者如焦竑更为《老子翼》《庄子翼》之书，亦以二书羽翼儒学。明代学者多兼通三教，王船山亦为《老子解》《庄子解》《庄子通》诸书。清儒姚鼐亦为《老子》注，汪中《述学》更继而疑老子之为人与书之时代。然清末民国初年，则学者多轻儒而尊老。江瑔为《读子卮言》，张尔田为《史微》，并以道家之老子之学，为孔子及百家所供出。然民国十年以后，学人之疑老子之其人、其事、其书者又多，顾颉刚《古史辨》之《诸子丛考》尝辑其文。及今而老子之不先于孔子，渐成定论。人亦知孔子之学不可说原自老子，而当是直承其先之人文学术之传者。吾书亦主此说。然老子是否必先于庄子，则尚为世所聚讼。然此问题则不甚重要。因非学术之大统所关也。《老子》一书，古今注解者甚多。译本亦数十种。由近人严灵峰编《老子集成》，可见古今老学之书，诚可汗牛充栋。盖其文既约而义丰，人固皆可自本其聪明智慧，加以演绎，并依联想，而任情为类比之论，其论述遂不可胜穷。吾于诸书亦不能尽读。上文所及，唯是略述古今之老学之数变。世有更为一老学史者，吾愿馨香以视之。

以吾一人之见而言，则吾对古今中外之老学之论，其粗略之印象是大约昔之学者释《老子》者，多是随文注解，而宗趣所在，则隐于注文之内。今之学者，则其解释《老子》，大皆先提出若干观念，更举若干老子之言为证，以自成其说。然今之学者，于老子所言之道，宜以何等观念，加以解释，又几于人各异说。如以老子之道即无，或自然律，或人生态度，或物质，或生命之本体，或在帝之先之 God-head，或自然之全体……皆似可由若干老子之言，以得其证。然观中国学术史上老子之影响，其及于《庄子》外篇之言，韩非子《解老》《喻老》之篇，《淮南子·原道》诸训，及汉、魏以来一切注老之家，与为道家或道教之思想者，则又见《老子》一书明有种种涵义，可容后人各引一端，以自成其说。则吾人势难只举一二单纯之观念，以说老子之所谓道之义之全。吾于九年前，尝作论老子之道之六义一文，发表于香港大学五十周年纪念刊，后收入拙著《中国哲学原论》中。吾于此文上篇，尝就老子言道之义，先析为六。即形上实体之道、虚理之道、道相之道、同德之道、修德之道与其他生活之道、为事物及心境人格之状态之道。并说明老子言道，原有此诸义，故后之为老学者，遂可各引一端以为说。如韩非子之以理说道，即初以道为一虚理之道；王弼《老子注》之以体无与自然之义说道，即以道之相，得道者之心境上说道；后之道教之以精气神之实质说道，则亦缘自老子之道之具实质、实体义，与老子之言亦尝及于精气神而出；至一般中国社会所传之道家人生态度、处世态度，则又大皆由老子之修德之道，及其他生活之道而来者也。然老言道，又不当只是散陈此六义。故在拙文下篇，更试以上列第一义为本，循序解释其余之五义，以见此六义未尝不可通贯而说。拙文书就，尝自以为差胜时贤之先只设定一二观念，即持之以解释老子之言，而忽其义之多方者。然吾在此文下篇，以上篇第一义为本，以通其余之五义，唯是吾一人之臆释；而老子之道是否必须视为一形上之实体，亦实原为不易定之问题。吾于三十年前，亦尝作《老、庄、〈易传〉、〈中庸〉之形上学》一文，固以为老子之道，只是一“有无之统一”之义理；而注老各家如王弼等，亦初不以老子之道为一实体也。又吾于该文，论老子言道之第五义，所谓修德之道与其他生活之道时，尝谓其要不外由“致虚守静，以自收敛凝聚其智慧、精神、生命与人生之一切”云云，乃唯意在对《史记》所谓“李耳无为自化，清静自正”，《汉志》言道家所谓“清虚以自守，卑弱以自持”，更作进一步之说明。然老子所言之修德之道与生活之道，其涵义亦似明有高下之不同，宜更加以分别说明。此中不同之大者，即其言之似涵对个人之功利意义者，与全不涵此功利意义者之不同。如老子言“富贵而骄，自遗其咎”，又言“自伐者……自矜者……物或恶之，故有道者不处”。为“免咎”或“物或恶之”，而不自伐，不自矜，即似仍自个人功利上打算也。又老子言：“五色令人目盲，五音令人耳聋，五味令人口爽，驰骋田猎，令人心发狂，难得之货，令人行妨。”此亦似以人之纵嗜欲而贵财货，将害及人之五官，使人心劳于猜妨，不能自安；方教人勿纵嗜欲，勿贵财货也。此外老子之言“欲上民，必以言下之；欲先民，必以身后之；是以圣人处上而民不重，处前而民不害，是以天下乐推而不厌”，又言“夫唯不争，故天下莫能与之争”，“以天下之至柔，驰骋天下之至坚”；亦似皆可说是以“下民”“后民”“不争”之柔道，为“居上位”而“争胜天下”之手段。此外《老子》书中，更明有种种类似权术之对人处世之道。如三十六章言“将欲歙之，必固张之；将欲弱之，必固强之；将欲废之，必固兴之”之言是也。《韩非子·喻老》篇，亦尝明举其时人之运用此种权术之史实，以注《老子》之此三十六章之言。朱子尝本程子之谓老子之言，窃弄阖辟，并举此三十六章之言，以证老子之学，乃“教人占便宜而至忍”，而“学老子之学之虚无卑弱，而用为权术者，如张良之流，实至可畏”云云。[①] 然在另一方面看，则老子又明谓“我有三宝，一曰慈”。《老子》最后一章之最后二语为“天之道，利而不害；圣人之道，为而不争”。老子更屡言“生而不有，为而不恃，长而不宰，是谓玄德”。此则皆全无此上之功利意义之言也。老子又言“修之于身，其德乃真；修之于家，其德乃余；修之于乡，其德乃长；修之于国，其德乃丰；修之于天下，其德乃普”；则宛若儒者之言修身、齐家、治国、平天下之论。则谓老子之言为权术功利之论，即不可通。毕竟老子之言，是以此二者中何者为本，即成一问题。观古今学者于老子之言，或褒或贬；或以为与庄子同，或以为庄子异；或以为可与儒家言，并行不悖，或以为老子之学是儒学之异端，与儒如冰炭之不相容；亦大皆视吾人于此老子二类之言，取何者为本，以为定。此外老

---

① 《朱子语类》百二十五除引及将欲取之言外，又谓老子“窥得些道理，将来窃弄，如所谓代大匠斫则伤手者。如人之恶者，不必自去治他，自有别人与它理会。只是占便宜，不肯自犯手”。又谓：“老子之学最忍，闲时似个虚无卑弱底人，莫教紧处，发出来，更教你支梧不住。张子房是也。……与项羽讲和了，忽回军杀之。这个便是他柔弱之处，可畏可畏。”

子或自物上言道，或言天道，或直言道，或言常道，其文句之义，亦似明有高下之不同。此即足证吾昔年论《老子言道之六义》一文之第五义项下，只泛言老子之修德之道与生活之道，皆有致虚守静，以收敛其智慧心灵之旨，尚不足以说明老子所言之道，有不同其涵义者。吾今之论，则意在沿此而更进一步，先横断老子所言之道为四层面，则上述老子之言之高下不同者，即皆可分别纳之于不同层面之中；然后观其如何可逐步转进，以层层上达，更相通贯。此与吾之前文之只纵析老子之道为六义者，虽不相冲突，然旨趣不同。或合此横断与纵析之论，即为老子言道之全，亦未可知。又依吾今兹之横断老子言为四层面之论，则老子之所谓道，自某一层面观之，可说有形上之实体义者，自另一层面观之，亦可无一般之实体义，而只是如吾前文第二义中所谓虚的义理，或第六义之一心境之表状之辞。则谓老子之道为实体与否，皆无不可，此亦将于本文之末，略加论及。再吾今之别老子之言道者为四层面，其间虽有通贯之义可说；然人不见及此中通贯之义，则亦自不免各引一层面之义，以自成其老学。则后世之老学之所以分流之故，亦当可由兹以得其说明。唯此则不在本文范围之内。又《老子》书中若干之文句，为昔之注家所难通，或唯混然加以解释者，依此四层面之论，则皆可分别其意义而说之。吾今之此论，其言之是否，固未敢必。然于哲学义理之会通，与文义之疏证，亦力求其兼顾；冀少免于昔人之胶滞于章句，与今人之浮泛作论，宰割求通之二失。望大雅之士，细察其微旨，而教之为幸。

吾之所以意此老子之言，可别为四层面以说之，乃初由《老》三十八章言“失道而后德，失德而后仁，失仁而后义，失义而后礼”，明言此道、德、仁、义、礼，有层面之高下之不同。后又于二十五章之末，言“人法地，地法天，天法道，道法自然”之四句，亦见老子之思想，宜非只在一平面上；遂忽然思及。吾意此后引之四句中，即涵有人由法地以法道，人由法天以法道，人直接法道，与人法道之自然为四层面之事，而又皆可统名曰人之法道之事，其间亦自有其可相通贯之义在。故此下之所说四层面，亦即据此四句，以为其标题。然在正文之先，宜先讨论此四句之文义之解释问题。

按此四句之注解，据吾所见，仍以王弼《老子注》为最详，亦最足资讨论。王注曰："人不违地，乃得全安，法地也。地不违天，乃得全载，法天也。天不违道，乃得全覆，法道也。道不违自然，乃得其性，法自然者，在方而法方，在圆而法圆，于自然，无所违也。自然者，无称之言，穷极之辞也。用智不及无知，而形魄不及精象，精象不及无形，有仪不及无仪，故转相法也。道顺自然，天故资焉；天法于道，地故则焉；地法于天，人故象焉。所以为主，其一之者主也。"

此王弼之注，乃纯自人、地、天、道、自然四者辗转相法处说，可谓已能正视四语之具不同之四义者。其言"所以为主，其一之者主也"，此句意虽不明，[①]然用"一"之一字，则又见其重此四者之通贯义。此皆与本文之宗趣大体相类者。今当讨论者，则在其以"人之有知，不及地之无知；地之有形魄，不及天之只有精象；天之有精象，不及道之无形；道之有仪，不及自然之无仪"云云，是否即可将人、地、天、道、自然，分划为高下不同之五者，则是一问题。缘此而"人法地、地法天、天法道、道法自然"之四法，是否真可视为四层面之言，即亦成问题。因依其道法自然之注，所谓"在方即法方，在圆即法圆"以推之，似明当说在"地之无知"，即"法地之无知"，在"形魄"即"法形魄"，在"精象"即"法精象"，在"无形"即"法无形"，在"无仪"即"法

① 此句似明有错字，严灵峰、陶鸿庆《老子王弼注勘误》（无求备斋出版）二十页，谓主为王之误。盖是。

无仪”，方为随处法自然。则此四种之法，即皆在一平面，而为“法自然”之一层所兼摄矣。又此中人之法地，其意义是否即是限于法地之无知，法天是否即法天之精象，亦未能定。其谓“人不违地，乃得全安；地不违天，乃得全载；天不违道，乃得全覆”云云，只是说及人之依赖地而全安，地之依赖天而全载，天之依赖道而全覆，而未及于地之如何以天为法，天之如何以道为法；亦未及于人如何以地为法，更未明文言及：人之是否可分别以地为法，亦以天为法，以道为法。王弼盖唯由道法自然之义，以随处言人之当法自然。然王弼何以不据此四句之形式之相类，以谓人亦当以“地”为法，以“天”为法，以“道”为法乎？人若可直接跳过此“地”“天”“道”三者，而直以“自然”为法，则人当亦可跳过此中之“地”，而直以“天”为法，以“道”为法；而此以“道”为法，亦不当全同于以自然为法；而后其对此四句文义之解释，乃能一致。然循王弼之解释，既唯在以法自然之一层面，统此四者，则其文虽分别释四语为四义，而又实亦未尝真有此四层面之义。故亦非吾今之所取者也。

由吾人对王弼《老子注》之讨论，而吾人之问题，即为此四语毕竟是否真可视为说四层面之义，而每一层面各有其相对的独立之意义者。又于人法地，与王弼所谓人当法自然之外，是否兼可说人之法天与人之法道之二者？则吾以为就此四句之句法而论，理当皆作正面之答覆。盖《老子》书明于言人法地外，随处言人之当法天，人亦当法道之旨。在此四句中，于人虽只说法地；然地既法天，则人亦理当法“地之所法之天”；天既法道，则人亦当法“地之所法之‘天之所法之道’”；道法自然，则人亦当法“此道所法之自然”也。此犹如人之以其师为法者，亦当以其“师之师”，与“师之师之师”……为法，以层层扩大其所师法之范围也。由此四句之涵有人由法地，而层层上法于天、于道、于自然之义，则此四者，即理当为四层面之义。更由此四层面之相通，则人之法地即法地之道，法天亦即法天之道，与法道及法道之自然，可合说为“法道”之四层面矣。

按焦竑《老子翼》引李约注，谓此四句断句，当改为“法地地，如地之无私载；法天天，如天之无私覆；法道道，如道之无私，生成而已”，其意是谓如旧读，则人、地、天、道、自然共为五大，非前文之四大矣。近人高亨[①]更据《道藏》，引李氏《道德经新解》语，则与焦竑所引，大同小异……并谓此中多一地字、天字、道字，当改为“人法地，法天，法道”云云。又李氏与高氏，皆谓人字当改为王字。兹按李氏于旧读有五大之疑，实不难解。因此中之名，虽有五，然能法者只有四，即人、地、天与道，故只有四大；所法亦只有四，即地、天、道、自然，故只为四法。则李氏必改旧读，便无必然之理由。高氏之说，本李之疑而来。李之疑既解，则高氏之再删三字，更无必然之理由矣。至于人字是否当作王字，则亦无大关系。李约与高氏之改作王，乃据前文有“道大、天大、地大，王亦大”之文之故。然吾人何以不可据后文之“人法地”，而改前文之“王亦大”为“人亦大”乎？近人朱谦之《老子校释》，言作“王亦大”者，乃河上公本；依此而改“人法地”为“王法地”者，为寇才质本。又据范应元说，“傅奕同古本”，于“王大”亦作“人大”。[②]近人奚侗与陈柱，则皆尝据古多以天地人并称，及《说文》与段注大字下，“天大、地大，人亦大焉，像人形”之言，以改前之“王亦大”为“人亦大”，似更有据也。[③]然此等处之校勘文句之事，实无大关于义理，亦不值多所争辩。因王亦是人，人亦可为王，而诸本既皆作人，即似当以“人法道”为是。李约与高亨之谓此法地、法天、法道，皆各为人或王之一事，亦正与吾人之意相合。唯不须如李约之另作断

① 高亨《老子正诂》（中华书局出版）六十三页。

② 朱谦之《老子校释》（一九五八年上海龙门联合书店出版）六十页所引。

③ 奚侗《老子集解》（民国二十五年自刊本）上二十一页。

句，亦不须如高氏之删去三字，以将此四者平列。因本吾上之所释，则人法地，固理当层层上法，以及于地之所法之天，更及于道与自然；则法地、法天、法道、法自然，既各为一事，又有次第升进之义。若如李、高二氏之另作断句，或删去三字，以将此四者平列，则其间之次第升进之义，反隐而不见；则又不如仍其旧文之一般断句，而循吾上文之解释为愈也。

吾人以上既纯就此四句之文义，说明其当涵四层面之义，下文即当进而试引老子其他之言（皆暂依王弼本），以论证老子之言，实可分为人之由地以法道、由天以法道、直以道为法，及以道之自然为法之四层面，各有一确定的意义，而亦有相通贯之义可指者。兹依次论之。

二　人法地，与地上之物势中之道

老子所谓人法地，吾意此决非如王弼在其项下之注所谓自“人之有智，不及地之无知”而言。王弼之此释，盖本《庄子·天下》篇言慎到之学，尝有“块不失道”，人当“至若无知之物然后止”之意，以释老子。然慎到之学，非即老子之学。勉求老子言与王弼意合者，只是老子之尝有“和其光、同其尘”之言。此乃言人当和其智慧之光明，以昏昏闷闷而若尘，此亦可说有慎到之“块不失道”之旨。块与尘皆属地。然块与尘，乃地上之物，而地上之物甚多，未可言老子之法地，即同块同尘也。此外，王弼注又喜言“地之载”，似法地即法地之载。诸家亦多有以人当法“地之载”，释老子法地之旨者。此由儒者喜言地以兼载万物为德，人当法之；故诸为《老子》注者，即意老子亦重此地之载德。然实则老子并无明文言地之以载养万物为德，其言法地，亦尽可无此涵义。老子言所常及者，唯是自道之玄德上，说其生养万物；自天道上，说其对物之利而不害，而未言地道与地德。吾意今若求对老子所谓法地，有一较切合之解释，首当以老子所谓法地之教，即教人法地之处于卑下为释。老子固常及“贵以贱之本，高以下为基”，而恒言人当以卑下自处，不自矜高也。然此仍非最切合之解释。因老子之言人当以卑下自处，多取喻于地上之水，或江海与溪谷，而未必取喻于地。故曰：“水……处众人之所恶，故几于道。”溪谷江海皆有水。溪谷又为地更往下陷落之所成，而为百川之所归者；江海则又为百谷之所归，而最下，亦最近地者。故老子曰：“江海所以为百谷王者，以其善下之。”“则对老子言人法地之一更切合之解释”，即当为法地上之物，如水与川谷之向下而流，而落，以趋于下，至如江海之处于下，而安于下，以为由上而来之百川之水之所趋所归。“趋下”“居下”与“安于下”，即切近于地，而其所法者为地也。然此中“居下”“安下”乃原于“趋下”，又此“居下”“安下”，乃所以为自上来者之所归所趋；则法地之要，在法地上之物之“趋向于地，以为他物之所趋向”之道；非只是直求居地安地，更非只求同于地之谓。盖唯在此中之“趋向”处，方可实见其中有一“道路”在，而可谓之道也。在水、川谷与海三者中，老子之言之最深远者，乃取喻于谷。故言“上德若谷”，“旷兮其若谷”，“知其荣，守其辱，为天下谷”。此盖由“谷”不只其自身由地之自趋下而陷落以成，自为其上之水之所归；亦更不留水，还任之入于江海；乃见其冲虚而用不穷。故言“谷神不死”，以喻道之玄德。此则其义甚深，非可即视同一般之法地之言，亦非上所谓“就物而可观得之趋卑下，以为高大之物之所趋”之义，所能尽者矣。

此外老子之言似法地之类者，则老子恒言“守雌”，以“玄牝之门”言“天地之根”，以“母”喻道，视道如天地万物之母，而贵“食母”“守其母”。此雌、牝、母皆阴物，亦世所谓坤道、地道之所在之物也。则老子之言守雌、法牝、守母，亦皆为法地道之类。然老子之言知雄守雌，而至于“为天下溪”，以“常德不离”

等，则涵义亦极深远，不止于上文所谓处卑下之义。其言“玄牝之门”为天地根，此玄牝之义，明高于天地之层次；言道为天地万物始母，此始母之义，亦在天地万物之层次之上。正如其言“谷神不死”，而为玄牝之门，此中之谷神之义，亦在天地之层次之上也。凡此等等，皆取喻于地下之物，而又通极于天地之上之道，与常德玄德之言，而当视为后文所谓人直接法“道”、法“自然”之言者，固不可只视同其一般法地之言者也。

然观老子之言守雌、法牝等，亦似有属于低层面之意义者。老子之言“牝常以静胜牡”，即明可是直指地上之牝物，能以其静胜牡而言。此与其言“玄牝之门”之冲虚，而其用不穷，无所谓胜物之义者，显然不同。则人之法牝与守雌，即亦可只为法其安静卑弱，而“能胜”之义。老子之言水之义，虽亦多有通更高之层面者，后第七节文亦当及之。然其言水“以天下之至柔，驰骋天下之至坚，以无有入无间”，则明似由直观此地上之水，能无不渗透，以柔弱取胜坚强之物，而见得。凡此所言物之柔弱，又不止为可外胜刚强，而亦为物之所以能得自生自存而长成之本。此则可由地上之草木与人之初生之状以证之。老子尝曰“人之生也柔弱，其死也坚强；草木之生也柔脆，其死也枯槁”，又曰“物壮则老，是谓不道，不道早已”；故曰“柔弱者生之徒，坚强者死之徒”。此二语盖即自人物之自己生命状态之柔弱，为其得更向于生长之本而言；非只由物之柔弱者，能往胜其外刚强之物而言者也。然无论自物之柔弱者之能生长而未生长，能胜刚强而尚未胜之处看，则皆同可谓其力量乃敛抑于内，而居在下位，则皆可谓之为近乎地。故老子法地之教，恒兼涵处卑下，与保柔弱之二义也。

此上所说“物之高者之趋向于下，即得更为高处来者之所趋向”，与“物之柔弱，乃内为其自己之得更向于生长之本，而外则为能往胜其他刚强之物者”之二义，皆是由吾人之自往观地上之万物之生命或存在状态，与其相对地位时，随处可观得之地上万物之物势中之道。凡趋向或向往，皆势也。老子曰“物形之，势成之”。物有形而随势转，以定其存在之状态与相对之地位，即由势成也。物势即物之趋向。今谓此物之趋向或物之势，即“物之道”，或谓其中有道，皆无不可也。由此而吾人可谓老子之所谓法地之基本意义，即在由知此地上之自然物，有此等物势中之道；以知：凡万物之状态，类似于柔弱者，皆生之徒；其类似刚强者，皆死之徒；凡万物在其相对之地位中，其所居之位之类，似高者，皆必趋下，亦当趋下；而人亦当求柔弱方得生；复当居下，方得为一切居高者之所归往。此即人之效法此地上之物势中之道，以法地之道也。柔弱者似“小”、似“少”、似“寡”、似“无”、似“静”、似“缺”、似“短”、似“虚”、似“不足”、似“曲”、似“枉”、似“拙”；而一切“小”“少”“寡”等，皆柔弱之类也。刚强者似“大”、似“多”、似“有”、似“动”、似“成”、似“长”、似“盈”、似“有余”、似“全”、似“直”、似“巧”；而一切“大”“多”“有”……者，皆刚强之类也。凡柔弱者之力，无不敛抑在内，而外若无力，故在与他物之相对地位上看，即亦皆若只似“居卑”“居下”亦“居后”，为“随从者”。凡刚强者则力皆张举于外，而在与他物之相对地位看，即皆似“居高”“居上”亦“居前”，为“先行者”。柔弱与居下者，又似无所得益，而有所失，若为“祸”、为“害”；刚强、居上者，则似有所得益，若为“福”、为“利”。人之有富、贵、功、名者，即居上，而似大、似多之刚强之类；而世所谓人之得其所欲，而“福”之所在，“利”之所在，亦“祥”之所在也。人之贫、贱或无功、无名者，则似小、似少之柔弱之类；而世所谓人之不得其所欲，而“祸”之所在，“害”之所在，亦“不祥”之所在也。然老子则由知柔弱者为生之徒，刚强者为死之徒；位高而居上者，必降而之卑；位卑而居下者，则为高而上者之所归；以言居高者之危而不安，强梁者之不得其死，多欲适以伤生，多财货使人心劳于行妨。由此更知此中之凡为正反两面者之“有无相生，难易相成，长短相较，高下相倾”，而相转互易；则知“强大处下，柔弱处上”，“祸兮福之所倚，福兮祸之所伏”；“物或损之而益，或益之而损”，“为者败之，执者失之”；更知“祸莫大于不知足，咎莫大于欲得”，而知足则常足而自富。遂能“去甚、去奢、去泰”，不求有而宁无，“图难于其易”；宁短毋长，宁下毋高。于是“少私寡欲”以“外其身”，不求居天下人之先而“后其身”，亦不求为刚强以胜人，宁“受国之垢，受国之不祥”。由此更进，而不自见其有胜人之处，故“不自见”“不自是”“不自矜”“不自伐”；唯求胜其争胜之气，以“挫其锐，解其纷”，而知“自胜者强”，“守柔曰强”，“心使气曰强”。凡此等等，其在最低一层面之意义，皆可说初不外由老子之有见于地上之万物之物势中，原有此高下之相倾之道，柔弱之为生道，刚强之为死道；而更法此卑弱之道，以为人之道之所致。卑弱即所以近乎地，而人亦得如水之“居善地”，以为万物之所归，故能“后其身而身先，外其身而身存”，“受国之垢，是为社稷主；受国不祥，是为天下王”，而真正之“利”“福”“祥”，即正由此卑弱自持而致。此即见老子之言卑弱，正为其所谓“人法地”之教。其旨固甚明，而其义亦皆不难解也。

在上述老子之法地之教中，吾人所最当注意者，是老子未尝直言地道，亦未尝言法地之载万物之道，而只言法“地上之万物如水等之趋向于地，而安于地以成江海，更为在上之川谷之水等之所归”之道；亦只言法“地上之人与草木，其原生于柔弱，与柔弱者如水如牝，原能以其柔胜坚强、静胜躁动”之道。此中人之所以不当为彼属于坚强一类之事，与人争胜而于物多欲者，则一方以人将由此而自竭其力，而自伤其生；一方亦以其力既竭，其生既伤，即将为他物所胜，其力亦愈竭，其生益伤，乃愈归于自败之故也。是见老子之言法地而以卑弱自持，实又非重在法地之居卑下，而在法地上之物之“由卑弱而趋向地，以得生成于地，更为他物之所归趋”之道。简言之，即“法物之趋地，而更为他物所趋之物势中之道”；更简言之，即法物之“由趋地而得生存，或存在于地上之道”而已。则此老子所言之使人得所以生存于地之道，虽全与世人相反，而其目标，则又似正与世人同。唯世人欲由争胜而多欲以得之者，老子皆由不争胜与寡欲以得之而已。则在此法地之教一层面中，老子之所言之道之异于世人，即非必其“目标之道”之不同，而可说唯是“所以达同一目标”之“方法上之道”不同而已。

由老子于此法地之教中所言之道，皆可说是方法上之道，而其目标亦似正与世人同在求得生存于地者，则此道即有一对人之自己之一功利的意义，而亦有一使人用之为权术之可能。盖人之循此中老子所言之道，以不争胜而寡欲者，尽可外面看来，似极其淡泊谦卑，而其心之所顾念者，则可唯在其自己个人由此以得生存于地上。由是而其“外身”而寡欲，即可纯是为个人之身存，其“后身”亦可纯是为求其居人之先。再进一步，人即尽可外示谦卑以居后，而意在胜人以实居先，外示淡泊，而内实多欲。更进一步，即可用其对人之谦卑柔弱与不争胜等，以使他人“更自矜骄、自张大，而逞其刚强”；再依老子所言之“刚强者之必折”之道，“以归于自毁，而不得其死”；而己即可不费吹灰之力，以坐收渔人之利，以遂其多欲而争得胜。此即人之可本老子所言“将欲歙之，必固张之；将欲弱之，必固强之；将欲取之，必固与之”而运用之权术也。盖老子之法地之教，既可是以人之得存在于地为目标，唯是其方法之道之异于世人；则世人之同有此求存于地之目标者，固可于所以达目标之方法，不同于老子之所见。世人之逞刚强、多欲而不知足者，亦可自谓此为其所以求强，得生存于地之道也。世人固亦可由闻老子之言而知“知足者富”“自胜者强”，即信老子之道真为人之所以求强富，以生存于地之道，而依之以实行。然世人亦未尝不可仍存其逞刚强与多欲之心于内，而于闻老子之言之后，外示弱而内仍求强，外示淡泊而内仍多欲；以至本老子之言，用作权术，以为此乃真所以求强富，而自生存于地之道也。若此三者，皆同为人之所以自存于地，唯其方法之道不同；又何者必为可，何者必为不可乎？观老子之言，固未尝教人用卑弱等作权术，然老子亦似未尝明白禁止人之本其言以用权术；而人之本其言以用权术者，即亦可自谓其亦是行老子之道矣。则吾人将何以得解于此中之疑，以确知老子之法地之教，其目标之果何在乎？

对上列之问题，关于老子之言是否可用作权术一层，实不难答覆。即上述老子之言若为真，而人亦信其为真，则决不能同时用之以为权术，以争胜而遂其多欲。此何以故？以人若用其言以作权术求争胜而足其多欲时，即亦知“当其争得胜而足其多欲后，依老子之言争胜者必败，多欲者必自害，即仍将再败而受害”故。则真知老子之教，而欲本老子之言用权术者，即同时知其权术之无所可用，而不用之为权术矣。再如老子之说其言时，若自信其言为真，并望人之实信其为真，亦决不能同时意在教人以权术，亦可决定而无疑矣。

人之真知上述老子之言者，虽不能用老子之言为权术，然上述老子之言，毕竟有一对个人之功利意义，人亦可从此功利意义，以了解老子之所谓“道”，乃只视不争胜、少私寡欲等，为人所之以生存于地上之“方法上之道”。如老子思想止于此一层面，则其思想之目标，仍未高于世人之上。今欲定老子之思想是否有属于更高之层面者，则当细观老子其他之言。若老子其他之言，实有超过此一层面之上者，则将此一层面之言，连系于高于此一层面之言以观，其意义即可隶属于更高之层面，随更高之层面之意义，而提升矣。

此老子思想属更高层面者，即见于老子直对天地万物之全，而言天道，与法天道者。此天道与法天道之义，必须人自始即有一超个人之求生存于地上之私的目标，以观天下万物之全中之道，乃能契入者。人欲由此法地之第一层面，进至法天道之第二层面，亦无妨由此第一层至第二层之辩证关系处了解，而见人之行此法地之道，至乎其极，原有转进至真正之“无私而全外其一人之身，以知天道而法天道”之义。盖人之行后其身之道者，虽初可仍意在其身之实为人所归，而居人之先；然人之行后其身之道至极，至于居后无可后之位，即可不见后来者更居我先。盖彼居先而有后者，皆有后来者得更居其先，而变为居后；则其先非必先，我亦即可不见其为先。而我甘居后无可后之位，而更不欲居先，则亦不见有后来者更居我之先，而不再变为居后；我即自为先。是为不与“后”对之先。又人少私寡欲者，虽初可意在外身以求身存；然人行外身之道至极，必至于己身之事无不外，以至外无可外；而后外不见物可伤我之身，方能如老子所谓“善摄身者不避兕虎与甲兵，而更无死地”。外无可外，外不见物可伤我之身者，而身自存。是为不与“亡”对之存。此即以少私始者，必极于无私，无私至极，而无私可私，亦无私可失；而天下之物之所在，皆己私之所在，而私恒自成。是为不与天下之物相对之私。此即由老子之言法地之义，可导人至法天道之层面，而亦未尝不可通于更上之层面之义，而为吾人可就老子之言之义，试引申而说之者也。

三　地法天，与人由法天以法道之义

老子之言天与天道之言，自量而言，似较上文所谓法地之言为少；然其重要性，则不由此而少。兹先征引老子之明及天道之言，更说此天道之义，与人之法天道之义，与上文所已及者之不同何在。

老子之言天道者，有下列数章之文。

《老子》七十七章曰："天之道，其犹张弓欤？高者抑之，下者举之；有余者损之，不足者补之。天之道，损有余而补不足；人之道，损不足以奉有余。孰能有余以奉天下？唯有道者。是以圣人为而不恃，功成而不处，其不欲见贤。"

七十三章曰："勇于敢则杀，勇于不敢则活，此两者或利或害。天之所恶，孰知其故？……天之道，不争而善胜，不言而善应，不召而自来，绰然而善谋。天网恢恢，疏而不失。"

又七十九章曰："天道无亲，常与善人。"第五章曰："天地不仁，以万物为刍狗；……天地之间，其犹橐籥乎？虚而不屈，动而愈出。"第八十一章曰："天之道，利而不害；圣人之道，为而不争。"

此上所举老子言天道，实与吾人在"导论下"所述《左传》《国语》诸书所记其时人以"盈则毁"为天道，大旨不殊。可见老子之学前有所承。此老子言天道乃自二义言。一是天道乃自其表现于天下万物之总体而言，而非如上节所谓物势中之道，乃自地上之一一特殊之物如水、川谷、江海、婴儿等之"现实的状态"，如柔弱刚强，或"现实的相对地位"，如居高或居下等，与其相转互易之趋向趋势而言。二是天道乃自天下万物之客观的公言，而非自特殊之个体物之主观的私言。此二者即正使老子所言天道之言，居于老子所言物之在地之道之高一层面，而可包括之；并使其言人之法天道，为人法地之高一层面之言，而亦更提升扩大其法地之言之意义者矣。

譬如以上举之第一段文来说，此段文中所谓天之道如张弓，于高者则抑之，于下者则举之，于有余者则损之，于不足者则补之；其所指之实事，即不外上节所谓"高处水之向低处流，以入溪谷，归于江海，而如往补江海之不足；与婴儿之日生而日长，物壮者之日老而近死，强梁者之不得其死等"一切"高下相倾，刚柔相胜"等正反两面，互相转易之物势。然此处所说者，则要在将此一切的天下万物，合为一总体，而谓其中表现一“抑高举下、损有余补不足”之天道，而不说之为“一一分别之物之刚柔高下之状态、地位之转易中”之物势之道。此中之天之道之抑高举下，损有余补不足，亦非自一一分别之个体物，其自身之主观的私的愿望而说，而唯是说一公的客观的道是如此。如草木婴儿之必日生长，而补其所不足，固未尝先自觉有此补其所不足之愿望，物壮者亦非自觉的愿死亡也。然客观之道既如此，则草木、婴儿，必自生长，壮者亦必老死。吾人于此即勉强说此婴儿草木之生长，与壮者之老死，为其自身不自觉的愿望；然吾人仍不能说天之损此物之有余，以补他物之不足，抑此物以举他物等，乃在此中之任一物之个体的愿望之中。盖壮者之自愿老死，仍未必即愿望其他柔弱者之生也。是见天若果有此抑举损补之道，此天道即必为在此所损补抑举之物之主观愿望之外之一客观的天道。此天道有所抑，必有所举，有所损，必有所补，而以抑损成其益补；则对所抑损者，虽似害，然此害所以为益补，其归仍在利。故老子曰：“天之道，利而不害。”此利而不害，乃自客观的天道之所归上言，固不在万物之主观愿望上言也。若在此天道之表现于物之主观的愿望上言，则被抑损者既必受害，则不得言天之道利而不害矣。由此二者，故见老子之言天道，与上节之分别就一一个体之物，求存在于地之道，以言其高者之趋下，柔者之胜刚者，义虽相关，而其言则全不同其层面。此天道之抑高举下，损有余补不足，乃在一一个体之物之上一层面，以平其中之不平，而更重新规定“此或高或下、有余或不足之地上之物之存在的状态，与相对地位”；则一切所谓地上之物之存在的状态与相对地位，自亦属于此天道之全部所涵之内。然在此天道全部所涵之中，此天下之万物之“此抑彼举，此损彼益”之“交互关系”，固唯可用以说“包涵一切互为彼此之万物之全体”之天，而不能用以说彼物或此物之自身者。故只为天之道，而非一一之地上之物之道。

然此地上之物之道，又正由此天道，加以规定而包涵之，即以天道为其所法。是即“地法天”也。

上言《老子》七十七章所谓天道，为一直对全体之天而言之道，而居于一一之物之和或万物之上一层面，以规定其交互关系者。故上引《老子》七十二章文，更喻此天道之包涵于万物之上，曰天网。谓天之杀彼“勇于敢”之“有余者”，本于天之所恶；则天之活彼“勇于不敢”之“不足者”，即本于“天之所爱”，其意可知。故此段文乃更由此以言天之“不争而善胜，不召而自来，绰然而善谋”。此亦显然为将天道视为在物之上之一层面之言。由此天道之在一一之物之上一层面，则老子之言人之当法此天道，亦当往“损有余以奉不足”，以学天之“利而不害”，如圣人“为而不争”。此义乃超出一切个人功利之打算，以升进至上节所谓“法地”之一层面之上，亦即可定然而无疑矣。

此老子之言天道之“恒损有余补不足，举下而抑上，以平天下之不平”，毕竟其客观之真理意义为何，则人可异说。人固可由天下之正多不平之事，以疑天道能平“一切不平”也。又人自天之平不平，必于有余者高者，有所裁抑杀害上，看天之道乃由害以归于利，亦可谓天实亦未能不害而利，而疑老子所谓利而无害，非真是利而无害也。又人亦可谓：天生物而任物之有死亡，老子亦固明有“天地不仁，以万物为刍狗”之言，又何得谓天道真利而不害乎？然凡此诸疑，皆可实不碍老子之言天道为利而不害者，则在：人于此能纯自天道之表现之全体的结果上看，则可见天之所杀害者，毕竟少于天之所生所利者。万物之生，固如刍狗之既陈而即废，然“天地之间，其犹橐籥乎”，恒“虚而不屈，动而愈出”，则所生所利，仍多于彼既陈之刍狗；则其不仁，仍非真不仁也。人若本此观点，以观天道之全体之表现，则天地万物即销毁净尽，只更生一物，仍可见天道之利而不害也。则知老子言天之利而不害，固可同时言天之“以万物为刍狗”而若不仁；而言天道对“有余之物必有所损害，而后有对不足者之利”，仍可同时言天道之为“利而不害”也。老子之不讳言天之兼为一“司杀者”，以成其对物之利而不害，是即以天道，乃由有所“反”而后成其“正”者。此正为老子言天道之特色所在。此亦正如其言物之存在于地之道，乃恒必先处卑弱，而若有缺，有所不足，而后能安于其所不足以知足，方得存在于地上，皆同此“有所反而成其正”之义者也。人若必于此老子所言之天道，致其不满，而问其何以不“自始不以万物为刍狗”，亦无对有余者之损害之事，则盖非老子之所能答。然老子亦未尝不可本上节所谓人于世间之物当知足之义，而推广之以说：吾人于天道之所求，亦当知足；而不可于此天道之已有之利而不害之事，更作分外之贪求也。唯由人恒对天道之有分外之贪求，而不知足，乃或只见天地之不仁，而疑天之道利而不害。此乃人不知足之所为，非天之道不归于利而不害之谓也。若天道非归在利而不害，则应早已大地平沉、虚空粉碎，更何有芸芸万物之可见乎？唯此老子之言天道，乃由有所反，以成其正面之利而不害，而不如墨子之自始正面的直就天之兼利万物，以言天之兼爱，亦不如儒者之自始正面的直就天之并育万物，而言天之德；则见老子与儒墨之言天道，仍有所不同耳。

由此老子之言天道，乃以抑损有余以举补不足，以平不平为事，而归在利而不害，故老子言人之法天道，亦即一方当“损有余以奉不足”，以平人间之不平，此即世所谓义之事也。在另一面，则人又当专法此天道所归之“利而不害”，而慈于人物，此即老子所谓三宝之第一宝也。老子之慈，即近乎世之所谓仁者也。其不同者，唯在老子之言慈，重在以慈卫其所慈者，故曰“以慈卫之”，“卫之”者，言将所慈者全纳于其怀，而保卫之谓也。慈之名，原取喻于父母之爱其子女。父母之爱子女，乃唯以子女心为心，而不必计子女之善恶。故老子言慈，而同时亦不重“于人之善恶，先存分别待遇”之心。故有“善者吾善之，不善者吾亦善之，德善”；又言“善人者，不善人之师；不善人者，善人之资”；再言“道者，善人之宝，不善人之所保”；更言“天下皆知美之为美，斯恶矣；皆知善之为善，斯不善矣”。此其旨明不同于世之君子之分辨善人与不善人，而严拒不善人之旨，亦正通于老子言天道之义者。盖人之或善或不善，正如天下之事物之或利或害、或损或益。天则固兼涵天下万物之相利相害之事于其中，而天之道亦不免以损害与不仁，成其利而不害之事。故天道亦有“包涵善恶，而以恶成善，归于浑化善恶”之义。故人法天，亦当兼容善人与不善人，以浑天下之心，不必过重善人与恶人之别。如法天之利而不害，至于有慈心之极致；亦当知善人与不善人之未尝不有其相资而相师为用之处，而俱善之，以浑天下之心。固不可只如世之君子之只知善之为善，以与不善为敌对。故老子谓只知“善之为善、美之为美”，则“斯恶”“斯不善”，而非“德善”之极致也。

由老子之言，人当法天道以平不平，而更行慈。圣人在上皆“无常心，唯以百姓心为心”，亦当好静无欲，在其个人身上“为无为”，而“事无事”，而唯有“为人”之为。此“为人”而愈能“以百姓心为心”，则其心愈广，即是为己。故曰“既以为人己愈有，既以与人己愈多”。为政之多欲者则反是，乃食税多而使民饥，“朝甚除、田甚芜、仓甚虚”，而自“服文采、带利剑、厌饮食、财货有余”，则无异“盗夸”；缘此而更多事多为，只求“法令之兹彰”，而忘“盗贼多有”；欲以死惧彼已“不知畏死”之民；以至穷兵黩武，致凶年；则为老子所深责。老子乃教为政者，当于民“无狎其所居，无厌其所生”；于不得已之兵战，而杀人之众，亦当以“悲哀泣之，战胜以丧礼处之”。此皆明由其慈心所出之言。其所想望之天下世界，则在使小国之寡民，皆有以遂其生，“重死而不远徙，甘其食、美其服、安其居、乐其俗，邻国相望，鸡犬之声相闻”，人至老死，而未尝有待于往来转徙于道路。则固皆同本于欲平天下之不平，与“以百姓心为心”而发之论也。

老子言三宝：一曰慈，二曰俭，三曰不敢为天下先。后二者皆可摄在上一节所言之法地之道中说。俭即少私寡欲，不敢为天下先，即处卑下之教。此二者，皆尚可说为人之自求所以生存于地上之教。然“慈”则必赖于人之先超出其自求生存之目标，平观人我之私；更以为人即为己，而“以百姓心为心”，然后有之。此人之有慈，亦正为人之能专法天之利而不害之道之所致。知此三宝中之慈，与余二者之不同，即更可确证老子此第二层面之言，不同于第一层面之言矣。

第九章　老子之法地、法天、法道，更法自然之道（下）

四　天之道与道，及人之直接法道义

至于老子言中是否除上述之法天道、法地之外，尚有所谓具独立意义，而又在更高一层次之法道之言，似是一问题。盖人可谓：法天之“道”，即已是法道，似不必更有法道之本身之一层面之言。然法“天之道”，是否即等于法“道”，亦当看“天之道”之一名，是否能全包括“道”之名之义，并当观老子之言道者，是否皆连于天道而定。然吾人细观老子之言，则见老子明有单言道之言，而“天之道”之一名，尚不足以尽之者。则所谓天之道，尽可只指“道之表现于人所对之天之全体，或已成之天地万物之全体”而言，而道之自身固可有更超越于此以上之意义在也。谓老子之道之自身，有其超越于天地万物之上之意义，其证在老子之明言“道可道，非常道”，“无名天地之始，有名万物之母”。又言“有物混成，先天地生……吾不知其名，字之曰道”。又言“道冲，而用之，或不盈，渊兮似万物之宗”，“吾不知谁之子？象帝之先”。道尚可说在帝之先，则其在天地万物之先，更可知矣。今欲知道自身必有此超越于天之意义，可姑循下说思之。即无论谓天之道为何，然要之，此道之名之义，不能即全同于天之名之义。其所以不能即全同于天之名之义者，因吾人至少可说：在思天之名所指，而为吾人心思所对“天地万物之全体”之时，此全体必有其范围；此范围中，总不能包括未来之天地万物。因未来之天地万物，尚未存在，即不在此全体中故也。然未来之天地万物，虽未存在，吾人若信此道为天地万物所必具之道，则仍可于今日说：未来之天地万物如一朝存在，亦必将同法此道，以具此道而存在。则此道之意义，即已超越于“此已存在之天地万物之全体”，亦已被吾人肯定为“先于未来之天地万物而在之道”矣。循此以更返观现在与过去之天地万物，则亦当说其在未有之先，其道已先在，乃得为其所法、所具矣。此中纵吾人谓天地万物无始无终，其所经历之时期为无穷，吾人仍可说在此无穷时期之任一时期，其天地万物之道，皆先于此一时期而在。则在此无穷时期中，此道仍时时为一“有其所先之天地万物”之道也。任何时期之天地之道，若后一时期之天地中有之，则此道即至少有先于后一时期之天地之意义。即此一点，已见“道”之意义，必有不同于“天地万物”之意义者；因任何时期之天地万物，皆无“自己先于自己之意义”故也。人只须知道之意义不同于天地万物之意义，则亦当知分别以天地万物为法，或法“天”之道之义，不同于直接法道之义矣。至于就其他之义，说天地万物之道，不同于具体之天地万物自身者，自尚有种种义理可论，今不必多及。以其皆非老子之所尝明说也。吾人今姑为上说，以辨此“法天之道”之与“直接法道”之意义之不同，唯在使吾人先确知天之道之意义，不如道之意义之大，则亦知道之意义，在天之道之意义之上一层面矣。

老子之教人直接法道之义，可说首在教人循此道之有超于天地万物之意义，即自求超越于所见之天地万物，更不见天地万物，而只见此道；亦只体证此道之“超越于天地万物之意义”，以为道而修道。人欲不见天地万物，即待于人之自抑损其一般之向外看天地万物之感觉、对天地万物之欲望、逐取纷驰之意念，与一般之学问知识，以和其智慧之光明，以只见道、体道，而为道、修道，更求至于其极。故老子尝曰“为学日益，为道日损；损之又损，以至于无为”，“塞其兑，闭其门；挫其锐，解其纷；和其光，同其尘”，“不出户，知天下；不窥牖，见天道；其出弥远，其智弥寡”。又言“绝学无忧”，“荒兮其未央哉，众人熙熙，如享太牢，如春登台；我独泊兮其未兆，如婴儿之未孩，儽儽兮若无所归；众人皆有余，而我独若遗。我愚人之心也哉？沌沌兮，俗人昭昭，我独昏昏；俗人察察，我独闷闷。澹兮其若海，飂兮若无止；众人皆有以，而我独顽似鄙”。此上所引之言，固未易解释，然要皆为老子所谓人之直接求法道、见道、体道而为道、修道者，将其感觉、心思，自外面之世界撤回；而若于外面之世界，一无所依傍寄托之言。故谓之“于未兆”“无所归”“若遗”“无止”，斯达于天地万物皆泯于“昏昏”“闷闷”之中之境。天地万物依道而生，而道原为天地万物所自始之母，由知道为母，而知天地万物之只为其子，[①] 即五十二章所谓“既得其母，以知其子”。必得其母而后知其子。知其子者，言知子只为母之子，非只往求知子也。知母，而知子皆母之所生，故仍归在超于天地万物以知道，而为道修道，以只守道，即五十二章所谓“既知其子，复守其母”也。人欲守母，则待于不见天地万物，故下文继曰：“塞其兑，闭其门。”塞兑即塞言，闭门即不见天地万物，而只见一道。此所谓道，无论其最初为吾人所知时，其所呈现之内容为如何，然当其为吾人所知、所见、所体，而只显其为天地之始、万物之母之超越之意义时，吾人若以一般说天地万物之名言说之、诘问之，即皆不能切合；而以观一般感觉世界之天地万物之视听等观之，或以一般由感觉事物所得之概念、观念，思虑之，想象之，亦皆不切合。乃皆若有得，而实无所得，若有状、有象，而无状、无象。故曰：“视之不

① 此“子”可能有其他之意义，如指由道而生之玄德，然谓指天地万物亦可。因天地万物在此第三层面，即表现道，而有得于道之玄德者也。见下文。

见名曰夷，听之不闻名曰希，搏之不得名曰微。此三者，不可致诘，故混而为一。其上不皦、其下不昧，绳绳不可名，复归于无物。是谓无状之状，无物之象，是谓惚恍。迎之不见其首，随之不见其后。”“视”“听”“搏”之不得，即不可以感觉得；“不可致诘”“不可名”，即不可以一般之名言说之、诘问之；“惚恍”即一般之思虑想象无所用；而人乃唯有“和”其一般之智慧之“光”，以“同其尘”也。感觉、言说、思虑、想象所不能得之状与象，即为“无象之状”“无物之象”也。

此上所引诸文之解释，其中自包括种种文义训诂及哲学义理之专门问题。然吾今亦不能一一加以详说。吾今之意，唯在指出老子言人之直接法道之事中，确有直循此道之超越于天地万物之意义，以更求“不见天地万物，而唯见此道”之一境；此亦即见此道之“不能以一般之言说、感觉、思虑、想象而得”之一境。此中人之法道之要点，不在此道之内容之如何。此道亦可即以“此超越于天地万物，与由此超越之所得者”，为其内容，而别无其他之内容。此中之要点，唯在知此道之只是道，知此道之有超越于具体之天地万物之意义，而更循此意义以见道、体道、为道、修道；以使此道之内容，如被摄受吸收于此“见道、体道、为道、修道之心中，更不为心知之所对”，即亦终必归于无可说；而所超越之天地万物，亦以被超越而同为无可说也。

至于人既循此道之超越意义以超越天地万物后，若欲更循此道之超越意义，以还观此天地万物时，则人又可更实见得：此天地万物之原即亦具此超越其自己之意义，而吾人在第一层面中，所见得之“刚柔相胜，高下相倾”之一切正反互易之物势，皆当视为万物之“表现其超越自己之意义”者，亦即具此道之“超越天地万物之意义”者。盖刚柔相胜，则刚非刚、柔不柔；高下相倾，则高非高、下不下。此中之刚柔高下之正反两面之互易，而互相过渡，自第二层面观之，则为一荡然公平之“损有余补不足之天道”之表现。然在此天道之表现中，“有余”被损，则“有余者”亦非“有余”；“不足”被补，则“不足者”亦非“不足”，以各见一超越其自己之意义。由此有余者之损而成非有余，不足者之补而成非不足，即见天道之“利而不害”。于此如吾人更不自天与其中之万物看，而只自此中之道看，则此道即为“使有余者非有余，以生彼不足者”之天道，亦即一“不有”此有余者，以“生”不足者之道，又即一“生而不有”之道。而凡任何已有者之自“不有”，而别有所“生”，即皆此“已有者”于其“有”上表现“无”，于其“实”上表现“冲虚”之事，亦即皆表现一“超越其自己之意义”之事，又即皆表现此道之超越意义之事。由是而凡吾人于第一层面中，所见得之万物之正反互易之物势中之道，以及第二层面中所见及之“损有余而补不足”之天道，在此第三层面上看，即皆不须黏附于天地万物或物势上说；而可只由此中之正反之互易，与“有余者之损、不足者之补”上，以见天地万物之恒超越其自己，以具此道之超越意义，以“不有”其自己，而更有所“生”矣。此道即为《韩非子·解老》所谓“天地万物之共由”之道，或当前之天地万物由之以“不有”，继起天地万物由之以“生”之道也。继起者由道以生，则可说为此道对继起者之德。然当前之天地万物由此道而生者，亦更不有；则又见其除有得于此道之外，别无所得，亦别无所有；又见此道于天地万物“生之而不有之”之外，亦更无德。“生而不有”，则其生之“有”，皆表现“无”，其“实”皆表现“冲虚”。然“不有”而更有所“生”，则“无”复非“无”，而为“有生于无”之“无”；其“虚”亦非“虚”，是谓“虚而不屈”之“虚”。有无相生而同出，谓之“玄”。故道于物之德，名曰“玄德”，而物得于道者，亦只此“玄德”。人之本此道或道之玄德，以观天地万物者，则天地万物之所在，即无非道之玄德之所在，或此道之所在。则天地万物即非天地万物，此天地万物之相续生，皆只是一“不有”之生之流行，即生而不有之道之流行。人乃可只见此道之“周行而不殆”于天地万物之中，而天地万物之相续生，亦皆可说由道生，道遂可说为天地之始，万物之母。人斯可随处见此道、体此道，于其与天地万物之相接之事中，更同时“为道”而“修道”矣。

至于人若求一更切实而确定的了解老子所谓由人法道而见道、体道、为道、修道之事，其层次之高于法天道者，亦可姑置上一段文，而直本上节所说者，更进一步言之。盖上所谓天之损有余而补不足，以平其不平，以利而不害等，亦可说为：天超临于其所生之物之上，皆加以涵容，而待之以公平之道。人之法此天道，而能容能公，则其心思，亦即为一超临于其所对之天地万物之上之心思，而为具有“超越意义之道”之一心思。正如天之超临万物，而待之以容公之道，原为具有超越意义之道也。今吾人若暂不管天之自身，是否有此容与公之道，而只直本此“容”与“公”，以存心，即人之心思之直接法此“容”与“公”之道。依《老子》十六章所言，人欲以容与公存心，则必先“致虚极，守静笃”，知“万物并作”者，无不“归其根”，以“静而复命”。此天地间“并作者”之必“复命”，即天地间“生”而“不有”之常道也。唯人能知此常道，于“作”者更“复”之，于“生”者更“不有之”，然后人之心乃能容能公，故下文曰“知常容，容乃公”；而此容公之道，亦即此“常道”也。反之，则为“不知常，妄作凶”。至于容公之下文，更有“公乃王，王乃天，天乃道，道乃久”四句者，则以人果能容能公，而人道即同天道，亦同于王者之“容”“公”之道，故曰：“公乃王，王乃天。”此人道之合于天道，尽可纯由人之自“知常”，而行“容”“公”之道之所致。故其合天道，乃“知常”而“容”与“公”之一结果。于是其合天道，即不止于合天道而同于天；而是直循其所知之常道之自身，以体此道、行此道，与此道同一。故再曰“天乃道”。此“天乃道”，言其自同于常道；不只是知此常道，亦不止是同于天；故此语在“王乃天”

之后，而其意义，亦自更高一层矣。其所以能更高一层者，又正由其乃直接由知常道，以直接法此常道，而体之行之之故。则直接法此常道，高于法天道之一层面，即不待言而可知，读者可细心自按之。此十六章“王乃天”之后，言“天乃道”，正与二十五章之人法天以后言天法道之次序，互相对应；亦见人之只法天之道者，当更进至如天之法道，以直接法此常道之一层面也。至于此十六章在“天乃道”之下，再有“道乃久”之一句，则应为由法“此常道以为道”，更进至确知确证“此道为常为久”之义；然后此“道乃久”之句，乃非随意泛说，而有其独立意义。则此句理当为更高一层面之言，亦当为与二十五章“天法道”之下一句“道法自然”相对应而说者。此人之“由法道至于确知确证此道之常与久，而使人能自安于道，而亦自久于道，并于此中同时见及道法自然”，则又为人之法道之最上一层面之事。此亦吾人不难更分别其义，与前三者之不同，而说之于下文者也。

五　修道者之安久于道与道之常，及道法自然义

此上所谓“人法道又能安久于道，而于此中同时见得道法自然”之一层面，即指人之法道之工夫之相续，至于与道浃洽，安之若素，久而“不失其所以”，守道皆出乎“自然”之境而言。此即由行而证果之工夫之事。在此工夫中，一方有修道为道者之心境，可加以描述，以知人如何于此心境之安、久、自然中，可同时见得“道法自然”之义；一方人亦可有如何自达于安、久而自然之境之种种内在的疑问。此则《老子》之第十五章、四十一章与第十章之文，最当为吾人所注意。其十五章之文曰：

“古之善为士者，微妙玄通，深不可识。夫唯不可识，故强为之容。豫焉若冬涉川，犹兮若畏四邻，俨兮其若容，涣兮若冰之将释，敦兮其若朴，旷兮其若谷，混兮其若浊。孰能浊以止？静

之徐清。孰能安以久？动之徐生。保此道不欲盈。夫唯不盈，故能蔽不新成。”

此即明为就修道之士，其内在心灵之状态境界而言。其问“孰能浊以止？孰能安以久？”则明表示其修道历程中所感之问题。亦见求“安以久”，正为此修道之目标，而此久，即正当为十六章“道乃久”之久。此谓“安以久”，乃明在修道者之心境上说。求安以久，即求修道之达自然之境之谓也。第四十一章：“上士闻道，勤而行之；中士闻道，若存若亡；下士闻道，大笑之。明道若昧，进道若退，夷道若纇；上德若谷，大白若辱，广德若不足，建德若偷；质真若渝，大方无隅，大器晚成，大音希声，大象无形。道隐无名。夫唯道，善贷且成。”

此则明言人由闻道而修道之历程中，由“明道”“进道”而“夷道”；以至于有“上德”“广德”，以“建德”；至于“质之真”“成之大”，而又若恒望道而不见，如“隐于无名”之中之事。在此历程中，必若昧而后明，必若退而后进。亦正如四十五章之言“大成若缺，其用不弊；大盈若冲，其用不穷”。是皆谓必常若有贷而不足，然后成，故曰“善贷且成”。总不外说人之修道历程中之心灵之状态境界事也。至其第十章之言则曰：“载营魄抱一，能无离乎？专气致柔，能婴儿乎？涤除玄览，能无疵乎？爱民治国，能无知乎？天门开阖，能无雌乎？明白四达，能无为乎？生之、畜之，生而不有，为而不恃，长而不宰，是谓元德。”

此是人在修道历程中，自问种种问题，自验工夫之浅深，而归于言“生而不有，为而不恃，长而不宰”之玄德。唯人能常生而不有，常为而不恃，常长而不宰，以安于道、久于道，乃有此玄德，而实得道之常。《老子》第一章之言道，并正当缘此解之。此章“常无欲以观其妙，常有欲以观其徼”二句，自昔有二种断句法，或自有无二字断句，或自二欲字断句。吾昔本《庄子·天下》篇“建之以常无有”之言，而主前说。今则以为《老子》他处既有“常无欲可名为小”之言，以本书证本书，仍主后说。此二句之的解，则吾今以为“生而不有”中之“不有”，或“为而不恃”中之“不恃”，“长而不宰”中之“不宰”，即是“无欲”；而其中之“生”“为”“长”，即是“有欲”。“生”“为”“长”，即有所归向要求。《玉篇》：“徼，要也，求也。”《说文》：“徼，循也。”故言常有欲以观其徼也。“而生、为、长所归向要求，又在此不有、不恃、不宰；而又能生、为、长”，即如少女之妙。故言常无欲以观其妙也。此中“为而不恃”“长而不宰”，又皆可统于“生而不有”之义中。人果能常生而不有，即其心常有欲、常无欲，以常体道、常修道，而安于道、久于道，而人即可谓实具此玄德，而得道之常矣。又当人之安于道、久于道，以得道之常之时，即其修道达于自在、自如、自然之心境，亦必然同时见得此道之恒如其自己，自然其所然，以自为长久之道；一面“绳绳不可名”，一面亦“自古及今，其名不去，以阅众甫”，以独立而不改；而又如以其“自己之自然其所然，或常久”为“其自己之所法，以自成其自己”者。故人于此中，可同时见得道之自身之法自然也。人见得此道之常，道之法自然，而更自此常道、此自然之道之表现于天地万物之上看，则人所见得者，即天地万物之常“生而不有”；而每一生而不有之事物之上，皆若更浮现此一“生而不有之道”，超临于此事物之上，以为其所表现，亦为其所归往，以更为继起之生而不有之事物，所依以生者。然事物既常“生而不有”，则前生“不有”，乃有后生；则后生之然，非前生所“使然”；前生之“然”，亦不“使”后生“然”；而皆各自然其所然。则道法自然，而天地万物亦莫不法自然矣。于此人若纯就万物之自然其所然上看，则亦更不见有道为之主，道即隐于无名；而若只见“天地万物之一一自然其所然，以平铺于无边际之平原”之上，此即近一般之自然观矣。但此中若无此生而不有之道，则后生之“然”，皆可说是前生“使然”，此即一般自然观中之因果观也。依此因果观，则前生有“使”，后生“被使”，即皆不得言自然其所然。此乃不见老子所谓道之论，亦终不能成“自然义”之论。实则唯赖有此生而不有之道，然后一一之事物，得各自然其所然，则道正为一一事物之自然其所然之主。唯其主之，且遍主之、常主之，以法其自身之自然，而后有“一一事物之自然其所然，若不见道为之主”也。主之而若不见主，是为“不为主”之主。此正道之玄德也。然若人未尝由法道、体道、修道，以至安于道、久于道，而具道之德，得道之常，并于此中先见得道之自法其自然之义；则人亦不能实见得“天地万物之一一自然其所然，如平铺于一无边际之平原”。则此“平原”，实是人之心境，进入此最高之层面后，所见得之一“高原”，而不自见其高者耳。是见此人之修道而安久于道，而至于见得道法自然之义，以及缘此而见得天地万物，莫不法自然之义，固为较人之直接以道为法，而尚未安久于道者，居一更高之层面，即可无疑矣。

吾人上文释老子道法自然之义，乃由人之修道至安久于道达自在、自如、自然之境时方见得者，其证在《老子》书中第十六章之言“道乃久”在“天乃道”之后，而在二十五章中“道法自然”亦在“天法道”之后，二者之文句正相对应，则义当相连。又十五章有“孰能安以久”之句，则自然之义通于“安以久”之义亦可知。此吾人之解释与王弼之谓自然，只是在方法方，在圆法圆，直下便从心之应物上说者，颇有不同。然吾人之言，亦未尝不可包涵王弼之义。因修道而能安能久，能时时生而不有、为而不恃……则自能在方法方，而不滞于方，在圆法圆，而不滞于圆，即亦能在方法方，在圆法圆也。然依吾人之意，此自然之根本义，要当在人之修道至于安与久者，达于自在、自如、自然之心境，与在此心境中所见于道之自身之“恒如其自己，以自然其所然”上说。王弼之言法自然，唯曰“在方法方，在圆法圆”，“于自然无所违”，“自然者无称之言、穷极之辞”，则其语意皆有未圆足处。观王弼之言，自然固不当只是指方之自是方，圆之自是圆之言。若然，则“自然”纯在外，而与修道者之心境不相干矣。其谓“在方法方，在圆法圆”，应是顺物之方而方之，顺物之圆而圆之之意。由是而唯有人之不滞于其所见、所知、所为、所生，而具不有、不恃之玄德，以安久于道，而达于自在、自如、自然之心境者；方能见此道法自然之义。则此自然之义，无论在为道者、修道者之心境上说，与此心境中所见于道之自身者上说，皆正为“无称之言、穷极之辞”。王弼自亦可有吾人所言之意。然若其真有此意，则不宜直下说“在方法方、在圆法圆”，“于自然无所违”；而当言修道之极致，为安久于道，以达自然之境；并于此境中见道之自然其所然，而如以此“自然其所然”，为其自身之所法，然后人乃实见得天地万物之自然其所然，方自方而圆自圆；人乃能“自然地”在方而法方，在圆而法圆。则其只直下消极的说此“不违”之言，固尚不能“正面的”昭显此诸义也。

吾此上所释之老子之自然义，乃以修道者安久于道，以达自然之境为本，更可由老子他处言自然之义以证之。如老子尝曰“功成事遂，百姓皆谓我自然”。此所谓“功成事遂”，即“功遂身退”，能“生而不有、为而不恃”之谓。“百姓谓我自然”者，即“百姓自谓得自然其所然而安”也。至于六十四章所谓“辅万物之自然而不敢为”，此所谓自然，意固较泛，因万物不必能修道也。然此所谓万物之自然，亦同可涵有此为万物之所安处之意也。至二十三章言“希言自然”之一句，则此句殊不易释。按此语之下文曰：“飘风不终朝，骤雨不终日，孰为此者？天地。天地尚不能久，而况于人乎？……同于道者，道亦乐得之；同于德者，德亦乐得之。信不足焉，有不信焉。”此中之上下文，亦似不相连。吾意吾人如纯自飘风下之四句看，则所说者似为天地之损彼风雨之有余者之事，而与此“希言自然”之语，若全不相干。然吾人如通观此段文，则此飘风下数句，虽是说天地之抑损风雨之有余者之事，亦是说天地之所生之风雨之不能久之事。后文之言“同于道者，道亦乐得之，信不足焉，有不信焉”云云，则又正意在言人之“同于道”，则为“道所乐得”而久于道，更于道无不信之处。则此段全文，乃意在言久于道之足贵，而以天地之尚难久，以言人之修道之难常久。难常久，即难言达自然之境也。希言之意，正即“难言”之意。则此“希言自然”，正言人之为道而达于同于道，为道所乐得之自然之境之不易，而为世之所希有、难有者耳。

六　老子言道、德、仁、义、礼之层面，与法道之四层面之对应关系之讨论

至于人之修道，必归在人之得道之玄德，以“生而不有，为而不恃，长而不宰”，则除第十章外，在第五十一章亦有相同之言。此与第七十七章之言“圣人为而不恃，功成而不处，其不欲见贤”，及第二章之言“万物作焉而不辞，生而不有，为而不恃，功成而弗居，夫唯不居，是以不去”，亦大同小异。其为老子言玄德之主旨所在甚明。而《老子》三十八章言“上德不德，上德无为而无以为”，亦正言上德不自有其德之谓。“不自有其德”之上德，即就人之能在事上不自居其功，而能“生而不有、为而不恃”者，更进而说“其事上之所以能如此”之德也。上德不自有其德，则有德同于不有德或无德，而只有一“不有德”之德，“无德”之德；则人之欲有此上德者，亦必“常有欲”而“常无欲”。有无相生而同出，曰玄，故名曰玄德。则《老子》专论德之三十八章中之上德，亦即义同玄德。盖亦唯在人之修道为道，至于自然之境之极致，亦方能有此玄德，故又名之曰上德也。

在《老子》三十八章于上德之“无为而无以为”之下，更有下德之“为之而有以为”者，又曰“下德不失德，是以无德”。言下德无德者，言其无上德；其所以无上德者，正以其不能如上德

之“不德”“无为”而“无以为”，而自谓“不失德”“有德”“有为”“有以为”之故耳。至下文之更有“上仁为之而无以为，上义为之而有以为，上礼为之而莫之应，则攘臂而扔之”之数句；则又明见一下德之下之仁、义、礼之高下次序。后文更总言之曰“失道而后德，失德而后仁，失仁而后义，失义而后礼，礼者忠信之薄而乱之首，前识者道之华而愚之始”云云。此中在失道之下为失德，失德之下为失仁，则以前文所言配之，失德当指失下德，而失道则同于失上德，然后其先后之文句，方相对应。吾人固不可谓在失上德之上，更有一失道。因所谓上德即玄德，玄德即得道之常之德。失此上德、玄德，即失道之常而失道矣。人有上德玄德，即亦不失道矣。此后之下德与仁、义、礼等，则明较上德玄德或此所谓道，处于较低之层面者。则王弼注以下德即仁义礼节，非是。至何以在上德或道之下更有此四层面，则又正有可与吾人上文所谓法道、法天、法地三者之义，可相连而说者在也。

依吾人之意，上德或玄德，即指人之真法道、修道、得道，而达安于道、久于道之境者。能达此境，则真能“生而不有、为而不恃”，有“上德”而“不德”，此为最高之一层面之说，即法“道之自然”之境也。此乃上所已说。然若人之修道而未达此安于道、久于道之境者，自不能直下“生而不有，为而不恃”，亦不能“有德”而“不德”；则其修道而求有德，即必求不失德，而只能有下德，此即次高之层面之一般法道之境也。

至于为仁义者之爱人利物而平其不平，则尚未达于“直接法道修道，以纯求内得于己以有德”之境，而重在对外在之人物，加以爱利而平其不平。此则皆不免于向外求有功，而皆未能实得道而有德。此中之爱人利物，则正同于上文所谓第二层面之人之“法天道之利而不害者，而能慈时”所届之境界。至人之为义，以求平人间之不平，则是法天道之损有余而补不足，以平万物之不平之事。此二者皆原同涵于吾人先前所谓法天道之一层面中。在此一层面中，吾人前固已说明慈乃直法天道之利而不害，此乃居于法天道之“损有余以补不足，以平不平”之上者。慈为仁，平不平为义，即仁本在义上也。至于老子所谓礼者，则指人与人之相对而有其往来与施报之礼。人为礼而莫应，则攘争由之起，故为最低一层。此则盖由于老子视礼，乃连于人之自矜、自持、自是、自见之心之故。人原有此自矜、自持、自是、自见之心，而在人有礼上之来往施报之时，又可不见于外。唯当礼之“应”不足，则此心即暴露而出。此即礼之所以为“忠信之薄”。“忠信之薄”者，言此中只有薄薄之忠信，包住其下之人之自矜、自持、自是、自见之心也。此人之自矜、自持、自是、自见之心，既暴露而出，即又可转出求胜人之心，及与人相争之事，以导天下于大乱。故礼为乱之首。言乱之首，非言其即是乱，乃言其下头之一截，即是乱也。此礼之意在制人之争乱，其目标与老子之法地之教，意在使人以卑下自处，不求胜人之旨正同。唯一般之言礼，多自社会风俗上言，或自人之当如此而言。而老子之教人卑下自处，则兼自强梁者不得其死，而天道亦必损有余等上言耳。是见老子所谓“人法地”之一层面之教，正与此三十八章所谓礼之一层次相当。昔人言老子原习礼，孔子尝问礼于老子，则事之有否不可知，然谓老子之法地之教之一层面中，有礼意存乎其中，则亦正可说也。

至于此段之下文，所谓“前识者道之华而愚之始”，则更不易讲。何以于此独言“道之华”，尤难索解。《韩非子·解老》谓“先物行、先理动，谓之前识”。其言大致不差，但其下文之解则不切。吾意人凡由老子所言物势之转易，而知由此一面必转至彼一面，而预为之备，即事先之前识。此即包涵韩非子之“先物行”“先理动”矣。故知强梁者之必死，知高者之必倾下，而知“欲上民则以言下之，欲先民则以身后之”（六十六章），皆为人之前识。人知今日言下，来日即可上民；知今日身后，来日即可先民；知“将欲取之，必先与之；将欲弱之，必固强之”，由此而知今“与之”，后即可“取之”，今“强之”，后即可“弱之”，皆前识也。人之所以能有此人之前识，又正依于知天地间之原有一正反相转易之道存焉。则人之有前识，固本于知道也。然人有此前识者，未必真能即行“言下”“身后”“卑弱以自持”之道，则有此前识者，即非必真能朴实行道，而只为得“道之华”，非得“道之实”者也。又人之有前识者，或可据此前识而用权术，如吾人于第二节之所论，如表面处卑弱而意在取强之类。然此用权术以取强者，依老子之言强梁者不得其死之道，又终将自败，而为此道之所胜，亦如吾人于第二节所论。则用权术者似智，而不自知其似智，正为愚之始也。如吾人上文之解释为不误，则此上德不德章之文，可前后相贯，而皆可讲通，以与“人法地、地法天、天法道、道法自然”之旨相对应。读吾文者可细思之。若以为不然，而于此章之文，更有切合《老子》全书贯通全文之解释，则吾固愿舍己以从之也。

七　老子通贯四层面之言与正反相涵之四义，及道之诸性相

由上所论，吾人可知老子之言人之法道，确有法地、法天、法道、法自然之四层面，而此四层面之间，亦原有可由最下之法地之一层，转至法天，由法天转至法道，由法道转至法自然之最上之一层之义，如前文所及，则亦自可由较上之层次第下降，以次第统其下之一层之义。由此吾人于老子之取义于较低一层面之言，有通至较高之层面者，与其言最高之层面者之义，有通至最低之层面者，亦即皆不难解。如老子之言“深根固蒂，长生久视之道”，此长生可为实际上之长此自然生命，则属第一层面；然亦可通至有玄德者之“生而不有”之最高之层面，则长生即常“生

而不有”也。

又如老子言“致虚守静”，于“万物并作”，更“观其复”，则“观复”可为第一层面之观“物壮则老，而归于死”之复，亦可为第二层面之观“天道之如张弓之损有余补不足”之复；更可为体道、修道者超越于所知所见之天地万物，而“复归其明”，见天地万物皆“复归无物”之复；亦可为“有玄德之常生而不有，亦常不自有其德，使其所生与所有之德，皆复归于不有与不德”之“复”也。

此上文最后一层“有德而复不德”之“复”之义，即通于老子言“上德若谷”之义。言“上德若谷”者，乃谓其德皆不自视为德，如川谷中水之不留于谷中，以复归江海。“上德若谷”，即常生而不有，常有德而不德，则其安久于此道此德，亦无有止极，故曰“常德不忒，复归于无极”。由是而其依此道、此德，以生而不有之事，与不德之德，亦皆虚而不屈，动而愈出，无穷而无极，故曰“谷神不死”。谷神言“若谷”之此德此道之神用。此神用不死，以常生而不有，常有德而不自有其德，即是玄德。由此神用、此玄德、此道，而人有其为而不恃，功成而不居之事，而人亦同时见得天地万物之生，亦为不自有之生，皆依此神用、此玄德、此道而生。此神用、此玄德、此道，即为天地间一切事物之母体，而可名之曰玄牝。事物之自此玄牝出，即如自“玄牝之门”而出，其根则在此门中。故曰“玄牝之门，是谓天地根”。“玄牝之门”在，“生而不有”之生，即无穷而无极。故曰“绵绵若存，用之不勤”也。此玄牝与谷神，即皆取喻于最低一层面之地上之物，而以之喻最高一层面之此道、此玄德、此神用之常生而不有者也。

此外如老子言天地之所为，固非必然长久，如飘风骤雨，即天地所为，而依第一层面之物势之转易上言，而必不能久者。然天地亦有一义之长久，此则自其通乎道之生而不自有其生处说。故曰：“天长地久，以其不自生，故能长生。”再如《老子》二十八章言“知其雄、守其雌”，而归于知常德之“不离”“不忒”“乃足”，则亦是由第一层面以通至最高之层面之言。又老子所言之婴儿与朴之义，亦皆可彻上彻下而说。复次，地上之物如水，自其至柔而入无间，以驰骋至刚处说，即只见水之以弱胜强之道。至于自水之下流说，即水之趋下而安于地之道。故《老子》第八章言水“居善地”。至于自水润泽他物，而善利万物处说，则又见水之“与善仁、正善治、事善能、动善时”，而见水之同于天道之利万物者也。至其言水之“心善渊、言善信”，则盖当自水之潆洄反复，与其直往其所往之真信处说，则此兼通于道之自身之反复与真信，是又为通于法道以上之层之言矣。

由老子之言之有通贯此四层面者，即亦见此四层面间原有其相通贯之义。此通贯义，除吾人以前所说者外，亦可由此四层面中，皆同具有一反正相涵之义以说之。如在第一层面之法地中，人固可由万物之柔弱者为生之徒，刚强者为死之徒，高者之趋下，下者为高者之所归，以见一物之“正反两面、相转互易”之义，而见正反之相涵。在第二层面之由法天以法道中，人亦可由天之“损有余补不足”，以见此天道之“反损此物、正补他物”，以“利而不害”之义。唯此中人之所见者，则非一物之“正反两面之互易”，而是“一物之反损，与他物之正补间”之正反相涵耳。在第三层面之直接法道中，据前所论，不外言人之当知“此道之超越于天地万物，而非天地万物”之超越意义，而更本之以观天地万物之自身，无往而不表现此道，而以容公之心涵之。是为即就“道之非天地万物之反面意义”，以观“天地万物之自身之正面的表现此道之意义”，而可称为“即反以见之为正”之正反相涵。至在最高一层之人之安于道、久于道，以至于自然，以具玄德，见道之法自然时；则又可只见天地万物之法自然，而不见道，是为“正面之见道，涵不见道之反面于其中”之正反相涵。又此时人以其玄德之表现为生而不有、为而不恃，以“上德不德”，则其有德即涵“不有德”，又为即“有德之正面，而涵不有德之反面于其中”之正反相涵。此四层面各有一正反相涵之义，皆舍“反”无以见“正”而成“正”，亦无以见道；而道亦必通过“反”，先有此一“反”，方能自见其为道。此“反”即一动，故曰“反者道之动”也。此“反”自物（此广义之物）看，固皆可说是物之自反，如刚强者之折，即其自折而自反。而此自反，亦可说为其自身之道。然复须知：物循此自反之道而自反时，物即自失其原来之所以为物。物之“自反之道”见，而物即自失。物既自失，而物非物，则此道即当说为一“自能反物”之道。此反即不可说为物之动，只当说为“道之动”矣。至于老子之“反者道之动”一句，下文之有“弱者道之用”，与“天下万物生于有，有生于无”二句者，则以道有此反之一动，即于所反者，必有所弱；而凡有弱，亦皆是由自反以成其弱。故“强大处下”“少私寡欲”“损有余”“绝学”“弃知”，与修道历程中之自疑自问工夫之如何，皆同为“弱”或“柔弱处上”之事也。然正由此“弱”，方有种种之用，如上所述，故曰：“弱者道之用。”又“弱之”即是“无之”，然“无之”而有用生。是即此二语下一句之“天下万物生于有，有生于无”之旨也。以弱为用，即以无为用，故十一章言“有之以为利，无之以为用”也。此正反相涵之义，固原具此由一“反”之动，以成“弱”之用，而使“有生于无”。此即皆见一辩证之义理。人之说此辩证之义理，即须假反以说正，而意在说正之言，若皆只是反言。故老子有“正言若反”之语也。“正言若反”，则言若不言，有名若无名，有无相生，而同出曰玄。故老子之言皆玄言也。

然吾人亦当知老子之言虽皆为正言若反之玄言，而四层面之玄言，仍有不同。此四层面中之正反相涵之义，亦彼此不同，读者可再细看上之所说。由是而此四层面之玄言之所以说，其目标亦自有其高下。此即具功利意义之第一层面之言，不如第二层面以上者之具超功利意义者之高；第二层面之连天地万物以为说者，又不若超天地万物，以直就法道为说者之高；而直就法道而说修道为道者，更不如经历修道为道之工夫，并自问种种问题，以求修道工夫之达于安、久、自然之境者之高。此中之高下之所以分，则由人之知第一层面之义者，即原可进而知以上层面之义，以次第升进。故人之学道者，初固可只知第一层面之义，以往观地上之万物之一切“刚柔相胜、高下相倾”等，正反互易之物势；而知柔弱为生之徒，处卑下以法地，乃少私寡欲，不为天下先，以求生存于地上。然人既知少私寡欲，知必无私乃成其私之后，即可进而直下无私，自超出其个人之私欲，以平观人我与天地万物，而由观天道之“抑高举下，损有余补不足”中之正反之相涵，以超出一切刚柔高下之差别，而见及一切万物皆横陈于“平一切不平”之普遍的天道之下，与此天道之归在“利而不害”；人即可更法此天道之“平一切不平”以为“义”,法此天道之“利而不害”以为“慈”。则由第一层面进至第二层面矣。人能平不平又能慈，即其心之能容能公。依容公之道以存心者，则更见得此道之自具超越所对之天地万物之意义；即可进而直接法道、体道之超越意义，以“为道日损”而修道，而更本此道，以观天地万物之超越其自己，皆为此道之表现，则进至第三层面矣。至由人之修道之久，而达安且久之自然之境，则更实见道之常久、道之法自然，与天地万物之莫不法自然，而人可自具玄德，以有上德而不德，此即通至最高之第四层面矣。此诸层面中，在前者可升进至在后者，以为在后者之所据，而在后者亦即包涵在前者，而较之为高一层面者矣。

在此四层面中，于第一层面，只可言人之法地以法道，而见道之贯彻于地上之万物，而分别生养之，于此即可见道之普遍而分别的内在万物，而生养之之“普遍性”“内在性”与“创生性”。《老子》三十四章所谓道“衣养万物而不为主，常无欲可名为小”，三十九章之言“万物得一以生”，即自道之普遍的分别内在于万物，而生养之之义而说者。人之所以可言道之生养万物，乃由万物之生，皆原为依于“负阴而抱阳”以成之冲气之和以生（四十二章），而其生之原，亦为柔弱。此“负阴而抱阳”而原为柔弱，即万物之所以生之“道之一”，亦即道之玄德之内在于万物，而万物依之以生者也。此“负阴抱阳”“原为柔弱”，即先居“反”；则由之而生者，即依上所谓道之“反”与“弱”之用以生之“正”也。至于第二层面，则由法地而法天道，而人即可于道之“普遍的分别内在于万物而生养之之义”之上，更见道之“统体的包涵万物之包涵义或广大义”，见道之“绝对性”“无限性”。如其三十四章之言“大道泛兮其可左右，万物恃之而生，而不辞……万物归焉而不为主，可名为大”，则偏自道之统体的包涵义或广大义而说者也。此义则至少赖于人法天，而见万物之并在于一统体之天时，方可见得者也。在第三层面，则人法道自身之超越天地万物之意义，更观天地万物自身之无往不表现此道，而以容公之心涵之；而道之超越义或先天义，于此即最显，而见道之“超越性”或“先天性”。而吾人言此道之超越义，又言其表现于天地万物时，亦自当兼摄上述之广大义；唯广大义又必隶于超越义之下说。如第二十五章言道为“有物混成，先天地生”之下，既以“大”说道，又以“逝”“远”“反”说道，即由逝以超过、越过一切物，而更与之远，而反于物，以唯见道之广大。天地人王之大，皆依其所具之道而大。故又曰“道大、天大、地大、王亦大”也。此即皆以由道之超越义，以统道之广大义之言也。至于在第四层面，则道之恒常义、悠久义、“不为主”之主宰义最显，而见道之“永恒性”“不变性”。此则若《老子》第一章与他章之言道之常、道之久，道之“自古及今，其名不去”，“独立而不改”。四者之义自不同而相贯之处，读者可循前所言更自细察之。故吾人谓老子之言法道之言，唯是一层面之言固不可；谓其唯是分为各层面，无其间相通贯之义亦不可；而见有此通贯之义，遂混淆此中各层面之义，尤不可也。

八　余论：老子之道是否为实体之问题，与本文之宗趣

吾人若识得老子之言道有此四层面，而此四层面间亦有相通贯之义，则于老子之所谓道为一形上之实体或一虚理之问题，则吾今以为不宜再执定而说。谓之为实体者，乃自此道所连贯之具体之天地万物而说。盖具体天地万物为一般所谓实体，则其连贯于道，以混而为一，而泯于道之玄中，即当仍为一“有物混成”实体也。此即吾昔年所作《老子言道之六义》下篇之旨也。然自吾今所谓法道与法自然之二层面而说，则人之体道，要在体道之超越于天地万物之上之种种意义，则于老子之道，即不宜说之为实体，而所谓“有物混成”者，实亦无物，只喻之为物耳。所谓“无物之象”也。此象亦非如一般之象之可见，故曰“大象”；而“大象无形”，则若只是一意义矣。若然，则道似应只是一虚的义理，或一“纯粹意义”。然此虚的义理或“纯粹意义”，当其为体道者之所体时，即被摄入于体道者心思之内，亦显其用于体道者之一切修道之事之中，则此道又终不能离此能体之之心思，以为一虚悬无寄，而亦无用之义理。则道仍应属于体之之心思，而当为与此心思，合为一实体者。则在此第三四之层面上，道虽超越具体之天地万物，可无连贯于天地万物之实体义，仍有一“与体之之心思共为一体”之实体义。然再翻一层看，则此体之之心思，正在体之之时，亦可不见其为一实体，而只见其为引导此心思进行之一义理、一道路。此义理道路乃开放者，则又不能凝聚为一实体以观之。是见道之为实体与否，当依种种观点而定。其义皆幽深玄远，非今之所能详论。然此老子之所谓道，是否当以实体之义为本以解释之，亦实为吾等后人求解释老子时所自造之问题。《老子》书中固无此所谓实体虚理等名，则吾人对解释《老子》是否当以实体义为本之一问题，暂存之而不论，亦无不可。然要之

可见吾昔年《老子言道之六义》一文之下篇，以实体义为本以解释老子，只为解释老子之言之一可能之方式。吾昔之所言，固未必非，然其他之论，亦可是也。至吾今之此文，所说老子之言之有此四层面之论，则其中固亦多有非老子之明言所及者在。然吾之目标，则意在本老子之所自言之“人法地”“地法天”“天法道”“道法自然”之四层次之言为据，以分老子所言义理之层次，更观其会通。此则明皆一一可由老子之言以得其证者。则无论吾人于老子之所谓道视为一实体与否，或在何义上视为实体，何义上非实体，吾人要皆可说老子有此诸层面之言。此诸层面之言之有不同，亦复同可据以说明后之为老学者，所以有不同之流别，与后人何以于老学有不同之估价之故。此则皆非吾今兹之所能一一细论者也。

第十章 《庄子》内篇中之成为至人、神人、真人之道（上）

一 庄子之道与老子、田骈、慎到之道不同，与其关连之际

前章述老子之道，吾唯由老子之“人法地、地法天、天法道、道法自然”一段文句之疏释，以次第透入老子言道之胜义，而不重《老子》诸篇章之次序。吾今述庄子之学，则拟循《庄子》内七篇次序，以撮述其言道之旨。此庄子之道与老子之道及田骈、彭蒙、慎到之道，为周秦道家思想之三型，吾已论之于前文。此要在本《庄子·天下》篇所论者而说。后世言道家之学者，则汉世之司马谈《论六家要旨》及班固《汉书·艺文志》，初不重此老子与庄子与彭田慎之异；而偏在自老子之学，以言道家之所以为道家。后之道教之流，亦初以老子为宗祖。魏晋为玄学者如王弼、何晏、嵇康、阮籍，并以儒道互参，亦于老庄并重。然其精神意趣，则与庄子为近。向秀郭象注《庄》，为玄学之一大宗。佛学东来，支遁讲《逍遥游》，亦传有《庄子》注。僧肇妙善老庄，其论更多用《庄子》语；其流为成玄英以佛家言为《庄子疏》。历南北朝至隋唐，而道教之势盛。唐以天子姓李之故，而宗祖老子之道教，在政治上之地位，时或高于儒释二教之地位。玄宗封老子，为玄元皇帝，而封孔子为文宣王，庄子则与列子、文子等并位居真人之列。则老固位在孔上，而庄列之于老子，亦犹文殊普贤之

于释迦。道教之徒，遂唯视《庄》《列》等书，为《老子》之注解，庄老之异，亦恒为人所忽。宋人之注《老》《庄》者，就焦竑之《老子翼》及《庄子翼》所辑者以观，亦多重其同而忽其异。直至明末学者，乃多有见于老庄之异，亦多有见于庄子之言之有近于儒者。如王船山其著者也。此乃对庄学之理解之一大进步，而还契于《庄子·天下》篇之言老庄之异之旨者。唯《庄子》之内篇，宜与其外杂篇分别而观。内篇之每篇，其文大皆自分体段，合之则可见一整个之思想面目，当是一人所著。外杂篇则内容甚复杂，可谓其后之道家言之一结集，其新义之所存，亦当分析而观。故吾今论《庄子》书，乃以内篇为一单元，外杂篇别为一单元。因内篇之每篇之文，大皆自分体段，故宜循文撮述。于外杂篇，则吾初亦尝就每篇之文，一一录其要义，然后更加归纳，以见其新义所存，约之为九条，加以总述。此即吾今论述《庄子》一书之言道之宗趣与方式，宜先加以指出者也。

于庄子之言道，吾固本《天下》篇之说，谓其不同于老子及田慎彭之徒之言道。然《天下》篇之言此道家思想三型之异，犹嫌抽象，为初学所不易把握。今如更落实，而先自浅近处说，则吾意此庄子之言道，如以内篇所说者为本，则其特色，乃在直下扣紧人生之问题，而标出人之成为至人、真人、天人、神人之理想，如前章所及；而其所言之道，亦即皆是如何实现其人生理想之道。故其中虽言及自然之天地万物，然非直就自然之天地万物，而法其道以悟道，乃是由人之如何游心于天地万物之中，与人间生活以悟道。故其言道，亦恒取喻于种种常人生活中种种实事，如《逍遥游》之庖人治庖、宋人为洴澼絖，《齐物论》之南郭子綦隐几而卧、仰天而嘘，《养生主》之庖丁解牛，《人间世》之奉命出使、匠石过树，《德充符》之与兀者同游，《大宗师》之问病、吊丧，《应帝王》之神巫看相，初皆人之生活中事；在外杂篇中，则亦有《天道》篇之轮扁斫轮，《天地》篇之抱瓮出灌，《达生》

篇之丈人承蜩、津人操舟，《田子方》篇之解衣为画，《徐无鬼》篇之相狗马，《达生》篇之斗鸡，《外物》篇之钓鱼，《秋水》篇之观鱼等，种种生活上事；并皆为庄子或庄子之徒所取之为喻，以说其所悟之道者。至庄子之即自然界之物，以悟道而喻道者，则恒取其物之大者、远者、奇怪者，以使人得自超拔于卑近凡俗之自然物与一般器物之外。故《庄子·逍遥游》及于北溟之鲲，化为大鹏，由北海而南海，更扶摇而上，至九万里之远；《齐物论》及于天风之过山林，入众窍，成无穷之声；《人间世》有“卷曲、轴解、嗅之使人狂酲三日而不已”之怪树；《大宗师》有“颐隐于齐、肩高于顶、勾赘指天”之奇人。杂篇中则《知北游》篇有为道所在之蝼蚁、稊稗、屎溺；《至乐》篇有对语之髑髅；《寓言》篇有对语之罔两与景；《则阳》篇有为二国所居之蜗牛角。此庄子或庄子之徒所取之为喻，以说其所悟之道者。今按老子之言其所悟之道，则罕以人之生活上事为喻，唯多取常见之自然物，如地、天、水、江海、百谷、渊、溪、雌雄、牝牡、本根、毫末，或常用之器物，如橐籥、户牖、辐、毂、辎重、刍狗等为喻。此老子所取以为喻之常见常用之诸物，则皆近物、小物，而非远大怪奇之物。老子之教，亦重人之自处卑近之地，以观小物，而言“不出户，知天下”，“见小曰明”，固不同于庄子之恒以远大怪奇之物，喻其所悟之道之所在也。老子之取常见常用之近物、小物为喻，尤不同于慎到、田骈、彭蒙之以顺应当前天地万物之势之变，而欲化同于无知之物者。庄子与庄子之徒，盖最能充人之心知之想象之量，以见人之日常生活之事，无不有妙道之行乎其中；而亦能更及于自然界中远大奇异之物，以使其神明自拔于卑小常见之物之上之外者也。

至于吾人如欲言庄子之由观人与天地中之事物，以悟其道之用心方式，与老聃、慎到等之用心方式之关连，则吾人可说庄子之用心方式，要在于其与物势之变相接，而游于变化之时，更求其心思直下透过亦超出于此物势之变之上之外。盖物势之变，呈于吾人之前者，固密密相连而无间。故人可只求顺应，以乘其变化之势，而与之而俱行，此即慎到、田骈、彭蒙所悟之道。然人之心知，固亦可乘此变化之势，更溯其原于往古，穷其流于方来；即可还观此当前之物势之变，为须臾之事，视此当前所接之天地万物，如稊米。此即成庄子之一直下透过而超出此当前之物势之变之外之上之道。复次，循老子之道，以言物势之变，则物势之变，咸有其始终，亦始于无，而终于无。此始终之无，亦即为吾人之心知可缘之而透出于物势之变之外之上之间隙。人于此固可谓此物势之变，此终彼始，中无间隙。然当彼之始，彼中毕竟无此，而此之有，即在无中；彼更终而另一彼始，此彼之有，即亦在无中。循此以观，则即物势之此始彼终，其来也无穷，亦皆在无穷之太虚或无中，相继以有，亦皆只为行于此太虚与无之中者。今更透过此虚无以观其有，则有者亦皆若有若无，而芴漠无形。吾人之心知亦即可超出于其“有”与“形”之外、之上矣。由此而天地万物无穷，此心知神明之所游履，亦无穷。然此心知神明之游履，既及其所及，又必更自透过而超出之，则此心知遂宛若能穷此无穷，以及于造物者，便可与天地之“造物生物而有物之精神”相往来，而不与此所有、所造、所生之已成天地万物，相往来矣。此即谓缘慎到等，及老子之道，而别出一道，以成庄子之道。此即所以见庄子之道，与慎到等老子言道之关连者也。

二　庄子之至人、真人、天人、圣人，及内七篇中之问题，与其关连

此一庄子之所以达至人、真人、天人之理想，在根本上是一为人之道，正与孟子有相同之处。然孟子之为人之理想止于圣贤，与孔子同。墨子老子亦只言圣王之道。然老子言为政，不重尚贤。

此与儒墨言为政，皆重尚贤尊贤之旨异。慎到、田骈、彭蒙，则既笑天下之尚贤，亦非天下之大圣，乃欲自化同于无知之物，以块为不失道。然既为块矣，焉能笑圣贤。故人亦可笑之为死人之理，如前所说。此则由其别无正面之为人之理想之标出，唯足成其与天下人互笑之论而已。庄子则亦不言尊贤尚贤，而于圣人之外，更言天人、真人、至人。则明重在人之成为圣人之外，亦成为至人、真人、天人。至人者亦人之至，乃自作人之作到极至之量者而言。真人者对伪而言。真人无其反面之伪妄，即就其人之质之纯而言。神人者就人之心知神明之无所不运而如神言，天人即就此人之同于天，而亦同于帝而言。人能为神人天人，即更无墨子之以天与上帝为上、鬼为中、人为下之说，亦非老子于人外别出鬼神，人当由下法地，至上法天之说。庄子言人神明之无所不运，而同于天、同于帝，其在道家思想中之地位，亦正同孟子之言“尽心知性，即存心养性，即事天”，及“万物皆备于我”之思想，在儒家思想中之地位。唯孟子之教，在本孩提之爱亲敬长之心、四端之情，而充达扩充之，以成圣人之为人伦之至者，而备万物于我。庄子则游于天地万物之中，而更透过之，超出之，以游于无穷，而成其所谓真人、天人、至人、圣人，即皆兼为超世间人伦之人耳。

循此以观庄子之学中人求为至人、真人、神人、天人、圣人之义，则似首当知此诸人之名，毕竟指一种人，或有高下之不同种类之人。于此诸人，《庄子·逍遥游》篇及《天下》篇尝并言之，他篇亦恒及之。《天下》篇言：“不离于宗，谓之天人，不离于精，谓之神人，不离于真，谓之至人。以天为宗，以德为本，以道为门，兆于变化，谓之圣人。”此似以天人最高，神人次之，至人又次之，圣人更下。然圣人兼以天为宗，则亦同天；以德为本，即不离其精；以道为门，即不离其真；而又兆于变化；则圣人之德最全。《天下》篇言内圣外王之道，固以圣为宗，以统天人、神人、至人；未必以天人神人至人高于圣人也。（后有专章及此《天下》篇之全旨。）至《庄子》他篇如《大宗师》之言真人，《德充符》之言至人，《逍遥游》之言圣人、神人、至人三者，自其于儒墨之圣人之外，别出至人真人神人之名而言，则见其有视至人真人神人更高于圣人之意。然《逍遥游》言“至人无己，神人无功，圣人无名”，亦可说是一种人，就其无己而言为至人，就其无功而言为神人，就其无名而言为圣人。大率后之郭象注《庄》，则重言圣人神人至人只是一种人，道教之徒则言真人神人在圣人上。吾则以为二者皆可说，庄子实兼具二旨。然庄子之必就其理想之人之德，而别出至人神人等名，以名之，则正可见庄子之重人之德，而又不自足于儒墨所言之圣人之德者也。

至吾人欲于庄子之所理想之人之德，有真实了解，当首求对《逍遥游》篇所谓“至人无己，神人无功，圣人无名”之义，有一确解，与其别于儒墨，及其余道家作人之理想者何在，以确定此庄子之作人理想。此要在对《逍遥游》篇之言更作一分析。次当论庄子之本无己以言吾丧我者，所以合物我和人我之言说之是非之道，此要在明《齐物论》之大旨。由《齐物论》，亦可知其学不同于慎到、田骈、彭蒙之学者何在，亦知近人之或以《齐物论》为田慎等所作者，其言之非是。再次，则当知此庄子所理想之人，如何调理其心知与生命之关系，以成一生人之道，而非死人之道。此即要在知《养生主》一篇之大意。又次则在知庄子之所以处此人间世，而得游于此人间世，亦如其游于天地万物之中之道。此则要在知其《人间世》之大旨。再次，则当知庄子之所以说人之德，与其生命及形骸之关系，此则主要见于《德充符》一篇。再次则在庄子言其理想之人处生活对死亡之道，与其理想之人之如何修成之工夫等，此则主要见于其《大宗师》一篇。最后则为其理想之人之如何自用其心知以应世，而与人相感应相知之道，此则主要见于《应帝王》一篇。此内七篇者，明是各说人如何成理想之人之一真实问题。故皆各有一标题，此标题亦当是原有。此诸篇中，所论之诸真实问题，乃关联于人之当有一理想之人之观念，亦当求其所以处物我，应人我之言说是非之道，调理生命与心知之关系，而处人间世，以及人之德之必亦连于其生命与形骸，及人之必有其生活，亦必求所以对死亡，而人与人间亦有相感应以相知之关系，而必然产生者。《庄子》之内七篇之各就一问题以为论，固显然有一系统关联之义理，存乎其中。昔成玄英为《庄子》序，已于内七篇本佛家义，通贯而说之矣。至于《庄子》外杂诸篇，则皆只以篇首二三字为题，显见为纂集者之所增，而其所论者，亦言非一端，义多歧出，与内七篇之旨，或相应相关，而不必皆相应相关。以之证内七篇之旨则可，以为足以与内七篇并重则不可。昔人多以内七篇为庄子自著，外杂篇则庄子之徒所作。此固亦不必然。然外杂篇要可别裁而另论，即《天下》一篇，盖亦非庄子所为，以其虽盛称庄子在诸子百家中之地位，而亦未尝以其能得内圣外王之道之全。若以此为庄子之所著，亦庄子自超于其学之外，更本内圣外王之道之全，以自评其学之所成之论。此亦无异乎为另一庄子之所著，故仍当视为非内七篇之庄子所著为是也。此下之文，则本内七篇次第文，摄其大旨，评涉异释，销其疑滞，以申说其义理之关联，以便学者之参对原文，而更细观之。

三 《逍遥游》之无名、无功、无己之义

《逍遥游》篇，要旨在说其理想之人，为无己之至人、无功之神人、无名之圣人。必无己、无功、无名，人乃至无待之境，而可言逍遥。故晋支遁谓庄子之《逍遥游》之旨，在明至人之心。然《逍遥游》之文，则自北溟之大鱼名为鲲者，化为大鹏说来。此鹏亦为孟子之所谓禽，而鱼则不同孟子所谓兽。《庄子》书喜言

鱼，亦喜言虫鸟，而罕及于兽。鱼游于水，而鸟飞于天，虫俯于地。兽则或如野兽之残，或如牛羊犬豕，只供人用；不如鱼鸟与虫，足以寄超世者之心。《庄子·逍遥游》由鱼之大至数千里，其化为鹏之背之数千里者说来，则兼大鱼大鸟之游之飞，以说“化”，其后文又言上古之大椿，以八千岁为春，八千岁为秋，则是以大春大秋说椿之大年；而言小年之春秋不及大年之春秋，以喻小知之不及大知。庄子固未尝以大鱼之化大鹏为逍遥，因其必待风之积，以负大翼，而未能无所待也。然庄子亦未尝非意在举此大鱼大鹏大椿，以使人知有大物有大年，以由小知而至于大知。《秋水》篇言“大知观于远近”，大知固大于小知也。而《逍遥游》篇末庄子谓惠子拙于用大，则鹏之能用大翼，以水击三千里，抟扶摇而上者九万里，而绝云气，负青天者，固非斥鴳小鸟之所能比。则斥鴳之笑大鹏，固是以小知笑大知。由此观之，则郭象谓《逍遥游》之旨，乃以大小并观，小者自适于体内，即自足无待，而可得逍遥，大者不自足，则大者亦不得逍遥云云，即与庄子明言大知小知之不同，而实有小大之辩者不合。依郭象意，小者自足，即可忘其小而无小，大者不自足，即见其尚小，而非大。则无大无小，乃可超小大之辩。此固是一义。然以小比大，则大固大于小，大可涵小，小不足以涵大。如大知涵小知，小知不足涵大知。固仍当尚其大，以超于小之外也。则谓大鹏，即是逍遥者，固非；大鹏之飞固有待，即无待，亦只是鸟，其不能有人之逍遥，不待辩也。然《庄子》此篇之必由大鹏之飞说来，而又归在善用大，则郭象之谓庄子之于斥鴳与大鹏，自始平观，亦非是也。庄子自是欲人由小知以及大知，亦望人之由小人以更成大人，而世之王公大人，则在庄子视之犹小人，《大宗师》篇所谓“人之君子，天之小人，天之小人，人之君子”也。今以《逍遥游》文而论，则其首言：“故夫知效一官，行比一乡，德合一君，而征一国者，其自视也，亦若此矣。”此所指者，正为世之能为官而合一君之君子，亦本儒墨之尚贤尊贤之义，所当由国家征选而出，以为墨子所谓王公大人、儒家之在朝之君子者也。然此在庄子，则只为立功名于世间之人，而为其所论之人之种类中最低之一级。故庄子以“宋荣子犹然笑之”之一语，而视之为不足论者矣。

宋荣子盖即宋钘。《天下》篇谓其学“愿天下安宁以活命”，而以“禁攻寝兵为外，情欲寡浅为内”，固非只求自己之功名之人也。荀子谓其倡见侮不辱之说，则亦无意与人争胜，而求世间之名荣者。则下文所谓“举世誉之而不加劝，举世非之而不加沮，定乎内外之分，辨乎荣辱之境”。其所指者即宋荣之行。《天下》篇亦言宋钘“上说下教，强聒不舍”，即举世非之而不加沮者也。《逍遥游》篇下文更谓“彼其于世，未数数然也；虽然犹有未树也”。此即谓宋荣子之不顾世之毁誉，亦世所罕有，然犹有所未树。于其所未树者何在，则未明言。以理推之，盖谓其辨内外，以自求“情欲寡浅于内”，“人我之养，毕足而止”，即尚未忘人我之分，而未能无己，以为至人也。

至于下文言“列子御风而行，泠然善也，旬有五日而后返”，列子盖较宋钘为能无己者。御风而行，即忘我而顺风势以行。此与《天下》篇所言慎到、田骈、彭蒙之顺应物势，“若飘风之还，若羽之旋”者，其精神正不相远；亦类《逍遥游》之大鹏，能绝云气，负青天，以行于空者。然庄子则谓：“彼于致福者，未数数然也。”“虽免乎行，犹有所待者也。”此即谓其虽可谓善致福，能致福如此者，亦不数数遘，然其致福之功，犹待于风；如大鹏之待风之积也，然后能负其大翼；亦如慎到、田骈、彭蒙之徒之与物宛转而乘势以有其功者，有待于此物势而后行。此即意在言列子之虽能无己，而未能无功，以为神人也。

由此以观《逍遥游》篇之下文，则要在分举数例，以言圣人之能无名、至人之能无己、神人之能无功者。尧让天下于许由，许由不愿受其名，即能无名者也。下文言藐姑射之山之神人，“乘云气，御飞龙，而游乎四海之外，其神凝，使物不疵疠而年谷熟”，“磅礴万物以为一”，“孰弊弊焉以天下为事”，即人之能超世，由天下至天上，以其己与天地万物为一者也。此即言神人之超于事功，而更能无功者也。至于下文言“尧治天下之民，平海内之政，往见四子于藐姑射之山、汾水之阳，窅然丧其天下焉”，即言尧之能从此神人游，以求如至人之无己者也。

此无名、无功、无己之人，以世间之眼光而观，固无用。知效一官，行比一君之贤士，辨内外之宋荣子，皆求用世而有用。列子御风，亦自有其用。此无名无己无功之许由，藐姑射之神人，及尧之窅然丧天下，固似皆无用。此篇最后二节之宋人有善为不龟手之药一节，则要在言能不求用于此，然后有更大之用于彼。如人之不以此药为洴澼絖，然后能以此药用于水战。至于最后一节，论惠子之有大树，则要在言于此无用之树，可任之无用，而树之于无何有之乡，广莫之野，而人大可“彷徨乎无为其侧，逍遥乎寝卧其下”。此逍遥彷徨于大树之下之事，固无用，然此仍是人之一逍遥自得之生活。此即谓人能任无用者之无用而不求用，即所以成人之逍遥自得之生活。此生活即人所宜有，亦人所未尝不知乐之者。人能无名、无功、无己，而有此一逍遥无待之生活，即至人、神人、至人之生活。能有此生活，固不需更言此人之生活之用；而人亦唯有不求用，任无用者之无用，乃有此人之生活。则《庄子 · 逍遥游》之旨，在成就一人之生活之理想，或人生之理想，亦可知矣。

四 《齐物论》中之齐物我是非义

人真欲成无名、无己、无功之圣人、至人、神人，而有逍遥无待之生活，言之似易，而得之则难，因其中亦原有种种真实之问题在。兹先就如何无己之问题而论。盖人之情恒以己为主，而欲他人与物之从己。欲他人与物之从己者，归根到底，即欲他人与物之合于我所视为是者，或我心之所知为是者。则如他人与物不合于我所视为是者，我必以之为非。是之所至，即利之所在，非之所在，即害之所在也。依墨子言之，是之所在，即人所自以为“义”之所在，非之所在，人之所视为“不义”之所在也。我以此为是为义，而人非之以为不义，则是非、义不义之争起。争一言之是非，而足以相杀，墨子由此以见义之贵于身。然虽至于相杀，而是非终不能定奈何？此即人之所大苦也。此大苦之原，在人心知之原必有其是非。孟子所谓“是非之心，人皆有之”是也。然人各有其是非，而必争自己之是，则由其各自有其心知，亦各有其己。今欲去此“争是非，而与人相杀，而是非终不能定”之大苦，似唯有弃知去己。此即慎到、彭蒙、田骈，由万物皆有所可，有所不可，以言是者皆原可非，以齐万物，因而求“莫之是，莫之非”，宁学“无知之物”之教也。至于老子，则凡在己与人物相争之际，皆先自退一步，任人取先，而自取后，以全身远害。则亦可不与人争是非，亦不对人自是而自伐；唯独抱其是，使道隐“无名”与“不言之教”之中。此为求自拔于人我之是非之场之又一途。然人果如慎到、田骈、彭蒙，以弃知去己为道，则又将无“知”以知此道，而此道亦有而若无。又人若果弃知，以化同于无知之物以无己，则生人之道丧。人固亦有觉其是非不白，冤屈不伸，而宁死者，则为免于此是非不白之苦，人固有弃知去己，甘同无知之物者。然亦大可哀已。至于学老子之退一步，以全身远害而独抱其是，固可以“知我者希，则我者贵”自慰。然此独抱之是，永不被人知，人又果能自安乎？老子又何以叹“吾言甚易知，甚易行，而天下莫能知、莫能行”也？庄子言齐物论之旨，盖又兼异此二者。《齐物论》首言吾丧我，固即《逍遥游》之无己之论，然不同于“去己以同无知之物”之说。《逍遥游》言至人无己，则无己之至人仍在。《齐物论》言“今者吾丧我，若知之乎”，则丧我而吾自在，吾丧我而忘我，是同于《大宗师》所谓坐忘。此一般所谓我之己，固已忘矣。坐之人，坐之“吾”，则仍在也；知吾丧我之知，亦仍在也。故《齐物论》只言去其一己之成心之知，亦更不与此有成心之我或己相对成偶，亦不与其外之物与人相对成偶。但亦不言无心与无知。人之超于此成心之知之外，固仍有为其真君或真心之真知，为人所当存。故心未可如死灰，而言“哀莫大于心死”。此固不同慎到之言弃己去知也。又庄子之求超一般“由成心而有之是非之知”之道，亦明有不同于老子之教人“自退一步，不对人自是自伐，而独抱其是以自贵”者。《齐物论》尝言人之本成心而为是非，其发乃若机括；而使之不发，则又“留如诅盟”；其深心仍自守其成心之所是，深闭固拒以求胜。此即是一近死之心。则人循老子之道，人之不对人自是自伐，而自抱其是以自贵者，又焉知其非此深闭固拒之类？若其是也，老子又将奈之何？观庄子之教人之自拔于成心之是非之道，则唯在教人更开放其心，以通观人与己之是非，而只因其是，而使人我之所是，得互观而两行。此方为庄子所谓“和之以是非，而休乎天钧”之齐物论之道。于庄子之齐物论，或谓即慎到、田骈之说，因《天下》篇言慎、田、彭之学时，固有“齐万物以为首”之言也。然此说非是。盖《天下》篇于此只言其齐物，而未明谓其齐“物之论”或齐“论”也。慎田彭之言齐物，只及于知“万物之有所可，有所不可”，而以大道包之，更不辩之为止，亦只至于知“可者皆有所不可，是者皆有非”，乃以非销是，至于“无是无非”，而“弃知去己”为止。此乃以齐物之可不可，以销论之是与非。是非两销，而取舍两销，则只任物势，以“趣物而不两”。然庄子《齐物论》之言因人我之是，以使人我之所是者，得互观而“两行”，乃所以使人我之是非，得相和而兼成。此中之人与己，固皆同为一“能开放其心，而通观其是非之心知”之所包涵。固异于慎到之“无是无非，而去知，去己，而反人”之说也。此

《齐物论》言如何用“以明”之工夫，而通观人我之是非；而因其是，以和人我之是非，而任之“两行”；以知有“不言之辩，不道之道”，自见其真君，灵台之心，而“葆”此心之“光”耀；与万物为一，而“物化”，与天地并生；更不见是非，亦不见利害与生死；其中自有精义重重，须节节次第而观，不可颠倒混说。吾已详释之于《中国哲学原论（上）》，论中国先哲对言默之态度之中篇，读者宜取而观之。今不更赘。

五 《养生主》中之生命与心知共流行义

在《庄子》内篇中，《逍遥游》篇在提示一对至人、神人、圣人之理想向往。《齐物论》则言丧我，而更通人我、物我，以知“与万物为一，与天地并生”之真君真我。《养生主》所论，则要在还观吾人每一人之生命与心知之关系，而自求加以调理之道，以使之得不自相对反，而相摧损。此调理之道，即所以养为吾心知之原之生命主体，亦即所以养此心知。通观此篇全文，自是贵生，然尤贵此心知之行于生命之中，而于与生相反之死，则当不见其是死。故与《齐物论》之重灵台之心之知之通物我，知是非，而不见利害生死之旨，亦正相照应。然《养生主》之文，则落实在吾人一人之内部之生命与心知之关系上，说如何加以调理，而免其互相摧损之道，故义理规模，不如《齐物论》之广大而高明，然亦自有其切实精微之旨也。

此《养生主》之文不多，然于其字句，加以前后贯通而论，则亦不甚易。其首段文之言“吾生也有涯，而知也无涯，以有涯随无涯，殆已。为善无近名，为恶无近刑，缘督以为经，可以保身，可以全生，可以养亲，可以尽年”，明是全文总纲。然吾尝读徐廷槐钞阅《南华经》引蒋金式《玉度偶说》，谓“《养生主》一篇开手生有涯、知无涯，结尾换过头来，薪有尽、火无尽，见知有涯，生无涯”。谓此文首尾各说一面之义，则似相矛盾。下文之为善、为恶二句，亦称难解。人大皆以庄子实肯定吾生之有涯，而呵斥无涯之知，故谓人不当求无涯之知，以伤此有涯之生，方能养生全身云云。然此首句，大可只是指一某特殊情形之下之吾生为有涯，并非代表庄子之主张。庄子亦可无呵斥无涯之知之意，而大可是谓“若生有涯，而知无涯，更以有涯随于此无涯，则殆”。其文于生知二字之后用也字，即表示其为条件之语句，而非定然肯定“生为有涯”，以与“知无涯”相对照之语句。若谓庄子定然肯定生有涯，知无涯，则吾人可谓知固出于人之生，若生有涯，知固亦可说有涯；若知无涯，则具此知之生，亦当是无涯。人之谓其生有涯，唯由人之心知自居生外，以观其生，然后或可说者。则生有涯、知无涯，初不可决定说。又庄子若只意在呵斥求无涯之知，以养此有涯之生，全此有涯之身，何异一般自甘愚昧，以苟生苟存之人？此未免视庄子之学太浅。观庄子之他文，则多不将心知与生命对言，恒谓心知当内在于生命之流行中。即此《养生主》全篇之旨，亦归在言人之心知当内在于生命之流行。在此情形下，则庄子亦未必以生为有涯，更不必偏斥知之无涯。若以此章后文之“薪有尽，火无尽”之文言，虽不必涵蒋氏所谓知有尽之义，然自是涵有人之心知不能知此生之尽之旨，即不能知此生之涯，而不能谓生必有涯也。庄子恒言神人“乘天地之正，而御六气之辩，以游于无穷”，则其心知之用，固亦无穷，而亦无涯岸。《人间世》言：“彼且为无崖，亦与之为无崖。”崖即山涯。心知与无涯者俱无涯，亦即游于无穷。则庄子于知之无涯，亦非尽加呵斥也，知亦未必今所谓知识也。若言呵斥，则《徐无鬼》尝有“不可以有崖，不可以无崖”之语。则有涯无涯，应皆加呵斥。于生之有涯及知之无涯，亦应皆加以呵斥，不可谓专尚在观生有涯，以偏斥知之无涯也。

由上所说，吾意对此《养生主》之首节文，宜对之别求善解。

此中所谓生与知，乃对有特定意义之生与知而说。其中之重点，乃在以“有涯随无涯”之一句，或此句中之“随”之一字。今按《庄子》外篇《庚桑楚》尝有“以生为主，以知为师，因以乘是非……因以己为质，使人以己为节……”之文。此虽不必庄子本人所作，然亦当是庄子之后学所作。其中以生为主，正似《养生主》之篇名，其连“知”及“是非”而言，则见此知非泛说之知，而为连于是非之知。以此观《养生主》之“而知也无涯”之知，则亦当连于是非，加以理解，则知之“无涯”，宜连于《齐物论》之言知之是非之“无穷”，而加以理解。然则此“吾生也有涯”之有涯，如连于《齐物论》之文而观，又当作何解乎？

吾人如由《齐物论》以求此所谓吾生有涯之意义，则此初唯是连吾人之生命于吾人之百骸、九窍、六脏之形骸；然后可由此形骸之有涯岸，以谓吾人之生为有涯。继由此形骸之与物相接，而有吾人之定型之生活习惯，及缘之而起之成心。此成心者，乃吾人之定型之生活习惯，与吾人之灵台之心，相结合之一产物。人不能无定型之生活习惯，则不能无成心。人之灵台之心知，自是能游于无穷，而初无涯岸者。然人之生活习惯与成心，则如人之形骸，为一有定限而成型之物，亦有其特定之所望、所是，而自有涯岸者。则有涯岸之形骸、生活习惯、成心等，随从于“能游于无穷无涯之心知”之后，以约束桎梏其进行，即是以“有涯随无涯”。由此以解《庚桑楚》之文，亦即轻而易解。以生为主者，即言人之生命与其生活习惯等，为心知之主也。心知与生活习惯相结合，而有成心，人更本其成心，以运其心知而接物，则有“知”，而其知亦各以其成心为师。此即《庚桑楚》“以知为师”，亦即《齐物论》之“随其成心而师之，谁独且无师乎！……愚者与有焉”。以有成心之知为师，则于物之合乎其成心之所是所望者，则是之，而纳之于其自我之内；于不合者，则非之，而深闭固拒于其自我之外。其接物无已，则其是非之知亦无穷，而亦无涯。

此即人之心知之“乘是非”之事，以进行也。而《齐物论》则以此“本成心之知，以于是者则纳之于自我之内，于非者即深闭固拒”，为其心之“老洫而近死”之征。其本成心以与物接，而其知之是非，“是亦一无穷，非亦一无穷”，为“与物相刃相靡，其行尽如驰，而莫之能止，不亦悲乎”。则《齐物论》之呵斥嗟叹者，正是人之以其有涯岸之成心，随从于其知之是非之不止而无穷者之后，亦即此有涯者之随从于无涯之后。则《养生主》之以有涯随无涯为“殆”，其旨所在，固可径以此《齐物论》之义释之也。

若吾人以上之解释为不误，则《养生主》之根本问题，唯在求免于此以有涯随无涯，以化除此中之“有涯与无涯之对反”，亦即化除吾人之生命与心知之内外间之对反。此则要在使吾人之生命中之生活习惯，不与心知结合，形成一定型之成心，以桎梏此生命与心知之流行。则其生命中，亦不复有此一“以有涯岸之物，以随从于其心知之无穷无尽而无涯之后”之情形。然后此心知之接外物，亦不复师成心，以对其外之人物，为无穷之是非；而如自向内退还，以自处于其生命之流行之内。则若其生命有涯，此心知自处在此生命之有涯之内，亦不见此生命之有涯。此心知不见有涯，则其自处于生命之内，即只是一片无涯之灵台之光耀。反之，若此心知，果可说为无涯，则具此心知之生命，亦可说为无涯。总之，无此“内有涯”之从“外无涯”之对反，而召致之危殆。则于此篇之后文，言薪尽火传，于此生之死可不知其尽，而此生可为无尽无涯之义，亦皆可会通而说矣。

《养生主》以有涯随无涯殆已之下文曰：为善无近名，为恶无近刑。按所谓为善无近名，即当是《逍遥游》圣人无名之旨。有名者如《逍遥游》所谓“知效一官，行比一乡，德合一君”，皆有特定之贤能之才之可名者。此即其生之事之有涯，而其知之所效，行之所比者，亦有涯者也。然当其“自视若此”，以为天下之知行唯此为是，违乎此者，皆谓之为非；则即皆本其成心以为无穷之是非，而莫之能止，更无涯岸矣。此即其人之缘其“有涯之生之事而有之成心”，随从于一“无涯之是非之知”之后，而形成一内有涯与外无涯之对反，以使人迷乱不自得者也。此亦即“为善”之有特定之善可名，而“自视若此”者所常有之情也。至于下之“为恶无近刑”，所以与“为善无近名”对言者，则以此“名”为“为善者”之桎梏，使其为善之事为有涯者；正如刑为“为恶者”之桎梏，而使其为恶之事为有涯者也。此二句之相对成文，即在言人无论为善为恶，皆不可本此有涯之为善为恶之事，以为无穷之是非而莫之能止，更无涯岸，而以有涯者随从于无涯之后也。此非意在教人为善或为恶，乃意在教人不可以有涯随无涯，而以此为善为恶之事为证。否则此二语终不得善解，而与上下文皆不见其关连矣。故庄子之教人不以有涯随无涯，未尝专以有涯为足责，亦未尝专以无涯为足责，唯以有涯随无涯，而内外相对反，为“殆”。然人若以生为有涯，而更使其心知自处于此生中，而不知其涯；或以心知之无涯，观具此心知之生之亦当无涯，则此“殆”又自可去，如前所说。今通观《庄子·养生主》全篇之言，其旨实趣向乎是。依此义以释为善无近名、为恶无近刑二句，明较易通；而依此义以释下文缘督以为经，及庖丁解牛诸段之义，亦同易通也。

按下文所谓“缘督以为经”之督，乃指人身中之背脉，而贯注于人身上下者，“以为经”，即依乎此督脉为中道，以经贯此人身之上下之意。此即所以喻人之养其生命之道，要在其心知之依一中道，自处于此生命之内部，以通贯此生命之上下，而更无阻碍。然人之生命之流行，又恒有生理上心理上之阻碍。人之生命心知，与此为阻碍者相遭遇，便使其流行不得畅遂，而此生命心知，即为此阻碍之物所折损。庖丁之解牛之喻，则要在言其刀之解牛，能不与骨节之阻碍相遇，更不受折损。故能用刀十九年，而刀刃犹如新发于硎。此则唯赖于庖丁之解牛之刀，能以无厚，入于骨节之间隙，以其心知之神，遇此间隙；先不见一整个的质实之全牛，而见此牛之全体，皆处处有间隙，足容此刀之游刃于其中。庖丁于是可由其视官之“知止”于此间隙之所在，更不以目视，只依其神之所遇，以更行其神于此间隙之中，以运其刀；而即以此间隙之所往，为此刀所依之天理或道路；更因此天理道路之固然，以用其刀。则以刀之无厚，入于此间隙，而恢恢乎游刃有余，亦更不遇骨节，以折损此刀矣。此刀之通过此牛，亦如督脉之经贯于人之生命之上下矣。

人之感有生理上心理上之阻碍，依上文所说，初正原于人之有涯岸之成心等，随从于无涯岸之生命心知之流行之后。人之成心之所是者如此，而所遇之物如彼，今与之相违，则其物成吾人心知与生命之流行之阻碍。人之心知与生命，即以感此阻碍，而自折损，更及于其生命所在之身体与形骸。然其根原，则在吾人固定胶结之成心，先自为其生命与心知之流行之阻碍。凡生命心知之阻碍，皆折损及生命心知，亦如牛之骨节之为刀之所遇，即成此刀之阻碍，以折损及此刀之自身也。人欲去此为阻碍之固定胶结之成心，以致此生命心知之通流，亦如庖丁解牛之当顺其间隙之虚处，使其刀通行，而无阻。此则非以有涯随从于无涯之后；而是于有涯观有涯，于无涯观无涯。骨节有涯，而其间隙之虚处，游刃有余地，即不见其涯，而为无涯。今使刃游于虚，不与骨节相遇，即以有涯还有涯，于有涯观有涯；亦以无涯还无涯，以无涯观无涯。是即不以有涯随从于无涯也。人果能去其成心之从于其生命心知之流行之后者，则如生有涯，心知在此有涯中与之俱行；如心知无涯则生命亦无涯，亦与之俱行；皆非以有涯随从无涯矣。以有涯随从无涯，则无涯如为有涯者所桎梏，有涯者亦终将为无涯者之所崩裂，则二者互相伤折。今不以之相随，则无此伤折矣。由此以观《养生主》后段言：泽雉十步一啄，百步一饮，此即言泽雉生命之自然流行也。其“畜于樊中”，则于生命之自然流行有碍。故樊畜泽雉之“十步一啄，百步一饮者”，亦是以有涯，限其啄饮之行，使原无此樊为涯限者，成有涯，亦以有涯随无涯也。若乎前段所谓右师之独足，则天之所为，非人限之使成独，亦非以有涯随无涯，而限无涯之所成。故与雉之畜樊中者不同。此天之所为之独足，虽无可责，然雉之畜樊中，则是以樊之有涯，形成其生命流行之限定桎梏，故为“不善”也。

至于《养生主》最后老聃死秦失吊之之一节，则意在谓人之“老者哭之，如哭其子，少者哭之，如哭其母”；虽不蕲哭而哭，乃出乎自然，然不当以之待老聃。因老聃非一般之人。《养生主》文以“适来，夫子时也；适去，夫子顺也”言老聃，乃言其能随其心知生命之流行，而来去无碍，其“生若天行”（用《刻意》篇语）者也。则人之哭之，如人间之哭母与哭子；是不知老聃之生若天行，即遁天而倍增一不须有之哀情，忘老聃之所受于天，而成之“生若天行”之德，而自桎梏于哭母哭子之哀情之中。人之自桎梏于此哀情之中，即遁天之刑也。人若能契此老子之来去无碍，以“安”于其“来”之“时”，以“处”其“去”之“顺”，则一般之哀乐，于此固不当入。吾人果契于老聃之来去无碍，而亦能无碍，则吾人之心亦将不复悬挂于其所胶固者，而帝之所以悬挂吾人之心知于一处者，亦得脱解。故曰：“古者谓之帝之悬解也。”此悬既解，则其观老聃与吾人之生命心知之流行来去，乃于其去后，亦非必即视为更无所有，而一切皆尽。当视如薪尽，而火可不尽以更传于他薪。此即喻人之形骸虽亡，其生命心知之未必尽，而未尝不可更表现于他也。吾人不能由薪之尽，以知火之必尽，亦不可由有涯岸之形骸之死，以知其生命心知之尽。故曰“不知其尽”。此亦同是不可以有涯从无涯，而观无涯之旨。至于问如此生命心知不尽于此形骸，将托何形骸以存，则此可不问，亦不可实知。亦如此薪之火之传于何处，非此薪之所知，其尽亦非此薪之所知。吾人在生时虽自谓有死，然当吾人死时，亦不能实自知其死。唯当吾人自他薪之火，以观此薪已成灰，方可言此薪尽，而火不在此薪。故亦唯有以尚生之人，观他人之形骸，已无其生命心知之表现，方可言此人已死。然此乃以尚生之人之观点，而说彼已死之人之形骸之语。至彼已死之人之自己，则固不能实自知其已死也。人若只本其形骸有不能表现其生命心知之时，谓其生命心知之必有尽；亦如人之本一薪之有尽，而谓其火必有尽而不可传。是则不知一薪虽有涯，而火可无涯；即不知形骸虽有死有涯，而生命心知可无涯。必以此之有涯，断彼之无涯，亦是以有涯从无涯，而观无涯，未能分观有涯与无涯也。是亦不知吾人前所谓人之“知”原在其“生”之中，固不能实知其生之涯者也。《秋水》篇曰：“计人之所知，不若其所不知，其生之时，不若未生之时。以其至小，求穷其至大之域，是故迷乱而不能自得也。”正谓以至小之有涯之生，不能穷此生之始终，其在知之外者之无涯岸也。《大宗师》篇曰：“孟孙氏不知所以生，不知所以死，……且方将化，恶知不化哉；方将不化，恶知已化哉。”郭象注曰：“已化而生，焉知未生之时哉？未化而死，焉知已死之后哉。”则谓人能实知其生之涯者，妄也。人若能实知其生之涯，则其知已超于此涯之外，而其知无涯矣。然知果为无涯，则具此知之生，又理当为无涯矣。则人之由其形骸，见其无生命心知之表现，而谓之为死，以谓其生有涯，而谓其心知能知“涯外之无涯者”之必无，皆是以有涯从无涯，而观无涯，而使其生命之有涯与心知之无涯，互为对反之论；亦皆不知就其生以观此生，知此心知当内在于其生命，而与此生命相俱以共流行，以为养生之道者也。

第十一章 《庄子》内篇中之成为至人、神人、真人之道（下）

六 《人间世》之“乘物以游心、托不得已以养中”义

《养生主》之旨，在自养其生，而不求功名于外。《人间世》之旨，则言人之未忘功名，即足以碍其事功之成，以言处人间世之不易。此不易，在根本上，仍在吾人心知之用于处人间世时，恒未免乎成心之累。人以有成心，而有其自视为是为善者，足以自恃，而居之不疑，更自得其名闻；而人即据其所自恃，与已有之名闻，自以为善，而亦欲人之以为善，以感化此人间自任。世之儒墨，固皆志在化世，而或不知“于心知之所知，有所自恃，而居之不疑，与已有之名闻”，正皆足为其化世之碍。则人果欲处此人间世，而求化世，固必当先变化其自己，而先有一善运用其心知，形成其心志之工夫。此工夫，则又正在善去除其对己、对人之成心与功名之心。无己无功亦无名，以自宅心于其心之所安，与所不得已，而不求奈何其所不能奈何者，以游于人间世。是即此篇之大旨也。

至于就此篇文之次第为论，则其首颜回见仲尼之一节，谓颜回欲以其所闻者为则，以化卫君。而孔子则告颜回以恃己所闻，以教人，则人必不受；乃告以为学之要，在先存诸己，而不在以所存诸己之未定是者，表暴于人之前，以自彰其名，自耀其知。存诸己为内德，而表暴于人之前为名。内德显于外之名，即德荡

于外，而不存于己。自耀其知，则必显己之是，以争人之非。名与名相轧轹，知与知相争，而己自以其仁义绳墨之言为美，人亦必以为非美，而恶其美。则于此时人若欲对恶己美者，以目光射之，以色平之，以口更自经营其言，而以容更表现其言；而成心在后，必使人从我，则又无异以火救火，以水救水。人恶己之美，而己又必欲人从我。二者互相激荡，以至无穷，则欲感化人者，必死于暴人之前矣。此即自彰其德以成名者，其祸之所必至也。是见人之所以自处其“内德与外彰之名”之不易。故曰“名实者，圣人之所不能胜也”，言有实德而能免于以名临人之祸，圣人犹难为之也。

此上是本篇第一节之旨。至于下一节，为颜回既闻孔子之言之后，即知其不当径以其所知之是，争人之非，亦不当自彰其德，以免于好名之过。乃有其自“端而虚”，自“勉而一”之言。于是孔子更告以此他人之有自恃、自满、自扬之色，常人莫敢违者，非渐渍之所能化，更不能期之以大德。则此“端而虚、勉而一”之功，虽可以免害，然不足以化人，人仍将“执而不化”，外合，而内不相訾应，以受感化。由此而颜回更言其“内直外曲”，及“成而上比”，为其所以感化人之道。内直即与天为徒，而忘人己之分，不求人之是之善之，而学为童子。外曲即与人为徒，即敬备人臣之礼，以恭敬人。“成而上比”，即征引古人之言以为教，以见我无教人责人之心。大约儒墨之所以感化人君与教世之道，亦不外一面征引古圣先王之说，一面与人为徒，事君尽礼。“与天为徒”，“学为童子”，即道家之忘人己之义。然孔子更答颜回曰，用此三者，亦只可无罪，仍不能必然使人感化。由此而孔子乃更进而言心斋之道，以为“通人己之隔，以化及于人”之道。此心斋之旨，则要在虚心一志，至乎其极，使其心之宅，足以待物而摄人，使人自止于其心之宅；而此心光之白，得自生于虚室。则人与鬼神，皆将来心，而宅于心之舍。斯可以言化及人矣。此是其大意所存，今更略释其文句如下。

按孔子言心斋曰："一若志，无听之以耳，而听之以心；无听之以心，而听之以气。听止于耳，心止于符，气也者，虚而待物者也。惟道集虚。虚者，心斋也。"此即谓心斋之功，唯在一其志，而尽其心之虚，至无心，而只有待物之气。实则此无心者，唯是无一般之心。由心斋之功，至于至虚，只有气以待物，仍是此心之事。《德充符》言"以其知，得其心；以其心，得其常心"。其言由知以至心，以至常心，正与此篇所谓以耳听，以心听，以气听三者相当。则心之虚，至于只以气待物，即谓只以此由心斋所见得之常心，以待物也。人不以一般耳目之知与一般之心听，而只以此虚而待物之气或常心听，即足以尽听人之言，而摄入之。是即不同于"听之以耳者"，止于知其声，亦不同于一般"听之以心"者，只求其心之意念，足与所听者相符合；而是由心之虚，至于若无心，使所听之言与其义，皆全部摄入于心气之事也。此时一己之心气，唯是一虚，以容他人之言与其义，通过之、透过之。今以此为待人接物之道，即道集于此虚；而所待所接之人物，亦以此而全部集于此己之虚之中，故能达于真正之无人无己、忘人忘己之境。颜回乃曰："回之未得使，实自回也；得使之也，未始有回也。可谓虚乎？"而孔子曰"尽矣"。按此得使，即前文得为使者之使。在未为使者之先，有回、有我；而在为使者与人相接之后，更无回、无我。此方为虚。此即谓"初有我，而在与人接之时，更无我"，方为虚之至。此即言虚，不只是一人独虚之功，而实归在与人相接之时，将人之言之义，全部摄入于我之虚，而忘己，忘人，方为至虚。此即较前文之言端而虚，只就端正自虚言虚者，更进一层，而亦学者之所不可忽者也。

至于下文谓孔子之言"入游其樊，无感其名；入则鸣，不入则止，无门无毒，一宅而寓于不得已，绝迹易无行地难"一段，则不外言人不当只慕此虚或心斋之名，更当入游其中，以有自得，而自鸣，非徒慕其名。当知此虚为心之宅，无门亦无所毒害，故当安于此宅；而其待物接人，又当皆出于“不得已”。此不得已之言，兼见于《庄子》多篇。如《大宗师》言“以知为时者，不得已于事”，《刻意》言“不得已而后起”，《庚桑楚》言“动以不得已谓之德”，“不得已之类圣人之道”。此心自有所不得已，则此心非徒不践世迹，亦外无行地，而唯自尽其内心之不得已者。其心依不得已者而行，则皆真而无伪，即非复为世间之使者，亦为此“不得已”之“出于天者”之使。此由宅心于虚，更有不得已之出于天者，以无知知，如以无翼飞；则大不同于世之以有知知，如有翼飞者矣。此无知之知，如虚室中无物，而光自生白，此即无异吉祥之止于心之止处。若吉祥不止于此止，则为空止与空坐。盖无此出于不得已者，则人不能为天使，亦如虚室之未生白，而吉祥不来止。是即无异此心之坐放而坐驰。故必于徇耳目内通，外于一般之心知，以有心斋之后，仍有其不得已者以待物，如本无知以知；然后可款接鬼神与人，于此心之虚室虚舍之中；此虚室虚舍之中，同时有万物之化在，以为万化之枢纽也。

至于再下叶公子高一节，更言人之不免有人道之患，而患其功之不就，亦不免由患得患失，而有阴阳之患，如冰炭之在心，而冷热不定于怀。孔子之答，则指出义命之所不得已者，以申上文之不得已之义。盖此心即在至虚之极，亦自有不得已之情。在此处，人即唯有自事其心之不得已者，而不更顾得失，亦不以得失生忧虑哀乐。故曰：“天下有大戒二，其一命也，其一义也。子之爱亲，命也；臣之事君，义也；……无所逃于天地之间。是之谓大戒。是以夫事其亲者，不择地而安之，孝之至也。夫事其君者，不择事而安之，忠之盛也……知其不可奈何而安之若命，德之至也。为人臣子者，固有所不得已，行事之情，而忘其身，何暇至于悦生而恶死？”此即言子之爱亲之命，与臣之事君之义，同为人所不可解于心，亦不可逃于世者。于此处，人唯有视之为不可更加以奈何者，而安之、受之。人知此忠孝之行事，为吾心之不得已，而不能不有者，则人于此不暇有悦生恶死之意，更何有患得患失之心。此即言人到此，唯有自行其所不得已，以直往。是见庄子之言虚为心斋，乃所以更见其中有真而无伪之不得已者，自其中出，使人得以自尽者。此其义，实与儒者所言之心性之所出者，应同为一物。唯庄子谓必先有虚心，而自外于一般之心知之工夫，然后能见及此不得已者之真。虚心所以待物，而乘物以游心，亦使物游于此心；而见及此不得已，而行之，即所以自养其内心。故又曰："乘物以游心，托不得已以养中，至矣。""一宅而寓于不得已。"人若能如此，固不外求其报，而唯忘身以求致此"不可奈何，而唯有安之、受之"之命耳。

至于此节中间，"丘复请以所闻"至"可不慎欤"一段，与上下文意不连。此乃不外言人之传言之或溢美溢恶，而易于过度，乃使人与人间"始乎谅"而"常卒乎鄙"，亦使人与人间"并生心厉"，以"克核"与"不肖之心"相应，而无已者。疑此段应在孔子答颜渊第一段语"而况若乎"之后。盖此乃所以告颜渊以"为人使者而传人之言"之不易，为使者之功之难就也。

至于颜阖将傅卫灵公太子一节，则不外言人之处人间世，而欲教人感化人者，要在自正其身，形虽莫若就于人，以顺人；又不能入于人，以失己。心则莫若和，而又不能表现为名声。否则事人如养虎，将无以达其怒心。此不外言欲感化暴人之不易，而不可轻言教人。至于匠石之齐、南伯子綦二节，则不外言人之显其才用者之致剪伐，不如栎树之无才用，而能自全。支离疏一节，言支离疏之攘臂于朝。楚狂接舆一节，则言临人以德，为德之衰，亦召致危殆。此犹前所谓德荡乎名，以与人争，必死暴人之前之旨。借以言无才德之见于外者，似无用而有大用者。凡此诸节，皆文可观，而义甚浅。亦不出老子"免咎自全"，慎到之"无罪无誉"之旨。盖非庄子之书，或庄子之徒之言袭慎老之论而为之者。

《人间世》中唯孔子与颜回，及孔子与叶公子高问答二节文，能步步深入，以契入之所以处人间世之道；其归在“乘物游心”与“托不得已以养中”之二义，其旨尤为深闳。此方为《人间世》之核心义所在也。

七 《德充符》之“才全而德不形”义

《德充符》之旨，要在言德之充于内者，必形于外，亦足感人，而人莫知其所然。此即言德之充于内者，必有符应于外。此与孟子之言君子之仁义礼智之德根于心者，必能践其形色之躯，以睟面盎背，施于四体，而见于外，“所过者化”之旨，正有相类处。唯庄子所言至德全德之人，其德充于内，而见于形骸，可借任何残缺不完之形骸而表现，而人亦更忘其形骸之异于人。又其德之感人，亦不在其表现为爱人助人等一定之行，复不在其德之为一定之德，而在其德之见于其人之态度中，即有一吸引人、摄住人之力量，以见其德之若为一能涵摄一切特殊之德之全德、至德。此即《德充符》言德之特色所在也。

《德充符》篇首言“鲁之兀者王骀，从之游者，与孔子中分鲁，立不教，坐不议，虚而往，实而归”。孔子乃谓将以为己师。其故则在其人于“死生亦大矣，而不得与之变，虽天地覆坠，亦将不与之遗”，而视万物皆一。此不外《齐物论》与天地万物为一而并生之旨。至言其人之“审乎无假，而不与物迁，命物之化，而守其宗”，则是就其不知耳目之所宜，而游心于德之和说。是即言其心不着于一定之物，而恒存其内心之德之和。此德当亦即《人间世》篇所谓乘物游心，而托不得已以养中之德。至于下文常季所谓“彼为己，以其知，得其心；以其心，得其常心”。下文言此常心如止水之能鉴，即明同于《人间世》所谓虚而待物之无心之心。此后文言此人能“官天地、府万物、寓六骸、象耳目”，“一知之所知、心未尝死”，则其意不外谓此常心之寄寓于形骸，以耳目呈象，以心虚待物，则天地皆其所官，万物皆藏于其灵府，而为此常心之一知之所知或所摄，而不在其外耳。

第二段申徒嘉兀者也，鲁有兀者叔山无趾一节，则要在言申徒嘉诸人之德，不当索之于外之形骸。然贤者如子产仲尼，犹或未能知之，必俟其自言其有形骸之内之德，有尊于足者存，而后子产仲尼，乃自蹴然改容，而自愧其陋。再下鲁哀公一节，言哀骀它为驼背者，则言其和而不唱，而丈夫处之不肯去，妇人愿为之妾者十数，而哀公欲传国焉。其故则不在其形，而在其内在之“才全而德不形”。才全者即于“事之变命之行，不足以滑和，不可入于灵府，日夜无郤，而与物为春”。此指不以外物之变，而失其内在之灵府之和之言也。德不形，则指“内保之，而外不荡也”。此不荡，即《人间世》不荡乎名之旨。德不荡乎名，则德恒存乎其人；而人与之相接，即与其德相接，而不能离。此其所以感人之如此其切，至哀公欲传其国于哀骀它之故也。

至于闉跂支离无脤一节，亦不外言德有所长，人即忘其形。更言“圣人不谋，恶用知；不斫，恶用胶；不丧，恶用德；不货，恶用商”。圣人之有所游，而“知为孽，约为胶，德为接，工为商”。此则谓圣人之游心于德之和，故不重向外之知；亦不用信约，以自外胶黏人与人之关系；更不以德为自外接人之具；复不以自己之所为所得，为交换他人之所为所得之具，以使人反失其所自有，如以工为商者之以其所有易其所无，而失其所原有。此皆不外言圣人之只游心于德之和，即足以使人亲悦之，而不待以人间之知约等为用也。此亦正所以见圣人之德之和，纯出于天，故谓之为“天鬻”“天养”“天食”而“属于天”也。

八 《大宗师》中之“天人不相胜”及真人之生活

《庄子》内七篇《逍遥游》，始提出无己、无功、无名之至人、神人、圣人之“乘天地之正，御六气之辩”者之无待，以标出其为人之理想。《齐物论》言吾丧我，以通人我之是非，使我与天地万物并生而为一。《养生主》言调理其心知与生命之关系，去其生命心知之流行之桎梏阻碍，使其流行，依乎天理。《人间世》言人之本心斋以致虚，而待物，以与人相接为人间之使者，更乘物以游心，托于其心之所不得已以养中，以为天使，而不暇悦生恶死。《德充符》言全德之人，忘形骸，游心于德之和者，其德之充于内者，而形于外者，亦更能使人忘其形，而直接为其德之所吸摄。此皆犹未正面就此理想之真人，而言其与天之关系，或其在天地中之地位，其生活之态度气象，及其所以修成之工夫，与其对“若为其生之终”之“死”之道等。此皆于《大宗师》篇，畅言之，而后此真人一方不离于天之宗，以官天地，府万物，以游万物，而未始有极，及其为天使，以与天为徒；一方德充于符，为人所见，以与人为徒；再一方不暇悦生恶死，而超于死生之外等义，皆备足于此《大宗师》篇。《养生主》篇所言之善养生者，不知其生命之有尽，《齐物论》之言我与天地万物并生之道，《逍遥游》之言乘天地之正者之无待之道，亦皆同可由此为《大宗师》之人物之修道之工夫，表见之态度、气象，以得其具体之印证；复可由《大宗师》之言天人之关系，与人在天地中之地位，以有一更确切之说明。此即《大宗师》之义，所以最为深闳阔大，足以囊括众义，而其文亦最跌宕真切，足以使人逐步上契于高明之境者也。下文只能略疏释其凝滞之义，以便学者。至于欲实契其旨，则学者当如《人间世》《德充符》所谓自致其心之虚，以读其文，“以其知，得其心；以其心，得其常心”，方见得其中之“充实而不可以已”者在，然后能与其旨相遇于旦暮。此非吾之言之所能及者也。

此篇首言“知天之所为，知人之所为者至矣”。此是说必真知天之所为，与知人之所为，而用种种工夫，方可至于成真人，非只一以混然之天人合一之境为论。只说此境，而无工夫，则不能成真人。此篇之要旨，乃在说修道之工夫，而修道之工夫，则当本于知天所为，与知人所为。于此知天之所为及人之所为，下文更为之释曰：“知天之所为者，天而生也；知人之所为者，以其知之所知，养其知之所不知，终其天年，而不中道夭者，是知之盛也。”是为此篇论知天之所为，与知人之所为之宗旨。以其知之所知，养其知之所不知，则为庄子之修道工夫之本。至下文“虽然有患，夫知有所待而后当，其所待者，特未定也”，则是言“知天之所为与知人之所为”之得当，亦有所待而言，故非易事。再下文“庸讵知吾所谓天之非人乎，人之非天乎？”当正是直举出此问题，以言吾人果能兼此知于天与知于人者，则天与人间亦自有可一之义；否则亦不能兼知天之所为，与人所为者矣。固非以此问标出一更上之恍惚不定之境，而以此兼知天所为与人所为之道，为未至其极也。若其然也，则此“至矣”之言不可说，而与后文之其一与天为徒，其不一与人为徒，天人不相胜之旨，皆不合矣。

上谓《大宗师》言知天之所为，与知人之所为，乃归在言人之以其知之所知，养其知之所不知，为人之修道工夫之本。今欲知何以人之修道工夫之本，在“以其知之所知，养其知之所不知”，宜先知此“以其知之所知，养其知之所不知”为何义，亦宜先明此所谓“所知”与“所不知”之分别。大率一般所谓所知与所不知之分别，皆自对客观事物之所知与所不知者而言。客观事物有我所知者，为所知，亦有我所不知者，为所不知。此一般之所知与所不知之义也。然庄子此所谓“所知”与“所不知”，则当是自人之主观之生命心知之“原”而言。此“原”即天。谓天之所为，由“天而生”，乃明指吾人之生命心知之由天生，而原于天。此原即初为吾人之知之所不知。下文谓以知所知，养知所不知，而后能终其天年，即显见此所养之“所不知”，即指吾人之有其天年之生命心知之原于天者也。庄子所谓以“所知”养“所不知”，即以人所有之知，还养其生命之原之天。知此“天生人”而“人养天”，即兼知“天所为”与“人所为”，而为知之至，知之盛。此《大宗师》之要旨也。

然世之言知此所不知，即知吾人之生命心知之原之天者，恒以为知此天，即知一绝对超越之上帝之存在与其意旨。此上帝既绝对超越矣，则其意旨之传于人，必待其有言说之启示，亦有传其启示之僧侣。人亦唯信此僧侣所传之启示，乃得上达于天。人或又见庄子之有造物者之名，而亦意其天同于一绝对超越之上帝，唯惜其不知上帝之启示，而只为一自然宗教耳。此则不知庄子之所谓天，本非绝对超越于人之上者，亦不待有其启示，与传此启示之僧侣之存在，人方得知天之所为者。于是或者又由此而谓人既能直接知天之所为，则天非人所不知。因人既知有天，知此天之所为，则天与其所为，固人之所知，亦在此知中，更何得言为所不知乎。若天与天所为，非吾人所知，只为吾人所不知，则吾人又如何能以“知”养之？若天与其所为，为所知，则人亦只是以其所知于人者，以养其所知于天者，则只有以所知养所知，无以所知养所不知矣。然若说天亦为人所知，则天亦可只同于人所知之自然万物之全，而别无其上之天之真实存在。此则或归于以庄子之天为虚名之论。昔之郭象释庄子之天，即向此而趋。今之本西方自然主义之说，以释庄子之天者，固亦可视庄子之天，即指客观之自然万物之全矣。然此亦与庄子之明言人由“天”生，“天”亦为人所不知之语不合。吾人今欲兼去此以天为绝对超越之上帝，与天只为人之所知，及以天为客观自然万物之全之三说者，则当于庄子言“知天之所为”，“天之所为，为人所不知”，人当更

“以其所知，养此所不知之天”之语，别求足以释疑窦之善解。

此善解首在知此人之生命心知之原之“天”之有，并知此“天所为”之亦为人知所不知，初未尝有自相矛盾，亦为对真实之人之生，作如实说；更不能于此如实说之外，作其他之推说者。诚然，人若知其生命心知之有原，而名之曰天，此亦是知。此人之知其有原之一知，亦若是超越于此现有之生命心知之上者。人于此，便恒易思其原为在此生命心知之外之上，另一绝对超越的大生命大心知之上帝。然人之知其生命心知之有原，可不需将此知，绝对超越于人之生命心知之上之外，以更思其当有原，更不需谓此原之在此人之心知生命之上之外，初绝对超越于人之生命心知之存在而存在者。因吾人可说，吾人之知其生命心知之有原，唯由吾人之生命心知之流行，其来也无穷而不竭，以知之。此即如吾人论孟子言吾人生命心性为天之所以与我者一段时所说。孟子所见及之吾人生命之心性，可不同于庄子所言之吾人之生命心知。然庄子之所以知此生命心知之有原，则可同其思路。而吾人即可以论孟子时所说者，喻解之。此喻谓人之没入于水中，可由感水之不断流及于其身，而知水之必有原。此即所以喻人可由感其生命心知之流行也，其来也无穷而不竭，以知其必有原。此原即是天。则人之知其生命心知之有原，同不待于超越于其生命心知之外、之上，以知之。此知其有原，唯由感其来之无穷不竭而知之，则知其有原者，固不能穷此无穷不竭，而尽知之。则知其有原，固不碍吾人之于此原之有所不知，而亦自知其有此所不知。当人谓其原为无穷不竭之时，即已自认其原非其知之所能穷竭，而自认对其原之有所不知矣。此亦正如吾人之没入水中，而感其流不断及于身，固一方知此水之有原，亦同时不知此自原而来之水毕竟有多少，而亦可自知其于此有所不知。此固无自相矛盾之可言者也。

至于吾人如必欲辨明此人之对其生命心知之原，必“有所不知”之义，则亦可对人之“知此原之有”之知，以更辨之。人固能知此原之有。然此“知此原之有”之知，亦可说在此所谓“此原之有”之另一层次。在人能知“此原之有”之时，人固必不能同时以此“能知此原之有”为所知；则此“能知此原之有”之“知”本身，即虽有而初不为其所知，亦即亦正为其所不知者也。人之自谓其“知此原之有”之“知”亦为有，必更待于又一层次之知此知。然此又一层次之知此知之“知”，仍是初不被知者也。由此观之，则即此人之心之知之自己流出，而为人所知，亦必先以不被知或为人之所不知者之资格，而流出。则人之必有其知之所不知，即就此知之自己流出，其初只为能知，而不为被知或所知，已可见矣。至于人之其他之一切生命心知之流行，亦无不先流行，而后被知；当其始流行而尚不被知之时，即皆非“所知”，而为“所不知”者也。至于当此知或生命心知尚未流出之时，其所自流出之泉原，固当在吾人之所知之外，而为吾人所不知者也。

此中唯一剩余之问题，唯是人可谓“人之知此泉原在未被知之先，而亦存在”，乃是一原则性之“知”。则此未被知之泉原，亦存在于一原则性之知之所涵盖之下。其不被知，亦只在此原则性之知所涵盖之下，为不被知。则知仍在原则上，居于此原泉之存在之上一层次，而以此原泉为所知。然实则此话可如是说，而亦非必如是说。因此一原则性之知，亦与另一原则性的知其“对此原泉，并对由此原泉所流出者之有所不知”，同时建立。因此原则性之知，若不具体化特殊化，为对由此原泉而流出者，一一尽知，则亦不能尽去吾人之“不知”。由此原泉与其所流出者之无穷不竭，则吾人亦必永对此“可能流出者与其所自流出之原泉”，有所不知。吾人既永有所不知，则此“有所不知”，即亦为原则性的有所不知。此人之知其有所不知，亦为原则性的知其有所不知。则人之有所知与有所不知，皆为原则性的。人之知以外必有其所不知之天，即可合建立为一原则。而唯以兼知此天之所为与人之所为，方为知之至，亦可建立为一原则矣。

人必有所知，亦知其有所不知，然其所不知者，即是生命心知之原之天；而由此原流出，由天而生者，亦可进而为其所知。此中，即有由天而生者与人之所知之相贯注，而可相摄、相养之义。如人有知，与有其他种种生命活动，固皆由天而生。人亦初非先求其生，而知其将生，方出生者也。然人既有此知或此种种生命活动之后，人即更“知”其有知，“知”其有此生命活动，是即与此由天而生之知及生命活动之相贯注，而成人之后起之知。此人之后起之知，亦可说为能往摄受由天而生之知及生命活动，于其自身之中，而自成者。此后起之知，自其原而观，其初生固亦出于天，与其前之知出于天者，未尝不同。然本此后知以知前知，与其前之生命活动，则属于其流之事，非属于原之事。此即当属于人，不属于天。若人之“更知”此“后知与前知之种种关系”，如吾人上之所论者，则自此“更知”之原而观，固仍当说是属于天。然自此“更知”之自身说，则亦属于流之事，而固当属于人，非属于天。凡自流之原说为出于天者，自流之自身说，即属于流，不属于其原，亦不属于天，而属于人，此天人之分异也。

知此天人之分之异，即知人之一切问题，一切忧患，皆不在其心知与生命活动之原，而在其流。盖在此流中，即有同出一原之种种心知与生命活动之流之相错杂，而相误解、相冲突之事。此种种错杂、误解、冲突，固亦见于人与人之间或人与物之间。然即由吾人自身之心知与生命活动之有种种，亦即同时有种种错杂、误解、冲突，存乎其中。如人之有知而知物之后，更以此知同化于物，而谓此知为物，此心亦为物。此即人所恒有之误解，而为唯物论之说之所由立者也。又人知其有对一一特定之物之知，而不知由其对一一特定之物之知之无穷，以知其知之有原，遂谓其知无原。此又一误解也。再如人知其知之有原，而谓此原必在人之知之外之上，另一绝对超越而具大知之天神，以为无天神对人之启示，人无知天之道路，又一误解也。此外人对其心知与生命活动，凡自以为是如何者，实非如何，皆为误解。凡此误解，皆原于人之以其一时之某一心知或生命活动之所知所是，概括另一时之另一心知或生命活动之所知所是者而起。此即前所谓人之成心也。人固不只据成心以观其他人物，以造成种种对其他人物之误解，亦据成心以观其自己，以造成对其自己种种误解也。人之有其成心者，又有其特定之所视为利或所视为害者。人此时之成心如此，而另一时如彼，则人自己之种种成心，由其所视为利或害者之不同，而一人之一心之内之意念，亦可自相冲突，如自分人我，互为是非，皆欲求胜，得成其功，以自为名，而使此一心自为冰炭，自成战场。此即人生一切问题与忧患所由起，使人恒迷乱而不自得，而其生命心知，恒不得自然流行，而处处皆见有阻碍，求生而生不得其养之故也。此固不必待将吾人之一己与其外之他人他物相连而论，即可见此人生之一切问题与忧患之所以起之故，在人之对其自己之误解，对自己之是非之不当，而有之内在之冲突。然复须知，此一切误解、冲突，乃原自人之既有其原出于天之心知生命诸活动之流，而更相错杂之故。然克就此诸活动之流所自出之本原上看，固皆同出于天，初未尝不相和。因若其初不相和，又焉能次第同自此本原而出？则人之所以去此流上之错杂、误解、冲突之道，唯有再沿此流，而还溯其本原，以再接于其所自出之天和，以为再和此流之所据。此则要在人之逆反其知之逐流而不返，而更折回之，以其人之知还契乎其知所不知之天。是即以人之知还接于此所不知之天和，如还养此天和，而使此天和日出，以成人之德之和，更成就我与人之和，以和天下；而销除此人生之内在与外在之活动，由相错杂而成之一切误解、冲突之道。此即庄子言以其知养所不知之归趣也。

此人之以其知养此所不知之天和，乃以由天而生者，再还契、还接、还养其天和，以使天和日出，如水之流之还流至其原，以开其原，使原之流出也亦更不竭。人无此一功夫，则人将只任其由天而生而出之心知与生命活动，异流错杂，以相误解、相冲突。如漩水之不进，而泉原亦不流，其生命遂与其泉原隔断，而漩水将散流于断港绝潢，更散沉于泥土。此即《齐物论》所谓心之“与物相刃相靡”，而致之“形化而心与之俱然”之心死，为人生大哀者也。哲人之大慧，则在教人自知此原泉之天之实有，而还契、还接、还养之，以更开之。此则要不外或如《逍遥游》《齐物论》之至人无己，仰天而嘘而丧我，以透入；或如《人间世》之内由心斋以致虚，而更见其所不得已者而透入；或如《德充符》之忘形骸以游心德之和而透入。而《大宗师》之下文，则在举陈此“透入其生命心知之泉原，以知养不知”之真人之由真知此义，而有之生活之型范，以为世之大宗师。故其下文曰：“古之真人，不逆寡，不雄成，不谟士。若然者，过而弗悔，当而不自得也；若然者，登高不栗，入水不濡，入火不热。是知之能登假于道也若此。”

上节文言真人所有之真知之性质。其言虽简，其旨则深。此乃要在言真人之知，其原只在天，而有知之后，更不以之逆寡、雄成、谟士，亦不以此知悔其生活上之事之过者，而自得其生活上事之得当者。须知人固皆有知。其知之生，皆初不自知其知，亦皆为不知之知。此乃出自天之知。此知之有所知，亦出自天。此所知之内容原有多寡，可助吾人之生活上之事之成，皆人所自然原有者，亦真人之所自然原有者。然常人在有知，而有所知之后，更将其自己一时所知之内容，与自己他时所知或他人所知之内容，加以比较，而自念其多，即可以之凌驾其寡者。更自念其知之可助其事之成，而于事成之际，有一顾盼自雄之心。或自念其少而慕人之多（谟士盖即此意）。此即皆为纯属于人之后起之心知。此一后起之逆寡、雄成外慕之心知，乃由人之据其已有之知，以观自己他时之知，与他人之知相比较而后有者；即由此自己之一时之知之流行，与自己他时或他人之另一知之流行，交错相杂而“观”时，乃有者。此“观”，即不属人之知之原之事，而为人之知之流之事。沿此一观，而人当前之知之流行，乃或由外慕而失己，或由顾盼自雄凌驾于自己他时与他人之知之流行，而碍及于他；亦将以他碍己，而使其本身之知之流行，受一挫折；而更自塞其泉原。则此外慕逆寡雄成之一念虽微，而其害则至大。此念属流之事，亦人之事，而为以人灭天，而亦自灭其知之原之事也。

至于过而弗悔，当不自得之句，其反面，则为人之过而悔，当而自得。过而知悔，依儒学义，未尝不是。依庄子义，亦不可全非。如人之知逆寡雄成之非，而悔之，亦是悔也；此悔固当有也。然庄子此处所谓悔，盖专指一种常人所恒有之本今日是与利为标准，以悔其过往之所为之悔。人之贪心重者，得此则悔未求彼，得彼则悔未求此；恒以今日之我咎责其昔日之我，有如其恒咎责他人之不从于我。人之此种悔恨，恒念念不已，至于终身。此即为一在儒者亦视为不当有之悔。常人之悔，实大皆属此一类。庄子此所谓悔，当即指此一类。此与人之对其真正之过失之悔，既由悔而改，即不更留于心者，实不同之悔也。

按此常人之以今日之是非利害之标准，悔其昔日之所为，此即以今日之我之是，判断其已往之我为非，而不知其已往之我之未尝不是。此亦如人之自以为是者，恒以他人为非，而他人亦实未尝不是也。已往之我之有其所是，出于天，今日之我之有其所是，亦出于天，亦皆原自吾人生命心知，而为其流。然以今日之我之所是，评断昔日之我之所是而悔之，则出于人，非原上之事，而纯为流上之事。由此悔，而谓昔日之我为非是，即使今日之我与昔日之我相冲突，而使我之生命之流行，自己折回，自淤塞，使不得和畅者也。

至于人之行之有当者，亦出于天。然人于此更加以一自得之心知，则此自得之心知，亦为后起。人于其已当、已得者，更加一自得，即可谓为吾人之心知对已之所已得者之有一留恋。此留恋即亦是黏滞于已往、陷溺于已往。此即又正阻碍吾人当下之生命心知之流行，而使其不得和畅之事。故真人必“当而不自得”也。

对于此人之能逆寡、雄成、过而悔、当而自得之念，或心知生命之活动，人固可问其原毕竟有出于天者否。则吾仍将承前文意，答曰：此亦应自有原于天者。因若无其原于天者，则其自身亦不得有。然此心知生命活动虽原出于天，既出即是流。出而为对寡而逆，对成而雄，对过而悔，对当而自得，此仍是流之事，即人之事。如漩流之水，相冲激而不流，固仍自一原而出。如枝叶之交蔽碍者，仍自一本而出。又如人之癌症之细胞之能毁正常之细胞者，仍自一身而出。然水之成漩流之事，毕竟非水原之事；枝叶之交蔽碍，毕竟非一本中事；人之癌症细胞，毕竟非此身所自生之原始细胞。若以天之事为人之事，原之事为流之事，更因其流以咎其原，因其人以责其天；则必以水有漩流，而责其原亦不当有；以人有癌症，而谓其身之原亦不当生。此亦以今悔昔之类也。凡人之以流咎原，以人责天者，其思想之行，正如漩流之水之逆行，当先以自求其顺畅，乃可及于更进之义也。

至于再下一段言“古之真人，其寝不梦，其觉无忧，其食不甘，其息深深，真人之息以踵，众人之息以喉。屈服者，其嗌言若哇；其嗜欲深者，其天机浅”，此则就真人之起居之日常生活，以见真人之精神生命。盖人之梦中之事物，即恒为人昔日所经验之事物之组合，而再现者。人昔日之欲望之未遂者，恒于梦中得遂。此即无异昔日之生活中之经验与欲望，与当前之睡眠之生活之相错杂。昔日之生活为出于天者，睡眠亦出于天。然昔日之生活中经验之再现于睡眠而成梦，而借睡梦中之想象，以遂其未遂之欲望，即为昔日之生活之强占此睡眠之生活，亦如人之强占他人之家室也。此则出于人，而非出于天。人之睡眠之不免有梦，即见人各时之生活不能分别顺天而流行，不免于互相侵占也。至于真人之其觉无忧者，则此忧非儒家所谓之“忧以天下”之忧。人之有此“忧以天下”之忧，必同时知其义所当为，亦恒必与乐相连。吾已于述孔孟文及之。此庄子之所谓忧，应是指一般人之忧其未来之利害得失之忧。此忧则恒不与乐连，而人有此忧时，亦恒不知其所当为之事之如何。此即一般人之忧，恒郁结而不能自解者也。人之有此对未来之利害得失之忧，而其今日之生活，亦遑遑不安；此即以其未来之生活之事，侵占其当下之心，亦侵占其当前之生活之事所原有之地位。故亦为吾人之今日与未来之生命流行之事，互相错杂纠结，以相阻碍之事也。至于下文之“其食不甘”者，则其反面为食而甘。人口能知味，固能甘味。然人于知味之甘之外，又恒更多生一自甘其甘之心。此方为庄子此所谓甘。是即人之贪味之始，而为一后起之心念。人之有此一“甘味之甘”，即其生命流行之胶滞陷溺于此味之中，以成一偏嗜。则人亦可于此外之味，皆不知其味矣。故人之生命之流行不滞，而亦知味者，必无此庄子所谓“甘味之甘”也。“其息深深”者，即言真人之息，恒透至踵，不同众人之息，只至于喉。众人之息之止于喉者，以喉以下，皆非此气之所通；故气至喉，而更必吐出一气，以自舒，如勉强屈服于人之前者，未尝服气，而不免嗌言，而呕吐其气以出也。此则使人所吸入之气，不能透过其全生命，而更吐出其当吐之气。然真人之息，则吸气至踵，方更吐出其当吐之气，则其生命如为天之气之所通过贯彻后，方更使其生命中之气吐出，以还入于天。然后其生命乃为此内外之气往来不息之一中枢。此固可为养生之谈。然亦为据以喻真人之心知为天与人之气，往来不息之中枢者。此心知，为天与人之气之往来不息之中枢，则亦为天地万物与人之存在或生命往来不息之中枢也。若人之心知，不能为天地万物与人之生命或存在或气往来不息之中枢，则此心知之感知天地万物，即不能将此存在之境相，加以摄入，以通过其自己之心知与生命而更出。于是其感知天地万物之境相之存在之后，即恒有心知之留滞陷溺于其中；遂欲更吐出之，以求去其留滞陷溺。此时人即或空慕一槁木死灰之境，或无天地万物之境相可见之天堂之类也。然庄子之言，正大异乎此。依庄子之言，人于天地万物境相，大可不必惧其有所知，唯当惧“其知之不深，而未能摄入之”。果能摄入之，如随息而至于踵，更透过此踵而出，以还之天地万物，则无异境相之自然吐出，亦自无心知留滞陷溺，而亦恒在一超境相、忘境相之境。若只存心于一槁木死灰无境相之境，固非人之所以“既知境相，而又不留滞于中陷溺于其中，以更超此境相、忘此境相”之道也。昔王船山盛论此真人之息以踵一语之深义。今亦窃慕之，而更本己意，说之如上。

至于下文“嗜欲深者，其天机浅”一语，亦当略释其义。庄子固未尝言人能全无欲。真人有睡眠有饮食，亦属佛家所谓五欲者也。然人又或以人不能无饮食睡眠之欲，则人亦不能无嗜欲，则似不必专责嗜欲，而不必专任天机。此则由不知在人而言，睡眠饮食之欲，亦出于天，此固易足而无害。欲之化为嗜欲，则原于人。人之欲之成嗜欲，亦由人之有后加之一念。如人之贪食之嗜欲，由自甘其食之味而起。此自甘其食之味，固为一后起之念。人之睡眠而甘之，亦可自甘其睡眠而贪睡。此亦后起之嗜欲也。于此，以人与其他动物相较，则其他动物食饱则止，睡足则醒，人则可贪食、贪睡。此其原之所在，乃在人有心知，而更以其心知留滞陷溺，而胶黏于其眠食之事，而甘之，或自甘其甘之故。此人之心知，不仅能胶黏于眠食，亦可胶黏于其生活上任何之事，即使其事皆可出于嗜欲。又当人之心知既胶黏于一特定之事时，更可胶黏于此特定之事之同类者，或与之有其他相连之关系者。于是人之缘其对特定之事之嗜欲，而引起之嗜欲，即可至于无穷，亦深至于无极。当人之心知充一嗜欲之量，即于其外之天地万物，皆可无所感知；对其生命中之其他痛痒，无所感知；即对此嗜欲所以成为嗜欲，亦可无所感知。则其生命之生机，即限在此后天所形成之嗜欲之中，而失其超此嗜欲以外之生几。此能超一嗜欲之生几之生起，亦出自天，即天机也。心陷于嗜欲，嗜欲深而天机浅，亦如头之着于地，而所见之天，自浅小也。则人之睡眠饮食之欲，虽不可无，而嗜欲固当无，亦未尝不可无，而天机亦固当开也。天固与人之睡眠饮食之欲与男女之欲。然睡眠至多八小时而亦足，饮食三餐，至多二小时，合人之行男女事之时，亦未及半日。则人此外之大半日，果何所事乎。常人于此盖除其工作之时之外，恒以多余之时纵其嗜欲，或忧虑其嗜欲之未得。而真人则以此多余之时，自开其天机。则其不能免于天生之自然之欲虽同，而其所以为人者，则已是天渊之别。固非必至于佛家之五欲皆尽，然后人可成为远超于世人之上之真人也。《大宗师》之下文又曰：

“古之真人，不知悦生，不知恶死，其出不䜣，其入不距，翛然而往，翛然而来而已矣；不忘其所始，不求其所终，受而喜之，忘而复之。是之谓不以心捐道，不以人助天，是之谓真人”。

此言真人对生死之态度，大体同于《养生主》《人间世》所言之安时处顺，不暇悦生恶死之义。唯此更言真人之生必不当忘其始自天者，亦不当更问其所终。不忘其所始者，不以其知之所知，忘其出于其知之所不知，恒能由其所知，还契还接还养其所不知之原之谓也。不更问其所终者，则以人若问其所终，则无异于自超离于此生命之流行之外，以预测预断其未来。殊不知此当下之知之原，只在当下之生之中，而与此生俱行，固不能预测预断其外之必无生或此生之必有终也。此则吾人亦已详论之于论《养生主》之一节。故其下文“受而喜之，忘而复之”，即是谓于生之正有，即唯当正面受之，然亦不当只顺此生之正有者，以向于其未来；更当自忘其现有之生，以复返于其原，然后能不忘其所自始。

人若只顺此生之正有者，以向于其未来，而不知复返于其原；则人只用其所受于天之生命与心知以接物，而不能自开此原，以更成其流之不竭。人须自开其原，以更成其流之不竭，即于此“不以人助天”，而任天机自行之谓也。

《大宗师》言真人对天人关系、对生活、对生死态度，皆本于以其所知养所不知之义，故亦不外上文之所说。至其下文之“若然者，其心志，其容寂，其顙頯；凄然似秋，暖然似春，喜怒通四时，与物有宜，而莫知其极”，则是言真人之心志之情调、容貌状态之凄然暖然，而能摄物应物。此正又同于《人间世》所谓乘物以游心之义。而其下文言：“圣人之用兵也，亡国不失人心；利泽施乎万世，不为爱人；故乐通物，非圣人也；有亲，非仁也；天时，非贤也；利害不通，非君子也；行名失己，非士也；亡身不真，非役人也。若狐不偕、务光、伯夷……是役人之役，适人之适，而不自适其适者也。”此则是言圣人之应物，恒能不失人心，如《德充符》之有全德者，恒能摄吸人心。此皆由其德之自然充于内，而自然有其符应之见于外者；亦见其德皆出于不得已之中，自然泽及万世，而非先意在爱人，亦非意在先乐求通物者也。仁者自能亲人，亦为人所亲，初非先欲有所亲。“天时非贤”，犹言意在得时而驾，以待时者，则非贤者。“利害不通，非君子”，犹言不能通利害而观之，必就利避害，即非能忘利害之君子也。“行名失己”，即徇名，未能无名者也。“亡身不真，非役人”，即言其只自役其身，自失其真。故凡彼意在行名，以失己忘身，即皆役人之所役，适人之所适，而未能自适其适，以自为真人者也。《大宗师》下文又曰：

“古之真人，其状义而不朋，若不足而不承。与乎，其觚而不坚也；张乎，其虚而不华也；邴邴乎，其似喜乎；崔乎，其不得已乎；滀乎，进我色也；与乎，止我德也；厉乎，其似世也；警乎，其未可制也；连乎，其似好闭也；悗乎，忘其言也。……以刑为体者，绰乎其杀也；以礼为翼者，所以行于世也；以知为时者，不得已于事也；以德为循者，言其与有足者，至于丘也，而人真以为勤行者也。故其好之也一，其弗好之也一；其一也一，其不一也一。其一，与天为徒；其不一，与人为徒。天与人不相胜也，是之谓真人。”

按此节之旨，要在言真人所以接人之态度与气象。“状义而不朋”，言其义足以自立自制，而不望人之朋徒也。“若不足而不承”，犹言其容寂，凄然似秋，而无意承奉他人也。“与乎，其觚而不坚”者，言其如以觚盛酒与人，不以其坚锐凌人也。“张乎，其虚而不华”，言其心斋之功，足使其心宅于虚，而能待物，更不见华彩也。“邴邴乎，其似喜乎”，犹言其恒与物为春。“崔乎，其不得已乎”，犹《人间世》之言接人，皆由“不得已之中”而出也。“滀乎，进我色也”，犹《人间世》之言回之为使，至于“未始有回”，有忘己之德，而其所进于人前之色，足以畜人也。“与乎，止我德也”，犹《德充符》之以止止众止，亦使人之德止向于此也。“厉乎，其似世也”，言其虽刚，而未全别异于世也。“謷乎，其未可制也”，犹《德充符》之“謷乎大哉，独成其天”，为天之君子，非如“天之小人”之“人之君子”之为人可制者也。“连乎，其似好闭也；悗乎，忘其言也”，犹《德充符》所言全德之人，“闷然而后应，泛然若辞”也。“闷然”“泛然”，所以状其德之和之存于内，而不溢乎外，以荡乎名者也。“悗乎，忘其言”，犹言其应答之言，应而不藏也。“以刑为体者”，即上之义之足自立自制，凄然似秋之心情也。“以礼为翼者”，即以觚盛酒与人，更以虚待人之礼也。“以知为时者”，即随时而知应，其应皆由不得已之中出也。“以德为循者”，即内有其德，而其色外足畜人，并止人之德于此，以化及于人，使皆有“謷乎大哉，独成其天”之德，而使有足者皆得同行，至于所欲至之地也。由此言之，则《大宗师》之真人，固未尝不与世人接，以使凡有足者，皆能循此德而同行。

故真人之所好，虽在自以其知之所知，养其知所不知之天，以“独成其天”；而未尝不与世人相接。与世人相接，而世人或不知与天一，而与天不一。故其接世人，亦接此不一；虽不好此不一，而不能不接之，而与之为一；其所以不能不与世人相接，与此不一为一者，以其知之所知中，固有世人在也。则彼以其知之所知，养其知所不知之天之时，亦即不能只与天相接，而不与世人相接。既知有世人，则虽不望人之朋从，而亦望其中之有足者，与我同行，以至于丘；此亦不得已，而无可奈何之义命之所存，如《人间世》所谓子之爱亲之不可解于心，君臣之义之无所逃于天地之间者也。故其人必然一方与天为徒，一方与人为徒，而此二者不相为胜。此亦正由其以人之知之所知，养其知之所不知之事，虽一方为自上接于天之事，而亦为接人之事之故也。

至于以下文之一段，即是论人之不当忘其所自始，此自始即其生命之卓之真之所在；以言人终当忘一般之是非善恶，以同化于上述之“返其真，以为真人”之道。故谓“鱼相与处于陆，相呴以湿，相濡以沫，不如相忘于江湖；与其誉尧而非桀，不如两忘而化其道”。此言鱼之于陆相濡沫者，其惠少，不如共趣于江湖，而皆得其水，以相忘者，其德之大。此正如人间之尧桀之辨，其事小，不如同化于道，而皆有以返其真者，其事大也。此固非谓人必不当辨尧桀贤不肖之谓，唯谓此辨之事小耳。

至下文言“大块载我以形，善吾生乃所以善吾死”，则当连后之“藏天下于天下，而不得所遁。若人之形者，万化而未始有极，其为乐可胜计邪”一节为说。其旨盖亦如《养生主》之言此形骸之死，未必即此生之尽之旨。人之所以谓形骸尽，而生亦尽者，唯以自视其生只藏于形骸中之故。然《德充符》篇已言全德者之生命，唯寓六骸、象耳目，其常心固能官天地府万物。则吾人于此，若能不自视其生命，只藏于此形骸之中，而可以天地为我官，万物为我府；则我之生命，即藏在天下。生命在形骸，而形骸小或不足以藏生命，故生命可遁于形骸之外，而可说人有死。然人若藏其生命于天下，而与天地万物之万化，同其万化；则天下者，乃物之所不得遁者也。人藏生命于物所不得遁之天下，而恒游于此天下之中，则亦无死之可说。是谓“游于物之所不得遁而皆存”，斯能“万化未始有极”矣。今人有一形骸以寄生命而犹喜之；则能知此生命之卓与真，而不忘其所自始之天，知此天为“万物之所系，一化之所待”者，即藏其生命于天下，以为其生命之所游，亦无异以天地万物之万化之形，为其人之形，则其人之乐，岂可胜计哉。此正庄子之言超生死之极旨，亦皆为实道、实理、实事之所在，而待大慧以真知其解者也。故其下文，更有赞道之文曰：“夫道有情有信，无为无形，可传而不可受，可得而不可见。自本自根，未有天地，自古以固存；神鬼神帝，生天生地。在太极之先，而不为高；在六极之下，而不为深；先天地生，而不为久；长于上古，而不为老。……狶韦氏得之，以挈天地；伏戏得之，以袭气母；维斗得之，终古不忒；日月得之，终古不息；堪坏得之，以袭昆仑；冯夷得之，以游大川；肩吾得之，以处大山；黄帝得之，以登云天；颛顼得之，以处玄宫；禺强得之，立乎北极；西王母得之，坐乎少广，莫知其终；彭祖得之，上及有虞，下及五伯；傅说得之，以相武丁，奄有天下，乘东维，骑箕尾，而比于列星。”此段文或为后人所加入。此中言道，可传而不可受，可得而不可见，即谓道初唯是一一人各自以其生命心知体证而自得之之道，自得之于己，而与己并生之天地日月，即可谓皆得此道而成。然此段文要在赞叹历代之得道之人。盖人之大慧之所往，达于至极之境，慧语尽而慧心之流行未尽，即唯有寄于赞叹之辞也。

《大宗师》再一段，南伯子葵问女偊一节，则言真正成为得道之圣人之不易。此赖于人之既有圣人之道，又有圣人之才。故女偊曰：“子，非其人也，夫卜梁倚有圣人之才，而无圣人之道；我有圣人之道，而无圣人之才。吾欲以教之……以圣人之道告圣人之才，亦易矣。吾犹守而告之，参日而后能外天下；已外天下矣，吾又守之七日，而后能外物；已外物矣，吾又守之九日，而后能外生；已外生矣，而后能朝彻；朝彻而后能见独；见独而后能无古今；无古今，而后能入于不死不生；杀生者不死，生生者不生。其为物也，无不将也，无不迎也，无不毁也，无不成也，其名曰撄宁。撄宁也者，撄而后成者也。南伯子葵曰：子独恶乎闻之？曰闻诸副墨之子，副墨之子闻诸洛诵之孙，洛诵之孙闻之瞻明，瞻明闻之聂许，聂许闻之需役，需役闻之於讴，於讴闻之玄冥，玄冥闻之参寥，参寥闻之疑始。”此真天下之大慧之文也。圣人之才，天所生之天才也。天生圣人之才，而不自知为圣人之道，而只知圣人之道者，又无此才，亦不得为圣人。圣人之才者，“天而生”者，为知之所不知者也。知圣人之道，则知之所知者也。必以知之所知，养其所不知，而后为知之至。故女偊亦必以其所知之圣人之道，告有圣人之才之卜梁倚，而守之，然后卜梁倚得庶几为圣人也。圣人之才者，“天而生”者，即可遇不可求也。天之生圣人之才，为知所不知之事。有圣人之才者，亦初必不自知其有圣人之才也。凡人之自谓其有圣人之才者，皆妄自尊大之人，其必无圣人之才，亦固无疑也。此亦唯有待知圣人之道者，然后能知人之孰为真有圣人之才者，而教之以圣人之道。然知圣人之道者，又未必能遇有圣人之才，而教之以圣人之道。此则圣人之所以难有也。庄子之是否圣人，虽非吾所敢必，然不能不谓其已知天生之圣人之才，不同于人所知之圣人之道。必以此人所知之圣人之道，与天生之圣人之才相结合，然后人得为圣人。此即庄子之大慧也。虽然，若圣人之才，为人知之所不知，则女偊又安能知其必无圣人之才？则女偊果能有圣人之道，亦固可不自问其是否有圣人之才，而唯本其所知之圣人之道，以自学为圣人而已；而不必只持其所知圣人之道，以待天下之有圣人之才者矣。女偊若悟及此义，以自学为圣人；既能学之，则亦固当有学之之才也。此则儒者之言人皆可以学为尧舜，圣人可由学而成，人皆有学圣之才性之胜义所存，而盖为庄子所尚未及者也。观庄子之托女偊之言，谓闻之副墨之子以至于於讴、玄冥、参寥与疑始，言则美矣，义亦深矣；然犹疑其始，曷不亦言信其始哉。

至于此下之子祀子舆一段，只言人于其死后当任造化之所为，而视天地为大炉，造化为大冶，以铸吾此生之一金。此乃教人自善其生死之言。然其喻可歧解为自然主义之视人如物之说。此则不合于上述庄子之胜义，亦不合于《齐物论》“天地与我并生，万物与我为一”之旨。观庄子此段之文，盖不过意在使人于未死之时，先知此造化，亦知此造化之在我，非真以造化为大冶，一身如一金之谓也。今若只就此文表面之义，加以解释，则庄子之妙旨尽丧。是不可不知者也。再下一段，子桑户言畸人者，畸于人而侔于天。此所谓畸人，盖谓自世俗观之为畸于人者。此节乃本前文天人不相胜之旨，以言庄子之学。庄子之学固兼与人为徒，非只畸人之学也。

颜回问仲尼一段，与《养生主》老聃死一段同旨，前于论《养生主》处，已引及其中方将化之一段，而释之。其下文“有骇形而无损心，有旦宅而无情死”，则形即心与情之旦宅。故此二语，与《德充符》言“全德之人，形有骇异，而心未尝死”，及上文庄子言“游于物之所不得遁而皆存”之旨通。意而子一节言不知道者或待造物者之重造其人，乃能知道。此犹谓人之不知道者，亦可化为知道之人，即不必虑其不知道也。颜回一节言坐忘，乃《齐物论》言丧我、《人间世》言心斋之旨。最后子舆与子桑友一节，言子桑病而叹，极见一怆凉之情。此则要在言安贫与死之不易，亦叹学道之难也。

九 《应帝王》所归之“未始出吾宗”义

《应帝王》之篇前数节，言帝王之无为之治。“泰氏其卧徐徐，其觉于于”，即《大宗师》之真人，“其寝不梦，其觉无忧”之旨。至谓“其德甚真，而未始入于非人”，则言其政为真人之政也。肩吾见狂接舆一节曰君人不在经式义度，即为政所重，不在仁义礼法之谓。天根游于殷阳，见无名人问治天下，而无名人不答，后答以“游心于淡，合气于漠，顺物自然，而无容私焉，而天下治矣”。此类似老子言无为之政道。然以“游心于淡，合气于漠”为说，则不同老子之不明言心者。此游心合气，即《人间世》之虚为心斋，以气待物之旨也。阳子居一段言“明王之治，功盖天下，而似不自己，化贷万物，而民弗恃，有莫举名，使物自喜，立乎不测，而游乎无有者也”。此不外兼无己、无功、无名、游心于虚，以言为政之道者也。

《应帝王》之篇，以郑有神巫之一节，为最有深旨。其谓郑之神巫能知人之死生、存亡、祸福、寿夭若神。郑人见之皆奔而走，唯列子见之而心醉，归以告其师壶子，并以为其道胜壶子。壶子曰：而以道与世亢必信，夫故使人得而相汝。尝试与来，以予示之。明日列子与之见壶子，出而谓列子曰：嘻！子之先生死矣，弗活矣，不以旬数矣。吾见怪焉，见湿灰焉。……壶子曰：乡吾示之以地文，萌乎不震不正，是殆见吾杜德机也。……明日又与之见壶子。出而谓列子曰：子之先生遇我矣，有瘳矣，全然有生矣。吾见其杜权矣。……壶子曰：乡吾示之以天壤，名实不入，而机发于踵，是殆见吾善者机矣。……明日又与之见壶子，出而谓列子曰：子之先生不齐，吾无得而相焉。……壶子曰：乡吾示之以太冲莫胜，是殆见吾衡气机矣。……明日又与之见壶子，立未定，自失而走。……壶子曰：乡吾示之以未始出吾宗。吾与之虚而委蛇，不知其谁何。因以为弟靡，因以为波流故逃也。列子自以为未始学而归。此一节后之成玄英有注，乃本佛家有、无、亦有亦无、非有非无之旨以说之。然吾今则拟说此中所论，亦是心知与生命之关系之问题。郑之神巫，能知人之生死，而郑人见之皆奔而走者，以人之生命，原畏他人之本其心知，以自外断定其生命之未来故也。盖他人以其心知自外断定吾生命之未来，则吾之生命之未来，被他人心知所断定，而成定局死局，亦无异于顽物。人不愿为顽物，故必不愿其生命之未来为他人心知所断定。人之生也，亦固皆以其生命之前程，为非人所能断定，可由其自己决定者，然后可自安于生也。故人之求巫问卜，以知其运之吉凶祸福者，亦兼意在知其如何可由凶而吉，由祸而福，以为趋避之计。此趋避之计，则固不为巫卜之所预断者也。若其亦皆为巫卜所预断，巫卜之来，人亦必骇而走者也。然在另一方面看，人之心知又必欲预断一切。故人亦有为巫卜之学与巫卜之事，以预断天下人之生死祸福者。此即见人之心知，恒必欲预断而限定生命之前程于其下。被预断被限定者，有穷有涯，而能预断限定之之心知，则宛若无涯而无限矣。然为巫卜者，亦有其生命，其生命亦当有涯有限，则为巫卜者以其巫卜之术，以预断他人之吉凶祸福，即以有涯之生命随从其无涯之心知，而更本此无涯之心知，以预断他人生命之涯之事也。列子见神巫而心醉，即列子亦欲为神巫也。列子之不畏神巫，盖以列子之不以其生命之利害祸福为念，然终不能不羡慕此神巫之心知。此即虽能忘其生之利害祸福，而不免慕此心知，而未尝知此神巫之心知，亦唯属之神巫之生命也。则列子纵亦学得此心知，此心知亦只属于列子之生命者也。此人之生命中，固有可知者，亦有不可知者焉。常人之生命为习气所拘，其心为成心所定，而恒有其定限，故恒可知，亦未尝不可为他人之知其生理心理之状态者，所预断。然真修道者之生命心灵，则可不为此习气成心所拘，而不可知，亦有不为他人之所得而预断者。壶子之忽而示神巫以地文，如槁木死灰；忽而示神巫以生机之发于踵，由壤以至天；忽而示神巫以太冲莫胜，不偏有，不偏无，非死非生；忽而示神巫以“未始出于吾宗”，亦生亦死，“虚与委蛇”，亦有亦无，“不知其谁何”，忽起忽落，以波随弟靡。此中之第三第四，皆已出于可知者可预断者之外。至于第四所言列子之“未始出吾宗”之工夫，亦庄子之未始出吾宗之工夫。此工夫即生命之流行至于善生善死、善有善无，以万化无极之工夫也。人有此工夫时，而欲以心知知之，则任何心知必以此生命之万化，更无特定之着处。欲求着处而不可得，则此心知唯有逃走，或自沉于此生命之万化中，以只在此生命中行，而不能自居于外，以预定预断此生命矣。此即神巫之所以遇此壶子之示之以“未始出吾宗”，而不得不逃之故也。神巫逃又安往乎，亦只有逃入壶子之所宗而学“未始出壶子之所宗”者而已矣。列子则惟有恍然自失矣。故庄子下文谓其终自以为未始学而归也。

至此篇“无为名尸，无为谋府，无为事任，无为知主”，则见壶子之用心，在本无为以出为，类老子无为无不为之旨。然下文谓“体尽无穷而游无朕，尽其所受于天而无见得，亦虚而已”，“至人之用心若镜，不将不迎，应而不藏，故能胜物而不伤”，则仍归在至人之重自己之尽其所受于天，以用心若镜。用心若镜，则不以之预测预断。故《应帝王》之篇，终于七窍凿而混沌死之一喻。七窍凿，所以喻心知之散逸于外。此心知散逸于生命之外，而生命亡。故生命心知皆必返于其本，以接其天之不可知者，此即混沌之所存。故不可凿此混沌，使之死也。

第十二章　综述《庄子》外杂篇之义，并附论《韩非子》及《管子》中之道家言

一　综述《庄子》内七篇大旨

总上所论内七篇之大旨，吾人即可见庄子之思想，要在教人面对天地万物，而为《逍遥游》所谓无己、无功、无名之至人、神人、圣人。而欲达此一为人之目标，则须齐彼物论，以和人我之是非，与天地万物并生为一；以更调理其生命与心知之关系，不以有涯随无涯，而使心知与生命俱行，去其心知生命流行中之桎梏阻碍，使其流行皆依乎天理；方得游于人间世，以虚而待物之心与人相接，为人间之使者，更乘物以游心，托不得已以养中，以为天使；以成一游心于德之和，而忘形骸之全德之人，或真人。至于为真人之道，则要在以其知所知者，养其知之所不知者，一面与天为徒，一面与人为徒，更藏其心知生命于“物所不得遁而皆存”之天下，以有其生命之万化而未始有极，即以此为圣人之道，以待圣人之才，而不知其有此才者；使知圣人之道，以知养才，成为圣人。此圣人实即真人至人，而亦具《应帝王》之至德者。人具至德，而宅心于“太冲莫胜”与“未始出吾宗”者，则非神巫之心知之所能测，即所以见此人之心知当存于生命流行之中，而如自藏于一浑沌之生命之中。此即《庄子》内七篇之总旨。由此可见庄子之学之中心问题，亦即人之如何自调理其生命与心知之关系之问题。而环绕此中心问题者，又有其他种种真实之问

题。内七篇多能切就此中之问题，顺义理之次第而说之，不为浮华之泛论。其中以《齐物论》,《人间世》之孔子与颜回叶公子高问答诸节，及《大宗师》之南伯子葵以前诸节，尤为切至。合此七篇，即见庄子之学自始至终，乃一为人之学，而归于一人之成为真人、至人、神人、圣人之道之陈述者。此与老子之言道，始于法物势中之道及地道，更及于天道之能容公，方返至内在之修道之功者，显然异趣。老子之修道之功，要在以虚静柔弱自处，以凝翕其精神，以契生而不有之玄德，而以无为无不为之道治天下。此亦不同于庄子直下先标出一为人之理想，更即以调理其生命心知为工夫，使生命心知共依天理流行，更以虚而待物、乘物游心，托于不得已者以养中；以兼为人使与天使，兼与人为徒，亦与天为徒，而见天人之不相胜于真人之种种具体生活中者。《庄子·应帝王》篇之以游心于淡，合气于漠，顺物自然，而无容私之道治天下，亦念念不忘使人不得为“非人”。故以《庄子》内七篇中论政之言，与庄子其他之言相比，其分量所占至轻。《老子》之书之言及无为无不为之政之言，则与老子言修道成德之言相比，分量几等，而或过之。庄子之言为人之道，重人对其自己之生命与心知之调理，以充实其内之不可已者，而上与天为徒，外与人为徒，实正近乎儒家之孟子先有诸内，而上知天，外化民之精神。此与老子之言道，乃先观物势之道，而地道，而天道，方反于内在之修道成德者，其思想方向，正互成一对反。《庄子》内篇之言恒特称颜回，亦多托诸孔子为说，亦见其于儒家之旨初有所承。至其与儒家之不同者，则当先由其言心知非必一道德心性，言生命恒自其超出身体之形骸之宇宙的意义观，此皆具详前文，今不复赘。然要之庄子重人之心知生命即近儒，老子之先法天地，即初宁是近墨之法天也。

以上述之观点，观《庄子》之外杂篇，则其言明较驳杂不纯，不如内七篇所言者之一贯。内七篇各有篇名，与今之外杂篇之只以首二字为篇名，乃由编者所为者不同。今观外杂篇与内篇大不同者，则就文章体裁而论，外篇多直接论说义理，杂篇多杂记故事，以说义理，而不相连属。内篇则既非直接论说义理，而是借故事以说义理；然自有次序，以连属成篇。自文章内容而论，则外篇之论理析义，设问答问，多不见逐步深入之层次，又恒偏尚一义，径情发挥，不见节度；而于其所偏向之义之说明，亦恒不足以答人之疑难。外篇著者益多意在求文之畅达，故多浮泛之语，不能深闳。王船山谓“外篇文义虽相属，而多浮蔓、卑隘之说”是也。杂篇则时有精义，王船山所谓有“微至之语，较能发内篇未发之旨”（皆见王船山《庄子解》杂篇之序文中）是也，然多含意未伸，其理不畅。至于就所论之道以观，则外杂篇之言，吾意盖恒是就《庄子》内篇所言之道，更合之于老聃慎到等所言之道，而更将此道加以客观化而恢张广说，遂不如内篇所言者之切近于吾人之生命与心知。吾尝先将外杂篇，节节撮其所言之义以观。今可更总述其与内篇所重之义之不同者于下。

二　外杂篇言天地万物之道之义

上言《庄子》内篇言道，皆吾人之自处其生命心知之道。而人之由道而行所成者，则为至人真人之德。故内篇之文，实以德为主。如《逍遥游》《人间世》《大宗师》《德充符》皆要在言德。此道此德，皆人自身之道之德，非天地万物之道之德。而在外杂篇中，则多言自然之天地万物之道。如《天运》篇问：“天其运乎？地其处乎？日月其争于所乎？孰主张是？孰维纲是？孰居无事，推而行是？意者有其机缄，而不得已邪？意者其运转而不能自止邪？云者为雨乎？雨者为云乎？孰隆施是？孰居无事，淫乐而劝是？风起北方，一西一东，上有彷徨，孰嘘吸是？孰居无事，而披拂是？”此即纯为直对客观天地万物，而有其何以运转变化之疑。然下文尚未明说此皆由一客观之道使之然。《则阳》篇言“天地者，形之大者也；阴阳者，气之大者也；而道者为之公”。则明指有道为天地阴阳之公。《田子方》篇又言：“至阴肃肃，至阳赫赫，两者交通，而成和，而物生焉。生有所乎萌，死有所乎归，始终相反乎无端，而莫知其所穷；非是也，孰为之宗？”此“是”，依前后文观，明应指道，而亦为明言此道之存于客观之阴阳之交通、天地万物之变化始终之环之中，以为天地万物之变化之“宗”者也。按《庄子》内篇《齐物论》言环中，乃自人之应是非之心，处于“是亦一无穷，非亦一无穷”之环之中言，故人能得此环中，即可应是非之无穷，而皆因其“是”以观之。外篇《则阳》言“冉相氏得其环中以随成”，亦是此义。然此所谓道之居于天地万物之变化始终之环之中，即为将此内篇所谓心之所得以应是非之“环中”，客观化，而视之为“存于万物之变化始终之环之中，而为其宗”之客观宇宙论上之说矣。

内篇言道，唯在《大宗师》“道有情有信”一节，言道在太极之上六极之下一段，似有以道在宇宙论上居至大至高之地位之意。然此段文可是后人所作，其内容亦只是赞叹道与得道之人，无其他理论内容。然在外篇如《天地》篇言：“泰初有无，无有无名，一之所起，有一而未形。物得以生谓之德。未形者有分，且然无间谓之命。留动而生物，物成生理谓之形。形体保神，各有仪则谓之性。”则此中言泰初乃由无而有道，则此道即明为宇宙论上之一天地万物之所自始之原矣。

《知北游》曰：“有先天地生者物耶，物物者非物，物出不得先物矣。”此先天地生者如为道，则此道亦为宇宙之开始之道也。以此道为先天地生，正老子之旨也。再如《至乐》篇种有几一节，言“万物皆出于机，皆入于机”，历举万物之化生历程为说。此“出入于机”即万物之道，则此道亦客观宇宙中万物之次第发生之道矣。

《知北游》又曰“昭昭生于冥冥，有伦生于无形。精神生于道，形本生于精，而万物以形相生。故九窍者胎生，八窍者卵生”，此亦以道为万物之形所自始之原。至其言道在蝼蚁、在稊稗、在屎溺，以言道之周、遍、咸，而无乎不在，更以物物者，与物者无际，“彼为盈虚非盈虚，为衰杀非衰杀，为积散非积散”，则亦是自道遍为万物之盈虚等所以然，而言道之大。此外如《天地》篇言：“行于万物者道也，道覆载万物，洋洋乎大哉。”《知北游》言道为天地之本根，“六合为巨，未离其内；秋毫为小，待之成体”。《天道》篇谓“老子曰：夫道于大不终，于小不遗，故万物备，广广乎其无不容也，渊渊乎其不可测也”。则皆是自道之于客观之天地万物无所不包，以言道之大者也。

复次，外篇《则阳》中对客观万物之变化，言及季真之莫为，接子之或使之论。按此万物之变化，毕竟有无使之者，或为之者，原是人所有之一问题。上引《天运》篇于天地之变化，问孰主张是，孰维纲是，……即此问也。大约主“或使”者，近乎论有超越外在之主宰，或有鬼神能定命之说，或一切万物之变化，皆应有定其命者之说。主莫为者，近乎谓一切变化出于自然，而无命，或无主宰或鬼神能定命之说。《庄子·寓言》篇言：“莫知其所终，若之何其无命也；莫知其所始，若之何其有命也。有以相应也，若之何其无鬼耶；无以相应也，若之何其有鬼耶。”此盖兼意在对治接子之或使之有命之说，与季真之莫为之无命之说，及有鬼神与无鬼神之二说。而墨子之主有鬼神而无命，亦应在其所对治之列。盖天地万物之变，其始终反覆无穷，则自其有终以观，似有归，亦若有鬼神命之，以与其终者相应。故可言有命，有鬼神。然人又莫知其所始，溯其始之前，更有始，则亦不见有使之有此始之命，及定此命之鬼神，与之相应。则又不可必说有命、有鬼神。今通此始终相反而无穷以观，则只见一由始而终、由无而有，又由终而始、由有而无之一道而已。对此万物之始而出乎无有，终而入乎无有，《庚桑楚》又曰："出无本，入无窍，有实而无乎处，有长而无乎本剽。有实而无乎处者，宇也；有长而无本剽者，宙也。有乎生、有乎死，有乎出、有乎入。入出无见其形，是谓天门，天门者，无有也，无有一无有，圣人藏乎是。"此即谓自物之出入而观，则物虽实，而居于宇之虚，是即无实处可居也。其前后更不见其本与剽，是即其出于无、始于无，而亦入于无，终于无，更无"实本"为其所自出，亦无"实剽"之窍，以为其所入也。今透过此物之出入于宇宙，而始终于宇宙，以观物，则物既实而亦虚，有名而亦无名。若必言实有"或使"之者，则不知实有之必入于虚无；必言莫为，则又不知物之由无有之天门而出入，此无有亦无有。即不可执定此"虚无"，持"莫为"之论；亦不可执定此"无有"中别有实有，而持"或使"之论。唯当视此"无有"之天门，为物之缘此而有其出入之道者。此即圣人之心之所藏也。此外，《则阳》篇又曰："或使则实，莫为则虚。有名有实，是物之居；无名无实，在物之虚。或之使、莫之为，未免于物。……言之本也，与物终始。道不可有，有不可无；道之为名，所假而行。或使、莫为，在物一曲，夫胡为乎大方。"此即谓物或有或无，或实或虚，能有则若或使，能虚又若莫为。则或使莫为之论，皆只在一般之可言可意之物上说，而未及于道。盖物之来往也无穷，故能使此物之来往无穷之道，不在有，亦不在无，不在实，亦不在虚，而在其既有而无，既无而有之中；而此道之名，乃所以指此行于物之有无之中者。故此道乃假于"有""无"，而贯于其中，以为道。则固不可用表物之名以表之，亦非一般之知物之知之所能知者也。

此上所述外篇自客观宇宙言道之旨，在《则阳》篇最能畅其义。依此义以说道之有无虚实，有名无名，语皆近老子之谓先天地而生万物者为道，而以常有常无说之之旨。然亦未尝不可说：吾人只须本《庄子》内篇之言心知之虚以待实之道，与其言心知生命之流行之道所成之德，而将其此德此道，通于天地万物，以观天地万物之变化；即可形成此上之说。《天地》篇所谓“以道泛观，而万物之应备。故通于天地者，德也；行于万物者，道也”。即“以道泛观”，便成此“德通于天地，道行于万物”之论之谓也。《庄子》外篇此类之言，要在直对万物之化而说。老子言道，则初为对物势之转而说。物势之转，乃由柔弱而刚强，刚强而死亡，则此中自亦有物之由无而有，由有而无之义，而其道亦为常无常有之道。然此即物势之转以言道，初乃先自地上之万物之质之柔刚，势之强弱看，便与庄子之直自万物之变化始终上，说其“由无而始其有，由有而终于无”者，不见万物之有柔刚之“质”，而不重其强弱之“势”者，正有毫厘千里之别。唯以庄子言人之自处其生命心知之道，重在自化除其生命心知中之成心之为阻碍者。于其成心之阻碍既化之后，即能见天地万物之直下只为变化之流，见“天道运而无所积”(《天道》)，而不见其质之刚柔、势之强弱，亦能直下知得万物之出入于天门之无有，以成其变化。则其归于兼以有无、虚实、有名无名说道，虽与老子同，而其所以归于此者，固又与老子之论有不同。则必谓此庄子由老子出，或老子言由庄子而出，皆揣测之辞，而亦无必然之理由者也。

依此重客观宇宙言道之义，而《知北游》一段记舜问乎丞曰：“道可得而有乎？曰：汝身非汝有也，汝何得有夫道？舜曰：吾身非吾有也，孰有之哉？曰：是天地之委形也。生非汝有，是天地之委和也；性命非汝有，是天地之委顺也；子孙非汝有，是天地之委蜕也；行不知所往，处不知所持，食不知所味，是天地之强阳气也，又可得而有耶？”此似《大宗师》篇造化为大冶，人为铸金之言，而又过之。此乃纯客观的视人生性命，为天地之委堕之物，与内篇之天人不相胜之旨，实不合。人果只为天地委堕之物，又何神人、真人、圣人之可言？故就其文义而观，其旨最为恶劣。唯有谓此类之言，其旨在教人忘我，而与天地并生，更观其对主观心灵所启发之意义，则亦不悖《庄子》内篇之旨耳。

三　道之超知义、不可言说义，及通言默义

由道之不属有无，而非无名，亦非如物之有名，则道有超于名言之外之义。一般之心知，初只及于物，而后更以名言说物；则道超于名言之所及，亦有超于心知之义。内篇《齐物论》，固亦已有道非辩之所能论，亦非言所能尽之说。《人间世》亦言唯由心斋以去一般之知以致虚，然后心有道以待物。所谓“唯道集虚”是也。《大宗师》言以知养所不知，为真人之道，则真人之道，固当由知“所不知”，然后知之者也。此得道者必须能超一般言辩与一般心知之义，内篇固已有之。然内篇《人间世》，未尝轻此虚而待物之心知。《大宗师》言“知所不知”，固亦是知也。然在外篇，则无论自此道之表现于吾人之生命心知上说，或自其表现于天地万物之变化出入有无之中说，皆特偏重言此道非心知所及之义。乃或谓凡言见道、闻道、知道者，其言皆非是。此亦即特偏重道之超知之义。其言亦以此之故，似更幽深玄远，而又或不免于抑扬过当。《天地》篇曰：“至道之精，窈窈冥冥；至道之极，昏昏默默。视乎冥冥，听乎无声。冥冥之中，独见晓焉；无声之中，独闻和焉。”又曰：“深之又深，而能物焉；神之又神，而能精焉；故其与万物接也，至无而供其求，时骋而要其宿。”此后数语，犹是《人间世》以虚待物之旨。然前数语特重说无知，已偏在由无知以见道，或睹无以见道。《在宥》篇亦有“睹无者天地之友，睹有者昔之君子”之语。道通有无，只说睹无，言固不免有偏也。《知北游》篇，有光耀问于无有一节，谓言无有尚非至极，必“无有”而“无无”，乃为至极。其旨可在由无无，以还至有，亦可偏尚在无无有，以达于至无。至外篇《知北游》所设寓言，谓“知”北游于玄水之上，无为谓问之，以“何思何虑则知道？何处何服

则安道？何从何道则得道？”“三问而无为谓不答也，非不答也，不知答也。”……知更问狂屈，狂屈曰“予知之，将语若，中欲言，而忘其所欲言”，知不得问，见黄帝而问焉。黄帝曰“无思无虑始知道，无处无服始安道，无从无道始得道”。然黄帝既言之后，更说唯“无为谓”之不答者，乃真是；“狂屈”欲答而不答，则似之；而彼之言此三语，已非知道矣。此一故事，固甚有意趣。然亦正偏在言道为超心知所及，而不可言之义矣。

此《知北游》下文，更明引老子“知者不言，言者不知”，及前识道之华之言。此明是本老子之旨作解。老子之学，以退敛为先，故首趣向于去一般之言与知。《知北游》又设婀荷甘与神农学于老龙吉，谓论道即非道，亦当藏其论道之狂言，以归于言“道不可见，见而非也；道不可言，言而非也。道无问，问无应”。然《庄子》内篇之于知与言，固未尝有此无知，亦无无知之言也。《秋水》篇亦言，至精无形，非言意之所及。此亦皆偏在本庄子之无知无言，而为推类至极之论。外杂篇中如《徐无鬼》之言“其知之也，似不知之也，不知而后知之。其问之也，不可以有崖，不可以无崖”。则固言人亦当有知，亦有“不执一边而非有崖，亦非泛然无崖”之善问之问。此则较近《庄子》内篇之本旨也。

至于《寓言》篇之“不言则齐，言与齐不齐”，则是说言与“齐”异，亦与“默”异。然人又可“终身言，未尝言；终身不言，未尝不言”，则言与默亦同。知言默之亦异亦同，则卮言日出，而又“和以天倪”者也。《则阳》篇谓：“言而足，终日言而尽道；言而不足，终日言而尽物。道物之极，言默不足以载，非言非默，议其有极。”《列御寇》篇言：“知道易，勿言难。知而不言，所以之天也；知而言之，所以之人也。”《外物》篇更有得意忘言之论，谓“安得忘言之人与之言哉”。此皆或为通言与默之异同之论，或为直超言与默之论，或为兼用言与默之论，或为求与忘言者言之论，皆有其深趣。是皆较《知北游》篇之“道无问，问无应”者，再转进一层为说，以更近于内篇之旨者也。

四　遗世忘世义

内篇之言庄子理想之人如至人、神人、天人、真人，固高于一般之世人。高则恒孤独。然内篇并不重其为独之意。《大宗师》言见独，乃指修道者内心所见之绝对而言，非孤独之意。故内篇《人间世》亦言处人间世之道，《大宗师》言当“与人为徒”之旨。然外篇之言，则恒从得道者高于世人处，一直说去，而要在说其为遗世独立者。如《在宥》篇斥世俗之人之“喜人之同乎己，而恶人之异乎己”，而说“出入六合，游乎九州，独来独往，是谓独有。独有之人，是谓至贵”；又谓得道者“与日月参光，与天地为常；人其尽死，而我独存乎”。《天地》篇言“修德就闲，千岁厌世，去而上仙，乘彼白云，至于帝乡”。此乃一往遗世独立之情怀。众人皆死，而我独存，亦自私之至也。至于《天地》篇言老子忘己忘人，以入于天，《天运》篇言至仁无亲一节曰：“以敬孝易，以爱孝难；以爱孝易，而忘亲难；忘亲易，使亲忘我难；使亲忘我易，兼忘天下难；兼忘天下易，使天下兼忘我难。”此层层转进以言忘，固承内篇言忘之意而说。然内篇亦言不忘其所不忘。外篇《田子方》亦言“忘乎故吾，吾有不忘者存”。此《天运》篇文，则偏在言忘，而极于使天下忘我，此纯为求与世相忘之怀。《则阳》篇言有德之人“非相助以德，相助消也”。有德之人，相助互消忘其德，犹“不言而饮人以和”之旨。此固尚合于内篇《德充符》之所言，有德者恒自忘其德，《大宗师》言“人相忘乎道术”之旨。然自忘其德可，望人皆相忘乎道术亦可；而求必世人之忘其德则未必可。《庚桑楚》篇，言庚桑楚居畏垒之山，畏垒之民欲俎豆之于贤人之间，而庚桑楚乃为之大不释然，而自叹藏身之未能至于深眇，并寄叹于世间“千世之后，必有人与人相食”，言世之不可一日居也。《徐无鬼》篇，更有“神人恶众至”，唯一人“以目视目，以耳听耳，以心复心”之言。此即偏在必求世人之必忘其德，亦与《外物》篇之言“圣人之所以駴天下，神人未尝过而问焉”之旨同。然与《庄子·德充符》之全德之人，为人所心悦诚服，而亦未尝自以为憾者，正有所不同；而见此外杂篇之言，更出于一往遗世忘世之情怀者也。

五　生死义

《庄子》内篇《养生主》《大宗师》，言至德之人于生死，能“安时而处顺”，忘生死、超生死而任化。化非即归于无。然化之所之，则不问也。外篇中言生死，固亦多有此旨。如《达生》篇首言“达生之情者，不务生之所无以为；达命之情者，不务知之所无奈何”是也。但亦有偏赞死之乐于生者，亦有偏重求长生之义者。如《至乐》篇以人死之后，“无君于上，无臣于下”为至乐。并谓庄子妻死，乃箕踞鼓盆而歌。此皆推超生死之义，至于其极，而不近人情之言。此与内篇言老聃死，秦失吊之，尚三号，而后出，《大宗师》言子桑死时之若歌若哭，犹近于生命之自然之情者，明大不同。内篇《德充符》言无情，亦只言不以好恶内伤其身；固非全无情，亦非轻生，而更以死为至乐大庆也。按慎到、田骈、彭蒙之徒，唯以无累为至极，故有块不失道之言，《天下》篇谓之为死人之理。诚以无累而同于块为道，则人死而形同于为块，若其有知，亦当至乐而自庆。然此非《庄子》内篇之旨也。

此外则杂篇中如庚桑楚，既无意于以其道济世，乃与南荣趎言，“全形抱生之道”，“卫生之经”，其言皆明引老子之以柔弱养生、学婴儿之言。老子之学，至少在第一步乃以自居柔弱，后身以求身先，外身以求身存为本。故后之言长生、卫生、养生之学者，皆以老子为宗。外篇中此类之言，盖亦皆老学之徒作，与上述之赞美死为大乐大庆者，明相对反，而亦皆与《庄子》内篇言兼忘生死，而任化者不同。若此二者之言，皆庄子所说，则亦必须使之更相销，方可合于内篇之义。否则庄子之说此自相对反之言，诚马迁所谓滑稽乱世矣。

六　凝神于物义

《庄子》内篇言其神凝之神人，乃纯自其凝于自己之生命之内部说。故《逍遥游》言神人能“大浸稽天而不溺，大旱金石流土山焦而不热”。《养生主》言庖丁解牛以神遇，亦自其心神之自随刃而游于牛之节之间之虚，以依乎天理说，乃所以喻人之神之自随其生命以流行而无碍。《庄子》外杂篇言神，固亦多具此旨。然更多推至人之如何用此神，以成其生活上之如何对外物之事上说。如《达生》篇首言：“壹其性，养其气，合其德，以通乎物之所造。夫若是者，其天守全，其神无郤，物奚自入焉。夫醉者之坠车，虽疾不死，……其神全也，乘亦不知也，坠亦不知也，死生惊惧，不入乎其胸中，是故遻物而不慴。”此一段言神全于内，纯为内篇之旨。然由神之全于内，而能遻物而不慴，更至神之凝注于物，又可成其生活上之事。故《达生》下一节，即以痀偻者承蜩之技为喻，而痀偻者自言其所以能至此，乃由其“吾执臂也，若槁木之枝，虽天地之大，万物之多，而唯蜩翼之知；吾不反不侧，不以万物易蜩之翼”，即以释“用志不分，乃凝于神”之旨。下一例更举津人之操舟若神，亦由其操舟时之能忘舟，如善游水者之能忘水，以其生命与舟为一，而更无矜持之心，亦更不见此操舟之事之外之任何事，然后能操舟若神。此承蜩与操舟之神，皆不只有其心与身体之生命之相通贯、共流行，亦有其身体之生命与外物之蜩及舟水之共流行。再下一例，在《田子方》篇，言真善画者之解衣般礴，而更无他事在心。此皆是言此凝神之功，其所以能成人之生活之事，在其亦能以物以器，自凝其神。《达生》篇以梓庆削木为鐻之事喻。其言梓庆为鐻也，“未尝敢以耗气，必斋以静心。斋三日，而不敢怀庆赏爵禄；斋五日，不敢怀非誉巧拙；斋七日，辄然忘吾有四枝形体也。以天合天，器之所以凝神者，其是欤？”此则明言人凝神于外界之器，亦即以器凝神。凝神于器，以器凝神，亦所以超一般之心知，而任此灵台之常心之运，得忘物我内外，以成其适而忘适。故下文又言：“工倕旋而盖规矩，指与物化，而不以心稽，故其灵台一而不桎。忘足，屦之适也；忘腰，带之适也；知忘是非，心之适也；不内变，不外从，事会之适也；始乎适而未尝不适者，忘适之适也。”

由此凝神于物于器，而人可于神所凝之物之外之天地万物皆不见，而不用其神，此即所以凝神，以成此神之大用。故《知北游》篇大马捶钩一节，言于物无视，非钩无察，故能捶钩，亦是于他物不用其神，乃能有“非钩无察而捶钩”之“用”之谓。是即以神之无用成用。《田子方》篇则由言射，至于言伯昏无人之不射之射。伯昏无人“登高山，履危石，下临百仞之渊；背逡巡，足二分，垂在外……挥斥八极，神气不变”。是为不射之射。谓之不射者，言外无所射，而皆忘之，而后人能自立于危崖，而神气不变。此亦唯以无其他之念在心，然后能有此立危崖，而不变神气之大用也。至于杂篇《外物》篇，更有一节言庄子对惠子尝以足之行地，喻无用之用。其言曰：“夫地，非不广且大也，人之所用，容足耳。然则厕足而垫之，致黄泉，人尚有用乎。惠子曰，无用。庄子曰，然则无用之为用也，明矣。”此其言无用之为用，则要在言人必有无用，而可用之大地，然后能厕足。其旨与上述之喻似有异。因人乃正以其不能步步只凝神于其厕足之地，而行于上，方待有此地之广大，为其皆可厕足之地，以使之行于地而不栗也。然此一喻，亦同足证人之心中必有所不用者存于心，然后能存其心于某一用。人之行于地，亦必待有所不行之地，然后有其所行之地。则此用之必依于无用，亦与前述之例中，人之得凝神于物而用神者，由其能不用之于他物，固亦有相同之旨在。而此与内篇《逍遥游》言“无用之用”，其旨亦可通也。

七　外杂篇言“主于内以应外”之同于内篇者，及其“内顺外俱运”，所成立之人道治道

由内篇以言庄子之学，要在人之如何自处其心知与生命，以自成为真人、至人、神人之至德、全德。《庄子》外杂篇中，固亦多专就人之如何自处其心知与生命，以成其德，成其人之言。如《达生》篇之所言，即皆全属于此。故王船山以外杂篇中，以达生为最深至。至于此外如《外物》篇之言“外物不可必，心若悬于天地之间，利害相摩，生火甚多，众人焚和”，又言至人之“不留行”于外，言“道不欲壅，壅则哽”。至其言人心当有天游，使“天之穿之，日夜无降”，乃纯就人而言其生命中当有天之往来。天自往来，则天而又天，即非只以人限天之天。是即《达生》所谓“不开人之天，而开天之天”，《秋水》所谓“无以人灭天，无以故灭命”，《知北游》所谓“瞳焉若初生之犊，而无求其故”之说。然此天之天固穿于人心之中，而不在其外也。至于如《庚桑楚》言“宇泰定者，发乎天光，备物以将形，藏不虞以生心，敬中以达彼。若是而万恶至者，皆天也，不可纳于灵台”，以及下文所言“兵莫憯于志，寇莫大于阴阳；非阴阳贼之，心则使之也”。则此皆重人心内在之意念起伏，而忽冷忽热之阴阳之患，而不重外物之患之言。此亦同于《人间世》之重此内在阴阳之患，而次外在之人道之患之旨。外物之患，人道之患，至于万恶至，其为人之所不能免之“命”或“天”之所存者，即《列御寇》篇所谓“外刑”也。外刑固非人所必能免。然由意念起伏，而忽冷忽热之阴阳之患，而致之刑，则《列御寇》篇所谓“内刑”，而为真人之

所当求自解免者。人能自解免于内刑，于外刑之至否，唯任诸天、任诸命，则人能外应变化，而内不自失。如《徐无鬼》所谓“河之恃原而往者，外之风吹之，日蒸之，终不能损之”。《知北游》篇所谓“外化而内不化”，“安于内之不化，亦安于外之化”之古之人，所谓“贵在于我而不失于变，万化未始有极”(《田子方》)，而异于一般之世人无此内在之我，而亦不能应外应化者也。此有我之自存于中，然后有以应外之旨，亦《天运》篇所谓“中无主而不止，外无正而不行，圣人不出亦不隐”之旨。此皆个人之以内之主应外，而不失己之旨。纯属人之自处其生命心知之道，而皆合于《庄子》内篇之本旨者也。

然《庄子》外杂篇之其他之言，则喜由内之能应外处，言内随外而俱运之旨，而不必重此内必为主之义。由此而偏重在人道之顺天地之道，而与之俱运之一面，更进而重圣人之所以顺天下、和天下、治天下之政治之道。如《天运》篇之于“天道运而无积，地道运而无所积”之后，《天道》篇更言“帝道运而无所积”；《天地》篇由“天地虽大，其化均也；万物虽多，其治一也；人卒虽众，其主君也”，以言人之足以配天之玄圣素王之道，更以主道为天道，臣道为人道。《天地》篇又言人之受天者，尚不能配天。此则皆重在此人之顺天地万物之道，与之俱运而相配，以言人道与其治道矣。

外杂篇中，言此人道、治道之论，在以天或天地之道或道德，为最高一层次，而更以之涵摄儒家法家之仁义礼法于其下。如《天道》篇言：“先明天，而道德次之；道德已明，而仁义次之；仁义已明，而分守次之；分守已明，而形名次之；形名已明，而因任次之；因任已明，而原省次之；原省已明，而是非次之；是非已明，而赏罚次之。”此乃以道德为治本，亦不废“仁义、礼法、数度、形名、比详”，为治之末之论。此明是儒法之学已大盛之后，为道家之学者，更以道德为本，而兼加摄取之论。观《天地》《天道》《天运》诸篇之言，类此者颇多，不一一举。《天道》篇言玄圣素王、言翻十二经，以兼六经六纬而说，明为秦汉人以后之言。秦汉人本黄老言政治，其说亦不外以道德为本，而摄儒法言治之具于其下。则此诸篇之文，固皆出于秦汉者也。然《庄子》内篇《大宗师》言真人之与人为徒之旨中，亦原有“以知为时”“以礼为翼”“义而不朋”等。引此义而申之，以用之于客观之政治，固亦可有此“以道德为本，仁义礼法等，为次为末”之治道思想也。

八 世愈降而政愈衰之说

然《庄子》外杂篇又有另一流之治道思想，乃纯自历史上称道上古之政，以责当今之政之言。此则意不在于用道德以涵仁义礼法于其下，而意在见纯任道德之政，超于一切后世之仁义礼法之上者。在内篇《应帝王》言“有虞氏藏仁义以要人……不及泰氏”，《逍遥游》只言尧让天下于许由，更言尧之受神人所陶铸，窅然丧其天下。此固已是求超于尧之仁义之政之上。然在外篇，《天地》篇则更言尧之师许由，许由之师啮缺，啮缺之师王倪，王倪之师被衣，愈推愈远，而其德益高。外杂篇言天下之德之政之衰，则更不自尧舜起，而自黄帝起。如《天地》篇言黄帝之游赤水，而遗其玄珠，《知北游》篇言黄帝之与“知”论道，《在宥》篇言黄帝问道于广成子，《徐无鬼》篇更言小童教黄帝，以治天下之道，如牧马要在去害马者，即谓黄帝勤求道，而尚未尝知道也。《天运》篇则明言天下之政之德之衰，乃自黄帝始，而日益衰。故谓“黄帝之治天下，期在使民心一；尧之治天下，期在使民心亲；舜之治天下，而使民心竞；禹之治天下，而使民心变”。自此以降，至于当世，“人有心而兵有顺，杀盗非杀人，人自为种而天下耳，是以天下大骇，儒墨皆起”。此则明言天下之政之德，愈至后世而愈衰。此段文言杀盗非杀人，乃晚期墨学之论。后又言三皇之知，而三皇之说出于晚周。则此文显为后期之道家言。《胠箧》篇亦谓容成氏、大庭氏至伏戏氏、神农氏，方属于至德之世。然《缮性》篇乃更以天下之政之德之衰，始于燧人伏羲。至于《马蹄》篇，言“至德之世，其行填填，其视颠颠；当是时也，山无蹊隧，泽无舟梁……同与禽兽居，族与万物并”，则更不言有人君，而纯以上古无文化，而人与禽兽共生于一原始之自然，为至德之世矣。此更是将至德之世，推至远古，而意在超轶于后世之有仁义礼法之政治之外之思想。故《马蹄》篇谓“道德不废，安取仁义，毁道德为仁义，圣人之过也”。《胠箧》篇亦以仁义圣知出而有大盗，盗仁义圣智，以害天下，而谓“圣人不死，大盗不止”。此亦即《徐无鬼》所谓“世之捐仁义者寡，而利仁义者众也”。《骈拇》亦谓仁义为道德之骈枝，圣人与盗跖之行，同为离道德之淫僻之行。至于礼法，在《马蹄》《胠箧》《骈拇》诸篇更明加斥弃。此与《天运》《天道》《天地》诸篇，尚次仁义礼法于道德之下者，明有不同。盖一在以道德下涵仁义礼法，一在由超仁义礼法，以至于至德之世。至《天地》篇之言“至德之世，不尚贤，不使能……端正而不知以为义，相爱而不知以为仁”，《天运》之言于仁义法度，当视如刍狗，应时而变。此又是立于二者之中，以会通此二者之言。今如亦欲会通二者，而谓其所以欲人超仁义礼法，以达至德之世，即所以更涵摄应时而变之仁义礼法于其下，固亦无不可。然就文义论文义，则此仍是二层次二方面之论，而不必出自一人之手者。则谓此二者，乃表示后之道家思想之不同方向之发展，而彼此异趋者，亦固未尝不可。由言道德之可摄仁义礼法，即通于汉人以黄老言政之说，如《淮南子》以道德为本，而次仁义礼法之说。至于专自此至德之世，超于仁义礼法以用心者，即更见此至德之世，不能复于当今之世。则亦唯有如《天地》篇所言之抱瓮灌园，而不用后世之机事，以起机心者，可谓略近乎修混沌氏之术之至德之世之人。学者于此，若叹此至德之世不在当今之世，而遗世独立，则或只归于隐逸，或学为神仙，或望山林皋壤，而自“乐未毕，哀又继之”（《知北游》）以至“悲人之悲”，“悲人之悲人之悲”（《徐无鬼》），则皆人所自然形成，而为人所不能免之种种思想也。

九　任性之自然之说

《庄子》内篇言德不言性，而外杂篇则恒言性命、情性，更有于人之情性之自然，当放而任之之说。此要在自为政者之当养民而说。而其反对仁义礼法之言，亦多自其可伤人之情性之自然为说。如《骈拇》篇以仁义为残生损性，《马蹄》篇以伯乐治马伤马之性，喻仁义礼乐之伤人之性。《在宥》篇言如何使天下不淫其性，不迁其德。《天地》篇言帝王之德，在“灭其贼心，以皆进其独志。若性之自为，而不知其所由然”。《庚桑楚》篇言“道者，德之钦也；生者，德之光也；性者，生之质也。性之动谓之为，为之伪谓之失；动以不得已谓之德，动无非我谓之治”。亦是连自任其性，以言德，言治之旨。《则阳》篇言“圣人之爱人也终无已，人之安之亦无已，性也”。此亦是圣人与人之安之，皆只所以自得其性，而自任其性之旨。此外如《在宥》篇言天下之道，云将东游一节，言处无为而物自化；《天地》篇言“不同同之之谓大，有万不同之谓富”，“以道泛观”，以成其“事心之大”；《天道》篇言以兼爱无私之心为仁，乃无私之中仍有私。其意盖谓不如超仁义而任放之更无私。《秋水》篇之言以大知观于远近大小，以知“时无止”，“分无常”，“终始之不可故”，“其生之时不若未生之时”，故不可以至小穷至大之域；更言“以道观”“以俗观”“以差观”，而超于一切贵贱小大是非之辨；以任“牛马四足是谓天”，而以“络马首穿牛鼻是谓人”，亦是归于任放之旨。此有似于《庄子 · 齐物论》之通是非物我。然与《齐物论》之和是非，重兼因其是，以合物我为一体，而不重任放者，又正亦有毫厘之别。故《秋水》篇后文更有夔怜蚿一节，庄子与惠子观鱼乐之一节。夔怜蚿一节谓风之于物，“指我则胜我，䲡我亦胜我”，即能任物之胜之之谓。观鱼乐之一节，自鲦鱼出游从容，而即见其乐。后之《达生》篇言“以己养鸟”不如“以鸟养鸟”，亦任鸟性之旨。大体相同之言，又见《至乐》篇。凡此等等，重人与万物之任其情性、得其情性之旨，亦皆任自然之意。此固皆可说本于内篇之真人、至人原不以己宰物，亦不重己对物之功，而善虚心以待物之旨，所引绎而出。然内篇之旨，则要在言此等义，而使人自成为至人真人；而外杂篇，则偏在言此等义，以使我以外之人与万物，由我之不以宰制为功，以自得其性，而任其自然以自生自化。此则见内篇与外杂篇之旨，各其所畸轻畸重之不同。外杂篇言任性之自然以为德、为政之旨，更契于老子所喜言“我无为而民自化，我好静而民自正”，言“生而不有，为而不恃”，以己之不有，成人之有之旨，亦益近乎《淮南子》《吕览》之以任性、安性，为一客观的政教之标准之论矣。

十　扬老抑孔之说之衍成

内篇与外杂篇之不同之又一点，即内篇于孔子未尝多所非议。唯《德充符》托无趾语老聃曰：“孔丘之于至人，其未耶。”又《大宗师》谓颜渊言坐忘，孔子谓“请从而后”。则颜渊见道若先于孔子。再则《德充符》篇言孔子将引王骀为己师。此皆谓孔子于道或尚未至极，而正求道之语。除此以外，在内篇中固皆多是将庄子之旨托诸孔子，则其尊孔子可知。又内篇于儒墨之是非，唯在《齐物论》中涉及，而更言通是非、和是非之两行之道，则亦未必以儒墨皆全非也。然在外杂篇中，《在宥》篇即引老子语，而释“不淫其性，不迁其德”之言。老子未尝言性，则此引老子言，明出于老子之后。《在宥》篇于此外更多发挥老子言虚静归根之旨者。《天地》篇言："道渊乎其居、漻乎其清，立之本原，而知通于神，故其德广，……深之又深，神之又神。"此乃以老子之言"静居"于"清漻之境"之"深"，以为德广之所据之说。亦即《天下》篇所谓老子之"以深为根"之学，非庄子直下游于变化之无穷，其深者皆充实而不可已，任神明之往，以自成其"宏大而辟、深闳而肆"之学也。本篇又言孔子之问道于老子，而老子告以忘己、忘人，以入于天。此乃偏重在忘，非庄学言忘之全旨，此上已说。而其以孔子问道于老子，则明尊老子于孔子之上。内篇言老聃死，而其语多托诸孔子为说，未有此孔子问道老子之言也。至于《天道》篇之言孔子见老聃翻十二经，则此明为纬书已出后之言，上已及之。《天运》又言孔子五十一而不闻道，及老子之高倨，而斥孔子自以为圣人之可耻，并以孔子所诵之六经为陈迹。《山木》又言孔子围于陈蔡，引大成之人"自伐者无功"为说，亦本老子语。此外《田子方》言老子告孔子以"阴阳之成和"，见道"为之宗"之语。《知北游》篇亦有孔子问道于老聃之语。《田子方》言"中国之君子，明于礼义，而陋于知人心"，亦言孔子见老聃而问道。《庚桑楚》篇更以老子为庚桑楚师。《寓言》篇言老子为杨朱之师。《则阳》篇言孔子之见圣人之仆，而圣人之仆乃不愿见之。《外物》篇言老莱子之召孔子而诃之。则此中道家之老子、老莱子之地位益高。言老子之为庚桑楚、杨朱之师，为孔子所问道，则老之胜孔，益若确然无疑。至于下此之《渔父》《盗跖》之篇，则渔父可责孔子，盗跖亦可骂孔子，而孔子之地位，乃不如盗跖矣。是即见外杂篇之文，明为沿内七篇之偶有之抑孔子之言，而更次第抑之，再将内篇偶及之老子，次第扬之之所成。至外杂篇中之扬庄子，而抑惠施与公孙龙之言，与鄙薄儒墨，视为不知耻之言，亦往往而在。至于《外物》篇以"儒以诗礼发冢"之故事，鄙薄儒者，亦刻薄至极。然外杂篇《秋水》，亦称孔子之能有圣人之勇以知命，《寓言》称孔子行年六十而六十化，《达生》之言“用志不分，乃凝于神”，“无出而藏，无入而阳”之言，亦托于孔子。《田子方》篇亦言颜渊之毕竟不如孔子之知道，又一节托于庄子见鲁哀公之语，则暗示鲁国唯孔子一人为真儒。凡此等等又皆未尝非孔子，亦未尝非儒。是见外杂篇之言，决非一人一时之书。如皆庄子一人所著，亦诚马迁所谓滑稽之说，或庄子之游戏文章耳。

附论：《韩非子·解老》《喻老》及《管子·心术》《内业》中之道家言

一　《韩非子·解老》《喻老》篇言道与理之义及不制于虚之虚

上文述《庄子》外杂篇言，乃视之为道家言之集辑，而观其所具之观念与思想之方向。然由先秦至汉初，为道家言者亦甚多。据《汉志》所载有三十七家，而其书多佚。马国翰、严可均等所辑约十种，皆断简残篇，不见宗旨。今存之《文子》《关尹子》《列子》《鹖冠子》《亢仓子》，自柳宗元以降，皆疑为魏晋以后之伪书。在秦汉以前之道家言，除《老》《庄》之书外，唯《韩非子》中之《解老》《喻老》二篇，《管子》书中之《内业》《白心》二篇，各表示道家思想之流，若干新方向之观念，而接近汉世为黄老之学者。今拟即就《韩非子》《管子》中之此诸篇文，略指出其若干新观念之发展如下。

《韩非子·解老》《喻老》之文，是否韩非子所著，不可知。其《主道》《扬权》之言，本道家虚静之功，去喜怒之形于外者，以免为臣下所窥，亦不任一时之喜怒，以便专任法术以为政。此固亦见此虚静之功有用于为政。在后文专论韩非子时，当再及之。韩非子即未为此诸篇之文，而后人为之，亦可视为顺韩非子之政法思想之发展而有者也。至于《解老》《喻老》二篇，随文注释，则同书生之业，亦似与韩非子之亟于用世，言多急切者不相类。然亦可为韩非早年为学时之所作，或他人所著，而其所言之义，亦与韩非子之思想有相通之处，后人乃编入《韩非子》书者。然此亦不碍吾人今视之为道家言，而观其义之所及也。

《韩非子》之《喻老》之文，多举故事，不如《解老》之多言义理。《解老》之言义理，则恒以“道”“理”二字，连用成名。此在《庄子》书中，固亦有之。如谓“道无不理”(《缮性》)。然庄子多言道而罕及理。唯荀子乃特重言理。道初为人之所行，而由内之主观通于外之客观者。理则初指客观事物之条理。韩非之连道理以成名，则重在即事物之理以说道。如其言：“道者，万物之所然也，万理之所稽也。理者，成物之文也。道者，万物之所以成也。故曰道，理之者也。物有理不可以相薄，故理为物之制。万物各异理……而道尽稽万物之理，故不得不化；不得不化，故无常操。是以死生气禀焉，万智斟酌焉，万事废兴焉。……凡道之情，不制不形，柔弱随时，与理相应。万物得之以死，得之以生，万事得之以败，得之以成。道譬诸若水，溺者多饮之则死，渴者适饮之即生。”又言：“凡理者，方圆、短长、粗靡、坚脆之分也。故理定，而后可得道也。故定理有存亡、有死生、有盛衰。夫物之一存一亡，乍死乍生，初盛而后衰者，不可谓常。唯夫与天地剖判也俱生，至天地之消散也不死不衰者，谓常。而常者无攸易，无定理。无定理，非在于常所，是以不可道也。圣人观其玄虚，用其周行，强字之曰道，然而可论。故曰道之可道，非常道也。”

此二段文之言理，皆克就物之方、圆、短、长等成物之文而言，亦即就物之特定之形相性质而言，故谓之定理。凡物皆各有其定理，则不可相薄。薄古训为迫。一物之有此理，不能迫他物亦有此理，而此理即为物之限制。物有其理之限制，而为一有限之存在，遂有存有亡、有生有死、有盛有衰，亦即自行于此存亡、死生、盛衰之道途之上，而必有其由存而亡、由生而死、由盛而衰之变化。故有理之物必不得为常存、常在者，而是只在道上之一段落中存在者。唯此道能尽稽万物之理。则理为物之制，即道为物之制。物依定理，而有其死生存亡，即无异物之行于此道、得此道，以死生存亡。物之行于此道之一段落之初为盛，为生，为存，至其极而衰，而死，而亡。故曰："道如水，多饮之者死，适饮之者生。"然凡物之有定形、定理者，皆自衰自死、自亡于此道上，则此道无此定形、定理，亦无所谓衰亡与死。物有定形定理者，为可见可说之实物，道无定形定理者，则非可见可说之实物，故唯有观其玄虚，用其周行。"玄"言其不可见，"虚"言其非有定形定理之实物。"周行"，言其不同特定物之"由存至亡""由生至死"以"直行"，而成其一段落中之起止，乃是更能由他物之再生而存，以由止而更起者。其行为一"由起而止、由止而起"之圆周之行，故曰"周行"也。

此《解老》文之连物之理以言道，并教人知道，初不外教人由知道，以使其心不为有定形定理之物所限，以"空窍"为"神明之户牖"(《喻老》)，更由此以遍观万物之理，而见其皆有道之周行于其中。此即《解老》他段文以"无为""无思"为"虚"，以使"意无所制"之旨。然此心之虚，又正所以成就人之思虑万物之理者。故《解老》他段文谓"神静而后和多，和多而后计得，计得而后能御万物"，而得如"圣人尽随于万物之规矩"。规矩即理也。此义则老庄之言虚静者亦有之。老庄致虚静，固亦所以成其观万物，而应之之事者也。然《解老》下文言："以无为无思为虚者，其意常不忘虚，是制于为虚也。虚者，谓其意无所制也。今制于虚，是不虚也。"则此言为老庄所未及，而自有一理趣。此乃谓虚而常不忘虚，即制于虚，而非真虚，故亦须更虚此"制于虚"之"虚"，而虚此"虚"。此在义理上言，与后之佛家之言空者，当空有，亦当空空，其本旨正不殊。佛家之只言空有者，为小乘，必更点出空空之义，乃为大乘之真空。则《解老》文之言及此虚“虚”之义，亦即点出道家言虚之大乘义者，而当视为道家思想之一发展者也。

二 《管子 · 心术》《白心》与《内业》言心中之心，及精气神之修养

《管子》书中各篇，成书在何时初不易定，叶水心谓此书“汉初学者，讲习尤盛；贾谊、晁错，以为经本”。（据戴望《管子校正》卷首所录《管子文评》）则此书当是晚周及秦汉之际之书。其中之《心术》《内业》二篇，则多兼申老庄之义，而非只解老庄。而其特重养心之术，名为内业，即别于外业。此可谓为意在建立一道家内心之学者。先秦儒道，皆以“中”指内心，庄子之言养中，老子之言守中，皆指一内心之学。《庄子 · 天运》篇言“中无主而不止，外无正而不行，由中出者，不受于外，圣人不出。由外入者，无主于中，圣人不隐”。《则阳》篇言“自外入者，有主而不执；由中出者，有止（原编者[①]按：“止”原文作“正”）而不距”。类似此语者，又见《公羊传》宣公之年。盖同时代之语，而互相袭用者。此二语在《庄子》文之意，不外言由内心出者，外得所止，则内外自无距离，而道得行。若外不受之，则圣人不出，而自处于内。由外入者，如此主不受，即不止于此主，则圣人不隐。隐者，藏也。言不隐者，即言不藏亦不存之于内心也。内心之所出，为外所不受，其道自不得行；然人仍可自处于内，而内有所主，而使外得所止，以为圣人。欲使此内有所主，即当有一内心之学。《荀子 · 解蔽》篇有治气养心之术之名，并论及心术之公患，盖《管子 · 心术》之名之所出。《庄子 · 庚桑楚》篇言“业入而不舍”，或即《内业》之名之所自出耶。

① 一九九一年台湾学生书局版《唐君毅全集》编者。

此《管子·心术》《内业》之篇，原文义旨本明，今略显出其要旨。按《心术》篇首言“心之在体，君之位也；九窍之有职，官之分也”。此与孟子以心为大体，而主乎耳目为小体，荀子言心为天君以治五官，庄子之言心为百骸、九窍、六藏之真宰真君，老子言心能使气，初无殊别。其后之文言“毋先物动，以观其则，动则失位，静乃自得”，以及全文中言虚静以养心之旨，大皆道家之公言。其言“虚其欲，神将入舍，扫除不洁，神将留处”。即《庄子·人间世》“虚室生白……鬼神将来舍”之旨。其言“虚无无形谓之道，化育万物谓之德”，亦老庄之常谈。唯其言“大道可安而不可说”(《心术》),“我心治，官乃治；我心安，官乃安。安之者心”(《内业》) 中特用一安字，以言其不可说，则点出道为人内心所安悦，亦能使五官得安悦者，其文甚美。下文言“心以藏心，心之中又有心焉。彼心之心，意以先言，意然后形，形然后思”。又言“故曰思之，思之不得，鬼神教之”，“思然后知”。则其言心之义，颇有所进于前。吾前尝言庄子之言心，有一般之心知，更有为灵台灵府之心。故人之一心，自有上下、内外二层之别。由人心之能自觉，而能自反省，而自思其心意之已形者，则此心意之已形者，与能自思自反省自觉之之心，自为二层。前者居下、居外而可有形，后者纯居上、居内而必无形。今各名之为心，即可说心自藏心，而心中又有心焉。人依此心中之心，以思其已形之心意，此思皆自无形出。自无形出者，当其未出未形时，则尚未属于此思之人。故其忽然而出，忽然而来，可说为从天所降，亦可说为出乎幽冥之鬼神。据《白心》篇言，吾能“先知吾情，君亲六合，以考内身”，则吾之心情中，固可有此忽然而出忽然而来之思，而人亦当自“敬迎来者”。此则赖乎人之先和平其形气，以自反于内心之中。此内心之中为性。和平之形气反于中，即保此性，以使形性不贰。此即人所当有之白心或保心之道。故《心术》终言“和以反中，形性相葆，一以无贰，是谓知道”。能知此道，以敬迎忽然而出而来之思，自不能定其何时来、何时往，故终言“责其往来，莫知其时”。然人能和以反中，则思之不得者，自可忽然如自天降，如鬼神来教。故继言“索之于天，与之为期，不失其期，乃能得之”，是为此篇文之终结。统此文以观，则知道者，必当知“由和以反中，以知其心中更有深藏而内通之心，此心亦能忽然而出思，以外通而开藏，而人亦当敬迎其来”之道也。此其大旨，固皆不出老庄之义，然其明点示心中有心，而可说二心，并言人能反其中，则能一而不二，则文义皆多一曲折与反复，即亦为见道家思想之一发展之文也。

至于《管子》之《内业》一篇首言“凡物之精，此则为生，下生五谷，上为列星，流于天地之间，谓之鬼神，藏于胸中，谓之圣人”。此乃承老子之重言“精”之旨而说。精之一字，初指所择之米之洁白明莹者。此与神之指能变化流行成其感应之事者，其义有一静一动之不同。今以精之流行为鬼神，精之藏于胸中，而后为圣人，则是以精为本以说神圣。此固老子之旨。而其下文言“是故民气，杲乎如登于天，杳乎如入于渊，淖乎如在于海，卒乎如在于己，不可止以力，而可安以德，……敬守勿失，是谓成德。德成而智出，万物果得”，则盖指圣人之有精气，自有其神之流行，以上登天而下入渊，在外之海，亦在内之己，而上下内外，无所不至；故当安之以德，敬守不失，以至德之成。唯依此德之成而后智出。圣之古训，原为心知能通之名。此即谓必先有精藏于圣人胸中以出气，如神之流行无所不至，乃得成其心之圣智也。

至于其下文言“凡心之刑（通形），自充自盈，自生自成”，则是言心知之有其表现流行，纯出自动，亦即本其自具之精气神，而能自动。下再言其所以失之，必以忧乐喜怒欲利。故必“去忧乐喜怒欲利，心乃反济”。此则是言唯以心之自陷于情之偏向，心乃失其自充、自盈、自生、自成之流行。故必去此情之偏向，乃得更流行以成其济度。下文更言“彼心之情，利安以宁，勿烦勿乱，和乃自成”。此即接于《心术》篇言，由和以养“中”或“内心”之旨。此即是道，故下文更言道曰：“道所以充形……卒乎乃在于心。”盖此道养此心，心居身形之内，故言道所以充形，亦终在于此心。此非客观天地万物之道也。后文更言“凡道无所，善心安爱。心静气理，道乃可止”。盖静其心，理其气，即是道。既静其心，既理其气，即行道至尽，而道亦止于是。非谓心静气理之时，别有一道，来止于此心气中也。心之不静，由意念与形声之在心。故后文又言“彼道之情，恶意与声；修心静意，道乃可得”。此亦同于《心术》篇言当由一般心意之“心”，反至其内之“心中之心”之旨。然静意又赖后文所谓“与时变而不化，从物不移”，方能自正。能自正而能静意，则此心更能自定。“定心在中，耳目聪明，四肢坚固，可以为精舍。”此则言心静以至定心之功，在使此心为精之舍。下文言“精也者，气之精者也。气，道乃生，生乃思，思乃知”。此即谓依静心定心之道，乃得有此气、有此精或精气。下文又言“知乃止矣……过知失生，一物能化谓之神，一事能变谓之智”。则知当止于物，止而过用其知于物，则伤其生气。中不静，心不治。故必能化其物，变其事，方见有神智。由此乃更言“神明之极，昭知万物，中守不忒，不以物乱官，不以官乱心，是谓中得”。此所谓“中”乃指心之里层，应即《心术》篇“心中之心”，亦即此文之精气。能守之为“中守”，能得之为“中得”。依此中守、中得，以有神明之知，而物不乱五官，五官不乱心，即后文之“神之在身”之证也。神出于精气，神在身，而除去物之乱官，官之乱此心舍者，而精气亦自来。故言“敬除其舍，精将自来。精心思之，宁念治之，严容畏敬，精将至定”。此则言神在身，而能除彼乱此心舍者，使心成精心；更得宁念，则此精亦自定。此则为由定心而定精。定心定精，“心无他图”，是为“正心在中”，即能以其智权度万物，使“万物得度”矣。

《内业》篇“何以解之，在于心安，心以藏心，心之中又有心”之一节，与《心术》文同。今观此文之全旨，则盖在言此“心中之有心”，即一内在之精气神。故谓“精存自生，其外安荣。内藏以为泉原，浩然和平，以为气渊”。安荣指心安，而外发为荣。精存则为内藏之泉源，能成气渊者。唯此精存为泉原、为气渊，然后“中无惑意，心全于中，谓之圣人”。后文遂言“全心在中，而心气之形，明于日月，气意得而天下服，心意定而天下听，抟气如神，万物备存”。此则言由“精气之内存，以有全心”之心气之表现。此中之意，亦此心之意；而有抟气之神，以备存万物；则圣人之心意之所以为圣人之心意，纯赖有此内在之精气，自运自抟以为神。圣人之心意或心思，能无所不通，则谓之为其心之中又有心，其思乃从天而降，如为幽冥之鬼神之所教可也；而谓之原自有其精气，以表现为神明之极，亦可也。故下文更有重叠《心术》文“思之思之，又重思之，思之而不通，鬼神将通之”；再继之曰“非鬼神之力也，精气之极也”。则圣人所以能心中有心，更思无不通者无他故，亦即以其有内藏之精气，能自运自抟以成神明之极之故耳。至《内业》后文言“内静外敬，能反其性，性将大定”，则此“性”，应即指此精气神之能自充自盈、自生自成，而能由心定精定而定者。其言“止怒莫若诗，去忧莫若乐，节乐莫若敬”，则在言儒者所尚之诗礼乐，皆所以定性。余文皆平实，亦无大精义，今并略。

总而言之，则此《内业》之文言“安心”“正心”“定心”与“全心”，言“静意”，言“止道”，言“知止”，皆颇与《大学》之文相似。《内业》与《心术》之言“和平”“反中”，言“中得”“中守”，皆颇似《中庸》。盖皆一时代之思想。然《大学》必先“止至善”，而后有定静安虑；《中庸》先言“天命之谓性”，由“中之大本”，以出“达道之和”，则纯出自儒者重至善、重天命之传。《心术》《内业》二篇之文，则要在以和反中，于心中更见其所藏之心，或内藏之“精气”，以为人之生命之本，而归在养此精气，以有神明之智之学。则又各有其理趣。考此精气神之三名，在《老子》则重精而偶及气，在《庄子》内篇则重神亦偶及气，外杂篇乃兼及精、精气或精神。《管子》之《内业》文，则通精气神而为论，又皆自是人之心灵生命之内部说。汉世之养生之家、神仙之家、道教之流，言精气神之旨，亦要在自吾人之生命心灵之内部说，观《管子》此二篇之文，盖为其先导。故不能不一加论述也。至于对此精气神之观念，当如何理解其渊原，何以精当为气与神之本？后文论神仙思想及道教思想之发展处，当更述《淮南子》言精神与气之义以明之。

第十三章　荀子之成人文统类之道（上）

一　荀学简史

荀子之学自谓承孔子，而恒将孔子与周公并称，盖特有取于周之人文，故不同于孟子之承孔子而恒称尧舜之始创人伦之道者。《荀子》书有《尧问》篇，盖荀子门人所记，谓荀子之善行，孔子不过，而力辨荀子非不如孔子。汉世之传经之儒，多自谓遥出荀子之门。如《鲁诗》传自浮丘伯、《韩诗》传自韩婴、《毛诗》传自毛亨、《礼》传自后苍、《左氏传》传自张苍、《穀梁传》传自申公，皆可上溯至荀子之门。汪中《荀卿子通论》，已备言之。吾于论孟子时，已谓董仲舒尝非难孟子性善之论。刘向校书为《孙卿书录》称美荀子，并言董仲舒大儒，作书称美荀子。（见严可均辑《全汉文》。王先谦《集解》亦载于书末。）后王充更有疑孟之篇。则荀子之地位初在孟子上。唯扬雄尝自比于孟子之辟杨墨。又董子言性为天质之朴，亦兼通善恶。扬雄言性主善恶混，皆兼综孟荀为论。王充言性三品，谓人性或善，或恶，或居其中。亦是由综孟与荀，而更进之说。自汉至唐，儒者皆重五经。《孟子》注只赵岐注一种，亦如《荀子》只有杨倞注，其学皆未大显于世。韩愈《原道》文，乃谓孟子醇乎醇，荀与扬大醇而小疵，则称孟而稍抑荀。然韩愈言性之论，则略同王充之说。宋初学者，则多将孟荀与扬雄文中子并称。唯《宋元学案·安定学案》，有安定门人徐积，评及荀子性恶之论。苏轼《荀卿论》更推李斯焚书坑儒之罪，至其师荀子之言性恶。程子更大责荀子言性恶之说，谓“其学极偏驳，只一句性恶，大本已失”。朱子编《近思录》，亦引其言。[①]由宋及明，学者乃大皆以孟学为孔学之嫡传，荀学为杂学。爰及于清，戴东原言心知，凌廷堪言礼，其旨实多同于荀子，而皆未尝明宗荀。唯汪大绅《二录》《三录》，宗孟子而绳荀，然亦有取于荀。姚鼐著《李斯论》，驳苏轼将李斯之过，归罪荀子之说。钱大昕、郝懿行，并辩荀子之学，未尝大违孔孟。卢文弨、王念孙等，更对《荀子》文，多所校注。汪中为《荀卿子通论》，既综述荀子传经学之功，又为《荀子年表》。清末王先谦，聚卢王等之校注，为《荀子集解》。其书前二卷为考证，其中亦备录钱、郝至汪中之文。清末章太炎为《国故论衡》，以佛家唯识宗义，论孟荀言性，则谓其各得性之一偏，颇类似汉之董扬于孟荀之言性之评论。然其时之谭嗣同《仁学》，则一方重孟子言民贵之义，一方责荀子之尊君，言君统，并以二千年之言君主专制皆荀学之流。此又非荀子之所及料者也。然民国以来，学者于荀子正名之论及其言心与天之义，恒持之与西方之哲学思想相比较，而渐见其价值，而孟荀之地位，又略等矣。此即中国荀学之简史也。

二　总述荀子之道之别于墨孟庄之道

吾人前论孔子立仁道，墨子立义道，孟子立人之兴起其心志之道。道家之流，则田骈、彭蒙、慎到，言顺应物势之道。老子由法地、法天以法道。《庄子》内篇则言人自调理其生命心知，以成为圣人、真人、神人、至人之道。荀子之言道，则属儒家之流，而又不同于孟子只重在别人于禽兽，而兼重在言人所以别于自然之天地万物者。故《王制》篇谓“水火有气而无生，草木有生而

① 清人熊赐履《学统》卷四十二列荀子学为杂学，并录程朱责荀之言，可供参考。

无知，禽兽有知而无义；人有气、有生、有知且亦有义，故最为天下贵也”。则人之尊乃对一切自然之天地万物而见。而人所以尊，则不同孟子之自主观心性说，而是自其有客观之“义”说。荀子之义即礼义。礼义之道，即人文统类所以形成之道也。人文之统类成，而人在自然之世界之上，自开一人文之世界。此人文之世界，在人之自然生命与其心所知之其他自然物之间，亦在己与人间，同时为通贯古今，而自有其历史者。故言此人文统类如何形成之道，不同于只言己与人相处之伦理，亦不同于只言人如何自兴起其心志，以为贤圣之道；更非言人之当法地法天以为道；复非言人自调理其心知生命，以成真人至人之道。此必待于人之究心于种种人与自然之各类之物，及人与各类之人间之事之种种特殊关系，与古今历史之变，然后能知如何形成人文统类之道，以使人于自然世界外，实开出一人文世界。故此人文统类之形成，一方在建立各类之人伦关系以尽伦；一方在使各类之人所分别创造之人文，更相制限，以相配合、相统率，而皆得成就，以尽制。而尽制之事，即政治之事。尽伦者为圣，尽制者为王；尽伦尽制之道，即圣王之道也。墨子言圣与王，重其力为义，兴天下人民之利。孟子言大而化之之谓圣，能保民兴民者为王。老子以圣人无常心，以百姓心为心，即是王。庄子以“游心于淡，合气于漠”之圣，“顺物自然，而无容私焉”为应帝王之道。其中唯墨子重在于事上见义以生利，余皆重在于心上言道。而荀子言圣王，则重在尽伦尽制，以成客观人文之统类，则非重在一一具体之事，亦非只重在心，而重心之知通统类，行成统类，使世由偏险悖乱，而致正理平治，以成就人文世界之一一具体事，使皆合于礼义，而后人得最为天下贵。故《荀子·礼论》更谓“礼者人道之极也”。此即荀子言道之特质所在也。

三　荀子言天与人分职之学

上文只粗陈荀子之思想方向中之道，今更从细处看，则当先从其面对道家思想之重知天地万物之道，更别人于天地万物，而言“道者，非天之道，非地之道，人之所以道也”之旨说起，方能更及于其如何具体的言人文统类之道。此上所引之语，见《荀子 · 儒效》篇。此外，《荀子 · 天论》篇为分别人道与天地万物之道，最重要之文。在此文中，荀子固未尝不言万物与人之同为天所生，人之五官为天官，心为天君；然人之所以为人，则在人之如何用此天生之五官与心，而有人之所以成就其对天地万物之人事，而当知当行之人道在。由此而天所生之其他万物与人之由天而有之五官与心，即皆只为荀子所言之人道之一背景上之根据。至此人之道之自身，则不在此背景之根据上说，亦不在先反省回顾此根据之毕竟何所是上说。而只在本此根据而有“人为之事”上说。简言之，即此荀子之道，乃人以天为根据，如由上而下，以向前向外走出之道，而非对此根据，先向后向内，更如由下而上，以求契合之道也。

本上述之意，以观《荀子 · 天论》之首言“天行有常，不为尧存，不为桀亡，应之以治则吉，应之以乱则凶”之言，则可见其所言之天，即人向前向外所见之天。而其言天有常行，亦非重言此“常行”本身，而重在言吾人所以应之之道。此天之常行，近人或谓其即自然界之恒常不变之规律，而谓荀子重此规律之存在，为有科学思想。然观荀子整个之《天论》篇之旨，与其整个之学，则其所重者，明不在正面的对天而说其有恒常之规律。此所谓天有常行，大可只是说天之行或自然现象，总是如此如此相续，亦经常如此相续。此经常如此相续，自可涵其相续有规律之义。此规律亦可说为其经常如此之所以然之理。然荀子之明言，则只举此天之行之经常如此之事而说。其说天之行之经常如此之事之目标，要在显出人之于此无所施其力，亦非人之治乱吉凶之原。故下文即全转到人之应此天之行之治乱之道上说吉凶矣。是正即吾人上所谓荀子之所谓天，只为人道之背景上之根据之说也。

荀子谓“天之行经常如此”，自亦涵有人对天不可妄作祈求希慕之义。故荀子谓“君子当敬其在己者，而不慕其在天者，是以日进也；小人错其在己者，而慕其在天者，是以日退也”。按孔子言“君子求诸己，小人求诸人”。君子求诸己，即尽其在己之义。而荀子则推扩孔子之此义以对天，以言君子不特当敬其在己而不求诸人，亦当敬其在己而不希慕于天。则荀子之言人不当慕其在天者，固非只本于天之常行中之规律，非人之希慕所能改变之故；而亦本于儒者求诸己，尽其在己之教；故人当对天自尽人事也。

荀子重人之对天而尽人事，而人事之所成者，即非自然界之天地万物所原有。然此亦不涵有人之地位在天地之上之义，亦不涵有人对其外万物，求加以控制，征服自然，而表现人之权力之义。荀子谓“天有其时，地有其财，人有其治，夫是之谓能参”。此要在言人事与天地之事相配，以成三。其言“天地生君子，君子理天地”，即言人与天地之关系，为一对等交互的，以其事互相回应之关系。此皆明不涵人之位在天地之上，控制万物、征服自然之思想，如近人之说也。观荀子之《礼论》，明言天地为礼之三本之一。在荀子之礼中，固有对天地之礼。唯以此是人所当有之人文中之一事，非以此为人之希慕祈求于天之事耳。故《荀子 · 天论》之旨，虽以天人分言，固亦不与其他儒道思想言天人之和者，必然相冲突者也。

《荀子 · 天论》言：“不为而成，不求而得，夫是之谓天职。如是者，虽深，其人不加虑焉；虽大，不加能焉；虽精，不加察焉：夫是之谓不与天争职。列星随旋，日月递照，四时代御，阴阳大化，风雨博施，万物各得其和以生，各得其养以成，不见其事，而见其功，夫是之谓神；皆知其所以成，莫知其无形，夫是之谓天功。唯圣人不求知天。”荀子对天之不为而成，不求而得之生物之职之功，固加以正视。故于天之功之深、大、精与神，与万物之由各得天之和以生，如庄子之所喜言者，固亦未尝不加承认。唯以此天之职之功，人不当与之争，人亦不能更加其虑、其能、其察于天之上，以有所助益于天，而分天之职与功。人唯当于天职与功之外，更尽人之职，以成人之功，而不求知天之行自身之所以然。此人之尽其人事，“其行曲治，其养曲适，其生不伤”，即为人之所以理天地而知天。故曰“大天而思之，孰与物畜而制之；从天而颂之，孰与制天命而用之；望时而待之，孰与应时而使之；因物而多之，孰与骋能而化之；思物而物之，孰与理物而勿失之。愿于物之所以生，孰与有物之所以成。故错人而思天，则失万物之情”。此只求有于物之成，以为进一步之人之事之根据，而不于天之所以生物上错思，以求知天之生物之所以然，亦如《君道》所谓“于天地万物也，不务说其所以然，而致善用其材”。此即荀子之异于庄子等道家之言者。然荀子既言万物之各得其和以生，亦将谓人之生命由得和以生。此人之生命得和以生，固亦是在吾人生命以内之天。则于此天，何以必不当有以知之，如庄子之所论及者？又荀子既言天之功之深、大、精与神，与万物之皆得和以生，人又何以不可就其深、大、精、神，与万物得和以生处，随处加以观玩、欣赏、体会，以使吾人之心与生命，亦趋向于深、大、精、神与和？岂此二者中，皆即必无学问之可说？然荀子则盖正以此二者中无学问之可说，故只言人之就“各得其和以生”之“万物”之“成”者，与天所“见象”，地所“见宜”之呈于人前者；更继之以人为之事，以“畜”此天所生之物，“分制”而“用”此由天所命赋于人之物，而“应”天之时，以骋其能而化其物，以治理其物，即人之“有于物之所以成”后之人道所在也。知此上所说，则知荀子之学之所以与庄子之学分途之关键矣。

至于荀子之学与孟子分途之关键，则在荀子虽言天生人，人有其天君之心，然其所重者，只在本此已有之心而用之，以成人之事。故不重更向内反省此心之所以为心之性，亦不能知孟子所言之心之性之善。其所以更言性恶，则亦唯由荀子重人之所为之进于天生之故。盖人之所为既有进于天者，则人之性纵是无善无恶，对人之欲进于天之理想而言，亦犹可说为恶。何况在人求其有所进于天，而修其善行善德之时，更明觉其天生之自然之欲等，恒若导人向一相反方向而去。此即荀子之所以言性恶之根本理由所在。吾已论之于《原性篇》，今可不赘。

四 荀子言心与道之关系

荀子言人为之事与善行善德之所以成，在人之能用其天官与天君之心，而心为天官之主。故荀子之学要在教人用心以知道行道。此必待于先解除此心之蔽。故荀子有《解蔽》篇，以说吾人之如何用心之道及心与道之关系。此荀子言心，而视此心为一具虚壹而静，亦具自行、自止等，以自主宰之作用者，吾已论之于《原论》中原心一章。今所当略重复补充者，则在言心与道之关系。此为吾之前文所未多及者。今按此荀子所谓心与其所谓道，初为如何之一关系，亦令人困惑。《荀子·正名》篇言人不可“离道而内自择，”于《解蔽》篇先论心术之公患，即进而言人必“兼陈万物，而中县衡焉。何谓衡？曰道”。更言“心不可不知道。心不知道，则不可（肯可）道，而可非道，……乱之本也。……心知道然后能守道，以禁非道，……治之要也”。则治乱之本，全在心之是否知道，其所肯可者在道或非道。自此心既能“肯可道”，亦能“肯可非道”；既能知道，亦可不知道言；则道似只当视为一客观对象，与此心之知与不知、肯可与否，无必然关系者，有似墨子告子以义纯为在天在外之说；而显然不同于孟子即仁义之心，言道所在者。然若道只为一客观对象，此毕竟为何种之对象？在吾人之经验中，固有客观外在之人物，为经验的对象，然初无此道之一对象。若说此道为柏拉图式客观理型，或形而上之道体，则荀子显无此义。于此似可说此道，即所经验的诸客观现象事物中，共同的法则规律，而为吾人所知，以形成吾人之知识者。由此而吾人似可谓荀子所谓道，即在人文历史之事物中，所发现之普遍法则或规律。此即可用以解释荀子之何以重百王之统，何以重法后王之礼制之粲然者，又何以重圣王之师法；并见荀子之学之标准，纯然在外。即与孟子之学，重心性所在，即道之所在者，全相对反矣。

然吾人循上述之思路，以解释荀子，虽似顺而易行，却可引起更多之问题。即如荀子之心与道全无必然之关系，道纯在心外，为其客观对象，则此心是否有其"自用其心以知外在之道"之一道路？如有，则此道路应为心之道，而不可说只在客观之对象。又道如只为一所知之对象，则既知之，即可完成吾人之知识，人应只有所谓知道，而无所谓行道。然荀子明重行道以成治去乱，其知道乃所以为行道，此又何故？又人之行道，道在人所行之内，则人之知道，此道亦当在此知之内。道既兼为所知与所行，则道应为贯通于此知与行者，不可只说为一知识之对象。又人于道当不只有一知识的心，亦有一意志行为的心；而心亦不只以其"知"与"道"相关系，亦以其"意志行为"与"道"相关系。又如荀子之所以重百王之统、后王之礼制、圣王之师法，纯以此"统"、此"礼制"、此"圣王"之存在，为一客观外在之人文历史事实，或经验世界之事实；则此事实之本身，并不涵具吾人之必当法之之义。人各有其所知之历史事实，或经验世界之事实，如皆可法，则何以必以圣王为法？更可问，何以必以人为法，而不以自然界之万物为法？则荀子之法人中之圣王以为道，只为荀子个人思想上之偶然，而毫无其一定之理由可说者。然荀子之言道必以人道为本，必法圣王，又似非无其一定之理由者。由此种种之问题，则吾人对荀子所谓心与道之关系，即不能不别求善解以通之。

此所以通之之善解，吾意是一方固须知荀子之言心与道之关系，固不同于孟子之即心性之流行以言道者。然荀子亦非以道为外在于心之客观对象，由心之知种种人文历史之事实而发现者。此道初在此主客内外之中间，而为人心循之以通达于外，以使人心免于蔽塞之祸者。故此道在第一义，初当为心之道，在第二义方为心所知之人文历史之道。此道一方连于心之能知能行之一端，一方连于其所知所行之一端；亦即属于此二端，又为初属于心之一端，以为一心之道者。此说其为一心之道，并不碍此心之或不自知其有道，而可不知道。此亦如孟子之言人之仁心仁性之流行即道，而人亦可不自知其有此流行，其中有此道也。故吾人不能据上引一段文，谓人心“可不知道，而肯可非道，或可有蔽塞”等，以证荀子纯以道为外在于心，遂言荀子无所谓心之道。就荀子《解蔽》篇之后文而观，荀子明于心之“能”或“作用”中，见心之自有此由内以通达于外之道。唯此心之道，初为一知物之道。既知物，然后有此心所行之道，以合为心之能知能行之道，更有此知所接之人文事物、行所成之人文事物之道。此中则有曲折之义。下文将对《荀子》若干段文加以重讲，以次第说明此中之曲折之义。

《荀子·解蔽》篇义为世所共加注意者，为“故治之要在于知道”一语以下二节。由此二节，可见荀子言心，与道家言心之同而异之处，是即为后文分言人心与道心之张本。此二节文之要义，即在由心之能或心之作用，以见心之自有其由内通达于外之道者也。兹先照引原文如下：

“人何以知道？曰：心。心何以知？曰：虚壹而静。心未尝不藏也（原作臧，古字通），然而有所谓虚；心未尝不两也（原作满，依后文应采杨注改），然而有所谓壹；心未尝不动也，然而有所谓静。人生而有知，知而有志；志也者，藏也。然而有所谓虚。不以所已藏害所将受谓之虚。心生而有知，知而有异。异也者，同时兼知之。同时兼知之，两也。然而有所谓壹。不以夫一害此一谓之壹。心卧则梦，偷则自行，使之则谋；故心未尝不动也。然而有所谓静。不以梦剧乱知谓之静。未得道而求道者，谓之虚壹而静。作之则将须道者虚，则入；将事道者之壹，则尽；将思道者静，则察。知道察，知道行，体道者也。虚壹而静，谓之大清明。万物莫形而不见，莫见而不论，莫论而失位。坐于室而见四海，处于今而论久远，疏观万物而知其情，参稽治乱而通其度；经纬天地，而材官万物，制割大理，而宇宙里矣。

"心者，形之君也，而神明之主也。出令而无所受令。自禁也，自使也；自夺也，自取也；自行也，自止也。故口可劫而使墨云，形可劫而使诎申，心不可劫而使易意，是之则受，非之则辞。故曰心容，其择也无禁，必自见。其物也杂博，其情之至也，不贰。……故曰心枝则无知，倾则不精，贰则疑惑，以赞稽之，万物可兼知也。"

此上所引之前一节文，言心之本身兼有能知之作用，以使人知"须道""事道""思道"，而"知道""行道""体道"，意在言人当如何善用其心知。此中荀子言心之虚、静与一等，皆道家所常言，而初非孔孟之所常言。然荀子言心之虚，乃与心之能藏并言，要在教人善用此心之虚，以求其有所藏。此与道家如庄子言本心之虚，以直接"待物"，并言心之知物，如镜之照物，当"应而不藏"者，又不同。道家言以心应物，当"应而不藏"，故或喜言心之能"忘"，其极至于言"坐忘"或"形忘"。此即显然与荀子言心，兼重此心之能藏者不同。荀子言心之虚，使人能"不以所已藏者害所将受"，即言心以其能虚之故，便能不断更有所藏也。此心有所藏，即有其所"志"，此志指记忆，正为人用心能成就种种人事之故。荀子重人事，固必重心之本其虚，以更有所藏也。

按道家之所以重心之应而不藏，与重心之能忘，乃由感于心之执其过去之藏者，以应当前之事物，即不免本成心，以应当前之事物，而恒有所不当。故必去其成心，而忘其过去之所藏。庄子言“去知与故”(《刻意》)，“不以故自持”，“瞳焉若初生之犊，而无求其故”(《知北游》)，“故莫若释之而不推”(《天地》)，皆教人忘其过去之所藏，亦不以之为理由根据，以从事推论，以使人更得游心于当前所遇之天地万物之中之道也。然荀子则重言人在当前天地万物之外，别有所成。依荀子之意观之，人之心之能有所藏、当有所藏，是一事，执所藏而化为成心，又是一事。固不必因虑此人之执所藏，而有成心，以谓心之不当更有所藏也。人心既有此能藏之一作用，固亦当使之尽其用，以有其记忆，与所累积之对物之知识也。由此而人心之虚之一面，即只为所以使人“不以所已藏，害所将受”，不断更有所藏，而亦为成就此心之能藏之作用，与其记忆知识者矣。

至于心之能一，道家亦常言之。如庄子《人间世》言“一若志”。然道家言一，恒言天地万物之所一，或我与天地万物为一。儒家孔子则言“吾道一以贯之”，孟子言“夫道一而已矣”，皆未尝以“一”与“两”“多”兼重。荀子言心之一，则要在与心“未尝不两也”并说。心之“两”，即心之“能兼两一而知之，更不以此一害彼一（即“夫一”)”之作用。以统一之心，而能知“两”，于“两”中之任一，皆知其为一，而同时兼知之，则为荀子之所重。此中荀子与道家之不同，盖在道家于天地间之两或多，恒同时知其可相化相易，以成一。故不重其“两”或“多”。荀子则纯就人之心之知两之际着眼。于此着眼，则于为“两”者之自身，可相化一点，可不问。盖不问其自身相化与否，我之知“两”时，所知者仍为“两”。我能就其两而分别知之，则可成就对“两”之知识，而较只知其可相化为一，或只知两中之一者，所成就之知识为多。则荀子之重人之有所成者，固必重知两之为两之知识，重“知两”中之“对此一之知”与“对彼一之知”之不相害矣。

至于心之能静，亦道家所常言。然荀子则兼与心之能动合言。道家重心之静，一方亦意在自超拔于心之“偷则自行”“梦剧乱知”之妄动；一方则以静为心之虚之初步。盖必由静以致心之虚，由虚以待物，人之知，乃能明通于物而物我无间。然荀子以心之静与动合言，则要在言于心之动而知物时，当更求其心之静。此静实即同于用心之专注。心有所专注于物，则亦自能免于心之“偷则自行”“梦剧乱知”之妄动。然人免此妄动之后，即能更专注于物，以细察一物之内容。故曰“静则察”。此心之专注，或荀子所谓静，亦实无异人之求知时其心之定于物。此专注与庄子言“用志不纷，乃凝于神”之旨亦相近。凝神即亦是专注也。然庄子言凝神之旨，要在由凝神，更随物之变化而变化，与之俱运，以使心游于物；亦使吾人之生命与天地万物之生命，通而为一。荀子言静则察，则要在由心之专注于一物，而更对此一物之内容之各方面，以及其与他物之特殊关系，皆分别加以考察，以成就对此物之更多之知识。此即荀子言心之静之为专注，与庄子言凝神之不同也。

上言荀子之心有此虚壹而静之作用，乃就心之如何知物以成知识之事为释。然荀子谓“人何以知道？曰心。心何以知？曰虚壹而静”，则此心之虚壹而静之作用，似只是人由之以知道者。人遂可以此心之虚壹而静之作用，只为人所由以知道之一手段；而此道，则只为此心所求知之客观外在之对象，乃初为人所不知者。然如此解释，则心初无道，亦初不知道为何物，而于《解蔽》言道心之旨，亦不可通，其与人心之别，更无从论起。然吾人实当说所谓知道之心，初即此知循虚壹而静之道，以更求自用其心之心。由心有虚壹而静之作用，亦即见此心知循此虚壹而静之道，以自用其心。则荀子之问“人何以知道？曰心。心何以知？”即问心如何而可称为知道之心，其答曰“虚壹而静”，犹言心之真能知虚壹而静者，即为知道之心。此即无异言此“虚壹而静”，同时为此心所知之道。则所谓“未得道而求道，谓之虚壹而静”，即言虚壹而静，为人求之即能得道者。而此语亦无异言“虚壹而静”，即为得“道”之道，而亦即是道。如后文言治心之道，即心之自治之道。若如此解，则于道果为何物，直下先有一着落，不致第一步，即望空玄想。此所谓道，皆初只是此心知之进行所循之道路，而由内以通达于外者。即不能说此道初为人所不知之一客观外在之对象，而人亦自有“实能循此虚壹而静之道以用心”之道心，以与一般之人心之未能实循此道者相别矣。兹试申其旨如下。

按人心之必虚，而后能藏物于心知中，此义易知。然人心本其虚，以次第藏物于心知中，乃一相续历程。在此历程中，此心即是行于一“由虚以不断去藏”之道路上。此连于后文言，即“须道者虚”。此四字以今语释之，即人如须有一其心之通达于外而知物之道路，首即当有此心之“虚”，以不断去藏。物自为客观外在，然通达于客观外在之物之道路，乃在此心之虚而能藏。此虚而能藏之道路，固不为客观外在之物也。人必依此心之虚而能藏之道路，以于物有所知。故知道者，即当知依此道，以成其对外物之知，故为人首所须，而言“须道者虚”也。

然人欲成其心之通达于物而知之之事，只是以此虚为始点。人如欲完成其知物之事，必于“虚而次第藏物”之外，更对物一一加以辨别，不使彼一害此一，而相混乱。此即同于谓此心当更行于“不以夫一害此一”之道路上，然后心能自本其心之虚，以于物兼知而尽知。故曰“一则尽”。此求兼知尽知，即此心于次第藏物之外，更次第辨物，而自事于求兼知尽知。此心之“循此不以夫一害此一，以求兼知尽知”之道路而行，即此心之所以自事之道。故曰“事道者之一”。此与“须道者之虚”不同。然人之心固可一方面虚以藏物，一方又求兼知尽知；则此二道固可相贯，以为人之成其对外物之知所当依之一道也。

至于此心更能于其所知物专注其心，加以细察时，则此心即更循一由细察物而思之之道路而行。故曰："思道者静，则察。"思道即依道而思；而静以察，正为此思之进行时所依之道。此与须道者之虚、事道者之壹，皆不同。然此心乃可兼由虚以藏物，更分别求兼知、尽知物，再就物细察而思之者；则此三者亦可相贯为一道，总为人之所以成其对外物之知，所当依之一道也。故《荀子》文于须道、事道、思道，即合为一人之知道之事。则刘师培《荀子补释》谓"欲须道之人，可由虚而入道；欲事道之人，可由壹而尽道；欲思道之人，可由静而察道"亦不误。今案，心以虚，而能无尽藏，故大；不以此一害彼一，故清；静而察，故明。统为一大清明。此大清明三字，亦当非泛用。至于由此大清明心之知道而更进，则为由知而行，以行道体道之事矣。关于此上所谓道，皆自人之用心以通达于外之道路上言道。此当为荀子所谓道之第一义。至于由循此虚壹而静之道路以用心，所知之关于人文政治历史之道，则当是第二义。是为由人之如此如此用心，而更知及于人文政治历史者。当俟后论。

此上所谓知道而更行道之心，即于其自身之对物之行为反应，更能自加以决定主宰之心。心之由虚而藏，而不以此一害彼一，以使其对此一与彼一之知，自相制限，更求静以察一；即此心之知中之行，而见此心之能自作决定，而自作主宰。由此，而心能自禁、自使、自行、自止，以能直接对其行为反应，有自觉的选择；又在选择之时，人亦不能禁止何者为所必然不能加以选择者。于此见心之能自"容"其有选择之事。本于心之虚故能容，本于心之能藏而能记忆，即能自觉自见。故言"心容，其择也无禁，必自见"。此与上文心之虚而能藏之义相照应。如心自摇荡生枝蔓，则不能自见自知，而同于无知。故曰"心枝则无知"。又在选择之时，人必须有各方面之物同时在念。故曰"其物也杂博"。然不可只倾倚于一面之物，故曰"倾则不精"。不倾于一面之物，即上文同时兼知，不以此一害彼一之旨也。再在选择之后，必归于最后之一决定，而专注于一事物，更细察之、思之。故曰：“其情之至也不贰，贰则疑惑。”此即明是就先陈之此一彼一中，决定其一，为所专注之一，更有“静则察”之事。此中前后文之章句，固皆互相照应者也。

此心之所以能由虚而藏一，而不以此一害彼一，最后归于择一而专注于一，以专察此一，专思此一。是即人之所以能成事之本。故下文言“万物可兼知也，身尽其故则美；类不可两也，故知者择一而壹焉”。今按后文“好书者众矣，仓颉独传者壹也；好稼者众矣，而后稷独传者壹也；好乐者众矣，而夔独传者壹也；好义者众矣，而舜独传者壹也。倕作弓，浮游作矢，而羿精于射；奚仲作车，乘杜作乘马，而造父精于御。自古至今，未有两而能精者也”一节，即顺此义而说，而与前后段文不相连，疑为误编。宜移于此句下以观，合以见人当于其心所兼知之万物中，择一而专之。人心原能兼知，即人心原能不以此一害彼一。至于其择一而壹之，则是本此兼知而更自决定，以专注于一类之事，以求于此一类之事，“身尽其故”，或尽知其所以然，以使其能精于此一类之事者也。

人心原能兼知万物，而又能择一以精于一事，则人之各有所专精之事，更相配合，即人之所以组织此人文社会之本。此乃荀子所最重之一义，其书中随处皆有发挥。然此中亦有一问题，即人之专精于一事者，可更不求知其他之事，以至不知人于有所专精之事外，应尚有能配合此诸人各所专精之事者。此能配合诸人各所专精之事者，则不能只是专精于一事者；而当为能兼知各专精之事之价值，并知如何将此人各所专精之各类之事，统之于一道，而有一合道之心者。然此一合道之心，则非人人所能有。此合道之心之培养，亦非易事。此则由于人之既专精于某一类之事，人即恒可自限于某一类之事，以用其心之故。由此而吾人可知荀子所以辨人心与道心之切实义。

五　荀子如何辨人心与道心

荀子言人心道心，乃连于其养心之论者。荀子言“人心之危，道心之微”。古文《尚书》改“之”字为“惟”，更加“惟精惟一，允执厥中”二句；而宋明儒以之为尧舜禹相传心法。朱子《中庸序》乃谓人心为人欲，故危殆而不安，道心为天理，故微妙而难见云云。然以之注《荀子》文，则不相合。王先谦《集解》引王念孙说，案以“此非蔽于欲而陷于危”，其言甚是。至于其引王念孙语谓“处以专壹，且特加戒惧之心，所谓危之也”，则有其意趣，而未能尽切。细察荀子《解蔽》篇前后文之意，窃谓此所谓人心即专精于一事，而不能通于他事之心；而道心则为能兼知不同之人所专精之事之意义与价值，既能兼知之，更求加以配合贯通之道者。此道心、人心之分，初非自道德意义上分，而是自其人文意义上分。此即吾之所以尝言荀子所重之心，乃成人文统类之心也。（拙著《中国哲学原论》卷上“自序”）今试本此义，以解释《荀子》于此下二节之全部文句。则知吾此言之非苟说。荀子曰：

“农精于田，而不可以为田师；贾精于市，而不可以为市师；工精于器，而不可以为器师，精于物者也。（据卢文弨、王念孙校，后文五字移此）有人也不能此三技，而可以使治三官，曰精于道者也。精于物者以物物，精于道者兼物物。故壹于道，以赞稽物。壹于道则正，以正志行察论，则万物官矣。昔者舜之治天下也，不以事诏而万物成。处一危之，其荣满侧；养一之微，荣矣而未知。故《道经》曰：人心之危，道心之微，危微之几，唯明君子而后能知之。故人心譬如槃水，正错而勿动，则湛浊在下，而清明在上，则足以见须眉而察理矣。微风过之，湛浊动乎下，清明乱于上，则不可得大形之正矣。心亦如是矣。故导之以理，养之以清，则足以定是非，决嫌疑矣。小物引之，则其正外易，其心内倾，则不足以决粗理矣。

“空石之中，有人焉，其名曰觙。其为人也，善射以好思。耳目之欲接，则败其思；蚊虻之声闻，则挫其精。是以辟耳目之欲，而远蚊虻之声，闲居静思则通。思仁若是，可谓微乎？孟子恶败而出妻，可谓能自强矣；有子恶卧焠掌，可谓能自忍矣；未及好也。辟耳目之欲，可谓能自强矣；未及思也。蚊虻之声闻，则挫其精，可谓危矣；未可谓微也。夫微者至人也。至人也，何强？何忍？何危？故浊明外景，清明内景。圣人纵其欲，兼其情，而制焉者理矣。夫何强？何忍？何危？故仁者之行道也，无为也；圣人之行道也，无强也。仁人之思也恭，圣人之思也乐，此治心之道也。”（王先谦《集解》引郭嵩焘说，于本节文句读，有校正。但无关大旨。）

此上二节，古今释者多未能贯通之而说。实则其中明有一贯之义。其言农工贾之只精于物，而不能为师为官，正在其只有人心，而未有道心。此所谓人心，即能专注于物，而于物能精察之心。人有此心，亦可成就其所专精之事，此心亦人所不可少。但若只有此心，则不能为师为官。为师为官者，必须能调理众农、众工、众商，与其所为诸事之关系。则其心必不能只如一农一工之专精于物以物物；故必须能兼通观此诸人对诸物之诸事，以知其相互间之关系，而后有加以调理之道。则其能调理之之心，即为居上一层次之道心。此道心与人心之不同，即“知物物者”与“知兼物物者”之不同。亦即“只专门精察一事物或一类事物之心”，与“兼知诸事物或诸类事物，而实不以此一害彼一，而兼知之心”之不同。此后一心即所精在道之心也。此精在道之心，乃能统摄此一与彼一以为道，而此心即又为壹于此道，而为“可由兼知更兼求此一类事物与彼一类事物之互不相害而兼成之”之心。故为一赞稽物，而初不偏倚倾侧于一类事物者。言赞即赞助兼助之意，言稽即稽察。赞稽物，即兼诸物而稽察之，求其不害而兼成也。下所谓正志，即心之方向之不偏倚倾侧也。心之志能不偏倾，以再分别就此一与彼一，以行其分别之稽察，则一一之事物，皆得完成其任务，尽其职能，如各得为一官。故曰“正志行察，则万物官”也。此中，人用道心以调理诸人之不同类之事之关系者，虽不专精于一特定之事，然不同之事，则由此调理而得成。故曰“不以事诏而万物成”。此非道家之无为无事。不以事诏，唯是不以特定之事诏而已。

至此下文“处一”与“养一”中之“处一”，当即专精于一物一事，而欲成就之之人心；乃专“处”于一定事物之内，而未能通达于他事他物者。“处一危之，其荣满侧”之危，若作危险或戒惧之义解，则于“其荣满侧”之语，必迂曲以讲之。此于文理不顺，而与后文之“何危”之义亦不合。今按《说文》段注谓危字指人在崖上，即初为居高而凸立之义。人居高凸立，即觉有危险，而生戒惧。此皆是引申义。如所谓“危冠”“桅杆”即凸立而高标之冠或杆。孟子所谓“孤臣孽子，其操心也危，其虑患也深”，此危亦只是兢兢业业而凸聚于一处之心，无危险义。故“处一危之”之危，当即心凸出而凝聚，以处于一事一物之内，而高标其意义与价值之心。于此人即自易见其“荣之满侧”。如此解则文理至顺。至下文所谓“养一之微，荣矣而未知”，正与上之“其荣满侧”相对反。则此“一”当是指“一于道”之心之一。此“一于道”之心，乃处于所调理之诸事物之上或之间，以求其兼成，而其本身若初未尝成一特定之事物者。故此心初不自凸出高标于外，而为一隐微之心。人之用此隐微之心，更存养得此心，自有调理诸事，以使之俱成之功效，而亦有其荣。然此荣不同于人心之“处一危之，其荣满侧”者，而初不易知。故曰“养一之微，荣矣而未知”也。微非必微妙微细之微，唯是隐微不易知其荣或价值之所在而已。故下文更引《道经》之言为证，而言此人心道心之分，唯明君子能察之。盖君子为师为官，不只专精于一事，故不可不知此二心之不同，而当有“治心之道”以成道心也。

然君子之治心之道，则又正在如上文所谓使心不偏倾，以正其心之方向或志。故当视此心如槃水，而正置之。正置而心不偏倾，则于此一彼一，皆能兼知，而兼照见之以成其清明也。皆加以照见，则能皆加以兼成，使不相害。兼成兼利为是，相害则非。至人在于有利又有害、有是又有非之处，则当权衡其轻重以定嫌疑。此权衡固为荀子言道之一要义所存。故言：“兼陈万物而中悬衡焉。何谓衡？曰道。”（《解蔽》）又言：“道，古今之正权也。”（《正名》）心能如权衡之正，即心合于道也。然心不清明，于事物不能兼加以照见，则不能得权衡之正，以定嫌疑。心欲保其清明，则又赖于心之不偏倾。心偏倾，则见此一物不见彼一物。心之偏倾于此一物，则心为此一物所引，而小物亦足以引心偏倾，以失其正。原为一平衡之心，今以其一端向外物之偏倾，则其另一端即向内偏倾而不用，其清明半沉没于下，而昏浊浮于上；乃于原当兼知之他物，无所知，于物之全形大形之正，亦不能知；即于粗理，亦不能知不能决，何况理之精者乎？

由上所论，可知荀子言养心，要在养得清明不偏倾，自正置，以对一一之物，更分别察之，而兼知之，求兼成之，以兼物物之道心。此即异于一般人心之专精察于一物一事，而其心恒不免偏倾于此一物一事者。只用此人心，可使人专精于物，而不能兼物物，则人可为农为工为商，而不能为师为官。人欲为师为官，即不能不养其道心。人之养其道心之功，要在存得此心之清明而不偏。故此养其道心之功，亦非只自强制其心，以凸聚于一处，或执一定之道德标准，以为待人待己之事。由此强制等工夫以养道心者，并不能养得通于众事而知大理之道心，而仍只是养得一专精于一事一物或知小理之人心而已。故下文乃以空石之人与孟子有子之行事为例。其言空石之人，善射好思，肯辟耳目之欲，固为能忍情欲之人也。如人心为人欲，则其人正为求去此人欲者也。

然其用心只专精凸聚于一处，则有耳目之欲起，蚊虻之声闻，皆可扰乱其用心之专精，故只能避世不接物，而闲居以静思，然后通。如今之全不能经事务之纯粹学者专家，固亦自有其荣。然此亦正是荀子所谓只知用人心以偏向一端，非能有道心之微者也。孟子执定一礼，谓其妻不合此礼而欲出之；有子自恶其贪卧，而自焠其掌，亦皆于一道德标准，有所专执专注，而能自强，以自有其荣者也。然其用心亦偏向一端，亦非能有道心之微者也。其故，则以养道心要在使心清明，一无偏倾，以成其正大；而不在只自强制其心，以自忍自强，使其心偏向一端，趋于凸出而高危。心趋于凸出与高危，则其外之蚊虻之声，皆足乱之，而其所自以为是者，亦不必为是者之全。如孟子之只执其一定之礼遂欲出妻，而忘其自己之亦有不合礼者在；与有子之必恶其贪卧竟焠掌，而忘其伤父母之遗体；即皆似是而实未得是之全者也。人欲养其道心，以使外物不足以乱之，而得是者之全，正不必如此忍情欲，而强制其心，以不偏向一端，而趋于凸出高危，方为至人之用心也。故曰至人之用心“何强？何忍？何危？”其言“纵其欲，兼其情，制焉者理也”，此非一般所谓放纵情欲，唯是不强忍情欲，以使心偏向一面，而以“理”兼使各方面之情欲，皆得其所而已。

上文“浊明外景，清明内景”二语，若孤立而解，亦无意趣。兹按如道心为大清明之心，则浊明应即指人心之明，以偏向有蔽而不免昏浊者。王先谦《集解》引俞樾据《大戴记·曾子天圆》篇“金水内景，火日外景”之言，以注此二语，甚是。此即谓“清明”者，如金或水之照物，而其影在水金之内部者，故曰“清明内景”，景即影也。浊明则如火日之照物，而影在物外，亦在火日自身之外者，故曰“浊明外景”。火由燃薪等而成。薪虽无明，而自体为浊物，然能发出此明之用，故曰浊明。以此推日之自体，亦即与火同类，而亦为浊明者也。以浊明言人心者，盖谓人心之只专注其明于物，而限其明于物者，则于其外皆无知，即心之明之内部有昏浊也。心内部有昏浊而照物，则如火日照物，其所成之物之影，皆为外景。此盖即所以喻人于此对物所形成之印象观念，即皆如在物外，而为其外景也。故人必有清明之心，内无昏浊者，然后能兼照兼见物之大形或物之全。此即清明之心。此心能见物之全，则物皆为心所映照，其影或印象观念等全在内，而物亦如在心内，如金水照物，物如在金水内也。于此方可说物为此心之所真知也。心有昏浊，则虽有明，只同于火日之只有浊明。以浊明之心照物，心有所专注，而自限其中，故必待自忍、自强，使其心凸出高危而后能就。以清明之心照物，而有道心之微者，则反此。无强、无忍、无危，而若无为。故曰："仁者之行道也，无为也；圣人之行道也，无强也。"无强、无为，则其思之事，亦只自恭己以自正，而思之事亦乐矣。此方为真正之"好思"，而彼空石之人、孟子、有子之行之不免于"强""忍""危"者，则非真能及于好思者。故前文有"未及好""未及思""未可谓微"以斥之也。

此上释荀子《解蔽》篇本心之作用而言之养心之道。此养心之道要在养出一能"清明而不偏倾，求兼知物而兼成之，而权衡得其当"之道心。清明而无不照，则大，故此知道之心，即大清明之心。此大清明之心能兼知万物，则于此所谓"万物莫形而不见，莫见而不论，莫论而失位"等语，皆可一一得其所照应之前文而解之。"莫形而不见"者，直就此大清明之虚而能见处说也。"莫见而不论"者，自此大清明之心能壹，而不以此一害彼一而兼知之，亦能兼论之处说也。"莫论而失位"者，则就其对一一之物，皆能分别的静加精察，使之分别得其位，而又互不相害处说也。至下文之"坐于室而见四海，处于今而论久远"，则其根据在此心之虚而能藏，故能不忘其昔时之所见于他处者，而能记忆之、记录之。由古今人之记录累积，而成历史，则人可由知历史，以"坐于室而见四海，处于今而论久远"矣。"疏观万物而知其情"，则主要当是连“莫见而不论”，“不以此一害彼一”说。论之而不以此一害彼一，即分疏而观之，以知其情也。“参稽治乱而通其度”，则主要当是连“莫论而失位”说。物各得其位，其事则治；物失其位，其事则乱。事物之得位与失位，固有其所得所失之“量度”或“度制”。亦唯以事物之安排，溢出某一量度或度制，或不及某一量度或度制，方称为得位或失位、治或乱。故于事物之如何为得位或失位，如何为治或乱，必待有一定之量度或度制，作标准，为第三者，作权衡以参之，并分别止于事物，加以稽察，以求知之。故曰“参稽治乱而通其度”也。人能用心至此，则此心通于四海古今，而可“经纬天地”；不以此一害彼一，亦可使万物各得其用，各尽其职，即可“材官万物”矣。此心亦可由知事物之所以得位失位，或事物所以治、所以乱，而知“所以使之各得其位，而不相犯，以互为制限，以各分割得宇宙全体之物之位之一部，合以成其事之治”之道或大理矣。此心者，亦即能自将此道或大理之各方面，相制限分割，以用于宇宙全体，而包括之者。故下文有“制割大理，而宇宙里矣”之言。荀子《正名》篇所谓：“心也者，道之工宰也；道也者，治之经理也。”即由心能成就此道之各方面之相制限、相分割，以成治之条理说。工以成制限，宰以成分割，故曰工宰也。王先谦《集解》谓工宰即主宰，而以“心者，神明之主也”为释。若然，则与道何关？即不得上文之旨之故也。

《解蔽》篇后文言凡观物有疑一节，则不过自反面言人不能有清明之心以知道，而定是非决嫌疑之害。其文旨浅而易明，无大深义，今不更释。

六　治心之道与所知之事物之道，及知道与行道之关连

上文释《解蔽》之言人如何由虚壹而静以养得一大清明心，以成一知道之道心之论。但人于此可有一问题，即谓上述荀子言，

只告吾人以有此大清明心或道心之“道”或治心之“道”，而未告吾人何谓吾人之所知之“事物之道”。此二道似应属于二层次。就《荀子》之文所谓“万物莫形而不见，莫见而不论，莫论而失位，疏观万物而知其情，参稽治乱而通其度”之语，以观吾人所知者，唯是吾人之所知之万物或万物之治或乱之事，此中并未以“道”为吾人之所知也。此可谓为一真实之问题，亦理当先问，而后求答，方能对荀子言心与道之关系，有更真实之了解也。

吾人之答是就《解蔽》篇文而论，荀子确只言及人之如何由虚壹而静以有此大清明心之“治心之道”，而初未就此大清明心所知之事物之道而论之。此二道亦确可说属二层次。然吾人又不能由此以说，此大清明心所知之道中，即不能包涵其“如何由虚壹而静以有此心”之治心之道。因人心可自觉，则亦可知其由有治心之道，而后有此大清明心。则此治心之道固即为心所知之道。又吾人之由此大清明心，而知疏观万物、参稽治乱，固是知彼万物与其治乱之事。然吾人所以能知彼万物之治乱，则由吾人知循治心之道以行，更有此大清明之心之故。则此万物之治乱，乃由吾人知循此治心之道而行之所见得，亦即吾人之行于此道，而在此道上所遇者，故亦即在此道上。则不得说吾人于此只知万物之治乱，未尝知道矣。

溯此人之所以有上述之问题，关键在言知道，人恒易想此道为一所知之对象，在知之外，如所知之事物之为 对象，在知之外。如此设想，则人恒易想，此道应只在彼所知之客观万物中。然人之知道，尽可于开始点，只是自知其知其行之当如何进行之次序方向等。在人知其知当如何进行，遂如何进行，此人即已知循此“当如何进行之道”而进行。此中亦有此知之自身之进行于此“所知之道”上。此道即必不在此知之外，而在此知之进行之中。人之知循一道而进行，如循荀子所谓虚壹而静之道进行，并于用其知以知物时，求不以所已藏害将受，不以此一害彼一，更能专注其心以求能精察，则有其大清明心之形成；亦有万物之治乱之为此心所知等，以为吾之知自循其道而知得之对象。于此对象，固可说其初在心外。然自其为心所可知言，即在此可知之内，亦不能说其在此知所循以进行之道外。因其在可知之内，即在此知所循以进行之道上也。

复次，吾人在知物如何而有其治乱，如何而各得其位以治，或各越其位以乱，致物更皆不得位之时，吾人亦可更有一使之得其位而治之，或使之不越位以去其乱之意志行为。此即一般所谓知后之意志行为。此一意志行为，则依于吾人知物有治乱之时，可同时有一求治去乱之心而起。今若无此求治去乱之心，与知物有治乱俱起，则求治去乱之事不能有。此求治去乱之心，亦可说与知物有治乱之心不同，而为另一心。故可分别说。如谓前者为人之仁心，后者则单纯之知识心。单纯知识心之存在，固不涵蕴此仁心之存在也。此是自逻辑说。但在实际上，人固俱时有此二心，为一心之二面。在实际上，此二心恒相连而起。故人在知家国天下之由何而治、由何而乱时，人亦恒即同时本此所知，以求治去乱。盖亦因物若皆乱而失位，则吾人对物之位，亦不能确知，知识亦不成也。故人知物之治乱之所以然之理，即实际上恒连于求治去乱之当然之理，与人之实往求治去乱之行。反之，人有仁心而不知治乱所以然之理，则此仁心虽以仁为道，仍无使其自身通达于外，以去乱成治之道路。此道路，仍赖“知治乱之所以然之理”而后建立。人之知治乱所以然之理，既在实际上恒连于求治去乱之当然之理及求治去乱之行；则此二者间，即应原有一相通达之道路，而可说之为一道。荀子盖即自此着眼，而其言理，乃不分当然之理与所以然之理为二，其言知道直接连于行道、体道。不以人有知与行，而分道为二也。在人之实往行“道”之时，人即有一自己命令其自己之心。此即荀子所谓能“出令”而“自禁、自使、自夺、自取、自行、自止”之心。今所谓意志行为的心是也。知道之心即连于行道之心，则知道之道心，即同时为一行道之道心。此道之全体之意义，即亦应为兼通于吾人之知之事与行之事者之全，不可说其只是一知识之对象者也。此行之事若为求治去乱之事，则又必连于对先所知事物之治乱之状态，加以保持或改变之新事，以生新物，以更为人之所知，再为人之所依之以有其行者……如此相续，至于无穷。由此而道之全体，即为一既贯注于吾人之知行，亦贯注于所谓客观事物，与吾人对此事物所为之新事物者。则此道初固只在吾人之知与行之中，及知所接、行所成之事物中，以由内而外，而向前伸展进行，愈进而愈见其所接、所成、所贯注之事物之多、之大、之广者也。

吾人如识得此上所说，则吾人于荀子所常言之“道贯”“道体常而尽变”之义，则可有切实之了解。吾人之思此“道贯”“道体常而尽变”之义，应先视此道如吾人自己之门前之一道路，一直向前通达，以贯注于无数之道旁之房舍田野山林，与一切道旁之事物者；而不可只视之如一对面山上之横路，而吾亦不知如何到此横路者；更不能视为对面山上之一切物之背后之一道路，如在吾人所见之一切物之外者。若吾人于此只想一对山之背后有一道，而又不知其道旁有何物，则此道即为无所贯之道，如地图上之一直线，即为空虚之道路。于此即谓此道路可喻一常久永恒之形而上的道，亦为有常而无可变通之道，即不能合于荀子所谓“道贯”之义、“道体常而尽变”之义。至于吾人于此道如只视为对山之一横路，则我固可见此横路之有其路旁之物，而此路有其所贯通之事物；此路即可喻吾人由众多客观事物而发现之普遍法则规律之类，可为人所知，以形成人之经验知识者。然若此路只为客观事物之路，则非必我所得行之路。此亦不合荀子所谓道为可知又可行之义。凡可知可行之道路，必为我可由之而走出者。此只可喻如我之门前之道路，而可由近而远，以次第前通，而无远弗届者也。

吾人若细观荀子所谓道，正如吾人所上述。故吾人之知道行道，即自吾人由虚壹而静，以使此心为大清明之心始，亦由知虚壹而静之治心之道始。吾人之知此治心之道，即是吾人之知道之始。吾人知此治心之道，以实使此心虚壹而静，即吾人之行道之始。由此而至疏观万物，知其治乱，即进一步之知道。求治去乱，则为进一步之行道。此中人所疏观之万物，愈观愈多而愈广，吾人求治去乱之事，亦愈多愈广。即吾人之知道行道之事，愈多愈广，而愈见此道之所贯通者之多与广者。此中之万物有不同种类，则吾人知道之事，即亦随此不同种类，而分为种类；而对不同种类之事物，由何而治，由何而乱，吾人亦当有其不同之知；吾人之所以应此治乱之行，亦当为不同之行。吾人即可说有不同种类之道，为吾人之所知所行。然此不同种类之道，亦可说是由一道之所分化而出之特殊之道，如一大道旁之小道。而吾人之求知“此不同种类之事物之关系与如何得成治，以免其乱”之“所循之道”，即为“贯通此不同种类事物，与吾人之分别应之之特殊之道”之大道。此大道之可以说为一，亦必当归于一者，则在吾人之由虚壹而静，以养此大清明心之道，在原始处是一，此大清明心，亦即应是一。此能知此大道之大清明心，即知道之道心。此知道之道心之日广日大，次第及于不同种类之一一之物，亦皆恒为一知道之道心；其由知道而行道，亦恒为一道心。此固不碍万物有种类之不同，有此一彼一之不同，人之应此一彼一之行，亦有其种类之不同也。盖此大清明心之道心，所以得为一心，亦正在能兼知万物中之有种类之不同，此一与彼一之不同，与应之之行，亦当有种类之不同之故也。

第十四章　荀子之成人文统类之道（中）

七　道、人道、圣王之道、贯于古今历史之道，及荀子何以非斥诸子所言之道

吾人上文说荀子之所谓道，即始于一由虚壹而静以养其大清明之心，而成其道心之道。知此道，行此道，养得此道心，即能一方知万物之治乱之所以然，亦一方有存其治而去其乱之行。分而言之，则此中人之知万物之治乱之所以然，是知道；而存治去乱之行，即行道。此中知道必连于行道，而道即皆必既为我所可知，而亦我所可行者，否则不足以言道。由此而吾人可了解荀子何以必以人道为道，不以天道地道为道，而说“道，非天之道，非地之道，人之所以为道也”之故。（《儒效》）盖天之道，天自行之；地之道，地自行之。人虽可由天地之生物、天之运转、地之载物等，以知天道地道，然人固不能行于此天道地道。人亦当与天地分职，任天地之自行其道，而不能代其职，或代行其道也。荀子之道，即其所谓大理。大理即人道即人理。何以大理必须是人道人理，我初亦不解。人不过天地万物之一。则总此人理与天地万物之道之理，以为理为道，岂不更大？人能知此理此道，其知岂不更为大知？今人之学问若以此大知为理想，岂非更大之学问？然荀子则更不如此说。荀子言人之学之知，必曰止于此人道，人道之极在为圣以尽伦，为王以尽制，而人之知与学，必以圣王为至极。故曰：“可知，人之性也；可以知，物之理也。以可以知

人之性，求可以知物之理，而无所疑止之，则没世穷年不能遍也。其所以贯理焉，虽亿万，已不足以浃万物之变，与愚者若一。……故学也者，固学止之也。恶乎止之？曰：止诸至足。曷谓至足？曰：圣也。圣也者，尽伦者也；王也者，尽制者也。两尽者，足以为天下极矣。故学者以圣王为师。案以圣王之制为法，法其法，而求其统类，以务象效其人。向是而务，士也；类是而几，君子也；知之，圣人也。"（《解蔽》）"圣人也者，道之管也，天下之道管是矣，百王之道一是矣。"（《儒效》）吾初见荀子只重人道，人道以圣王为极，亦不知其何以必如此说之理由，亦实尝求诸《荀子》书而不得，而以为此不过荀子自限其学于人道、人中圣王之道使然。但既知荀子之所谓道，为必可知兼可行之道，则知荀子之此言，正为一必然之结论。因人固可知物之理而尽量求知物之理。如荀子之所谓农工商之专精于一事者，亦固当于一类事物之理，尽量求知之也。然人之于一类事物之理，尽量求知之，确是一无尽之历程，则人之能知之性或求知之欲，于此必无究竟之满足处、止息处。则荀子之言人如只求知物之理，终"与愚者若一"之言，并不误。荀子之言此处无人之能知之性之满足处、止息处，亦未尝误。然人之能知之性，亦未尝不在某方面要求有一满足处、止息处。问题只在是否人有其他之知，可以为其止息处。依荀子之言知，则人能本其对自心之知，对其自己与他人之人伦关系之知，以求知如何处此人伦关系，以尽此伦；更进而求建立此人伦世界中之制度以尽制，即为使吾人之知有止息者。何以此可为知之止息处？此须自吾人对人伦关系之知，乃在吾人对其他之物之知，上一层面看。盖人对其他之物之知无穷，无一人能尽知他人之所知，则亦无人能统贯此我与他人之所知者，以为一。此"统贯为一"之事不能成，则亦无"统贯"可为人之知之止息处。人之各有所专精之事，亦各有其专精之知，人固不当与人争职，即亦不须尽他人所专精之知，以统贯之为一也。然今不自我与人之所知言，而自我与人皆是一能知者言，则我全部对物之所知者，止息于“我”之心知之中；他人之全部对物之所知者，亦止息于“他人”之心知之中。而吾人之对此人与我之伦理关系之知，如何尽此伦理关系中之道之知，则在其上一层面。我对与我有各种伦理关系之人，如父子兄弟朋友，当以何道待之，如对父当孝，对子当慈，方为尽伦，固我所当下能知，而更无疑义者。则吾知此尽伦之道之知，固当下可有一止息处，而非一切属下层面之“人与我对其他之物之知”所能摇动者。荀子既以知此人之尽伦之道，为人知物之知之上一层面之知之止息处，遂谓尽伦之道或伦理为大理。此乃以人知物之理之事，只分别属于一一之人之心知，而此伦理，则为在上一层面，联系“此能分别知物之理”之“一一有心知之人”者，亦即为一“在上一层面，统贯各人所分别知之物理”之一“大理”也。对此大理言，每一人所分别知之物理，即相对的成为小理矣。小理属于各人，每一人不能知，亦不必知他人所知之小理，故不能，亦不须于此求统贯。然人与人之伦理关系，则为能统贯一切有心知之人者，亦为人所当共知之大理所在。能统贯者谓之道，不能统贯者，即不能谓之道。则唯有此伦理之大理，可称为道，而一一所知之其他之物之物理，唯是小理者，不可称为道，即一必然之结论矣。

人之伦理关系有种种，则人当知之伦理之道，亦有种种。于一切与我有伦理关系中之人，我皆能与之相接而知之之时，即同时知当如何应之之道，而更一一行之，“一则尽”，故能尽伦。尽伦乃人所能。世间之人固无限，然其次第与我相接，在任何时皆为有定限之人。对此有定限之人，我皆循一定之当如何应之道，以应之，固为可能者也。此即见人之尽伦而为圣人，乃可能之事，则圣人可为作人之至足之理想矣。

上言人对人之伦理关系有种种，其要者则不外家庭中人之伦理关系，此为父子兄弟夫妇；其次则社会中人之伦理关系，其要者为朋友；再次则为天下国家之政治中之伦理关系，其要者为君臣；更次为一切社会中有不同职业者，如士农工商之人间之伦理关系。荀子所谓圣人之尽伦，则要不外求与我有此各种伦理关系中之人，皆各得其位，而不相碍，更能以其所为之事，相辅相成，以致天下之治；而免除一切由人之不得其位或各越其位，侵犯他人，而有之天下之乱。此则必须兼有维系此各种伦理关系中之各得其位，以成治而去乱之种种礼制与政制。故为圣者为求尽伦，必兼求尽制。圣人心能制割大理，故能尽制。尽制，则圣而王矣。故说圣为至足可，说圣王为至足亦可也。

总此荀子言道之极于圣王之尽伦尽制之义，为人所当知当行之义，及前所说人之知，必极于有大清明心或道心，以知万物之治乱，而有成其治、去其乱之行；则吾人可说，荀子之道，即"一贯于我与人之关系中，以使我与人面对万物，以有其知行，而学圣王，以成天下之治，使人与物各得其位"之"统类之道"。我与人之知行之相续，合以形成一古今之历史人文之相续。故荀子之道，又即一贯于古今之历史人文世界之道。此中我与他人所对之其他自然界之万物之类，可统为一度向。我与人不同类之伦理关系，又可统为一度向。我与人对自然界之万物之不同类之知行，更可统为一度向。由此所成之古今之历史人文之种种变迁之势，再可统为一度向。则荀子之道或圣王之道，即为具此四度向之一"通主观与客观、通当然之行与实然之知、通差别特殊与平等普遍、通恒常与变化"之全体之道。在此全体之道中，万物只为吾人对之有知有行者，故只言天地万物之道，对足以尽道，而只为道之一偏。故《天论》篇曰"万物为道一偏"，"庄子蔽于天而不知人"，未尽道也。一物更不足以尽道，故曰"一物为万物一偏"。只专精于一物之农工商，而不能为师官者，固不可言有知道之心也。至于愚者之知一物之一偏，则所谓"愚者为一物一偏"（皆见《天论》），更不足以知道。此则学专精于一物，而尚未至者也。凡只见万物所同有之一偏之理者，亦皆不足以言知道。故老子之只见万物之皆有诎退之一面，而以退为进，以诎为申，以为人之道，乃“有见于诎无见于信”（《天论》），非知道者也。慎到只见万物之皆有势可随，遂随势之后以行法，以“贵贱不分”（《天论》）；申子重君势以行术，而皆不知有贤者之智，人可先势以行，为群众之导，以免“群众无门”者（《天论》）；慎子之“有见于后无见于先”（《天论》），“蔽于法而不知贤”（《解蔽》），申子之“蔽于势而不知智”，亦皆非知道者也。此外，墨子有见于人间之爱利，当具普遍性，而不见礼制政制上当有之差等性，是“有见于齐无见于畸”，将使为上者之“政令不施”（《天论》）也。墨子只重经济生活中实用之事，而不知人与人赖有礼乐之文，以维系人伦，是“蔽于用而不知文”（《解蔽》）也。宋子只见人之欲多之害，遂倡人之情欲寡，而不知人情欲虽多而能制之以理，人亦皆可得其所欲；是“蔽于欲而不知得”（《解蔽》），“有见于少无见于多”，使“群众不化”（《天论》）也；是即谓宋子只教人寡欲，未知所以富民而化众之道也。至于惠子之有见于人与人间，须有言辞以表意，遂只在言辞上骋辩，而忽言辞之所表之意，所指之万物之实，并忽言辞须连于人之实际之行，是“蔽于辞而不知实”（《解蔽》）也。凡此人于此全体之道，见其一偏，便视为足以尽道者，皆是以“道之一隅”为道之全，“蔽于一曲，而暗于大理”者也。故曰：“由用谓之道，尽利矣；由欲谓之道，尽嗛矣；由法谓之道，尽数矣；由势谓之道，尽便矣；由辞谓之道，尽论矣；由天谓之道，尽因矣。此数具者，皆道之一隅也。”（《解蔽》）此一偏一隅之不足以尽道者，正以道为“人之面对天地万物，以用其知，以成智而有其言，而更学为贤圣之行”，乃所以“使人有礼文之制，以维系人伦，使人各得其所欲，以使人咸得其位以成治”之故。此道即一“通主观之心与客观之物；知事物之实，而行其所当行；使人与我及万事万物，各得其平等或差等之位；以体常而尽变”之道也。

至于由荀子《非十二子》篇观荀子所非之十二子之道，亦可反证荀子之道，为上述之体常尽变之道。十二子中忍情性之陈仲、史鳝，即只知个人之自节其欲者。“纵情性”之它嚣、魏牟，即皆其心目中只有此个人之情欲，而不知人与人之关系，当有礼文以维系之，以“合文而通治”，“合大众、明大分”，人方得异于禽兽者。墨翟、宋牼之“大俭约而僈差等”，即只知实用，而不足“容辨异、县君臣”，即“有见于齐无见于畸”，“蔽于用而不知文”者。至于“尚法而无法，上则取听于上，下则取从于俗，倜然无所归宿”之慎到、田骈，即只顺势以为法，上文所谓“蔽于法而不知贤”者。至于惠施、邓析之“不法先王，不是礼义，而好治怪说、玩琦辞，甚察而不惠，辩而无用，多事而寡功”，即上述之“蔽于辞而不知实”者。最后言子思、孟轲之“略法先王，不知其统，犹然材剧志大，闻见杂博，……甚僻违而无类”，即犹言孟子之虽志在于大化之圣，亦博通《诗》《书》以取譬，然不知圣王之道在依万物之类、人伦关系之类、知行之类，以统贯之为一。此荀子之评孟子亦非尽误。盖孟子虽善言人之所以成圣人之道，以圣人为人伦之至，又言王者之化民之德，并略及先王之制度；然于社会中之有贯于种种人伦关系，及当有种种礼制、政制，以形成人文统类之道之种种义，固未能如荀子之能皆一一论及之也。

上述荀子所谓道，为贯于有人伦礼文政制之社会之圣王之道，即贯于此人文社会之历史之道。此所谓贯，是贯此历史之治乱，而为其当然之道，亦为此历史之所以存在之实然之道。为当然之道故可行；为实然之道，故可知。以其为一道，故所知之道即所行之道，而道兼通于知与行。所谓为“当然”之道者，乃言在一历史之时代之人，共行于此道，以求至乎其极则治，违此道则乱。故此道恒为一历史时代之为治为乱之标准，或理想之所在也。所谓为“实然”之道者，则以一时代无论如何乱，亦不能全无此道之贯于其中。因人与人总有若干伦理之道、若干礼文、若干政制与人之若干对天地万物之农工商之事；而人亦总有其心与情欲，亦总要求对情欲而制之以理等。自此而言，则此道亦总是实际上多少在任一时代之历史中存在者。如一时代之人皆全违于此道，则必须人之群居，全无礼制政制相维系，亦无其分工合作之对天地万物之农工商之事，而后可。然若真至于此，则亦无此人类社会之存在，自亦无人道之可说。则有人类社会之存在处，此道亦必多少在实际上存在，而可说此道之“仍未尝亡”，故曰“贯之大体，未尝亡也”。(《天论》) 治乱之分，唯是否能充量体现此已有之实然之道，而不差或差之分也。故曰“乱生其差，治尽其详”。(《天论》) 唯人之故意匿藏此道，使人不能知之，方为大惑，故继曰“匿则大惑”。今欲不匿此道，更求对此道知之而更行之，以求无差，以极其治而去其乱，以成历史上之治世与盛世，则待于人之共表明此道，共学于此道，以成其教。此则非乱世衰世之一般人之所能至，亦非乱世衰世之学者，未尝见此道之全者，所能至者也。

以上总论荀子所谓治心之道，即贯通于所知之事物之道，其言已毕。至于本以上所述，以观荀子之如何论为学、修身，以为圣贤之道，与礼文政制之道，则其言之异于他家者，皆可循上述者，引申其旨而见，下文只分别本《荀子》原书诸篇，指示要点，及其与他家思想之同异，以便初学而已。

八 为学以“备圣心”而“化道”之义

荀子言学，以圣王之道为至足。然此所为至足，乃自其不同于“人对万物之知，殁世穷年不能遍”，而是一人可于此得其止息，而可知可行道之而言。人能止于其所以自待，及待与之有人伦关系之人之道，人即当下有所止，而有其所自得自足者在。故人时时知此道，时时行此道，人即步步有所止，步步有其所自得而自足者，故曰至足。此固非谓此人之行于圣王之道，有一特定之休歇之处；亦非谓只以某一特定之圣王之若干特定之言行为法，而尝一一行之，即为至足也。由此而荀子之言学，即要在言学之能继续进行而不已，以使学者今日所学者，有进于昔日所学者，而时时有所增益。此即《荀子》首篇言“学不可以已，青取之于蓝，而青于蓝，冰生于水，而寒于水”之旨。此所谓蓝与水，不必专指人之性，亦不必专指人所从学之师，而唯是遍指人先之所知、所行、所学者；而青与冰，则所以喻人之继其先之所知所行所学，而求更有所进益之学也。此求由学以有进于其先，则学于师以知古先圣王之遗言遗行中之道，以之为法，自亦包括于其中。而本此所知之道，以反省其自己，变化其原有之性，以使其“知明而行无过”之义，亦自在其中。此皆学者之所以使其生命心知，自化同于道者也。故《荀子·劝学》篇，继以言“君子博学而参省乎己，则知明而行无过矣”，又言“不闻先王之遗言，不知学问之大也”，而其终则在“神莫大于化道”。此凭借先王之遗言遗行，以为师法，有如人之“居必择乡，游必就士”，皆善假于“物类之同”者，以自成其学，而归在自己之“神明自得，圣心备焉”。固非只以法先王之遗言遗行，或同于乡曲之善士，便为学之究竟之谓也。

由荀子之学之归在学者之备圣心，即与孔孟之教，期于为圣，即原无不同。然以荀子所谓圣王之道，为成人文统类之道，而经纬万端。故《荀子·劝学》之旨，重在言“积”而“专一”，以至于“久”之功。欲有“真积力久”之功，则必至乎殁世而后止。则此学之事，人在生之时，固无休歇处。所谓止者，即止于此“积与专一以至于久”之道而已。

至于自经籍所载先王遗言之人所当学者言，则《劝学》篇曰：“《书》者，政事之纪也；《诗》者，中声之所止也；《礼》，法之大分、类之纲纪也。故学至乎《礼》而止矣。夫是之谓道德之极。

《礼》之敬文也，《乐》之中和也，《诗》《书》之博也，《春秋》之微也，在天地间者毕矣。君子之学，入乎耳，箸乎心，布乎四体，形乎动静；端而言，蠕而动，一可以为法则。……学莫便于近其人，《礼》《乐》法而不说，《诗》《书》故而不切，《春秋》约而不速，方其人，习君子之说，则尊以遍矣，周于世矣。……学之经，莫速于好其人，隆礼次之。上不能好其人，下不能隆礼，安特将学杂识志，顺《诗》《书》而已耳。则末世穷年，不免为陋儒而已。将原先王，本仁义，则礼正其经纬蹊径也。……伦类不通，仁义不一，不可谓善学。……全之尽之，然后学者也。君子知夫不全不粹之不足以为美也，故诵数以贯之，思索以通之，为其人以处之。……是故权利不能倾也，群众不能移也，天下不能荡也。生由乎是，死由乎是，夫是之谓德操。德操然后能定，能定然后能应，能定能应，夫是之谓成人。天见其明，地见其光，君子贵其全也。"

吾人之所以引此上之言，乃意在见荀子之于《诗》《书》中，特重礼而又归于近其人，以外通伦类，自备其德操，以成人而全其学与德之旨。《书》为古之史事，《诗》见古今人之人情，而为合于乐之声者。然《诗》《书》所载之史事，所见之人情，皆为散陈之史事人情，则博而不见统类。礼则为人在种种人伦关系中之礼制政制，能通伦类而统之者，亦应合于人对人之情之"仁"，与人与人之处分别之事之"义"者。故人学礼，即可更一其德于仁义，亦当求近彼有仁义之德之人，而学之，方能自成其为人。故学以《诗》《书》为先，《礼》为次，近其人为终。只言《诗》《书》，未至于《礼》，或只学《礼》，未至于近其人，皆不足为成人之学也。按墨子喜举《诗》《书》为说，而重言古先圣王之事之足以生利者。孟子亦喜举《诗》《书》为说，而重在言古今人所同有之人心人性，并以《书》所记之人物，《诗》所表之人情，兴起人之心志。庄子则举古今人之故事，以喻人之成至德之人之道，此故事或只是假托，不必实有其事，则无异以《诗》为《书》，以《书》为《诗》。庄子不喜世人君子言礼乐，近于墨子。而又言天乐以养天和成至德，则仁义不足云。荀子则独重文武周公之礼制，以乐附于礼，而以不由礼不足以一仁义，而成君子之人。此则与诸家，皆有不同。然此荀子之成人，必有其德操，非“外力所能移”，则亦如孔子之言“匹夫不可夺志”，孟子言大丈夫之“富贵不能淫，贫贱不能移，威武不能屈”。荀子言礼所以成义，以礼义并举，不同于墨子之知义而不知义之本在礼者。然荀子亦言礼义足以生利，则墨子以义生利之旨，荀子亦备有之。又荀子言学之归于全粹，则与庄子之喜言德之全与纯，其名义并有相类处。唯荀子所言之学，乃由真积力久之功而致，其粹乃由“为其人以处之”而致。故不同庄子之言德之全，与德之纯为至德，乃由人之闻天乐养天和而致耳。

九　修身以学圣之道及荣辱之义

由荀子言学，要在有所增益于未学，假于外以成其内；故《荀子》第二篇《修身》之道，不同于孟子教人自知其为孩提时之爱亲敬长之心，与其四端之所在，而自加以扩充之说；而要在教人即其所见于他人之所为，更反省及于其当前之自己者，以进而求有以自修其身。故《修身》篇首言“见善，修然，必以自存也；见不善，愀然，必以自省也”。此即就我之见于他人者，以自修其身之道也。下文又言：“善在身，介然，必以自好也；不善在身，菑然，必以自恶也。”此即就我自反省于当前之自己者，以自修其身之道也。至于下文之言“非我而当者，吾师也；是我而当者，吾友也；谄谀我者，吾贼也”，则即就他人对我之是非毁誉，以自修其身之道也。若其次一节言治气养生之道，则不外自使其血气、志气、智虑、饮食、衣服、居处、动静、容貌、态度、进退、趋行，皆由于合礼以自正。此明为一繁密之修身工夫。下文更言人之如何运用其善与不善，以对人而有之教、顺、谄、谀之分；及由对人之善与不善之有不同态度，而有之知、愚、谗、贼、直、诈、诞之分，则皆为高一层次之德与不德之论。继言治气养心之术，在自变化其气质等。更言君子之能轻外物，以“体恭敬而心忠信，术礼义而情爱人”，以行于天下四方。又言人之学为圣人，乃人皆可以同至者，不同于一般之“穷其知于物之同异坚白之辩之学”之无止息者。学者皆宜就原书细观。要之此篇大旨在言君子之当隆礼而尊师，及其他待人行事之道，故终言君子“贫穷而志广，富贵而体恭，安燕而血气不惰，劳倦而容貌不枯”，以见君子隆仁杀势而好交，恒以公义胜私欲。则是就此修身所成之德之表现于客观社会者而言也。

至于《荀子·修身》篇之后《不苟》一篇，则始于说“君子之行，不贵苟难，说不贵苟察，名不贵苟传；唯其当之为贵”。此即谓君子之言行不贵其“察”其“难”之胜人，而苟异于人，以得名。君子亦有其能与不能，固非以其“能人之所难能或不能”，或察辩之过人，即足以为君子。此下更言君子之所为与所不为，其所为之似非而实是者。如其“崇人之德，扬人之美，非谄谀也；正义直指，举人之过，非毁疵也；言己之光美，拟于舜禹，参于天地，非夸诞也”。以言君子为“小人之反”。此与后一段言通士、公士、直士、悫士与小人之别者，当合看。此篇更言君子于世“为治而不为乱”，其“所以得其同类”及其所以“能通千万人之情，与古今百王之道”之故。此外又有一节，专及于君子之养心莫善于诚之义，而终于言“欲恶取舍之权”之“不失陷”，在不“以偏伤之”。总此以观《荀子·不苟》篇之大旨，即在言君子对于其言行如何选择，如何权衡其是非利害，以有其表现于世，已即有其殊乎世人或小人者；而不在其径为一苟异于人之言行，以传其名。此重选择于是非之中，权衡于利害之际，原为墨家之所重。然墨子要在以此立天下之公义，求天下之公利，去天下之公害。《荀子·不苟》篇之旨，则要在以选择权衡于是非利害之间，以使人得自成为君子，而亦有君子之所以自见于世者。此中言君子之不贵苟难之行、苟察之言，而求异于人，即不同陈仲、史䲡及惠施、邓析等必求其行其言之异于世者；然亦不同于田骈、彭蒙、慎到之只顺势以同于世者。道家之老子、庄子，亦初皆有自世间隐退，或求超于世外，以自异于世之情；其“以道佐人”，游于人间世，以“与人为徒”，只为不得已。故皆与荀子之君子自始在世，不求其言行之苟与世人殊异，又自有其不同于世俗之德行，足为世范者，仍不同其道者也。

今编《荀子》书第四篇论荣辱。此一荣辱之问题，连于他人之对我之是非、毁誉、称讥，与己之在人间世之利害、得失、贫富、贵贱、祸福、吉凶，亦为人间世永不能避免之问题。孔子言君子求诸己，与小人求诸人之别，言闻与达之别，言“不义而富且贵，于我如浮云”，皆是谓人不可看重在世间之荣闻。孟子言“仁则荣，不仁则辱”。此荣辱乃仁不仁之异名。孟子谓君子之所性，不在王天下；则并孔子所谓达与荣闻，同视为非君子之所必能得。而君子修己以尽心知性，存心养性之事，固亦不待乎此达与荣闻。墨子则重在以圣王之赏罚，为人之荣辱之所在，故使人重上之赏罚，而不重一般之毁誉。宋钘更言人当于他人之侮，不视为辱，以“定乎内外之分，辨乎荣辱之境”，而“举世誉之不加劝，举世非之而不加沮”。老子则以“知我者希，则我者贵”，“知其荣，守其辱”，以忘世俗之贵贱与荣辱。庄子则由此更进而言圣人之无名，亦不以其名与人争，即不自是以为名，而责人之非，以处人间世。此皆是对此“人对我之有是非毁誉，而我有其在世之荣辱”之一问题而立论。荀子之《荣辱》之篇，首言“与人善言，暖于布帛；伤人之言，深于矛戟”。又言人之所以自以为是，而见辱于世者，皆恒由其自以为是者，与不是者之相杂。又言人之自执其是，以与人斗者，则其人为小人，而狗彘之不若。故君子亦不以此斗之胜，为荣为利，而尚此狗彘之勇。故必当知此斗之实归于害，归于辱，而不以此为勇，更别求其“勇于为义”之勇。此乃求诸己而不求人，而以己之“自先义而后利”为荣，以“先利而后义”为辱。此即人之内在之荣辱，亦即《荀子·正论》篇所谓义荣义辱也。至于一般世俗之荣辱，则为《正论》篇所谓势辱、势荣，固亦非荀子之所重者也。故《正论》篇又谓君子可以有势辱，而不可以有义辱；小人可以有势荣，而不可以有义荣。荀子遂本此以评宋子见侮不辱之说，未尝分此义荣、义辱与势荣、势辱者。然《荣辱》篇又言“（义）荣者常通，（义）辱者常穷。荣者常制人，辱者常制于人”，则是谓君子之有义荣者，亦常有势荣；而小人之有义辱者，亦常兼有势辱。则人之欲求势荣者，亦同当先有义荣，而人欲去势辱者，亦同当先自去其义辱。此乃本于儒者重义之旨，更顺人之欲势荣恶势辱之情，而导以求义荣去义辱之教。乃孔孟之教中所未及。而荀子之所以能及之，则由荀子之原正视人之有欲，亦不以欲之本身必不当满足之故也。吾人于此亦可更一通论荀子对于人之欲与道义之关系之说。

此荀子对人之欲与道义之关系之说，在《荀子·正名》篇终及《礼论》篇始，皆尝论之。此即谓人之有欲，原为天生。好荣恶辱，与其他之欲，皆为天生。有好则有恶，故好利恶害，亦为天生。天生者即君子小人之所同者。故《荣辱》篇曰：“好利而恶害，禹桀之所同也。……人之生固小人，无师无法，则唯利之见耳。”《大略》篇曰“义与利，是人之所两有也，虽尧舜不能去民之欲利”。此即言君子、小人同有此天生之好利恶害之欲也。至于君子小人之所异，则不在其欲之有无多少，而在其欲是否合道而当于理。即不在其好利恶害与否，而在其所得之利，是否兼合于义，亦在其权利害之道之是否正。君子之欲，恒合于道，其所求之利，恒合于义，而亦恒能如《正名》篇所谓知“正道”，而知“正权”，以权利害。人若不知正道与正权，则“重悬于仰，而人以为轻；轻悬于俯，而人以为重”。权不正，则“祸托于欲，而人以之为福；福托于恶，而人以为祸”。是亦即“离（正）道而内自择，则不知祸福之所托”也。人欲知此正权与正道，即待于前说之本虚壹而静之心，以平等观一事之利害、安危、祸福之两端，而不以知此一遂忘彼一，害彼一，而能兼知之。兼知之而权衡之，即正道之所在，亦正权、正道之所在也。故《正名》篇曰：“道，古今之正权也。”人能知正道、知正权，即能权衡人之只顺其欲以行而不知道义者，与有欲而亦求合于道义者，二者之得失利害。故荀子常谓人能知道义或礼义，则道义或礼义得，而欲亦得；如不知道义礼义，而只顺其欲，则恒归于道义礼义失，而欲亦失。此即《礼论》所谓一于礼义，则礼义情性两得，一于情性或欲望，则此二者两失也。以两得与两失相较，则两得之胜于两失者，犹“全尽”与“一无所有”之别也。两得，则两者皆得其位，是为治、为安；两失则皆失其位，是为乱、为危。凡可致两得者为道，则凡可致两失者，皆非道也。

至于专就此人之求荣恶辱之事而说，则君子求义荣，亦常致势荣，则两荣皆可得，是为道。小人只求势荣，而不避义辱，而义辱又恒致势辱，则两荣皆终不能得，故为非道。

然《荀子·荣辱》篇之后文，更进一步，言及君子之只求义荣，不只不先求势荣，又非只由其自虑其若求势荣，而不避义辱，不必能得势荣，且将致势辱之故；而是由其求义荣之时，有“先王之道”，“仁义之统”为师法，“将为天下之生民之属，长虑顾后，而保万世”以存心，为其最大之义荣，以自去其庸陋之心之故。在此义上说，君子可全不见有势荣，而只见有义荣。是为荀子论荣辱最高之旨所在。至于荀子之论义荣，所以必极至于“将为天下生民之属，长虑顾后，而保万世”存心，此则又由其道为一贯古今之治道之故。此则大不同于宋钘之只以忘天下之荣辱毁誉为教；墨子之以得上之赏为荣；老子之知荣守辱，而内自成其独贵；与庄子之无名，而只与天地精神往来，以自贵；而未尝知此“为天下生民保万世”以存心，为其内在之义荣之所在者矣。

第十五章　荀子之成人文统类之道（下）

十　圣学与王道

荀子之言学为君子与圣贤之道，在今编《荀子》书之前四篇。至此学之通于治天下之王道者，则要见于其后《非相》《非十二子》《仲尼》《儒效》四篇。《非相》篇言人之所以为人，不在其形相，而在其心之能辨。故谓“相形不如论心，论心不如择术”。孟子重论圣贤之心，荀子则重圣贤之本其能辨之心，所择之术。此所择之术，即所择之道也。此所择之术，要在由知人与人间之尽伦尽制之道，其中有种种当分辨者，以合为一统贯之道。此道则通于古今，而可由圣王之文制礼制，类推而知者。故曰“辨莫大于分，分莫大于礼，礼莫大于圣王”。本于后王之礼之粲然者以观，固更易知圣王之道。故曰：“欲观千岁，则数今日；欲知亿万，则审一二；欲知上世，则审周道；欲知周道，则审其人。”由圣王之人以知其礼、知其道，而“以近知远，以一知万，以微知明”。固非只守圣王所遗之礼文之迹，即足以知圣王之道之谓也。故《非相》篇下文又曰“夫妄人曰：古今异情，其所以治乱者异道，而众人惑焉。彼众人者，愚而无说，陋而无度者也”。此即谓就事而言，古今固异，然其所以治乱之道，则未尝不贯。此则必待人之就古今之事，而说之度之，乃见其道。故曰：“圣人者以己度者也。故以人度人，以情度情，以类度类，以道观尽，古今一度也。类不悖，虽久同理。”此即言人能以己之情，推度人之情。以同类者推度同类者，而能统诸类，得其贯通之理，以观古今，而尽其道。吾人之所以重观后王之法，以知此道者，唯以“文久而灭，节族久而绝”，后王之礼制具在，即可更由其详，以知此道；非谓先王之法之必不可法也。《非相》篇后文又言：“凡说之难，在至高遇至卑，以至治接至乱，未可直至也……必远举而不谬，近世而不佣；与时迁徙，与世偃仰……故君子度己，则以绳，接人则用枻。……故能宽容。知而能容愚，博而能容浅，粹而能容杂。夫是之谓兼术。”此即言君子之欲其道之行于世，以至治遇至乱，诚有其上下悬距，而不能相接之处。则远举其高者，不可使“世以为谬”；而其近世之论，又不可陷庸俗；其随时世而言，固有其不可执为一定；而其目标，则唯在揖人，以上接于道者，如舟之以枻揖人也。由此一节，即见荀子之言，未尝无道家随时变化，不主故常，及宽容于人之旨。然其目标，则不同于道家之自位甚高，其宽容于人，乃包覆而孩育之；而要在揖人，以由卑而升至高，以共行于由至乱而至治之道也。

《非相》篇后之《非十二子》篇，要在评论当世之学术。世之论者恒由此篇以观十二子之学。此非荀子为此文之本旨。其本旨唯在由十二子之学，皆不足言总方略，齐言行，壹统类，而不足为由圣至王之学。故荀子并非之。其非它嚣、魏牟之恣情性，陈仲、史䲡之忍情性，要在其知个人而不知社会人文。其非墨翟、宋钘之上功用，大俭约，僈差等，要在其只知社会之平等，而不知国家之制度之建立，有平等亦有差等。其非慎到、田骈之顺上从俗，要在其只知对时俗之顺应，而不知为政亦非只顺应时俗之事。其非惠施、邓析，在其言与行之不相涉。其非子思、孟轲，在其闻见杂博而无统；据往旧造说，而未能本“类”加以“说”“解”。此皆非“群天下之英杰，而告之以太古，教之以至顺”，于当前“奥窔之间，簟席之上，敛然圣王之文章具焉，佛然平世之俗起焉”，“坐而言，起而可行”之圣王之道也。有圣王之道者，不得势则为仲尼、子弓；得势则“一天下，财万物，长养人民，兼利天下，通达之属，莫不从服，六说者立息，十二子者迁化”，则“舜禹是也”。故“今夫仁人也，将何务哉？上则法舜禹之制，下则法仲尼子弓之义，以务息十二子之说……圣王之迹著矣”。由此观之，则《荀子·非十二子》篇之旨，不外言学术之关于政治。政治上圣王之道行，则学术自化。圣王之道不行，则当先正学术，以息不正之学术，而明此圣王之道以为学。此《非十二子》篇之主旨也。至于其后“信信，信也”以下之文，大皆评论学风士习者，今不赘述。

至于《仲尼》之篇，则无大精义。首二段要在言霸者之自有其所以不亡之道，而不免以让饰争；而王者则能真致贤以致强。后文则言人臣之欲进其道于君，而以礼自持之道。《儒效》一篇，则初举周公以言圣道之通于王。次言孔子之未能行道，而能为人师。再后一段，则言君子之所谓贤，不必“遍能人所不能，遍知人之不知，遍辩人之所辩，遍察人之所察”。君子，固有不如农人、贾人、工人者在。然“议德而定次，量能而授官，使贤不肖皆得其位，能不能皆得其官，万物得其宜，事变得其应，言必当理，行必当务”，则君子之所长。此正不外吾人前所言之“知道”之义者也。

《儒效》篇后数节，更言一般人民之德与劲士、笃厚君子、圣人之分，此乃直自人之德之高下之类言，而归于言圣人为“道之管”。天下之道、百王之道，皆管于圣人。如知吾人前言“道”之义，则于圣人为道之管之义，自能明之。后又有数段言俗人、俗儒、雅儒、大儒之别。此乃要在自人之学之高下之类言。合前此直就德而言之人之类，与就此人之学而分之俗人与儒之类，可见荀子重人之德之学，由下以至高之序。此中言俗人只知富利；俗儒只知本《诗》《书》，称先王，而以其学求衣食，实无异于俗人。雅儒则能法后王，隆礼义，杀《诗》《书》。大儒则更能知礼制之有道为之贯，而能“以浅持博，以古持今，以一持万”，而于“仁义之类，虽在鸟兽之中，若别白黑”；于所未尝见之事，“卒然起一方”，即能举此统类之道以应之。大儒即孔子周公，亦即积善而全尽之圣人。至于此不同之儒，用于政治，则“大儒者，天子三公也；小儒（雅儒俗儒）者，诸侯大夫士也；众人者，工农商贾也”。合此各伦类之人，以成天下国家之政，是君子之言之“坛宇”之范围，其行为之“防表”之范围所在。亦即所以成“总方略、齐言行、壹统类”之“道之一隆”于天下者也。《荀子》之书言人有类、士有类、儒有类。亦言君有类，如圣君、中君、暴君；臣有类，如圣臣、功臣、态臣、篡臣（《臣道》）；兵有类，如仁人之兵、王者之兵、功利之兵、危国之兵、亡国之兵（《议兵》）；德行有类，如勇有士君子之勇、小人之勇、贾盗之勇、狗彘之勇（《荣辱》）；知有圣人之知、士君子之知、小人之知、役夫之知（《性恶》）；忠有大忠、次忠、下忠（《臣道》）；辩有圣人之辩、士君子之辩、小人之辩（《非相》）；威有道德之威、暴察之威、狂妄之威（《强国》）。凡其类之居上者，皆当为法于其下者，而其下者则当法其上者，以成上类之统下类而壹统类，以合为“道之一隆”。《荀子》书中言“隆”之语甚多。《仲尼》篇言立隆，《致士》篇言国之隆、家之隆，《正论》篇言天下一隆，《礼论》言至隆。又《劝学》篇言隆礼，《修身》篇言隆仁，《赋》篇言匹夫隆之，则为圣人；诸侯隆之则一四海，皇天隆物。此隆之一字初取义于积土成山之隆。人能存隆之图像于心，亦可知荀子之道之所似矣。

十一　王者之政制、富国之道，及王道、霸道之分

至于荀子之言政，则首在论王制，次及于富国与王道霸道之分，君道臣道之别，致士于朝之道，以及强兵之道等，此则其各篇之文义明晰，不必一一细论。其《王制》之首言举贤，罢不

能、诛元恶与任中庸，即承《儒效》篇言大儒小儒之效，当见于政，而兼说不肖者与元恶之当退或当诛。至于对中庸之不待教而化者，则当任之。其言“王公大人之子孙，不能属于礼义，则归之庶人；虽庶人之子孙，属于礼义，则归之卿相士大夫”，是即言任官当以贤不肖之分，代亲疏之分。此与孟子之尚为舜之封其弟之事辩者相较，实更近乎墨子“非贤能则不官”之旨。此下言听政之道，则谓于“以善至者，待之以礼”，于“以不善至者，待之以刑”。此兼以礼刑待人，则一方承儒者之重礼，一方亦用法家之刑以为罚。然其下文言“法而不议，则法之所不至者必废；职而不通，则职之所不及者必坠”，“有法者以法行，无法者以类举”；则见荀子之重法，亦重以议补法之所不及；重分职，亦重通职。唯有君子能议法、通职以成事。此即人治与法治兼重之义也。再次言“分均则不偏，势齐则不壹，众齐则不使；故有天有地，上下有差，明王始立，而处国有制。夫两贵之不能相事，两贱之不能相使，是天数也。物不能澹，则必争，争则必乱，乱则必穷矣。先王恶其乱也，故制礼义以分之，使有贫富贵贱之等，足以兼相临，是养天下之大本也。《书》曰惟齐非齐，此之谓也”。此即见荀子之言王制，只重在使天下之人各得其位，而位之贵贱，所以必不可废，则在惟赖此而后上下可相使。此即显然为主张政治地位之差等之论。此差等之所以不碍平等之义者，则由贵贱皆以贤而定，故似不齐不平等，而未尝不平等。至于世之主不当有此贵贱之差等者，则维齐而实非齐，亦非平等者也。

《王制》篇次一节，更言如何使庶人安政，以使君子安位之道。继言经济上之不当聚敛，以及王者求强大，不轻言战，故与霸者不同。后更言王者之制度，宜从其旧，不当轻改。至其言“王者之论，无德不贵，无能不官；无功不赏，无罪不罚；朝无幸位，民无幸生，尚贤使能，而等位不遗”。其论颇同于墨子。唯荀子之言尚贤使能，重在等位不遗，以见“礼义”；而墨子之尚贤使能，唯所以立义道，以兴天下之利，而除其害耳。《王制》篇继言王者之法，皆在养民，王者既为人师，并能通天下之财，以尽其用。再次言此王者之制度，即“以类行杂，以一行万”，使天地所生之君，更还理天下，以成天地与人间之“始终相成，如环无端”之道。人所以能存在于天地间，使用其他牛马等万物者，亦正在能依此王者之制，以分尽其职，而成其群之一，乃能“多力则强”，以有其“胜物”之处之故也。

《王制》更次一节，详论人用自然万物之道，及朝廷中分职序官之道。此不外较详说人所以待自然万物，与在政治上分官职之义。最后一节，即依此而言王者霸者之安危存亡之所系，即在上述之道。故谓王者果行王道，则不往取天下，而天下亦自将待此王者；而王者之制，即足以制天下矣。

《荀子 · 富国》篇要在言经济上之足国用之道。此篇初言“量地而立国，计利而畜民，度人力而授事”，为生利、节用、裕民之道。然人之群居必有分，又必有人君以“管分”，则贵贱不能不有等异。人之宫室、衣服与礼乐，皆不能无差别，以辨贵贱，以使为君上者，得而“治万变”“材万物”“养万民”“兼制天下”；而百姓之赖其“智”，美其“仁厚”与“德”者，亦即愿“为之劳苦”，“为之出死断亡，以覆救之”，“为之雕琢、刻镂、黼黻、文章，以藩饰之”。此即言人之生活之贵贱有等，亦百姓所愿，非所以为淫泰。由此而论及在上者之敛民之财，而重税苛征之不可，君上之不可犯百姓之事，圣君贤相亦当于百姓“兼而覆之，兼而爱之”。此则明用墨子之语。然又谓天地生万物，固原有余足以食人，墨子之忧其不足，为私忧。真正之患，唯在天下之乱。故又谓墨子之倡节用，使在上者与百姓同劳苦、均事业、齐功劳，将使在上者无威以行赏罚，则亦不能退不肖而进贤，则“万物失宜，事变失应”，而天下乱。由此而荀子遂谓“知为人主上者，不美不饰之不足以一民，不富不厚之不足以管下也，不威不强之不足以禁暴胜悍也；故必将撞大钟、击鸣鼓、吹笙竽、弹琴瑟，以塞其耳；必将雕琢、刻镂、黼黻、文章，以塞其目；……然后众人徒、备官职，渐庆赏，严刑罚……则贤者得进，不肖者得退……则上得天时，下得地利，中得人和；则财货浑浑如泉源，汸汸如河海，暴暴如丘山……故儒术诚行，则天下大而富”。后又言君上对民“不利而利之，不如利而后利之之利也；不爱而用之，不如爱而后用之之功也。利而后利之，不如利而不利者之利；爱而后用之，不如爱而不用之功”。不利而利之，不爱而用之，言只取利于民，今所谓只剥削人民者也。故后曰危国家也。利而后利之，爱而后用之，言上对下先有爱利，然后用民而得其利，则上下平等相施与之道也。爱而不用，利而不利者，上对民有爱利，使民得其利，以藏富于民，而上不用之，以为己利也。此即荀子同于孔孟之爱民利民以保民，而即以保国而富国之道。此道则正为国家财货之原泉之所在。故曰：“事业得叙者，货之原也；等赋府库者，货之流也。故明主必谨养其和，节其流、开其源，而时斟酌焉。潢然使天下必有余，而上不忧不足，如是则上下俱富。”《荀子》此篇之所以谓墨子之“非乐，则使天下乱；节用，则使天下贫”者，盖无乐等则不美不饰，上无其威，以行赏罚，退不肖而进贤，则百姓所为之生产之事皆无功，则使天下乱，而归于贫也。其言利而不利，爱而不用之功，过于利而利之、爱而用之功，则其由富民以富国之旨甚明。荀子之重先养政之和，而开其源、节其流，以积极的使上下俱富之道，固不同于墨子只消极的求节用非乐，以免于贫乏之道。荀子之赞财货浑浑如泉之语，亦正见荀子之重人在天地间，由天生之万物以得其养，而成其生活之丰盛，而使人得皆畅其合于理之欲之旨。依荀子之教，于宋钘之尚人之情欲寡之说，于《正论》篇尝驳其说；则其于老子之言寡欲，固亦不谓然也。

至于《王霸》篇，则要在言“义立而王，信立而霸，权谋立而亡”，“粹而王，驳而霸，无一焉而亡”，“国者天下之大器重任，不可不择道”。王者霸者以义信为道，然必积持之，而后能立义信。后更言人主必以官人为能，故其等位、爵服、官职事业，皆足以容天下之贤士、能士。又言“上之于下，如保赤子；下之亲上，欢如父母”，而以是为隆正，谓此乃百王之所同。由此更言“主道治近不治远，治明不治幽，治一不治二。主能治近，则远者理；主能治明，则幽者化；主能当一，则百事正”。兼欲治远与近、幽与明、一与百，即为过。至于不能治近而治远，不能察明而务见幽，不能当一而务正百，是为悖。故“明主好要，暗主好详”。本篇更言儒者之曲辨以为治，只是隆礼义而审贵贱、齐百官之制度，少税以使商贾农工及士大夫皆得尽其职。此其言明主好要不好详，与老庄言帝王之政，在无为之意略同。然老庄之无为，要在去为政之害民者，并以无为之心量容天下。荀子之言明君之“曲辨”之政，则必有选贤能，尚礼义，正官制，以使士农工商，各尽其职之意。此即明本于荀子之所谓道，重在“不同之人之各得其位以成治”之故也。

十二　君道、臣道、致士之道、师术及用兵强国之道

《荀子·君道》篇，则要在言君为治之原。故首言：“有乱君，无乱国；有治人，无治法。……君子者，法之原也。……官人守数，君子养原。原清则流清，原浊则流浊。”次则言人君之道，首在“以礼分施，均遍则不偏。君子于天地万物也，不务说其所以然，而致善用其材。其于百官之事，技艺之人，不与之争能，而致善用其功。……仁厚兼覆天下而不闵，明达用天地、理万变而不疑；血气和平，志意广大，行义塞于天地之间，仁知之极也。夫是之谓圣人，审之礼也。”再下则言：“君者，仪也；民者，景也；仪正而景正。君，盘也；民者，水也；盘圆而水圆。”

下文再言“道者，何也。君之所道也”。此即谓人道归于圣王之道，亦归于君道。更言君者，能群也。能群也者，省工贾，众农夫，禁盗除奸，以善生养人者也；本法度设官，善班治人者也。善尚贤使能，以使人显其贤能，以显设人者也；以衣裳黼黻文章，善藩饰人者也。“善生养人者，人亲之；善班治人者，人安之；善显设人者，人乐之；善藩饰人者，人荣之。四统者俱，而天下归之；……四统者亡，而天下去之。”此所谓统，即明分职，序事业、材技、官能，以统各类之人，而皆亲之、安之、乐之、荣之也。后文更言人主不可以独，必有辅佐，又必知种种人之材之不同，以为用人之资。此则要见荀子之君，为一能由仁知以使群中之人皆能生，能得其位，以表现其贤能，而又有衣裳黼黻文章之盛，以藩饰之，以亲之安之乐之荣之者。则君之位虽上于人，而其能群之心，则当宣明，以通上下之情。故《正论》篇言“主道利宣，不利周密，利明不利幽”，否则“上下无以相有也”。此大体同儒家孔孟言君道之旨，而与法家韩非明言明主务在周密（《韩非·主道》）正相反。后董仲舒《春秋繁露·深察名号》言，君有元、原、权、温、群五科，亦似承荀子义，而益以“元”为说。然荀子则特就君之种种生养人、班治人、显设人、藩饰人之事为说。亦即见荀子言君之能统，正在其“明知”之通于不同伦类之人与不同之事之旨者也。

至于荀子之言臣道，则首言种种之臣，如态臣、篡臣、功臣、圣臣之类。以“内足一民，外足距难，上忠君，下爱民”为功臣；于能尊君爱民之外，兼能使“政令教化，刑下如影；应卒遇变，齐给如响；以待无方，曲成制象”，则为圣臣。圣臣如大儒之于所未见之事，“卒然起一方，能举统类以应”，亦即能知道而体常尽变者也。故曰“用圣臣者王，用功臣者强”。后文又言臣之“偷合苟容，持禄养交者”为国贼。而能以去就生死争，以辅君，而不惜强君、矫君、拂君，以至于“抗君之命，窃君之重，反君之事，以安国之危，除君之辱，成国之大利”，则为社稷之臣。次一节更言事圣君、中君、暴君之道。及何谓大忠、次忠、下忠，与何谓国贼。最后一节，则言臣之于君，有必“争然后善，戾然后功”，为通忠之顺者。更有“夺然后义，杀然后仁，上下易位然后贞”，如汤武之革命者。革命即臣之所以对“更无臣道以事之之暴君”之道也。则孟子所谓诛桀纣，即诛一夫，荀子亦有其义。在《荀子·正论》篇，更详辨世俗之谓桀纣有天下，汤武篡夺之说。谓天下“至重也，非至强莫之能任；至大也，非至辨莫之能分；至众也，非至明莫之能和；此三至者，非圣人莫之能尽。故非圣人莫之能王。圣人备道，全美者也。是悬天下之权称也”。天下非圣人莫之能有，则桀纣何能有天下哉。

《荀子·致士》篇，则要在言人君所以致士得贤之道。首言人君本其听人之言，而衡其听，以显幽重明、退奸进良之术。此要在于辨奸言、奸说、奸事、奸谋、奸誉、奸诉，与忠言、忠说、忠事、忠谋、忠誉、忠诉之不同。善能辨此不同，以有道法，然后能致士君子于国。人主亦当“诚必用贤”。用贤之道“宽裕而多容，恭敬以先之，政之始也”；更“中和察断以辅之，政之隆也”；然后“进退、诛赏之，政之终也”。按墨家尚贤，只有赏罚，道家用人只重宽容；荀子兼此二者，而又有中和察断以相辅之义，则是兼用孔孟之师友之道于政者也。后文更言政以教为本，而言及师术。谓“师术有四，而博习不与焉。尊严而惮，耆艾而信，诵说不陵不犯，知微而论”，必具四者，乃可以为师。前二者师之德。诵说者，诵说《诗》《书》之类。“知微而论”，则能本于道，以通伦类之谓也。至《议兵》一篇，则不外言用兵以壹民为本，而贵信不贵诈，然后为仁人之兵，天下之兵。更论兵之强弱系于政。后更论及仁义之师之无敌，及为将之六术、五权、三至，与王者之军制。终于谓仁者之所以用兵，由“仁者爱人，故恶人之害之；义者循理，故恶人之乱之”。又谓“仁者之兵，所存者神，所过者化，若时雨之降，莫不说喜”。则孟子所用以说君子之德之“过化存神”，荀子皆用以说仁义之师。最后则论用兵以“兼并，易能也”，而唯“坚凝之为难”。此即亦归于政治矣。

《强国》一篇，则言人之命在天，国之命在礼。威有道德之威、暴察之威，与狂妄之威之别。后又言有胜人之势，不如有胜人之道，力术止而后义术行。最后言秦之霸政之治，虽善而无儒，以为本篇之终。

十三　荀子《礼论》《乐论》大义及其论礼乐之要旨

荀子之学，除言政道之外，归在论礼，荀子之礼即涵乐。荀子言礼为“法之大分，类之纲纪”。故礼制即涵政制、法制于其中。其以礼为一德，则通于义与仁智。然荀子《礼论》之所谓礼，则要在专就儒者所重之礼仪，而更说其义。而其《乐论》之言乐，亦就与礼仪相连之音乐，而说其义。周秦诸子墨道法诸家皆言政，墨道二家亦皆有其所尚之德行。然皆轻礼乐。墨法以葬礼与乐，为无用，而轻礼乐。道家则以道德在仁义之上，更以礼乐之仪文，无关礼意，而轻礼乐。庄子又或言天籁与天乐，以轻世间之乐。此前论庄子时所已及。儒家则孔子固重礼乐。孟子不甚重一般礼仪，然常辩葬礼之“非为观美，所以尽人心”，“君子不以天下俭其亲”，又言古今之乐，皆可与民同乐之义。而荀子则于墨家之非乐节葬既起之后，更详论礼乐之义于《礼论》《乐论》二篇之中。

《礼论》首节乃泛说“人生而有欲。欲而不得，则不能无求；求而无度量分界，则不能不争。争则乱，乱则穷。先王恶其乱也，故制礼义以分之，以养人之欲；给人之求；使欲必不穷乎物，物必不屈于欲，两者相持而长。此礼之所由起也”。此是泛说一切礼义之起原。此下言礼义文理之所以养情，亦是泛说一切礼义之礼，非此篇所专论之礼仪礼节之礼。而关于此礼仪礼节之礼，则此篇首言礼有三本："天地者，生之本也；先祖者，类之本也；君师者，治之本也。无天地恶生？无先祖恶出？无君师恶治？……故礼上事天，下事地，尊先祖而隆君师，是礼之三本也。"

其次一节，则言王之先太祖，诸侯不敢坏，大夫士有常宗，以言其所祀先祖、所立宗庙之不同。再次言礼之仪节之大飨中先生鱼、大羹，乃出于贵饮食之本。除此生鱼大羹外，其他稻粱庶羞，则重在其"用"。故由此祭祀中之食物，可见礼之兼"贵本"与"亲用"之二义。"贵本之谓文，亲用之谓理，两者合而成文，以归大一。夫是之谓大隆"，此即无异言用以祭祀之饮食，即有"贵本与亲用之二者合而成文"之"大一"与"大隆"之意义存乎其中也。

再次一节，谓礼仪之次序"始于棁，成乎文，终乎悦校"。故礼之"至备，情文俱尽，其次，情文代胜，其下，复情以归太一"。此即由人情与礼文之兼备或代重或只重情，而对礼作种类之分。再下节谓"礼之中能思索，谓之能虑；礼之中能勿易，谓之能固"，此即谓礼兼可养人之知虑与诚固之德。下文更言礼"以财物为用，以贵贱为文，以多少为异，以隆杀为要"。此即言礼关及于财物，亦关及于人之贵贱，及礼之物与仪节之有多少。又就礼与情用之关系而言，则有"文理繁、情用省"，"文理省、情用繁"，"文理情用，相为内外表里"之"隆""杀""中"三者之别；而君子则"上致其隆，下尽其杀，中处其中"。此皆言礼之为人与人之"情用""文理"与"财物"之参伍错综关系之所成者也。

更次一节，则主要是专论葬礼之"谨于治人之生死"。故曰："生，人之始也；死，人之终也。终始俱善，人道毕矣。故君子敬始而慎终，终始如一。……夫厚其生而薄其死，是敬其有知，而慢其无知也。是奸人之道，而倍叛之心也。君子以倍叛之心接臧谷，犹且羞之，而况以事其所隆亲乎。故死之为道也，一而不可得再复也。臣之所以致重其君，子之所以致重其亲，于是尽矣。

故事生不忠厚、不敬文，谓之野；送死不忠厚、不敬文，谓之瘠。”

又下一节，则言丧礼之谨于吉凶不相厌，故必三日而成服，殡有五十日、七十日，三月而葬。又言丧礼之所以必“变而饰、动而远、久而平”之故，乃在所以免生者之恶死者而不哀，忘死者而不敬；故必“变而饰之”以“灭恶”，“动而远”以“遂敬”，“久而平”以“优生”，使生者死者，皆得其治。下文更言葬礼之情貌之变，足以别吉凶，明贵贱亲疏之节而止；固非意在“相高以毁瘠”，如墨子所责儒家之丧礼者也。下一节则言丧礼之仪节，皆以生者之事饰死者“大象其生，以送其死。事死如生，事亡如存”，此即要在说明葬礼之具，皆“略而不尽，貇（同貌）而不功”，故“生器文而不功，明器貇而不用”。

再下一节言三年之丧之何以三年。则曰：“凡生乎天地之间，有血气之属必有知，有知之属莫不爱其类。今夫大鸟兽，失亡其群匹，越月逾时，则必反铅过故乡，则必徘徊焉、鸣号焉、踯躅焉、踟蹰焉，然后能去之也。小者是燕爵（雀），犹有啁噍之顷焉，然后能去之。故有血气之属，莫知于人，故人之于亲也，至死无穷。……三年之丧，二十五月而毕，若驷之过隙；然而遂之，则是无穷也。故圣人安为之立中制节，一使足以成文理，则舍之矣。”

更下一节，略说君之丧何以三年，言君为“治辨之主，文理之原，恺悌君子，民之父母，故相率而隆之”，故君丧亦定为三年。下文再释殡何以三月。最后一节，则更言及祭亦出于志意思慕之情，忠信爱敬之至，而后有之礼节文貌。……“事死如事生，事亡如事存，状乎无形影，然后成文。”

至于《荀子·乐论》之大意，则首泛言音乐之出乎人之乐悦之情，乐必发为声音动静，而有音乐。“先王恶其乱，故制雅颂之声，使其声乐而不流，使其文足以辨而不諰；使其曲直繁省，廉肉节奏，足以感动人之善心；使夫邪污之气，无由得接焉。”次言乐“在宗庙之中，君臣上下同听之，则莫不和敬；闺门之内，父子兄弟同听之，则莫不和亲；乡里族长之中，长少同听之，则莫不和顺。故乐者，审一以定和者也，比物以饰节也”。此则言“共听乐”之可使人与人相和，而音乐之形式，亦为“审一以定和，比物而饰节”，依于此和之原理而成者也。

次一节，更言人闻乐，而执其干戚，习其俯仰屈伸，而人之“容貌得庄，行列得正，进退得齐”。下再言乐之饰喜，如军旅鈇钺之所以饰怒，皆人情之自然求表现于外者也。

再次一节，言“声乐之入人也深，其化人也速。乐中平，则民和而不流；乐肃庄，则民齐而不乱；民和齐，则兵劲城固，……使百姓安其处、乐其乡”。此即言乐可间接养民德，使国固民安。更下言“正乐废而邪音起”，即国之危削之故，而君子固亦当正乐，以使天下顺也。

更次一节，言君子“以钟鼓道志，以琴瑟乐心，动以干戚，饰以羽旄，从以磬管；故其清明象天，其广大象地，其俯仰周旋，有似于四时。故乐行而志清，礼修而行成，耳目聪明，血气和平，移风易俗，天下皆宁”。此即言乐所养出之心情，可配合于天地四时也。

又下一节，言“乐也者，和之不可变者也；礼也者，理之不可易者也”，“乐合同，礼别异。礼乐之统，管乎人心”。此则自礼乐之分别连于人心之合同之和，与别异之理为说。后文更言及“鼓大丽，磬廉制，竽笙箫和，管籥发猛，埙篪翁博，瑟易良，琴妇好，歌清尽，舞意，天道兼，鼓其乐之君邪？故鼓似天，钟似地，磬似水，竽笙箫管籥，似星辰日月，鞉柷拊鞷椌楬，似万物”。此则言各种乐器之亦各有德性，而合以似天、似地、似水，似星辰、日月与万物。则各乐器之合奏，即如见天地日月星辰万物，在此乐器之合奏中矣。

至《乐论》最后一节，则是以礼乐之行于乡者，由于人之和乐之道，存于此中，即以见王道之易行。此乃合礼乐之行于乡者，以言礼乐之化民成俗之效者也。

《荀子·礼论》，其论礼之三本之义，只详及何以当有对先祖与亲及君之丧祭之义，未详及何以当有对天地之礼之义，亦未及其他人与人间之礼之义。其言乐亦不如《礼记》之《乐记》之详。《荀子·礼论》《乐论》二文之结构，亦不甚整齐。然合而观其要旨，则荀子之意，明在言礼乐为人之内在之哀敬喜乐之情表现于外者。人之行礼，既可养其知虑诚固之德，而行丧祭之礼，尤可以表人对死者之敬始慎终，而终身不忘之心之德。人对其亲之丧，更见人之情之同于鸟兽，而深于鸟兽。乐则为养人与人彼此之和敬和亲和顺之情之德者。至于礼乐之以财物与以乐器为用，则见礼乐之事之通于物。葬礼之必三日而成服、三月而葬，父母君师之丧有三年，则皆本于人事人情之必待时与顺时而后成。则丧葬礼之事，兼通于人情与天时。其言乐器之分别象天地日月星辰万物，则见音乐之事，除为人情之表现外，亦象自然天地万物，而通于天地万物之情。由礼之仪节之有贵贱亲疏之别，乐之可使宗庙中之君臣上下同听以和敬，使闺门之中，父子兄弟同听以和亲等；则礼可使人别贵贱亲疏之伦，而明伦类，乐又可使一切贵贱上下不同亲疏远近之人相和以通伦类。礼之于君之有三年之丧，则足使人之重君之为人群之统。乐之可使民和齐，而兵劲城固，而安其处，乐其乡，则又足以成人群之坚凝。此皆为礼乐之对社会政治之效用之所存者也。至于葬礼之器之貌而不用，乃所以象其生以送其死。若丧礼之所以必变而饰，以灭生者对死者之恶，以及祭礼之“事亡如存，事死如生”，而祭及于远祖，皆所以通贯弥缝生者与死者之隔，以使人之生者与死者之关系，似断而不断，以成此人道之常久者。此即荀子论礼乐之旨之散见于其文者。今更加以综述，即可见荀子之所以重礼乐，正由于此礼乐之有通天时、天地万物、人之心情、人之德；而尽人之伦理，以尽伦，及成政治社会之别与和，以尽制之意义，与贯生者与死者之古今之距离，以成此人道之常久，以通贯人类古今之历史之意义之故也。此正为吾人前论荀子之“通贯天地万物与人心，以尽伦、尽制，而贯于历史之道”之具体的表现所成之“人道之极”之所在者也。至于《礼记》各篇论礼乐者，对礼乐之各端之义，虽所论更详，然亦盖皆本荀子之言而进。故论荀子之道，最后应归在其言礼乐之诸义。而其言政制与为学之道，所以处处以礼为说，固有其不可不如此说之故在也。

第十六章　韩非子之治道（上）

一　韩非子所感之政治问题

法家之学，其原在政事中之有刑法度数。然此政事中之有刑法度数，又与人之社会政治组织俱始，非即法家之学。中国之法家之学，或谓原于子产之铸刑法于鼎，或谓原于李悝治盗之有《法经》。此或可谓明文规定之法之始，然尚不可谓之为法家之学。申不害言术，商鞅言法，慎到言势，乃始各以政治上之一基本观念为中心以言政，乃可谓法家之学之始。韩非子合法术势为言，更标赏罚为人君之二柄，乃有系统化之法家之理论。至于《商君书》《管子》之书，则非管子商君所著。二书之文，亦皆不如韩非子之善于持论，而有立有破者之深刻。今存《商君书》，纯为言农战等富强之术。《管子》书乃后人所集辑之道法家言所成之一丛书，其集辑之时，盖在秦汉之际或汉初，乃意在兼综诸家义，以言政治之道者。然不能代表纯粹之法家。韩非子之言虽要在论政，然其论政，乃本于其对人生文化社会政治，有一基本之看法与态度。其对其前之儒道墨诸家之学术，虽有所取，而斥破之言尤多。故足以自成一家之言，亦代表一种形态之人生思想与政治思想。故今特加标出而论之于下。

韩非子对人生文化社会政治之一基本之态度与看法，吾意乃原于其特有见于其前儒墨诸家所尚之仁义，或亲亲尊尊之道，用在政治上，皆不特无必然之功效，且恒可为乱臣奸民之所假借利用，以败国家之政。此一切有正面价值之仁义，以及其他德行为人所共视为是者，恒可被假借利用以为非，亦为孔孟庄荀之所见及。如孔子之恶讦以为直，恶“乡原之似中行”等“似是而非”者。墨子之恒言世之君子之言行之多不一。孟子亦言五霸假仁义。《庄子·徐无鬼》篇谓世之“捐仁义者寡，而利仁义者众”,《胠箧》篇言及圣知之法，恒为大盗所盗。荀子则言世之“有勇非以持是”之“贼”,“察孰非以分是”之“篡”(《解蔽》)，与种种之奸言、奸说、奸事、奸谋、奸誉、奸诉(《致士》)。然孔孟庄荀等以其忠厚之心，与其所理想之人生之美德与政治之道诏世者，并不真重视其所以诏世之具正面价值之事物，可一一被假借利用之事实。然此事实，则无时无地而无有。由此假借利用，而一切善不善是非毁誉，无不可互相混乱，一切善者是者，皆可为恶者非者之文饰之具。此即为价值世界之颠倒，亦政治上之乱原。韩非子于此人之巧于假借利用之种种事实，见于政治者，则最能正视，亦最能加以暴露而揭穿之。韩非子之正面的价值理想，固多不足，而远逊于其前之儒道墨诸家之所言者。然自其能面对此种种事实，而一一加以正视、加以暴露而言之，则以前儒墨道诸家，无能及其刻深。韩非子正面所主张之尚权势、法术之政治，其义又多由对其前儒道家之思想，各引其一端之所成。韩非本人，亦有一由其对人之自私自利之计较之心之认识，而更本之以论政治上求国家内政之统一，而致富强、成霸王之业之道。此即其所常言之“明王之道”或“明君之道”，亦皆自有其切义之所存。此则吾于下文当本今存《韩非子》书，次第论者也。今存《韩非子》诸篇，自不必尽为韩非子本人所著，初学可观张心澂《伪书通考》、顾颉刚《古史辨·诸子丛考》等书所辑之考证之文。然吾意则以为凡其旨与他篇一致者，皆应为韩非一型态之思想家所著。吾今既重本思想型态以为论，则并纳之于韩非之思想之中，固未为不可也。

所谓韩非于一切人之巧于假借利用之事实，见于政治社会者，最能正视，此可读韩非之《八奸》之论人臣之利用其所谓“同床”“在旁”“父兄”“养殃”“民萌”“流行”“威强”“四方”以为奸，《奸劫弑臣》篇之言奸臣取信幸之术，《三守》篇之言人臣之以明劫、事劫、刑劫，以劫其君之权之术。至其言由此所致之善不善是非与毁誉之混乱者，则如其《和氏》篇言法术之士之见诛，为和氏献璞而见刖；《孤愤》篇言智术之士、能法之士，与擅事要之当涂之人争，恒居五不胜之势，而“其可以罪过诬者，则假公法而诛之；其不可以被以罪过者，则以私剑而穷之”，故法术之士遂恒不见容。《六反》篇又谓：“畏死远难，降北之民也，而世尊之，曰贵生之士。学道立方，离法之民也，而世尊之曰文学之士。游居厚养，牟食之民也，而世尊之曰有能之士。语曲牟知，伪诈之民也，而世尊之曰辩智之士。行剑攻杀，暴憿之民也，而世尊之曰磏勇之士。活贼匿奸，当死之民也，而世尊之曰任誉之士。此六民者，世之所誉也。赴险殉诚，死节之民也，而世少之曰失计之民。寡闻从令，全法之民也，而世少之曰朴陋之民也。力作而食，生利之民也，而世少之曰寡能之民也。嘉厚纯粹，整谷之民也，而世少之曰愚戆之民也。重命畏事，尊上之民也，而世少之曰怯慑之民也。挫贼遏奸，明上之民也，而世少之曰谄谗之民也。此六民者，世之所毁。奸伪无益之民六，而世誉之如彼；耕战有益之民六，而世毁之如此。此之谓六反。布衣循私利而誉之，世主听虚声而礼之，礼之所在，利必加焉。百姓循私害而訾之，世主壅于俗而贱之，贱之所在，害必加焉。故名赏在乎私恶当罪之民，而毁害在乎公善宜赏之士。”

此韩非子所谓有益与无益之民之分，固有其所自定之标准，其标准固不免太狭。然世间亦确有人之各本其私，以为毁誉，以使“名赏加于私恶当罪之人，而毁害在于公善宜赏之士”，此即所谓善不善、是非、毁誉之混乱，而成之价值世界之颠倒，而足为政治之乱原者也。

唯此世间有此种种善不善、是非、毁誉之混乱，故韩非又著《难言》与《说难》之文，详论人之言说之难。《难言》篇谓："言顺比滑泽，洋洋纚纚然，则见以为华而不实；敦祗恭厚，鲠固慎完，则见以为掘而不伦；多言繁称，连类比物，则见以为虚而无用；总微说约，径省而不饰，则见以为刿而不辩；激急亲近，探知人情，则见以为谮而不让；闳大广博，妙远不测，则见以为夸而无用；家计小谈，以具数言，则见以为陋；言而近世，辞不悖逆，则见以为贪生而谀上……"《说难》一篇，则除一方言知所说者之心，可以吾说当之，而免自危其身之难外；后文则更谓以人之言恒不被知而见疑。故曰："论其所爱，则以为借资；论其所憎，则以为尝己也；径省其说，则以为不智而拙之；米盐博辩，则以为多而交之；略事陈意，则曰怯懦而不尽；虑事广肆，则曰草野而倨侮。"下文更言"非知之难"而"处知则难"。人之情有所偏，爱憎有变，而对同一之事同一之言，而或是之或非之，或毁之或誉之。此皆就世间之是非毁誉之无定，而人恒不免见疑，以论言说之难者也。

此人间之善不善、是非、毁誉之无定，有由于一事之善不善是非毁誉，原可自多方面观者。此则人可皆自多方面观而定之。然亦有人之假借是者与善者之名，或以是者善者之行，外饰其非者不善者，而使人不能自其言与外面之行而定者。此即所谓欺诈也。以世有欺诈，而人亦恒疑他人之有欺。人有疑于他人之言行，而更可自为之解释。此解释又恒随人已往之所习，与其爱憎之情之不同，而或向是处善处解释，或向非处不善处解释。则于他人之欺诈者，可不知其欺，于他人之不欺者，亦可以之为欺。此人之疑虑与其后自为之解释，及此解释所依之爱憎之情，皆成于人之主观之心，而非他人所必能知，更非他人所必能由再解释，而加以去除者。因再解释之言之本身，亦可为闻者所再疑，而再自本其爱憎之情，以为之解释，而仍再以其是为非，非为是，以欺为不欺，而以不欺为欺也。由此而世间之善不善、是非、毁誉，即有永不能定者。于是世间亦永有此一善不善、是非之互相混乱，亦永有颠倒价值之毁誉之判断，与“由毁誉不当，而对人加利加害之事之不当”之颠倒价值之行为。此即一切“欲求人与人无相欺相疑，皆以正直之心相待，以互知其言行之实”之“正直不欺之士”之所大苦也。吾细观韩非之为人，盖实初亦是一正直不欺之士。其志亦明在使国家之人“去私曲，就公法”，以使民安而国治（《有度》）。韩非亦为能本于智慧之明，以烛见天下之充满此人与人间相欺与相疑者。其《孤愤》所谓智术之士，即能知欺诈而烛私伪之奸言奸行者。其所谓劲直之士，即能知此奸而矫之者也。故曰：“智术之士，必远见而明察，不明察不能烛私。能法之士，必强毅劲直，不劲直不能矫奸。”韩非固深叹此智术之士、劲直之士之正直公忠而不见用也。至于《韩非·五蠹》篇之所以谓人君之不当贵不欺之士、贞信之士者，则此不欺之士、贞信之士，或专指只贞信于其私友，只止于自不欺，自贞信，而不能知人之欺，更以术御人之欺者。只有此种不欺之士，固不足以为政。故曰：“贵不欺之士者，亦无不欺之术也。”观韩非之旨，盖在言必有正直不欺之士，能知人之欺诈与奸言奸行，而又能矫之者，方可称为知术之士、劲直之士，亦即其所谓法术之士。韩非之学之所以为韩非之学，亦即正在知此世间无往而不见有此人之善不善、是非、毁誉之无定，人与人恒相欺而相疑之种种事实，而更处处加以指出；而谋在政治上断世间之“或然之疑”，而立“必然之信”，去臣民之欺诈之奸，而以君统一国家之权，而致富强，以成霸王之业之学也。

至于此韩非之所以去此政治上之欺诈，与人之奸言奸行，以“去私曲，就公法”之道，则韩非固尝言“禁奸之法，太上禁其心，其次禁其言，其次禁其事”（《说疑》）。然此韩非所谓禁其心、禁其言，盖非以教化禁其心，与以言禁其言之谓。其意盖在先使天下之善不善与是非，皆定于法，更使君有权势，以用术，而本法以行赏罚；则世之毁誉，皆随赏罚而定，更不以赏罚随世之毁誉而定，则奸言无所用。法立而君又有权势，以用术，而行赏罚，则可以立一必然之信于国家，使臣民无所疑惑，而臣民不敢有奸心与奸行矣。此即其《显学》篇所谓“不随适然之善，而行必然之道”；则奸心、奸言、奸行，自皆得其禁。韩非之言此君之当有权势，以立法用术，则对其前之学术之思想，亦固必有其所以取舍之道在矣。

二　韩非子言人君之虚静之功

上所谓必使君有权势，以用法术，而行赏罚之义，其中关于君之所以必须有权势，乃韩非所取于慎到者。慎到之言势，即言君之不可不有其势位。韩非之言术，则为其取于申不害者；而其言法，则又为其有所取于商鞅者。此中之权与势，为君所独有，乃属于君之一个体。今存之《商君书》亦言“权，君之所独制也”。术为君之所以对少数人臣者，法为君所公布与臣民共守者。法为国家政治中之公开的普遍原则，术为其对特殊之人臣之秘密的特殊原则。故曰“法莫如显，术不欲见”（《难三》），又曰“其行制也天（法制），其用人也鬼（术）”（《八经》）。君有势有权，以用法术，而执持其对臣民之赏罚生杀之二柄，则君权立，而国家政治统一，则国之富强可期，而霸王之业成。此韩非之学之兼承慎到、申不害、商鞅之言法、术、势，以成其学之大体也。

韩非之学，乃兼申不害言术、慎到言势、商鞅言法；而归在人君之善执持赏罚二柄，以行权。此中人君之如何执持二柄以行权，尤为韩非思想之所特重。此执持之道，在人君之有一自宅其心、自用其心之主道。此则要在人君之能使其心自居于虚静，以观人之智愚贤不肖者所为之事，而不动是非爱恶之情。故曰“有贤不肖而无爱恶，有智愚而无非誉”。(《安危》）此即所以使为君者之喜怒好恶，不见于外，以免为臣子之所窥也。故《观行》篇谓：“明主观人，不以人观己。”《二柄》篇谓：“君见恶，则群臣匿端；君见好，则群臣诬能。”《主道》篇谓：“虚静无事，以暗见疵，见而不见，闻而不闻，知而不知。掩其迹，匿其端，下不能原；去其智，绝其能，下不能意……不慎其事，不掩其情，贼乃将生。”由此君心之虚静，则一切政治之事，由臣之受其任，而居其名者自为之。其自为之事，为此“名”之“形”。君可只以其“名”验其“形”之是否与之相合，而更赏罚之。此中君之验“名”与“形”之是否相合，待于君心之虚静，然后能知之。然此知之之事则轻，而不同于臣之自任一事者之重。韩非子言君必当使心虚静，此虚静之教，明有出于道家之义者，然亦有本于其师荀子言心主于虚静之旨者。唯荀子更言心之壹，而不以此一害彼一，以求物之各得其位。荀子言君之道德责任，以为此乃天下之至重，非圣人莫能当。然韩非子则只重在君之有权以执持二柄，则其君亦不必有此至重之责任感。依韩非之论，臣既各因任授官，各有其职，其成败之责，亦皆由为臣者分任之。君之任，惟在验名与形或实之是否相合。则只须有虚静之心，知其相合与否，而已足。不必更言人君之存心，当时时以一切事物之一一当其位，为自己之至重道德责任所在矣。故亦不必言人君之养心，当兼虚静与壹以为道，如荀子之所说矣。

至于韩非子之言心之虚静，与道家如老庄之言心之虚静之不同者，则在老子之言致虚守静，要在观天地万物之道，亦以自保其谦柔之德。庄子言虚静，在以此为心斋，以有虚而待物之气，亦自去其心中之成心，与生命中之种种隔碍阻滞，使其心更得超越于一般之心知之上，以游于天地万物之变化之中。韩非言心之虚静，则唯要在使其心之明，足以核名实，并使其喜怒好恶，不得为臣下所窥，以免臣下之投其喜怒好恶以为奸，而造乱。则此虚静之用，不在成其自己之超知而无知，而在使自己能知为臣者之“名”与“形”之关系，而兼使为君者之心，得不被臣民所知。此则全将道家所言之虚静之用，加以颠倒，以成其在政治上之人君常得自用其权而自执其权，以免于其权之不得用，而或被夺劫之道矣。此与道家所言之虚静之心之用，正有天渊之别也。

按《外储说右上》引申子曰“上明见，人备之；其不明见，人惑之。其知见，人饰之；不知见，人匿之。其无欲见，人司之；其有欲见，人饵之。故吾无从知之，惟无为可以规之”，又曰“慎而言也，人知女；慎而行也，人且随汝。而有知见也，人且匿女；而无知见也，人且意汝。女有知也，人且臧女；女无知也，人且行女。故曰：惟无为可以规之”。又《尹文子》言“术者人君之所密用，群下不得妄窥”，“人君有术，而使群下得窥者，非术之至者也”，此皆大体同韩非之旨。

三　韩非子与申不害之言术与儒家之用贤之关系

至于韩非所承于申不害之言术之论，除申子以“无为”免人之窥伺其心之言，为韩非子所征引外；则申子所以言术，亦原在用人臣以为政，其远原亦当是出自儒墨言尊贤尚贤，以用人辅政之旨。申不害言术之异于儒墨者，据《韩非子·定法》篇言：在“因任授官，循名责实，操生杀之柄，课群臣之能”。此与尹文子之言“先正名分，使不相侵杂；然后术可秘，势可专”同旨。此其重点在对人臣先任以特定之事以为名，以考其能而察其实。此则与儒墨之言尚贤尊贤，在使贤者之人立于朝廷者不同。盖纯从政治之事务言，人虽贤不必能任其事。又今以贤见称者，亦不必长为贤。然人臣在朝廷之位已定，则亦可相与比周，以倾君之权。故申不害之言术，要在用人臣之能以任事。其术盖要在使臣自言其所能任之事，而受之以任，而观其能否为其所自言，或为其所居之官职之名，所规定其当为者。《韩非 · 二柄》篇言："为臣者陈而言，君以言授之事，专以其事，责其功。功当其事，事当其言，则赏；功不当其事，事不当其言，则罚。故群臣言大而功小者，则罚；非罚小功也，罚功不当名也。群臣言小而功大者，亦罚；非不悦大功也，以为不当名也。害甚于有大功，故罚。昔者韩昭侯醉而寝，典冠者见君之寒也，故加衣于君之上，觉寝而悦。问左右曰：谁加衣哉？左右对曰：典冠。君因兼罚典衣，杀典冠。其罚典衣，以为失其事也；其罪典冠，以为越其职也。非不恶寒也，以为侵官之害甚于寒。故明主之畜臣，臣不得越官而有功，不得陈言而不当。越官则死，不当则罪。守业其官所言者，贞也。则群臣不得朋党相为矣。"此一节，最见韩非承申不害因任授官，而言治术之全旨。此中能用此治术之人君，在其主观方面，必不以自己之好恶为重，故典冠者，与君以衣，而君不感之。在客观方面，其于人臣亦不见其品德与性情，而只见其"为依其所自言与所居之官职之名，而有其一定之责"者。于此人臣若有某言，居某职，而有某名，则此言此名，即如自命人臣，尽其一定之职，为一定之事。故君如未尝有所命，而只是"令名（言亦是名）自命，令事自定"。(《扬权》) 人臣自有名，而求自尽其职事，则一切责任在臣，而其所受之赏罚，亦其所自致，故不得以怨君。又人臣既各有其名，其所为之事限于其名之所定之事之内，不得逾越以相侵犯，而得各尽其长，以免讼争。故《韩非子 · 用人》篇言："明君使事不相干，故莫讼；使士不兼官，故技长；使人不同功，故莫争。"由此而人臣彼此之关系，亦由职责之不同而分散，则亦不能比周为朋党，以倾君权。此申不害、韩非言术之要义也。

此申不害、韩非之术之妙，在重名之自命，使人各任其事，而赏罚亦对一一特定之事而赏罚。故不同儒墨之尚贤使能，只重在得其人者。然儒墨之尚贤，固亦志在使贤能之人在朝，而各尽其职责。荀子尤重政治上之分职，以使人各当于其政治上之位。

然依儒家义，此处应对居不同职位之人，有相当之礼，以待之，以养其自尊之心，使乐于自尽其职责。凡居一定官职，以有其名者，亦当有自尊之心，而乐于自尽其职责。然在韩非子，则自为君者之立场上看，以为此为人臣者之由自尊而自尽其职责，乃不可必之事；而意谓只以礼待群臣，正亦可助其成朋党以倾君权。故对此等之一切不言，而只以上述之术，为使人臣不得不自尽其职责之必然之道。然此一思想，固亦由儒墨之言尚贤使能之旨转变而出，而亦有其在政治上为更切实，而有效之义旨在者也。

韩非子言人君之用术，更有如何考验人臣所为之事，与其所言或自为名者，是否相当之道。此则要在人君之能众端参观，并由他人之言以助其视听，而告以某一臣所言所为者之虚实。韩非子论申子之术，尝谓其只知治不逾官之义，遂谓人臣对其他人臣所为者，可“虽知不言”。然韩非则评之曰：“虽知不言，是谓过也。人主以一国目视，故视莫明焉；以一国耳听，故听莫聪焉。今知而弗言，则人主尚安假借也。”《南面》篇曰：“主道者，使人臣有必言之责，又有不言之责。人主使人臣言者，必知其端，以责其实；不言者必问其取舍，以为之责。人臣莫敢妄言矣，不敢默然矣。”由此言之，韩非之术之进于申不害者，则在一面本申子之术，以因任授官，以赏罚责其功；而在另一面，又能问人臣，使人臣将其所知于其他人臣者，告之于君；而人臣于君，不得妄言，而有不言之责，亦有言之责。此即足以助人君之视听，而使之能众端参观，以知人臣所言所行之虚实之极权统治之术也。

四　韩非子与商鞅之言法及墨家言法之关系

韩非尝言商鞅用法，则其言法之论，近宗在商鞅。然若更溯其原于先秦他家之思想，则先秦思想中，首重法者为墨家。墨家初以天志为法仪，亦以天志之义为法，而墨家所谓义道，即人人所当共遵之以为法者也。法要在有客观性普遍性，与礼要在有种种主观性特殊性者不同。故重客观普遍之义或法，即正为墨家之精神。后之《墨辩》言“法，所若而然也”。墨家言尚贤尚同，皆为政治上之义，亦是政治上之大法。依尚同之政，以一同天下之义于君上，使“上之所是，亦必是之；上之所非，亦必非之”，即使下皆同于上，若于上，而是其所是，然其所然也。而欲致此，则于民之行之合或不合于上所是之公义者，下亦即当告之于上；而上更为之赏罚，使人民之行，皆合于此上之所是之公义，而皆去其私而非义者。此墨子之教也。商鞅言法，则要在就一一特定之事，而立一定之法，公布之于官府，更明言其赏罚之何若。此则要在立一兼为“令”之法。故《韩非子·定法》篇，谓商鞅言法曰：“法者，宪令著乎官府，刑罚必乎民心；赏存乎慎罚，而罚加乎奸令者也。”又谓：“商君之法，斩一首者，爵一级，欲为官者，为五十石之官。斩二首者，爵二级，欲为官者，为百石之官。”此商君之法之详若何，不可考。盖皆就一一特定之事，以立一法令，而人之为此法令所规定之事者，必有其一定之赏；人之为法令所禁之事者，必有其一定之罚。则此法令，即有客观性普遍性而为公；而本法令以为赏罚，皆所以成此法令之公，而去人之私。此正同于墨子之所谓于人之行之合公义者必赏，违之者必罚之旨。商君之法，于民之行之违法者，有告奸，使为奸者得罚，告奸者受赏，不告者亦罚。此与墨子之言民之为不善，而不合公义者，人知之必告其上，上闻之，必罚为不善者，而赏其告者，罚其不告者，正有相同处。故商鞅之言法与告奸，是否受墨家之影响，虽不可知；然其精神固相承。其不同者，唯在墨家之宗旨，在立公义于天下，而只提出一尚贤尚同之原则，以为政，亦只提出民当以所见所闻之善不善者告其上者之原则。又墨家之论，仍有一道德上之仁义观念，为其根据，故既言当告所见之不善于上之外，亦言当告所见之善于其上。商鞅之言法令，则就一一特定之事，以立为一普遍之法令；又只重教人告所见之违法令之奸或不善者于上，而不教人以告其所见之善或合法令之行之善者于上耳。

韩非对商鞅所言法，当由官府公布固无异论，故《难三》篇言“法者编著之图籍，设之于官府，而布之于百姓者也”。故“法莫如显”，以与“藏之胸中，以偶众端，而潜御群臣”之“术不欲见”者相别。韩非于商鞅所谓告奸及严罚以止奸，亦同意其说。如其《内储说上》称商鞅之重刑，而使人不犯法，“以刑止刑”之论；并谓孔子亦尝称殷法之重刑弃灰于道者。《韩非子·六反》篇，明言“重一奸之罪，而止境内之邪”。然于商鞅所谓法，韩非亦尝评论其说，谓其赏罚方式之非是。盖商鞅言斩首可授以官，使官爵之迁，与斩首之功相称。此则忽为官之智能，与斩首之勇，乃两回事。能于战阵斩首者，其智能不必堪为官。故曰“今治官者，智能也；今斩首者，勇力之所加也”，即谓其以为官作斩首之赏之不当。此则由韩非之重为官吏者之是否称其职责，不只视官爵为赏功之具之故。盖韩非受学于荀子，而荀子最重官称其职之义，然后韩非方有其此进于商君之说也。

韩非言法，虽不同于墨子与商鞅，然实同有感社会之是非毁誉之价值标准，与政府之法令不一，为国家之大患。如其《诡使》篇曰：“夫立名号，所以为尊也；今有贱名轻实者，世谓之高。设爵位，所以为贱贵基也；而简上不求见者，世谓之贤。威利，所以行令也；而无利轻威者，世谓之重。法令，所以为治也；而不从法令为私善者，世谓之忠。官爵，所以劝民也；而好名义不进仕者，世谓之烈。刑罚，所以擅威也；而轻法，不避刑戮死亡之罪者，世谓之勇夫。民之急名也甚，其求利也如此，则士……焉得无岩居苦身，以争名于天下哉。故世之所以不治者，非下之罪，上失其道也，常贵其所以乱，而贱其所以治。”此韩非所言之世所尚之高、贤、重、忠、烈、勇，盖多原于当时儒墨道思想之流行于社会，亦未尝不可为一价值之标准。然韩非子所注意及者，则唯是此诸价值标准之存于社会，使社会之是非毁誉，与政府之名号、爵位、威利、法令不一，而上下异心，足成国家之大患。故必君主以政府之法令，统一一切是非毁誉之标准，而以法令之所在，即公义之所在，故常言尚法即尚公义。盖必尚法尚公义，然后为臣民者，不得以其所非所誉者为标准，不得以私术比周而相结，以倾君权，害及国家之统一而乱政。此人民可以其所非所誉者为标准，而乱政，乃《墨子 · 尚同》篇所已论者。故墨子谓在上者之赏罚，必与民行之善不善相一致，然后其赏罚为民所重，而后其赏罚行。然此则待于在上者，尽知民之行之善不善，而纯本公义以行赏罚。然墨子未言及如何保证民之所告者之无误。后之荀子，则以为明君只治近不治远，其意盖谓近者治，而远者自化。然韩非子则更有见于为人君之左右者，恒比周而立。则此明君之治近，亦势有所不可能者。乃改而言尚法令，以防此近习之臣之比周而立。此则无意于治此近习之人，而要在只立一法令，以待此近习之人。此其道，乃要在言不问人之为如何，皆须看其人之言行之合于法或否，以定赏罚。则近者可罚而疏之，远者可赏而近之；而近习之臣，即不得比周以倾君之权，而国家之统一可期，霸王之业可成矣。此则韩非之言之更进于墨荀者也。

五　韩非与慎到之言势与权

至于韩非之言势与权，则其所承者，盖即慎到之说。慎到之言势位，亦实有其所见。《韩非 · 难势》篇，谓慎到言："飞龙乘云，腾蛇游雾，云罢雾霁，而龙蛇与蚓蚁同矣，则失其所乘也。故贤人而诎于不肖者，则权轻位卑也；不肖而能服于贤者，则权重位尊也。尧为匹夫，不能治三人；而桀为天子，能乱天下。吾以此知势位之足恃，而贤智之不足慕也。"钱熙祚辑校《慎子》及《韩非子 · 功名》篇，亦有文与此大同小异。今即据《韩非子》所言而观，则此慎到言乘势，乃由兼观自然之龙蛇之乘势，与政治上之人物之乘势而得。此自然龙蛇所乘之云雾，乃一无知之物；而人在政治上所居之势位，其本身亦初只是一虚位，而为一无知之物。然人乘其势位，则有其权以治乱天下。故慎到去贤知，而只言乘势。以此自处，则为《庄子·天下》篇所谓“去圣知，而同块”之不失道。以此教人为政，则要在不忘乘势，以求常得自持其权位。此政治上之权位所在，何以即有一势在，其故亦甚难言。若由深处言之，此仍在人民原有一尊崇居位之君上之尊君之心理。人所以尊君上，初或由君上之兼为其亲或兼为其长而尊之，或以其贤其能而尊之。既尊之而君上在人心上，遂处于一被尊之位。今将此人心中所共有之尊位，加以客观化，而更锡之以名；遂共约而使此居尊位者之衣食住行，皆美于在下者；再共约而遇事即请其先言先行，为领导；亦共约而服从其领导；然后实有客观化之尊位。然既实有此一客观化之尊位，则后之居其位者，即非原有可尊之处，人亦本素有之尊此位之心，而尊之。由此世代相传，而居尊位者之言行，即有一自然的能领导其下之臣民，而为臣民所奉行之趋向，而其言行亦有一势力，使为臣民者若不得不奉行之；而人民于言行有疑不决之时，遂恒听任其加以裁决，加以权衡。此即居尊位者之所以有其权势之故也。然慎到与韩非之言此位与权势之相连，则未尝溯其原至此，而唯就一现有之政治上尊位，恒与现有之权势相连，而言此位此权势之在政治上之重要性，谓尊位若不与权势相连，则尊位亦为虚位，而亦终不可保。故居尊位之君上，必当有其居位，更乘势以行其权之道。观慎子之所论，则要在言居位乘势之重要，而韩非则更言不能行权，则不能居位乘势。此行权，即表现于君之立法用术，以行其赏罚之中。此则韩非之所特重，而别于慎到者也。

韩非承慎到言位势之意，而又特重人君如何执持赏罚二柄，以行权之道，故于慎到之只言位势，虽设为客难，谓其言势亦当兼知用贤以难之；然又更代申其所言位势之本身之重要性，以斥儒墨之尚贤圣之说。其大旨在言位势之本身，原有其一客观之助治之效用；而居势位，以抱法任术，而行权，即亦足以成治。若为政必尚贤圣，则贤圣千载而一遇，将治少而乱多。若居势位，以抱法用术，则为君者不必贤圣，即中人之资之为君者，亦可成治。斯可治多而乱少矣。则此中重要之点，不在得势者之必然为有尧舜之贤智者，亦不谓乘势者，更当有贤智之人以辅之，如难者之论。此中重要之点，在人君者之知此权势之重要，而更自抱法用术，则中人之君，亦皆能成世之治。此韩非之说与儒墨尚贤圣之说固不同，与难者之兼重势与贤智之说亦不同。依此韩非之义，只须任势而抱法术，即已足够，不须再益此尚贤智之说，以补其不足也。若其待补以此说，则无异以任势而抱法术之说为不足。故文中以兼售矛盾者之言为例。此兼售矛盾者既谓矛为莫不陷，而又谓盾非矛之所能陷，即成矛盾之说。即今既谓任势抱法术，即足以成治，而谓必补以尚贤智，即亦矛盾之说也。故韩非子于此必去此“任势尚法术，与尚贤智并用”之说也。

第十七章　韩非子之治道（下）附论《管子》书中之治道

六　韩非言权当独制之理由，与其对人性之各自为计之观察

本上所述，韩非之言法术势，对其前之儒、墨、道、申、商、慎之言，皆有所承，有所舍，而亦有所进。此中之权势为君所独制，以用术而御群臣，法则为君臣民所共守；而行权以用法术之道，则在持赏罚之二柄。此中之行权以用法术之事，所以必为君所独制者，由于韩非子之深有见于权之不可君臣共有。共有，则臣必进而比周聚众，以倾君权。故《扬权》篇曰："度量（法）之立，主之宝也；党与之具，臣之宝也。……有道之君，不贵其臣。……内索出圉，必身自执其度量；毋使民比周，同欺其上。欲为其国，必伐其众；不伐其众，彼将聚众。"此即论在权与利之前，君与臣民之间，原不可互信，乃皆各自为计，而恒不免于相争者。此即连于韩非子对人性之观察。如其书《备内》篇曰："人主之患，在于信人，信人则制于人。人臣之于君，非有骨肉之亲，缚于势不得不事也。故人臣者窥觇其君心也，无须臾之休。……为人主而大信其子，则奸臣得乘于其子，以成其私。故李兑傅赵王，而饿主父。为人主而大信其妻，则奸臣得乘于其妻，以成其私。故优施傅丽姬，杀申生而立奚齐。且万乘之主、千乘之君，后妃夫人，适子为太子者，或有欲其君之早死者。何以知其然？

夫妻者，非有骨肉之恩也，爱则亲，不爱则疏。……丈夫年五十，而好色未解也；妇人年三十，而美色衰矣。以衰美之妇人，事好色之丈夫，则身疑见疏贱，而子疑不为后。此后妃夫人之所以冀其君之死者也。唯母为后，而子为主，则令无不行，禁无不止；男女之乐，不减于先君，而擅万乘不疑。……故舆人成舆，则欲人之富贵；匠人成棺，则欲人之夭死也。非舆人仁，而匠人贼也；人不贵则舆不售，人不死则棺不买，情非憎人也，利在人之死也。”此韩非之言人臣者之窥伺君心，而恒欲夺其权，言人君之不可信人，奸臣亦可得乘妻子以成其私，及后妃夫人之亦可望其君之死，以求其私利等，其所见者皆有史事足证。此可读《韩非子·内储说》所记其时人之为争权利，而相嫉妒、倾轧、勾结、欺诈、谗毁、诬陷之百十事。则人君亦舍独制其权，别无防其权之为人所侵夺之道。此韩非所见之政治之世界，乃纯是“人君与其臣民，互争权利，以相窥伺”之一无情之世界。故人君之欲独制其权，亦一息不能已于猜防。韩非之深有见于人性之各自为其权利计之一面，盖亦有原于其师荀子之言性恶者。荀子言性恶，而言人之好声色好利，亦言人有嫉恶之心。嫉恶之心，即好权，而恶人之有权之心也。然韩非子更进于荀子者，则在言人之好权利，而恒用其心，以窥伺他人，并自藏其计虑权利之心，于深密之地。臣之事其君，固亦自为其利，而本于其计虑；其欲乘机而夺君之权，亦出于计虑。此即较荀子言性恶之旨，更进一层。盖荀子言计虑出于心，而心能知道，以用其计虑，则可为天下长虑顾后，而保其万世。此即言心之计虑之可向于公义公利者也。然韩非言心之计虑，则要在就其连于人之好利，与嫉恶而亦好权之心者以为言。此则要在言“人心之计虑”与“性之自利”恒相结，以成其私的利害之计虑者。此私的利害之计虑，藏于人心之深密之地者，亦不只表现于政治，韩非更随处言之。故《六反》篇曰：“且父母之于子也，产男则相贺，产女则杀之。此俱出于父母之怀衽，然男子受贺，女子杀之者，虑其后便，计之长利也。故父母之于子，犹用计算之心以相待也，而况无父母之泽者乎。”《外储说左上》又曰：“人为婴儿也，父母养之简，子长而怨；子盛壮成人，其供养薄，父母怒而诮之。子父，至亲也，而或诮或怨者，皆挟相为而不周于为己也。……夫卖庸而播耕者，主人费家而美食，调布而求易钱者，非爱庸客也。曰如是则耕者且深、耨者熟耘也。庸客致力而疾耕耘，尽巧而正畦陌畦畤者，非爱主人也。如是则羹且美，钱布且易云也。此其养功力，有父子之泽矣，而心调于用者，皆挟自为心也。”则此人之“自为其心”，或为自己利害计虑之私，至不顾父子之亲、君臣之义，固远超于荀子所谓出于自然之性者之上。吾人今欲知人性之悖仁义而能为恶之一面，亦非如韩非子之所见，不能至其极。然韩非于此人之自为心或为自己利害计虑之私，则只视如一客观事实而视之；由此而于君与臣民之恒在相窥伺中，以各为其利、各争其权等，亦只视为一客观事实而观之，更未尝为之感叹，或谋有所以易此人心之教化之道。韩非只自认识此一事实，亦教人君之认识此一事实，自求所以独制其权之道。韩非真可谓天下之本一至客观冷静之心，以谈政治之忍人；然其于此等处所见者之深刻，则正儒墨道之徒，所望尘而莫及者也。

七 用“人自计虑其利害之私”，以使人弃私曲、行公法之道

此韩非所见之人之自计虑其利害之私，不只为韩非教人君之慎勿信人以失其权之理由，亦为其言法术所以必能行之理由。韩非之言法术，要在先立一法，而人臣自为言、自为名，而更以术验其形与名之是否相合，而就其功罪，以为赏罚。此人臣之自为言、自为名，自为其事，初乃所以得赏，固出于人臣之自计。人

臣有此自计，则不得不自为“名”所定之事，自去其奸，以得赏而免罚，得安而去危。则人君于此欲人臣之自为其名所定之事，以收其功于君，亦不待于望人臣之爱君，而唯待于臣之善自为计。望人臣之爱君，而尽其能，此君所不可必者也。君赖此不可必者以为政，是君之危道也。臣之善自为计者，必自为其名所定之事，是乃臣之本其自计之心所必为者也。君赖此臣所必为者以为政，即君之所以自安之道也。其《奸劫弑臣》篇正深陈此义曰：“是以左右近习之臣，知伪诈之不可以得安也；必曰我不去奸私之行，尽力竭智以事主；而乃以相与比周，妄毁誉以求安，是犹负千钧之重，陷于不测之渊，而求生矣，必不几矣。百官之吏，亦知为奸利之不可以得安也；必曰我不以清廉方正奉法，乃以贪污之心，枉法以取私利，是犹上高陵之巅、堕峻溪之下，而求生也，必不几也。安危之道，若此其明也，左右安能以虚言惑主，百官安敢以贪渔下？是以臣得陈其忠，而不弊；下得守其职，而无怨。此管仲所以治齐，而商君之所以强秦也。从此观之，则圣人之治国也，固有使人不得不爱我之道，而不恃人之爱我也。恃人之以爱我者，危矣。恃吾不可不为者，安矣。夫君臣，非有骨肉之亲。正直之道可以得安，则臣尽力以事主；正直之道不可以得安，则臣行私以干上。明主知之，故设利害之道，以示天下而已矣。”此即谓只须明主以示天下利害赏罚之道，则天下人即自能本其自计利之心，以知其所择。此不待臣之爱君，亦不待君之更一一亲自督责人臣之为其所为之事，即用人之自计自为之心，而不用其为我，以去人之奸私之道也。

此人类在政治关系中，君臣之相与，皆出于交计虑其利害之心，韩非随处打开洞壁，不加讳言。此中君臣之利害之恒有所不同，韩非亦不加讳言。如《孤愤》言“主利在有能而任官，臣利在无能而得事；主利在有劳而爵禄，臣利在无功而富贵；主利在豪杰使能，臣利在朋党用私”。此君臣利害之不同，亦即臣之可以劫君，而比周朋党，或结下叛上、结外攻内之故也。于此，君欲其臣之爱君，不可必得；臣欲君之爱臣，亦不可必得；以各有其利害故也。于此而君必欲臣之尽其能、有其劳、有其功，而公忠于国、于君，即唯赖使臣民自知自计：其若不自尽其能，亦必不能得其所利于君。亦自知自计：其若能尽其能等，必得其所利于君。君亦必须自知自计：舍以必信之法，不能使臣之自知其所以必得其所利之道。是即韩非所谓“君以计畜臣，臣以计事君，君臣之交计之道”也。君臣交计，而互知其利害之所在，君知其所必为，臣亦知其所必为；则其初虽各为其私计，然终则为人臣者不可不从明主之法，去私曲而行公法；因不去私曲私心，而行公法公义，则其所以自为计之私，亦不得遂也。故《饰邪》篇曰：“人臣有私心，有公义：修身洁白，而行公正，居官无私，人臣之公义也；污行从欲，安身利家，人臣之私心也。明主在上，则人臣去私心、行公义。乱主在上，则人臣去公义、行私心，故君臣异心。君以计畜臣，臣以计事君。君臣之交计，害身而利国，臣不为也；害国而利臣，君不为也。臣之情，害身无利；君之情，害国无亲。君臣也者，以计合者也。至夫临难必死，尽智竭力，为法为之。故先王明赏以劝之，严刑以威之。赏刑明，则民尽死，民尽死，则兵强主尊。”又《难一》谓君道在：“设民所欲，以求其功，……君垂爵禄，以与臣市。”“君有道，则臣尽力，而奸不生；君无道，则臣上塞主明，而下成私。”皆明言君臣之关系，为一自计利害及交计利害，而形成之关系。于此，君固不可存幻想于臣之自发之忠爱，臣亦不可存幻想于君之仁恩。故曰“人臣之情，非必能爱其君也，为重利之故也”。又曰：“父母之于子也，生男则相贺，生女则杀之者，虑其后便，计之长利也。故父母之于子也犹用计算之心也。……今学者之说人主也，皆去求利之心，出相爱之道，是求人主过于父母也。”是皆将君臣相结合以利害之事实，打开洞壁，更无隐藏；使君臣间互相正视此一赤裸裸之事实，而更不别为幻想；而各本一开明的自计交计，以相市于利害赏罚之场之论也。

按在西方十八九世纪之思想家，亦论人之有开明的自利之心者，亦能共守公法而行公义。然在中国，则韩非早已于此人之计较利害之心，加以正视而用之，以为治道之本。《韩非 · 诡使》篇言“圣人之所以为治道者三，一曰利，二曰威，三曰名”。名即循名以责实之名。名位之名，及法公布于文字与人臣之对其事之所言，初亦皆只是一名也。名即“上下之所同道也”。威即君之权势之所在，君之“所以行令也”。利即君之赏之所在，反之为害。“利所以得民也。”明君立法令，循名责实，而用赏罚以行权；人臣即自本其计较利害，与自保其名位而畏威势之心，以奉法，而求其行事或“形”之实合于名。此即治道之本也。故韩非于人之有自计较利害之私心，不同于儒墨必求所以教化之，若视为治道之敌者；然却有同于道家之言放任，容人之自为之旨。唯道家之言放任，而容人之自为，乃在言君德之不当宰制万民，亦在言人民之原能自遂其生，自得其性，以自成其德等。此韩非之言任人之有此自为自计其权利之心，而更用此自计自为之心，以成国家之治，则所以使此君之权势得常在，以成其宰制万民之业者。此则又异于道家之言放任，以使人自遂其生，自得其性者。然此亦固无碍道家与韩非子之所言之义，正有其未尝不可相依为用者在。亦学者之所不可不知者也。

八　韩非对他家之治道之抨击

此一韩非之用法术赏罚以行权之政治思想，可谓之曰一彻底之功利主义。《问辩》篇曰：“言行者，以功利为之的彀者也。”此中之君臣，皆以利自计虑。君以臣尽其劳，为其功、为其利；臣以尽其劳，而得君之赏，为其功、为其利；而国家则以君臣之交计，以有其富强，为其功、为其利。依此彻底之功利主义，以言政，而韩非遂以法术权势，即足为治国家之必然之道，而儒墨所言之尚贤尊贤之说，必待贤以为治之说，尤为韩非所反对。因人臣之贤否不可必，得贤只为适然之善。至于望臣民之自善，则犹欲恃“自直之箭”，将“百世无有一”，恃“自圆之木”，将“千世无轮”。依韩非言为政之道，则根本不重在恃人之为吾善，而只要在使人不敢为非。(《显学》) 此则只须本法术权势为治，即足为一必然之道。而于儒墨之尚贤、尊贤、举贤以为政及以惠治民之论，韩非更明言其流弊，如谓“任贤，则臣将乘于贤，以劫其君；妄举，则事沮不胜”(《二柄》)，此即言任举之流弊也。又曰：“今儒墨皆称先王兼爱天下，视民如父母。今先王之爱民，不过父母之爱子，子未必不乱也。……且民者固服于势，寡能怀于义。仲尼，天下圣人也。修行明道，以游海内，海内说其仁、美其义，而为服役者七十人；盖贵仁者寡、能义者难也。故以天下之大，而为服役者七十人，而仁义者一人。鲁哀公下主也，……而仲尼反为臣，……仲尼非怀其义，服其势也。以义则仲尼不服于哀公，乘势则哀公臣仲尼。今学者之说人主也，不乘必胜之势，而务行仁义，……此必不得之数也。”此必不得，即言仁惠之必不能成治也。知儒墨任贤之流弊与仁惠之必不能成治，即见儒墨所尚之贤者之治或人治与德治，只为适然之善，而无必然之功；亦皆只为宽缓之政，不足以御今之急世之民。(《五蠹》) 反之，明主而能用法，“赏莫如厚而信，使民利之；罚莫如重而必，使民畏之。法莫如一，而固使民知之。故主施赏不迁，行诛无赦；誉辅其赏，毁随其罚；则贤不肖，俱尽其力矣。”(《五蠹》) 此示民以必而信之赏罚之道，则民皆可本其所自具之计虑利害之心，以用其劳、效其力。此即为治之必然之道矣。

依此为治之必然之道，则韩非子固必以儒墨道之言为无用，亦必以本儒墨道之徒所尚之士为无用，如由儒变成之文学之士，六反所谓离法之民，不事力而衣食、不战功而尊之贤能之士（《五蠹》）；如由墨而变成之以武犯法禁之侠、行剑攻杀之民（《六反》），以勇于私斗为廉贞之士（《五蠹》）；如由道家之流而转成之全生而畏死远难之民（《六反》）与隐逸之士，如伯夷叔齐（《奸劫弑臣》）；以及由儒墨道之游士，所转成之一切游居厚养（《六反》）牟知伪诈（《六反》）而尚辩智之商工游食之人（《五蠹》）；为惚恍、恬淡（《忠孝》）、微妙之言，务为辩用（《五蠹》）者；皆韩非所谓为无用之学，或愚诬之学、杂反之行者，而为国家之蠹，为明主之所必去。凡人为此类之学者，皆为“二心私学”。（《诡使》）而韩非子于《诡使》篇言当时人于“……无二心私学，听吏从教者，则谓之陋；难致谓之正；难予谓之廉；难禁谓之齐；有令不从谓之勇；无利于上谓之愿；宽惠行德谓之仁；重厚自尊，谓之长者；私学成群，谓之师徒；闲静安居，谓之有思；……先为人而后自为，类名号言，泛爱天下，谓之圣；言大本称，而不可用，行乖于世，谓之大人；贱爵禄，不挠上者，谓之杰”。以及《八说》篇所言“公财分施，谓之仁人；轻禄重身，谓之君子；枉法曲亲，谓之有行；弃官宠交，谓之有侠；离世遁上，谓之高傲；交争逆令，谓之刚材；行惠取众，谓之得民”，则正为当时儒道墨之游士之所尚，为韩非子所痛心疾首，而视为二心私学，乱政之一统者。故当“禁其欲，灭其迹”（《诡使》），乃归于言“明主之国，无书简之文，以法为教；无先王之语，以吏为师；无私剑之捍，以斩首为勇；其言谈者必轨于法，动作者归之于功，为勇者尽之于军；是故无事则国富，有事则兵强，此之谓王资”。（《五蠹》）又谓：“今夫轻爵禄、易去亡，以择其主，臣不谓廉；诈说逆法，倍主强谏，臣不谓忠；行惠施利，收下为名，臣不谓仁；离俗隐居，以非其上，臣不谓义……”（《有度》）则道家之徒之隐居，儒家之尚忠谏与行仁惠，及一切士之择主而事，皆不“以吏为师，以法为教”之人，而可依法以诛之者。韩非于此舍德教，而唯用法术，而严诛赏之政，固亦自知其似忍而无情，以拂于人心。然“人主明能知治，故虽拂于民心，必立其治”（《南面》）。盖权其轻重、计其利害，知德教不足以为政，以法术禁奸，乃能去乱成治也。故曰“所谓仁义，哀怜百姓，不忍诛罚。施与贫困，则无功者得赏；不忍诛罚，则暴乱者不止”（《奸劫弑臣》），“民以法禁，不以廉止。父母积爱而令穷，吏用威严而民听从”（《六反》）。是即见“法之为道，前苦而长利；仁之为道，偷乐而后穷”（《六反》）。故不得不“用法之相忍，而弃仁人之相怜”（《六反》）。此“正明法、陈严刑”固所以“救群生之乱，去天下之祸，使强不凌弱，众不暴寡，耆老得遂，幼孤得长，边境不侵，君臣相亲，父子相保，此亦功之至厚也。愚人不知，顾以为暴也”（《奸劫弑臣》）。此即韩非之所以自辩其说者也。昔儒墨言仁义，而老庄言“大仁不仁”，以超乎仁义而言道德。墨子言仁义所以为兴利除害，而重言利害。荀子言舍仁义不能兴利除害，谓以心之思虑权衡利害，则知仁义正为大利。韩非子则本荀子之言，亦重此心之计虑利害之能；而归于尚法之似违仁义者，不用“相爱”之似对人为利者，而用“相忍”之似对人为害者；更谓其害正所以为利，其不仁所以为仁。此则由于其知此相爱之仁，有不足以成治者之“智”之处。故于《问田》篇韩非自谓其“立法术，设度数，所以利民萌，便众庶；故不惮乱主暗上之祸患，而必思齐民萌之资利者，仁智之行也”。循前所说之韩非之思想之发展而观，韩非亦固必如此自谓也。

九　韩非之治道之性质，与其解老之道

此上所述韩非之治道，即其所谓明主之道，亦其所谓圣人之道，而可成霸王之业者。韩非喜用“明君”“明主”“霸王”之名。其言圣人圣主，亦言其智不言其德；故或言“明君圣主”，如在《外储说右上》篇；或前言圣人，后则言明君明王，如在《奸劫弑

臣》及《安危》二篇。然未见其用荀子圣王之名，以指德智兼具者。故其所谓明君圣主，即只有一理智上之明，而其目标则在成霸王之功者。此一治道，始于国家内政之求安定求统一，以自富自强，终则在为霸王于天下。此所谓治道，亦对此目标而为其方法手段上之道，而不足以为人生文化之道之全。韩非以一切人民，皆属于国家；则人民之一切人生文化之事，皆属于国家。一切人生文化之事，皆有其对国家政治为利或为害之效，故亦皆隶属于政治，亦皆当以此政治之道衡之。于是一切有关人生文化之学术思想、言论、教育，亦同当以此政治之道衡之。由此而凡违此政治之道，如儒墨道诸家之学术思想、言论，与教育之道者，皆在摒弃之列。则此政治之道，即同时为居于一切人之人生文化之道，与学术、思想、言论、教育之上一层，而主宰决断其存在之命运之一至高无上，而可普遍运用之道矣。

依此韩非之政治之道，同时为至高无上，而普遍运用之道，则吾人于《韩非》书中之《解老》《喻老》之篇，亦可视为韩非所著，或韩非之徒所作。此《解老》之言“道为万物之所然，万理之所稽。……故理为物之制，……凡道之情，不制不形。万物得之以死，得之以生；万事得之以败，得之以成”之义，吾已论之于前文。《解老》篇曰“物易割也……万物莫不有规矩；圣人尽随于万物之规矩，……则事无不事，功无不功”。谓“积德而后神静，神静而后和多，和多而后计得，计得而后能御万物，能御万物则易胜敌”。此虽皆泛论天地、万物之道，然亦正皆可用以为政治之道，亦可与《主道》篇言政治之道者，合而观之。《主道》篇首言：“道者万物之始，是非之纪。是以明君守始，以知万物之原；治纪以知善败之端。”此则明言于此万物之道，明君可用之于政治也。盖此万物之道，乃遍运于万物之理之中，而为之制之道。人君之治国之纪，固亦在知国之群臣与万民之万事之所以成之理，而更用法术以行权，而为之制也。此主道之运于国家之不同之事之中，而为之制，亦正同万物之道之为万物之制也。万物有理，而有其一定之规矩，亦如国家之一一事之当各有其一定规矩也。人主之依法术之道，以御臣民，加以赏罚，而生之杀之，亦如万物之道为万物所得之以有其成败生死者也。《扬权》篇谓："道者，宏大而无形；德者，核理而普至；至于群生，斟酌用之。道者下周于事，因稽而命，与时生死。"人君之依法术之道，以一一之规矩待臣民，而斟酌其赏罚，即本道以核理稽事，而普至于群生，以斟酌用此道，以命令决定臣民之存亡生死，而亦即此道之"与时生死"也。亦如《解老》篇所谓万物之道，为物所"得之以死，得之以生，得之以败，得之以成"也。则韩非之政治之道即亦可谓《解老》篇中之"天地万物之道"，具体的应用于人主之治国之道者也。唯此韩非之用此万物之道，为人主之治国之道，乃所以致国家之富强，而成其霸王之业；则与老子所言之万物之道，虽可用于圣王之政，而其深旨则在使人抱道、体道，而成具玄德之圣人者，又截然不同。老子之圣人，以体道抱道为事，则道本身为目的。而韩非用此道以成政治上之霸王之业，则此道只为一手段工具之道，而老子之学亦成韩非之学之手段工具矣。

十　余论：韩非思想之效用与其悲剧命运

以上所言韩非之学，乃以政治之道为至高无上，而将老子所谓天地万物之道，化为一政治之道之手段工具之后，亦更不见有大于此政治之道之天地万物之道，以及其他人生文化之道。乃归于欲弃天下之学，而求"无书简之文，以法为教；无先王之语，以吏为师"（《五蠹》）。秦始皇见其书，而李斯更本此"以法为教，以吏为师"之言，以立诏令，而禁天下之诸子百家之学。此即秦政之所以成。人民以法为教，以吏为师，人主本其威势，持赏罚二柄，以督天下之民，为法令所定之事，固亦实可以富国强兵，使秦成其霸王之业，而兼并诸侯；更用民力以建道路、筑长城、废封建、同文字，以成秦之大一统之天下。秦始皇乃自以为功过三皇五帝，而自称始皇帝，以期于二世、三世，以至万世，皆同有此大一统之天下。然韩非李斯之学，虽由秦用之以见其功，韩非本人则首见忌于李斯；斯遣人遗药，使非自杀，非欲上书自陈而不得。太史公为《老庄申韩列传》，乃悲韩非之"为《说难》而不能自脱"；又为《李斯传》，详记赵高之诬李斯以谋反，而下狱定罪，夷其三族。此亦足证韩非所谓人皆各自为其利害计之私，其为祸之惨毒。然秦始皇与二世之有赵高在侧，又证韩非李斯之术，终不足以去臣之奸。法术之士亦终无必见用之道。由秦之不二世而亡，则知大一统之业，亦非只一用权势法术以宰制天下之君，如始皇者之所能保。荀子言"天下至大也，非圣人莫能有也"（《正论》）。韩非李斯叛其师说，以为能善用权势法术者，即能有之，其身皆不得其死，秦皇亦终不能有天下。此即证其学之有其根本之缺点在。此根本之缺点，则在韩非之不知人之望国家之统一，求国富兵强，亦出于人之一成公义之心。韩非亦未尝不恒言政治上之公义。然对此公义心，则必须养之有道，然后可用之于政治。欲养此公义心，则不能只由人主用权势而致，必待乎知其他人生文化之道与天地万物之道，而有之其他种种学术种种德教而致。此则正当本之于韩非之原对之有所承，而后又为韩非之所摒弃之儒墨道诸家之学。韩非与李斯，皆未知此义，乃只言以法为教，以吏为师。则韩非之死于狱吏之药，李斯之死于论斩之法，又岂不悲哉。

附论：韩非子以后之治道，及《管子》书中言治道之方向

上文言韩非与李斯之法家思想，实现于秦政，成中国之大一统，而二人之皆同死于法吏。秦政暴虐，发难亡秦者，首有陈涉。

从陈涉发难之陈余，《史记》载其好儒术。《汉书·儒林传》又载："陈涉之王也，而鲁诸儒，持孔氏之礼器，往归陈王。于是孔甲为陈涉博士，卒与涉俱死。"则陈涉乃与儒者共亡秦者。故明儒李卓吾，谓史当为陈涉立本纪，视同帝王。又亡秦之项羽学万人敌，以楚人之力举兵，而《史记》又载其"为人不忍"，亦非刻薄寡恩之法家之徒。刘邦则史载其豁达大度，入关后只约法三章，以归简易，而竟得天下。其晚年欲易太子，而商山四皓，以道家之流，而为太子之羽翼，使其事不成，汉文帝窦太后则好黄老之术。是皆见儒与道之思想，亦足以助成政治上之大业。两汉之思想，遂成先秦各家思想之再兴，而更相融合之一局面，后文当更及。然若专以法家之政术与他家政术之交涉而观，则汉制初仍承秦制，人君或外习黄老尚儒学，而阴用法术，以酷吏临民。今观桓宽《盐铁论》所记，在汉之昭宣之世，贤良文学之士六十余人，与政府中丞相、御史、大夫之一大辩论，则凡此政府中公卿，无不盛称申韩商鞅，而本法家之功利之论，以言政。正见法家思想犹存之政府之中。此关政治史者，非今所及。然至纯自学术思想之发展而观，则商鞅、申不害、韩非、李斯之思想，亦实渐入于其时各家思想之互相融合之大流中。此中，法家之特尊君权之思想，可助成天下之一统，亦可固皇帝之地位。汉以后儒者亦特尊君，而不同于先秦儒者之只以君臣为人伦之一者。汉初言道家之教，恒视之为人君南面之道，而不同先秦道家之以道家之教，初为洁身自好而设。此皆可说为法家特尊君，而重君道之思想之影响。《韩非子·忠孝》篇言："臣事君、子事父、妻事夫，三者顺则天下治，三者逆则天下乱。"由尊君而尊父与尊夫之说，并为汉儒所取，遂有三纲之说。此三纲之说，实不同于先秦儒者《论》《孟》《礼记》诸书言君臣以义合，言"敬妻子""夫妇为牉合""妻与己齐"，君仁臣忠、父慈子孝、夫义妇顺，乃对等之关系者。故儒家之伦理，由五伦说转为三纲说，当视为法家思想注入儒家之一结果。然法家之政治一元论、君权绝对论，又不为汉以后之儒者所接受。唯政治必当有一法度，亦不能无赏罚，则为汉以后之儒者所共许。然赏罚不必限于以官职、货财、囚戮，加于受赏罚者之当身。名誉上之褒奖、死后之美谥，追封先祖，荫及子孙，皆可以为赏。而名誉上之贬抑，死后之恶谥等，又皆可以为罚。此即所谓名教之赏罚，为汉以后儒者之所重。其涵义之深远，功效之弘大，皆为先秦法家之徒，所不及知者。又在赏罚二者之中，先秦法家重罚，后之学者，则或重赏，或二者并重，或以重罚为救一时之弊，盖无以重罚为一政治上之原则者。又政治为人文社会中事之一端，若无礼乐等教化，与人民德行及君主自身之修德为之辅，而只尚政令与赏罚，亦不足以成治，则在韩非以后之法家学者，盖早有知之者；历秦之亡，遂为汉之学者所共喻。《管子》一书之编成，盖即依此旨而编成之一言政法之书。戴望《管子校正》引叶水心言《管子》书"非一人之笔，亦非一时之书……汉初学者，讲习尤甚。贾谊、晁错，以为经本。故司马迁谓读管氏书，详哉其言也，篇目次第，最为整比，乃汉世行书"。其编成固当在秦汉之际也。

《管子》之书托诸管子，自当由于人重视管子治齐，助桓公成霸业而尊王攘夷之功。管子之治齐，有其内政与经济上之一套措施。《国语·齐语》中所载之管子行事，与《管子》书中《大匡》《中匡》《小匡》《霸形》等篇所载，多可互证。《管子》之书中《乘马数》以下，至《轻重》诸篇之言经济之论，则盖多为秦汉时人之经济思想。桓公九合诸侯、尊王攘夷，亦赖武力，故《管子》书亦有兵家言若干篇。秦汉为顺四时以为政之阴阳家思想盛行之时，故其中又有阴阳家言若干篇。在管子治齐之时代，周之礼教尚未衰，故《管子》书兼载《弟子职》，如《礼记》之有《文王世子》《曲礼》之篇；又多言及礼义，而近儒家言者。如《牧民》篇言守国之度，在"饰四维，顺民之经"，在"明鬼神、祗山川。政之所兴，在顺民心；政之所废，在逆民心。敬宗庙，恭祖旧”。四维者礼义廉耻，而《牧民》篇亦言使民有礼义廉耻之道。《五辅》篇言“义有七体，礼有八经”。《形势解》言“惠者主之高行”，其《入国》篇言九惠“老老、慈幼、恤孤、养疾、合独、问病、通穷、振困、接绝”，则同孟子之言文王发政施仁于鳏寡孤独之旨。此皆管子言之言近儒家者也。道家之《老子》之书，其文半在言政，《韩非子》有《解老》《喻老》《主道》《扬权》诸篇言虚静无为之道，可用之于为政，前文已述及。《管子》书亦有《白心》《内业》诸篇，教人致心之虚静之道家言。《管子》中之道家言，前于论庄子之附篇文已亦述及。然整个观之，则《管子》书仍以言政法者为多，为晚周之法家言之一大结集。此《管子》各篇之可分为诸家言而观之，昔人多已及。近人石一参之《管子今诠》，罗根泽之《管子探源》，皆尝本此以重编《管子》之书，虽不必尽当，然大体固不差也。

今略言《管子》一书之言政法之旨。其《法法》篇以明君在上位，则民毋敢立私议，而自贵者。《明法》篇反对本社会之毁誉为赏罚，而反朋党。《法法》篇以赦为小利而大害，毋赦为小害而大利，以惠而多赦，为民之仇雠。《明法解》等篇言“明主之治也，明于分职，而督其成事”。《重令》篇言“令重则君尊”，“行令在乎严罚”；言重君势，而以生杀贵贱贫富，为人君之六柄。《七臣七主》篇言“法令者，君臣之所共立也；权势者，人主之所独守也”。《明法解》言“百官之奉法无奸者，非以爱主也，欲以受爵禄而避罚也”。《任法》篇言“圣君任法不任智，任数不任说，任公不任私，任大道不任小物，然后身佚而天下治”，“以法制行之，如天地之无私也。是以官无私论，士无私议，民无私说”。此皆不出申韩所言之旨。然《法法》之篇，首言君主于民之所求与禁令之当节，谓：“君有三欲于民，三欲不节，则上位危。一曰求、二曰禁、三曰令。……求多者得寡，禁多者止寡，令多者行寡。”则言人君之求、禁、令三欲之当有节。《任法》篇言君主之所处者四：一曰文、二曰武、三曰威、四曰德。则君除有威、武外，亦当有文、德。《法禁》篇除言种种对私术之禁外，亦言“圣王之教民也，以仁措之，以耻使之”。《法法》篇言“政者，正也，所以正定万物之命也。圣人精德立中以生正”，《正》篇以刑、政、法、德、道为五正之道。《版法》篇言“兼爱无遗，是谓君心；必先顺教，万民向风”。《君臣》篇言“民别而听之则愚，合而听之则圣”，“先王善与民为一体”。此则皆不同申韩之只偏在教人君，以法令威武为政；而更能兼知文德与教化之重要者。故《版法解》总其旨曰：“四时之行，有寒有暑；圣人法之，有文有武。天地之位，有前有后，有左有右；圣人法之，以建经纪。春生于左，秋杀于右，夏长于前，冬藏于后。生长，事之文也；收藏，事之武也。是故文事在左，武事在右；圣人法之，以行法令。”此与董仲舒之言法天道之阴阳四时，文教与法令，相辅为用之言，初无大别。言文教，则必重贤圣，故《形势解》言“明主必与圣人谋，必用圣人”。《版法解》则重贤佐。为政又必重养才树人，故《权修》篇有“终身之计，莫如树人”之言。树人用贤，以成教化风习，然后能正天下。故《七法》篇言“财盖天下”“工盖天下”“器盖天下”；而“士不盖天下”“教不盖天下”“习不盖天下”“不遍知天下”，皆不能正天下。又言“渐也，顺也，靡也，久也，服也，习也，谓之化”。则教化风习之形成，乃原于“渐”“顺”“靡”“久”“服”“习”之功，非一时之立法行令之事。此皆与儒者之义合。至于其《枢言》之谓“道之在天者，日也；其在人者，心也。爱之、利之、益之、安之，四者道之出。帝王者用之，而天下治”。《形势解》言“能心行德”，是谓“夜行”“心行”。《七法》篇言实、诚、厚、施、度、恕，则儒者养心之道术。其《白心》《内业》言养心之精气神，则为道家养心之道术。《内业》言圣人“定心在中，……一物能化谓之神，一事能变谓之智。

化不易气，变不易智。……执一无失，能君万物……得一之理，治心在于中”。《兵法》篇言“明一者皇，察道者帝，通德者王，谋得兵胜者霸”。察心术以至于能执一，而兼具神与圣智，则由帝而皇，如为王所师之神圣（《霸言》），而高于王与霸矣。《幼官》八言“若因夜虚守静，……人物则皇；……尊贤授德者帝；身仁行义，服忠用信则王；审谋彰德，选士利械，则霸”。诸言之旨可互通。今按申韩之道，初皆以成霸业为归，其君只称明主、明王，而不足当圣王，更不足称神圣、帝皇。此与《管子》书之明言圣王或言神圣者王（《君臣》篇），更及于帝皇者，固有殊矣。按晚周之末，齐秦皆称东西帝，其时更盛三皇之说。故秦帝一天下，而自称始皇帝。然《管子》书，则以唯有养心之道术，以察道明一者，乃能为帝为皇，则秦始皇帝不足以当皇帝。唯在汉世，则由陆贾书之言道基，贾谊书之言道术，淮南子、司马谈、董仲舒之言安精养神，以治其心气之功，皆期在人王之先察道，以明一而得一。则由申韩之纯法家言，至《管子》之书之多法家言，略及于道术，再至汉世学者之以道术为政本，正见一政治思想之次第向上发展之迹。《管子》一书，盖正为其中间之一过渡也。

唐君毅作品

中国哲学原论·原道篇（二）

中国哲学中之『道』之建立及其发展

唐君毅 著

九州出版社
JIUZHOUPRESS

目　录

第二编

第十八章　周秦诸子对“名言”之道（上）

一　论名言之道为一义上之高一层次之道

吾人上所述之周秦诸子之道，皆只及于其对人生、人德、人文、人伦、政治所言之道。然人之“言”必依名之集结而成。人用名言以指种种事物，表种种之义，以说种种人生、人德、人伦、政治等之道，则人亦同时自有其如何用名言、对名言之道。此用名言、对名言之道，在一义上，为名言所说之人生、人德等道之上一层次之道。吾人之论道，亦理当更论及此人之如何用名言、对名言之道，然后备足。周秦诸子之论人生、人德、人伦、政治之道，彼此为说不同，则其如何用名言、对名言之道，亦可因之而不同。故吾人之观周秦诸子之用名言、对名言之道之不同，亦复可反证其论人生、人伦、政治等道之不同。由人无不用名言，周秦诸子亦无不用名言，以说其所见之人生、人伦、政治等道，而亦皆有其用名言、对名言之道。故吾人不可说只有其中之某一家，如名家，方有其用名言、对名言之道；当说此论名言之道，亦非专属某家之事，而为诸家所同有之事。故吾人今亦对此诸家所同有之事，总而论之于一章，并分别述其论对名言之道之异同何在。

此下所论周秦诸子用名言、对名言之道，乃以“名言”之一名言为中心，以观其于此“名言”之一名言，如何用法，及其对名言之态度之为如何。此“名言”之一名言，分而观之，即“名”

之一名，与“言”之一名。“名”是一名，“言”亦是一名，则“名”之一名，可统“名”与“言”二名。故论周秦诸子之用名、对名言之道，即论其用名、对名之道。然此“名”之一名，则在周秦诸子，原有种种不同之意义。如名字之名、名谥之名、名位名分之名、名义之名、名誉之名、名实之名、名形之名，皆各有其旨，而可视为不同之名。如在西文，即各为一字，漠不相关。然克就其在中国文字中，皆同以名之一字表之而言，则亦应自有其相关之义，然后人之思想乃可以此一字为中心，以相沿而衍生。故无论诸子之论名，是论何一义之名，今皆同视为对名之论，其所论之如何用名、如何对名之道，并为本章所拟涉及。由此而本章之内容，即不能限于惠施公孙龙之名实之论，而将此惠施公孙龙等之论名实，只属此章之内容之一部分，而置之于一更广大之周秦诸子论名之事中，而只视之为此中之一事，更言此中之名实之名，与其他之种种名之思想，如何次第相沿而生之关系。按司马谈《论六家要旨》与班固《汉书·艺文志》言名家，皆同以正名位，为名家之事。自近世而唯以类似西方之逻辑方法论知识论之惠施公孙龙等之说为名家，而人于名位、名实与其他之名之种种之关系，亦遂更无加以究心者，而周秦诸子用名、对名之道之全，果何所似，亦因而遂晦矣。

二　名字、名谥、孔子正名之教及墨子之“言”“义”之义

按此名之一名之指“名字”“名谥”之名者，当为中国哲学中之名之一名或一字之原始义之所存。盖人之用名，初即以指人。如婴儿学语，即依其能自然发出之妈妈、爸爸之声，以名其父母。此“妈妈”“爸爸”在婴儿学语时，初乃指特定之为其父其母之某一人，故为专名，而非公名。其转为公名，而指一切为父为母者，

乃以后之事。至一人之所以有其名字，则所以表一人之别于其他之人。故一人之名字，皆为专名。人之以其名字相呼，或以名字自名，皆为对某一特定之个体人，而相呼，或自名。《说文》谓名字从夕，从口，因夕不相见，故以口自名。其是否即名之最早之义不可知。然夕不相见以口自名，仍是对其他特定之个体人，而自名其为特定之一个体人也。然此一人之名字，则又初可用以指一特定之个人，由过去以至未来之一切事。故一人之名字，不可如若干逻辑家之说其无内涵，而当说其内涵实至为丰富，而亦恒在一不断增加、其前程为开放之途中者。然人之互以其名字相呼，或自名时，则初不重此名字之涵义，而只重引发其所呼之人之某一行为或情意之态度，或只表吾人对他人或对自己之一行为或情意之态度，由此以成就人与我之情意行为之交通。人之有名字以使人得自名而相呼，以有此情意行为之交通，即此名字之大用之所存，亦即人之用此名字之原始目标所在。在此用名字之时，人对此名字之态度，亦即视此名字为人与人情意行为相交通之媒介之态度也。

人之用名字以自名或相呼，而成其情意行为之交通，此乃古今中外一切人之所同。然在中国古之礼教中，则于人之取一名字，特视为大事。《礼记·冠义》中言谓“男子二十而冠，冠而字之曰成人”，则未有名字之先，人尚未成人也。又在中国古之礼教中，对先人之死者而怀其德，恒更为之谥。此谥法亦为中国古代文化所特重。此谥是状先人之德之名。追念先人之既死者，更为之谥，即所以使后人于其德，更念之不忘，亦所以表后人之追念之情意，以使后人之情意与先人之德，亦得相交通者。欲知此古代名谥之多，可读《逸周书》卷六《谥法解》。此乃与中国文化之重德、重慎终追远不忘故之精神，密切相关者。然尚不关周秦诸子对名之特殊思想者也。

周秦诸子之对名之有种种特殊思想，盖始于孔子之言正名。

孔子告卫君，谓为政当以正名为始，并谓君君、臣臣、父父、子子为正名。此乃谓人在伦理关系中有父之名者，即当有父之德，有子或君或臣之名者，亦各当有其相应之德，然后父子君臣之名得正。则此所谓正名，实即教人由顾念其在伦理关系中有何名，即当求有其德，以合于其名。然此中人之有其名者，未必实有其德。则此德为当有，而非实有。此孔子之正名之教，亦即教人知其既有此名，便依此名，而自命令其自己，以实有此德之教。然人不知或不重其有此名时，即不能依之以自求有实德，故此孔子之教，即依名为教，而可称为名教也。

君臣父子之名，乃依人与人之伦理关系而定，不同于名字、名谥之名，乃直依个人而有者。凡一人与他人有某一伦理关系，即在此关系中有一位置。故为君者即居君位，为臣者即居臣位，而为父者亦可说居父位，为子者亦可说居子位。故君臣父子之名，亦即名位之名。人有其名位，而有其所当有之德，与在主观情意行为上分所当为之事，是为名分。故孔子之正名之教，亦可说为正名位、正名分之教。此孔子之正名之教，要在教人当下有一相应于名位名分之实德、实事，以成就一名实之相合。故其所依者，是人之有父子君臣之名，而所求者，则在于此实德、实事之有。谓“有某名者当有某实德实事”，是言；求有此实德实事，是行。依言以有行，即所以使有实以合于其名。此言中之某名是名；谓当有某实德实事，尚未有此德此事时，此实德实事，亦只是一名。故言人当有此实德实事之言，仍只是名与名之结合。必更行其言，方能实有此当有者，以与其名其言相应合。是即依名言以有行实。若无此行实，则此名言为虚言，而亦不必有。故孔子谓“君子欲讷于言，而敏于行”，又谓“古者言之不出，耻躬之不逮也”。其谓“君子疾没世而名不称焉”，“君子去仁，恶乎成名”，亦即必实行仁，以实有德，以与君子之言之名相称，而相应合之谓。此二语不能更作他解，而谓孔子乃教人求世俗之名，成世俗之名也。

此人之欲成世俗之名，乃如子张之谓“在邦必闻，在家必闻”之名闻之名。孔子则明斥子张之求闻而不求达为非是。达是己达达人，是实德实行，闻则只是世俗之名闻，乃虚名之由他人而定者。求名闻，即小人之求诸人，而与君子之求有实行以成实德，乃求诸己之事，正相反者。孔子重人之由实行以有其实德，而斥人之只求其名闻于他人者。故其正名之教，重教人有行，以称合于其言、其名，与其教人不求名闻于他人，正相辅为用。此亦即《论语》首章，以“人不知而不愠”为“君子”之故也。故用名以教人以实有其行，而又教人不求名闻于他人，即孔子之用名、对名之道之所存也。

上言孔子之以正名为教，而教人有种种之言，以望人之有其行实，以称合于其已有之种种之名。父子君臣兄弟是名，弟子、成人、君子、圣贤亦是名。如何为弟子，如何为成人，如何为君子……孔子皆对诸弟子论之。又言仁、直、忠、恕、信、勇、智、义等德，初亦皆是名。言仁之德之贯于诸德，亦即言“仁之名”之义贯于“诸德之名”。人当如何为仁、为勇、为智，孔子亦对诸弟子论之。凡孔子所言，及于此“如何为”者，皆是说有何种之行实，方得称合于其名。此乃初不同于西方苏格拉底之先重将人之种种德名，如勇义之类之本身，作为讨论之对象，而问其宜以何种其他之名与名集合，加以界说定义为宜者。孔子之言正名，唯要在举其人之名位所在，与种种德之名，以直指出其当有之行实，而教人直往自求有其行实而已。

此孔子之举出人所已有之种种名，而言其当有何行实，以称合于其名，正为墨子之所承。墨子之进于孔子者，在明标出种种之名言，如兼爱、非攻、尚同、尚贤、节葬等，以教天下，更为之说出种种理由，以使人之知其不可不加以实行；并知此加以实行，为其义所当为，亦皆在“义”之一名所统摄之范围之内。于是此说出种种理由之言，亦即同时为其所标出之兼爱等名之意义之所存。故吾人前于论墨子章第三节、论孟子章第六节谓墨子所谓“义”之一义，即同于今所谓“意义”或“主义”，而亦同于墨子所谓“言”。墨子深知人皆欲其所理解之事物之意义，所信之主义或言，亦为他人所理解所信，而不免于相争。故谓人可“争一言以相杀”，墨子亦谓天下之乱之一因，由于人所视为义之所在者之互不相同。故墨子欲由尚同，以一同天下之“义”，亦即无异欲一同天下之“言”，以一同天下人之“行”。如吾人前论墨学时之所及。墨子既以兼爱、非攻等名，教天下，更说出其理由，与其“意义”之所在，以立其“主义”，而有其言，并望人之理解信从其主义或言，则墨子亦自是欲以所举之名之义之言，以一同天下之言行者。故必上说下教，对人强聒不舍，而于不信其言其义者，亦必与之争辩。此争辩之事，即由人所理解所信之义与义不同，而言与言不同时，所必不能免者。然此争辩，则为“言”与“言”间之事，亦即唯是言中之事，而非只是实行言之事。墨学乃自立其言，望人之行其言始，而以其言与他人之言相辩难终。此即原始之墨学，所以渐发展为墨辩之墨学之故也。

周秦诸子中首与墨家相辩难者，即儒家之徒。如《墨子》书中之公孟子。孟子承孔子之教，更与墨家之徒辩。孟子与墨家之辩之大者，既在反对墨家所主之兼爱、非乐、节葬等，亦在反对墨家之以言义为外在。吾前谓告子之言义外，即宗墨家之说。孟子与告子辩义外，即与墨家“义外”之论相辩也。在墨家或告子以“义”为外，即以“义”纯为立于客观之天下之事，“言”亦为教客观之天下人之事。然孟子则谓“义”为内在，又当知此“言”皆“生于其心”，言辞之诐、邪、淫、遁，皆原于人心之蔽、陷、离、穷。则观“言”“义”，当是兼观其如何原于内心，而得立于内心之事，而非只观其如何得立于客观之天下之事。此即与墨家之说义与言，成对反之说。孟子乃不得不与墨家之说相辩。孟子之好辩，亦使其承孔子之学之事，成为一以其言与杨墨之言相遇，而相辩难之事。此便亦与孔子之只求正名，唯以其言教人有行实，合于其言者，而未尝好辩者，大不同矣。

三　道家对名闻及以名言成辩之态度与儒墨之异同

儒墨之辩兴，而道家之思想继出。道家之思想，可说初出于厌弃儒墨之辩难中之互相是非而不已，而使人之心知生命，只寄于此名言之辩难中，而失其内具之德行。此德行，亦固为孔墨初所重者也。道家厌弃辩难，亦厌弃人之重名言，同时谓圣人当无名。此则庄子论之最多。老子言无名，亦问“名与身孰亲？”此中庄子之谓圣人无名，乃谓圣人不求世俗之名闻，亦不重世俗之名位。老子之问“名与身孰亲”中之名，亦指人之名闻名位。此与辩难中之名言之名，初看似不相干。然实则此二者正有其同根而生之处。盖人之辩难中之用种种名言，乃所以使其名言所表之意义，得为他人所理解信从，即望此意义为人所认许，亦存于他人之心。人求名闻者，则初原于欲得他人之认许称美其行、其言、其才、其德，而使其行、其言、其才、其德，得存于他人之心。在辩难中，人只求他人之认许其言所表之义，故其所求于人者较少。然在人求有名闻者，则恒求人对其言、其行、其才、其德，皆加认许称美，则其所求于人者至多。人之欲求有大名广誉于天下，以及后世者，则其所求于人者，又更可多至无限。然其原始之动机，则与人在辩难中之求其用名言所表之意义、主义得被人认许，固同出于一求初只存在于我者，得兼于存在于人之心。好名之人，初固亦只知其行、其言、其才、其德之只存于其自己。然在其求名而好名之时，则必求此存于自己者，为他人所认许称美，以兼存在于他人之心。充此人之求名好名之量，则吾人不特望人之称许我已有之言行才德，亦望人之称许我之未来一切言行才德等。我固有一名字。此我之名字固可指我之过去至未来之一切言行才德，而谓其皆属于我，亦即皆系在我之名字之所指所涵之内。故当我之名字为他人，或天下后世人之所称许之时，即宛若我之由过去至未来之整个之我，皆存于他人天下后世人之心之中，而使我之存在，若普遍化为一遍在他人与天下后世人心中之存在。亦如吾人在辩难中，而能使他人得认许我所言之义，即使此义，得普遍化，而亦在他人心中存在也。故此以名言成辩难，与成名好名之心，固有其共出于一根者在也。

然此吾人之以名言成辩难，与求名好名之求存于我者，得存于他人之心，则为道家之徒，所最加以反对之事。盖此乃求此初存于我者，化为存于我之外之他人之事。即求初存于我者，得存于我之外，更以得存于我于外，为我之心知生命之所托所寄之事。此即无异使求我之心知生命，自托寄于我之外，而无异求“我”之存于“我之外”。然此以名言辩难，求我所认许者为人所认许，及求我之言行才德为人所称许，以得名于他人，又初为我所不可必之事。亦即此求我之存在于我之外，为不可必之事。不可必而求之，即使我之心知生命或我之存在，倒悬于外在于我之一摇荡不定之地，而使我翻失其初之原存在于我之内之事。今欲使我之存在，不倒悬于此摇荡不定之地，而不失其初之原存在于我之内之事；则唯有去此求人称许之好名求名之心，亦不用名言与人辩难，以必求人之认许。庄子一面言“圣人无名”(《逍遥游》)，谓“行名失己，非士也”(《大宗师》)，言“德荡乎名”，言好名者之为“适人之适，而不自适”而“失其性命之情”，一面亦求超出于人与人之以名言相是非辩难之事以外，如其《齐物论》之所说。老子则一面有道为无名，非名言所表之论，一面又问“名与身孰亲”，教人不求名闻于其外之他人之心，而自反顾其身之亲。其身之亲者，即身之自亲于身，亦即身之自存于其自己之事也。

此道家之徒之不求名，原具深旨，而《庄子·人间世》之言“德荡乎名”，更言人之以仁义绳墨之言，强聒于人之前者，为人所恶，并及于“名实者，圣人所不能胜也”，皆同具深旨。盖己之德原属于己之心知生命之自身，而此德之名，则存于他人之心。以己之德名之所在，为己德之所在，而己之德名，实即非己德。德实而名虚，德属己而名在外。故以己之德名为己德，则己德亦不实，更自摇荡于外，以入于虚。至于恃己之德名，言己所尚之德，欲强聒于人之前而教人，是谓“临人以德”。则此时之他人，即同时感其只是一德名，而非实德，亦必恶之，而不肯受。故《人间世》托孔子告颜渊曰，用仁义绳墨之言，强聒于人前，则人反将“恶其美”。此亦即无异谓：当时之儒墨之徒之举仁义之德之名，以教天下人，为天下人之绳墨，而欲人之加以信受奉行者，实不能使人信受奉行。其曰“名实者，圣人之所不能胜也”。此亦意谓欲缘此德名，以使他人有奉行之实，为圣人之所难胜任者也。故《庄子·人间世》乃归在言人当忘其自己，亦忘其自己之有德，而不以有德之名自居，亦不以种种德名绳墨天下，而唯当以虚而待物之气，以与人相接，方可望以己之实德，化及于人。故必归于一无名忘言之论，与不言之教。《庄子·德充符》篇所言之实有德能感人者，固皆一方为其形残破，而内德自充于外之人，一方面亦皆无名，忘名，而能行不言之教者也。

然此道家之徒之兼欲忘名闻之名，无此名闻之名，而又欲不用名言以施教成辩，又自有其困难。即道家主不辩，亦须辩此不辩之胜于辩，而以“不辩”与“辩”相辩。道家欲行不言之教，则须言“不言之教”，以易言之教。而道家之徒亦势不能废言辩，故有道家之书。又道家固欲无名闻之名，而称无名之人。故《庄子》中人物多无世间之名，而易之以支离疏、无脤、浑沌氏等之名。然支离疏、无脤、浑沌氏，亦是一名，“无名人”，亦是一名。道家之徒欲逃名，而隐乎世者，人亦可慕其有“无名之德”之名，而归往之。则彼亦终不能逃名。故《庄子》书亦言及人之就“无名人”而问焉之争。《庚桑楚》篇言庚桑楚居山，而畏垒之民，欲俎豆之，庚桑楚遂不得不自憾其终不能逃于名之外。盖此人之必求有名，固不可必得；以我之有名与否，其权在他人。然人之必求逃名，亦同不可必得。因人之以名与我，亦他人之事也。又人之用名言以成辩，使人信服，固不可必得。然因此而不用名言以施教，不与人辩，亦不能阻人以其言与辩，谓我之不言不辩为非。今我果以不言不辩为是，则亦不能不自言自辩其“不言不辩”之是，而还自入于言辩之域。此人之名闻与言辩之难逃，则由于人可不求名闻，而名闻自至；人可不言不辩，而难于不言不辩其“不言不辩”之为是。人不求名闻而名闻自至者，以人之言行之见才德者，则人必称之美之，而以美名与之；人之言行之无才无德者，则人必厌之恶之，而以恶名与之。此乃依于人之原有客观的好恶是非之心。人之不言不辩，而不能不言不辩其“不言不辩”之为是者，则因人有所是，则恒必言其所是，以求人我之心相交通。此人之有客观的好恶是非，乃人之公心。求人我之心之相交通，亦未必皆是求一己之名之私心，而可出于公心。我有所是而言之，望人是我之所是，亦不必是望人知此我之所是之出于我，而只是望人之亦是此我之“所是”，而更不必念及“我”。则此亦非出于求一己之名之私心，而是出于求与人心交通，以同是非之公心。以至人之实自知其有才德足称，而望人之知之，而求有世之名，以得见用于世，亦可是出于望人共享其才德之公心。道家之徒，知求一己之名者之非，亦知人之以名言与人争辩，而欲人之所是，同于“我”之所是者，为求我之存在于我之外，而可使我失性命之情；故其忘名不辩之教，有其深旨。然道家之徒之必欲逃名，而谓人不当于其所是非好恶之人，与之以名，则不知其亦不可免；亦不知其出于公心者，亦不可非。又与人相辩难，而非意在使人同于“我”之所是，而只意在使人同于我之“所是”，而非以“我”之所是临人者，及人之实有才德，而求人之共享者，亦皆可出于公心，同不可非。由道家于此等等，未能见及，唯见人之以言辩争名，而行名失己之祸，故亦未能对名言之名及人之名位名闻之名，更有一积极之肯定态度也。

然道家之徒，因知人之才德之实属己，而与之名与否，在他人；人之用名言以成辩，属己，而实加认许与否，在他人；故又能深有见于此中之“名”与“实”之恒相悬距，而不相合。人固有才德微，而名闻甚大者，亦有才德盛，而名闻甚小者。又有其言甚真甚诚，而人未实加认许信从者；更有其言不真不诚，而人径认许信从之者。则世间之名实相悬距，固不可以道里计。道家之徒亦以此而益轻名。然在儒家之孔孟荀之教，则于人之才德盛而名不闻者，则教以务更自修其德，而以其名之闻不闻，任诸他人。于其名之过于其实有之才德者，则教以更求其才德之盛，足以称其名。至对人之好名求名者，则恒顺其心，而更教之以当如何自修其才德，方可有美名传天下后世。孔子所谓“不患莫己知，求为可知也”是也。儒者更立种种才德之名为教，于社会政治中，设种种名位，使实有种种才德者居之，而得其所当得之名，以使名实相称。则才德在己，名在人，而人我相应和；人乃既存在于其自己之才德之内，亦存在于他人之名中，则亦非必有道家之“行名失己”“德荡乎名”之虞。而儒者之教更有顺人之好名之心，以使之更勉于自成其实才实德之益。至于对世之已有实才实德，而无名位者，或实无才德而虚有名位名闻者，则更为之作褒贬、为清议，加以平反；即其人已死，亦以美恶之名谥，加于其身，以成此平反；总期在社会政治与历史中人之名与其实之相应合。则于道家所见及之世间名实之相悬距，儒者虽亦承认其为一事实。然化除此事实，以求其不相悬距，则视为人所当有之理想，而可由人之努力而渐达者。此亦皆为儒者之名教之义之所涵者也。

缘此儒者之以名为教，必重名位，亦必立种种才德之名；更有种种言，以教人如何成此才德之道；亦有种种言，以言人之名实之相称与否，而褒之贬之。然此名言之立，皆必出于公心，然后可以成此名教或言教。儒家必期在以此名教，勉人有其实才实德，然后见此名教之大用，而后人得其用名用言之道。此则儒家之徒，自孔子以至孟荀，大体相承之旨。至于墨家之徒，则其用名辩，以立天下之公义，则亦意谓此名辩，可出于为天下之公心。墨家亦力求名与实之合。然墨家只知名言之义，为客观外在，而不能如孟子之能知“言”之“义”，出于人“心”中所知之“义”，亦属主观而内在；又不知顺人之好名求名之心，以勉人成其才德。故墨家亦不如儒家之重施设名位，及以名为褒贬、定谥法等。是其不及儒者言名之义之广大者也。

然儒家之有名教亦重名位、褒贬、谥法等，以求世人之才德之实与其名位名闻相应合为归，此亦是为一般之世人立教。至儒者之对弟子直接施教，则恒只教人自勉于使才德称于其名位；于有实才实德之人，则教其当更求其德之进，至不怨人之不己知，人不知而不愠之境，如前文所说。依孔子之教，人果能至于不怨人之不己知，人不知而不愠，则其德唯己所自得自知，或惟天知之，故孔子有“知我者，其天乎”之言。此孔子之言知我其天，亦唯是孔子之自知此“知我其天”。故此天之知孔子，亦只藏于此孔子之自知之内。在孔子之心中，实只有自得自知，而不知他人之知之与否。只有此自知自得，而自足自乐，即使孔子入于无待于外之绝对之境界。在此无待于外之绝对境界中，孔子亦自可不言。故孔子有“予欲无言”，而如“天之四时行、百物生”，惟“默而识之”之一境。孔子弟子颜渊在陋巷，而自得自乐，孔子与之言终日，于孔子言“无所不悦”，而“如愚”；亦几于此一境。故孔子独叹颜回为好学。此一境，亦后之儒者所共向往之一境。道家之学，自其言圣人真人至人之无名无言，而能自得自乐而论，亦实同是向往在此一境。故《庄子》内篇特有契于颜渊之学。在此一境中，孔子颜回及老庄，皆同不自见其个人之名闻名位，亦可不用名言，而只生活于一绝对之自知自得、自足自乐，而无待于外之境中。然此中人之不用名言，亦非易事。因万事万物原皆有名而可言。则人之心一念及万事万物，即将不免出于此境，而落入名言之世界。此中如何使人念及万事万物，仍不落入名言之世界中，而得长住在此无言之境，仍当另有一思想方式，以助成之。

四　惠施之辩与其归趣

此上节末所提及之一思想方式，吾意初为于“万事万物之多，而更能见其纯一”之思想方式。此能于万事万物之多，而见其纯一之思想，即形上学之思想。人依形上学之思想，而于万事万物明其一共同之形上之道，即可化繁归简，于多见一，而于万事万物之繁多之名，亦可化繁归简，以一名统多名，更自忘此一名，以忘言而唯见此道。此即如孔子于四时行百物生，唯见一生生之道；庄子于万物，唯见一变化之道；老子于“万物并作”，唯见其复归于无物之道等。此皆是于万物万事之多，见一道，以更只体此道、冥合此道，以忘万物万事与其名之繁多，以使此心得安住于无名无言之境者也。

对此孔子老庄之言形上之道，吾前文已及之，今不多论。吾今将说者，是世所谓名家如惠施之辩，亦初是自觉或不自觉的，求超万事万物与名言之繁多，而向在此见一道，而体道，以忘言之境。惠施之书五车，固是以辩为名者。然就《天下》篇所言之惠施十一事（或说为十事，但以分为十一事为宜）以观，则其辩之目标，明在破除世间之名言与其所指之事物之种种差别相，而求于万事万物之繁多中，见其只属于天地之一体，而泛爱万物于此一体之天地之中，更不见此万物之繁多，亦忘其名言之繁多。泛爱万物与分知万物不同。分知万物，则物相差别亦各有名，而不能以一体名之。泛爱万物，乃以一泛爱之情，摄受万物之差别于一体之中，则此“泛爱万物，天地一体”，固亦是超知与名之境界，为惠施所向往。故其十一事乃终于此一事也。

沿此上所说，则庄子与惠子之向往，实未尝不同。唯庄子言“天地与我并生，万物与我为一”，乃本于其直下会悟得一“通我与天地万物”之道，而不由天地万物，以思其有种种差别之名言，即能直下忘名言，而住在无名无言之境。惠施则先念此天地万物之有其种种相差别之名言在，故更须先以辩破此名言之差别，方得契于泛爱万物之天地一体之义耳。

此天地万物之有种种名言之差别，原依于天地万物之呈于吾人一般之心知，固有种种相对之不同方面，而有其互相差别之相之故。如天地万物之呈于吾人一般之心知之有大小、内外、宽厚、高下、中偏、南北之方位、生死、同异、有穷与无穷之相对之不同方面是也。今观《天下》篇所言惠施之十一事，除最后“泛爱万物，天地一体”为其结论宗趣所在之外，其前言十事，皆不外言由此诸相对之不同方面，而成之种种差别之相，皆可推至其极，更可通而观之，以见其相对之差别相，皆可破可忘，而合为一绝对无差别之一体；则其差别之名，亦皆可不用，而只见其为一体。则人可更忘此一一差别之名，以得进而契于无名、忘名，而泛爱万物天地一体之境而已。

关于此惠施十一事中之前十事，古今注者固有种种说。因《庄子·天下》篇只陈其结论，而未说明其理由，则古今注者皆不免于猜测。吾今更为之说，亦同不免于猜测。然其结论宗趣，不外如上所说，则显而易见。今扣紧此宗趣以言吾所猜测，则其第一事所谓“至大无外，谓之大一；至小无内，谓之小一”，盖即是说世所谓大小内外相对之差别，及于至大至小，则当言一。吾人一般所谓大者，乃自其能包涵小者而言。大能包涵小，而小不能包涵大，则小为有外，而小在大内，此一般之大小内外之名所由立也。然大者对更大者为小，小者对更小者为大。大更有大，至于至大，而其外“无大”，亦“无外”。则至大之名，依“无大”“无外”之名而立。小更有小，至于至小，而至小者，其内“无小”亦“无内”。则至小之名，依于无小无内之名而立。言大必归于至大，言小必归于至小。而至大依无大无外，至小依无小无内。则言有至大至小，即亦当言无大无小。言内外，亦当言无内无外。而大小之内外差别之名即归于一。若谓大更有大，无所谓至大；小更有小，无所谓至小。则惠施或将说如大皆更有大，则大皆为小；小皆更有小，则小皆为大；而物皆同时为大为小。大小之名，同在一物，则亦可归于无大小之分别。然惠施是否有此说则不可知。依吾人今之意，以论此问题，则可说此大小，本是二物之量间之一关系，原无一物可称至大或至小，亦无一物可就其本身言其为大为小。一物对大者为小，对小者为大。此乃一物对其余二物之二关系。此二关系，原不只在此一物之自身。故一物之自身之为一物，无碍于其有此二关系，及此二关系之互相差别。故不能由一物之自身之对此为大，对彼为小，而谓此大小皆同在此一物中，以说大小之无差别也。然吾人若由关系以说差别，此差别亦即依此关系而说。人若于物，不自其关系而观，则此大小之差别，仍毕竟不可说。惠施之观天地万物，固可不由关系而观也。此外惠施亦可由大小之关系之有二，而相对相反，亦不可相离，以说此大小之二关系之合为一全体，于此合为一全体处，更不见此大小二关系之分也。要之，此中有种种思想义理可说。惠施毕竟如何说法，皆不可知。然其旨在言小大可通观为一体，而不见小大之分，因而亦不见内外之分，则其宗趣所在，固显然无疑也。

惠施第二事为“无厚不可积也，其大千里”。惠施何以有此说，亦不可知。此盖是言大之至于千里者，自另一面观之，亦可为无厚。如一平面之空间，观其广度，则其大千里而甚长，观其深度，则可无厚则至短。千里之长与无厚之短固有分，然其同属此平面则无分，而专自此无分处看，则固不见其差别也。又此“也”可作“耶”字解，则是言无厚可由积以至千里之广大。如《荀子·礼论》之言“积厚者流泽广”。此即是说由“积”可通“无厚”与“大千里”以为一体。此解亦通。或更可取他解。然其旨在通无厚与大千里之差别，则宗趣显然也。至其第三事之“天与地卑，山与泽平”，则盖是言天山之高与地泽之卑固有分，然自天地山泽之相连续处而观，则亦无分。其第四事“日方中方睨”，则盖是自日之运动历程中，其由中而睨（偏）之连续处，看其中偏之无分。第五事言“物方生方死”，则应是自物之在生死历程中，其生与死之连续处，或此生彼死、此死彼生之连续处，看生死之无分。盖凡自时空中之事物之连续处观，其分别处，固皆可统一于一连续体，而不见其分别。宇宙中之一切物，在时间中之生死之状态之别，在空间之中高卑之地位之别，其运动之由中而偏，或由此至彼之别，固皆同可统一于一时空大连续体中而观，以视之为一体也。

其第六事“大同而与小同异，此之谓小同异；万物毕同毕异，此之谓大同异”。则上二句乃言一般之同，有大同与小同之别。依大同成大类，依小同成小类。类各不同而互异，小类与大类又不同而互异。世间之物有类之分，有大类小类之分，而亦有种种类及种种大类小类之差别名。然在大类之上，更有大类，则异者可互同；小类中更有小类，则同者又可互异。是即异中有同，同中有异。则事物之相同者亦相异，相异者亦相同。于同者观异，则可忘同；于异者观同，亦可忘异。同异可忘，而同异之差别可泯。又异中有同，非毕竟异；同中有异，非毕竟同。毕竟异为大异，毕竟同为大同。则一般之同异，非大同大异，而为小同小异。由一般之小同异，进于毕同毕异，亦如由一般之大小，进于至大至小。由一般之大小进于至大，而无外，亦无大，进于至小，而无内，亦无小，而大小之分别可泯。由小同小异，进至毕同，则无异，进至毕异，则无同。则充同异之量，至乎毕同毕异，同时亦即至于更无异亦无同之境，而异同之观念亦可泯矣。

其第七事“南方无穷而有穷”，此要在以南方为例，以通有穷与无穷之分别，其如何通法，亦不可知。如向南方而行，其前无穷，而始于足下，则其后有穷。此是一讲法。南方非北西东三方，南方之无穷只限于南方，亦穷于此南方。此是一讲法。又欲穷南方之无穷，须步步前进以求穷之，而后见其无穷。步步穷之，则每步皆有所止而穷。唯赖此步步有所止而有穷之事之相续，乃可以言有无穷，则无穷待此有穷以成无穷矣。又是一讲法。再人果能以无穷之步履，以穷无穷之南方，则南方无穷，亦可为此无穷之步履所穷，亦是一讲法。此外亦尚可能有其他讲法，以释此语。惠施毕竟如何讲法，亦不可知。然其意在通此有穷与无穷之分别以为一，则固当是其宗趣之所存也。

其第八事“今日适越而昔来”，亦可有种种讲法。如今日适越而来到越时，则其适越之事已成昔，是一讲法。今日适越而来到越时，今日已成昔，又是一讲法。今日适越而到越之时，今日与此适越之事，皆成为“昔之来到越之事”，再是一讲法。《庄子·齐物论》言“未成乎心而有是非，是今日适越而昔至也”，或谓“未”当作“夫”，即言人必成心先定，而是非随之，则此下一语可是谓：昔先有至越之成心，然后有今日之适越之事。此又是一可能之讲法。或更有其他之讲法。然其旨在言今昔之可相转变而相依，“往适”与“到来”之可相转变而相依，而旨在通“今”与“昔”、“往适”与“到来”之分别，则宗趣亦显然也。

其第九事“连环可解也”，亦不知惠施初如何讲法。昔人或谓相连之环，乃互贯于其环之虚处，此虚处不见有连，是一解。环之连，乃人之使之由不连而连，则逆回此由不连至连之历程，而还至不连，则环亦可解。如后之俗语中“解铃还是系铃人”是也。此又是一解。或谓以锤破连环，则连环可解，亦未尝非一解。然要之其宗趣在说连与不连相依而立，可相通为一，则亦显然也。

其第十事“我知天下之中央，燕之北，越之南是也”，则人或以天下无处不可以为中，则燕北与越南亦可为中，此是一解。又燕之北犹至北，越之南犹至南。至大之外无大，至小之内无小，则至北之地更无北，至南之地亦无南。无南无北，则南北之名废，而只有一中央，兼连于此南北，以合南北为一。此又是一解。或更有他解。然其旨在合南北中央以为一，以见其为一体，则归趣显然也。

《庄子·天下》篇又言天下之辩者所言之二十一事，其中之卵有毛，郢有天下，犬可以为羊，马有卵，丁子有尾，山出口，白狗黑；与《荀子·不苟》篇所言之“齐秦袭”“钩有须”，以及《荀子·正名》篇所举以实乱名者之言“刍豢不加甘”“大钟不加乐”，其说皆不可详考。然要不外言世之视为异者，未尝不可见其同；世之视为无者，由其变而可使之化为有；世之视为有者，由其变而可使之化为无；世之视为互相隔离不相连续者，可由其相连续处，观其不相隔离，以合为一体。人稍能用思，固皆能思万物之异中有同而能变化，不相连续者之或亦可有其相连续之处，以合相异而相隔离之物为一体，以观之；而更忘其分别之名，以体一切万物之为一体也。

吾前著《〈荀子·正名〉与先秦名学三宗》，谓荀子所谓以实乱名，即指惠施一型名实之论。此型之名实之论之大旨，在以天地万物之一体为大实。由此大实以观吾人一般用以分别此大实之种种名言，无不可兼泯其差别，而说其无差别。此非谓惠施全不知天地万物有种种差别。《庄子·天下》篇文谓“惠施多方，其书五车，其道舛驳”。人问“天地所以不陷，风雨雷霆之故，惠施不辞而应，不虑而对，遍为万物说”，则见其亦知注意万物之差别之故。然在《天下》篇所言之十一事中，则偏在言天地万物之一切大小、内外、长短、高下、生死、中偏、同异、南北中央之方位、有穷无穷、连不连等一切相对之差别，皆可通之为一体，而以泛爱之情，摄之以成一大实；而更忘其用一般之名言差别，所形成之知识之差别，而得契于庄子之“天地与我并生，万物与我为一”，而“忘名言超知识”之一境。故惠施与庄子为良友。然其辩则与一般之见之不知此一体之义者，互相对反，惠施遂与此一般之见，相辩无已，而《天下》篇谓其“卒以善辩为名”，荀子乃谓“惠子蔽于辞而不知实”。惠子遂被后世列为名家。然实则惠施正是要泯化世间之名之差别，以归于一体之大实。亦可说为实家，非名家也。

就惠施之十事所及，以观惠施所欲泯除之种种差别，大皆属于由事物之高下方位长短中偏之空间相，事物之生死往来之时间相，及同异、有穷无穷、连不连之相对范畴之相，所形成之诸差别。此可与西方哲学中之时空等范畴之论相应合。其书五车若传，亦必当有其种种妙论，以自证成其说。然其宗趣则在泛爱万物，见天地一体。此泛爱之名，近墨子之兼爱。一体之义，则庄子所畅言。其言泛爱，盖只是一以情泛摄万物之境，必非如墨子之爱人之爱。爱人而一一利之，为可能之事。爱万物而求一一利之，则唯后之佛家之普度有情之众生者，庶几近之。惠施之泛爱，盖亦非佛家之义，亦非于万物必一一利之也。泛如水之泛，泛爱固当只是于万物有一泛摄之情之心境而已。则其泛爱之名，虽大可是由墨子兼爱之名所转成，而其所归向，则仍在契于庄子之心境。则吾人视惠施之教为由墨家义，以过渡至道家境，而通墨与道者，亦未尝不可也。

第十九章　周秦诸子对“名言”之道（下）

五　公孙龙之《名实论》

世言周秦之名家，以公孙龙为巨擘。其书有六篇具存。惠施盖亦尝与公孙龙之徒相辩。公孙龙书重正名实，而自言其论名实，合于孔子之教，亦明王道之一端。故初亦非如西方之逻辑家知识论者之为论名实而论名实者。此名实之论，乃孔墨所先重，初固为在伦理道德政治意义上，谓当有“实”以合于人之“名位”，及人所言之“德”与“义”。至道家之老庄，而重言“德荡乎名”“行名失己”及名不亲于身之义，而倡不言之教、不辩之道。道家所谓名，则或指名位、名闻之名，或指成辩之名言之名。惠施破一般之名言之分别，以见天地万物之一体，为一大实。公孙龙则要在克就世间之名言，有其分别，以言其应各有所定指之实，而不使名与名相乱，方为正名之事，得合孔子言正名以成治之旨。故其《迹府》篇引及孔子之言。公孙龙之名实之论，亦原属儒墨道之名实思想之大流中之一节。彼亦自认为如此。则吾人亦当循此名实思想之大流，以了解其用心之方向，与其言之价值所在。不必先存西方之逻辑知识论或存在论之说在心，以释公孙龙之言；亦不可以公孙龙之引及孔子之言，为装点门面语也。

公孙龙之言名实之名，乃指种种客观存在之实有之物者。此与惠施之十一事所论之空间之大小长短等，时之去来，以及同异、有穷无穷等，乃普遍之时空关系范畴之名者，大不同。此关系范畴之名，其自身原不表实物，故亦可由凡此关系范畴皆相对，凡此相对者皆可相转变或相依而有，以通之为一体。然指种种客观存在而实有之物之名，则不如是。如“白”即指实有之物之白之性相，“黑”即指实有之物之黑之性相，“马”即指有马相之马类之物，“牛”即指有牛相之牛类之物。白、黑、马、牛之名之分别，乃直依客观存在而实有之物，原有其性相之分别，而有其种类之分别而立。则不能轻言其名之分别之可泯，而通以为一。此乃公孙龙之思想方向之所注，而与惠施思想方向之所注，大不同者也。惠施于名实，重合异成同，而于异名见其所指所表者，归于天地一体之大实。公孙龙重散同以观异，于异名皆谓其所表所指者恒有异实。故《庄子·天下》篇之二十一事，除上述属惠施一派之论者之外，余如火不热，轮不蹍地，指不至、至不绝，矩不方、规不可以为圆，鸡三足，目不见，凿不围枘，飞鸟之影未尝动也，镞矢之疾而有不行不止之时，狗非犬，黄马骊牛三，孤驹未尝有母等，盖皆公孙龙派之说。今存《公孙龙子》书及《列子·仲尼》篇等，言公孙龙所主之说，固与《天下》篇之二十一事中有合者也。

此公孙龙之言正名，乃就客观存在之实物，其性相之不同，而言其种类之不同，以正名。近人则以为此纯属逻辑知识论存在论之说，与中国昔人之言名字名谥及他家之言名位名闻之名，风马牛互不相及。但我不以此说为然。盖在中国思想史之发展上看，此二者未尝不相及。至纯自理论上看，则人之有名字名谥名位名闻，乃始于人在他人心中有一存在地位。此与客观之事物之有一名，始于客观之物之在吾人心中，有一存在地位，正复相类。人之名字、名谥、名位、名誉之有种种之分，乃由一人在他人心中之存在地位之有所不同，亦如客观之物之有种种之分，由其在吾人心中之存在地位之有所不同。此二者间，唯一差别，唯在吾人思及人之名字、名谥、名位、名闻时，吾人对之兼有一价值估量之意识，与好恶、是非、毁誉之情意。只以分别之名，指分别之客观事物之性相种类时，则可无此价值估量之意识，与好恶是非毁誉之情意而已。故吾人若于客观事物之名，更赋与一价值意义与情意意义，则其名，即无异人之名谥、名位、名闻等之名。而将人之名谥、名位、名闻之名中之价值意义、情意意义，加以减除，则其名亦皆化同一般所谓专指客观事物之性相种类之名。故此二者之不同，乃名之涵价值意义及情意意义，而意义较丰富者，与无此诸意义，而其名之意义较贫乏者之不同。人类之思想，能将一名中之价值意义及情意意义，与其纯指客观事物及其性相之意义，加以分开，固亦一思想之精密化。然自其更不重名言之价值意义与情意意义，而除之于名言意义之外言，则表示一对意义之了解，趋向于贫乏，而为一有关名言意义之思想之范围之缩小，亦由人之用名对名之道之缩小之所成。故公孙龙之言名实，只重名之指客观事物之性相种类之意义，可说为其对名之思想之更精密于前人，亦可说之为更狭小于前人。而其言名实之道，则原于其前人之用名对名之广大之道之缩小所成。故其名实之论与其前之名实论相较而言，乃有所长，亦有所短。然必须谓其原仍是出于其前之名实之论。其论与其前之名实论，在历史上看，与在理论上看，皆未尝不相及。不当因其可先视同西方式之逻辑知识论或存在论之说，便以为可单独讨论；而忘此公孙龙之名实之论中之逻辑、知识论或存在论之成分，其原乃在一更广大之名实之论，亦可摄在此更广大之名实之论，而观之者也。

至于克就公孙龙书之名实之论，而观其思想之趋于精密处，今据中华书局《四部备要》本，先照抄《名实论》全文于下。文曰：

“天地与其所产焉，物也。物以物其所物，而不过焉，实也。实以实其所实，而不旷焉，位也。出其所位，非位。位其所位焉，正也。以其所正，正其所不正，疑其所正。其正者，正其所实也。正其所实者，正其名也。其名正，则唯乎其彼此焉。谓彼，而彼不唯乎彼，则彼谓不行。谓此，而此不唯乎此，则此谓不行。其以当，不当也。不当而乱也。故彼彼当乎彼，则唯乎彼，其谓行彼。此此当乎此，则唯乎此，其谓行此。其以当，而当也。以当而当，正也。故彼彼止于彼，此此止于此，可。彼此而彼且此，此彼而此且彼，不可。夫名实，谓也。知此之非此也，知此之不在此也，则不谓也。知彼之非彼也，知彼之不在彼也，则不谓也。至矣哉，古之明王，审其名实，慎其所谓。至矣哉，古之明王。”

此公孙龙之《名实论》一篇，即今存其书之他篇之总旨。在此《名实论》中，公孙龙以天地与其所产为物，即直指客观宇宙之万物为物，而更不及其与人或我之关系。其谓“物以物其所物，而不过焉，实也”。此是为“实”之名，作一定义，乃昔所未有。此语中之第一物字，犹今所谓作主辞名辞用之存在者。第二物字犹作动辞用之能存在。所物，是作宾辞之名辞用之所存在者。则此全语之义，即：此存在者之能去存在其所存在者，则称为物之实。此是谓一存在者之物，必有能存在之活动，以自存其所存，方可称为有实之物。此一存在者之所存者，应即指一存在者之内容性相。一存在者，若无一存在之活动，以自存其所存之内容性相，则虚而非实。必一存在者“有一能存在之活动，以自存其所存者”，乃为有“实”。此固不难解也。

至于下一句“实以实其所实，而不旷焉，位也”，则是克就此实之恒是其自己，以恒自居于其自己之内，而不与其自己相旷离，以言此实之自位于其自己之内。此即所以言此“位”之名之义。简言之，即“实”是“实”，便是“实”自位于“实”。此乃于实更作一反省的思索之所成。对实作反省的思索，则自见“实”是“实”，而“实”自位于“实”。如实不自位于实，则实非实，而自出于其所位。此实亦即非正居于其位者。必实不自出于其所位，方得位其所位，而正居于其位。故曰“出其所位，非位；位其所位焉，正也”。今以此实之正居其所位，或位其所位为标准，以观吾人所知之“实”之非正居其所位者，还正居其所位，是即正其所不正。亦即“以其所正，正其所不正”。此下“疑其所正”稍费解。或谓疑即凝定。由不正还于其所正，即还凝定于所正也。或曰疑其所正，即疑其先以之为正者之不正，而使之还于正。或曰由不正至正以求正，总是先经一疑惑，乃至于得其所正。解皆可通。然此节文之要义，则固只在言何谓正，与“正其所不正”之一句也。

至下文之正其所实，即正其名。则是说人之正其所知之实，使实正居于其位，赖于人之正其名。所谓使实正居于其位，即见实自位于其实，亦即见实是实。此见实是实，即使物实有某性相者，实见其有某性相，乃赖于人之正其名。即谓正其名，乃所以见“实”之是“实”也。

正其名之所以能见“实”之是“实”者，在“谓彼而唯乎彼，谓此而唯乎此”。此即是说，于一物之有某一实者，以彼名名之，即唯以彼名之。既唯以彼名之，即见彼名所指之实，只是彼名所指之实。彼名与彼名自同，即表所指之实与所指之实之自同，亦即见“彼实”是“彼实”。此亦即见彼之实，正居于其自位，而得其正位之道也。彼实之得正位，在以彼名谓之，即唯以彼名谓之。此实之得正位，则在以此名谓之，即唯以此名谓之。总之，实之得其正位，在人之用名之自相一致以进行。无此正名之事，则物之实不能得其正位；而唯由正名，方可使物之实得正位。则重点初在正名，名正而后实定。此公孙龙之名实之论之根本方向所在。故公孙龙可谓一标准之名家，而与惠施之以天地万物之一大实，泯除名之分别者，正相反者也。此人之用名，乃用以指实，即所以谓实。于一实以此名谓之，即恒以此名谓之，即此名谓之自相一致以进行。于一实以彼名谓之，亦然。此即“名谓”之进行之“当”。反是，则不当。“其名正，则唯乎彼此焉”，即当也。分别言之，则唯乎彼，即于彼唯谓之为彼；唯乎此，即于此唯谓之为此。是即后文之“故彼彼当乎彼，则唯乎彼，其谓行彼。此此当乎此，则唯乎此，其谓行此"。行即此谓彼谓分别的自相一致以进行，以分别用于此与彼，而分别止于此与彼。此即所以使此实彼实之分别正居于其位，而皆当。反之，则"谓彼而彼不唯乎彼，谓此而此不唯乎此"，是为不当。是即不以此谓自相一致，以行于此，不以彼谓自相一致，以行于彼；而以此谓行于彼，彼谓行于此。此即"以（求）当，不当也"，"不当而乱"。故曰"彼此而彼且此，此彼而此且彼，不可"。人在此情形下，则于此实，亦不见其是此实，于彼实亦不见其是彼实，则亦无此谓、彼谓之行，而亦不须有此谓、彼谓矣。今欲有此谓彼谓，则必须能各行其谓。故谓之此，即自相一致地以谓之此，谓之彼，即自相一致地以谓之此。然后其"谓"行，而此实之是此实，彼实之是彼实，乃得见。故正名之事，即有彰显"实"，使实得位之功。正名之功在人，而彰显实使实得位之功，则见于物。此方见正名之大用。吾人之如此释公孙龙之《名实论》，乃通贯全文，而以其后文所说，与前文所说，照应而观，方有是释。故与他人所释，颇有异同。读者更可细勘之。

六　公孙龙之《白马论》《坚白论》

公孙龙在当时以言白马非马，及主离坚白，名于世。其书有《白马论》《坚白论》二篇。《白马论》思路甚清楚，归趣则实甚单纯。其谓白马非马，只是就其各是一名，各有其所指所定之实而说。在白马之名中，自是兼有白与马，以兼定马之色与形之实；而马之一名，只定马之形之实。二名所命所定之实不同，则二名不同，而此名非彼名。故以马为名以求马，黄黑马皆可以应其求。以白马为名以求马，则黄黑马不足以应其求。则马与白马所指之实，固显然不同。若谓白马之名同于马，黄马黑马之名亦同于马，则黄马黑马亦将同于白马。故白马之名与马之名必不同。

即依此二名之不同，而言白马非马，此固皆无问题，亦无奥义诡辩也。在《白马论》中唯一有意味之一讨论，是问者谓白马之一名，由白与马二字合成，而其中有马之一字或马之一名，今暂抽掉其中之白之一字、白之一名，唯存马之字、马之名，则岂不可说其是马？但公孙龙此之答则谓：白马乃一整个之名。此白马中之马，乃已为白所规定之马，而此白马即合成一整个之名。既已合成一整个之名，则不能再抽掉其中之白，而单就其中之有马字，而谓之为马也。兹按《白马论》中述难者之言曰："有白马不可谓无马者，离白之谓也。不离者有白马不可谓有马也。故所以为有马者，独以马为有马，非有白马为有马。故其为有马也，不可以谓马（是）马也（陈澧谓也读若耶，陈柱《公孙龙子集解》引）。"此即谓白马之名既由马与白合成，此名中固有马之一字，今离此白以言马，而马，马也，则岂不可说白马是马耶？然下文则答之曰："白者不定所白，忘之而可也。白马者，言白定所白也。定所白者，非白也。"此即谓单独言白，而未用以规定一物时，此白之名，乃一可普遍应用之名，自可不用，或加以抽掉而忘之离之。则可说白马中唯存马字，而难者可说此马只是马，而白马亦是马。但公孙龙则答以此白马中之白，非不定所白之白，乃已用以规定所白之马之白。由是而此白亦即连着于马，以合为整个之一名，不同于单独言之白，可加以抽掉而忘之离之者。不可忘不可离，而当守。故《迹府》篇谓公孙龙为"守白之论"。此守白，方为其白马非马论核心义。其曰"定所白者，非白也"，即谓白马中之白，为定所白于马，而当守之白，非孤立之白——以成一整个之白马之名者。此整个之白马之名，自别于马之一名。故曰白马非马也。要之此白马非马之论，乃纯从此是二名，各有其所指之实而说。于此不须连西方逻辑中之内包外延、种与类以及类之包涵关系等而说，以另生枝节，则原文即简单明了，亦无奥义诡辩。唯此说与常识及一般逻辑之于一实物说为白马者，亦可说为马，似相违，故觉其中别有奥妙，亦似为诡辩。实则即在常识与一般逻辑，于一物说为白马者，更说之为马，亦同时意许马与白马是相异之二名。公孙龙不过就此人所原已意许其为二名，而自觉的说出其为二名，而此名非彼名，以见此名彼名，各有其义，亦有其所指之实之异，使人知此“名之异”与“其所指之实之异”，当有“一对一之相应关系”之存在，以正名，而正其所指之实之位而已。

复次，公孙龙之《坚白论》，归趣亦甚单纯，唯其文句稍缴绕，故易引起人对之作种种歧想，而化之为复杂难解。其谓坚白石非三而为二，只是说对视而言，有白无坚，则只有白石之名，与所见之白石相对应；对触而言，则有坚无白，则只有坚石之名，与所触之坚石相对应。视与触，为二感官之事，而自相离，则其所感之坚与白，自亦相离，而坚白之二名亦相离。此中人之疑惑，唯由坚白皆属于石而起。故人问：“天下无白，不可以视石；天下无坚，不可以谓石。坚白石不相外，藏三可乎？”此问只是由问者之自“坚白皆属于石，而藏在石中”着想而生。故问者可谓：“其白也，其坚也，而石必得以相盛盈。”此即谓坚白皆属于石，为石所同时具得之谓。“相盛盈”者，谓凡有坚之处皆有白，凡有白之处皆有坚，坚白互遍，互充满，即相盛盈也。然公孙龙之答语则谓：坚白之藏于石，乃分别自藏。人之得其白，得其坚，亦分别自得：或得坚，或得白。白可见，坚不可见；“可见”与“不可见”离，故“坚”与“白”离。今若说皆藏在石中，亦是分别自藏，不可只说是一“藏”之藏。故曰：“有自藏也，非藏而藏也。……得其白，得其坚，见与不见离，一一不相盈，故离。离也者，藏也。”“离也者，藏也”，即言其分离以自藏也。

公孙龙之论坚白之要旨不过如是。其下文之难者更言“石之白、石之坚、见与不见，二与三，若广修而相盈也”。此乃是还自客观之石之坚白，皆属于石而相盈，以更倒说此人之见与触，亦可视为互遍而相盈。故人之说二说三皆可，二与三之义亦互遍而相盈。如广者之有修，修者之亦有广。此难者之意，是由客观之石之坚白之互遍相盈，以倒说人之“见”与“触”、“二之言之义”及“三之言之义”，亦可视为互遍相盈，则公孙龙说二固可，今说三应亦可。此是自退一步，又进一层之问也。

公孙龙之答，则是先转问：“物白焉，不定其所白；物坚焉，不定其所坚。不定者兼，恶乎其石也？”此是泛说白与坚而不定于石，则此坚白乃各物之所兼有，如《白马论》中之不定所白之白，或今所谓共相概念可普遍应用，而非实际上已定于实物之石者，则何可谓为石之坚白也？

问者还答曰：“循石，非彼无石，非石无所取乎？白石不相离者，固乎然，其无已。”此是谓彼是循石以观其有此坚白。石非此坚白，则无石；而无此石，亦不能取得具有此坚白之性质。然由石既具有而取得此坚白之性质，则坚白固是属于石，或当属于石，以与石不相离，而无有已时也。

公孙龙既得问者之意，则还循此坚此白皆为定于石之坚白，以言于石中之坚白之二，见知其白，不知其坚，触知其坚，不知其白；白乃所见，坚乃所不见；以重申其坚白离之说。故曰：“于石一也，坚白二也，而在于石。故有知焉，有不知焉；有见焉，有不见焉。故知与不知，相与离；见与不见，相与藏。藏故，孰谓之不离？”相与藏，即相并，而分别以自藏也。

至于问者之再问：“目不能坚，手不能白，不可谓无坚，不可谓无白；其异任也，其无以代也。坚白域于石，恶乎离。”则此是问者重申其坚白属于石之论，而谓目之不能得坚，手之不能得白，为属主观之目手之任自异，而不能相代之过，不关客观之石之自具坚白。后文公孙龙之答则曰：“坚未与石为坚，而物兼，未与物为坚，而坚必坚，……天下未有若坚而坚藏。白固不能自白，恶能白石物乎？若白者必白，则不白物而白焉，黄黑与之然。石其无有，恶取坚白石乎？”此乃谓坚必为“与于石”，或为石所表现之坚，白必为“与于石”，或石所表现之白，此方为实有之坚白。否则只是物所可兼有之坚白之概念共相。此为概念共相之坚白，若无石等物表现之，则虽曰坚必坚而白必白，而非能自表现而白物坚物，以实存于天下之坚白，乃不白物之白，如黄黑之类，及不坚物之坚，而唯有分别自藏者。其言“石其无有，恶取坚白石”，即谓无石，即白不白物，坚不坚物，亦无所谓“坚白石”也。至于就为石等物所表现而实存于天下之坚白而言，则亦必连于人之用目视、用手触以知之事而言。人目与手异用。用目可知白不知坚，用手可知坚不知白。而目与手离，则其分别所知之石之坚与白，亦自当相离也。至其后文曰：“白以目，以火见，而火不见，则火与目不见，而神（疑下脱不字）见。神不见而见离。坚以手而手以捶，是捶与手知；而不知，而神与不知。神乎，是之谓离焉。离也者，天下故独而正。”此段文有误脱，亦有种种校读法，皆可不悖其大旨。今只加一不字于“神见”中。此即是谓：神之见白，赖乎目，目赖乎火，然目火自身非能见。（如《天下》篇辩者二十一事中有“目不见”。）唯心神能见。心神不见白而离白，故知白可离。后言神知坚，赖手，手赖捶，而手捶自身亦非能知坚。唯心神能知坚。心神不知坚而离坚，故知坚可离。此节之大旨，乃由目、火、神、见之一系列，与手、捶、神、知之另一系列不同，以言神可不见白或不知有坚，以证坚白可相离，则其旨甚明。坚白相离，坚独坚而白独白，以各居其正位，其名皆正矣。

此公孙龙之《坚白论》之所以必谓坚白离，乃归在言坚白分别对人所用之目火或手捶而表现，以为人之心神之分别所知之实而说。此所知之实自分别，则坚白二名，亦自分别。人当以手触石之时，只须有坚石二名，以说其所对之实。人当以目视石之时，亦只须有白石二名，以说其所对之实。然后人所用之名，皆为表其所对之实之名。故皆只须举二名而已足。若于目视之时，举坚白石三名，则坚自藏，而非实。若于手触之时，举坚白石三名，则白自藏，而非实。此中如以藏为实，而加以混淆，遂用三名以表实，则名不正。然若说于此中有一名，乃表所藏之白或坚，则用三名亦未为不可。公孙龙亦未必加以反对也。

七　公孙龙之《通变论》

公孙龙之《通变论》，文句似较为难解。其所谓通变，乃自实变其名亦当相随而变说。然未变之实，与已变之实，必相别异，人之变用其名，亦必求足以表此别异，以保存名实间之对应关系。此即本文之宗旨也。全文如下："曰：二有一乎？曰：二无一。曰：二有右乎？曰：二无右。曰：二有左乎？曰：二无左。曰：右可谓二乎？曰：不可。曰：左可谓二乎？曰：不可。曰：左与右可谓二乎？曰：可。曰：谓变非不变可乎？曰：可。曰：右有与，可谓变乎？曰：可。曰：变只？[①]曰：右。曰：右苟变，安可谓右？苟不变，安可谓变？曰：二苟无左又无右，二者左与右奈何？羊合牛，非马，牛合羊，非鸡。曰：何哉？曰：羊与牛唯异，羊有齿，牛无齿，而牛之非羊也，羊之非牛也（据王啓湘校），未可。是不俱有，而或类焉。羊有角，牛有角，牛之而羊也，羊之而牛也，未可，是俱有，而类之不同也。羊牛有角，马无角；马有尾，羊牛无尾。故曰羊合牛非马也。非马者，无马也。无马者，羊不二，牛不二，而羊牛二。是而羊而牛，非马可也。若举而以是，犹类之不同。若左右，犹是举。牛羊有毛，鸡有羽，谓鸡足一，数足二，二而一，故三；谓牛羊足一，数足四，四而一，故五。牛羊足五，鸡足三，故曰：牛合羊非鸡。非有以非鸡也。与马以鸡，宁马。材不材，其无以类，审矣。举是乱名，是谓狂举。

---

① 此只字难解。俞樾校改作奚，人多从之。陈柱于《公孙龙子集解》引章从益云："夫，一右也，所谓只也。"则变只，犹问在右与左合之情形下，所谓变是变哪一只？故下文答以："变右"。则不改亦通。

曰：他辩。曰：青以白，非黄，白以青，非碧。曰：何哉？曰：青白不相与，而相与，反对也；不邻而相邻，不害其方也。不害其方者，反而对，各当其所，左右不骊，故一于青不可，一于白不可，恶乎其有黄矣哉？黄其正矣。是正举也。其有君臣之于国焉，故强寿矣。而且青骊乎白，而白不胜也。白足之胜矣，而不胜，是木贼金也。木贼金者，碧。碧则非正举矣。青白不相与，而相与不相胜，则两明也。争而明，其色碧也。与其碧，宁黄。黄其马也，其与类乎；碧其鸡也，其与暴乎。暴则君臣争，而两明也。两明者昏不明，非正举也。非正举者，名实无当，骊色章焉。故曰两明也。两明而道丧，其无有以正焉。”

观此《通变论》之后文，则知此中全文之旨，乃在避“两明而道丧”。而此所谓“两明而道丧”，即两名之义，争明而相混淆，此即足使名与名之同异不彰，而其与实之同异之对应之关系，亦不得显，遂使名实无当。其所举之名为乱名，其举为狂举。今能先把握此旨，自于其前文之解释，有一可循之路，而不致如人之任情作歧想，以为解释矣。

此文首言二无一、无右、无左，右或左亦无二。此乃纯由“二”无“左”“右”“一”之义，“左”“右”“一”亦无“二”之义，以见“二”与“左”“右”“一”之各有其所指之实而说。故其名亦即足以相别，以与其所指之实之别相应。至谓“左右”可谓“二”，则自左右相与，而合成之一名，所指之实，亦为“二”之名所指之实而说。左右合而为二，固与左或右之各为一者不同。然左或右中之任一个，如右，亦可变而与左相结，以由只可以“一”名之者，而变为可以“二”名之者。此中，人如只自变前以观，则右自是右，故曰“右苟变，安可谓右”，亦不可说之为二。自变后以观，则右与左合，而非不变，故曰“右苟不变，安可谓变”。变前变后之情形不同，故变前之右（或左）中之无二，二亦不能指此右（或左），并无碍于变后之左右既合，而可以二指之。于变后之左右之合所成之实，可以“左与右”谓之，亦可以“二”谓之，以皆同指一实也。然此亦不碍当右未与左相合，右未变之时，右之只是右，亦只可以一谓之，而其中自无二无左，而左中无此右、二中无此一也。左之变前变后之情形，亦然。在变前“右”“左”“一”三名，与“二”之名之所指之实，互无其所有，以成其名之互异。在变后，则右与左合，可以“二”谓之，亦可以“左与右”谓之，以成此二名之同指一实。然要皆必依名所指之实之异同，以定名之异同。由二名所指之实，非一实，而互无其所有，以见二名之异；更由二名所指之为一实，而互有其所有，以见二名之同；则为上例所示之原则。故必实变，然后名得与之俱变。此即所以通名实之变，而使名实，恒有对应关系之道也。

依此左右一二之例所示之原则，而公孙龙于此篇乃更举“牛合羊非马”“牛合羊非鸡”为例，以见名之异，必赖其所指之实，能互无其所有以彰显；名之同，则赖其互有其所有，以彰显。又必对异明同，对同明异，然后名实之同异俱彰，而不至“争光两明”，以造成名实之混淆。此即后文论此二例之归趣，而为世之释此后文者所忽者也。

在牛合羊非马之例中，公孙龙先自其中之牛与羊之关系而论。其谓“羊有齿，牛无齿”，以谓“牛之非羊，羊之非牛，未可，是不俱有，而或类焉”。或谓牛只无上齿。牛无上齿，为与羊不类，而有下齿，则与羊类。故牛与羊有不类而异，亦有类而同，此则不能彰显牛羊二名之异。今纵谓此齿字专指上齿，此语亦只见牛无羊之所有，而不见羊无牛之所有，而未能兼由此羊之无牛之所有，以彰此牛羊之异。又此语只言羊与牛有异，而未言其无同，则可言其有异而不相类；亦可由其未必无同，而言其或相类。则此语固不能彰显其牛与羊二名之必异，其所指之实之必不类也。

至于下一节谓：“牛有角，羊有角，牛之而羊也，羊之而牛也，未可。”则此当是自牛羊之有角虽相类，其角未必相类，而其他之处未必相类而言。故不能以其皆有角，以言其必相类。因此语只是言牛羊互有其他之所有之角，而言其有同，而未言其无异。此与上羊有齿、牛无齿之例，只是“言牛无羊之所有而与羊异，未言其无同”之旨相对。合以见：只言二名所指之物有异，或只言二名所指之物有同，皆不足彰显其同异，以言其必不同类，或必同类也。

然在牛合羊与非马之全句所表之意，则又与上二者不同。此中羊牛之有角与马之无角相对反，马之有尾（有须之尾）与牛羊之无尾相对反。牛羊与马之名之异，则以牛羊与马之名所指之实，互无其他之所有，而得彰显。牛羊之同为有角，亦由其与马之无角相异，而使此同为有角得彰显。此即合于由左右一二之例中所示之原则矣。

由此以更观其牛合羊非鸡之例，则又尚未能合于此上之原则者。盖此谓羊合牛非鸡之理由，乃只自牛羊有毛，鸡有羽，牛羊有五足，鸡有三足说；而未自牛羊无羽而有毛，鸡有羽而无毛说；亦未自鸡有“三足”无“五足”，牛羊有“五足”无“三足”说。则羽毛亦可说相似而同类，鸡与牛羊之或有三足，或有五足，亦只是足之多少之别。故依此以言牛羊非鸡，或牛羊与鸡之名之异，其异亦未得全然彰显也。故下文谓“与马以鸡，宁马，材不材，其无以类审矣”。此即谓在“牛合羊非马”之情形中，牛羊有角之材，而马无其材；马有尾之材，而牛羊无其材。牛羊与马，各有其材与不材，互相对反，则显然“无以相类”。然后羊与马名实之异，乃得全彰也。

至后文之他辩，则是另举青以（义同于与）白非黄，白以青非碧为例。青与白合，而相与不骊，即不混。青与白中皆无黄，则青白与黄之名实之异自彰。而白以青，则是白之骊乎青，青白混而争光两明以成碧。则碧与“青”及“白”之异不彰，以碧中似有青或白故。故举黄以与“青与白”对，其名实之异俱彰。举碧以与“白以青”对，则其名实之异，不得俱彰。故举黄为正举，举碧非正举；亦如举马以与牛羊对，为正举，举鸡非正举也。正举者，名实之异俱彰，如君臣之异职而相辅。非正举者，名实之异不彰，如争光两明，以相淆乱，如君臣之争暴。欲去此两明之争暴，以使名实之异俱彰，则唯赖于不同之名所指之实，互无其所有之处着眼，以辨其异。此即同于其前文之自二中之无一、无右、无左，右中左中之无二，以辨“左”“右”与“二”之名之异也。然此固不碍合左右以成二之实，可以“左与右”谓之，亦可以“二”谓之，亦如牛不二羊不二，合牛羊而可谓之二也。

八　公孙龙之《指物论》

《公孙龙子》之最难解者为《指物论》。吾亦尝玩之数十年，自屡易其解，终觉其文如龙蛇夭矫，缚拿不住。后乃渐知此篇不能单独而解，必须通《公孙龙子》全书之旨而解。其要在知此中之“物”，即《名实》篇之物，而“指”则“举名用名以指物之实”。物属天地之所产，用名指物，则吾人正名，以使物之实得其正位之事。所谓名，自有其所表之意义，即物之性相之实。此意义或性相之存于心，则为人之意象观念。指物必用名，人用名时，亦自有将此名所代表之“意象观念”，与为其内容之“意义”或物之性相，一齐指向于物，或指目物之事。然此指之一名在公孙龙，则非专表此指向之活动之自身，亦非专表此名所代表之意象观念之意义，或物之性相等，而当是表此整个之“用名与其所表示者，以指物之实之事”。公孙龙书初未对此事之内涵作分析。今世之论者，务于此作分析。或谓此指专表此指向之活动，或谓此“指”专表“此名”，或此名所表之意象观念或意义、性相，此皆翻失其全旨。[①]公孙龙只于上述之一事实，总名之曰指，而此“指”即“用名指物”。故此指中亦自有名在。公孙龙言指物，其要点唯在言人主观所造之种种名，乃用以指客观之物之实，如马之名乃人用以指马之形，白马之名乃人用以兼指马之形与色。分别之名，皆只分别负其指物之责。然此种种名，却初非用以指此“用名指物”之事，与其中“所用之名”者。故马之名不可以指白马。若马之名可用以指白马之名，则人可由白马之名中有一马字，将如《白马论》中所引之问者之言，以谓此马字即马字，而谓白马是马矣。公孙龙在《白马论》中之答问者之疑之道，是自此白马之是整个之名说，如上所述。而其所以整个是一名，则因其只对其所

① 公孙龙之指物之指，注家最多异释。如谢希深旧注，以物我相指为相是非，乃以庄子义释公孙龙。王时润《公孙龙子校诠》，取俞樾说，以指为“指目”。然亦半取庄子义，以注其文。辛从益《公孙龙注》以指为指归。陈澧《公孙龙子注》谓指为以手指物之指。（并见陈柱《公孙龙子集解》所引。）章太炎《齐物论释》，以指为能指，即识，物为所指，即境。乃以佛家唯识义释公孙龙。友人徐复观先生《公孙龙子讲疏》，则谓指为映象。此外则或为谓对物之指定，而属于物之一种抽象（王琯《公孙龙子悬解》），或谓指为代名词（金受申《公孙龙子释》），或谓为物之表德（胡适《中国哲学史大纲》），为名（钱穆《惠施公孙龙》），为共相（冯友兰《中国哲学史》），为类（劳思光《〈公孙龙子 · 指物论〉疏证》，见《崇基学报》六卷一期及 Chmielewski《中国名学注释》），为意义（张东荪《公孙龙的辩学》，见《燕京学报》三十七期。Graham《公孙龙论意义与物》），为指涉活动（成中英《公孙龙逻辑与本体论》，夏威夷《东西哲学》杂志二十卷第二期。上引二西人说亦见此文）。然凡此所谓心识、映象、物之德业或共相、类、意义，与指目、指涉、有所是非之活动，并涵在人用名时之“一面表意、一面指物之一事”中。析而论之，固亦可说有此种种。此种种亦实未尝不相连，故皆未尝不可说，而诸说亦可互转。（试自思之。）然在公孙龙则只统之于“以名指物”之一事中，未尝于此更分析说。今更分析之，而指定一义，为公孙龙之“指”之义，视为互相排斥，以相争辩，而人对《指物论》原文之解释，亦更多镠辖。至于由此而人或以公孙龙之思想同于西方之无本体之现象论，或共相实在论，或唯意象观念论，或唯名论，或唯物论者，则似皆可说，而亦皆不能作定说。诸说亦自相抵销。不如谓公孙龙之思想，原无后人之一套问题，亦不如后人之多分析之功，而后人之说，皆并包涵公孙龙之“以名指实”之一语中。而此公孙龙之原旨，亦最为宏通而简易，以自有其旨趣所存也。

指之实，即马之形与色，而负责。此名之用，只限于指其实。此“名”属于能指，“实”是所指。然此能指中之名，则不可同时更化为所指。如再化为所指，则吾人亦可就此白马之名中，指出其有此一马字，以谓白马是马矣。知上述之义，而吾人即可契入此《指物论》全文矣。

此文始于“物莫非指，而指非指”二句。言“物莫非指”，即谓天下之物，莫非吾人用名之所指或所可指。凡篇中“物莫非指”之句，或以“物莫非指”加以解说之句中之“指”，皆只能作“所指”或“所可指”解，否则此句不通。由此而与之相对之下句“而指非指”中之上下二指字，只能一作“能指”解，一作“所指”解，否则此句亦不通。又下一指字，更宜作所指解；上一指字，宜作能指解。[①] 故此“指非指”之句之意，是说此用名指物之事，乃人之能指之事。此能指之事，则非所指，亦非所可指者。是即全文宗旨所在。今对此二句之解能把握，则于全篇之文，亦自不难通矣。

至其下文之二句“天下无指，物无可以谓物”，则是谓用名指物，乃人之正名之事。用名指物，即《名实》篇以名谓物。若无人之以名指物、谓物之事，则物不能自相谓、自相指。下文谓“非指者，天下而物，可谓指乎？”即言若非有此人之指，天下之物不能自相谓、自相指，即不可谓之为指也。此物之不可谓之为指者，由于此指乃人之事，非天下物之事，天下之物中亦无此指。故下文更曰：“指也者，天下之所无也；物也者，天下之所有也。以天下之所有，为天下之所无，未可。天下无指，而物不可谓之指也；不可谓指者，非指也。”即言不可以客观天下所有之物，为其所原无之指，而物亦不能成为此指，而非指也。

① 章太炎《齐物论释》，谓物莫非指之指为所指。上注之陈柱书引伍非百说亦谓“物，所指也；指，能指也”。然章又谓“指非指”中之上一指字，为所指之境；下一指字，为能指之识。以境识解，乃不必要。又以二句相对成文，上句之“非指”与下句之“非指”中之“指”，皆同在宾位，宜同作所指解。

至于下文之谓“非指者，物莫非指也”，则是回证篇首之第一句，即物虽不能相谓相指，然物则莫非人之用指物之名之所指与所可指，如上所已释。再下文曰：

“天下无指，而物不可谓指者，非有非指也。非有非指者，物莫非指也；物莫非指者，而指非指也。天下无指者，生于物之各有名，不为指也。不为指而谓之指，是兼不为指。以有不为指，之无不为指，未可。且指者，天下之所兼。天下无指者，物不可谓无指也。不可谓无指者，非有非指也。非有非指者，物莫非指，指非非指也。指与物，非指也。”“使天下无物指，谁径谓非指？天下无物，谁径谓指？天下有指无物指，谁径谓非指？径谓无物非指？且夫指固自为非指，奚待于物，而乃与为指？”

此节文反覆缴绕，最难疏抉。但果顺上文之句法，而以“非有非指”，为“天下无指，物不可谓指”之理由；以“物莫非指”，为“非有非（所）指”之理由；以“指非指”为“物非莫指”之平行句，更以“物之各有名不为指”，为“天下无指”之理由；则吾人再逆回其言以观之，即可见其意是说：物各有吾人以名指之之时，所赋与之名，物各有名，以相分辨，各如其物，则无相指之义；此名初只是属于人之能指之事，而非属于所指之物。故吾人于物，虽各有名以指之，而物之自身则不为能指，而不能相谓、相指。然此中人之由指物而赋与物以名之后，或指与物之后，人又恒径以名为物所自有，如将此“名”实物化，遂由此名之能指，以谓物亦能有所意指。此正吾人经常所有之见。如吾人既以一“白马”与“马”之名，赋与于某物之实之后，则可将此白马与马之名，同附着于某物之实，而人可由此二名所附着之实之同，而谓其意指白马与马二名之同，遂谓白马是马，亦以马之名指白马之名，而此则正为公孙龙之所欲破。破之之道，则在言此名之赋与于物，乃由于人之能以名指物，此名初只属于此人之能指。人有不同之名，则有其不同之所指之实；却不能以“指”指“指”，使能指成所指，亦不能此名指彼名，使彼名成所指。故曰指非指。知此指非指，则能指永不能成所指，能指之名，亦不在所指之天下之物之实中；天下之物之实中，亦无此能指与用以指之名。故物之有名者，其名虽能指，而其物之自身，则不为能指，而物亦兼“不为（能）指”。既兼不为指，则不能谓物有名，便“无不为指”矣。

此上公孙龙之辩之要义，全在自“实物”之非“能指与其名”，以划开“指”与“物”，使一一名，分别只指一一实，更无名实之混合为一物，以使之兼为能指与所指之事。亦即无指中之名，再成为他名之所指之事。由此以观其后文，所谓且指者天下之所兼，即谓“以一名指”，乃可兼对天下之诸物者，如以马一名可指诸马。故其所能指者，宽广于其实际所指之一马，而此马之名所指之实，则又只为诸马之所以同为马之实，即其马之形。故马之名不同于白马之并指马之形，与其色之白之实者。由此指与其名，能兼指诸物同有之某实，如马之形，故指与其名为天下诸物所兼。是即见此指与名，亦决不能只黏附于某特定之天下之物，以化同于物。而指与其名，即决非天下之物中之所有。故天下之物中，亦无此指与其名之存在。此则由能指与其名之非物，以划开指与物也。然指虽非物，而物则不可谓之不为此指与其名之所指，而谓无此“指”与“其名之加施于物”，不可谓有“非所指、非可指之物”也。故亦不可谓此所指或可指者，非所指或可指者。故曰“指非非指”。人又必须知此指与其名，乃人所加施于物之上，而非加施于其能指与其名，故曰“指（施）与物，非（施）与指也”。

以上唯是明“能指与其名”，别于所指之“物”之义。至于最后数语，则不外言天下之物中虽无指，然指则必待天下之物而后立，以明指物相待之义。故曰：“使天下无物（为所）指，谁径谓有非所指者（即能指）？天下无物为所指（之实），又谁径谓有能指（与其名）？”此即谓有物为“所指”，乃有非此“所指”之为能指者。下文则是说若天下只有此能指，无物为所指，亦无所谓“非所指之能指”，亦不能说物莫非此能指之所指。在此情形下，无非（能）指之物，以为此能指之所指，则此能指无所指，而此指又不能以其自身为所指，如首句所说；则指即不能成为指矣。指自为非指，则亦何有“待于物，而对之为指”之事乎？此要不外言指必待物，以有所指与能指之分；亦必待物，以使物成莫非所指。否则指不能自指，即无所指，不能待物与为指，而不得成指。即亦无指物之论可说矣。

此篇之文，前半之意在言能指非所指，而能指与其名不得黏附于物，而所指之物亦不能成为能指。使天下无物指以下文，则言此能指之亦待所指之物，以成其为能指，以补足另一面之义。其文义之次序，固显然可见。《庄子》辩者二十一事中有“指不至、至不绝”，《列子 · 仲尼》篇有“有指不至，有物不尽”，[①] 谓是公孙龙之说。能指与其名，虽指物而不黏附之物，即指不至；而指必待物以成为指，即指不能绝尽其物，以自为指。故曰物不绝不尽也。

九　公孙龙至《墨辩》及荀子正名、法家言名，至尹文子言名之发展

上文述公孙龙五篇之大旨，至其余一篇《迹府》，无异公孙龙小传，可不论。此五篇之文，因有反覆之问答，立义亦颇精密。但其归趣，则实甚单纯。即不外使一一用以指实之名之同异，与实之同异，处处求有对应关系，以正此一一之名。对此公孙龙所

① 吾文写至此，乃忽念公孙龙之辩名指与物，正有类于西方现代哲学之论名指与物之层次之说。然吾初则全无此西方哲学之论在心也。

提之诸论点之讨论，则《墨辩·经说下》于坚白问题，仍主不相外而相盈之说。此乃纯自“客观之石之实”涵坚白，而“衡指之”说。则加“石”而“参直之”以说，亦可共说坚白石三。此乃自另一观点说，亦非不可说。对白马与指物问题，则《齐物论》之说近惠施之论，此可参阅《原论·导论篇·墨庄孟荀之论辩》一文，对《齐物论》所释，以见公孙龙之说与惠庄之说，亦只是观点不同，而一在合同异之名，一在辩同异之名。顺其观点而观，亦皆可说。然公孙龙虽重辩名之同异，而于此“同”“异”之意义及名之有个体名与类名之别，以及个体及类间之包涵关系，命题间之涵蕴关系，推论之原则，何为有效之论辩，则又皆未明白论列。然在《墨辩》，则有《小取》一篇，论有效之论辩方式。此吾已详析之于《原论·导论篇》之《原辩》中论《小取》篇之文。读者可加以参考。至于《墨辩》中经上、下与经说上、下中，则有分析种种同异之文。如谓“同”有重同、体同、合同、类同。二名一实为重同，不外于兼，为体同（如坚白兼在于石），俱处于室，为合同（即如二关系项在第三者中而互发生关系），有以同为类同（即二物以有相同之性相而类同）。异者反是。更言名有私名、类名（类名）、达名（最普遍之类名）之别，而私名包涵于类名，类名则包涵于达名，即见个体与类、类与类之包涵关系。《墨经》中又言推论必立故，以成说。“有之必然，无之必不然”之故，即充足而必须之理由，为大故。“有之不必然，无之必不然”之故，即必须而非充足之理由，为小故。依故或理由以成说，则见故或前提之命题，与结论命题间之涵蕴关系。《经说》又言人之以言论谓，有移、举、加之别。“移”盖即移一名，以名另一物。“举”则如狗、犬也，乃举一名，以释一名，或以一类包涵一类。“加”如“叱狗”，则为以言对一物表示一情意之态度。更言知有闻、说、亲之别。闻即闻知，说即推理之知，亲即经验之知。此皆属逻辑知识论之论，为公孙龙所未能及。然此《墨经》与《经说》数篇之文，皆断简残篇，今人用力整理，又多附会之说。唯其能重类与类间之包涵关系，而谓狗，犬也，盗，人也，则亦当许依类之包涵关系，以说白马是马，则此与公孙龙之言白马与马为二名之旨，即有不同，而不必相悖。《墨经》之能重此类与类之包涵关系，以及前提结论间之涵蕴关系，以为推论进行之根据，由此而《小取》篇能言“以名举实，以辞抒意，以说出故”，以成其有效辩论之道，如吾上提及之论《小取》篇文之所及。此固皆大有进于公孙龙之只言名与实之同异之相对应关系者也。

至于荀子之正名，则吾在《原论》中，已有《〈荀子·正名〉与先秦名学三宗》一文，读者宜参阅。其当注意者，是荀子乃以同所（空间）者，为一实，异所者为异实。物之实有在异所者，故不得如惠施之视天地为一体之大实。又荀子以同实可有异名，故人可以异名表一实之异状，而指同一实物。故“坚”“白”二名，可指同一实石。“白马”之表马之色形，及“马”之只表马之形者，可同指一实马。此即不同于公孙龙之所谓“实”即物之“相状”，未尝以“同所”规定一实之义，而言离坚白、白马非马者矣。又荀子于一般社会通用之指物之散名之外，又能言刑名、爵名等法律制度之名。此刑名、爵名，皆涵有价值之善恶高下之估量在内。其他伦理道德之名亦然。此皆为荀子之所重。故言正名“上以明贵贱，下以辨同异”。惠施公孙龙以至《墨辩》之言名，皆唯以别同异为本。而昔之儒墨道之言名位、名分、名闻、名誉之名，则皆涵有价值高下或贵贱之义，存乎其中。事物同异，固为名所表，事物之贵贱价值高下，亦当为名所表。荀子论名，则又能知此别同异、明贵贱之二义。人辨贵贱，系于人之志意，同异则客观之物所固有。荀子之论名，以名直接表人之志意所定之贵贱，而间接表物之同异。其谓人之所以为有名，在明贵贱、辨同异，即谓其在使人之志意得喻，而其对物所为之事得成。此外荀子又言及循旧名，作新名以制名之道。故荀子之论名，最能综合其前之诸子之用名对名之道以为论。而其所论之用名对名之道，亦最为广大也。

至在申韩之法家，其言“令名自命，令事自定”，或命人臣先陈其言，更考核其实之是否与相合，以定赏罚，亦自是一种名实之论。法家之论，则或以“形”易“实”，而有形名之称。然此法家之名，则不同名家之名实，亦不同于儒家有伦理意义之名位名分之名，其“言”亦非墨家之“言义”之“言”。其所谓“名”，唯是一政治上职位之“名”，其所谓“言”，唯是言一职务上之“事”。法家谓为君上者，当循人臣之有某职位之名，与所言之事，以责其实，而更以赏罚，使其不得不有实，以合乎其名之所命，其言之所陈。法家之重此义之名之能命，更以刑罚使此名能命实，故可称为刑名之论。此法家所重之名与言，乃所以对抗社会上一般之毁誉之言，与由此毁誉而人在社会上所得之名。此人由社会上一般之毁誉，所得之名，对人行为之影响，亦为法家所最能见及，故必以赏罚助成其政治上之循名责实、循言责实之论，以对抗之也。读者可重览前论韩非子之章所述及，今亦不赘。

在先秦诸子中，有尹文子者，《庄子·天下》篇列为宋钘同派。《公孙龙子·迹府》篇、《吕氏春秋·正名》篇，尝称尹文之说。尹文年先于公孙龙，谓其尝学于公孙龙，其说自不可信。今存《尹文子》书，仲长氏乃序而行世。昔人多谓其书出后人依托。然其书颇载战国时人之事，盖当是周秦之书。其书亦论名实。谓“世有因名以得实，亦有因名以失实”，又谓“有形者必有名，有名者未必有形”，盖有见于名实之可相应，亦可不相应者。其书又言当“名以检形，形以定名，名以定事，事以检名”，以观名实之离合云云。更言“名有三科，法有四呈”。名之三科者，“一曰命物之名，方圆白黑是也；二曰毁誉之名，善恶贵贱是也；三曰况谓之名，贤愚爱憎是也”。法之四呈者，“一曰不变之法，君臣上下是也；二曰齐俗之法，能鄙同异是也；三曰治众之法，庆赏刑罚是也；四曰平准之法，律度权量是也”。此中之命物之名，即公孙龙惠施所言之名实之名。毁誉之名，则为价值上善恶贵贱之名。况谓之名，即主观之情意等情况，心理状态之名，[①] 为儒墨道诸家所重者。不变之法，即政治伦理之名位之法。齐俗之法，即本世风俗尚中，对能鄙同异之毁誉，以齐俗之法。治众之法，即法家之赏罚。平准之法，则纯属经济上量财物多少之法。此其论名与法，亦较法家所言之义为广大，而兼将儒家所言之政治伦理之名位，儒道墨诸家所重之世风俗尚之不成文法，如礼俗、共同习惯之生活方式等，所形成之毁誉之标准，足以成教化民者，以及民生日用中量财物之法，皆一并兼摄于“法”中。法必有名，则其所谓名之义，亦即顺其所谓法之义之广大而广大。《尹文子》书又言：“今亲贤而疏不肖，赏善而罚恶。贤不肖善恶之名，宜在彼，亲疏赏罚之称，宜属我。我之与彼，又复一名。名之察者也。名贤不肖为亲疏，名善恶为赏罚，合彼我之一称，而不分别之，名之混者也。故曰名称者，不可不察也。语曰好牛。好则物之通称，牛则物之定形。以通称随定形，不可穷极者也。”又曰：“名宜属彼，分宜属我。……白黑商徵，膻焦甘苦，彼之名也；爱憎韵舍，好恶嗜逆，我之分也。”前一节意谓一般之名，有属客观之彼之事实形状者，有属主观之我之价值判断者；属彼者为“名”，属我者则宜为“称”。好牛之“牛”，为牛之定形之名，“其好”，则只为我对诸物之价值上作判断而有之通称。此“称”即上所谓毁誉之名。后一节言属彼者为“名”，属我者为“分”。而其以爱憎好恶为“分”，即以主观之情意等心理状态情况，属于“分”。此分之名，即上所谓况谓之名。总而观之，则尹文子乃谓名：有只表客观之事实形状者，有表主观对客观之价值判断者，有表主观心

① 按公孙龙以名指实之“指”之自身，亦是一名（而“非指”亦是一名）。但此指之名则非一般之名，亦非实物。此即初是表人之指之情意活动之名也。若无此表情意活动之名，则于指（或非指）之一名，即甚难安顿之于其他之名中，可试思之。

理中情意状态者。故谓名有三科。唯于此第二科之名，又谓之为“称”，于第三科之名，又谓之为“分”耳。彼名家之惠施公孙龙，唯知定客观之形之同异之名，而不知有以主观定客观之物之善恶贵贱价值之名。此则唯荀子兼知之。故《荀子·正名》篇有“上以别同异，下以明贵贱”之语。然于专表主观之心理上情意之名，则荀子亦未能特加以标出，以成第三种之名。尹文子之分名为三科，则较荀子所言，又更为备足。可谓一能总持周秦诸子言用名、对名之道以为论者。周秦以后之言名，亦大皆有此三科之名。汉魏之所谓名理之论，初亦兼及于辨客观之物之同异，辨善恶贵贱之事，与人之主观心理上之情意状态，而分别与之名者。故刘劭、锺会之论才性同异，亦在名理之列。此其原皆在周秦诸子之言用名、对名之道，原有此种种之故。今人只以惠施、公孙龙等，论客观之名实者，方为能言此人用名对名之道之名家，其见亦狭矣。未尝知周秦诸子言用名、对名之道之大者也。

第二十章 《庄子·天下》篇之内圣外王之道与《大学》之明明德于天下之道

一 晚周之学术融合之趋向，及圣王之名义之变迁

周秦思想之发展，大约儒道墨法诸家之思想，皆相沿而次第兴起。此即由诸家之对名用名之道之演变而可见。然此儒墨道法诸家之学派既立之后，亦互相影响吸收，以终趋于融合。《庄子》外杂篇中，固多以道德为本，以涵摄仁义礼乐名法之论。荀子言心，亦有取于道家之义；其以礼言法，并以王道统霸道，即以儒家之义统法家义也。其重儒效，兼言义与利，亦涵墨家义也。韩非子之言法，可以道家之虚静之论为用。编《管子》书者，更兼取法家儒家道家言，以成书。亦见一思想融合之趋向。今存《庄子》中之《天下》篇，统论古今之道术，而位庄子为百家之学之最高者，盖非必庄子所著。当是道家之徒缘道家思想之线索，而更开阔其心胸，以概括古今学术，而综贯论之之文。至于儒家之《礼记》中之《礼运》《乐记》《大学》《中庸》等与《易传》，则其中所包涵儒学之观念理想，固多可上溯至孔孟与孔门弟子，亦多明本于荀子，又兼取道墨诸家所常用之名辞，并旁通于其义以为论。则其成书，当多在荀子以后。唯此诸文，与韩非之法家思想，则又似全无关系。故此诸文，当多是晚周或周秦之际之著。而非如秦汉学者其心目中，已先有韩非之法家思想在念，而后有之著，如《吕氏春秋》、陆贾《新语》、贾谊《新书》、《淮南子》、董仲舒

书等，意在将此法家思想与儒道之思想，加以融通，或以儒家义道家义统法家义者。故即此诸书，乃成书于汉初，亦当是七十子之门人后学，历当世之遽变，而仍向往在上继孔孟荀所传之文化与思想，以守先待后者之所为。则其思想史上之地位，仍当属于晚周或周秦之际也。

对于上所提及之《庄子·天下》篇，及《礼记》中《大学》《中庸》《乐记》《礼运》等篇及《易传》，今拟视为各表现一综贯的论学术之著，亦各有其综贯的论学术之观点，或基本观念之所在者。兹试一一分别论之。读者能将此所一一论者，再通而观之，即可见晚周或周秦之际之学术之融合之大趋向所存矣。

《庄子·天下》篇一文，乃以内圣外王为基本观念，亦即以此为其观今古学术之地位之观点。此一圣王之名，初为墨子书所及。然在墨子之书中，此圣王即圣的王，如尧舜禹汤文武等。故重点在王字上。而墨子之言义道，乃归于一同天下之义于天子，即谓尽此义道之责在王。墨子之学，以上法天志，下利万民为义，故终成义外之论。其王道亦真可谓外王之道也。至孟子言王道，则本于仁心，乃将外王之道之根据，立于此内在之仁心。然孟子之理想人物，唯名曰圣。王者能循圣人之心，以为政治之道，即名王道。则王道与圣道、王与圣不必相连而说。王而不循圣人之道，以为政，则王只是一夫或一人而已。在孟子亦未尝如墨子之用圣王之名。至荀子，则重圣德之客观表现。圣人必兼尽伦亦尽制，以为王，而圣王之一名，遂为荀子所常用。此则转近于墨子。唯荀子亦重圣之如何成其内心之德之学，故又不同于墨子之不重成此内心之德之学者。此如何成德之学，与如何建立王者之制之学，在荀子，固当兼备于一人之身。然其学其道，亦固可分别而论，如其书之所为。在荀子圣自是成德之名，而不必为王，故亦有圣臣；王是圣而为王者。此亦不同于墨子之圣王，只是圣的王者也。至在韩非子，则其所言之圣人，即明主、明王。此明主之名，荀子书已偶用之。其义盖同于荀子之圣王，而亦具德者。韩非书所谓明王、明主，则唯是能本其聪明之智，用法术而核名实者。此王则除能自虚静其心，以有明察之外，可别无其他内心之德者，此乃吾人论韩非时所已及。今《庄子·天下》篇之言内圣外王之道，以圣有所生，王有所成并举，有似荀子。然或谓《天下》篇为荀子之徒所作，则又不可。因《庄子·天下》篇非深知庄子之学者不能作。而其文章之气象、境界、义理，皆不同于为荀学者，《庄子·天下》篇所谓内圣外王之道，有开有合。合则为一道术之全，开则有种种方面层次之别，以与《天下》篇所分别论述之不同学术，分别相应。此即又异于荀子之自王必先为圣，圣必求为王，以言圣王之道为一，而未尝更开之，以论天下之学术者也。

二 《天下》篇论道术之规模

对《庄子·天下》篇论慎到、田骈、彭蒙之学与老庄之学之不同，吾前于论道家思想之源流及庄子处，尝一一分析其文句。然对整个《天下》篇之旨，则尚未能及。按《庄子·天下》篇所谓古之内圣外王道术之全中，开之则包涵三支之学：其一为在数度者，此即实际之政治行政中之“以法为分，以名为表，以参为验，以稽为决”，而“百官以此相齿，以事为常，以衣食为主，其蕃息畜藏，老弱孤寡为意”，以养民之学。此即法家言之所自出。其二为在《诗》《书》《礼》《乐》者。此即自古相传之人文之学。此中之《诗》《乐》可导人之心志情感，《书》使人知历史上人之行事，《礼》所以自正其当下之行为，《易》以知天地之阴阳变化，与吾人在世间之进退行止，《春秋》以知人在其名分上之所当为。故曰：“《诗》以道志，《书》以道事，《礼》以道行，《乐》以道和，《易》以道阴阳，《春秋》以道名分。”人之得为世之君子，皆不可不有此礼乐之学，并兼有为礼乐之本之仁义之德等。故曰

"以仁为恩，以义为理，以礼为行，以乐为和，薰然慈仁，谓之君子"也。《天下》篇谓此一支之学，"邹鲁之士，缙绅先生，多能明之"。此明是指儒学之传。至于《天下》篇所谓第三支之学，则为所谓散于天下之百家之学。按上述之数度之学，其基础在政府；《诗》《书》《礼》《乐》之学之基础，在社会之邹鲁之士、缙绅先生；而此百家之学之基础，则在私家以师弟相传，而散于天下者。此百家之学，要在各有一套学术之理论，与对于宇宙人生之看法、态度及行为生活之方式。故在思想之范围内说，其所言及者，较只言政治之事者，与《诗》《书》《礼》《乐》之人文之事，更为广远。观《天下》篇之论此百家之学之分为五宗，而附及惠施与辩者，则又见此诸家之对内圣外王之道术之全，各偏重其一端。然又皆有其所以对己、对人、对物、对世俗、对天下、对生死之态度，对心知与情等之看法、观念，以说其所分得于之道术之全者与其所成之德。《天下》篇之此文，分别就此等等，以对诸家之学比对而观其异同，原文甚明，唯以其行文之摇曳变化，而或为读者所忽。今试略分析其文句，以证上之所说。

按《天下》篇言墨翟、禽滑厘之学曰：不靡于"万物"。言宋钘、尹文子之学曰：不饰于"物"。言彭蒙、田骈、慎到之学曰：趣"物"而不两、于"物"无择。言关尹、老聃之学曰：以"物"为粗，空虚不毁"万物"为实，在己无居，"形物"自著，常宽容于"物"。言庄周之学曰："万物"毕罗，莫足以归，不敖倪于"万物"。言惠施之学曰：历"物"之意，强于"物"，散于"万物"而不厌，逐"万物"而不返。此皆就诸家思想之所以对"物"，言其学之异也。至于《天下》篇言墨翟、禽滑厘之学曰：以绳墨"自"矫，而备"世"之急，言"自"苦为极。言宋钘、尹文之学曰：不苟于"人"，不忮于"众"，"人""我"之养，毕足而止，其为"人"太多，"自"为太少。言彭蒙、田骈、慎到之学曰："公"而不"党"，易而无"私"。言老聃、关尹之学曰：澹然"独"

与神明居，未尝先“人”，而常随“人”。言庄子之学曰：上与造物者游，下与外死生、无终始者为“友”，不谴是非，以与“世俗”处。于惠施之学曰：以反“人”为实、胜“人”为名，“自”以为最贤。此皆就诸家思想之所以对人、对自己、对世俗，而言其学之异者也。

再《天下》篇于墨翟、禽滑厘曰：反“天下”之心，真“天下”之好。于宋钘、尹文曰：以此周行“天下”，虽“天下”不取，强聒而不舍者也。于彭蒙、田骈、慎到曰：非“天下”之大圣，笑“天下”之尚贤。于关尹、老聃曰：为“天下”溪、为“天下”谷，受“天下”之垢。于庄子曰：以“天下”为沉浊。于惠子曰：特与“天下”之辩者为怪。此皆就诸家思想之所以对天下，而言其学之异者也。

又言墨翟、禽滑厘曰：“生”不歌，“死”无服。言宋钘、尹文曰：愿天下安宁，以“活”人命，我必得“活”哉。言彭蒙、田骈、慎到曰：非“生”人之行，而至“死”人之理。言关尹、老聃曰：人皆求福，己独曲“全”，曰坚则毁矣，锐则挫矣。言庄子曰：“死”与“生”与，下与外“死生”无终始者为友。此皆就诸家思想之所以对“生死”，而言其学之异者也。

再于墨翟、禽滑厘曰：其道不怒，歌而非歌，哭而非哭，使人“忧”、使人“悲”。于宋钘、尹文曰：以此白“心”、语“心”之容，命之曰“心”之行。于彭蒙、田骈、慎到曰：不顾于“虑”，不谋于“知”。于关尹、老聃曰：与“神明”居，其静若镜，其应若响。于庄子曰：“神明”往欤。此皆就诸家思想对心之知、情、神、明之看法观念，以言其之学之异者也。至于《天下》篇每节前所言，而以古之道术有在是者，一语提说之者，即各家所分得于道术之全者。如“不侈于后世，不靡于万物，不晖于数度，以绳墨自矫而备世之急”，即墨翟、禽滑厘所得之道术。“不累于俗，不饰于物，不苟于人，不忮于众，愿天下之安宁，以活人命，至人我之养，毕足而止”，即宋钘、尹文所得之道术。“公而不党，易而无私，决然无主，趣物而不两，不顾于虑，不谋于知，于物无择，与之俱往”，即田骈、彭蒙、慎到，所得之道术。“以本为精，以物为粗，以有积为不足，澹然独与神明居”，即老聃、关尹所得之道术。“芴漠无形，变化无常，死欤生欤，天地并欤，神明往欤；芒乎何之，忽乎何适，万物毕罗，莫足以归”，即庄子所得之道术。其言墨翟为天下之好，谓宋钘、尹文之言“先生恐不得饱，弟子虽饥，不忘天下”。言彭蒙、田骈、慎到，全而无非，动静无过，未尝有罪。言关尹、老聃未尝先人，而常随人，常宽容于物，不削于人，可谓至极，而为博大真人。言庄子“与天地精神相往来，充实不可以已；其于本也，宏大而辟，其于宗也，可谓调适，而上遂矣”。则皆言此诸家于其道术之所得，所成之德者也。此中唯不言惠施之对生命、对心之知情神明等之态度，亦不言惠施之所承于古之道术与其德之所在者。盖以惠施之学，只知历物，其道舛驳，而无可说。惠施只有“以其知与人辩，以胜人”之心，而未尝知此心之知、情、神、明等之为何若。其学只以口谈逞雄，而无心上之道术以自宁。故曰“施存雄而无术”。无道术而只历物，亦无真实之德。故谓其“强于物而弱于德”，只以善辩为名也。

三　圣王之道术之全

上文之就《天下》篇文句，一一指出其论此道术之散为百家之学者，而一一分别就其对物、对人、对己、对天下、对生死之态度，对心之观念，以说其所得之道术与其为人之德。此即为一自极广阔之角度，论此百家之学之观点。其由散于天下之百家之学之道术，及道术之在政治之数度者，及在社会文化中之《诗》《书》《礼》《乐》者，以观由古至今之道术之全，与古之圣王之为人之德之全，即形成一极博大崇高之道术，与人德之理想。此即为《天下》篇首所谓“无乎不在”，由神明之降之出而有之道术，与所生所成之圣王之德也。《天下》篇之言曰：“古之道术果恶乎在？曰：无乎不在。神何由降？明何由出？圣有所生，王有所成，皆原于一。不离于宗，谓之天人；不离于精，谓之神人；不离于真，谓之至人；以天为宗，以德为本，以道为门，兆于变化，谓之圣人。以仁为恩，以义为理，以礼为行，以乐为和，薰然慈仁，谓之君子。……百官……古之人其备乎！配神明，醇天地，育万物，和天下，泽及百姓，明于本数，系于末度。……天下大乱，贤圣不明，道德不一，天下多得一察焉，以自好。譬如耳目口鼻，皆有所明，而不能相通，……虽然不赅不遍，一曲之士也，判天地之美，析万物之理，察古人之全，寡能备于天地之美，称神明之容。是故内圣外王之道，暗而不明，郁而不发，天下之人，各为其所欲焉，以自为方。悲夫，百家往而不反，必不合矣。后世之学者，不幸不见天地之纯，古人之大体，道术将为天下裂。”

此一段文之意，明是以古之道术之全，见于古之天人、神人、至人、圣人，下贯至君子、百官之人者；而其道术之内容，则包括配神明、醇天地、育万物、和天下、泽及百姓，由本数至末度。而上述之百家之学，唯老聃、关尹、庄子，能与神明居，有神明之往，然尚未必已能使神明出、神明降。神明之出降，必由“本数”贯至“末度”，由天人、神人、至人，贯至君子与百官，然后为内圣外王之道之全。《天下》篇言百家之学，固皆未言其有君子之《诗》《书》《礼》《乐》，与百官之数度之学；则老聃、关尹之与神明居，非神明之出；庄子之神明往，亦非神明之降，皆尚未合于此圣王之道术，直原于神明之降出者也。至于所谓“醇天地、育万物、和天下、泽及百姓”，则不外上所谓百家之学之对生命、对心之知情、对物、对人、对己、对世俗、对天下之态度中之所涵。其中墨翟、禽滑厘，能求利天下，以泽及百姓，而其对己之道太觳，则有外王，而全无内圣。宋钘、尹文，略有自为之内圣工夫，以自白其心，仍为人、为天下太多，而自为之内圣工夫不足。慎到、田骈、彭蒙，能自弃知去己，则内圣工夫更多。然慎到等之外王之学，只任势，则无为人之功；弃知去己，至于同无知之物，则亦内无所有；笑天下之贤圣，而亦不能自为贤圣。此则其道在外王与内圣之间，又左右失据，二者兼非者也。至于老子则能与神明居，以为真人，亦知“以本为精”之义，能上希于“不离于精”之神人矣。然又尚未能如庄子之“与天地精神相往来”，直至神人之境，更能“于宗”求“调适上遂”也。然上遂于宗，尚未必即已“不离于宗”，而为天人也。则此百家所达之境，下则只如墨子之外王之学，能泽及百姓，而其道又太觳，尚未至于和天下者。上则老子为真人，而非神人，庄子上遂于宗，而未必不离于宗，亦即未必已成天人。纵已是天人，亦尚未能至于“以天为宗，以德为本，以道为门”，以上通内通于天人、神人、至人之境，更“兆于变化”，以下通、外通于君子、百官之学之“圣人”，以兼备内圣外王之学者也。则百家之学，皆同不免于“得一察焉以自好”，为“不赅不遍”之“一曲之士”，“以判天地之美、析万物之理”，而只各得其一端；而非能“和天下、育万物”，以如古人之全备天地之美，而与“神明之降与出之容”相称者也。《天下》篇之文，明以天下之治方术者，与古之道术，相对成名，故言“百家之学……天下之人，各为其所欲焉，以自为方”；则百家之学，即高至于老子、庄子，犹是方术，即道术之一方面，而非道术之全，而为道术之裂于天下之所成者也。是见此《天下》篇之文，如为庄子所作，或庄子之门徒所作，亦是由一般之庄学，而更超进一步之所成。以理推之，则此文以“方术”与“道术”对举，盖由于方士之方术，既著于晚周之后，而为此文者，遂以此不美之名，施于当时之为百家之学者。则此文之著，盖当在晚周之末或秦汉之际。然此文于孟荀，皆未尝提及。孔孟皆可称为邹鲁之士，此可不论。然其不论及荀卿，则此文之著者，盖或未见荀卿书，或著于荀子之前。此皆难有一定论。然要之为此文者，其心胸至博大而高卓，而所向往之古之道术，亦为六通四辟，而至全备，而能称神明之容者。故其文章，亦见一超出于诸子之上，而更加以涵盖之气象，而为一综贯诸子之学，而论之之大文也。

四　《礼记》之成书与对其前儒家思想之承继

至于在《礼记》中，吾人之所以特标出《大学》《中庸》《礼运》与《乐记》等文而论之者，则亦以此诸文皆为综贯的发挥儒家思想，以涵摄他家思想于其下，或间接答他家对儒学之疑难，而成者。原《礼记》一书，成于七十子后学。其诸篇所言，固多孔孟之所未言。然自宋以来之学者，由欧阳修、朱子、王柏，至清之陈确、崔述与今之学者，徒按文责句，以谓其中所言者或不合于孔子所已言者，而贬之，则亦不必。诸篇自是孔门之书。唯诸篇之义，其毕竟有多少出于孔子，多少出于孔门弟子之何人，或七十子后学之何人，皆不可考，而亦不须细考。盖儒家之学，本重承先启后。观《礼记》之文，就其根本义而观，说其皆孔子所传，原未尝不可。而孔子之言，弟子承之，其更有发挥者，一一皆归于孔子之所言，亦未尝不可。则由《乐记》末，有"答子贡问乐"之文，《礼运》以孔子之答子游之问礼为言，谓皆孔子说；以及后人之由《大学》中之引及曾子言，而谓之为孔子告曾子，而曾子述之者；又由子思之言传有同于《中庸》者，谓《中庸》为子思所作，以述其乃祖之教者；固皆未尝不可。唯就此数文之用名，所对付之思想上之问题以观，又似显见其对他家之思想之有所摄取，亦意在本若干孔子之教，加以发挥，以答覆由他家之思想而来之若干问题者。此诸篇及《礼记》他篇之成书时代，仍当断在孟荀之后为宜。《礼记》中之言礼之文，如《三年问》，全同《荀子》之《礼论》，而《荀子·礼论》言礼之义，亦见于

《礼运》及其他之文。《乐记》文亦多同《荀子·乐论》之文。然《礼记》之《礼运》《乐论》，及其他文，又对荀子之言，有所增益修正。荀子之思想，卓然成家，非袭取他人之言，以成其论者。即可证《礼记》之文与《荀子》文相同者，乃《礼记》之袭《荀子》，非《荀子》之袭《礼记》。又《礼运》篇言大同、大道，此大同之名，盖由墨家言尚同，道家《庄子·天地》篇“不同同之之谓大”、《在宥》篇“大同而无己”，而来。《吕氏春秋·有始览》言“天地万物，一人之身也，此之谓大同”。此与《礼运》言大同，盖一时代之辞语。大道之名，则亦道家所喜用。孔子偶言“小道”，则言道即是大道。孟子言道若大路然，言君子之大道，与小才对比。但皆未用大道之名以别于道也。道家为彰其道之不同于儒墨之道，而自标曰大道。则《礼运》之用此大道之名，亦当是袭道家之用名。《荀子》书末所附之《哀公》篇，《大戴礼·小辩》篇，皆记孔子告哀公以大道。然此《荀子》书之《哀公》与《尧问》篇，明为编者所附入。因其不关荀子思想，而《尧问》篇后有论“荀子之学，不下于孔子”之一段文，又言荀子“下遇暴秦”云云，明为汉人所辑。《哀公》篇与《尧问》篇体裁同，《大戴礼·小辩》，又与《荀子·哀公》篇文多同，应皆同为汉人所辑之书。其用大道之一名，亦当是袭道家之用名。此外《礼运·大同》章之用语，更多明用墨子语者，亦见其后出。后文当再及之。《乐记》中言人生而静与天理人欲，初亦道家语，昔陆象山已言之。此不可为讳也。至于《中庸》之言今天下，车同轨、书同文、行同伦之言，当指秦政，其语亦见秦刻石。另作解释，以合旧说，终嫌牵强。《大学》多言止至善之止，文句类《荀子》之言止诸至足。儒家孔孟固只言行、言推、言举，不言止也。庄子乃喜言止，《墨辩》更多言止，荀子亦然。则《大学》之成书，亦当在荀子后。此乃只就诸文之若干用名而言。至说其思想义理，则更宜说其在墨道诸家已盛，孟荀之论既出之后，方可见其思想义理，何以上承孔孟荀，而更如此说之故。今将此诸文之时代推后，在吾意并不以此证此诸文之思想义理，全皆属于后之一时代。因上已说儒家思想，原重承先启后，故其成书之迟，只可证其中若干思想义理，属于后起之后代，然不证其思想义理之大体，非由孔子与七十子之所传也。然若依昔人所说，谓此诸书皆孔子所授，子思、曾子、子夏、子游所述，则虽可证孔子与其弟子之伟大，却又无异谓其余七十子后学，更于儒学，无所引申发挥，则未免对此后学，贬抑过甚。此亦非人类学术思想发展之常轨。今谓此诸文，为晚周或秦汉之际之学者所述作，实亦更可证此儒学之发展，即在天下大乱之世、秦政之暴虐之下，亦未尝中断。并见为儒学者，虽在时代之遽变之中，仍有其不疑不惑，以自信自任者在。然后吾人对秦亡之后，儒学之何以立即更得再兴，乃可本一思想史之线索，加以说明。此《礼记》诸文之著者，皆名不见称，虽为一千古之憾；然其本守先待后之精神，以为此诸文，则亦正以其名不称于后世，而益见珍贵。《论语》首章记孔子曰“人不知而不愠，不亦君子乎”。《中庸》言“遁世不见知而不悔，唯圣者能之”。此《礼记》之诸文，以及作《中庸》者，盖皆期在为一“不见知之圣者”或“人不知而不愠”之贤者也。则吾人居二千年之后，诵其诗，读其书，而不知其人，亦未尝不可想见其人之心境气象也。

五 《大学》之兼摄孟荀义，而以本末、终始，贯儒家之内圣外王之道

《大学》之一文，吾人可谓之为综述儒家之内圣外王之道，而以始终本末之概念贯之者。此《大学》之系统，有格物、致知、诚意、正心，以修身，更由修身，以齐家、治国、平天下等八条目，而以八条目中之居前之事为始，居后之事为终，居前之物为本，居后之物为末。此即成一言“物有本末，事有终始”之儒家

内圣外王之学之系统。然《大学》又未明标此内圣外王之名。此《大学》之言物有本末，以身为家之本，家为国之本，国为天下之本，乃本于孟子所谓“天下之本在国，国之本在家，家之本在身”。唯《大学》更涵心为身之本，意为心之本之旨。则孟子之言心性，其明文尚未及于此。意之涵知，知之及物，亦非孟子所重之义。此中之意知物，初是墨道诸家之所重。墨家重选择，故重知与意或志。墨家又重爱之必见于利。利恒是以物利人，故墨家思想亦重物，复重以“知论物”。吾人前论道家之老庄，皆未尝不重心知。老子之思想，重先观万物之物势，庄子则重游心于天地万物。荀子亦特重心知之疏观万物。《大学》既以“意”为心之本，更依知以知物，并以格物致知之事，先于诚意，诚意先于正心。此乃明不同于孟子之言身为本，只重直下扩充此心之性情，以由己及于人，及于家国天下，以使万物自备于我，为学圣之方者。此《大学》以格物致知，为学者所当首务，又以知止言致知，明似荀子之言学当先知所止在圣王之伦制之旨。《大学》之知止，乃知“为人君，止于仁；为人臣，止于敬；为人父，止于慈；为人子，止于孝”之类。此即皆是人之尽伦之事。此中之君臣父子，即皆吾知所止时所对之物也。（参考《中国哲学原论·导论篇》论《大学》之文）故此物实即是人之人伦关系中所对之一一人，而不同于道墨荀所谓自然之天地万物者。道墨诸家所谓万物中，自亦原有人在；荀子所谓万物中，亦有人在。但道墨诸家，可言人外之物，亦人之知所当运及。荀子则以学者要在尽伦。此即意涵唯人伦关系中之物，乃学者之所当及。《大学》之致知格物中之物，皆只举父子君臣等物为说，更明涵此人之物，乃人之知所当及之意。然《大学》言知之所止，在至善。则此知之所止，又非此父子君臣之物之自身，而是吾人对此诸物之态度、行为之达于一至善。此即仁敬慈孝等道德理想。《大学》言知止，即与荀子之教人于见种种人伦关系中之物时，知止于至足，或圣王者略异。其异点，乃在荀子说至足，乃一笼统之言，其言“知止”，亦未明涵“止于至善”之意。荀子之圣王，乃指整体之人。今谓人当知止诸圣王之至足之道，便可使人由念圣王之为整体之人，乃外于我之为人者，而视此知止之事，只为学“圣王”于外，而非“自求止善”于内。《大学》则只说人当知止于种种对人之道德理想，如仁、敬、慈、孝，则人虽可视此中之人为外在，然亦可视此诸理想，为由自己发出，而初为内在者。能止于此诸理想，即人自求止善之事。观《大学》之首言明明德，亦见其先承认人有一内在之明德。学者之工夫，唯在自明其内在之明德，以表现于其接人之态度行为之中。故吾人于接人之态度行为中，求止于种种仁敬孝慈之至善，即可视为此人之所以自明其明德，而表现之“明明德”之事矣。由此即见《大学》之言止至善，虽似同荀子言止诸圣王之至足之道，而又实大不同。此大不同，则在荀子初未有此内在之明德之观念，亦未尝以其止诸圣王之至足之道，言尽伦制之事，即明明德之事。《大学》之承认人有此内在之明德，即以人之求尽伦，而对人实有忠敬孝慈等，为自明此明德之事。此显然是近于孟子之承认人有其内在之心性之善之说。《大学》谓明德为天之明命，亦大同于孟子言心性之善为天所与我之旨。唯孟子未尝以明德之一名，名其所言之心性之善，亦未言此明德即天之明命耳。

此孟子之所以未以明德之名，名其所谓心性之善，由于古所谓德，皆指人之所修成之德，而言明德，如《左传》所谓“昭先君之明德”，即自先君所已修成之德而言。然在道家，则言人有藏于心之内部之原始的“德之和”，此原始的德之和，即同于人生而具有之性。以至可谓人必由天，以有此“德”，方有此人之性。此即《庄子 · 天地》篇之所以由“物得以生谓之德”，再说到“人之性”也。依此，则说人有自然之性德，乃始自道家，而非始自儒家。老子言“归其明”，庄子言“以明”，亦意谓明为本有。《大学》之言人由天之明命，以生而具明德。此明德，亦当是一本有之性德，此正有似于道家性德之言。依此而谓人之学问工夫，在明明德，亦似同道家之言修道之工夫，在“归其明”“以明”，而复其性德。然《大学》于此明明德之事，又必说其表现为人伦中之止至善之事。则此一本有之明德，即至少是一“能知仁敬慈孝之善”者。即又见《大学》之明德，与孟子所谓人原有之“心性之善”正相类，而与《左传》等书所泛言之明德，纯属修成者不同，而亦不同于道家之本有之性德，不必涵“能知仁敬慈孝之善”之义者也。

六 《大学》之始终本末相贯义

由《大学》之谓人有同于孟子所谓善的心性之明德，为天生，言人能本此明德，而知止至善于其所接之物，以明其明德，方更有其以下之诚意正心等事；故《大学》之用名，与其思想，虽或受有荀子及他家之用名与思想之影响，然其根本思路，则仍是上承孟子之学，而在吾人内在的心性之善上立根者。此《大学》言格物、致知、诚意、正心、修身、齐家、治国、平天下之事，有一此终彼始，而相续之始终关系，则亦可说是本于孟子之言“始条理”、“终条理”之意。然孟子之教学者，则多是直截简易，似无多次第。荀子之教学者，乃更较重此为学之始终次第，如《荀子·劝学》篇言“学始乎诵经，终乎读礼”，更“好其人”，即言为学始终次第者。《荀子》书言及始终之义者，亦较《孟子》为多。此外，则庄子老子，亦皆喜言终则有始、如环无端之义。然《大学》言有终始，则又非只重始终之为一次第之义，亦非以始终为一环之义，而是重此格致诚正修齐治平之事之始终之相涵与相生相成之义，以见意心身家天下之“物有本末”。此所谓始终相涵，相生相成，即谓此《大学》八条目所说之八事，前一事之必归向于后一事，亦生起此后一事，以后一事为其末；而后一事即成就此前一事，还完成前一事，亦以前一事为其本。故由格物致知，以知吾人接物时之态度行为所当止之至善，即可为吾人之本此善以诚意之始；而诚意以好善恶恶，不自欺其所先知之善之工夫，即所以成就完满此由格物致知所止之善，以为格物致知之事之终。又诚意之好善恶恶不自欺，又即吾人之心之得正之始；而吾人之心之不以有所好乐、恐惧、忿懥而不得其正，而恒使心自正之工夫，又即所以成就完满此意之好善恶恶而不自欺之诚，以为诚意之事之终。此正心之工夫，为此心之主宰及表现于身体之行为，以修身之始；而此修身之工夫，又为成就完满此心对此身之主宰及表现于身体之行为，亦成就完满其先之正心之事，以为其终。此人之自修其身，为其德之表现于其家而齐家之始；而齐家又为成就完满其先之修身之事，以为其终。此齐家而德表现于一家，为人德之表现于其家人外之国人，而治国之始；而治国又为成就完满其先之齐家之事，以为其终。治国更为平天下之始，而平天下又为成就完满此治国之事，以为其终。其中终始之相涵而相生相成，即见此为始与终之事，有共同之道为之贯。始必归向于终，终亦必可完成其始，即成一终始相涵，相生相成之相续不断之历程。总此相续历程而说之，则整个不外始自吾人之自明其明德于其知所止之至善之前，而终于平天下之一历程。简言之，即一“明明德于天下”之历程。在此整个之历程中，自己之明德是始，其后之一切，至平天下是终。然此明德之自明，而表现于知止至善，即同时表现为求明明德于天下，而归向在此平天下之终。故《大学》之八条目，可摄于明明德、新民，与止至善之三纲领。此三纲领中所谓新民，即使天下之民新。所谓使天下之民新，即由明明德，以使此明德之明，照明自己之意之心之身，以日新不已，而更次第及于家人、国人、天下之民，以使之皆日新不已。此即使吾人一己所止之至善，成为天下之民所共止之至善。故此三纲领，亦可以“明明德于天下”之一语概之。此中明德属己属内，天下属人属外，明明德为内圣之功，平天下为外王之功。

明明德之内圣之功必表现，而终于平天下之外王之功；而平天下之外王之功，必本原于明明德之功，亦以此明明德之功为始。则此整个明明德于天下之一语，只说此始终相涵之内圣外王之一功。在此始终相涵之一功中，则见“天下之本在国，国之本在家，家之本在身……”而见物之本末之相贯。《大学》之教，亦可谓除发明此一“事之始终”“物之本末”之相涵相贯，为一“明明德于天下”之一事外，别无余义矣。

依此《大学》之“事之始终相涵，物之本末相贯”之教，以观墨家之教人爱利天下，而忘其自己，以成外王之业者，与道家之教人只求完成其自己之内圣之功，而超出于世俗之天下之上者，即皆尚为一偏之论，而未尝知通此人己、内外，为一贯之道者。若知通此人己内外之一贯之道，则当言人之利天下，以成其外王之业，当以明明德于天下为归。只使天下人为我所爱利，而不能平天下，以使天下人皆得自明其德，皆以德为本，财为末，尚不能称明明德于天下，亦非外王之至者也。此明明德于天下之事，则又初只为自明其内在原有之明德之事。此自明其明德之事，亦即所以成就人自己之内圣之功。此中，人之为人与为己，外王之业与内圣之业，应只是相涵之一事。则墨家之为人，与道家之为己，皆当由此《大学》之道，以通为一贯矣。此即契于荀子言合圣王之道之旨。然荀子言合圣王之道，乃自尽伦之事，必连尽制之事而说。今只在事上说，则此尽伦之事，乃道德之事，尽制乃政治之事，即有不同。今欲通此尽伦之事与尽制之事为一，唯赖吾人之于为尽伦尽制之事时，有一必求尽伦尽制，由己以贯彻于一切在伦制中之天下人之心愿或心志。此即为有极大之广度，而兼极高之强度之道德的心愿或心志。荀子所谓能虚壹而静之心，则虽有一极大之广度，以遍知察万物，求其各得其位；却并不能直下贯彻至一切在伦制中之天下人以求明明德于天下；故荀子亦未能以此一切尽伦尽制，即所以完成其虚壹而静之心之志愿之所存，而直下以此尽伦制之外王之业，皆所以成就此心，而成就自己者矣。然《大学》之明明德于天下，则可说为从事大学者之开始点上之一心愿或心志。此一心愿或心志，则兼有极大之广度，同时有极高之强度，以贯彻于次第之由修身，以至齐家、治国、平天下之事之中者。由此而吾人即可本此《大学》之义，以直下说此《大学》中之齐家、治国、平天下之外王之业，即所以成就此开始点之一心愿、心志，而成就此自己之明德之明者矣。此中《大学》虽未明说齐家、治国、平天下，即成物之事，明明德之事即成就自己而成己之事，然其义则应涵具此成物之事，即成己之事之旨。至于明白说出此中人之成物之事即成己之事，以通内圣外王之学者，即《中庸》之书也。

第二十一章 《中庸》之诚道

一 《中庸》之道之兼横通内外与纵通天人义，及首章所谓天命与性、道、教之义

吾人于上章之末，谓《中庸》明言成物之事，即成己之事。此《中庸》用以通成己成物之事之概念，则为诚之道。此诚之道，为通贯内之己与外之他人他物者，同时亦通贯人之性与天之命者。《大学》言明明德于天下，已涵成物即成己之旨，《大学》亦言及诚意；然《大学》未明言成己成物，亦未明以诚之道通此二者。《大学》言人内在之明德即天之明命，此应即指人之善的心性，而涵性德之义者，然尚未有其语。《大学》亦未明说此性即天所命于人者。《中庸》则既以诚道通成己成物之事，又明言天命之谓性，更明言诚者天之道，自诚明谓之性；则言天命之谓性，又明言性之德，即言天之诚之道之命于人，而明于人者，即是性；而此"诚"之概念，即又为通天命与人性者矣。此中以"诚"之道，通成己与成物之事，可说是横通内外，以"诚"之道，通天命与人性，则可说是纵通上下。《大学》中只有以八条目之始终相涵，横通此内外之义，虽有人之明德，为天之明命之义，而未尝加以发挥，遂缺此《中庸》所陈之纵通上下之胜义。故《中庸》可统《大学》，而《大学》不可统《中庸》。王阳明尝言子思约《大学》之义，为《中庸》首章，盖兼谓大学格、致、诚、正、修、齐、治、平之功，不外《中庸》率性之谓道，修道之谓教之旨也。唯《大

学》虽以明德为天之明命，未明言性，故未如《中庸》首章之指出天命之谓性耳。《中庸》首章有此一句，已见其除涵《大学》之横通内外之旨外，更涵一纵通上下之旨。观《中庸》全书，亦随处见其兼有此横通内外与纵通上下之旨，周遍贯彻于全书诸义之中，以有其纵横交会之义理之陈述。故不同于《大学》于八条目，只本始终相涵以为论，犹是一单线进展之论者也。

此《中庸》之言天命之谓性，以及《大学》之以天之明命即明德之言，初皆非孔孟所明言。孔子所谓命，初只指此天所命令人者。此乃由人在其所遇之环境，自识其义所当为时所知得。孟子于性只言其为天所与我，而于命则视为人之性之表现于外，而与其境相遭遇，而知其义之所当为时，所当立者。唯孟子于此，更言此命之所在，亦即性之所在，则与孔子之言略有不同。然皆尚无此《大学》之天之明命即生而有之明德，及《中庸》之天命之谓性之说也。对此《大学》之天之明命即明德之说，上已言其大同于孟子言心性之善为天所予我。而谓心之所不容已者即命，则似可能首出自庄子之言“子之爱亲，命也，不可解于心”之言。唯庄子未说此命即性。然依孟子言性之旨，则亦原可转出天命之谓性之旨。盖依孟子言性之说，吾人在一境遇而知之义之所在，即可视为天之所命之所在，亦我之尽心知性之事之所在。故曰“命也有性焉”。则于此天之所命于我之义，亦可同时视之为己之所自命于我者，而此心性即有自命之义。孟子既谓心性为天所与我，则可由此更进以说此性中之自命，即天之命之贯彻于此性之中，或天之明命之见于吾人内心之明德之中；再可更进以说此内心之明德所在，即天之明命所在；此心之性之所在，即天命之贯彻之所在，亦可更说此性即天命之贯彻凝注之所成，或即此天命贯注之所成矣。天命贯注，即谓之性，是即成《中庸》之天命之谓性之说矣。此天命之谓性之说，固不同于庄子以子之爱亲等不可解于心者为命，而未说其为性者，亦不同于孟子之以爱亲等心为性，而初未明说其为命者。此唯是由孟子之言性为天所与我及言命之旨，所转化而成之论也。

吾人如循上述所谓由孟子所言性命之义，如何转出《中庸》之天命之谓性之义上看，则此《中庸》之性，自始为天命之所贯注，此天命亦当为可由吾人之内心之自命而见及者。则此所谓天命之谓性，不宜如传统宗教之说及汉儒及朱注之解释，先客观的、信仰式的、独断论的设定一天，谓其于生人物之时，自上而下，由外赋与以一定之性。若如此论，则是先知有天命之下贯于人性，非先知人性之能上达于天命。即与孔子先言“下学上达”，乃更言“知我其天”，孟子言“尽心知性则知天”之传统，不合。若如此说，则吾人所内具者，亦可说只此居下位之性，何处见得有其上其外之天命？若循吾人上之说孟子之性中原有天命之贯注去看，而又要于此体会亲切，则首当知吾人于《原性篇》所谓性之义，可释为心之生之义。吾人须知此心之生，可表现为主宰此身之行为，亦可只表现为心之自超越于其已成之自己，而更有所自命之事。当此自命为一依普遍之道德理想而有之自命时，由此理想之可伸展至无穷，即可见此自命之可开拓至无穷，亦可见得此自命之有一无穷之原泉，如自此原泉而流出，以由隐而显。为此自命之泉原者，即天命，而此自命，即为此天命之所贯注。此自命为我心之生之表现，即我之性之表现，而其中有天命贯注；则吾人可同时由吾人之性以见此天命之表现。则此“天命之谓性”一语，人皆可由其心之依道德上之普遍理想而自命，而有其心之生、心之性之表现时，当下得一亲切之体证，便不同于先客观的说亦独断地说一天命，使人先对之作一悬想，然后说其贯注为人性；于天人之际，先分而后合之说之支离矣。

若吾人识得上来之义，则于《中庸》所谓“天命之谓性”之下之“率性之谓道，修道之谓教。道也者，不可须臾离也；可离，非道也。是故君子戒慎乎其所不睹，恐惧乎其所不闻，是故君子慎其独也”一节之语，即皆可有一善解。对此率性之谓道一句，人可问谁为率性者。王充《论衡·率性》篇，即尝谓此率性者乃外在之教化。此则明不可通。若如其说，则修道之谓教一句，应在前矣。或谓率为由，则又成任性之说矣。朱子释率为循较妥。然此循性，即人之自循其性。此所谓自循，必循一个什么，又必为一有道德意义之自循。则此自循，只能是自循自己对自己之道德上的理想，而本之以自命。说此自循为自命，则上可连于天命之谓性一句，而下可连于率性之谓道一句。盖谓此自循为依道德理想而自命，则率性，即自命自率，而于此自命自率中，见此性之表现。于此说率性，便非以性为此命此率之外之物。说率性，只能是说因此自命自率之为性之表现，乃一相续之历程，则其前一段之表现，即如引起领率此后一段之表现。此引起领率后一段之表现，即自命其有后一段之表现，亦可说是自领率其性，以有此后一段之表现。故此《中庸》之“率性”之一名之本义，应为：人之本道德理想而自命自率，以见性之表现之意。此自命自率，为一相续不断之历程，即见此自命自率之自形成一道路，亦见性之表现之自形成一道路；而亦可依上之所说，以说此道路为率性之所成。故曰“率性之谓道”也。兹按《论衡·本性》篇引陆贾言曰“天地生人也，以礼义之性，人能察己所以受命则顺，顺之谓道”，《淮南子·齐俗训》亦言“率性而行谓之道，得其天性谓之德”。此与《中庸》“天命之谓性、率性之谓道”相类。盖同时代之语也。

至于《中庸》再下一句所谓修道之谓教者，此修亦不能是在此道之外，别有一修治此道者。此中之修道者，应亦即此性之于其自命自率之历程中之自修。其所以须自修者，则以此自命自率，或不能常循于一道德理想而发，或不免有违此理想之意念等为阻碍，以断而不能续。故须自加修治，以去其阻碍，使断者相续。后文所谓戒慎恐惧，亦自戒慎自恐惧，有与此理想相违之意念等之生起，虑其或断，而自加修治，以使之相续之修道之事也。此自加以修治之事，固亦仍只是人之自命而自率其性之事，而与自己不可须臾离之事。此自己即独，故总之于“君子慎其独”之中也。由此以观，则此“天命之谓性，率性之谓道，修道之谓教”三语，虽各有其义，然固所以合见天命、人性、与其道及修道之教四者之一贯之旨者矣。

至于“君子慎其独也”一句，后为“中也者，天下之大本也；和也者，天下之达道也”。此所谓中，即在中之义，即所以指心内或心中。谓此中之为大本，亦即指天命之性为大本。然人之不可须臾离之内心的自率性自修道之事，恒自戒慎恐惧，亦即在心中。则此所谓中之义，亦可包涵此内心的自率自修之事。即凡在人未有对外在人物之喜怒哀乐情感之表现之事时，其心性之自率自修，皆属于此“中”，而此“中”，则为人之一切对外之情感之表现之大本大原所在。故曰“中也者，天下之大本也”。至于其表现为喜怒哀乐之情之中节，而有其中节之行为，以与外在之人物，相应成和，亦使诸人物彼此相应成和，而皆得其位，而得其育，则为致此内在之中，以成对外之和。亦即由致中以致和，或致中和，以使天地万物得其位、得其育，亦使天地得成为万物之位，以使万物于此位中得其育之事。故曰“致中和，天地位焉，万物育焉”也。

此《中庸》之首节中，以中指喜怒哀乐未发前之内在的心之性，与《大戴礼·小辩》篇“知忠必知中”，中指内心之义同。庄子言养中，老子言守中，亦皆指此内心或内在的生命心灵以为中。然在《论语》中所谓中行，《孟子》所谓中道、执中，则皆就其通两端而谓之中。此与《大戴礼·小辩》篇、老庄书及《中庸》首章所谓中，明不同其义。《中庸》后文引孔子“执其两端，用其中于民”，则此盖意在以未发之中释两端之中，而通此二中之义。又《论语》无天地万物之名，《孟子》亦只分言天地与万物，而未对举之以成名。道墨二家乃喜连用天地万物以成名。儒家孟子言万物皆备于我，不言育万物。孔孟言保民、养民、爱民，墨子言爱民利民，亦未明言育民。老子以慈为教，而母之育子，为慈之至。老子又以母言道，乃亦以“生之、育之”言道。庄子更时言育万物，化育万物。则《中庸》之言育万物，亦用老庄之辞。又孔孟多好恶对言，于喜怒哀乐皆分说，而未合之以成辞。墨子、庄子，乃多连用喜怒哀乐为一辞。故或谓《中庸》之言喜怒哀乐，亦可能为袭用其辞。是皆见此《中庸》首章之成书，在庄子之后。然此中喜怒哀乐之成一辞与否，无关大体。《中庸》之言天地位万物育，乃由于人之致中而致和。此《中庸》之所谓中之大本，初在天命之性。故致中和而有之天地位、万物育，皆本于天命之性。此则纯为承孟子之言性而有之论，如上所述。《中庸》之由率此性之道，修此性之教，表现于喜怒哀乐之发而中节，以言天地位、万物育，固为以儒家之义为大本，以用道家所喜用之辞，而亦将其辞所代表之义，亦摄于儒家之义之下。固不可以之为道家之说也。

二 《中庸》之诚道及圣德与天德义

除朱子所定之《中庸》首章外，其第二章至十九章，则皆引孔子、子思之言，以说中庸之道之名义，以及忠恕之道、鬼神之道、古之圣王之道之名义，再说至五伦之五达道，智仁勇之三达德，求有此三达德之生知、学知、困知及安行、利行、勉行等，种种知行之事，及为天下之九经。此即所以说明第一章所谓由致中而致和，由大本而至达道之种种规模。其中五伦所以尽伦，九经所以尽制。五伦可称达道，九经亦是达道。知仁勇之达德，则由人之行于达道所成之德也。行五伦至九经之达道，即齐家、治国、平天下之外王之事，而所成之达德，即内圣之德。然德曰达德，则自其是由行达道而成者言，亦自其通于外王之事业而言。

此中人行达道以成物，同时即成其达德以成己。此即见成己成物之一贯，内圣外王之一贯。故既论毕天下之九经，二十章以后之《中庸》，即更提出此成己成物之道，而只以一诚为之说。此即谓行于五伦、九经与三达德中之德，只是一诚之德，亦见人之由大本而达道，由中而和，只是一诚之道、诚之德之表现。第二十章以后之《中庸》，同时言人之性，亦只是一诚之性，由人之性而见得之天命中之天道，亦只是一诚之道。故二十章即有“诚者，天之道也；诚之者，人之道也”之言。由此以更说人之一切成己成物之事，亦即只是一自尽其诚之性，以上达于天命天道之诚之道之事。此即《中庸》二十章以下诸章所陈之大旨也。

《中庸》二十章言“自诚明谓之性，自明诚谓之教”。所谓自诚明谓之性，即言性原是一诚，所谓诚即自成。吾人前所谓人心之依于其道德理想，而命令自己，以自己领率自己，即亦是自己成就自己。此自己成就自己或自成，原于人之自成的性，亦即原于人之诚之性。由人之自己成就自己，同时自知其自己，即是明。人不自己成就此自己，即不知其自己毕竟为如何。故人必自成而后能自明，即必由有自成之性之表现，乃有其明。此亦即由诚而明之情形。此自诚而明，即前文之率性之谓道。至于所谓自明诚谓之教，则当是连于前文之修道之谓教说。此乃由于人之性之表现，可有其他意念为碍，或断而不续的情形，此时人即有未诚之处。人便须自知其有此情形，而明白之，更求去此不诚之处，以修治其性之表现之道路，使此诚之性能相续表现，是即为由明而诚之教。在此二情形之前者中，道由性之诚之直接表现，而现成在此，不须修治。性之诚出于天，则此“自诚明”，即直接以天之道为人之道，此即圣人之所以能无不诚，亦见圣人之道全为天之道者也。然人通常并不能有此诚之性之相续表现，则须由人之自明其未能相续之处，以自修道，而由人之思此诚，而明此诚之道，以达于如圣人之“由诚而明、即天之道以为人之道”之境。此即为人之求自尽其性之工夫。人亦必至于诚，为至诚之人，乃能尽其性，以使其性之表现，恒相续不断，而不息不已。人果能尽其性，使其表现不息不已，则于其尽己之性，以成其自己之达德时，同时行于达道，以通达于外之人之物，亦同时求尽人之性，求尽物之性。此即可至于“赞天地之化育”，而人德可与天地参，而有天德矣。至于人之尚不能达于尽性之圣人之境，则只能次第由不诚至诚。此中人之诚有间断，而人之行于此由不诚到至诚之道之中，即须经历种种道德生活之曲折，而后有诚。此即《中庸》所谓“其次致曲，曲能有诚”也。但无论是由直尽其性以有诚，或由致曲以有诚，而尽其性，其有诚之后，皆有其外在之表现，以及于其他人物。此即一由开始表现之“形”，更显“著”此表现，以使自己之心知“明”照于外，更感“动”及其他人物，使之有所变“化”，以使人之性、物之性亦得尽之一历程。此即《中庸》所谓“诚则形，形则著，著则明，明则动，动则变，变则化”之一历程也。

此上所谓诚，即人之自成之性。人有此自成之性之相续表现，即此性之自显为一道路。性只是自己成就自己之性。此道路，亦只自己引导自己之道路。此中人之自己成就自己，引导自己，皆是一相续之历程，即一终而有始之历程。若终而无始，则同于空无所有，或无物。故下文曰：“诚者，自成也；道，自道也。诚者，物之终始。不诚无物。”至于下文所谓“诚者，非自成己而已也，所以成物也。成己，仁也；成物，知也。性之德也，合内外之道也”，则不外自此性之诚之必由内之大本，而显于外之达道，以说成己成物之为一贯。如上已讲。至于《中庸》之言“成己，仁也；成物，智也”。此与一般之以成己为智、成物为仁之说不同。盖正意在见成己所以成物，成物亦所以成己之义。成物所以成己，故成物之仁，即是成己之智。成己所以成物，故成己之智，即是成物之仁。此仁智之合一，正所以见己与人、内与外之合一之道者也。

《中庸》再下一章，则更由人之至诚之不息不已，以说由悠久至博厚高明，即所以载物、覆物、成物，而以博厚配地，以高明配天，以悠久成其无疆，则人可与天地合德，亦与天之道合一，以有此天道之直接表现为此至诚之人之道，而能“不见而章，不动而变，无为而成”矣。于是此天地之道之生物不测，其无穷不息，亦皆在此至诚无息之人之德中表现。故曰：“维天之命，於穆不已，盖曰天之所以为天也；於乎不显，文王之德之纯，盖曰文王之所为文也，纯亦不已。”此即言天之於穆不已，文王之纯亦不已，皆同一至诚无息之道之表现也。

至于再下一章，则承上章言圣人之道之不已，同于天道之不已，更言圣人之道之“发育万物，峻极于天”，其“礼仪三百，威仪三千”之表现，皆属于圣人之人，亦待其人而后行。此即言至道之必凝于有至德之人。由此遂及于君子之“尊德性而道问学，致广大而尽精微，极高明而道中庸，温故而知新，敦厚以崇礼”之功。此中之尊德性而道问学，吾意当连上文所谓文王之德之纯亦不已言。纯则德性尊，更道问学，即所以成其德之“不已”或“悠久无疆”也。致广大，即前文之博厚；尽精微，即言其博厚更载其精微也。极高明，即前文之高明配天；道中庸，即言其高明之能覆万物也。至于温故而知新，敦厚以崇礼，则吾意当连后文讲。后文之“居上不骄，为下不倍；邦有道，其言足以兴；邦无道，其默足以容。《诗》曰：既明且哲，以保其身”，即敦厚之旨。“生乎今之世，反古之道，如此者灾及其身者也”，即当知新之旨。后文三节：“非天子不议礼，不制度，不考文。虽有其位，苟无其德，不敢作礼乐焉；虽有其德，苟无其位，亦不敢作礼乐焉。”“吾说夏礼，杞不足征也；吾学殷礼，有宋存焉。吾学周礼，今用之。吾从周。”即“温故”与“崇礼”之事者也。至于下文之“王天下有三重焉”一章，则要在言圣道之通于王道。其言“本诸身”，即修己成己之意；其言“征诸庶民”，即安人成物之意；其言建诸天地，即见人道通于天道，人成为鬼神而在天，亦体物而不遗。此中“本诸身，征诸庶民”，为证诸人道；“建诸天地”，为证诸天道；“质诸鬼神”，为证诸鬼神之道。然此不同于墨子之以人为下，中为鬼神，上为天之三层之说，而是以人道天道鬼神之道与君子之道，为一之说。至于“考诸三王而不谬，百世以俟圣人而不惑”，则所以见古往之王道，即来今之圣道。此道通于往古与来今，即所以见此道之贯于历史之世界，而悠久无疆者也。君子之道，能“本诸身，征诸庶民，考诸三王而不谬，建诸天地而不悖，质诸鬼神而无疑，百世以俟圣人而不惑”；则君子依此道而有之言语行动，皆“动而世为天下道，行而世为天下法，言而世为天下则，远之则有望，近之则不厌”，可永终誉于未来世矣。故《中庸》最后即以仲尼祖述尧舜一章作结。此则意在以至道所凝，而具至德之孔子之人，以为上文所说者之实例。吾意言“仲尼祖述尧舜，宪章文武”，即言其“考诸三王”之事也。言仲尼“上律天时，下袭水土，譬如天地之无不持载，无不覆帱；譬如四时之错行，如日月之代明。万物并育而不相害，道并行而不悖，小德川流，大德敦化，此天地之所以为大也”，即言其“建诸天地而不悖”也。下文言：“唯天下至圣为能聪明睿知，足以有临也；宽裕温柔，足以有容也；发强刚毅，足以有执也；斋庄中正，足以有敬也；文理密察，足以有别也。”其中聪明睿知，朱子注是生知之质，其下四者朱子谓是仁义礼智之德。“宽裕温柔，仁也；发强刚毅，义也；斋庄中正，礼也；文理密察，智也。”可见《中庸》合于孟子言仁义礼智之旨。至于下文之谓此德“溥博渊泉，而时出之，溥博如天，渊泉如渊”，则吾意以为此即言诸德之“本诸身”而出者，如天之昭临，渊泉之出也。“见而民莫不敬，言而民莫不信，行而民莫不说”，即“征诸庶民”也。“是以声名洋溢乎中国，施及蛮貊，舟车所至，人力所通，天之所覆，地之所载，日月所照，霜露所队，凡有血气，莫不尊亲。故曰配天。”此则言此圣人之大德，必得其声名以洋溢于中国，施及蛮貊，至于无疆，以与天共祀，亦与在天之鬼神共祀，此即言其可“质诸鬼神而无疑，俟诸百世而不惑”也。

至于再下一章则为总结。谓“唯天下至诚，为能经纶天下之大经”，即由五伦至九经之事也。言“立天下之大本”，则遥应首章中为大本之旨。“知天地之化育”，则遥应首章“致中和、天地位、万物育”之旨。“夫焉有所倚，肫肫其仁，渊渊其渊，浩浩其天，苟不固聪明圣知，达天德者，其孰能知之”，则言圣之内在之仁德，充于其生命，如渊泉之时出无尽，以成其悠久，而又浩浩如天地之广大高明，以同于天德也。

再后衣锦尚䌹一节，则言：“君子之道，暗然而日章。……君子之道，淡而不厌，简而文，温而理，知远之近，知风之自，知微之显，可与入德矣。《诗》云：潜虽伏矣，亦孔之昭。故君子内省不疚，无恶于志。君子之所以不可及者，其唯人之所不见乎。”此即更言学者之用工夫，当在一人独知之潜隐处用。在此潜隐处，有人之内省，即遥应第一章所谓戒慎恐惧之功。此功中，有人之性之自命自率，而自知其自己之昭明在。故“潜虽伏矣，亦孔之昭”。由此而性之明所成之明德，固不在其表现于外之声色，而纯在内心之隐微处，而无声无臭，以上通于上天之命者。故《中庸》终以“予怀明德，不大声以色……上天之载，无声无臭，至矣”之言，以与首章言“天命之谓性”一语，遥相应也。

三 《中庸》本书所言之义理在思想史上之价值

上文释《中庸》二十章以后各章之大义，重在见其义理之规模。故与昔贤所分之章句与解释，不必尽同。盖当如上所说，然后中庸之以“诚”一方横通内外之成己成物之事，一方纵通人性与天命之旨，乃豁然可见。此横通内外之成己成物之事，以贯内圣外王之旨，《庄子 · 天下》篇与《大学》，皆已有之。纵通天命与人性，言人之尽性而有之至诚之圣德，博厚配地、高明配天、悠久无疆，以其纯亦不已，同于天命之於穆不已，则《中庸》之所特详。由此而《中庸》所言之圣道之发育万物，即同于天道之发育万物。又《中庸》言至道之凝，必在人之至德，故归于"君子尊德性而道问学，致广大而尽精微，极高明而道中庸，温故而知新，敦厚以崇礼"之学，而以孔子之至德配天，为其例证。乃更终之以言学者之当于潜隐处，用内省工夫，方达于无声无臭之上天之旨。是见此《中庸》之书，实一儒家思想之一极高明至博厚，而可垂于永久之著述。此所谓《中庸》之书能极高明者，可即自上所言之纵通天命与人性之明言上说。此在孔孟荀之言中，固皆未有如此之明言。孔子直下指点人以其生命心灵与"人""己"及"天命鬼神"感通之道，而不重由此以反说此生命心灵之性。孟子知此性之善，更言人当直下加以扩充，以由内而外，以至于上下与天地同流，万物之备于我，亦言此心性乃天所与我；然未直下竖立天命与人性相贯之至德至道，与天德、天道，同其不已，以至于悠久无疆之义也。庄子言人必知天之所为，乃能成至人真人，则偏重在天。荀子言人道不同于天地之道，谓圣人不求知天，则偏重在人。《中庸》乃谓："思修身不可不事亲，思事亲不可不知人，思知人不可不知天。"此即兼不同于荀子与庄子之言，而谓人之知人之事，亦建基于知天；而真知人以求尽其性者，必尽人性，以尽物之性，而赞天地化育，即必能知天地之化育，而知天。然唯人之实尽其性、实成至德之圣，而后实知天，而能配天；则吾人又当知圣德，知其所以知天；然后能达天德。故归于尊崇孔子之圣。此即皆见《中庸》纵贯天命人性之义之本身之高明者也。

至于上所谓《中庸》立义之博厚处，则可本上说其高明之义之所覆，而转以观《中庸》之文中之所载者，即可得之。此《中庸》之文之所载者，自是儒家由孔子所传之言，故多先征引孔子之言为据，而更发挥之，归于本敦厚崇礼之旨，以尊崇孔子之圣德之配天。《中庸》言尽己性、尽人性，以至尽万物之性，而化育万物之教中，所涵摄承载之义，明是较孔孟荀之重在言人道，而未言尽物性，化育万物者，更为广远。此乃足以涵摄道家之言“观万物、游心于物，容万物、育万物”之义者。然道家之言圣人之心之化育万物，恒只是说一心境之量，而非实事。实事必由近而远，由内而外。故必先修身而行于五达道，由好学、力行、知耻，以有智仁勇之三达德，以为天下之九经；既尽己性以尽人性，方可至于尽万物之性，而化育万物。则道家之立义虽高明，然无由近而远，亦由卑至高之切实下手处。不能由卑近下手，则亦尚不能是敦厚博厚之学也。

所谓《中庸》之立义本身足垂于永久者，则以《中庸》之立义，原由本诸身、征诸庶民，考诸三王、建诸天地、质诸鬼神，更能百世以俟圣人，既温已往之故，而亦念来日之新，而后立其义。此一立义之心量，即一通于过去今日与未来之心量。此一心量，为一超时间段落之分之一心量，亦即当下是一悠久无疆之心量。本此当下之悠久无疆之心量，以知此所谓悠久无疆之义，则此义亦即当下具足于此心量之中，而不待外求。如依此心量，而谓圣人之德，纯亦不已，维天之命，於穆不已；则此一心量亦即摄尽一切天与圣人之“不已”。吾人亦不能言此“不已”之外，另有“不已”。由三王至孔孟，至为《中庸》之文者所生之世，以及于今日之数千年，天地唯是一“不已”。再千万年，亦唯是一不已。圣人达天德，亦唯是一“纯亦不已”。则为《中庸》之文者，虽只生于其世，其所言之此“不已”之义，则溢乎其所生之世，以及于今日，再至千万年，而永不能已，亦无所谓已也。则能知此义、行此义之人，殁而为鬼神，其鬼神之德，亦永洋洋乎如在其上，如在其左右，无所谓已也。关于此一不已之义如是，关于高明配天、博厚配地之义亦如是。如人必高明以配天，博厚以配地，此义亦永无所谓已者也。无论世事之变如何，人终必当以高明之心覆之。人有此高明之心，于世事之变，即无不能覆。又无论世事之变如何，人终必当以博厚之心载之。人有此博厚之心，于世事之变，亦无不能载。则此《中庸》之高明博厚之义，亦同为永无所谓已者也。知此高明博厚之义，而行之之人，其鬼神亦无所谓已者也。此外，吾人之所以尊崇圣人，尊崇孔子，亦在其至德之高明博厚而不已。则《中庸》所言吾人当尊崇为圣人之孔子之至德之义，亦永无所谓已。人之以孔子配天而祭之，至于凡有血气，莫不尊亲，其礼其情，亦永当不已者也。人纵谓孔子不足以当至圣，或人所理想之人物，而不尊崇之；人亦必别有其所尊崇之至圣，或理想之人物。则此人之求有所尊崇之心，仍不能已也。人当有其所尊崇之人之义，仍无所谓已也。世之最堪尊崇之人，必其德足以祖述宪章昔贤之德，以涵众德，而无不覆、无不载，而更不息、不已者。此“唯有高明配天、博厚配地，而不息不已之德者，堪为人之所尊崇”之一义，仍不能废。此义亦必无所谓已者也。若世果有孔子以外之人，如孔子之祖述宪章昔贤之德以为德，则吾人之尊崇之，亦犹尊崇孔子。仍未出《中庸》之义之外也。

凡此上所说之不已，皆非只是自世之变、圣人所为之事之前后不同，而见其不已，而是自此一切世变与圣人所为之事中，见有一深远而不可测，亦无穷者在，方见有此不已。此“不已”之自身，则只是至纯一而至深远之道。故曰，“於穆不已”，“纯亦不已”。於穆即深远也，纯即纯一也。此纯一而深远之道之表现于天地间之一切世变，即所以“成”此世变；其表现于圣人之事，即所以“成”此圣人。故此道，即只是天地圣人之道，而可一言以名之曰诚。诚者，自成也，天地依此诚之道，而成，而存在，圣人依此诚之道，而成，而存在。一切人物之生于天地，与学者之学于圣人者，亦依此道，而成，而存在。故曰“天地之道，可以一言而尽也；其为物不贰，则其生物不测”。天地万物之道如此，圣人之道学者之道亦如此。诚即自成，即自己成就自己，而只是一自己。故道不贰，而“其为物也亦不贰”。通此天地与人之道，只此一不贰之诚道之悠久不已。《中庸》之文，即本其知此不已之义而说，岂未知此义者所能已其义者哉。彼不信《中庸》之言者，其不信，亦终将自已也，非能诚不信也。若其“诚不信”之“诚”能不已，则亦终将信此“诚”之不已之义矣。此即《中庸》之书之可以垂于永久，而其涵义，则深远无穷，亦如渊泉之时出，以见于人心，而亦恒千古常新之所在也。故今亦自道吾之所见于其涵义者如此。

第二十二章 《礼记》中之礼乐之道与天地之道（上）

一 《礼运》大同章之问题，及其在《礼运》篇中之本旨

上述《中庸》之言诚之道，既在横通内外以论道，亦在纵通天人以论道。此道极于尽己性、尽物性，以参赞天地之化育，故亦为天地所以化育万物之道。此道为悠久不息之道，故可顺通于古今历史之变。儒家之思想发展至《中庸》，即不只为一人生之道德、伦理、政治与人性之哲学，亦为一形上学与宗教哲学、历史哲学。此即通过圣人之至德中之至道，而见得天地万物之所以生之天道，以至尊天崇圣，而赞叹此道之悠久不息之形上学、宗教哲学与历史哲学。《礼记》之《礼运》，则为专论能表现人之德，与养人之德之"礼"之运行于天地鬼神山川与万物中，及古今历史之世界之著。《乐记》则为论礼乐之道之兼为人生伦理政治之和序之道，亦为天地万物鬼神之和序之道之著。此二文可称为文化哲学与形上学之和合，其规模亦甚弘阔。然文章之组织，则不如《中庸》之严整，立义亦不如《中庸》之言通贯天人内外者之赅备。然其以礼乐之人文为本，以通自然之宇宙、人伦、政治与历史之世界，则足以答墨道诸家以儒家之礼乐之义，只限于人间一时之用之疑难；亦足以伸礼乐之教化之价值于政治，以答法家言文学之士与礼乐无用于为政之疑难。由此二文与《礼记》他文之言礼

乐之义，而汉以后之学者中，更无敢言全废礼乐者。故其影响至为广远。不同于《中庸》之书，只为少数智者之所知，直至宋明儒，乃得大弘其义者。兹一述此《礼运》与他篇言礼之义，与《乐记》言礼乐之旨，而世传孔子答曾子问之《孝经》，其义多与《礼记》之文相通，故亦将附及焉。

《礼运》一篇之文，首为大同章。其文曰："大道之行也，天下为公，选贤与能。故人不独亲其亲，不独子其子，使老有所终，壮有所用，幼有所长，矜寡孤独废疾者皆有所养。男有分，女有归。货恶其弃于地也，不必藏于己，力恶其不出于身也，不必为己。是故谋闭而不兴，盗窃乱贼而不作，故外户而不闭，是谓大同。"此章之文，言三王以前二帝之大同之道，以与三王之小康之道相对，于中国近代思想影响甚大。然昔儒则并不十分重此《礼运》之文。如宋之《朱子文集》卷三十三《答吕伯恭书》谓其"几以二帝、三王有二道，此则有病"。又《语类》八十七可学录，"问《礼运》似与老子同，曰不是圣人书。胡明仲云，《礼运》是子游作……计子游亦不至如此之浅"云云。兹纯就此文之大同章所用之名辞言，则上文已谓大同大道之名，皆当是初出于墨道二家。其首句言天下为公之公，以与私对；公善而私不善，亦初为墨道法三家所喜用。《诗经》言"雨我公田，遂及我私"。此乃只谓田之为公有或私有之别，私无劣义。《论语》言孔子于颜回"退而省其私，亦足以发"。此私指个人生活，亦无劣义也。《论语》《孟子》固皆未尝有此以公与私相对，以公为善、私为不善之义也。《墨子》书言天之行"广而无私"，又恒言公义，则公显然为善。《荀子·王制》言"公平者，职之衡也"，亦循此义而说。庄子言彭蒙、田骈、慎到之学，"公而不党"，老子言"容乃公，公乃王"，此公亦为善。《庄子》杂篇《则阳》言"道者为之公"，道可尊而公亦可尊。韩非更喜以"行公法废私术"为言，又谓"苍颉之作书也，自环者谓之私，背私者谓之公"（《五蠹》），则明尚公而绌私。后之《吕览》亦言公与私对，私亦有劣义。《管子》中多法家言，亦尚公而绌私。《大戴礼·子张问》言“公，无私也”，《尹文子》则言“圣人之非无私，乃于大私中为无私”。此皆一时代之语，亦非孔孟之言。盖孔孟之言孝弟仁义礼智之德，乃皆及于他人他物，又皆属于一己者。人之成物即成己，初固不重此公私之别，亦不以公私分优劣，不谓公必善，而私必不善也。则此《礼运》大同章言“天下为公”中公之一辞，亦初出自他家。至于大同章之言“货恶其弃于地也，不必藏于己，力恶其不出于身也，不必为己”之句，亦正类墨子之言“余力相劳，余财相分”。儒家言尊贤，不言选贤为用。选贤为用之义，亦即出自墨家。选贤为用，固不足尽尊贤之旨。大同章之言选贤，盖即墨子所谓“选天下之贤者，立以为天子”，如尧之举舜，以见天下为公。此亦即儒家之禅让之义。然名此为选贤，则初自墨家。故此大同章之文为晚出，无可为讳。然此大同章之思想，亦复为孔孟思想之所涵。盖孔子固志在天下之有道，求老者安之，朋友信之，少者怀之。孟子亦言老吾老，以及人之老；幼吾幼，以及人之幼。孔孟之仁义之道，果行于天下，自当有此与人以“余力相劳，余财相分”之事，复当由尊贤，而选贤为天下用。又此孔孟仁义之道，固亦是天下之公道，而非一人之私道也。则此大同章文虽晚出，亦不可谓其思想，非孔孟之言之所涵。此中唯一之问题，在大同章只客观的描述一大道之行后之一大同之世之内容，如人与人之伦理关系、社会关系、政治关系、经济关系之如何如何，以合为一理想，尚未及于人之如何达此理想之历程，或人之行为之道路。如孤提此章而论，即明不同于孔孟言道，必重人之当下可行之道路与如何达一理想之历程者。如大同章只泛言人不独亲其亲，不独子其子，即只是一理想。孟子言老吾老以及人之老，幼吾幼以及人之幼，即指出人当下可行之道路，与人之达一理想之历程也。凡只说一理想，而不说所以达理想之当下可行之道，则皆不能真实连于吾人当下之生命与心灵，即皆未全合于孔学之精神。故此大同章之思想，虽为孔子思想之所涵，然其所以为孔子思想之所涵之文句上的证明，唯在此章之首有“大道之行，丘未之逮也，而有志焉”中之“志”之一字，而不在此中所描述之大同之世之种种理想之内容。今如只自此理想之内容上看，大同章所言者，亦远不如近世康有为本此大同章，而有之《大同书》，所言者之丰富。又人若只去描述此大同之世之理想内容之丰富，而不说此理想内容，即在吾人当下之此生命心灵之“志愿”中，则此一切理想内容，皆实无异于吾人对未来世之一客观的想象或幻想，而虚腾于外，冒出于上，无当下之生根处，亦不能使人真有求实现此理想之行为者。故此大同章之文之重点，唯当在此中之孔子之自言其有此“志在天下为公，使天下大同”之“志”。志虽未达，然当下已有此志，即可逐步求达。言逐步求达，即谓自客观上言，此大同之世，不能直下实现；而能直下实现者，即只是由小康以至大同。此小康之治，虽不如大同之世之大，却是更为切近吾人之所行者。吾人若舍小康，亦不可至于大同；而此志在大同，即只为人之行于小康之根据。人之行小康之事之中，亦即有此“志在大同”之志，贯彻表现于其中。则此行于小康之事，即不可与志在大同之志，分为隔别之二段，而小康亦非只是小。然后合于孔学之精神，与此《礼运》之全文之本旨也。

吾人之所以要如此释大同章之文者，盖以如将大同与小康，只分为二段，禹汤文武之政皆是小康，则与孔子之称禹汤文武之言，明不相合，亦与孟荀之言不相合。此文即当如朱子之所疑，而不可说为儒家学者之所著。吾人如细观《礼运》之先言大同之世之天下为公之后，更言“今大道既隐，天下为家……大人世及以为礼，城郭沟池以为固，礼义以为纪，以正君臣，以笃父子，以睦兄弟，以和夫妇，以设制度，以立田里，以贤勇知，以功为己，故谋用是作，而兵由此起”。固似有贬抑小康之治之意，亦似有贬抑禹、汤、文武、成王、周公之谨于礼之政之意。然此下之文，却又全部是论礼义之道，则吾人即未可谓此大同章之文，真意在贬抑小康。故吾意于此所谓大道既隐之一语，实亦可另作一解。此解即是谓此天下为公之大同之世，既不存在于今，只为吾人之志之所及而隐于当今之天下者，亦即只隐存此志愿之中者；则吾人今所能为者，只是由此一有家而人各亲其亲，各子其子，亦有君臣之天下，求正君臣、笃父子、睦兄弟、和夫妇，以逐步实现此志之所涵，以谨于礼，而面对此天下之“谋用是作，兵由此起”之事实，而以礼义化之，此即以此礼义之行，为吾人之“志在大同”之志之所贯彻表现之处。若作此解，则于《礼运》之文，其所以全部是论礼义之道之故，即可得其解。依此解，则大同章对此礼义之道，虽似加以贬斥，而实未尝加以贬斥；而其于所谓大同之治，虽似极尊尚，然亦非空加尊尚。《礼运》全文之旨，乃在说此大同之治，今唯存于吾人之志愿之中，吾人若徒有此志，则尚未落实于此当前之“天下为家”之世界。必本此志，而更立礼义于此天下为家之世界，以次第实现此志，以小之康表现此志之大；然后此志之大，方得落实，乃不致虚大而不切。若如此看，则此大同之章之文，于大同之治，正扬中有抑，而于小康之治，则抑中有扬。合而观之，则其旨唯是以志在大同之志，次第成此小康之治，使此小康之治，亦由小而大而已。

又《礼运》篇在说大同之世之理想时，人所念者，唯是人人之得其所。此中礼义之观念，摄于此“人”之观念之中。然在人之实现此志之历程中，则必须通过人对人之礼义，然后有此人与人之各得其所。故在实现此志之由小而大之治化历程中，亦必言礼义。总而言之，此《礼运》篇之旨，即为依于一超礼义之志以言礼义，使此礼义为一超礼义之志之表现者。超礼义者，必表现为礼义，亦正是儒家之精神，而不同于道家之言超礼义，或谓不须更有礼义者也。超礼义者，必表现为礼义，则超礼义者虽高，而必以似卑之礼义为行之始，而使此高者见于此礼义之中。此卑者即亦以有此高者之见于其中，而未尝不高。儒家言登高必自卑，行远必自迩，正是重在使志在高远者，其行皆自卑近而开始，亦在此卑近之行中，表现其高远之志。则于大同之世不言礼义，而于小康之治中必言礼义，亦非即轻抑此礼义之意，而可正是言人之志在超礼义之大同之治者，其志之必须通过礼义而表现也。故《礼运》之首章虽言大同之治，而后文全归到礼义去说也。《礼运》后文尝谓“以天下为一家，中国为一人，非意之也”。正谓唯由礼义，乃能至于大同章所谓讲信修睦。是皆见此《礼运》之文，乃一大开大合之文。其文之全旨盖是言墨道二家所言大同之世之天下为公、大道之行与超礼义之境界，虽原为儒者之志所涵；然儒者更有进于此者，即是其有此志非只“意之也”，而是逐步由礼义以实现此志于此有家之天下，使大者表现于小者之中，使超礼义之境表现礼义之中。循此以观，亦正可见此《礼运》之一文，实乃儒者于墨道之言既盛之后，更说此墨道所言之义，原可摄在儒者之“志”之所涵之内，而更重申儒家言礼义之旨者。故不避道墨所用之“大同”“大道”“选贤”“公”之名，以为说明此儒者之“志”之用；而用此诸名，固亦原无悖于儒者之所谓“志”之所涵之本旨者也。

至于《礼运》大同章以后言礼义或礼之文，则首言礼之“本于天，殽于地，列于鬼神，达于丧祭、射御、冠昏、朝聘”。此乃由礼之本于天地鬼神，再说到其达于人之丧祭、射御之说法，亦是先顺道墨诸家之重言天地与尊天事鬼，而更说到儒家所原重之人伦。孔子言礼乐曰：“人而不仁，如礼何？人而不仁，如乐何？”孟子言“仁之实，事亲是也；义之实，从兄是也；礼之实，节文斯二者；乐之实，乐斯二者”。此皆直就人之仁义之心上说礼乐，不先自天地鬼神说也。然儒家之礼，自有事天之礼、祭地与鬼神之礼。礼之本虽在人之心、人之生命，然出自人之心与生命之礼，固可及于天地鬼神。在祭天地鬼神之礼中，若无此天地鬼神，则无此礼。则礼亦依于天地鬼神，而本之以有。故曰“礼本于天，殽于地，列于鬼神”也。然此由言礼之所及之对象之有天地鬼神，遂说礼之本在天地鬼神，而先言天地鬼神，方次及于人，仍不同于孔孟之初只克就礼之本在人心为说者。此亦可谓唯是顺墨道诸家之重先言客观之“天地之大、鬼神之深”之言说方式，而更以儒家言礼之旨，涵摄其所言，以更归至儒家所重之人伦之礼者也。

二　礼之原始

至于《礼运》之再下二节，则是由孔子之观夏殷之道，更观于上世，以知礼之原始。其言曰：“夫礼之初，始诸饮食，其燔黍捭豚，污尊而抔饮，蒉桴而土鼓，犹若可以致其敬于鬼神。及其死也，升屋而号，告曰：皋某复。然后饭腥而苴熟，故天望而地藏也。体魄则降，知气在上，故死者北首，生者南乡，皆从其初。”此谓礼乃与人之饮食俱始。人自知饮食之时，即同时有其致敬鬼神之心，故于亲者之死，升屋而号，以生人之食飨死者，再使其北首望天，而藏身于地，因其知气上于天、体魄降于地也。此言葬祭之礼，与原始之人之饮食俱始，即谓人自始非只求其个人之饮食，而于其饮食之际，即有鬼神之在念者。人死而葬之，使其知气天望、体魄地藏，则死者之鬼神，不离天地，而天地亦皆在葬死者之生者之念之中。则此祭葬之礼，固见生者与死者之人伦，亦依于天地鬼神之在念。则上文所谓礼“本于天，殽于地，列于鬼神，达于丧祭”等，即在最原始之人类于饮食时之致敬于鬼神与葬死者之事中，即皆已有之。礼固自始为通于人与鬼神、天地之事也。

按孔子言礼乐，于礼乐之存在之价值，初未有问题。墨子主薄葬，乃以王公大人之丧葬之浪费为无用。孟子进而言上世有不葬其亲，其亲死，而委之沟壑者。然他日过之，更见其亲之为狐狸所食、蝇蚋姑嘬之，遂情不自已，“其颡有泚”，乃“盖归反蔂梩而掩之”，即为有葬之始云云。此乃纯自对死者之人情上，言丧葬之起原。《荀子·三年问》更言凡有血气之属，如鸟兽皆有念旧之情，而人之情，则又过于鸟兽，故有丧葬之礼云云。此亦所以答墨家之疑。《荀子·礼论》，更言及礼之贵本。礼中之尚太羹玄酒，皆见贵本之意。此以太羹玄酒为礼，盖亦由上古传来。然皆未如《礼运》之直言：人之致敬于鬼神之礼乃与人之饮食俱始。谓人死即升屋而号，而欲以其饮食飨之，则非如孟子之言委其亲于沟壑之后，他日过之，见狐狸食之，然后有葬之事；亦非如荀子之只自敬鬼神之大飨之尚太羹玄酒，方见此礼中有贵本之义。此是就人之敬鬼神之礼，原与人之饮食俱始，以见此礼之“本”与人类之历史俱始，亦与人之以饮食自求生存于天地之事俱始者也。知此礼之与人类之历史、人之自求生存于天地之事俱始，则知人之历史与其生存于天地，即永不能无此礼，而知此礼之为纵贯的运行于人之历史之中，人之历史皆礼之所运。斯可以论“礼之运”矣。此即其再下一节所以由先王未有宫室之时，说到后圣，说到周道，更说到鲁之礼与非礼之事之故也。其中之言“僭君乱国”“君臣为谑”及言“疵国”诸节，即所以訾当世之非礼之政者也。

三 《礼运》言“内顺于己、外顺于道”之祭祀之礼、“天不爱道”之义，与《中庸》言道之旨

《礼运》文由“故政者，君之所以藏身也”以下，则要在言治政。“必本于天，殽以降命，命降于社之谓殽地；降于祖庙之谓仁义；降于山川之谓兴作；降于五祀之谓制度。”此乃谓政必备礼。此中天地、祖庙、山川、五祀，皆为降命于人，以使人自为其制度、兴作、仁义、祭社等事。故此命亦即人面对天地、祖庙时之

所以自命，亦可说此命之地位乃在人与天地等之间，不可只作客观外在想。后文更言圣人之“以天下为一家，中国为一人”，必心“知其情，辟于其义，明于其利，达于其患”，然后能为之。再下则言喜、怒、哀、乐、爱、恶、欲为人情，“父慈、子孝、兄良、弟恭、夫义、妇听、长惠、幼顺、君仁、臣忠”为人义，又言饮食男女为人之大欲，而得之为利，死亡贫苦，为人之大恶，有之为害。唯知此人之情、义、利、恶者，乃能治天下国家之政。再下则言，人为“天地之德、阴阳之交、鬼神之会、五行之秀气……人者天地之心”。故“圣人作则”，必以“天地为本，以阴阳为端，以四时为柄，以日星为纪，月以为量，鬼神以为徒，五行以为质，礼义以为器，人情以为田，四灵以为畜，……”后又言：“祭帝于郊，所以定天位也；祀社于国，所以列地利也；祖庙所以本仁也；山川所以傧鬼神也；五祀所以本事也。”更下则言礼义所以讲信修睦，以及圣人如何修礼义以治人情之田曰“修礼以耕之，陈义以种之，讲学以耨之，本仁以聚之，播乐以安之”，以归于治人之仁义礼乐之学，成其“人之肥”“家之肥”“国之肥”“天下之肥”之“大顺”。由此而归于：“天不爱其道，地不爱其宝，人不爱其情；故天降膏露，地出醴泉，山出器车，河出马图，凤凰、麒麟皆在郊棷，龟龙在宫沼，其余鸟兽之卵胎，皆可俯而窥也。”此即修礼以达义，体信以达顺之实也。是即此文之终也。

于此上述《礼运》后文之大旨，吾人所首当注意者，是其言“天下为一家，中国为一人，非意之也”以下之文。上文谓天下为公之大同之理想，不可只为一意中之理想，应有以致之之道。此道则正在前所谓小康中之礼义。故圣人亦必先知人情人义，与人之利患所在，乃能知礼义。礼义必以人情为用，则不可离人情以言礼义。然人具天地之心、天地之德，为阴阳之交、鬼神之会、五行之秀气，故人原能由其对天地、山川、鬼神、五祀以及人之鬼神之情，更顺四时与日月星之运，而有祭祀之礼，再有其礼乐仁义，以成人与家国天下之肥与大顺。由是而此《礼运》所言之礼之精神，即不只运于古今之历史，亦运于天、地、人、鬼、神与万物之世界之中者。此一礼之精神之如此遍运，亦如其本于天，以降其命于地、于山川，与祖庙、五祀，以及人与人相与时之仁义礼乐之中。《中庸》由率天命之性道，而有人之修道与教，乃人之所以尽其性、尽人性、尽物性，而赞天地之化育，以见圣人之纯亦不已之德，同于维天之命之於穆不已之事。故《中庸》言圣人之事，亦皆为以其大德受天命之事。今《礼运》言礼之精神，如本于天以降其命，即正如承《中庸》之言圣以大德受命，进以言此圣人之将其所受之天命，再表现为礼，以降此命于礼文之中也。《礼运》之言"大顺"，归于"天不爱道，地不爱宝"，鸟兽与人之相和，正即《中庸》之"尽其性、尽物性，与天地参，而万物并育"，"道并行而不悖"之境也。唯《中庸》于此只抽象的略言之者，而《礼运》则更分之为种种对天地、山川、鬼神、五祀、祖庙之礼，与一般君臣父子之伦中之仁义礼乐等，而具体的详言之。又《中庸》言人性，而《礼运》则标人情。然固皆可总名之一"合天命与天地、鬼神万物，人心之性情及人德与人文，以言人道"之思想也。

四 《礼运》及《礼记》他篇，论祭祀中之报本返始与道福

此《礼运》及《礼记》他篇所言之礼之范围，虽有丧、祭、冠、婚、射、乡（原作御，依邵懿辰《礼经通论》改）、朝、聘之种种，然以祭礼为重。祭礼中，又以郊天之祭为大，次为祭四方、山川及祖庙之祭。《礼记》诸篇于此郊祭及其他之祭之义，发挥最多。此与孟子之答墨子薄葬之难，只言及葬礼之重要，与《荀子·礼论》亦要在论葬礼者，皆不同。荀子言礼之三本，在天地

君师与先祖。然现存《荀子·礼论》中，则未及祭天地之礼，亦未详论祭祖之礼之义，只言及对父母与君师之三年之丧及葬礼之义。然《礼运》及《礼记》他篇，皆特发挥种种郊天之祭，对山川、鬼神、祖庙之祭之义。此郊天之祭，以祖配享，更与其他对四方山川之祭及祖庙中之祭，相辅为用，即见人之祭祀之精神之一至高至大，亦至全至备，而充极其量之伸展，亦复为一贤者之生命中，能有完满之道福之所系。故《祭统》曰："祭者，非物自外至者也；自中出，生于心也。心怵而奉之以礼，是故惟贤者能尽祭之义。贤者之祭也，必受其福，非世之所谓福也。福者，备也，备者，百顺之名也。无所不顺者，谓之备，言内尽于己而外顺于道也。……上则顺于鬼神，外则顺于君长，内则以孝于亲，如此之谓备。惟贤者能备，能备然后能祭……"此谓祭出于心，即言祭只是人之祭祀之精神之伸展。由此伸展而上达于鬼神，而心怵然，与之相顺，即为备鬼神于己，而顺于道，亦自备受其福。祭鬼神，必有对天神之郊祭，对地神之社祭，以及对四方山川之神与祖庙中之神，皆有祭；然后人类祭祀之精神之本身，乃无所不运，而充极其量，以成其全备。故《礼运》曰："祭帝于郊，所以定天位也；祀社于国，所以列地利也；祖庙，所以本仁也；山川，所以傧鬼神也；五祀，所以本事也。故宗祝在庙，三公在朝，三老在学，王前巫而后史，卜筮瞽侑，皆在左右，王中心无为也，以守至正。故礼行于郊，而百神受职焉；礼行于社，而百货可极焉；礼行于祖庙，而孝慈服焉；礼行于五祀，而正法则焉。故自郊社、祖庙、山川、五祀，义之修，而礼之藏也。"《王制》谓"天子祭天地，诸侯祭社稷，大夫祭五祀。天子祭天下名山大川，五岳视三公，四渎视诸侯，诸侯祭名山大川之在其地者"。《曲礼》文大同，更言"诸侯方祀，祭山川"，"士祭其先"。此中郊天之祭，只当唯由天子主之，盖以唯天子，乃可代表万民。诸侯主祭社稷、山川，则以诸侯为代表一方之人。大夫主祭五祀，则以大夫代表一地之人。士主祭其先，则代表一家之人。若为主祭者，非其人，而不足代表，则为非礼。此中主祭者虽为一人，然与祭者则有多人。又人即不与其祭者，其心中亦未尝不同时知此天地社稷祖庙中之神皆当祭。盖只须人知有祭祀之礼之举行而一念及之，人即一念有其祭祀之精神，上达于天地社稷与祖庙中之神也。此一祭祀之精神，上达于天地社稷与祖庙中之神，即可使其心怵然，而向此至高至大之神灵世界，以伸展充达，以顺于道，而多多少少备受此"顺道"之福矣。此福，固非必为由祈祷鬼神，而由鬼神所降之福。《礼记》言祭之义，虽亦有祈祷之意，然要在以祭表示人对天地鬼神之一报本反始之意识或精神。故《郊特牲》言祭天，则以大报本反始为说。至于对有功烈于民之祭，更纯是为报其功烈，而非为祈其鬼神之降以福。如《祭法》言："夫圣王之制祭祀也，法施于民则祀之；以死勤事则祀之；以劳定国则祀之；能御大灾，则祀之；能捍大患，则祀之，……是故厉山氏之有天下也，其子曰农，能殖百谷。夏之衰也，周弃继之，故祀以为稷。共工氏之霸九州也，其子曰后土，能平九州，故祀以为社。帝喾能序星辰，以著众。尧能赏，均刑法，以义终。舜勤众事，而野死。鲧障鸿水，而殛死。禹能修鲧之功。黄帝正名百物，以明民共财；颛顼能修之。契为司徒，而民成。冥勤其官而水死。汤以宽治民，而除其虐。文王以文治，武王以武功，去民之灾。此皆有功烈于民者也。"此与《国语·鲁语上》所纪展禽之语同。盖原为周之旧制。在此制中，只言有功烈于民者，即当祭祀；不言人之祭祀，所以祈其鬼神降福也。至于人之祭祖宗父母，则《祭义》曰："君子反古复始，不忘其所由生也。是以致其敬，发其情，竭力从事以报其亲，不敢弗尽也。"此则明言祭祖宗父母，亦只所以致其敬、发其情，以报其亲。《祭统》中之更言"鼎有铭"之义曰："自名以称扬其先祖之美，而明著之于后世者也。……铭之义，称美而不称恶，此孝子孝孙之心也，唯贤者能之。铭者，论撰其先祖之有德善、功烈、勋劳、庆赏、声名，列于天下，而酌之祭器，自成其名，以祀其先祖者也。……先祖无美而称之，是诬也；有善而弗知，不明也；知而弗传，不仁也。此三者，君子之所耻也。”此铭则所以显先祖之美于祭器，亦孝子孝孙之所以报其亲之祭中之一事也。由此以观，则《祭统》之言祭必受福，自非祈鬼神而降之福之义。故曰“非世所谓福也”。此福唯是顺道之福。即唯是由人之报本复始，而有其祭祀之精神，“顺道而向天地、有功烈之圣贤，与祖先之鬼神而伸展充达”之道福也。

此由人之报本反始之祭祀精神之伸展充达，而有之道福，亦可谓之为一由至高至大之宗教道德精神，而来之道福。吾尝以为此乃居于一切祈鬼神降福之宗教道德精神之上一层面之宗教道德精神。一切夹杂祈福意识之宗教道德精神，皆必去其中之夹杂，而化为一纯粹以报本复始为心之宗教道德精神，乃能至于此至高至大之宗教道德精神。此一至高至大之宗教道德精神，在东西一切古代之宗教道德思想之典籍中，则唯有《礼记·祭统》诸文，能言其义；而见其深知人有此精神之本身即道福；以与一般祈神降福之世俗宗教所谓福，相分别者。世俗宗教之夹有祈神降福之意识者，在根底上皆是本于人之自私自利之心。世俗宗教之拜上帝与其他神者，皆不能免此。故皆不能使人之道德宗教之精神，有充极其量之伸展，以真上达于天地鬼神，以与之合德，而人神亦终不可言配天。唯在中国之文化中，文王以其德之纯亦不已，可与天命之於穆不已相配，而周公有“宗祀文王以配上帝”之礼，更有“郊祀后稷以配天”之礼。（见《孝经》）《中庸》言孔子高明、博厚、悠久无疆之德，亦言其足以配天。此非以中国文化之擅以人配天也。乃以人之德之纯，人之德之高明博厚而悠久无疆者，其生前之精神，原已能无所不运，而有充极其量之伸展，以达于天地鬼神，以与之合德也。已与天合德，而不以配天之祭礼祭之，不可也。犹世俗之宗教徒之于其所拜之神，夹杂自私之祈福之意识者，其精神原未有极其量之伸展，以上达于天者，而以配天之礼祭之之不可也。人欲有此一纯粹之报本复始的道德宗教精神之出现，则待于一不夹杂任何自私之祈福意识，而以“此精神本身全备为福”之思想之出现。此则世界之一切古代之宗教道德思想之典籍中，盖唯承孔子之教，而发挥之之《礼记》言祭之文，能早见及此。此真世间大慧至德之言，而亦将为人类之一切世俗之道德宗教之最后终止之义之所存者也。

五 礼之用与人义及人对生命之始终之尊重，礼仪中人与天地万物之德之表现，与用物中之德性

此《礼记》之言报本复始之道德宗教精神，在中国古代儒家以外之思想中，唯庄子之达于“大本大宗”之至人、真人、天人之境界，可说与之相近。然庄子则只重自保其此一境界，以成其个人之内在的德之和，或其内在的天和；而不知人由祭祀之礼，即所以达于此大本大宗之道，而有其德之和。庄子亦未言人之心有其德之和，以达于大本大宗，以与天为徒，与造物者同游者，仍将视其身体为天地间之一物；而对此身体之行为，仍当以礼，加以规范，亦当使此身体对天地鬼神，行其祭祀之礼仪；然后乃不至由此身体与其他之物之相刃相靡，以引使此心亦与其他之物相刃相靡，而致此心之死。庄子亦未言人可于其身体之行祭祀之礼仪时，更引使其心之向于所祭祀之天地鬼神，而极其宗教道德精神之伸展充达，以有其全备之道福。在庄子所谓达于大本大宗之境界中，虽不能谓必无上述之道福，然庄子对一般之礼仪，恒以为非“礼意”所在，遂存卑视之心，而未能深识其涵义之未尝不庄严神圣。则至少庄子之“所以使人达于大本大宗之境界”之道，犹未能全备，亦未能使人有全备之道福。庄子所谓“以礼为翼”，唯是以“人皆为之，吾敢不为邪”。此乃只是一“与人为徒”

时之顺应之行，固未能如儒者之以郑重之心，识此礼仪之原，为人之庄严神圣之情之表现，即亦可转而养人之庄严神圣之德；而有其庄严神圣之涵义，足使人更全备其道福者在也。此则庄子之能极高明，而不免“智者过之”，遂不及儒者之极高明而更能道中庸，以郑重之心，识此礼仪之深义者也。

对此儒家所言礼仪，庄子为智者过之，老子之以礼为忠信之薄而乱之首，与道家之徒轻人世之礼者，皆为智者过之。此乃由于道家之徒，皆只见礼仪之可流为形式化，虚伪化，而与人内心之真实之德无关，故轻此礼仪。而不知形式化、虚伪化者，可与以人之真性情为内容，使之真实化，而不当在原则上贬抑之。至于此外之周秦思想，于礼乐之义，更有“愚者不及”之思想。此所谓愚者，即指墨法二家之以礼乐为无用之思想。此种思想之用之观念太狭。故首不知人之性情之当有一表现，无此表现，则人心不安。是见有此表现，使心安，此即一当下之用，可不必求其他之用。如孟子言“哭死而哀，非为生者也；经德不回，非以干禄也”。此哭为哀之表现，不哭心不安，此哭即是用，不须更有其他为生者之用。正如人之经德而成德，不回于不德，即是用，不必更以干禄才是用也。然《墨子 · 公孟》篇则以婴儿之索父母不得而哭，为愚之至，并以儒者之父母殁而有三年之丧，以思慕父母，亦婴儿之智。此则以为必思慕父母，而使已殁之父母复生，此思慕方为有用。不知由此思慕之情不能自已，而表现为三年之丧之礼，使此情有所表现而心安，即是此丧礼之用也。孟子与荀子之言丧葬之礼，皆同有自其为人心人情之表现，而说此礼之用之言，以答墨子之难。此外墨家与法家之言礼乐对社会政治无用，其所谓用，亦只限于现实社会政治上之当下可见功效者之用，而不知此礼乐之可以成为“治之本原”之用。此荀子在《乐论》，言观于乡饮酒之礼，而知王道之易一节，及其《礼论》言礼之有别，能使人之欲求有度量分界，而免于争乱，已涵具此义。然荀子之言礼之用，则不足以服其徒之韩非、李斯。盖只自使人之欲求有度量分界上说，则制之以法，即可使人皆去私术，而就公义，其效似更速。荀子虽于乡饮酒之礼中，见其可为王道之始，然盖尚未能于种种人与人间之礼，一一见其为《礼运》所谓人义之所存，故亦未有一整个之论列。荀子言丧祭，只偏自别亲疏贵贱之义上说，其言亦不备。然在《礼记》诸篇，则除《礼运》言十种之人义外，《祭统》亦言："祭有十伦焉，见事鬼神之道焉，见君臣之义焉，见父子之伦焉，见贵贱之等焉，见亲疏之杀焉，见爵赏之施焉，见夫妇之别焉，见政事之均焉，见长幼之序焉，见上下之际焉。"此十伦，亦即十种人义也。此人之十伦、十种人义，固天下人所当行亦能行者，即皆天下之公"义"。是见韩非之唯以法为公义者，其言之狭。《礼记》诸篇之总论冠、婚、乡、射、朝、聘之礼之旨者，则皆要在言此种种之礼，为此种种人伦之义之表现。故《经解》曰："朝觐之礼，所以明君臣之义也；聘问之礼，所以使诸侯相尊敬也；丧祭之礼，所以明臣子之恩也；乡饮酒之礼，所以明长幼之序也。"《仲尼燕居》曰："郊社之义，所以仁鬼神也；尝禘之礼，所以仁昭穆也；馈奠之礼，所以仁死丧也；射乡之礼，所以仁乡党也；食飨之礼，所以仁宾客也。"又《礼器》曰："祀帝于郊，敬之至也；宗庙之祭，仁之至也；丧礼，忠之至也；备服器，仁之至也；宾客之用币，义之至也。"此皆谓种种之礼之所在，即人对人之种种义之所在，而韩非唯以法为公义，岂真知天下之公义者哉。

至于此种种之礼中，冠礼为人之成人之礼。故曰："冠者，礼之始也。"至于昏礼，则为"合二姓之好，上以事宗庙，下以继后世"之礼，而为"礼之本"。《哀公问》记孔子答哀公问曰："天地不合，万物不生，大昏，万世之嗣也。……三代明王之政，必敬其妻子也有道。妻也者，亲之主也，敢不敬欤？子也者，亲之后也，敢不敬欤？君子无不敬也，敬身为大。身也者，亲之枝也，敢不敬欤？"此皆由重昏礼与父母之昏礼，而有之敬妻、敬子、敬已身之义也。《昏义》又言礼“始于冠，本于昏，重于丧祭”。冠礼为人之始成人，昏礼为人之成家，丧祭之礼为人之终。四者备，而人之生命即始于礼，而终于礼，而人之终始，皆为他人之尊敬礼让之精神所环绕。人之生命之可敬之义，即皆可由此而见矣。此外《昏义》又言礼之“尊于朝聘，和于射乡”。于朝聘之礼，则《礼记·聘义》中，除言一般之聘礼之义，表示君臣之敬让外，特言以圭璋聘之礼曰：“以圭璋聘，重礼也，已聘而还圭璋，此轻财而重礼之义也。”又《聘义》曰：“君子比德于玉。温润而泽，仁也；缜密以栗，知也；廉而不刿，义也；垂之如队，礼也；叩之其声，清越以长，其终诎然，乐也；瑕不掩瑜，瑜不掩瑕，忠也；孚尹旁达，信也；气如白虹，天也；精神见于山川，地也；圭璋特达，德也；天下莫不贵者，道也。《诗》云：言念君子，温其如玉。”则专由聘礼中之用玉之物，以言其所象征之德。此中，除人之德外，亦有天地之德在。而《乡饮酒义》中，除言一般之和乡里长幼之义外，又特言乡饮酒礼中：“宾主，象天地也；介僎，象阴阳也；三宾，象三光也。让之三也，象月之三日而成魄也。四面之坐，象四时也。天地严凝之气，始于西南，而盛于西北，此天地之尊严气也，此天地之义气也；天地温厚之气，始于东北，而盛于东南，此天地之盛德气也，此天地之仁气也。……宾者，接人以义者也，故坐于西北；主人者，接人以德厚者也，故坐于东南。……仁义接，宾主有事，俎豆有数，曰圣。圣立而将之以敬，曰礼。礼以体长幼，曰德。德也者，得于身也。”其后尚有二节，文义大体同。今略。此谓在乡饮酒之宾主之相接之礼中，即如有天地、阴阳、三光、四时之在此中行，亦有仁义圣礼德道，在此中存。此与《聘义》中以玉象征人之德、天地之德，皆同为即礼之仪节，而见天地与人及其德，皆寄于其中。此固象征之言，亦难有一定之说。然要之可见《礼记》诸文之言礼之义，乃自整个之天地人与其德之在此表现说，而与《礼运》之自整个天地人之关系上论礼之涵义相同者也。

此外《礼记》中，论燕礼射礼之义，与日常生活中之曲礼之义者，其言尚多，今可不必一一及。然即就上所论，已可见《礼记》诸文之一精神。即使人之生命之由始至终，皆存在于人之礼让尊敬之精神之所环绕中，而如为此人之礼让尊敬之精神之光辉，所照耀而润泽；同时于礼之仪节中，见有天地人与其德之在此表现；于是在极平常之礼之仪节之中，即见有至高明至广大之义，存乎其中。此即《礼记》诸文言礼之胜义。孟荀之言中，虽亦略有之，所未能如此之畅说者也。

由此礼中之有此种种之尊敬人之生命之始终，及天地人与其德，在此被象征被表现之意义，故生活于礼之中，其生命之价值自是高、自是大，而无卑狭琐屑之情，则亦自然少自私自利，以为非作乱之心。则人可不待如韩非之本法术以为赏罚，然后能弃私术而就公义。此礼之为教，即可为治之本，而见其有大用于为政。礼之教诚大行，则正亦可使韩非所言之赏罚，成为非必须有，亦可措之而不用者。韩非于人，唯视之为一能自计虑其利害者；而韩非亦即用此人之计虑其利害之心，以成其法术之论。人若只有此一为自己计较利害之心，则韩非之本法术以为赏罚，诚为唯一之成治之具。然韩非不知人非只有计虑其利害之心，人之情之直接表现，即初不出于人之计虑利害之心。人果能用其情，以感受此生命之价值之高，天地与人之德之大，则人可不待计虑利害，而知何者为公，何者为私，以自向于天下之公义。而此种之情，则正皆可由儒家之礼以陶养。人果能由礼以使其情自向于天下之公义，以皆为礼义之人，则韩非所言之赏罚，自皆为可措之而不用者，而成为非必须有者。韩非之整个之理论，即亦对成天下之治之目标言，亦非必须有之论，而亦为一不必然之论矣。韩非之言之有善处，亦正其所谓“适然之善”而已，岂足以与儒者所言之善，相较量哉。韩非之所以未思及此，亦唯由于其对人性之所认识者太狭之故耳。

第二十三章　《礼记》中之礼乐之道与天地之道（下）并论《孝经》之孝道

六　礼之行为之本质

上文说礼为人之对人、对天地社稷与其他鬼神之宗教道德精神之表现，及人对人之生命之始终之尊敬之精神，与人与人种种伦理关系中之人义之表现；而人与人之相接以礼而有之行为，与所用行礼之物，如玉等，皆可象征表现天地与人之德。总此所言，吾人可说儒家之礼，虽依于人之内在之道德心与人之性情而有，然既表现于礼之仪节中之行为动作，则不只是一内在的道德与心情。又此礼之仪节中之行为动作，虽有表现此一心之性情道德之用，却又不同于对人对物之行为动作，能实际的改变人与物，以达一功利之目标之用者。故依道家之重人之内在之德，与依墨法二家之重达功利目标之行为者去看，则或为智者过之，而忘礼之重要性，或为愚者不及，而不能知此礼之重要性。对此礼之为礼，若纯依内心之德之标准者，似纯为外在之行为。若纯依人之功利之目标看，则又似不足以为成就一有外在事功之行为。然亦正以此之故，而礼之行为，即处于人之内在之心与德，及外在之事功之交界，而兼通于此内外之二者，亦足以为贯通此内外二者之媒者。自此礼为贯通内外者之媒上看，则内以此而得表现于外，而外亦可还养其内。其表现于外，非直接成就一外在事功之行，而却为此事功之行之所本。故此礼仪之行为，对直接成就事功之行为言，吾名之为一半之行为，亦即可为事功之行为之本原，而潜具一“引致事功之可能”之行为。此不特人之正式之典礼，如冠婚、丧祭、射乡、朝聘者如是，即日常生活中，人对人之礼，如《礼记·曲礼》中所言者之类亦如是。自此日常生活中，人对人之礼，以观此礼之行为之本质，尤亲切易见。如人对人之握手，其本身非以手助人以成一事。然此伸出手而与人手相握，即表示我之愿用此手，以助人。昔人之只以手揖拜，亦足表我之愿用此手以助人。握手拜揖之远于实际以手助人之事，亦正使其只属于一礼之文者。故以实际之成事之行为标准看，只为一半之行为，亦只为具一“引致一事功之可能”之行为，而非实际引致一事功者。礼之行为对实际行为言，亦可说只是一行为之态度。此行为之态度，可只表示于手足之一微小之动作，或身体之上下左右之一移位而转向。今人之鞠躬侧立，以延宾客，此即只是人之身体之移位转向，以让出一空间，而容宾客之趋进。此中人之鞠躬侧立之为礼，而有延宾客趋而进之用，只在此鞠躬侧立之态度，对宾客所可有或将有之趋进之行为，在事先表示一尊重。此尊重，即可使宾客自感其可有，亦当有一趋而进之行为。由是而此鞠躬侧立，虽非一实际上能成事功之行为，然又实际上为能引致开启他人之有趋而进之行为，以间接成此他人之事者。此中若无此鞠躬侧立之礼，则宾客决不能有此趋而进之事。本此例以观一切人对人之礼，即皆有间接引致、开启人之实际行为，以成事之用，而亦为成事之所不可少者。一切为礼之事，亦皆可说只是一对人对己之实际的行为，先作一准备，表示一态度。此态度，对实际之行为言，即皆只可称为一半之行为。此态度，可表现于手足之动作，亦可表现于身体之移位转向，更可只表现于面容，或只表现于面容之颜色。其中手足之动作，与实际行为最近。无手足之动作，而只有身体之移位转向，距实际之行为较远。只单纯有一面容颜色之表现者，又更远。然人对人之礼之表现，则正始于吾人对人之颜色与面容，然后至于身体之移位转向，与手足之屈伸等。此人先有对人之情存于心，方有其色其容，再有其身体之进退与手足之屈伸，则此情表现为礼，即真实而不伪。否则此情之表现为礼，必属伪而不真。人欲使其礼为其对人之真实之情之表现，或由礼以养其真实之情，亦必自正容色始。此“正容色”，如孔子所谓“色思温，貌思恭”，固最远于实际之行为，而最无功。然就此“正容色”之有开启引致其后之身体手足之动作，以及于实际有功之行为之效用而言，则又正为此其后之一切行为之本原与开始点之所在。人在礼中之必先重此容色，即见礼之精神，乃重人之一切行为之本原与开始，而与求实际有事功之行为，重在对人物之实际上有所改变者，固截然不同者也。

礼之精神重在人之行为之本原与开始，即由人之日常生活中之礼而可证。故在一切人之正式典礼中，亦必重视具有本原与开始的意义之典礼。人在世间所为之事业，之开始，无论是政治上、工商业上、社会文化上之任何事业之开始，在古今东西之俗，固皆有一开始之典礼。至于其成一段落或终结时，亦恒有一典礼者，则所以使人更回念其开始，与其由始至终，为一段落，更求下一段落之开始；或使人回念此一事之由始至终，为一整个之事，而存之于人心，以不忘之。无开始者，即无终结。则凡一事终结之礼中，亦有珍视其开始之意义。然人之任何事业，皆本原于人，则一切事业开始与终结之礼，皆尚不如关连于人之开始与人之终结者之重要。《礼记》所言之冠婚、丧祭之礼，则冠为成人之始，婚礼为生人之始，丧祭为人之终，亦使人更回念所丧所祭之人之一生之由始至终，而铭记不忘者。至于乡饮酒之礼之明长幼之序，则意在尊重人之生命之始于吾人自己之生命之前者。朝觐、聘问、士相见，及其他对宾客之燕礼，则为天子、诸侯、大夫、士与朋友之相接相见之开始之礼。对人君之礼之所以重，则以君为政令所自发，政令则为国家之种种政事所自开始之本原。祭其亲与祖、祭对社会文化政治有功烈之人，与祭天地山川社稷，所以为礼之大者，亦皆自其为我之生命所自开始，或为我之生命之本原，或为社会政治文化事业所自开始之本原，或为人与自然界之万物之生命所自开始之本原之故也。

人间之典礼，必重事物之有“开始”之意义、本原的意义者。凡事物之只为其他事物之开始与本原者，亦皆与其实际的功用之所至者，似为相距最远者。故重事物实际的功用之人，恒忽此类之礼之重要。然此具开始与本原之意义之事物，既为其后之一切事物所自始与本原之所在，则其所涵具之可能的功效功用，亦正为最大而最久者。因而亦为似最无用，而有最大最久之用于人之生命心灵精神之活动行为之扩大升高，而使其事业亦可大而可久者。又无论在人之正式之典礼与日常生活之典礼中，其始于正容色、整齐身体四肢之动作，与顺时节，以安排器物者，其事虽若至微至近，而其效用与意义，即皆可至大而亦至远。于此至近至微者中，正可以见彼至远至大者，如皆由之而出，而使此至近至微者，皆有表象彼至远至大者之意义与价值，存乎其中。有如宾主相接而坐之微事，可见有天地、阴阳、三光之在于此间，于玉之一物之微，见君子与天地之德，存于其中。故慎用器物，慎用身体四肢，慎顺时节以行礼……使其皆足与为礼之宗旨，相孚相应，即使人于为礼之时，直感此礼仪之意义与价值，而更助成一“与为礼之本旨相孚应”之性情与德行之成者。此亦正为天地间之至大、至高，而亦至切至近于吾人之生命之学问所在者也。

七　乐与礼之关系，及乐在中国文化中之原始地位

吾人如知礼为有实际功用之行为之本原与开始，则知乐之亦为有实际功用之行为之本原与开始。礼之中固恒有乐，乐恒连于诗。诗乐之原于人之心志，亦与礼之连于行为时之心志同。又乐

恒连于身体之动作而成舞，而舞亦当合于礼。故礼乐恒难分而论。然礼以身体容色之表现为主，而连于行，而乐以音声之表现为主，而连于言。人之言固有意在指物，并命人为事者，此皆对物有知识意义，而对人有实用意义之言也。然人之言亦有只表言者主观之情志者，此则初无对物之知识意义与对人之实用意义之言也。此表主观之情志之言之美者，即为文学之诗歌。人之以言自表其情志，始于人之发声，以自表其情。声之本身，固亦能表情，如感叹词之声，即直接可表悲喜之情者也。人说一语言时，发声之大小、长短、抑扬、高下，亦皆可表其相关联之情志者也。人之言语，始于自表情志，而不在指物命人。故表情志之言，为言之始，而声为言之始。即以声表情，为以言表情志之始。声之所以能表情，则又由于声之出于吾人之体气之转动。体气之动转，与吾人之身体之生理之变化相依，而此生理之变化，又与吾人心之情志之变化相依。故情动于身，而有生理之变化，此生理之变化，或直接引起身体之动作，或只引起一体气之转动。身体之动作有序有则，而为礼之所规范。体气之转动，显为声之高下，有一定之比例，而成乐音。乐音之相继，有节奏而相和，即成乐。声可表情，则音乐亦可表情。情有喜怒哀乐，亦有善与不善之别，则音乐亦可表喜怒哀乐，而亦有善与不善之别；亦如人之身体之动作态度之可表情，而亦有善不善之别也。人可以合礼之态度行为，以培养人之善情，使人成其善德；则人亦可以音乐养人之善情，以使人成其善德也。由此乐歌之声，直接出于人之体气之转动，又可一方连于人之身体行为，而声又为表情志之言之始，故歌乐所关连之体气，乃兼连于人之言与行；而其与吾人之生命之关系，即更有切于礼者。此即儒家之重礼，而或更重歌乐者也。《论语》记孔子恒与人歌。又记孔子于是日哭，则不歌，则孔子不哭之日，无不歌也。故孔子曰："兴于诗，立于礼，成于乐。"孟子以金声玉振，喻圣德。《书经》言夔典乐，以乐德教胄子。后之周礼亦以大司乐，掌道德教育，而古之大学，亦名曰成均。成均即成韵也。重此音乐之教育，盖古代之民族莫不然。然中国则自儒者以礼乐为教，而于乐之地位，视为远高于其他之艺术如雕刻、图画、建筑等之上。此即不同于埃及希腊之于艺术之中，更重建筑神庙与雕刻壁画等者。中国文化之所以重乐，乃在乐为最切于吾人之生命。中国古代之鼎彝上之有刻镂之花纹与文字，固近西方之雕刻。然亦唯由此鼎彝为礼器及日常生活中之用器，而切近吾人之生活上之礼与日用之事，遂为古人之所重。后之中国之建筑，以宫殿为主，祖庙附之，固不同西方希腊、犹太、埃及建筑之以神庙陵墓为主者。中国古人于附宫殿之祖庙中，祀祖宗之神，固皆较至远处之陵墓与神庙，祀公共之神，更为切近吾人之生命者也。又中国之画，亦后于鼎彝上之花纹与文字而有者。盖画原为画一客观之事物，固不如鼎彝之物，与宫殿、祖庙、音乐之更切近吾人生命者也。至于最切近吾人生命，而又与吾之体气之转动、身体之行为及心志言语相连之艺术，则莫如音乐。故中国古代艺术中，特以乐为重，而由乐之关连于体气之转动，与身体之行为及言语心志，亦与人之德行密切相关；故儒者之言乐，又不只视为一纯粹之艺术，乃恒与礼合言，以称为礼乐；而视之为皆能表情志，养情志，以成人之内外之德行者也。

此乐表情志、养情志，以成人之内外之德之义，《论语》所载孔子之言中，已多及之。《论语》谓孔子言“《关雎》乐而不淫、哀而不伤”，固兼言其诗与乐，能表哀乐之情之正者也。反之，则如“郑声淫，佞人殆”，即其所引起之情之不正者也。孔子言《武》尽美，未尽善，《韶》为尽美尽善。即谓音乐当求美，亦当求善，使足以养德也。孔子又言：“人而不仁，如礼何；人而不仁，如乐何。”即言礼乐之表现，皆当本乎仁心也。后孟子言乐与舞，皆表生之乐，故谓：“仁之实，事亲是也；义之实，从兄是也；礼之实，节文斯二者；乐之实，乐斯二者。乐则生，生则恶可已；恶可已，则不知手之舞之、足之蹈之。”孟子言古之乐犹今之乐，亦重与民同乐之意。然观《论语》《孟子》中，所载孔子、孟子言乐之论，皆尚未详其说。荀子乃为《乐论》，对乐之足以养德、饰喜怒之情，使人与人相和亲、和顺，及乐器之象天地万物之旨，皆有所发挥，如前所论。至于《礼记》之《乐记》，及其他论乐之文，则其引孔子言者，或为孔子之言，传于弟子，而经后之学者之发挥之所成。其中之若干之义，亦有明不出自孔子，或初不出自儒家思想者。《乐记》为河间献王所献，其成书或在汉世。其中言乐之文，多取《荀子·乐论》，其总言礼乐之义者，更多可与《易传》《礼记》他篇之文相参。今试略说《乐记》其与荀子之言乐之异同之数端，以见此儒家之乐之思想之发展。

八 《乐记》言乐所重之义，与孟荀言乐所重之义之不同

《乐记》之言乐曰：“凡音之起，由人心生也；人心之动，物使之然也。……情动于中，故形于声；声成文，谓之音。……乐者，通伦理者也。故知声而不知音者，禽兽是也；知音而不知乐者，众庶是也；唯君子为能知乐。是故审声以知音，审音以知乐，审乐以知政，而治道备矣……知乐则几于礼矣。礼乐皆得，谓之有德。”此为《乐记》之大纲。此中《乐记》与荀子所言者之不同，在其中三次指出人心为乐之所由起，此明较荀子之只自人情言乐之所由起者，为赅备。以心可包情性，而通于所知所感之物，而情则不必包括心性与所知所感之物也。《乐记》首将音与人心及所感之物并论。其言禽兽知声不知音，则以人与禽兽之辨在知音。此与孟子言人禽之辨在四端，荀子言人禽之辨在礼义，亦有不同。至其言圣人与众庶之辨，在知乐，则圣人之道中，必包涵知乐之义可见。至其言乐之通于政与礼与德，则孔孟荀皆有此义。唯《乐

记》下文更详言此乐与政及礼及德之关系耳。

《乐记》下一节，为论礼乐与人之性、知、欲、外物及天理之关系。其言曰 ：“先王之制礼乐也，非以极口腹耳目之欲也，将以教民平好恶，而反人道之正也。人生而静，天之性也 ；感于物而动，性之欲也。物至知知，然后好恶形焉。好恶无节于内，知诱于外，不能反躬，天理灭矣。夫物之感人无穷，而人之好恶无节，则是物至而人化物也。人化物也者，灭天理而穷人欲也。”此一段文，对宋儒之影响极大。宋儒多以此人生而静之性，为人生以前之性。然观此原文，则不必有此义。此人生而静，可只指未感物时其生命为静说，非必指人之生以前也。其所谓天理，亦非必指人生以前以上之天理说，而可只是指在人之生命内部流行之天理说。此天理之名，初出自《庄子 · 养生主》。言人生初为静，感物而后动，亦道家所重。故陆象山谓此段文，出自道家。此非不可说。然此所谓静与天理，若不作在人生以前以上者看，则此所谓静与天理之义，亦原相通于儒家言生命中之条理与“未感物之前之人心，原无此感物后之动”之旨。此《乐记》之文，以性初为静，亦初无欲，虽未明言性为善，然要为无恶。此即不同荀子之言性恶。观《乐记》后文言物至知诱，好恶无节，而人化物，不能反躬而灭天理，方有不善 ；则人性之原始之安静，而有天理之流行其中，即应为善。故此语为宋儒之言性善者所取。此文言物至知诱，好恶无节，为人之所以化同于物，而有不善之原。则去此不善，在人之不化同于物，以自节好恶，而返于人性，亦可知矣。孟子、荀子恒以人之无以别于禽兽为虑。庄子乃特以人之心知外驰，以致化同于物为虑，而恒教人自将其心知，自外物撤出，而返于内，亦不以好恶内伤其身。此一段语之类庄子，亦不必讳。庄子之此类之言，亦儒家之教人自节好恶时，所原可说之语。如孟子亦言不可任耳目之官之蔽于物，而以物交物也。《乐记》今本此以言乐非所以极人欲，而正所以节人欲，以返人道之正。即所以答墨家非乐，以乐为王公大人极声色之欲者之疑难。此与《荀子·乐论》第一段文，谓乐所以“感动人之善心，使外之邪污之气无由接”，以答墨子非乐之难，亦大体同旨也。

至于《乐记》再下一段文言：“礼节民心，乐和民声，政以行之，刑以防之。礼乐刑政，四达而不悖，则王道备矣。”此则以礼乐统刑政，亦不必废刑政之旨。此即以儒家义摄法家义。其归于“大乐必易，大礼必简，乐至则无怨，礼至则不争，揖让而治天下者，礼乐之谓也。暴民不作，诸侯宾服，兵革不试，五刑不用，百姓无患”，则是谓大乐大礼，非必如道家所谓繁文缛节，实为至简易，而能使人自然“不争不怨，暴民不作、兵革不试、五刑不用”，以几于道家所慕之无为之治者。此即所以答道家对礼乐之难也。

至于此节之以“乐者为同，礼者为异，同则相亲，异则相敬”，则同荀子之言“乐和同，礼别异”之旨。然谓“乐胜则流，礼胜则离……乐由中出，礼自外作；乐由中出故静，礼自外作故文”，以言礼乐之相辅为用，以通此“别异”与“和同”及“中之静”与“外之文”，则荀子之《乐论》，尚无其言。下文言“大乐与天地同和，大礼与天地同节……礼者，殊事合敬者也；乐者，异文合爱者也”，则谓礼乐之情通。故下文又言“知礼乐之情者能作，识礼乐之文者能述。作者之谓圣，述者之谓明”。其以述作明圣，兼通礼乐之情与文，皆明较荀子《乐论》《礼论》，以情文俱备，或相代胜为说者，为能更进一义。此更进之一义，即在就礼乐之情，亦皆同为明圣之述作，以兼通礼与乐。荀子以礼乐为圣王所作，其义唯后贤所明，尚未及于此“明”“圣”之相依为用之旨；则不能言礼乐之“述”“作”之事，所以能相续而不已之故，亦不能言古今新旧之乐之变。《乐记》后文之申论古今新旧之乐之变，如其言黄帝之《咸池》、尧之《大章》、舜之《大韶》、夏殷周至今之新乐之变，而述其所以作之意，并评论其乐之善否，即皆荀子《乐论》之文所未能及者。此通古今历史以观乐之变，亦正同《礼运》之透过古今历史，以观礼之运，而表现同一之重礼乐之道，为一贯于古今之道者也。

九　礼乐之道与天地万物鬼神之道

此外《乐记》之论乐，亦有同于《礼运》之论礼，而纯自天地万物之道之观点，以论礼乐之道者。此即其更引申上所谓“大乐与天地同和，大礼与天地同节”，而有之文。言大乐与天地同和，则《庄子·天运》篇言《咸池》之至乐时，所谓“奏之以阴阳之和，烛之以日月之明，其声能短能长，能柔能刚……在谷满谷，在坑满坑”，已有其义。荀子言乐器之象天地、日月等，亦有其义。然《乐记》之言，则更进而言此人间之礼乐之道自身，即天地万物与鬼神之道。此即同于谓整个之天地万物，皆在表现此人间之礼乐之道。《庄子·齐物论》言天籁，乃以天自有其天乐，非人籁之所及。然此庄子之天籁，乃专自天风之能引起地之众声而说。《乐记》则自整个天地万物之“流而不息，合同而化”，以言天之有此乐之道；更自“天高地下，万物散殊”，以言礼制之行于天地万物之中。故曰：“乐者，天地之和也；礼者，天地之序也。和故百物皆化，序故群物皆别。乐由天作，礼以地制。……明于天地，然后能兴礼乐也。”又曰：“天高地下，万物散殊，而礼制行矣；流而不息，合同而化，而乐兴焉。春作夏长，仁也；秋敛冬藏，义也。仁近于乐，义近于礼。乐者敦和，率神而从天；礼者别宜，居鬼而从地。故圣人作乐以应天，制礼以配地。礼乐明备，天地官矣；天尊地卑，君臣定矣；卑高以陈，贵贱位矣；动静有常，小大殊矣；方以类聚，物以群分，则性命不同矣。在天成象，在地成形。如此，则礼天地之别也。地气上齐，天气下降，阴阳相摩，天地相荡；鼓之以雷霆，奋之以风雨，动之以四时，暖之以日月，而百化兴焉。如此，则乐天地之和也。化不时则不生，男女无辨，则乱升，天地之情也。夫礼乐之极乎天，而蟠乎地，行乎阴阳，而通乎鬼神，穷高极远，而测深厚。乐著大始，而礼居成物。著不息者，天也；著不动者，地也。一动一静者，天地之间也。故圣人曰礼乐云。”此即明以整个之天地，与其阴阳鬼神万物，皆合以表现此圣人所言之礼乐之道。故圣人之礼乐，即亦依其能明于天地之道，而后作也。道家以能明于天之道者，高于能明于人之礼乐者，故轻礼乐。《乐记》则谓天地之道，原亦只是此礼乐之道。圣人之所以能作礼乐，正由其已先明于天地之道，方能更有所作于礼乐。道家能明天地之道，而不能更作礼乐，以应天地，则其事有所不足；其义其言，亦尚未能知此圣与明、述与作之全旨；而不及儒者之圣能明能述此天地之道，亦更能继之以有其所作之礼乐，以使此天地之道，即寄在此礼乐之述作之中者也。

此下之文即由言舜之作五弦之琴，以论由黄帝之《咸池》、尧之《大章》，以至今之乐，而明其所以作，与所作之善否，前文已提及。今不赘。至于《乐记》之下文，更次第及于人之如何由闻乐以养德、思贤臣、封爵、建国，养自己之心身，成家乡国中之父子、君臣、长幼间之人伦之和，以及品德不同之人，宜奏不同之乐等，原文所论，甚为明晰，其中更多有《荀子·乐论》之语。今皆从略。

十　论《孝经》以孝为天经、地义、民行之道

《孝经》之书，成于何时，乃一问题。昔朱子《孝经刊误》（《朱子大全》卷六十六）于此书之分章及所陈之义理，皆多有疑难；并谓其书，出于汉初。姚际恒《古今伪书考》，亦以为伪书。今观其书盖成于晚周或秦汉之际，与《吕氏春秋·孝行览》及《大戴礼》中曾子言孝者，互有出入。今按《孝经》所言之义理，诚与孔门言孝之旨，未必尽合。然此亦如《礼记》诸篇，如《礼运》

《乐记》等，与孔门初言礼乐之旨，未必尽合。此书自当是晚周或秦汉之际之儒者，推扩孔孟荀言孝之义，亦配合其时代之社会政治之变化而成之著。此孝之被定为一天之经、地之义、民之行，而有一天地或宇宙的意义，及为人之一切德行与文教政治之本，则盖始于《孝经》。此书自汉而后，渐被尊崇，影响及于汉人之倡孝弟力田之政，后渐定为十三经之一，而后世中国人之一切德行，莫不以孝为本。其对中国社会文化政治之影响，至深且巨，而不可不一论也。

考中国文化中之重孝，则孟子尝推本于舜之孝于其父瞽瞍，而瞽瞍则不慈之父也。舜遇此不慈之父不得于其亲心，以成其为子，故“号泣于旻天”，“五十而慕父母”，而后“瞽瞍底豫”。关于舜之一故事之真实性如何不可知，然要必次第传来，而后孟子述之。于此吾人即当正视此舜之不得其亲心而号泣于旻天之语。此乃面对上天，而自于其“不得亲心”之一事，生一宇宙性的悲感，而觉其生命更无可交代之处。此同时亦为宗教性的悲感。然舜终能使瞽瞍底豫，使其父成为父，而舜亦得成为子。此一故事之传说，要必由中国文化之灵魂中发出，而后形成，其原盖至远。而此中国文化之重孝精神之具体表现，则为中国古代宗教中敬祖以配天之礼。《周书》载武王奉其父文王之木主，以伐纣，其伐纣之师，即为一哀兵之集合。此事亦极具庄严性，思之令人感动。周既克殷，周人怀文王之德，遂更定以文王配天之大礼。《周书》亦以不孝不友，为元恶大憝。由孝以尊祖，由尊祖，而敬主祭祀之宗子宗君，而为宗子宗君者，则有收族爱百姓之义。是即凝成宗法社会之道，亦是人之推爱及于宗族，而推扩其仁心之道。故此孝，固对中国文化与政治社会及德行之推扩，原有巨大之意义也。

由此孝之巨大之意义，故孔子之言仁道，亦必以行孝为本。《论语》又记有子言孝弟为仁之本。孟子更言“尧舜之道，孝弟而已矣”，而特言舜之大孝。所谓舜之大孝者，非只由于能使瞽瞍底豫，而亦在舜之能以天下让，以尊亲；故曰：“孝子之至，莫大乎尊亲，尊亲之至，莫大乎以天下让。”舜能让天下，原只是舜之德。舜之德自是可尊。然孟子，则更言此即所以尊其亲。子原出于亲，则子有德可尊，而其亲自亦可尊，故舜之至德，皆所以尊亲；而舜亦不自见其有德。凡人修德，而只所以尊亲，亦皆可不见自有德，而忘其德。此即足使人由有德，而至忘德超德之形上性宗教性之境界。此盖即孟子之言之深义也。孟子以后，《荀子 · 礼论》亦言孝子之情，出乎人之血气心知，更言礼之三本之一，为先祖。此则更确定孝亲敬祖，在礼文之世界中，乃与敬天地、敬君师二者并立。《礼记 · 祭义》《祭统》中，更言由祭祀之斋敬，可致斋明。此皆前文所已及。《吕氏春秋》有《孝行览》,《大戴礼》有曾子言孝诸篇,《中庸》言武王、周公之达孝，皆与《孝经》之书，同时代相先后之著也。

此《孝经》之书,《十三经注疏》本，依今文分十六章。古文之分章及文句略异。古今文之分章，皆有可议，朱子《刊误》文已及之。但今为方便论述，仍姑用今文之分章。其第一章《开宗明义章》，托仲尼居曾子侍，言孝为先王之“至德要道，以顺天下，民用和睦，上下无怨”，言“孝为德之本也，教之所由生也”。又言：“身体发肤，受之父母，不敢毁伤，孝之始也；立身行道，扬名于后世，以显父母，孝之终也。夫孝始于事亲，中于事君，终于立身。”此一段文谓孝为先王之道，不同孔子未尝说之为先王之道，又不同孟子之言孝为良知良能，荀子之言孝原于血气心知。今言先王见教之可以化民，故教孝，则纯自其政治意义着想，与孔子教孝之原旨不合。故朱子谓见教之可以化民以下六十九字，并当删去是也。又《孝经》谓孝“中于事君，扬名后世”。而事君非人人必有之事，儒者可出可隐，亦非必出而事君；扬名后世，更不可必。故此诸言，以孔孟之教衡之，皆有病在。其后文更对天子、诸侯、卿大夫、士庶人之孝，作种种分别，皆过重孝之政治社会意义。自孝言孝，当只重在心上、德上说，不当重各等级之人之孝之事之分别，更不当谓唯居最高等级之武王周公，方为达孝。故朱子疑其义也。毛奇龄著《孝经问》，而转斥朱子，吾未见真足以答朱子之疑也。然吾人亦不能说孝无此等之政治社会意义。如《论语》有子言“其为人也孝弟，而好犯上者鲜矣”，亦是言孝有政治社会意义。《吕氏春秋·孝行览》言天下治国家者，当务本，“务本莫贵于孝”。又引曾子语谓“事君不忠”“莅官不敬”“战阵无勇”皆“非孝也”。此语并见《大戴礼·制言》《礼记·祭义》。此亦孝有政治意义之旨。此所谓曾子语，未必曾子所说，盖托之于曾子也。然《吕览》《大戴礼》与《孝经》，同言孝有政治社会意义。人在政治社会上之地位不同，其所以尽孝之道，事实上必有所不同。故《吕览》之《孝行览》，亦有人主之孝、人臣之孝、士民之孝之分。《大戴·本孝》篇则有君子之孝、士之孝、庶人之孝之分。其用意盖在教政治社会各等级之人，皆有孝之道，故对天子、诸侯、卿、大夫、士、庶人之孝，分别为论。则其著书之本旨，未可厚非。《孝经》于为天子者，言其必须“德教加于百姓，刑于四海”，然后称为孝；于为诸侯者，言其必须能“保其社稷，和其民人”，然后称为孝；于为卿大夫者，言其必须“非法不言，非道不行……能守其宗庙”，然后称为孝；于为士者，言其必须“忠顺不失”，然后称为孝；于为民者，言其必须“用天之道，分地之利，谨身节用，以养父母”，然后称为孝。此即谓此一切人等，皆须尽其对天下、国家之职责，而有其德，然后称为孝。故欲为孝子，亦须尽其对天下、国家之职责，而有其德。由此而孝德之成，即须涵具为人应有之一切德，而孝德即成至德，亦同时为人之由原始之孝心、孝德，以通于其“应有之一切德，而成此一切德”之“要道”。此则非无其深旨，而亦所以使孝德、孝道，成为具普遍之哲学意义之德、之道者也。

此《孝经·庶人章》，言庶人亦“用天之道，分地之利”，而下接以《三才章》之言“孝，天之经也，地之义也，民之行也。

天地之经，而民是则之。则天之明，因地之利，以顺天下；是以其教不肃而成，其政不严而治"。后文又言"天地之性，人为贵"，"父子之道，天性也"。按《左传·昭公二十五年》有"夫礼，天之经也，地之义也，民之行也"之语，而今则以孝之名代礼之名。对此天、地、人兼标之以三才之名，则盖出于晚周。故《吕氏春秋》《管子》《易传》，咸有此三才之名。此《孝经》中，言孝为通三才者，盖当通全书诸章而说。至其言"天地之性人为贵"，"父子之道，天性也"，则略不同于孟子言孝为良知良能，荀子之言孝出于血气心知者。此乃重此孝之心性之原于宇宙或天地；而有一宇宙论或形上之意义。又即在庶人之顺应天之四时，以分地之利之日常生活中，亦原可见人与天地之不相离。故人在此日常生活中，谨身节用，即人可有庶人之孝。亦见此天、地、人之三才，同可不离于此孝。由此而可言此孝是民之行，又为天之所经，亦地上之所宜有当有，而为地之义；而见此孝道之有人民之所行之人的意义，亦有一天地或宇宙性的意义，而为一通三才之道也。按《大戴礼·大孝》篇亦言："孝天下之大经也。孝置之而塞于天地，衡之而衡于四海，施诸后世而无朝夕。推而放诸东海而准，推而放诸西海而准，推而放诸南海而准，推而放诸北海而准。"（《礼记·祭义》文略同）则更言此孝之有宇宙性的意义，而言其有永恒性、普遍性者也。

由此庶人之孝之具天地人三才之义，故一切庶人之孝皆可尊。由此而《孝经》之《孝治章》，即言以孝治国者"不敢侮于鳏寡，而况于士民乎"。此即由于士民之孝，自具三才之义，则为政者亦不敢侮士民，方为明王之道。至下文之继以《圣治章》者，则盖言明王之道，即依圣人之德而有，故明王之以孝治天下，即圣治。此亦是晚周儒者言内圣外王合一之旨。其《圣治章》，言圣人之行明王之道，乃所以自尊严其亲，故言孝莫大于严父，严父莫大于配天，而以周公郊祀后稷以配天，宗祀文王于明堂，以祀上帝为说。此即谓圣人之德，亦所以尊严其若祖若父，而成其孝子。故谓：“夫圣人之德，又何以加于孝乎？”此即还同于孟子之言舜之至德，亦只所以尊其亲之义，更连于周初之礼制，所原有之祀文王与周之远祖之礼，以为说；而见此圣人之德，亦归在孝德，亦具成就此宗教性之礼教之意义者也。故后之《感应章》，更言：“宗庙致敬，鬼神著矣。孝悌之至，通于神明，光于四海，无所不通。”顺《孝经》之旨，以思此孝之义，固亦实可光于四海，通于神明，而为一无所不通之至德要道也。至于《孝经》之其他诸章，或只广此至德要道之义，或只言行此孝道之方，如对父之不合道之行，亦当有谏诤，使之合于道，不只以从父之令为孝，以及居丧致祭之道等，则可不必更及。

第二十四章 《易传》之即易道以观天之神道（上）

一 《易经》一书之起原

《易经》与《易传》之书，古今之注解者至多。昔欧阳修《易童子问》，尝谓“大抵学《易》者，莫不欲尊其书，故务为奇说以神之”，而各家《易》注《易》说，彼此不同。今考《易经》一书之原，仍以孔颖达疏及朱子之说其初为卜筮之书为正。人或以卜筮为小道，而不知卜筮中，亦可引出超乎卜筮以上之道。后当论其义。《易》上下经之六十四卦之辞，明处处言吉凶悔吝，显为占卜之辞。其元亨利贞，盖最早之占卜之断语。《左传》《国语》，明载当时人以《易》为占卜者。《礼记·祭义》言：“昔者圣人建阴阳天地之情，立以为易，易抱龟南面。天子卷冕北面，虽有明知之心，必进断其志焉。示不敢专，以尊天也。”在周礼，《易》掌于太卜之官。《史记》谓秦焚书，以《易》为卜筮之书，得免于焚书之列。则《易》之原为卜筮书，无可疑也。至于此《易》之一书，毕竟始于何时，则昔人或谓《易》始于伏牺画卦，此乃本《系辞传》之文。然《系辞传》只言“庖牺氏之王天下”之“为网罟，盖取诸离”云云。此所谓盖取，当如朱子所谓：“不是先有见乎离（卦），而后为网罟，只是为网罟之合乎离之象。”（《朱子语类》卷七十五）陈澧《东塾读书记》卷四谓此“取”如《考工记》“轮人取诸圜”之类。则《系传》文不足为《易》始于伏羲之证。其言《易》始于神农，以至文王、周公者，亦同是后人推想之辞。《系辞传》下谓："《易》之兴也，其当殷之末世，周之盛德邪？"亦疑而不断之辞。今唯可据《左传》《国语》诸书，已谓春秋时人用《易》为卜筮，则其书在春秋时应已有。《史记》谓孔子晚而喜《易》，读《易》韦编三绝。《论语》记孔子有"五十以学《易》，可以无大过矣"之言，又引《易》之"不恒其德，或承之羞"，曰："不占而已矣。"《易传》亦多引子曰之文。然人亦或据《鲁论》于"五十以学《易》，可以无大过矣"之"易"作"亦"，连下句读，而疑及孔子学《易》之事。然则于《论语》之不占之句，及《易传》引子曰之文，又作何解？故仍以谓孔子尝学《易》之说为是。故前论孔子思想，亦引及《易传》孔子语。然孔子之学，亦非必由易学入。故孔门之颜子、曾子、子夏、子游、子张与孟子之言中，皆不及于《易》。《荀子·大略》篇谓"善为《易》者不占"，亦未尝论《易》。此外则墨子、老子及《庄子》内篇与韩非子之言，皆未及《易》。唯《庄子·天下》篇有"《易》以道阴阳"一语，而此篇则为晚出之文，前已及之。此外则《乐记》"天尊地卑"一节文，与《易传》文略同。又《吕览·应同》篇有"水流湿，火就燥"之句，《易传》中亦有之。然《乐记》《吕览》并为晚周以后之著。则《易经》一书，对一般哲学思想之发生影响，至《易传》之成书其时代应亦在晚周。崔东壁《洙泗考信录》卷三引杜氏《春秋传·后序》，谓："汲县冢中《周易》上下篇与今正同。别有阴阳说，而无彖象文言系辞。"又谓："子夏教授于魏久矣。孔子弟子，能传其书者，莫如子夏。子夏不传，魏人不知，则《易传》不出于孔子，而出于七十子以后之儒者无疑矣。"至《史记·仲尼弟子列传》，《史记》与《汉书·儒林传》所载孔子传《易》于商瞿之说，则甚怪。孔子何以传《易》于少孔子二十九岁之商瞿，而不传于晚年大弟子，如子张、子夏、曾子、子游，亦殊不可解。《仲尼弟子列传》谓孔子尝预言商瞿有五丈夫子之说，此无异视孔子为预言之术士。此传说尤怪。又商瞿之《易》，再传至馯臂子弓，五传至汉之田何，皆次第单传，并是汉人之说。足见易学在先秦，初非显学。故《易传》之书，虽引及孔子之书；然以其成书之时，言其在中国学术史上之地位，则当与《中庸》《乐记》《礼运》诸篇略同也。

由《易经》原为卜筮之书，以观其六十四卦卦爻之辞，则所言者，初不过人之行路、履霜、入林、涉川、从禽、乘马、求婚媾、从王事、遇寇、帅师之一般生活中之事。其言进退往来吉凶悔吝，亦不过指人在此类事中，进退往来之行之吉凶悔吝，初无大深旨奥义。盖由人之恒于其当进当退、当往当来，先有疑惑在心，遂以《易》为占卜，自定其行止。以《易经》为占卜之起原，初或为灼龟，而观其纹或断或续，所象之事物，后更就三纹或六纹所可能有之断续之数，以成八卦六十四卦之形，而以八卦分别象"物"，以八卦结合所成六十四卦，分别象"物与物"结成之"事"。后人或无龟可灼，乃以蓍草之断续，代灼龟之纹之断续，更以蓍草之数之多少为卜。又或《易》原为周人之《易》，周人初业农，故自始以蓍草为卜，此亦难定。至于《易传》大衍之数一章，则各家解释亦不同。依朱子释，谓此《易》之筮法，乃以蓍草五十，用其四十九，更挂其一，留四十八。再分置二手，各以四数之，使两手所余，各至多不超过四茎，而旁置之。如此数者三次，则留在手者，以四数之，便得六或七八九之数。以得八或六者定一阴爻，以得七或九者定一阳爻，如此次第定六爻成卦。更于爻之由九六而定者，视为当变之爻，即变而占之。此即朱子释大衍之数一章所言以六七八九之数，定卦爻之法也。其详可观朱子《易学启蒙》。然于此何以必需于五十蓍草，只用四十九，更挂一而以四数之，以至三次，则可说有理，而非必然一定之理。大衍之数一章，言分为二以象两，象阴阳，挂一以象三，揲之以四以象四时。此亦正同《礼记·乡饮酒义》之言宾主象天地，介僎象阴阳，三宾象三光，坐于四方象四时之类。人能于宾主相接之事与卜筮之事中，皆见有阴阳、四时、三光之道，在其中行，固亦甚美。然如胶执以说之，谓人乃先知此阴阳、四时、三光之道，然后有此宾主相接及卜筮之事，则不合于历史事实，亦无必然一定之理可言矣。

此外在八卦中某一卦象某物，及八卦结合所成六十四卦之某一卦，象一某物与某物所结成之事，其初亦当是唯凭类似之联想以断。此类似之联想，亦初不必皆依一严格之规则以进行。故乾象马可，坤象马亦未尝不可。但人经多次卜筮之后，即亦可共约定，以何卦专象何一类之物，或在一类之物中，分别以八卦之一，象其中之某一种。此即如在家庭一类之物中，乾象父，坤象母，其余六卦分象六子。或在人身体一类之物中，乾象首，坤象腹，坎象耳，离象目……又在自然界之物中，乾象天，坤象地，离象火，坎象水，艮象山，兑象泽，巽象风，震象雷……是也。由此而八卦之互相结合，所成六十四卦中之一卦，即可分别象一种物与另一种物之结合所成之某一种之事，而同种类之事物，则可有其同种类之理。则在八卦或六十四卦之下，所举为例之物虽少，而其所代表之类则甚大，其所具之理亦甚大。此即《易传》所谓“其称名也小，其取类也大”也。

然吾今无意对此易数、易象或一一卦所象之物之类之理之问题，多所讨论。毕竟《易经》最早成书时，以八卦之某卦，象某类之物之某一种，其所象之物之类之种，毕竟有多少，盖初亦当依其时之人所接之事物中所重之事物，而共同加以约定。否则由占卜而定得卦爻之后，将全无一定之解释。今之卦爻辞，盖即依此种种之共同约定而作之若干解释，录之成书，以供后人于占卜时得更依类依理，以观其所象，而推断其吉凶悔吝之情形，与其进退行止之宜如何者。然此对八卦六十四卦所象之事物之共同约定者，毕竟有多少，一卦爻之有一定解释多少，容人之自由解释者有多少，则亦初不可知。《左传·襄九年》言“元，体之长也”，此元乃指人之头，如“丧其元”之元。而《易传·文言传》则释为“善之长也”。《国语·晋语》卷四载：晋公子以易卦筮得贞屯悔豫之卦，筮史占之，皆曰不吉，而司空季子，则另作解释，而判之为吉。可见由对同一易卦所象之解释，以判吉凶，原有不同之可能。后世各家易之所以不同，则又在对此六十四卦之卦爻辞中已有之解释，更加不同解释。其更加之解释，是本何种观念，以为解释，其所本之诸观念，是否能自己一贯，以成一整齐圆满之系统，则又为吾人对各家易说之评论，所当及之问题。此则成为所谓易学史之研究，而自有其专门之学术上之价值者。后文于论汉代诸家易学，当略及之。吾今所欲论者，唯是就《易传》之文，以观其所论之宇宙人生之共同之理或道，毕竟如何可自此一初为卜筮之书者，而次第衍出；与由此衍出而说之宇宙人生之理之道，在中国周秦之思想史中，以及在人类思想史，毕竟有何独特之价值，以及《易传》思想，何以可视为周秦之儒家思想之一最高之发展之故。

二 无思、无为至有思有为之心境，及其涵义

就此《易经》之为书，初只为卜筮之书，所言皆人之一般生活上田猎、涉川、入林等事，而初为人之自问其在此一般生活上吉凶悔吝如何，进退行止当如何而言，此实初为一最无哲学价值之书。专问吉凶祸福利害，亦正与儒家之精神，重问义不问利之精神相违者。《易传》言“利者，义之和也”，“崇高莫大乎富贵”，亦显似与孔孟之重辨义利，孔子之言“不义而富且贵，于我如浮云”，孟子之言大丈夫当“富贵不能淫”之言若相反者。欧阳修《易童子问》亦及此。然《易传》释《易经》而不讳言利与富贵，则其旨又别有所在。吾意此旨即在将此一原重言吉凶利害之《易经》，加以一从根之转化，而化之为表现儒家所重之道义之书。此

亦即无异将墨法诸家所喜言之利，与当时之游士所尚之富贵，从根上加以转化，成为一“以道义为一切利与富贵之本原之书”。此转化之所以可能，则初在《易传》之能论一形上学上之“宇宙之生命、宇宙之精神之充实富有”之“富贵”，与“其通亨畅遂之表现”中之“利”，以涵盖他家所言之人间之“利”与世俗所尚之“富贵”，亦即同时见道义之为一切“利”与“富贵”之本原。此一《易传》之形上学，又初盖正由对人之卜筮时之精神状态或卜筮时之心境之反省，而逐渐悟得者也。

原人在卜筮之时，其初意所及者，只是欲定事物之吉凶福祸，由龟筮以问于神明，而决疑。此时人之主观心理中，初只为一希利畏害之心；而人所面对之龟为死动物，筮为死植物，皆人以下之无知无情之物。人之求决疑于龟筮之无知无情之物，初亦似为不伦不类之事。固远不如求决疑于能先知预言之神巫者，犹近于人，或借天上之天星以为占卜者，近于天上之神者也。然正以龟筮为人以下之无知无情之物，则人面对龟筮，人即自忘其有知，自忘其有情，而自谦抑其心，以自居于龟筮之下，亦若同于一无知无情之木石，而无思无为；此无思无为之心，又正所以使人得上交于神明者也。又在人以龟蓍占卜时，人初见者，只是灼龟之纹，或数蓍草所成之数，此纹此数，亦初为最无其实指之事物之意义者。此时人只面对此断续之纹，或九六七八之数，亦初不知所思、不知所为，而如在一无思无为之境。然当数定而卦爻定，则卦爻有象，即可由《易》之书，而得其卦爻之所象之辞。一卦之总象之辞，曰彖辞，其中一爻之象之辞，曰爻辞。见有此辞时，人方由无意义、无思无为之世界，降入一似有意义，而可有所思、可有所为之世界。然在此时之先，人毕竟只在一无意义，而无思、无为之世界中。此时此《易》之为书，固现成在此，其中一切卦爻辞，亦现成在此。然人当未知其将卜得何卦何爻之时，此《易》之为书，亦只为一无意义，而无思无为之书。此时任何卦爻，皆可能为我所卜得，任何卦爻所象之任何类事物，亦可能为我所知所思，而依之以有为者。然又皆尚未实出现于我之前。则此时此《易》之为书中之一切卦爻与其所象之一切类事物，即合为一天地万物之全体，而若皆与此《易》之为书之无思无为，同存于一无思无为之世界，亦为此世界之所范围，亦若为此《易》之为书之所范围。吾人此时之心之无思无为，亦即如虚涵、虚载此一天地万物之全体，而范围之。此时在无思无为之世界中之天地万物，与此《易》之为书及吾人之心，即皆同在一寂然不动之境。然当卦爻既定，则《易》之为书显出其彖象之辞，亦显出其辞所象之天地万物中之若干类之物，与物与物所结成之若干之事；而我即可由此若干之物象、事象以定吉凶，而知我之若干进退行止之道，亦降至于有若干之思与为之境。是即可称为《易》之为书之“感而遂通”，亦我心之“感而遂通”。此中同时即有原为我心所虚涵虚载之天地万物之全体中之若干之事物，自“寂然不动”之境出现，而亦“感而遂通”。今以此一观点，看一切天地万物，即见一切天地万物，皆由寂而感，由无形而有形，由形而上，而形而下。即见一切形而下之有为，而可思者，皆如自一无思无为之世界中流出，而生而成。知此，即可以入于《易传》之形上学之门矣。然此形而上学之门，则正为可由人将此《易》之为书作卜筮之用时，再反省此书之能由“寂然”而“感通”，人心之能由“寂然”而“感通”，与天地万物之能由“寂然”而“感通”，而可直下契悟得者也。

按《系辞上传》曰：“《易》……君子将有为也，将有行也，问焉而以言，其受命也如响；无有远近幽深，遂知来物。……《易》无思也，无为也，寂然不动，感而遂通天下之故，非天下之至神，其孰能与于此。夫《易》，圣人之所以极深而研几也。唯深也，故能通天下之志；唯几也，故能成天下之务；唯神也，故不疾而速，不行而至。”

此据朱子释，皆初指此人之据蓍卦以卜筮之事。故谓：“凡言《易》者，皆指蓍卦而言。蓍卦何尝有思有为，但是扣着蓍卦，便应，无所不通，所以为神耳。”（《朱子大全》卷五十三《答沈叔晦》）人卜筮时，《易》之为书即受命如响，以助人知来物。故此所谓“感而遂通天下之故”，即初只指《易》之卦爻辞，说及天下之种种事故。当卜得之卦爻辞未定，或一卦当变之爻未定之时，吾人原可能卜得任一卦，或一卦中之任一爻，而此书亦包括一切卦爻辞，以存于无思无为之中。故由此无思无为，亦可通往任何处之天下之故，而如有一志，以通于天下之任何处，任何处皆为此志之所通及。此即见其志之深广。再则由此“无思无为”，可通往天下之任何处，故当卦未定，爻未定，或当变之爻未定时，天下之任何处，皆如交会于此一切思为未起之“无思无为”，而此“无思无为”又即为通往任何处之开始点，或一始几，而可通至任何处，以使人更有其处之言动，以成其务者。至于当卦爻已定，当变之爻已定，而原卦爻辞与变出之卦爻辞皆已定时，更观其象之变，观其原辞之所往所之，而知某一事之将如何变；则其未变与已变，即皆合呈于吾人之前，如不由行而皆至，亦不待疾趋而速来。此即“不疾而速，不行而至”之神也。是见直就卜筮时之此《易》之为书与吾人之关系而观，即可对此数句语中之深、几、神，各有一的解。此虽非此深、几、神等之全义，要为其一义。而此上所说者，虽只是卜筮时之此一《易》之为书之由寂然而感通，然此中同时亦有吾人之心之由寂然而感通，更有由此书所说之天下之故，或天地万物中若干事物，由寂然而感通。人能真把住此一义，以实际的往观一切天地万物之所以生成，则其涵义固亦至广大，而至深远也。

三　一阖一辟之道，与知来之神

此至大至深之义，一在如吾人能知有思有为，皆由无思无为而出，知一切万物之生成，皆由无形之形而上，而有形而形而下，更观此一切万物之生成之“相续”，即见此万物之生成，乃一由幽而明，由明而幽，亦由阖而辟，由辟而阖之一历程。此历程，即一生而又生之“生生之谓易”之历程，其中即见有一生生之道。此中之“由阖而辟”之相续之道，名曰乾道，“由辟而阖”之相续之道，名曰坤道。乾道如辟户而开门，使万物相续出之道；坤道如阖户而关门，使万物相续入之道。由此一阖一辟之相继，而万物即不断来亦不断往，以往来而不穷；而物之初生初见曰象，其生而见有一定之形曰器。此即万物之共同之道也。故《系辞上传》曰：“阖户谓之坤，辟户谓之乾，一阖一辟谓之变，往来不穷谓之通，见乃谓之象，形乃谓之器。”

此《易传》之言阖户辟户，亦如庄子言物之出入于天门。然庄子乃由此以重此天门之“无有”，而《易传》则正在由此以言物之由此阖辟之相继，以往来不穷，以由象而形，而器，以成其生生之不已；而更言此器之可为人所制而利用之，其利用之事，亦有出有入，而变化无穷，至神不测者。故“形乃谓之器”之下文更曰：“制而用之谓之法，利用出入，民咸用之谓之神。”此即大异于庄子之旨之贵天门，不重“此物之由形而器者之不穷”，亦不言人之对有形器之物，有制而用之之法，与此利用之事之本身亦无穷，而亦至神不测者。于此吾人当问：何以由《易》之为卜筮之书，即可衍出此物之生生不穷与人之利用物之事之不穷之义？此即当归至人之所以卜筮，原为由卜筮得一定卦爻辞，以决定其未来之言行者。此言行中，可包括狭义之人对自己、对他人，及对物之言行，而不限于由卜筮以知吉凶为止者。所谓形器，亦不单指人所对之客观之物为有形之器，即人利用任何物时，所为之对己对人之言行，亦皆为有形，而同于有形之器者。故人所自成之言行之可无穷，亦同于人所自制之形器之物之可无穷。故《易传》言：“《易》有圣人之道四焉，以言者尚其辞，以动者尚其变，以制器者尚其象，以卜筮者尚其占。”此中第四项所谓卜筮，乃指狭义之卜筮，意在只知吉凶者。然人卜得一《易》之卦爻辞，固所以决定其言行，则人固当同时知其辞，以为言之助；亦当知其变，以知其自己之行动；由此以自成其言行之无穷，以及其制其他有形器之物之行为之无穷也。

人之卜筮，在决定人未来之行为，故卜筮之目标，在知已成之过往之故之物，更求知来。知已成之过往之故，曰藏往之知；知来之知，则曰神。故曰："神以知来，知以藏往。”本藏往之知，以有知来之神，而更本此知与神，以观天地万物，即必言其生生之不息，亦必言人之利用器物之事，亦有其不测之神矣。

关于兼本此藏往之知与知来之神，即可引出《易》之言生生之义，乾元坤元义，及天地万物之生生，必由大生而广生，以成其富有之大业，见其日新之盛德，以连于人性等义，吾已于《原性篇》中详之。今不拟重复。读者必须参看。今所补及者，唯是言人能兼本此藏往之知、知来之神，以观天地万物之变，即同时知天地万物中之远者与近者、往者与来者之相感应，以见“天下何思何虑，同归而殊涂，一致而百虑”，“天下之动，贞乎一者也”，亦见神之无定方，其由感应而有变化之无定体，而人可有其神明之知。此即可以使人随处学《易》、玩《易》，而由一卦一爻之象之辞之指其所之，善学者即皆可以由之以知进退之道，以进德修业，成君子矣。此上之义，亦固皆可由卜筮者之自深观其卜筮时之心时，可次第得之者，兹试说明其义于下。

四　卜筮所预设神明之知，及其涵义

原人之所以卜筮，乃由于其所已知之往者之外，更对未来有疑，故求对之有所知以决疑，而自定其当有之行。此求知未来之事物中，亦包括求知远处之事物之将来至此近处者。因远处之事物之来至近处，亦未来之事。所谓未来之事物之生，亦由已存在之远近之处之事物，相结合而成变化，以使之生。则人果能于先已存在之远近之事物，莫不知之，盖即可以知来。故知来之义中，包括对于空间上之远处之事物与时间上之未来之事物之知。此即求超出人当下之时空之限制，以求知其他时空中事物之事。此与一般之由已知推未知之不同，唯在一般之由已知推未知，乃以已知者为根据之推知。至本《易》以为卜筮，则是欲直接由龟卜以问于神明，而求直接知在吾人所已知而已往之物之外之来者，而使此在远处或未来之事物之象，直接见于当下之此时此地之卜筮所得之结果之中。故此不同于一般之推知未来之事，乃以已知已往者为根据，以推知未来之事者。吾人诚欲问于神明，吾人正须先忘此吾人所已知之已往者，而藏之于密；方能由卜筮以问于神明，以待神明之答吾人之所问，于卜筮之结果之中。故一卜筮之心灵，一方是人必自藏其所已知之往者于密，以归于无知无思无为；一方是信有神明之能知其他时空中之事物，而本其所知，以答吾人之问于卜筮之结果之中；而使不同时空中之事物之象，得显于此卜筮所得之结果之中，亦即显于“居此当下之时空之心”中者。故在此卜筮之心灵中，人信有神明之知，亦同时信一时空之事物之象，能遍显于其他时空，而无所不在。人之所以可在任何时空中卜筮，以求知其他任何时空中之事物，亦正以人先信任何时空中之事物，其象皆原为能遍显于一切时空，而无所不在之故也。

卜筮必信有一“同时知远近之空间，与当今未来之时间中之事物”之神明之知。由此而必信一事物之象，遍在于其他时空中。此“神明之知”是否实有，诚可为一问题。然人之从事于卜筮者，必信有此神明之知，即必预设此神明之知之存在。世间明有此卜筮之事，而世间之人，亦皆有由卜筮以知来之想，或望有此一“神明之知以知来者”之想。人之望有此一神明之知，即预设此神明之知之可能有。人若永不能全断绝其“望有一神明之知，以知来者”之想，则人亦必永预设此神明之知之可能有，而不能谓此神明之知，必不能有。吾人之谓此神明之知，必不能有，唯以吾人自以其现有心知，恒限于一定之时空之故。此吾人之现有心知，恒限于一定之时空，诚为一事实。然吾人亦不能由吾人之心知，恒限于一定之时空，遂谓必不能有一不限于一定之时空之神明之知也。

吾人以上之辨解，乃在说一超出一定时空之限制之神明之知，能兼知远近当今与未来者，非不可能。人之不以其限于一定时空之心知，为唯一之心知者，亦恒实信此神明之知之有。然人虽信其有，又不必信其必能表现于吾人现有之心知之中。吾人之卜筮，亦不必能真交于此神明。则此神明之知虽有，而吾人之信其有、知其有，亦不必能知此神明之知之所知。吾人之唯欲借此神明之知，以知关切于吾人个人之未来之吉凶祸福，此本身又恒出自一卑下之自私自利之动机。此“能知此未来之神明”，虽可将其所知，告知吾人，亦可不告知。吾人亦无权利必使之告知。故此人之欲由预言卜筮，以知未来者，亦非人之真信有神明之知者，所以交于此神明之知之正道，亦高级之宗教思想所不道。故于此《易经》之原为卜筮之书者，在《易传》中，亦即由此卜筮之义，更转出一义。是即更求吾人之心知，自化同于此神明之知，而形成一类似此神明之知之人之神明之知，而“平等的虚涵通观远者与近者、已往者与方来者，而视之若无别”之一心知，而更不求知此人外之神明之知之所知，如卜筮者之所为。此方是为《易传》之言者之大慧所存也。

五　人之观“感应变化”，以形成人之神明之知之道

此上所谓使吾人之现有心知，自化同于神明之知之道，即于吾人现有之心知之在一定之时空之所知者，皆一一更视之为与其他时空之所知者，彼此往来相通，相感应而变化者；即以此自超

出其现有之心知之定限，而使其现有之心知，直接转化超升为一无定限之心知，同时视其于不同时空之所知，皆同为此无定限之心知之所运行通过之处。人于此果能有此无定限之心知，以自运行而无碍，人之现有之心知，即自化同于一神明之知，而自形成人之神明之知矣。

所谓对吾人现有之心知，于一定时空之所知者，一一皆视之为与其他时空之所知，为往来相通、相感应而变化者，即是视此吾人在当前时空之所知者，皆以远者与方来者，为其所应，而远者与方来者，亦以此当前时空所知者，为其所应。《易传》所谓："鸣鹤在阴，其子和之，我有好爵，吾与尔靡之。子曰：君子居其室，出其言善，则千里之外应之，况其迩者乎；居其室，出其言不善，则千里之外违之，况其迩者乎。言出乎身，加乎民；行发乎迩，见乎远。……"此固人朝朝暮暮之所见之物与人间，互相感应之实事。然吾人须随处见有此互相感应之实事，而更深察其义。其义在由此感应之实事，便知任何事物，皆原不自限定其用于一定之时空，其用乃恒溢出于一般所谓其所在之一定时空之外，而显为象，以见于其他时空之物之中者。由其用与其用所显之象，见于其他时空之物之中，而其自身与其他之物，即互相感应，而生变化或动。此一变化或动，即见一物与其他之物之体质，其所分别表现之用，互相往来而相通，以殊而未尝不同，多而皆无一定之体质，以得相感应而变动，更有其共同之一所归，以合为一。故曰"易无体"，"天下之动，贞夫一者也"。又曰"天下同归而殊涂，一致而百虑"。然因一物所感应之他物，可有种种，由感应所引起变化或动，亦有种种之可能，故又初不见此感应变动之有一必然一定之方向。此感应变化之方向之无定，而皆为平等可能，即使此感应变化成无方、不测而无穷。是亦为《易传》中所谓神当涵之义。此神乃由物之感应变化而见。物之感应变化之道，曰易道，而此神即在其中。则易道即神道。圣人以神道设教，即以易道设教。易无体即神无方，非易道外别有神道也。故曰："知变化之道者，其知神之所为乎？"（《系辞传》）"神也者，妙万物而为言者也。"（《说卦传》）"观天之神道，而四时不忒；圣人以神道设教，而天下服矣。"（观卦彖辞）合此即见神道之在万物四时变化之易道中也。今吾人能使其现有之心知，自其所知之定限之事物，直下超出，而直往观其与其他事物之感应变化之无定限，而无方、不测、无穷，以契于此感应变化之无方不测无穷之神，而明之，则吾之心知，即化同于一神明之知矣。此固为人之所能为。此人之自形成之神明之知，虽不必能如世所谓一超越外在的神明，遍知宇宙之一切远与近、过往及当下方来者，然于其所已知之远者及近者、过往者及方来者，则尽可皆平等视为其当下心知所虚涵通观，而自由加以运用，无丝毫之滞碍。此心知之恒寂然而恒感通，即无异于世所谓外在超越的神明之知，恒寂然而恒感通。然人之使其现有之心知，化同于上述神明之知，亦不必人人所能为，而为一大不易事，其故亦可得而言。

此人之使其现有心知，化同于上述神明之知，所以非易事，由人之超出其现有心知之定限，而观物与物之感应变化，而更知其变化之无方、不测而无穷之易道、神道，即原非易事。盖人之现有心知之恒定限于一定之时空之物，人同时即有对此一定时空之一定之物之执着，亦有对此一定之物之形象体质之执着。而人即恒难于超出此所执着之一定时空、一定之物之形象体质，以遍观此物之感应其他之物，与由此感应而生之变化，而契于其中之无形无象之易道、神道。人于此必须恒直往遍观一物与他物相感应而生之变化，乃能于其所执着之物之形象体质，无不加以超越，而随处见物之自化其形象体质，而自超于其原所在之时空之外；然后此人之知物之心知，方能恒在一无形无体之境，而随处见此无形无体之易道、神道。人一般之心知，原起于在一定时空中之接物，故恒定限于一定时空中之物之形象体质，而随其所执着之物，以用其心知；而化此心知为思虑，其势亦至顺。今若反之，则其势逆。故人于此必欲反之，以知此易道神道，必待人于其随处接物，由思虑而知物之形象体质之时，同时更一一观其感应变化，而超化其形象体质；然后人得使其心知，恒在“何思何虑”之境，而使其心知得化同神明之知，以得契于此易道、神道。此中人之一般心知，其思虑所执着之物之形象体质，一点超化不尽，即可为此心知之碍，而使人之心知，不能真实的形成为一恒寂然、恒感通之神明之知。此处只虚言无用，必须实下工夫。是则为人之大难事。故曰“苟非其人，道不虚行”，“神而明之，存乎其人”，“神而明之，默而成之，存乎德行”，“穷神知化，德之盛也”。

第二十五章　《易传》之即易道以观天之神道（下）

六　神明之知与德行之关系

上言人之德行与人之是否能形成其神明之知，其所以密切相关，在人无德行，则其心志之所关切者小。心志所关切者小，而其心知与思虑，即着于切近之物，而不能旷观其所感应者之范围之大，亦不能遍观由其感应而生之变化，更不能知其变化之有种种无定限之方向，亦不能于此种种可能之变化中，见有一无方不测之易道、神道。又人之心志所关切者小，即于其所关切者，执持而不放，故知存而不知亡，知得而不知丧，知进而不知退，亦不能有一念思及其所谓存者之可亡，得者之可丧；其不能真知天地之感应变化之易道、神道，以有神明之知，即为必然之事。反之，人之有德行者，其心志大，而所关切者大，则其思虑，于远近之事，无所不及，而于任何切近之事，皆可由其所感应之范围之大，以知其变化之可能之无定限而无穷，而见一无方之神。此变化之可能无定限，然其每一可能之实现，皆有一始点，此即为一几。凡一可能之变化，无不始于一几。一事物可引起种种之变化，即有种种之几。几定而有某一定方向之变化，即曰势。老子、慎到、韩非喜言势。然《易传》则言几，不言势，其义实深一层。盖几定而后有势，观势已落第二义。势起于几。知几，只是知其变化之始点。在一变化之始点上看，其中亦有其他种种之变化之可能，聚于一变化之始点。故知几之义微，其事亦难。此人之能知几，赖于人之能知一事物种种变化之可能，亦即赖于知一事物，与其他事物可能有之种种感应关系。故必人于一物对其余一切物之感应关系，所知之范围愈大者，乃愈能知几。此则全赖于人之心志所关切之物之范围之大，亦即系于人之德行。人之德行厚而心志大者，其于个人之得失利害看得轻，则能知存亦知亡，知得亦知丧，知进亦知退，而皆有以自处之正道，以成其德行。由是而亦能平心观其个人与他人之一切存亡、得失、进退之事。斯可一方随处于人与人及天地万物之感应中，见变化之无穷，神之无方而不测者，运于其中，随处知此形而上之易道、神道之无不在；一方能对其所已知之一切远者与近者、过往者与方来者，皆平等的以其当下之心知，加以虚涵通观，自由加以运用，而无滞碍，以见此心知之恒寂然而恒感通。而人亦即能使其心知，化同于神明之知，亦具有此神明之德者矣。

七　《易传》中即得失、利害以修德之义

由人之能有形成其神明之知，以知易道神道之无所不在，与自由运用其所知而无碍，皆存乎人之德行；则人即可在其当前之所在之时空，所处之地位，随处求所以自成其德行。我人在一地位中，即有其所接之其他人物，环绕于其旁；而我与之相接之结果，则或对我之所求者为利，或对我之所求者为害。利为福，害为祸；得利为得，失利为失；可致福利者为吉，可致祸害者为凶。是即见我之存于此利害、福祸、得失、吉凶之关系中。此乃我与任何人之所不能逃者，即圣人亦不能逃。因圣人之行道，为圣人之得之利，为圣人之所喜；圣人不行道，即圣人之失之害，亦圣人之所忧也。由此人之必有利害、得失、吉凶、祸福，故人恒欲由卜筮，以知其吉凶、祸福，而思患预防。观《易》之为卜筮之书，亦正是一方示人以吉凶祸福，一方告人以思患预防之道之书，

而不同希腊希伯来之预言、神谕，非人力所可转移者。以《易》为卜而知吉凶祸福，人仍可有其思患预防之功，即无使人不更努力从事之害。此即《易传》之所以谓《易》之为书之言卜筮，亦为圣人之道也。

观此《易》之为书之示人以吉凶祸福，而告人以思患预防之道，初不外告人以在某一时位中宜进或宜退、宜出或宜处之道。又多就具体之日常生活上之事为说。然在《易传》，则由《易经》所言之进退出处之道，更推至人之所以修德进业之道为说。此即较一般之思患预防，仍意在趋吉避凶者，更进一层。然此二义，亦未必相违而可相成。盖人之进德修业，亦正当于其所处之得失、利害、吉凶、祸福之境中，进德修业。亦唯在此中进德修业，其德业乃能贞固。人能在一般得失利害之境中，能得而不骄、失而不忧，则得固是德之得，失亦是德之得。福利固是吉是利，而能忘其利，“不言所利”亦忘害，则祸害亦是吉是利，而非祸害。此即《易传》言“居上位而不骄，在下位而不忧”之旨，“谦为德之柄”，即“居上不骄”，即“不言利”，而忘其为利也。又言“损德之修，困德之辨”，即“在下位而不忧”，忘害而使害皆不为害，而化为利其德之成者也。人能本此心以读《易》，“居则观其象而玩其辞，动则观其变而玩其占”，斯真“自天佑之，吉无不利”矣。则《易》中虽满眼是一般之吉凶祸福利害得失之言，亦实无一语是言一般之吉凶祸福利害得失，而皆是所以成君子之德之言矣。世间总有利害得失之为物。故墨法诸家恒口口声声言利害得失。至道家之超利害得失之言，高则高矣，然亦必得此“超利害得失之心”，然后为得、为利，是仍未能尽超之也。儒家言义以对利，亦犹《大学》所谓以义为利，不以一般之利为利之义耳。若对一般之所视为利者，欲人必不求之，于一般所视为害者，欲人必不去之，固势所不可能。则此中唯有教人于其处一般之利害得失之境之时，同时知所以进德修业之道，使其利其得，是福是吉，其害其失，亦是福是吉，而直面对人之利害得失吉凶祸福，而平等观之。此亦即从根上转移超化此利害得失吉凶之心，以成一进德修业之心。则亦不须讳言利害得失吉凶，而实只见德业之流行于天地。此盖即《易传》之著者，就此原是言吉凶利害之卜筮世俗之书，而转俗以成真，以使之成为圣人之书之旨。此诚可谓有一旋乾转坤之大慧之书矣。

八　略说卦与爻之象征意义——物、事、文与爻之相应，及爻所以当变之理由，与变则通，及道与神

至于克就《易传》之释《易经》之卦爻之旨而论，则上言此《易经》之八卦之各象八物，八卦合成之六十四卦，各象一事，盖无问题。《系辞传》言八卦以象告，《说卦》之文，亦以八卦一一有其所象之物为说。即言八卦之卦，只各象物也。其下文谓爻彖以情言，情即事情实情。物与物交而成事。八卦之卦与卦，合为六十四卦，六十四卦中之每一卦，为八卦中二卦之结合。其中在下者为内卦，或贞卦，或下体，在上者为外卦，或悔卦，或上体。此内外二卦之合，即象一物与一物相交，而成之“事”也。彖辞之断一卦之卦德，即所以断此物与物交之事之情也。又每一爻，既属于内外卦之一，即可各象内外卦之所象之物之一部分，亦象一物之可能与他物相交以成文之处。如依《左传》所载，春秋时人释《易》，已有互体之说。依此互体之说，则卦中之每一爻与其前后之爻，又可合为一八卦中之卦。如第三爻属于内卦，又可与第四第五爻互体为一卦，再可与第二爻第四爻，互体为一卦。而此一爻，即更同时在此诸卦之中，而可象此诸卦所象之物之共同之一部分，亦象此诸卦分别所象之物之交处，与其相交所成之文。故《系传》曰“物相杂，故曰文”。物与物相交，即相杂，以合为一事。故人占卜得某一卦之某一爻，亦即卜得一事情之将出

现。在此义上，一卦之一爻，即又可代表一事。一卦六爻，即可代表六事所结成之一事。此六事之结成一事，乃依先后之序以相结。此先后之序，即表由一事至另一事之时序。而每爻所表之一事，在其先后之事中，即有其地“位”。则爻可以表事之时，亦兼表事之位。又一事，由物与物之相交相杂而生，其相交相杂，可为彼此和协，以合成一事，亦可为不相和协，而实不能合成一事者。故一事有当不当，即物与物之相交杂，而成之文，有当不当。当则为吉，不当则凶。故《系辞传》于“物相杂，故曰文”之下又曰“文不当，故吉凶生焉”。再一事之当不当或吉凶，又当看其与在其前其后之事之和协与否，及此一事之有无远处之事，与之相应合而定。此远处之事，即其自身之事外之事。而直接居其前或其后之事，则可谓属其自身之所根据以成，或将直发展以成者，而皆可谓属于其自身之内者也。由此而《易》之为书，即以前三爻内卦所代表之事为一组，而后三爻之外卦所代表之事为另一组。后之易学家或以内卦之初爻与外卦之初爻之是否能相应，表此内卦初爻代表之一事，是否外有其应；以内卦之次爻与外卦之次爻是否相应，表此内卦中爻代表之事，是否外有其应；以内卦之终爻与外卦之终爻之是否相应，表内卦终爻代表之事，是否外有其应。一事必有前有后，欲表一事，与其自身所涵之前后事，必以三爻表之。然一事所连之前后事，则不如此一事本身之重要，故内外卦之三爻中之中爻，因其皆有上下爻，以代表其前后事，而为最重要之爻。而欲表一事之有前后事，与他事之有前后事者之应合与否，亦即宜以各有三爻之内外卦代表之。此盖即六十四卦之一卦，必有内外二卦，而又皆各有三爻之故也。

除一卦之内外卦是否相应之外，一爻之自身，又有当位不当位之分。此乃明见《易》之爻辞者。在《易经》以六爻所处之虚位为位，并设定一三五为阳爻位，二四六为阴爻位。由一事之依次序而成，必有其起伏升降之段落。宜先起先升，而后伏后降，否则无事之升起，亦无其降伏，故必先阳而后阴。其以一三五为阳位，二四六为阴位，盖由于此。事既起既升，而不降伏以成段落，则事不成。事降伏，不再有事升起，则无事之相续，事亦不成。故必以阳爻居一三五之位，阴爻居二四六之位，乃皆得其位。又以内外卦皆以中爻为贵，故中爻之得正位，尤为重要。此即见《易》之贵中正中和之旨。爻不得位，即理当变，以求得位，以喻人当求变动。然皆得位，又无可变，亦无新生之事物；故爻之不当位者，亦理所当有。《易经》之所贵者，乃在卜得爻不当位时，知当求变动，不可不当位而不求变动。然亦不在卜得之爻皆当位，而无可变。故在六十四卦之排列次序中，六爻当位之既济卦之后，更有六爻皆不当位之未济卦，为其终也。

春秋时以易卦为占卜，其爻有设定为不变之爻，亦有当变之爻。由七八之数所定之阴阳爻，为不变之爻。由九六之数所定之阴阳爻，为当变之爻。爻变即阳爻变阴爻，阴爻变阳爻。爻变而卦变，则原卦为“本卦”，变成之卦为“之卦”。对此卦变，汉以后之易学家，更有种种说，非今之所及。然要之必有由阴阳爻之相变而有之卦变，以表吾人所遇之事物之变，其吉凶之变，与吾人所以应之道之变，则各家易说所同。即此已可以喻《易经》之有阴阳变化之道，存乎其中，亦可以喻读《易》者之不可执定原卦之一爻辞之所说之事，测定一切，而当由爻变、卦变，以知此事之变动之方向，而知其变动之几，及此变动之几中，有其“一动、一静”“一阳、一阴”之不可测之神在。故曰“阴阳不测之谓神”也。

九 物之具德、天地之心，与人之观自然物以修德之道

至于就六十四卦之卦名及大小象之辞而说，则此中《小象》之辞，乃就爻辞而说明其何以为吉为凶、为得为失之故，至少在表面上无甚哲学意味。《大象》之辞总说一卦之德，则其言皆甚美，

而涵义亦甚丰。乾坤之《文言传》，即乾坤之《大象》之辞，所扩充而成。以六十四卦，皆可说为由乾坤二卦之爻交易而成，故乾坤二卦，居一特殊之地位，而《易传》中有乾坤《文言传》。然吾人今亦不拟对此《大象》之辞，及乾坤《文言传》之辞，逐句解释。唯当于吾《原性篇》所及之乾坤之义之外，更说此《易传》之《大象传》之一共同之旨趣。此即直就八卦所表之天、地、水、火、山、泽、风、雷可能有之结合之关系，而由之以见自然之物之德，与人见之而心与之相感应时，所可引致，亦人所当有之德。原彼自然之天地水火等，就一般之观点看，原说不上德。孔、孟、荀言人之德，亦不直说自然之天地水火，真有其德，亦罕言直接法天地万物之德，以为德也。唯墨子乃重人之直接法天，道家乃重言天地之德。然在《礼记·中庸》则本圣德以知天德，《礼运》《乐记》，更由人之大礼大乐之运于天地，以言命之降于天地山川，与礼乐之中之和序、同异、仁义，为天地万物之道之德。盖本孔子之言仁者之生命，原有对人对天地鬼神之感通之义，亦必当说到此义。然《中庸》《礼运》《乐记》，仍未分别就天、地、水、火、风、雷、山、泽之诸自然物，说其皆具德。《易传》则首于此诸自然物，皆说其具八卦之德。更以由八卦配合而成之六十四卦，表此诸自然物结合所成之自然界之事情，而说其各具六十四卦中之一卦之德。再于六十四卦之每一卦之象辞中，言每一卦之德为如何，其所表之由自然物结合而成之自然界之事情为何，与人于观此卦德时，当更求有何德何事，与之相配合。由此而人可于观察或想象此诸自然物之结合时，随处可据之以自修其德。此则为其他之书之所未有者也。

此《易传》之言自然物之天地水火山泽风雷之具德，盖非如孔孟之观水，《礼记·表记》之言“水亲而不尊，火尊而不亲”等，尚可说为譬喻之辞。盖在《易传》之言诸自然物之具德，乃自其中有形而上之道，在于其物之形器之中，以言其具德。即以此道眼观之，而实见其具德。在一般以物眼观此诸自然物，诚可只说其有种种形象，存于时空中，而其形象，只有种种数量，即可不言其具德。然此以物眼观，而不见其具德，与以道眼观，而见其具德，正不必相冲突。亦不可说只以物眼观所得者为客观，以道眼观者为主观。因自能观而言，即皆有主观之观法上之根据；自所观而言，则皆有所观之实境。唯以物眼观，可称为低一层次之观法；而以道眼观，则可称为高一层次之观法。此中低一层次之观法，必升至高一层次之观法，方能至其极；而高一层次之观法，则可涵摄低一层次之观法于其下。故必以道眼观一切自然物，而知其具德，方为究竟也。

所谓以道眼观一切自然物，即可知其具德者，因依吾人所说形而上之道，以观自然物，则一切自然物，皆在与其他自然物相感应，而生变化，其变化亦有不可测之神，运于其中者。从自然物之互相感应而观，则一切自然物，皆为两两相对者。《易》中八卦所象之天地、水火、雷风、山泽，诸自然物，亦正为两两相对者。天高地下，水降火升，山凸泽凹，雷震出自内，风回绕于外，皆两两相对者也。于诸自然物两两相正对、相平衡而相聚合，更相感应，以成其继续不息，而不断扩大之变化生成之中，即见天地万物之所以为天地万物。故《彖传》言由“观其所聚”“观其所感”与“观其所恒”，即可以知天地万物之情。又言“正大而天地万物之情可见矣”。在此物之感应历程中，每一物呈其用于他物，以生他物，即有其生物利物之功。一物之死而终，必有他物继之生而始，则其终即是其自己限制自己之“义”，以使继之者，得生而始，以见其“仁”者。则仁义之德，亦即藏于物之生物之用之中，而显于其所生之物之中，故曰“显诸仁，藏诸用”。此中，吾人不必先问，此自然物中一一物之是否有知。若分别而就一一自然物以观，固可言其无知。然整个言之，则人既有知，而此知通于万物，则整个宇宙，未必无知，而此人之知之原，亦当是一无限之天知。但此皆可不必及。《易传》亦未明言此义。实则吾人之谓自然物之具德，亦不必自其本身之有知无知上说。即其无知，仍是有德。人之资于日月之光明，天地之和气以生，即此光明与和气之有德于我。此德可只自其对我表现功用而说。人于此，如只本一自私之心，以享受其对我之功用，即功用只是功用，而不见其德。人于此若不本自私之心，以观其对我能表现功用，即皆可见其乃依一形上之道，而自己超越其自己，以有贡献其功用于我之德。由此以遍观天地万物之相感应而生之变化，即皆可见此中之有一至德流行于其中。于此人若无自私之心，亦不自私其心为我所独有，将此心亦还诸天地，而观凡此天地之所在，即吾之心知、吾之神明之所运所在，天地皆此心知神明中之天地；则天地之现于前者无穷，此心知神明，亦与之无穷。合此天地与心知神明而观之，则天地正未始无心；而吾人由天地之始生一物，即皆可见天地之心之一始。故复卦彖辞言“复其见天地之心乎”。今本此意，以观一切天地水火山泽风雷之自然物之相聚相感，而“雷以动之，风以散之，雨以润之，日以烜之”（《说卦》），“在天成象，在地成形，刚柔相摩，……鼓之以雷霆，润之以风雨”（《系传》），以成其变化而生物，更观“动万物者莫疾乎雷，桡万物者莫疾乎风，燥万物者莫熯乎火，说万物者莫说乎泽，润万物者莫润乎水，终万物、始万物者莫盛乎艮”（《说卦》）；则天地水火山泽风雷之生万物、成万物，固皆见其德，而亦见天地之心之生万物、成万物，天地之神明之无所不在矣。故《说卦传》将象此八者之八卦，分配于八方，而言其运行于八方，由震而始，如帝之始出乎震之东方，以至于其余之七方也。唯此非西方之超神论以帝为在万物之上者，亦不同西方泛神论之说，以神帝遍在万物者。盖依此《易传》之思想，而以道观物，则物之体见于其用、其德；其用、其德，亦见于其变化；而即在由此变化而生起之物之不可测处，言神，故言神曰“妙万物”。妙为少女，未为母而能为母以生育，而其所生者为谁，尚不可测者也。故谓神曰妙，而不言神超万物，以计划生万物；亦不言神遍在于万物。以计划生万物，则皆有定限而可测者也。遍在万物，乃就万物之已成者而言其遍在。此与言神妙万物，即就神之运于方生者之不可测，言其妙，固不同也。

由此八卦所代表八种自然物，皆在其相感应相结合之际，分别具德；故由其相感应相结合，各成为一自然界之事情，而各以六十四卦之一卦代表时，此一事情，即为二自然物之德之凝聚。如蒙卦由外卦艮、内卦坎所合成。艮为山、坎为水，则此蒙代表山下出泉之一事。而此一事，即山之德与泉之德之一凝聚。师卦为外卦坎内卦坤所合成，坎为水，坤为地，则师卦代表地中有水之事情。此事情中，即有地与水之德之凝聚也。由此类推，则知六十四卦，即为八卦所代表之八种自然界可能有之结合方式，亦即八卦所代表之物之德，所可能有之凝聚方式。自然界既有此八种物，而恒相感，即必有此六十四种之物之结合方式与其德之凝聚方式；而此六十四卦之全体，与其相互之间之卦变，即可代表“此自然物之德之凝聚，而流行于此自然界之全体”之事。此即六十四卦可以“范围天地而不过”也。

由此六十四卦所分别代表之自然界之事情之具德，故《易》之《大象传》，于每一卦，言其代表一种自然界之物之结合外，更举一当有之德行上之事为说，以见人与天地万物之可合其德。如于蒙卦言其为山下出泉之外，更言君子以果行育德，此即言君子之蒙以养正，而果行育德，亦如山之不断出泉也。师卦中于言地上有水之外，更言先王以建万国、亲诸侯。此即言先王之“建万国、亲诸侯”之相比，如地中之水之相比也。由此而人于见山下有泉时，即当念果行育德，如山之出泉。人于见地上有水时，即当念万国诸侯之相亲比，如水之行地。此外如咸卦代表山上有泽，君子念之，则当学“以虚受人”，如山高而能受水。谦卦代表地中有山，君子念之，则当学“谦尊而光，卑而不可逾”，而自假想如山之降于地下。大畜卦，代表天在山中，君子念之，则当学山之畜天，而“多识前言往行，以畜其德”。泰卦代表上天下地之交泰，而万物通，君子念之，则当使“上下交而其志同”，“以裁成天地之道，辅相天地之宜”……由此而人在观自然界之物之相感，或想象自然物可能有之相感时，皆可一面见自然物之德之凝聚，一面自求有其德行，与之相应；而后一切自然界之事，无不启示人一当有之德行，而亦无不显为一有德行意义之自然，亦无无德行意义之纯粹之自然矣。

严格言之，上所谓自然界之物与物相结合之事，有其德之凝聚，可启人一德行之意义，当不能只限于二种物之相结合。众多之物之相结合，自亦有众多之物之德之凝聚。一自然界之事所启示之德行意义，亦可自不同观点，而有其不同。故于《易》之象辞与《大象》之辞之义，亦不能执定之而说。然要之《易传》之文，可合以表现一“随处在自然物之结合中，发现有自然物之德之凝聚，而启示人以某一德行上之意义”之教。此即可形成一人之观自然界之物之相感之一态度。人能时时保此态度，则人不特可学于《诗》《书》《礼》《乐》等由历史传来之人文，亦可随处学于自然，而见自然之变化无非教。如《礼记·孔子闲居》载孔子语“天有四时，春秋冬夏，风雨霜露，无非教也。地载神气，神气风霆，风霆流形，庶物露生，无非教也”。在中国后之学者，亦善于随处由自然得其所启示于人之德行上之意义。此则固其原甚远。而此《易》之《大象传》之附于《易经》之原文，其影响之及于后世者，亦固不可忽也。

至于统此《大象传》于六十四卦中所言之“人当由六十四卦所代表之自然物，而当有当学之德行”以观，则除于乾卦下，兼以孟子所恒言之人之“仁、礼、义、智”之德，乃人所以合天之“元亨利贞”之德者，及坤卦下言“敬义”之德，乃人所以合地之德之外，则乾卦下言“天行健，君子以自强不息”，坤卦下言“地势坤，君子以厚德载物”。此乃与《中庸》所谓“高明配天，博厚配地”之义，不甚相远者。此外在各卦项下，又分别言君子所以自修其德，而自居其位，以为学、施教，以化民为政之道。如蒙之言“果行育德”，小畜之言“懿文德”，大畜言“刚健、笃实、辉光，日新其德，……多识前言往行，以畜其德”，升言“顺德积小以高大”，益言“见善则迁，有过则改”，小过言“君子以行过乎恭，丧过乎哀，用过乎俭”，晋言“自昭明德”，蹇言“反身修德”，家人言“言有物而行有恒”，恒言“立不易方”，坎言“常德行，习教事”，否言“俭德避难”，大壮言“非礼弗履”，颐言“慎言语，节饮食”，损言“惩忿窒欲”，震言“恐惧修省”，皆君子自修其德之言也。至于鼎言“正位凝命”，艮言“君子思不出其位”，需言“饮食宴乐”，随言“向晦入宴息”，大过言“独立不惧，遁世无闷”，皆言君子之居位而乐之之事也。至若同人言“类族辨物”，未济言“辨物居方”，兑言“朋友讲习”，离言“大人以继明照于四方”，则言君子之学。蛊言“振民育德”，临言“教思无穷”，无妄言“对时，育万物，贤德善俗”，观言“圣人以神道设教”与“省方观民设教”，则言君子之成教。屯言“君子以经纶”，困言“致命遂志”，既济言“思患而豫防”，归妹言“永终知敝”，萃言“除戎器，戒不虞”，明夷言“莅众用晦而明”，遁言“远小人，不恶而严”，大有言“遏恶扬善”，咸言“感人心”“以虚受人”，睽言“以同而异”，谦言“裒多益寡，称物平施”，同人言“通天下之志”，则皆是言君子致命遂志，以成其事业与待人之道。比言“建万国，亲诸侯”，履言“辨上下，定民志”，师言“容民畜众”，颐言“圣人养贤以及万民”，剥言“剥上以厚下安宅”，泰言“内君子而外小人……以裁成天地之道，辅相天地之宜”，革言“治历明时”“革命以顺乎天应乎人”，豫言“作乐崇德”，涣言“享于帝立庙”，姤言“施命诰四方”，巽言“申命行事”，节言“制数度、议德行”，井言“劳民劝相”，则皆言君子之王道之政。至于噬嗑言“明罚饬法”，贲言“明庶政，无敢折狱”，解言“赦过宥罪”，丰言“折狱致刑”，旅言“明慎用刑，而不留狱”，中孚言“议狱缓死”，豫言“天地以顺动，故日月不过，而四时不忒；圣人以顺动，则刑罚清而民服”，皆使刑罚轻且清为善政之言。合此以见《易》之《大象传》之旨，皆不出儒家自昔所常言之义之范围；其特色，唯在分隶之于六十四卦之下，而与六十四卦分别代表之自然界之事情中之德，相配应而说，以见人之德与天地之德之相合，以使人之“观乎人文”之化成天下者，与人之“观乎天文”所察之时变，亦相对应，如贲之彖辞之所言者耳。

《易传》除上下《系辞传》、乾坤《文言传》、《彖》、《象传》以外，更有《说卦传》《序卦传》《杂卦传》。《说卦传》在说卦象，而明白指出八卦之每一卦，能兼象各类之物，如乾象天、象父、象首、象马；坤象地、象母、象腹、象牛。依一般之说，天地为自然物之类，父母为家庭中人之类，首腹为人体中之物之类，马牛为动物类，此各类互不相通。然在《易经》，则由天、父、马、首，皆在有健之德上为同类，而皆为乾之象。由地、母、牛、腹，皆在有顺之德上为同类，而皆为坤之象。是则由于见德之同，而忘其形之别。物之德即物之情，故以八卦象物类，即皆所以“类物之情”者也。《序卦传》在说上下经之卦排列之序，《杂卦传》在说卦之相反对而相杂。《序卦传》之言卦之排列之序，即所以见天地万物，与人事之演生之有序。卦之有反对，即以见天地万物之有相反，而可合相反者为一全、为一大中。此中《序卦传》以上经乾坤之卦始，而屯，而蒙，而讼，而师……即言由天地，而万物，而人类社会之事之演生之序。又以下经之由咸恒之卦始，即言由男女夫妇，而有人伦之事之演生之序。此中一切事物之演生，皆有所自始，更由顺承其始而发展，至乎其极；乃更转变至其相反者，由相反以见相成。如其言物生必蒙，而始于蒙，于是物不可不养而有需，由需而有讼，由讼而有众有师，由师而有比，由比而有所畜，有礼可履，有履而后安泰，即皆一顺承其始之发展。然由泰而否，更言“物不可以终通，故受之以否”，“物不可以终否，故受之以同人”(《序卦传》)，则皆为言正面直转变至反对面之事。就此《序卦》之文，整个观之，则言顺承之发展之义者多，而言正反之直相转变者少。故与西方之辩证法，直下以正反相转变为第一义者，其说初不同。凡顺承其始之发展，皆见生而又生以成易，亦即所以见乾健而坤顺以相承之义。至于其言正反之相转，以见正反之相成，亦不必与西方辩证法之由事物之有正反之相转变，以见事物有内在矛盾者同其说。此则皆可由吾人读《序卦》之文可自得者也。为避繁文，不更详释，读者可自取《序卦》而读之。

第二编

第一章　阴阳家与秦汉学者顺天应时之道及其历史演变意识

一　阴阳家之顺天应时之道

中国之学术思想中，阴阳家之思想，其原最远，其流最杂，而影响于后世之民间者亦至大。于先秦诸子中，世皆以邹衍为阴阳家之祖。兹先引《史记·孟子荀卿列传》言其学之一段文，更析其义。其文如下："深观阴阳消息，而作怪迂之变，《终始》《大圣》之篇，十余万言。其语闳大不经，必先验小物，推而大之，至于无垠。先序今以上至黄帝，学者所共术，大并世盛衰，因载其机祥度制；推而远之，至天地未生，窈冥不可考而原也。先列中国名山大川，通谷禽兽，水土所殖，物类所珍，因而推之，及海外人之所不能睹；称引天地剖判以来，五德转移，治各有宜，而符应若兹。以为儒者所谓中国者，于天下八十一分，居其一分耳。中国名曰赤县神州。……中国外如赤县神州者九，乃所谓九州也。于是有裨海环之，……如此者九。乃有大瀛海环其外，天地之际焉。其术皆此类也。然要其归必止乎仁义节俭，君臣上下六亲之施，始也滥耳。王公大人，初见其术，惧然顾化。……其游诸侯，见尊礼如此。岂与仲尼菜色陈蔡、孟轲困乎齐梁同乎哉。"

此段文，乃司马迁之言邹衍之术者。术即其思想进行之道也。此初不外先验小物，以推至于大；先序时间上之今，以至于远古，更至天地未生之时；先列空间上近者，中国之九州为神州，更推而远之，至于大九州，更至天地之际。此种推论，今可名之为一类比的想象之推论。如由中国之有九州，有海在其外，即类比的想象至于大九州，即是其例。故曰其术皆此类也。则其言天地剖判以来，五德转移之历史，亦当是本近事，而以类比的想象，成其推论。然类比的想象，不必皆合法之推理，故司马迁以为闳大不经也。

然司马迁文，又谓王公大人，初见其术，惧然顾化，与仲尼孟轲之困于当时者殊。即见邹衍之术影响之大。其以类比的想象为推理，更兼言机祥吉凶，亦归于仁义节俭之道德，则兼可满足人之想象、推理，一般生活中之吉凶利害上与道德上之要求。故阴阳家之说，不同于儒家之专依道德理性而说者，亦不同于道家如庄子之寄其想象于寓言，而又知其为想象为寓言者。再不同于墨法家之专重言实际上之功利者。吾人当说阴阳家之思想方式，为一混合杂糅人之推理、想象、功利要求与道德要求所形成之一思想方式。然此自为人所可有之一思想方式，亦实为一般人在日常生活中，自然而然最易形成之一思想方式。此即阴阳家思想之本质所在，而其原最远，其影响于后世者至大之故也。

又据《史记》所说邹衍之书，不特于时间上、空间上，重由近至远，由今至古，以至于古今之人群社会之盛衰、机祥、度制，与治之所宜，亦及于名山、大川、禽兽、物类。此即见其所思想之内容，乃在此时空或宇宙及其中之人事与自然物类之事。原此人之知顺时序以生活于一空间，以有其人事，兼与自然物类相接，乃与人有文化之历史俱始。《汉书·艺文志》谓“阴阳家者流，出于羲和之官，历象日月星辰，敬授民时”。《书经·尧典》作于何时，不必论。然《尧典》始于言“乃命羲和，钦若昊天，历象日月星辰，敬授人时”后，更言分命羲仲、羲叔、和仲、和叔，依日所在之星位，东南西北之四方，以正四时云云，则正与《汉志》所言者合。此人之能顺四时之序，观空间中天象之东西南北之位，与自然界物类相接，以有其人群生活上之事或政事，固与人类文化历史俱始。如《大戴礼·夏小正》之纪一年中各月之天象、气候与动植物之情形，即可知其原甚远。阴阳家如邹衍之所思者，亦正在此时空或宇宙中之人事，与物类之关系。则谓阴阳家者流出于羲和之官，自义理上言之，固未尝不可说。自历史上言，阴阳家之思想观念，亦必多有自古传来，流行于民间，更为邹衍与后之阴阳家之徒所取者也。

复次，吾人上言邹衍之思想方式，为本想象之类比以推论，亦兼涵功利与道德之要求者。此亦为人自始即能自然形成之思想方式，而用之以解释人事与自然物之关系者。人之原始宗教生活中，皆有巫术之成分。巫术大皆原于人之本联想的想象，以作类比的推论：人之言语行为之及于自然物及鬼神者，其效用皆类同于其及于生人者；又其效用之及于一人物、一鬼神，亦即及于同类之其他人物与鬼神。由此而有咒语及其他种种之魔术。其中即包括种种自然之迷信，亦同时包括若干真正之对自然之知识。此巫术与其中之迷信以及知识，又莫不连于人之“趋吉避凶，希其善行之得赏，畏其恶行之得罚，而为善去恶”之“功利的兼道德的要求”，合以形成人运用巫术时之思想之形态或方式。此巫术中之知识成分，即原始科学与技术知识；其中之想象成分，连于原始之文学艺术；其中希善之赏，畏恶之罚，则连于人之法律政治之意识。至于因此而更专求为善去恶，则连于道德；信有鬼神，则连于对鬼神之敬祀，而连于宗教。然人初固不能知有此种种人文领域之划分，亦恒不知其巫术中之何者为迷信，何者为知识。则此巫术之自古及今次第传来，以流行于民间，更为后之阴阳家之学者之所取，亦恒未能于此严加分别。此即阴阳家之流，其思想亦最为驳杂，恒与一切民间方技术数之学相连，而不可分之故也。

阴阳家之说，盛于晚周；而秦汉之际，有所谓方士。或谓方士原于阴阳家，或谓阴阳家原于方士。实则此二者，正当互为因缘而生。其初则当只有自远古传来之民间社会之巫术，其中包括“人对天文物类，与人间之吉凶善恶之关系”之迷信与知识者。所谓方士，初盖皆集此类知识或迷信以诏世之专家。阴阳家之学者，则如更能将此类知识迷信，加以系统的安排或理论化者。此二者乃由春秋至战国以后之产物。此阴阳家与方士之徒，不断吸收民间之知识与迷信，以自成其为专家学者，亦不断以之诏世，而散布之于民间。故其思想即又终不能只属于个人，一学派，而兼属于民间社会。其思想皆可称为个人之思想与集体之思想之混合物。故其流传于口说，载于文字，以见于古籍者，皆难确考其始于何人何时代。邹衍之书，《史记》谓其有十余万言，其内容必甚丰。然其中何者为取诸其前之学者之说，何者为取诸民间流传之观念，则司马迁亦未必知。又此十余万言之书既佚，其流传至后世之阴阳家或方士者又毕竟如何，亦皆难考定。然今观《吕氏春秋》、《礼记·月令》、《管子》、大小戴《礼记》、《逸周书》、《易传》，及汉人之诸家易学，与汉代所传之纬书以及医书，如《内经》之类，以及其他方技术数之书，莫不有阴阳五行之论。五德终始之说，影响于秦汉之政治之转变者，既大且巨。由《汉书·五行志》所载之汉代人对五行之种种迷信，更见此阴阳五行之说，深入人心。然凡此等等，原于邹衍之说者有若干，则一般之考定，大皆出于猜测，抑亦有其必不可确切考定出之故在。《吕氏春秋》《礼记》《管子》等书，所记者孰在先，孰在后，亦同有不可必确切考定出之故在。此即因此一流之思想之形态或方式，原与中国文化之历史俱始，而又原为流行于民间之一“个人思想与集体思想之混合物”之故也。

吾人虽不能对后之阴阳家之流之思想与邹衍之关系等，有确切之考定，然对此一流之思想之形态与方式，与其中之基本观念，亦可有较上文所及者更确切之论述，以见此阴阳家之思想之流，亦自表现一道。此与前所述之儒墨道诸家所言之道，相较而言，亦有可称为一新道者在。吾今姑名之为顺天应时之道。

二　阴阳与五行之名义，及五德终始说之起原

对此阴阳家之思想，吾人于上文论邹衍时，已谓其内容包涵对时间、空间、人事与物类之关系之类比的想象，而即依之以为推论，而以阴阳消息与五德终始为根本观念，加以说明。此阴阳之二字，自字原观，初盖用之以表日出或日没于云，而连于天象。故《说文》谓："阴，暗也；阳，高明也。"继即用阴阳以表山之南北之方位，而连于地理。如《诗经》言山之阳、山之阴。日出而暖，日没而寒，故阴阳亦表天气之寒暖。如《周语》言"气无滞阴，亦无散阳"。《左传·昭元年》言六气，古注谓指阴阳、风雨、晦明。若依字原而论，阴即晦，阳即明。则此六气中之阴阳，当只是表天气之寒暖，或天地中之寒暖之气，否则只有四气，非六气矣。由阴阳表寒暖，而连于寒暑，亦连于四时；于是"春夏阳气胜，秋冬阴气胜"之说生。由此再引申，而物之寒者，如金水，则为阴物，物之暖者，如火日，则为阳物，则阴阳又可兼表物类。是见此阴阳之观念，乃始于表空间中之天象，进而表空间中之地理，再进而表寒暑四时，而后更表地上之物类者。至由表地上之物类，更以之表地中之物气，而《国语·周语》中遂有"阳伏而不能出，阴迫而不能烝，于是乎有地震"之言矣。至于五行之金木水火土，则初当是表人在地上所见之五种物类，而人恒用之，以存其生者。故《左传·文公七年》言水火金木土谷为"六府"，与"利用""厚生"之事并言。此五类物，亦对人有最大之材用者。故五行又名五材，《洪范》言金木水火土，只言其从革、曲直、润下、炎上、宜稼穑之功用，亦是古义。然此地上之五物类，原在地上之各空间位中；其在地上之活动变化，亦有不同之

空间方向。如水润下，而火炎上，木横放而向上生，金凝重而向下沉，土则不如木火之向上，亦不同水之流下，与金之沉入土中，故为居余四者之中间之位者。人于金木水火土，既见其在地上之活动之方向之不同；北方之地恒较寒，南方之地恒较暖；寒者为水，暖者为火；遂进而以水表北方，以火表南方。极寒之时为冬，极暖之时为夏，而水火可表冬夏。木盛于春，春时日自正东出，而木可表东方与春。日至夏而偏自南出，由渐暖而至暖，即由木而至于火。至秋以后日偏西，由至暖而渐寒，以至极寒。即如由金之渐寒，以至于如水之极寒。于是金即可以表西方与秋，水表北方及冬。土为余四之中，则宜用以表东西南北之“中央”，与四时之“中气”。此诸观念，盖极早已由人之自然的联想而形成。大率此五行乃初用以表人所用之地上之五物类，而后引申其义，以表空间时间中之方位与季节。便与阴阳之观念先用以表天象天气，后乃用以表季节与地上之物类者，次序正相反者也。复次，人于此五行物类之能辨别，又首赖于辨别其形色。火赤、木青、土黄，皆人所同见。水本无光，故其色黑。金无定色，而有内光，以反映他色，故谓为有无色之色，即白色。则五行连于五色之观念，亦初甚自然。《墨子·贵义》篇谓人言墨子之色黑，不宜去北方，即依北方为水，水色为黑而说。则五方连于五色之说，在当时民间已有之。至于对人所共见之五行星何以名为金木水火土，则其故不可考。近人王梦鸥氏《邹衍遗说考》一一页，谓《汉书·艺文志》有“五行者，五常之星气也”。此是误引，因原文乃形气非星气；然其谓其色苍者，谓之木星，其色赤者，谓之火星，其色黄者，谓之土星，其色白者，谓之金星，其色黑者，谓之水星，此则大体可说。火星赤，土星黄，而木星苍，皆显然可见，至言金星白者，则吾意当是由见金星晨出，故光白，言水星黑者，则盖以其最小，光不易见，故黑。此上所言，自皆是推想之辞，然亦合乎情理。否则人之以金木水火土名五星之故，全不可解。盖人必先以五色连于地上之五行之物，然后移用于五星。《汉志》亦先言人之五事失，五行之序乱，而五星之变作。不可谓五行之观念，初依于五星之观念而立也。五行之观念，自是始于指人所用之地上之五类物，以推用于五方、四时及天星。此原不同于阴阳观念，初指天象，而推用于天气、四时及地上物类者。汉人尊天，或重五星之变，忘其原矣。阴阳之初表天象、天气之变化，为动态的说；五行、五材之初表五类物之质材，有颜色之不同者，则为静态的说。今以阴阳兼说地上之物，以五行兼说天上之物；又于阴阳之二者中，以阳为动，以阴为静；于五行所表之五类物，兼重其功用与活动，如能有“行”者，则“上天下地中”之物之“动静”之道通。此当是阴阳五行之合为一名，所代表之人之自然宇宙观之基本义旨也。

至于此阴阳五行之观念，如何连于五德之终始？五行既连于五色，更如何连于朝政之当尚何色？如何以秦政之尚黑，至于车马、旌旗、衣服，无不尚黑？而汉政之尚黄者，则于此等等，又无不尚黄？秦汉时人对此色，何以如此之重视？则吾人居后世者，尤难理解其故。此盖当始于人固原知以物类之事，喻人之德行之事。此即如孔子以水之“逝者如斯夫，不舍昼夜”，喻人之为学成德之事之不已。又如孟子以火之始然，泉之始达，喻存心养性之事。再如《荀子·劝学》篇之言“木受绳则直，金就砺则利”，而以金木之当受绳砺，以喻人之当化性以成学之事。荀子取金木之事，以喻德行之事，不同于孟子之以水火之事，喻德行之事。然皆以物类之事，自有类似于德行之事者在。此外，则慎子以块不失道，喻道。老子以水与地喻德。《庄子》书之喻，更不可胜数，如《齐物论》言“大块噫气，其名为风”，《养生主》言“如土委地”，推说其旨，亦以土喻德。合而观之，则以金木水火土喻德，固诸子之常谈。又人之德行必显于人之喜、怒、哀、乐之情，此情即必更见于容色。人之见彼草木之青绿，火日之赤，与大地之黄等之时，固莫不与一定之情调相连，即可由此情调，以引生相应之德行。则人之旌旗舆服之为色，固皆可有其所象征之人之情感及德行之意义。而欲变一时代之人之情感与德行者，亦必当既改正朔，亦易服色等，以一新天下之观感。此正朔之改，要在表示人对于天之阴阳之变化之观念之改。旌旗衣服之色等之易，则要在表示人对于五色、五行中所重者之不同，而亦表示人对于色所象征之情感、德行之所重者之不同者也。

若吾人循方才所说，以理解邹衍以降之阴阳家之思想之线索，与阴阳家之道之特性，则吾人可说邹衍之五德终始之说，初当是先有见于物之性质之表现于其色，与人之德行情感之必表现于容色相类似，而物之色亦原有可象征兼引起人之德行情感之意义，遂即以五行之名为人之五德之名。至于何以于人之德说之为五，则其原盖在子思、孟子之说。孟子明言父子有亲、君臣有义、长幼有序、夫妇有别、朋友有信。除君臣有义、朋友有信外，父子之亲，为仁之始，长幼有序，为礼之始，夫妇有别，即智之别；故五伦之德，即仁义礼智信之五常。此五伦、五常之言，亦见于传为子思著之《中庸》书。《中庸》书固不当为子思著，如前所辨。然五伦与五常之并举，则可能首倡于子思。孔子与其余弟子，固未有如此之列举也。《荀子·非十二子》篇言“子思孟轲案往旧造说，谓之五行”。今人或谓五行即五伦五常，此固非是。荀子亦必不反对此五伦五常而斥之也。或谓荀子于此乃误会邹衍之五行之说，为子思孟轲之说。此则大有可能。或又由邹衍尝谓其言五德，原是本于子思孟轲而来。《史记》言邹衍之说归于仁义节俭，则其于儒墨之论，固皆有所承。邹衍盖是一方有取于墨家所传之民间五行之论，更合之于子思、孟轲之五德之言，以成其说。墨家之思想学术，原较近民间，故五行之说，见于墨子。《墨辩》中亦讨论五行有无常胜之问题。邹衍既合五行五德之说为一，又或尝言其五德之说，乃本诸子思、孟轲，则由此而有荀子之误会，亦不足为怪矣。

然邹衍之五德终始之说，据《史记》所言，又非只所以言人之德行，而要在本之以上推“自天地剖判以来，五德转移，而符应若兹”。此乃是以五德之转移，言历史中之不同时代之制度中，所表现五德之转移，亦无异将子思、孟轲之道德哲学，转为政治历史之哲学。此以不同时代，当有不同制度之说，则孔子言“殷因于夏礼，所损益可知也；周因于殷礼，所损益可知也；其或继周者，虽百世可知也”，已具其义。至言世运之有转移，则孟子“五百年必有王者兴”之说中，已有之。观孟子之引及此言，盖是指当时之一现成之说。孟子最后言“由尧舜至于汤……由汤至于文王……由文王至于孔子……”各五百有余岁，亦有世运既转，贤圣自随之而出之思想。孟子于圣贤之德，亦尝谓其不必同；亦似意涵：各时代有具不同之德之圣贤，相继而出之旨。然孟子又言孔子至今，百有余岁，而叹无能继孔子者，并以当今之世，舍我其谁自任；则又非信圣王必五百年而后出者矣。又孟子之言王政，多及于以仁心行仁政，而罕及于政治上如何有具体的因革损益之道。至于荀子，则虽重制度，而言“百王之无变，足以为道贯”，则重在树立制度之常道，而不必重在言制度之变。孟荀更皆未尝论制度之变化，本身有一定之轨则，如邹衍所谓随五德之终始而转移。然在晚周，除孟荀之儒家外，道家与法家，则皆为显然主张一切文物制度当随时代而变者。《礼记·中庸》言“生乎今之世，反古之道，灾及其身者也”，《表记》之言“夏道尊命，……近人而忠焉”，“殷人尊神；……先鬼而后礼”与“周人尊礼尚施，事鬼敬神而远之”及“虞夏之质”与“殷周之文”之不同，《礼运》言大同与小康之不同，公羊家言三世，皆谓不同时代有不同之政治制度与道德精神。邹衍言自天地剖判以来，即五德转移，治各有宜，符应若兹，则正可能为此一流之思想之一先驱。此一流之思想，皆同可谓为对人之政治文化历史，加以反省而生之历史哲学思想，并由此思想以主张在今后应有一新时代、新政治、新道德精神之兴起者也。

三 秦汉时人之历史时代意识

此上所说可能由邹衍为先驱，所开启之晚周之历史哲学之思想潮流，乃晚周之道法儒之徒，所共同开启之一思想潮流。此一思想潮流，乃兼顾往而瞻来者，故亦或以一预言未来之姿态出现。其中法家首实现其开创一新时代之理想。秦始皇帝之自以为“德高三皇，功过五帝”，《史记》言其自名始皇帝，以使继之者为二世、三世以至千万世，传之无穷，即亦代表一超越过去一切历史时代之圣王，而使宇宙一新之意识。为李斯所作而以“皇帝临位，作制明法”二句始之泰山石刻文，亦见一空前之新时代来临之自喜之情。然《史记》又言始皇“推终始五德之传，以周为得火德；秦代周德，从所不胜，方今水德之始，改年，始朝贺，皆自十月朔；衣服、旄旌、节旗皆尚黑……更名河曰德水，以为水德之始，刚毅戾深，皆决于法……然后合于五德之数”，则见此始皇，仍只是应五德终始之说之水德，而兴起者。水德之后，自当有代水德而兴起者，则何千万世之足云？故汉兴之初，张苍以唯汉能应水德，以胜周火。贾谊、公孙弘，又主汉当应土德，以胜秦水。此皆谓后一时代应胜前一时代之德之说；其序，为以后克前之木金火水土之序，以此为革命之说之所据。自刘向以后，乃又有前一时代应引生后一时代，而主五德之转移之序，当为金水木火土之“以前生后”之序，以此为禅让之说之所据。终汉之世，五德终始之说，迄为人所信。此其根柢，盖在汉人之历史演变之意识。

今按此汉人之历史演变之意识，一方表现于向后追溯，一方表现于向前期待。其表现于向后追溯者，则沿邹衍之五帝之说，晚周已有三皇之说。三皇之说有种种。秦汉人之天皇、地皇、人皇之说，则纯出于想象之构造。邹衍言有天地未生以前之事，《淮南子》亦言天地开辟以前之事。(《淮南子 · 俶真训》) 纬书则有“太初为气之始，太始为形之始，太素为质之始”，“太易始著，太极成；太极成，乾坤行；乾坤行，太极大成。一大之物名天，一块之物名地，一气之霝名混沌”(《乾凿度》)，“元，清气以为天，混沌无形体”(《春秋说题辞》) 等言，为汉儒所承。故郑康成注易有太极曰：“极，中之道，淳和未分之气。”何休《公羊解诂》隐元年注：“元者，气也，无形以起，有形以分。”《汉书 · 律历志》言“太极元气，涵三为一”，正本于纬书。班固《白虎通义》卷九，论天地之始，亦引《乾凿度》之太初、太易之说，并言天地始于混沌。许慎《说文解字》释一字曰：“惟初太始，道立于一，造分天地，化成万物。”此皆由对当前历史，向后追溯，以至天地未生之前之想象，而启示人以一形而上学之情调者。在另一方面，则汉人之历史意识，更表现于向前期待，以由前时代，进入一新时代之想。故汉人之书，多以“新”为名。如陆贾《新语》，贾谊《新书》，刘向《新序》，桓谭《新论》[①]，王莽之国号亦曰“新”，皆见汉人之欲建一新时代之想。项羽见秦始皇言，“彼可取而代也”，汉竟代秦而兴，固亦已是一新时代。然此五德终始之说，则更为汉人所据，以期待汉以后之新时代者。故汉兴百余年，至昭帝，而董仲舒弟子眭孟，即据五德终始之说，言汉德之将终，于是有哀帝再受命之事。然仍不能挽回人心之望另一新时代之起之想。王莽即初由应此人民之望，本五行相生之说，而受汉禅。汉光武又由应人民之望有一代王莽之新朝者，而更兴起。本此革命与禅让之说，而汉禅于魏，魏禅于晋，历六朝隋唐至宋太祖受周禅，皆假禅让之名，行改朝易姓之实。此汉世以后，视革命禅让

---

① 胡应麟《少室山房笔丛》卷三谓：“陆贾有《新语》，顾谭亦有《新语》；贾谊有《新书》，虞喜亦有《新书》；桓谭有《新论》，夏侯湛、华谭、刘昼，各有《新论》。……六朝人好学汉类如此。”六朝学新则为旧，非汉人之新也。

之事为不可已之一思想，固导自阴阳家之五德终始之论。然自其远原言之，则此一新时代当有新精神，在上所引孔子言殷因于夏礼，周因于殷礼，皆有所损益，故继周者对周礼，亦当有所损益，《礼记》之言夏尚忠、殷尚质、周尚文，道法诸家，重因时势以为新政，并有其义。自其近原而言之，则在秦代，言顺时令以为政，而成之书，则首为《吕氏春秋》。《吕氏春秋》，为吕不韦宾客之集体创作。《史记·吕不韦传》，谓其书备天地万物、古今之事，高诱初注其书，谓其“以道德为标的，以无为为纲纪，以忠义为品式，以公方为检格”，其言皆甚泛。吾意此书规模固大，尤善即事明理。其《应同》篇，亦及于五德终始之说。然其书特色，则要在顺一年十二月纪之时序之变，以说王者之为政修德之事。次则有《淮南子》之书，规模亦大。其书除有《时则训》等篇，言人之顺四时而生活之外，更重言古今之时势之变，及学术文化亦随时代而新生之旨，如其《要略》篇所说。再次，则有董仲舒承公羊家之《春秋》之义，以天之道虽不变，而三王之道，以遭变不同，必迭起为用，以救溢扶衰，以春秋当新王之思想。更次为王充之不同时代皆有圣贤人出，今世不必不如古，而著《宣汉》篇之思想。凡此诸家之著，皆见秦汉之世之学者，视其时代为新的时代，而应有一新的政治制度，新的道德文化之精神，运于其中。此皆与阴阳家之思想之流，重人事之顺天应时而俱变之思想，相涵接而不可分，而亦皆可名之为言人之顺天应时之道之思想者也。

此阴阳家与秦汉学者之顺天应时之道，不同于泛言敬天、知天或事天之道，或泛言待时、应时或随时之道。如泛言敬天，而视若一人格神而事之，则此为《诗》《书》与《墨子》中之敬天、事天之旨。至如重知天命以知天，尽心知性以事天，尽性以达天德，则孔、孟、《中庸》之旨。以天为人之心知生命之原，更知天之亦为知之所不知，则庄子之旨。既知天行之有常，而不更别求所以知天，则荀子之旨。孔、孟、庄、荀之知天，已重在知天命、天道、天德，而不重知天之自体为人格神之义。荀子之天，尤近乎自然主义之天，只为一四时之运之原，故曰“天有其时”。至于泛言重应时、待时、随时，则各家之论中，固皆有之。如孟子言：“可以速而速，可以久而久，……孔子圣之时者也。”即应时而知其义之所存者也。孟子亦言“虽有智慧，不如乘势，虽有镃基，不如待时”，唯谓“天时不如地利，地利不如人和”耳。墨子急于救时世之弊。《庄子·大宗师》亦言真人“喜怒通四时”，“以知为时，不得已于事也”。《易传》更处处言时，如乾卦彖言“六位时成”，坤卦《文言》“承天而时行”，随卦言“随时之义大矣哉”。则言敬天、知天、事天、待时、顺时、随时，乃此先秦诸家之公言。然阴阳家与秦汉学者之顺天应时之道，则自有其特殊之意义。此则要在此所谓天，非泛言之自然之天或人格神之天；而此所谓时，亦非泛言之时。此时乃一有种种“节度”之时。故此时所自原之天，无论视为一自然之天，或人格神之天，皆为一其活动有其种种节度之天。此一有节度之天时之观念，则涵义至为广大，正为阴阳家与秦汉学者所最能加以重视，而求一一引绎之而出者也。

《易》节卦彖曰“天地节而四时成”，革卦彖曰“天地革而四时成”。四时即天之自节自革，以成四时之节度之事也。《易传》又言“刚柔者昼夜之象也”，一昼一夜，亦天之变化之节度如一刚一柔者也。《易传》又言“寒往则暑来，暑往则寒来，寒暑相推，而岁成焉”。寒暑相推，即寒暑之自节自革，以使岁有寒暑之节度也。此人之知有昼夜、寒暑、四时，盖与人之历史文化俱始，不待专家之学为之教也。人于寒暑、四时、昼夜中，见日月星之变化，江河之水之盈亏，植物动物之盛衰生死，更应随其时，以为采集、狩猎、耕种之事，亦初由累积经验，而自知为之者，亦初不待于专家之学也。至于纪天象、物象之怪异者，及纪人对自然物所为之狩猎、耕种等事，以成原始之史籍之内容，亦不足言真正学术知识。然人至于自觉此天时之有寒暑、四时、昼夜之节度；

更知其由于天之日月星之运行；并知此日月星之运行，自有其轨道与躔位；再能依日月之运行之周而复始，定一年为十二月，或更分一年十二月之气候之不同，为二十四气；则为人之以空间位定天象之天文知识，与以数定时间历法之知识之始。此中天上之日月星之空间位之转移，见日月星运行于空间之节度；而由之所成之四时、十二月、二十四气、七十二候之变，则为天时之节度。在不同之天时中，地上之川原之盈亏，动物植物之盛衰生死不同，则见地上之物之如何存在，亦自有其节度。由此而人之自求生存于此地上之一切对诸自然物，所为之事，亦有其自然而当然之节度。人之自觉的反省及此天时之变与地上万物及人之活动，原皆有其自然相应合之节度，更求人之活动之节度，恒与天时之变万物之变之节度，处处相应合，而不过；则为阴阳家之学术思想。《史记》记邹衍之学，言时间空间与万物，归于仁义节俭。人之所以当节俭者，正所以求与天时之变，及地上之万物之变相应合而不过也。

四　天时与人事历史中之节度意识

按《吕氏春秋》十二纪，《淮南子·时则训》，以及《小戴礼》之《月令》，《大戴礼·夏小正》，《逸周书·时训解》，《管子·幼官》《四时》《五行》诸篇，皆同具体指出四时、五方、十二月中，自然界之日月天象之如何、天气之如何、动植物之如何，与之相应之音律数如何、色香嗅如何，及与之相应之人之事之德、祭祀、居处、服色、时政等当为何。此诸书所记，互有出入，而大体相似。谓之月令者，郑目录云以其纪十二月政之所行；蔡邕《明堂月令论》，谓是“因天时，制人事，天子发号施令”；则此月令，乃王者配天时，而于每月中对人民之所令。亦犹古所谓“天之命”通过王之命，分别见于十二月中，以对人月月分别有所令。若然，则月令之观念亦可说为昔之天命、王命之观念之特殊化而成。此《月令》书毕竟始于何时人，不可考。或谓《礼记·月令》为周公作（如贾逵马融蔡邕之说），或谓《礼记·月令》乃本《吕氏春秋》而作（如《礼记正义》所引郑目录之说），皆无确证。以理推之，初当是人在十二月中之生活所自然演成，而不必由何人何书而始。此言四时十二月之时令之变，其见于《礼记》《吕氏春秋》《逸周书》《管子》《淮南子》等书者，亦盖辗转抄袭成。然其所以辗转抄袭，则正见其时代之人，皆重此依天时与地上万物之节度，以定人之所为之节度，之思想潮流者也。

上言此《月令》等书言四时、十二月中天气之变，动物、植物等之变，亦言及十二月中所应之音律数之变，与其所相应之色味臭等之变。此乃由于人在四时、五方、十二月中所接之自然物不同，其所感觉之色声味臭，自亦随之而异之故。人所感觉之色声味臭有五色、五声、五味、五臭之不同，自相节限，而各有其度量；亦正如昼夜、四时、五方、十二月、二十四气、七十二候之变，天象与地上之动植物之变之自相节限，而各有其度量。即似皆同可以五行之义贯通之，以明此种种不同之节度之自身间之应合关系。此“五行”之义，即可成为一具通贯意义之哲学观念（此可参考隋萧吉《五行大义》及明戴廷槐《性理会通》《五行总论》等书）。凡彼有节度之物，皆有限之物，亦皆必在天时之运行中，相代而起。天之昼夜、四时、十二月、二十四气，固自相代而起；其依时而生之物，亦莫不相代而起。相代而起者，此终则彼始，此消而亡，则彼息而生。凡终与消，皆如日为云蔽而可谓阴；凡始与息，皆如日之出，而可谓之阳。而一切事物之终始消息之变，即皆为阴阳之变，而阴阳亦为具贯通意义之哲学观念。邹衍言阴阳消息，又言五德终始。然终始即见消息，五德属于五行；则言五德终始，即言在此阴阳消息中之五行。阴阳之消息始终之观念，初所以明事序，而属于时间，为纵的。五行原指地之五物质，初所以辨物类，而定五方之空间位，为横的。合之以言整个之时空，或宇宙中诸物类之消息始终，而见其无不有其节度，以生于此时空或宇宙。而人之行事，亦即当依此天之阴阳五行之节度，以顺天应时，以成其行事之节度。此即阴阳家所陈之道，所以更有种种细节之故。《汉志》言阴阳家“敬授民时”，司马谈言阴阳家“序四时之大顺”，皆未尝为苟说。舍此而对阴阳家之思想，作歧想，皆未能于阴阳家之道有的解者也。

但在上列《月令》等书，不仅言此自然之天，有其四时十二月，其四时之序，与地上之五方及物类之应合关系；亦言及上天下地之神灵，有在十二月中次第当令者；而在五方中，则有天上之五帝，分别为其主。此十二月中之神，如勾芒等，或为与地上之动植物之生殖相关之神，如希腊之 Dionysus 初为助葡萄成熟之神。此当令于五方之天上之五帝，则当是后于历史上之五帝之说而起。二者又皆可能是后于齐自称东帝，秦自称西帝而起。此天之五帝之名，可配于五行五色之名，亦或由于五帝之名，原由一般之火神、水神、土神等之名而来之故。此皆不可考。然要之此以十二月中之每月只有一神主之，五方之每一方，各有一天上之帝主之，乃表示神灵之活动，亦有其时间空间上之范围或节度者。五德终始之说中，言人间帝王之受天命而生，亦即言其只是受天上之五帝之一之命而生。人王之政治命运，有其盛衰，亦即原自天上之五帝在历史之世代中之当令与否，而有其时运。此即不同于《诗》《书》中，只以昊天上帝之降命于人王，其事之靡常，以说明人间帝王政治命运之靡常者。此乃是将《诗》《书》中之一昊天上帝，分化为次第当令，而具不同之五德之五上帝，以使其当令而降命人王之权力，亦自始即依其德之有定限，而有其定限或节度者。由此而人间改朝易姓，而有政权之更代，即使在天上当令之五帝之德及权力，与人王之德及权力，皆同有其时运与定限或节度。于是人间之人王，必应具五帝之一德，而承其命以兴起，亦必以其所承之帝之德之权力之运既终，而其命亦革，乃为承另一帝之命，而兴起之人王所代。此即是为人间之革命禅让建立一宗教之基础，亦为人所信之天上之五帝，建立一政治之涵义。《易传》言“汤武革命，顺乎天而应乎人”。此所谓顺乎天，在汤武之时，当只是顺一昊天上帝。然在五德终始之说既起之后，则此顺天，即是顺天上之五帝之一，以成其人间之革命。当此人间在革命之时，天上之五帝之命，亦自见其节度，以成天上之革命，而使此天上人间，同入于一革命之世界。如以禅让代革命，亦是天上人间同行禅让之大礼。此又即此五德终始之说之影响于秦汉之政治思想，何以如此其巨大之故也。

关于此天上之上帝，其数何以必为五，以与地上之五方人间之五德配合，以合为五行之论？又以此五行之说，分自然万物之类是否皆适当？又其与五色、五音、五味、五臭等，是否皆果有其应合之关系，而一一皆容吾人以五行说之？此皆非吾人今所欲讨论之问题。如依《易传》之八卦配四正四隅之说，八卦各有一德，则人间应有八德，地上应有八方，天上亦应有八上帝。则人亦可倡八德终始之说。然《易传 · 说卦》又言一帝出于震，以运于八方，则又初只有一帝。此八卦之系统与五行之系统，初明为二系统，则如何将此二系统，配合为一，遂成汉代易学家之问题，后文当及之。然此二系统，同以为世界之时间、空间、不同类万物以及天神之德之权力，皆各有其节度，而人当法此节度化的宇宙，以形成此节度化的人间则一。此秦汉学者，重观此一节度化的宇宙，而求人之顺天应时之道之精神态度，即亦更有其类似之表现，见于秦汉学者之言政法学术道德等人文之道之他方面者，将更论之于以下诸章。

此阴阳家所开启之顺天应时之道，其影响于中国后世之文化风俗及民间生活者，为中国人之重节气如清明、端阳、七巧、中秋、重九、冬至、过年之类。但在汉世，尚不必已全有此诸节气。

此中国人之重过节之伦理文化涵义，吾于《中国文化精神价值》一书第九章第一节尝论之。至于此重顺天应时以生活之道，则演变为后世皇历之书，对人每一日之生活之事，皆定其宜与不宜。人果依之以行，未免过于机械。然亦可使人之生活，恒有节度。此其义固亦由周秦两汉之世，历二千年，以传至于今。而此顺天应时之道之影响，亦不可不谓之广大而长久也。

第二章　秦汉学者之言学术之类别与节度，以形成学术人文之领域之道

一　汉世学者之历史精神，及司马谈、班固对学术思想之类别与节度之论述，及学术、人文领域之形成

上述之秦汉学者之顺天应时之道中之天，乃一在时序时运中，见其节度之天。其将空间上之五方，人之感觉世界中之五色、五音等，与天上人间之五帝当令、人王当政之期，依阴阳五行之理，配合于四时、十二月、二十四气、七十二候与历史世代之运，亦皆是于时序时运中，见其盛衰终始之节度。人依月令而行事而生活，人王依五德之终始而受命、禅让革命、改正朔、易服色，亦皆是依时序时运，以为其有节度之人事，以形成人世之历史者。此一依天之时序、时运之节度，以形成人事之节度及人世历史之意识，即为秦汉学者言天人合一之要旨所在；而不同其前之儒墨道之言天人合一，皆只自一统体普遍之道言者。由此而秦汉学者之学术，即亦首富于一溯往瞻来之历史精神。中国史学之真成一专门之学，亦在汉世，此当先说。兹按中国固早有史官，《尚书》之为史官所纪，其原甚远。至周代而各国皆有国史之纪载，孟子亦言孔子作《春秋》，然皆非专门之史学。《春秋》之三传本《春秋》所载之史事，而言其义理上之是非，以成其经学或哲学，亦非史学。然三传学者之本史事，而言其义理上之是非，已与先秦诸子之论学，唯举史事，以证其所立之义理者，不同其学术之道

路，而见一较重视史事之旨。春秋之一名，原为表时序之名。上章所已提及之。《吕氏春秋》除有《月令》外，其十二纪中，亦包涵种种相应于天之春夏秋冬之种种义理之陈述。如于春纪言本生言贵生，即所以相应于天之春生者也。于夏纪，言劝学、言音乐，即所以相应于天之夏时，草木等之由生而长中，所表现之喜乐者也。于秋纪，言用兵刑，以行威禁，即所以相应于天之秋时，草木凋落中所表现之刑杀者也。于冬纪，言节丧安死廉节之义，即所以相应于天之冬时，草木衰死中，所表现之“由成始而成终之义”者也。纪昀《四库提要》，及余嘉锡《提要辨证》二书中，子部《吕氏春秋》，亦言及此。总而言之，此即已是纳有关人文、人德之义理于四时之序运之自然历史之下。《吕氏春秋》以后，上章所亦提及之《淮南子 · 要略》，论古今学术，亦言伊尹太公之谋，孔墨申商之学，与《淮南子》之书，皆一一应时代之需要而生；亦一一各对其时代而显其价值。此便不同于《荀子 · 非十二子》篇、《庄子 · 天下》篇、《韩非 · 显学》篇，论当时学术，只分派而论者。如吾人以《易传》之《序卦传》之“有天地然后万物生焉”以下所述，为一最早之自然文化史之文；则《淮南》之《要略》，即无异一最早之论学术史之文。《淮南子 · 俶真训》，又将庄子所谓“有始也者，有未始有始也者，有未始有夫未始有始也者；有有也者，有无也者，有未始有无也者”，代表天地开辟之阶段。故以“未有始”之阶段，为“未成物类”之阶段；“未始有始”为“天气始下，地气始上”之阶段；“未始有夫未始有始”为“天含和而未降，地怀气而未扬”之阶段。此则无异言一自然宇宙之开辟史。董仲舒《春秋繁露》之书，原名如何，或不可知。然其书乃以《春秋》之义为本。其《三代改制质文》篇，言文质三统之更迭，谓春秋应天，作新王之事，王鲁，而绌夏、亲周、故宋。其书多篇，皆及于建元之义，重年月日之始，重四时之运。

至司马迁作《史记》，乃言其有闻于董仲舒之言，[①]而于经学外，开一专门之史学道路。更言其意在承孔子之作《春秋》之志，以"究天人之际，通古今之变"。所谓究天人之际，亦即究人事之随天之时运，而相应俱行。此即所以成古今之变之历史者也。《史记》之八书中，有历书，以言历法；有天官之书，以言自然之天文；有封禅书，以言人对天地之神之礼；有河渠书，以言地理；有年表、月表，以纪史事之时。此皆应天时、地理，而为史。其八书之礼、乐、律、平准之书，与本纪、世家、列传，则所以纪人文与人物之历史。此其所以为究天人之际，通古今之变之书也。《史记》而后，著史者辈出。故史学乃自汉而成一专门之学。然此一历史之精神，则初不表现于专门史学之书，乃先表现于经子之书，如上所述，再表现于汉人治学之重综合前人之学以成其学，重家法师法，以承先启后之精神。此一综合前人之学，以成其学之精神，亦正为使汉人于以前之学术，既求论其渊原演变，亦更为之分家，以评论其得失者也。

此求综合先秦诸家之学，以自成学之风，盖在晚周已然。《礼记》为儒家学者之书，而其中有道墨家义。《管子》当为法家之书，而其中有儒道义。《庄子》外杂篇文，亦多摄儒法之义。此前已论之。秦汉之《吕氏春秋》《淮南子》，皆为成于众人之手者，更显然意在综合其前之学以成书。故《吕览·序意》篇，谓其书"上揆之天，下验之地，中审之人"，归于言"智"之"公"。《淮南子·要略》篇言其书"非守一隅之旨"。《齐俗训》言"百家之言，指奏相反，其道合也……是非有处。得其处则无非，失其处则无是"。汉初学者书，如陆贾之《新语》，若非伪作，其书之尚仁义、重教化、轻刑罚，固本儒家；其言"道莫大于无为"（《无为》篇），

① 董对时序历史之意识，见其对史事之是非评判者，乃其春秋经学。后文当别论之，并当论及其言与阴阳家、道家，及《左传》《穀梁》不同之处。今暂不及。

“君子之为治也，块然若无事，寂然若无声”（《至德》篇），则道家义。其《慎微》篇言“道因权而立，德因势而行”，则法家重权势之旨。贾谊《新书》更明兼言道德与仁义。《汉书》载贾谊“与李斯同邑，尝学事焉”。故其论政，亦重改定法制。董仲舒乃明宗孔子，然其书亦兼取阴阳、名、墨、法、道诸家义。司马谈《论六家要旨》，乃明分其前之学术思想为六。刘向校书，乃于其前之书，以七略为分类，于诸子之书，分为九流十家，为班固《汉志》所承。实则先秦唯有儒墨二家之名，余家之名，皆秦汉人所定。司马谈《论六家要旨》，乃以本虚无因循之道，而善养人之精神者，为道家；以重人伦之礼者，为儒家；以顺时节、立教令者，为阴阳家；以严刑法者，为法家；以正名位、名实者，为名家；以重经济上之强本节用者，为墨家。然司马谈乃以为唯道家可统摄诸家。则司马谈之学，即以道家之学，综合诸家之学也。司马谈论道家学，重虚无因循之义与精神之义，语多同于《淮南子》。《淮南子》之综合诸家，亦即以道家学为本者也。然其先之《吕氏春秋》，则重仁义礼乐之意多，其儒家之色彩又较重。后班固《汉书·艺文志》，归宗六艺，以衡论九流之学，遂谓儒家于道为最高。然亦言各家皆同原于王官，皆于王政有所用。故班固于儒家言其“盖出于司徒之官，助人君，顺阴阳，明教化，游文于六经之中，留意于仁义之际”；于道家言其“盖出于史官，秉要执本，清虚以自守，卑弱以自持，此君人南面之术，合于《易》之嗛嗛”；于阴阳家言其“盖出于羲和之官，敬顺昊天，历象日月星辰，敬授民时”；于法家言其“盖出于理官，信赏必罚，以辅礼制”，合于“《易》之明罚饬法之义”；于名家，言其“出于礼官，古者名位不同，礼亦异数”，合于“孔子言正名之旨”；于墨家言其“盖出于清庙之守，茅屋采椽，是以贵俭；养三老五更，是以兼爱；选士大射，是以上贤；宗祀严父，是以右鬼；顺四时而行，是以非命；以孝视天下，是以尚同”；于纵横家，言其“盖出于行人之官”，合乎“孔子贵使者之义，当权事制宜，受命而不受辞”；于杂家，言其“盖出于议官，兼儒墨，合名法，知国体之有此，见王治之无不贯”；于农家，言其“盖出于农稷之官，播百谷，劝耕桑，以足衣食”，合于《书经·洪范》八政“一曰食，二曰货”，及孔子“所重民食”之旨；于小说家，言其“出于稗官，街谈巷语，道听涂说者之所造也”，然亦合于孔子“虽小道，必有可观者”。更总而论之曰：“诸子十家，其可观者九家，皆起于王道既微，诸侯力政，时君世主，好恶殊方；是以九家之说，蜂出并作，各引一端，崇其所善；以此驰说，取合诸侯。其言虽殊，辟犹水火，相灭亦相生也。仁之与义，敬之与和，相反而皆相成也。《易》曰：天下同归而殊涂，一致而百虑。今异家者，各推所长，穷知究虑，以明其指；虽有蔽短，合其要归，亦六经之支与流裔；使其人遭明王圣主，得其所折中，亦皆股肱之材也。”此班固于九流十家之说，谓其所自出之王官，其学之宗旨所在，与其所合之六艺孔子之言，皆不必尽当。然班固于此九流之学，能更推本其原于古代之官师合一之学，明其义之合于六艺与孔子之教，而见其可相辅为用，以成王治。此自是较司马谈之六家之说，未明及此等等者，更为备足。然依吾人之意言之，则此司马谈班固之论六家、九流之各有所长、所得，亦各有所短、所失，实乃本在依一综持之精神，以对先秦各家学术思想之义理，分别为之划定种类范围，以见其言之互相制限，使用其说者，有一节度，以配合之为用。此先秦所传之学术思想中之义理，其所以有此六家九流之分，又正是与人之文化领域之分，其他专门学术之分，大体相应，而可由之以见汉代学者之所以蔚成人文之道者也。

依司马谈言道家之学，重养人之精神，此为君者所最当学。养人之精神之学，即通于人之一切精神修养，求养生、长生之医学与神仙之修炼之专门之学。依班固言，道家之学，原于史官，即通于史学。依司马谈言，阴阳家之学，重依四时中自然物之情形，以定人在四时中之生活之规律，此即通于专门之天文历法之学，及载自然之山川，与其动植物之地理之学，以及包涵迷信，而本天象物类，以为占卜之术数之学。法家重以法律治国、以兵强国，则通于专门之法律之学，及兵家之学。班固言纵横家之学，则通于外交之专门之学。儒家重明人伦之德、人伦之礼，而礼必连于乐，礼乐又通于诗文与艺术之学。司马谈以墨家重强本节用，则重在言墨家之重经济生活之意义。班固则以墨家出于清庙之守，而重明鬼，则重其宗教意义；而墨家之学，即当与祭祀之礼之专门之学相通。班固以农家为能重人之经济生活者，有类司马谈所言之墨家。农家之学，则与农艺之专门之学相通。涉及人之经济生活者，除农业外，兼有工商业。顺农家、墨家重经济生活之旨，亦必可承认工商业之重要。而货殖之学、工技之学与财政之学，亦与农家墨家之学可相通。司马谈、班固谓名家之以正名位、名实为事；即名家之目标，在使名当于其义。而以名释名之义者，则为语言文字之学。则名家之学亦可与语言文字之专门之学相通。班固之杂家，综合各家以为学，可不必论。本上所言，已见诸家所重义理之不同，乃由其所关联之人文领域与专门学术之不同。今言人文之领域，不出伦理、宗教、对自然之知识、技术、历史、政治、经济、语言文字、文学、艺术之范围，而专门之学术亦即涉及不同人文领域之专门之学。能知各人文领域与各专门学术之各有其范围，而互相制限，其效用皆自有其节度。今更使之并在而俱存，相生而共长，即为使人文化成于天下之人道。而在中国之汉代之为诸子之义理之学者，则大皆已不偏限在九流六家之一以立论，而于各家之说，视为各有其用，故于其所通及之专门之学，亦能使之并行不废也。

吾人观《七略》《汉书·艺文志》所载之书籍，其中之七略之分，乃本学术之原流而分，故先六艺略，而后诸子略、兵书略、诗赋略、方技略、术数略。若以其所论学术之类别而分，则六艺中之《书》与《春秋》，自是历史，《诗》《乐》为文学艺术，《礼》即伦理政制，《易》则初为占卜之书，属术数之学，其中之涉及天地万物之事者，即人对自然宇宙之知识之原始。诸子之学中，儒者兼综六艺，然重心初在《诗》《礼》《乐》。墨由儒而生，而重本《尚书》所记之上古圣王之敬天爱民之道，以立义于天下，重人民之经济生活，尚农工之事。道家求自乐自得，由人乐而言天乐，以乐天道，而与造物者游。周礼衰，而内治其国，外交于他国之事，皆不必由礼，而可只以法内治其国，更以兵与他国战，以纵横之术与他国交，而法家、兵家、纵横家之论生。阴阳家顺天时之变，以立教令，犹易教之重“时行则行，时止则止”。名家之“正名位名实”，则谓之为由于礼之正名位而来，与一切诗书之文字，皆须求合实而来，皆可说。此即诸子之学原于六艺之学之大略也。后章实斋《文史通义》，言诸子原于六艺，亦正承班固之旨。至《汉志》之诗赋略，则诗乐之流。兵书略自属于兵家之书。术数略中天文之书言天星；历谱之书言历法；五行之书言金木水火土之形气，兼及五音六律；蓍龟杂占之书，言以物为占卜；形法之书，言地上九州之势，以立城廓室舍，及人与他物之度数。方技略中，则有医经之书以治疾，房中之书以节男女之欲，神仙之书以长生。此皆或连于道家养生之论，或连于阴阳家之顺天时，而求察往占来，观自然之物类，以定人事之当如何之教，而亦皆属于今所谓自然科学与应用于自然之技术科学之类者也。

上来所论，乃意在说明汉之学者能为六家九流之诸子所言之义理，辨其应用之范围与制限，使之相辅为用，咸有其节度，即能于人文之领域或专门学术，使之并行不悖，而皆肯定其价值。故至汉代而天文、律历、医学、农业之学、财政之学（如《管子·轻重》篇，及《盐铁论》等书所述）、诗赋之学、文字之学（如由李斯之作《仓颉篇》，赵高之作《爰历篇》，至许慎之分五百部首为《说文解字》）等皆立。诸子之学之所自本之六艺之经学，亦有师法、家法，以各成一专门之学。故中国之人文世界与学术世界，形成为一包涵多方面之全体，亦实始于汉；其根本精神，则唯是能综合诸子之学以为用，而知其制限与节度之所存，以为道而已。今按此对各家学术之价值与功用，观其制限或节度之所存，其原亦在秦之政制对学术之统制。而李斯韩非之重统制，又可说原于荀子之重辨统类。荀子重辨统类，而其评论诸子之学，即谓其皆不能知统类之全，而恒只得其一偏。故诸子之学皆有所见，而亦有所蔽。荀子言王制，即重农、工、商、士、天子、三公等各类之社会政治上之人，各有其职位，以有制限，合以“壹统类”。此在前文论荀子时已及之。然由荀子之学至法家之学，则法家所欲成就者，唯在国家之统一富强，故重农工而轻士与商，更只重政治上分官分职之统于一君之权；而不重人文之礼乐，亦必非排儒道墨诸家之学，而视之若一无有是处。此则又不能如荀子之视诸子之家，咸有其所见矣。由此而法家之学之用于秦政，即只教学者以吏为师，而学者之学，亦皆只所以学为吏，而禁止其外之学之自由讲述。然此亦即对学术之活动，加以制限也。学者以吏为师，而吏有种种，则学术亦自分有种种之部门。秦之博士官，亦固各有其所职掌之学术，以并存于秦廷也。然以吏为师者，其所学之范围过狭，而秦之博士官亦不多。秦亡而汉废挟书之令，民间之学术皆起，而汉所设之学官亦多。然后汉之学者，能对先秦之学术，为综持之论，而分别观其性质、种类、范围、制限，亦更能开出种种专门学术之途也。

二　汉世经学思想中礼制之道，见于《白虎通义》者

就此汉代之学者所承于先秦之六家九流者而观，则大皆不专宗一家，如上已及之陆贾、贾谊、《淮南子》、董仲舒固然；后之扬雄、王充、王符、仲长统、荀悦皆好学博览，初不专宗先秦之

某一家；而于先秦之儒、法、道及阴阳家之流之学，并有所摄取，以成其学。此汉代诸子之学，以其皆不专宗先秦诸子之某一家，即皆可称为先秦子学之通学。至于汉代之学能自成一专门之学者，除文学、文字学、医学，及其他方技、术数之学外，则为汉世之经学与史学。在先秦，《诗》《书》六经与史籍，为诸子之通学；一一诸子之学，各为一专家之学。在汉世，则学先秦诸子者，多通学；而经史之学，反成为专家之学；遂与先秦成一颠倒。故欲知汉世之专家之学，则对经学与史学，更当重视。汉代之子书，对整个政治文化所表现之影响之价值，亦不如汉世之经学史学之大。西汉之经学家，初各有其传承，故初不免于相争辩。争辩而求归于一是，西汉有石渠阁之会，东汉有白虎观之会。由白虎观之会，而班固有《白虎通义》之书，盖即会议讨论之成果，由班固编定者。由此书之规模，吾人亦可见汉世经学家所思索讨论之问题，实遍及于宇宙、人生、文化、政制、经济之各方面。今据陈立《白虎通义》疏证，分此书为十二卷，今先略述其主要内容，再略析其大旨，以见其哲学涵义。此《白虎通义》之主要内容：卷一论爵位。卷二论名号称谥，与祀法等。卷三论社稷礼乐等。卷四论封爵、宗法、兴国、建国、迁国、京师、制禄、五行之物之性、五味、五臭、五方、阴阳盛衰，五行之更王、相生、相胜、变化，及人事之取法五行等。卷五论兵、征伐、讨贼、诛罪、休兵、复仇、谏诤、记过、隐恶、射、饮酒、养老等。卷六论致仕、入学、尊师、师道、学校、明堂、灾变、封禅、符瑞、巡狩、道崩、归葬、五岳、四渎等。卷七论政治上之考黜、王者之三不臣、诸侯不纯臣、子是否为父臣、王臣仕不仕诸侯之问题、王者臣之五不名、筮龟、占卜、圣人、八风、节候与王者顺承之政及商贾等。卷八言瑞、贽、王者改朔、三正之历法、存二王之后、夏殷周之三教、三纲、六纪、性情、五脏、六府、魂魄、精神、寿命、宗族等。卷九论姓氏、名字、天地、日月、四时、岁、朝夕、晦朔、衣裳、佩带、刑法、五经与其教等。卷十论嫁娶，及天子、诸侯、卿大夫、士之嫁娶之礼、绋、冕、爵、弁等。卷十一论丧服、衰、杖、倚庐、吊、奔丧、殡、葬、合葬、坟墓等。卷十二论郊祀、宗庙、朝聘、贡士、车旗、田猎等。

今只观上所略述此《白虎通义》之主要内容，则吾人即可见此书所涉及之范围，实遍及个人之性情、魂魄、精神，与其姓氏、名字、爵位、称号；人与人间之伦理、社会与政治之关系组织、礼乐、法律、兵事、教育、经典、卜筮等所合成之人文世界；以及人所在之自然世界中之天文、历法、地理、气候、物类，人以上之神灵世界之天帝、社稷、祖宗之神；人之在此自然世界之利用厚生之经济生活与死葬之事，人之对此诸神之封禅、祭祀之宗教性的典礼。其所论者，虽皆以种种名物为标题，而贯于其中者，则为一经学家之道术，而有其哲学涵义者也。此经学家之道术，与子家史家之道术之不同。在子家之道术，乃直求建立义理，而以事物名器为佐证。史学家之道术，则在言史事之变，其中亦包括思想之义理及名器之随之以变。经学家之道术，乃即名器以见道，即事物以言理。其所用之名器事物，多承于古，故即之以见其道其理，便无古今之分别。更本其道其理之所涵，以创制名器事物，而通经遂可致用。此盖为汉世之正宗经学家之观点，而初非只以注释、考证经文为事者也。凡一事一物一名一器之用，无不与其他事物名器相连，故重其用，即导使人之思想，趋于理解此人文世界之名器事物之全体，与其对自然世界及人以上之神灵之关系。此即经学思想所具之哲学的涵义之所在也。

在人文世界之名器事物之中，“名”为最重要者。对器与事物，人固莫不以名名之；而人之存在于人类社会之中之地位，更要在以名加以规定。此每一人之有一名字，而他人得呼其名字，以称其人，即使其人在他人之心灵生命中，有一确定的地位。人除其个人之名字外，尚有其姓氏，代表其在一家族中之地位。一家族之有其姓氏，有其历史的渊原，亦表示其个人之血族，在社会政治上之地位。人在社会政治上之地位，又由其爵位之名，加以确切的界定。至于人之人格自身之价值上的地位，则赖种种才德之名，加以表示。如“五人曰茂，十人曰选，百人曰俊，千人曰英，倍英曰贤，万人曰杰，万杰曰圣”(《白虎通义》卷七)。此种种之名，不只可用于人之生前，亦可用于人之死后，而为谥。由人之有个人之名字、姓氏、爵位与谥等，即使一人在他人心目中或整个社会中与历史世代中，有一确定之存在地位，而亦见此一人与其他之人之种种人伦关系、社会政治关系之所在，及人之职责义务之所在。人在社会之名位之如何，而其职责义务如何，又即连于其当用、可用之器物如何，所当为之事之如何，其立身之道，所成之德之为如何者。此名器之重要，在任何社会中，人皆原可知之。在中国春秋时人，亦已有“唯名与器，不可假人”之语。孔子言为政，亦以正名为本。然此名与器之连于人所为之事、为事之道、所成之德，则未必为人所知。而墨法之家之言政治，重在近效者，亦可不见此名器之种种社会政治的意义与道德的意义。然在汉儒之董仲舒，则最善论此人之“名”所代表之意义之重大。其《春秋繁露·深察名号》篇，即深论天地之号、天号、君号、天子、诸侯、大夫、士、民、性等名号之义。今《白虎通义》一书之首卷，言爵位称号，卷二则一半言谥，卷四一半言封爵、宗法，卷八言宗族，卷九一半言姓氏名字，皆是本此中之种种名之意义之重大，而为论。此即可见汉代经学家之所用心，而为昔所未有者也。

此《白虎通义》之次称谥而讨论者，则为祀法。祀者，念所祀者之名，而致其诚敬，以祭祀之事。卷三论社稷，则称社稷之神之名，而致其诚敬，以祭祀之事。祭祀乃大礼，亦恒合乐，故卷三由社稷而论礼乐。卷六之封禅，为告祭天地之事。灾变、符瑞，为天对人感应之事。卷七之筮龟、占卜，为问于神明之事。

卷十一论丧服、殡葬，卷十二中，则宗庙，为祖庙之制，郊祀为祭天之制。此皆关连于人对神灵、对死者之事，而带宗教意义者。此可见汉代经学家之宗教意识之强，故于此等等事，皆郑重讨论之也。

复次，卷四继宗法以下，即言兴国、建国、迁国、京师、俸禄，以及于五行之物之性、五味、五臭等，与人事之取法五行等。此初看似义不相属。实则其所以继宗法，而言兴国建国等者，则以国原由家族之扩大而成之故。其先言兴国，则以兴国，原所以存宗祀之故。有国有官，则必定俸禄。俸禄乃取诸地上之可食、可用而有味、有臭之五行之物。人既用此五行之物，则当知其意义价值，而对此五行物，亦有所取法也。今按爵位姓氏，乃表示人在他人心目中之存在地位，祭祀乃人对不可见之神灵之感格；用五行之物，而法之之事，则人对地上物之事也。卷五以兵事、征伐、讨贼、诛罪、复仇、谏诤、记过、隐恶，相连而说。乃由于此诸事，皆关连于吾人对“无道不德之他人”之行事者。其下言射礼以表尊卑，乡饮酒以序长幼，养老以敬老，入学必尊师，设学校以施教，建明堂以通神灵。凡此等等，则又皆所以昭显人所尊、所贵、所敬之他人与神灵之行事者也。

卷七言政治上考黜，乃言人之政治生活之进退。言王之三不臣与臣之五不名，则见君臣之关系之非无所不在，而有其实际上、名义上之限制。其义在表示人可出于此政治关系之外甚明。在先秦儒者，言士可自动的出入于政治关系中，而或进或退，或出或处，为臣或不为臣。君臣关系，亦原只为五伦之一，故政治关系之不能概括人与人之一切关系，其义原甚明。然在汉世，则天下一统，而君臣之关系与天子之地位，遂特为凸出。黜涉臣下之权在君，不同先秦言士之出处进退，其权之在己者。然此《白虎通义》所记经师之论，仍有王者之三不臣与五不名之义，而郑重论之，定为经制。于此卷中，言占卜，亦谓王者之为政不能专断，故须问于神明；又言别有圣人，如孔子，为“文”之所在；更言王者须顺承八风节候以为政。此三者之相连而论，则要在表示此三者，皆王者所当崇顺，而见王者之权力，亦自当有节限。否则何以将此三者与三不臣、五不名等聚在一处而论之故，亦不得而明也。

至于其卷八首言改正朔，存二王之后，夏殷周三教，更迭为用，则为汉世春秋家之义，其前未尝有者。而董仲舒之徒，更欲行之于汉世。此乃代表儒者之一政治理想主义，俟后文于论汉人之春秋学处，当再及之。

卷八下文言三纲一节，乃以君为臣纲，父为子纲，夫为妻纲。前于论韩非子章，已言《韩非》书先有其义。在秦汉之世，君主之地位凸出，又重家族，故父之地位，亦凸出；而君父皆夫，故夫之地位亦凸出；再济以汉人之天尊地卑、阳尊阴卑之阴阳之说，遂有此三纲之说。在《白虎通义》之婚娶中，有出妇，而言无去夫，亦以如地之不能去天为说。于是使此君臣、父子、夫妇，皆成不平等之关系。此与先秦儒者之五伦之说中君臣、父子、夫妇、兄弟、朋友之关系，初皆为对等之关系者，全然不同。此只代表汉以后儒者之思想，而有其时代之意义者。然固非儒者言伦常所必涵之义也。此外其论天子、诸侯、卿大夫、士之婚娶之礼之不同，及绋、冕、爵、弁，皆所以表示重政治地位之差等，以定礼制等，则皆沿袭于周之宗法封建制度而来，更加以一理由化之说明。今日观之，固无多意味可言者也。

至于卷八之言性情、五脏、六腑、魂魄、精神，卷九之言天地、四时等，可代表汉代经师之生命观与宇宙观。其言五经及其教，则代表其传统之学术文化观。此本属哲学之当行。《白虎通义》于此所发挥者不多，兹可并略。

循上文吾人对《白虎通义》一书之大体，略加分析，即已可见汉代经学家，对宇宙人生与人文世界之名器事物，皆能即其名器以言其道，即其事物以言其理。故知其道其理者，亦可更用之以立名、建制、用物、制器以成事，而立人道，成人德。此通经致用，乃经师之抱负向往所在，而不同于当时之子家、史家，可只志在成一家言，以传后世者。以汉为一新朝，故经师之学，亦最被见重。此经师之立名、建制、用物、制器，乃立种种名，建种种制，用种种物，制种种器，成种种事。今欲使之配合为用，则于此种种名等，皆当分别观其意义与价值，而见其名、其制、其物、其器、其事之范围所及，节度所存。如《白虎通义》首论天子之爵，言天子之父天母地，但亦只是一爵之称。除天子之爵位外，更有其余人之种种爵位。各爵位之人，其当为之事，各有范围节度，互相配合，以成人之交于神明、接于万物之王政。此与班固之论九流之子学，各有其分别所见之义理，而皆可措之于事，互相配合，以成王政，其旨固未尝不同也。然以班固观九流之学，则皆自始各只为成王政或人文化成之一端之学，其学术之价值，显然各有其制限或节度。汉代经学家，则自始注意于此王政之全体，或人文化成之全体。由班固就诸儒集体讨论之结果，所编成之《白虎通义》一书，则正可见此经学家之如何观化成人文之一切名器事物之道之理，而求立种种名、建种种制、用种种物、制种种器，并使之各有节度互相配合为用之思想之规模之大者也。

然由此《白虎通义》所见之汉人经学，虽可见其思想规模之大，但对全部之经学而观，则《白虎通义》之经学，只要在言立名、建制、用物、制器，而皆可摄在经学中之礼学。一切政制礼制，与其中之名制器物，皆礼之所及者也。此礼学，仍不同于春秋、易学、诗乐之学。在礼学之规模中，固可论及诗乐，而用之以成礼，亦可涉及易学所言天地之道，更可涉及《书》、春秋学中所言之三王之政制，如《白虎通义》中之所及。然《诗》《乐》与《易》《书》《春秋》之学，亦可各自为一中心，以各自成一套经学。

易学涉及宇宙之构造，春秋学涉及对人之善恶，与时代之政治文化之兴衰之价值判断，实更为汉代经学之大宗，后文当分别论之。上文言《白虎通义》所代表之汉代经学，唯是由“其言礼制中之名制器物，重其相配合相节限，以成其用”，以见汉代之学术之重此以配合为综持，以节限成度制之精神而已。

三　汉世学者之摹拟为学之道，见于扬雄者

依吾之意，汉代学术之以配合为综持，以节限成度制之精神，亦不只表现于汉人之于先秦诸子多通学，能为综持之论述，如《淮南子》、董仲舒《春秋繁露》，及《白虎通义》之言礼制等；亦表现于汉人为学之摹拟精神与批评精神中。汉学者中，最富有一综持性的摹拟精神者，吾以扬雄为代表；其最富有综持性的批评精神者，吾以王充为代表。二人为学，皆同有极强之节度意识，兹于下文并及之。

据《汉书 · 扬雄传》赞云：扬雄“以经莫大于《易》，故作《太玄》；传莫大于《论语》，作《法言》；史篇莫善于《仓颉》，作《训纂》；箴莫善于《虞箴》，作《州箴》；赋莫深于《离骚》，反而广之；辞莫丽于相如，作四赋”。此扬雄之所摹拟者，不只包括经传书中之《易》《论语》，亦包括文字学书之《仓颉篇》，及有教训意义之箴，与纯文学之《离骚》，及司马相如之赋。其《太玄》拟经，其《法言》似子，其《训纂》篇，班固谓其是史，其《州箴》、《反离骚》、四赋，则是文学之集。后世所谓经史子集之著，扬雄皆由摹拟而成之。扬雄固必先综观其前之经传文史之书，而后更择其所视为最优者，而摹拟之。其摹拟之遍及于经传文史，即代表汉人为学之综持精神。其只选择所视为最优者，而摹拟之，则所以自节制其摹拟之事。又为此摹拟昔人之著，乃只以昔人著作之法度为法度，而又不重袭其文。此亦须于此法度之所以为法

度，先有一直接之契识，而加以持守，以自制其思想、情感、想象、文字之运用者，然后能为之。此亦出于一节度之意识也。扬雄以摹拟古人，成其著述，而其著述之思想内容，亦如贾谊、《淮南子》、董仲舒等之兼摄先秦诸家。其《法言》一书，固以孔子为宗，而有“小诸子”（《法言·君子》篇）之语，故其《五百》篇言“庄、杨荡而不法，墨、晏俭而废礼，申、韩险而无化”，其《问道》篇，尤大责申韩用人若牛羊。然在其《问神》篇，亦谓其多有取于邹、庄之言天地人之经者。其《问道》篇以道德仁义并举，而谓有取于老子之言道德，又言有取于庄周之少欲，邹衍之自持。更谓申、韩、庄周，“但不乖寡圣人，而渐诸篇”，则亦可如颜子、闵子。其《太玄》之书，以玄为道体，其《玄摛》言：“玄者，幽摛万类，而不见形者也，资陶虚无，而生乎规？……摛措阴阳而发气。”此“玄”“虚无”与“阴阳”之名，皆明出乎老子与阴阳家。其《玄数》篇，言太玄数之配五行、十二律、天干、地支，亦是求应合于阴阳家之流之说，以为论。其《法言》曰“通天地人曰儒，通天地而不通人曰伎”（《法言·君子》篇）。《太玄》之所以言此天地之论，固已有取于老子阴阳家之伎矣。扬雄尝讥《淮南子》、太史公为杂（《法言·问神》篇），不知其自己之学，亦未免乎杂。然杂所以成其综持之论，则正代表汉代学者之精神，亦何害也。

扬雄之书，为其一生精力所注，而最自负者，即上述之《太玄》。其书仿《易》之以一奇一偶之二爻，居六位，共成八八六十四卦者；而以一二三之三位，居方、州、部、家之四重，成九九八十一首。其书仿《易》之卦辞即彖辞作玄首；仿《易》之爻辞，作玄赞；仿《易》象辞，作玄测；仿《易》之《系辞传》，而作《玄冲》《玄错》《玄摛》《玄莹》《玄数》《玄文》《玄掜》《玄图》《玄告》。此《太玄》之书，班固已言“观之者难知，学之者难成”，刘歆亦笑其“空自苦，吾恐后人用覆酱瓿也”。扬雄则自谓其“非好为艰难，乃势不得已”（皆见《汉书·扬雄传》)。然桓谭以其书必传，张衡以为汉家得天下二百岁之书，三国时吴之陆绩著《述玄》，谓扬雄之经，周孔不能过，“考之古今，宜曰圣人”。后世宋之司马光，更大好之，而更仿之作《潜虚》。吾对其书，愧不能好之，而耐心研读。然人之谓其以艰深文浅陋者，亦无知妄说。吾观其书，自是依一理性秩序，而刻意经营之著，实较《易经》之原书，更为严整。其根本旨趣，盖不出班固所谓“大潭思浑天”，而“与太初历相应”。亦即意在以此八十一首，表象天运所成之岁历中之阴阳之气之次第升降而批参，所成之种种节度，而配合于种种人事之节度，以赞之。故其书卷一首段，终于“八十一首，岁事咸贞”之语。此八十一首，每首各有九赞，共为七百二十九赞。以二赞表一日之昼与夜，共可表一年之三百六十四日又半。更加踦嬴二赞，以表半日及四分之一日，以合于一年三百六十五日又四分之一之数。此显然是立意以《太玄》之首与赞，配合于岁历。其所以费大力而为此书，唯依其亟欲表象此岁历中之节度，故其书正当视为汉代人之重观节度之精神意识之一表现。否则对汉世之何以有此一奇书，亦不可解。今吾人果能识得其所欲表象者，在此岁历中之节度，而更本耐心以细读其书，则亦未尝不可解也。总而言之，扬雄之以摹拟古人著述之法度，以自成其著述，其《法言》中对诸子之学之有取有舍，以及其拟《易》作《太玄》，以表象岁历中之阴阳之气之流行之节度，皆是汉代学者之风。此重视天之阴阳之气之流行之节度，始原于阴阳家。对诸子之学，有取有舍，则为汉代学者之一般态度。扬雄摹拟古人之著述之法度，以自节制其思想、情感、想象、文字之运用，而成之著述之种类，竟如此之多，则可谓之前无古人。此则自是开一为学之道。能开此一道，亦即一创造。唐之文中子，有《中说》拟《论语》，宋之司马光拟《太玄》，作《潜虚》，邵康节亦尝称美扬雄，而自拟《易》，以成其《先天图》之易学。胡应麟《少室山房笔丛》卷三《经籍会通》，录后世拟《易》之书七种，拟《诗》《书》等经者又二十余种。盖凡此后世之一切由摹拟以成著述者，则皆可谓由扬雄导夫先路。然非在汉世之学风之下，亦不能出此扬雄之一人也。

四　汉世学者以批评为学之道，见之王充者

至于王充之以批评为学，则与扬雄之以摹拟为学者全异。然王充亦亟称扬雄。其《论衡·案书》篇谓“汉作书者多。司马子长、扬子云，河汉也；其余，泾渭也”，王之称扬，盖由二人同重本法度，以成其有节制之论之故。而吾人亦可谓王充之批评精神，乃汉人之重法度节制之意识，另一种形态之表现。王充所著书，今存者唯《论衡》。《论衡》中对汉人所传之世书俗说中之种种批评，固有其所依据之一套哲学。此可名之为自然主义、经验主义之哲学，如其《论衡》之《知实》《自然》之篇所说。由此自然主义经验主义之哲学，而王充遂最能见及人之生而具禀性才能，有贤不肖种种之不同，如其《论衡》之《本性》《初禀》《率性》《答佞》《程材》《谢短》《效力》《别通》《超奇》《定贤》诸篇所论；亦最能见及人生以后所遭遇之命运，与气寿之种种不同，如《论衡》之《命义》《命禄》《气寿》《逢遇》《幸偶》《状留》诸篇所论；复能见及人与其他万物之形性之种种不同，人之小与天地之大，而互相悬绝，以及经验世界中不能知有鬼神之存在等；由此遂反对一切天人相感应，物类与人相感应，及鬼怪神仙之虚妄之说。此则见于其《论衡》之《物势》《奇怪》《书虚》《异虚》《感虚》《福虚》《祸虚》《龙虚》《雷虚》《道虚》《谈天》《说日》《寒温》《谴告》《变动》《招致》《明雩》《顺鼓》《乱龙》《遭虎》《商虫》《讲瑞》《指瑞》《是应》《治期》《论死》《死伪》《纪妖》《订鬼》《四讳》《調时》《讥日》《卜筮》《辨祟》《难岁》《诘术》《祀

义》等篇。此数十篇文，居其书过半。王充依其自然主义之说，则天地之气，总是同此天地之气，故由此同一之天地之气而生之人，在任何时代，皆有才智特出者。后世之人之才智，不必不如古，而世运之行，今世亦可胜于前世。故《论衡》中又有《须颂》《齐世》《宣汉》《恢国》诸篇之著，以言汉世之盛于前世。凡此等等，固皆已见王充之能知人性与其命运之种种节度，故谓天地万物之与人为异类者，无感应之事，又知各历史之时代中之人才与世运，亦各有其特色与节限，故谓前世非必能凌越后世。然此皆本在王充之自然主义、经验主义之思想。此王充之自然主义之哲学，亦遥与魏晋人之自然主义，以及南朝时主神灭论者如范缜之思想相接。然王充之言其哲学，皆以批评世书俗说之态度出之。凡其所批评之种种虚妄之说，如天人感应，今世不如古世等，亦原皆在世书俗说之内。王充之所以为王充，则在其先能总览其前世所传下之书说，而更本其对自然世界之经验，以作推理，更不殚其繁，以评斥此世书俗说，或不合经验事实，或理论上自相矛盾。而王充亦能言此世书俗说中之种种虚妄之言，其所以形成之故，在语言文字之误用，如其《语增》《儒增》《艺增》诸篇之所论。至其《正说》《书解》《案书》《对作》《自纪》诸篇，则为对其前之著述，与其自己之著述之价值之评论。由此诸篇，正见王充能知人之语言文字之意义之原当有节度，若凭想象，而对所闻之言之意义，加以增益，更将所增益之意义，再用语言文字以说之，即有语言文字之误用。是为种种虚妄之言之所以出，亦流传至今之书说，待于重加以对案，更与以批评之故。对自昔所传之书说，重加以对案、批评，固自昔之人之所能。如孔子之"信而好古"，孟子之言"尽信《书》不如无《书》"，即于可疑者亦当疑之旨。韩非之书，于古昔所传之圣王之事，更多指其诬妄不足信。然在汉初之在上在下者，皆亟亟于求得古人书，而更以己意，加以解释。于是所附益之说，愈出愈多；而皆以世之好书之故，而为世所信。如纬书中之所记，《汉书》之《五行志》所采者，即固多只是虚妄之说也。王充于此，一一加摧陷廓清，其中自亦不免倾水弃儿之论。然其本对自然之经验，而依理性，以作批评之精神，亦可谓能求至乎其极。其详辨古昔所传之世书俗说中虚妄之说，则无异为后之辨伪，与考证之学之先河。吾友李源澄先生于二十余年前，尝有文论之。其言语文与其意义之辗转增益，而有语文之误用以成虚妄之说，又实无异为今之语意学之先河。王充能本一自然主义、经验主义，以破除人对自然之种种迷信，亦可说其有一科学精神。故在清末民初之论者，恒本此以推尊王充。然王充又实未能对此自然世界，论其法则，而形成科学之理论。中国之科学思想之原自王充者，亦甚微少。王充之所以为王充，则要在其能博览古今之书，更评论其中之虚妄所以形成之故，在语文与其意义之辗转增益。故吾人只宜说王充是开一“以批评为学”之道也。

此以批评为学之道，要在知古今之著述之学术价值之节度，知运用语言文字之节度，而更对若干著述或语言文字之集结，加以廓清淘汰。此不同于刘向、刘歆之校书分七略，只将所传之古籍，加以分类，以见其书中之学术之所属之类，其范围制限节度所在者。亦不同于班固之本向、歆父子之《七略》，而更作《艺文志》，以见各家学术之如何配合，以用于王政者。由王充之批评，以观刘、班所列之书，则当删削者应不少。然通而观之，则同是对以前之书籍学术，重加以整理辨别之事。唯刘、班只有辨书籍学术之类，以分别见其所及之范围制限节度，王充更欲辨其言之属于真实或属于虚妄之类，而更排斥彼虚妄者而已。

至于以王充与扬雄，比较而观，则扬雄重在摹拟古人，王充则多批评古人。扬雄为《法言》拟《论语》，为《太玄》拟《易》，又尝言“窃自比于孟子”（《法言·吾子》篇），王充则不特破一般世书俗说，亦有问孔、刺孟之作。其《自纪》篇不讳言其书之多有胜古人者。则其为学之道，与扬雄正为两极，一则舍己从人而仿古，一则抑人扬己而称今。然自另一面观之，则扬雄与王充之书，同不为其时人之所重。二人皆同不满于西汉之今文学，与纬书之传。扬雄之拟《论语》、《周易》、《离骚》、相如赋等，乃意谓唯此诸书为可拟，其余皆不足拟；而即以其只仿此数书，见其对其余著述之轻视，而更不屑加以批评。王充之不惜于世所传之书说，一一费唇舌，加以评论，又反见其对此书说之重视。则扬雄固未尝舍己，王充亦非全是抑人。二人之学，皆无弟子为传人，然自皆各开一为学之道。上已言宋有司马光拟《太玄》，而《后汉书》则以王充与仲长统、王符合传。仲长统、王符，固未必受王充之影响。仲长统《昌言》唯及时政，王符《潜夫论》，更能通治道之原，然其书《本训》篇，犹存汉人之天人之感应之说。王充之学，则规模远大过二人，亦全不信汉世之天人感应之说。然《后汉书》于王充，言其"闭门潜思，正时俗嫌疑"；于王符言其"隐居著书，指讦时短"；于仲长统言其"每论说古今，及时俗行事，恒发愤叹息"，则正以三人之批评精神相类，而合之为一传。今观王符《潜夫论·卜列》《巫列》之篇，言不当"狎于卜筮"而"祭非其鬼"，不可"多忌妄畏"，亦与王充之论相似。仲长统《昌言》一书，立论之重征实，与王充之旨亦略同。上文尝言王充之自然主义亦开魏晋之自然主义、后世之辨伪考证之学之先河。今按唐之柳子厚辨诸子，亦以天为自然之天，而反对封禅之事，并论封建非圣人意，乃出于时势之所不得已，正与王充之辨伪书，重自然与时势者之精神，正最为相类，读者可更细观之。则王充之哲学与批评精神，固非后世无传也。

第三章　秦汉至魏晋学者之法天地以设官分职之道，及对人之才性之品类之分别与对人物之品鉴之道

一　秦汉学者及董仲舒之言法天地之政道

上二章言秦汉之时代，有一顺天应时之历史意识，重学术之类别与节度，以成学术人文之领域之道。而与此二者相应者，则更有其政治思想之重法天地以设官分职，及其对世间人物之才性，分别其品类，及对具不同才性之人物之品鉴之道。此当于本章中及之。

此设官分职之事，原自古有之，如《尚书·虞夏书》即言尧舜之任官，而商周之书与《国语》《左传》亦皆及于各时代之设官之事。《左传·昭二年》，亦记孔子有"守道不如守官"之言。孔墨老庄之书，亦同有关于设官长之论。然先秦诸子中，唯在荀子乃有一系统之理论，以言百官与士农工商不可不分职，当立制度，以节限其职责，更通之为用，以成壹统类之治。韩非之治术，遂要在督责百官，以各尽其职守，秦制之设御史，亦即原所以督责百官者也。然官必择人而用之，而用人必先知人。《大戴礼》中遂有《文王官人》之篇，言由人之六征，以知其九用，而分别授官之义。《逸周书·官人解》，亦有由六征以观人，而官人之论。盖与《大戴礼·文王官人》篇，同时代而相袭者。观秦汉之际之一政治思想，别于法家与秦政之专以督责为政者，则首为由先观人

而后官人，更言人主之运用百官之道，不同于百官之各自守其职之道者。此则见于《吕氏春秋》《淮南子》《管子》《大戴礼》诸书。依此诸书，以言人臣或百官之自守其职之道，在各专于其职，有如地之方；而人主之运用百官之道，则当随时变化，以成其圆运，如天之圆。于是此为臣为君之道，即是法天地之道。如《吕氏春秋》有《分职》之篇，言百官之分职以自守，亦有《圜道》篇，言人主之用百官，当学天之圆运。必使此二者相辅而行，方为善政。《大戴礼》之《天圆》篇，亦同此旨。《管子·君臣》篇谓"主劳者方，主制者圆。圆则运，运则通，通则和；方者执，执者固，固则信"，则其旨最显。秦之法制严，而人王只知督责以为功，不能观人以官人而圆用之，盖秦之所以亡。此亦可说由于不知法此天圆地方之理以为政之故。后此之董仲舒之改制变法，则更要在以天地之阴阳为法。唯天道之阳生，能运乎地道之阴固；而与天道之阳生相应之官职，即任礼乐教化之官。以此任礼乐教化之官，加于分别专任民政兵马之官之上，而国家之政制，即可得其圆运而活转之机。此即全变革秦制之专尚政法之法家精神，以合于儒家以教化为政法之本之精神，亦顺乎天道之以阳生为本，而合于天志与天心者。在此一理想之下，则在朝廷之官制中，百官之所任，自亦有其相克相限制之一面，亦当有其相生相促进之一面，合以形成有节度之政治。在此所谓节度之义中，亦涵有节节相生相促进之义，则百官之在朝廷，各守其节度内之职责，亦如有一天之元气之运于其中。而能使此元气周运者，则亦在乎君心之顺天道，以上契于天志与天心，而其言亦固为兼合于阴阳家之顺天应时之教者矣。

按董子之信有所谓天神，与阴阳家之信天神同。然董仲舒只有一至高之天神或上帝，而不如阴阳家之有五帝。按汉武帝始于五帝之外，祀太一之神。董仲舒之天神或上帝，则只是一太一之神。董仲舒之谓此天神或上帝之为天地间之至尊、至大、至高、至深之存在，自有其天志、天情、天知，正无异世间之一神教所信之人格神。然董仲舒又必言此天神之有其形体之外容。吾人所见之有日月星之运行之自然之天，即此天之形体之外容。天之喜怒哀乐之情，亦即直接表现于此天容之运转而有之春夏秋冬四时以生物之事中。此即其所谓之“位尊而施仁，藏神而见光”（《春秋繁露·离合根》）。此即许吾人之由直接观此天之四时之运，以知天情天志，而更求人之所以法天。关于董仲舒对天之纯宗教性之思想，吾已释之于《中国哲学中之天命观》论董仲舒之一节。今不拟多所重复。要之，自董仲舒之天神之情志，表现于天容之运转成四时，以生物者而论，则天之道自是人人所可知可见，以为人求立人道时之所法。此董子所谓“道之大原出于天”也。此天之道，在根底上初只是一生物之道，此即先秦儒家之义。此生物之道，表现于天之生物之事。天之生物之事，见于四时之运者，始于春。而春即天之元之所在，亦即天之生道之始耑之表现于其生物之事，而与物为春。由此而王者即位，遂当由观天之生道之表现于春之第一月，更体此之道，以自正其心，正其德，正其政，故《春秋》更变此第一月之名，为“王正月”。此即董子所谓“以元之深，正天之端；以天之端，正王之政”（《春秋繁露·二端》篇）。由此而更当求正朝廷、正百官、正万民、正四方（《汉书·董仲舒传》贤良对策），“以王之政，正诸侯之即位；以诸侯之即位，正境内之治。五者俱正，而化大行”（《二端》篇）矣。此董仲舒之言人之法天，与阴阳家之言法天，所不同者，一在其言天神之唯一，而人间之政治，亦当为大一统之政治；二在其建元之义中，以天之元为不变，天之生道，亦为不变之道。所谓天不变，道亦不变也。故在政治上无易道，而只有变法。此即与阴阳家之只观天之时之变，而顺四时以定教令，而不重天道之不变者不同。阴阳家固不能如董子之于天道之表现于元年春之正月，见一特殊之意义，谓由此可透视天之元、天之道之为至正；谓王者之政，亦当求朝廷百官、万民四方之莫不正；以一强度之求正精神，上契于天之正，而普遍化此“正”于天下也。

此董子之言天不变，道亦不变，乃指天之元之深之不变，其生道不变；自非谓天无四时之变，无历史上之世代之运。天自有四时之变，而在四时之变上说，则天在春夏，虽表现生道，然在秋冬，亦表现刑杀之道；则生道似不足以尽天道。然天道仍毕竟是以生道为本者，则在秋冬之后，必再继以春夏，而秋冬之刑杀，必不能杀尽万物。若杀尽万物，则无世界，亦更无四时、无历史上之世代之运。今既有世界，有历史之世代之运，则必有万物之生。故生道与世界与历史必同在。今依此义而言，春即遍运于四时。故有四时之一春，亦有贯彻四时之春。天有与生道相对之刑杀之道，亦有贯彻于刑杀道，以转运其刑杀之事之生道。此贯彻之生道不变，故天道不变也。

依此天之生道有此不变之义，而人之为政，即不能以刑法为本，而当以能生养万民之德行教化为本。此即当以儒家义为本，而不能以法家义为本。然四时之运，又必有秋冬。故在历史之世代中，亦必有一尚刑法之世代，如秦与汉初之政是也。此秦与汉初之政，亦在一世代中，所不能免者。然秋冬之后，必继以春夏，而秦与汉初之政，即亦必当更改。此二者同为历史之必然。秋冬后再继以春夏，为一年四季之复始，以成四时之化。改秦与汉初之尚刑罚之政，而还至其前之不尚刑罚，而尚德行教化之政，是即为“复古更化”。天之四时，各有节度，其四时之运，即无异自变易其节度。人在政治上之复古更化，即人之自变其政治上法律制度，是名变法改制。天道虽不变，然四时之节度不变，则不成。故王者之体天道以为道，虽亦不变，而王者又必顺历史之世代，以变法改制。政治之法制亦不变不成，而秦与汉初之尚刑罚之法家之政，亦不可不变为崇德行尚教化之儒家之政也。

此董仲舒所言之复古更化、变法改制、崇尚德教之政，以代尚刑法之政，即法天之以其春夏，代其秋冬。春夏为天之阳生，秋冬为天之阴杀，故此亦同时是以阳生代阴杀，而贵阳贱阴。贵阳贱阴，即贵儒家义，而贱法家义。法家义自是贵阴贱阳。阴阳家亦初未言贵阳贱阴，但只平观阴阳消息之变。故董子虽言阴阳，其说与阴阳家亦不同。此贵阳贱阴，在政治上，为贵德行教化、贱刑法。今欲成此德行教化，则对人之生命心灵之活动，须发扬其活动之趋向于阳生者，此即出于人性之仁者；更裁制其活动之趋向于阴杀者，此即出于人性或情之贪欲者。此裁制，即所以成义。此义之本身以裁制为事，故亦是阴。由此而董子之言政，即连于其人性之论与仁义德行之论。此吾已论之于《原性篇》，今不更赘。要之，人虽当贵人性之仁而贱情欲，情欲自不可绝，须制之有道以成义。故在政治上，人虽可只尚德行教化，而刑法之用以成天下国家之公义者，亦不可绝。即虽尚儒，而仍可以法家之刑法为用。由此而儒法之道，即有主从，而未尝不通。本此以言政治上之设官，则当有司教化生养之事，以立仁道之官，亦当有司军刑法禁之官。此“设官分职使相辅相生，亦相制相克”之原理，则又正本于阴阳而开出之五行之论。

二　董仲舒书及《周礼》之言官职之类别

董子《春秋繁露》五十八《五行相生》篇尝曰：“东方者木，农之本。司农尚仁，进经术之士……仓库充实，司马食谷。司马者，本朝也。本朝者，火也。故曰木生火。南方者，火也。本朝司马尚智，进贤圣之士。……天下既宁，以安君。官者，司营也。司营者，土也。故曰火生土。中央者土，君官也。司营尚信，卑身贱体……信以事其君。据义割恩……以成。大理者，司徒也。司徒者，金也。故曰土生金。西方者金。大理，司徒也。司徒尚义……邑无狱讼，则亲安。执法者，司寇也。司寇者，水也。故曰金生水。北方者水。执法司寇尚礼……百工维时，以成器械……以给司农。司农者，田官也，田官者木。故曰水生木。”又五十九《五行相胜》篇：“木者，司农也。司农为奸，朋党比周……则命司徒，诛其率正矣。故曰金胜木。火者，司马也，司马为谗，反言易辞……执法者诛之，执法者，水也。故曰水胜火。……土者，君之官也。……君大奢侈，过度失礼，民叛矣；其民叛，其君穷矣。故曰木胜土。金者司徒……司徒弱不能使士众，则司马诛之，故曰火胜金。……水者，司寇也……诛杀无罪，则司营诛之，故曰土胜水。”此中吾人首当注意者，除因各官职皆相辅相生，亦相制相克之外，乃以东方木之司农而尚仁之官，居首位。司农之官乃直接有关于人民之生养教化之事者。其以北方之水，配司寇之官之本为主刑罚者，而言其尚礼，盖意谓其用刑罚亦当合乎礼，亦志在使人有礼，而更不待刑。东方在四时为春，北方在四时为冬，冬必自尽而回于春，故刑必求合乎礼，亦志在使人有礼，而更不待刑也。董子之以尚仁与尚礼，论此二官，明以儒家之旨为本。至于其以司马之官配南方之火，则在四时为夏。司马主军，不可逞其威势以杀人，军威如夏时之草木之怒生，故可配夏。然司马之主军，则当尚智进贤圣之士。在邹衍五德终始之说中，智本为水德，今言南方之火之司马之官当尚智，即无异言当用水以自克其火之盛，以免于此火之盛之杀人也。至于其言司徒之官属西方之金，则在四时为秋。司徒之官理民政，当求公平，使人各得其所，故尚义。此则如秋之使草木疏落而各得其所，不同于夏之草木怒生，以相凌犯也。此董子之言司马须尚智、司徒须尚义，亦不违儒家之旨。然其中之司寇之本职自在刑，司马之本职自在军，此军刑则为法家之所重。董子唯以智义之德，规约此人之为军刑之事者，即以儒家之义统法家之事。其于《五行相生》篇，更言司营造之事之官，其职配中央之土，谓其尚信。合上所述，则见儒者所言之仁义礼智信之五德，为五官所当分尚，而与四时五方相配，以见儒家所言之德行，通于五行之义者也。

此种以五行配人之德行与官职之说，不始于董仲舒。阴阳家之依四时十二月，以定其对人民之教令，而加以执行，已必当有其官守，如四时十二月中之各有其当令之神，以掌其时之运。官之有分掌农事、刑事、民事、营造之事者，亦原与人类之政治社会俱始。司马、司寇、司徒等官名，亦自古传来。又以此诸官，配人之德行，与四时五方，当如何配法，亦有种种不同之说。上引董子之说，亦非人所共许之论。然此于政府中之官职，视为分属于五方，于五方中，分别表现四时中之德，与人之五常之德，则直下展开一官职之世界，以应合于外在时空中之自然世界，及人内心之德性世界。由此而百官虽同在一政府，然自其职守之差别而观，亦如东西南北，各有其不同之方位，而不可相滥；其所为之事，顺次序而行，以相依为用；亦如四时之顺次序而行，以相依为用。此不同之官职须并存，有如五方之必并存，然后其所为之事，得相依为用，如必有五方，而后有四时之气之行于五方。此则又略不同于五德终始说中言帝王之受命者，只各在历史之世代中，更迭而起，而各偏尚五德之一，以上应于五方中之五帝之一者。在五德终始之说中，帝王只应一德以生，而在此董子之政府中，则有“以其职守，分别表现五德，代表五方”之诸官之并在，以合为一全体。则五德终始说中之一帝王之德，亦犹此五官中一官之德而已。由此而吾人可理解何以在董仲舒之学中，虽亦言及五德终始之说，然又非其说之主干之故。盖王者果能使其所设之百官，各代表五行之德，合以表现五德之全，则大一统之王政，亦可直接表现五帝之德之全。地上之人王既一，则天上之五帝，亦当只是一天神或上帝。王政之要，则唯在其设官分职之后，其事之能顺次序而行，以相辅、相制、相依为用而已。

此一重设官分职，使其事之能顺次序而行，以相依为用，原为政治之本质，更为秦汉以后大一统之政治所必重。然求合之于人之道德上之理想，与天之四时五方相配，则为儒家与阴阳家之思想之所增益。至中国古籍中，大言政治上设官分职，更重其所为之事，能顺次序以相依为用之一书，则为《周礼》。昔谓此《周礼》之书为周公治太平之书，或六国阴谋之书，皆无可征。然其书自西汉之末而出现，为新莽之所遵之而行者，则大可使人疑其成书之时代，亦相距不远。故方苞《周官辨》，以此书为刘歆假造，此固不必然。但此书对中国后世学术史政治史之发生意义，乃始于此时。此《周礼》之书，尚六。故一切官分属天、地、春、夏、秋、冬六官，每官所掌职者，亦恒分为六，如天官所掌有六典、六叙、六属、六职、六联等，地官所掌有六德、六行、六艺、六乐等，春官所掌有六瑞、六挚、六器、六尊、六彝等。此与依五行分五官之系统，初不同。《史记》言秦政亦尚六，故分郡为六六三十六郡，定官制亦以六为数。贾谊《新书》，以道德性神明命为六理、为内度，称六法；表现于外，为仁义礼智圣和之六行，与《诗》《书》《礼》《乐》《易》《春秋》之六艺，是为六术；以配阴阳之各有六月，以与天地之六合，人之六亲相应，亦见贵六之旨。《管子》书《五辅》篇言德有六兴，《五行》篇言人有六府，人道以六制，则亦似重六。此尚六之思想形态，与《易经》之八卦思想之尚八，及五行思想之尚五，各不同。然五行中之土，即《周礼》之天官地官中之地。《周礼》之春夏秋冬四官，则为四时之官。此重“序四时之大顺”，则为阴阳家之传统。《吕氏春秋》作于秦时，亦依此传统以论十二纪。依四时分官，明属于此一传统思想之流。既依四时分官，更依地而立地官，依天而立天官，并四时之春夏秋冬四官，即《周礼》六官之说所由生。《管子 · 五行》篇既言六府，又言黄帝得六相，分任天、地、东、南、西、北之事。但其中尚无天官地官之名，唯言四方之官，即四时之官，谓：“春者，土师也；夏者，司徒也；秋者，司马也；冬者，李（狱官）也。”又与董子及《周礼》皆略异。如《管子》书为早出，则《周礼》之六府、六官之说，或即皆本于《管子》。在此《周礼》六官说中，天官冢宰，地官司徒，春官宗伯，夏官司马，秋官司寇，冬官司空，初与董子之五官之配于四时五方之说不同，亦较为整齐而合理。《周礼》以天官冢宰为百官之总，地官司徒为理地上万民之民政之官，宗伯主礼乐祭祀，司马主兵马，司寇主刑法，司空主营造。此中以天官冢宰配天，而于董子视为属西方，而当为秋官之司徒，改为地官，以见理地上万民之官，高于专主某类事之官。又益以宗伯之官，以掌礼乐祭祀之事为春官。此盖依于特有见于礼乐祭祀之事，对人之生命精神，有加以生发开启之价值而来。此亦甚契于儒家以礼乐祭祀之事为重之旨。其以司马属夏官，与董子同。兵马军威之盛，亦固与夏之草木怒生相应者也。《周礼》以司寇主刑法，为秋官，与董子之视北方之官为冬官者不同。然依董子言天之刑，亦当始于秋，而非始于冬，则司寇之官，固宜为秋官也。营造之事，乃人之克伐土木之事，此即人之由以刑法施人，而更以刑法施于自然之土木。此刑克之事之极，亦如严冬为秋之刑克之极。此亦较董子之以营造之事，属中央之官者为合理。此一《周礼》之于政治上设六官，以配天地四时，更于六官之中，分设种种之官职，以掌一切天下国家之事，而亦重各官职间之事，相辅相联之关系，以使之相依为用；即形成一极繁富之人间之官职之世界，以与天地之大、万物之多、人事之繁，求加以应合者。《周礼》一书，亦即由一“求天人间之一一事制度化”之理想之所鼓舞而写成。王莽之欲依此书所陈之理想以为政，虽归于失败，然此书仍为后之学者所重视。至南北朝时代，北周之熊安生治《周礼》，影响及于隋唐之政制之建立。隋唐所设六部中，吏部即《周礼》之冢宰之遗，户部即司徒之遗，礼部即宗伯之遗，兵部即司马之遗，刑部即司寇之遗，工部即司空之遗。此六部之制度，更为唐以后各时代之官制之所沿袭。此六部之制，固原于《周礼》。《周礼》之设官，则固表现在人之欲求应合于天地之道，以为政之一理想也。

此上述之重设官分职，并使人间之官职，与天地四方四时相对应，以成一天人合一之政治，可谓汉儒所共持之一大政治理想，为汉代今古文之经师所共有。但落到实际事实上之需要，毕竟应设若干类之官，若干等级之官？其爵位、俸禄当如何而定？又是否人当有其子孙世守一官职？再如何对政治上开创一新朝之功臣之为官者，或王室之子孙，未承天子之位者，封以土地与爵禄，并使荫及其子孙？此封土之大小等级如何？爵禄高下多少之等级如何？此则皆有种种具体之政制问题。秦虽废封建，然汉初亦再有封建之事，而秦以前之政制则有封建，其制实如何？其原有种种官职之制，其政治意义与价值何在？是否可取用于今？则皆有种种之问题。今文家之以《王制》《公羊》为宗者，与古文家之以《周礼》《左传》为宗者，则为一大分野。两汉之石渠阁白虎观两次经术之会，皆以讨论此有关礼制或政制之问题，为一中心。然经两次之会以后，汉末之经师，仍相争不已，并延及后世。然由汉代经师之聚讼，亦正见汉人之思想之重设官分职，与所连及之爵禄封建之问题。此设官分职，则在建立一人间之官职之世界，以与天地之四方四时相对应，以成一天人合一之政治。此则为一基本上之政治之道，亦一政治哲学之基本之观念也。

三　秦汉学者之辨人物之才德才性之品鉴之道，与魏晋人对才德才性之表现所成之人物风度之品鉴之道

人之行事之成，必赖其才。人之自处其才，即见其德。于人之不同才德，知所辨别，而更为之类分，亦盖与人之历史文化俱始。故《书经·皋陶谟》有九德之分，《洪范》有三德之分。由《国语》《左传》之书，吾人所见之状人之才德之名更多。孔子虽要在以仁孝教学者，然《论语》中，亦有其他种种德目之名。至

若冉求之“艺”，祝鮀之“佞”，宋朝之“美”，孔文子之“文”，则皆专状人之才之名也。以人之德之不同，而有贤、不肖、君子、小人之品。人欲成其德，以为君子，其道有种种，并可列举其数。故《论语·季氏》章言君子之九思、三畏、三戒，益者之三友、三乐。成德之道不同，而所成之德，亦即可说为非一。人之于德，或生而知之，或学而知之，或困而学之，或困而不学；而有上智、中人、下愚之分，亦见人之品。故对人之才德，加以分类，为人之品定高下，孔子早已有之。后之孟子，恒言仁义礼智之四德，亦言五伦之德。孟子除以君子对小人说之外，更喜以大人对小人说，而于圣人又为之定清、任、和、时之四品。荀子于人更分为大儒、雅儒、俗儒、俗人等，以见德行之品，又分人为士、农、工、商等，以见其才任之品。后之《中庸》言三达德，五达道，《易传》依元亨利贞之四天德，以言仁义礼智之四人德。《墨辩》于仁义忠任之德，成功利民之才能，皆有所言及。然法家则只重人之才能而轻贤德。道家喜言大德、至德、玄德、全德，与“才全而德不形”或“上德不德”之德。至于观人之德之言，则《左传》已多记春秋时人，如季札之观乐声以知德，及其他由辞气容貌以观德之言。孔子有“视其所以，观其所由，察其所安”，以知人之德之语，孟子有观人眸子以观人之语。《庄子·列御寇》托孔子言观人当“远使之以观其忠，近使之以观其敬”等。《逸周书》《大戴礼》，并有《文王官人》之篇。则观人之德有种种之不同，固其原甚远也。

在两汉之学者，多是综合先秦诸家之义以为论。大体而观，则于道家所言之道德，亦视之如一德，亦如儒家之仁义等之各为一德。法家之严赏罚，而尚公正，亦自为一德。其刻薄寡恩，则为一负面之德。综述各种之德，而分其大类，则更为汉代学者之所喜为。此则如贾谊《新书》言德有六理，更有六法、六术、六行，以与天地之六合、音之六律、人之六亲相应合。贾谊之贵六，亦如秦政之贵六。上文已及之。董仲舒则重申五帝五德之说，以配五行。传于汉世之《周礼》，亦有六德、六行之分。而谓人之德行有高下之不同，连于人之才性以言人有上中下种种之差别，则为董仲舒、王充、荀悦以至汉魏之论才性者之所重，如吾在《原性篇》所论。汉代政府初有举孝廉、贤良方正与文学之士之制，后有九品官人之制，则表示对社会上有不同之德行才能之人，能察其品类，而加以举拔。此则为秦以前所未有之制度，而见汉人于具不同类之才德之各品类之人，乐加以辨别，而更加以推重或任用，以形为社会之风尚，助成政治上之设官分职之一时代精神者。汉代学者中，最能重此一不同人物有具不同类之才德之品类，分别肯定其在人类历史文化中之地位，更对之一一求有同情的了解，而或更加以赞叹者，实莫如司马迁。至于能就人之才德、才性之有种种品类，而广开政治上之用人之道，浸至魏晋时代之用人不拘一格，对具不同才性、才德之人，皆能加以欣赏赞美者，则为汉魏之际之才性之论，与魏晋人之品鉴人物之言。此皆不可不一略说。

司马迁之《史记》，乃以传为主，即人为主。其传中有帝王传之本纪，有世家，有列传。本纪中如于五帝，固言其大德。世家中于吴太伯、鲁周公及孔子，亦盛称其德行。在列传中，司马迁更明似意在对具不同品类之才德之人作传，以见其各有其可称美或赞叹之处。其列传中首伯夷叔齐之传。此即孟子所谓圣之清，亦求自洁其身，而避世之道家型之人物。其次之《管晏列传》，则近孟子所谓圣之任，而担负政治责任之人物，亦理想之法家人物。商鞅，则急功近利之法家人物也。酷吏传，则汉代之尚刑之法家人物也。游侠与刺客列传之人物，尚意气、重然诺、轻死生而急人之难，此皆为能有信义之道于朋友之间者，乃儒墨而侠者。龟策列传，则阴阳家方士之为占卜者之流。货殖列传乃经商致富之流。滑稽列传则以诙谐之言讽世之流。此皆显然属不同品类之人，而各有其不同之才或德者。然司马迁皆分别为之传，而寄其叹赏之情。其七十列传之人物，今固不能言其各代表一型之人物。然亦多是自有其人品，以使后世读者由其所为之传，以想见其为人者。司马迁于此不同类之人品，未尝专依先秦诸家中之一家之说，以评论其善恶与高下，而只就其一生之事之如是如是，见其为人之有可观者焉，即同情地理解之、叙述之、嗟叹之、欣赏之。此有类于孔子之于尧、舜、文、武、周公、伯夷、叔齐、管仲、晏子、子贡、颜渊等不同之人物，皆能加以称美。然孔子固未能如司马迁之一一于其所称美之人，皆为之传也。自司马迁对历史上之人物，分别其品类，而为之传；而后世之史书，亦莫不于人物分为种种之品类，以为之传。此中之人物之品类之分，乃人之个性、思想形态之分，亦恒是其所连之人文领域之分。如上述之管晏之在政治领域中，货殖传中人在经济领域中，《史记》中之老庄申韩孟子荀卿，《史记》《汉书》之儒林传中人，在学术领域中，《史记》之司马相如传与后世之文苑传中人，在文学领域中是也。故此史书之分种种传，所以别人物之品类，亦所以见人物之品类，连于人文之品类。吾人前已言于学术人文，开为不同之种类，乃汉代之精神。今当更言别人物之品类，并于其中见人文之品类，亦是汉代之精神。史书之有志以纪人文之别，有列传以别人物之品类，亦即自具有为"成就此人文世界、人物，世界之合为一全体"之一道，亦如政治上之设官分职，以应合于天地四时，更察不同人物之品，而用之以任官职，为一成就此社会之人物连于政府中之人物之一道也。

然克就司马迁之论人物而言，则其中之历史人物，如在伯夷与货殖列传中人，初皆非任政治上之官职者，即见其论人物之观点，更为广大。后王充论人物，谓汉之人物，皆多不亚古人，亦重人之气质之殊，而各有其才德。汉魏之际之论才性者，如锺会、刘劭之论人之才性，有种种同异之品类，则盖趋向于一更广大之对人物之观点，以用人任官职者。如刘劭之书言人物有清节家、法家、术家、国体、器能、臧否、伎俩、智意、文章、儒学、口辩、雄杰十二类之分。其言“德行高妙，容止可法，是谓清节之家，延陵晏婴是也”。此非指隐者之徒，乃指人之以德行胜者。又言“建法立制，强国富人，是谓法家，管仲、商鞅是也”。此即建立政治制度者。又言“思通道化，策谋奇妙，是谓术家，范蠡、张良是也”。此即指能在政治上应变者。更言三材皆备，为国体，如伊尹、吕望。三材皆微，为器能，如子产、西门豹。至于“清节之流，不能弘恕，好尚讥诃，分别是非，是谓臧否。法家之流，不能创思远图，而能受一官之任，错意施巧，是谓伎俩。术家之流，不能创制垂则，而能遭变用权，权智有余，公正不足，是谓智意。凡此八业，皆以三才为本”。此则由对三材之全备与否，及其所偏至，更分五类之人物。其下文更言：“能属文著述，是谓文章，……能传圣人之业，而不能干事施政，是谓儒学。……辩不入道，能应对资给，是谓口辩。……胆力绝众，才略过人，是谓骁雄。”则纯依人所偏能之文武之事，以更分为四种。下文更言：“凡此十二材，皆人臣之任也。主德者，聪明平淡，总达众材，而不以事自任者也；是故主德立，而十二材，各得其任也。清节之德，师氏之任也；法家之材，司寇之任也；术家之材，三孤之任也；三材纯备，三公之任也；臧否之材，师氏之任也；伎俩之材，司空之任也；儒学之材，安民之任也；文章之材，国史之任也；辩给之材，行人之任也；骁雄之材，将帅之任也。是谓主道得而臣道序，官不易方，而太平用成。”则主德在善用此十二才，使任官职，有主德者与有此十二才者，合为十三类之人物。即见其对人物之种类之分，与其用于政事之各有所宜，最能取一广大之观点；而不同于王充、荀悦之偏重在以狭义之德行上之善恶，对人之才性作三品、九品之分者。三国时曹操诏令求“负污辱之名，见笑之行，不仁不孝，而有治国用兵之术”之才为用，亦正由其时之才德之观念之转变，乃至于“崇奖跅弛之士”，此顾亭林所叹息为“东汉风俗之美，自此而坏”（《日知录》卷十三）。然自另一方观之，则史亦载曹操之知人善任之种种事（洪迈《容斋随笔》卷十二，尝列举之）。三国时之刘备、孙权与曹操，共争天下，其用人唯才，盖皆不拘一格，并有其豁达大度之处。吾尝爱读袁宏之《三国名臣序赞》（《文选》卷四十七），言当时之“赫赫三雄，并回乾轴，竞收杞梓，争采松竹；凤不及栖，龙不暇伏，谷无幽兰，岭无亭菊”。其中论当时之三国名臣，魏九人，蜀四人，吴七人之风格，与其君臣之遇合，以见“才为世出，世亦须才，得而能任，贵在无猜”之辞，皆甚美。读者可取而观之，便可想见三国之时代其取人才德，不拘一格之风。刘劭《人物志》书，又由人物之材性之不同，而论其所见理之不同，而或为道理之家，或为义理之家，或为事理之家，或为情理之家，及各种人才其相接识，或相了解、欣赏、遇合之情形之不同。魏晋以降对不同个性之人之才德，互相品鉴、欣赏赞美之风，如《世说新语》所载，正是缘此以自然形成。今可对《世说新语》一书之内容，略加分析，亦可见其时人之尚不同形态之人物之品鉴。

《世说新语》首卷之载其时人之德行、言语、政事、文学，此乃初不出孔门四科之遗者。然其后诸卷之言其时人之雅量、识鉴、赏誉、品藻、规箴、宠礼、企羡，即纯就人之能包容了解，而欣赏赞美此不同才性之人格，而即以此见其为人之德者。其《豪爽》《容止》《自新》之篇，则为就人之表现其才德之态度、容貌，或自新其德之事，而加以赞赏者。其《捷悟》《夙慧》《巧艺》之篇，则记当时人对天生之才之赞赏者。《伤逝》之篇，则言对所交游之人格之怀念。余如其《任诞》《简傲》之篇记个性强之人格任才傲物之事。《排调》《轻诋》《假谲》《黜免》之篇，则纪不同形态人格之相诋排、相黜免而假饰以相交之事。至于《俭啬》《汰侈》《忿狷》《谗险》《尤悔》《纰漏》《惑溺》《仇隙》诸篇，则纪人之不德之事与情，唯足资谈助为鉴戒者。总而言之，则此《世说新语》，乃代表魏晋以降人对人之表现才德性情之事，有多方面之包容、了解、品鉴、赞赏之书。盖在汉魏之际之论才性者，已知人之才性原有种种之不同。由此进一步，遂知每一人皆可有其独特之个性之表现，此则唯有由纪其事，更加以具体地了解品鉴，以见之。于此当说一人之独特之个性，固有各方面之表现，以分属于各类，故亦宜更分别纪之于各类之中。此即《世说新语》之所为。其所依之观人之观点，固更有进于汉魏之只将人之才性分为各类，以一人只能属一类者也。

此《世说新语》之纪人之才性之表现，乃就其零散之表现，而散记之，以见一人之风度，故不同一般史传之纪一人一生之事者。《世说新语》之重见人之风度，亦不同于后之《高僧传》之为不同类之高僧作传，重见其宗教性之功德者；再不同于宋明人之纪圣贤之言行，重在使人想见其圣贤之气象者。于风度可只加品鉴、欣赏，或赞美；于功德，则当更继之以顶礼崇敬；于气象，更当就而涵濡浸润于其中。此后二者，固非即魏晋人之所知，然要必先能有魏晋人之对人之风度能加以品鉴为其始，然后可进而知高僧之功德，圣贤气象之庄严，更合之以见不同人格所合成之人格世界之真实存在。求见有此人格世界之真实存在，正为中国数千年之文化精神之一中心所在。其原可远溯至《尚书·虞夏书》之“知人曰哲”“敬敷五教在宽”，《秦誓》之贵“其心休休焉，其如有容”之教，孔子之言仁者之心，当无所不感通之教，以至道家之言“德无不容”，《中庸》言“道并行不悖”等义。近则原于秦汉以来于九流之学，皆重其可融通为用之处，重设官分职之能各得材，以成就此人文世界，而重人之才性个性之论。其流则及于中国以后二千年之历史，皆一直以人物为历史之中心。故史书皆以本纪列传之人物为主。此遂使中国人文历史之世界，在本质上为一人物之世界，或人格之世界。此固不容轻加以忽视者，故引申而言之如此。

第四章　秦汉之神仙思想与炼养精气神之道，与道教思想之发展

一　神仙意识之原始及方术内学之流

此上所述两汉魏晋之思想中之道，要皆由欲建立一人文之世界，人格之世界，以顺天应时，更以人文配天文，而开出。然天文之见于天体之日月星之行，四时之运者，皆天所垂之种种象，其中虽有种种变化；天上之神灵之自身，固可常在而久存。又人于其自然生命之有死亡，则自始有一畏怖。然在初民，亦信人死而为鬼神，与其鬼神之恒在；故又不必皆贪生畏死。唯在人既知自乐其生之后，又必求其寿之久长，如鬼神天神之不死。此即为人之求为神仙之思想之所自生之根原。此求为神仙之思想，自非先秦诸子思想之正宗，而初夹杂于若干原始之迷信或知识，以逐渐形成。先秦诸子，大皆知人之死为不可免。孔子谓“朝闻道，夕死可矣”，孟子以尽道而死为正命。则于孔孟，死非必可恶。墨家勤于生事，信死后鬼神之常在天，亦不畏死。法家则只重论政治，更不及于个人之生死问题。唯道家之老子，言长生久视，庄子言入于不死不生。然其长生久视，不死不生，盖是自精神生命之死而不亡者言，而非自此自然生命之长留不死言。阴阳家之邹衍，是否已有神仙长生之说，似未可定。《汉书·刘向传》，言宣帝复兴神仙方术之事，而“淮南有枕中《鸿宝》《苑秘书》，言神仙使鬼物为金之术，及邹衍《重道延命方》，世人莫见其书”云

云。然据《史记》所言，邹衍之说，唯是深观阴阳消息，以说五德终始，固无人之自然生命可一生而不死，有始而无终之说也。《吕氏春秋》依四时、十二月为纪，以言人之顺天应时之道。于其《冬纪》有《安死》之篇，言人当安于死之终。如一年之以冬为终，则顺四时而行者，正不当求不死也。故此神仙之说，初可无根于先秦诸子之论；盖为人之乐生贪生而求不死之要求，所自然衍出一思想。严可均《全上古三代文》卷十五辑古逸书，谓羿请不死之药于西王母，嫦娥窃之以奔月，此盖后起之神话。然据《史记·封禅书》，燕人宋毋忌号火仙，羡门子高有形解销化之术；齐威王尝遣人入海至蓬莱、方壶、瀛洲三神山，求不死之药。《韩非·说林上》，亦言有献不死之药于荆王者。《外储说左上》又有"客教燕王为不死之道者，王使人学之，未及学而客死，王大怒，乃诛之"。此为求不死之学之一最早之大讽刺。然后之史又载秦始皇汉武帝欲长生不死，而求不死之药于海上。可知其时人之深信人之不死，可由药物而致。盖世既有药物，可延一日一月一年之寿者，亦似应有药物，可延寿至无尽期。然此只为依人之类比的想象，以推论一可能有者，人固不能断世必有不死之药也。人若念彼药物终为一有限之物，则其延寿之功效，亦必为有限，则世亦不能有不死之药也。然人之智慧，为其求长生不死之要求所蔽，则不能不依此以思想。此即燕齐楚之君，与秦皇汉武，皆欲得此不死之药于海上也。

今不论是否有不死之药，可使人长生不老；然此求不死之药，以使人长生不老，要为人之一思想。此一思想，初乃与人之以医药延年之思想，出于一根。故《汉志》于医家书之后，有神仙家之书。此神仙家之思想，不外乎求人之如鬼神之无死亡；仙之一字为山人，盖即避世而隐于山谷之人。其中固可有得药物，以养生延生，而较世人久寿者；世人之信其当永不死，更信为如神之不死之仙，遂为世人之所慕。故《楚辞·远游》有"美往世之登仙”之句，《庄子·天地》篇亦有封人“去而上仙”之言。人果能登仙，而长生不死，则其生命超越时间之限制，而其生命之游踪，亦可遍及九州，而不受地域之限制。若其身体，果异乎常人，而较常人为轻灵，则亦可实飞升上游于天，乘云雾，骑日月，而亦不受地面空间之限制。人果能上游于天，自非地上之一切水火之物所能害，而超出一切为害之物质之物之限制。又人果能使其身体之物质，由药物或其他之炼养之方，以使之成一可任意变化，而有神奇之力，以变化其他之物者，则人亦不受其身体之物质之如是如是之所限制。此使人之生命之存在，超越时间、空间与物质之限制，以成为同于神之仙，固可为人生之一大欲之所存，亦人之神仙思想之发展所必然归向者也。

观中国之神仙思想之发展，其初盖由燕齐滨海之地，见海上之岛屿或天上之海市蜃楼，而意彼神仙之世界，在海上之某地，其地上当有为植物之不死之药。一般人喜肉食，而所肉食之动物，寿命短，植物之寿命恒长；故人意食植物者恒长生，而不死之药，亦初为植物。然矿物之寿命，又长于植物。何时人之学神仙，方知炼丹砂之矿物，而食之，今不可考，或当在汉以后。人之炼丹砂之事，与人之冶金铁之事，本为同类。人之烧水银，固原可成金，而金则坚固于水银，则人固可烧汞成丹而食之，以求不老。此求为神仙之术，则通于化学之知识。然水银不必皆可炼成金，而服之人未必不死。则信其可服之而不死者，只是一虚妄之类比之推理所成之迷信。此外，人又或见女子之能生殖，其所藏之生命力，似多于男子，遂有本房中之术，以求延年或为仙者。此则可于《汉志》之房中之书，连于神仙家书以见之。人之求长生，而求超出其生命在时间上限制，恒连于人之生命欲超出其所遇之空间中之物之限制。人之自力，不足以致长生，则欲借药物等为补。人之自力，不足御物之毒害，则亦欲借他物为用。至此人之所能借之他物等，皆不足以御毒害，使人长生时，则人或将祈祷于鬼神之助，或更求役使鬼神，以去此毒害；或对使我受毒害之人物，还加以毒害。此即为巫术中之咒诅之类。其原皆出于人之欲超出于其生命所受于其外人物之限制，而与人之求为神仙时，欲求超出一切空间中之物之限制，同其要求。故此求为神仙之术，恒与人之巫术相连。汉武帝时，齐人李少君，既谓能炼丹砂，以使人服之不老，又能召一已死之李夫人之鬼魂，而武帝信之。汉武帝之信神仙，信鬼神，亦导至所谓巫蛊之狱。即见神仙之术与巫术之相缘而起，皆理有固然者也。

此中国之神仙之说，何时不以神仙世界在海上，而在天庭？何时不重服植物矿物之药，不重依房中术以行采补，而重即此身之调理呼吸等事为修炼之要道？盖亦难详考。《庄子·天地》篇之言及封人之“去而上仙”，与《刻意》篇言“吹呴呼吸，吐故纳新，熊经鸟申”之术，其说始出于何时，同不易定。然即此身以为修炼，乃一内在的修炼，实为后世之学仙之学，亦后世之道教之核心。此重内在的修炼以成仙，则依于此内在修炼之可能，与“人之生命化为仙之生命”之可能之肯定或假定。此肯定或假定，则初为一哲学上之观念。依此观念，而后人有其以修炼而学仙成仙之道。此则其原甚远，为今所当说。

于此广义之内在于己身之修学，则儒道墨法之家，皆有心主乎身，而内在于此身之义。凡言养心、尽心、虚心、静心、正心，以至人之如何自处其心中之情欲志意，如去情、节欲、持志、诚意等，莫不为内在之修学。此固儒、道、墨、法诸家所多少共有，亦一切人在其一生之学中，皆多少共有者。由此内心之若干修学，以修身、正身、安身、自处其身，亦为一切人所多少共有者。然即此儒道墨法之言内心之修学，已有种种不同之义，以次第及于高明广大，如前所述。道家之心学，由《老子》《庄子》至《管子·白心》《内业》诸篇所及，则向于对人之内心之深处之精、气、神之运行之体验与调理之道。此在吾人前论《管子·内业》之篇时已述及。此《管子·内业》之篇，盖秦汉之际，或汉初人之一综持此道家之内心之学之业之著，故正式标出此内业之名。《内业》所重之精气神，亦为《淮南子》之书之《精神训》等篇所重，而属《淮南子》之内篇；以与其外篇中言黄白之术者相对。故《淮南子》之内篇之《精神训》等篇，言人在内心之修养工夫，亦即属《管子》所谓内业之学之流。汉世之神仙或道教之思想，亦要在依《管子》《淮南子》等书言精气神之旨，而次第开出者也。

于此，当知此神仙或道教思想中所言之精、气、神，皆属于吾人一般心意之内层或深处，而又更可通于天地万物所自生之精气或神灵者；故为人之一般之心意之所不必能及，而带若干神秘之色彩者。汉世除《淮南子·精神训》，专论此精神之修养，董仲舒亦重此精神之义，司马谈更本之以说道家之特色，在使人“精神专一，动合无形”外，纬书中亦重言天地人之精气与神灵。纬书多有图，与谶相邻。图谶之学之在汉世，称为内学。《后汉书·方术传序》旧注曰“其事秘密，故称内”，亦即自其具若干内在之神秘，非一般心意与世俗之学所能及，而称内。《汉志》中有《黄帝内经》十八篇。今存《内经》固未必汉世所传之旧，然其所论属于人之生理之构造节度者，亦即一般心意之所不及，故称为内。《内经》中所言之医理，在纬书中，亦原有之。传汉末魏伯阳作《参同契》，其言仙道，有“与鬼为邻”之句，亦即言其道之阴秘。又传其书祖述《黄庭内景经》。此经以黄指体内，庭指天地之日月星辰，而以体内之气为本，以通天地之气为仙道，故有此经名。此盖缘管子之言内业与图谶之学之为内学，黄帝医经之为内经，而后此仙道之书，亦名内景。由此内之名，即见其所及者，乃属于人之生命与天地之若干内秘。此诸书，亦皆同及于人之精气神，即见此精气神之属于内秘。故修之以成仙之学，亦为内秘之学；不同一般世间之学之显明于外，而无内秘者。此中国汉代之学有内外之分，亦如西方中古之宗教之学有 Exotic 与 Esotic

之分，印度佛教有显教与密教之分。然佛教传入中国，与中国之世间之学相对而言，佛学又皆自称内学。明耶稣会士亦言其所传之神学为内学。然此皆同原于中国本有内学、外学之分，以言天地人之内秘者为内，修其道者为内业，亦能成内景之思想，而来者也。

然此一中国之内业内学之流，如何演变为后世重内在的自节制其精气神之运用，而依修炼之法度，加以修炼，以成仙之道教？则亦有其思想义理上之次第演变。此则属于哲学，今当就所见以略说。

二　儒家之内心之学，与道家之内心之学，及先秦儒道之家言精、气与神之意义

兹按人之学之有属一般世间范围者，亦有超于其范围者，则《庄子》书已有游于方之内，与游于方之外之分。其意是以此方为世间之礼法之范围，超于其外者为方外。以庄子观孔子，孔子为方内，而其学与道家之学，应为方外。然此方外之学，则可次第及于一般心意所不及之天地人之内秘，而成内业之学或内学。此后之内外之义，遂与庄子所言之方内、方外之义，正相对反矣。

兹按在孔子与儒者之学中，亦非无其内心之学，复非谓天地人之无其非一般心意所及之一面。唯儒者之内心之学，乃以内心所自觉之心、情、意、志之修养为本。于道流所言之精气神等，儒家书固亦非无其名。然依儒家义言神，初即人之鬼神；言气，即身体中流行运转之血气体气，而可表现为气貌气色者。《论语》言“屏气似不息者”，即只是体之呼吸之气。《释名》言“气，慨也。慨然有声，而无形也”。此即谓依呼吸之气，而成声气。《孟子》言“气，体之充也”，则指体气充于内，见于外者。《左传·庄十年》言“一鼓作气，再而衰，三而竭”，即此充体之气。《荀子》

“不观气色而言谓之瞽”，《礼记 · 祭义》言“孝子有深爱者必有和气……愉色”，皆指气色气貌也。由此而演为后儒所言之圣贤气象之气。人之生也固有其体气，以成其言动。其殁则形体存而言动息，则可谓其形存而气往，以为鬼神。人身之形为质，为人身之魄。《左传 · 昭七年》言子产曰：“人生始化曰魄，阳曰魂。用物精多，则魂魄强，是以有精爽，至于神明。”则人先有体魄，后有神明。体魄为底质，故月之底质名月魄。神明则如月之光明。《左传》意谓魂魄之强，赖于用物之精多。此物精多，并非人之精之谓也。人之能知言动者为魂。故人殁则魄如离魂，以只降为形质，而其知言动之魂，则如往而升，而成此言动之体气，亦如与魂俱往。故《礼记 · 礼运》言人死则魄降于地，而魂气则为“昭明凄怆，而无不之”。《礼记 · 祭义》言：“气也者，神之盛也；魂也者，鬼之盛也。合鬼与神，教之至也。”此即言魂气即鬼神也。此人之殁而魂气、神气之无不之，以为鬼神者，乃“视之而不见，听之而不闻，洋洋乎如在其上，如在其左右”（《中庸》语）。孝子慈孙，唯以其斋敬之诚，与神明相接，以成人之斋明。故《礼记 · 祭统》言“敬尽然后可以事神明”，《中庸》言“齐明盛服以承祭祀”。是即儒者所以超其一般之心意，以通接于此不可见闻之鬼神、神明，或神气、魂气之道也。至于专就人之生前言，则儒者言自觉之心意，与形体及其气之关系，要在以心意或心志率气为教。孟子言“志，气之帅也。志至焉，气次焉；持其志，毋暴其气”，即以志率气。荀子言治气养心之术（《修身》），又谓“形具而神生，好恶喜怒哀乐藏焉，夫是之谓天情”（《天论》），“酒乱其神”（《解蔽》），此神之义连于情。性情即心之所治，情之义亦连于气。人之心志能及于高明正大，则其神其气亦然。故孟子有“所存者神”及“圣而不可知之之谓神”，及“浩然之气”之盛大流行，而“所过者化，所存者神”之说。荀子言治气养心之术，则以心知道，而治气以自化同于道者，为神。故言“神莫大于化道”（《劝学》）。又言“治气养心之术”，“莫神一好”(《修身》)。更言“诚心守仁则形，形则神，神则能化矣”(《不苟》)，“尽善浃洽之谓神”(《儒效》)，“诚信生神”(《不苟》)，“积善成德，而神明自得”(《劝学》)，故心亦即“神明之主”(《解蔽》)。至于荀子或言大神，如《王制》言“夫是之谓大神”，《正论》言“居如大神”，《赋》篇言“通于大神”；则观其上下文所指，亦并是喻德化所及者之大。后《吕氏春秋·精通》篇言“神出于忠，而应乎心”，亦依心之德以言神之旨。此要皆以养心志或心知，以治及体气或血气，以成其心之神，而属儒学之传者也。

上文略述儒家言神与气之旨。其合神气为一名，则初即指魂气。唯《礼记》中《孔子闲居》所谓“地载神气”，则同于后之道家所言之天地之神气，此乃后起义。至对精之一字，则孔孟盖初未尝言之。《国语·周语上》：“祓除其心，精也，非精不和。”此精同于祭祀之诚敬。《周语下》言“味入不精，不精则气佚”，此则韦昭注为精美之精，无深义。《荀子·解蔽》言“蚊虻之声闻，则挫其精”，“用精惑也”，《成相》言“思乃精”，《修身》言“精杂污”，《正名》言“君子之言，涉然而精”。此乃只指人之精专之心。《赋》篇言“血气之精”，《正名》言“性之和所生，精合感应”，则此精只指血气之精要。至荀子言于天虽“精不加察”，《易传》之言“精义入神”，则此精只是精微，而与粗大相对者。如《乐记》之言“精粗之体”，此精亦与粗对，皆唯是状体之辞，非直指实有之体。至于《易传》言“精气为物”，“男女构精，万物化生”，则此精乃一万物可由之而生之精。如谷之精，指洁白明莹之米核，为芽叶等可由之而生，而有实体之义者。此则与后文道家所言之精之义最近。又儒书多言精气、神气，而罕言精神。孔孟荀书及《礼记》之言中，精神连用，唯一见于《荀子·赋》篇，一见于《礼记·聘义》，皆无深义。至孔丛子言“心之精神谓之圣”一语，则是摄精神于心之语。后之陆象山、杨慈湖、罗近溪，皆善言心之精神。此皆别具奥旨，非本章所及。然其思路仍与道流之以精及神气为心之本，并于精神之中特重精者，有所不同也。

道流之言气，盖不如儒者之特重人之形体之气，而恒更及天地万物之气。盖气之一名，亦可兼指人气与天气。老子言“心使气曰强”，言“专气致柔”，仍是指人之体气。然气之原义，则指云气，引申以指天气。如《左·昭元年》以阴阳风雨晦明，即天之六气。《庄子·逍遥游》言神人“乘云气”“御六气之辩”，《齐物论》言“大块噫气，其名为风”，亦初指天气。然《庄子·人间世》之言“无听之以心，而听之以气”，则又是指人之气，在未有心时，乃虚而能待物生感者。此感物之事，即超于其形体之外。故此体气，宜只说之为一生命之气，不宜以形体之气名之。《庚桑楚》言“欲静则平气”，《达生》言“纯气之守”，亦宜说之为一生命之气之平。《达生》篇言斗鸡，谓鸡之虚㤭而恃气，疾视而盛气，则不可以斗，则乃是以此鸡之物之生命之气之未平，以喻人生命之气之未平者，皆不可以斗。《大宗师》言“游乎天地之一气”，《知北游》篇言“通天下一气耳”，则合一气与天气以为一。大率在庄子，此气之一名，在人则与心及身之形之名相别，而较心及身之形之义，更深一层；在天则与物之形、质之名相别，亦较形质之义深一层。言人身与物之“形”，乃自其现状说；言身与物之“质”，乃自其内容之坚实者说；言心，则自有所知说；言气则自其非定形定质之存在，而为一流行之存在，亦在心之底层，而恒能虚以待物之生命说。故言“通天下一气”，即言一切有定形定质之物，皆为一存在的流行或流行的存在，而亦实亦虚，而更自以其虚，涵其他之物之气之实，以相通相涵相生，以合为一气者。故此气之一名言概念，乃所以表有定形定质之一切物，能自超化其定形定质，以合为一存在的流行或流行的存在，以为此一切有定形定质之物之所依，与所归者。自此一气为一切物之所依而相继以生言，则此气为一切物之母之原或元始，而《庄子·大宗师》

有“气母”之名，汉人即更有“元气”之名矣。

至于此神之一名，则老子言“其鬼不神”，仍是儒者所传之鬼神之旧义。老子言“天下神器”，则言天下非可以人之智力把握之义。然其言谷神，则又指人心如虚谷所出之心神，而亦为如虚谷之天地所出之神，而能为天地万物之玄牝或根，而又非昔之所谓鬼神者。庄子之言神，则多只指人之心神，如《逍遥游》之言其神凝之神，《养生主》以神遇之神。庄子言神之语甚多，不必尽举。此心神之为神，则要在自此心之合于气，而虚以待物时，无一般之心知，而感无不应，即同于鬼神之感格之“不可度思”，故名此心神为神。此心神之感无不应，即恒遍运而不滞，以变化无方，而亦不为所接之物之形之质所定，其义即有与气之义相同者。然自此心之神依心之知之遍运不滞说，则其义初连于心知。故《庚桑楚》于上所引“欲静则平气”之下一语曰“欲神则顺心”。顺心之知以遍运，是为神。则与吾人之生命之气之在心知之底层，及其外之天地万物之气，不必有心知者，其义又不同。此中之吾人生命之气、天地万物之气与神，及一般心知之关系，当是依此人之一般心知之底层，以说一虚而待物之生命之气，更依此一心知之不为定形定质之物所限，而有其遍感遍运，以言其为心之神，而得合于其虚而待物之生命之气，如《应帝王》篇所谓“合气于漠”；而此神亦即与此生命之气同流，亦如为此气之表现，而可合名为神气。《庄子·田子方》篇言“至人者上窥青天，下潜黄泉，挥斥八极，神气不变”。[①] 此神气之所以不变，即以其不滞于定形定质之物，而能遍感遍运于青天、黄泉、八极，以成其不变也。此神气之不变，亦可只说为气之不变，如可说之为“纯气之守”（《达生》），亦可说为神之守，如言“纯素之道，唯神是守”（《刻

① 钱宾四先生《庄老通辨》有道家精神义之一文，于先秦至汉之道家言精神之文句，皆具引之。可供参考。但与本文之重言精、气、神三者之关系之旨者，则不无异同耳。

意》)。然此中之神之义，必连于此遍感遍运之心知，以通于所知者说。故即说之为与人之生命之气共流行，而为此气之表现，此神之义与气之义亦有不同也。

至于此精之一字，初乃老子之所重。《庄子·天下》篇言老子“以本为精”，即以精为本。如言“窈兮冥兮，其中有精，其精甚真，其中有信”。此所谓精，乃自其中有真信者而言，则不重在以精与粗相对。盖此精之一字，《说文》训为择米。所择之米，即洁白明莹之米。今按凡字之从青声者，如清、晴、倩、靓、靖、请、睛皆有清明亮达之义。清明亮达之物，即有其内在之真信或精蕴，而能显者。此即如谷米之精者，亦即能同时为一种子，而内蕴藏一“能生芽、生叶，更生谷米”之生几者。老子言精，所以喻道之能生，故其言精，当是取于谷米之所蕴藏。《庄子》书内篇多言神与气，精字只两见，一为“鼓策播精”(《人间世》)，此只指米之精。一为“劳乎子之精”(《德充符》)。此以上下文观之，盖只指血气之精。二者皆无深义。然外篇则多言精，除言“山川之精”(《胠箧》)，“天地之精”(《在宥》)，乃指自然物之精之外，其言“昭昭生于冥冥，有伦生于无形，精神生于道，形本生于精”(《知北游》)，“一之精通，合于天伦”(《刻意》)，“圣人贵精”(《刻意》)，“至道之精……无劳汝形，无摇汝精，乃可以长生”(《在宥》)，皆贵吾人之生命之精蕴之旨。至如《秋水》篇以“可以言论者，物之粗也；可以意致者，物之精也”。此只是与粗对之精，非必指生命之精蕴耳。

然老子未以精与气之名，连用为一精气，亦未以精之名与神，连用为精神。然在《庄子》外篇，则多将精与气、精与神连用成名。如“愿合六气之精，以育群生”(《在宥》)，“神之又神，而能精焉”(《天地》篇)，“神明至精”(《知北游》)，而《庄子》外篇以精神为一名之处尤多，亦或以精与儒家之诚连用，如《渔父》篇言“不精不诚，不能动人，”此言以气之精育群生，即言将此气之所内涵之功能或精蕴，加以表现，以育群生之谓。言“神之又神而能精”，“神明至精”，即由神之相续，以见精之至；而言精神、精诚，则有将人所内具之精蕴，表现于神之运，与志之诚之义，要皆是以精为神气之本也。

兹可总述此道家之流精气神之三名之义，以言其关系。气乃以一流行的存在，或存在的流行，为义。神以气之遍感遍运于其他之气或物，为义。精则自气之有其内蕴，而能表现于气于物，为义。凡于人或天地万物之气之流行中，一方见有已成之定形或定质之物之化，一方见有物之新生出，即见有此流行之气。更还观此新生者之所以自已成之物，而化出，即见此已成之物与其气，具有其所内蕴，而能表现彰明于外，以成此新生者。此所具之内蕴，而能表现彰明者，即此气之精。亦必气之有其内蕴之相继表现，而后有气之流行之相继；又必有气之流行之相继，乃有对其外之气或物之相继感通，以成遍感遍运之神。故气必有其精，而后成为气，以更有神。故气之精即神之精。气依于精，谓之精气。气而有神，名神气。由精至神，是为精神。此即见气之流行，神之通感运行，并以此精为其本。精略如西方哲学中所谓本质（Essence），气之流行为此本质之显为变化（Becoming），神则为一变化之流之通感于其他变化之流，略如Geist。此人之精气神之运及于一定之物，方有一般之心知志意情欲，为一般之自觉之所及，此皆属于心之浮层，乃以此精气神为其根本，而精又为气神之根本；故一切内心之学，亦皆当在此根本上用。此则道家者流言精气神所趣之思想道路也。

三　董仲舒与《淮南子》之重精为气神之本之义

此道家者流之趣向在言精气神，更以精为本，在老庄之书只有散见之文。然在吾人前所述之《管子》之《内业》之文中，其言精气神之修炼，归于以精为神气之本之旨，已大显。时相先后之《吕览》书，言精气与神者，亦散见各篇；然特有《精通》《精谕》之篇。其《论人》篇言“知精则知神”，《尽数》篇言“精不流，则气郁”，亦是精为神气之本之旨。循此以观汉人之喜言精神、精气，则知其大皆以精为本。此以精为神气之本，与重养精神之义，即在醇儒之董子亦有之。如董仲舒《春秋繁露》言：“天积众精以自刚……故天道务盛其精。”（《立元神》）则明见其乃是自有内在之精蕴，能表现彰明于外者言精。其下文更言“圣人积众贤以自强”，则以众贤有德，而能表现为功，正是人中之精之故也。董仲舒又言：“身以心为本，精积于其本，则血气相承受……然后身可得而安，治身者务执虚静，以致精。”（《通国身》）此则谓人体之精为其血气之本。又言“气之清者为精”（《通国身》），气清，即能表现其内藏者于外之谓也。董子于言精之文之后，亦恒继以言神。如言“能冥能昏，谓之神人”（《立元神》）。又言此气神之运行，乃“气从神而成，神从意而出，心之所之谓意；意劳者神扰，神扰者气少，气少则难久矣。故君子闲欲止恶，以平意，平意以静神，静神以养气……精神者，生之内充也”（《循天之道》）。“安精养神，寂寞无为”（《立元神》），此其欲超一般之心知，由虚静寂寞，以安精、养神，而治血气，其旨亦与道流不殊。

然董仲舒更重郊祀之礼，以教王心承天心，以致其诚敬，而与天神通感，则纯本儒家义说。扬子云《法言》特有《问神》之篇，亦要在承儒家之传统，以神即心之潜于天地之中。其文曰：“或问神，曰心……潜天而天，潜地而地。神在所潜而已矣。……天神天明，照知四方；天精天粹，万物作类。”此亦以神明之照知属功用，精粹为万物之所以作成其类之本质。东汉儒者之论定经术于白虎观所成之《白虎通义》之一书卷九，言天地之始判分，仍以“精出曜布，庶物施生……精者为三光，号者为五行”；然后有“情性”“神明”与“道德”“文章”为言。此仍是以精为五行之气与神明之本之旨。故卷八精神曰："精者，静也，大阴施化之气；神者，恍惚，大阳之气，万化之本。"则此精气之施化者，亦即"万化之本"之本。至其言圣人一节，谓圣人与神通精，则自其兼通动静而言也。

此汉代之儒者，如董仲舒以至会于白虎观之诸儒之言精气神，乃由其为一时代之共同观念，人恒不能外之而不言之故。汉人之言精气神之义最多，而与管子之《内业》之说最近者，则其前之淮南王书，以及纬书与《内经》等书。唯此诸书，方为汉代之神仙与道教之思想之所自出也。

《淮南子·精神训》首言未有天地之先，有"二神混生，经天营地，别为阴阳（之气）……万物乃形，烦气为虫，精气为人。是故精神者，天之有也；而骨骸者，地之有也。精神入其门，而骨骸反其根，我尚何存"。此无异言先有天之精神之气，人得之，遂成为人之精神；故此人之精神，亦可再入于其所自出之门，以与先天地之精神合一。此中言"精神，天之有也"，及言天地之开辟，有如庄子之言天地之精神。其于此精神二者，乃先言二神之气混生。此二神混而生，即亦无异合而为一。此应即相当于《主术训》所谓太一之精。其言此二神之气，自有其精以生人，此精亦即自神气之有其内蕴，而能表现于人者以言。人得精气，乃更有其精神。则人之气与神，皆依此精而有，功夫亦在"澄澈神明之精"(《要略》)以"怀天气、抱天心"(《要略》)。以此精为本，为主于神明心气，正老子董子以精为本之旨也。此精为气之本之义，用于人身，则《淮南子·精神训》后文言"血气者，人之华也；五脏者，人之精也"。更言五脏当属于心，然后"精神盛而气不散则理，理则均，均则通，通则神"；而五官之孔窍，即精神之户牖，以使神通于外，而不驰骋于外者。驰骋，即精神之陷于物中而驰骋。此与神之通于外，依其"精神内守形骸不外越"者，大不同。精神守于内，即精神守于心，以外通物，而内主其形身。

故言“心者，形之主也；而神者，心之宝也”。此言与荀子之言“心者形之君，而神明之主”之义之不同处，则在荀子直以心知为神明之主，《淮南子》言心知则必先有神为宝，然后能主形，更制其形中之气。故《原道训》谓“气者生之充也；神者生之制也”，《俶真训》言：“神者，智之渊也。渊清者智明矣。智者，心之府也。”其以神为心智之渊，则神之义明较心知之义为深；而神又出于精，故上引《精神训》文后又言“精神守其根，死生无变于己”。此乃以对心而言，神为其内宝，对神而言，则神为精之神；故后文谓能于死生无变，以死生为一化，以万物为一方者，在其见此死生之万物“同精于太清之本”。后文又言“抱素守精……游于太清”，亦以精为太清之本。其流至于后之《道藏》之三洞四辅之书之编纂，亦以洞真部之《太清经》为首。老子“其精甚真”，真即精也。后之道教经典言清，太清之上有上清，上清之上有玉清，玉清之上有大罗之初应一气，愈说愈高。《易纬通卦验》首托孔子曰“太皇之先与耀合元精，五帝期以序七神”，亦以精为首，神为次。《易纬乾凿度》则言天地之始，其德“通情无门，藏神无内”。无门无内，应即神藏于精，而无内无外之境。《淮南子》又言“心之精者，可以神化”（《缪称训》），而《精神训》亦言其能“有精而不使，有神而不行”。此即于精神皆守其根之旨。精神之根，即天之精神也。人由守此根，以入于此天之精神之门，即人之“契太浑之朴，而立至清之中”。由此而下文更言：“其动无形，其静无体，存而若亡，生而若死；出入无间，役使鬼神，沦于不测，入于无间，以不同形相嬗也。……此精神之所以能登假于道也。……故形有摩而神未尝化者。……化者，复归于无形也；不化者，与天地俱生也。……故生生者，未尝死也……化物者，未尝化也……至人……禀不竭之府，学不死之师。”此即明言内守其精神之根者，即能超出其有定限之形体之生存，以还入于其生命所自始之天之精神之门，更与之为一，而能以不同形相嬗。此则由其人之精神，初是与天地俱生，以生万物之生之“生生者”，而原不死者；故人之内守精神之根，而还入于天之精神之门，任其形骸之返地，而“抱素守精，蝉蜕蛇解”于其形体之外，以“游于太清”者，亦自无死，而唯以不同形相嬗矣。《淮南子》此篇之至人，亦即《诠言训》“能反其所生，若未有形……未始分于太一”之真人也。

此《淮南子 · 精神训》之文甚美，而读者或不知其关节，与前后文明相照映之义。故上举其要以述之，以见其义旨非只在描述一精神之境界，而实是指出人之由精神之内守其根之工夫，即可超其形体，以还于其所自生之天之精神之门，而不死，以不同形相嬗。此不同形相嬗，乃指登假于道之人之精神，能自变化其形体，以自相嬗继，与《庄子 · 寓言》篇之言“万物皆种也，以不同形相禅”者，其义不同。此正为仙道之理想。则世之谓《淮南子》学仙道，而与鸡犬共登天，固亦《淮南子 · 精神训》之文，原有之理想也。

然此《淮南子》之书，亦只有此一守精神以游于太清之本，以不死，而能自变化其形体之理想为止。于如何守精神以游于太清之次第工夫，固未述及。此即不同于道教经典之有种种炼养之工夫者。此一人之精神可不死之说，乃意谓人物之形体，皆原于天之精神，故此人之精神可离此人之特定之形体而存，更能自变化其形体。缘此即有人之登假于道，以成仙之理想。然世之哲学，亦可据现见人之精神之依于其形体之气，谓精神本以血气为主，血气常附形体，仙道之说为诬妄者。此即如王充《论衡》之说此神不离形，而无神仙之论。王充固言“养精爱气”（《论衡 · 道虚》），自“作养性之书……爱精自保，庶冀性命可延，斯须不老”。然又谓“人亦虫物，生死有时，犹入黄泉，消为土灰”（《论衡 · 自纪》篇）。则知为不死之仙，乃不可能之事也。然依王充之说，亦谓形体依气而有，形体化而气自在天地间，则人果能由炼养其形体，以化之为气，其气不灭，其炼养之功，亦当不灭；则将此现有之形体，由炼养以化之为气，再依此气以生新形体，亦即在理论上非无其可能者也。

大约《淮南子》与后之道教言炼养之工夫，除服药石之外，皆重调气息。此气息乃最易由人加以变化转动者。若并此而不能加变化，则更不能自变化其质实之形体矣。由调气息，以使口鼻之气，入于五脏；以至于人之精血之所在，而施以炼养之工夫，则仙道之流所谓炼精。此中人之精血，为人之无穷之子孙生命之原始，则亦可说其内藏无穷生命之精蕴者。仙道之流之或以房中术为仙道，或以保童贞之元阳为仙道，其术虽不同，盖皆依其有见于此人之精血，为人之无穷生命之原始，遂信其内藏无穷生命之精蕴；而意谓人果能由炼养此精血，而开其内藏，即可通接于此无穷生命之本原或元始，而人即可至长生不死。然人亦可于此有精血之身体之其他部分，或其心灵之任何部分，皆谓除其已有之表现之外，更内藏有精蕴，而此精蕴，亦是通于生命之原始之无穷者。则人由炼此一部分之心身始，而得其精蕴，亦同可通接于生命之原始之无穷。由此而吾人于所知之任何精气神之表现，亦皆可谓其内藏深一层之元精、元气、元神，而此所知之精气神之表现，亦即以此元精、元气、元神，为其精蕴；而此元气元神，亦皆无异元精。则吾人对此精气神之任何表现之炼养，皆可通接于生命之原始之无穷。要之，人无论沿何途径，以通接于此生命之原始之无穷，如《参同契》所谓“天地至精，可以口诀，难以书传”，以更变化其原形体之质，使皆成气，即常言之化气之事。至由此炼精所成之气，达于至清至精，则其感物也，亦当能遍通而遍运，此即炼气化神之事。气至清而感物，更不滞不执于物之实，视之如虚，而以神与此虚相接，即炼神还虚。此盖非谓其神之归于虚无之谓，唯是如《列子·仲尼》篇托亢仓子言“体合于心，心合于气，气合于神，神合于无”，以成一精气神合一之生命，恒至清以遍通遍运，以流行而不滞于物之谓。至清而开其藏以表现于外之谓精，流行之谓气，遍通遍运之谓神，不滞于实之谓虚。此后世仙道之言所代表之理想，亦固皆可沿上述《淮南子·精神训》之义，以进而形成者也。

四　《淮南子》与汉以后之道教之发展

此《淮南子》之言之足开仙道之说者，除其《精神训》之言及精神之修养者外，据《汉书·艺文志》，除《淮南子》内篇二十一篇，与今存之《淮南子》之二十一篇数合外，更有外篇三十篇；而在《诗赋略》及《术数略》中，皆有《淮南》之书。《淮南王传》，言淮南作内篇二十一篇，外书甚众，中篇八卷，言神仙黄白之术。此其中篇及《汉书·楚元王传》所言“淮南有枕中《鸿宝》《苑秘书》，言神仙使鬼物为金之术”，是否亦在《艺文志》所言之外篇中，亦不可考。然其书盖皆是其门下士之集体创作。其书之多，则见其门人之多。惜其书多佚。大约其中之言黄白之术者，同于前此之方士所言者。淮南学之特色所在，则就今存《淮南子》书而观，其中除言精神之炼养者外，更详论种种政教之道，以综合百家言。其中之若干义，吾已散及于前文及《原性篇》，亦非此章之所当及。于此所唯当略及者，即《淮南子》既兼有政治思想与神仙思想，其书又多，则其谋反之事既败之后，共著其书之门人，即有一将其书所涵之政治思想与神仙思想，加以结合，以传播于世，更形成一社会中之政治性的宗教团体之可能。西汉顺帝时，襄楷有太平道，其所据之思想，是否亦有原自《淮南子》者，亦不可知。襄楷自谓其《太平清领书》，自于吉传来，似别有其传。西汉成帝时董仲舒之弟子眭孟言，汉德将终；齐人甘忠可依《包元太平经》谓，许汉再受命，而哀帝遂有再受命之事。则见《包元太平经》中有五德终始之说。顺帝时之《太平清领书》，当自此

《太平经》而来。则此襄楷之太平道，其政治意味必甚重。后之张角为太平道，亦意在为一政治性之革命。然今存《太平清领书》中，亦有道教之修炼思想。太平道奉老子，又不同阴阳之流。此太平道，即当视为阴阳家思想、道教之修炼之说与政治革命意识三者之一结合体。此盖即后之道教组织之形成之一原始也。

至于汉末之所谓天师道，则传由张道陵所创。张道陵为张良之八世孙。史谓道陵之孙张鲁，初为五斗米道，鲁之子张盛至龙虎山，遂有天师道云云。天师道唯行导引避谷以长生，亦有以符箓等驱邪、医疾、禳解之术。则其道之内容，当是一神仙之术、医术与巫术之结合。此为后世道教之正宗。天师之名，首见《庄子·徐无鬼》篇。今名天师道，即无异将汉人所信之天神推开，而代以天师。其与太平道，同奉老子，老子固以道为先天地生，则得道者，亦应可称天师。此天师道之初不具政治性，即纯存在于社会之道教也。原始之天师道，如何教人修炼之详细内容，今不可考。然传为汉末之魏伯阳著之《参同契》，则其书尚存。《参同契》之本易卦言修炼，则与汉代之易学之旨通。[①] 若此书果为后汉之著，则此书为道教思想之开始学术化理论化之始。至东晋葛洪著《抱朴子》，以外篇说儒家经世之政教，以内篇言仙道，明主以道教为本、为主，儒教为末、为附。《抱朴子》之言仙道，则既有体内之炼养以成内丹，亦有体外在之服食药物，以成外丹之说。而在其外丹之说中，亦有黄白之术。此即综合儒道又综合战国黄白之术，与体内之炼养之说，亦可称为道教之学术理论之趋于融通。晋哀帝时，更传有《上清经》之出世，为《道藏》中之第一经。后更次第有道经出世，而道教之理论大备。此可参考近人陈

①《参同契》一书，《隋书·经籍志》无著录。然陆德明《经典释文》，有虞翻《参同契注》。《旧唐书·经籍志》，有《参同契》二卷，魏伯阳撰，乃本《云笈七签·神仙传》。其注，以五代后蜀之彭晓注为最早。此书之时代，固有可疑。然其配《易》之卦气说，以言丹道，则至少可说其与汉代易学相通也。

国符之《道藏源流考》一书。至南北朝时，北朝之寇谦之，兼重符箓与科教。科教中即包括对灾祸之禳解，对鬼神之祈祷等仪式之规定与实行者。南朝陶弘景，传尝搜道教经典，作《真诰叙录》，设道观以为道人清修之所。后之马端临《文献通考》谓“道家之术，清净一说也，炼养一说也，服食一说也，符箓一说也，经典科教一说也”。清净指老庄之清净人心之说。炼养即体内之修炼，或内丹之说。服食则服体外之药物，或外丹之说。此后二者皆所以使人成仙或长生者。符箓则为巫术中之咒语之变为一符号者。经典科教，即道教之书与仪式之规定与实行。而其禳解祈祷之宗教仪式，则既为一宗教性的与鬼神之交通之礼，亦兼有对鬼神之役使之巫术者。合此神仙之术、巫术及与鬼神交通之宗教之礼，遂有道教之仪式组织。道人共居道观，而道教即渐成一足与其时之佛教对抗之一固有宗教矣。

沿此上所说，则吾人无妨更一纵论此中国之道教之发展之方向，使吾人对道教之道有一整个把握。依吾意，此道教发展之方向，如自此中之修炼之目标而观，则大约其初所言之效果，只是长生，以游于海上三神山。此则战国至两汉之神仙思想中已有之。葛洪《抱朴子》内篇之所谓“游于名山，谓之地仙”者也。其后乃有《淮南子 · 内业》，至《参同契》诸书言体内精气神之修炼，由此而有《抱朴子》所谓“举形升虚，谓之天仙”。此即与魏晋时代之其他言虚无或无之思想俱起之道教思想。至寇谦之、陶弘景，而道教成一组织之宗教，与外来之佛教抗衡，与儒并尊，更与儒佛之教，互相激扬，于是道教之影响，遂遍及中国社会之各阶层、中国文化之各方面。由此而道教之人中，亦当同时有不居道观、不在道教之组织中，自隐于山林，以从事修炼者。民间遂逐渐形成若干游戏人间之神仙故事，见于晋唐之小说。由是有八仙之说。此八仙之名，胡应麟《少室山房笔丛》卷四十考其出于元世，盖初由杜甫先有酒中八仙之诗而来云云。然郑樵《通志》有

《八仙图》，又有《八仙传》注，唐江积撰。此是否即道教所传八仙不可知。然道教所传之八仙，则皆托诸唐人。在八仙之传说中，传吕嵒得道于钟离权，权授以采药镜。观今存吕嵒诗，盖为一豪放不羁，以游于人间之奇士。此外有关于韩湘子、李铁拐等之故事，亦皆颇有奇趣，并带一游戏人间之诗人情调；皆与杜甫诗中之酒中八仙之情调，有近似处。然此种能游戏人间之八仙，则较其前之只求往海上仙山或升天之神仙意识，又更高一格。此乃由于其游戏人间之时，即同时直下化此人间为仙境，而不必求于海上天上。求仙境于海上天上，犹如佛家之只求出世之小乘；而八仙之游戏人间，则略近于世间与出世间，不见为二之大乘境界矣。此八仙之传说，及唐代丛书中之唐人小说中神仙故事，与唐诗中之有仙意者，皆较魏晋以来神仙传记，及神异之小说与游仙诗等，尤富于奇逸之想，亦开文学之新境。至由五代至宋之道教思想，由种放、穆修、李之才，传至邵康节者，则另具一形态之哲学义理。邵康节乃亦儒亦道，而亦游戏人间之“天挺人豪”；但只居一地以为安乐窝，则不同八仙之喜遨游四海者耳。北宋之张伯端遇刘海蟾，谓得唐钟吕之传，遂作《悟真篇》，言道家之性命双修，别于儒佛之只修心性而不修命之旨。至于金之王重阳，由儒入道，创全真教，传至元之丘处机，而元成吉思汗尝降旨，命其管领三教。此全真教与其时之大道教、太一教，皆并以“兼善济物，匡扶世运”为怀。近人陈垣并称之为南宋初河北之新道教，而为之考。其中之全真、大道，全不尚符箓；太一教，则仍以符箓应世。然皆不同于其时南宗之宗张道陵之正一教，专守符箓科教者。全真教“其逊让似儒，其勤苦似墨，其慈爱似佛”（光绪陈教友《长春道教源流》卷一引金辛愿《灵虚观记》），此则真有救世之大乘精神者也。金元之道教，十之七属全真教。至明之末季，则不特其时之道教徒多主三教同原之说。即儒家如王龙溪、赵大州、李卓吾、焦弱侯、管东溟等，佛家如憨山、智旭等，同有会通儒佛道中之二教或三教之说。民国以来之道教，则更有加耶回二教为五教，而主五教同原者。此则初原于道教之道，自始即为种种道之复合物之故。汉代之道教即为一神仙之道与巫术医术之复合物，其与阴阳家在汉时即发生交涉。佛学东来，而道经多仿佛经，并取其义以为之。至唐而与儒佛二教，互相激扬；宋金元以后，即自然与儒佛二教趋于混合。道教之说，恒生根于民间，初不必有高深之义理，而对余教之义理，恒只取一被动的摄受之态度。故其思想之内容，即恒由各方面之混合而成。然此混合之自身，亦是一道；而其所据之以从事于混合者，亦自有其千古不变者，即：必求人之成为长生不死之神仙，而讲求所以成神仙之一切修炼之道是也。此则固未尝出于汉代之道教之根本思想之外也。

第五章　春秋学中之对善恶是非之褒贬之道

一 《春秋》书之性质问题

吾人于上来各章所论之阴阳家与秦汉学者之顺天应时之道、重学术人文之类别、人物才性之品类及人物风度之品鉴与神仙及道教思想发展等，皆是通论秦汉之学术思想之精神及其流风影响之及于后世者。此精神之有其发展之方向，即有其“道”。吾亦引汉代诸子如《淮南子》、董仲舒、扬雄、王充之书以及史籍之论及此种种道者，为其佐证。然吾则无意论及关联于此种种道之种种专门之学术如史学、文字之学、神仙之修炼之学等。吾亦无意再对汉代之诸子，作分家之论述。吾意汉代之学，就其能承先秦之学，而又对当时之社会文化政治教育之影响最大者而论，实为经学而非子学。五经之书，原为有史事，亦有义理之文，在四部中为子史集之书之共原。然对五经之书，作训诂章句，或发挥其大义微言，更用之于政事，则初为汉儒之业。故汉学能承先启后者，要在其经学。在经学中则对《诗》《书》《礼》《乐》之义理，孔孟荀与《礼记》《易传》之书，已多及之。后之汉儒论此《诗》《书》《礼》《乐》之义，盖不能更胜于前。汉代经学之大宗，除礼制之学可以《白虎通义》为代表，前已述及外，则其易与春秋之学之盛，正为前世所未有。说《易》与《春秋》者，皆有古文学与今文学之争，而言《春秋》者，兼有今文之齐学鲁学之争。春秋之义，又与时政密切相关。故此易与春秋之学之争论，尤多且巨。

此中汉代易学之具哲学义理，较为明显。至汉代之春秋学之哲学义理何在，则较难言，当先试论之，然后再及于汉代易学中之哲学义理。

此春秋学之哲学义理之所以难言，在《春秋》一书，原为史籍。吾人今若离三传以观《春秋》之本文，只见其在年、月、日之下，或以一二句之文，纪一时之事实，不见其有何义理。传王安石谓其为断烂朝报，亦不为过。然汉儒则深信《春秋》为孔子所修，必有微言大义，存于其中。《春秋》之三传，又实尝言及于若干之义理。汉儒本之以更加推述，遂各成专门之学，皆自以为能得孔子作《春秋》之本旨；而所推述者，彼此不同，遂相争不决。魏晋之世，刘兆尝作《春秋调人》之书。唐人啖助、赵匡，更攻驳三传，而重《春秋》之经。宋元人又别为义理以讲《春秋经》，于三传以意取舍，或别为新说。清人则再欲复两汉经师之师法与家法，而今文家之讲《公羊春秋》，与古文家之讲《左氏春秋》之争，遂延至清末。直至民国之学风，更不尊经崇圣，而后公羊左氏之争，乃自然而息。然吾人观此汉世之春秋学之争，可延至二千年之久，历代之春秋学者，著书如此之众多，亦恒与一代之学术政治，密切相关；则吾人亦不能不求知此《春秋》之经传之书，所以为人所重视之故，而或亦可缘此以知其所涵之微言大义，或哲学义理所存也。

此《春秋》之书之见重，实始于汉。孟子言“孔子成《春秋》而乱臣贼子惧”；又谓孔子言：“其事则齐桓晋文，其文则史，其义则丘取之矣；《春秋》，天子之事也，知我者，其唯《春秋》乎？罪我者，其唯《春秋》乎？”《公羊传》又载有不修之《春秋》，则孔子当有修《春秋》之事。然此所谓孔子修《春秋》，是否实有其微言大义，口授弟子，传至公羊穀梁，乃笔之于书，公羊穀梁所笔之于书者，又是否皆孔子所口传，则皆大有可疑。故朱子谓：“《春秋》，某煞有不可晓处，不知是圣人真个说底话否？”（《语类》卷八十三，三十二页）今谓孔子实尝修《春秋》，则此亦尽可只为一私人而修史之事。私人修史，以纪齐桓晋文之事，而自知其善否，即“丘取其义”，非必另隐其义于文字之外也。古之史官，为王官世业，则以私人而修史，即可罪。于乱臣贼子之事，直书无隐，亦固可使之惧。故崔子弑其君，而史官记之，崔子即杀之，是见直书无隐，即可使乱臣贼子惧也。孔子称“董狐，古之良史也”，亦只谓其“书法不隐”。则孔子修《春秋》，亦不必别有隐于文字外之微言大义，而后可使乱臣贼子惧也。若果有微言大义，隐于文字之外，人又可“习其读，而问其传，则未知己之有罪焉尔”（《公羊传》定公语），亦正不能使乱臣贼子惧矣。依《公羊传·庄公七年》谓“雨星不及地尺而复”，谓为不修之《春秋》，君子修之曰“星霣如雨”。此君子若即孔子，则此不过一变其文；而略其不及地尺之句。此修文正不必善于原文。今姑不论。要见孔子若修《春秋》，亦可只修其文而已。朱子尝言孔子修《春秋》“只是直笔而书”，盖得其实。今观《论语》所记孔子之言，皆明白易直，故谓“吾无隐乎尔”，亦似不当别有秘密之例法，由口说而专传授一二弟子者。唯秦汉之方术之士，乃有所谓秘密之传授也。今观传《春秋》之公羊、穀梁，亦如传《易》之商瞿、馯臂子弓，皆名不见于先秦之书，谓其独能得孔子之文外之微言大义，实甚可疑。汉人谓公羊穀梁皆传自子夏。吾唯见《韩非子·外储说右上》，有子夏说《春秋》者一节，亦只谓《春秋》之弑父与君，乃由渐而积，“善持势者，早绝奸之萌”云云。《庄子·齐物论》言“《春秋》经世先王之志，圣人议而不辩”，而公羊穀梁之言，则皆甚辩。《庄子·天下》篇又言“《春秋》以道名分”，亦未言变名分，以隐寓褒贬。至荀子之言“《春秋》之微也”，则《春秋》之文简，即义微。荀子亦未尝言《春秋》别有微言隐义，而论之也。《左传·成公十四年》谓：“君子曰：春秋之称，微而显，志而晦，婉而成章，尽而不污，惩恶而劝善，非圣人谁能修之。”则其时孔子尚未生。若果其时已有此言，亦只是泛说《春秋》难修之语。然此君子曰之言，大可只是后人所加，以预言孔圣之生而将修《春秋》者。吕不韦集宾客为《吕氏春秋》，其十二纪，言春夏秋冬之时，而更于春纪，配以贵生之义；于夏纪，配以礼乐之义；于秋纪，配以刑法之义；于冬纪，配以节用安死之义；而后春夏秋冬之时令，乃皆有其相应之义理，如隐于此春夏秋冬之名之后，方可说春秋之别有微言隐义。若只就今存《春秋经》之原文以观，尽可只视为据事直书之史。三传学者之释《春秋》年、月、日、时，皆谓其别藏微言隐义，为孔子作《春秋》之本旨所存，或亦正由有见于《吕氏春秋》以及阴阳家之言四时之序者，皆别有其义，遂为之推述而说。此固皆不必为《春秋经》之本旨之所具，而只代表三传学者之思想者也。

此三传之时间，盖《左传》先行，《穀梁》继出，《公羊》后盛。而本义理以讲《春秋》，则先是《公》《穀》学者，而《左传》学者为后。[①] 由三传学者，皆本义理以讲《春秋》，遂皆成经学。三传经

---

① 关于三传成书之时，则《汉书·儒林传》言“汉兴，张苍、贾谊等皆修《左氏传》”，又言瑕丘江公受《春秋》及《诗》，于鲁申公。江公与董仲舒并。以“上使与仲舒议，不如仲舒。而丞相公孙弘，本为公羊学，比辑其议，卒用董生。于是上因尊公羊家”。又言“胡毋生治《公羊春秋》，为景帝博士，与董仲舒同业”。然申公尝见高祖，则当是《左氏》先行，《穀梁》次出，《公羊》后盛。唯《四库提要》则谓《公羊》汉景帝时始著竹帛；《穀梁》则汉武帝时，始著竹帛；谓《穀梁》多袭《公羊》或驳《公羊》，应为后出云云。然近人刘师培著《春秋三传先后考》，谓《公羊》多用《穀梁》，《公羊》应后出。余嘉锡《四库提要辨证》子一陆贾《新语》项下云：“《太平御览》引桓谭《新论》云：《左氏》传世后百余年，鲁穀梁赤为《春秋》，又有齐人公羊高，缘经作传。……《礼记·王制》疏，引郑玄云：《穀梁》近孔子，《公羊》当六国之亡。《汉书·儒林传》言……瑕丘江公，受《穀梁春秋》及《诗》于鲁申公，并无《穀梁传》至武帝时始出之说。”则仍当以《公羊》后于《穀梁》之说为是。至于三传之文，是否相袭，则哈佛燕京学社出版之《春秋三传引得》，有洪业《春秋三传引得序》，谓三传学者，乃各自传授，则不必互见其书，盖得其实。皮锡瑞《春秋通论》又引“班氏云汉初学

学家对史事之态度，亦与传统之史官、道家及阴阳家对史事之态度，皆有所不同，其所重之义理，亦彼此不同。此即皆是属于历史哲学之观点之不同者也。

二 《春秋》三传家对史事之态度与他家之不同，及本义理以评断史事之态度之三型

此三传之家对史事之态度，与传统之史官及道家阴阳家皆有不同。在传统之史官，对史事之态度，唯是据其所见所知之事以直书。此史官之道德，即表现于“对任何事，皆据事直书，以忠于史职，宁犯死难，而不隐讳事实真相”之处。此除上所引及之孔子言董狐为古之良史之外，则世所共知者，有齐太史之书崔子弑其君，崔子杀之；其弟又书，崔子更杀之；而南史氏闻之，仍再执简往，及闻史官已书之，乃返。此事尤可泣可歌。故后之文天祥作《正气歌》，谓“天地有正气……于人曰浩然……时穷节乃见，一一垂丹青”，其下句即以“在齐太史简，在晋董狐笔”为例。至于道家对史事之态度，则要在由知史事，而知事势之已然者，遂只静观其已然，而更无所为，或因之任之以成事。然其因任此已然之事势以成事，毕竟只是因之而顺应之，或因之而更革

者学《左氏》者，惟传训故，刘歆治《左氏》，引传云以解经，由是章句、义理，皆备”。是见《左传》书虽先出，讲者初不重其义理；亦未必用之，以为解《春秋经》之传。故《汉书·楚元王传》及《刘歆传》皆谓：汉博士云，《左氏》不传《春秋》。而《左传》中之“君子曰”之文言义理者，是否《左传》所原有，亦是问题。故宋林栗谓此乃刘歆所加。朱子亦尝引林说（《语类》八十三）。此君子曰，即非刘歆所加，而为《左传》作者之所自加，吾人亦可说此《左传》之成书，是先成记言记事之史，而后再加以“君子曰”之辞，以表其本义理而施于史事之评断，然后《左传》可说不只是史。若至刘歆讲《左传》，而后乃备义理，则三传之本义理以讲《春秋》，乃以鲁学之《穀梁》最先，齐学之《公羊》次之；而《左传》则最后，乃学《公》《穀》而言义理者也。

之，则亦可无一定之态度。至于对未来事势之发展，道家之徒亦可不求先知，以预为适应。然阴阳之家对史事之态度，则重对未来之事之先知。于未来之事不能据已往之事，加以推知者，则本祥瑞灾异等为占验，以预为趋吉避凶之谋。然又可不问此吉之是否当趋，此凶之是否当避。此三种对史事态度：史官重纪所见所知之当时现在之事，道家重因已然之过去之事，阴阳家重知未来之事。然皆非以判断已往史事之是非，示人以事之所当然，为其所用心之焦点。此则共异于三传之家，皆有对已往史事之是非之判断，以往事垂诫戒，而示人以事之所当然，以使人自定其现在未来之事者也。

至于《春秋》之三传之别，则何休有《公羊墨守》《左氏膏肓》《穀梁废疾》之书。范甯著《穀梁传集解》序谓："《左氏》艳而富，其失也巫；《穀梁》清而婉，其失也短；《公羊》辩而裁，其失也俗。"此皆唯是文学比况之辞，不能使人知其切义。今当说《左传》如舍其"君子曰"下之文，则纯是纪事亦纪言之史，连此君子曰之文，则宜如刘知几《史通》之谓其在经史之间。《左传》之为史，其所纪之事，多及于晋楚之事，其文亦多同《国语》中之《晋语》《楚语》。孟子言："晋之《乘》、楚之《梼杌》、鲁之《春秋》，其义一也。"则晋楚之史与鲁史齐名。昔人多言《左传》兼据晋楚之史，故其于晋楚之事，所纪最详。郑樵谓《左传》作者为楚人，亦有可能。《左传》书较《公》《穀》先传于汉世，其君子曰之文，更评论史事，不知何人所作。然要初是以有此君子曰之文，而得称为《春秋经》之传，乃不复只是纪事纪言之史。此君子曰之文，评论史事，多是就事之成败之结果，而更追溯其所以成败之故，遂及于人之处事之方；亦附及于行事之合礼与否，及人存心之正邪、善不善。故《左传》之君子曰之文，兼有对人处事之方可致成致败之功利性的判断，与对行事之合礼与否之文化性的判断，及对人存心之正邪善恶之道德性之判断三者。而其中功利性的判断，又特多。故朱子谓：“左氏是非而不本于义理之正，并引陈君举说，左氏是一个审利害之几、善避就底人。”又谓：“《左传》君子曰，最无意思。”（《语类》八十三）《左传》既兼取晋楚之史而作，而晋楚之学，原较富功利纵横气习，则君子曰之评断，自亦难免其气习。然为史事作评断，自有此《左传》之君子曰之一型，而重此功利性之判断者。如宋之苏氏父子之论史，以及朱子之友吕祖谦《东莱左氏博议》之论史，即皆重功利性之判断者也。

至于《公》《穀》二传之历史与文学之价值，皆远不足与《左传》比。《公》《穀》之异于《左传》者，在《公》《穀》多直论事之合礼与否，及其是与非，以及于人之贤不肖，存心之正不正，善不善。此则为文化性或道德性之判断，而更以道德上之贤贤贱不肖、善善恶恶之义为本者。此种文化性道德性之判断，即据儒家所言之礼义之原则，以用之于史事之评论，又无异儒家所言之普遍抽象的道德文化之原理，落实运用于具体特殊之史事，而成之评论。然公穀之家，更谓彼等所依之以评论之义旨，即具于《春秋》原文之书法之中，为孔子修《春秋》之本旨。而《春秋》遂成为圣人之褒贬之书，亦即圣人之借史事，以见其道德文化性之判断者。《春秋》书中“一字之褒，荣于华衮；一字之贬，严于斧钺”。孔子乃不得位，而作《春秋》，以寓褒贬；其贬可“贬天子、退诸侯、讥世卿”；而孔子之位，遂又在世之天子诸侯世卿之上。公羊家以此而谓孔子乃绌周、王鲁，以《春秋》当新王，意在为后世制法。故孔子有素王之称。孔子所以能以《春秋》当新王，而为素王，则纯在其能于《春秋》之书中寓褒贬，自加施其道德文化性之判断，于天子诸侯大夫之上。今重此孔子之道德文化性之判断所寄之《春秋》，而视之为礼义之大宗，则正表现公穀之学者，重此礼义而不尚利，不见一切现实权势之精神与思想。此则非《左传》之君子曰之文，只沿事之成败，言其所以成败，而附及于人之行之合礼与否，存心之善不善等，所能及；而是纯承先秦儒者之“据义以论事”之精神与思想者也。故以《左传》与《公》《穀》较，唐啖助已谓“《公》《穀》守经，《左氏》通史”。朱子谓“《左氏》是史学”，“记得事却详，于道理上便差”；“《公》《穀》是经学”，而“义理却精”。至于近世今文学家，则自刘逢禄、康有为至崔适，更谓今之《左氏》书，多为刘歆伪作，原非《春秋》之传。此则纯属考证之事，非今所论。然《公羊》《穀梁》，重在据义以论事一点上虽同，其所据之义，又不必尽同；故对事之是非，对人之贤不肖善恶之判断，亦恒不同。《穀梁》早出，而为鲁学，盖更能固守儒者之学之传；其言礼义，更为谨严，而不免于拘固。《公羊》后出，而为齐学，贾逵已谓其杂有权变，即更能适应时代之变化。故汉世自董仲舒、胡毋生、公孙弘皆言《公羊》，而公羊学在汉世，即最为显学也。

若自《穀梁》《公羊》之内容言之，则皮锡瑞《春秋通论》尝谓《穀梁》之春秋学，有大义而无微言，《公羊》则兼有大义与微言。其所谓大义微言，乃以“大义在诛乱臣贼子，微言在为来世立法”之语，加以界说。皮氏谓《春秋》之大义，只在诛乱臣贼子，《公羊》《穀梁》之旨，亦皆只在此。其范围过狭。当谓《穀梁》之旨，要在以道德文化上礼义之原则，断史事之是非善恶，使世人学善而弃恶，而未能兼从“由今世以通来世之政治上之大经大法”着眼，以判断史事之是非，与其可垂范来世之政治上之意义。此即谓《穀梁》以义断事，尚只见其为道德文化上之理性主义者。此即昔胡安定所谓“义莫精于《穀梁》”也。至于《公羊》，则更为一政治上之理想主义者，而期为来世建制立法者。凡制法必有例。此即胡安定所谓“例莫明于《公羊》”也。是即足见《穀梁》《公羊》之学之义理型态之不同矣。

按此《公》《穀》之义理形态之不同，今姑即以二传之首“隐公元年”注为例以说。此中之史事，唯是隐公之即位之事。隐公之父为惠公。惠公原欲立桓公，而桓年幼，诸大夫遂立隐公。隐公立后，二传皆言其原拟成其父之意，平国人之心，更反政于桓公。而桓公既长，更不及待，遂弑隐公。对此中之史事，三传所记者，初未尝大异。然《春秋》经文，则只有"元年春，王正月"六字。《穀梁》与《公羊》释此经之六字，并对此上所述之史事评断，则又大异。今先照引二传文于下：

《穀梁传》曰："元年春王正月。虽无事，必举正月，谨始也。公何以不言即位？成公志也。焉成之？言君之不取为公也。君之不取为公何也？将以让桓也。让桓正乎？曰不正。《春秋》成人之美，不成人之恶。隐不正而成之，何也？将以恶桓也。其恶桓何也？隐将让而桓弑之，则桓恶矣。桓弑而隐让，则隐善矣。善则其不正焉，何也？《春秋》贵义而不贵惠，信道而不信邪。孝子扬父之美，而不扬父之恶。先君之欲与桓，非正也，邪也。虽然，既胜其邪心以与隐矣；已探先君之邪志，而遂以与桓，则是成父之恶也。兄弟，天伦也；为子受之父，为诸侯受之君；已废天伦，而忘君父，以行小惠，曰小道也。若隐者，可谓轻千乘之国，蹈道则未也。"

《公羊传》曰："元年者何？君之始年也。春者何？岁之始也。王者孰谓？谓文王也。曷为先言王，而后言正月？王正月也。何言乎王正月？大一统也。公何以不言即位？成公意也。何成乎公之意？公将平国而反之桓。曷为反之桓？桓幼而贵，隐长而卑。其为尊卑也微，国人莫知。隐长又贤，诸大大扳隐而立之，隐于是焉而辞立，则未知桓之将必得立也。且如桓立，则恐诸大夫之不能相幼君也。故凡隐之立，为桓立也。隐长又贤，何以不宜立？立适，以长不以贤；立子，以贵不以长。桓何以贵？母贵也。母贵则子何以贵？子以母贵，母以子贵。"

据此《公羊》与《穀梁》对此"元年春王正月"六字之解释，及同一事实之评断，显然大不相同。在此《春秋》经文，只系此六字，其下无事。此不同于二三月无事，则不书其月，又不同在其余之元年下书“公即位”者。公穀之家，即就其何以书此六字又不书公即位，求其义理。今按《春秋》之书此六字，何以不书他事，固原可能有其义理。然《春秋》原文既未说，则《公》《穀》所说，皆只是其所自加之解释。若依左传家，周王正月，此只是说此为周王之历法中之正月，此外别无义理。其前之春之一字，王应麟《困学纪闻》卷六谓是后人所加。今按《穀梁》言正月具一“谨始”之义理，固只是其自加之解释，然尚易解。《公羊》之更说春为岁始，亦可说。然谓王必指文王非周王，谓元年为君之始年，正月为文王之正月，表大一统之义，则纯依公羊家之理想而说。秦汉方有大一统之政治，显见其言之出于秦汉之世，其必以王为文王，则以文王为开一新朝者，乃表示公羊家之望一新朝之来临。于此六字，《穀梁》只言“谨始”，纯只是一道德性上之当然之训。公羊家则必及于文王之大一统之义，则显见为一政治上之理想主义。至于董仲舒之以此六字中之元为天之元，谓此六字之旨，在教人王：“以元之深，正天之端；以天之端，正王之政；以王之政，正诸侯之即位；以诸侯之即位，正境内之治。五者俱正，而化大行。”（《春秋繁露·二端》篇）何休本之而言五始，则更为公羊家之政治的理想主义之推演；非如穀梁家之矜慎，唯于此说一谨始之训所许可者矣。至于对此中之所以不书公即位，则《公》《穀》皆谓是成公志，或成公意。即谓隐公本有让桓之意，则其即位，亦非意自欲即位；故依其意，而不书即位。隐公本有贤名，今谓其原有让国之意，故不书其即位，即所以显其让国之意。此乃如后之佛家之以不说为说。《公羊》《穀梁》，皆称隐公之贤。然《穀梁》则以隐公不当有此让国之意，而《公羊》则谓隐虽长且贤，而卑，桓则幼而贵，隐宜当让桓，此则有毕竟此让与不让，何者为合礼或合理之问题。

此中关于何者为合礼、合理之问题，关连于依其前之宗法制度下毕竟何者为合礼，及依儒家之言道德上政治上之义，何者为合理之问题。依《穀梁》范甯《集解》钟文烝《补注》谓，隐为长庶子，原当立。《左传·昭二十六年》亦云“王后无适（嫡子），则择立长，年钧以德”。隐既长而贤，固当立，而不让桓。然《左传》记“桓公之母仲子，生而有文在其手，曰为鲁夫人”。盖桓母亦尝实为鲁夫人，故公羊家谓桓公之当立，为“子以母贵”，则隐公虽长且贤，亦当让桓。此当时之礼制毕竟如何，如陈立《公羊义疏》所记，则又有文家、质家之说等，其争论甚繁，今不拟及。然纯依义理说，则《左传·隐公三年》传云“贱妨贵”“少陵长”“淫破义”为六逆之三。依儒家之礼义标准，长幼、贵贱及贤不贤，各为一标准。隐公长且贤，而得其二，桓公只母贵，仅得其一，则仍宜说隐公当立，而贤德亦正为儒者之所重。则《穀梁》之言隐公当立，亦不当成其父之邪志而让位，以成其父之恶，方得为孝子，即全部是自道德上之义理立论。此自道德义理上立论，非只自一端之道德而论。如自一端立论，则顺父之志，亦为孝。然父之志不正，则依义即不当顺，不顺，方合乎道。故《穀梁传·僖二年》，有“虽通其仁，以义而不与也，故曰仁不胜道”之语。仁之所以不胜道，亦犹任何一端之德，皆当更以他端之德衡之，以定其是否合于义，方为合道也。在此点上，《穀梁》之言合道之旨，实有精处。故朱子谓《穀梁》之义理精也。然公羊家之从长久之礼制上着眼，依子以母贵之原则，分嫡庶以定尊卑，更不杂以贤与长之标准，则可免于君王之本其私爱，以擅定太子。此即可绝君位之纷争，而安天下。则其在政治之事上，所虑者更大且远，而亦合乎立君之大义。观此《穀梁》与《公羊》之不同，亦即纯道德理性主义之大义与政治上之理想主义之大义之不同也。

此上所说公羊与穀梁二家之不同，唯举其对“隐公元年”《春秋经》只有“元年春，王正月”之六字，而无公即位之语之解释为说，以见其以义断事之评论，乃各为一型态之思想。其余《公羊》《穀梁》，对《春秋》文句之解释之异同，皆非今所及，而属于专家之学。要之，《穀梁》之道德意识极强，可用之以修德。《公羊》之道德意识，则即在其为来世立法建制之政治意识中。此乃与汉之为大一统时代，最有待于建新制、立新法之需要，更为相应者，故公羊学遂为汉代最显之春秋学。此公羊家在汉代之发展，则董仲舒代表一阶段，汉末之何休，又代表一阶段。

三　董仲舒之春秋学

《汉志》儒家有董仲舒百二十三篇，《隋志》始有《春秋繁露》八十二篇，宋人于董书遂或疑或信。明胡应麟《少室山房笔丛·九流绪论》，谓二者异名同实。今本此书以观董子之讲《春秋》，盖承《公羊传》而更进。《公羊传》之义，唯散在注文，而未尝合为体段。董子之书，于《春秋》义，则分篇而论，一一皆成体段。故《春秋繁露》既为说经之书，亦一家之言，而经子之学，于是乎通。董仲舒又为《贤良对策》，论当今之制度，并传尝以《春秋》义决狱。《汉书·艺文志》，亦载有《公羊董仲舒治狱》十六篇。姚振宗《汉书艺文志拾补》，谓当在董子明经术之书之外。《隋志》载有董仲舒《春秋决事》十卷，《唐志》有董仲舒《春秋决狱》十卷，盖篇卷分合不同，而为同一之书。则董子之学于古之经学，亦通其用于今世。《史记·太史公自序》，谓孔子言“我欲载之空言，不如见之于行事之深切著明也”，故退而修《春秋》。然《春秋》亦只道古人之行事。孔子尚未能如董子之以《春秋》之义决狱，而建立学官之制于其当世也。

董仲舒之《春秋繁露》，依今本诸篇之序次，前十七篇皆专说《春秋》之义。由第十八篇至二十八篇，则多及于政治制度；二十九篇至三十一篇，总说人之仁义仁智之德与人性及为政之道；第三十八篇以下，则发挥阴阳五行之义，以言天人合德与郊祀之义。其言《春秋》之义者，乃即《春秋》之文而知其义，就《春秋》

所述之事而知其志。首《楚庄王》篇言《春秋》之贬讨，“常于其嫌德者，见其不得也”，又言“《春秋》文约而法明，尊礼而重信，信重于地，礼尊于身”，“《春秋》贤而举之，以为天下法”。此皆谓《春秋》重在道德判断上之决嫌疑，以定是非，贬讨不贤，而举贤以为法。而其所本之原则，则可谓之为道德上之“礼信尊贵于土地之物与身体之形躯”之原则。此即为一道德上之理性主义。其继言《春秋》分十二世，有见三世，有闻三世，有传闻三世。“于所见微其辞，于所闻痛其祸，于传闻杀其恩，与情俱也。……屈伸之志，详略之文，皆应之。吾以知其近近而远远，亲亲而疏疏也，亦知其贵贵而贱贱，重重而轻轻也，有知其厚厚而薄薄，善善而恶恶也，有知其阳阳而阴阴，白白而黑黑也。百物皆有合偶。偶之合之，仇之匹之，善矣。”此则本《公羊传·哀公传》之“所见异辞、所闻异辞、所传闻异辞”，而更说之。此即见《春秋》之文之屈伸详略，皆表现近近远远、亲亲疏疏、厚厚薄薄、善善恶恶，以显其当显者，是其当是者（阳阳白白），隐其当隐者，非其当非者（阴阴黑黑），而分辨其价值之等差之旨；以与事之为所见、所闻、所传闻者，相合相应。则人之学《春秋》之义，当有分辨事之价值等差之意识，以作判断，而“别内外，差贤不肖，而等（分等）尊卑”，则亦可知矣。故《春秋》之道，非只立一普遍之价值原理之道，而是立种种差等之价值判断之道也。

《楚庄王》篇再下一节，则为言《春秋》之道，乃奉天而法古，又言“圣者法天，贤者法圣”。此法古即法古圣，以共奉天。然下文又谓新王必改制。此“非改其道，非变其理”，唯新王“受命于天，易姓更王，非继前王而王也。若一因前制，修故业，而无有改，是与继前王而王者，无以别。受命之君，天之所大显也。事父者承意，事君者仪志，事天亦然。今天大显已，物袭所代而率与同，则不显不明非天志。故必徙居处，更称号，改正朔，易服色者无他焉；不敢不顺天志而明自显也。若其大纲，人伦道理，政治教化，习俗文义，尽如故，亦何改哉。故王者有改制之名，无易道之实。……大改制于初，所以明天命也；更作乐于终，所以见天功也。……应其治时，制礼作乐，以成之。成者本末质文，皆以具矣”。人奉天志，则天道之志，为其本其质；改制作乐，则其末其文。其谓乐者“作之于终，而名之以始，重本之义”。则是谓文反于质，末还于本，以应天，而“人心之动”与“天”，乃“离而复合”。是即天人二者之离而复合也。

《春秋繁露》第二篇《玉杯》更言：“《春秋》之论事，莫重于志。……志敬而节具，君子予之知礼；志和而音雅，则君子予之知乐；志哀而居约，则君子予之知丧。……志为质，物为文，文著于质。质不居文，文安施质？文质两备，然后其礼成。”此则略同孔子言“文质彬彬”、荀子言“情文俱备”之旨。其下文更言“《春秋》之序道也，先质而后文，右志而左物”，即见董子之意，尤重志质之先备。人之志质，当“贤法圣，圣法天”，君皆当以圣自期。故董子下更言《春秋》之法，“以人随君，以君随天”，以“屈民而伸君，屈君而伸天，《春秋》之大义也”。此即人之志质之上达，以由贤而圣而天之事也。

人之志质本于其性，而董子下文言“人受命于天，有善善恶恶之性，可养而不可改，可豫而不可去”。由此而人亦必当对世间之善恶，作善善恶恶之判断，故言“《春秋》正是非，故长于治人”。盖《春秋》之表是非之书法极严，能于人“系之重责，使人湛思，而自省悟，以反道”，“重累责之，以矫枉世而直之；矫者，不过其正，弗能直”。此中董子之举《春秋》书赵盾弑其君之例，以言《春秋》之严于责备贤者，所以矫枉，正有如法家之言重刑。然刑必实伤人身，《春秋》之重责，则唯在“使人省悟，以自反于道”。法家乃尚严刻之刑罚者，《春秋》则儒者所宗之书，而尚严刻之道德责训者也。以严刻之道德责训，代法家之严刻之刑罚，则董子言《春秋》之有契于法家之旨，而亦以儒易法之一道也。

昔人多谓《春秋》为圣人之刑书（如邵康节《皇极经世》卷八，《湛甘泉文集》卷十七《春秋正传序》)，盖亦董子之旨也。

《春秋繁露》第三篇《竹林》，则首言《春秋》之常辞，不予夷狄而予中国。然“今晋变而为夷狄，楚变而为君子”，则易其辞以为褒贬。下文更言《春秋》之重贤与重民，故战伐必书伤。又《春秋》之法，必责“苦民、伤民、害民、杀民”，恶“不任德而任力，驱民而残贼之”，故疾“德不足以亲近，文不足以来远，而断断以战伐为之者”。此则本儒家爱民之义，以言《春秋》之义。至于《春秋》恶诈击，而善偏战，耻伐丧而荣复仇，则《春秋》固有义战。然此义战，“比之诈战，则谓之义；比之不战，则谓之不义。……战不如不战，然而有所谓善战。不义之中有义，义之中有不义，辞不能及，皆在于指。非精心达思者，其孰能知之？”此言义不义以相比而见，而不义之中有义，义中有不义，即言《春秋》之义与不义，非只抽象的相对相反，而亦有其相涵与相摄，当以精思为之辨。其下文更言义有大小，小不义者，可以成大义。如司马子反为臣“内专政而外擅名”，似为不义；然为其有惨怛之恩，不忍饿一国之民，使之相食，则是“大为仁者，自然而美”。故《春秋》之道，有常有变。故“礼者庶于仁，文质而成体者也。然今使人相食，大失其仁，安著其礼？方救其质，奚惜其文？故曰当仁不让，此之谓也。《春秋》之辞，有所谓贱者，有贱乎贱者，则亦有贵乎贵者矣”。此则谓义与善，有其大小高下之差。人遇特殊之变，则当依义之大小高下，以为权衡，而不能拘于常礼也。

下一节更言何谓知权，如逄丑父杀其身，以生其君，为不知权；而祭仲措其君于人所甚贵，以生其君为知权。盖丑父之生其君，乃“使之冒大辱以苟生。故《春秋》示之以义也。国灭，君死之，正也。正也者，正于天之为人性命也。天之为人性命，使行仁义而羞可耻，非若鸟兽然，苟为生、苟为利而已。是故《春秋》推天施，而顺人理，以至尊为不可以生于至辱大羞。故获者绝之，以至辱为不可以加于至尊大位，故虽失位，弗君也。已反国，复在位矣，而《春秋》犹有不君之辞。……丑父大义，宜言于顷公曰：君……今被大辱，而弗能死，是无耻也。……请俱死，无辱宗庙，无羞社稷。如此虽陷其身，尚有廉名。当此之时，死贤于生。故君子生以辱，不如死以荣。……由法论之，则丑父欺而不中权，忠而不中义”。此节所言之义，甚正大庄严，确是孔孟之爱人以德之旨。爱人以德，而于君之受大辱者，请与俱死，而不只愿其君之苟生。此方为大权大义。本此义立论，而以《春秋》所记之史事为例，则先儒所未及，而董子及之者也。

凡此《春秋繁露》之前三篇之所及之《春秋》之义，皆纯依儒家之道德理性，以成其褒贬之判断，于《穀梁》所具之义，董子亦具有之。不可谓其无穀梁学也。然董子所论之义，则前后次第相连，以由粗及精，由浅及深，亦自成其义理之体段，则远非《穀梁》之所能及。其中如王者必承天志，不变道而改制，则为《公羊》义。然董子之发挥此《公羊》义，则在其后之他篇，而不在此三篇也。

《春秋繁露》自《玉英》《精华》以下，至《十指》九篇，或散说《春秋》之所褒贬之善恶，并决其嫌疑，或总说其指要，乃纯粹之解《春秋》文义之篇，而非吾人所拟述者。当知此董仲舒之解《春秋》之义，与一切公羊学者穀梁学者，以及谓《左传》亦是解经之传之学者，同有一根本之信仰，即《春秋》全是孔子之贤贤贱不肖，而善善恶恶之书。故视《春秋经》之文，字字句句，皆有义理。其所以于同类之事，其书或不书，以及其所书者之不同，皆必由其事之性质与其价值意义或道德意义之所不同。如上所述同此元年正月，或下书一事或下不书事，或书公即位，或不书公即位，春秋家即于此思其意义之毕竟何在，是其一例。此外，《春秋》于一事或书时或不书时，或书月或不书月，或书日或不书日；或书其事发生之地（如《春秋》隐元年夏五月之郑伯克段于鄢之地），或不书其地，或书作事之人之名，或只书某国之人（如楚人），或更易其人之称号。《春秋》于一人与他人共作某事，或用“及”，或用“会”，或用“暨”；于同是战争之事，或用“伐”，或用“战”，或用“获”，或用“执”。又史有一事，《春秋》书之，或不书之；于一事书其此一方面，或书其另一方面。以至于《春秋经》之所说之事，以他书参之，明不合史实，亦有似为误记者。凡此等等，春秋家皆无不一一求其义之所存，而归在发现《春秋》之如此如此书，皆有孔子之贤贤退不肖、善善恶恶之旨，存乎其中。人果能于此《春秋》之文，一一皆见此孔子之旨，则此《春秋》所记之全部历史，皆即化为一处处启示一价值意义、道德意义之历史；而历史之世界，与纪此历史之文字之世界，皆全部化为充满价值意义、道德意义之世界。此可称为历代春秋家之所以必继踵相接，穷老尽气，以求通此《春秋经》之文之精神动力之所在。此其所依之信心，实亦至贞固而诚虔，其目标亦伟大而庄严，为吾人所不能不先加以正视者也。然若《春秋经》之原文，只是史官所为，其纪之事实，亦容有误，其文亦容有脱讹；孔子修之亦可只润其文，更不必一一皆依先怀之一定条例以用辞；即有条例，亦可只是史法，不必是处处隐喻褒贬；则此春秋家之皓首穷经之事业，必遭遇无数之疑难。然此疑难，又皆有改易其解释，而更加以解答之可能。此亦如今人于一切叙述事实或误述事实之语言，皆可探其何以叙述此事实此方面，而非彼方面，何以用此语言，不用另一类似之语言，以及人何以说错一语言之心理的动机，而见其皆有其意识中，或下意识中之价值的取向。今若设定其人为圣人，于善无不好，恶无不恶者，则吾人固可谓其任作一言，皆表现其好善恶恶之情，而有道德的价值意义，存乎其中，待人之发现也。此即春秋学之所以永远为一可能之学之根据。亦是古今之学者，必继踵相接，穷老尽气，以求其义，亦自信其必能得其义之信心所依之根据。此亦如基督教佛教之宗教徒，于《新旧约》之文或佛经，无不信其文皆有神圣意义，而亦皆信其意义，可为人所知，而更依之以起信也。此理，读者可自思之。然此亦非谓其求解释意义时，不经种种疑难之谓。观董仲舒之释《春秋经》，其所感之此种种疑难，则又正为更多于前此之公羊穀梁之家之所感，而又终能更自加以解释，以得维持其信心而不变之第一人也。

对此《春秋》经文之解释，可有种种疑难，董仲舒前五卷所述及者已多。其答《春秋》文何以于同类之事异文，何以于不同类之事同文，要不外更于同类之事中求其异，或不同类之事中求其同，以为解释。而此于同类之事求其异，非必自事之本身说。此或是就事之为作《春秋》之所见或所闻、所传闻之异，而说；或是就其事之为作《春秋》者，其国之事，所亲近之诸夏之事，或较疏远之夷狄之事之异，而说；或其事之是否为其亲者或贤者或尊者之所为，而说。《春秋》有所见异辞，所闻异辞，所传闻异辞之义。后何休本之说张三世是也。亦有于其国之事、诸夏之事、夷狄之事亦异辞之义。此与《穀梁·哀七年》所谓“《春秋》有临天下之言焉，有临一国之言焉，有临一家之言焉”，其旨初无不同。何休所谓异外内是也。又有为亲者讳、为贤者讳、为尊者讳之义。此皆是就作《春秋》者与所述之事之人之关系之异，而异辞。凡此等等，与前所说之义中有不义，不义中有义，以及严于责备贤者等，皆可作为解释“事同而《春秋》之辞异，而褒贬异”之种种原则。此外，于事之同者，其志或异。设定其志之异，则亦可说明事有而辞无、事同而辞异之故。又事之异而辞同者，亦可就其同其志，或同属贤者、尊者、亲者之所为等，以说明其辞之所以同。至于事之属于此人，而加于彼人，其人无其事而说有其事，似明属误记者，本当用此名，而《春秋》不用此名以名之，“实与而文不与”者，则董仲舒称之为《春秋》之诡辞。诡辞者，“诡其实以有避也。其书人时易其名，以有讳也。故诡晋文得志之实，以代讳，避致王也；诡莒子号谓之人，避隐公也；易庆父之名，谓之仲孙，变盛谓之成，讳大恶也。然则说《春秋》者，入则诡辞，随其委曲，而后得之”（《玉英》篇）。此即所谓“《春秋》无达辞，从变从义”（《精华》篇），“《春秋》有诡辞，而无达辞”。若然，则凡人于《春秋》文中，其记事与用名之误者，于人之当贬者未贬，当褒者未褒者，皆除可依其“义中有不义，不义中有义”，以说其意在责备贤者之外，更可说之为对贤者、亲者、尊者，有所讳，而转移其褒贬于他人。则《春秋》之文，即无往而非意在善善恶恶，而寓褒贬。其辞之变，而同事不同辞，更无达例，其志亦恒在寓褒贬，以“恒从于义”。然作如此说，自逻辑之眼光衡之，则又正可反证《春秋》之原文或本无必寓褒贬之意，其旨唯在纪事；其纪事之辞，亦未必依一定之条例规律而为之。诚然，事自必有善恶，事之善者，人必好之而褒之；事之恶者，人必恶之而贬之。则凡纪善恶之事者，亦必当同时有此褒贬之心；其依此心以纪其事，亦必自然用若干有褒贬等价值涵义之辞。此则固可说。然何以知此释《春秋》者之褒贬，即纪其事者心存之褒贬？又何以知纪其事者，所用有褒贬涵义之辞，皆先尝自觉地依一定条例规律而用之，以全然自相一致？则此乃永不可对证者。则释《春秋》者，如董仲舒所见于《春秋》之辞中所褒贬之善恶，亦唯是其所见者之如是如是而已。他人于《春秋》之事，所知者不同，所见之善恶不同，而褒贬不同，则亦可更有其对《春秋》之不同解释。此即三传学者之所以相争无已者，恒多不能决之故。然其皆共信《春秋》之文所纪之事，有其善恶之价值意义，而皆欲透过此《春秋》之文，以发现充满善恶之价值意义之历史的世界，则如前文所说。其相争无已，而莫能决，则又可见此史事之善恶之价值意义之有不同之方面，而可分别次第展现于后人之心思之前。后人于此价值意义，能见其远者大者，则其春秋学之价值，亦更远且大。董仲舒之所见，固远大于前人。今徒本逻辑之眼光，对之加以评论，则又评者之卑陋也。

四　董仲舒之文质三统之更迭为用之道

董仲舒《离合根》以下之篇之文之论政道、制度、德性、阴阳五行者，不能谓其一一皆是春秋学所必当涵。然董仲舒言政道之意，在奉天道，以成就大一统之治，则亦原于《公羊》之义，如上所及。兹按《春秋传》有天王之名，以名鲁君，顾亭林《日知录》卷四谓："以当时楚、吴、徐、越，皆僭称王，故加天以别之，以表无二尊而已。"然此天王之名，亦毕竟为一时代之新观念。孟子尝言天民、天吏，而未有天王之名。言天王，则示人以此王为天之王，亦当法天道，以有成就天下之大一统之政道。王者欲法天道，自当观天之阴阳、四时、五行，天之灾异与祥瑞，则董子之学，自可通摄阴阳家之学。然董子之天，为唯一之天神，则不同阴阳家之五德终始之说中之五帝，乃次第当令者。五帝次第当令，则天神不一而无统，而人王之法天，亦只能依五帝之序，而法其一。此可为人间政治之当有禅让革命之一理论基础，而未必可为天下之大一统之理论基础。天下为一统，则天亦只有一天。然天虽只有一天，又不能言人间之文化政治制度，一定永定而不变。此则唯有使人间之文制政制之变，如天之四时之变，以周而复始，则虽变而皆有所应合于天。董子有《三代改制质文》之论，即以人间之文制政制，当随时代而变，亦周而复始者。然此人间之文制政制之形态，则基本上为三，而其道则皆与天相应合而变，以不失其统者。故曰三统。此则不同于阴阳家依五德以言其形态为五，而分别与五帝德相应合而无统者矣。

关于董子之言一天，而视之为一降天命之天神，以统阴阳四时五行之义，乃董子之形上学宇宙论或宗教哲学，其旨吾已详及之于《中国哲学原论·原命篇》。董子之言性，则吾已详之于《原性篇》。今皆不拟重述。此下所拟述者，唯是其《三代改制质文》言三统之义。

此董子之言质文三统，盖原自《礼记》中“夏尚忠、殷尚质、周尚文”，三代之制不同之论，更可上溯至《论语》所记孔子言虞夏商周四代之礼不同之旨。此乃一纯依人文礼制之变所形成之历史观，而初不同于阴阳家之兼依自然界之阴阳五行之变，所形成之历史观者。然董仲舒生于汉代，亦不能不对阴阳家所传五帝德之说，与以一相对之承认。此即其《三代改制质文》篇中，于周殷夏三代之前，更言五帝，于五帝之前，更以轩辕为皇帝，以成九皇之说。此即以三代之三统之说为主，而将五帝之说纳于第二义，更以一皇帝为此三五之所自始。其所论之要义之所存，则不在言五帝之代表五形态之德与制度，而要在言三代之三统，所代表之三形态之德与制度也。

此董仲舒之《三代改制质文》篇中之三统，乃代表三形态之礼文之统。其称为黑白赤三统，乃自此三统之礼文中，种种朝服舆马旗宝牲之物，乃依白、黑、赤三色而异，以更说其中冠婚丧祭之礼与乐，以及爵禄、郊宫、明堂之方圆之形状之制异。依三统而改制，在以白统继黑统，以赤统继白统，而三王之道若循环，以随新朝，而耳目一新。至于三统中之礼制与政制之精神，则不外一商一夏，一质一文之更迭。“商质者主天，其道佚阳，亲亲而多仁朴，故立嗣予子，笃母弟，妾以子贵；夏文者主地，其道进阴，尊尊而多义节，立嗣与孙，笃世子，妾不以子称贵。”周尚文以易商之质，而春秋之新王，则当更返周之文，从商之质。赤白黑三色之制，“三而复”，文质之制，更迭为用，称为“再而复”。然文质之制中，又各有二制，彼此相别，合为四法；其更迭而用，称为“四而复”。文质之制之四法，皆可次第更历赤白黑三色，故共为十二色之制，以更迭为用，以常新一时代之耳目观感。此董子对三统文质之制度内容，种种构想，今人已难发生兴趣。唯当心知其意，乃重在言一新时代应有一新时代之颜色与礼乐，而文质之制，则当相代为用。即亲亲之仁朴与尊尊之义节，当相代为用。其言《春秋》当新王之意，在由文返质，故当重仁朴。故上文说言《春秋》之义，重爱民之仁，“方救其质，奚恤其文”。此《春秋》之新王，即孔子之理想，而期之于后一时代者，亦即此汉所当依之而改制者。以董子观秦政之重刑法，即由于偏尚在义，为阴德。故救此秦之敝者，则正为《春秋》之尚阳德而尚仁，亦即以尚教化代尚刑法之政。此《春秋》之义，即有为后世或汉制法之意义；而《春秋》之为书，其用亦即在当今之变法改制矣。

又依此董子之三统之说，则一新朝新王起，同时亦封前三代之王，使存其宗祀，行其礼乐。如周之时，仍有杞宋之为夏殷之后。《春秋》之《公羊》《穀梁》，原有兴灭国继绝世之义。此即谓一新王之起，只是旧王之退，而自封百里。新王次第起，历三王，而旧王退居于五帝之列，历八代而退为皇。历世愈远，而其名号则由王，而帝，而皇以益尊。尊之极，而出于九皇之外，由皇转而为民。然当新王之初起，则前二代之旧王之宗祀礼乐，仍存于其所封之百里之地，以与新王，并称三王。此则非于前王之宗族，加以斩尽杀绝，灭其宗祀，亡其礼乐之说。乃意在使人间之王者之政权之递禅，仍有其共存共荣，以见三统之礼乐人文，既相续而亦并存；亦不似一般言禅让之说者，对禅让之王，无所交代者。此其构想实甚美，亦合仁义之道，而具深情。此乃当时依阴阳家之五帝德之相克或相生，而言革命禅让之说者，所未能有之一构想。后董仲舒之弟子眭孟，尝言汉德将终，汉帝宜退位，以自封百里之地。此正是承董仲舒之教而说。眭孟亦盖以为汉德衰，而其君让位自封百里，以存其宗祀礼乐，乃理所当然，亦合乎仁义之道者也。

此董仲舒之由公羊家《春秋》当新王之旨，以言三代之质文改制，《春秋》之教对未来时代之意义，即最表此公羊学之为一政治上之理想主义之精神。故后之何休，以公羊家为作非常异议可怪之论者。何休之公羊学，固大皆承于董子。然其张三世之说，友人段熙仲先生《公羊春秋三世说探源》（中华书局《中国文史丛刊》第四辑）考其兼原于纬书。除张三世外，如存三统、三科、九旨、五始、七等、六辅、二类之名辞，一一为其所提出，即可使人于公羊之义，易有一总持之把握。然其《公羊解诂》之书，则为专门之学，非今所及。何休只为一经师，不同董子之一大儒，能以其学影响于当世制度之若干变革者。公羊之学，至清而大盛。清中叶言公羊学者如庄存与、宋翔凤、刘逢禄，固未必有以之影响时政之意。然至魏源、龚自珍，则论及时政。至康有为，更著《春秋董氏学》，而言变法改制。清末言公羊者，如陈立、皮锡瑞等，则仍止此经生之业，有如汉之何休。则董与何，亦公羊学之二型也。

汉人之春秋学以《公羊》为最显，而《左传》《穀梁》之学，亦不绝。为《左传》之学者，自刘歆起，即为《左传》屡争立学官，终不能如公羊学之盛。后汉乃有服虔、贾逵之重《左传》。至杜预，而言《左氏》之义例，亦寓有褒贬之大义，遂成晋世之显学。杜预之言《左氏传》之义，谓"弑君称君，君无道也"，则许有臣子之革命，说者谓其足以助司马氏之篡弑。则《左传》之学，亦有对时代政治之意义。《左传》之为书，纪史事较详。史无不变，而习史者亦莫不重当今之变，而求所以应之。故清末之为《左氏》学者，如章太炎、刘师培，亦能顺时代而为革命。柯劭忞注《穀梁》谓其言九旨之讥贬绝等，尤密于《公羊》。盖其对史事依道德理性，以制是非，义正辞严，以寓劝戒，故可助教化。然不足以为变法革命之所据。至于由唐至于宋，以己意去取三传，以说《春秋》者，如孙复之《春秋尊王发微》，胡安国之《春秋传》，明《春秋》尊王攘夷之旨，以救宋之积弱，则亦见《春秋》对其时代之文化伦理政治之意义者。近世之为今文学者，如皮锡瑞、康有为讲春秋学，而说互不同。然皆以《春秋》之旨只是借事例明义，以至一切经之旨皆然。此无异谓《春秋》经文，与一切经旨之所归，即在论义理之哲学。今观中国之历代春秋之学，亦实为一为历代之学者借说春秋之史事，以表现其道德判断，并寄托其对当代与来世之文化伦理政治之理想观念或义理之学者。今能知此义，则吾人虽可不信《春秋》为孔子依一定之条例，而寓其褒贬之著，其初当只是史；亦无碍此历代之春秋学者，借事明义之论，自有其价值；而待有能为一春秋学史者，就其所明之义，一一举出而出之，而并摄入于哲学之义理之世界之中，以观之。此固非吾之疏陋之所能及。吾今兹之所论，亦唯在指出此《春秋》之经学，亦未尝无若干哲学义理或道，存乎其中而已。

第六章　汉代易学中之易道及其得失与流变

一　略说历代易学之多方及学易之兴趣之种种，与汉易之问题

《易经》一书原为卜筮之书，释《易》者首有《系辞传》，其释《易》重在说其义理，前已论其大旨。汉初如《淮南子》、董仲舒《春秋繁露》，以至刘向之说《易》，亦皆主义理，切人事。皮锡瑞《易经通论》尝言之。皮并谓田何至施、孟、梁丘之易，当是如此，是为《易》之正传。至孟氏、焦氏说《易》，杂阴阳术数，为《易》之别传云云。然田何与施、孟、梁丘之易如何，不可考。在汉代之易学中，如孟氏易、焦氏易、京氏易、荀氏易、郑氏易、虞氏易，则各为一家之易学，皆略可考。而其所重者，则皆在易之象数。此当说为汉易之正宗。皮氏之说，未见其可。

然汉易之后更有魏晋之易，如王弼、韩康伯之易，皆反汉易。宋人言《易》，又别有《先天图》之传，而兼不同于汉魏之易。明末清初之人，又反宋易，今人又以西方之科学哲学之观念言易。民国初年杭辛斋《学易笔谈》，自谓其搜求各家《易经》，已得六百余种，与见于著录者相较，尚不过十之三四云云。此各家之易，皆多欲依种种一定之原则，以注释《易经》经文，而盖皆有所通，亦恒有所不通，故接踵相继，而为说各不同。然《易经》一书中经文中，所系于卦爻之辞，是否皆依一定而前后一致之原则而作，一一皆确定不移，则是一根本之问题。吾人如据毛奇龄《春秋占

筮书》(《皇清经解续编》卷十五至十七）所辑《国语》《左传》所记其时人对《易》之卜爻之解释之方式而观，皆似只就当时之人所遇之事，而随机加以解释。则《易经》经文所系于卦爻下之辞，亦可能初为人已有之解释之集结，而加以整齐化者。盖非必由一人于一卦、一爻，系某某之辞，皆依于其先所自觉的建立之种种概念原则，然后唯系此若干之辞，而不系以其他之辞也。由此而后人之先自觉的建立种种概念原则，以求通其卦爻之辞者，即未必能说明《易经》经文之系此辞，而不系彼辞之故。此当是后人对《易经》一书，不断求予以一新解释，而终难有圆满之解释之一理由所在也。

至于昔人于《易经》文，终难有圆满之解释，而后人仍不断求新解释者，则除由此书传为孔子所删定外，亦由于此书之似有一吸引人兴趣之魔力。此可说由于此书中之卦爻之关系，与其相互之变化，即引起人之一审美的兴趣。此书以抽象之线条，象征种种具体事物，而此抽象线条兼有一般文字之意义，即使人于一般文字之符号之外，另见一符号之世界，而自一般文字之符号得一超拔之途，以向于一可容人之自由安排之抽象线条所集成之世界，亦当下使人之心灵由观此线条，而得一简单化、空灵化，如超升至一形上之纯意义之境界。此即可引起人之作形上之观照的兴趣。又《易经》一书之借卦爻之变化，以象征时空中物类之性质数量之变，即连系于种种物类，在时空中之升降往来出入进退之形态。此种种形态之概念与时空数类性等概念，皆如一般西方哲学中之范畴，而有普遍必然地应用于自然万物之意义者。此即又可引起人之一般哲学科学的自然知识的兴趣。用此知识以制器养生，则可引起技术的兴趣。再此《易经》之为卜筮之书，示人以吉凶祸福，则连于人之求预知未来之兴趣。其示人以吉凶祸福，而连带教人之所当为不当为，则又引起人之辨道德伦理政治上之是非善恶之兴趣。此《易经》之书，兼能引起人之种种兴趣，在

《系辞传》，正有相类之语。《系传》尝谓："《易》有圣人之道四焉：以言者尚其辞，以动者尚其变，以制器者尚其象，以卜筮者尚其占。"辨是非善恶以成行为，即以动者尚其变也。本审美与形而上之观照与自然知识而有言，亦以言者尚其辞也。此《易经》之能引起此种种兴趣，盖即中国之古今之才智之士，恒欲求对此书加以解释，愈感其不易得一圆满之解释，而愈欲求解释之之故也。

由《易经》一书之可为人之种种兴趣所聚集，而恒在可解不可解之间，故此书在中国书籍中，成一具神妙性之奇书。然人对之之兴趣，亦可说有其所偏重。此偏重之兴趣之不同，亦正为历代之易学之所以分流之故。如人之预知未来及技术之兴趣浓者，则恒视《易经》为示人吉凶祸福卜筮之书，或更连之于《易》所示之对宇宙自然之知识，以求趋吉避凶、求福免祸之术，以论《易》。人之医术、命相、堪舆之术，以及其他制器用物之方术，即皆助人之趋吉避凶、求福免祸者。由此而易学即恒与医卜星相之学相连。至人之道德伦理兴趣重者，见《易》之言吉凶祸福，必归于教人明是非善恶，则其易学恒与道德伦理政治之学相连。此则始于《系辞传》，而大显于程伊川、王船山之论《易》。而宋之李光、杨万里之以史事言《易》，亦即重政治伦理道德之事者也。至于人欲由有象之具体物，求超升至无形，以作形上观照之兴趣重者，则见易学与形上学或玄学之相连。此则如王弼之易学，于一卦中重论主爻，以由繁归简，由有象以言忘象；又如王船山之易学之重由卦爻之变化以观宇宙之生化。至人对一般哲学科学中自然知识之兴趣重者，则或重《易经》之卦与图之如何形成，如邵康节朱子之溯八卦之原始于太极之分为两仪四象，而连于若干数理，及对自然宇宙之基本知识以论《易》；或重《易经》之卦爻之变化之原则，如焦循之以旁通、时行、比例，言易卦易图之如何形成，而即以其卦爻变化之原则，为自然宇宙之形成之规律。然此后世之易学之流，多导原于汉代之易学。此汉代之易学之本质果何所在，其所示之易道为如何，则吾人所今当先说者。

吾意此汉代之易学之本质，初乃一由卜筮以预知未来之兴趣，与一般哲学科学之自然知识之兴趣，道德伦理政治兴趣之复合物。其中心问题，则为如何依于当时之自然知识，配合于五行之系统，与《易经》所原有之八卦系统，而求形成一整个之自然宇宙观，以明天道，再用之于人事，以趋吉避凶，得福免祸，而亦可合于公认之道德伦理政治之标准者。故此汉代易学所赖以发展之兴趣其方面最多，其内容亦可谓极驳杂。其中所较缺乏者，为纯形上学的、纯审美的及纯重内心之道德修养的兴趣。至于汉代易学家在求将当时之自然知识，与《易经》思想相配合之问题中，则求历法与乐律之知识，与五行八卦之观念，能相配合，又为其中心。至于其在一般哲学与自然知识上之成果，则在提示出种种说明自然宇宙之变化之普遍的思想范畴，如时、空、数、类、序、位等，此须更次第说明如下。

此历法之知识，原为以农为本之中国文化之所重。中国古代之教育，亦初为乐官所掌。兹姑不论《尚书》之言夔典乐，至少自周已重礼乐。儒者尚礼乐，即早有乐律之知识之积累。历法中之有改正朔，初当由于岁差，而冬至之日，自然须由十月移至十一月，更移至十二月。冬至之日，如为朔旦，乃表示月之显其光明之始，与日之回阳之始。此中日月星三辰之交会，为自然界之一大事。今如依此以定岁历，则以岁差之故，历法必若干年而改。历法即自然成专门之学。乐律之言五音十二律，亦为一专门之学。何时中国始以音律与历法并论，固难考定。然以乐律与天文并论，在西方之辟萨各拉斯与近世科学家凯伯勒之思想中，皆有之。音律之旋转相生，与天文之运转及时序之运转，固原有相类似之节奏。则合律历而观，乃人原可自然生起之一思想。故《吕氏春秋》等书之系十二之律，于十二月，《汉书》合律历为一志，盖其原有自。然汉代之为易学者，兼以八卦与五行之思想，论律历，则另引起一套之问题。此中五行之系统，原与八卦之系统不同。八卦为《易》所原有，五行之思想则自阴阳家传来，以说四时、五方、地上之物类，与政治上之五德终始，以更扩及于政治上之官职之分及五常之德者。《易经》中之坤为地、为土，坎为水，离为火，固属五行之三；《说卦》说乾为金、巽为木，又似合于五行之二。然《说卦传》所言之八卦方位，与五行方位初不同。言帝出乎震，齐乎巽，相见乎离……只有一帝而无五帝，亦明与五行系统不同。此前文亦及之。再《易经》之原书，虽言及时间，如临卦彖辞言“至于八月有凶”之类，亦言空间方位，如坤卦彖辞言“西南得朋”“东北丧朋”之类。又《说卦传》亦为以八卦定方位，但初并未为六十四卦之每一卦，皆定以一空间方位与时序。《易经》之用九用六虽为数，其筮法亦依蓍草之数定，如大衍之数一章所陈，然亦未明以一一之卦，配于一一之数。《易经》本文，亦未明论及音律与历法与数理。总而言之，即《易经》初无一套关于时序、空间方位、数、律、历之系统理论，如五行论者之所为。而汉代为易学者，则必欲将此五行之系统，合于《易经》八卦系统，并连于当时之音律、历法、数理等知识以为论。此即引致人之学术思想上之种种新问题。而汉代之易学，即盖皆缘此类问题，以次第发展而出者也。

二　汉世今古文易学之演变

汉易之传，始于齐人田何。然田何之易学之本来面目，无可考。其传至于施雠、梁丘贺者，亦无可考。唯孟喜之易，则自谓出自田何。据惠栋《易汉学》卷一，言孟喜之学主卦气，“以坎离震兑为四正卦，余六十卦，分主一年三百六十日之六日七分，又以辟卦十二，谓之消息卦。乾盈为息，坤虚为消，实乾坤十二画也。又于四卦主四时，其二十四爻，主二十四气。十二卦主十二辰，爻主七十二候”云云。此卦气之说，亦见《易纬》之《乾坤凿度》与《稽览图》。此以卦配年历时序，即明为学阴阳五行论者之所为。依此孟氏卦气之说，言一年之四时气候之运，乃有其自然与当然之意义者。故惠栋引谷永之言“王者躬行道德，则卦气理效，五征时序；失道妄行，则卦气悖乱，咎征著”。可见此卦气之论，亦兼在使人之生活，皆顺天应时，而皆合道德，与阴阳家之旨固同。至其以人之所行不合道德，则自然之卦气乱，并以此卦气之乱，见人之失德失道，则依于天人恒相感应之信仰。此则亦如阴阳家之言人王必上应天帝之德而生，其当位之年，与天帝之当令之年，同其终始。唯孟喜更细言及在一年之中，人与天亦时时在相互之感应中耳。由此卦气之与人事之相应，而人用《易》以占卜时，占得何卦何爻，即知其时之如何，其时之自然之变如何，其相应之人事之变与吉凶得失又如何。此即依卦气以言阴阳灾变之思想道路也。

依此孟喜之思想道路所见之此自然宇宙之易道，即为一有月、有日、有种种气候之节度之宇宙，亦与阴阳家所论者同。然《易经》之六十四卦，乃由阴阳二爻之分居六位而成。今依此六十四卦中之阴阳二爻之或多或少，分居六位之情形之不同，而排列之为一圆圈，以表一年之时序之周而复始，与其中之气候之变，物类之生；则可使人于此一年中自然世界之变化，有一凌空而整全之一观照性的把握，以使之合呈于人心之前矣。读者可自取《易汉学》所载之图而自观之。

至于焦延寿则尝自谓从孟喜问易。然人谓焦延寿乃得隐士之法，托之孟氏。今传《焦氏易林》，或谓非焦延寿所著，而托之焦氏者。如余嘉锡《四库提要辨证·子部》卷三，考为王莽时崔篆字延寿者之著。胡适之于《史语所集刊》，亦有文判决其出于崔篆。余、胡之说，当否不可知。至详注其书者，则四十年前尚秉和有《易林解诂》一书。吾观《易林》之以六十四卦中之每一卦，演为六十四卦，共成四千零九十六卦。其推演之原理，唯是依于六十四卦，可视为一互相涵摄之一全体之故。此为其书唯一之哲学意义所存。孟喜既以六十四卦，配一年之时运，而一年之时运，既周而后始，以往来不穷而相通，则任一时节或任一卦所表之一段时日，固可涵具通于其余一切时日之意义，而表此段时日之卦，亦当涵具通于其余诸卦之意义。依一卦中之诸爻之次第变，亦固可演出六十四卦，以更表状此不同段之时日间之互相涵摄之意义；以见此不同段之时日，不只可总合之为一全体，且为此全体之各部分之各段时日，亦原是能涵摄其他部分，以自为一全体者矣。

兹按今存孟氏易遗文与《焦氏易林》，并未特重五行与甲子之观念。后之京房易，乃重之。《汉书·京房传》言其"长于灾变，分六十卦，更直日用事，以风雨寒暑为候"，此乃承于孟氏之易学而来。京房更言六十甲子各有五行，所谓纳甲之说是也。京氏又有飞伏世应之说，以成八宫卦次之说。此或亦是承孟氏易而来。所谓"世"者，言一卦之可依其爻之次第变，以变为他卦；而其变历五世，又必将返回，以成其所谓游魂归魂之变。今以乾坤坎离震艮巽兑各为一世，又各合其五世与游魂、归魂之变，即可衍生此六十四卦。此即为重此六十四卦之如何由八卦而衍生之次第，与如何可分属于八宫或八类之旨。此一易学之思想，即不同于孟氏易之似只为自外排比六十四卦，为一圆圈者，亦不同焦氏易之由其相涵摄，以推扩为四千九十六卦者。此乃是自此六十四卦之全体之内涵，说明其构造，分别其所属之宫，与其由八卦分别衍生之次序者。至于所谓"应"者，则是言六爻之动皆有应。一卦中前三爻合成之内卦，为地，后三爻合成之外卦，为天。爻之"动于地之下者（即初爻），应于天之下（即第四爻）；动于地之中者，应于天之中；动于地之上者，应于天之上"。此是言一卦之内外卦之爻之动之相应关系，乃所以言一卦之内涵之构造。至于所谓飞伏者，则飞即显，伏即隐。阳见则阴伏于下，阴见则阳飞于上。

则有某阳爻之卦，其下自伏藏另一有阴爻之卦；有某阴爻之卦，自有某阳爻之卦飞翔于上。此乃是言卦爻间之互为隐显，以相依而存之关系，亦属于卦爻自身之内涵的构造。此中之八宫卦之为八类之卦，其衍生有“次序”，一卦之诸爻之动，有“相应关系”，卦爻有飞伏“隐显”，为京氏所用，以说明六十四卦之内涵之构造之诸概念，亦即可用之以说明自然世界中之物之变化范畴。自然世界之物，固可分为“类”，有其衍生之“次序”，与其动变间之“相应关系”，并恒有其“隐、显”“所飞、所伏”之二面也。依西方哲学之术语言之，飞伏、隐显犹潜能与现实、有与无。相应关系犹因果关系。次序则可为因果之次序，亦可为类之大小之次序，复可为时间空间与数之次序。然京房之八宫中之卦之次序演生，所表示之物之演生次序，则当是言一类之物在其次序之变化历程中，即次序化为不同类之物，而又不离其初所属之类者也。

京氏易学以八卦配五行，坎属水，离属火，乾兑皆属金，坤艮皆属土，震巽皆属木，以合五行之数；更将六十甲子，分属八卦，亦分属五行。同属土之坤艮，则由其所涵之甲子之不同，而其所涵之五行之不同，即可见其差别。同属金之乾兑，同属木之震巽，亦然。此中，亦见一将八卦系统与五行系统，及甲子纪时之系统，加以配合之苦心，或匠心。此外京氏易更以五行分配于天干之十，地支之十二。其目标，盖在说明于此自然世界之时序之运行，可以八卦之八言之者，亦可以五行之五言之，又可以天干之十、地支之十二言之。由此而不同性质之类概念如“行”“卦”“阴阳”等，与不同之数概念如“五”“八”“十”“十二”等，未尝不可依其所说者之为同一之自然世界之时序中之运行，而见其未尝不相贯通，亦未尝不同类。在西方思想，于表不同性质之类概念，恒趋向于求其最大类以为之统；于表不同数之数概念，则恒惟赖对数之加减乘除之运作，以使之成等值。然依汉易学家之思路，则于表不同性质之类概念，表不同数之数概念，恒欲求其共表之具体事物，以见其虽异而同。而此整个自然世界，在时序中之运行，即“行”“卦”“阴阳”“五”“八”“十”“十二”等概念，所共表之一大具体事物也。吾人若能知及此义，则于汉人之以八卦配五行，以五行言天干地支等说，即皆可不视为怪，而当视之为一通贯人之对事物性质之类概念与数概念之一种思想方式或思想道路，而导人之思想以往向于具体事物之世界或自然世界之整全通贯的认识者也。

至于荀爽之易学，则出于费直之古文易学之传，乃重在分别卦以释经文。故重言一卦自身之卦德，其中之阴阳爻之升降。此与扬雄拟《易》，而作之《太玄》，重一卦之卦德，依阴阳爻之升降，以定卦序之旨亦类似。扬雄之学固近古文家者也。荀爽言升降，谓乾阳居二，当升至五；坤阴居五，亦当降至二。此重阳之当升、阴之当降，即兼一价值意义之说辞。此乃于京氏之言卦类、卦序、卦变、爻变及阴阳之互为隐显之外，更言阳之当升、阴之当降，以使阴阳得其正位，而合于当然之道，以喻贤人君子之当升而居贵，小人之当降而居贱。此其重阳当升，阴当降，以喻君子之当升，小人之当降之价值意义，则正有进于京焦氏易学偏在言吉凶祸福者。稍后之郑氏虞氏易，皆言阴阳消息所成之十二卦。此十二消息卦之成，由阴阳之次第积累，其中有阳（或阴）逐渐增多，阴（或阳）即逐渐减少之势，则兼为依于量之概念而成。郑氏易，虞氏易，亦有贵阳、贱阴，贵君子、贱小人之义。虞氏易并归于“乾元用九而天下治”。此可见东汉末期之易学重价值意义之趋向。孔颖达《周易正义》谓：“荀、刘、马、郑，大体更相祖述。”荀氏易出于费氏易。郑氏注《易》，皮锡瑞谓其用费氏古文，则谓其爻辰之说，出于费氏之“分野”，当大致不差。郑所谓爻辰者，即言十二月不只可配乾坤二卦之十二爻所表之阴阳消息，如京氏易之说，且上应天上之二十八宿所在之方位。此不外兼以易卦配天上之星辰。至于虞翻于易学，更取日月为易之说，而以易卦说月之弦望等象。此亦郑氏以十二爻说星辰之类，而见东汉易学之重观天上日月星辰之光明之思想趋向者。此外则虞氏之易，除自有其卦自何卦来之卦变说，异于京氏易外，又特重旁通之义。言一卦所旁通之卦，即一卦之爻之由阴变阳，由阳变阴所成之卦。此爻变之义，无异承京氏易所说阴阳之有其互为飞伏隐显之关系而说。京氏易自谓承孟氏易，此爻变之义，或亦原自孟氏。故张惠言《虞氏易事》卷一谓“费氏之易学，无爻变，故郑荀之义，以坤辅乾；而孟氏之易则有爻变，故虞义以坤息乾”。此所谓孟氏易，即上述之京氏易。坤息乾即坤能生乾，由坤之爻之次第变，以变为乾，而以乾为坤所旁通之卦之谓也。唯虞氏承孟京氏易，特重此旁通之义，以解《易》之经文，于《易》之经文之一句一字，又皆依卦象为之解释。原卦之象不足，则除如郑氏之易以互体为解释之外，兼用卦变旁通以及半象之说，为之解释，遂使经文之每句每字，皆若有交代。此即清人如张惠言、曾钊等，皆特尊虞氏易之故也。

三　汉代易学之用于占卜与释经文者之评论

上文已顺历史之线索，略言汉代易学之发展，今更将自一更广大之观点，总论其得失。此汉代之易学，一般称之为重象数之易学，以与王弼之易学之言忘象重玄理、宋代易学之重人事之义理者异流。然实则凡易学无不有象数，王弼与宋儒之易学，同有象数。明儒至今之言易者，亦莫不言象数。又言象数者，亦莫不有其若干之义理。唯汉代之为易学者，首重此象数，则以汉代之易学，代表象数之易学，更以后之重此象数之易学，为汉代易学之流亦可。

吾人谓汉代之易学为象数之易学，其名亦甚善。据上文所述，汉代之易学，自是始于以八卦、六十四卦言时序，言历法，言音律，言空间方位，言天上日月星辰，与地上之物类，及人间之事类。凡此等等之物，无不有象，亦有数。汉代之为易学者之用心，即求其数之可相配合而对应，于一切事物之一般视为分属天文、地理、地上、人间之不同类者，亦见其在八卦系统或五行系统者上言，未尝不同类。此八卦系统之分一切物类为八，与五行系统之分一切物类为五，亦可由其所表物类自身之同一，以设法求其象其数之相配合而对应。故此汉人之易学思想，即盘桓于象与象间、数与数间及象与数间，求其配合对应之思想。诚可谓标准的象数之学也。

至于就此汉代易学之传而论，则上文已言汉易传自齐人田何，即初为齐人之易学，亦即受阴阳家之影响之易学。此一易学，初盖由民间兴起。秦以《易》为卜筮之书，于民间所藏之《易经》之书，任其流行，则必有人缘之以发展出易学思想者。《易》原为卜筮之书，其初之为易学者，自亦初当是为占卜之用。占卜未来之事，必知时序之运，即必与历法、天文之知识为缘。故有孟喜之六十四卦，配四时与年日之“六日七分”说。然卜筮之事，本有验有不验。以《易经》为卜，而卜得某卦某爻，谓其当有某自然之事，或某人事，或某事吉凶如何，而或不验；则人必求更为之解释。于是人即或说此乃由于此卦之属何宫，当如何变为他卦，一卦之内外卦如何相应，一卦所伏者何卦，飞于上者何卦，以为解释。此即成京氏易中所谓世、应、飞、伏等说。本此世、应、飞、伏等，以为占卜之事，即于易卦，另开种种解释之门，亦即无异于占卜不验者，另开种种之遁辞之门。然人之占卜，而作较具体之断定者，则即本此世应飞伏之说，另开种种解释之门，以为遁辞；然其可能有之解释与遁辞之范围，仍为有穷，而其占卜仍可不验。于此即见占卜之可虚妄。京房以《易》为占卜，终遭杀身之祸，盖亦由其占卜之有不验也。故此由孟喜至京房之以易学为占验，其中包涵种种之迷信，无庸讳言。东汉之费氏易学，遂转而只以十翼解释《易经》经文为事，是为易之古文学，以别于孟喜以降之易之今文学。大率凡经学中之为今文学者，气象皆较阔大，喜比类而推，能编造系统。然亦多任想象，作擅断，为预言，夸大而无实。古文学家则较朴实，重征验，不敢轻易任想象，作擅断，更不为预言。故当阴阳家与今文学家之浮夸之论，为人所厌，其所为之擅断预言或占卜，又多不验时，而在西汉之末，古文之经学遂兴。桓谭、张衡反今文家所信之谶，扬雄作《太玄》拟《易》，而不以之为占卜，皆古文经学之精神。费直之易学，只求解释《易经》之文句，亦朴实读书之旨。后之荀爽《易注》，重释《易经》文句，正承费氏之学。荀氏《易注》，唯直对一卦之卦德，与爻之位之当升降，为之注。《四库提要》所谓，“究爻位之上下，辨卦德之刚柔”，已与后之王弼注《易》略近。荀氏易不重观一卦如何变为他卦，或如何旁通他卦。郑玄《易注》亦然。但郑亦采用今文家之言，足解释本文者。其爻辰之说，以易爻配二十八宿，亦类似孟喜、京房，以易卦言天之气候之论。故世称郑氏兼采今古文。然郑氏《易注》，目标则只在注明经书，与今文易学家之先凭虚架构一系统者，仍有所不同。为欲解释经文之辞，郑玄已用互体之说。《左传》中之言及易象者，固亦早有互体之说。至于虞翻之易，则《三国志 · 虞翻传》，言虞翻之高祖，即治孟氏易。虞翻既承家学，又读荀马郑诸家注，见其不能尽释一一卦爻之辞，使一一字句皆有着落，乃兼取半象、旁通之说以注《易》。上文已言“旁通”，即谓一卦之旁通于阴阳爻相反之卦之谓。此旁通之说，出于孟喜、京房之爻变之说。虞氏更大用此旁通以注《易》。半象者，如⚎为兑☱之半象，又为震☳坎☵离☲之半象。即一卦之二爻皆可为四卦之半象。用半象亦是对卦爻所系之辞，大开方便解释之门。然《易经》之卦爻所系之辞，何以于此处须用旁通解释，何以于彼处，又不必用旁通解释，又何以或只视某二爻为四卦中之一之半象，而不视为余三卦之半象，则虞氏易并无一定之原则，先加以规定。则其用旁通半象，既为一方便解释，亦即无异遁辞。而其不能更说明何以必用此解释，而不用其他解释，亦即其遁辞之所穷。由此以观汉易之发展，至虞氏易，谓之能于《易》卦爻之辞，一字一句，皆使之有着落固可，然谓其实未能使此一字一易，皆有着落，而其易学为一失败，亦可。此即其时之王弼之所以反对汉人之象数之易学，谓其“巧愈弥甚”“义无所取”（《周易略例》），而宋明清之易学，皆由不满汉易而生之故也。

四　汉代易学之价值，在以易卦虚涵天地万物之变化，而提出种种观之之方式范畴，及汉易之二宗

然自另一面言之，则汉易亦自有其所得。此所得，不在用之为占验，与释经文，首当在诸易学家之有一“以《易》之八卦、六十四卦，范围天地之化，或自然宇宙与其中之人事之变化”之一精神态度；并将此自然宇宙，与人事之变化中之历程与关系，加以一节度化、概念化的说明，而亦连接之于五行系统思想中，若干有哲学价值有哲学意义之概念。汉易之八卦之论与五行之论，皆使中国人之心思，注意及时间、空间、数及天文类、地上物类、人事类之存在，而使人之心思求范围此自然宇宙或天地之化。其于不同类之天上地中人间之事物，求见其相类处，于不同之数，求见其所表示者，乃一自然宇宙或一天地之化；即使人恒想念及天与人之相应，及此自然宇宙或天地之化之为一全体，而又有其内在之节度者。此汉代之易学，正为形成此心思人所宜有之一训练。此易学之用于占验与释经文，固皆可谓之失败。然即上章所谓孟氏之易学，以六十四卦表一周而复始之时序之运，即已可使人于想象六十四卦所形成之圆圈时，只见此由一一爻，次第铺于卦之六位之图象，而虚涵此时序中之盛衰升降生壮老死之

万物。而吾人之透过之，以观万物，而与之不即不离，若即若离；即可使人之心灵，升至所观万物之上一层面。于其他之汉代易学，吾人以同样态度观之，亦皆见有同样之价值。人于此若将此虚涵万物之六十四卦，着实于特定之时序物类，以为预断或占卜之事，固可导至种种迷信。然吾人若只凌空提起此六十四卦，如循孟喜之说，而谓六十四卦之圆圈，只表示万物之变之周而复始，其中有物之升降盛衰见阴阳消长之节度；或借京房八宫之说，而谓物类之变有其次序，虽变出诸类，仍属于一元始类；或由京房之上下爻相应之说，以谓物之有相随而动之因果关系；由飞伏之说，以谓存在之物有隐显二面；则此“周而复始”“阴阳消长”“物类”“次序”“隐显”皆普遍的思想方式或范畴，人可用之以观物，而其自身不包涵错误者也。

至于后此之荀氏易言阳当升，阴当降，君子当升，小人当降，则要在言自然物与人事之有一趋向或一目的之向往，而观自然人事之当有其趋向或目的，亦同可为人之一思想方式范畴。无论自然物与人事之事实现状如何，亦永容许人之谓其当有何趋向目的。此说其当有何趋向目的之言，固人所永不能谓之为非，亦非人据任何事实上之现状所能否认，复为人可用之以观物，而其自身不包涵错误者也。至于后郑氏易之重互体义，其所直接表示者，是一卦中之三爻，可合为一卦而观；其间接表示者，则为此一卦所由合成之内外卦所代表之二物，其发生关系时，此二物之中任一部分，亦可与他物之一部分，发生特殊关系，以合为一物。此亦为吾人可用之以观物之普遍的方式或范畴。虞氏之言旁通，吾人固谓以之释经文，无一定之原则。然谓一卦可旁通相反之卦，其所间接表示者，即为一物之可变为一相反之物，如今之辩证法之所论。今谓一物终可于其变化历程中，变为其反对者，亦同为吾人可用之以观物之一普遍的方式或范畴也。若不言如何用之以释经文，则此旁通之启发人之辩证法的思维之用，固至大也。又虞氏言半象，吾人上亦谓以释《易经》经文，乃随意取用，亦不见其应用之一定原则。然于世间之物，吾人见象之半时，固可想象其余之半。此想象有各种可能，而吾人即思其有各种可能。此“可能”之自身，固亦为一思想之方式范畴。人于见一物半象时，更谓其外可能有另一半之象，以合为一全象，此思想固人所当有，亦为其自身不包涵错误者也。

由上所论，则汉易之贡献，即可说在发现种种人之观宇宙之种种方式或范畴。凡汉易中所言之时、空、数、类、序以及万物之“变化”，其变化为“周流”，物类之变化依“次序”变，而不离其“元类”，一变动必与其他之变动“相应”，物之存在有隐显二面，二物之一部分，可合成一物，物可化为其反对物，物之半象可暗示全象等，皆人可普遍的应用于人所知之自然宇宙，以形成人之自然知识与思想之方式范畴，而皆可容人之永加以应用，以求真理，而其自身中，皆不包涵错误者也。其用之而导致错误，唯由于人用之之时，兼限制其范围于特殊类之物中之故。如谓物有变，不错，然谓某物必变为另一物，则可错。汉人为易学者，用此等等于占卜、于释经，固恒多有错。然吾人如谓其易学之价值，在发现此诸方式范畴，而不在其应用之之时之限制其范围于某特殊类之物，则此汉代易学，固于宇宙万物之易道，大有所发明，而非先秦学者之只泛言观万物与其变化，所能及者也。

然吾人可普遍的应用，以观宇宙之思想方式或范畴，毕竟有多少，则在西方哲学中，固人各异说。在中国之易学之流中，亦有种种之说。此亦皆同不能不及于象数。如在由荀爽、郑玄至王弼之易学中，则其观一卦之象，重其所表示之一卦本身之卦德。此卦德由卦名而表示，亦由一卦所由合成之二卦之关系而见。如屯卦之卦德为艰屯，此亦由屯卦所由成之坎震二卦之关系而见。此中坎为水为险，而在上在前；震为雷为动，而在下在后。动乎险中，即有艰屯之象。故此卦之卦德，即艰屯。王弼易学重一卦自身之卦德，而其注《易》即重以本卦释本卦，而不重观本卦所变成之卦，或旁通之卦，更取其辞以释卦之辞者。此盖为费直之古文易，为荀爽、郑玄至王弼易学之所承者。吾观中国之易学之大分野，盖即一为重以本卦释本卦，一为重以其所变通之卦释本卦。古文易之传，重以本卦释本卦，王弼更重本卦之主爻。后之程伊川王船山之易学，亦承此传统。然今文京氏易以至虞氏之易，则重一卦所变通之卦。明之来瞿塘用错综以言卦变，清焦循之更申此旁通之义，以言其卦之依时行比例以旁通言卦变，又皆有一定之次序法则，则皆同为重一卦所变通之卦，以论易之流。此二流之分，始于汉之荀氏易与京氏易之不同。京氏易出于孟氏易，荀氏易始于费氏易，故亦即始于费氏易与孟氏易之不同。张惠言《虞氏易事》，以言爻变为孟氏易。爻变即由爻之变，以成卦变也。此于一卦观其所变通之卦之思想方式，即包涵于一正面之卦，观其反面之卦之思想方式，亦即观一事物之由自而他、由正而反之变之辩证法的思想方式。依此以观事物之变动，又恒趋于更观其外所引起之相应之变动。此动为因，其外所引起之相应之动为果。反之亦然。则其因果关系为外在的因果关系。在京氏虞氏易中，皆可见此重外在因果之思想方式。于此种思想方式，吾人亦可说为向外开拓，向前进展之广度的“思想方式”。然在重以本卦言本卦之古文易学之传，则其思想初只集中于本卦。故吾人可说其思想方式，为向内凝聚的，向后反溯的，亦为强度的。而依此方式之思想，即不同于前一今文之易学之流。此要在直观一卦之自身与结构等，所表示之本质意义或德，而非重其能通于他卦之功用。此所代表之观宇宙事物之方式，乃视由二卦合成之一卦，代表一具体之情境，或事物之有其内在之结构者。而一卦之六爻之次第，即代表事物之内在的结构之“次第形成”，或“终始”之历程。在此终始之历程中，其前之启后，即表示一事物之内部的发展或内在的因果。此前后之关系在卦爻中，即如王弼所言之承乘之关系。

所乘者即其前因，所承者即其后果。此所乘所承之爻，皆为最近者。此最近者与事物自身之连续，即表示事物自身之发展，与内在的因果之连续。后之程伊川、王船山言易，重一卦本身之内在的结构，所表示之本质或德，而以之代表具体之情境，或事物之本质或德，更依之以观其诸爻所代表之“此事物之内部发展之诸阶段诸次序间”之内在的因果之连续，亦与王弼之易学相似。在此一易学之流中，其思想之方式，重在观事物之内在结构之本质或德，与事物之依其本质或德，而次序发展。故其论易，不言其卦之可由变通而生出相反之卦等，其观事物，亦不重观其如何由自而他，由正而反之一面。至多只谓事物之顺其德其本质之次第发展，至于尽头处，即自然变为另一物。然此乃不须在观一事物自身内部之发展时，所必须论列者。亦非于论一卦之所以为一卦，其所直接代表之事物为何事物时，所必须论列者。此一流之易学，亦初未尝不连于卦之象数，以为论，唯不同他流易学之象数耳。后文于王弼之易学，当更稍详之。

五　略说后世言象数之易学之流变，及其循汉易之道路，而更进之义

宋人之易学，其本《河图》《洛书》，而言《先天图》者，自别为一传，盖出自后之道家。周濂溪《太极图》，亦原自道家。《河图》之圆，所以象事物变化之周流。《洛书》之方，所以象事物之变化中其形数之互为增减，而其和未尝不相等值以见一平衡。此二者亦皆可为人思想宇宙之方式。《先天图》之重乾坤坎离之在四方之对称，不同于《后天图》之无此对称者，亦即各代表一对八卦之分布于方位之思想方式。《太极图》之既表阴阳之相反相生，又表阳或阴次序增盛，必至极而后阴变阳、阳变阴。正为兼重观互为正反之阴阳之变通，与阴阳之自身之次序增盛时之恒自如其

德者。此正为上述之重观正反互变之易学，与“重观卦之恒自如其德”之易学之综合，所成之观宇宙之方式。宋之邵康节，更言八卦本于四象，四象本于两仪，以言八卦之原；而提出两两相对，以观宇宙之思想方式。明之来瞿塘言卦之错综。其错即相反之卦爻之相错，如坎离乾坤之相错。其综则上下卦爻之位颠倒，如屯为上坎下震，蒙为下坎上艮，而艮震之爻位，上下互相颠倒，坎之位在二卦中，亦上下相颠倒是也。此一观世间事物之位之高下可相颠倒，如君子小人之位可相颠倒，一切价值次序之可相颠倒，自亦可成为人之一思想之方式。而毛奇龄之《仲氏易》，则有五易之说。一曰变易，阳变阴、阴变阳也。二曰交易者，阳交乎阴、阴交乎阳也。画卦用变易，重卦用交易。三曰反易，如屯䷂之转为蒙䷃。四曰对易，如需䷄讼䷅与晋䷢明夷䷣对，以地对天，以火对水。五曰移易，如泰䷊为阴阳类聚之卦，移三爻为上爻，三阳往而上阴来，则成损䷨。此《仲氏易》之旨，亦即在言人之观事物可有观其变易、交易、反易、对易、移易不同之思想方式。此与来氏易，皆重卦变之流也。

至于清初之胡煦《周易函书》兼采汉宋易。[1]其书由观事物之由“内”而“外”之“生”“成”,以言事物之“始”“终”“微”“盛”；乾坤之首尾相函，其元亨利贞之“连”“断”“分”“合”；事物之“形”“气”所居之“时”“位”；以及“相交”“相配”“往”“来”及“见”“伏”“动”“变”等；则无非言具体事物之“生成与交配之历程”中之种种存在范畴，而亦为人之观此事物之思想的范畴或方式之所在者。其易学盖先观本卦之始终，而亦及于卦变。焦循《易学三书》，言易卦之变通，谓卦之变必先在本卦之内部变，使爻之不当位者，互相易位，初与四易，二与五易，三与上

---

①《四库提要》,《易经》类有胡氏之《周易函书》约存三十余卷，全书百余卷未刊。在清人易中，其名为焦循所掩。杭辛斋《学易笔谈》，尝屡及其书。友人牟宗三先生于约四十年前之《易经》与中国之玄学与伦理学一书，乃特加表彰。

易，以成本卦内部之互易；然后旁通于他卦。其旁通他卦而成其变，亦须本卦之初通于他卦之四，二通于五，三通于上；又必二五二爻先变，而后上下之初四、三上之变应之，方为合于时行之道，而得道；否则为不合道而失道。失道而更变通之，则为改其失道之过，以再得道而时行，以成其顺序之变通。焦循于卦之变通，又言比例。比例者，言一卦之如此变通，与另一卦之如彼变通，其所成者乃同一之卦，即见此二卦虽不同类，而依不同之方式以变通，又可归于同一之卦，而见其同类者也。此焦循之易学之言卦变，必先本卦而后他卦，必二五先行，以形成一次序之变通或时行，而不同于虞氏言卦变之未尝立此规则者。此盖即所以使人观万物之变通以由正而反之事时，知其初乃一物在其内部自相感通，以自变其各部之地位，然后与他物交感而变；而其与他物之交感，亦有其一定之次序，乃先有其主要部分，即二五爻之所代表者之相感；然后有其附从之部位（即初四爻、三上爻所代表者）之相感。又无论内部之自相感通，及与他物之感通之事，亦皆可有迷失道路，颠倒当有之次序而失道之时。失道之后，则又当转回正道。此亦整个可合为吾人观万物之由感通而变化之思想方式或范畴。而焦氏之卦变之说，较虞氏之卦变之说为全备者，则在其说，虽亦重阴阳爻互易而有之变通，以成为一广度的由内而外之开展历程，然既初先有本卦内部之互易，乃更旁通于他卦，故其说中亦摄有王弼一流之易学重观本卦之义旨在。至于其言比例之义，则无异于言不同类物象，只须其可变为同类，即其变之结果、所归向之目的之同类者，皆可相比例而观，以言其有同类之义。此则为重观事物之结果，所归向之目的之同类，以通异类之物之思想道路，而亦可视为一人之思想世界之物之一范畴或方式者也。对此焦循之易学，吾人虽谓其不属于以本卦说本卦以言易之流，因其言旁通、时行、比例之说，皆必通他卦以为言。其易学所代表之思想道路，仍为广度的，向外开展的，非向内凝聚的、强度的。然以其中亦摄有先于本卦言变通之义，即先于一物之本身看其内部之感通之义；又有顺序之义，以规范其变通之历程，以求合道，而改其失道，即有一价值之意义；再有比例之义，以由诸异类之物之变通，所同归向之目的；以通此异类之物，而视之为同类，并见其皆有实现其所归向之目的之价值意义。故其说在历代易学中最为弘通，亦最有条理者。然其对易学之贡献，亦同当由其易学之能启示人之观事物，可以此旁通、时行、比例等为其思想方式或范畴而见。若吾人徒观其用此等等，以释《易经》之经文，则吾人虽可见其似无不可通，然实则依此旁通、时行、比例，以变通卦爻，固原可由一卦爻，以及其余一切卦爻，而无不通，而于其辞之异而相反者，自亦可无不通。于此，吾人对焦循之以旁通、时行、比例等释《易经》经文，仍可问其于不同经文何以于此只须变通若干次，即见其比例，以见其所系之辞之所以相类，于彼则须少几次，或多几次，乃见其比例，及其所系之辞之相类，则此中亦不见有一定之理由。则其所谓能于经文之辞无不通者，亦正如善遁者之可无所不遁，而其《易》注，乃以遁辞为之，亦犹汉人之《易》注也。

吾人上言汉代易学之为象数之学之价值，与其所开启之后世言象数之易学之价值，皆不在其用以占卜与释经文，而在其所用之概念，亦同时为可用以观宇宙之种种思想方式或范畴。此方为诸易学之言易道，真有哲学价值，亦有哲学意义之一部分。由此以言易学中所用之五行之说之价值，吾人亦将言其有哲学意义与价值之部分，不在助成《易》之用于占卜，与助成《易》之经文之解释，而在五行之论之诸概念，可成为人之观宇宙之思想方式或范畴，而易学家取之，亦即可充实其所用之思想方式或范畴矣。此当于下章论之。

第七章　五行之义、六十甲子义，及其用于易学之得失

一　五行之概念，及其可成为普遍的思想方式之理由

此五行之论与《易》之八卦之论，原为不同之系统，上文已说。大约八卦之说，初纯为形式的，以表示可相对应，而加以并观之八物，如天与地对、水与火对、山与泽对、风与雷对是也。故八卦之论，直接展示人之静观天地万物之对应而平衡之思想范畴。五行之说，以其初由五种人用之物质之观念来，故自始为实质的。由五行之观念与阴阳相连，而此五物，即视为变化活动的，而人或更重此五物之相生相克之力。五行之观念，遂成人用以观宇宙之动力进行关系之思想范畴，而用以说明万物之依因果关系，而次第变化者。故五行之说首衍为五德终始之历史哲学。由汉易之将相对应而平铺之六十四卦，排为一次序，以表时序之运，即已为求八卦系统之能表自然之气候之变中阴阳之动力之运行；而五行系统中之五行之关系之有相生相克，亦正可用作说明吉凶祸福之所以然之所资。吉与福，皆可说由物之相生而来；凶与祸，即皆可说由物之相克而来。此宇宙中之物有相生相克之关系，固无往而不然，则生克即为一可普遍应用之思想范畴。物之能相生能相克者，有其范围，即可以定物之类；其相生相克，乃次序进行，即可以定物之序。生者为本，所生为末；克者为主，被克者为客；而本末主客之位，即有高下之不同。此已可见此生克之涵

义牵涉者甚广矣。

在五行之物中，其生之序，为木生火，火生土，土生金，金生水，水生木。其相克之序，为木克土，土克水，水克火，火克金，金克木，此皆终始之木。然五行之任一行，又皆可在一生克之序中居始而又居终。五行之以何者居始居终，即不可以任一行之自身定。然自天之始为阳生，终为阴成言，则为阳者必为始。木生于春，代表东方之阳生，则木当为五行之始，其次为火。木为阳之微，火为阳之盛，即阳之“数量”之增。土为阴阳之“平衡”。由火生土，即表示阳之数量，增至极而转。然其初不能径转为阴，必经阴阳之平衡之土，更生金，而后阳转为阴。言金生水者，则由金为阴之微，水为阴之盛。阴由微至盛，又代表阴之数量之增加。故此五行之相生之历程，即“阳由其微至盛，经阴阳之平衡，转为阴之微，至其盛”之一历程。五行之论，可说由阴阳之论而开出。阴阳二者，初有性质之差，而合为一全。然由此一全，先出阳，更如其性以增盛，即为木火。再通过一有此阴阳之平衡之土，以出阴，亦如其性，以增盛，即由金而水。故此五行中，有得阴阳之中而兼之者，有只得其偏者；得其偏者中，又有数量微少者，与盛多者之分。故此五行之概念之形成，乃依于阴阳之有“正反性质”之不同、“数量多少”之不同，及对此二者之“兼具”“不兼具”之不同。此所谓“正反性质”与对此二性质，能“兼具”与否，及“数量多少”，固皆为人所可普遍应用，以思物之思想方式或范畴。则此五行之概念之全体，固可视为一思想范畴也。

在此五行相生之序中，由木之阳之微，至火之阳之盛，历阴阳之平衡，至阴之微之金，阴之盛之水，乃一圆圈，如由阳至阴之为一圆圈，其义不难解。然何以在此相生之序中，必兼有相克，而所克者，恒为其所生者之所生，所谓“迭相生、间相克”，则须有一解释。此盖由于凡物有所生时，不特不能同时生其所生者之所生；亦必不生此所生者之所生，然后能生其所生。如人造一物，此所造之物，亦可再用之，以造另一物。然人在正造一物时，欲求此物为一完成之所造物时，必不能同时以之造其他之物。又如人之行路，须自节制克制其下一步，乃能行此当前之一步。若不能克制其下步，并两步为一步，必致颠蹶。再如于一加一成二时，不能同时于二加一成三。人必自然节制其于二加一之思，乃能于一加一成二也。由此而吾人于五行之相生之序中，木之只生其次之火，必克此火所生之土；火之生土，又必克此土所生之金……即皆可有一解。即一切宇宙中物之依次序而生，皆是克其后序，以成其先序。此克后序，以成先序，正为先后之序之所以次第成之原理。无此克后序，即无以成先序；故一切次第成之物，皆兼有此生克之义，存乎其中。则“有生必有克”，即可成为吾人观物之一普遍的思想方式范畴，而初不必待见物之有生之者恒有克之者之具体的经验事实而立矣。

至于吾人若不由一事物自身之变化历程，以纵观其生前序之事物，必克后序之事物，而横观诸事物之生克关系，则事物之生，固必有助之生者，亦即生之者；亦有其所助之生者，亦即所生者；又必有克制之者；复有其所克制者。其自身则居其中，为生之者；其所生者、克之者与其所克者，一平衡中和之地。事物之生之者为何，所生者为何，克之者为何，所克者为何，固为人只能由经验事实而知者。然此不碍人之谓其皆理所应有，而求所以知之。则依此五行之生与克，以观宇宙之事物，固皆可为一思想之方式或范畴也。

至于在此横观之思想之进行中，吾人之所以说有生我者，而能生彼“生我者”，又恒为克我者（如我为木，生我者为水，生水者金，而金克木），则亦同可依上段之理由而说。即此生彼者，其生彼之时，唯意在生彼以成彼，此为前序事；而彼既成之后，能生我，乃后序事。当生彼者，意在成前序事时，必制此后序事之生，亦制此彼之生我之事，使暂不得成。如父母生子，而望子之先长成，则必禁其子之早放纵其情欲，以自求生子。此亦即无异父母之禁其子之生子。又如农人生五谷，五谷生后，可为我用而助我之生。然农人正种植时，必禁止我之同时防其所种植之五谷之生成。此农人，即在此义上，亦为对我之所为，必加以克制者。循此以观，则一切能生“彼生我之物”之其他人物，以其活动只向在生“彼生我之物”以求其成，即皆必有一克我制我之活动之意义。由此而吾人若谓世间有生我之物，则必然有克我之物。任何物若自视为一我，亦必有生之者与克之者也。因能生“彼生之者”之物，即必有同时克之制之，以免碍其“生彼生之者”之事之一性向在。此一性向，即同时为克制之者也。

依此一五行之理论，无论纵观物之次序生，横观物之并生，皆见其互为生克。生即是阳，克即是阴。五行之互为生克，即互为阴阳。先秦之思想中，重阳者为儒，重阴者为法。汉人之思想则儒法并用，故阴阳之生克之思想并存。在五行之互为生克中看，一物之自身始生，而在木之阶段，则所生者为其生之盛之火，所克者为土，而生之者，为其前一段之水，水则阴之盛，亦他物之终也。他物终而后此物始生，故生之者为水，而克之者，则为生此水之金。若一物之自身，已至生之盛之火之阶段，则所生者为土，所克者为土所生之金，生之者为木，克之者为生木之水。……故一物无论在五行之何阶段，皆有其所生所克与生之克之者。今将处五行之任一阶段之一物，与他物对观，则能生之或克之，或所生或所克之他物之为何，则亦依其自身之在何阶段而定。然无论其身在何阶段，亦必有在何阶段之其他之物，能克之，或生之，为其所生，或为其所克。吾人观一切事物之各依次序阶段而生，与其他之物并存于宇宙，而恒往求观看其间之生克之关系之互相对应，固亦可成为吾人之思想此宇宙之一思想范畴也。

至于此五行之理论，所以导致种种迷信者，则由一物与其他之物相生克，乃原于一物与其他之物各有其之特殊性质。然后有其特殊之生克关系。泛言物相生克，不能使人知与之有生克关系者，果何物。此必循经验事实之观察实验等，方能一一加以确定。[①]又由经验以知在某阶段之物，何者为能生之、克之，或为其所生、所克者之后，若该物有变，而先为他物所生所克，或已另生另克，则可不复为能生之或克之，不复为其所生或克。又何物为能生此一物，或克此物者，则其同类之物，自亦能生之或克之。然其他之物中，何者为真正在此亦能生或能克上，为同类，亦不易定。则人如由经验，见何物尝为能生能克，尝为所生所克，遂谓其永为能生能克，永为所生所克，此则成一妄信。又人可于二物，并未见其在能生能克此物之一点上为同类，而只由此二物之有其他类似之点，遂断此二物于此物同为能生能克，此亦为妄信。此妄信固人之所不免，而为五行论者，亦正多有此类之妄信。然此固不关此观生克之为一普遍的思想范畴，其自身为必然可应用于观物，以求真理者也。

二　以五行言甲子之意义及其问题

汉世为五行之论者，以五行言甲子，此甲子是否真可形成一普遍的思想范畴，则尚待讨论。以天干地支，配成六十甲子以纪日，见于甲骨文，其原甚古，然初未以之纪年月时。顾亭林《日知录》卷二十，谓汉以前不以甲子名岁，只以纪日，亦无一日分

① 至于吾人若谓凡物之生成历程，皆有木火土金水之五阶段，如一年之有春、夏、夏秋之交、秋、冬五阶段，则可说二物相对，若此物在火或夏之阶段，而另一物在木之阶段或春之阶段，另一物对此物，亦必有一生之之意；再一物在水之阶段，或冬之阶段，则对此物必有一克之之意。此或为五行论之秘密所在。但亦须于二物生成之终始之历程，全把握而分为五段后，乃可言二物之各属何段，以定其生克之关系。此全把握，仍待乎经验也。

十二时之说是也。古人之何以用六十甲子纪日，或有历法上之理由，今亦不可考。然初盖亦未尝连于五行之论。如不以六十纪日，而以一百或一千纪日，似皆由人之任定，而无必然之理由。然汉以后之五行家之以六十甲子，兼纪年月日，更分一日为十二时，则重在言五行之分运于年月日时，皆以六十为一周；而后之子平术，即本之以算人之命运。此六十甲子之观念，在实际上已为中国数千年来人，用以规定时间次序与其中之事物生成之次序之一普遍的思想范畴。然其中是否有真实义理可说，则为一问题。若其有真实义理，则此义理当如何说，今试讨论之。

六十甲子之成，乃以天干之十，次第配于地支十二所成。天干何以十？地支何以十二？此首当试依五行之说而论列。依五行之说，或谓天有五行，地亦有五行，则成天干之十。如《易》言天数五，地数五。郑玄注："大衍之数五十，谓天一生水于北，地二生火于南，天三生木于东，地四生金于西，天五生土于中，……阳无耦、阴无配，未得相成。地六成水于北，与天一并；天七成火于南，与地二并；地八成木于东，与天三并；天九成金于西，与地四并；地十成土于中，与天五并也。"然以甲子言天运，则天干之数即已是十，不待以地为配，故上说不甚切。今当先论五行之数何以必为五，则须连五行之说于阴阳之说而观。如将阴阳分观，其数必为二，言阴阳之全，或将阴阳之事，合为一气或一元气之流行，其数必为一。今更谓阴阳气之二，乃初出于此能流行为阴阳之元气，或"阴阳之全"之一；其出又有微盛二者之别；则此元气或阴阳之全之表现，为阳之微，阳之盛，历阴阳之全之表现为阴阳之平衡，至阴之微，阴之盛，其数必为五。即吾人若承认前所说阴阳之表现，有中而兼之者，有偏而不兼者，又有微盛之别，则阴阳之全之表现为"行"，其数必为"五"。故五行之为五，亦即依此而有其一定之义理可说。如以五行说天干之十，则人似可谓于五行中之每一行，更分阴阳，即必为十。天干中之甲乙为木，即谓甲为阳木，乙为阴木；丙丁为火，即谓丙为阳火，丁为阴火……故以阴阳配五行，自然成十也。然吾人如说一阴阳之全或一流行之元气，表现为五行，乃视此“阴阳之全”，或能流行为阴阳之“元气”，为一全体，或视若一形上之“实体”，其表现为五行，如其自身之展布为五段之活动，即其所显之五“功用”。此中之视为实体与功用者，有上下层面之不同，则似不能径混淆其层面，而配之成十。天干之十，皆自天之运行言，亦自其功用言，则不能径以为五行之实体之“阴阳之全”说之。于此，盖必言此阴阳之全，既展布为五行，亦同时展布其自身之二面，于五行中之每一行，而与之俱行，然后有天干之十之数。此即同于谓为实体之阴阳之全，既展布为五行之用，其实体之全，亦分别在其用中，以与用俱行。于是吾人若要说此中之既有体之呈为用，更有体之在用中，或说体既呈为用之“分”之“多”，此体之“全”之“一”，亦必在其用之“分”与“多”中；即亦必须于五行之每一行，更言阴阳，以开之为天干之十。此天干之中之阴阳之体，既在用而随用俱行，自亦属于此用。故此天干所状者，亦即只是此用之行，或天运之依十而行。本此以言天干之数之为十，即有一定之义理可寻。天干之数，亦即不能不为十矣。

吾人今如依此天干之十，以先观小物，则吾人可说在任何小物之变化历程中，皆一方有木火土金水之次第兴起，亦有木火土金水之次第消逝。其次第兴起，即其自身之阳；其次第消逝，即其自身之阴。若谓此生起与消逝，为一阴阳之全之实体之表现，则其兴起，如由体出用；其消逝，如由用返体。其出是阳用，其返是阴用。则此十者，皆在用之运行中。若吾人能于一小物之五行，可如此观之为十，则于合一切物为一全之天之运，自亦可观之为十也。

此上说天干之立，可有一定之义理。然何以天干外，更有地支？于地支之数，何以说为十二？则义更难明。昔人恒言天五地六，倍之则天十地十二。然何以地为六？是否以空间有三向六方之故？然自然之天，亦有三向六方，六方可分为八象限，何以不言天亦六，又何以不言地八，倍之成地十六？或谓此十二支之数，乃依于一年之十二月而立。人之初重此十二之数，除由此十二之数兼为六四三二之四数之倍数之外，盖亦由年有十二月之故。然年有闰年，又不必十二月。然吾观汉人之为六十甲子论者，于一年之分为十二月，初乃不关月亮之运行之事；而唯依日之运转，有季节气候，定一年为二十四节气。合二节气为一月，即成十二月。故其用六十甲子所名之月，乃包涵二节气之一月。后之子平术谓人生于某月，当以六十甲子中之何者，名其月，皆依节气，而移前移后是也。故此中一年之分为十二月，唯是以一年为主，而分为十二段。然何以于一年，必分为十二段，每段相当于十二支之一支？此理由即不能以一年中通常月亮有十二次之轮转，说之。此必须待于吾人之观汉人之何以重律历合论，乃能渐知此中之理由。当知在音乐之十二律中，此十二之数，乃一不能自由增减，而为一定之数。十二律即十二乐音。此十二乐音，其声波之振动数，乃有一定之比例者。故吾人如以黄钟之音为始，而于其音之振动数，三分而损一（即减一），即生林钟之音；林钟之音三分之而益一（即加其一），即生大吕……如是依三分损一、三分益一之原则，次第进行，即可衍生出十二律，以合成一全体。其中之十二律，乃皆有一定之比例关系，而不容人之自由增减者；则此中之十二之数，亦不容人之自由增减者。依十二律以论历法，则使历法有一确定之理论基础。如刘歆《三统历》(《全汉文》卷四十一）明言“六律六吕而十二辰立矣”。依此十二辰分一年为十二月，而律历即得相配而论。盖此十二律可说为由有不同长短之管龠之声气之有高下以成，而一年之十二月，则由气候之变以成。一年之气候之变，即阴阳之气之变或寒暖之气候之变。此一年之气候之变，根本上原于地球距日之远近向背，而不在一日之晴雨。

地球距日有远近向背之不同，而地球本身之温度不同，亦即地之寒暖之气、阴阳之气不同。简言之，即地气之变。此地气之变，乃可用含轻灰之葭管，置于密室不通风之地下，在十二月中，观其灰之如何浮起，而加以测量出者。便可见此十二月中，此地气之变，其数量之成比例，亦如十二律所代表之声气之高下其数量之成比例，而皆是理当如此者。因十二律之成比例，关键在声波之数。温度亦自有数，自亦可成比例。音历十二律，以成一周；地气之寒暖，亦历十二月成一周。则二者自可相对应。若纯从地气之寒暖观，固可分为十二或十三十四等不同之程度，而十二月之分，亦无一定之理由。然自十二律之分为一定，更以地气与管龠之气相对应以观，则一年只当分为十二月，而此十二之数，亦为一定矣。

此一年之必为十二月既定，则人即不难一方以十二支分别名之，同时定每月中之五行。在一年十二月之气节中，冬至之月为寒之极，即阴之极，而阳始回之时。今定冬至之月为子月，则后之一月为丑月……。此十二月中五行之分布，在子丑之月水尚盛，必至寅卯之月，木乃盛，次第至火盛、金盛，再水盛。此皆依于五行之序。然五行亦非可截然分段，则于木盛之月，可尚留其前之水，亦始有其后之火……。由此而十二支之一支，与其所代表之月，即可不只涵五行之一行，而或兼涵其前后之他行。此即见十二月之时间之连续性，亦见运于其中之五行之连续性，而可以五行之次第的生、壮、老、囚、死于十二月中，以说之。[①] 由此而五行之分布于十二月与十二支，即为循木而火，而土，而金，而水之次序，以承先启后，亦涵先摄后，以进行者。此即不同于天干中之五行，各依阴阳以进行，乃设定之为截然分为十段进行者。

①《淮南子·坠形训》有五行之次第生壮老囚死之言，惠栋《易汉学》卷五亦言京氏易中有五行生死于十二支之义。

则此天干之十之意义，要在明五行之相差别，而其流行，乃依此差别以分段而流行。地支十二之意义，则在明五行之任一行，与其前其后之行之“交会”，其流行亦即此“交会”之次第形成，亦次第“散开”，以成其差别。由此以言此天干与地支之相配，以成六十甲子，而纪时运，即无异将此上之二种意义相配合，以观时运中之五行之成分之变。天干之干即幹，天之有五行，每行有阴阳，即天之运之主干也。地支之支即枝，即天运之分支，每一行之涵先摄后，由交会而散开，散开而交会，亦即其枝分流衍也。六十甲子之每一甲子之有干有枝，即有本有末，而见五行之既有截然之差别，有种类之不同，又有其枝分流衍，以先后涵摄，以成其聚散。若五行既有差别，又有涵摄聚散，则天干之五行与地支之五行，即皆必不可少矣。

至于此天干之十，配地支之十二之所以必得六十数，而不得百二十数者，则盖以天干地支所表者，皆为五行之运，唯天干表分段之运，地支表连续之运耳。故此二者，乃同时俱运。欲表其同时俱运，则天干甲配地支之子之后，天干之乙即只能配子后之丑，而不能再配地支之子。于是以天干配地支，其数只能为六十，而非百二十矣。此亦如以五音配十二律，为音乐中之六十律。此则在京房易学中已有此义。可参考《全汉文》卷四十四京房文。

此上所述，乃试探六十甲子之所由建立之义理道路。今若加以应用，以言年月日时，则一年之分十二月，既有十二律为据，而有其义理；此一年中之五行之次第流行，而先后相涵摄，以分布于十二月，亦即与十二律相应，而有其义理。而天干之五行，既必与地支之五行，次第俱运于此十二月、十二时中，即必皆历六十甲子而后办，亦皆有其义理矣。然如何说年与日亦有甲子？此则有问题。盖年日与月时，大有不同。以年为单位，其月为十二月，十二月中阴阳寒暖不同，而五行不同。以一日为单位，历十二时，其昼夜之阴阳温凉亦不同，而五行不同。今言各有天干地支之五行之次第运于其中，固皆有六十甲子之可说。而以十二月合为一年，十二时合为一日，亦皆有太阳地球运转、气候之变为据。然十二年，则似不能合为一大年，十二日亦似不能合为一大日。如合为大年大日，亦不见有太阳地球之运转所成气候之变足据，则如何可言十二年、十二月中，亦有地支之运？又如何更可依天干之配地支，于年与日，亦各以六十甲子说之？则吾意此只能是一类比的推想。即月时既有五行之运，可分六十甲子，年日便亦应有五行之运于其中，而有六十甲子。此推想虽无地球太阳之运转所成之气候之变，为经验上之根据，然亦未尝不可同以音律为理由。盖如音声之升降经十二律，以周而复始，有数理上之必然，可合为一单位以思之；则一切事物之有升降，以周而复始者，即可能皆有其十二律，可合为一单位以思之。故一年之周而复始者，可分为十二月，而此十二月，可更合为一单位之年以思之。一日之周而复始者，可分为十二时，而于此十二时，即亦可更合为一单位之日以思之。则于十二年、十二日，亦当同可合为大年大日，以思之。则地支天干之五行之运于其中，亦当同有此六十甲子之数。而木星（即太岁星）约十二年一周天，古人以之纪年，亦似可据以谓十二年可合为一大年。然由此谓此十二年十二日，可合成一大年大日，并谓其中亦有五行之次第之运，同于一年一日中之有五行之次第运，则又毕竟无吾人感官经验所可觉察之气候变化，加以证实也。

然吾人虽不能由经验以证实此类比的推想之必真，吾人亦不能由经验以否证此推想，而谓其必误；则人亦自可据此推想，而谓年月日时，皆以其属于六十甲子之一，而各有其中之五行；由此亦可谓人之生于六十甲子中之何年何月何日何时，即禀赋如何如何之五行，此五行之成分之多少，其生克关系之如何，以属何行者为多为主，属何行者，与属其他之行，有如何之关系，即决定人之生命之自身之构造，而为其命；其生后之与一一时序之运中之五行相遭遇，以更对其命中之五行，有生或克等，则为其运。此即后之子平术之所以本五行论而生。此子平术由知人之命运中之五行，更以五行之每一行，代表人之生命之气质、能力，对其外之人物之活动性向，与对其外之有某种关系之人物，有无相适合之活动，以及人在某时运中所遭遇之事物，属于生之者，克之者，则可预断其吉凶休咎。此中，如人之木多者，趋于仁，金多者趋于义，五行之成分多相生，则吉，反之则凶，亦似有种种之义理可说。然此子平之术，所据之以六十甲子定年与日之说，上文已谓其终无确证。又此人之生于何时，所禀得之五行之气，乃初只是自然之天之运行中之寒暖阴阳之气，此乃是一物质之气。此物质之气对人之生命心灵之气之决定力有多大，亦原是问题。今本此物质之气之决定之力量，更谓某行代表人之何种之气质、能力、活动、性向，本之以推知人之命；再谓天运至何时，而其时之五行成分如何，以推知其时必有相应于其五行之如何之事物出现，以对人有生克等运，更皆是依类比的想象，以为推理。故其术亦多不验，其验者亦恒为偶然。故此子平之术，只为术数，而不足以言道。此亦如本五行以占卜其人事者，亦恒不验，其验者皆为术而非道也。

三　五行之哲学，及用五行释《易经》经文，与其他汉易之共同得失

然吾人今如不以五行为算命、占卜之具，而专自五行说天运，则至少于一年之十二月、一日之十二时，可说其中有五行之次第运行。则言五行之次第运行于十二月十二时，必历六十甲子而后周，因而本六十甲子，以观以五行之运之终始相生，即可成为人之观时序中之宇宙之一种思想方式或范畴。观天干之十，以见五行之各有其阴阳，以分别的次序流行；观地支之十二，以见五行

之分布于十二月乃前后相涵摄，以聚散而流行。合以见五行之自相差别以成类，若不连续，而又未尝不相连续；则可于宇宙之事物，可不偏执其不连续或连续之一偏。至于视天干之五行，皆所以表天运，其本在一“阴阳之全”之实体，而由此体之呈为用，而亦自表现于其用，以开出；则亦蕴藏一体用不离之哲学义理。此阴阳之流行，可说出于一能流行为阴阳之元气，或阴阳之全体，则可见一与二之不离，以通一元论、二元论之说。此亦为一哲学义理。观汉人之阴阳五行之论，盖以元气之概念为之统。《易纬》书及他书言之尤多。至于说此元气即天之元或天神所在，则可通接于汉人之宗教。此中之元气或气之观念，乃表示一能流行之存在，亦能显为存在的流行者。“气”之一名，有通此“变化活动”与“存在”之意义。于宇宙随处见存在，亦见变化活动，亦同为人思想宇宙之一方式或范畴也。至问此气之为物质的或精神的，则若只自四时寒暑，以言阴阳之气，则初为物质的，然亦可涵精神与德性之意义。若视元气通于天神，或自人之生命心灵言气，则为精神的。汉人盖兼取二者之说。汉人对元气或天神，以及一般之物质精神，盖未能如宋以后之学者，以性理说之。然此固不碍其自成一哲学思想之道路。而其以“气”，通“存在”与“活动变化”之义，则后之学者，未有能加否认者。以观气化之眼光观万物，而见万物虽殊，无不流行于一大气之流中，亦可形成一通万物为一之意境。故于此以五行言天干地支之论，吾人若不自其卜流为算命占卜之术数以观，而反溯其流为术数所自本之义理，直至于见到此元气或气等之原始意义，则于此五行、天干、地支之观念，即皆可凌空向上加以提起，而使之成为一观宇宙万物之方式，更使之统于一总摄性之元气或气之一，则其哲学意义亦甚大也。

吾人上来之说此五行之论，可为人之观宇宙万物之一思想方式，而具哲学意义。然不谓此用五行于算命、占卜等之必然有效。而为易学者之用此五行之说，以助其解释《易经》经文，吾意亦谓其同不能必然有效。此即因作《易》者原非依五行系统而作《易》，亦未尝先定其一一卦与一一爻，属于何行，其爻辞卦辞中之物之属于何行，依何相生相克之序，以连于一卦爻辞所言之他物。由此而本五行之生克关系，以释《易》之经文者，即不免于纯为臆测。吾人固不能言《易经》文中，必无若干有关五行生克之思想。因金木水火土间，有相生相克之关系，固人可本经验而知者，《易》所系之辞，亦固有水克火、土克水之思想也。此亦如吾人之不能言《易经》之必无八卦配八方之思想。如以东方属春，春雷动而物生，则言东方属震，亦作《易》者所固能有之思想也。此外，卦中之阴阳有多少、有升降，而一月一日中之阴阳，亦有多少、有升降，则作《易》者于观卦中阴阳之多少升降时，亦固可以其所象者，为某月某日。如临卦系辞，有"至于八月有凶"之语，复卦有"七日来复"之言是也。又系辞中之有甲子日数者，如先甲三日，后甲三日，亦必由作《易》者于卦象中见有可象此者，然后为之辞……循此以观，则后之为易学者，以五行方位、年、月、甲子等释《易》者，皆可有据于《易经》之文，亦如以消息、旁通、互体、半象等释《易》者，皆可有据于《易》之文。若全无据，亦不能成易学之家。然凡此等等，皆不能证明《易》之经文，初即自觉的依此后之易学家所提出之概念原则而作。因若自觉的依此等概念原则而作，则必须于同一之卦爻之情形下，遍系以同一之辞；而注《易》者，亦不只须注一辞之何以见于一卦爻之下，且当更注其辞之何以不见于彼同类之卦爻之情形下。然昔之注《易》者，则恒只注其辞之何以见于此卦爻之情形下，而不能注其辞何以不见于彼同类之卦爻之情形下。故其注《易》之事，皆不能言成功。此当正由于初为《易经》之卦爻系辞者，原未尝自觉的建立此诸概念原则，而本之以系辞；唯是于其以《易》为占卜之时，本其当机之联想，或类比之推想，便以某卦爻有某象，即以说某象之言，系为某卦爻之辞。其当机之联想或类比之推想，亦可自然循某一思想之方式范畴而进行。而同用《易》为占卜者，亦可共约定某卦爻，即代表某象，更本象系辞，遂辑成《易经》之一书。至于后世之诵习《易经》者，探昔人于卦爻观象系辞时之思想方式，列为概念原则，一一加以举出；自亦可有合于初以某卦爻代表某象，而系以何辞之心者。然吾人今若自觉的依此诸概念原则，以对此《易经》之卦爻系辞，则所成之《易经》，又必不如此之散漫，而必于每卦中皆依年月、方位、五行等为之说；又必以同类之卦爻辞，系于同见有互体、半象、旁通等卦象之下；亦必使五行八卦，分别所象之物类，其数皆为五，或皆为八，或皆为“五而八”；而八卦所象之各类之物之相排斥、相涵摄，或相生，亦必皆如八卦之卦爻之相排斥，而相涵摄或相生；以八卦配于五行时，五行所象之物类之相生相克，亦必皆如五行之相生与相克。然今存《易经》之经文，明未达如此之一理想。此正证《易经》之经文之系辞于卦爻，原未自觉的依此后世易学所提出之概念原则以为之。此所证者，乃《易经》于卦爻所系之辞，原不合理想，而不证后之易学家所提出之思想范畴概念之非是。唯后世之易学家，视《易经》之经文为圣经，以为其一字一句，皆不可更易；又以其所自觉提出之诸概念原则，即是为此经者所自觉，而本之以作卦爻系辞者；遂以本此诸概念原则以释《易经》经文，即皆可解；而不知其解之恒不尽，更不能解其何以于同类情形下，不皆系同类之辞之故。故其解皆不能言成功。而后之易学家，又不知其本无成功之望，其咎乃在此作《易经》者原未真自觉依一定之概念原则，以遍系卦爻之辞。此又即作《易》注者，视此《易》之为书为圣经，一字一句，皆不可更易之过也。

第八章　王弼之由易学以通老学之道（上）

一　王弼易学之性质

王弼在中国思想史中之特殊地位，在其由经学以通玄学；有如阴阳家之特殊地位，在其由先秦诸子之学，下贯于西汉之经学。汉人经学以《春秋》与《易》为中心。魏晋玄学之精神，则远于《春秋》之义而近乎《易》。孔颖达《周易正义》序谓汉世传《易》者，荀（爽）刘（表）马（融）郑（玄），大体更相祖述。近世焦循《周易补疏》，谓刘表之学受于王畅，而王弼则表之外曾孙，畅之嗣玄孙。故王弼之学，盖渊原于刘而实根本于畅云云。皮锡瑞《易学通论》，尝称焦氏说，近人于此更有论述。此王弼所承易学之传，即是费直、荀爽之古文易学，《四库提要》已言之。此古文之易学之传，重在分别解说经文之卦爻辞，而不同于今文易学之先将诸卦配合成一大系统，而观诸卦相互间之变通关系，以表自然宇宙之构造，更本之以通《易经》之经文，如孟京氏以降之卦气、纳甲、纳音、世应、飞伏、旁通之说者。费直之古文易学，只分别解说经文，已为一简易朴实之易学。荀爽至郑玄之注《易》，即承此学风。盖《易》之经文，原皆只重说人事，未多说及自然宇宙之构造，又除言人事之吉凶、得失、利害等有功利的意义者之外，亦言贵与贱、君子与小人、善与恶之分，而具道德的意义者。今文易学家孟京焦之言灾变占卜，乃初重此吉凶得失之功利的意义，而荀郑等之易学，则更重贵贱等道德的意义。汉末承孟京氏之易学之传之虞翻，亦重此贵贱之分。然荀爽之重十二消息卦，郑玄之言爻辰，仍是以今文易学中之卦气、十二辟卦与天人相应之说，为底子。唯王弼之易学，则于此一切以自然宇宙之构造说人事之论，皆加以扫除，亦即扫除今文易学之传中之象数。故人多谓王弼之易学言义理，不言象数。然据吾人上章之所论，则今文家之易学之言象数，亦自有其所涵之义理。此即有关一自然宇宙之构造之一套思想方式范畴之义理。王弼之易学亦初未尝不根据卦象，而有其所用之观宇宙事物之思想方式或范畴，如事物之内在的本质，切近的因果，重以简主繁等。上文已提及。其与今文易学之不同，当说在今文易学之思想方式，为对自然宇宙之构造，作总包性、外延性的观察；而王弼之易学，则为对一一事物，作分散性、内容性的观察。又今文之易学，是由人外之自然宇宙之事物，以观切近人生之事物。王弼之易学，则是以此最切近人生之事物，即宇宙中最重要之事物。故孔颖达《正义》谓王韩之易学，乃以人事为主。吾人前谓王弼之《易》注，乃以一卦代表一整个之情境，此即以一卦代表人当下所处之一情境。依此以言人之卜得一卦，即言人之自见其处于此卦所示之情境中。至于人之泛观一卦而玩其辞，则为人之自设定其处于此卦所示之情境中而言。人处一情境中，更顺此情境而活动，同时有其活动或人事。此活动或人事，亦即人所在之情境。二者不可分，而皆在由始而终之变动历程中。此即由初、二、三、四、五、上之爻之次序所表示。在此次序中之爻，有当位、不当位之分，有其所前承与后继，有其比应等，即见其吉凶得失，与可能有及当有之变动等。观此当位与否，及爻之承、乘、比、应之关系，即人之观《易》之卦爻之思想方式，亦人之自观其人事或活动或情境之变动或进行之思想方式。此中即有种种吉凶得失之象，与当如何变动进行、不当如何变动进行之人事之象可见。表此人事或活动或情境之变动进行之次序之初二三四等，自亦是数。故王弼之易学，自亦有其象数，与其前之易学无殊。对此上所说，可将王弼之《周易略例》之文，略加分析以说明之。

二　明象与统宗会元之理

王弼之《周易略例》，首为《明象》："彖者何也？统论一卦之体，明其所由之主也。"即谓彖辞乃对一卦所代表之情境，作一整个之判断。如屯卦上坎下震，表示雷在水之下，即一整个之情境。雷表动，水表险陷，即见一艰屯之情境。故彖辞曰："屯，刚柔始交而难生，动乎险中。"此彖辞之判断，乃直对此整个情境，作判断，却不牵涉其他之卦所表示之其他情境。故此情境，亦即一当下独一无二而无外之情境。此情境有其本质或德——即艰屯。人于此时，亦只须面对此情境之本质或德，而知之思之。此即纯依此德、此本质，而知之、思之之思想方式。此乃不同于观此情境与其他情境之关系，观一卦与其他之卦之关系之思想方式者。人如说此情境与其他情境应有关系，一卦与他卦，亦可错综成一卦，则依王弼之意，当说：若然，则另有一情境出现，可另以新卦表之。然于此新情境新卦，仍当视之为独立之全体，并就其本质或德而知之思之。故此一视彖辞为统论卦体之说，仍不可废也。

王弼之《明彖》章，以彖为统论卦体，同时明一卦所由之主。此一卦所由之主，亦为决定一卦体之为如何者。卦所由之主，即一卦之主爻。王弼《明彖》章，要在论一卦之必以其主爻，为统此一卦者。主爻之所在，初不必以位定，亦不以阴阳定，而以众寡多少定，并以少者寡者为主爻。故谓："一卦，五阳而一阴，则一阴为之主矣；五阴而一阳，则一阳为之主矣。夫阴之所求者，阳也；阳之所求者，阴也。阳苟一焉，五阴何得不同而归之？阴苟只焉，五阳何得不同而从之？故阴爻虽贱，而为一卦之主者，处其至少之地也。"此王弼之论一卦主爻所在，不以阴阳定，即超出汉易学家贵阳贱阴之思想。主爻不必当位，要在为他爻所求归往；即不重主爻之自当位，以成主，而重在为其他爻所求、所归往，以成其为主；即不自主，而为他所主以成为主；亦重在言少者、寡者与简者，能主乎多者、众者与繁者。故《明象》第二句即言："众不能治众，治众者至寡者也。夫动不能制动，制天下之动者，贞夫一者也。故众之所以得咸存者，主必致一也；动之所以得咸运者，原必无二也。物无妄然，必由其理。统之有宗，会之有元，故繁而不乱，众而不惑。故云六爻相错，可举一以明也；刚柔相乘，可立主以定也。……故自统而寻之，物虽众，则知可以执一御也；由本以观之，义虽博，则知可以一名举也。……故举卦之名，义有主矣。观其彖辞则思过半矣。繁而不忧乱，变而不忧惑，约以存博，简以济众，其唯彖乎？"

此《明象》之文，皆原只是言释易卦当重对一卦之德或本质，与求至少至简之爻，以为主爻，遂及于物之有其"统宗会元"之理。人于此恒先去玄想此理为何物，则于此文旨不相应。实则循其文以观，此理即是"众之向寡、多之向少、繁之向简"之本身。此向少、向简，即向于会，亦即向于宗、向于元。初不须于此外更求统宗会元之理。故所谓"物无妄然，必由其理"者，即物之所以实如此如此以成一物，由于"多之向于一，众之向于寡，繁之向于简而交会"之理。郭象《庄子·德充符》注"物无妄然，皆天地之会、至理所趣"，亦以会趣言理，正得王弼之旨，足证吾说。唯此一会趣，是成一物；亦即成一变动或一事。此变动或事，即是易。此多之向一等，乃求一，求即感应。而此"易"即"以感应为体"。[1] 初不必由此元此宗，以往思一元气或天神，或任何客观存在之形上之实体，或形上自存之理，为元为宗也。此

①《世说新语·文学》篇载殷荆州曾问远公：易以何为体？答：易以感为体。此旨实首发于王弼也。

由多之向一等所成之物或事或变动，亦皆为一一具体之事物或变动，即一具体之情境，如上述之屯艰之情境之类。然此屯艰之情境或任何情境，总是一“多之向于一，众之向于寡，繁之向于简”之一聚会。而名之曰一聚会，即只是一，而为寡为简。凡人之正面观一情境之全，皆是一之、寡之而简之，亦即皆是统之于一宗，会之于一元，而知其所由之理。此理只是一“所由”，如道之只是一“所由”。“由”众至寡、“由”多至一、“由”繁至简之“由”之所在，即理之所在，亦易道之所在。此“由”，则可说不在繁，亦不在简；不在一，亦不在多；不在众，亦不在寡，而对之可形成种种玄理之论。今不必述。然其切实之义，则当下即是，初不难明。而为玄理之论者，或智者过之，亦如愚者之不及也。

三　明爻通变及位与情趣

至于王弼之《明爻通变》章，则直就形成一卦之全体之诸部分之爻以观。此王弼之论爻，初不重一爻自身之当位与否，其后文更有易之六爻，初上无位之论。此为王弼易学之一特色，亦后之为易学者如清之胡煦之所承。此王弼之于《辩位》章，谓初上无位，亦有《易经》经文作证。如乾卦上九《文言》“贵而无位”，需上六《象传》言“虽不当位”等。然主六爻皆有位者，亦可另作解释。此王弼之言初上无位，其理由是：“初上者，体之终始，事之先后也。故位无常分，事无常所，非可以阴阳定也。尊卑有常序，终始无常主。”此言之理趣，是事物之于其始时及终时，不可言有一定之尊卑之位。此所表示者，乃是事物之始生，其位尚未定；其终则化为他物，而亦自变其位。事物为有，其始在由无至有之际，其终在由有至无之际；则其位皆在有无隐显之交，而无定位。此如潜德之君子而未仕，仕而归隐者皆无位。此言在社会政治上之意义，是保住“不在政治上贵贱秩序中之人”之存在。

其哲学上之意义，则是保住“物之定形定位之先之后一阶段，只是一无定形无定位”之一存在。如谓一般之物，皆为一定形定位之存在，则此无形无位者，即非一般之物，非一般之存在，而为一“通接于无”之物或存在，或“由于无，归于无，而自无中出，为无所包涵”之“有”。此即可连于王弼之老学。然王弼之辨初上无位，则自是由易以言易，以限制贵贱之位之观念之应用；并见在事物之始终，则事物无定位，亦即无位；而只于二三四五爻，可言贵贱之位。此是王弼辨位之旨。然王弼先论明爻通变后，乃及于辨位，遂不如其前之易学，多首重辨位之贵贱者，则已见王弼之初不甚重此“位”之观念矣。

王弼之《明爻通变》章，其文甚美，兹先照抄如下：“夫爻者，何也？言乎变者也。变者，何也？情伪之所为也。夫情伪之动，非数之所求也。故合散屈伸，与体相乖。形躁好静，质柔爱刚；体与情反，质与愿违。巧历不能定其算数，圣明不能为之典要，法制所不能齐，度量所不能均也。为之乎，岂在乎大哉？陵三军者，或惧于朝廷之仪；暴威武者，或困于酒色之娱。近不必比，远不必乖。同声相应，高下不必均也；同气相求，体质不必齐也。召云者龙，命吕者律，故二女相违，而刚柔合体。隆墀永叹，远壑必盈。投戈散地，则六亲不能相保；同舟而济，则胡越何患乎异心。故苟识其情，不忧乖远；苟明其趣，不烦强武。能说诸心，能研诸虑，睽而知其类，异而知其通，其唯明爻者乎。故有善迩而远至，命宫而商应，修下而高者降，与彼而取此者服矣。是故情伪相感，远近相追，爱恶相攻，屈伸相推，见情者获，直往则违。故拟议以成其变化，语成器而后有格。不知其所以为主，鼓舞而天下从者，见乎其情者也。是故范围天地之化而不过，曲成万物而不遗，通乎昼夜之道而无体，一阴一阳而无穷，非天下之至变，其孰能与于此哉。是故卦以存时，爻以示变。”

此章言“情伪之动，非数之所求”，“巧历不能定”，“度量不能均”，即见王弼易学之不重数量之观念。言“圣明不能为之典要，法制所不能齐”，即言非外在之教化政治所定，而纯为自动。言此“动”恒与体质相乖违，即言此“动”恒往向于“异质”“异体”之异类者。此即与汉儒如董仲舒之重同类之相动，与为今文易学者，重天人间同类之事之相感应，大不同其说。人物之体质之如此者，其往向于与异类、异质、异体，求相感应，乃赖其“情”、其“趣”，即其体质之“用”。王弼重情用，过于重形体或体质。此首发于注乾卦之言。其言曰：“天也者，形之名也；健也者，用形者也。夫形也者，物之累也。有天之形，而能永保无亏，为物之首者，岂非至健哉。大明乎终始之道，故六位不失其时而成，升降无常，随时而用。处则乘潜龙，出则乘飞龙，故曰时乘六龙也。乘变化而御大器，静专动直，不失太和，岂非正性命之情者邪。”此王弼之易学所谓形体或体质之义。盖初皆同汉儒所谓体，亦同吾人通常所谓物体、形体之体，而用此形体、体质者，则为用。此用，乃在此形体或形质之上一层面。用形而后有形，亦用形而有形之生，与形之变。故以“健”用天之形，而后天之形，得永保无亏。此“用”用形体，而在形体之上一层面，则非形体。故王弼此《明爻通变》章，亦特用《易 · 系辞传》“通乎昼夜之道……而无体”之句中之“无体”之言。若必说此用形体之用，亦属于此形体或体质，则此用，即此形体或形质之情，或愿，或伪。凡一般有形体、体质之物之情、愿、伪，则恒向在与其体质、形体相乖违相异，以至相远之物。此不同于天之为统一切形之大形，更无与之为异形之物，为其情、愿、伪之所往，故只不断流形，而其大形，得“永保无亏”，以表现天之健。然除天以外一切天中之物，则有其形者，其情、愿、伪之所往，则皆向在异形、异类者。故此“情”“愿”或“伪”，即为通一切异形、异类之物之原理，或道之所在，以成物之相感应，而有其变化者。此亦即是人之可于不类见类、于异见同，“睽而知其类，异而知其通”，而得视之为一宇宙之原理或道之所在者。此一物之情、愿、伪之“向于何物”，乃依物之性情而定，即属于性质之范畴，不属于数量之范畴。故“为之者，不在于大”，“同声相应，高下不必均”。亦不属于时空之高下、远近之范畴，故“近不必比，远不必乖”，“隆墀永叹，远壑必盈”。又此情愿有多方面多类，以自相限制、相改变，故言二女虽相违，而刚柔合体，可共事一夫；投戈散地，则六亲散离；同舟而济，则胡越同心。此则又见物之情、愿之有多类者，亦可相改变，而互通。在易卦，则情、愿之所往，见于爻之变。此爻之变，亦即以表一切异类之物，异类之情、愿，可互通互变者。故明爻，即所以范围天地之化，而通乎昼夜之道，以知天下之至变也。

四　在整个之卦中，爻之适时之变

王弼《周易略例》第三篇为《明卦适变通爻》，一本作“明卦通变适爻”，一本作“适变通爻”。要在言爻之吉凶，可依其所在之“整个之卦，所表示之始终之时”中之地位，与他爻之关系而见；又可由爻之动或静，而有其适应于此整个之时之变。是即爻之适时之变。故首谓：“卦者，时也；爻者，适时之变者也。夫时有否泰，故用有行藏；卦有小大，故辞有险易。一时之制，可反而用也；一时之吉，可反而凶也。故卦以反对，而爻亦皆变。是故用无常道，事无轨度，动静屈伸，惟变所适。故名其卦，则吉凶从其类；存其时，则动静应其用。寻名以观其吉凶，举时以观其动静，则一体之变，由斯见矣。夫应者，同志之象也；位者，爻所处之象也；承乘者，逆顺之象也；远近者，险易之象也；内外者，出处之象也；初上者，始终之象也。是故虽远而可以动者，得其应也；虽险而可以处者，得其时也；弱而不惧于敌者，得所据也；忧而不惧于乱者，得所附也；柔而不忧于断者，得所御也；

虽后而敢为之先者，应其始也；物竞而独安于静者，要其终也。故观变动者存乎应，察安危者存乎位，辨逆顺者存乎承乘，明出处者存乎外内。远近终始，各存其会；辟险尚远，趣时贵近。……吉凶有时，不可犯也；动静有适，不可过也。犯时之忌，罪不在大；失其所适，过不在深。……故当其列贵贱之时，其位不可犯也；遇其忧悔吝之时，其介不可慢也。观爻思变，变斯尽矣。”

此所谓“卦者，时也”，即谓卦表一事物之始终。此始终之历程，即是一时间之历程，故名之曰时。而此所谓一事物，即一具体之情境。人在一具体情境中，此具体之情境之如何，即一卦之卦德之所表。此具体之情境，可为否或泰，为大或小，为吉或凶。此是一存在之事实。然人在此有始终之具体之情境中，当下居何阶段，当如何变动，则为爻之所表。人之如何变动，则又可改易此情境，而变其吉凶。故一时之制，可反而用；一时之吉，可反而凶。而在不同之情境中，人之为同一之变动之事者，其吉凶之价值意义，又不同。故卦不同，而同此一爻者，其意义亦不同。故曰：“卦以反对，而爻亦皆变。”是故“用无常道，事无轨度”，而“动静屈伸”当“惟变所适”。此爻之所适者，即此卦体所代表之全部情境。然此卦体所代表之全部情境，为已然，为实然；而爻变之所代表之更如何变动或适应之事，为当然，为将然。此将然、当然之事，是在卦体所表之已然、实然之情境上，更加一运用之所成。卦体所表示之情境之吉凶，虽已先在，然人之如何变动、适应之事，或人之如何动静，则有变其吉凶之用。故曰“名其卦，则吉凶从其类；存其时，则动静应其用”。在汉易之以《易》为占卜者，重占吉凶，不只以卦占吉凶，亦以爻占吉凶。然在王弼，则卦体自代表一先在之吉凶。然其爻，则代表人之动静之事，自有变其吉凶之用，而吉凶遂无定。玩易之事，则正在知此卦体之吉凶之可变而无定。故曰：“寻名以观吉凶，举时以观其动静，则一体之变，由斯见矣。”此一体之变，即一卦体所表之情境，由此“事”“用”而成之变也。非一卦变为他卦之变也。

至于下文谓“应为同志之象”，则此应乃阴阳异类之相应，位即阳爻居阳位，阴爻居阴位之位，王弼虽不重位，然亦自有所谓得位、失位，以言爻与其位之关系。承与乘之分，即一爻所上承之后一爻，与所乘之先一爻之分。阴承阳则顺，阳承阴则逆，故承顺为逆顺之象。此犹言静顺动则顺，静逆动则逆。此是表一情境中之各先后段落之内在的因果关系之顺逆。故曰：“承乘者，逆顺之象也。”至于远近，则自爻之相距之距离言。距离远而相求，则路险难，近则容易。故曰“远近者，险易之象”。《易》一卦有内体或内卦，与外体或外卦。内卦所表者，为静处之阶段；外卦所表者，为动出之阶段。静处之初，为下为始；动出至极，为上为终。故以内外卦，象出处，以初上爻象始终。此中以始终说初上，以出处说内外，以险易说远近，以逆顺说承乘，以所处说位，以同志说应，乃是以“事用”进行之始终等情态，说卦爻之布列。卦爻之布列，为空间性的，有远近内外等广度的量的关系者；而事用之进行之始终等情态，则在时间中，而有出处险易逆顺之强度的、质的关系者。王弼之此诸言，则在言此空间的广度的、量的关系，皆初只所以象征事用进行之在时间中之强度的、质的关系。然必由此事用进行，自有在此时间中之强度的、质的关系，方使之成一整个之事用。故此进行中之各种关系，亦互相影响以为用。由此而远者虽险，然如得其应，亦可动；险者虽险，而在险难之时之终，则险之强度减，亦可处。如邢昺注王书谓：“需上六，居险之上，不忧入穴之凶，得其时也。”至于下文之“弱而不惧于敌也”，皆可依同一之理而解之。读者可参考邢注。要之，皆不外言一整个之事用中，其中之各种关系，亦互相影响为用。故吉凶不可以一端断。今变此中之一关系，则整个之事用之吉凶变。下文所谓“观变动者存乎应，察安危者存乎位；……各存其会”之句，即谓人当依应、位、承、乘、外、内、远、近、终、始，而会通之，以观一事用之吉凶，而定其动静趣舍之谓。其后文之“避险尚远，趣时贵近”，即言避凶尚远，趣吉贵近。言吉凶有时不可犯，乃指已然实然之吉凶；言动静有适不可过，则由适当之动静趣舍，以形成将然当然之吉，而避其可能之凶。此后者乃人之忧悔吝之时之所为，故此中纤介皆不可轻忽慢易。王弼之此篇，归在重此爻变所代表之人之事用，变卦体所代表之人所处之情境之吉凶之旨，由此亦可尽见矣。王弼之言观爻思变，其旨亦当归在是也。

五　象、言与意之关系

王弼《周易略例》之第四章为《明象》，其得意忘象、得象忘言之语，即见于此篇，乃人所最喜征引，并据之以言王弼之易学，为扫象数之论者。此章在《略例》中，乃居第四章。其易学之归趣，固有在此章者。然其易学之要旨，则仍在《明象》《明爻》之前三篇。象为整个卦之判断，爻以明其变。王弼《明象》篇，乃承之而作。故首谓：“夫象者，出意者也；言者，明象者也。尽意莫若象，尽象莫若言。言生于象，故可寻言以观象；象生于意，故可寻象以观意。意以象尽，象以言著。”此所谓象，即如上述之上云下雷合成之具体情境之卦象，而屯艰则为意之所知。又卦中之爻，在卦之内外始终中之地位，与其他之爻有比应承乘之关系，亦表示逆顺险易，而当如何变等象。此逆顺险易与当如何变等，并为意之所知。王弼之《明象》篇，首言“意以象尽，象以言著”，即谓“意”“象”“言”三者相孚应，而次第生起，乃《易》之为书之所以著也。其下文曰：“言者所以明象，得象而忘言；象者所以存意，得意而忘象。犹蹄者所以在兔，得兔而忘蹄；筌者所以在鱼，得鱼而忘筌。……是故存言者，非得象者也；存象者，非得意者也。象生于意，而存象焉，则所存者，乃非其象也。言生于象，而存言焉，则所存者，乃非其言也。然则忘象者，乃得意者也；忘言者，乃得象者也。得意在忘象，得象在忘言。故立象以尽意，而象可忘也；重画以尽情，而画可忘也。”此要在言人之了解此《易》之为书所以著，当循“由言而象而意”之序，方应合《易》之为书所以著之“由意生象，而有言”之序；然后著者之意，与读者之意乃合而无间。固非谓不当有象与言。故其言得意忘言之语，虽用庄子语，而不必全同其旨。庄子固不谓意以象尽，象以言著也。此《明象》篇文之要点，乃在人既由言而象，而得意之后，则当知循同一之意，可有不同之象以表之。故下文谓：“触类可为其象，合义可为其征。义苟在健，何必马乎？类苟在顺，何必牛乎？爻苟合顺，何必坤乃为牛？义苟应健，何必乾乃为马？而或者定马于乾，案文责卦，有马无乾，则伪说滋漫，难可纪矣：互体不足，遂及卦变；变又不足，推致五行。一失其原，巧愈弥甚；纵复或值，而义无所取。盖存象忘意之由也。忘象以求其意，义斯见矣。”此意之所知即义，今名为意义。乾健坤顺，皆意义也，马牛则象也；而能象乾健或坤顺之一意义之物，不限于马或牛；又一卦体中虽无乾坤，而爻变中有健顺之意义者，亦同可用马牛为象。故亦不能谓凡有马牛，皆定有一乾坤之卦体之在。而健顺之意义，亦不只卦中有之，爻中亦有之也。此即所以批评汉人于《易经》经文言所表之象，皆求有一卦体，与之相对应，而有之互体、卦变、五行之说。此评论亦大致不差。当时之郑氏易、虞氏易，即皆本互体、卦变、五行之说，而求《易经》文之一一言所表之一一象，皆有一卦体，与之对应者也。然王弼所谓“义苟在健，何必马乎？类苟合顺，何必牛乎？”则不可用以责汉易。因汉易固亦知健不必马、顺不必牛。《说卦传》言：“乾为天、为圜、为君、为父；坤为地、为母、为釜……”即不以乾必为马、坤必为牛也。又汉人之易学，以八卦类万物之情。每卦之象，固亦有种种，则亦正是求本于人所知之物之意义，其相同类似之处，以分物象之类，如前章所论。唯汉之易学家，于此点或不自觉，遂恒“存象忘意”，不能“更忘象以求其意”，而亦不知：此意为象之原，更知由此意，固可另行取象以表意耳。

循此王弼“明象”之说，象之原在意，而表一意者，可有多象，则《易经》卦爻之只如此如此取象，即非无另取他象之可能之谓。故于《易经》之卦爻，另系以他辞，亦不失其为《易经》。吾人之读《易经》，固不能不由言，而象，而意，然得其意者，亦可不论《易经》。今本此意，以论其他之书，有其他之辞，其他之象，而有同一之“意义”者，亦即未尝不可。王弼之所以能于注《易》之外兼注《老》，即正由于其在《老子》之辞与所说之象中，亦见有与《易经》类似或同一之“意义”在故也。《三国志·锺会传》注言王弼十余岁，好老氏。然其注《易》与注《老》，仍未知孰先孰后。其注《易》未及《系辞》，是由其注《易》之功未毕而终，或由其视为不须注，亦不可知。然王弼虽幼好老氏，其家学渊原，则在易学，而不在老学；而观当时之思想学术之流变，乃是由经学而及玄学。则似仍当谓王弼之学之历史的意义，在其由《易》之经学之流，以更通及于老学为是。至于自其所以通易老之义理而言，则固当是以《易》《老》之文互证，其所趣向者，则近乎老。然吾人居后世而观其所趣向，亦当先理解此易学可以通老学之义理线索。

此中之义理线索，吾将首重王弼言《易》之重“由言得象，由象得意”之旨。此象已可是老子之无物之象。由此旨转进一步，即通及于老子之言“大象无形”之旨。人之心意能知此无形之象，即可通及于老子言道之义。

然此当先自其言《易》之卦象之旨，次第说来。按《易》之卦爻所象，乃具体之事物，而意之向于具体事物，则必重知此具体事物之意义，而见此意义之后，亦可取其他具体事物为象。可取而未取，则此其他事物之象为虚象。一意义，有种种可能之事物为象，则可涵种种虚象。一意义，对其所可能涵之虚象言，即亦如自凌虚，而浮于上层，初无一定之所着之象者。此时，人所知之意义，即自具体事物之象或具象中，解放游离，如自成一意义之世界。吾人观易象，至得其意中之义，即升至此一意义之世界，而见一一卦象、爻象，皆各表现一意义。此意义，只是心意中之义，亦只对心意之有所向往，而呈现。故亦不能离此心意之主观以言。而此意义之世界，亦即可说只是此心意中之境界或意境。此意境，即一方以其凌虚而浮于具象之上层，一方以不能离心意而呈现，加以界定。

然泛说意境，此仍可是由一类事物之意义之浮于上层，而显于心意之意境。此即是文学艺术之意境，而更以其他之具象之语言，或具象表之者。亦可是整个宇宙之一切事物，合以形成之意境，而只可抽象之语言表之者。此后者为哲学的意境。如本《易》义，以形成一哲学意境，则非必每一卦皆可形成对整个宇宙之一哲学意境。如家人卦，只及于一家之人，则初不能形成一哲学意境。除非吾人视宇宙为一大家庭，此家人卦即无哲学的意义。若吾人要将《易》中之每一卦之意义扩充之，以成为一有哲学意义之卦，亦有难亦有易。循此去想，亦甚有趣味。各人所重之卦，亦可大不同。易卦中显然有哲学意义之卦，首为乾卦。此乾卦之象，固有种种，如天、马、龙、君、父……皆是。然以乾象天时，则天又可包括乾之一切象与余卦之一切象，以为一大象。若谓此大象之意义是健动，则此健动之意义，即为可用于整个宇宙而有哲学的意义者。故此卦最为一切易学家之所重，王弼亦自不能外。此外王弼又重复卦。其言《易》重感应，则重咸卦，以咸即感也。王弼之如何由易通老，即可由其如何释乾、复之卦，与重感应之义而见得。

此王弼释乾卦之辞，上文已引之。其言天之形，永保无亏，即此天之象。而其形之所以能永保无亏，或此形之永保无亏之意义，即是其至健，“静专动直，不失太和，以自正其性命”等。此解释不必与《易》文之原意相合，但今只须了解王弼之意。此中须注意，其言健为用天之形，亦在天之形之上一层面，而于天之不断流形，而永保无亏中，表现此健者，如前第三节之所说。故此健之意义，同时是一用。然凡形体在流行变化中，即同时见自超其为形体，而只显于其用。天是大形大体，健即为大用。此“大用”用此大形大器，使之永保无亏，亦使之恒自超其形体，以表见为一大用之行，而无体。此如依宋儒之体用之义言，则于此大用之流行不息处，当更见一此大用之所以流行不息之上一层之理或道等为体。依汉儒言，则当有一天神或元气为体。然汉儒之天神元气，在时空中运行，又必表现于形，即仍可说为只是有大形大体者。王弼之思想所进之一步，即为见此形体或器之在流行变化中，恒自超其形体，而谓无此体；然尚未及于宋儒之即用之流行不息，而见得之更上一层之体。故王弼之言体用，不可说同于宋儒之言体用。其言体用，在思想史之地位，乃正在汉儒与宋儒间。简言之，即汉儒重形体之体，王弼化此体为用，宋儒更即用显一理体、道体。故王弼之论乾卦之义理，乃于天只见为一健动之用，而更不见体，既不见下层形体之体，亦不见此用之不息所显之上层之体。王弼注《易》，时言卦体。然此卦体，唯指六爻之结构。爻在运用中，此结构亦然。此卦体之体，非由此天地间一切健动之用之不息，所显之一上层之体也，故于其说，亦可名之曰有用无体。有用无体，则用自无出，而亦即可说以无为体。然以无为体，而无即非有，而此体为非有为无。然就王弼以言王弼，则只谓其以无为体，亦可耳。

第九章　王弼之由易学以通老学之道（下）

六　“复”“无”“感”及老、易之会通

上言王弼之易学，乃由形体之在流行变化中，自超其为形体，遂归于只见体之无，而以无为体。即可一方通于其言《易》之复卦之义，一方通于其注《老》之重体无之义。其复卦注曰：“复者，反本之谓也。天地以本为心者也。凡动息则静，静非对动者也；语息则默，默非对语者也。然则天地虽大，富有万物，雷动风行，运化万变，寂然至无，是其本矣。故动息地中，乃天地之心见也。若其以有为心，则异类未获具存。”

王弼谓寂然至无，为一切运化万变之本。此寂然至无，即无一切形器形体，而“无体”之“无”。此无，乃一切物之动之息处，亦一切物之获具存之所依。此处吾人如思此无中，更有何物，则与王弼之思想不能相应。此无即如语息之默、动息之静。人于语息动息处，即可直下见此无。此无，乃可纯现象学地，加以观照者。观照得此无，即观照得一切运化万变，皆同在此无中起息。一切运化万变，是乾之健用，而此无，则为此健用之所依。依此无而语息于默，而后另一不同类之语起；依此无而一物之动息于静，而异类之物之动起。由此方有异类之语、异类之物之得具存。是即见无为异类之物之语起息之中枢或中心，而亦为其本。此本乃取象之辞。因物之起，依此无起，如枝叶之依本干起，故说为本。实则既寂然至无，则亦无本，只是一无本之本，或以“无本”

之“无”为本，如言无体即以“无”为体也。

此王弼之注复卦，以动息见天地之心，固亦非即《易》之本意。此复乃一阳来复，重在表阳之始生。汉儒言消息卦，复为阳息之始，即阳生之始。后程伊川亦以复见天地之心，即动见天地之心。此当更合《易》之本义。然王弼之思想道路，意在较汉儒，更多进一步。其以复卦乃表动之息于地中，此息初乃止息之息，而不同汉儒言消息卦者，直以息为生息之息者。王弼之息，乃初同于汉儒所谓消。此即意在矫汉儒之重动之有之偏，而趣向于另一偏之重静之无，以成一思想发展中之平衡。王弼思想之偏，固亦其时代所当有，亦自有深趣者也。

上言之深趣，在言群动之有，乃人初步之思想，而言群动之息止，则为进一步之思想。凡人之情，固喜多言，故言易而默难。乐动易而乐静难，知“有”易而知“无”难。故能知无，总是进一步、高一层之思想。充无之量，而于一切有，无不可无，以为“无”所超过越过，而亦为此“无”之所虚涵。人能知无而虚涵一切有，人之心灵，即升至一切形器之物之上一层面，亦升至其一切意义之上一层面。此无，自亦是一意义。然能顺此无之意义而思，亦可无“对一切形器之物、一切意义之一切之思”，以成上一层面之思，而以此思兼虚涵此一切之思。此即形成一极高度之哲学意境。是亦即王弼由《易》之复卦注，更通至《老子注》，所形成之哲学意境也。

按王弼言《易》重感应，而《易》卦之咸卦即言感。物必相感，而后成其变易。相感则有物之来应或往应。故感应不可分。王弼之注《易》，重得其应；亦即重得其应，以成其相感，而成变易。故咸卦虽为三十四卦之一，而在王弼之易学中，则有一特殊地位，而为可通一切变易之事之全者。王弼注咸卦“天地感而万物化生”，曰：“二气相与，乃化生也。”此是自感之必有二者之相感说，乃一般之《易》义。至其注“观其所感”之句，言：“感之为道，不能感非类者也。故引取女，以明同类之义也。同类而不相感应，以其各亢所处也。故女虽应，男之物必下之，而后取女乃吉也。”此所谓同类，如男女同为人，而实亦可说为人中之异类。此男女之相感，乃依于女虽应，而男能下之。如男女各亢其所处，则此男女之相感不成。男之下女，即男之不自亢，而忘其为男，虚其自以为男之心，以往受女。故下文注曰："以虚受人，物乃感应。”此即言虚为成感应之变化之本，亦犹复卦言必有动息于静中，乃有运化万变也。此感应之事，必以往感者之先自虚为先、为本，如以此虚为实，即如以其自静为先、为本、为实。故下文注“咸其拇”曰："处咸之初，为感之始，所感在末，故有志而已。如其本实，未至伤静。”此即谓非以虚静为本为实，则不能成感。以虚静为本，而有往向所感之意，即为一志。此志亦即《略例》中所言之情愿。此志、情、愿，固王弼之所重。故何晏主圣人无情，而王弼非之。然在王弼之意，则此情或感，乃正依于“以虚受人”，亦以虚静为本而后有。能以虚受人，而以虚静为本者，亦正当先有愿有情，方有感。故谓："圣人茂于人者神明，同于人者五情。神明茂，故能体冲和以通无；五情同，故不能无哀乐以应物。然则圣人之情，应物而无累于物者也。今以其无累，便谓不复应物，失之多矣。”（《三国志·魏·锺会传》注）此谓圣人有情，同于人，其无累于物，不同于人，则其情亦自有不同于人之处。此不同于人之处，在依其无累，而其情、其感应，乃广大而不可穷极。然其广大不可穷极之所依，正在其能以虚受人，而以虚静为本。此义乃自昔道家之公义，而儒者亦不能废者。然明申此“虚静所以成感应，亦可以成相感应所生之变易”，以通道家义与《易》义，则王弼之所以自易学以通老学之关键，而为昔人之所未及者也。

此感乃原于虚受，虚受而志向于所感，此所感自是一有。但此虚受之虚，则只是虚其所有，而成无。以无受有，而成其感，此在客观万物亦可说。然要在自人心说。《易》咸卦彖言“圣人感人心，而天下和平"，即自圣人之心之虚，能感天下人之心言也。而自客观万物，说其亦有虚而能受，固可。然对此虚之意义之知，则赖于人心。虚之意义本身，非一物，乃唯对人心而呈现，如无之只对人心而呈现。若只自客观之万物上说，亦可说其皆是有，而无此"无"与"虚"也。然人心自能了解此虚、此无之意义，并由此了解，以虚无一切，故虚无宜连心而说。若说有一客观之虚无，为物之所自生之本，则亦当连天地之心以说。故王弼复卦注，谓天地以"寂然至无"之本为心也。然王弼是否真谓有一客观之寂然之至无，存于一客观之天地之心，则盖未必然。则此天地以寂然至无之本为心，可只是一所谓中心之心。吾人见天地之形与形之动，恒息于寂然至无，而与相冥合，则吾人之心，即天地之心，固不必说别有天地之心也。然人亦未尝不可由人此心之可与天地之"寂然至无"相冥合，以说此心自始即为一天地之心，或谓吾人之心，即此天地之心之表现于吾人，以成吾人之心者，并由此心之能生生不已，以言天地之心之自"生生不已"，或"於穆不已"，以表现于吾人，或降命于吾人。此可为宋明儒者所向之义。然王弼盖未必能及此。故其所谓天地之心，可只是虚说其如有一心。天地只有其动之息于寂然至无之本，唯人心能知此"本"为寂然至无。此寂然至无，亦唯呈现于人心，以为人心所知之一意义。此则较合王弼之旨。循此以理解其注《老》之旨，亦最顺者也。

七　王弼之老学道路，及老学发展之诸道路

按王弼之注《老》言"无之为物，水火不能害，金石不能残；用之于心，则虎兕无所投其齿角，兵戈无所容其锋刃"（《老子》十六章注），此乃文学比喻之辞。其旨要在言人当知此虚、此无，而用此虚无，以虚无一切有形体形象之物，与一般对物所了解之

意义，以呈现其共同之寂然至无之意义，而观其皆存于此寂然至无之境。此境乃对心而为一心之境界。友人牟宗三先生《才性与玄理》，论王弼之注《老子》，唯是依于修道者之冲虚玄德所呈之境界是也。但此德乃原于道，亦宜本道以言德。又王弼之旨是否即老子之本旨，乃别一问题。吾前论老子文中，已详及王弼注《老》之未必得老子意。王弼沿人心之能体此虚无之义，以言老子之道，亦可能是高看老子，或只明老子之一胜义。此中有老子之道，毕竟当先自客观万物说，或自人心之境界说之问题；有老子之道，是否当只偏自虚无说，或兼自实有说之问题；再有老子之言道，是否有各层面之意义，或只具一层面之意义之问题。吾前论老子之道，有各层面之意义，乃由见《老子》文句言道者，确有层面之分，若视为皆在一层面，则此诸文句难通之故。至老子之道，毕竟可否自客观万物说，尤为问题之一焦点。若可连客观万物说，则可有物之道、地之道、天之道、人心所体之道与道自身之层面之分。若不能自客观万物说，则道只是一道，此道非具体之天地万物，亦只对一能超越于具体天地万物之上之心而呈现。此道亦非具体事物之有，而亦必先无具体事物之有，而后呈现。故老子言道之义，亦只当由虚无之义以契入。然依吾意，则《老子》之原文中所谓道，实原可兼自客观与主观二面解释。此乃一原始形态之道家思想，更可循不同方向而发展，而为《老子》书者，亦初未必自觉此中有多方向发展之可能者。兹试略分别说此多方向之发展如下。

兹按《韩非》之《解老》篇代表一方向之发展，此则为纯视道为客观之物之道者。吾前尝引《韩非·解老》之文谓："道者，万物之所然也，万理之所稽也。理者，成物之文也。道者，万物之所以成也。……道，理之者也。……故理为物之制。万物各异理，而道尽稽万物之理。"此即明是以道为成此各有定理之万物之客观的道或大理。又此"道虽不可闻见，圣人执其见功，以处见其形，故曰无状之状，无物之象"，"故诸人所意想者，皆谓之象也"。此乃以道为人之意想之所对，虽不可见，而仍是对此意想为客观者，如"人希见生象也，而得死象之骨，案其图，以想其生也"之象，为客观存有者也。此以道为客观存在之大理，自是老子之学之一发展方向也。

至于《淮南子》之言道，则代表老学之发展第二方向。此乃视道为客观万物所由成，亦天地所由成，且更谓道在时间中为天地万物之所自始。故谓："道始于虚霩，虚霩生宇宙，宇宙生气。"(《天文训》) 更谓："无形（即道）者，物之大祖也。其子为光，其孙为水……有生于无，实出于虚。"(《原道训》) 此即将道加以实在化，而类似天地未开辟前之一形而上的存有。可参考《淮南子》书。今不多赘。

至于汉初之言黄老之术以为政者，则为老学发展之第三方向。此则多取于老子之清静无为，与民休息之旨。此乃偏主观之为政之心理态度上言道。而此以无为言政治之道，则《韩非子》中之《主道》等篇，与其他法家言中，亦多有之。此或为外饰无为，以免其情之为臣下所窥；或为立法以"令名自定，令事自正"，而不必赖于一一事，皆由君主自为之，以使君得逸而无为。然汉初之依黄老以言政者，则盖有恶于秦暴政之苦民而主休养生息。《吕氏春秋》已有《贵因》之篇，随处言因时为事之旨。《淮南子》之言道，除以道为天地万物之原，用以养精神，亦重言无为因任之道。《淮南子·诠言训》言"无为者，道之体也"。《人间训》言"明礼义、推道体"，亦即由礼义以推至无为之道为体也。至因任、因循、因顺之言，尤遍见《淮南子》书。如《主术训》言"因循而任下"，《原道训》言："天下之事，不可为也，因其自然，而推之。万物之变，不可究也，秉其要归之趣。"司马谈《论六家要旨》言道家，除亦重以道家之学，养精神外，即重此以因循为用。故言"因者，君之纲也"，并以"与时迁徙，应物变化"，为道家之本。此正同

《淮南子·要略》自言其书“观天地之象，道古今之事……与世推移”之言，亦皆期在以道家之因循因任之道，休养生息，而使民得遂其生而乐其生者也。行此因循因任之道，则非必全无所事事，故《修务训》言“吾所谓无为，循理而举事”，以别于“用己而背自然”之“有为”耳。司马迁承其父司马谈，言道家之学，重因任之旨，于《史记·管晏列传》言管仲治齐之政曰：“俗之所欲，因而予之；俗之所否，因而去之……善因祸而为福，转败而为功。”管仲之因任之政，固大有所事事也。

至于养生家医家与神仙家及后之道教之言老子之道，复为一方向。此则重在由节欲养生，至长生久视上言。《淮南子》、司马谈之以道家义养精神者，亦可归至长生或神仙之说。此则原自修老子之道，亦可成就人之主观生命精神之收敛与长久而说。然人之主观生命之存在，同时为一天地间客观之事实，而修老子之道，以使之收敛长久，亦可为一客观之事实。则此道亦不能说只属于人之主观。此老子之学之发展之第四方向也。

王弼之言道之思想方向，若列为第五，则可说是：重在自主观之心境上言道，亦不只以之为一为政者之因任、因循之道者。王弼言政，自亦重无为、因任、因循，使人民自遂其生、自乐其生之旨。其言无主、不宰，亦即涵不用政治之权力，以主宰专断人民之事之旨。然此则非王弼之老学新创之精义所有。其新创之精义所存，乃在言由人之主观之心之能体无，即可使人心达一至高之境界，而有上德、玄德或至德。其重在此心之体无，而偏在此心之至高境界上说道，其陈义亦即高于前此自他方向发展老学者。然《老子》文之原意，是否即如此，则亦正有问题。观《老子》之文，与老子之学之发展之原有多方向之可能，则见王弼之老学，实未能具此多方向之可能，其注亦正有种种与《老子》文义不切合处。故此王弼之老学，其陈义所以能高于前此之自他方向发展老学者，可能由于王弼专高看老子，或偏看老子之高处之故。或正由王弼高看老子，或偏看老子高处，方有此王弼注《老》之精义。然其高看老子，亦当由老子之义，原具有向其所高看者，而发展之可能。则吾人于其注文之不切合原文之处，亦当观过知仁，与其所以不能不为此不切合之注文之理由与密义之所在也。

八　王弼以虚通之境言老子之道之义，及无为之义

吾人所谓王弼高看老子，偏看老子高处，即谓其偏在心境上言老学，亦偏在虚无义言此心境中之道。此与其时代之何晏著《无名论》，言“夫道者，无所有者也”同一思路。所谓偏在心境上言老学，亦偏在以虚无义言此心境者，即王弼之言心，只重其为呈现一虚无之境界之心，而全不重其为一有作用活动之心。如老子言“心使气曰强”，“守柔曰强”。此于气守柔之心，即有作用与活动之心。老子又言“圣人无常心，以百姓心为心”。此即一仁慈之心，故老子三宝中亦有慈。然王弼之注“心使气曰强”，则曰“心宜无有，使气则强”。又注“圣人无常心”曰“动常因也”。则心无直接使气之义，只当先求无有，而圣人之以百姓为心，亦无慈之义，盖只是因顺彼百姓之心而已。此因顺，唯出自圣人之能自无其心，而虚其心。故王弼之注《老》之言，唯重在无其心、虚其心，以此心呈现一虚无之境界。故三十八章注曰：“天地虽广，以无为心；圣王虽大，以虚为主。故曰：以复而视，则天地之心见。灭其私而无其身，则四海莫不瞻；殊其己而有其心，则一体不能自全，肌骨不能相容。”此即可见其偏在由心之呈现一虚无之境界，更呈现四海百姓，于此心之前，为一观照所对之境。此心之对四海百姓，则更不表现其他之作用与活动，此心即成一真正之无为无事之心。此无为无事之心，因其虚而能容，“以空为德”（二十一章注），自能“荡然公平，无所不周普”（十六章注），“无物不经”（三十八章注），“周行无所不至”，“周无所不穷极”（二

十五章注），“无所不包通”（十六章注）。简言之，即能依此虚无，以通于一切物之有。如依其《易》注义以观，即亦能于物有情有感。王弼之圣人，固亦有哀乐以应物，唯无累耳。但圣人虽有哀乐之情之感，却亦可无事无为，而唯此无事无为，乃宅心之本。故曰“本在无为”。在此无为无事之心境中，原空无所有，故不可以名名之。此即一无名之心境。依此心境，以呈现观照一切物之有，则此无名之境为母。故曰“母在无名”，而一切事物之有而有名，则为其子。以此无为之心境为本，则依之而有之一切之仁义礼之有为者皆为末。王弼固亦许有此末与子，故亦言“守母以存其子，崇本以举其末”。然此中之问题，在崇此无为之心境为本，是否必举其末？守母是否必存其子？则循王弼之言，唯谓必守母而后子存，必崇本而后末举。故唯当“得本以知末，不舍本以逐末”（五十二章），而未尝谓“崇本必举末，守母必存子”。本母为无为、无名之心境，末子为有为、有名之事物。守母崇本，非必举末存子，则其所偏重，固只在此无名、无为之心境之形成，而不在有名、有为之事物之成；而可只求此心境之形成，即无不为，而别无所事、别无所为也。

今如依《老子》之本文以观，则于其所谓“无为而无不为”，明有其他解释之可能，而不限于在一主观心境中之依虚无以呈现观照一切有而言无为而无不为。老子所谓无为无不为，可是《淮南子》所谓因顺或因循物之“形性”、物之“势”而为，亦可是“生之、畜之、生而不有、为而不恃、功成而不居、长而不宰”中之无为而无不为。不有、不恃、不居、不宰，即无为；然其生、其为、其“成功”、其“为长”之“为”，固自在；其生、其为，固可殁身不殆，而无不为也。然王弼之解释上文之旨，则唯曰：“不塞其原，则物自生，何功之有？不禁其性，则物自济，何为之恃？物自长足，不吾宰成。”“因物而用，功自彼成，故不居也。”此即无异谓：只须吾人能消极的对物之原之性，不塞不禁，即是生之畜之。由此不禁不塞，而物自济、自生、自长成，则我本不能有功，本不能为宰。然此《老子》之原文所谓长而不宰，功成不居，岂必限于此本不能有功为宰之处？《老子》原文，明是言己之有功而不居，己之为长而不宰，非谓功之自彼成、物之自长成者，吾不能居其功，而为之宰也。功原自彼成者，不居功固易；功自己成者，不居功则难。不塞不禁，以任物自生自济，而不有不恃，固易；自有所为、有所生而不有不恃则难。则焉知老子之言“生而不有”“为而不恃”，非就此难者为言，而必如王弼之就其易者而言乎？循王弼之言，人只须于物之原、物之性，不禁不塞，而不对之有为，以任物之得自生自为，便是无为而无不为。此“无不为”，在物，而不在己；“无为”则在己，而不在物，而分属两边。则老子亦当说己无为，而物无不为。然观老子言无为而无不为之语意，则当同时在己。则以有生而又不有，有为而又不恃等，释无为而无不为，当更切合老子之旨。何必言由己之无为，使物得自生自为，即是无不为乎？依王弼之言，于“己”可只说“无为”，此己之无为，即只形成一主观上之“虚其心、无其心”之心境。亦唯其偏在形成此一主观之心境，然后其“无不为”乃在物而不在己，故将“无为”与“无不为”，分属己与物之两边。然此不能成为老子所谓“无为而无不为”一语唯一可能之解释，固亦明矣。

九　物之由于虚通之境，即由于道之义与自然义

然王弼之只重一在主观上无其心、虚其心之心境之形成，克就其自身而言，亦自有一极高之价值。此乃因依此说，则人于道之义，即可直下全离天地万物而说，更不说所谓物之道、地之道、天之道，以至于人之道。即此心之道之名，亦可不用。因人在“无其心、虚其心”之心境中，其心即是无，则此中实只有一“无其

心”之境界之呈现。说其是一心境，乃对此境界之反省说。此反省是心，则其所反省者，便是一心境。若不对反省说，则此“无”非事物，而只为一意义。此意义呈现于心，以为其所知，则此意义，自亦成心之境。然此心之以无为境，而未自反省，心即只在此无之境中，仍可不自见其心；只体此无，与此无俱运，而未尝有其心，亦不见此无之为心之境。今克就此境言此境，即可不说心，而可只说其为一寂然至无，亦至虚至静之境界。然人在致虚极、守静笃，以至于此境之时，则一切物之有，亦并作并呈于此境中。此境对一切物之有，无不包通；一切物于此境中，自有其所有，自然其所然，自由其所由。今自此一切物，皆自由于此境言，即一切物之共由于此境。共由者之谓道。道如道路之道，即一切物之所共由者。然常说道，则恒依表现道之物，或“由于道”之物以成名。如人行道、车道、船道，即依“由于道”中之物以成名。如水道、石道，则依表现道之物以成名。至于人之待人之道，如父待子之慈道，子待父之孝道，亦依由此慈孝之道而行之人，其为父为子，以成此子道父道之名。若乎人之行事之道，如治道、政道、教育之道，则依表现之政治教育之事，以成名。然自然界中有天之太空，初为一寂然至无之境，则为一切自然物共由之道，而初无名者。人之慈孝政治教育之行事，皆出于人心之感物。人心在未感物之先，亦可说有一心之寂然至无之境，此亦初无名者。此天之太空，乃吾人感觉之活动之所涉。然人心自更有其他想象、思维、情意之活动，亦有其所涉，以成人之行事。此一切之活动行事未有之先，亦可说同有此寂然至无之境。此一寂无之境，实更大于感觉所涉之太空之为一寂无之境，而可包括之。然吾人亦可即以此太空之寂无，喻此一寂无之境之全。此太空之寂无，或此一寂无之境之全，自其为事物所共由言，即是道。此道无名，亦可不连于“共由于其中，或表现此道之事物”说，而亦无特定事物，能表现此道之全。如无一物所占之空间，或其消灭后所留之空间，能表现太空之全。又如任一语之息所成之默，任一动之息所成之静，皆不能表现“默”“静”之全。任一物之无中所表现之无，皆不能表现“无”之全。故此寂无之为道，不能依表现之之事物说，而当说为在一切事物之上层、外层，其大为不可穷极者。今视之为事物所共由，而名之为道，此道之大，亦即不可穷竭。自此“无”为事物所共由言，其由之，即通之。此通即是道；此通亦不可穷竭。吾人之感物，乃物之通于我，即物之依此通，亦依此道，以至于我。此通中必无阻塞，乃成其为通。愈无阻塞，则愈通。阻塞皆是一有，无阻塞，即无此“我之通至所感之物之中间为碍之有”。愈无此中间为碍之有，则愈通。亦即依无此有，以成此通，亦成此我之通于物之道。然若我既通及物，欲更有所通，或更有道，以更有所通，则此人初所通及者，又可化为此中间为碍之有。则于此有，亦当更无之，或观其无、观其动息而止、观其归根、观其复。此中仍须循此无，以无此新成之中间之有，方能更往前通。能前通即有前道。道即是通，通即是道。必无有而后通，无有则“有”由“实”而“虚”，而通则为“实之经虚”之辞。故道即虚无之道，亦即虚通之道。故王弼恒以虚无虚通言道。如曰“无状无象，无声无响，故能无所不通”（十四章注）；“体道大通，则乃至于极虚无也”（十六章注）；“万物以自然为性，可通而不可执也”（二十九章注）；“动皆知其所无，则物通矣”（四十章注）。人能无有，而得循此虚通之道而行，即成人之德。此虚通之道中无物，故人之此德，亦为不德之德。此即为人之上德。此虚通之道中，无物可见，亦无一般之物可名，无名之谓玄。故此德亦无名，而为玄德。人行通道，以有玄德；亦依玄德，以行通道。则于其所遇之物，皆直通、直达，而有之之后，亦恒即通过之而无之，使其不为一中间之碍；则能“在方而法方，在圆而法圆”，而不见方圆之相违，亦不见一切物之相违，而皆自然其所然，自由其所由，自生其所生，即皆在一自生、自由、自然之境，而不相系缚，不相主宰，亦不见有为之主宰者，复不见此物之由彼物来，或自另一万物之上之天神元气等来。故王弼恒言“自然”“无主”“不系”，言物之“不知其所由来”。盖有所由来，即有所系缚。然人依玄德，而行于通道，则唯见物之自由其所由于此通道中，不见有系缚，即不见其所由来也。

十 道之名称，及“无名无称”之域

循此上之旨，进以解释《老子注》之若干之文句，则顺而易明。如其第一章注曰：“可道之道，可名之名，指事造形，非其常也。故不可道，不可名也。有皆始于无，故未形无名之时，则为万物之始；及其有形有名之时，则长之、畜之、亭之、毒之，为其母也。言道以无形无名，始成万物，以始以成，而不知其所以，玄之又玄也……两者，始与母也；同出者，同出于玄也。异名所施，不可同也；在首则谓之始，在终则谓之母。玄者，冥也，默然无有也，始母之所出也，不可得而名。故不可言同名曰玄。而言谓之玄者，取于不可得而谓之然也；谓之然，则不可以定乎一玄而已；若定乎一玄（此五字据陶弘庆校补），则是名失之远矣。故曰玄之又玄也。众妙皆从同而出，故曰众妙之门也。”

依前段所说，则老子之道，自始即一虚通之道。此虚通即道，则道自为无形无名。物之有乃在此虚通之道上之所见。循此虚通之道而见物，则虚通之道先于物。物未生，而虚通之道自在，而此道亦先于物。故道为万物之始。而在物生后，物亦为此虚通之道所虚涵。由此虚涵以观，物之自由其所由、自然其所然、自生其所生，则此虚通之道，即虚涵之；而亦如使之生，而成其然，亦可言“长之、畜之、亭之、毒之”，以为其母。此为母之事，非有为之事，而只是道之虚涵之事。人之依此道，而以其心虚涵万物，亦非有为之事。人只依此道而虚涵物。虚涵物，即使物直通直达于此心，而无阻塞之者，即无异当下使之生，而成其然。此不须外对之有所事有所为，然后使之生，而成其然也。

此虚通之道之虚涵物，而为其始，与为其母，初只是一事。虚涵之于物未生之先为始，虚涵之于物既生之后，以至其终，则为母。故此始母之异名，乃依物之始终而异名；不依此“虚涵”之自身而异名。此始与母，同出于此虚涵。此虚涵之自身，只是一虚而能涵。所涵者有名，其始终亦有形有名。然离此所涵者，以观此“虚而能涵”之自身，则无形亦无可名。无名，即为一玄。若无此“虚而能涵”，以涵物之始终，则亦无始母之名。故始母之名，同出于此一玄。此玄，则不可说是一名，故不可言名曰玄，只可言谓之玄。此则由于王弼之辨“称谓”或“字”与“名”之不同。故“字之曰道”注曰：“名以定形，字以称可。”其《老子微旨略例》又曰：“名号生乎形状，称谓出乎涉求。名也者，定彼者也；称者，从谓者也。名出乎彼，称出乎我。故涉之乎无物而不由，则称之曰道；求之乎无妙而不出，则谓之曰玄；妙出乎玄，众由乎道。”又曰：“道也者，取乎无物而不由也；玄也者，取乎幽冥之所出也。”友人牟宗三先生于其《才性与玄理》尝引其言，而断之曰：“名出乎客观，称谓出乎主观。彼即客观，我即主观也。”此言甚善。兹按此名与称谓之分，非始自王弼。吾人前论周秦诸子对名之道尝引及《尹文子》：贤不肖善恶之“名”，宜在“彼”，亲疏赏罚之“称”，宜属“我”。称谓乃顺此我之主观之涉求或肯可之活动，而为言。凡依主观涉求或肯可之活动，而有之言，亦皆不可说是一客观之名。此道之一言，原只表其为万物之所由（动词）。吾人之思万物之由于一虚无之境之中，即思此万物之由于一虚通之道。吾人此时之思，亦由于此虚通之道，以有所往，而有所涉求。此涉求之所往，亦即此道之所往。故此“道”之一言，亦出于此涉求。吾人有此涉求，亦即循道而往。此涉求之活动及于物，而见物有形，物亦遂有名。然克就此活动之自身或其中之道言，则无形亦无名，而“道”之一言，即为称谓之言，非名之言。此涉求之活动之自身，不连及于物言，即只是上述之虚涵有形有名之物之虚涵之活动。此虚涵之活动即一观照之活动。吾人知此虚涵观照活动之自身，初本无定形、可名之物，为其所及，即见其所虚涵观照之境，初为一无形无名可得之境。今谓之为玄，此玄亦只表示此无可得。无可得，即入于幽冥。由此而有言，以表状此幽冥，即谓之为玄。故此玄之言，即出自此幽冥，亦只是用以称谓人之此涉求之无形无名之可得，而亦出乎此涉求者。然既有此玄之一言，则人恒意此玄，亦有为其所指之客观存在，视此一言为此客观存在之名。故必再言此“玄”作为名来看，此名无其可名之客观存在，并言此人之欲更往涉求此可名之客观存在，终不可得。故于说一“玄”之后，必再说一“玄”，而言玄之又玄也。

此王弼之释《老子》第一章，固未必合《老子》原文之本意。因《老子》之无名天地之始，有名万物之母，常有常无，乃并行之句，非只重常无。又老子亦未必如王弼之必辨名与称谓之不同，而必谓道不是名。因《老子》他章亦言“自古及今，其名不去”。此第一章所谓常名，亦可是指道之名为常名也。然王弼之注，则有一极高之理趣。其辨物之有形有名、道与玄之无形而非名，只所以表人沿其心意之涉求，而知及之“意义”。道只是一“意义”，玄亦只是一“意义”，非客观之有形有名之存在对象。唯此中之称谓既成，人即有视之为名之趋向。玄之名，原出于不可得而名者，亦可被人视为名。故必更知此视为名者，其所名者之不可得，而更言一玄，亦皆有理趣。然在二十五章注又言：“道，称中之大者也，不若无称之大也。无称，不可得而名，曰域也。道、天、地、王，皆在乎无称之内，故曰域中有四大。”二十五章注又谓自然，为“无称之言，穷极之辞”。则于“名”外，有“无名之称”，“无名之称”外，尚有“不称之域”，及“自然”之为无称与穷极之辞。

域者，一切可称可名之域。自然者，一切可称可名者之自然。此“域”与“自然”之辞，即成为在可名、可称之外，而自为一类之超名、超称之辞。然此在域中或自然中者，则或为“可名”，如天、地、王；或为“可称”，如道。唯在人之思想言说之域中，则亦可说只有此可称、可名之二者，道只属于可称，而非可视如有名之万物或天、地、王等耳。

按王弼四十二章“道生一，一生二，二生三”章注，亦与第一章注之旨相发明。其言曰：“万物万形，其归一也。何由致一，由于无也。由无乃一，可谓无已。谓之一，岂得无言乎。有言有一，非二如何。有一有二，遂生乎三。从无之有，数尽乎斯。过此以往，非道之流。”按《老子》原文，下文言万物负阴抱阳，冲气以为和，则阴阳即二，加冲气即三。此固顺而易解。然王弼之注，则别有理趣。其言由无乃一，犹以前文之虚涵之活动，虚涵万物，或万物共由于虚无中，即见其一。此亦如第一章注，所谓由万物之同以玄为始母，即见其为一。见其为一，而谓之一，则如第一章注之由玄为始母所同出，而谓之玄。然此谓之玄，谓之一，与其所谓相对成二之言既立，即有使人“视之为名，而表一客观存在”之可能。故人必超于此相对之二，以返于其初之“无此二”时之一。此二之返于初之一，即合为三。此当由二以返于初之一，正如第一章注必于玄之言既立，而化为名时，当更知其名所名之不可得，而更言“又玄”也。故此二章之文，正相发明。此皆是指吾人之言说道时，应经之三历程，亦只须此三历程。故曰“过此以往，非道之流”也。

十一　由道之无之虚涵物之有，及物凭之而定性，得其精、真、信之义

本上所述，吾人可言王弼之所谓道，只是一虚通之道，亦一

虚通之境。依此境之为万物所由，亦吾人包通万物之主观之心意之涉求或活动之所由，而称为道。此心意之涉求之活动，不着于物，则有此活动之心意，只是虚涵其所包通者之观照。在此虚涵观照之境中，初本无定形之物，故不可得而名；而谓之为不可得而名，即有此玄之言。故《微旨略例》于上所引谓“道也者，取乎万物之所由也；玄也者，取乎幽冥之所出也”之下文又言：“深也者，取乎探赜而不可究也；大也者，取乎弥纶而不可极也；远也者，取乎绵邈而不可及也；微也者，取乎幽微而不可睹也。”此谓道为深、大、微、远之言，亦只表示吾人于道欲究之、极之、及之、睹之之种种涉求，不能尽之、得之，以视之为一客观存在之物者，有如“玄”之言之表示道非名之可得。此道之所以不可视如客观存在之物，乃以道只是一寂无之境，虚通之境。唯依其为万物与心意之所由，所通，而谓之道。然物虽由此道，通过此道，而不能真表现此道之全，上文已说。故道不可说属于物，如太空之航道，不可说属于飞机。人如由飞机之飞过太空，而说太空为飞机之航道。此“之”亦非“属于”之“之”，而只是“之往”之“之”。飞机在太空中之往，太空虚涵飞机，飞机不能虚涵太空，则太空不能属于飞机，亦不能属一切太空中之物。此义自明。于此，人若依飞机等物之是有，而说太空之航道是有，在日常语言固可说。然此乃由人之透过此物之有，以观太空，而将此有，亦移用于太空之故。此移用，只原于人之心意。此有亦只透过此自然之移用，而后可说。说其有，亦只是表意语，非指太空而视之如物，而谓之有也。于此，唯人不透过物之有，以观太空，此人之心意，于此“有”无所得，方是此心意之直向于太空，直会此太空，而不夹杂物之有，以如实观太空。则此心意之于太空所会得者，便只是一虚通寂无之境之道。此境不可连物说，此道亦不可连物说，只可以寂无或虚通说。今以此太空，喻整个心灵中之寂无虚通之境之道，而对之如实观、如实说，固不能连其中之任何事物之“有”说，而只能以心意直向此虚通寂无之境，而直会之，而亦只能以寂无或虚通说。故王弼于《老子》二十五章之“有物混成，先天地生”（二十五章）与二十一章“道之为物，惟恍惟惚。惚兮恍兮，其中有象；恍兮惚兮，其中有物；窈兮冥兮，其中有精；其精甚真，其中有信”之言，依原文之语意，明视道如有物，而自有其精真信者，必变而注曰：“混然不可得而知，而万物由之以成”（二十五章注），“以无形始物，不系成物。万物以始以成，而不知其所以然。故曰恍兮惚兮，惚兮恍兮，其中有象也……深远不可得而见，然而万物由之，其可得见，以定其真。故曰窈兮冥兮，其中有精也。……物反窈冥，则真精之极得，万物之性定。故曰其精甚真，其中有信也。”（二十一章注）

按此上所引王弼二十一章注，乃以物非指道之为物，亦不指道之象，只指万物之象。真、精、信三名，皆指物在道中之得其真精信，而非指道之自有真，而有精，有信。此意亦甚美。其美在人唯于一恍惚窈冥寂寥虚无之境中观物，物乃凭虚而呈现，而定其性，如其真，见其精纯信实，而无杂。此中有极深之依无以显有之旨。循此无以观一切有，则一切为有之一切物之象，皆如于一窈冥之静夜中，不待人之心之有所通，有所主，而自然昭明，以俱呈俱现，而成大象。故《微旨略例》又曰：“四象形而物无所主焉，则大象畅矣；五音声，而心无所适焉，则大音至矣。”此固皆美言。然却与《老子》原文之语意不合。王弼于此未尝言此大象，即指道之呈现于物象之象，而以有象说道。其注《老子》三十五章“执大象，天下往”之句，竟释之为天之气象，使人怪异。然其原正由在其绝不许视道如物而有象，而以有说道之故。此便明不同于《老子》原文，固许有“物之道”“地之道”，亦可说道属于物，因物为有，故亦可说其道如“象帝之先”之混成之物，而可以“有物”“有象”等说之者矣。又在《老子》谷神不死之章，此谷神所以喻道，谷为虚而神为有，即以喻道之可兼以无与有说。

然王注则曰："谷神，谷中央，无谷也，无形无影。"则此神只是谷之中央之无谷之处，则神只是一虚，而实无所谓神。然王弼之必不许视道为有物、有象，而以有说道，只许以虚通或寂无说道，并必由大象之无形而言超象，其旨亦正有进于老子者在也。

十二 王弼之言道与德，及王弼与老子言道之论之高下与得失

此王弼之只以虚通或寂无之境说道，要在自此虚通寂无之境，可为万物与心意所由、所经，而谓之道。故人之知道、行道，以求得道，而成德，要在以吾人之心意，由经此虚通之境而行。此心意由经此虚通之境而得者，亦只此虚通，而别无所得，而此德亦即不可名，只可称之为玄德或不德之德，如上文所提及。此义之详说则见三十八章注。注曰："德者，得也……何以得德，由乎道也。上德之人，唯道是用，不德其德，无执无用，故能有德，而无不为。不求而得，不为而成，故虽有德而无德名也。下德求而得之，为而成之，则立善以治物，故德名有焉。求而得之，必有失焉；为而成之，必有败焉；善名生，则有不善应焉。故下德为之而有以为也。无以为者，无所遍为也。凡不能无为而为之者，皆下德也。仁义礼节是也。……夫大之极也，其唯道乎？自此以往，岂足尊哉。故虽盛业大富，而有万物，犹各得其德；虽贵以无为用，不能舍无以为体也。不能舍无以为体，则失其为大矣。所谓失道而后德也。以无为用，德其母，故能已不劳焉，而物无不理。下此已往，则失用之母；不能无为而贵博施（仁）；不能博施，而贵正直；不能正直，而贵饰敬。所谓失德而后仁，失仁而后义，失义而后礼也。……载之以道，统之以母，故显之而无所尚，彰之而无所竞。用夫无名，故名以笃焉；用夫无形，故形以成焉。守母以存其子，崇本以举其末，则形名俱有。……仁义，

母之所生，非可以为母；形器，匠之所成，非可以为匠也。舍其母而用其子，弃其本而适其末；名则有所分，形则有所止；虽极其大，必有不周；虽盛其美，必有患忧。功在为之，岂足处也。”

此章乃王弼言道与德关系之总论。其言上德与下德之分，在上德之人唯道是用。道为至尊。唯道是用，即唯道是由。此由是动辞，非原因之由。由道用道，即必尊道。亦以人初未能用道由道，而于道有所失，乃须言由道、用道以成德。故曰失道而后德。有失于道，而能由道用道，则能得德。德中之上德，即恒能自然由道、用道，而更不待有意之为，而德全合于道者。道无名，故上德亦如道之无名。下德，则不免于有意以求德之合于道；而有此求与为，即显见其必已有失于道之处。有失有得，则得与失对，而有得之名，亦有德之名。而凡仁义礼之德之有名者，皆下德也。依吾人前论《老子》之文，则谓德当在仁义礼之上层，失德之德，当指下德。上德得道，下德失道，乃指失上德之得道。此与王弼之解释不同。依王弼之解释，则下德中分仁义礼三者。上德虽为由道、合道而得道，然道仍尊于德。人之尊道，而求由道、合道，正以其非得道，而有失于道之故，即以释失道而后德之句。此则因其视道只是一虚通之境，为一心意或物之所由，而谓之道。心意之由此虚通之境，即以此无为用。以无为用，即用无，以无一切所得者，而有一无得之得，或不德之德也。此心意之用无，即体此无而用之，亦非体此无，不能以无为用。是即“不能舍无以为体”之义。此体无，即体会此无，如《易传·文言传》体仁之体，后佛学中之体达、体信之体，皆是动辞。人须先体会此无，方能用无，用无而后有德，有德而后可称为得道。则此体无、用无，以向于得道，仍以道为所向、所尊。故在义理上，唯道为尊，而居上一层面，体无、用无，以无其下层面之一切之有，则为由下层面，以转向上层面之道之事。然此中“一转即向”于一虚通之境之可由者，亦即向于道。向于可由之道，而由之，即为得道。

体无、用无，则为所以无其下一层面一切之有者。于此下一层面一切之有，须体无、用无，以无之，以成德，即见其初之有失于道。故道是第一序之义理，德只是第二序之义理。其言体无、用无或体用，亦皆是第二序之义理，故亦不可只以能言此体用，推尊王弼，而当以其所体所用之无，推尊之也。

据上所言，王弼之所谓德，指人之心意之所得，纯属主观，道为此心意所由之虚通之境，而能包通虚涵客观万物者，如母之能存其子，本之能举其末；则道属主观，而亦通于客观；亦以其通于客观，故得为客观之万物所共由之道。然谓道是一虚通之境，于客观之物，能包通虚涵之言，仍只表示此主观于此道所会得之意义。此道之言，亦只表此意义。道通物而不着于物，不同于物之有形有名，而为客观之有；故虽能虚涵包通客观之有，而非客观之有。此道之虚涵包通之意义，只呈现于主观之心意。人之依此意义，而更自虚自无其"一切之有之意义"，亦只对心意而呈现。故此道此境，仍当说为一主观之心之道之境，而非客观之诸物所合成之物境。此所谓道为主观之心之境，亦不同于一般所谓主观之心境，无通物之意义者。克就其有通物之意义言，则固可说有超主观之意义。然此超主观之意义之本身，仍只对主观而呈现。则此超主观之意义，仍可说在主观。此仍与说此境此道之属于物，而谓有属于物之道之思想不同。然其思想之层面，则又实有高于言实有物之道者也。

如依吾前对《老子》本文之解释，则老子之言道之原始思想中，可说有属于物之道。故其所谓道，亦可发展为韩非子、《淮南子》等之言道之论。王弼之言道，则超越此韩非子、《淮南子》之所论，以及一更高层面之言道之论，而其论亦更无发展为韩非子、《淮南子》之言道之论之可能。若其向此发展，则为一思想之下堕历程。由此下堕，而说道为物之道，更还观老子所言之道，亦可更有见于老子之真。然此却又可使人忘王弼之思想，正有其向上一着之发展之处。王弼自以为其注《老子》之义，即老子之真，吾人前谓其为高看老子，或偏看老子之高处，吾人亦可更高看王弼之进于老子处。然吾虽高看王弼，吾又谓其无发展为韩非、《淮南》等之言道之论之可能，而老子之言道，则有此可能。则老子之道，虽可不及王弼之高，然由其有此多方面之发展之可能，则成其大。大者为本，则高者成末。如树之枝叶之末固高于其本也。王弼言本为母，而末为子，故王弼仍只是老子之子。则亦不可以其陈义之有高于老子者，而谓其必胜于老子。胜与不胜，亦言非一端，各有其当也。然无论就老子或王弼之言道之义说，则凡涉胜劣之比较，皆属下乘之思想，而皆未尝见道者之论。则吾上文之所论，亦皆下乘之论。一切同类之论，皆无不为下乘之论。又岂可以吾人之居后世而能论前哲之高下大小，即必更高、更大于此所论之前哲哉。若专依王弼之分名与称谓而说，此高下、大小之言，亦皆只是表意之称谓，而不可用之以为名，以名王弼曰高，名老子曰大也。吾亦只自表吾意之所及，以如是称之，如是谓之，以便人之通其旨。而此称谓之言，不能尽意，亦如心意之由于虚通之境，或由于道时，以玄、微之言，称之，谓之，亦不能尽意也。于此固当如王弼注《易》之言“语息则默”也。

第十章　郭象《庄子注》中之言自然独化与玄同彼我之道

一　魏晋之时代精神

今存郭象《庄子注》,《世说新语》谓其窃之向秀，近人如陈寅恪等据《列子》诸书中向秀注《庄子》之遗文，又谓向郭注《庄》之义，互有出入。然其文句多同，不可为讳。则见郭注之必有取于向秀。当时注《庄子》数十家，注家之左右采获，必不可免，亦不必论其是否意在相窃也。观今存向秀注《庄》义之异于郭者，盖皆不及郭象义之新颖。故今即以郭注为本，以论其所发明之庄子之道。

吾昔于《原命》文，尝谓郭象之言命，只视同于人当下之所遇，而无庄子言命，初有不可解于心之义。故郭象之言安命，皆具顺适轻灵之旨，而缺庄子之悲感与庄严。吾于《原性篇》，又谓郭象言性，重人物之差别之性或个性、独性，亦非庄子之所重。故其注庄子言命与性之语，亦与《庄子》原文，显然不合。实则今若将郭象注《庄》，所言之种种玄义，与《庄子》原文本义，一一加以比较对勘，则不相合者，固不止此。然郭注之文，原皆是通大义，亦自抒其对庄子型之义理之会悟。昔人已谓其无异以庄子注郭象。故吾人亦无一一加以比勘之必要，后文当略及之。此中，吾人最须问者：唯是郭注所表现之义理型态，其异于庄，而不及于庄，或进于庄子者何在。据吾人今之论题而问，即郭象之所谓道，异于庄子，而不及或进于庄子者何在。对此问题，则吾将循吾昔论郭象之言性命之义，异于庄子之处，更加以申论。

吾今所申论者，是历秦汉至魏晋人，论人性善恶之品级与才性之异同，及人在一大政治社会中，须分别担任不同之职务，以合成一人文之世界，与人对自然万物之有各种类之知识，已使其时人对世间之种种“差别”“分殊”之存在，有更真切之感受与认识，而与庄子之时，已大不相同。汉分为三国，乱于魏晋，而汉人据阴阳家与易学，所建立之历史哲学，及宇宙论、天神论，同时破裂。在此一处处见有“差别”“分殊”或“破裂”之时代，人之维持其心灵之统一与单纯之哲学思想，即必当一方为自破裂之世界向上升起，而趋向于简易与轻灵；一方为顺应种种之差别与分殊，而如其差别分殊，加以观照，而各还之于其自身，使不得扰此心灵之统一与单纯。此观照，始于思想之向上升起，如盘旋于一空阔，以使此心灵在上一层面，看世界，则可直接形成一玄学。由观照而审美，而表现心意中之美境，则成对自然美、人格美、言辞之美之欣赏与艺术文学之创作。此皆人之观照心灵所必然应有之产物，亦魏晋文化之时代精神之所在。在此一时代精神之下，其在审美与文学艺术上之创造性的表现，既为人所共见，则其在哲学思想上，亦必有其创造性之表现，以同趋向于在高一层面，以观照世间，而求减轻种种人对世间之沉重之负担之感，以由质实而化向于轻灵。故在哲学思想方面，王弼之重忘象得意以讲《易》，重以虚无释老子之道，即已代表此时代精神。吾前说郭象之言安命，有顺适轻灵之旨，亦代表此一时代精神。吾今将更进而论者，则是郭象所见之“道”之全体，亦只具此一顺适轻灵之旨，故与庄子言道多有关连于吾人存在的生命，如何成至人、真人之庄严的工夫历程者，大不相同。此郭象所见之道，具一顺适轻灵之旨，盖由于其忽视吾人之存在的生命，尚须次第向上拔起之纵的一面；而只重吾人之心灵之可自浮游于天上，以横面的观其一切所遇，更与所遇者顺应，而俱适俱化与俱忘之一面。专循此一面发挥，亦即自有其种种高妙之思想义理可说，而非《庄子》之本文，所尝如此透辟地言之者。此中即见郭注中所见之道，虽与庄子同型，然亦别有一清明纯易之景象。其纯易，有如今日城市中之马路之平滑；而庄子所行之道，则有如昔日山林中之路，须历苍莽而次第攀登者。此自只是一大体之印象。然读者亦可缘之而契入郭庄言义理之异同也。

二　郭象之注《庄》在庄学中之地位

如吾人离上文所言之大体之印象，在纯义理上说郭庄之异同，则吾人只能先由郭注之如何释《庄子》书之名言，与其所喜用之名言，为一客观之根据或把柄，然后及于纯义理之本身之异同。按在《庄子》原文因重不同方面与层次之工夫，故于其理想之人，有不同之名；而其言修道之工夫，亦有不同之层次。此吾人于前论《庄子》文已及之。如《天下》篇有天人、神人、至人、圣人之不同，明见高下全分之差。《外物》篇言“圣人之所以骇天下，神人未尝过而问焉；贤人所以骇世，圣人未尝过而问焉”。观此文句，圣人既高于贤人，则神人自亦高于圣人。《逍遥游》之言“至人无己，神人无功，圣人无名”，此三人虽可是一人，然要是由无名、无功、无己三面之工夫，而有此三名，乃别出神人、至人之名于一般所崇尚之圣人之外。《逍遥游》之言由无名，而无功、无己，以由圣人而神人、至人，亦显有工夫次第。如吾人前论《庄子》时所说。其内篇之《德充符》篇，言孔子之未及于至人，则有至人为高之意。《大宗师》言真人，亦是别出一种人，于一般所谓圣人之外，而见其修道工夫，有非一般之圣人之所及者在。《大宗师》言修道工夫，谓有圣人之才者得圣人之道，亦三日而后能外天下，再七日而后能外物，再九日而后能外生，已外生，犹须经朝彻、见独、无古今，入于不死不生，以至于撄宁。此皆重次第工夫之证。然郭象注《天下》篇，则只直谓天、神、至、圣，“凡此四名，一人耳”。于《外物》篇亦注曰“神人即圣人”。于《逍遥游》之神人，则唯说其是寄言，神人即圣人，至人亦即圣人，而未重其自三方面言，而别出至人、神人于圣人之外，与由圣人而至人、神人之工夫次第。其注《大宗师》，则于三日、七日、九日之别及外天下，根本不注；只注外物、外生。而于外生注曰“都遗也”。而于朝彻以降，则皆以见独之义，一滚而释之。故以“与独俱往也”，释无古今，又以“物萦而独不萦则败矣，故萦而任之，则莫不曲成也”释撄宁。然在《庄子》原文，则并未以见独之意，贯彻到底。今以此意贯彻，故于《庄子》言之七重、九重者，谓只是研粗以至精，而于此中之工夫层次之义，则未有注释。郭注之研粗至精，只有在一层次上之磨炼之义而已。于此吾人固亦可说，纵然说多层次之工夫，亦皆只是在一层次中，由外而内，次第剥落，以由粗至精之工夫。依工夫而进之不同等级之人，实亦只是一种人。故圣人、至人、神人、真人，亦毕竟无别。则于庄子之所加以次第分说者，郭象之统之而说，亦正得其归止之意。然郭象说出此归止之意之言，与庄子未如此言者，仍有言与不言之不同，则其意亦未必尽同。即庄子之意，乃在教人历次第工夫，而次第升进其为人。而郭象之意，则在言此次第工夫，其义理只是一个，而工夫亦可归一。前者之教可是渐教，而有多层面；后者之教则趋于顿，只向于最高一层面。依此最高一层面之论，言修道，则不只圣人与真人至人神人，只是一层，圣人与一般世俗当涂之人，亦要使之化为一层，以成一真俗不二之圆教，否则不能化归至一层也。此圆教之论，可谓至高而至美。然以之为观照之所对，作玄论，又可使此至高至美者，只存于一观照之境界，以虚陈于作玄论之纯粹思想中，以浮游于空阔；则有得，而亦有失。故后之有承于老庄之义，重修道之工夫之道教，则仍必重工夫之次第，言真人、仙人及俗人之差别，及真人、仙人之品级，而不能如为玄论之郭象，趋向于通真俗为一圆也。

然克就郭象之注《庄》之趣向在通真俗为一圆或一层次之义理工夫而说，则王弼之注《老》，已是如此。当时之谈玄者，亦皆是如此。此亦原是道家之学之发展中，应有之形态，亦人类之思想中所应有之一形态。其偏处，可以其他形态之思想，加以补足。亦正以其偏，而有其精彩。如循其精彩处而观，则于王弼，吾人可言其有进于老，而于郭象，亦可言其有进于庄也。王弼之进于老，吾人前言在其能偏自虚通寂无之义，以言老子之道，而使道只为物“所由”“所经”或“所之往”，可以玄微之言称之，无形而不可名；亦不属于任何有形之具体存在之天地人物；并于此中见万物之自然其所然，自由其所由，自生其所生。郭象之进于王弼者，则在沿此王弼所言之自然义，而更言庄子“上知造物无物，下知有物之自造”，“以神器独化于玄冥之境”(《庄子序》)。老子言天下神器，则神器即世界。分而言之，神犹我主观之心，器则客观之物器。神器之独化于玄冥，即使我与物冥，而玄同无二。此玄同之言，本老子。《庄子·胠箧》有“天下之德，始玄同矣”之言。郭象之玄同物我，乃以老子同谓之玄之言，释庄子物我为一之旨，而兼通老庄。然其言玄与冥之义，与其所谓道之义，亦不同王弼重在以虚通寂无，为言，而重在自道之成就此物与我之相冥言。道成就此物我之相冥，而道自身有自冥之义。则道之虚通寂无，亦自归寂而自无，遂唯存此“物我之相冥而俱适，以自生自得，自然而独化，即是道之行”之义。由此而郭象之注《庄》，即不特有“无有”之义，亦重“无无”之义。庄子固尝言“汝能无有也，未能无无也”。以郭象注《庄》之旨，观王弼之注《老》，仍是偏在无有，而未能无无。郭象则显然有此“无无”，以言物我之自然、自生、自得而独化之旨。此自生自得等之是有，固不同一般之有，以其是由“无有更无无”之所展示故。然此自是一有。

今案张湛所传之《列子》一书，杂取道家言以成书。[①]其书《天瑞》一篇，又明言有不生者能生生，不化者能化化，而常生常化者，并引汉人所传之有形质之天地始于气，气始于未见气之说。第二篇又言无动而生有，而此所谓无，只是言形形者之无形。此形形者，固自为一不生不化之形上之有，而为一切生化之所依者。则又异于郭象之只言自生自化之有，而无不生不化之无形者之说。《列子》书最有意趣者，乃其《仲尼》篇言游观，先“取足于身”，以为游之至，更言“物物皆游，物物皆观”。此贵游出于《庄子》，重观则魏晋玄学所特尚。此“游观”可与佛家之“止观”相对而论。然于物物皆游者，亦能物物皆止。郭象之观物之独化，而游于独，以有至足，正是此旨。故今文既论郭象，亦更不及此《列子》之游观之论。大率魏晋玄学之发展，始于何晏《道论》之以有之为有，“待无以生”(《列子·天瑞》篇张湛注引)，亦以空无之义，注《论语》中之道。至王弼，而重以虚通寂无之义，注老子之道。历向郭之注《庄》与《列子》书之出现，裴頠《崇有》与《贵无》二论，[②]葛洪以玄道为一无形之有之论，遂更有孙盛之论老聃非大贤，《老子疑问反讯》，及王坦之之废庄之论，合以形成此玄学思想之流之一辩证的历史发展。向秀、郭象之论，正居此历史发展之中流。孙盛疑老，本逻辑以质问老子言之相矛盾者，王坦之废庄之论，唯以功用为说。此皆以落入世俗之见，而非所以谈玄。葛洪《抱朴子》书，乃神仙家言，亦老庄儒法之言之混

---

①《列子》一书，唐柳宗元已疑其伪，近人更详辨其晚出，此可参考张心澂《伪书通考》所辑考辨之文。《列子·仲尼》篇言西方圣人，明是佛学东来之后之语。人或以《杨朱》篇之托于杨朱，亦如《仲尼》篇之托之仲尼。其《杨朱》篇中之纵欲思想，似向秀《难养生论》“荣华悦志，燕婉娱心”之论。但盖皆只姑为是说，以见超于世俗礼法之外之意耳。此书之内容，自可有所本，其中之故事与文章，多甚美。然于老、庄、王弼、郭象所说者外，亦不能更有大发明。故今不为此书作专论也。

② 据孙盛《老聃非大贤论》(《广弘明集》卷五)言裴頠著此二论，今唯存《崇有》一论，《世说新语·文学》篇亦唯言其《崇有》之论。唯不知其文言贵无如何耳。

合物，有规模而缺精彩。故本书皆略而不及，乃于王弼之后，唯论郭象也。

三　玄学中之自然义与郭象自然、自生、独化义

吾人前论王弼，尝谓“自然”为穷极之辞，无称之言。而王弼言道之虚通，为吾人之心与万物之所由，正所以使所遇之物呈现于此心之前，而见其自然其所然，乃其真信与精纯之所在。然重此自然之义，则为魏晋思想所同趣，初与重名教之说相对反者。此所谓自然，初非今所谓自然界之自然物之集结之和。此乃初连于人物之自顺其性，以自生其所生，自由其所由，以及自得其所得，自乐其所乐之义者。老子之所谓自然，即原有此义。故吾人前释《老子》道法自然之句，谓得道者之安久于道，而恒自得其道，为自然其所然。得道者之辅万物之自然，而不敢为，亦具使万物自得，自乐其生，以自然其所然之义。此老子之自然，初亦如孟子言心之所同然之然，而兼具主观上之“然悦”“肯可”与“生发”之义者。此“然”之一字，依《说文》谓从肉（月）在火上，而犬在其旁，即有然悦、肯可之义；而火之炎上，即有生发之义。故用为“火之始然”之然。《庄子·齐物论》言，物有所然，有所可，有所是，亦非只指一物在客观上事实之是如此，乃同时具人物之自有其所肯可、所然悦之义。此老子庄子之言物之各自有其所是、所可、所然，或有其所自然，乃初重物之特殊性。此与墨子之重类同，以及孟子之重心之所同然，以见人皆可以为尧舜之共同性者，乃异流之思想。此重物之类同与同然之思想，发展为同类者恒相感相应之思想。此则或如《易传》所泛言之“同声相应，同气相求，物各从其类”，或如《吕氏春秋·应同》篇，言天与人之以其同处相应，或如《淮南子·览冥训》言“同气相动，持自然之应”。董仲舒《春秋繁露·同类相动》等篇，则言物

之自然其所然，实非自然，皆由同类之相动，以“使然”。凡阴阳家之言天人与万物之相感应，亦多是依同类以相类比之思想。然凡同类者，自一方观之，亦为异类。人于所视为同类者，谓其必相感，即可形成种种之迷信诬妄之说。后汉之王充著《论衡》，自序其旨在疾虚妄，遂评斥天及物类与人事相感之说之虚，亦言同类者不必相感，并谓天之生人物，初非有意，其生非必然，而为偶然，亦是自然。故《论衡·偶会》篇言“自然之道，适偶之数；非有他气旁物，厌胜感动，使之然也”。《物势》篇言“天地合气，人偶自生；犹夫妇合气，子则自生”。此乃以“自然”之说，代“使然”之说，意在说天地之生人物，初皆不出于有意，即非原于天神之命令。人物之生之动，亦非由其外之物使之生，同类者使之动。王充以天地初只是一气，气合为偶然，而生人物之事，亦为偶然，即自然。由此而天地之气与所生之人物，即皆可说属于自然。天地之气，古今常存，所生人物之善否，及人世之治乱，皆无必然之数。古固不必胜今，人亦不当贵古而贱今，而可自安于其所适遇之自然或偶然之命。此皆次第相承之论，具见其书者，今不及引。唯王充之所谓自然、偶然，皆只是一情态之辞，而非指客观存在，而名之，如今所谓自然界之类。王充以后，历汉末至魏晋，而人以“自然”与“名教”相对反。此自然亦是指人物之“自生、自得、自由、自顺其性，而非由外物使其必如此如此然”之一情态之辞，亦不可以今所谓自然界之自然解之者也。

知此由老庄以降所说之自然之义，乃与“同然”“使然”之义为相对，则魏晋人之尚自然，即尚人物之自然，亦尚人物之特殊性、个性，而不重其类性。此义吾已详论于《原性篇》，读者宜参看。由尚个性，而尚人物依自力而自生，而不尚其他外力使之生；亦尚人物之可如此然，亦可不如此然，而谓其然皆不可必，而只由于一偶然之会，以如此如此然。故人欲真识得人物之自然，则要在忘其类性，亦忘其外有他物之力，使之不得不然，而必如此如此然者。此即须将吾人当前所遇之个体人物之外之一切想念，加以化除，以使吾人之心灵，先成一虚通寂无之心灵，以观万物之在一虚通寂无之境中，自然其所然，如凭虚而在，以呈现于此心灵之前。此即为王弼所及之义也。

至郭象之义之进于王弼者，则可顺此王弼所言之虚通寂无之境，原只为人物之自然，呈现于吾人之心灵前之一通道，而了解之。此境、此通道，固为人物之“自然”之呈现之条件。然亦为人物之呈现之事所经过而超越者。人之心灵在此通道上之所会所遇者，仍只是此诸人物之自然之呈现。此人物之自然，呈现于吾人之心灵，则二者相冥为一，而忘我与物之别，或我与彼之别，以玄同彼我或物我之相对，以成一“通我物或彼我”之“绝对”，或独一无二之“独”。此“独”之恒自化，即不成一所执之绝对，亦非一可执之实有。此“独”，只表一当下之遇会中物我之玄同，乃不可执为实有；不可谓其由前一遇会为因，或他物之力为因而来；亦无力以出“他物”或“后一遇会”，以为其果者。于是此一一遇会，与其所及之一一物，皆空前绝后，亦空灵自在。此则必赖人之心灵生命之运，其前后不相挂累，内外不相对待，上不依于天神或形上之实体，下不依于人物之形质，而上下皆无着处，然后能见此独。然人能在其主观之生命心灵之运中，不以前累后者，即能忘内以冥外；见内外不相待，而玄同彼我者，亦即能不执我之前以累后者。又人能上不着于天神，下不着于人物形质，以观呈现于心灵之前者之自生独化，亦自能不以前累后而忘内外之对待。故玄言虽可有多方，而妙义则契会于至简。智者亦可由一念之契会，即达于至人之用心。多方之玄言，亦唯所以助人之观玩，以便人不期而有此一念之“偶会”与“自会”。此亦是偶然与自然。故言虽多方，亦未尝不可少也。

四　郭象之超因果义，与无无义

此郭象之言自然自生独化之论，非必如后之吉藏之《三论玄义》之意，谓此自然自生之说，即无因有果之论。此郭象之论，以今语说之，只宜说之为一种对纯现象之纯观照主义。此一纯观照，使人自所遇会而呈现于前之物之象之上下四方，皆游离脱开，而此物之象，即如凭虚而在，以成一空灵之境。此非主无因有果，而是直下对其与上下四方之其他之物与象之因果相待关系，视而不见，即忘此因果相待关系，以便使此呈现之有，得浮游于一虚无面上，而亦于其自然，更不见有使之然者。于此又不以此"虚无"，能生化此有，进而亦不见此虚无，亦不以此虚无说道；而只以"此心灵与此有之冥合为一，以无此心灵与此有之相待"说道。此方为郭象之旨也。

循上所论郭象之旨，故郭象言自然，即须去使然之说，亦须解消所谓总体之天地之一概念，为分散之万物。故屡言天地为"万物之总名"。进而言无先物之形上实体，或"道"，或"无"。凡此等等，皆未必为庄子之原旨，今说之于下。

按《庄子·则阳》篇尝言及当时季真之主莫为，与接子之主或使。主莫为，即自然之说；主或使，即使然之说也。然《庄子》原文，于此二者，初未尝有所偏主。盖以为皆可说，亦皆可不说。至于后之汉人之言有天神元气与实有道能生万物者，则皆为主或使之说者也。然郭象于《则阳》篇注，则明反对接子之主或使之说，而偏尚季真之主莫为之说。其言曰："季真曰道莫为，接子曰道或使。或使者，有使物之功也。物有自然，非为之所能也。由斯而观，季真之言当也。"此即见郭象之言"自然"必去"使然"之说，此乃意在与上之汉儒之说，成对反。然固未必即庄子之原义也。至于郭象之言先物之形上实体或道或无者，则更散见其注中。如《知北游》"先天地生者物耶"注曰："谁得先物者乎哉？

吾以阴阳为先物，而阴阳者即所谓物耳；谁又先阴阳者乎？吾以自然为先之，而自然即物之自尔耳。吾以至道为先之，而至道者乃至无也。既以无矣，又奚为先？然则先物者谁乎哉？……明物之自然，非有使然也。"

又《大宗师》"比于列星"下文注曰：

"此言得之于道，乃所以明其自得耳。自得耳，道不能使之得也。我之未得，又不能为得也。然则凡得之者，外不资于道，内不由于己，掘然自得而独化也。"《秋水》篇"知道"注曰："知道者，知其无能也，则何能生我？我自然而生耳。"再《齐物论》"天籁"注曰：

"天籁者，岂复别有一物哉？即众窍比竹之属，接乎有生之类，会而共成一天耳。无既无矣，则不能生有，有之未生，又不能为生。然则生生者谁哉？块然而自生耳。非我生也。我既不能生物，物亦不能生我，则我自然矣。自己而然，则谓之天然。岂苍苍之谓哉？而或者谓天籁役物，使从己也。夫天且不能自有，况能有物哉？故天也者，万物之总名也。莫适为天，谁主役物乎？故物各自生，而无所出焉。此天道也。"又《齐物论》"罔两问景"段下注曰：

"夫造物者有耶无耶？无也，则胡能造物哉？有也，则不足以物众形。故明乎众形之自物而后始可与言造物耳。是以涉有物之域，虽复罔两，未有不独化于玄冥者也。故造物者无主，而物各自造。物各自造，而无所待焉，此天地之正也。故彼我相因，形景俱生，虽复玄合，而非待也。明斯理也，将使万物各反所宗于体中，而不待乎外，外无所谢，内无所矜。"

"言天机自尔，坐起无待，而独得者，孰知其故，而责其所以哉？若责其所待，而寻其所由，则寻责无极，卒至于无待，而独化之理明矣。"又《天运》篇第一节注曰：

"夫物事之近，或知其故；然寻其原，以至乎极，则无故而自尔也。自尔，则无所稍问其故也。”

凡此郭象之注文，皆非与《庄子》原文相应而说。读者可自观之。郭象此类之言，若作论辩而观，则谓其主“无因有果”，或“物以自己为因，而生其自果”，或谓其主“此总体之天、生物之道、自然、阴阳，或造物主，必不能立”；则说有多端，难期定论。观郭象之意，乃只是言物之生，非其先之他物命之生、使之生，并于“道”与“自然”“阴阳”“造物主”等，皆不视之为物之生之先之另一物，而谓物之生乃物自具此生之义，即言，此生之义，亦即在物之所以物之义之中，而非在其外，以说物之自生自然。故吾人可超出一切因果相待之观念，以直下观物之自生自然，则其说固可自立。《在宥》篇注：“夫庄老之所以屡称无者何哉？明生物者无物，而物自生；自生非为生也，又何有为于已生乎？”盖即在一般所谓有因果相待关系之事物，吾人亦可视为不相待各自生，以相应合。上文所谓“彼我相因，形景俱生，虽复玄合，而非待也”，即此义也。《大宗师》注“手足异任，五藏殊管，未尝相与，而百节同和，斯相与于无相与也”亦是此义。夫手足之相与，人固皆谓有因果相待关系，然于此“相与”，可不依因果之相待以观之，即可见其“相与”为“无相与”也。知此物之彼我相因而相与，亦可不见有因果之相待，见无相与；则言物之自生自然，亦非言其以其自己为因，再以其自己为果之义。若其如是，则物当在自己为果之前，已先有为因之自己；则郭象当言物之未生已有物，以自为其生，不当言“内不由于己”，“物之未生，不能为生”也。则此所谓物之自生，非以自己为因，而再以自己为果之义。唯谓物之生，即在物之自己中，或物之义中；此物之生之义，与物之为物或为有之义，不可相离，故其有即其生耳。于此物之有即观其生，则生属于物之自己，是为自生。观物之自生之旨，重在不寻责其所由之前或其他之物，即不只往观其所由，遂忘当前所观之物之自生自尔。当知人之寻责其所由，而只往观其所由，仍终须止于此所由者之自生自尔。如寻责至造物主或天之初生物，而更无由可寻责时，即仍须视其生物为自生自尔。是见此寻责之终点，仍是止于观一“自生自尔”，则何不直下观当前所遇会之物之自生自尔，而不更寻责其所由乎？能不于当前之物之自生自尔，更寻责其所由，则此当前之物，即朗然呈现于吾人之心，亦不与心相为对待。物我相冥，玄同为一，而物我即皆得见其自生与自然，以同独化于玄冥中矣。

此郭象言当观物之自生自然，无先物而使之生、使之然者，故亦不言至道之无，为先物者。然无虽非物，亦可以其非物，而在物之先。王弼注《老子》言，凡物皆始于无，有所谓“无形无名”而“无物”之时，则无亦有先于物之有之义；而一虚通寂无之境，亦可为一先于物，而始物之一境也。然观郭象之注《庄》，则并此义之先物之无，亦非其所重，而此无亦当无。此无，可为人所体而用之，则此无，固不可废。如王弼之言体无而用无，以灭私而忘身，更虚通于万物之自然，而呈现物之真精信是也。然由此体无、用无，而成之虚通之境中，所呈现者，自亦可是有，如前文所提及。然人于此无，亦可只视之为一有之边际外之一境相，而此境相，亦可被视为一心灵之对象，如常人心目中之空间。则此无大于有、外于有。人之心思往攀缘“已生之有”之外之此“无”，则亦可觉此“已生之有”之有所不足，而感其生命之有一空虚缺漏，而待填补。则此“无”，即可导致其心思之外慕外羡其自己生命所已有者之外，为其自己生命所无，而为其他之人物之生命所有者。则此为一境相对象之“无”之观念，即为祸本。人于此便须更无此为境相对象之无，而无此无。此“无此无”之上一无，乃一去无之活动，一用。今以此活动、此用，去除掉一为境相对象之“无”，人即可只用此无以灭私、忘身、忘我，以成其心之虚通于万物之自然之用。然克就其所虚通之万物之自然而观，则此物之自然，自是有而非无。唯以其既由无以虚通之，而亦通于我，则其有，亦冥于我，故可不说有耳。今于此无，若纯视之为一用一活动而观，则见其一面能成此我之忘我，而用以冥我与物之分者；一面亦为使人不执其我之所有，而恒游于物之有者。此游即真正逍遥自得之游。以此“逍遥之游”，与“物我之冥”，说此虚通于万物之自然之心境，则更具体活泼而相应；不似“无其所有”，“虚通于有，以呈现有”之言之抽象而呆滞，而或使人将此“无”视同一所对之境相或对象，而引致歧想与外慕，反与此境相离，而不相应矣。此盖郭象不特不以至无之道在物先，亦不重以无言道，而只重以“自然”“自生”“自得”，“物我之玄同而冥一”，“逍遥之游”，言得道者之心境，以绝去人之自感其有所不足之外羡外慕之情，更言“物我之必各据性分，以自冥其极，返其所宗于体内，如唯此自有其所有，方得成其为独化”之故也。此后一义，于下节将更论之。

五　各据性分，物冥其极义，及与化为体义

此郭象之言物我之各据性分，以自冥其极等言，若作西方思想中之个人主义个体主义解，自不相应。盖其旨初唯在绝人之外慕外羡之情。此人之有外羡外慕之情，亦有根于人之能超越其自我，而忘其自我者。人若未尝能忘其自我、超越其自我，亦不能外羡外慕其他人物之所有，而欲据之为己有也。然此人之外羡外慕彼其他人物之所有，而欲据之为己有，则为一不可解之自相矛盾之事。盖既非我所有，而又欲有之，即自相矛盾也。此羡慕之事，可至于无穷，而此自相矛盾之事，亦可至于无穷。人于是可永不能自安于其生命与心灵之内。此中解除矛盾之道，则唯赖于将其他人物之所有，还于其他人物之自身，而只于我之所有者中观我之所有，而不求“我之所有，于我之所无，而为其他人之所有者”之中。于我之所有中，观我之所有，则见我之性分，其为

我所有，乃定于我。于有观有，则不见其所无，而无不足，亦无缺憾之感。是为返我之所宗于我，而不宗彼非我之其他人物，以成外羡外慕。我返我之所宗于我，于我之性分中，观我之性分之如其性分之极，而自相冥合，更不见其外，即我之自冥其极。此郭象之言极，初不同老子之言“配天古之极”，复非庄子、《易传》、汉初儒者言六极、太极之极，亦不同王弼之言“远，极也；周无所不穷极”中（《老子》二十五章注），即“无穷”之“无极”（《老子》二十八章注）之“极”。此皆自外而观，以高大广远无穷无限者为极。郭象之极，如自外而观，则正为一限极；然自内而观，则同时为极至。充自内而观之量，更不自外比较，即更不见其内之有所不足，则内自有极至，亦即无所谓限极。若自外而观，则此限极即我之性之分限。于是当知此我之性有分限，亦如一切人物之性，各有其分限。其有分限未尝不同，其各自有其内在之极至，亦未尝不同。然既各有极至，各有分限以相限，吾人之待他人，亦只能任其各据其性分，以自冥其极，亦任其各得其所得、各生其所生、各美其所美、各是其所是、各然其所然；而见此“各有其所得、所生、所美、所是”即万物之“所同”。故《德充符》注“自其同者视之，万物皆一也”之句曰：

“虽所美不同，而同有所美。各美其所美，则万物一美也；各是其所是，则天下一是也。”《齐物论》“滑疑之耀”之句注，亦言“使群异各安其所安”。此皆谓万物之可一，非自其有同一之因或同一之形上本原，或共同之类性以见，而当直就其有“不相类之性分，亦各有所是、所美、所安等”以见。此各有所是、所美、所安，自是不相类，而相异，而见天下之人物，皆无不异，各为一绝对之独者。然其同各为一绝对之独，而各有其所以异之“所是、所美、所安”，即其所同具之理或道。人亦固可知此理、循此道而观万物虽至异，其无不为独，未尝不同；即顺其异其独，而游于其独，而不见其异矣。此即人之得道而成圣者之所以能通万异以为一，以去杂以成纯也。故其《齐物论》“参万岁而一成纯”下更注曰：“夫举万岁而参其变，众人谓之杂矣；故役役然劳形怵心，而去彼就此。唯大圣无执，故芚然直往，而与变化为一，一变化而常游于独者也。故虽参糅亿载，千殊万异，道行之而成，则古今一成也；物谓之而然，则万物一然也。无物不然，无时不成，斯可谓纯也。”又《大宗师》“藏天下于天下”注曰：“无所藏而都任之，则与物无不冥，与化无不一。故无外无内，无死无生，……夫圣人游于变化之途，放于日新之流；万物万化，亦与之万化；化者无极，亦与之无极；玄同万物，而与化为体。……”

此郭象言“与化为体”，即体合于千殊万异之变化日新，便是与化物为体；有如王弼之体无，只体合于无，便是以无为体。王弼言体无，乃应合老子而说。而郭象言体化，则应合庄子而说。王弼体无，而更用无，以灭私忘身，更虚通于万物之自然之有，则此“无”，具消极积极之二用，而先后不同。郭象循庄子言于千殊万异中，恒游于当前所遇之独，而亦与之俱化，以与化为体，而游于化中，则一言而二义皆备，二义亦无先后。游于化者，亦不见有先后，故无古无今，无终无始，无死无生，亦无有无无。若说有此无与有，则仍有始终，亦有生死，则不能应合于庄子言无有亦无无、外生死、无终始之境也。郭象之用玄同二字，要在玄同万物之殊异与彼我之殊异。此与王弼之以“玄”称道之无形无名，以“同”状万物之始母之同出于道之玄者，亦不同其说。王弼之言玄同以说道，意在见道之在有形有名之物之上一层面。此乃原自其于道与物，乃分上下二层面，而纵观之，以求纵通。郭象之不以无为先物之有，在有之上一层面，则无此纵观；而唯以“玄同”，通彼我与万物之殊异，则为依于一横观之横通。横通以求顺彼我万物之殊异，任其千殊万异，而不见其杂，唯见其纯；则成其顺观与顺通，以应合于吾人之心灵生命之流行，而更切于吾人之生活上之事。此则由庄子之义，原更重吾人之心灵生命之流行，与人之生活上之事，而有进于老子之重在以天地万物为言者，亦见郭象之玄论，有进于王弼之论者也。

六　郭象言《逍遥》《齐物》《养生》等与庄子之本义

由郭象之不重纵通，而重横通与顺通，其通也，要在即异而观其同，亦即杂而观其纯，更即变而观其常；而于一切群异之变与杂，则平等观之，而各据性分，以自冥其极；故于群异之自身，亦不见其大小、远近、高下之差。郭象即依此以言《庄子·逍遥游》之义，谓庄子之旨，唯是极小大之致，以明性分之适，而“绝羡欲”，以言无待之义。故曰：“庖人尸祝，各安其所司；鸟兽万物，各足于所受；帝尧许由，各静其所遇；此乃天下之至实也。……故尧许之行虽异，其于逍遥一也。圣人虽在庙堂之上，然其心无异于山林之中。”“无待之人，遗彼忘我，冥此群异；异方同得，而我无功名。”此乃至德之人玄同彼我之逍遥也。然此无待之人，又顺有待者，而使之不失所待；则无待与有待，虽不能齐，亦可“各安其性，天机自张”；是“无待犹不足以殊有待，况有待者之有巨细乎”。则无待者之逍遥，又不只视一切大小之有待者，为平等不殊，亦视其“无待”与“有待”，为平等不殊也。

按此郭象之释《逍遥游》，谓有待者无论大小，皆不足以相殊，即无待者亦不能自殊于有待，其意境固至高。然无待者之不自殊于有待，乃唯是其主观心境上言；亦正以其在此心境之不自殊，而益见其无待，而亦殊于有待者之有待。然在客观义上，无待自高于有待。有待者之所待者不同，其所据之性分不同，则亦可自有其高下大小之殊；不能以其皆有性分，皆互为不同，其在“有性分、有此不同”之一点上，未尝不同；而泯其所以成此不同者之不同。则《庄子》本文之言大鹏小鸟、小知大知、小年大年，与知效一官，及宋荣子、列子与圣人、神人、至人，皆可自有其高下大小之殊。其原文亦可有次第升进之义。如吾人论庄子之所及。然郭象唯自无待者之主观心境上说，则人之应此群异，皆可如其异而异之，而此如其异而异之之心，未尝不一，则必归于大小平齐。至人之无待，亦不自殊于有待，而与之平齐。此自是一极高之玄境。然却由全去《庄子》原文所亦能自具之客观义而致，亦由郭象之释《庄》，偏向主观心境之一端而致者也。

至于循郭象之旨，以言庄子之《齐物论》，则必以“是非虽异，而彼我均”，“若失其配匹为宗，任动止之容之不一”；而“无心而自得”，不见其二，即是齐物以为一。故于人籁、地籁之“物声既异”，而“其得齐一”，即见天籁。外此别无在万物上之天。郭象又必以真宰之朕迹，终不可得，以言“物皆自然，无使物然”，“物各性然，又何物足悲”，“万物虽异，至于生不由知，则未有不同者也，故天下莫不芒也”。郭象更必以“人自师其成心……故付之而自当”；再必以物之“各然其所然，各可其所可，则理虽万殊，而性同得”，释“道通为一”；以“莫之偏任，故付之自均而止”，释“休乎天均”；以“任天下之是非”，释“两行”；以“用虽万殊，历然自明”，释“以明”；以“浩然都任之”，释“天府”；以“任其自明”，释“葆光”；以蝴蝶与庄周，“各适一时之志”释“物化”。此皆明不合庄子之言有天籁、物有可悲、成心非足贵；以明、两行、天府、葆光，皆自人之真君之心、灵府之心上言；“道通为一”“物化”，皆当连于此一心之自通于化为说，不当只就其应物，使物自明、自适志说者。然郭象之所以必如此释《齐物论》者，则因其所重者，在即群异而一一任之，以见均同齐一之故也。

至于郭象之释《养生主》，则言：“生以养存，……若乃养过其极；以养伤生，非养生之主也。”于首句“吾生也有涯”注曰“所禀之分，各有极也”；而以“尚名好胜者，虽复绝膂，犹未足以慊其愿”，为不能“任其至分”；又以“冥极”，释“知之无涯”之祸；再以“理当死”，释“夫子顺”；又以“养得其极”，释“薪尽火传，不知其尽”。此皆限在当生之养，以言养生之义。然此《庄子》原文之言“夫子顺也”，“不知其尽也”，未必即只为死而不知其尽，亦可是不知其生之有尽之义。《庄子》文以吾生有涯者，亦可以无尽而无涯终。《庄子·大宗师》言“入于不死不生”，亦可实有一入于不死不生之事，如仙佛之所为。此在《庄子》本文至少有循此而解释之可能，如吾人前论庄子时之所及。然在郭象，皆只断限在当前之今生以为说；则虽无常见，未必能免于断见。然郭象以一主观之观照心，观外物与吾人之生命，必以性分之观念定限之，而使之成一有涯有尽；遂只在此观照心上说其能知涯、知尽，以超于此涯此尽；而未能就此观照心之属于生命，由此心之初无涯、无尽，以知具此心之生命，亦可无涯无尽。故其言心，虽能通万化，而无古今、无生死；其言生命，则如其言其他之物，而限在此当前之今生。人以观照心自观其生，固只见其当前之今生，呈于此观照心之主观之中，亦必不能观照得此外之生。然人将此主观之观照心，纳之于吾人之客观存在之生命之中，则若此观照心能无涯尽，而通万化、无古今；具此观照心之生命，亦当自有“无涯尽，而通万化、无古今”之义；而可不只有一“有涯尽之性分”，亦有一“无涯尽之性全”。此则非郭象之所能及，而亦为吾人前论庄子时之所及者也。

至于郭象之言《人间世》，谓其旨在言“人间之变，故世世异宜；唯无心而不自用者，为能随变所适，而不荷其累也”。又言人之“知之自知，不可为知以知之；生之自生，不可为生以生之”。盖为知为生者，乃如缩回退处于此知此生之先，以更为之；则此知此生“与物不冥”，不能合人间之变，世世之节，以随变所适。此亦不外上文所谓生与知，皆自然自生，以与化为体之旨。然其释“托不得已以养中”，以中为中庸之符，而不知此中，即内心之称。人之内心自有其不得已者，如庄子所谓“子之爱亲命也，不可解于心；臣之事君义也，无所逃于天地之间”。庄子言此等等，乃言人当自知命、义所在，有不得已者存，以自尽其忠孝，即所以养中。此大有一郑重之旨，亦初与儒家义通，而非“随变所适”之言所能尽。乃正是言人于此义命所在之不得已，而不可变处，即当直下承担，“何暇至于悦生而恶死”，方为安命。郭象于此之注，皆不切原旨，而以“冥然以所遇为命，泯然……与至当为一”以为释。郭象不知此命，乃不可解于心之命，即非遇；亦不知此“至当”，非所观照之一“至当”，实乃出于内在之不得已。故其注文全不见《庄子》原文之郑重义，与顺此命义之事之艰难义、庄严义，只向轻灵顺适边说去。然郭象之所以至于此者，亦正以其只重“心之不自用”，以“随变所适”而应迹之故也。

此郭象之言心之不自用，于随变所适之事，皆以为应迹；故谓忠孝是应迹，一切仁义礼法，尧舜之治天下之事，六经之书，无非应迹。迹皆随所应者之异而异；然能随异而异者，则为其本。唯能随异而异，乃随异而化其异，忘其异；而异无不一，杂无不纯，以至无异而异冥。故迹之本即此冥。郭象恒以冥与迹对言。冥无名而迹有名；以迹观冥，则冥亦有迹，而尧舜治天下之事，忠孝仁义，礼法六经，皆有名之迹也。“惑者执之，以观圣人”，则圣人亦如可以其名迹加以规定，亦垂名迹，以为世范。然此则不知圣之所以为圣，乃“无迹之名也”（《让王》篇注），圣有迹而本未尝不冥。人以圣人之名观圣人，即以迹观圣人，而不见其冥，遂以此名迹，规定其冥，斯为大惑。故郭象《德充符》注所言，无异以影响为形声之桎梏，亦形声之天刑。然若以圣人之冥，观圣人之迹，则迹皆出于冥，迹之异者，无可名，而圣人之名迹可遗。尧舜之治天下之事与六经及忠孝仁义礼法之名迹，无不可遗。若更既忘其迹，亦忘其所以迹（冥），则“内不觉其一身，外不识有天地；然后旷然与变化为体，而无不适也”。则“冥”与“迹”之相对之迹，亦须冥。此方为圣人之至冥。唯此圣人之应世，则不能无此迹为其影响。其影响是其至冥之影响，亦所应之物之影响。故《在宥》篇注“大人之教”曰：“百姓之心，形声也；大人之教，影响也。大人之于天下何心哉，犹影响之随形声耳；使物之所怀，各得自尽。”此郭象之言名迹之旨，亦甚美，然亦自是郭象意。《庄子》之原文乃谓“大人之教，若形之于影，声之于响；有问而应之，尽其所怀，为天下配，处乎无响”。此当是谓大人之教，自为形声而为实，以自尽所怀，为天下配，而自处乎“无响”。今郭象以百姓之心为形声，以大人之教，只使物各尽其怀，而不能自尽其怀，只自为一物尽其怀之影响；则大人之教，纯属于虚。此大人之教，内非其心中之冥之实，外非百姓之心之实，而只虚悬于此内外之中，以成一“影响”之世界。此影响之世界，内外皆无实，只是空灵，以为吾人之纯观照心，所观照之纯现象。此影响之世界，自起自止，自生自化，“交一臂而失之，皆在冥中去矣”（《大宗师》注）。则此所观照之世界，煞是空灵轻妙，全无质实与重浊。圣人之冥于内者，即能全无负累，而能极游外之致。故《大宗师》注言：“夫理有至极，外内相冥。未有极游外之致，而不冥于内者也；未有能冥于内，而不游于外者也。故圣人常游外以弘内，无心以顺有。故虽终日挥形，而神气无变；俯仰万机，而淡然自若。……庄子之书，故是涉俗盖世之谈矣。”然此言之理据，则在圣人之应迹，只是影响，而非形声。影响虚而非实，无重量，亦不成人之负累；故可游于其中，而神气不变，淡然自足。然吾人可说，唯在一观照心灵之中，可视万物之形声与吾人之应物之行为，皆为“影响”。若离此心灵，则人之行为之出于“感命义之不可解于心”者，“与忧俱生”者，以及“圣人之以百姓心为心，而同其忧患、同其哀乐”者，皆非只为影响，亦皆非只是空灵轻妙；乃是庄重而严肃，恒与人之感叹之情相俱者。此方为人生之真实之所在。庄子之感叹，亦未尝不出于此。即庄子之言，其向慕在空灵轻妙之境者，亦有此感叹之情，与之俱往。其教人至此境，亦有面对人生之忧患哀乐，而直下承担之次第工夫。然郭象则皆只就其所向慕之此境，而描绘之，只见一片空灵轻妙。则其智之所及，亦有过于庄子。《庄子·知北游》篇有学道者当先知“藏其狂言”之义，郭象序《庄子》，谓庄子“未始藏其狂言”。狂言者，高大之言也。郭象则于《庄子》，又更作狂言，以向于高大。由庄子之有情、有感叹、有哀乐，则可通于儒之圣人之有忧患与佛家之悲悯；其言工夫之庄重严肃义，亦可为后之道家所采。郭象之言，则只是一哲学上之玄理，而只可通于具空灵轻妙之意境之文学与艺术者。然玄理亦自是人间之一学。空灵轻妙之文学艺术，亦魏晋以后中国文学艺术之大宗，则其智之所及者之高，亦弥可贵也。

第十一章　魏晋之玄理与文学艺术中之道

一　文学艺术之所以可能在反省的观照，与玄理中之虚无寂寞义

魏晋之玄学兴盛之期，亦中国文学艺术自成一独立之人文领域之时，此不得谓为偶然。盖玄学思想，乃由对玄理之反省观照，而形成一玄理之境界；而文学艺术之境界，亦必通过一反省观照而形成。此二境界，皆浮于实际存在之事物之上层，而上不在天，下不在田，故亦无实际效用，或功利价值之可说。文学艺术，固可不只表现一玄理，而可表现情理，或情志，或只表现事物之形象状貌。论文学艺术，亦初不必皆根于玄理。然论一切文学艺术之欣赏与创作，所以可能之根据，则必须根于若干之玄理。由此而玄学之道，即与文学艺术之道，不可相离。兹次第说之于下。

所谓论文学艺术，不须皆根于玄理者，即吾人之论文学艺术，可纯自所表现之内容，或人之情、志、思想内容论。如《乐记》之论诗乐舞，即自其能表现爱敬仁义之情志、思想论。此人之情志、思想，有其所向之事物，而有其种类，故又可本此情志、思想与所向之事物之种类，以论文艺之类。如传为子夏作之《诗序》，考为汉后人之作。其言《诗》之六义中风雅颂，即自诗之内容之属于美盛德之形容，以赞美人格者，谓之颂；属于表现时代，言王政之所由废兴者，谓之雅；属于“上以风化下，下以风化上”，以表现社会之风尚与人情者，谓之风。凡后之论文章之体

类者，亦多自其内容之种别而论。至于《诗序》中，所谓赋比兴，则自诗之作法而分。赋重即景物而赋，故重在客观之描述。兴则原为情志之兴起，而情志则初属主观。比则可以客观事物与主观情志相类似者相比，亦可以客观事物与相类似之其他客观事物相比，复可以主观之情志与相类似之其他主观之情志相比。要之“比者附也……附理者，切类以指事，……取类不常，或喻于声，或方于貌，或拟于心，或譬于事”（《文心雕龙 · 比兴》）皆必取类。此赋、比、兴，乃依于诗之写作时，其心之向在客观事物，或向在主观情志，与或向在观其比类三者而分。至于此外人之论文艺，又可只论其内容之属何体类之文、当如何写作、如何可称为美善而论。如曹丕《典论 · 论文》，谓“奏议宜雅，书论宜理，铭诔尚实，诗赋欲丽”，陆机《文赋》之言“诗缘情而绮靡，赋体物而浏亮，碑披文以相质，诔缠绵而凄怆……”《文心雕龙 · 定势》篇言“章表奏议，则准的乎典雅；赋颂歌诗，则羽仪乎清丽；符檄书移，则楷式于明断；史论序注，则师范于核要；箴铭碑诔，则体制于弘深；连珠七辞，则从事于巧艳”，皆是也。至于对文之形式，如字、句、章、篇之组织，音节韵律之构造，亦可有种种之论，以言其如何方为美善。此亦如人之论音乐、图画等艺术，亦同可自其内容之属何体类与形式，以言其如何创作方为美善。此皆属文学艺术之专门之论，与哲学理论初无直接之关系。然人必先设定文学艺术已存在之后，乃可更言如何求其善美之方。至于此文学艺术之事之本身，何以存在，或其存在依何而可能，则属文学艺术之根本问题，而属于哲学。对此一问题之解答，则人可说此文学艺术之何以存在而必求美善，原于天地万物之原有其大美，而人效之；亦可说由人之情志思想诚于中，必求形于外，以得通于鬼神与他人之心。此则皆不显然连魏晋之玄理以为论者。此类之言，亦同可用以说文学艺术之存在之根据，而亦未尝不是。然于文学艺术之存在或其如何可能之根据之核心，则皆尚未能及，而必待乎以魏晋之玄理为说，以指出此核心之所在也。

欲言此文学艺术之所以可能之核心，当知无论文学艺术之内容为何，为客观之自然景物，或主观之情志，又无论此自然景物属何类，主观之情志属何类，又其创作之目标，是在仿效自然，在对人或鬼神通情，或更加以感动，以引起人与鬼神之反应；皆必先有一对所见之自然景物，或所生之情志，有一反省观照，而领略其意义，然后知求彼足以表现之之文字形声等，加以表现。既有此文字形声之表现之后，人更对此诸表现，与所欲表现者，能否应合或配合，再加以观照；然后能知此表现之方式之是否美善，与此所成之整个之文学艺术作品是否美善，而更欣赏其美者善者。此中前一反省观照之事，必须赖吾人之主观心灵，自其原所见之自然景物，与原所生起之情志，升上一层，如与之有一距离。而后一观照，则必须赖吾人之已有文字形声之表现之后，此心灵之再升上一层，以自位于此表现与所表现者之中间，如与两者，各形成一距离；然后能知其善美与否，而欣赏其美善。此中之距离之形成，必皆依于一虚无，而此虚无，即为文学艺术之创作与批评之所以可能之核心。此即必当通过重此虚无之魏晋玄学之义，以论之者。而此亦正为魏晋以后文学艺术之论中所固有者也。

刘彦和《文心雕龙·序志》篇言“近代之论文者多矣，至于魏文述典（《典论·论文》)、陈思序书（曹植与人论文书）、应玚《文论》、陆机《文赋》、仲洽（挚虞）《流别》、宏范（李充）《翰林（论）》”。今即以陆机、刘彦和之论文之言为例，以明此义。如陆机《文赋》之言文学之事，始于“收视反听，课虚无以责有，叩寂寞而求音”，后刘彦和书《神思》篇言“陶钧文思，贵在虚静”，盖其“寂然凝虑，思接千载；悄焉动容，视通万里”。其言寂寞虚无，寂然悄焉，即明与玄学家言虚无寂寞之旨相合。至于其是否受玄学家之影响，或在同一时代精神之下，不期而自合，固不必论者也。兹更先引此陆机《文赋》与《文心雕龙》之二节文如下，更稍释其言之与玄理相通者如后文。《文心雕龙》首为《原道》之篇，陆机《文赋》，则通篇不见道之一字，然其义固与《文心雕龙》相通，而为一论为文之道之作也。

陆机之《文赋》，言文学创作之始曰“其始也，皆收视反听”，即课虚无，叩寂寞之始。而其下文则曰：“耽思旁讯，精骛八极，心游万仞。其致也，情曈昽而弥鲜，物昭晣而互进；倾群言之沥液，漱六艺之芳润；浮天渊以安流，濯下泉而潜浸。于是沉辞怫悦，若游鱼衔钩，而出重渊之深；浮藻联翩，若翰鸟缨缴，而坠曾云之峻。收百世之阙文，采千载之遗韵；谢朝华于已披，启夕秀于未振；观古今之须臾，抚四海于一瞬。然后选义按部，考辞就班；抱景者咸叩，怀响者毕弹；或因枝以振叶，或沿波而讨源；或本隐以之显，或求易而得难；……罄澄心以凝思，眇众虑而为言；笼天地于形内，挫万物于笔端。……理扶质以立干，文垂条以结繁。信情貌之不差，故每变而在颜，思涉乐其必笑，方言哀而已叹。课虚无以责有，叩寂寞而求音。……体有万殊，物无一量。……辞程才以效伎，意司契而为匠。……”

《文心雕龙·神思》篇曰：“文之思也，其神远矣。故寂然凝虑，思接千载；悄焉动容，视通万里；吟咏之间，吐纳珠玉之声；眉睫之前，卷舒风云之色。其思理之致乎？故思理为妙，神与物游；神居胸臆，而志气统其关键；物沿耳目，而辞令管其枢机。枢机方通，则物无隐貌；关键将塞，则神有遁心。是以陶钧文思，贵在虚静；疏瀹五藏，澡雪精神。积学以储宝，酌理以富才，研阅以穷照，驯致以绎辞。……然后使玄解之宰，寻声律而定墨；独照之匠，窥意象而运斤。”

“夫神思方运，万涂竞萌，规矩虚位，刻镂无形；登山则情满于山，观海则意溢于海；我才之多少，将与风云而并驱矣。”

又《物色》篇曰：“春秋代序，阴阳惨舒。物色之动，心亦摇焉。……是以献岁发春，悦豫之情畅；滔滔孟夏，郁陶之心凝；天高气清，阴沉之志远；霰雪无垠，矜肃之虑深。岁有其物，物有其容，情以物迁，辞以情发。……是以诗人感物，联类不穷，流连万象之际，沉吟视听之区。写气图貌，既随物以宛转；属采附声，亦与心而徘徊。故灼灼状桃花之鲜，依依尽杨柳之貌。……吟咏所发，志惟深远；体物为妙，功在密附。”

按刘彦和《总术》篇，尝谓陆氏《文赋》，“泛论纤悉，而实体未该”，然今兼引之，要在观其中之义，可通于魏晋之玄理者。

吾之所以引陆机刘彦和数节之文，要在其言之能明显指出文学之写作，乃在一独立之世界中进行。此一世界，则呈现于人之反省的观照。此乃昔之论文者所未能及，而表示“魏晋以后何以于文学以及艺术，能视之为一独立之人文领域”之时代精神者。原文学之成，固赖于文字，文字可指物计数，亦可用以交换心意，更可用以引起他人之行为。然只以文字作此三用，不能成文学。文学乃依于人心之既有其情之所感，志之所向，更以文字表现其本思想而会得之主观或客观之境象意义之凝聚与融合。境象即意想之所想，意义即境象之“如何如何”。故此境象即意象。然此可相凝聚融合之主客境象之意义或意象，非一时顿现，乃随人之反省观照之活动之进行，依类、依理而次第呈现于此反省观照心灵之前，而后吾人得用其所先知为能表此诸境象或意象之文字，加以表现。某文字之宜于表某若干之境象之意义，或意象，亦即吾人用文字之意之所“宜”，或用文字之意之“义”。故一文字之所宜表、能表之境象之意义，或意象，称为文字之意义。此文字之能表某境象之意义，而使文字得有意义，初乃依于一约定或习惯而形成。然既已形成，则人由一境象之意义之认知或观照，人之意即向于文字之运用。人于见一文字或用一文字时，其意亦向于境象之意义之认知或观照。于是此二者之关系，即亦为一直接的相依而起，而若为一事矣。

然此所谓若为一事者，自其原而观，亦自为于境象之意义之认知与观照之事上，而更继之以文字表之之一事。人以一文字表某境象之意义时，此文字亦恒不只限于有表某境象之义，而可兼表同类之境象；又可不只表同类之境象之共同之处，亦可导引吾人心意，向于其特殊之处者。由此而一字之所能表之意义，恒大于吾人用此文字时，其初意所欲表之意义。吾人既用一文字，以表某一意义之后，此文字既生，即可导引吾人之心意，更及于其所可能表之境象之意义；而于此后一意义，亦更求有文字以表之。此即所谓情生文，文亦生情之故。凡心意之往，即情之往，于事物见得何意象，于文字得何意义，皆由于心意之往。故情生文，即文生情，亦即“心意与意象，导引出文字之运用，文字之运用，亦导引至心意与意象之生起”之谓。简言之，亦即意生文，文生意。更简言之，即文情相生，或文意相生也。

此文情或文意之相生，乃循一次第相连之历程。而此一次第相连，亦可为次第歧出分散，而更不合成一全体。故人有任其意象自由生起，不成一意境，于文字自由运用，而不成篇章，亦不成文学之情形。然由人之意象之生起与文字之运用，同在人之反省、观照之中；人即可使其次第相连，皆为依类依理以相连；于其次第歧出分散之后，更自加选择淘汰，以求其凝聚融合，而形成一全体。此时，人之意象之次第相连而起，即可渐融合为一意境，而文字亦相结成篇章，而有文学。人于此更观此文字之运用所结成之篇章，能否表现一全体之意境，至于尽美至善，而从事文学之批评，亦赖于反省与观照。故文学之成一独立人文领域之根据，其核心即在此反省观照也。

二 陆机言文学形成之心意历程

吾人若缘此上所说，以理解前所引陆机之《文赋》及刘彦和之《文心雕龙》之二段文之旨，即可见其正皆相应于此文学之成一独立之人文领域之根据，在人之有此一“依类依理，而次第反省观照种种事物之意象与文字意义，更求加以凝聚融合”之心意历程者。如陆机之《文赋》言“耽思旁讯，精骛八极，心游万仞”，即言为文之始于人之沉耽于其所思或心意所及之世界之中，如有所讯问。此心意之讯问之事，初无一定之方向，而可向任何方向进行，如骛于八极；又可向任何高远之度进行，如游万仞者。此即形容此心意之境界或世界之开辟之始。由此次第开辟，而心意之所往，或情之所往，即由曈昽而朗现；种种事物之意象，即次第昭晰，而进呈于前。人即更可选取于群言或六艺之文之中，求其足表此诸意象者。此中，人必有对文字之淘汰，以成其选取。故群言与六艺之文，不必尽用；唯融凝其中之若干，以为用。融凝所成，即名之为沥液，为芳润。此文学之事，即在此心意之如此去次第融凝文字中进行，而液流如渊，润浸如泉者。天以状此心意之往之高度之顶，下以状其深度之底。此心意之次第融凝文字之事之进行，而得自在，谓之安。此心意居此融凝之事之上层，谓之浮。此心意自澈入于此融凝之事中，谓之濯。故以“浮天渊以安流，濯下泉而潜浸”之言，状此人之运用文字，以成文学之心意状态。由此心意状态之如上达于天，下达于泉，以求文字而运用之，而初未呈现之文字，即随上所述之事物之意象之次第昭晰，进呈于前，而亦一一随此心意之求，由心意之底层翻出，或由心意之上层落下，以进呈于前。故曰“沉辞怫悦，若游鱼衔钩，而出重渊之深；浮藻联翩，若翰鸟缨缴，而坠层云之峻”；由此而初不呈现之阙文遗韵，得为此心意之所收采。此心意之呈现意象，与用文字表意象，初不为当前之时间空间之所限，而以此当前之心意，通及于未来过去，或今古之时间，与其外之无定限远近之空间；故能谢彼已披之朝华，亦启彼未振之夕秀，观古今于须臾，抚四海于一瞬。此古今四海，即皆内在于文学之心意中之时空或世界也。

至下文之“选义按部，考辞就班”以下诸句，则要在言文学中之意象，与文字之选择，必依类亦依理以相从。如形与影、声与响之以类而应，而同类者即咸叩而毕弹。又须依本末、原流、隐显、难易之对应之理，以相从，故有“因枝以振叶，沿波而讨原……”之语。此依类依理，以选取意象与文字，皆待乎此心之充量清澄，以融凝思虑所及之意象文字，方得成文。故曰“罄澄心以凝思，眇众虑而为言”，由此而对天地万物之意象，即有所笼限与挫摧，以形成一全体，为笔端之所及，以共在一文之篇章之内。故曰“笼天地于形内，挫万物于笔端”。此则赖乎人之心意之依理，以主宰其意象之集结，与文字之运用。此即文之本质或内质之所在。故曰“理扶质以立干”。依理而形成之意象之集结，与文字之运用，则又自有种种。如枝条果实之依一本而生。故曰“文垂条以结繁”。此文之繁，乃表现其本质或内质之所在，或理之所在，如外在之貌颜表现内心之情变，若笑之表乐叹之表哀。然此整个之以文表此情或心意中之理之事，皆由人之反省观照种种意象，而求文字加以表现之事。此意象文字，初非皆当下之已呈现，而为心之所已观照者；故待人之使未呈现者呈现，于此反省观照之前，是即“课虚无以责有，叩寂寞而求音”之事也。然此求、此责，则出于当前之心意，以此当前之心意，使未呈现于其前者，呈现以成意象，更依理以融凝裁剪诸意象，及用以表诸意象之诸文字，同时使文字之集结，适足表诸意之集结，而交相契合；则文字适得其用，而程其才。故曰“辞程才以效伎，意司契而为匠”也。

三　刘彦和论文学中之“神思”与“志气”

至于刘彦和对陆机《文赋》，固尝致其不满。盖其于陆机所言者，实有更进之处，然亦未尝相违异。陆机言其《文赋》之作，乃原于其每观才士之所作，咸有得于其用心，而刘书亦以文心为题。陆机言文学之自成一人文领域，其根据初在人之心意之反省观照及意象之可依理而相集结，更以文字之集结表之。此反省观照之事，初为“收视反听”，“课虚无以责有，叩寂寞而求音”。刘彦和之言“陶钧文思，贵在虚静”，亦具此旨。陆言文学创作之始，必“耽思旁讯，精骛八极，心游万仞”，刘言“神思方运，万途竞萌”，亦相类似。其不同，唯在陆机于为文者之心，唯知意、情与思理之重要；而刘则兼连此思与神为论，亦连意志与气而论，并于心之情意与境物俱运之关系，特能加以正视耳。

此刘彦和之言神，乃取于《易传》言“神也者，妙万物而为言也”，及庄子、《淮南子》等言人之精神之可无乎不运之义，以言人之文学中之思之能无乎不运，以及于远。此神思之“接千载，通万里”，而通于陆机《文赋》所谓“纳古今于须臾，抚四海于一瞬”之义。依陆之《文赋》言，人之为文，其意象之成，与文字之运用，皆为由曈昽而昭晰，即由隐而之显之事。然刘文之言神思之运，则直下超出时空之限制，而接千载，通万里，使风云之色，卷舒于眉睫之前，珠玉之声，吐纳于吟咏之间。则文学创作之始，非始于由隐以求显，而直接始于此神思与其所运之境界之呈现。此神思，亦即随思之理而有。随思之理以思，固必当不见有千载万里之隔，以任此思之妙运于不同之时空，更及于不同时空中之物，而不着于物，以游于物之意象中也。此则较陆文更能直下指出文学之根据，在此神思，与其所运之境之呈现，而初不见此境之为一“隐”矣。读者可细勘之。

复次，刘书《神思》篇，已言志气。其书亦更有专论文气之篇。此气之观念之连于志，孟子首言之。孟子又谓气为体之充，即充实于身体之生命者。刘所谓志，与陆所谓意相近，乃心之所之或心之所向。心有所之所向，而更能自运转其所向，以不着于物，而游于物，是为神。故意或志固通于神。然意或志，复通于身体之生命，以与身体之耳目感官相连，而通于耳目所接之物；亦通于“人用以表此耳目所接之物与心之意或志”之文字或辞令。人之说出写出此文字或辞令之活动，即人之身体之所为，亦气之所为也。此中人若无此神之上通内通于志意，无此气之下通外通于耳目所接之物，而对辞令或文字，加以运用，则文学之事不成。故神可说纯为内在于胸臆；而志之连于神与气，以合为志气，则为内之得通于外之关键。耳目既接物，更有文字辞令以表之，则为外之物得通于内之枢机。此中文字或辞令之表物，即所以使物真得呈现，而无隐貌者。此乃由于人之通过文字辞令以思物，乃先不见物，只见此文字辞令，更沿文字辞令之意指所及，以呈现物于此心意或心思之前。此人之先不见物，即使物在耳目之前为虚，必更由文字辞令之意指物，而后人之心意心思中，乃更有此物之貌或意象。则此物之貌或意象之呈现于此心意心思，即如凭虚而在于此心思、心意；亦正以其为凭虚而在，方更能呈现，而无隐。故人透过文字辞令后所见之物貌，实更朗澈于未透过文字辞令所见之物貌。此刘之原文所未申之义。但亦当有此义；否则其枢机通，则物无隐貌之语，不可解。今能知此义，则此文字辞令，非心意与物貌间之阻隔者，亦非此二者间，加入之第三者，而可有可无者。此文字辞令之位于物貌与心意间，同时为一物貌得朗澈呈现于心意，而更无隐者，亦即所以成就物貌与心意之相通者。其位于此二者间，正所摄合此二者。然人之用文字辞令，则赖乎志气为关键。若无此志气，则人之心意或心思之神运，不能与物貌相通，而神之运，即滞住，而将归于隐遁。故下文言“关键将塞，则神有遁心”。故文字辞令，不可不有；而能用此文字辞令之志气，亦不可不有。陆机之未及于此神与气，亦未及于文字辞令之可使物更无隐貌，则皆不及刘彦和者也。

由此以理解刘文之“陶钧文思，贵在虚静”之二语，则此虚静，当即先使物不接于耳目之前，唯使之成为透过文字辞令之意之所指，而呈现于此心意或心思之神运之中者。此心意心思之神运，在物之貌或物之意象中运行，而不在物之实中运行。于是此物之貌或意象，呈现于此心意心思之神运中，即只为一反省观照之所对。虚静则所以成此反省观照，亦成此行文中之心思心意者也。欲致此虚静，则必须对感官所接之物，无一般之由身体发出之欲望，亦无不干不净之念，夹杂于吾人之心思心意或精神之中。故必先疏瀹五藏、澡雪精神，更从事于积学等。其中之积学以储宝，盖不外由积学，以知一一文字，所可能表之心意心思或意象。酌理以富才，则为依理而运其心意心思，以次第及于有理相连之诸意象，求以文字表之。此运其心意、心思之才力愈大，其所能呈现之有理相连之意象，愈多愈广，而以文字表之之才力愈大。所谓研阅以穷照，则为面对此心意心思之意象，而充极其量以呈现之。所谓驯致以绎辞，则为顺此诸意象，而求有相同之致，或相同之意义之文辞，以合表现之。既知此等，则知运用文字以表现意象，乃待于心意心思之自为观照，亦自作主宰，以融裁意象，依声律而用文字。此能自为观照，亦自作主宰之心思心意，依于其神之运，能无所不通，则又初无定向定方，亦不定着于某物者；故为一独照之匠，亦为一玄解之宰。玄解犹神解，神解即神思也。故曰“玄解之宰，寻声律而定墨；独照之匠，窥意象而运斤”。至下文之更言“神思方运，万途竞萌，规矩虚位，刻镂无形”，即言此玄解或神解之能无所不运，无定方、定向，故其规矩皆对虚位，而规矩之，以成虚位中之规矩；其刻镂之意象，即无形中之意象。故观山观海，其情、其意、其思，皆无不充满于其中，亦更溢乎于外，乃可与山海外之风云并驱。此皆所以言此神思或神解或玄解之无定方、定向，亦不定着于物者，方是人之所以能为文之独照为主宰的心灵之所在者也。

四 “心生、言立、文明”之道之涵义

上所引刘彦和《物色》篇之一段文，则要在借此明其文学之论中，重物色与人之情意，以类而相感应之关系。汉儒如董仲舒之言天之春夏秋冬，即表天之喜怒哀乐之情；故与人之喜怒哀乐，能相感应。此乃以人之情，亦属天所客观具有之说。刘彦和之论，则只言人对天之某种意象，如天之献岁发春等，与人之悦豫之情等之相应而起。人之情意起，而其流连万象，沉吟视听之时，同时自写气图貌，与物宛转，使内通于外；亦同时使外物之采色音声，与心共徘徊。故能以所念之火之灼灼，状桃花之鲜，所念之人之依依，状杨柳之貌；而使当前之桃花之鲜、杨柳之貌，连及于初在心之深处远处之火之灼灼、人之依依。此即见此心之能体物，以妙运于深远，而更密附于物，使物有其更多而更亲切之意义。由此以观文学之事，即一方为由人心之感境物之意义，而以文字表其所感之事；一方亦为摄物色于心，为心所体，而新附以意义之事。则文学之事，非只反映境物而仿之之事，亦附与境物之意义，使其意义更充实之人文创造之事也。

循上段之意，以观刘彦和《原道》篇之先言天文与地文，以“日月叠璧，以垂丽天之象；山川焕绮，以铺理地之形”，为天地之道；以及其言人之“仰观吐曜，俯察含章；惟人参之，性灵所钟，是谓三才；为五行之秀，实天地之心”；即见其皆非同泛说。其下文言“心生而言立，言立而文明，自然之道也”乃为说明人依心而有言、有文，即人文所以参天文地文之事。由“心生”至“言立”至“文明”，为自然之道，亦即说：人内心之所思所感之

表现于言以成文，乃人自己使之如此然，亦人之自己之由内以通达于外之道路，以与人初对天地之文之仰观俯察之事，互相对应者。仰观俯察，为摄外于内心之事；而人之言立而文明，则由充内而形外之事。人必先有仰观俯察，以有所生于心者，亦即先有为其心之所观照者，然后有言，有文。又必有言有文，其所观察之物之貌之象，乃皆透过此言此文，而朗现，若凭虚而在，如上文之所及。则无人之此言此文，此天之日月不能呈其丽美，地之山川亦不能呈其焕绮。人有此言此文，而更由人心志之及于深远，遂能以他物之象，表状所见之天地中之物之象，如以灼灼状桃花，以依依状杨柳，则又增其天地之丽美与焕绮者也。此皆唯原于此人之内心，与天地之物，原有一互相应感，以成其通之道。人之至者谓之圣。而此道之在人及人之依此道以有其文，亦即“道沿圣以垂文，圣因文而明道”之事矣。此则归于儒家以“人参天地”为道之旨。然此亦不碍上所说：人由其心之能俯观仰察，以有对天地万物之观照，更以言文表现其所观照，以使之朗现，并充实其意义，所增得之美丽绮焕等，皆还必为人所重观照，以存于人之心也。此人之文学，所形成之世界，其始与终，皆存于人心之观照，为人之性灵之所钟，而属于此人心性灵之主体之观照所及之世界，以成为一独立之人文领域。今如谓玄学之境界，即对抽象义理之观照之所成，则文学之境界，当说为“对依理而凝聚或融合之诸具体之意象所合成之一意境”之观照之所成。凡论文学，皆不能离此观照以为论。文学与玄学，亦有其本质之类似。故凡论文学，亦必有取于类似玄学之言，如收视反听，贵在虚静，神思方运，万途竞萌，规矩虚位，刻镂无形之类。故言文学之所以成为文学之理，亦恒是玄理之一种。然此亦同不碍刘彦和之以文学为人文能参天文地文，乃依人之内心与天地之物，原有感通之道，方有“道沿圣以垂文，圣因文而明道”之事，而归其道于儒家义，以说文学也。

五　言意之内外问题，及文学中之道家义与儒家义之会通

此刘彦和之言文学，言神思，上文已言其远原于庄子之重神凝、神遇、神行，《易传》之言神无方，而妙万物。陆机《文赋》言“精骛八极，心游万仞”，虽未明言是神之运，其所指亦当是此神之运。彦和之言气，则远原于孟子以养气与知言并举，近原于曹丕《论文》之言“文以气为主”，“气之清浊有体”。至其言文中之理，则陆机《文赋》，亦重此理；魏晋之为玄学者，亦无不重理。至其以文为天地之心，文以明道，则自天地万物之表现，皆有文，而人之文，则为人之所以通达其内外之表现说。此于天地人之有表现处，见天地之心，与王弼之自“动息地中”“语息则默”见天地之心者，正相对反。此则由王弼乃以返于内心之虚静为道之要。彦和之论文，则虽以虚静成观照，以陶钧文思，然必归于“心生而言立，言立而文明”，以由内而外，为道之要。彦和论文，乃有取于道家之言神运与虚静之旨，而归于儒家之明道者。昔庄子言神遇，言用志不纷以凝神，可使人心冥合于物，而使人之用物宰物之技，亦通乎道。故庖丁解牛，舟人操舟，丈人承蜩之技，莫不通乎道。然庄子未尝言文学艺术之可自成一世界，文学艺术之为一人文领域，乃必不可少；于此技艺之通乎道者，亦未言其必不可少。庄子于人之文字语言，更恒言其可忘，以归于默。王弼之以语息则默，犹是此旨。魏晋玄学家之主言不尽意者，亦同契于王弼得意忘言之旨。然魏晋人在实际生活中，则早已重技艺与文章之美。曹丕《典论·论文》，言功业不若文章之无穷，即言文章自有一独立而永恒之价值。然当时主言尽意之说者，则又主意之可寄于言，而重言，亦即必重辞令文学也。陆机为《文赋》，如赋物赋事，即视文学如一独立客观之人文领域，而赋之。其时凡

论文者，皆同有斯旨者也。然观上述刘彦和之论文，则文所表之意，正可过于在未为文之先其心思感物时，初所及之意。彦和于其书《风骨》篇，更言文之表意而成风，即能“以意起意”。其所谓骨，乃文之体骸，文之组织结构，由有统之之内在的志与意而致者。其所谓风，则此志气或意气之表现于辞采。故曰“意气骏爽，则文风清焉”。然谓之为风，乃谓其更有一感人之意义。故谓风为“化感之本原”。此文之有风而能化感，即言文表意，而同时能以意起意。此外其《隐秀》篇，又言文有秀有隐。隐为“文外之重旨”，“义生文外，秘响旁通，伏采潜发”。文有隐，而文有其暗示潜伏之意义。又其《定势》篇，亦言文之表意，同时有其言外之意，更言文之“因情立体，即体成势。势者，乘利而为制也，如机发矢直，涧曲湍回，自然之趣也。圆者规体，其势也自转；方者矩形，其势也自安。……激水不漪，槁木无阴，自然之势也”。此物之有势，依于其趣向。趣向乃物尚未至，而可能至者。趣向之范围，即一物之可能发展至，或可能影响及之范围，而在物之当前之现实状态之外，以为物所具之意义者。故凡物有势，其所涵之意义，即超乎此物。故圆之转势，在圆之外，方之安势，在方之外。凡文有隐有势之处，皆可说言不尽意，有意在言外。然此言外之意，亦皆文之所隐括，而在文之内也，则又未尝不在言内也。

由彦和之论文，能言文之有风为化感之原，以意起意，又言外之意，亦可未尝不在言内；而重意者，亦不当轻言废文；则依人之心生，而求表现于言于文之自然之道，即亦为当然之道。此有诸内者，当形诸外，以成文，是人之道，亦天地之道。故天有天文，为天之表现；地有地文，为地之表现；人于此可见天地之心，天地之道。则人有其心之生，而表现于言立文明，亦所以见人之心，人之道也。此人之有文之道，即人之使其内具者通达于外之道。如天之有天文、地之有地文之道，即天地使其内具者，表现通达于外之道也。有此道，则天必有天文，地必有地文，人亦不能无文学。人无文学亦不能与天地参，无所谓人文之化成。此即合于儒者之旨者也。

原彼为魏晋之玄言者，如何晏、王弼、郭象，皆取于道家虚无之义，以为玄言，而仍以孔子为圣人，故何晏唯以孔子为全空。《世说新语·文学》篇载王弼答裴徽，谓“老庄未免于有”，其言“无”，乃“恒训其所不足”。郭象序《庄子》，以为尚未免于狂言。彦和之有取于道家虚无之义，以论文，而归宗孔子，亦合当时之潮流。然彦和又不只以孔子为圣人，且以文章原所以明人之参天地之道，以有人文之化成。何晏、王弼、郭象心目中之圣人，则要在体合虚无玄冥之道，其余事皆应迹而非本。何晏言圣人无情，人哭亦哭，人恸亦恸，其哭恸固为迹。王弼言圣人有情，“不能无哀乐以应物”，亦以圣人之本在“体冲和以通无”。郭象更以圣人之礼乐政事，无非迹，当由迹返本，则其至极，皆归在忘言；则表情志之文学，亦非必当有。此即与彦和之言文之心当有，以成人文之化成者，大不同其旨。而彦和谓文之成，赖于神气理，亦所以明道；更论文之声律形式，及文之种种体裁之渊原，与其用之所宜。其论文之宗旨之高与规模之大，后世亦无以过之。唐之韩愈柳宗元之言文以明道，宋儒之言文以载道，亦刘之文以明道之旨。文所明之道，所载之道，固可有种种之不同，亦不必限于言人伦之忠孝仁义。刘所谓道，更无此局限。其言唯是谓由“心生”而“言立”“文明”，以使人表现其内心于外，即是自然之道。天地万物有其文之表现，亦依于此道。此心之所生者为何，固可依其神之运，而无一定之方向。凡日月山川，风花雪月，感于人心，而人之心意心情，有所生起，而表现之于辞令文言，固皆未尝非道。循此以观，则文以明道，以至文以载道之言，即说文之所以为文之共同的本性或本质，而永不可废之论也。至于由此而规定文当以表何种之道为高、为大、为远，否则为低、为小、为近，则依乎人所在之情境、所居之时代与其人之性格或偏尚，自可有种种之论。各时代之论文所明之道者，其说亦可不同。后世如清代之言文学者，不喜明道、载道之言，而标尚性灵或神韵，或性情、趣味或格律者，固多有之。然性灵、神韵、性情、趣味，固皆生于人心者也。格律则言立文明中之事也。表性灵、神韵、性情等于文学，亦同依于此"心生而言立文明，以通达内外，而化成人文"之道也。则谓文不明道，不载道，离道而有文，必须天地毁坏，日月失明，人不成人，无人文之化成，而后可也。世岂真有离道之文哉。刘彦和论文之立本于此文以明道之义，以言文学中之神思、志气、理等，犹可说于魏晋之玄理与其他论文之言，多有所承。然其言文之依于天地有表现为文之道，人之心生，亦必有表现为"言立文明"之道，则超迈魏晋玄学之流，未尝知此文学之必不可少于天地，与道必不能相离者。是乃直上承先秦儒者言"诚于中、形于外"之乐诗等之"不可已"之旨。此亦即中国哲学言道思想史中之大事，不可只视为一文学之论而思之者也。

上述魏晋六朝人言文学之道，下文略及魏晋六朝人言艺术中之道者，以见其并与玄理相通。

六　嵇康论声音之道与"宣和情志"义

此魏晋时代之艺术之论，首为对音乐之论，次方为对图画之论。中国之音乐之论，其原甚早。盖音乐，原为人之生命心灵活动之起伏抑扬之韵律，或喜怒哀乐之情之直接表现。儒者即由此以见音乐之依于人之情，亦可养导人之情。故孔、孟、荀皆重乐，而有《礼记》中《乐论》等文。汉人依乐律以言天文历法，而音乐之涵义，更为广远。然亦不免将此乐律之意义，外在化于天地，而忽其与吾人之生命心灵活动之直接关系。魏晋人之论音乐，则重恢复此音乐与生命心灵之直接关系而论。然此直接关系，是否即为情志之喜怒哀乐之直接借音乐以表现，则为待决之问题。因人之生命心灵之活动，不必为一明显之喜怒哀乐之情，而音乐中之乐律，所规定者，纯为声音之形式关系。此形式关系之有和与不和之分，美与不美之分，初似不宜直接连于人之喜怒哀乐，亦不同于人之喜怒哀乐之对具体事物而发者。人亦唯注重此音乐中之形式关系，而知其和与不和、美与不美，方有纯粹之音乐创作欣赏之事，而见音乐之为一独立之人文领域者。故魏晋之时代阮籍有《乐论》，嵇康有《琴赋》及声无哀乐之论。嵇、阮之生年，皆早于上述王弼、郭象、陆机、刘彦和等，然依本书说义理之序，则只能论之于后。

兹按阮籍尝作《通易论》《达庄论》《通老论》。《达庄论》《通易论》今存，《通老论》已佚。《太平御览》卷一“天部”引其《通老论》佚文，谓：“道者法自然而为化……《易》谓之太极，《春秋》谓之元，《老子》谓之道。”“圣人明于天人之理，达于自然之分，通于治化之体，审于大慎之训；故君臣垂拱，完太素之朴，百姓熙怡，保性命之和。”故阮为儒道合一论者。其《乐论》言圣人之作乐，为“顺天地之体，成万物之性，乾坤易简，故雅乐不烦”。又谓正乐在倡雅乐，“立调适之音，建和平之声。雅乐周通，则万物和，质静则听不淫；使人精神平和，衰气不入，天地交泰，远物来集”云云。其所言者甚广泛，亦尚未出《乐记》言乐可使人“耳目聪明、血气和平”之旨，不如嵇康论乐之有思致。嵇康善论难。友人陈荣捷先生尝引法人戴米微考，谓“妙理”之一名，为嵇康所首创，未知是否。然嵇文如《养生论》等，并有妙义。其《琴赋》《声无哀乐论》言“声音之道”，即言声音之美，不关于其所直接引起之喜怒哀乐之情，亦不直接表现情志。此即与昔之论乐者，重此乐与此情之因果关系之论者，大不相同，而代表一魏晋时代之新音乐理论。由此理论，以建立音乐之有纯粹之形式美，亦即所以使音乐成一独立之人文领域之道也。

嵇康之《琴赋》，其文甚美，而《声无哀乐论》，则主客问难，以免人“惑声音之道”，颇多曲折。今皆不拟细析。嵇康虽言声音之自身不直接表现喜怒哀乐之情，亦无喜怒哀乐寄寓于声音之中，并亦不以引起此喜怒哀乐之情，为音乐之价值之所在，然其《琴赋》亦先言音声之可导养神气，宣和情志。察其言宣和情志之旨，亦即宣和一般人情之喜怒哀乐之偏向，以达于一超此偏向之情，一种高一层面之情志。则谓嵇康不重情志，非也。

至其声无哀乐之论，亦初未尝否认人闻音乐者，恒有引起哀乐之事实。然此一般之哀乐之情，则根在人之主观，如“哀心藏于内，遇和声而后发”，初不直接原于音声。亦正以声音为和声，故人主观之心中，先藏或哀或乐之情者，皆可由闻音乐，而或哀或乐。故其《琴赋》谓：“怀戚者闻之，莫不憯懔惨凄，愀怆伤心；……其康乐者闻之，则欨愉欢释，忭舞踊溢……”“感荡心志，而发泄幽情。”然同一之声音，而闻者或哀或乐，则证此哀乐之情之出于各个人之主观。此各个人之主观之哀乐之情，因人以异而无常，即不属于此音声，亦不能与音声自身之和，直接相应。能与音声之自身之和，直接相应者，则为一情志之宣和。音乐之和声，有此宣和情志之用；亦唯情志之宣和者，能知音而知乐。故其《琴赋》言：“非夫旷远者不能与之嬉游，非夫渊静者不能与之闲止，非夫放达者不能与之无吝，非大至精者不能与之析理也。”静、放达、至精，皆宣和情志者所至之心灵境界也。

至于克就《声无哀乐论》之文而说，则其首言：“天地合德，万物资生；寒暑代往，五行以成；故章为五色，发为五音；音声之作，其犹臭味在于天地之间。其善与不善，虽遭遇浊乱，其体自若，而无变也。岂以爱憎易操，哀乐改度哉。及宫商集化，声音克谐，此人心至愿，情欲之所钟。”此则明言音声之在天地间，其组织成一全体，自有其善与不善之价值意义；而求声音之成一和谐之全体或和声，则为人心之愿欲向往之所在。其下文之论辩，则要在言一般人听音乐所生哀乐之情，乃由其心先藏哀乐之故；“和声无象，而哀心有主”。此哀乐非和声之所固有，亦非其所必然引起者。音声之善否，如人之贤愚，乃属音声或人之自身。至于人一般之哀乐爱憎，则属于人之主观。故曰“爱憎宜属我，贤愚宜属彼”，“外内殊用，彼我异名”，“声音自当以善恶为主，而无关于哀乐；哀乐自当以情感而后发，则无系于声音”。声音中无哀乐之实，亦不当与以哀乐之名，是谓“哀乐之名实俱去”。故必立此声无哀乐之论也。

至于嵇康之下文，则设客之问难，谓声虽无哀乐，然必可引起哀乐，如贤愚之必可引起爱憎。则“哀乐由声，更为有实”；虽可去其名，而不能去此声之引起哀乐之实。故人可由声以知其所引起之哀乐，或所表现之哀乐云云。嵇康即更进而辩爱憎生于贤愚，与哀乐之发于声音，尚有不同。其意是人有贤愚，而爱憎随之，可说爱憎由贤愚所致。此如五色有好丑，五声有善恶，而人对之有爱与不爱，喜与不喜，亦可说由声色所引起。然此“人情之变，统物之理，唯止于此；然皆无豫于内，待物而成耳”。然此爱与否，与人之哀乐之情，乃先构于心，但因和声以自显发者，大不相同。故不可相提并论也。

自下二段之论难，则先设客难人之情可表示于色，则哀乐亦宜形于声音，而人由声音亦可知哀乐。下文更辩人情之繁，非声音所能表，而闻声音者，亦不必能得其情；声音之于情，不必能象其体，而传其心。声音如形貌，有“形同而情乖，貌殊而心均”；则心之与声，明为二物；人亦不能因其声以必知其心也。

然其再下二段之论难中，则嵇康亦承认音乐之感人，不同之音乐其所引起之感不同。故谓：“听筝笛琵琶，则形躁而志越；闻琴瑟之音，则听静而心闲……；齐楚之曲多重，故情一；变妙，故思专；……然皆以单复，高埤，善恶为体，而人情以躁静……

此为声音之体，尽于舒疾；情之应声，亦止于躁静。”此躁静，自是人之心灵生命之活动，此活动之形式，固与声音之形式相应。然此非一般之哀乐也。故曰：“随曲之情，尽于和域；应美之口，绝于甘境。……躁静者，声之功也；哀乐者，情之主也。声音虽有猛静，猛静各有一和；和之所感，莫不自发。”此即谓和所引致之哀乐，由人主观自发，不发自声音。亦正以声音“无主于哀乐”，然后能“总发众情”，即唯因声音以“平和为体”，而后“感物无常”。此即谓音乐感人，所引起之情志，或生命活动，为高于一般之哀乐之情者。音乐所引起之情志，其本质唯在其躁静之形式，与音声之振动之相应。而音声之有其和，即可连于人之主观所藏之哀乐之不同，而为其统；更使此所藏之不同哀乐，皆各得其表现发泄。下文再述客之自救其声有哀乐之言，今略。而其最后一段之论难，则为讨论音乐之何以能移风易俗之问题。嵇康之答，则谓此亦正不关一般之哀乐。音乐之所以能移风易俗，正在其有和声以养和心和气，使心与理相顺，气与声相应；“心感于和，风俗壹成”。此言音乐和声所直接引起之和心和气，正在一般之哀乐之情之上一层面，而唯与音声中之形式之和，或音声自身之理，相顺应者。此乃由宣和情志，而有之上一层面之情志，不可与下一层次之一般之哀乐，相提并论者也。

七　宗炳之以“澄怀味像”论画道，及其言“应会感神，神超理得”义

至于中国之画论，则较音乐之论，尤为晚出。《庄子·田子方》篇之言画者之解衣般礴，不过言其全神贯注，以为画。非画论也。直至魏晋之玄学家，仍未闻有画论。至顾恺之，乃有画评。其言作画贵迁想妙得之语，尤为后世所称。此迁想，即人之迁移其心思或心情于境物；而妙得，即妙得人物之形象。顾恺之之论，

及于画人物与山水。其《画云台山记》，只及于山水之布局，纯属画技术。其《胜流画赞》论画人物，谓有一毫小失，则神气与之俱变；又谓画人当注意“凡生人无有手揖眼视，而前无所对者；以形写神，而空其实，对荃生之用乖，传神之趋失矣。空其实对，则大失；对而不正，则小失；不可不察也。一像之明昧，不若晤对之通神也”。此亦属画之技术。然谓画人物之神，当注意其所对，观其神之有其所通之实，不可空其实。此为既重传神，亦重神之通于实，以为画之旨。神原为虚，虚必通向于实，亦犹王弼之言依道之无而虚通者之必通于有也。但观顾恺之文，盖亦未必有此意，而其文亦只为技术之论也。

然刘宋宗炳之《画山水序》则显然有画道之论。其言“圣人含道应物，贤者澄怀味象”，固不以绘事为圣人之业。盖圣人含道应物，故不可留迹，如何晏、王弼、郭象之言圣人，皆应迹而不留迹也。然贤者则必由澄怀而味像，即谓不味像，则亦不能希贤，更何能至于圣？此澄怀，即清澄淡泊，虚静其心，此乃陆机、刘彦和之论文，阮籍、嵇康言音乐同有之义。“味像”之像，在文学为意象，在音乐为音声之大小抑扬之象，在图画为物之色形之象，而其融和集结，则皆有其理或形式则一。言味其像，即要在体味其中之理与形式也。故澄怀味像，可以论画，亦可以之论一切文学艺术者也。宗炳此言，自重在言画。其下文言“至于山水，质有而趋灵”，则是于画之中，特就山水以言其质有趋灵。实则一切文学艺术，皆同重虚托一意象，以远于质实，而趋于空灵。然世间之物，固有质之重浊者，与轻灵者之分。以重浊之物之意象，入文学艺术，固亦减其质实。然人之沿此意象，以念其物，则重坠入于质实之想。唯于物之原自轻灵者，更生一意象，而表之于文学艺术之中，乃可常保其轻灵。自然界之物，为人所日用者，恒被视为质实者。唯山水绵延流衍，烟云变化，不可加以把捉而用之；乃可远观遥视，更不见其质实。故其质虽有，而趋于轻灵，或空灵，以呈于人心。故智者乐水，仁者乐山。而宗文下亦言："古之贤圣，必有山水之游，以成其仁智之乐。"更言："圣人以神法道，而贤者通；山水以形媚道，而仁者乐，不亦几乎。"圣人以神法道者，以其心神自法道，此亦贤者之心神所欲通。山水以形媚道者，言山水之质有而趋灵，即如媚顺于道之虚通，以使仁者智者见之而乐，以成其心之虚通也。下文更言："余眷恋庐衡，不知老之将至，愧不能凝气怡身，伤跕石门之流；于是画象布色，构兹云岭。"此即言愧不能如圣贤之合道，以有成仁智之德而自足，唯有由味山水之像以为画也。下文更言："理绝于中古之上者，可意求于千载之下；旨微于言象之外者，可心取于书策之内；况乎身所盘桓，目所绸缪，以形写形，以色貌色也。"此言人之心意，可上通千载，而由书策之文，人亦可沿之以知言象以外之微旨；即言人自有可超越于当前之世界之心意，而由文字之符号，以知文字以外之旨义；故有文学之文，以表此旨义；则人自当更有以形表形，以色表色之画，使人沿画上之形色，以知画中山川。再下文言："且夫昆仑山之大，眸子之小，迫目以寸，则其形莫睹；迥以数里，则可围于寸眸。诚由去之稍阔，则其见弥小。今张绡素以远映，则昆阆之形，可围于方寸之内。竖划三寸，当千仞之高；横墨数尺，体百里之迥。是以观画图者，徒患类之不巧，不以制小而累其似。此自然之势。如是则嵩华之秀，玄牝之灵，皆可得之于一图矣。"此段文言绘山水之可能，乃依于遥观则大皆成小，而可纳之一图。但能类似，则可不见此中之大小之差。此即言透过画图以观山川，山川即摄在画图中，亦摄于观画者之心目中。至下文言"夫以应目会心为理者，类之成巧，则目亦同应，心亦俱会；应会感神，神超理得；虽复虚求幽岩，何以加焉"，则言人之诚循心目之应会之理，以观画中之山水之类于自然之山水，则不见其大小，而有大如小，小如大之巧。此中有自然之山水，画中山水，自相类以成巧。人之目之应于画中山水时，人之心亦与之相合。既会之，而人之神思，更超越于此目所应者之外，则画中山水，如呈于心目之前。此则唯本于“应目”“会心”而“神超”三者，依一理而进行，至于神超，而理极。是为神超理得。神超即超于此画之自身，而呈现所画之山水，如在心目之前。故虽另求真实之幽岩，亦不能加于是也。

至于下文言“神本无端，栖形感类，理入影迹”，则自人之神之运不限于特定之形象，以言其无端。此乃庄子、《易传》与魏晋玄学家之言神所同具之旨。其言神之栖形感类，则言此神之寄于形，如暂栖于其内，而即顺一形之所类，以通于他形。沿类而通，即是循理而进。此通，非通其形之实，乃通其形之影迹。形之影迹，即吾人对形物之意象也。言形之实，则物虽同类，亦各有其形之实，居不同之处，固亦有所不能通者。然此理之所入，则不在此形之实，而在形之影迹，或意象。此固可沿理而通者也。通而写之，则可尽此意象。故曰“诚能妙写，亦诚尽矣”。谓之妙者，连神而言。神本无端，故其“栖形感类，理入影迹”之事不穷。随神之无端，以次第栖神感类而写，即妙写也。其下文更言：“闲居理气，拂觞鸣琴，披图幽对，坐究四荒；不违天励之丛，独应无人之野；峰岫峣嶷，云林森渺；圣贤映于绝代，万趣融其神思。余复何为哉？畅神而已。神之所畅，孰有先焉。”此则不外言神有此妙运，则虽披图幽对，而神运四荒，以至无人之野，以使峰岫云林，呈现于此神思之前；以与绝代圣贤之“含道应物”之心，遥相照映；更融化此神思之前之万趣，求加以表现，入之于画。此入之于画，亦不外求畅此神思而已，故外无所为也。神得其畅，而无滞之之物，则亦不见有先于此神之畅者；而神之畅，即为至先，而更无先之者。如今所谓至于绝对之审美艺术境界矣。

此宗炳之论山水之画，其所用之名辞，所论之义理，咸本于魏晋以来之玄理；其所论大体，同于陆机、刘彦和之论文，阮籍、嵇康之论乐，皆显而易见。则其所论之画道，与当时之音乐之道，与文学之道，及玄理之道，固皆可谓为同一之道，分别表现于玄理及文学、音乐、图画之论述者也。至于过此以往，以论其他艺术如建筑、园林、书法及酒、棋、茶、花之小道，吾人皆可谓其必有其相通之义可说，然亦非吾人所必须尽述者。心知其意者，固皆可自得之也。

唐君毅作品

中国哲学原论·原道篇

（三）

中国哲学中之『道』之建立及其发展

唐君毅 著

九州出版社
JIUZHOUPRESS

目　录

第三编

第三编

第一章　中国固有哲学中之道与佛道之交涉(上)

一　印度佛学之根本问题与其思想方向

以前所述之中国哲学思想中之道，乃中国民族原有之学术文化中之道，而次第表现于由上古以至魏晋六朝之历史中者。此中之各种思想之次第生起，皆可说依于一学术文化之本原而发，以先后相承。由此可知中国之哲学思想中之“道”之流行，其种种姿态方向所在。如总其始终而观之，即可默识此道之规模与大体。但今不拟更加提要复述。下文将先就由汉末魏晋以来中国之佛学思想中之道，与当时之玄学或中国固有之哲学思想之接触，以论佛学之如何输入中国，与佛学思想之如何次第兴起，以见其中皆未尝无此固有之哲学思想之精神之贯注。由此佛学思想之次第兴起，至唐而中国佛学之各宗派皆备。历五代至宋明，而各宗派之思想，更互相摄取，以趋于融合。此中之大开大合之历史，亦极为复杂。而其中高深广大之思想之次第出现，以次第开出种种佛学之道，实为人类智慧表现之一奇观。唯下文论佛学亦暂限于指出此诸佛学之道，如何得次第开出之哲学义理之线索。至于各宗派佛学之内容之详，与五代宋明以降之佛学各宗如何趋于融合之详，则非所及论也。

关于佛家思想之流与中国固有之玄学等思想之流，其如何接触，而相影响之历史的事迹，多尚有待于历史家之次第考索。然阮籍、嵇康、何晏、王弼、向秀、郭象之言玄理，嵇康、阮籍之论音乐，陆机、刘彦和之论文，以至宗炳之论画，就前文所述及者而观，则皆出自中国固有之学术思想之传，而可由其所陈义理，言义理所用之名辞，以见之，而更无可疑者。佛学虽自汉末已来中国，然魏晋时学术思想之主流，仍是中国固有学术之传。如魏晋之言玄学者，多宗孔圣而用庄老，以兼崇儒道。东晋与南朝之士人之言佛学者，则多三教共宗，亦兼学三教之学。如上述之刘彦和虽为僧，宗炳亦信佛，而论文论画，则皆纯本儒道之义是也。大率玄学之流之连于佛学之流者，有伪《列子》书之言有西方圣人，并取其幻化生死之言，以合于道家言生化之旨。后皇侃《论语集解义疏》、成玄英之疏《庄子》，更明用佛书之辞语。此佛学之流之思想，其连于中国固有思想之流，则由佛经之初译，即用中国典籍中辞语，以为格义，已可见之。至对佛家思想，加以消化，更加论述者，如僧肇，乃由其妙善老庄与王弼等之注，而后有其论述。故其书之行文，亦与王弼等相类似。如其《般若无知论》谓“言之者失其真，知之者反其愚，有之者乖其意，无之者伤其躯”，即全仿王弼《老子微旨例略》“言之者失其常，名之者离其真，为之者败其性，执之者失其原”是也。又佛家之著述，则自吉藏之《大乘玄论》《法华玄论》《三论玄义》《净名玄论》，智𫖮之《妙法莲华经玄义》《观音玄义》《金光明经玄义》，智俨之《华严一乘十玄门》，法藏之《华严探玄记》，窥基之《法华玄赞》等，皆不能离此“玄”一字，以成其书名。大率在玄学或其他中国固有思想与佛学相接之时，学者皆唯重观其立义相类，而可相证会、相发明者，以自求其安身立命之道，而自为心安理得之言。然初无比较学术宗派异同之念，亦无运用辞语之忌讳。故吾人由其所用辞语之同，亦即不易见其义之同而异之处。唯可由其所视为不可意译之辞语，及其新造之辞语或对旧辞语所作之新释中，乃可明见佛家之义，异于中国固有思想中之义者之所在。然其所视为不可意译之辞语，如涅槃、菩提，或对新辞语之解释，又仍须用旧辞语。旧辞语之新释，亦由旧辞语合成。此即为一循环。而使人于佛家思想与中国固有之思想之同异，仍不易定者。今吾人欲定之，则须先观佛学之思想所自出之印度之文化学术之背景，与佛学之原始之问题之所在，更观其问题与中国学术思想原有之问题之异同，然后可不惑于其辞语之同，其所表之意或义之异者也。

自佛学之起原以观，则释迦之发心作佛，乃由于深感于人与有情生命之生老病死苦，并知其原在此有情生命之业障，而求自此业障中解脱，以拔除一切苦，得寂灭寂净之究竟乐。在印度固有之思想，素信一切有情生命所作之业，不随其一生而尽。依此业力之不散失，而有其生命之三世流转，以至无穷。此三世流转之生命所遇之世界亦无穷，而此生命之苦亦无穷。今欲拔除此苦，则必须转化此生命无始以来于无数世界中，所造一切招苦之业，藏于当前生命状态之底层者。此则大非易事。在印度他派思想，同有此如何转业，以致寂灭之乐之问题。在婆罗门教之《吠陀》《奥义书》，及吠檀多学派，大皆信有天神或大梵，为一切有情生命所自出，而其自身则超越于一切流转生死之有情生命之上，而永恒遍在，亦圆满自在，无一切苦，具究竟乐者。故人对之礼赞崇拜，更加观想，亦即可超于其所造之业、所感之苦之上，出此生命之流转之外；而由证知其自我生命之原自大梵来，知此我之即梵，而我即可还归于梵，与梵为一。此为由《吠陀》《奥义书》至吠檀多学派，所启示之人之拔苦转业，超越三世流转之道路。此外又有如数论之以生命之原自一神我，此神我自束缚之之自性解脱，即可超越流转者；又有如弥曼差之由永恒常在之声所示之法，而得超越世间之无常者。更有胜论、尼耶也、耆那诸宗之种种说。然凡此各宗派之哲学或宗教，皆或信有一神我或信有一自我。然在释迦之说法，则首谓人由信一常在之自我而执之，以造种种业，即其流转三世，而招种种苦报之本。人之信大梵为神我，而执此我为真我，亦是我执。有此我执，则终不能超越流转，而亦终不能自苦中解脱。必须见及吾人所执之自我或神我，皆本来无有，然后可去此我执，而超越流转，自一切苦中真实解脱。释迦言无我，乃谓我只是种种心色之法之和合集结而成。言无我，乃谓此心色之法外，更无为常、为一，而能自外主宰此心色之法之我。然此心色诸法，则自是有。知其有，并知此外更无“常、一而能主宰之我之智慧”，自是有。又证解脱得寂灭寂净之究竟乐之心，亦自是有，否则亦无所谓解脱也。

然此佛之言世间之苦与其苦之原于业、业之原于执我之惑；更言此无我之理，以使人有知此等理之智慧，而得自苦业惑解脱以成佛之果，皆对此在世间流转，而现有其种种苦、种种业障之有情生命而言。此由流转之世间解脱而超此世间、出离此世间，则须经一逐渐自世间中拔出之道路。此道路即一在生活上精神上心灵上之修持之道。此道乃使人自世间之苦超拔，亦自形成此苦之种种原因——即心色诸法之和合集结所成之业——超拔，而达于寂灭寂净之究竟乐之媒介。故释迦之四谛之一为苦，二为苦之因之集，三为灭，四为道。道为四谛之终。道之效用，为转世间之苦集，以集人之修道之功，而得灭或解脱，以成佛果者。故道为由世间至超世间之媒介，即为使人得渡过世间之苦海至彼岸之解脱之渡船或宝筏。佛家之教，即以四谛之最后一谛之道为归宿。此道之所以为道，则在其为一由世间以过渡至超世间出世间者，故应自其在此世间与出世间之二端之间或之中，加以了解。知此道，在于人之觉悟或智慧，即菩提。故菩提亦初译为道。直至智颛《摩诃止观》卷一《大意》文中，仍言：“菩提者，天竺音也，此方称道。”此菩提，亦同应自其在此世间与出世间之二端之间或之中，加以了解者也。

由佛学中之道，乃由世间之苦与其苦之因——一切色心之法之集结和合中，超拔，而度过之，以至于灭之道；故佛道即一面对世间之苦集，而求灭度之道。世间有情生命无穷，其苦无穷，为其苦之因之一切心色之法之集结无穷，其所成之世界亦无穷。于此人如欲面对此无穷，而求加以灭度之道，即为无穷的沉重之一负担，而与一无穷的悲悯之情相俱者。由此而释迦对世间人说法，亦必对种种苦、种种心色之法之集结说种种道。其说之也，恒须就世间人所及知者，依种种譬喻而说之，更来回重复说之。弟子所闻者，代代相传，更不断增益，遂成佛经之繁。故即原始佛经之《阿含经》，其卷帙亦甚多。其故盖即在佛之说法，乃面对世间之一般人说，而亦依于沉重之负担与悲悯之情而说之故。然此亦可说由印度之地，草木禽兽，繁殖至速，其争生存而相杀之事，亦至惨烈；故使其圣哲，特感此世间之有情生命之生死流转之事之可怖；而欲教人自此世间中超拔，乃非以此繁复之语言成教，不能为功。更可说印度之圣哲或其徒众，亦初即印度之常人。今观今日之印度之人生殖率之高，正如其地之动植物，再观印度语言构造之繁复，与今日印度人谈论之喜自多方面论述，亦喜重复；则于佛家经论之繁复，亦自有由印度人之习气使然者。又非仅由佛说法原依一沉重之负担与悲悯之情而说之故也。

由此佛家之言说之繁复，恒使吾人对佛家之根本意旨之了解，亦变为繁难。今欲循一简单之路在哲学义理上加以了解，当知佛之说法，乃教人以由世间得解脱灭度之道，则自必有一说明现世间之为如何如何之理论，又必有一说明现世间之可超拔、可出离之理论，再必有一次第成此超越出离之道之理论，更必有一次第得超拔出离之“果”之理论。此中前二者大乘佛学名之为“境”，今所谓知识论宇宙论形上学也。第三者名之为“行”，今所谓道德宗教修养论也。第四名之为“果”，今所谓佛学之人格论或佛格论或究竟论是也。然原始佛教之四谛中之苦集二谛即境，灭即果，道即行，已具此三者。又原始佛学之十二因缘论顺说无明缘行、行缘名色……之流转，即世间所由成之境行；逆说无明灭则行灭，行灭则名色灭……之还灭，亦即由修道之行而至出世间之果也。此外则原始佛学之五蕴、十二处、十八界之说，皆是境论，八正道则是行论，凡说涅槃者皆是果论。部派佛学之有种种不同，如见于《大毗婆沙论》等书者，乃由对世间境与成佛之行及果，有种种不同之见而生。此部派佛学之复杂，即由吾人顺世间之境以修行致果，原为一复杂之历程之故。克就此历程之为一历程以观，乃为在时间中者。然此历程之所归向在成佛果，又为出世间而超时间者。故部派佛学之分野，又多依于其对时间与超时间之观念之不同，及对必须历若干生之时间，乃能得此佛果之观念之不同，而分野。在印度佛学之发展史中，大率上座部以下诸部派至一切有部，对世间现有境之分析最详；而大众部以下诸部派，则直趣向于超世间而空世间之现有境，遂对世间现有境之分析，即不如前者之详者。大乘之瑜伽宗或法相唯识宗，由前一流之思想出，而详于说世间现有之境。大乘般若宗或中观论，则循后一流之思想，而言般若智慧之能照见世间一切法之空，以至言空亦空者。至于《华严》《涅槃》《法华》诸经，则多是依佛之果德上立言者。印度大乘佛学之进于小乘者，如《摄大乘论》等书所辨，虽极复杂，然要在言能深观世间与出世间之不二者，即为大乘。此即依于佛之原有道谛为世间与出世间二者间之过渡与连接之故。通过此“道”以观世间与出世间之关系，即必不可只视为二也。故大乘佛教亦由原始佛教发展而出。又大乘法相之论归在唯识，即摄客观外境以归于主观之心识。般若宗言般若智慧，乃转识所成之般若智慧。此亦属心。故唯识、般若之大乘，皆以心为主，不同于小乘恒只平观心色诸法者。又依心以言修道之历程，则此历程属于心；此历程所经之时间，与在修道心中所见一切事物之时间，亦依心而有；复依心之转识成般若智，而得超出于此时间之外。则不能有小乘佛学之时间为外在客观之论。此皆大乘般若与法相唯识二宗之所同。至于《华严》《涅槃》《法华》之依佛果立言，则佛之法身，又必遍主观之心法与一切客观之色法，亦遍佛界与众生界。则依此而发挥之义理，自又有可进于唯识般若之宗者。然此则唯在中国之佛学中，乃有天台、贤首诸宗之论典，加以发挥。然此诸论典，亦非不本于此诸经而有。此上所说，即印度佛学之发展之大较，中国之佛学之渊原所自者也。

二　佛学之传入中国与般若之教

印度佛学书入中国，传始汉明帝时之《四十二章经》。今存此经，据汤用彤先生《汉魏两晋南北朝佛教史》考证，乃迭经改窜，其原文甚平易，唯重戒爱欲以求佛道。汤书又谓佛教传入，初附于道教。汉末，安世高译书，多关于小乘禅数。后支谶始译大乘之禅法及般若书，然于世初未有影响。《牟子理惑论》果真，则牟子之学佛道，亦初由学神仙不死之术转手，遂求依佛道，得魂神之不灭，而更不求此身之长生。其言“道之为言，导也，导人至于无为”，明以道家义释佛家出世义。安世高所译禅教书，如《安般守意经》，要在使心意不起。此与《淮南子》所传之安精养神之旨，初不相远。其禅法以心寄托于出入息，亦道教所传之吐纳之术之类。故佛教之传入，初未能大别于道教之说。唯安世高之禅法，已重形成一观境，如作不净观，以白骨死尸为所观，以使人对世间生厌离心，以代吾人日常生活中心所观之境。由此而发展为种种禅定禅观之学，则非中国之所固有者也。

至于佛家之教理之入中国，则初传入者，即以大乘般若之教义为主。按在印度大乘般若之教义，乃对小乘如一切有部等之毗昙（对法、无比法）而发，亦对其他大乘宗派之论而发。故其说空、说般若，乃有其所欲破、欲空之外道小乘执见为所对者。佛学入中国，虽早有毗昙义之传入，然毗昙之大论，如《六足论》《大毗婆沙论》等，尚未传入时，即已先传入般若之胜义。此般若之胜义，初即只能与中国原有之玄学中之思想相印证，而见其能表状一智慧的心境之价值。至其破斥种种印度之外道小乘之执见之价值，则初固不显也。然于此一智慧的心境，则中国之玄学家如王弼、郭象之所陈，亦已至极高之境，亦未必初传之般若义之所能胜。东晋时所谓六家七宗，其详虽不可知，然据吉藏《中观论疏》（卷二）等书所记，则道安之宗本无，谓“无在万化之前，空为众形之始。夫人之所滞，滞在末有。若宅心本无，异想便息”，及本无异宗之琛法师谓“未有色法，先有于无，故从无出有；即无在有先，有在无后”，在王弼注老，皆早有其义。即色宗之关内即色义言，“色无自性，故言即色是空”，未言即色是本性空；亦正如郭象之言“有之未生，不能为生耳”。支道林言“色不自色”，“知不自知”，故即色是空。则如郭象之言物我皆冥耳。吉藏谓琛法师言心无。陈寅恪谓心无义始于支愍度（汤用彤《汉魏两晋南北朝佛教史》第二分第九章）。此无心之义，亦王弼、郭象之所恒言。至壹法师之幻化宗，则谓心神不空，然世谛之法皆如幻如化。此幻为非质实之意。则凡本庄子意以言化者，皆有幻化之旨。《列子》书之用幻化之名，亦兼本道家之旨，以言化之非实质，而如幻，未必专本佛家言也。

在六家七宗之中，最能代表印度佛学之精神者，实乃于法开识含宗、于道邃之缘会宗。盖由二人之言之简，而后之佛学言识含、缘会者，更大有胜义，致后人不加以重视。于法开谓“三界为长夜之宅，心识为大梦之主，今之所见群有，皆于梦中所见。……即倒惑识灭，三界都空”（《中论疏》）。此谓吾人所见之世界不离吾人之识，而吾人之心识之未见真实，如在梦中，当求梦醒出三界，正为原始佛学之精神。按此世界由心识变现之说，乃印度唯识宗所畅论之义，初为中国思想中所未有者。至佛家之言缘会，本于重因果。佛之说四谛，以集为苦因，道为灭因，与依流转与还灭，说十二因缘，修八正道成佛，皆全赖因果关系中之“此有故彼有，此生故彼生”。而言有种种因果关系，亦各派佛学之所同，皆以谤因果为大邪见。即龙树、提婆之本般若义之言空，亦是即因缘所生法以言空，非无因缘以言空也。于道邃明“缘会故有，名为世谛；缘散即无，称第一义谛”，盖其旨归亦在兼通于空有。其说虽不详，然自是印度佛学之宗旨。若在中国当时之玄学，如王弼、郭象之言自然独化，固未必即否定因果。如前论郭象时所辨。如郭象之言谓：“人之生也……虽区区之身，乃举天地以奉之。故凡天地万物所有者，不可一日而相无也。一物不具，则生无由得生。……故知之所知者寡，而身之所有者众。……故所知不以无涯自困，则一体之中，知与不知，暗相与会，而俱全矣。”（《大宗师》注）此即明承认一身与他物有因缘关系之语。唯以此一身与他物之因缘关系，乃在人所不知之处，自然而有。非人之知之所必须知，故可任其居不知之地，以与人之知，暗相与会，以使此“知”不一往外驰于无涯，而自困，方是郭象之旨。故此因缘关系，在郭象之意，即非如佛家之视为人之知所必当知，或更即此因缘之所在，见其为空之所在，以成般若智者。而郭象之偏重在就物之自然自生，以说其非他生，亦可说其意在辟除此因缘之知，以使人得直下观物之自然自生中之无待而独化。此亦如王弼之重“心”之“缘虚无以通于有，而观有之自然”，以成其当下之纯观照，而不重观有之因果因缘之论也。佛家则反此，而特重因果或因缘，即言人之证空，亦依因缘义上言，便成其另一套之玄理。此则又不同于魏晋之玄学之玄理之未能重此者也。

三　僧肇之物不迁义与玄学义

中国佛家学者之能承佛家之宗旨之重因缘，而即因缘说空，以发明印度般若宗之义，而又会通之于魏晋之王郭之玄学之论者，盖唯有僧肇之数论，可以当之。僧肇之论，其进于当时之六家七宗之论与玄学家之论者，以及其言表面上若与般若宗之经论之不同之处，亦皆当于此僧肇之言，能兼通般若宗之经论与魏晋之玄理中求之。

僧肇之数论，为《物不迁论》《不真空论》及《般若无知论》。至于《涅槃无名论》《宝藏论》，是否僧肇著，中日学者之考证不一，今不拟论。而吾人亦只须及此三论，已可见僧肇之所会心与立言之善巧，有进于般若宗经论及玄学家之明言所及者。大率印度之《般若经》，皆谓是佛自本其般若慧而说。般若宗之论，如《大智度论》，明谓在释《般若经》。《中论》《百论》《十二门论》之三论，则重在破小乘及外道之邪见。玄学家之注老注庄，则要在说圣人体道之境界，而不重破邪见；唯要在教人缘其当前之境，以契入圣人体道之境。今观僧肇之论，初乃直下就常人之俗见所及，即俗以见真，而证之于经中之圣言，以使常人亦得有契于圣心，则正与王郭之解为近。故《物不迁论》之文，首谓其无意“谈真则逆俗”，亦不“顺俗则违真”。其谓“近而不可知者，其唯物性乎”，即谓俗人于近之物性，有所未知，不当顺俗而谈。然又谓之近，即不逆俗以谈真也。此真俗二谛，固《中论》所原有。于俗谛之因缘所生法中，即说其是空，而具真谛，亦《中论》之原旨。然《中论》与《百论》《十二门论》必广破依俗谛而有之种种一异、来去、因果之执见，即以破斥为立。然僧肇文，则殊少此种种破斥之辩论。要在即俗之所见，而观其所依者之即真；故俗心能自反观其所以成俗心，即知圣人所有之圣心。此则其道亦至近。故不必待对由种种执见所成之种种异论，一一加以辩斥，如三论所为，然后能明此《般若经》之旨也。此则由佛学之传入，原先未有般若宗所对之种种外道小乘之论之传入，而中国固有之思想中，则素无此外道小乘之种种执见，却有承道家而来之玄学之论之故。此玄学之论，原已意在即当前之境之俗，而见圣人之体道之境之真，由俗心以契圣心，而中国固有著述之尚简要清通，亦原不必如印度传来之三论之书，其言义理者之重往复破斥，以成其曲折回环之论者也。

按僧肇之《物不迁论》之文，归于言如来之“功流万世”，“道通百劫”。此自是论佛道。其中之论及时间因果等者，皆印度各派佛学与般若经论之所繁辩，而中国思想则素未尝于此中见有如此复杂之问题者。僧肇文之自“生死交谢”一句起，此亦是自佛家之求解脱生死之问题来。然僧肇此文之论述，则直下由人当下之所意想之有物流动之见，说到人之可不释动以求静，而求静于诸动，乃于动见静，而见动静一如。是即于世所谓迁中见不迁，变中见常，于今昔之时间中见超时间，于因果中见超因果，于世间中见出世间之佛道之功流万世，道通百劫。故此物不迁之论，亦即人当下所谓物之流动中，见物之静，而发明大乘般若宗“以世间之俗与超世间之真为不二”之佛道者也。

此僧肇于迁见不迁、于动见静、于时间见超时间、于因果见超因果等，皆不同于三论等书之先破斥一客观外在化之“迁动”“时间”“因果”之观念；而直谓在吾人所谓物之迁动之观念中，即预设一物之不迁之义。故人即可直接由对其“物之迁动”之观念，有一透彻之反观，而一念即见得此不迁之义，则可进而于时间见超时间，因果中见超因果，以至于世间见出世间之佛道之流行。则成佛之事虽遥，而其道则至近矣。

僧肇此论曰：“夫人之所谓动者，以昔物不至今，故曰动而非静。我之所谓静者，亦以昔物不至今，故曰静而非动。动而非静，以其不来；静而非动，以其不去。然则所造未尝异，所见未尝同。逆之所谓塞，顺之所谓通。苟得其道，复何滞哉？伤夫人情之惑也久矣！目对真而莫觉。既知往物而不来，而谓今物而可往？往物既不来，今物何所往？何则？求向物于向，于向未尝无；责向物于今，于今未尝有。于今未尝有，以明物不来；于向未尝无，故知物不去。覆而求今，今亦不往。是谓昔物自在昔，不从今以至昔；今物自在今，不从昔以至今。故仲尼曰：回也见新，交臂非故。如此，则物不相往来，明矣。既无往返之微朕，有何物而可动乎？……是以言常而不住，称去而不迁。不迁，故虽往而常静；不住，故虽静而常往。虽静而常往，故往而弗迁；虽往而常静，故静而弗留矣。”

据此段文之前数语，即言俗见与真见，乃依于同一之人所共喻之“昔物不至今”一事实。然俗见由昔物不至今，遂谓昔物已往而有迁动。然此昔物之所以不至今，亦反证昔物之自在昔，而未尝有迁动，是即真见。此俗见与真见，乃出于吾人对同一事之顺逆两种观法。此顺逆之观法，如人之思想在一道上两种行走之方式。其一方式是责昔于今，即于今中求昔物，而不得，即见昔物不来至今，常人即由此以谓其已往、已迁动。另一方式则即于昔物之不来今，见昔物之在昔，而不去，亦未尝有此迁动。本此以观今物，则今物亦自在今，而亦不去不迁。此所谓不迁，非谓人所谓已往者之常留不去，而是即此常人之所谓往或不住中，见其常静不迁。此中之要旨，实唯在言如人之应物之心，恒与物俱往，俱不住而俱动，而不留滞其意念于已往之物，更求此已往之物于人心所正应之物中，则不见有物之不来今，亦不见物之有所谓往与迁动。此便是即动以求静。此如以一般经验喻之，即如人与火车俱往俱动，即不见火车之有往有动。又如诗人之心与水俱流与花俱落，则可不见水与花之迁动，而可见“水流任急境常静，花落虽频意自闲”。此固亦常情之一转念而可喻者。而王弼、郭象之承儒道之旨，更宅心虚无与玄冥之境，“芒然无执”，以观物之自然独化，亦固皆同有此即变而观不变之义。僧肇此文，亦以孔子、庄子之言为证，则僧肇亦未有此义为佛家所独具之意。故更明言其乃即常人所同知之昔物不至今之一事实，以立论。唯于常人之由观昔物之不来者，而谓昔物往而迁者，直下加以翻转；以改而观此昔物之所以不来今，以见此昔物之自在昔而不去。此即所以超拔此常人之俗见，而得真见之不去不来，亦使印度之经论之旨，中土圣哲之言，咸得相证者。此即见其谈真未尝顺俗，然亦未尝逆俗。亦未尝逆中土圣哲之言。而是于俗见直转一步，即以成其真见，而亦兼通中土圣哲之言。是则正又为印度之论所未有者也。

按僧肇言“昔物自在昔，今物自在今”，后文又有“古今常存”之句，或者以僧肇乃以今昔、今古之时，为客观实有，而客观实有之事物，则各住其时；有如今之依四度空间，以言事事各据一时空点之说。此则大谬。盖时间非客观实有，乃般若宗经论所共许。《中论》等书已广破过现未为客观实有之说。僧肇言物不迁，乃即动以观其不动而静。一般所谓客观实有之时间，乃依视为客观实有之动而立。一般所谓客观实有之动，既非只是动而非静，则一般所谓依动而有之时间，亦必非“只是时，而非超时”。此义亦非难解。原吾人之感昔物，初只感此一物，而不感其在昔。感一今物，初亦只感其物，而不感其在今。吾人之谓某一物在昔时，乃由吾人之求先感之某一物，于正感之某一物中而不得；更还观此不得，方谓其不来而过往，如只在心灵之回忆所及之一虚位中。吾人以此虚位，为其所在之时位，而名之为昔时。更还观此所正感之另一物，则如在心灵之知觉所及之一实位中，遂以其所在之此位为今时。此中若吾人未尝求先所感之一物，于后所正感之物中之事，或求之而未尝有上述之二还观，则无今昔之时之观念之出现，亦无时之今昔之分之可说。唯在人求昔于今，及有上述之二还观之后，乃见有时之今昔之分。今克在有此今昔之分处说，则今非昔，昔亦非今，今不至古，古不至今，而互不相往来。故僧肇文有“古今常存”“不从今以至古”之言，若其亦视今昔今古之时皆在。然其所以如此说者，唯在人已有求昔于今与反观之心上说。此僧肇之所以说之之故，则所以使人由今古之不相往来，而使人“不驰骋于古今”，知“各性住于一世”，而于古观古，于今观今，古如其古，今如其今，而不见有古今之时间流转，亦不见一般所谓物之迁动往来。故后曰“故各性住于一世……有何物而可去来”。古今之时间之分，依物之去来而立。僧肇之言归于不见物之去来，则固当归于不见古今之时间之分。则其言及古今之时，亦即由古今之时，以超古今之时，于古今中超古今，于时间中超时间，如于世间中求出世间而已。固不可以之为持时间之客观实有之说者也。

至于其文之末节，则合因果以言“如来功流万世而常存，道通百劫而弥固”之义。此因果之义，乃佛家所特重，非玄学家所重。前文已及。然人依其以物有迁动与一般时间之观念，以观因果，恒谓因果为流转法，果现则因已往已灭，则如来之说道，皆数千年前之已往已灭之事。然如知今古之想，本由人心而立。既立之后，人能知今古不相往来，今自在今，古自在古，各住一世而不去，则亦无“如来之说法，为已往已灭”之可说。如来之说法，非已往已灭，则说其住一世，即说其住一切世；而如来之说法，即功流万世而常存，道通百劫而弥固矣。此中之要义，则在“果不俱因，因因而果”。“因因而果”则“因不昔灭”；“果不俱因”，则“因不来今”，而果自在今。通因果以观此如来之说法，则其说法在昔，不来今说法，亦不碍其“说法”之因不灭，而恒有其功流万世、道通百劫，为其果矣。

四 《不真空论》言有无、真俗义，及王弼、郭象之有无义

僧肇之另一论为《不真空论》，此乃要在论有无之问题，兼及真俗二谛之问题。此般若宗之《中论》，原有真空俗有之二谛，合二谛为中道义之言。而中国思想之论有无之问题，则远可溯至老庄，近则王弼、郭象、裴頠，皆于此有所论。佛学东来，言般若

学者之六家七宗中，本无、即色、心无三宗，皆说有无义。僧肇之不真空论，则非此三说。谓本无宗偏重在说非有，有即无；非无，无亦无，即偏在无。即色宗以色不自色为宗，而未了色之非色，则偏在有。心无宗则只无心于万物，而万物未尝无，则偏在只说主观之无心，仍以客观之物为有。僧肇文则不偏在有或无，亦不偏在主观之心以言空，而即万物之自虚，不假虚而虚物，以通有无。言有而不真有，即是无。其所谓“即万物之自虚”之言中之“万物”即有，其“自虚”即空。不假虚而虚物，即不以心之虚无，为虚无彼物之具，而万物自有非心之所能虚之者，故唯有即万物之自虚，以言空。人心所当知者，亦即实知此万物之自虚，非只在主观心上涤除万物，杜塞视听，作虚物之工夫，专以求“心无”为功也。此评论三家之说，原文自明。细观自可得其义也。

僧肇文既言上列三说之非是，其所提出之正义，则在言此心之“即物顺通，故物莫之逆；即伪即真，故性莫之易。性莫之易，故虽无而有；物莫之逆，故虽有而无。虽有而无，所谓非有；虽无而有，所谓非无。如此则非无物也，物非真物；物非真物，故于何而可物。故经云‘色之性空，非色败空’，以明夫圣人之于物也，即万物之自虚，岂待宰割以求通哉”。

兹按此僧肇所谓即万物之自虚，与所引经言色之性空，乃以此虚、此空为物之自性，又与王弼之言虚无，乃要在以虚无为用者，初不同其义。以虚无为用，即心用此虚无，以灭私忘身、去智去伪等，以成其心之虚通。则此近乎僧肇所谓心无宗之旨。心无宗求无心，即致心之虚静，此未为非是。盖若不先致心之虚静，则观万物与观其自虚，皆不可能。然致心之虚静，非只是杜塞对万物之视听，而正在以虚通之心感万物，而观万物之自然，以得其真信。此在中国思想，则远如《韩非·解老》言虚静之道，更言不可制于此虚，已即此意。近则王弼之以虚无为用，亦所以成此心之即物顺通，见物之“性莫之易”。顺通而物我冥然一如，则正为郭象言“游于独”之旨。此中僧肇之言，并未能更有进于王郭。唯僧肇由即物顺通，言物虽有而无，而“非有”；由性莫之易，言物虽无而有，而“非无”。则此非王郭之明言之所及。然亦可由其言而引致。王弼之用虚无以通于物，物在寂然至无之中，即虽有而无，而一般之有，即非有，亦非只是无也。郭象之言独化于玄冥，玄冥即无可知而为无，而其中自有独化在，即虽无而有，而非无，亦非只是有也。然王郭未尝有此非有非无之名，而僧肇则承般若三论之旨，而亦言非无非有。般若三论之言非无非有，意重在超出一切概念之执着，故于有无二概念之执着，必求亦加以超出。然只单言非无非有，则有既无，无亦无，则落在无边，亦落在超世间一切有之出世间一边，又成偏执。故僧肇于此更溯非无非有之义之原，乃在吾人之可即物顺通，见物之性莫之易。此即初非离所顺通之物，而单言非有非无，乃是于物之可顺通而透过处，见其有而无，即非有；于其性莫易而如其性处，见其虽可顺通而透过之，亦必如其性以顺通，即见其无而有，亦非无。而此即是谓：物之非有非无，乃依物之有而无，无而有，以立。物之有而无，乃由心之可顺通言之。“无”乃说此通之辞，原不在物之自身。物之无而有，则由其性非心之所能易言之。此亦原于心之感知其不能易。感知其不能易而说其有，而此有之辞，亦依心之感知其不能易而立，亦初不在物之自身。有无既皆不在物自身，则于物自身，自不能说有无。然在物可顺通处见物之有而无，则于此必可说非有。于性莫易处，见物之无而有，则于此必可说非无。则说非有非无，表面依于物之有而无，无而有，实则依于心之能即物顺通，而感知其性之不易。此则将有无、非有非无之言，皆收归在心之即物顺通，而感知其性之不易上说。然此即物顺通而感知其性之莫易，亦如王弼之以虚无之心观物之自然其所自然，又如郭象之于玄冥中观物之独化其所化。此中僧肇之论，在根本义理上，固可与王郭之言互证。僧肇亦或先习老庄之书与王郭之注，而后会之于佛义。故能言之透辟而无滞，而大有进于般若经论言有无之论者，多曲折回环之论辩，而或欠清通简要者也。

在上所引僧肇言有无之义中，吾以为僧肇所立之义，初并未有进于王弼郭象。然其文之后段，即因缘生，以言有无或不真空之义，则我以为实大有进于王郭。其故则在因缘之问题，乃佛学中之核心问题，而王郭所注之老庄，则自始未重此因缘之问题。故王郭与玄学家之心思所注，自亦不在因缘之论。此亦非谓王郭之智，必不能就因缘言有无，以言不真空之义也。

关于因果之观念，本为一般常识与今之科学及西方印度之哲学所共重。在中国哲学中，王弼郭象虽不重因果关系，汉儒则甚重因果关系。但在中国固有思想对因之一辞，初乃指人之以后事承已前事物之活动。如孔子所谓“周因于殷礼，殷因于夏礼”，即周人之为礼之事承殷人为礼之事，此后者又承夏人之为礼之事也。孟子言“为山必因丘陵，为下必因川泽”，亦由人之为山为下之事，必因承前已有之川泽丘陵之物也。直至《吕氏春秋》《淮南子》之贵因，皆因承、因顺、因任之意。王弼郭象之言及因者，亦是此类之意。此与今之科学与西方印度哲学之言因，乃视因为客观存在事物由成之原因之义，初大不同。顺事物有原因之观念以思想，人必求一事物为原因，以致其未来之果，而人之心思即在前求因后求果之链索中，作无尽之追求。人之心思，即亦为此链索所缚，而不能自拔。于此欲自拔之一道，是如文学艺术家、魏晋玄学家之根本不重循因果关系以观物。另一道为西方印度哲学宗教之思想之求究竟之第一因，以为人心之止息之所。然佛学则肯定此事物之因果关系之有，亦重求知世间之流转与还灭之因果，如前所已及。然佛家之言因果，与常识科学及西方印度哲学之言因果之一大不同，则在此其他思想，皆重在由果之有，以求其所有之因，更以因之有保证此果之有。此言因果，乃所以便于说明种种物之有。然佛家言世间因果，则要在言一切世间之物，既待因而有，则亦原可不有。因去果无，而物之有即无常，非实有亦非真有。此则非言因果以便于说有，而是即因果以说无说空。此则在原始佛教，已有即因缘生以说物无常之义。而在大乘佛学，则更即因缘生，以说物之有非实有、非真有而不执之为实有或真有，正为转一切业障而拔苦之本。故佛学不须如其他宗教之求一上帝为因，以助其转业拔苦。此固佛家之一大慧所存也。

此上所说之义，乃印度佛学原有之义。僧肇此文即亦用因果因缘之义，以说有非真有或实有，及不真空之旨。故曰："夫有若真有，有自常有，岂待缘而后有哉。譬彼真无，无自常无，岂待缘而后无也。（如龟毛兔角，即真无）若有不自有，待缘而后有者，故知有非真有。有非真有，虽有不可谓之有矣。"此即谓待因缘而有者，其有，同时非真有，而可说为非真有，或实有。然此谓事物之待缘而有，而生，而起，则此因缘自是不无。此缘所生所起者，亦自是不无。故下文又谓："夫无则湛然不动，可谓之无。万物若无，则不应起。起则非无，以明缘起故不无也。故《摩诃衍论》云：一切诸法，一切因缘，故应有；一切诸法，一切因缘，故不应有。一切无法，一切因缘，故应有；一切有法，一切因缘，故不应有。……是为设有，以明非无，借无以辨非有。……然则万法果有其所以不有，不可得而有；有其所以不无，不可得而无。何则，欲言其有，有非真生；欲言其无，事象既形。象形不即无，非真非实有。然则不真空义，显于兹矣。……是以圣人之乘千化而不变，履万惑而常通者，以其即万物之自虚，不假虚而虚物也……非离真而立处，立处即真也。然则道远乎哉，触事而真；圣远乎哉，体之即神。"此皆文义自明。而其中所引《摩诃衍论》言"一切诸法，一切因缘，故应有，一切无法，一切因缘，故应有"者，即言有待因缘而有，因缘聚则无法成有也。其言"一切诸法，一切因缘，故不应有，一切有法，一切因缘，故不应有”者，言待因缘，即非实有真有，离因缘则有法成无也。此即因缘以通有无之义，而言物之有其所以不有，有其所以不无。则有即非有，亦不可得而有，亦不可得而无。圣人之乘千化而不变，则其化不无，履万惑而常通，则其惑亦不有。圣人之所以为圣人，亦即在其恒行于此不变常通之道上，而此道则在当前所见之“事象之形，而非真有实有”之中。其非真有实有，即事之真。故言触事而真。知此道，即体于圣心之神明，故圣亦不远也。

第二章　中国固有哲学中之道与佛道之交涉（下）

五　《般若无知论》言心知，与中国固有思想中言心知之同异

僧肇之《般若无知论》在论般若智慧心。此般若智慧心即佛圣之心，亦学佛者所求有之心。此佛圣之心是否尽于般若智慧，乃一问题。如佛之悲心愿力，是否可摄在般若智慧心之内，即一问题。般若波罗密为大乘六度之一，其余五度如布施、持戒、忍辱、禅定、精进等所成之佛心，是否可以般若智慧心摄之，可是问题。但般若宗经论以般若波罗密为最胜，佛之般若智慧心，即可摄一佛心之各方面。然佛智慧是否可以般若智慧摄之，亦初是一问题。佛经言智慧有种种说，对智慧有种种分类，不可胜述。如《成实》《俱舍》至《瑜伽师地论》，皆有闻、思、修之三慧。此乃自智慧之来路或工夫，而分慧为三种。由工夫来者，即由学养来者。然智亦有不由工夫而自然呈现者。《大毗婆沙论》以由学养工夫来者为有学，为一切智、世间智，不由学养工夫来者为无学，为一切种智、解脱智。《法华经》则有自然智、无师智，是不由后天渐修之学来之智，而为顿悟者。至于《俱舍论》之言法智、类智，由观四谛法断见惑而来，又是兼以智慧所知之法言。《品类足论》分法智、类智、他心智、世俗智等十智。《成实论》分十智、四十四智、七十七智，皆以所知之法言。然其言四无碍智、六通智，却皆以智之运用言。《瑜伽师地论》于智慧之分类，更有种种

说。如卷八十一言十智，卷八十六言九智，卷四十三言九慧，余不能尽举。其中亦有自智慧之所知言者，如九智中诸行流转智、诸行还灭智等，九慧中第一之自性慧，悟入所知之自性；第二一切慧，知世间或出世间之一切佛法。复有自智慧之来路言者，如九慧中之第三难行慧，则自其智慧之来路之难行言。再九慧中之第四一切门慧，此乃门路之门。门路即来路也。故闻思修之慧，皆在此中。此外亦自智慧之运用言者，则如九慧中之遂求慧。此慧中，有于法无碍、辩才无碍慧，则自对佛法之运用解释上言。至龙树《大智度论》言疾慧、出慧、广慧、深慧、大慧等，盖皆是自智慧之运用上言。观《大般若经》言佛之般若慧，亦多言证空而无碍之般若慧之广、远、深、大等。大约《大智度论》之言一切智，乃自此般若智之能于世间一切智之所知，知皆本性空而言；其言道种智，则自有一切智者兼知化度众生之道言；其言一切种智，则自表现此能观空之一切智，于此种种度化众生之智中而言。般若宗种种之论，如《中论》《百论》《十二门论》，亦皆重在表现一辩才无碍，以成其度化之业者也。大率由《俱舍》《瑜伽》来之法相唯识宗之言智，重在以智之所知分类；而般若宗则重在智之运用功能之表现上，分说各智。如般若之有观照般若、方便般若、文字般若之分，亦自般若之用在观照，或行方便，或用文字上而分也。至于由智之来路工夫等，而意谓智有由学养来与否之分，与顿渐之分，则盖二宗之所同。唯法相唯识宗重渐修之学，而般若之宗，则重顿悟实相耳。

今观僧肇诸论中，其《物不迁论》乃在境物上，言即动而知其静；《不真空论》则言于境物上，即其自虚言有即无，而非有非无；《般若无知论》，则要在言能照此即动即静，即有即无之境物之实相之般若智慧之心之本身。境物之实相为所照，而此心只是一为能照之功能，是名般若智慧。然僧肇之言此般若智慧，则未尝言此智之有种类，亦未尝如《般若经》之广说此般若智之大。

其旨要在言此般若智慧之体性或本质，不同于一般有知之心者何在。故其言以精约见长，自不如印度言智慧与般若智慧者，自种种方面广说者，其言之广大。故僧肇之言般若，似只有一泓清水，不似印度之言般若心者，如大海中之有蛟龙起伏。然亦无彼之汗漫无涯，难见要领之失也。

此僧肇之《般若无知论》，言般若智慧心之体性或本质，即以其无一般之惑取之知，加以标别。此如连于其前二论言，则一般之知，于动只见为动，不知即动见静，即为惑取之知；离动求静，亦是惑取之知。不知即物之观其自虚，是惑取之知；假虚以虚物，而杜塞视听，以于物外求虚无，亦是惑取之知。凡于动静、有无，偏执一边者，皆是惑取。一切偏执、偏取一边之义理，或偏着于一物或一类物，所成之情见，皆是惑取。凡有取着，亦无不偏。于所取着者外，更无所知，即是迷惑。故此取着即惑，惑亦即此取着。由一般之取着，即有一般之知；无此一般之取着，即无此一般之知。无此一般之知而无取着，而心自有智照之用，在境物上于动见静，于有知无；而此心之智照之用之运行，即恒应恒寂，亦恒照恒虚，而于万动万有，亦见其一如之真谛。此即《般若无知论》之大旨。而其文之宗趣，原甚简易。但更设有种种问难，再为之答，故见复杂耳。

如就此文简易之宗趣而论，则此论之言有般若智之圣心之恒应恒寂，恒照恒虚，与王弼郭象之言圣人之心之虚通于物之自然，恒独化于玄冥，亦不特其义无根本之别，即其名言，亦多取诸老庄王郭之书。故其言圣人曰："虚其心而实其照，终日知而未尝知也。故能默耀韬光，虚心玄鉴，闭智塞聪，而独觉冥冥者矣。然则智有穷幽之鉴，而无知焉；神有应会之用，而无虑焉。神无虑，故能独王于世表；智无知，故能玄照于事外。智虽事外，未始无事；神虽世表，终日域中。所以俯仰随化，应接无穷；无幽不察，而无照功。斯则无知之所知，圣神之所会也。然其为物也，实而不有，虚而不无，存而不可论者，其唯圣智乎。何者？欲言其有，无状无名；欲言其无，圣以之灵。圣以之灵，故虚不失照；无状无名，故照不失虚。照不失虚，故混而不渝；虚不失照，故动以接粗。……是以般若可虚而照，真谛可亡而知，万动可即而静，圣应可无而为。斯则不知而自知，不为而自为矣。”

兹按僧肇此文大旨，皆在此节之文中。其后皆问答之辞。此节文中言圣心之无一般之知，只是一智照之用，即只是一纯观照之能，亦即只是如王弼所言之寂然至无，而能虚通之心，或郭象所言之于玄冥中观物之独化之心。此乃纯自心之能上看，而将此心之能之所着之物相，或由物相而得之观念，或心用以知物之范畴，如有无、动静、时、空等，全部撇开；则此心之能，即只是一灵照或虚照，或一灵知之明，或一光耀。此是心之用，亦即心之体。此义，亦初不难见得。其难处，唯在人对其所着之物之相或观念范畴等，恒撇不开。其所以撇不开，有生活上之理由，故必有生活上之修证，然后此心之为一灵照、虚照，乃不只为理解之所及，或偶然之呈现，而得全幅呈现。然只由人之理解，以及于此义，则亦不待于其全幅之呈现。人将其心中之种种所知，与用以知所知之观念范畴，一一撇开，此心知中，即无此所知等；则于所留下者，即依纯理性以思维，亦必归于只见有此一知之虚照之明。如于一光将其所照之物及光自身之色相去掉，此光之只是一虚照之明也。此虚照之明，虽无所照、无色相，而自是一能照，自是一照用。此能照或照用自是有。故一方言其“实而不有”，一方言其“虚而不无”。实而不有，乃言其无所照，无色相，即自其“所”或“相”方面说。虚而不无，乃自其能或用上说，此用即其体。此中之虚与实，及不有与不无之名，各有所指，固不相矛盾，而可合之以说此虚照之一用一体也。

此僧肇之说此人之心之能，只是一虚照之用。此用即体。圣人之心即能全幅呈现此心之能，以恒虚照者。吾不以其所见，必有异于王弼、郭象之所见。此义亦可为儒道诸家所同见。此中僧肇此论之特色，唯在其言此圣心之照境“于万动可即而静，圣应可无而为”二句。此即应合于其《物不迁论》与《不真空论》之旨而说，亦应合于佛家之常与无常、流转与还灭，及空有之问题之说。盖在印度，人对此二问题，亦原有种种偏执之见。佛家大乘般若宗，广破此中之诸偏执之见。鸠摩罗什既传其论于中国，为僧肇所受，而有《物不迁论》《不真空论》之著；更对此“能照见此物不迁与不真空之境”之圣心之般若智慧，为此般若无知之论，以契于中国固有之玄理之论。此则别经一大迂回之思想路道，而后致，便不同中国玄理之论，未尝经如此之大迂回而生者。此一大迂回，即经一对客观境相之知识论、本体论上之大迂回，而后反诸心之虚照之能。中国玄理之论，未尝经此大迂回，即直下在人之心之主体之能上，见其为一灵明、灵照或虚照。近如王弼、郭象，远溯至老庄，皆有直下以虚照之明，言心之语。而孔子之言毋意、毋必、毋固，毋我，与空空如也；孟子之以“日月有明，容光必照”喻心；荀子之言大清明之心；亦无不涵具此心自有此虚照之明之义。此亦任何人能自观其心者，所同能多少见及者。然由直下自观而见及，与先观客观境相，经一知识论、本体论上之大迂回，而见及，则其道路不同。此亦印度哲学及佛学与中国固有之哲学之所由分。则于其归趣之有所交会，与其思想之来路之不同，皆不可忽。而此僧肇之《般若无知论》之特色，亦即在其连此所照之境相而论之处。其后文之所以更有种种之问难与答辩，亦皆由其言般若智慧，乃连其境相而论，方有此种种问难与答辩。若循中国固有思想之传统道路，直下不连境相而论，则亦可无此诸问题，亦不待此诸答辩，人亦可知此般若智慧之心之所以为心。而上所引僧肇之一段文，亦可具见其归趣，而更无余蕴矣。

兹可略析下文，以见其皆起于人将般若智慧心连于其境相而生之问难。如其首一问难，即为人问般若非一般之知，然既是一能知之照用而与境相应会，则“有知于可知，故圣不虚知，必有会于可会，故圣不虚会……安得无知哉”。此问即由能知必待所知而立，以谓般若智慧应为有所知之知，而所谓圣智之无知会者，不过由圣人之自观照其“无私于知会”，而“不自有其知”而已。僧肇之答文，则谓言圣心之无知，非只不自私、不自有其知之意。此不私、不自有，乃由进一步之反观、反照而见及者。今言圣心无知，乃言“知自无知矣，岂待返照然后无知哉？”僧肇之意是谓：此圣心之知之用或活动之进行，自始即不取着物相，照而恒虚，便已是知无所知，不同于人之知之取着物相而有所知者。是名无知。此即谓圣心之无知，不须在圣心主观上之“无私，不自有其知”上说。此是另一层之义。此圣心之无知，初当直至圣心之照境之无知上说。至于此圣心之反照其知，而无私，不自有其知，此乃依于圣心之知其“知之性空”。即依于圣心之自将此知，化为一反观之所对，而见及者，故是另一层义。然若将此知作反观之所对，而说其性空，则不只此知之性空，一切惑取之知或惑智，亦原无不性空。则此知与惑知，即落在一层面，以为所知，而即非自圣心之般若智为一纯能、纯用以观，亦不见此般若之独尊矣。故下文言：“若有知性空而称净者，则不辨于惑智。三毒四倒，亦皆清净，有何独尊于般若？若以所知美般若，所知非般若。（般若非所而为能）所知自常净，故般若未尝净，亦无缘致净叹于般若。然经云般若清净者，将无以般若体性真净，本无惑取之知，……不可以知名哉。岂唯无知名无知，知自无知矣。”所谓“岂唯无知名无知”即岂惟“不自有其知，见其知之性空，而名为无知”。所谓“知自无知矣”，即此般若之用或活动之自身，无惑取，而不着于物相，即无所知，而为无知也。此般若之不着相而无所知，则般若之所照者，即无相之真谛。故下文更言“以无知之般若，照彼无相之真谛，真谛无兔马之遗，般若无不穷之鉴……寂怕无知，而无不知者也”。此即言般若之虚照而无取着之知，不着所知之相，而照无相，是名无知，而非知。然般若之虚照之自身，自是一虚照之知，故亦非不知，亦无此“不知”，而为无不知也。

此上第一问难，纯由连般若与其所知境相关系而生之问题甚明，故元康疏名之为能所难。其第二难，昔元康疏谓为名体难。则此难生于对圣心之一名，既言其无知，又言无所不知，似在逻辑上有名言之自相矛盾。然人果知上文所已及之旨，此问实可不发生，因无知，是自无所知、无惑取之知说；无不知，是自此虚照之知之用或能之自身说。此段之答，归于“言知不为知，欲以通其鉴；不知非不知，欲以辨其相”。此二句之旨是说：所以言般若无知，乃言其鉴照之明，由不取着物，亦不限于物，而通于物之外也。后二句之旨是说：般若无知而又无不知者，所以表此般若之知之活动之相貌，无惑取之知，而自是一虚照之明，非是“不知”，是为此般若之知之相也。故更综之曰：“辨相不为无，通鉴不为有。”即谓般若之知之相，自是知而非无。但其通鉴之用，不限于物，而虚通其外，则不可以物之有说之也。此中言般若之用，亦有其相，则实亦是以般若为所论、所对、所知，而言其相。此般若之相，固唯当对般若之自身而显。此即般若之自相。然亦缘般若之可在一义上，自开为一能所以自观，而后可说此般若之自相。此亦印度式之思想进路，初非中国所固有者也。

再下一难，元康称之为境智难，更显然以般若智与所会境相之真谛，二者对言而生之难。难者谓：般若即知真谛者，真谛为般若生起之缘或所知，则般若自当说有所知，而亦为知。僧肇之答则谓此般若之知真谛，无一般之能知所知之关系。般若之知真谛，不同一般之知之有所知，不可以一般之知名之。盖一般之知，知其所知，恒取物相。取物相之知，待物相为所缘，可说为此所缘之所起。此中以所缘是有，则知亦是有。然不取相之般若之知，则不取相，亦不待物相为所缘，则非此所缘之所起所生，亦非由此物相而生之知，即不可以一般之知名之。故曰："知与所知，相与而有，相与而无。相与而无，则物莫之有；相与而有，故物莫之无。物莫之无故，为缘之所起（此指一般取相之知）；物莫之有故，则缘所不能生。（此指通于物相外或照见无相之般若之知）缘所不能生，故照缘而非知；为缘之所起，故知缘相因而生。是以知与无知（知指一般之知，无知指般若之知），生于所知矣。何者？夫智以知所知，取相故名知。真谛自无相，真智何由知？所以然者，夫所知非所知，所知生于知。所知既生知，知亦生所知。所知既相生，相生即缘法。缘法故非真；非真，故非真谛也……是以真智观真谛，未尝取所知。智不取所知，此智何由知。然智非无知，但真谛非所知，故真智亦非知。"此文义自明。即真智之知真谛，即知无相之知，亦不以相为缘，而起，而生；非同一般之知之待所知之物之相为缘起者。故不可相提并论，亦不可以后者有所知，而名为知，而谓前者亦有所知，亦视之为知；而当说后者非一般之知，而为一真智也。

至于再后之一问难，更问圣心之般若智不取相，为无知故不取，或知然后不取。僧肇之答曰"知即不取"，此中无先后。此文义亦易明。其下之难，问圣心不取，无取则"无是""无当"，是否圣心只取无相，而当于无相？则答文谓圣心"无当，则物无不当；无是则物无不是"。然亦不取此"无是"，为其相。其见真谛之"无相"，亦不有此"无相"。故圣心无相，亦无无相。"若以无相为无相，无相则为相"。此乃谓圣心之无相之无，乃一纯用、一纯活动。此纯用、纯活动，自无相可见，然人不能由反观及此活动之无相，而更肯定执取此无相为无相，以有此无相之相。此只是多一翻折，义与前同。故元康皆并摄入"境智难"之讨论中。再下一难，由圣心之应境，问圣心有无生灭，元康名之为生灭难。然圣心不取着物相，不执有无，自无生灭可言。其意盖在引起最后之一问。

此最后之问是问："圣智之无、惑智之无，俱无生灭，何以异之？"此问之答，乃连于般若与真谛之别以答。依真谛言，一切法性空，惑智之性亦空。然般若则为知一切法之真谛之智，纯属能边，不同真谛之属一切法之所边者。故其答文曰："圣智之无者，无知；惑智之无者，知无。……圣心虚静，无知可无，可曰无知，非谓知无。惑智有知，故有知可无，可谓知无，非曰无知也。无知，即般若之无也；知无，即真谛之无也。是以般若之与真谛，言用则同而异，言寂则异而同。……何者，内有独鉴之明，外有万法之实。万法虽实，然非照不得；内外相与，以成其照功。此则圣所不能同，用也。内虽照而无知，外虽实而无相。内外寂然，相与俱无。此则圣所不能异，寂也。"此即明谓般若纯自内之能边之功用言，而真谛则自内外之寂之义理言。自此义理言，则圣智与惑智，相俱而寂然。然自功用之能言，则惑智之知可无亦当无；而般若智则非惑智，而无可无。至于最后一问，则是问般若既是用，又为寂，然则是否有用寂之异。则答文谓："用即寂，寂即用，用寂体一，同出而异名，更无无用之寂，而主于用也。是以智弥昧，照逾明；神弥静，应逾动。"此所谓用即寂，寂即用，同出异名，乃自此用与寂之不离，以成此般若心言。用自是一活动，寂自是其性相，所以表此活动之义理。寂与用之名，自是异，但此寂自是此活动之寂，此活动亦是寂的活动，故言同出也。

自此僧肇文之言用寂同出之义而观，亦与老、庄、王弼、郭象之言圣心之旨，初无殊异。"智弥昧，照逾明，神弥静，应逾动"，与孔子之空空如也，而依叩以应，老子之致虚守静而观万物之作，庄子之圣人用心若镜，又应而不藏，皆为旨不殊。唯僧肇文中间一大段问难，则由佛学之重能所、境智、般若真谛之对应关系之问题说来。要之，皆是连于境相以言此心智所引起之问题，故有此种种曲折之论。是为僧肇之论之特色所在，亦一切佛家之论之特色所在；而与中国传统之思想之直下就心智言心智，或依人之德行生命生活以言心智，而不绕至境相之动静、有无、真妄上作思惟，以成此曲折之论者，大不相同者也。

六　执见之起原，一般艺术、哲学之观照心与佛家之观照心、悲悯心

吾人上来略析僧肇三论之文旨。吾人之言与昔人之为《肇论》注者不必尽同。其不同处，在昔之为《肇论》注者，乃在佛教或佛学之内部，而以佛家其他经论之义为释。此乃于佛教既立，而成一独立自足之教之后，意在专对佛徒而为之释。吾人之论，则视《肇论》之思想，为中国固有思想之一种，而与其前之玄学思想对观，亦与印度佛学传统之问题对观，而论之。吾人之析僧肇三论之文旨，乃在指出僧肇所言之圣心之境界，与玄学家言，自有同契之处，而彼亦明取孔庄之言以相证。故知在其心目中，亦未尝视孔庄与佛学所谓圣心有何不同，而生殊见，亦不能臆断其取孔庄之言，只为权假之辞。谓之为权假之辞，乃佛教既立，而成独立自足之教之后之辞，亦非僧肇之时代之辞也。

然此僧肇之论，自是以发明般若宗之旨为目标。而其论述圣心之境界，要在自圣心对世界事物之自身，能即动而知其静，即有而知其无，即俗而知其真，而无一般人与诸外道小乘与他宗佛学，偏执有物流动，偏执有、偏执无，离俗言真，或离真言俗之病而说。如以今语言之，即其论圣心之境界亦承印度般若宗主旨，而更透过对客观境物之知识论、本体论上之他种执见之破除而说。此则较中国固有思想之论圣心之境界，多有一曲折、一迂回。经此一曲折、一迂回，即一思想上之新路，而展示种种新义理与新理。此则昔所未有，而中国固有之思想之流，亦未必知此一曲折迂回之论之亦不当少也。

此言圣心之境界，亦当通过对执见之破除，而经一曲折迂回，

以展示之故，在此种种执见，非只印度之外道小乘等中有之，而亦为一般人多少共有者。故僧肇谓见“有物流动，人之常情”，而执有执无，持俗见以非真理，或视真理必异于俗见，固亦皆人之常情。人对动、静、有、无之观念，加以自觉而提出之，视为一普遍之概念、范畴，而偏执其一或并加以论列，以成一套哲学思想，亦自有其精采。在西方哲学中，远如希腊之赫拉克利塔主变动，帕门尼德斯主恒常，近如康德黑格耳之论有无动静诸范畴，亦皆能极此中思辨之能事。然在中国固有思想之传统中，则殊缺对此类概念范畴之偏执及加以论列之思辨哲学。然亦不能以此而谓中国人之常情，即全不知此有此类概念范畴，而无对之之偏执。汉人之思想，即明偏在以宇宙为实有，一切因果关系为实有者。至于玄学家如王弼之言虚无，其旨在灭私忘私，郭象之言自有自生，其归在玄同彼我者，虽不可说是偏执，而当如上文所言谓其与僧肇之旨未尝不相契；然其说此虚无或自有、自生之言过多，亦即不免于偏执。而裴頠之为崇有论，如其意在去偏尚虚无之病，固非偏执。然只标崇有，亦是偏执也。[①]

至于就谈佛学者不自觉间而自陷之偏执而论，则如僧肇《不真空论》中，所评论之即色宗，即偏有，本无宗即偏无，心无宗即偏心无是也。此不偏执之所以难，其故在此诸偏执，皆连于人日常生活而起。如人在其日常生活中，其生命恒有所求，有求而有得失成败，于得与成中，见有而生，则不免于执有；于失与败中，见无而灭，则不免于执无。于得而成中，见其“求”其“行”之能为因、能致果，则或执因中有果；于失而败中，见其“求”其“行”虽为因，不能致果，则或执因中无果。得而成，则心暂安静于其得与成，而暂以其所在之世界自足，而执此世间；失而败，则心扰动而不宁，必别求其所在之世界之外之他时之一世界，

① 前论郭象章言裴頠尝作《崇有》《贵无》二论。则盖亦知以贵无去崇有之偏执者，但其后一论不传耳。

或后生之一世界而执他世间。则于有无、生灭、因果、动静、现世与另一世之诸分立对待之观念中，不能免于偏执，乃人之不能无求无欲，而不免于得失成败，而必有之事也。然人在其观照之心灵中，则可于一时中，不见此诸分立对待观念，此即如在艺术文学哲学之心灵中，人可以离于实际事物之“纯意象”或“纯义理”，为其观照心灵之所对，而其心只与此纯意象或纯义理俱运，而不见此意象义理之有所谓有无、生灭、因果、动静之分。故人在闻音乐时，心随音声之纯意象之起伏而俱运，自神凝心静，而可不觉音声之起伏动荡。而在人之纯观照义理之哲学心灵中，其所思维者纵是有无动静之理，其思维恒止于理，亦可即动而静，其思维恒与理俱运俱化，亦可即有而无，而不见有此动静有无。故在人之文学艺术哲学之纯观照的心灵中，人可居世间而超临于世间之上，而于其心灵之运行中，若与一永恒之世界相接。故由魏晋人之玄学与文学艺术之心灵，以接佛家之言般若之义，其势至顺。吾人欲理解此般若之义，亦宜沿吾人之如何理解此心灵而契入。然人之观照的心灵或文学艺术哲学之心灵，在吾人日常生活中，只为一偶有。即文学艺术哲学之家，在其不从事文艺哲学之欣赏创作与思维之时，顺其日常生活上之恒有其所欲与所求，而有得失成败之感，则其所见之世界之有此有无生灭动静之分如故。故其在偶有之观照心灵中，不见此有无生灭时，其心灵之背景中，亦仍有此有无生灭等。又文学艺术哲学之家，于其文学艺术哲学中之欣赏创作思维等事，亦可自加执着，视为己有，而生骄慢等情；或叹惜其不能常有此文艺哲学中之意境呈现于心，或贪求此意境之常在。即见其有此等事之心灵之后之外，仍有俗情，或凡俗之心灵，为其观照心灵之所依。遂与佛家所向往之般若的观照境界，乃于一切生活境界中见即动而静，即有而无等，相距甚远。故此人所偶有之观照心灵，与般若的观照境界，虽可依同一之义理而契入，以见其相类处，然亦可说其有本质上之不同，而只属于佛家所谓相似法流，或似之而非者也。今欲使此相似者，进至于全同，则唯有待人于其生活境界中，处处见即动而静，即有而无等，然后能致。今欲致此，则必待于生活上之坚苦的修行工夫，而不能是如常人之只偶有一观照之心灵。文学艺术哲学之家之有一观照之心灵，赖于灵感与天资或天才。此亦是偶有。同不可恃。今欲使此偶有者为常有，无时无处而不有，舍生活上坚苦修行工夫，亦别无其道。此坚苦上之修行工夫，何时至极，而达于一圆满之境，亦非任何人所能预断。然吾人可说若至其极而达一圆满之境，即为人之观照心灵之全幅呈现，亦即人之哲学艺术文学之心灵之充量发展，而见整个世界为此即动即静，即有即无之哲学义理，亦般若义理之流行；见整个世界皆为天开图画，天音天乐之流行，或一宇宙之诗歌之唱颂，而亦同时是一般若之观照境界。过此以往，更有由此般若之观照的心灵之无我，而生起之“对一切未达此境之人与众生之有迷执者之悲悯，而求加以超度，使之同契此境之悲愿与深情”。合此般若之智慧与悲愿深情，即为真正之佛菩萨之心。此则学佛者之最后归止之处。如《大智度论》七十九之言“佛有二因缘，魔不能坏。一者观诸法空，二者不舍众生。菩萨二道者，一者悲，二者空。若但有怜愍心无智慧，则心没在无众生，而有众生颠倒中；若但有空心舍怜愍度众生心则堕断灭中。观一切法空，空亦空，故不著空。是故不妨怜愍众生。但怜愍众生引导入空”。又如《摄大乘论》卷三《增上慧学》言“菩萨智者，诸大悲为体”。此即悲智双运，即远超乎世之为哲学文学艺术之事，其观照心灵之只为偶有，赖灵感天才而有，更缺悲心者之所及。则学佛所当历之生活上之修行工夫之艰难，亦可想而知者也。

七　佛学之工夫论，与道生之学

吾人如知佛家之般若的观照境界，必由生活上之修行工夫而致，则知佛家之般若学，必不止于言般若义理之故。言般若义理无论如何高，仍可说是属于哲学。人在不以思维契会此义理时，仍是一凡俗之人，而对此义理之思维，仍属偶有之事。故必须于此思维之外另有生活上之修行工夫。自此整个之工夫观点看，此思维义理之本身，自亦是一种工夫，但非工夫之全。此工夫之全中，必须包涵吾人之原有之日常的生活与其中之心灵之改变。此日常生活与其中之心灵之改变中，包括生活行为上之禁戒与规律。此即佛家之戒律之学。此戒律之学中，包括佛徒个人生活上之戒律如何，与其他佛徒相处，组织成僧伽团体，及与世人相处之戒律如何。此固为佛教成为世间之宗教团体，佛徒之存于世间之所必需，亦为佛徒在生活行为自修之根本。除此戒律之学外，佛教更有个人之如何调适其身心之学。此即广义之禅定、禅观之学。此禅定、禅观之学，用以调适个人之身心，要在对治吾人日常生活由种种对世间事物之习气或情欲，所引起之心灵上生命上之扰动，求加以止息而得安静，以渐希于即动即静、即有即空之境。此中所谓禅定，初偏在心身之消极无扰动上说。言禅观，则偏在心之积极的有所观之境上说。此禅定之义，通于生活上之禁戒。禅观之义，则通于纯义理之观照。印度所谓禅即静虑。静连于定，虑即是观。而静中观照思虑义理，亦可为静虑之所摄。唯一般言禅定，则只连身心之定静言，故禅学非戒律之学。又一般言禅观，乃对一定之境，而又反覆观之，以求安住其中。思虑义理，而心顺义理以俱运，则不属一般之禅观，而属理解或慧解；本对义理之观解而说之，则属于言教理之事。此皆不同于依戒律以生活之事，与禅定、禅观之事，纯属修持工夫者。依释迦之八正道言之，则理解、慧解，属正见、正思维；戒律属于正业、正语、正命；禅定禅观属于正定、正念。以大乘戒定慧三学言之，则戒是律学，禅定是定学。于义理有理解、慧解，以成慧观，而通于禅观，则是慧学也。然定自依于有所戒，由定而有所观解，亦必终有慧。故三学异而未尝不通。般若宗之重本智慧以观照般若义理者，亦必与禅定、禅观之学连。印度佛学之入中国，初传入为禅法，而鸠摩罗什之言般若，固亦同时传禅法也。

世之论中国佛教史者，多谓中国佛教自始即重禅法；此乃由中国思想素重知与行之合一之故。后之禅宗亦由禅法而转出。净土宗之信净土，其工夫亦初在观一净土之境界，方更有其往生之信愿。只单持弥陀名号，以修净土，乃后来之义。龙树《大智度论》讲般若，其卷六十一亦言念佛。鸠摩罗什讲般若之禅观，亦言净土。道安之弟子慧远，更倡净土之教于庐山。皆见禅与净初未尝异原，其目标同在使人心自形成一观境，而自定其心于此观境，以转化此人之日常生活、日常心境。此自形成一观境之事，可有种种不同。故禅法亦有繁简高下之不同；而人之观净土境界，亦可有种种之不同。中国自安世高以降，所译印度禅法之书亦甚多。如罗什之《坐禅三昧经》言，以不净观治贪，以慈悲观治嗔，以因缘观治愚痴，以数息观治思虑多，以念佛观治重罪；以及四念处之观治种种念处（即观身不净，观受是苦，观心无常，观法无我）；更言暖、顶、忍、世间第一法。此即为兼摄种种小乘禅法而论之者。其归在无生法忍，即为对诸法实相之无生之印定，则所以通大乘般若义者。而此所谓禅法，皆是依此心所形成之一观境，对治转化吾人之日常生活日常心境。禅观中之一，为净土观，即见禅净之同原。其言以思维法门治愚痴，即见禅观中亦可思维义理。其以对无生法忍（即信可）契般若义，即可见禅观与般若义之契会，而不可相离，而可归为一事。后人之以禅与净土与般若异宗，谓学禅必超思虑，自是后人之说，其初固不必如是说也。

今无论吾人如何看此禅净般若学之关系，又无论吾人对此中禅观工夫次第如何说，与此工夫之如何艰难；然吾人经此种种工夫，以求有佛之般若智慧，而知一切法之真实义理，如即动即静、即有即空等，视之为即一切法之真谛或真实性相，而加以如实之观照，而证知此“法性”以至成佛，更有其救度众生之事业时；则此佛又必不只有一依于最高之安静境界，或寂灭寂净之涅槃境界之智心悲心，而亦有其以此法与法性为其生命、为其自身之法身。其有此法身，亦即见其自吾人原有之生命之彻底的解脱。此人可由工夫而成佛而有般若智、有法身、有解脱等，乃依于人或有情众生，原有由用工夫以成佛之可能。即人之原有一能成佛之心性。若人根本无由工夫，以成佛之可能或心性，则一切工夫皆无用。由此而人之言学佛之工夫者，宜当引致于吾人生命中佛性之肯定。然吾人又现尚非佛，则对此吾人之是否有能成佛之性，或一切人与其他有情众生是否皆有此能成佛之性，亦初不能无疑。又此佛性毕竟有若干方面，皆可引致种种问题，亦随人之修行之事，而必然产生者。故于罗什、僧肇言般若禅法及法身之义之后，罗什之徒道生，即大论此佛性之问题。于后人所谓正因佛性（即成佛之理）、缘因佛性（成佛之外缘）皆已论及。而其言“照缘而应，应必在智”，即后人所谓了因佛性也。道生又主一切有情众生，皆有佛性，以与其时由印度传入之一阐提人无佛性之说辩。此即直本于孟子“人皆可以为尧舜”之旨，以言一切有情，同具佛性，为其真我。故人之学佛之事，即是开其本有之知见，显其本有之佛性之事。如儒家之言成圣，只为尽心知性之事。此旨与《涅槃经》《法华经》之旨正相合。道生之学，即由般若而通于法华、涅槃。道生又言法身无色，与僧肇言法身亦有色之义，似不相同。然僧肇固已言色即非色。道生之说，唯所以斥执佛身有色，而不知其色非色者耳。道生更有《佛无净土论》《善不受报论》，皆佚。据佚文以观，其旨盖是谓佛无封疆之土，而无不土，又至体极无为之境，则善无功利可言。又言“贪报行禅，则有味于行矣，既于行有味，报必惑焉”。故主善不受报。道生更言顿悟之义，谓佛所悟一极之理，为一不分之理，故为顿悟。此乃言自吾人之现有生命得究竟解脱之理。此解脱是一全体之解脱，故此解脱之理，自是一不分之理。故曰“无生之证，生尽，其照必顿”。此皆见道生言成佛之境界，为超一切世间色相或国土之境，亦为顿超而全体解脱，以与一极为一如，以成其法身之无所不在者也。

然吾人之闻道生有此顿悟、善不受报、佛无净土之论者，或以为此即言吾人当下即可有此顿悟，如后之禅宗之言顿悟，或佛学可不讲善恶之因果报应，则又非是。实则道生唯言成佛时，必有顿悟。人在成佛前，固仍须历种种次第渐修之工夫，次第破除执障。唯破除至净尽时，必有一顿悟耳。故上所引“无生之证”之语之前一语，为“斩木之喻，木存故尺寸可渐”。又言“十地四果，圣人提理令近”（此所引道生语，皆据汤用彤先生《汉魏两晋南北朝佛教史》）。则修证之次第工夫，与所证之等地有种种，道生固亦承认。又其言善不受报，乃意在言无为之善，不当贪报，言贪报而行有味，其报必惑。即以惑为此贪报之报。则亦未尝否认一般之善恶之有报。其言“因善伏恶，得名人天业，其实非善，是受报也”。即谓受人天业之报之善，非无为之大善也。然此固非谓一般善恶，不受报也。

如实言之，佛家之论，要必言在成佛之顿悟前之有次第工夫，与次第境地。又必言此工夫可为因而致果，再必言一般善恶皆受报为果。由此而亦必言人在成佛前，其神识之不灭，以使其工夫境地次第升进，至于佛境之事，成为真实可能。在印度思想，原信三世轮回之说。诸宗派言成佛之事，亦必历多生而后能成。如《俱舍论·分别贤圣品》，谓已生起“顺解脱分者，声闻极速，亦须三生，迟则六十劫。独觉则极速须四生，迟则须百劫”。至于有一般之修道，而未至声闻独觉者，更无论矣。中国佛学天台智觊之圆顿法门，亦只言“即破两惑、即入中道，一生可办”(《摩诃止观》卷六《明中道止观》)。然尽伏吾人现有心灵生命中，对一切有之惑执，亦必俟三生而后成。华严宗亦有三生入法界之说。则虽言《涅槃》《法华》之教，不能废工夫境地次第之论，亦不能依此以谓无他生、无死后之识神或心识之长存，以至解脱成佛，而后已也。故吾人亦不能据道生言顿悟义，而谓其不言次第工夫境地，有现世无后世也。

八　佛家之境地论与果德论，及中国佛学之分流

然在中国固有思想之流，则对此吾人之生命之必有后世，其神识或心识之不随形骸以俱化，必至成佛方得解脱之义，则初未有确定之论。中国古代思想谓人之有功德者，死后为鬼神而在天，却未言人之为恶者，必入地狱、饿鬼、畜生诸道。顾亭林《日知录》谓楚辞中之宋玉《招魂》，有近似地狱之说，但亦只近似而已。此则表示中国昔人对人之为恶者既死，即加以原恕之心情，故不同佛教与其他宗教，必设地狱诸道以待恶人者。中国思想之教人为善，亦自始以理之当然为说，使人不本于希报之心以为善，而其善更纯。再则中国思想教人为善，即教人为善于其有生之年。至于人之有死，则中国思想中早有尽道而死，即无愧于心，与老而当安死之教。此即表示其于此生命之存在，原较少贪执。为神仙之说之道教之徒，固求长生。然道家之流所成之玄理之论，则大皆不言长生。如嵇康言养生，明谓神仙为不可能，而只以养生尽年。《列子 · 杨朱》篇亦谓人死则唯存腐骨。自司马迁、王充以至魏晋玄学家，皆不以人之善恶，与其祸福，有必然之关系，而以一切吉凶祸福属于偶然之遇。此偶然即自然。观自然者不必观其因果，更不必观其因果之原于人行之善恶者，与前生之行之善恶者。故魏晋玄学家言皆对人之当生而说。人于当生，安于所遇，

于偶然而自然者，以虚通忘我之心应之，或观其独化于玄冥。此即其心神之无所不运，而此心神则非神识之神。在此心神之中，可更无“于所遇物，作前因后果”之思。即若无异直下自佛家所谓一般善恶果报之业中，得一解脱。在此一固有思想之流，与佛家之言三世与神识之不灭及善恶之因果报应之说，互相遭遇，自必有一番思想之大激荡。此即为范缜与宗少文、何承天、颜延之、孙盛、萧琛、曹思文诸人间之对报应因果问题、神灭不灭之问题之一大论辩之所由出。此诸文具见《弘明集》中。其辩理有针锋相对者，有不针锋相对者，有尽理者，有不尽理者。今不拟一一细析。而此一问题，亦有非可轻易解决，定其一是一非者。然佛家之义，自是新义。而与之辩者，唯承旧说。则在思想史上言，佛家自是开一人生之新道路。此一人生之道路，由今生之修道，以至来生，必历种种工夫，至出三界而成。其途远，而其道高。其所及之义，至于生前死后之种种境地，其义理亦更繁富，故能成大教，使贤哲之士归心，以至于今。此则不同于魏晋玄学之论，虽一时高唱入云，旋即音沉响绝也。

由此佛家之言次第之修行工夫，与次第所达之境地，而印度佛学自始有种种修道证果之境、地之说，见于大小乘之经论。《般若经》之《发趣品》已有十地之说，《华严经》之《十地品》，弥勒之《瑜伽师地论》、世亲之《十地经论》，为其大宗。西晋竺法护已始译《华严·十地品》，名“渐备一切智德经”。罗什亦译《十住毗婆沙论》。十住即十地也。菩提流支译《十地经论》，而开地论宗，更分南北地，以更与真谛所传之摄论宗及后之华严宗相接。真谛译《摄论》，传法相唯识之学，此即以心识为中心之佛学。心识即神识。法相唯识宗之成立赖耶、末那之识，亦即所以建立此心识或神识之不灭，以实成立此三世因果，与历劫修行之可能者也。至于《华严经》之有《十地品》，言地地间之因果相生相摄之关系，亦言佛境菩萨境界之相摄相入，则开后之华严宗之根本义。

由真谛之法相唯识学，至玄奘、窥基之法相唯识学，是一流相接。地论宗则华严宗之先导。然无心识之相依而起，则无由世间至出世间，以至成佛之种种境地可言，更不能有华严宗之通佛境菩萨境，以观一切境，依佛心菩萨心，以观一切众生之心识，而以真心观代法相唯识宗之心识观之说。故华严宗义，又多由法相唯识宗义之升进而成，而可合视为佛学中之一大流者也。至于《般若经》之言智慧以知法性，《涅槃经》之言常、乐、我、净之涅槃四德之常住，与一切众生之有佛性，则皆要在言究竟义之智慧与佛果，及得此究竟佛果之佛性，而非重吾人现有之心识之分析者。天台宗本《法华经》，言开众生原有之佛知见，说三乘之一切工夫之归一，则亦是自一切工夫，皆毕竟汇归于佛知见之开之论。天台之言佛与众生同有佛知见，与华严宗之以佛心观众生心，而言众生心中即有佛心，固同为圆教义。然思想之入路则不同。此由东晋南北朝之般若学、涅槃学至天台学，则可合视为中国佛学之另一大流也。

今言此后一大流，当说始于道生之兼言《般若》《涅槃》《法华》。然罗什晚年译近般若之《成实论》，而成实之学在南朝亦大盛。依成实言真俗二谛，其说与般若近似，而不同。僧朗、僧诠、法朗至吉藏，乃重扬般若宗三论义，谓为关河古义，以抑成实。《涅槃经》言佛性。后论佛性者，据净影慧远（非庐山慧远）《大乘义章》言有十一家义。其渐汇归于天台宗之智𫖮之由般若宗义，融《涅槃》《法华》与其前之禅观之学，以成其学，亦经种种之曲折。此皆当先加以略述，然后可再进至言天台宗所开之学佛之道，与由真谛至玄奘、窥基所开之佛学之道，及由地论至华严所开之学佛之道，再及于由般若、楞伽之禅观，所转出之禅宗所开之学佛之道，而合以见此中国佛道之大，盖更有进于印度之佛道者也。

第三章 《成实论》《中论》，至成实宗之中道论

一 《成实论》之辨假名有与实有

此下言成实宗及三论宗之论，将先自僧肇之论之所未及说来。按上文述僧肇《物不迁论》，言物之即动而观其静，《不真空论》言即物顺通，即见万物之自虚，不假虚而虚物。此中于物之所以为物，实尚未尝有分析之论，故此即物之动而观其静，而顺通之，即尚可说只是主观之心境中事。僧肇又由物之可顺通，以言其无，及其性之莫易，以言其有。此无，乃依吾人之可顺通而说。此有，乃依吾人不能易之而说。其义虽甚精，然于"物"未分析，则于种种不同之有无，亦未深加分析。其于有分俗有假有与真有实有，而言出世间之真谛，世间之俗谛之分，虽本于《般若经》第一义谛、世谛之分，然此只是初步分析。于种种俗假之有，与种种真实之有，及种种之无，及真俗二谛，僧肇固未能深加分析也。罗什译《维摩诘经》言种种世间出世间之二谛与不二法门，僧肇随文作注，亦未总摄之，而深析此二谛之义。僧肇又言物无当名之实，名无得物之功。此中对名实二名之义，亦未深析。然在印度部派佛学中，则于种种之假实之有无，早有种种之讨论。据《瑜伽师地论》六十五谓："若诸法不待所余、不依所余，施设自相，应知略说是实有相；若有诸法，待于所余，依于所余，施设自相，应知略说是假有相。非实物有；谓以色等诸蕴、想事，为待为依，施设有我及有情等。"此即谓凡依待他法，而有之法为假法，不依

待他法者为实法。此盖为佛学中判假实之共同标准。然依此标准，以论某类法为假或实，则又有种种分歧之说。如一切有部则分析种种之实有，并为之立种种之名。于三世法中蕴、界、处三科之法，如五蕴、十八界、十二处之法，皆谓为有其名，即实有其法。而他部之说，则恒缩减此实有之范围。欧阳竟无先生早年之《唯识抉择谈》，尝总述之。谓："大众部则于三世法中唯说现在法，及无为法有；说假部于现在法中，又分别界处是假，惟蕴是实，说出世部于现在实蕴中，更分别世俗是假、胜义是实；一说部于胜义世俗蕴，现在蕴法是实，界处是假；说假部及经量部别派之《成实论》，皆同此计。而以界处是实，蕴是其假者，则《俱舍论》作此计。界为因义、种子义。"可见其说之多。今所论之《成实论》所自出之经量部，原属上座部，此上座部，亦一切有部所自出；而其论界、处皆假，则又近大众部之说假部。是正为能会通上座、大众二大部派之学者也。

兹按《成实论》之书乃先以其所谓实有，破其所谓假名有，而谓之为空，此为人空。更言此实有者之亦空，以言法空。故人之只知有世俗之假名有与实法之有者，乃世俗谛；知其空者，方为第一义谛。由此以言空假名心、空法心及空心之次第。此即已对吾人所谓物之有之不同义、空之不同义，及"世俗谛""第一义谛"之义，更有一辨析之功；而不同僧肇诸论之无此辨析之功者；是即能连系于印度佛学之问题，亦连系于人类之哲学思想中之一应有之问题，而有之思想者也。

按在吾人通常言物之有之中，首为种种实体性之物，如瓶桌等实物，及我与他人或其他众生之个体之有；次为种种色声香味等色法，心理活动之受想行识之有；三为物之关系，如因果关系之有，及物所在之时空数量之有。此种种有之义皆不同，为常识中所能辨，亦西方哲学、印度哲学之所重加以分析者。然在中国文字皆只以一物字概之，即可忽其中之种种问题。在印度佛学中，释迦即言无我，而我与人及众生之生命，皆只为色心等五蕴之和合。后之犊子部言我为一不可说之实有，而人称之为附佛法之外道。部派佛学中之说一切有部，亦不以“我”为实有，而以三世之三科之法为实有，即过、现、未之色心诸蕴，与其自生之因或界，其生之“处”，以及因果关系，过、现、未之时间等本身，皆实有。其中亦包括以一切色法之物所自生之地水火风四大或四大种为实有。然《成实论》则既主无我，不以过去、未来之法为实有，而以过去之事能为因而生现在之果者，其因已灭而非实有。然亦不碍此中有因果关系可说。而于一切一般所谓实体性之人物与四大，吾人视为诸心色之法所自生、所自在之处者，亦不视为实有，而视为假名有。其书卷二即详论过去、未来之法为假名有，卷三详论四大为假名有，皆非实有。此所谓“假名”之有，乃谓其有乃依名想而立。此“名”是指一语言文字，亦指吾人之语言文字所表之意想或概念。凡人依经验更由意想或概念之构造，而成之实体之物之有，皆是假有法，亦即假名有。据云在梵文中之假名，原为取因施设之义。取即是受，由根和境相对，而有所见闻觉知，皆谓之受。以受为因之施设，即为取因施设（吕澄《三论宗》,《现代佛学》五卷四月号）。今按此受，正无异今所谓经验。凡依经验中之色等蕴，而经意想或概念之构造所成之有，即依于此受为因，而施设之假名有也。此假名有，固不同于吾人对所谓实体之物之“色声等之经验之有”之为实有者也。然在《成实论》，则于吾人之经验之有之为实有者，又更说只是世谛或俗谛中之实有。若在第一谛，则此假名有与此实有，又皆当空。此则依于吾人现有之一切经验之本身，当转化灭度而说。故第一谛之“空”，有二义，一为破假名，一为破五阴（即五蕴）。(《成实论》卷十一至十二）然吾意其论之有哲学意味，而最足补僧肇之言之不足者，则要在其卷十一辨假名有与实有之一部。

兹按《成实论》卷十一《假名相品》:“问曰：云何知瓶等物

假名故有，非真实耶？”此即问所谓实体物之个体人物，非真实有，为假名有，其意义为何。下文之答：（一）为“假名中示相，真实中无示相。如言此色是瓶色，不得言色色”。此即以假名有，乃可以一宾辞所表之性质或相貌说之者，实有则不能如此说。如人可说瓶是红的，但不能说“红的”是红的。（二）假名有者能具他法，如灯“以色具能照，触具能烧”，实法不如是，如一识不具异识……故知“有具是假名有”。此即谓能具实法者，是假名有。只如其自己，以为一法者，是实法。如吾人可说瓶具有色，灯具有色。瓶灯是假名有，色是实有。（三）“因异法成，名假名有；如因色等成瓶，实法不因异成……如受不因异法成”。此即谓综合异法而成者，皆假名有。如瓶由色、形、坚等法，综合构成。至于受如苦，此苦之为苦，不由异法合成，则为实有。此外如色法中之红之为红等五蕴法，皆不由异法合成，而为实有。（四）“假名多有所能。如灯能照、能烧，实法不见如是……如受不能亦受亦识”。此即谓假名有者，有多种作用。如灯有照烧二用。实有之作用，则只如其自己，如受便是受，不具识之作用。（五）假名有之名字，依于其所构成之成分，而实有者之名字，不依于诸实有者所合以构成之物。如车之名字依轮轴等立。而色等名字，如红黄之色之名，不依由红黄之色与其他形触等合成之物而立。（六）假名有者所依以构成之成分中，无此假名有者之名。如轮轴等是成车因缘，是中无车名字。然则“车因缘中无车法，而因此成车，故知车是假名”，实有则无此情形。

兹先综上所说，则《成实论》所谓假名有，正是吾人一般所视为实有之实体性的个体物。而其所谓实有者，则是于一般所谓于个体物之所经验之性相作用等，而为个体物之成分者。然依释迦说法，即谓此个体物为非实有，而唯此物之性相作用如色、受、想、行、识等为实有。此义在小乘之一切有部之主无“我”者，亦同此义。《成实论》即谓此一般所谓实有者为假名有，为世谛。

谛者，诚谛义，即真实义。此即谓顺世间说，亦当说为一种世间之有。但其有唯依于人之本经验，而意想构造，更为之造名，而形成者，故只为假名有。在此点上，其论与西方休谟一流思想，唯谓经验中色声香味与心之知觉记忆等活动，为实有，物之实体，乃意想所构造而成之说，初无分别。然人既构成此物之实体观念，则可以其所由构成之性质作用等说之，并说此实体具有此性质作用等，故有上列第一第二与第四之义。然此实体等，实由综合不同之性质作用等异法构成，其名亦依此异法而后构成，而此异法中初无此名。此即第三第五第六之义也。

至于《成实论》之下文，则是本上所说，而谓吾人之再以语言，论说了解假名有与实有者，其知识之方式、言说之方式不同。故其谓“如以色等名，得说色等，以瓶等名不得说瓶等”，即当属之下一节文，加以理解，不能如译文之单列为一项。今于下节之文，列为九项，以便读者：（一）“有假名中，心动不定，如人见马，或言见马尾，或言见马身，或言见皮，或言见毛……”此即谓吾人说马之一实体或假名时，吾人心之所见所知者，可为此实体之任何一方面或一部分。故吾人之所知所见者不确定。然人在知“实法中，心定不动，不得言我见色亦见声等”。此即谓见某色便是某色，其经验确定不移。不同于说见马为实体时，吾人之经验可只是见马尾或马身等。（二）“可知等中不可说，亦名是有，是为假名，如瓶等……色等法不名可知等中不可说。”此亦当连下文“色等法自相可说，瓶等自相不可说，故知是假名有。或有说假名相，是相在余处，不在假名中”加以理解。此即谓对为实体之假名有，吾人虽知其有，而吾人所知之相，则不在其自身中说；此不同于实有者之有自相，此自相即在其自身所在之处。如瓶之为实体之物，即假名有，于瓶吾人虽自谓知其有，然吾人所知于瓶之相，如其色，乃表现于瓶之外之他处，而不在吾人所视为瓶自身所在之处。然如色为实有，有其自相，其自相，应即在其自身所在之处，而不在其外或余处。此则如西方哲学之以物体之自身，人虽知其有，然其相状，则为其自身所表现之现象。此乃其现于他物之相，而不在其物之自身者。然对此物之自身，吾人虽可知其有，然人又除物所表现之相外，于物之自身相，实无所知，而不可说。故西方哲学恒谓物之自身之自相不可知，亦不可说。此即同《成实论》之言瓶之自身为“可知等中不可说”，或其“自相不可说”之旨也。此下文更举“智者、不智者相：若身、口、意能起善业是名智者；身、口、意起不善业，名不智者”为例。此身、口、意起之善业、不善业，可知，亦可说。但视智者或不智者为一实体之人，此实体人之自身，若离其所表现之善业不善业，则不可说其自相。（三）吾人说此假名之实体所表现之现象或相，虽在余处，亦复不一。如于一假名之实体之人，或说其色相，说其受相，说其想相、行相。于假名之实体为一者，有多相可说。此则依假名之实体，原由综合多性相，意构而成故。然在实法，则“色等相不在余处，亦无多相”。此即谓说色等相，如说红色之相，即在红上说。红只是以一红为相，无多种相。如人谓红中杂有蓝，此蓝亦只是一蓝，蓝自相是蓝，仍无多相。不同于吾人之说瓶之表现为红又为坚之有多相，乃自其自身之表现，说其自身有多相也。（四）“若法为一切使使，是假名有。实法不为使使，以诸使使人故。”此即谓假名有如个体人为被决定者，被诸使所使者。如人为诸心理活动所使，实法如某活动即某活动，某色即某色，不为他活动他色所使。以上说，假名有、实有作认知对象言之别。以下说其认知历程之异。（五）人乃先于实有知有，如先见色之相，乃依之起分别，方更言我见瓶。此乃后有，亦不如实，以实未见瓶故。（六）言于假名有，人可生疑，色等中不生疑，如人于瓶之色可生疑，于实见某色，不疑其为声。至于如闻说色空，而复见色则生疑，问其为有为无；则是依另一因缘，于色之有无义生疑。非于色疑其为声之疑也。（七）于一实体之物得生多识，而由多入所摄。多入即多种感官。如由视触诸官，以知瓶之有。实法如色，则只生一眼识，亦只为一眼官所摄。（八）“若无自体而能有作，是假名有……又所有分别是怨亲……来去、断坏等、烧烂等，所有作事……又罪福等业，皆是假名有……皆非实法。”此数语可合为一。即谓有一实体之人或物，视之为一作者，对之生怨亲分别，而以其能作一事以生起他事，皆假名有。此即一般所谓实体或实事有为因而生果之能，亦是假名有。实法则各如其为一实法。如色只是色，见只是见，一事即一事。其中无“生果之能”可说，亦不能称为一作者。此谓因无生果之能，藏于此因中，为作者，亦休谟之所论。皆可依同一思路理解。（九）假名有相待而成，故有此彼、轻重、长短、大小、师徒、父子及贵贱等。实法无所待而成，色不待余物，以更成声等。此即谓凡吾人言某物有，更将其与他物相比较，以想见其相待相对之差别关系时，此差别关系之有，皆是假于他物之有以成其有，亦依于吾人之兼意想他物之有，方知其有，而成其有之名。故其有亦皆是假名。唯不待意念之及于此关系，而直就其自身而言之有，方为实法有。依此上种种义，则于假名有与实法有之不同，人可确切把握。至对于此二种有之关系，则《成实论》于此原谓于此二种有，如定说为一则当破，以是二有故。如定说为异亦当破，因离实有，无假名有故。但亦非不可说色等法之实有，亦非不可说此一异之当破，更不可一往说无。此则见后诸品文。要之，此假名有与实法有，乃皆可说为有者也。

上所述《成论》之言人于假名有者，其知不确定，人于此心动不定，又于假名有者，恒视之为被决定，被使者，亦其内容不定者；再人依于实有者生分别，方谓我见一假名有者；于假名有，人又恒有疑，更依之生怨亲、来去、断坏烧烂等想，比较轻重、长短、贵贱等念。总而观之，即是说吾人只往念彼假名有者，便使吾人之心不能定于一实法之有，以知实法之有，而只有一假名心。真修道者必须进至知实法之心。而当其进至知实法之心时，则亦当空此世俗之假名心。故在其立《假名相品》时，谓当以智先灭此假名心。然此品又更言灭法心、灭空心。所谓灭法心者，即此品以空智灭法，《假名相品》中所谓以空破实法有。此则为更进一层之义。至于灭空心，则又是再进一层之义也。

在《假名相品》中，言不假空破，是假名有。即谓人之执有实体之人物或有作者，因中有生果之能等，只须以实法破。即谓知此人物等只是依五蕴之实法，所意想构造而成之假名有，则可不以假名有为实有，而破此假名有。在此处《成实论》之立场，与一切有部等以实法破人我之执正相同。此即赖知实法之有，以成无我之行。故此品更言随无我行处，是实法有。而《成实论》之所以名为成实，盖即由其破假名有，原依于先见此实法之有之故也。

然《成实论》之进一层之义，更言以空破实法有，又言随空行处，是假名有。此盖谓人之所以能随空行，不依于其知实法之有；而由于其知假名有者之只是假名有，而非实；即依此非实之知，以随空行，而更空其现有之五蕴之实。此现有之五蕴之所以当空者，以佛之四谛教，原以见灭谛，而灭吾人苦集，方为得道者。吾人现有之五蕴，原只是苦集也。此义则详于《成实论》中卷十二《灭法心品》。在此品中，行者不见五阴（即上文之五蕴），但见五阴灭。又谓“若见五阴，则不名为空，以阴不空故。如是空智，则不具足……见色等无常……但未是清净，是人于后见五阴灭，是观乃净”。又言“若坏众生，是假名空，若破坏色，是名法空。……是故若人观色等法空，是名见第一义空……因诸法说作者不可得，是说假名空，……若遮某老死，则破假名；遮此老死，则破五阴。……此空非但是众生空，亦有法空。……当知第一义，故诸行皆无；但以世谛，故有诸行”。此皆明言空假名，空作者或实体之人我、众生之执，只是空假名心；必空现有之五蕴诸法，得清净，方为空法心。故言诸五蕴等行，亦是世谛。此则见此《成实论》中之世谛，实包括假名有，与五蕴诸行之二者也。

至于卷十二《灭尽品》论缘涅槃是否空心，则答案是人不只当有空法之心，亦当空此空法之心。合此空假名心、空法心，而又空心，是为灭三心。此即《成实论》言灭谛之宗趣。至于此下言如何修道，以证此灭谛，则今不拟述，读者可自观之。

二 《成实论》与不空假名、空假名及假名空

吾人上来之所以稍分析《成实论》之内容，重在见其辨假实、言世谛与第一义谛，乃于世谛中分假名有与实法有，分假名心与法心；于第一义谛中，言空假名心与空法心，更至于言空心；乃处处于有与空，皆以二义辨析，实较僧肇、道生之言，未能分析空有为二义者，有所进。在罗什、僧肇、道生以后，《成论》之盛，亦当由其所言之有此更进之处。《成实论》于世谛言有，于第一义谛言空。“第一义谛故说无，世谛故说有，不堕见中。如是有无二言皆通……若定说无（我），是则为过；若定说有（我），是名不及。故经中说应舍二边，舍二边……行于中道。”（《成实论》十）又云：“若说第一义故无，则智者不胜；若说世谛故有，则凡有不净。又佛法名清净中道……第一义谛无故非常；世谛有故非断。”则此《成实》之言中道，与大乘《般若经》似无别。其卷十一《破因果品》之言与般若宗《中论》等书破因果之方式论证，亦几全同。故齐、梁人以《成实》为大乘。周颙为《三宗论》，谓当时言空者，或主不空假名，或主空假名，或主假名空，以综论当时言空诸家义。汤用彤先生言前二宗疑出《成论》。此中不空假名为鼠喽栗义。吉藏《大乘玄论》云：“不空假名者，但无性实而假，世谛不可全无，为鼠喽栗。”吉藏《二谛义解》云：“明色无定性，非色都无，如鼠喽栗中肉尽，栗犹有皮壳，形容宛然，栗中无肉，

故言栗空。”至于空假名宗则称为案苽义。吉藏《二谛义解》云：“谓世谛举体不可得。若作假有观，举体世谛；作无观之，举体是真谛。如水中案苽，手举苽令体出，是世谛；手案苽令体没，是真谛。”吉藏《中论疏》又言：“空假名者，一切诸法，众缘所成，是故有体，析缘求之，都不可得，名为真谛。……苽沉为真，苽浮为俗。假名空有。”所谓假名空者，则吉藏《中论疏》谓“假名空者，假名宛然，即是空。寻周氏假名空，原出僧肇《不真空论》”云云。今按此周颙《三宗》之论，原文已佚，其所指之说之详，已不能考。然若如汤先生之谓前二宗皆出《成实》，则不空假名宗，盖是依《成实论》之在世谛中之实法有而说；空假名宗，则盖自第一义谛之空而说。此二义在《成实论》，互不相违，则二宗当是各得《成实论》之一端。然《成实论》之世谛中，包括假名有与实法有，如色等五蕴之二种。故其言空除空假名有以外，更有空实法有之空。《成实论》并未谓此实法有，即是假名有，此乃当注意者。今如统言世谛之有如色等皆为假名有，则明与《成实论》之所谓假名有之义不合。此色等，正乃《成实论》所谓一义上之实法有也。故《成实论》于言空假名心后，更有空此实法有之空法心。在此空法心中，乃唯重见此实法之空。若谓此《成实论》之实法亦是假名，则《成实论》之空假名，当说是空两种之假名。而其后一种之空假名，乃专即因缘生之实法有而空之。此岂不类似周氏所言第三宗之假名空？若周氏之假名空即僧肇之即有即空，于因缘宛然而见空，则当问此因缘是否指由苦集而至灭度之因缘。若是由此因缘以见灭度之空，则即《成实论》之义，而当说《成实论》兼有三宗义。若其只是泛指人所观之有或因缘法，而当下体之为空，则《成实论》无此义。当更问如何人可即当下之因缘而体之为空。如是依僧肇之即物顺通，以体之为空，则此中有不及《成实》义者，亦可有超过《成实》义者。大约吉藏是循此第三宗假名空之具此僧肇义，而超过《成实》义者措思，故赞成此第三宗假名空之说。所谓超过《成实》义者，则以《成实论》唯以由假名心空，至实法心空，及至心空，以转化吾人之苦集，而使之灭，言空。便仍是偏重由世谛之有，次第进至第一义之空；尚未至于直接即此当下之苦集之因缘法之有上观空，或即有观空，于世谛中见第一义谛，于假名见空也。而吉藏之异于《成实》，则盖在由空而空空，即可还至即有观空，以合于周颙第三宗假名空之旨，亦还至僧肇之旨。然此亦非谓《成实》之旨，无进于僧肇之旨之谓。依吾人之意观之，《成实》之分析世谛之有，为假名有与实有二种，空亦有二种，明有进于僧肇之论。而《中论》之于世俗谛有此二种，未明分析说，亦不及《成实》。当时之二谛之辨，亦以此"假名"之一名之义之不确定，而产生种种混淆之论。吾人须一加疏抉，然后可更知中国之成实论师及吉藏之言二谛等义，对般若宗之贡献之果何所在也。

三 《中论》与《成实论》之异同

按除《成实论》言假名外，《中论》言"众因缘生法，我说即是空，亦为是假名，亦是中道义"。此所谓假，初只是假借依待义。则凡事物假借依待其他事物而生者，其名皆假名，亦皆不能自为实有，亦无自性。而执之为实有或有自性之执，皆当空。此所执之实有或自性亦空。此乃《成实论》与《中论》及大乘般若宗义之所同。因缘所生之一切法，皆假借依待因缘而生，则名之为有，即是假名有，或其有是一假名，非真实有，亦即世谛之言说或世俗谛上之有。谛即言说中之真实。在世俗言说中，以其有为真实，然实非真正之真实，亦即非真谛或第一义谛之真实也。《中论》分二谛，并以实体性之我物为世俗谛有，盖以其亦因缘生。此亦如《成实论》之以实体性之我物为世俗谛有。然《成实论》于实体性之我物与五蕴之法，分为二，先说前者为假名有当空，更于五蕴之法中，谓过去未来者非实，再在现在五蕴之法中，分苦集与灭道之法，而更以灭道之法，空苦集之法，更言空空，便成一次第之空有之历程，则《中论》未如此说。《中论》乃将实体性之我物与过现未之五蕴法，直下加以平观，皆视为世俗谛中假名有，更于四谛法，亦平观，而由“此中之灭道之法之空苦集，苦集既空，而更无所空，故其自身之能空亦空，而直下归于毕竟空”，以言此空亦是假名，而亦当空，为第一义之真谛。故《中论》无《成论》所说之次第的空有历程，而只言世俗谛与第一义之真谛。又在上引四句中，今之学者皆谓据梵文，此假名与空，皆所以直指此因缘所生法。依此义，则因缘生法为假名有亦即空，亦依其为假名有而为空，非如天台学者之谓空亦为假名。唯吾意则以如依义理言，亦非必不可以此空亦是假名，否则《中论》言空亦空之文，亦不可解。此后详。但今即据梵文谓《中论》之“假名”与“空”，初乃直指因缘生法，以观《中论》之旨，此所谓为假名有者，亦当有二义：一是假借依待因缘而生之法，如实体性之我物或五蕴等法，是假名。一是此生之自身或因缘与法间之关系之自身，是假名。故《中论》亦言不生。如生是假名，则由因缘生一法为果后，此因缘自身之“灭”之自身，亦是假名。以至言因缘与其所生之果之间之其他关系，如为一为异，为常为断，为来为去等，皆是假名。由此而此整个之因缘关系或因果关系，皆是假名有，而在第一义之真谛上当空者。然此空，亦是依待假借此在因缘关系中之事物而说，故其自身亦是假名。而此空亦当空，乃不着有，亦不着空，是为中道。此盖即此《中论》之四句之旨也。

如吾上文之解不误，则《中论》之言空义，与《成实论》之不同，而可说为其特色所在者，首在其言实体性之我物与五蕴法之空，乃平等观实体性之我物与五蕴法，而由其相依待，以见其皆为假名，亦可用之以互相破斥，而见其自性空。故《中论》一方以实体性之作者、染者、去者、我、有情众生为假名而无实，一方谓构成此实体性之人物之性相作用之属五蕴法者，为假名而无实。如其《破去来品》，言离“去”无“去者”，亦言离“去者”无“去”法。《破染与染者品》及《破作与作者品》，言离染与作业，无“染者”“作者”；亦言离“染者”“作者”，无“染”法“作”法。《破六情品》言无自实之“见者”“闻者”，亦言无自为实之“见”法“闻”法。《破五阴品》言离“色等因”，无“色”等；亦言离“色”等无“色等因”。此皆是以实体性之“作者”“去者”，依待“作”“去”之法，以破“作者”“去者”之实；更以“作”“去”之法，亦依待“作者”“去者”，以破此“去”法“作”法之自身之实。合以成其互斥互破。此即不同《成实论》之只以“作”“去”等五蕴法，破实体性之人、物，而不以实体性之人、物，破此五蕴法者。此乃由《中论》于“实体”与“为实体之相用”之“五蕴法”观念，乃平等的观其相依待之因缘关系，方能使之互斥互破，而见其皆不能自为实有各具自性，而在第一义之真谛上为空。由此而《中论》所更进之一义，即谓依此因缘关系而说之生灭、一异、常断、来去等，一切吾人今所谓抽象的思想范畴，其本身亦无实在性，而非实有，其自性亦在第一义之真谛上为空。而连于此生灭、一异、常断、来去之其他人所用之思想范畴，如时间之过现未、空间、生住老、有与无、合与异、然（为主辞之实体或受者）可然（为宾辞之属性或受），在《中论》亦皆自其依因缘关系中之生灭、一异等而立，以见其皆无自身之实在性，而非实有，在第一义之真谛上为空者。由此等等皆空，则所谓因缘关系或因缘与其果间之“生”的关系之自身，亦非实有，而此生即不生，而非生，亦为空。故曰：“众因缘生法，我说即是空。”则以修道为因缘以去苦集，而证寂灭之涅槃，自其亦为因缘所生法言，亦是假名亦是空。故《中论》言涅槃亦是空。涅槃原为空一般之苦集之法者。今言涅槃是空，即正无异言此空当空，或此空是假名而当空。故在“众因缘生法，我说即是空”之义中，已涵空是假名，空亦空之义。然此非谓人不当由修道为因缘，以空一般之苦集之法。唯是谓人空一般苦集之法，而证其空之后，更当知其亦依因缘有，知其非能实有一自性，亦不当执此空，实有一自性。执之即空成有，而非空。故必空此空，而不见此空，唯证一般苦集之法之空，或涅槃境，而亦不见其有或执有此涅槃境。于是凡所见有而执有者，由一般之实体性之人物、五蕴之法、抽象之思想范畴，如用以说因缘与其果间之关系者，以至涅槃之境，皆无能自为一实有，亦无一为可执之、见之；如自为一实有者，而见之执之为实有之见之执，乃无不当空者。唯于此一切，加以空尽，而此空亦自空，方为证空，证第一义之真谛，或证涅槃境之实事。此原是《大般若经》言“毕竟无其法，有入有出，有生有灭，有断有常，有一有异，有来有去，而可得者”，“一切法如幻如化，涅槃与胜涅槃者，亦如幻如化”之旨（《大般若经》卷三十，《功德较量品》），亦《中论》以及《百论》《十二门论》《大智度论》之旨。然其所以有进于《成实论》者，则吾仍不谓其在能言空亦空，而唯在其“能用因缘依待义，以使实体性之人我，与为其相用之五蕴法，互斥双破”，及言“人用以说因缘关系之一切抽象的思想范畴，不能自为实有而当空，而于因缘之生法处，见不生”之两点之上。而尤要者，则为此中之第二点，最为三论书之思辨之特色之所在，而前所未有者也。

四 《中论》之破生灭等范畴之哲学意义

此生灭、一异、常断、来去、时空等吾人之抽象的思想范畴，原为吾人用之以形成对诸由因缘所生之法或事物之知识者。吾人之思想，若不沿此诸范畴而进行，则吾人于因缘生法或事物之知识，不能形成。故此诸范畴，若只为吾人之思想运行之所经过之轨道或形式，初固无害，亦人之所不能免。世间既有此生灭、一异等名，亦必各有其所表之义。般若宗之言空者，亦必承认世有此等假名，此等名之各有所表之义，可用之以说诸因缘所生之法或事物，为吾人用此诸名时其思想运行之所经过，亦为人可由反省，而知及者。《中论》等之于众因缘生法，更言我说即是空，言不生、不灭、不一、不异等，亦即应非否认此等假名之亦有其所表之义之谓。则其所说为空者果为何物？此必为人之沿此等名义之知，而更增加之情见与执见。如吾人知一物生而有，更于其上生一贪得心，而欲有此有，更谓其有为常有，即为于其生而有之上，所增加之一情见或执见。复次人于一物灭而无之后，生一丧失心，更谓其一无即永无，亦为于其灭而无之上，增加一情见或执见。于此人若不于物之生灭上，增加情见或执见，则其生已而灭，即见其生不自有其生，而不生，不生则无可灭，而不灭。生灭如是，一异、常断、因果等思想范畴，在吾人之思想运用中之情形，亦如是。故若纯在此诸范畴更迭运用之主观方面，看此诸范畴，乃旋显旋隐，亦初可不被执者。然当其被运用，而连于物时，则可依人心之着于客观外在之物，而此诸范畴，亦如着于客观外在之物。人之情欲得某物，则欲有某物之有，更谓某物之有其有，有其生，而此“有”、此“生”，即成物之属性。反之，灭无亦可视为物之属性。而说物为一为异，为常为断时，此等等亦皆可视为属于客观外在之物者。人之思想更可进而综世间万物而思之，遂可于世间万物之全体，或说之为一大有、大存在，或说之为一大虚空；或谓之为一元，或谓之为多元；或谓之为始终恒常，或谓之为前后间断；或谓之为能自为因以生果者，或谓之为另一物，如上帝、梵天之果。此即成种种偏执之客观的宇宙论，或形上学之哲学。此类之哲学，虽皆由综宇宙万物之思而得。然其偏执一端，则初当是自吾人之情见之偏向一端而始。此类之哲学，亦终将更加重人之情见之偏向，以使人对其所偏向之物，起种种贪欲，与得失之心。如谓世间为一大实有者，而能自为因者，则使人贪住此世间，以在此世间之我之此身心为我，其所有之世间物，为我所有。其谓世间为虚无，或为其他世间外之上帝、梵天之果者，则使人于世间感空虚，而别求此世间外之上帝、梵天，而执之为我，以贪求上帝、梵天所有者，得为我所有。此在印度他派之思想中，固有此种种视世间为自有或梵天所创生之不同之论，更有于世间或主一元或主多元，或主常或主断之种种说。人凡有一思想范畴，可普遍应用于所谓客观外在之物者，人皆莫不可于其被思想所运用之时，更将其黏附于物，而客观化、外在化之，为一切物之普遍的属性，以成一哲学上之宇宙观，而形成人之一大偏执或情见；遂使人更不易自其偏执与情见相连而生之贪欲，与得失之心中解脱。此即大乘般若宗之所以必破“一切依此诸范畴之客观外在化，而谓实有物生、实有物灭，实有一异或常断或因果”之执见，而一一由其在真理上实不可如此建立，加以辩斥之故也。

按此种于世间主一元或多元，世界为自有或有超越之神为因之情见之哲学，乃原自人既有贪欲等情，并将其思想范畴，黏附于物而客观化之，所成之见。合此情与见，即名情见。在西方哲学中亦多有此类之哲学。在西方哲学自康德起，方知此等等范畴皆只为人之思想之形式，而内在于人之思想中，不可加以客观外在化，而用之以构造一形上学或宇宙论者。如用之以构造形上学，则世界之物为有众多之单元而不可分之论，与物一直可分、无此单元之论，相对反。世界为自因而有自由之论，与为被前因所决定而必然之论，相对反。世界有始有边之论，与无始无边之论，相对反。凡相对反之论之中之一，皆可立，亦皆不可必立。黑格耳更由此一切普遍范畴皆不离人之思想，随思想之运行而展现，以论西方之哲学家所提出之一切范畴，皆思想之循正反合之序，而由简至繁，以次第运用者。故吾人亦可由反省此思想之如何依正反合之序，而次第运用之，而对之作一系统的展示。此为西方哲学对范畴论之空前之一大成就。至于后之承黑格耳之范畴论，而能更进一根本义者，则吾不得不推英哲柏拉得来。柏氏之进于黑氏者，要在言人若将其思想范畴，无论一多、常断、本体与属性、因果、时空等以客观外在地，论述实在，而成一形上学，皆无不归于与实在相矛盾，而亦导致哲学思想之自相矛盾。人欲超越此思想与实在之矛盾，即必超越哲学思想之自身，而必归于哲学之自杀。由柏氏之哲学，吾人可见般若三论宗之义，与西方哲学之发展相通之契机。此吾于四十年前尚在大学读书时，即有文论及。后发表于《哲学评论》一刊。吾人亦可说，人若亦循柏氏之思想道路而进行，即可断定一切将人之思想范畴客观外在化，而成之形上学或宇宙论，无论如何复杂精微，皆必不免于见此论与实在之矛盾，而必归于此论之自杀。

然以印度思想之流与此上所说西哲思想之流相较，又有同有异。如依康德说，则此诸思想范畴，只为思想之运用之形式，而内在于思想之运用中，以形成一般之知识者，此可成一系统之知识论。黑格耳以各思想范畴可依其简繁，以次第展现于思想运用之历程中，而可加以系统化之说明，则可成一形上学。般若宗则未尝为此二事。然康、黑二氏之论，亦与般若宗义，无相违处。盖此诸范畴不能在思想之外，自附属于客观外在之物而存在，则正为康德、黑格耳所共许。而康德、黑格耳之言一般之知识之形成，必待范畴之运用，而对此诸范畴，可由反省而知，兼对之求有一系统化的说明，其功已至大。后人之补充，亦不能不循其途以前进。而无论前进至何处，亦与般若宗义，无相违处。人如欲以般若宗义，破康德、黑格耳之范畴论，而视同一般客观的形上学中之范畴论，则破非所破，亦不能破也。

康德之言思想知识中之范畴，乃具普遍性亦具必然性者。此乃谓此诸范畴，必可用于世界之理解，以成人之思想知识，因而在人之理性中，亦更有关于此人之“自我”与“世界”，以及“上帝”之诸理念，皆人心之所必有，而不能去者。黑格耳更谓人之思想中所展示之绝对理性，即此一切范畴理念所组成之一绝对系统。然二人之说，又似皆如以人心为此诸范畴理念之所亘塞，是则非般若宗所许。依般若宗义，当谓人之形成其对世间事物之思想知识，固须用范畴理念，此只是世俗谛中事。然人心自有超知识之一境。在超知识之境中，则一切知识中之范畴理念，亦必须超越。依康德义，人之理解与理性中之范畴理念之运用，乃唯对经验直觉中之现象事物而运用。若无此所直觉之现象，则无此范畴理念之运用，亦无其出现之事。则其存在之地位，亦只在人之心灵与现象事物之发生主客关系处。故其运用与出现，虽根于心灵之自动，然此心灵之自动之所依，则只在心灵与事物之发生主客关系。若离此主客关系，则范畴理念，即将为此心灵所自加以收卷。此收卷，非卷而藏之于心，而仍亘塞于内，乃一收卷而更不复存在。此则在佛学中之法相唯识宗与般若宗，皆同此见。法相唯识宗承小乘佛学中之世友《品类足论》、世亲《俱舍论》等，言不相应行法，并以生、住、老、无常、流转、定异、时方、数、和合、不和合等范畴，为不相应行法，唯依心境有主客之分，而系存于此主客之分位上。若心境无主客之分，则亦无此不相应行法之可说。在大乘般若宗，则亦以此生灭、一异等范畴，乃依色心等实法而有之假名。在世俗谛中虽当说其有，然若将此生灭等客观外在化，为色心等实法之所有，而执之为一客观之实在，则当更如理而思，以见其原无实、非实，而其实为空者。此空即为其第一义之真谛或真理。然亦必人先执之为客观实在，然后人乃能如理而思，见其原非实，而为空。此人之执之为客观实在，亦由人之恒欲循诸范畴之普遍性，而思世间一切物而致。此人之恒欲循范畴之普遍性，而思世间一切物，初亦所以引出人之心思，以使之得无所不运者。今再去除由此范畴之着于物，而成之种种执见，则此心思即化成一遍照之智慧。故此人之心思之范畴之着于物之执，固当破，然亦宜先经此执，而后破之。人若先无执，亦须试思此执是如何如何，而更破之，以有助于此遍照之智慧之出现。由此以观，中国传统哲学中之缺乏由此范畴之客观外在化所成之客观的形上学，固见中国人心智之清明。善能养此清明之心智，亦可直接形成一遍照之智慧，而不必先经种种待破之哲学执见，而更一一破之，以助成此遍照之智慧之出现。然自学术思想之内容而观，则中国传统哲学，缺此种种待破之哲学执见，亦未有如般若宗之一一破之之思想，仍当说是中国传统思想之一缺点。魏晋时有此般若宗思想之输入，更有三论之译出，使人知人固有种种待破之哲学执见之形成，如在印度思想之所表现，亦有能破之之般若思想，而吉藏等即有三论宗之立，则又不能不说为中国思想之一大发展也。

五　关系与关系项之宛然有而实际空义

此三论书之破种种哲学执见，乃破吾人对世间事物之执见。依佛家义，世间事物皆即是因缘生法，故亦即破有关因缘生法之执见。此中之一根本执见，即是吾人将此“因缘生”，作一思想范畴，而连于为因或为缘之物，谓其物为能生其果之物，而谓“此因缘之法与其果之法间，客观的实有此生”之执。由此而人或执实有过去因能生现在果，现在果生时过去因灭；或执现在因能生其未来果，未来果生时，现在因灭。于是执实有此过、现、未与生、灭。生而不灭，为“常”；常而自同，为一。灭即不生，为“断”；断而前后不同，为异。向于灭，为去；向于生，为来。由此而人亦更可执实有此常、断、一、异、来与去等。然在《中论》，对此诸执，则一一皆加以破斥，谓无此所谓生灭、常断、一异、来去，而主“不生不灭，不常不断，不一不异，不来不去”，合成八不。此八不之义，要不外言此生灭、断常、一异、来去之非客观外在地实有，以明因缘与果间，非实有此生。故曰“众因缘生法，我说即是空”。由此因缘与其所生之法之为果者之间，无实有之生，以言不生。不生则无可灭，而言不灭。不生不灭，自亦无断常、一异与来去。此即《中论》第一章《破因缘品》所言之全书宗旨也。

此《中论》如何破因缘与所生果间之实有此生？岂不与因缘所生法之自语相违。既言有因缘所生法，如何又可说此生非实有？此则当知说生可只是自宛然有之现象上说。此在世俗谛，固可说，亦当说。然当知此自宛然有之现象说，初乃自为因缘之法与果之法间，有一生之关系说。然此生之关系，若落到实际去看，则不能称为一实有。其所以不能称为一实有，可说在此关系乃两头挂带者。故落到实际去看，在此中任一头，皆不能见此关系之存于其中。无论就为因缘之实法自身看，或为其果者之实法自身看，即皆不能见此关系之存于其中。然又不能谓法可不待因缘而生。此即《破因缘品》“诸法不自生，亦不从他生，不共不无因，是故说无生”一偈之所从出也。

此所谓诸法不生，即自就诸法自身看，无“自己为因又为果”之因果关系之谓。所谓不从他生，即由“他之为因者之自身看，其中无此果之自身”之谓。“不共”，是“既非自生亦非他生”，即非自他合生之谓。“不无因”，即自此法非不待因缘而生，或一法非无因缘之谓。然合此四句所表者，只是为果之法之自身，不生其自己，为因之法之自身中，亦无其果，与为因缘者之不无，又不见此因缘之法与果之法间之一“关系”之为一客观的实在而已。

此一关系之不能为一客观的实在，西哲柏拉得来尝有种种辩论。依吾意说，要点在知关系乃吾人思想由一关系项至另一关系项，所经之道路。关系为思想所经，则非思想所可停下，而住于其中者。思想不能停下，而住于其中，则思想亦不能置定之为一实在。如置定之为一实在，则成另一关系项，而待另一“关系”，加以连系。关系如不成另一关系项，则只为思想由一关系项，至另一关系项之所经。既经之，而不能住之，即必不能被置定为实在。既经之，而思想达于另一关系项，则思想可暂停于此关系项，而只见此另一关系项为有。然关系既被经，亦即被超越，人即只见所达之关系项，而不见此关系。然无此关系为所经所超越，人又不能由一关系项达另一关系项。故关系不能说无。然此无碍上说之不能置定之为实在。此在一切关系，无不如此，在因果关系，亦然。在因果关系，从因项看，只此因项，经其间关系至果，此关系被经、被超越，亦即不被见为实；而自所达之果上看，则只见此果项。然不由因更经此关系，又不能达此果。故又不能说无此因果关系或无因。由是而此因果关系之有，即为有而非实者。不实即空实。此即一宛然有而实际空，或真空而俗有者矣。至于此中之任一关系项，乃关系于其他关系项者，亦虽有而不能自为一实在或实有，而皆在其"关系于他关系项"之意义上，超越其自身之实；而吾人在思其关系于他关系项之意义时，亦同必忘其自身之实、超越其自身为实之想者，故亦同为宛然有，而实际空。此外于常断、一异、来去等，皆可作诸法之关系看。作关系看，则皆只为思想所经，所超越，而皆为在两头之关系项中，不能见其实者，即皆只为宛然有而实际空者。此外任何其他抽象思想范畴，如：时、空、生、住、老等，如作为综合诸现象或诸法者看，皆是连结诸现象诸法，而有成就此诸法或诸现象之关系之用者，亦皆属于诸法或诸现象所合成之整个的大因缘网，或大因缘关系中之诸关系，而其有皆为宛然有而实际空，即无不同。而凡关系项，亦皆在其"关系于他关系项"之意义上，同为宛然有而实际空，如上所说。故一切世间之关系法与关系项之法，皆宛然有而实际空，而世间之法皆为关系项或关系，故世间之法，皆是宛然有而实际空。此宛然有，是世俗谛；实际空，是真谛，在《中论》与《成实论》皆名第一义谛。《中论》之总述本论宗旨，则在《观法品》第十八，及《观四谛品》第二十四。《观法品》言“以得一切法空无我慧，名为入，析求诸法实性，皆入第一义平等一相，所谓无相为实相，更说非实等”。《中论 · 观四谛品》则明二谛义，以说四谛义，谓“以有空义故，一切法得成”，又言“众因缘生法，我说即是空，亦为是假名，亦是中道义”。待众缘而有，即空义，故言空而不着空，空亦空。由此而言四圣谛之所以得成，亦以苦集无定性，而有空义，人乃可由修道之行，成其灭度。故空义不可破，但亦不可执空，则当更空此空，以证空，如前所说。此即《中论》之归趋。读者可观原书，今不赘述。

六 《中论》言性空，与《成实论》、僧肇言空之异同

由上所论便知《中论》之旨，要在说种种一般所谓抽象思想范畴，如有无、一异、因果、时空等之不可执为实有，以更说世间一切法皆宛然有，而实际空；或世俗谛有，第一义谛空。即成其二谛义。此其言二谛义，与《成实论》、僧肇主假名空，及后之法相唯识宗与吉藏所言者之同异如何，亦可进而次第论。其与《成实论》之同者，在同归于言空。然《成实论》要在先言过去未来法之非现有而为无，更谓由色心诸实法所意构之“实体性之我，或人与物”之有，为世俗谛中之假名有，在第一义谛空。再由吾人现有之苦集等实法，可依修道而灭，以舍染取净，言此现有苦集等法，在第一义谛亦空。然于此由集而苦之因果关系，由修道而灭吾人现有之集，以去苦之因果关系，则《成实论》未言其非有而空。故于过去对现在，现在对未来之因果关系，《成实论》亦未视为非有而空。《成实论》虽谓过去已无，然亦承认人能于现在往忆过去。此于现在所以能忆过去，亦当说为一过去对现在之因果关系也。然在《中论》，则破此视因果关系与过现未三时为实有之说，亦兼破以空间及一异、来去、有无等其他等种种关系或抽

象范畴为实有之说。是为其书大部论辩所在。而于实体性之我及人与物等执，则唯于破作者、染者，破本住等处，略及其义，而未尝详论。则明不同于《成实论》之所重者，在破此实体性之我与人物之执着，而于诸抽象之范畴为实有之执，未能如是一一加以破斥者。如以对时间观念而论，《成实论》只谓过未无而现在则有。《中论·破时品》则言过现未三时皆相待而有，皆不能自为一实有，亦不能以因果关系，说三时。如不能说因过去，而有现在未来。此即大进于《成实》。其所以不许因过去，而有现在未来者，乃自过去中不能有现在未来立论。此亦如其破因之生果，自因中不能有果立论。人若视为因之事物自为一客观实在，人即恒不免视其关系于一后继之果，为此客观实在之一属性一内容，而谓因中有生此果之能，更或谓因中有果，此固当破。人以过去时为现在未来时之因者，亦可谓此现在未来时，由过去时中生出，而先在过去时中有，此亦当破也。然《中论·破时品》又实许现在时未来时与过去时之相依相待之关系。故一方破过去时中有现在未来时，以为现在未来时之因之说；又谓现在未来时非不依待过去时而有。此依待义，亦即一因缘义。故《破时品》又破不因过去时，而有现在未来时之说。此则如其在因果问题中，既破因中有果以生果之说，又破无因之说。其破因过去时有现在未来时，在不以“过去自为一实有，而现在未来由之出”；其破因能生果，在不以“因自为一实有，而果由之出”。其破现在未来不因过去时，则在破现在未来之自为一实有，不依待过去之说；其破果无因之说，亦在破果自为一实有，不依待因之说。此过现未各自为一实有，因与果之各自为一实有，皆《中论》之所破。过现未与因果之相依待，初非其所破。此相依待即是一因缘关系。然此关系亦不可执为实有。此则依于吾人前说凡关系皆为一关系项所通过而超越，以至于其他关系项者。如因通过其与果之关系而至于果，过去时通过与现在未来之关系，而至于现在未来。既由因至于果，于果观果，果中无因，即不见其与因之关系，而见此关系非实有。既由过去至于现在，现在中无过去，亦不见其与过去之关系，而见此关系亦非实有。关系在人之思想进程中，永只为人之思想之所通过，而非其所留驻，亦即永非此思想所能置定为一实有者。如要将此关系化为实有，只有先留驻其思想于一关系项，而执定一关系项自为一实有，以一主辞表之，更将其关系于另一关系项之事，视为其属性。若然，则必导至上所说因生果，而因有此生果之属性，而因中有果之论，或过去中有现在未来之论。然此说必破。因吾人如往思一关系项之"关系于另一关系项"，则吾人之思想，亦正不能留驻于此关系项，而执定之为实有者。则此关系项之实有，亦当破，如前所说。故人无将此关系化为实有之道，而更有将此关系项之实有，亦加以破斥之道。故因果关系与因果之关系项，非实有而性空，时间关系与过去、现在、未来之视为时间之关系项者，皆非实有而性空。凡关系与在关系中之一切法为其关系项者，皆非实有，而其性亦无不空。

此一《中论》所言由因果等关系之与关系项，非实有而性空，以言一切法之性无不空之论，明为《成实论》所无。《成实论》言苦、集、灭、道之因果关系，明尚未有此性空义。言过未无而现在有，亦未知过现未之相依待，而皆性空义。说相依待，则现在未来自依待过去，过去未来亦依待现在，过去现在亦依待未来，不能说无此依待。由此以说其无自性而性空，则不只过去、未来性空，现在亦性空，则当说三世皆为相依待之假有，而性空为其真实义，是为真空。此心能观此三世相依待之假有，而知其性空或真空，则此心兼居于此三世之上，而非留驻于现在之中。则亦不执此现在为实有。心知三世皆性空，则心居三世之上，亦即居时间之上层，心知因果关系之性空，心亦居因果关系之上层。依此心以观一般因果关系以至苦、集、灭、道间之因果关系，此心亦居在其上层，以平观苦、集、灭、道；而非只顺一般之苦集经修道，以至于其最后之灭，以由苦集之现在至于道灭之现在。此乃《中论》之义，确切进于《成实》之论之处。而《中论》之义，亦正对人之修道，有大方便者也。

欲说此《中论》之义对人之修道所以有大方便，当先略说此《中论》所破之因中有果与无因之说，及过去中有现未与现未不依过去之说，正为常人在生活中恒不自觉的持取之见，而一般修道者亦恒不能免者，常人在生活中于备足某因时亦恒想望其果，而如在因中幻见有果，由因之实以执其果之亦实。如人于得钱财时，若见由钱财得之欢乐，皆在钱财中是也。常人在生活中，又恒以其过去中即有现在未来。如其在过去得意，即以为前途光明无穷，过去失意，则前途全是黑暗是也。人之幻想未来者，又恒望未来之与过去全然不同，亦望未来之从天而降，若无因而至。此在人之修道之心情中，亦两者皆有。如人见世间种种心色诸法之集结可为苦因，人即视若有无穷苦在世间中，而对世只求厌离，即成小乘法。又人在修道以求涅槃果时，亦可视此果如已在此因中，而于未得谓得，未证谓证，生大我慢。此皆由无意间谓因中有果之所致，谓过去或现在中有未来之所致也。反之，人如幻想不修道忽然得度，则又由意谓果不待因，未来不依现在过去之所致也。至于人之能正信此因缘关系而修道者，一般亦只能于求自出离于苦集二谛之外之修道之事中修道以证灭，而不能于观苦集二谛中修道。此则以其修道之事，亦只为欣慕于苦集灭道之因果串系中之后二事故也。然今设人能如《中论》之知因果与时间之过现未相依待而有，又非实有而性空，则此心可当下超于因果与时间之过现未之上，平观因果与过现未。于因果关系可不作因能生果，因中有果之想，亦不作过去现在有未来之想；则见世间中之集只是集，由之而起之果如苦，既尚未生起，则此集中无此苦等；并见此集自身，虽以因果关系而连于其苦，其性则空。此性空是其当体性空。本此以观一切苦，一切苦亦当体性空。更本此以观吾人修道之事亦性空；证性空之谓寂灭而此寂灭亦性空。若苦集灭道之法，皆当体性空，则于苦集灭道之法之当体，皆可证寂灭，不须说由一般苦集之出离而更修道，方证寂灭。亦不须说苦集是世间事，灭道是出世间事。当说即此世间苦集之当体而证其性空，便是出世间事。此世间苦集之法，即以性空为其法性，以空相为其实相。一切苦集灭道之法，同此性空之法性，同此空相之实相；则苦集之世间非所厌离，灭道之出世间非所欣慕。今无此厌离欣慕，亦正所以成其观性空、证性空。此即是修道而得灭度之事。由此而人于四谛之看法，即不以其中为因者真能生果而有其果，则集中无所生之苦，道中亦无所生之灭。平观四谛诸法，皆同此性空之法性，同此空相为实相，而不见其因果之次第相生。故吉藏言般若宗言空为体法真空，不同《成实》之空为析法空。析法空者，乃将一切法析散，而一一除去，而观其空，如《成实论》将假名有之我与人物之实体，自其由心色等法所构成，而观其空。即为将法析散除去，以观其空。《成实》之用修道以次第去除吾人之苦集，以至灭谛之空，亦即次第析法以至空也。然依《中论》，则于苦集灭道诸法，可不见其因果之次第相生，而直上加以平观，以一一即其法，观其当体同此性空为法性，空相为实相。故人体其法即同时体其性空为法性、空相为实相，而为体法真空也。

如吾人知《中论》之义，于四谛诸法归于当体见其空，而此亦即《般若经》义，则吾人可说僧肇之言即物之自虚，不假虚而虚物，正契于《般若》《中论》之旨。而此即法当体见其空之法，如说为假名有，则周颙之言假名空宗之旨，亦正契于般若三论及僧肇之旨。然《中论》等之言诸法之性空为法性，或空相为实相，要由对“因果、一异、时空等，不可执为实有，或其实有之性不可得”之一一思辨或观照中得来。此原有其所对治之佛家之小乘与外道之种种对因果等之执见在。而僧肇之论，则唯契于其最后之归趣。想周颙所谓假名空之义，亦只是契此最后之归趣。故皆无《中论》等书之详密之论也。

此《中论》之言一切世间因缘所生法，或有因果关系之法，其实有之性空，乃自第一义谛或真谛说。至说此世间之因缘生法，非无因而生，亦非无，则为世俗谛。《中论》明二谛，即兼此二者。至在世俗谛中，人之依种种因缘生法之集聚，而意构一我或人、物之实体，而谓其有，亦属《中论》之世俗谛。故在世俗谛中，亦许人说有我有众生等。然世俗谛中之因缘生法，如色受想行等，与我或人、物之被视为有实体性者，则大不相同。言此实体性之我或人、物之空，与言因缘所生之心色等法之性空，及言因果时间等关系之自身，不可执实有而性空，亦皆不同。此实体性之我、物等，可说纯由意构，更加以一名，人即更以其名之常，而意想其名之所指之常而执之者。对缘此意构而成之执，亦宜先将此所执之我或人、物之实体，再分析为其所由构成之色心等实法加以破除，如《成实论》言假名空之义之所说。至人之执此心色诸法之自身为实，则当依其无常，必待因缘而生，即非自生以自为实，而破其实。至于人之执因果、时间等关系为实，则当依“此关系必依待为关系项之心色诸法，而吾人之由一关系项通过此关系，以至另一关系者，此关系即必在思想上被超越而不见”，以破其实，言其性空；或自其“若自为实，必产生思想上之矛盾”，以言其非实而为空。故此中之三种执不同，破之之道，与所显之空，亦不同。故《中论》只于世俗谛皆许其有，于第一义谛皆说其空，则欠分别。而《成实论》之分假名空与法空，于义又较长。然《成实论》之言法空，非即法之当体见空，如上所说，则于义又较短也。

七　附论：法相唯识宗对“假”“实”“空”“有”之分别，与般若宗之义之不相违

除《成实论》《中论》对假实空有之分别作种种说之外，在佛学对假有与实有及世俗谛与第一义谛或胜义谛，更能加以分别说者，乃法相唯识宗之流，承部派佛学辨假有、实有而生之论，及以五法三性分辨一切法之论。此则较为繁密。人对其名相生疏，更不易发生兴趣。然其问题，实与《成实论》《中论》所辨者无殊，义初不相冲突。如《瑜伽师地论》除有分辨假实之标准，前文已引及外，其第一百卷，又分假有为六种，即聚集假有、因假有、果假有、所行假有、分位假有、观待假有。《瑜伽论》之聚集假有，即依五蕴等法之聚集而假立之实体性人物。所行假有，即指过去之行，而非现有之实者。因假有者，谓未来世可生法，而名为因。果假有者，谓未来世当有果，而名为果。此三者所以为假有者，以过去未来之法，原非实法，故依之而立之有，皆为假有。此皆不出《成实论》言假有之旨。分位假有，谓诸心不相应行，如生等。观待假有，即相对之有，如相对于诸色趣而假立无色之虚空。对此后二类假有，《成实论》未论其何以非实有。然在《中论》，则破一切以之为实有之论，而此二类之假有，则皆可名之为一“关系性之有”者也。观后文自明。无著《显扬圣教论》卷十八谓：“心不相应行皆是假有；假有之性，略有六种。……谓若事能起六种言论……一属主相应言论，二远离此彼言论，三众共施设言论，四众法聚集言论，五不遍一切言论，六非常言论。”所谓能起属主相应言论者，即：“如说生时，此谁之生？观所属主，起此言论。所谓色之生，受想行识之生。非说色时。此谁之色，观所属主，起此言论。如生如是，住、异、无常等，心不相应行类，如其所应，尽当知。是名属主相应言论。若事能起如是言论，当知此是

假相。”此即谓凡须属一实法，如“色”为主辞，而加施于其上之宾辞，如生灭等，皆是假借依待此实法而说，而其自身无独立之实在性，而为假有者。故后文谓：可说有“色”生，但不能说“生”能生。所谓远离彼此言论者，“谓诸言论，非以此显此，亦非以彼显彼，此说名为远离彼此言论”。其下文谓以此显此、以彼显彼之言论，乃指其中有一实相者，如地之“坚”，眼之“识”等。至于远离彼此言论，则“一向于假相处起，如舍之门……军之车……百之十等”。此即谓其中之“舍”“门”“军”“车”“百”“十”皆是经意想或概念之构造而成之假有也。所谓众共施设之言论，则指众人依其现识所取之事相，而加施于其上之言论。下文未举例。当知《显扬论》只是谓假有之“性”有六种。今谓假有恒是众人共依种种相而施设，即如所谓约定俗成，此便是假有之一种性质。则上所谓“生”“灭”“舍”“军”等，亦皆可说为众共施设，而皆可以为例也。至于所谓众法聚集言论，则谓“是于众多和合，安立自体言论，如于内色受想行识说我等言论”。此即谓假有恒由依众实法所意想构造而成，此亦不只可以“我”为例，亦可以“军”“舍”等为例。所谓“不遍一切言论者，谓诸言论，有处随转，有处退还。如于舍，舍言唯随舍转，于村亭等，即便退还”。此乃谓由意构所成之法，如“舍”，于舍可用，于异类之村亭，便不可用，以言假有之性。至于其所谓非常言论，则是自事物之破坏转变等，以见意构所成之法，由可用而成不可用，其下文之例是：如瓶坏已，便不可用“瓶”说之，而当说为“瓦”。如饮食在身中，变为粪秽，便不可用“饮食”说之，而当说为“粪秽”……此二者皆就意想所构成之概念名言，如瓶瓦等，可用可舍，以言其非能自为实在，而另说出为假有者之二性质。故此《显扬论》所说者，只是假有之性质有六种，非谓假有自身有六种。就假有自身说，《显扬论》亦只举出二种，一则为意构之实体性之人、物，如“瓶”“军”“舍”“我”等，一则如“生”“灭”“无常”等抽象的“关系之有”或范畴而已。

但在法相唯识宗之对诸法之假实空有作分类，更有其所谓五法三性之说，为其所特提出，而非沿袭部派佛学而来者。

在此宗所宗之经论中，在《楞伽经》即分五法：名、相、分别、正智、真如。依《瑜伽师地论》卷七十二释此五法依何义说为有或无，依何义说为假有或实有，依何义说为世俗有或胜义有，五法之相互关系如何，其说亦繁。粗略言之，则凡“名”之义，专指由人之意构而成之实体性之我或人物者，则是全不实。《解深密经》《瑜伽师地论》《辩中边论》《摄大乘论》及《成唯识论》，皆视凡“名”之义之指实体性之我等者，纯为遍计所执性，或无体随情假。（唯《摄大乘论》又谓此“名”亦依因缘生，属依他起性。唯其“义”则只属遍计，此与《辩中边论》笼统言名属遍计者又略异。至于《显扬圣教论》谓遍计非五事摄，则盖谓此五法中所谓名，亦为依他起、遍计在此五法外者。）至于《楞伽经》中所谓相，则初是指因缘生之色心之法，而实有相可分别者。此分别相之分别，或依分别相而计有实体性之我之虚妄分别，或遍计分别，其自身自是心法，亦应为因缘生。故皆属依他起性。至于正智，则为“知名之全不实，知一切相与心之分别，与依分别起之一切法，为因缘生法”，“无主宰，无有作者，无有受者；无自作用，不得自在；从因而生，托众缘转；本无而有，有已散灭……唯法所润，堕在相续”（《瑜伽师地论》卷五十六），及此主宰作者等自性空，而对一切法之真实，如实知，或知一切法之真如者。此正智与所知诸法真如，为三性中之圆成实性。

此唯识法相宗之遍计依他圆成之三性之说，原由次第演成。据云在亲胜、火辨、难陀之唯识古学，于遍计依他合名虚妄分别，《辩中边论》首言虚妄分别有，亦合遍计依他为一名（一九六一年《现代佛学》吕澄《记唯识今古学》）。此则无大异于二谛之说。及三性之说既成，法相唯识宗依二谛辨一切法，亦有世俗谛与胜义谛之分。而由《瑜伽师地论》至《辩中边论》《摄大乘论》《成唯识论》，至窥基《法苑义林章》(卷二二谛义)，其说不断有所改进增益，可见其说亦次第发展而成。按在《瑜伽师地论》卷三十六《真实品》，有世间极成真实、道理极成真实、烦恼障净所行真实、所知障净所行真实之分。又卷六十四言三种世俗。一世间世俗，二道理世俗，三证得世俗。“世间世俗者，所谓安立宅舍瓶盆……又复安立我、有情等”，此即《瑜伽师地论》之世间极成真实，亦即《成实论》所谓假名有。“道理世俗者，所谓安立蕴处界等”，即《真实品》之道理极成真实，亦即《成实论》所谓心色等实法。“证得世俗者，所谓安立预流果。”此即指在世间之修道之法，可由之以引至《真实品》所谓烦恼障净、所知障净所极成之真实者。烦恼障净，赖于破我等实有执；所知障净，赖于破所知之心色等法之实有执。下文更言有胜义世俗，即胜义谛。由“此谛义不可安立，内所证故”。此即烦恼障所知障净时，心所内证之诸法真如。《辩中边论·辩真实品》，于世俗谛中有三世俗：一假世俗、二行世俗、三显了世俗。胜义谛中，一、义胜义，谓真如胜智之境，二、得胜义，谓涅槃，三、正行胜义，谓圣道。《成唯识论》卷九，言世俗有假世俗、行世俗、显了世俗。《述记》五十二言“假世俗者，实无体性，唯有其名，可名世俗”。此即如实体性之我、人、物。行世俗，即心色诸行。显了世俗，即于世俗修证，以之显了真实者。此同《辩中边论》。然《述记》五十三言“胜义则有四：一世间胜义，谓蕴处界。二道理胜义，谓苦等谛”。此第二与《辩中边论》正行胜义相当。“三证得胜义，谓二空真如”，此与《辩中边论》之义胜义相当。“四胜义胜义，谓一真法界”，此与《辩中边论》得胜义相当。然窥基《法苑义林章》，及《说无垢称经疏》卷一，更变世谛为四：“一、世间世俗谛，依情名假，说为世俗，如实我法、瓶、盆等是”，此即《辩中边论》之假世俗。“二、道理世俗谛，即立蕴处界等法，名为道理，事相显相，差别易知，名为世俗”，此即《辩中边论》之行世俗，而对前者为胜义者，故亦在胜义谛中，为世间胜义。“三、证得世俗谛，又名方便安立谛，以佛之方便安立：断证修之苦集灭道，施设染净因果差别，令其趣入”，此即相当于《辩中边论》之显了世俗，亦相当于胜义中之二“道理胜义”者也。“四、胜义世俗谛，二空真如”，即空我而得之真如，与空法而得之真如也。“是离诸相，而为圣智所觉，故云胜义，以假相安立，体非离言（假名之义），故名世俗”，此相当于胜义中之三“证得胜义”，而胜义中之四胜义胜义即一真法界，则世俗中无与之相当者。

观《成唯识论》与《义林章》之分世俗谛与胜义谛共为五谛，后者对前者即为胜义。此五谛即有名无实之世间世俗或假世俗。此即：一、一般所执之实体性之我与人、物等。二、蕴处界等行之因缘生者，即由因缘生之心色等实法。三、用以修证之四谛。四、所证得之诸法真如。五、圣智所内证之一真法界。如以三性配之，则一为假世俗，属遍计所执，二为道理世俗，为依他起，而兼染净者，三为证得世俗或道理胜义，为净分依他。四真如及五一真法界，属圆成实。此窥基之辨析世俗谛与胜义谛之种种，共成五谛，较《中论》之只有世俗谛第一义谛二者，《成实论》之辨假实空有，而分之为三者，实较为完备整齐，而亦见诸谛之次第升进之义。对蕴处界心色诸法与其种子，由因缘而生者，则特为法相唯识宗所重，并恒说之为实，而非假者。然法相唯识宗亦未尝不谓依此缘生之实法由“聚集相续分位”而立者，为假法。故于此因缘生法上，说其有一、异、常、断、时、空之法，皆非实法，而属于其所谓心不相应行法。此当为五谛外之又一谛。合此六者，乃可括一切法而无遗。

不相应行法，即依心色等诸法，而假立之分位假法。依心色分位假立，即假心色之某方面，而应用建立于其上者。谓之为心不相应者，即以此诸法皆为抽象，而具普遍的关系性之范畴，此心之缘之，以思其所可能应用之范围，恒溢出正与心相应而心所知之心色之实法之范围，即与心不相应。谓之为行法者，当是自其为心所运用，与此运用俱行而言。唯说其是不相应而假立之法，则亦非无。[①] 然般若宗则自其为假立，而说其无自身之实性，或其自身之实性空，亦必证知其为空，人然后能得菩提涅槃。然唯识宗之谓其为有，亦非谓在证诸法实性真如，而至涅槃境界时，仍有心不相应行法之亘塞于心之可说。此心之依不相应行法以思，而使其心溢出其所知之实法之外，固亦唯在此心与其所知之实法，有能所之对待，而未达如如之境时所有者。《瑜伽师地论》卷七十五言胜义谛五相：一、离名言相，二、无二（无能所之二）相，三、超过寻思所行相，四、超过诸法一异性相，五、遍一切一味

① 法相唯识宗之不相应行法二十四，盖由《俱舍论》之不相应行法十四，《成实论》之非色非心法十七等，增益而成。然未尝依一定之原则为之分类，以说其不可增减。大率其中之“生”“住”“老”“无常”，直属变化状态之前后之关系之范畴；“流转”“势速”“次第”，属因果关系之范畴；“相应”“和合性”“不和合性”“定异”，属诸变化状态或诸系列因果间之关系范畴；“时”“方”“数”，则为指目一一事物之时间空间位与数目之关系之范畴。此皆西方哲学所常论。但其以“名身”“句身”“文身”之文字，为不相应行法；又以“无想定”“异生性”“灭尽定”“无想报”之似表生命心灵之报果者，为不相应行法；再以一众生之“命根”，诸众生之生命之同处之“众同分”，及“得”，为不相应行法，则似甚怪。此则当知凡法之直依共相关系而建立，而人心只通过之，以行于其中，方得底于色心之实法与其实性者，皆为不同于此心色之实法实性之自身，而为不相应行法。“异生性”只由其未得圣道得名；“无想定”“无想报”，只由其无于想得名；“灭尽定”只以止息想、作意得名。即见皆只是自其消极的关系，而形成之概念；而非积极的自其生命心灵之报果之心色之法之内容，而形成之积极的有所指之概念。而外道之执此“无想定”“灭尽定”，常人之执“异生性”为能积极的表义者，更视之为实有之究竟法者，亦实非究竟法，亦无此一究竟法，与此执相应。故皆为不相应行法。至于“文”“句”“名”身，依其可普遍的被应用，以对事物有意指之关系而建立，亦只为人所通过之，以底于心色之实法者。“众同分”依共同性相建立。“命根”依现有之有情心身“根于”其种子之关系建立。“得”依有情心身之“得”心色等法之关系建立。故皆属不相应行法，而不同于有积极内容之心色之实法，以及为其实性之无为法，在为心所缘时，心得止息于其所缘，而相应不二者也。

相。此为后之唯识法相宗经论所共说。依此五义，以观证真如之胜义谛时，亦固无在此能所对待中之不相应行法之可说，而必见其法之实性空也。则法相唯识之义与般若之义，在此点上仍不能相冲突。然唯识宗必假立因果等，以说明心色诸法之生灭，而有之一套大理论，则毕竟在般若宗之系统之外，亦别有其切实成就人之舍染取净之修道历程之价值，而非般若宗所有者。然般若宗之必言因缘生法其实性空，而以其性空为第一义谛，而于一切因缘生法与由人之心识为因缘，而妄执之实体性之我等，心色等五蕴之法，与生灭一异有无等思想范畴，皆统在一世俗谛中；并谓其皆不能自为实有而有自性，同此以自性空为性，亦另有一化归简易，以达高明之价值。此则二宗之义，不相冲突，而又可并行而不悖之故也。于法相唯识宗义，后章当更及。下当先缘上所说，更言吉藏之承法朗而讲三论，其义之更有进于三论之本文与法相唯识之论之所在。

第四章　般若三论宗之二谛义与吉藏之中道义及佛性义（上）

一　二谛之根据问题

上章末所言般若三论宗与法相唯识宗辨假实真俗二谛之不同，吾人当承认后者之所辨更为完备。其以假实真俗有种种，成一次第，则人不能执前之假俗为后之真实，而于执之之见，亦当加以破斥，言其当空，而知真实之当有。此中即有种种空有之义。至其皆归在于俗有之因缘生法中，证一切我法之执之空，则与般若三论之旨，又未尝不同。故般若三论宗亦可只归约之于真俗二谛，而唯以破人于俗有之因缘生法所生之执，而观照证知其性空或真空为教，此亦未尝不足。人对俗有之因缘生法之知识或智愈广，其可能有之执见亦愈广，其由观照而证其性空，所成之空智，亦愈广。一般之对因缘生法之智恒相差别，而空智所知之性空，则遍一切而如一。故空智亦自相如一，自相涵融成一味，而其愈广者亦愈深。人对一切蕴、处、界之因缘生法之知识或智，为一般之智。知此一切因缘生法之性空之智，则为更深一层之一切智或一切智智。知一切因缘生法之性空，则亦知此一般之智自身之性空。故《大智度论》以此一切智，为根本义之空智。此一切智之知性空，遂知有相应之成道之行，为道种智。能于此一切法中生此道种智，是为一切种智。此在三论中，于此诸智，未详加分别，盖谓能于一般之智中知性空，以成此一切智，则道种智与一切种智，自亦可相随而至也。此一切智，乃于一般之对因缘生法之智中，更知此因缘生法之性空，则亦初不须先废此一般之智。一般之智所知，属世俗谛。若无此世俗谛为所知，则亦无知其性空之智。故《中论》亦必依世俗谛，乃有第一义谛，即必于一一所知之因缘生法中，知其性空也。故吾人亦可说人于因缘生法之智愈广，此一切智或空智，亦愈广而愈深也。

至于克就因缘生法何以为性空而言，则循上文所论，其根柢上实甚简单，即法依因缘生，即见法之不能自有、自生，其因缘中又不能先有此法，即见此法非先为他所有，而后生之。此《中论》开始所谓“诸法不自生，亦不从他生”，实即是言现见诸法初不自有，亦不为他法所有。此初不自有，亦不为他所有，即初非已有。然现见诸法不依其已有，而生而有，亦复不依“非已有或其先之无”而生而有，复不依“非已有或其先之无”而不生不有。故亦非无。盖就现见之法之自身看，其中亦明无所谓此法之无。唯在吾人于一法自身求他法而不得时，乃可说之为无。人如于所谓现在法中，求过去法而不得，方说其已过去，已无而灭。故此有与无，生与灭，皆增益于法自身之上之抽象概念范畴，而在法自身上，毕竟不可得者。人依有无、生灭，而有常断、一异、来去等。有无、生灭不可得，则常断、一异、来去，皆不可得。一切人在思想中用于所知之法上，其他任何抽象思想概念或范畴，在法自身，皆同为不可得。不可得，故当非之、不之。而此非之、不之之根本，即为不此生灭、非此有无，而言不生不灭、非有非无。不生非有，是第一义谛；不灭非无，即俗谛。欲证第一义谛，须顺一般知因缘生法之智，以知其性空之一切智为出世智，以知其非有而毕竟空。欲言俗谛，则须顺一切因缘生法，以生一般之世智，以知其非无而宛然有。此遍知一切法之非有非无，可为广度的，亦可为深度的。如于一法，知其有众多因缘，此知为广度的，知其因缘之因缘，则可说为深度的。于此众多因缘，一一观其非先有此法，其中空无此法，则增吾人对此法之广度的空智。于其因缘之因缘中，以至因缘之因缘之因缘中，观其非先有此法，其中空无此法，则增吾人之对此法之深度的空智。又于一一法皆分别由其因缘，以知此一一法之不自有，而由其不自有，以知其性空，亦为广度的。于一法中观其不自有，亦不自有其有……不自有其生，不自有其一、其常、其来等，以至不自有其无，不自有其灭，不自有其异、其断、其去等。由此以知一法之“不自有此有无生灭等一切”，则又为深度的空智。欲有此广度深度的空智，而学观空、证空，此所学者，可说无穷无尽。此所证之空，亦可无尽之深广。唯学者证者，可自知其深广之度。以此人所自知之广空深空，以观任何法，则任何法皆如浮游于一无尽深广之空面上，以凌虚而成透明，如太虚之浮云，为太虚与日光之所彻，而浮云之意味，即不同地上之雨雾。今若将吾人平日所接之万法之皆实而不透明，皆视同一一之雨雾，而一一移之于空阔之太虚，更以无尽之光明，透过之，即可粗喻此依深广之空智，以观万法时，其所内证自知者之何所似。然在纯粹之义理上说，则要不外说此一切因缘生法即性空，而非有非无之义理。然言非有非无，可是依无以说其非有，依有以说其非无。此乃以有无相对作横说，而其中之义理，仍不出有无。然吾人亦可说此有无必以超有无之非有非无义为根据。依非有非无义为根据，以说有无，而说有即非有，无即非无，则是于有无作竖说。然说非有非无，是否亦是以非有非无与有无二者相对，作横说，则是一问题。若此亦为横说，则由非有所展示之第一义谛或真谛，与其非无所展示之世俗谛，仍只为二谛，而无其上之更深之根据为之统。今问是否真有此更深之根据，如何说此更深之根据，则此本身为一关于空有自身之义理上之深度的问题。此下即循此问题以言吉藏对般若三论之学之进一步之贡献所在。

二 二谛异体、同体之三家义

吉藏之学自谓承僧朗于般若学所传之关河古义。然其更由般若学以兼通《法华》《涅槃》与他宗之论，规模弘阔，似智𫖮、法藏，著述之富，亦不相下。然其学似无传人。唐均正《大乘四论玄义》，能发挥其义，此外未有闻。盖后天台、华严之学盛，其学遂成湮没，其书多佚于中国，清末乃自日本取回。实则其言二谛、言绝名、言佛性、言二智、言八不，皆极有其精义。其年虽较智𫖮为晚，其书盖早于智𫖮之书而出，其所言之义，亦宜视作其前之般若学至天台学之一过渡。今略说其言二谛、绝名及佛性之义如下：

按对此二谛之问题，除上说之般若及法相唯识之论，皆有世俗谛、胜义谛之二谛外，《维摩诘经》《涅槃经》之言及二谛，皆根于佛学原有世间与出世间之二者而立。小乘佛学重由世间至出世间，大乘佛学则欲即于世间中出世间，而恒归向于说二谛，更言其不二。如《涅槃经》之言常与无常不二，《维摩诘经》之以不二法门言不二是也。然不二，必先有二而后能成就。此不二者为何物？《中论》言“众因缘生法，我说即是空，亦为是假名，亦是中道义”。此中道似当即就此二而见其不二者。则此中道岂不可说另为一谛？然由二见不二后，亦可更无所得，如《维摩诘经》之归于无得无说，《大般若经·无所得品》《多问不二品》，皆言诸法无二者，名无所得；《遍学道品》言二是有，不二是非有。在般若宗经论之文中，则初无中道为另一谛之说。观印度西藏之学之言中观之二谛，亦似不同于中国佛学之求二谛之根据之于此中道，而更必以之为二谛之体者。今如谓二谛必以中道为根据，或为其体，此中道又当如何理解？又谓此二谛以中道为体，则于此二谛，又当如何理解？此则为六朝至隋之佛学所讨论之一问题，而吉藏则对此有其特殊贡献，而其说实无异下开天台三谛之说者。

此二谛之根据或二谛之体问题，据吉藏之《二谛义》有十四家义，但约有三家义。此三家中之第一家又分三家。故《大乘玄论》中又分为五家义。此三家中第一家明二谛一体，第二家明二谛异体，第三家明二谛以中道为体。又言当时龙光（僧绰）主二谛异体，谓三假为俗谛体，四忘为真谛体。名相为俗谛体，无名相为真谛体。至第二家主二谛一体者，则或以真谛为体，或以俗谛为体，或以二谛互为体，故其中可分三家。第三家明二谛以中道为体，此是开善（智藏）义。彼谓开善既以二谛互为体，又以中道为二谛体。中道中更分真谛中道、俗谛中道，与二谛合明中道，即非真非俗中道。于此三中道中，乃以真谛中道为体。彼又谓开善言二谛摄法尽，庄严（僧旻）则主二谛一体，又言佛果涅槃出二谛外。此诸家之说如何，今已不能详考。然观此诸家言二谛义之不同，则见此二谛之问题，为一当时所共同讨论之真问题，亦当时所译佛经中未有决定之答案者。如在《涅槃经》《维摩诘经》言不二，并未明言中道。《成实论》《中论》言中道，亦未明言中道为二谛体，或二谛必有体或根据。然二谛既是二，是否有共同之根据，亦当是一问题。今即据吉藏之书所述，更可见诸家之言，亦非无理趣。吉藏于《二谛义》《大乘玄论》《中观论疏》《净名玄论》等书，虽评斥诸家之说，然吾人亦正可说吉藏之说，乃由诸家之说之所发展而成。今试本此意，以言此中之思想发展之迹相。

兹按《成实论》自被吉藏判为小乘，即为后世所忽。然此论在南朝固尝被视为大乘。当时之所谓成论大乘师，亦初不以《成实》与般若三论之义为相悖。在印度，《成实论》之成书，在《般若经》及三论后，其中如《破因果品》，亦大体同于般若三论之旨。则当时论师必尝兼取般若三论与《成实论》之说，以成其自论，而亦对《成实论》思想，有所增益或发展。如吉藏书中谓成论师言三假，上文所引龙光以三假为俗谛体，四忘为真谛体，即依三假义说。今按《成实论》原书言假名诸章，并未明用三假之一名。此当是出于成论师所为一综合之说。所谓三假者：一因成假，二相续假，三相待假。有为法以因缘生，曰因成假；有为法前后相续而生，名相续假；待短而有长等，名相待假。[①]吉藏、智𫖮讲佛家义，皆不重此成论师三假之说。唯智𫖮于《摩诃止观》，更言大乘经论中亦有此三假之说。谓此三假与《大智度论》卷四十一，所谓名假施设、法假施设、受假施设，大体相应。盖凡受者皆相续假，法假施设皆因缘生，名假施设而非受与实法者，则皆依相待关系而假立者也。对此三假之观念，后慧远于《大乘义章》，更开因成假为二，一为因成，一为缘成，于相待假，更分种种。然合此因成、缘成，为因缘成，或因缘生亦可。此说因缘生者为假，乃诸宗共许义。说相续者为无常、不常，亦不断而为假，复佛家所共许。毗昙之言无实体性之我与人物，亦即要在自因成假，与相续假立论。至于相待假，则《成实论》中固有之；而《中论》等之言因缘生法即空，而以生灭、常断、一异、来去、时、空、有、无等，皆非实有，正是自其皆为相待而说之故。然《中论》中，则无此相待假之一名。成论师之言相待假，则可摄《中论》之义。再加余二假，则亦摄毗昙义。故此三假之名之标出，即甚有意义。而龙光之依三假以说为俗谛体，更依此三假之"非实有"义，而忘一切四句之分别（如自生、他生、共生、无因生四句，与有、无、亦有亦无、非有非无四句），见真空为真谛体，亦即所以通《成实论》与般若三论之义为说。以三假为俗谛

---

① 前文引及之《瑜伽师地论》卷一百分假名为六：一、聚集假有，即《成实论》之因成假。二、因假有，谓未来世可生法，而有其因，当可生故。三、果假有者，所谓择灭，谓是道果。……唯约已断烦恼，于当来世毕竟不生而建立。四、所行假有，谓过去已灭，诸行唯作现前念所行境，是故说名所行假有。此三者，乃兼依因成与相续之义而建立。思之可知。五、分位假有，名不相应行法，此可说为兼依观待、相续，因成而假立者。六、观待假有者，谓虚空非择灭等。虚空无为待诸色趣而建立。此同《成实》之相待假。

体，乃自客观之法上说，以四忘为真谛体，则是自主体之心上说。此亦未为非是。然龙光以二谛别体，则二只是二，未有通此二之道。于二谛中，只以二谛之一之真谛或俗谛为体之说，固有所偏，然亦由于欲在二谛中求一体或定一本末先后之要求。其中以俗谛为体者，盖依于人初所知者，皆种种因缘生，而相续相待之假法。谓此假法为空，乃对假法而说，即以假法为主辞主体，而以空为其性，为其宾辞。此亦非不可说。其以真谛为体者，盖自假法既以空为性，则此空性，即假法之所以为假法之本质而说。此同非不可说。假法既有空性，空性亦在假法，则说此二者相待，以互为体，亦非不可说。至于主二谛以中道为体者，盖即由此假有与真空之相待，而不更偏主一边，以言此相待中，有一中道，以通此二边。而人之观行，亦当依此不偏此二边之中道而行，以兼知此假有与真空之二义。此即以中道为体，而以通此二边为用也。此中道，既通于此真谛与俗谛之二边，而其自身又非此二边，只兼通二边。则自可言有真谛中道、俗谛中道，及真俗合明之中道。于此更重此真谛，则必重真谛中道，而言真谛中道为俗谛中道之体，亦真俗合明之中道之体也。

此开善（智藏）之言二谛以中道为体，即以中道之一，统二谛之二。其开中道为真谛中道、俗谛中道，即将此二谛之二，更摄入中道之一，使中道成一而二者。其言真俗合明中道，即再使此真俗二中道之二，更统于一，以二而不二。其在真俗中道中，更以真谛中道为体，则再由二而一。此中亦固有一思想上之开合工夫，亦见一对其前之中道之说之有一发展。据吉藏《大乘玄论》卷二述开善义曰："以诸法起者，未契法性也。既未契，故有有；则此有是妄有，以其空，故是俗也。虚体即无相，无相即真也。真谛非有非无而无也，以其非妄有故。俗虽非有非无而有，以其假有故也。与物举体即真，故非有；举体即俗，故非无。则非有非无，真俗一中道也。真谛无相，故非有非无。真谛中道也。俗谛是因假，即因非即果，故非有；非不作果，故非无。此非有非无，俗谛中道也。”此如以吾人上述之《中论》之义衡之，亦皆未尝不可说者也。

三　吉藏言二谛是教、不二为理义

然吉藏于上列诸说，则皆加以破斥；于开善之说破斥尤甚。吉藏于其《三论玄义》《大乘玄论》卷二中，谓成实人明中道有三种中道之说，似以开善之说为成实人之说。然《大乘玄论》又谓龙光亦主三种中道，则其所谓成实人或指龙光，非指开善。其《二谛义》卷下，复谓开善之说，出自周颙《三宗论》之假名空之说，而不得其实义，故还以真谛为体，则似以开善为学般若者。于《二谛义》中，吉藏自谓其发挥山门正义，即般若宗正义，一为弹《成论》，一为斥学三论不得意者。于后者中，即斥真俗二谛相待之说。此正为开善义。则吉藏亦未必视开善为成论人，而是谓其为学三论不得意者。然依吾意观之，则当时成论师，原可兼采《成论》义与三论义以为说。开善之言三种中道，不只为《成论》所未有，亦三论原文所未有。《成论》言二谛，以行于中道，《中论》兼言二谛与中道，皆未以中道为二谛体，更未有三种中道之说。开善言有中道为二谛体，而以一统二，是以《中论》之中道义，兼统《中论》与《成论》之二谛。其更依二谛以分一中道为三，则是本《中论》《成论》之二谛，以开《中论》之中道为三。正当是兼综《中论》与《成论》所成之论也。

至于吉藏之评斥开善等之三中道，以真谛为体之说，则见其《大乘玄论》卷二及《二谛义》中，今不拟述。然吉藏亦自开中道为此三者。唯谓开善等不得此开为三之真旨，而“学三中不成”耳。在吉藏意，学三中而成者，当知二谛乃以“非真非俗为二谛体，真俗为用，亦名理教，亦名中假；……不二为体，二为用”。

(《二谛义》下）而吉藏之言此非真非俗为二谛体，则其理论根据在其言二谛初是自教上说理，以使人缘理悟境。教是二，而教所示之理，则为二。此则吉藏之言二谛之胜义之所存，而亦实有进于开善之仍归于以真谛为体者也。

所谓二谛是教，不二是理者，即说二谛乃佛为化度众生以转迷成悟而立，非依客观之境上有此二谛之二理而立。今观《中论》言二谛，则正多是自客观之法境上，一方言其是因缘生法，为俗有而非无，再一方则言其实性空，真空而非有。此俗有真空，非有非无，正似是一切法境本有之二方面之理。在《中论》唯于《如来品》中说，于如来自身，不能说有无，与非有非无。如来所证，自当超有无，亦即超非有非无。于此不须更说有无或非有非无。此无问题。然人欲成如来，必须先悟诸法之实性实相之空或无相，则似必须先知其“因缘生而非无，其实性空而非有”之二谛或二理，而由之以入中道中观。故在《中论》，此因缘生法之有而非无，其实性之空而非有，自是《中论》于一切法上所说之二谛理。《中论》固未言此二谛初只是依教而立，而非依境理而立。则当时开善等谓二谛是天然之理，虽或不得三论密意，然亦未必悖于《中论》等之明文也。然吉藏之说此二谛，初只是教，更说二谛所依之理，是不二之理，而非二境理，亦有其根据。此根据要在自境上说，则此二方面之境理之呈现于圣与凡（凡俗）之情形，乃不同而相违反者。如于此诸法在境理上，只执为有，此于凡固为实，为真理而为谛，是为世俗谛。然凡初不知此有者之空之真谛，则此真谛初非于凡为实，而非真理，亦非谛。至于对圣言，则以其知一切法之性空，则此性空或真谛，于圣为实；而于凡人所执之有而视为实者，则圣又知其为不实。故凡人所视为真理或谛之所在，于圣即非实非真理，亦非谛。故《二谛义》首言“世俗谛者，一切诸法性空，而世间颠倒谓有，于世间为实，名为世谛。诸贤圣真知颠倒性空，于圣人是实，名第一义谛”，由是而此二谛，初乃分别对圣与凡为谛；而于圣为谛者，于凡初非谛；于凡为谛者，于圣亦非谛。凡只执其所见之有为实，以此实有为谛；圣知此实有空，即以此实有之空为谛。即于凡则初只俗谛为谛，于圣初只真谛为谛。此二谛之义，于圣及凡，即互相违反，只分别各于凡、于圣为谛，而初不能同时为谛，以相并为二谛二理。则吾人亦不能自客观之法之境上，说有此二谛二理矣。此俗谛之于凡为谛、真谛之于圣为谛，乃取于圣、于凡之“两情为谛”，吉藏名之曰“于谛”，以别于泛说之境理之谛，亦别于圣为化度众生而立之“教谛”。

观吉藏之旨，是纯自“于谛”上说，圣心中初无俗谛，以其不如凡人之执实有为谛故。凡心中，亦初不知真谛，以此实有之性空，初不对凡为谛故。于此人如谓此凡心虽不知此实有之性空，然此实有自具此性空，为法性，此即般若三论宗传统之依境理言性空之法性之说。此亦非吉藏所能否认或所欲否认。吉藏之意是此性空，唯对圣心而呈显，而当其呈现之时，圣心只见真谛，不见二谛，亦初无二谛之教之立。此二谛之教之立，唯是圣心既见此真谛后，更为化度众生而立。为化度众生，故须先顺众生心，而言其所视为实有者，对众生心为谛，而亦说之为谛。此即世俗谛。故说世俗谛是实说，以此“有于凡实”故也。然圣亦同时对凡说：除此世俗谛之外，更有真谛，以使众生知其所谓实有者，非真实有，而为空。由此以使众生知“空于圣实”，凡谛外有圣谛。圣依此二谛说法，以使众生，转凡入圣。于此如圣不欲转凡，或不顺凡心所视为实者，亦先说之为谛，则无此二谛之可说。故说此二谛，其所依者，乃上述之“于谛”，而说二谛法，则是教谛。固非直对一境，说其中有二谛所表之二理也。圣之说二谛法，乃在使众生于实有不见为实有，而更见其性空，而更不见其所先见之实有之为实有。故说二谛之理，乃所以示一转凡成圣，于凡之实有，见其空之道。道运于此实有与空之间，故为中道。此中道只是一道，亦即只是一不二之理。此不二之理，即二谛教之所依之体。故二谛以一中道为体也。

依吉藏说谛，则于凡只俗谛，于圣只真谛，此“于谛”中，并无二谛之并存。言二谛乃自圣为化凡而立之教谛说。圣为化凡，即知真谛于圣为实，此为圣之实智；又知世谛于凡为实，此为圣之权智。圣依此二智，而兼知圣凡之境；亦知此于圣与于凡之二谛，乃有二谛可说。圣之说二谛教理，乃依其二智于圣凡二境之所照者，更为化凡而说。凡之闻教而知二谛之理，亦即知转凡境至圣境之道，是为凡之“识教悟理，悟理，……教即转名境”（《二谛义》中）。圣之说法，是境转为教；凡之闻教，是教转为境。此是由上而下与由下而上之二相对历程。然此中凡闻二谛之教，可不必即能知由二谛教，以悟理成智，而可本其平日之习，只谓俗谛为实，而闻此教中有此俗谛，即更以此俗谛为实；于教中之真谛，则视为俗谛外之另一谛，认为与俗谛相对立，而不依之以悟理，转境生智。此在吉藏名之为“迷教于谛”，以别于圣之依其权实之智，所照之圣凡二谛，乃圣说法之“所依于谛”者。圣说法之所依于谛是本，教之二谛是末。圣说法依二谛，其说俗谛有，不只说俗谛如何有，而意在使凡之闻法者，更知其有于圣为空，而由所执之俗有，以知真空。圣说真空，亦非只意在说真空是如何，而意在使凡之闻法者，知此真空，以往向于空其所执之俗有。故其说有，乃意在导凡不住凡，说空亦意在导凡，以不住空，以往向于空其所执之实有。其兼说俗有真空二谛，则意在合此二者，以悟一由凡入圣之不二之理。故曰“二是教，不二是理”（《大乘玄论》卷一“二谛义”第一标大义），而其说一不二之理，亦所以使人本此理以观二谛，见不二于此二中。故曰“如来说有，为表不有，说无为表不无，说二令识不二”。然凡之闻教而禀教者，则可不知说法之意，而“闻有住有，闻无住无”，“闻二住二”，皆是“迷教于谛”，而“住教遗理”。故此二谛在圣乃依之成教。圣心中自有此二谛，此为圣所真解之二谛。然在贤未脱凡情者，即皆未必能真解二谛，不免住教遗理。此则如二乘有生灭断常心者，闻涅槃境为真空，即住此真空，成为断灭世间法，是即闻无住无。此即与人之闻有住有者，同为不见理者。故其闻此俗有真无之二谛教之后，“有不得无，无不得有，有不能无用，无不能有用；二不能不二用，不二不能二用，横竖皆碍”。依吉藏义，凡相对相反为用者，是横；凡上下层相贯者，是竖。有无相对相反为横；有而非有，无而非无，不二于二，二于不二，为上下层而相彻，即是竖。禀教遗理者，不知二者之不二，于相反只视为相反，有不作无用，无不作有用；于上下层之二与不二，原当相彻者，加以隔断，是为横竖皆碍。此即凡夫之二谛。

吉藏即依上说，当时龙光以三假是世谛，四忘为真谛者，其“三假不得四绝，四绝不得三假”，“无不得有，有不得无”者，仍是此凡夫二谛。更言大小乘皆有学二谛而失二谛者。其中或是学二谛，成性二谛，即上之闻有住有，“闻无住无”，而“无不得有，有不得无”，而不知由无故有，由有故无，“失因缘二，成性二”，亦失此有无二者之相因待之不二，即“失不二二”，成“二故二”者也。此外又有学二谛成一谛者。此则或唯成一空谛或真谛，或唯成一有谛或世谛。于学二谛，成一谛者，《二谛章》唯举六家七宗中，即色、心无二宗为例。又言毗昙不明空，只就事理判二谛，而其所说事理皆世谛。于《成实论》，则谓其只知析法明空，不明诸法本性空，亦失第一义谛空，而仍只有世谛。依吉藏之他文所论，则当时之只以真谛为二谛体，或只以俗谛为二谛者，亦皆学二谛成一谛，以失二谛者也。

此学二谛成性二，乃由视此二谛之二即是二，非不二二。学二谛成一谛，则可说由于欲使此二成不二，而不得其道，遂归于二中之一谛。依吉藏意，此中之二谛之二，自不可化为一。然圣教之有二谛，乃在化凡为圣，由世俗谛有以知真谛空。此只是一道、一不二之理。依此不二之理，以观二谛，则二谛即不二，亦依此不二而成二。欲见此一道或不二之理，要在使吾人思想向内向上，观相对者之相摄，以统于一；而不可反此以向外向下。此即其言由“横动”而“竖拔”“须上扬不得下抑”之旨。由此而人之理解此二谛，则有三四重之次第之可说。第一重说“有为世谛、无为真谛”。此即上说之凡夫境之一重二谛。“第二明说有说无二，并世谛辨说非有非无不二为真谛。”此即由有无之相待言不二，由有之待无而非有，无之待有而非无，以说非有非无不二为真谛。此是第二重二谛。然此不二与二，乃上下相彻者，不二即二之不二，二即不二所不之二。故不二依二，即依非“不二”之二，而非不二。二依不二，即依非“二”之不二，而非二。故更言“说有无二，说不二（非有非无之不二），为世谛，说非二非不二为真谛”，此即第三重二谛。此三重二谛，即包括一切教门。在《大乘玄论》更说第四重二谛者，则是因“说此三门，为令悟不三，无所依得，始名为理”。即说此三重二谛教，乃是为使凡悟一转凡成圣之道之理。此三门之教，皆为世而立，亦皆是世谛，不言之理，方为真谛。此四重二谛之设，即可使人不致住教迷理，失二谛义，亦可去佛学他宗迷理住教之偏。故在《大乘玄论》更谓对毗昙事理二谛，明第一重空有二谛。二者对成论师空有二谛，言：“汝空有二谛是我俗谛，非空非有方是真谛。故有二重二谛也。三者对大乘师依他分别（即遍计所执），二为俗谛，依他无生、分别无相，不二真实性，为真谛。今明若二若不二，皆是我家俗谛，非二非不二方是真谛。故有三重二谛。四者大乘师，复言三性是俗，三无性非安立谛，为真谛。今明汝依他分别二，真实不二是安立谛，非二非不二、三无性，非安立谛，皆是我俗谛，言忘虑绝，方是真谛。”此中第四重二谛，乃谓凡属教者皆是俗谛。故大乘法相唯识宗之言安立谛之三性，与非安立谛之三无性之属教者，皆是俗谛。则属理教之二谛，皆是俗谛。其中只有三重二谛。在《二谛义》一书中，以理教说二谛，故亦只说三重二谛。其《法华玄论》卷四，依二智说二谛，亦只三重二谛。此三重二谛在四重二谛中言，皆只为俗谛。则此中之真谛，即指能说此教之圣智圣心，与闻此教者，转凡成圣后之圣智圣心。此在言教外。即四重二谛中之真谛在言教外，而在言教中言二谛，即只此三重二谛也。（此《大乘玄论》言四重二谛，唯言其所对之他宗，在《三论玄义》等书，则更评及他宗之说。可互相印证。）

此上所说之三重或四重二谛之说，乃正对毗昙、成实、大乘法相宗之论，而般若宗言二谛之特殊义，即可由之以见。至于言中道，则此只是真俗二谛之根据，或二谛之体，而在二谛之上层者，故不同其时他家所言之体用相即。二谛是二，其所根据，在能通此二谛而说法之圣智。此圣智通此二谛，即不落二谛之二边，而行于中道。不落二边即不二；故不二，即非真非俗之中道而为二之体者。此中随二谛之有数重，中道自亦可说有数重。在第一重之二谛中，以有为俗谛，无为真谛。此有为定性有，此无为定性无。此为二，则通此二之中道，即兼通此定性之有无，于有见非有，于无见非无之不二之中道。此中之定性有无之定性，即俗，故此中道为俗谛中道。依此中道即于此中之实有实无，见为假有假无。有无即生灭，故依此中道，即于生灭见不生不灭之中道。由此中道，而定性之有无生灭，成为假有无、假生灭，故此中道又称为“假前中”或“破性中”。在第二重二谛中，无与有之二，为俗谛；非有非无而有无不二，为真谛。此亦即以此有无不二之中道，所成之假有假无，或假生假灭为真谛。而通此中之真俗二谛者，则为“于此不二与二，亦见不二”之中道。亦即“于不二视为非不二，于二视为非二”之中道。依此中道，而依“非有非无”以有无，依不生灭以生灭。亦即依假有假无，而有无，其有无即非有非无；依假生假灭，而生灭，其生灭即不生不灭。于此见中道之用于成此假，故称为“中后假”，亦称为“用中”。此假生假灭，假有假无，即由去定性之有无生灭，而见得之真谛。故通此真谛与俗谛之中道，为真谛中道。至于在第三重二谛中，则于上述之二与不二，皆为俗谛，以非二非不二为真谛，亦即以上述之真谛中道为真谛；而通此重二谛中之真谛与俗谛者，即通“二与不二”及“非二非不二”之二者之中道。此中，能通“二与不二”，乃上述之俗谛中道；见“非二非不二”之中道，为真谛中道；则通此“二与不二”及“非二非不二”之中道，为真俗合明中道，亦即真俗不二之中道。依此中道，而于有无，见非有非无，唯视为假有假无；于生灭见不生不灭，唯视为假生假灭；亦于非有非无中见假有假无，于不生不灭中见假生假灭；更于此非有非无不生不灭，见此不二之中道之体；于此假有假无假生假灭，则见此中道之用。此中道乃依体起用之中道。故称为“体中”。《大乘玄论》卷一“明中道”节曰“初明性空，次后明假，第三明用中，第四明体中”。此体中，亦称为“假后中”，其所起之用，即为上之“中后假”。此真俗合明中道，即其三重二谛中最后一重真谛所在也。

吉藏言三中道，在《二谛义》及《大乘玄论》卷一、卷二中，尚有种种曲折之析论，如言中假之相摄及单中、复中、单假、复假等，今不赘述。要之，在吉藏，任何真俗二谛皆以不二，而非真非俗者，为其体。此不二，而非真非俗者，即说此真俗二谛之圣智所契之理。而此理只是一理。即转凡成圣、拔俗成真之理。此智兼权实二者。依实智知真，依权智知俗；更依其所知之真俗，以说二谛之教。此中如自圣智之所契之理境言谛，亦可说在真俗二谛之上有第三谛。吉藏本《仁王经》有谛、无谛、中道第一义之言，谓此中道为第一义谛即第三谛。后智颉言三谛，据云本于慧文。慧文言三谛，乃直将《中论》之“众因缘生法，我说即是空，亦为是假名，是为中道义”中之“空”“假”“中”三者，先并立而说。然此只是慧文之解释，与《中论》之本文只有二谛者不合。智𫖮于《法华玄义》卷二言三谛，亦谓三谛之名本在《璎珞经》与《仁王经》。但依吉藏，则佛说真俗二谛，在使凡拔俗契真，而唯见真者为谛，见俗为非谛，俗于凡为谛，于圣非谛。故所谓俗谛，亦谛亦不谛；而其为谛与否不定。凡人以俗为谛，固亦可以圣所知之真非谛。然凡不能知圣，亦不能真知真非谛。而圣则能知凡，并知凡所谓谛非谛。故凡有智而成圣，亦必知其初所谓谛非谛。而必归于只有真为谛之一谛。（此详论在《二谛义》卷中卷下）由是而此二谛之教，只是圣为凡说，以化凡，而使凡归于一谛之教者。故二谛亦只是在圣之教谛。此二教谛中所说之理似为二理，而实只表一不二之一理、一道。《大乘玄论》卷一释二谛名所谓"能表为名，则有二谛，若从所表为名，则唯一谛"是也。

四　吉藏言二谛之绝名义与不绝名义

吉藏之言二谛以不二之中道为体，并辨于谛与教谛之不同，自谓是只发明《中论》言二谛之本意，故其《三论玄义》又谓《中论》直以二谛为宗，破众迷；《百论》则明对此二谛之二智之相为宗，以破外道小乘之迷；《十二门论》则以二谛所连之境智为宗，以破大乘教内部之内迷。则《中论》之旨，即统三论之旨。然三论之文中，则并未如吉藏之明言及此等等，而三论之论辩，则明似乃自境理上言二谛。吉藏自"有于凡实，空于圣实"上言于谛，谓依于谛说，只是情谓。只依情言谛，即失二谛教之本义。二谛教乃圣依一不二之理，并本其实权二智而立。此乃依理依智言二谛。而天台智𫖮于《法华玄义》中言二谛，亦即有依情依智之分。又吉藏说中道第一义谛可名为第三谛，亦隐含智𫖮三谛之说。《大乘玄论》言合四假四中，方为圆中圆假，亦隐涵圆教义。又其言空有权实二智，不止在《般若》《维摩》，亦通一切经，如《涅槃》。

(《二谛义》下）其以化他、自行、分权实二智，亦几于智顗言权实之旨。故吉藏年虽稍晚于智顗，然其学则可说为其前之般若学至天台宗之学之中间之学。由吉藏言二谛，以中道为体，更辨及二谛之绝名与否之问题，以及佛性当以中道说，此亦有其在中国佛教哲学思想史中之特殊地位。今略述于下：

此名言与所表之义理或真实之关系问题，原为人类思想所共有之问题，而魏晋玄学中之有言尽不尽意之问题，亦由此而起。在印度佛学如《瑜伽师地论》六十四卷说种种不应记及六种不可思议，卷十六言四种不可说。在中国佛学之传中，则僧肇恒言“真谛独静于名教之外”，“物无当名之实，名无得物之功”。《成实论》与《中论》皆言假名空。法相唯识宗之经论，亦同以遍计所执而立者，即只依名想而立，而其实性空者。然能表第一义谛或真谛之空或真如、般若、涅槃等者，亦是名。名似亦皆当有其义，人乃能依名起想。然依名起想者，不必为真实，即又只是名想，而当言其实性空，更求绝此无实之名与想。然知名想无实，或知名想之空为实际，又似当先有名想。然后可更缘其“空”之名，以想其空，更依“实际”之名，方知此空为实际。则名与想，似可绝而又不可绝。此即形成一思想上之矛盾冲突情形。吉藏时之光宅、庄严、开善，即皆讨论此当绝名与否之问题。据《大乘玄论》卷一立二谛名云：“常途相传，世谛不绝名，引《成论》文，劫初时物未有名，圣人立名字，如瓶衣等物，故世谛不绝名。真谛与佛果，三师不同。光宅云此二皆不绝名，真谛有真如、实际之名，佛果有常乐我净之名；但绝粗名，不绝细名。庄严云：此二皆绝名。佛果出于二谛外，是故绝名。真谛本来自虚，忘四句，绝百非，故绝名。开善云：真谛绝名，佛果不绝名……佛果，此世谛，所以不绝名。若佛智冥如，绝名。”此即见当时佛学中，对绝名之问题，有种种说。大率于世谛之有名，人恒以为可说。以“瓶”“衣”等名瓶衣，已是一说。而说瓶衣如何如何，更是一说。

至于对真谛、佛果，则言其绝名者，必以之为不可说，以之为非绝名者，则虽以名说，而亦可对此名无可说；或并以此真谛之名，亦是借名，即借俗名真，以其本当无名也。此亦正如西方中古哲学有谓：凡说上帝德性之名，皆只类比世人德性为名也。

佛家于真谛、佛果，通常恒以为超出一切世间法之上者。一般之名，皆所以名世间法，故佛家皆喜言真谛、佛果之超名而无名，不可思、不可议而不可说。然"真谛""佛果"自身，毕竟亦是名。如此名由世间名假借，而同其名之世间义，则此诸名只说及其世间义所指之世间法，只为世谛非真谛。如其不同于其名之世间义，则非假借。如其有义，则名得其义，非不可名。如其义不可名，此名则无义。吉藏即由此而言此绝名之问题，而谓真谛与世俗谛，同可有不绝名之义，亦同可有绝名之义。其《净名玄论》卷一、《二谛义》卷中，皆论四句绝，即俱绝、俱不绝、真绝世不绝、世绝真不绝。绝既有四句，故于二谛说不说，亦有四句。《大乘玄论》卷一曰："若言二谛俱绝者，真谛绝四句、离百非，世谛亦绝四句、离百非。然此义，从来所无，唯今家有也。"

由此吉藏之谓世谛亦离四句，绝百非而绝名，故于《净名玄论》卷三谓俗境、真境、合真俗、泯境智四句者，同不可思议。此确不同于其前佛学之论，皆以世俗之物，必有名，而不绝名者。《大乘玄论》卷一释其义曰："火名为当即火、离火？若使此火名即火，呼火即烧口。若使火名离火，何故不得水耶？故知非即离体有名。若在口中，不在火上，是即火绝名。且复从来蛇床虎杖，世谛绝名。复问人是何物。人头手等何意呼人耶？强为立名，岂非皆绝。"此谓名在口、在人，不在火，虎杖之名，乃人依意造，人之名依头手等假立；则名在人之主观，客观之世谛法，原无此名，即绝名。《二谛义》卷下言："言二谛皆绝四句，离百非者，俗不定俗，俗名真俗；真不定真，真名俗真。真俗假俗，俗真假真。假俗则百是不能是，百非不能非；假真亦尔。何者？假俗则是是不能是，百是亦不是；非非不能非，百非亦不非。假真即非是不能是，百是亦不是；是非不能非，百非亦不非。是故皆离四句，绝百非也。……然二谛俱绝而大异，何者？俗谛绝则绝实，真谛绝则绝假。俗谛绝实者，是是则是实是，非非则是性非。以俗谛绝实故，是是不能是，百是所不是，非非不能非，百非所不非也。真谛绝假者，非是，是假是；是非是假非，真谛绝假故，非但是是不能是，非是亦不是；非但非非不能非，是非亦不非。是是与非是，一切不能是；非非与是非，一切不能非。真谛双绝，世谛假实。此即渐舍，明二谛皆绝义（此上是第一）……第二，次就平道明二谛俱绝义。俗不定俗，由真故俗；真不定真，由俗故真。由真故俗，俗是假俗；由俗故真，真是假真。既云假俗，即四句皆绝。假俗非俗，假俗非不俗，假俗非亦俗亦不俗，假俗非非俗非不俗。假真亦尔。”此文稍缴绕，但细观之其旨自明。此初不外就俗之是是，不能为实是（即定是），其非非亦不能为性非（性非即实非、定非）。于此言百是百非，皆实不能有所是非。故世谛之名，即皆可绝也。至于真谛绝假者，则以真谛既非“是是与假是”，亦非“非非与假非”，故“是是”“非是”“非非”与“是非”四者，皆不能是之或非之。故真谛之名，皆可绝也。再由真俗相依，以真非定真，俗非定俗，而为假俗假真。假俗假真，皆离四句，则四句名亦皆绝也。

《二谛义》卷下文又言：“第三明二谛绝者，二谛绝即绝二谛，明二谛是教门，为表不二之道。诸法非是有，非是无。非是有，为众生故，强说有，为表不有。非是无，为众生故，强说无，为表不无。此即有无，表不有不无，故有无绝也。正意者，不绝为表绝，故不绝即绝也。第四，明二谛绝者，只二谛即绝，与前异。前二谛望表道，故二谛绝。今明只二谛即绝，只言说即绝，如《净名经》天女与身子论解脱相。关中云：身子虽知，解脱无言，不知言即解脱。只言说文字即解脱，解脱不内不外，不两中间，文字亦尔。不内不外，不两中间，故文字即解脱，只文字即绝。”

由二谛之绝名，有上四义，故二谛皆有绝名义。然在上列第三义中，言有以表不有，言无以表不无，则见名言之所表，在名言外之相反一面。而在上之第四义中，更可就名言之自身，言绝名言。此即前所谓自名言与其所表之不即不离，以言名言之不在所表内而相即，亦复不在其外而相离。名言于其所表，不即亦不离，即见名言不附着于所表之实，而亦能超其自身之实，以有所表。则用名言，即同时有绝名言之义。由此说二谛之名言，有上列之四层“绝”义之第一层，则说二谛之名言或绝实或绝假。由第二层义，则表真谛之言非定真，表俗谛之言非定俗，而皆离四句。自第三层义，则说二谛之言，其意可在言外之相反一面。由第四层义，而名言即绝名言。由此依二谛而有之说与不说，在《大乘玄论》卷一、《净名玄论》卷六及《二谛义》等书，皆谓有多门分别。今据《大乘玄论》卷第一章作四门分别：（一）一者世谛说生灭，真谛不说生灭，故云世谛说，真谛不说也。二真谛说不生灭，世谛不说不生灭，故真谛说世谛不说也。三世谛说生灭，真谛说无生灭，故二谛俱说。四世谛不说无生灭，真谛不说生灭，故二谛俱不说也。（二）明生灭是世谛说，不生灭是世谛不说。不生不灭，是真谛说，非不生非不灭是真谛不说。是即二谛俱说俱不说也。（三）说生灭、说不生灭，皆是世谛故说。故真谛不说生灭，亦不说不生不灭。故云世谛说，真谛不说也。（四）真谛说世谛不说者，世谛虽说生灭不生灭，实无所说；真谛虽无所说，而无所不说。……说是不说说，不说是说不说。说是不说说，故虽说而不说；不说是说不说，故虽不说而常说。故得世谛不说，而真说也。

此吉藏之言二谛与言说之关系，翻折稍嫌多，然亦自可有此种种翻折之论。今只略引其文以见吉藏之言真俗谛，已大不同于昔之为般若三论学者，偏在“于真谛说其绝名言，于俗谛说其有假名之名言者”。吉藏乃是于真俗二谛平观其皆有不绝名言，与绝名言之二义。并谓名言中亦自有其绝名言之义。由此而在吉藏，虽亦谓在圣之实智，唯证真空，非言教之范围；然在言教之范围中，此言教亦可一切不说，而无所不说；而善解言教者，亦可由此无所不说，以悟一切不说。故无所谓必不可说者；人亦无不可由闻说，以悟不说；然后说者闻者，乃皆可于言说无碍。吉藏之广为经疏作注，而繁其言说，以弘般若之义；而仍谓宗般若之说，只为破邪，即以显正；其破邪之说，除破邪外更无所说，亦不当有所说。此其言之所以不自相矛盾者，亦唯以吉藏知此说即不说，不说即说之旨之故耳。按智顗《维摩经玄疏》《法华玄义》等书，皆论此绝言之问题，灌顶《涅槃经玄义》，亦言绝名与不绝名之义，亦皆极圆融，似吉藏，然其书盖皆在吉藏后也。

第五章　般若三论宗之二谛义与吉藏之中道义及佛性义（下）

五　吉藏之以中道说佛性义

吉藏之依中道言佛性之义，可见吉藏之会通《般若》《涅槃》二经之旨。原此佛性之问题，自竺道生以得佛之理，言佛性之后，更有种种之说，有本《涅槃经》义言者，亦有本《般若经》《地论》《摄论》义言者。吉藏《大乘玄论》卷三谓当时言佛性者有十一家说。净影慧远《大乘义章》、均正《大乘四论玄义》皆谓当时佛性之说有十一家。吉藏于此十一家说，约为三意：（一）以众生为正因，或以六法为正因。此之两释，不出假实二义，众生即是假人，六法即五阴与假人也。（二）以心为正因，或以冥传不朽，或避苦求乐，或真神，或阿梨耶为正因。此之五解，虽复体用真伪不同，并以心识为正因也。（三）有以当果，或得佛理，或真谛，或第一义空为正因。此之四解，并以理为正因也。既合此十一家为三意后，吉藏更一一破之。然后次第说其佛性论。今直本其原文提要照抄，然后再总说其思想之宗趣。

其破第一意中众生是佛性之说曰："既言众生有佛性，那得言众生是佛性耶？"又破六法是佛性之说曰："佛性者不即六法、不离六法，……不即六法，故六法非是佛性。"再次破第二意中之五家，谓其皆是"心家体用"。又谓"经云：有心必得菩提……何时言心是正因佛性耶……心是无常佛性常，故心非佛性也"，"乃至阿梨耶识，亦非佛性，故《摄大乘论》云，是无明母，是生死根本。故知六识七识乃至八九，设使百千无量诸识，皆非佛性……皆是有所得”。至于第三意中“以当果与得佛之理为正因佛性者，彼言是世谛之理……以真谛与第一义空，为正因佛性者，此是真谛之理也”，“以第一义空为正因佛性者，此是北地摩诃衍师所用”，吉藏更破之曰 :“若依《涅槃》文，以第一义空为佛性者，下文即言空者，不见空与不空，名为佛性。故知以中道为佛性，不以空为佛性也。”以真谛为佛性者，此是和法师、小亮法师所用。吉藏谓其“无有师资亦无证句”，又谓 :“当果为正因佛性，此是古旧诸师，多用此义。此是始有义。若是始有，即是作法，作法无常，非佛性也。”谓得佛理为佛性者，吉藏谓 :“此是零根僧正所用。此义最长。然阙师资相传。”吉藏更对此得佛理为佛性之说作三重破 :“第一，作有无破 : 只问得佛之理，为当有此理，为当是无？若言是有，有已成事，非谓为理 ; 若言是无，无即无理，即堕二边，不得言理也。第二，作三时破 : 只问得佛之理，为是已理，为是未理？为是理时有理？若言已理，则理已不用，无复有理 ; 若言未理，未理故未有 ; 若言理时有理者，若法已成，则是已 ; 若法未有，则堕未。故无别第三法，称为理也。第三，即离破 : 只问得佛之理，为当即空，为当离空？若言即空者，则早已是空，无复有理。若言离空，有此理者，空不可离，岂得离空而有理。又离空而有理者，则成二见。”

吉藏既破诸家说，即归于言非真非俗中道，是为正因佛性。下文更引《涅槃经》言 :“佛性……所言因者，即是境界因，谓十二因缘也。所言因因者，即是缘因，谓十二因缘所生观智 ; ……所言果者，即三菩提…… ; 所言果果者，即是大般涅槃。”然吉藏谓此四者依因果说。因则异果，果则异因，因果差别，则因是傍因，果是傍果，即非正因。唯《涅槃经》所言及之“非因非果”，乃是正因。非因非果，即是中道，名为正因。……故经云 :“佛性是三菩提中道种子也。所以佛性即是中道种子……正因佛性，非因而因，故有二因，谓境了二因；非果而果，故有二果，谓菩提与涅槃。……故若缘若了，并非正因，非缘非了，乃是正因。若菩提涅槃，并非正果，非菩提非涅槃，乃是正果。……但因中名为佛性，至果便成性佛。故在因，但名非因，在果，则名为非果。只是一个非因非果。……佛性在因，性佛在果；故果因名佛性，因果名性佛。此是不二二义。不二二，故二即非二。故云二不二是体，不二二是用。以体为用，以用为体，体用平等，不二中道，方是佛性。一切诸师释佛性义，或言佛性是因非果，或言是果非因，此是因果二义，非佛性也。”

下文吉藏更辨佛性为是本有、为是始有之问题。其言曰：“一师云众生佛性本来自有，理性、真神、阿赖耶识。故涅槃亦有二种。性净涅槃，本来清净；方便净涅槃，从修始成也。第二解云：经既说佛果，从妙因而生。何容食中已有不净？故知佛性始有。复有人言，本有于当，故名本有。问：若尔，便是本有耶？答：复有始有义。……若言始有，应是无常。而言本有于当，此是何语？定本定当耶？一切有所得义，无不自死……若执本有，则非始有。若执始有，则非本有。……但地论师云，佛性有二种，一是理性，二是行性。理非物造，故言本有；行借修成，故言始有。……若言理性本有非始，行性始有非本者，更执成病，圣教非药。”……下文吉藏言其所宗主曰：“今一家相传，明佛性义非有非无，非本非始，亦非当现……至论佛性，理实非本始，但如来方便为破众生无常病，故说言一切众生佛性，本来自有，以是因缘得成佛道。但众生无方便，故执言佛性，性现相常乐。是故如来为破众生现相病，故隐本明始。至论佛性，不但非是本始，亦非是非本非始。为破本始故，假言非本非始。若能得悟本始非本始，是非平等，始可得名正因佛性……无明初念与佛果相望……亦皆得是始、皆得是本。……生死涅槃亦尔……是故生死为始，涅槃为本；涅槃为始，生死为本……故生死涅槃，不是本有，不是始有，而终是无本无始；而今假名说故，更互为本始无异。经云本有今无，本无今有。本若是有，今则是无；本若是无，今则是有。故今之与本，皆得名有，皆得名无……若悟假名，论有论无，至竟终是无有无无。故言三世有法无有是处。何异说新故本始，至竟终是无有新故本始义耶？"

再下一节，更言众生是否悉有佛性，吉藏言有理外行心，与理内行心之分。理外行心，即若外道言一切诸法有生灭者。理内行心，即若佛法言一切诸法无生灭。此中先说理外无佛性，理内有佛性。因若自理外言，则"理外既无众生，亦无佛性，……不但凡夫无佛性，乃至阿罗汉亦是无佛性；……不但草木无佛性，众生亦无佛性"。更自理内言，则"不但众生有佛性，草木亦有佛性。……《大集经》云：诸佛菩萨观一切法，无非是菩提。……此明理内一切诸法，依正不二。以依正不二故，众生有佛性，则草木有佛性。……若悟诸法平等，不见依正二相，故理实无有成不成相。无不成故，假言成佛。以此义故，若众生成佛时，一切草木亦得成佛。故经云：一切诸法皆如也，至于弥勒亦如也。若弥勒得菩提，一切众生亦应得。此明以众生弥勒，一如无二。……众生既尔，草木亦然，故知理通。故欲作无往不得，是故得名大乘无碍，此是通门明义也，若论别门者，则不得然。何以故，明众生有心迷，故有觉悟之理，草木无心故不迷，宁得有觉悟之理？喻如梦觉，不梦则不觉，以是义故，云众生有佛性，故成佛；草木无佛性，故不成佛也。成与不成，皆是佛语，有何惊怪也？"

但吉藏下文第二更明，理外有佛性，理内无佛性。曰："如《般若经》云，如是灭度无量众生，实无众生得灭度者。《华严》亦云平等真法界，一切众生入，真实无所入。既言一切众生入，当知是理外众生入，而实无所入者，此入理内，无复众生，故言实无所入者。……理内既无众生，亦无佛性。理外有众生可度，故言理外众生有佛性。”下文更合此上段所说言，“理外若无，理内则有，理内若无，理外则有。或时言内外俱有，或时言内外俱无。故经云阐提人有，善根人无；善根人有，阐提人无……故内外有无不定。所以作此不定说者，欲明佛性非是有无，故或时说有，或时说无也。……至于佛性，非有非无，非理内非理外。是故若得悟有无内外，平等无二，始可名为正因佛性也。故《涅槃论》云：众生有佛性非密，众生无佛性亦非密，众生即是佛，乃名为密也。”所以得言众生无佛性者，不见佛性故；佛性无众生者，不见众生故。亦得言众生有佛性，依如来藏故；亦得言佛性有众生，如来藏为生死作依持建立故。下文言见佛性之义及佛性种种异名，今略。唯其中一语不得不引，即“若悟诸法平等无二，无是无非者，十一家所说，并得正因佛性”。此即于十一家说既破之后，更全收之，加以会通之言也。

上文已将吉藏《大乘玄论》卷三言佛性义要旨照抄，并分其文句。今当总说其宗趣。按此佛性问题，原是继佛家言佛道而起之问题。人既知有佛道，更问人是否实有能行此道，而成佛之性，即有此问题。故《涅槃经》言佛性，传为释迦最后所说经。然在中国思想中则早有心性之问题。故罗什传《般若》，道生即言佛性，为得佛之理，一切众生皆有此佛性。吉藏更说十一家义而约为三意。今按于此十一家，吉藏初虽破之，然上文亦引其后又言“若悟诸法无二”，则十一家亦并得正因佛性。今通此吉藏前后语观十一家义，则言众生（或五蕴法与假人）即佛性，乃以欲作佛者即众生，故欲作佛，是众生之事，亦即众生之所以为众生之性。此非不可说。而吉藏破之者，唯是自众生欲作佛而非佛，言众生虽有欲作佛之性，而不可言众生性是佛性。此要在辨众生为一现实之存在，作佛只是其可能性。可能非现实，故不可以众生性是佛性。至第二意之言佛性以心之神识等为正因佛性者，此在印度则《胜鬘》《楞伽》《密严》，皆言如来藏藏识为佛性。人之作佛修道，自本于心，则心自当有佛性。吉藏之以吾人之心无常，佛性常，阿赖耶识为无明生死本，以斥此说，唯是自吾人现有之心非常，有无明生死，而吾人正欲出此无明生死之心，为说。吉藏文亦引《胜鬘经》言如来藏，则亦当许有如来藏心，为人所内具之心，而为人欲作佛之性所在者。唯吉藏之用“如来藏”之一名，其意盖只指一如来之境为人修道之所向，而尚未开显者。故其后文虽说此为性，而初不说之为一心识耳。至于吉藏之破第三意，以当果与得佛之理为正因佛性之说，此当果即当来之佛果。人既谓当行佛道，而行尽此道，自当得佛果。人有此当果，即有成佛之可能或成佛之理。此乃前望修佛道之事之究竟处，以说有此可能，有此理，而有佛性。此亦非不可说。其中言成佛之理为世谛理者，即谓此世俗中之众生之法中，即有此成佛之理。其言此理为真谛理者，则是自此理使众生成佛，即使众生成非众生而言。此理不属此世俗之众生诸法，则此理为超世俗理。此二者亦同可说。合此二者，而总此世谛理、真谛理，言一得佛之理，亦更可说，吉藏亦以此义最长。然吉藏之所以仍破斥此诸说者，则以当果之说，谓佛唯是修成始有，即是造作法而为无常。然吾人如说此当果，只是“当有此果”，而“当有此果”是理。则此理非造作法，亦非无常。吉藏又以三义破得佛之理之说。一义是谓此理如有，即是事而非理，如无即无理，更有“三时破”，“即空离空破”之二破。如上所说。然此三破，乃可说亦可不说者。因谓得佛之理是佛性，此理自非已成事，然非已成事，并非无理。又以理不在时间中，亦可不以三时破；再此理即众生往证空之理，故于空自不即不离，亦不可以即空离空破。则吉藏之破斥此说，其论亦可破，其本身亦为无理之论。然吉藏之所以必破斥此以得佛之理为佛性者，观其意唯在谓此以得佛之理为佛性者，乃视此众生有此得佛之理，为一客观之事实。若是一客观之事实，而客观事实上众生又未成佛，即见此得佛之理，并不能实使人成佛，亦非实使人成佛之性，则此理只是一客观之抽象的可能，而可实现、可不实现者。必实使人成佛者，乃为佛性。故此理非佛性。于此，唯因人视此“得佛之理”为一客观事实，方可自其非能使人实成佛，而言其非佛性，乃更可于此理作三时破、即空离空破也。吉藏之所以必以非俗非真之中道，为正因佛性，以代此得佛之理为佛性之说，即以言得佛之理，可只指一抽象的可能；而言中道，则为人所实际遵之而行者。人实际遵中道而行，则虽未得佛，而实际上必得佛，而此道即为一具体的人行之道，非只一客观的抽象的可能之理矣。然如吾人谓人之遵中道而行，而未得佛，并言循此中道而行者，有得佛之理；则亦自当可说。若此道为佛性，则此得佛之理亦为佛性。吉藏亦不须破斥此得佛之理之说矣。

然吉藏于此必须先申其以非真非俗之中道为佛性之说，而后可有上文会通诸家之论。吉藏标出此非真非俗之中道为佛性，亦自有一极大之价值。此即以道之一名，乃指由内之主观以外通于客观，或由居下之现实，以上通向理想之名。此较理之一名，恒偏自客观义言，心识之一名，偏在主观言，众生之一名，偏在现实之众生上言者，皆有所不同。自主观心识上说有佛性，如有一清净如来藏心，此心本有而未现，则此佛性在现实上未能起用，而人可自其现实上之未能起用，以说其无佛性。自客观之理上，言一切现实上之染法，其性空，故有可去之理，此理之所在即佛性之所在，而不言其有心识以实去此染法，修成佛行，以实现此理；则人亦可自此理之无此在主观上实现之者，而说无佛性。至于自现实之众生上言，则众生现见只是众生，人固不能现见佛性之在此众生中。今吉藏改此三说，而言此非真非俗之中道为佛性，即言此众生由其主观心识，以通向性空之理、得佛之理之悟会，而行于此中道，以拔俗而向真如为佛性。此佛性在此道，即不在主观或内，亦不在客观或外；不在俗，亦不在真，而为“居于其中以由内而外，由下之俗，而上达于真”之一“道”。唯在此“道”

之为人所行，及所能行处，见人之有此佛性。即此道以言佛性，固可统此偏在内之客观，偏在外之客观，偏在俗之众生，以言佛性所成之诸说，而圆融之也。

吉藏依此非真非俗之中道，以言佛性，故于正因佛性，说为非因非果，而以自因果说之佛性，非正因佛性。此则由于因果之范畴，在般若三论，原可说为非实有而性空者。言一般之因果，则因与果恒异。然众生之以修道为因，而成佛为果，此因果则不异。自众生所修之道上看，此道乃即俗有而见其真空之道。此中空有不异。依此道而转俗成真，俗转即真成，二者亦不异。俗转是因，俗既转，则不见其为因，故因亦非因。真成是果，真果既成，而更不对其因说，亦无因可对，则果为谁果？而果亦非果。故第一义之佛性，不当以因果说也。

至于吉藏之辨佛性之本有始有，则主本有者，即如主有如来藏心为本有佛性者，主始有者，则以佛性纯属修成者。主佛性本有者，可说明人之成佛之所以可能，而难以说明何以佛性本有，而必待现有之修，而成。主佛性纯属修成而始有者，可说明实成佛之事待于修，然难于说明此修成之事之所以可能。大约在佛教初起，释迦说法，重在示人以道，而教人修道，则佛性当为始有。而后之学者，更反省此修所以可能之根据，乃言佛性本有，如《涅槃经》等之说是也。然吉藏于此，则将此持本有及始有之二说对观，而使之相破，以言佛性非本有，非始有，而自此中道言佛性。人于此可谓，若本无此道，人何所行，此道似当说为本有，非行时始有。然行道之行则非本有。有行而后道名所行道，此名为所行道之道，亦似当说为始有，而非本有。合言之，则道为亦本亦始，非本非始。佛性即此道。吉藏之说原近乎以本有者为理性，始有者为行性之说。吉藏之所以又破此理性行性之说者，则唯以持此二性之说，乃以此二性，互相对立，为二实有。而吉藏之意则自中道言佛性，而言于此本始二性，不可执为互相对立之实有。

中道之为道，在转俗有成真空，此道非真非俗，亦非有非无，则于此道，不能说为二道，而依之以说为二性；亦不能于此二性，一说为本有，一说为始有也。故佛道或佛性，皆亦本亦始，非本非始，而说为本或始，皆只为破病而说耳。此可观前文所引《大乘玄论》，及吉藏《涅槃经游意》，及发挥吉藏学之均正之《大乘四论玄义》卷七，论中道为佛性体一节。

至于吉藏言佛性与理内理外之有无问题，则由或言理外无佛性，或言理内无佛性而起。吉藏首言理外无众生，自无佛性可说。然自理内言，则不特众生有佛性，即草木亦有佛性。此乃依于人之不视其正报（即已身），依报（即世界）为二而说。后之天台宗湛然，主无情佛性，言非情成佛，于《止观辅行传弘决》卷一谓此说“惑耳惊心”，盖不知吉藏实已先言，不当于此惊怪也。人不视其已身与世界为二，则其已身成佛，其已身所在之世界中物，自亦可说与已身俱时成佛。故可言草木有佛性也。此草木之皆有佛性，亦犹言一切人物之法皆为性空，而以此性空为一法性也。然自有觉无觉言，则有觉之众生成佛，草木即不必成，草木即无佛性者。后之华严宗，即本此有觉无觉之分，以言草木瓦石有法性，而无佛性。则天台、华严之言，皆可说以吉藏之言为先导也。

然吉藏，更有理内无佛性，理外有佛性之言。此则由理内众生之成佛，入平等真法界，而证性空之理，而见性空，更无所见，亦实无所入；则灭度成佛，即无灭度，亦无实佛可成。在此义上，自亦无佛性可说。而今设定有未悟理之理外众生，则因其为尚待灭度，而有可灭度之理，有可灭度之性者，故当谓其有佛性。言理内众生有佛性者，以必有此性空之理，乃可言有佛性；理外无众生，故亦无佛性也。此即见不能以理内、理外，分众生为有佛性者，与无佛性者。而于众生之佛性，不可定说其有与无，乃可说俱有，亦可说俱无。人亦当超此有无之观念范畴，以观佛性。则此佛性只是众生循之以成佛之道。此道非俗，以众生由此道而拔俗故；亦非真，以世俗众生正行于此道故。非俗故非俗有，非真故亦非真无。于此，人不能将此道黏附于众生上，而由众生之事实上，是否行于道，以分其有佛性与无佛性。当将此道加以竖起，而观其不着真俗两边，亦不属有无两边。此佛性不在为俗之众生边，亦不在证真之佛边。在佛边是性佛，性为佛所已实现，即无性，以性有未实现之义故。此佛所实现之性，是“空一切法之实有”之空性。空性之性，即无性之性，故在佛边之佛性，即无性之性。在众生边，则此佛道为众生所行所能行，固可言其有行于此佛道之佛性，而众生皆有佛性。然众生之佛性，未全实现而尚非佛，亦无佛之所以为佛之性，即无此佛之性。故其有佛性，亦是无佛性。吾人之谓众生有佛性，亦非将此为道之佛性，黏附在众生之实际上行于此道与否，而分众生为有佛性与无佛性之二类，或在理内在理外之二类。因在理内者，至究竟处，亦无佛性可说；在理外者，待佛之度化，而行于此道，则亦非在理外故。由此如总言众生与佛性之有无关系，即有四句可说。一可说众生无佛性，以现有众生非佛，未实现佛性，自其未实现处观，即无佛性故。二可说众生有佛性，以一切众生必有佛性，乃能成佛故。三又可言佛性无众生，以既实现其佛性，则只有此实现之佛性成性佛，而超众生，即无众生故。四可说佛性有众生，因有此佛性，然后众生求作佛、能作佛，亦以此求作佛能作佛，方成其为众生也。此所言众生有佛性，即言众生依如来藏为佛性。言佛性有众生，即言如来藏佛性之力，使众生得“厌苦求乐，求涅槃”，故谓如来藏为生死作依持。此吉藏兼言此二义，即见其说亦通于他家之依如来藏心识言佛性之说。唯其亦许人自现实上言众生无佛性，及自究竟处言佛性无众生。又其所谓如来藏似只为一佛境之未开显者，而只直说之为心识。吉藏唯以此不在内外真俗之中道，为人所循之以直通佛境者，亦即为人之趣向佛境，而求成佛能成佛之性所在；以成其以此中道即佛性之论。是即与他家依如来藏之心识言佛性之说，亦不同也。

六　吉藏学在中国佛学思想中之地位之衡定

上文述吉藏言二谛中道义，二谛与言说之关系，及佛性之论。此在吉藏本人虽自谓不出般若三论之旨，并志在上承僧肇之说，故其书亦随处推尊僧肇。但自吉藏之言说之所及者而观，则实已超过印度般若三论之明文之所及。其推尊僧肇，乃是先经一思想上之大澜翻，而回归于僧肇。如以其二谛中道之说而言，则般若三论，明无以中道为二谛体，或以第一义中道为第三谛之说。此前文已详。如自其言二谛与言说之关系之论而观，则般若三论与僧肇，皆明以有假名皆属世谛，真谛则超假名，亦非言说所及。僧肇所注《维摩诘经》，言诸菩萨之说入种种不二法门，而归于谓维摩诘默然无语，是为入不二法门。此乃明意在以归默超言说。然吉藏则有不说说、说不说之论，故不可说之真谛亦可说。其《净名玄论》释《维摩诘经》，谓有三阶："一、众人言于不二，未明不二无言，所谓下也。二、文殊虽明不二无言，而犹言于无言，所谓中也。三、净名默鉴不二无言，而能无言于无言，所谓上也。"然亦谓其"迂回三辙"，成此"级引之教"，应开此三门，乃所以接下中上之三根。"下根悟浅，但诣初门；中人小深，渐阶第二；上根彻理，蔚登玄室。"则此三阶差别，只教上之差别，所通不二之理则一。故三阶未尝不平等，而言与无言，亦未尝不平等。自另一面言，则人亦有必须言于无言，或必见维摩示默之相然后悟者，正是中下之根。上根人亦可闻言即悟，不待言于无言，或见维摩示默而后悟。故又言"上根初即领，中人待二始悟，下根至三方晓"，此即谓上根可闻于众人之言不二，即悟不二，不待文殊之言不二之不可言，与维摩之示默乃悟。则必待言无言，与示默而悟者，乃不如即言而悟者。此何以故？以上根闻言不二即能忘其言，以悟其所言故；闻言即能于言悟不言，于说见不说故。此则明较《维摩经》明文之旨，只以第三阶为极者，更翻出一层，以言第一阶，对上根人即是极，而言说即是极也。

至于吉藏之言佛性，则明为般若三论之明文所未言，亦僧肇之所未及。此言佛性，乃《涅槃经》之中心问题。道生以后乃有自众生心识或理言佛性义，与自本有始有，理内理外，言佛性之种种说。此诸说之产生，又与《摄大乘论》《十地经论》《法华经》所言之义相关。吉藏本二谛中道之义，言佛性，谓佛性非因非果，既初不说佛性在主观之心识，亦不说佛性为客观之理；既不以佛性为本有，亦不以佛性为始有；既谓众生有佛性，佛性有众生，又谓众生无佛性，佛性无众生。二者相销，则众生有无佛性，皆不可说。然《涅槃经》之明文言佛性，则明以因、因因，果、果果，与非因非果五者说佛性，并未言前四只是旁因佛性，唯非因非果方为正因佛性。《涅槃经》亦重在言众生有佛性、一阐提人有佛性、佛性常、佛恒念念在度众生，而佛心佛性中，恒有众生；并无众生无佛性、佛性无众生之说。则吉藏之说《涅槃经》，亦超出《涅槃经》之明文之所及。此则皆由于其以般若经义为本之故。以般若经义为本，必破时间。谓佛性本有者，似无异谓为其先已有，而属先时；谓佛性始有者，似无异谓其后时始有，而属后时。佛性不在时间中，亦不属先时后时，故必破本有、始有之二说。又依般若经义为本，则不得言众生与佛性离，以众生之众生性空，此性空之性，即佛性故；又不得言佛性与众生离，以此性空之性或佛性，即众生之性空之性故。然亦不可言众生性即佛性，而谓众生性即佛性，以众生是众生时即非佛，则其性亦不同故；又不可言佛性即众生性，以众生成佛，即非众生，亦无众生，则亦无所谓众生成佛之性故。由此而众生有佛性，佛性有众生，及众生无佛性，佛性无众生之说，合而观之，则互相破斥，而众生有无佛性，皆非可说、非不可说。后之禅宗，正同依此义而言即众生心是佛，亦言非心非佛。然此却非《涅槃经》即众生性言佛性之旨。此吉藏之言中有此佛性无众生、众生无佛性之说，即唯是顺般若三论之教，以更超于《涅槃经》之明文之外之说也。

此吉藏之言众生有佛性，佛性有众生，又言众生无佛性，佛性无众生，以及其言佛性非本有、非始有，其地位自站得高。但其所以破佛性非本有非始有，乃意谓此本有乃时间先已有者，始起亦是时间中之始起。然此本有之义，却并非必须连时间而说；而始起始有之义，亦可非时间中之始起始有。若是时间中之先已有为本有，则已有不待更有，不当待后有之修始得成佛。然若谓佛性为由后有之修，而始有而始起，则凡在时间中之有而起者，旋即过去，为无常法，则佛性亦无常法。在时间义中之已有，与后有者，不同时，故以已有说本有，后有说始有，不能相成，而必相破。故吉藏必谓佛性非本有、非始有。然吾人可说另有一本有、始有之义，并非时间义中之本有、始有，而只是一义理上本有与始有。此义理之本有与始有间，其关系，是如后之华严宗法藏《大乘起信论义记别记》所谓"非本无以成始，非始无以显本"之关系，则本有、始有，亦可相待而俱成。人即可说既有一本有之佛性，亦有一始有之佛性。此即《大乘起信论》之言人既有本觉，亦有始觉之思想。此则吉藏之所未及之义也。于《大乘起信论》一书，学者多谓非印度所原有，而为中国人所述作，然其时代尚未有定论。今观慧远《大乘义章》引《大乘起信论》者甚多，而吉藏则未及此书。今疑此书盖在吉藏慧远之时代，而吉藏尚未及见者。盖此佛性本有、始有之问题，原为一当时之问题。吉藏循般若三论之旨，以非本有、非始有，言佛性。《大乘起信论》则盖本《楞伽》诸经，而以佛性为兼本有与始有者，而言本觉、始觉。故其所对之问题同，而答案不同。今谓《大乘起信论》之言本觉、始觉，非自时间上言，而纯自义理上说。则与吉藏之破时间上言佛性本有、始有之说，不相冲突。然此所《大乘起信论》

之言本觉、始觉，不自时间上言，而自义理上言，果是何义，今暂不讨论，俟后文更及。

又上节文谓吉藏之言众生有佛性，佛性有众生，又言众生无佛性，佛性无众生，而归于对众生不可说其有无佛性。此中之后二句，乃是先将佛性与众生，视作一客观之对象，而论其关系之说。今若不将此佛性与众生，视作一客观之对象，而论其关系，则无此二句之可说。因所谓众生无佛性者，乃以于现见众生，只就其为现见之众生而非佛言。然就现见之众生而说其只是众生，即将此众生定置为一客观对象说。由此方可说：此众生无佛性。又若言众生既成佛，则非众生而无众生，故佛性无众生。此亦于佛只视为佛，亦定置之为一客观对象说。人如视众生与佛，皆只为一客观对象，则此中无彼，彼中自无此。今人若谓彼中有此，此中有彼，固可以吉藏之言破之。然于此人如根本不定置此众生与佛，为一客观之对象，而只视佛为众生之心之所愿成、欲成，或所向往，即依其有此愿欲向往，而说其有佛性，并依此佛性之连于众生之愿欲向往，而说此佛性之有众生。则此中不能更说众生无佛性，或佛性无众生；而只当依众生之心之愿欲向往于成佛，而见众生心之有佛性，以使众生成佛，而与佛无差别；更依此以谓“心佛众生，三无差别”，则佛性有众生。此即天台宗之思路。此乃顺吉藏四句中之二句，以去其余之二句之所成。而其余二句之可去者，则以吾人于众生及佛，皆可不定置之为客观对象，而说之故也。

然吾人上来之说，亦非谓吉藏之“众生无佛性，佛性无众生”之言，必不可说。因吉藏可说所谓众生无佛性，佛性无众生，即如众生以观众生，如佛以观佛，而不坏众生相与佛相之谓。此自可说。然如众生以观众生，仍当归于如众生之能作佛，以观众生之有佛性，亦如佛之由众生成，以观佛。只如众生观众生，则佛不能立教以度众生，度众生必先意许众生有能作佛之佛性故。又若如佛观佛，亦不能以佛只是非众生，以佛更欲度众生，佛更有其智以知众生；佛之心性中，亦有众生性为所知，则佛性中非必无众生故。吉藏重佛之智，亦重佛之必常住，以化度一切众生，并说大小三乘之教法，以化度众生，而本此意以讲《涅槃经》《法华经》；亦见其重此佛之心性中所知之众生性，而未尝以佛性中无众生。佛之心性之恒常，固必常包涵其所知之众生性，亦不能离此众生性，而有其佛智或佛之心性。此正为《涅槃》与《法华》之宗趣所在。吉藏由言佛之般若智，兼权实二智，并以此二智为二谛教理之本，即足使之由般若学，以通《涅槃》《法华》所言之佛常住说法，与三乘之教，更会三为一之义。此吉藏之学所以大。此吉藏之学之成其大，固必当超出其所言之"众生无佛性，佛性无众生"之一半之论也。然吉藏虽言般若智之兼权实二智，以通《涅槃》《法华》之义，又毕竟以般若义为本，而未能直下以《涅槃》《法华》义为本。而真能以《涅槃》《法华》义为本，以言佛之权实二智，遍行于众生界与佛界，而佛之心性与众生心性，毕竟不二，佛界与众生界，亦一如无差别者，则为天台智𫖮之教义所存。智𫖮之言此等等，又依于其有一心三观观三谛成三智之说，此皆有进于吉藏之所论。然吾人如自义理之次序言之，则智𫖮之言佛之权实二智之遍行佛界、众生界，及心佛众生，三无差别，正当为吉藏言权实二智，言佛性众生性之论之一发展；亦如其言一心三观观三谛成三智，为吉藏之言真俗二谛中道，与第一义中道为第三谛之一发展也。此所谓发展，乃自义理上言，亦自思想史之大流言。盖吉藏之义，自是直上承般若三论，而下通于《涅槃》《法华》者。天台智𫖮，则直下以《涅槃》与《法华》为宗，而取般若三论义为用。吉藏虽年稍晚于智𫖮，然其所承之思想之大流，则早于智𫖮。今自义理次序言之，则说由吉藏之论至智𫖮之论，为一发展，其言至顺。至于时间之先后，或其思想实际上如何相互影响，亦可暂不问者也。

第六章　智𫖮在中国佛学史中之地位与其判教之道（上）

一　智𫖮与中国固有之哲学

天台宗智𫖮之学，在灌顶所记《摩诃止观》缘起中，言其祖述慧文、慧思之说。后湛然《止观辅行传弘决》，更有所补述。然毕竟传为智𫖮所著书中之义，何者为其所承于慧文、慧思者，已不能详考。今唯有姑皆视为智𫖮之学所在。此智𫖮之学，其规模更大于上述之吉藏。后天台学者志磐，作《佛祖统纪》，谓吉藏尝请智𫖮"讲《法华》不赴。既灌顶弘法称心；因求《法华玄义》，发卷一览，即便感悟；乃焚弃旧疏，深悔前作；来投灌顶，咨受观法"云云。此则又大可能为后天台学者，推尊其祖师之辞。今按吉藏请智𫖮往讲《法华》之书，见《国清百录》。又吉藏《仁王般若经疏》，亦有取于智𫖮以名、体、宗、用、教相五者释经之方式。但此不足证吉藏之晚年之归于智𫖮。如其《仁王般若经疏》，虽取智𫖮之释经之方式，仍名般若为满教，固不取智𫖮判教之说是也。又其《净名玄义》尝自言其昔作《法华经疏》之事，并未自谓为非。考吉藏年少于智𫖮四岁，其殁年则后智𫖮十八年。其驻锡建业时，声名甚盛，而智𫖮则僻居天台。智𫖮之书皆灌顶所记，盖皆后吉藏之书而出。其言"权实"、言"三一"，明有评论吉藏之义者。《法华文句》中，明有针对吉藏所论之言。故湛然《文句记》卷八，言吉藏之"旧章先行，必须委破"，即证吉藏书之早出。智𫖮盖亦尝见之，而其论乃更有所进。即智顗未尝见吉藏之书，吾人今亦可自二人所言之义理之种种方面，以见智顗之说，较吉藏之说，更较进至一高层面。此固可非智顗等之所自觉。然吾人本思想史之发展而观，亦可依此种种方面，以作如是说，固不必如后之天台学者，谓吉藏之实尝见《法华玄义》，而感悟也。

所谓此智顗之说较吉藏之说，更转进至高一层面，可先自最表层之一方面看。此即自二人对中国传统之儒道思想之态度方面看。原吉藏之于老庄，已视同外道之列。智顗则大诃责老庄。兹按僧肇之论，尚多取老庄、孔子之言，以与佛家言相证，前文已及。刘宋以来，固有本中国传统思想谓佛教为夷狄之教，不敬王者、破身、破家、破国、持形神分离之论，而斥佛者，乃更有佛徒纷纷为答辩。此由僧祐《弘明集》书可见。复有慧远、孙绰、张融、周颙、刘勰、颜之推，以固有之儒道之言与佛家之教，可比类同看者。然至吉藏，则于佛学，始高自位置。如其《大乘玄论》，即卑视中土老庄之言"自然生"，比同印度外道之无因生之说，谓尚不足当小乘，更何论大乘？而智顗之卑视老庄之言，又更有甚焉。如其《摩诃止观》卷十，既斥老庄言自然为破因果之害，卷五更谓"夸谈庄老，以佛法义，偷安邪典"，并以老子之言"道可道，非常道；名可名，非常名"，若与佛法比，乃"如虫食木，偶得成字。检校道理，邪正悬绝"云云。更自迹上言"佛迹世世是正天竺金轮刹利，庄老是真丹边地小国柱下书史，宋国漆园吏……老自御薄版青牛车，向关西作田，庄为他所使，看守漆树"。此智顗之卑视庄老，更斥为邪见，已为过度；此自迹上之评论，尤为无理。然此亦正见佛学至智顗之时期，已全自中国传统思想中脱颖而出，以居高临下之势，贬斥中国传统思想中相类似之老庄，而更无假借。至于对儒家所传之周孔之教，则智顗于《摩诃止观》卷六，"入假识药"节中，言周孔之教，皆佛教圣人，托迹同凡所说。[1]又言儒者之“五常义亦似五戒”，后儒者颜之推亦言之。智𫖮谓仁慈即不杀戒，义即不盗戒，礼即不邪淫戒，智即不饮酒戒，信即不妄语戒。五经：“《礼》明撙节，此防饮酒；《乐》和心，防淫；《诗》风刺防杀；《尚书》明义让防盗；《易》测阴阳，防妄语。”谓此世智世法，亦菩萨所当学。此尚是意存称许。然又谓“世法药非毕竟治，屈步移足，虽垂尽三有，当复退还”。故云“凡夫虽修有漏禅，其心行穿如漏器”。此即谓儒者之教虽可成世间善、立人道、成人之升天之道，然不能出三界，成无漏善。后华严宗之宗密《原人论》，判儒为人天教，正本于此。唯宗密人天教中亦有道教。彼与其师澄观，对中土固有之籍，较多尊重，故与智𫖮之态度又略异。然皆以中土之传统思想，只属世间教，在佛学中小乘教之下，则一也。

然吾人自另一方面观，则由僧肇、吉藏、智𫖮，直至后之华严宗佛学思想，又正与纯自印度所传之佛学思想，日益不同。此可先自其所用以解释佛家经论之概念名辞以观。如自僧肇起，即喜用本迹、本末、权实、体用之名，以释佛家经论。此本迹、本末之名，初明出于中国之玄学。如郭象之以圣人与物冥之德为本，其应世之事为迹。王弼以虚通之玄德为本，无名无为之始母为本，以仁义礼乐及有名者，为子、为末。此更可上溯至《庄子·天下》篇所言老子之“以本为精，以物为粗”，《庄子·天道》篇之言“本在于上，末在于下”等。至儒家之言本末，则始于《论语》所言之“君子务本，本立而道生”，《孟子》之言“天下之本在国，国之本在家，家之本在身”，及《大学》之言“物有本末，事有终

---

①《摩诃止观》卷六“应病授药”节，更言“孔丘、姬旦……我（佛）遣三圣，化彼真丹，礼义前开，大小乘经，然后可信”。又智𫖮《维摩经玄疏》（此实即智𫖮《维摩诘文疏》之文前所撰之《五重玄义》，原为一书者。后人以之别行，故名玄疏）卷一，引《清净法行经》摩诃迦叶应生震旦，亦名老子，光净童子名仲尼。湛然《辅行传》卷二十五，更引《清净法行经》，加月光菩萨即颜回之语。然此与《摩诃止观》只言周公孔子之语不合。此书于老庄，固有贬无褒也。

始”。秦汉而还，则《吕氏春秋》八览，首为《有始览》，有《务本》之篇。《淮南子》言“先本后末，谓之君子”（《泰族训》），董仲舒《春秋繁露》之言奉天本、地本、人本（《立元神》）。刘向《说苑》有《建本》篇，王符《潜夫论》除有《务本》《本政》之篇外，《本训》篇又言“原原而本本”，徐幹《中论》有《修本》之篇。此传统之贵本之论，不可胜述。遂至王弼郭象之言本末、本迹，更为佛徒所用。而权实之相对，则出于中国原有之经权之相对。中国人所译般若经论，初有方便之名，而无“权”之一名。然僧肇至吉藏智顗，即皆以权之概念连方便之义说。至于体用之一名，亦至少当上溯至王弼。《李二曲集》卷十六有与顾亭林反复讨论体用二字之原。二曲谓连用以解经作传，始于朱子，然溯其原则在《易传》“刚柔有体”“藏诸用”等文云云。顾亭林则谓东汉《参同契》已有内体外用之名云云。凡此本迹、权实、体用之名，初皆非用以翻译经论，而只用以解释经论。即见其原之出自中国传统之学术。李二曲又言西来佛书《四十二章》《金光明》《楞严》《楞伽》《圆觉》《金刚》《法华》《般若》《孔雀》《华严》《涅槃》《维摩诘》诸经，皆不见体用二字。而在玄奘、窥基之法相唯识宗，多重直用译名讲佛学者，于此诸名辞，亦较为罕用。然在僧肇、吉藏、智顗之书，则满篇是此本迹、权实、体用之名。二曲谓体用之名，始自《六祖坛经》，非也。此中依本末言佛教之观念，直传至后之华严宗人，仍取吉藏之以华严之教为根本法轮之根本教，并以三乘教为依本起末法轮之末教之说，而详辨本教与末教之别。然华严宗人较罕用本迹之名。智顗之释《法华文句》，则卷首即明标本迹释与观心释，以讲法华之开权显实、本迹、权实不二之教，更引僧肇“非本无以垂迹，非迹无以显本”之言为证。[①] 原僧肇言本迹、权实之义，要在以之注《维摩诘经》。吉藏

① 唯后宋天台宗后山外仁岳《十不二门文心解》，则谓“本迹”之名，初出僧睿《九彻》之言本迹无生。彻云，多宝为本，释迦为迹。僧肇乃承睿而用其名云云。

继之，而以本在中道之不二，为实，以统迹上之二谛教为权。至于智𫖮则更言须“置指存月，亡迹寻本”（《法华文句》卷一），以开权显实，由本迹释以归于观心释。由僧肇至吉藏，至智𫖮之用此本迹、权实之观念，正见有一贯相承之发展，亦上接王弼、郭象之言本末、本迹之言，更可上溯至先秦儒道秦汉诸子之立本、贵本之义者。然此皆吉藏、智𫖮等于佛教之门庭既立之后，所未能自觉者。故彼等亦不知其佛学思想之大本，亦正在中国原有之智慧之形态。其种种言说，亦正皆是此一“大本”之迹。则其自己对于彼等之言说，亦尚未能“亡迹寻本”也。于此吾人亦不可谓此诸人只是借用此诸名而已。盖依吉藏说，名不能纯为借名，既用其名，即用其实义。依智𫖮说，文字相即解脱相，亦真实相。彼等既须用此中国传统学术之名，则其所表之实义或真实，亦不能全离此诸名所原表之实义或真实，而离此中国原有之智慧之大本也。

二　智𫖮之学之规模，与其判教论之特色

此上所说尚只是自僧肇、吉藏，至智𫖮之佛学，与中国传统学术之表面关系上言。若自佛学之内部言，则更当论此智𫖮之学在中国佛学之发展中，真正贡献果何所在。今先自大处言之，则当说由僧肇至吉藏之诸佛学宗师，多只是以义解胜。而智𫖮则能通一般义解与禅观工夫为一，以一方成就人之修习此禅观之工夫，一方对昔人所分别言之禅观工夫，得一相应之义解，加以总持之论列，更有其圆顿止观之论者。智𫖮之言禅观之诸书，如《小止观六妙门》《修习止观坐禅法要》《释禅波罗密次第法门观》等，皆对印度所传之禅法，加以总持之论列；而《摩诃止观》，则其圆顿止观之论。此乃前所未有，而对后世之佛教影响至大者。又在智𫖮之禅观中，包括净土观，此乃原于般若宗之《大智度论》所原有念佛观；中国之般若学者自罗什、僧肇、道生，至吉藏皆主

有净土。慧文、慧思至智顗之学，皆出自般若学。然智顗重众生心与佛心之感应之机，与十界一如等，则更足成就此净土义。依净土义以皈依佛，即必重忏悔，而智顗言在五品弟子位中之修学，即重忏悔。尤重以“逆流十心，翻顺流十心”所成之庄严忏悔（此可参考灌顶《观心论疏》卷五所总述），缘此而亦重戒律。智顗之兼重《涅槃经》，亦取其“扶律谈常”之旨。此即为后之天台通净土，亦通律宗之本。此信净土、重戒律，正是中国后世民间佛教之二要端。再则智顗所宗《法华经》，已言对经之受持诵读之无量功德。智顗言文字即解脱相（《法华文句》卷第七下）。“理即”与“文字即”之不可相离；文字般若，与观照般若、实相般若之不可相离，则皆为用以说明必须有此诵读之理论根据。此盖即使后之佛教徒，恒以念经为主要功课者。凡此等等，如自佛教之为一宗教说，与学佛在根本上乃一修行之事上说，皆甚重要。吾人亦不能加以忽视。至于自智顗所综合之教义而说，则湛然《止观义例》上最后节，言其乃以“《法华》为宗骨，以《智论》为指南，以大经（《涅槃经》）为扶疏，以大品为观法，引诸经以增信，引诸论以助成”，则言其为综合《般若》《涅槃》之教观于《法华》者，可谓得其要领。然吾人今纯本学术思想观点，以论智顗之学，则只能限于智顗之依何义解以判教，如何言圆顿止观之处。下文吾人又将先言其本义解以判教，与其前之为判教者，及他宗之佛学之义解之交涉之处，以见其所展示之佛道之方向。

对此智顗之如何本其义解以判教之问题，当先说此判教之论，乃中国佛门宗匠，用以销化印度传来之经论者。在印度佛学，上座部已言佛说法有不了义者（木村泰贤《小乘佛教思想论》七十四页）。此盖即判教之说之始。后大乘佛学起，亦与小乘佛学相分判，如《瑜伽师地论》中有声闻地、独觉地、菩萨地之分判。《维摩诘经 · 法供养品》《涅槃经 · 四依品》，皆言于佛所说，当依义不依语、依智不依识、依了义经不依不了义经、依法不依人。此即言于经教当加判别。《大智度论》亦有大小乘教与显密教，及四悉檀之分。《楞伽经》有顿渐二教之分。此外于佛之说法，《涅槃经》则有五味之说，《法华》有三车之喻。然此皆尚非独立之判教论。唯后法藏所闻于日照之般若宗论师及唯识宗论师之三时判教之说，可称为独立之判教论。然中国佛学则早有独立之判教论。此盖由中国之为佛学者，自感于诸大小乘经所说之义有种种不同，自行引起，固非必来自印度。此中国判教之说，始于罗什门下之慧观之判五时教。此乃以佛所说诸经之有所不同，原于佛说之时，与所对之人之不同，遂有说顿说渐等之异。后之为判教者，则或更重在言诸经所言之教理之异，由此而有种种判教之说。在智颉之《法华玄义》卷十，尝综其前之判教之论为南三北七，即南方有三说、北方有七说。此固不如后之法藏《华严一乘教义章》，言分教开宗者之详。然智颉于此南三北七之说，则已分别有所取舍，而成其综持之论。其不以《般若经》之教为大乘究竟教，则不同于罗什、僧肇；亦不因《华严经》专对菩萨说，《涅槃经》为佛最后所说，而如光统之以《涅槃》《华严》为常宗；乃改而以《法华经》之为对大小乘明一佛乘，使三乘归一，为圆顿之教之标准。故于《华严经》，虽承认其为圆顿之教，然又谓其只对大乘菩萨说，不对二乘说，即为带别而不纯圆。于《涅槃经》，虽谓其与《法华》皆佛在第五时所说，然又谓其只捃拾闻《法华》不得度之人，而度之，初非如《法华》之为一自始遍接群机之大教。故二经皆不如《法华》。此即大异于南北朝之佛学之风，初尊《般若》、后重《成论》与《涅槃》者。按昔讲《法华》者，罗什门下有道生、慧观等。然梁三大法师皆成论师。其中庄严、僧旻兼讲《涅槃》，开善、智藏兼讲《胜鬘》。唯光宅、法云受教于僧印，兼推崇《法华》一乘之教。此外亦有讲《法华》者，然要以《成论》《涅槃》为显学。其时判教者，亦未尝特尊《法华》。智颉五时判教，乃谓佛于华严时，初说满字教，众生无机，而约满开半；于阿含时说藏教；

于方等时，对半明满，说通教；于般若时，明满，说别教；于法华时，舍半明满，说会三归一之圆教。此则甚为整齐。又在其前之判教者，多由一教之重顿悟或渐修以分判。此顿渐之问题，自竺道生、慧观以降，讨论甚多。然佛所说者是顿或渐，学者闻之，未必即从所说之顿或渐门入。此由何门入，当视学者之机感而定。则佛之说顿说渐，亦即非定说顿、定说渐，而其意亦可自始是不定。正式谓佛之说法方式，有顿、有渐、有不定，于不定者中，更分为不定与秘密二种（以不定指学者之同听异闻，而可相知者；以秘密指学者之同听异闻，而互不相知者），以成化仪之四教，则始于智𫖮。此言佛说法之方式，有秘密、不定二种，乃表示对闻法者之人之机感之重视。依此而同一言教，对不同之人，有不同之意义，而其导人入于佛道之效果，又可相等。由此而智𫖮虽以五时判佛教，然又谓五时之教，为顿或渐者，对闻法者言，可为一不定或秘密之开示，以使人悟道成佛。如置毒于乳、酪、生酥、熟酥、醍醐中，同能杀人。此乳、酪、生酥、熟酥、醍醐之名，原出《长阿含经》《涅槃经》。即智𫖮取之以喻华严、鹿苑、方等、般若、法华涅槃之五时教之次第者也。此智𫖮之能言此化仪中之有秘密、不定二者，其显一重视闻法者之人与其机感之意，亦正如其本《大智度论》之四悉檀以释经论，于世界悉檀（相当世俗谛）、第一义悉檀（相当真谛）外，兼重对治悉檀、各各为人悉檀，以表示其重闻法者之人之意也。[①]

智𫖮除依五时与化仪四教，以判教外，更依佛所说法之内容，判为藏通别圆之化法四教。四教所以归于圆教为最高之故，智𫖮尝谓此亦由于唯在圆教之因果中，乃皆有人在，以修因与证果二者相即故，在藏通别之三教，其果头则无人。以修因与证果不相即故。此义甚深。但能知其后文言圆教有此相即之旨者，自当知之，今暂不及。吾今之提及此一点，意在明智𫖮之言化法、化仪

① 此可参考《维摩经玄疏》卷四。

各四教，皆有重闻法行佛道者之“人”之义。智顗谓《法华经》对菩萨二乘说，亦对外道与一切凡人说。《法华经》言开示悟入佛之知见，乃谓一切人皆有此佛之知见，而皆可由开示而得悟入。故此《法华》之圆教，最为高广。而吾人欲理解此圆教之义，则须知此教皆是佛依本而垂之迹。此本即佛心佛智。而欲知佛之所以垂此迹之本，则赖吾人之自观其心，以求与佛心佛智之本，互相契应。否则“若寻迹，迹广徒自疲劳；若寻本，本高高不可极；日夜数他宝，自无钱半分”。故当“观己心之高广，叩无穷之圣应，机成致感，逮得己利”（《法华文句记》卷一）。故智顗原另有《观心论》《劝修观心文》，灌顶尝为之疏。智顗之判教释经文，以求知佛之本怀，亦教人自观其心，以求与佛本怀相契应。此即所谓观心释也。《法华文句》于本迹释之后，恒继以观心释。其《法华玄义》之卷一之以观心为引证，亦是此意。唯人由观心，径谓“即心而是，己则均佛，都不寻经论，堕增上慢”，则又不可。此亦即《法华文句》兼有本迹释与观心释之意。此中之本迹释，要在由迹知为本之佛心佛智，观心释要在自观其心，二者相辅为用，则佛与吾人众生，依其心法之契应，而机感得通。此佛、众生、心三者为三法。在《法华玄义》中，首言一切法皆统在此三法，而心法则为佛与吾人众生之所共。佛固吾人之所成。故重此佛，即重此具体之人。由人与佛之心法之契应，即见心佛众生之三无差别。此即智顗之言之归趣所存。然欲知此等等，仍当先知其如何依本迹以判化法四教，然后可言吾人如何自观其心，更自用观心之工夫，以实与佛心佛智之本怀相契应，而机感得通，以有其自成佛之事也。

三　智顗言本迹、权实义，与其言权实智之进于吉藏者

此智顗之判化法四教之言，在其所说之《法华玄义》《摩诃止

观》《维摩诘经玄疏》《金光明经玄义》与《四教义》等书中，皆尝及之。《四教义》一书最整齐。然重在将四教一一比论，不免机械，无多意味。《摩诃止观》之言及四教义者，只重在配修观而说。《维摩诘经玄疏》言及四教义者，则归在言维摩诘本通别圆之旨，以弹藏教之小与偏。所谓弹偏破小、叹大褒圆是也。唯《法华玄义》，则特详言圆教之胜于藏通别之三教者。此诸书对四教之分别之所论，皆大体不殊。然以《法华玄义》之归本在圆教者，其规模最为弘阔。[①] 此书分五大章，而以初章之释名为主。此即释“妙法莲华经”之五字。于释此五字中，又以释妙法二字或妙之一字为主。其余四章，则为释此经之体、宗、用及教相者。在第一章释妙法二字时，首论一切法摄于心、佛、众生之三法。如上所引及。于此吾人当注意，此心法乃指具体存在之心灵，众生指具体存在之一般生命，佛指具体存在之神圣生命。故皆为真实存在之法。至于一般所谓由解析众生之心灵与生命存在而成之五蕴、十二处、十八界等法，如原始佛教所说；或色、心、心所、不相应行、无为等法，如一切有部至《俱舍论》、法相唯识诸论之所说；以及成实般若三论之经论所分别说之种种法；在智𫖮即皆摄在此心、佛、众生三法中说。此佛所说一切教理，则皆依佛心而对众生心所说，而意在使众生转迷成悟，行于佛道，而成佛者。此佛心之所以能说此种种教理，即是其说种种法之本。其所说之法，即其教其迹。此教迹，乃因对不同等位之不同众生说，而有等差，遂不必在言说上表面一致，亦不必皆为实说或最后真理之说。此非实说、非最后真理之说，乃是依于佛为使众生次第领解

① 志磐《佛祖统纪》卷六，引神智曰“妙玄开演法华十妙，尚云‘莫以中论相比’（按此语见《法华玄义》卷三下）。又云天竺大论，尚非其类。盖智者用如来之意，明《法华》之妙，故龙树北齐（慧思），亦有不及”云云。又湛然《法华文句》末叶言不空三藏门人含光，亲游天竺，彼有僧问曰：“大唐有天台教迹，最堪简邪，正晓偏圆，可能译之将至此土耶？”则见智𫖮所立之天台教义，印度僧亦知其非其所原有也。

佛法，而不能不有之方便说。此方便说即权说。然权说之后，必更有直开示佛之本怀之实说或最后真理之说。故其权说，只为导向实说而有。是即为实施权，亦必归于开权显实，而废权立实者。由此而对佛之所说中之不同之权实之成分，便为吾人学者所当加以分别，宜次第历种种权说之义，以抵于其实说之义。是即为学者之由佛所垂之教迹以寻其本之事。此教迹是佛之言说，此本即是佛之本怀或佛之心之智之实。[①] 此言说初尚可思议，而佛之心之智之实，则超一般思议而不可思议。而言学者当由迹至非迹之本，即当由思议以至不可思议。此亦正同僧肇之旨。僧肇《答刘遗民书》，尝谓“言有所不言，迹有所不迹”。其《维摩经序》言：“圣智无知，而万品俱照；法身无象，而殊形并应；至韵无言，而玄籍弥布；冥权无谋，而动与事会。……夫道之极者，岂可以形言权智，而语其神域哉。然群生长寝，非言莫晓……凡此众说，皆不思议之本也。”僧肇尝据此本迹之义，以注《维摩经》之种种言象。如谓维摩示疾、天女散华、各菩萨之共说不二法门与维摩诘之默然无语等，皆是即迹以示本。吉藏承之作《净名玄义》，畅此本迹、权实之义，亦谓维摩诘以不思议解脱为本。智顗更谓“此经以不思议人法，为名，不思议真性解脱，为体，不思议佛国因果，为宗，不思议权实折伏摄受，为用，不思议带偏显圆，为教相”。此皆见一意相承。至于智顗言本迹权实之进于吉藏者，则在吉藏于此本迹权实之二者，虽已承僧肇之旨而言迹由本垂，亦所以显本，而更就此本迹之相依，与权实之相依，谓“权不自权则

---

① 此只粗说智顗义。细说，则本迹相对有种种义，如《法华玄义》卷七上云：“本者即是实相……迹者除诸法实相，其余种种，皆名为迹。又理之与事，皆名为本，说理说事，皆名教迹也。又理事之教，皆名为本，禀教修行名为迹。如人依处则有行迹，寻迹得处也。又行能证体，体为本；依体起用，用为迹；又实得体用为本，权施体用为迹；又今日所显者为本，先来已说者为迹。”则本迹乃相对之名，而迹亦可以为本，有种种层次之本迹。《法华玄义》卷九下更言破迹显本、废迹显本、开迹显本、会迹显本等十重义，可参考。

非权，实不自实则非实。非权非实，始成权实”（《净名玄论》三），以说权实之“二而不二、不二而二”等；然尚未如智𫖮之更依理事、理教、教行、缚脱、因果、体用、渐顿、开合、通别、悉檀十项，以判权实，更约为佛之自行权实、化他权实及自行化他之权实之三者。智𫖮言自行权实，照随智二谛，化他权实，照随情二谛，自行化他权实，照随情智二谛。由此而佛所说之权实本迹，即更分为种种层面；此则更为复杂（参考《法华文句》卷三下）。大率在吉藏虽言佛之教迹皆权，而依于佛心佛智之本实，此实则唯是不可思议，而不可说，如前文言吉藏之四重二谛中，前三重在言教中，第四重则不在言教中是也。但此说佛心佛智之本之实不可思议，不在言教中，亦是意在教学者，知有此不可思议不在言教中者。此亦是言，亦是教。佛之言教中，既包涵有此类之言教。则佛之言教中，亦有直接开此佛心佛智之不可思议之本之实而言之者。此即《法华》之开权而显实之说。吉藏于释《法华》时，固亦言此《法华》为开权显实之教。既谓实可显，则不在言教中者，应亦在言教中，则其四重二谛中第四重，便亦应在言教中。但观吉藏之意，此开权显实，乃依佛之权实二智为化他而有之教。佛自行其权实二智，而开权显实，即成佛之化他之大教。此二智于佛是实智，此教只是开权，则亦系属于权。由此中之智实、教权之相依，可见权为实权，实为权实，权实二而不二，权实亦非权非实。此即为吉藏之义之至极。然至智𫖮则更言此佛之行权，开权显实以化他，乃依佛“本地久已证得之一切权实”（《法华文句》卷三下）而有之化他。此在佛本地久已证得之一切权实，即佛所自行之权实。此自行之权实，在本上言，对佛先自为实。则佛之有种种权说，以至说《法华》以开权显实等，种种垂教迹以化他之事，皆只是显此佛之自行权实之本实。则此教迹，亦不只系属于化他之权，而是原系属在佛之自行之实中者。故《玄义》卷八言圣心之权无非实，圣教一切皆权，一切皆实。则不只如吉藏之就“权为依实之权，实为能权之实，以言权实之二而不二，以归非权非实”，而是依此佛之化他之权实，原是其“本实中之久已证得，而自行之一切权实”之所显；以言此自行与化他之权实之二而不二，则亦不必更特出“非权非实”之一句也。

依智𫖮言，《法华经》中佛之所说，乃依其久已证得一切权实为本，而开权显实，以垂为教迹，此便为佛之纯依自意语。此即异于佛在说《法华》前，尚未尝纯随自意语，不免为化他而姑随他意语，或兼有随自意语，与随他意语者。此语之为权说，自亦有其所显佛之本地之实，因一切权说中之义，亦皆佛所久已证得，原属于佛之本实故。但尚不能全显此佛之本地所久已证得之实。以尚未开权，更显其所久已证得之一切实义之实故。唯佛说《法华》时，乃开一切权说之义，而显此一切实义。智𫖮之依佛所说之义，判为藏通别圆之四教中，藏教即随他意语，而只说权义，是名为粗。通别二教，则兼有随自意语，而兼具粗妙。如言通教三粗一妙、别教二粗一妙。至于圆教中之《华严》，则一粗一妙。唯《法华》为纯圆独妙之纯随自意语，纯说实义。故以《法华》为宗，即以佛之纯随自意语为宗，亦即以佛之历尽为实施权之事，而开一切权、显一切实，而全显此佛本地之实，以会权立实，为宗也。①

四　本迹之十妙之开合，与四教之判分

此上所说，乃意在言智𫖮之言权实，进于吉藏言权实之旨。然权说实说，皆只是说法之形式，尚未及于内容。依吾人今日之

①《法华玄义》卷二下谓待半字（方便教）为粗，明满字（圆满理）为妙。妙有“带方便通满理”与“不带方便直显满理”之分，前者为带粗之妙，待粗以成妙。后者为不带粗，而绝粗以自妙。乃是为绝待妙之圆教。圆教无所待，亦无所绝，不知何名，强言为绝。

观点看，则吾人已甚难信此四教皆佛一人所说。智𫖮之信之为佛一人所说，乃纯属宗教的信仰。吾人之观点在论哲学义理，则可姑舍上来所述，而先自智𫖮之如何判四教之义理看。

今按智𫖮之判四教，实亦本于智𫖮对佛家经论所言之义理，有一细加辨别之功。今观其善辨别义理，知其分际，更作纯概念性之思考之能力，无论在综合与分析方面，今世之哲学家，亦未易企及。今先略述其《法华玄义》论《法华》之言教之所以高于其他经论，而为纯圆绝妙，在此经所示之迹中十妙，与本中十妙之旨。所谓迹中十妙者：一境妙、二智妙、三行妙、四位妙、五三法妙、六感应妙、七神通妙、八说法妙、九眷属妙、十功德妙。此迹中十妙，即法华佛为化度世间之一切人与众生，而垂之教迹之妙。至于本中十妙，则为自佛之所以能垂迹之本，纯属于佛自身者之妙。在本中十妙中，先合上说之迹中十妙之前四者，为佛之所以成佛之（一）本因妙，并开迹中第五之三法妙为：（二）本果妙、（三）本国土妙、（四）本感应妙。至于（五）本说法妙、（六）本神通妙、（七）本眷属妙，则与迹中六至九之三妙相应。又开迹中之功德妙为：（八）本涅槃妙、（九）本寿命妙及（十）本利益妙三者。共成本之十妙。此本迹十妙之开合所以不同，在由教迹上说，则境、智、行、位，宜分别说，以垂教。自佛圣之本身以观，则此四者合为一成佛之因，便当合而为一。又在佛之果德上说，其法身遍法界，即是一国土，故宜另开出国土妙。又佛之得法身，即同时成一永恒悠久之生命，而其所自证之涅槃境，亦宜与其所表现于外之功德利益分说。故迹中只有一本功德妙者，在本中则开为本涅槃妙、本寿命妙、本利益妙三者。此乃由于说佛之本与迹时所重之不同，其十妙之名有不同。然本迹之妙，固相应而不二。亦不难循次第理解也。

此迹之十妙中自六之感应妙以下，亦即本中十妙第三国土妙以下，可说纯属宗教信仰。此中言佛之感应神通之遍满世界，其国土之含一切净土与秽土，而恒说无量法，恒以一切众生为其子，与佛自有之超时间之永恒悠久之寿命；即见其他宗教所言之梵天上帝之神通功德，此佛无不具有。此佛之恒说法，以度众生，使众生同于其自己，而与佛无异，则世间之宗教中之上帝梵天，尚不能许有此事。此则由于世间之宗教，乃以上帝梵天为唯一、能创造者，众生为多、为所创造者，二者高下、大小、善恶、染净，皆悬殊。然在佛家，则佛所证得诸法之实相之涅槃境界，不得更言其为一或多、为能创造而更有其所创造者。而依佛之大智慧大悲愿，亦不能有任何出世间与世间、善与恶、染与净二境之互相悬绝之想。一切众生所成之一切佛，乃非一非多，即一即多。佛固不能如世间之宗教中之上帝梵天，只自为一具无限功德者，更不许众生同有此无限功德也。然众生之自谓不能具无限功德，自可于此具无限之功德之佛，视如上帝梵天而崇拜之，则《法华经》之佛之效用，亦有与世间之宗教中梵天上帝同者。唯此法华之佛，实必以化度众生，使与己无异，为其最大之功德，则只视佛如梵天上帝而崇拜之，为己所不能为，亦尚非真能行于佛道者也。

然对此人与众生在何意义下可成佛，而有同于梵天上帝之无量功德，则人不能作悬空之思索。此当连人所感之生命心灵之问题，以次第思索。吾人当先思何为成佛之因，而自修因，不当慕成佛后之感应神通之妙果。即智𫖮之《法华玄义》，亦不重言此等等。其说佛之本迹之十妙，亦以说佛之迹中之境、智、行、位，及三轨之妙为主。其言此境，亦不外就十二因缘、四谛、二谛、一谛、无谛等义，而次第说。其分判藏通别圆四教，亦初即自此四教对于十二因缘、四谛、二谛之义，如何加以说明而判。此则皆吾人一般思想，所不难先一一加以理解者也。

五　智𫖮对化法四教之形式的分别，其七种二谛义与吉藏四重二谛义之对比，及其依三谛、四谛以判教义

智𫖮在言迹中之境妙时，于二谛义中尝开出七种二谛而说。此乃正似承吉藏之四重二谛更进而成之说，用以判藏通别圆四教者。其意是藏教，乃实有二谛。“阴、入、界等，皆是实法。实法所成森罗万象，故名为俗，方便修道，灭此俗已，方得会真”，此即吉藏之以俗有与真空相对之第一重二谛，而为吉藏之所用以说毗昙，亦智𫖮所用之以说藏教者也。其次为幻有空二谛。此则“以幻有是俗，幻有不可得，（则）即俗而真；《大品》云：即色是空，即空是色，空色相即，二谛义成”，此即通教中之二谛。吉藏之第二重二谛，以真俗相对为俗，以二者不二为真，亦即同此幻有之不可得，为即俗而真者也。至于智𫖮之言“幻有无为俗，不有不无为真”之二谛，谓“有无二，故为俗，中道不有不无不二为真”云云，则此“幻有无二为俗”中之有无为二，幻即其二为幻，义同不二。然此幻有无中，有此二与不二，仍是俗谛。此正相当于吉藏第三重二谛中，言二与不二之为俗谛。至于智𫖮之言中道不有不无，即言中道之非此幻有无，亦非此二与不二。此正相当于吉藏第三重二谛中之以“非二非不二”为真谛。此真谛在吉藏与智𫖮，皆是统“二与不二”之相对，而于“二得见不二”之中道者也。至于智𫖮所谓“幻有、幻有即空，皆为俗，一切法趣有趣空、趣不有不空为真”，则为其所谓圆教之二谛，则正相当于吉藏所谓第四重之二谛。在吉藏之第四重之二谛，以前三重二谛皆为俗，而非此三重者为真。此智𫖮之谓幻有与幻有即空为俗，即谓“有而无之二”与“其二之空而不二”，所成之“非二非不二，于二中见不二”之中道，皆为俗；而同于吉藏之在第四重二谛中，

言前三重皆为俗之旨。至智顗之言一切法趣有趣空、趣不空不有为真，则是反乎“幻有之只趣有，与幻有即空只趣空”，而兼能趣不空不有，以成其真者。亦即同于吉藏之在第四重二谛中，以反乎前三重之俗，而非此俗者为真也。至于智顗七种二谛中，除同于吉藏之四重者外，尚另有三种之二谛者，则依于上四种二谛自相重而建立。如第二种二谛除以其自身之真谛为真谛外，亦可以上之第三种之二谛中之真谛为真谛，合二真谛为一真谛。则成又一种之二谛。今再加第四种之二谛中之真谛，以合三真谛为一真谛，则再成一种。而上述之第三种之二谛之真谛，加第四种之真谛，合此二真谛，为一真谛，则更成一种之二谛。则共有七种之二谛。此外加之三种，其旨乃在见通教之真谛可合于别教之真谛；再合于圆教之真谛；及别教之真谛可合于圆教之真谛；以见通别圆三教之真谛之可合而相通。吾人初见其言，虽不免觉其过于缴绕。然细观之，亦自可得其意趣。今吾人于上文所以有此缕述，则意在说明智顗与吉藏之言二谛，其旨正原有其相同处。而智顗与吉藏之异处，则一在吉藏之第四重二谛，在吉藏乃视为不属于言教者，在智顗则以之为圆教之所说，二在吉藏于此四重二谛，只分高下四重说之，智顗则于此四种二谛之外，再加三种二谛，以明通别圆三教之真谛之可合而相通。则吾人即可由此以透视由吉藏至智顗之思想之发展。今按《法华文句》卷三上引证他说谓有主张“如来常依二谛说法，故二谛有三门。又佛教虽多，不出三门”者。其文虽未明指出他说是吉藏说，亦当是吉藏形态之说。其下文所言三重二谛，一重以“空”与“有”对，二重以“空有二”与“不二中道”对，三重以“二偏、不二中道”与“非偏之二、非中之不二”对，亦固与吉藏《二谛章》之言三重二谛之内容全同也。然智顗以此乃渐次梯隥之说，不能会于《法华》之圆妙。盖依智顗之说，则吉藏之第四重二谛，亦当在教中，又通别圆三教之真谛，亦当相通，以再加三种二谛，方成圆妙之二谛。

则其以此说为不能会于圆妙固宜。而吾人亦即可说由吉藏至智𫖮之言二谛，有一思想之发展，存乎其中也。

复次，在智𫖮之境妙中又言三谛。此即连于其一心三观之说。此观三谛之义，吾人前亦说吉藏已及之，皆是依《仁王般若经》与《璎珞经》之有三谛三观之名为据。在吉藏，此统二谛之中道，即可说为第三谛。在智𫖮之中谛，亦以统俗谛之假有与真谛之真空而得名。原此中之第三谛之所以立，并无其他奥妙。初不外于凡可相对说之真俗二谛之上，更说一上层之非真非俗之二，而统此二者，便成一中谛。二谛有各种。但在第一种之二谛，只见有二之相对，则不见有此“中”。第二种之二谛，乃即假有而空。此虽见有统二之不二中道之用，然此中道之体，尚未被自觉。故必在上述之第三种二谛，以非二非不二为真谛，于二中见此不二之为“中”时，乃有被自觉之中道。此中道之教，在吉藏亦在第三重之二谛中说。唯在吉藏第四重二谛中之中道，则不属于教。而依前所说，在智𫖮之说，则此第四重二谛中之中道，亦当是教。由此而中道教，便应有二种。一为别教中之中道，一为圆教中之中道。依智𫖮言，则别教中之不二中道，在所统之二之上层，便与其所统之下层之二，可不相即。此即为“但中”，而圆教中之中道，则统其下层之二，亦自与下层之二并列，而更相即，以成一“不但中”。至于在通教，则如不通于别圆二教而说，此中道只为其假有、真空之二之所依。至于藏教，则只有真空与假有之二之相对，则连此以中道为所依之事也无。于是在此四教中，无此中者，是藏教；只依此中者，是通教之不通别圆者；只说但中者，是别教；说不但中者，是圆教。通教之通于别者，即兼说不但中之通教。通教别教之兼说不但中者，即兼通圆教之通教与别教。由此而依此中，以立一中谛，以与真俗二谛并立为三谛，并观此中之与二，是否相即，以分中为但中、不但中，即可将化法之藏通别圆四教，在义理上加以整齐之划分，以配成一整齐之系统。

此即智颤之所以于二谛之外必言三谛，并本此三谛以立三观三智，以释经论之言观行者之故也。①

智顗除于《玄义》言境妙中，以二谛义判四教外，又依佛家传统之四谛亦分四种，而用之以判四教。彼谓藏教所说四谛为生灭四谛。此乃依藏教之实有由苦集至灭道之一相续之生灭历程而说。又谓通教所说四谛，为无生四谛。此则自通教所说之假有即空，则生即无生而说。更谓别教所说者为无量四谛。此自别教之证中道，须次第历无量之由苦集至灭道之历程而说。又以圆教之四谛为无作四谛，此乃自圆教之不但中，乃与一切对反之二边，皆相即不二，别无所作而说。此外，《法华玄义》在言境妙中，又以藏教之由破析苦集之法，以证真空者，为次第析法，以证真空，故所得者为析法真空。通教之观假有即空，乃体假有法即是空，为体法真空。分此析法空与体法空，亦始于吉藏。如前所说。智顗更以别教之次第用无量四谛，以修证入空，即兼用析法空，亦用体法空。故《四念处》卷三言："析假，是三藏方便；体假，是无生方便；析体无量，是别方便。"然此通别二教中皆以法为有，而由之以证空，以合契一中道，藏教则只见此中道之二偏。至在圆教，则即空、即假、即中，三谛圆融，而亦无上述之析法或体法入空之分矣。

至于智顗言境妙中之言十二因缘境，言一谛、无谛等，则今不拟释。盖由四谛即可开出十二因缘，言真空则只有　谛，证一切法之真谛，乃证知之事，非言说之事，而此证知不属于言说，即不可说。则可言无谛。此固皆不难解者也。

吾人如循上列之旨，细读智顗之文，以观其如何详言四教之

①《维摩诘经玄疏》卷三谓理外二谛有二种：一不即二谛，是为生灭二谛。二相即二谛，是为无生二谛。理内二谛亦二种：一不即二谛，二相即二谛。理外生灭二谛即藏教二谛；无生二谛，即通教二谛；理内不即二谛，即别教二谛；理内相即二谛，即圆教二谛也。

别，则可先观其如何言《法华》之境妙，更观于其如何言《法华》之智妙、行妙、位妙等，再一一与其余三教中之智、行、位等，相分别而观，则不难将其所言四教之义，一一列表，而见其排列之齐整。然一直如此去讲，未免过于机械。至于吾人如本《法华文句》卷二末、卷三首以镜譬法界，谓藏教之观一切法无生，而不见缘生，如盲执镜；通教观幻色假有，如观幻像于镜中；别教之历别观法，如观镜中像，分别无谬；圆教观一切法于镜中，如观镜团圆；则又未免太含浑。此上之二法，皆不能真讲出智𫖮在佛学思想上之地位。至于智𫖮《维摩诘经玄疏》（即《维摩诘经文疏》之玄义部分）卷三，以《中论》之"众因缘生法，我说即是空，亦为是假名，是为中道义"之第一句为藏教义，第二句为通教义，第三句为别教义，第四句为圆教义。则虽可助联想，亦可引起误解。下文拟另换一讲法，以明智𫖮在中国佛教思想史之地位。此所另换之讲法，是观智𫖮对其所言之藏通别圆四教之经论，有何种之新看法，及其与其前之人与当时之人之看法不同何在，以说明其何以必依此四教判教之故，与其言圆教之创辟之见之所存。

第七章　智顗在中国佛学史中之地位与其判教之道（下）

六　四教之实质的分别，与小乘藏教

循上章末所言而论智顗之判教之论，首当说者，是其《法华玄义》卷八言《法华》一经之体，而更及四教义时，乃先简除世间凡俗之见及外道之见。此中于一切外道对世间境，持种种知见，说有说无，以至“……有无为有，无有无无为无；有非有非无，为有，无非有非无，为无”等百千番揲，智顗皆视为“虚妄戏论，为惑流转，见网浩然，邪智烂漫，触境生著，悉皆见倒，对前生死有边即是涅槃无边……非真实道”（《玄义》卷八上）。此即谓凡触境生著，而有之思想知见、言说，皆不属佛教之列。此亦谓凡意在思议客观世间境之是如何有、如何无，以致说此客观境中何者有何者无，何者有所谓有无，何者无所谓有无之一切形上学，宇宙论之思想言说，皆属戏论，属生死流转界。唯自求解脱生死流转，去苦转业，发心者，乃属佛教。释迦说法之原始精神，亦实是如此。故释迦于人问世界有边无边等，皆不加答。四《阿含》之言无常无我，亦唯在去苦转业，而亦非只意在客观的说一无常无我也。如《增一阿含·有无品》言“有常见，无常见；有断灭见，无断灭见；有身见，无身见；有命见，无命见等，六十二见，皆当舍”是也，然由部派之佛学思想之发展，则亦须讨论此无常无我之纯在客观上说为何义，以至可说有者，有多种，可说无者，有多种，而有种种有无之论。唯在大乘般若三论宗起，乃更依法之因缘生，以破种种定有定无之见网。智顗于此，则直下先说此见网，乃为惑流转，而非佛教。佛之垂教，始于鹿苑时之说《阿含》。说《阿含》固先说烦恼、业、苦三道悉皆有，然后发真无漏，用真修道，此亦初是有。由此而空世间烦恼业苦，则又是空。但此中之有空之论，乃纯自吾人之生命生活上说，而非是自所对客观境上说。此中之有空，乃连于生命生活之存在之具体概念，非用以说客观境物之有无，或有无自身之抽象的思想范畴之为有为无。若只依有无之抽象的思想范畴，说客观境物之自身，则百千番揲，在佛家即皆是戏论。然以有无或空有，说吾人之生命生活上之烦恼业苦之为有，而当有道以空之，则初不是戏论。以此中之有无或空有，皆指生命生活中存在之具体的实事，不同于用此有无以说客观境时，此有无之名，乃外加于其上者，亦不同以有无说有无等时，只说及抽象之有无之范畴故也。

由此原始之佛教所说之有无或空有，乃对生命生活中之有苦，而求有道以使苦空。故吾人亦可说原始佛教教人由世间至出世间，即教人由俗有至真空，简言之，即教人由有至空。但对此有空，不能只作抽象之思想范畴去理解，当知其所言有者指何物，空者指何物。如依四谛言，则有者是一般之生命中之苦集，空是由道而灭此苦集。此中苦有种种，苦之因之集，有种种，道亦有种种，而灭或涅槃之未究竟，或至究竟，为有余，或为无余，亦有种种。然简言之，则皆为不外为人由俗有之世间至出世间之真空，以行于此由俗有至真空之途中事。此中人所向往者在真空，在出世间，而其生命又尚在俗有之世间，此即有一世间与出世间之相对。此不免以俗有与真空为相对，世间与出世间为相对，只自向往在出世间而舍世间者，即只求自度之小乘教。大乘教，则不舍世间而度他，即于俗有中见真空，于世间中出世间。由此而大乘之教理，即与原始佛教所成之小乘教有异矣。

但此上所谓苦集是俗有，灭道是真空，只是粗说。若作细说，则人求灭道，亦即求有此灭道。则灭道亦可说是有。人求灭除世间之苦集，而既灭除之，则苦集亦可说是空是无。合而观之，则苦集与灭道，皆亦有亦无，非有非无，以成四句。此四句所说者，只是由苦集至灭道之一真实事。则四句中之一句，即涵余三句，四句互涵，即可配成十六句。但此只是由对此中有无之抽象概念，加以播弄，配合所生之思想门路。对此上之一真实事，则无论自有门，说此中之苦集灭道四谛是有；或自无门，说四谛是无；或自兼有无门，说其亦有亦无；或自两者俱非门，说其非有非无；皆可各成一思想门路。但不同之教中，或以某一门为主，如在原始之佛教或智顗所谓藏教之经论，则一般说，乃多依有门说者。如一切有部或毗昙部，即以有门为主者。然亦可包括依空门说者。如《成实论》之言空。更可包括智顗所谓自亦有亦空门入道之昆勒，自非有非无入道之车匿等。然此皆同属于藏教。在此点上，即见在智顗之判教中，乃将毗昙之言有，与《成实》之言空，加以平观，亦见智顗之不以抽象之有空之概念判教。依智顗言，此空有或有无四门，如作抽象概念而观，则藏教与别圆通三教中，皆同可用之。通教经论多用空门，别教经论多用亦有亦无门，圆教经论多用非空非有门（《四教义》）。然在原则上，则固皆可兼用四门。如《维摩经玄疏》卷六及《法华玄义》卷八所说。此四门只是思想之门路、入道之门路，四教之实际，固不在此也。

依四教之实际说，则藏教之所以为藏教，乃在藏教以四谛为生灭四谛，即苦集与灭道，乃一生灭之次第历程，如由集有苦生，由道有灭。此生灭之历程，乃被视为“实在”之因缘生法。于是其中之有，是实有，其空亦是实空。其中之苦或世间生死，是实生死，其灭苦出世间生死，证涅槃，亦是实涅槃。由此而人之出世而得涅槃果，亦是实得，而实出世，即亦再不还世间。其心量即必归于自度后，即灰身灭智，不能再入世以度他。是即为小乘法也。

七　大乘教与通教义

至于智𫖮所谓通别圆三教，则皆是大乘。在印度只有大小乘之分，并未有于大乘中更分通别圆之说。智𫖮所谓通教，乃指《维摩经》《楞伽经》及《般若经》之一部之教。此通教之为大乘教之始，在其不舍世间而自度度他，于一切因缘生灭法，不视为实生实灭，而视为假生假灭或幻有之生灭。此即吾人前所论般若三论宗之教。所谓假生假灭或幻有之生灭，即生灭而不生灭。生灭可说实，亦可说不实，或亦实不实，非实非不实。所以可说实者，以现见有此因缘法之生灭故。其所以非实者，以因缘生者即非自生、他生、共生，亦非无因生，不可执为实，其实性空故。此则读者可重观前章论般若宗义处。此中之言因缘生法之实性空或性空，即言其背后无其所附所托之实体，亦无自性、非自有。知此无自性、非自有即知其空。知此空而透过此空，以观因缘法之有，则其有为假有、幻有。如吾人观一人像，恒谓其像为有所附之实体，或其像有自性、为自有。今若于镜中观人像，则知此人像无所附之实体，亦无自性、非自有，只依镜中之空，虚呈虚现，以为一假有幻有。如吾人于一切因缘法，皆如是透过一空，观其虚呈虚现，则一切因缘生法，无不为虚呈虚现之假有幻有。此义初不难知。难处唯在依此以遍观一切因缘生法。若人能恒依此以遍观一切因缘生法，则知人之历无数之艰苦的修行工夫，以升天成佛证涅槃，亦是因缘生法，此亦是假有幻有。故言一切法皆如幻如化，涅槃亦如幻如化。此一境界，乃在原则上高于世间一切宗教与小乘佛学所届之境界，非人所能轻易承担。依此而言世间出世间之因缘法，皆幻有假有，皆无实而真空。而此真空，又原即依此幻有假有而说，故亦即此幻有假有法所内涵之一意义。如镜中像，即以其所依无实，所依者为真空，以为其内涵之意义。故此真空，亦即此法于其自身所涵或所体之真空。故在吉藏至智𫖮皆名之为体法真空。此不同于藏教言因缘生法之空，只言析法至真空者。如依藏教修道，而次第将实我分析为心色诸法，将烦恼次第析除，以至于道灭境界中实我与烦恼之空，皆是“析实使空”。此即只为析法真空。言析法真空，必有其所析除。未析除前，则为实有。然吾人如识得此体法真空，则当知此吾人所欲析除者，在未析除前，其当体为非自有而无自性，亦即是空者。“譬如镜（中）柱，本自非柱，不待柱灭方空，即影是空，不生不灭，不同实柱。”（《摩诃止观》卷三第五明偏圆大小）以此观千万烦恼染污法，皆如镜中像，当体即空。故此体法真空与析法真空之分，乃藏通二教分别之关键。然此义，吉藏先以之辨《成实》与《般若》之不同。智𫖮更随处用之，以辨通别二教与藏教言空之不同。今吾人亦可说析法真空，乃于俗有真空作一前一后之纵观，而《般若》通教之体法真空，则不自前后作纵观；而自当下之法，作由内达外，而加以澈入之深观。人心能澈入此法之有而不自有或无自性，知其后无托、无依、无住、无寄，则此有即当下浮游于太虚，而皆成假有幻有。亦即以此不自有、无自性之真空，为所托、所依、所住、所寄，以托而无托，住而无住。此以真空为本，托为无托，住而无住之假有幻有，则为迹。由此而人之行于佛道，对其现有之生死烦恼之一切法，可不须如藏教之求舍离，以出世间；而可于直下观其无托无住为本，而于真空亦更不染着。此即智𫖮之判《维摩诘经》为通教经之故。维摩诘以在家居士而示疾，文殊往问疾，而维摩诘更与诸菩萨，论种种世间法与出世间法之不二法门，而一面诃弹小乘之只求出世者，以通其余之大乘教。故智𫖮以《维摩诘经》为弹偏、破小、叹大、褒圆之经。通教之所以为通，亦即在其既超小乘，亦通于别圆二教。则《维摩诘经》固最足为代表者也。

然吾人于此当知《维摩诘经》之言世间法与出世间法之无二，非即意在住此世间，视世间为安乐地，而不见世间之烦恼生死法之谓。世间自是烦恼生死法，乃佛家所共许，亦无人能否认。《维摩诘经》唯言吾人当知此烦恼生死法之毕竟无托处、住处，而以无住为本。如人问吾人之执着己身之身见以何为本，依《维摩经》说，此可溯其因缘至人之欲爱为本。再问欲爱以何为本，又可说以欲贪为本。由此而《维摩经》更说欲贪以虚妄分别为本，虚妄分别以颠倒妄计为本，更直溯至无明为本。但吾人之更问无明以何为本，则《维摩诘经》更答以无住为本。此即谓无明别无所依，而无住处。实则此非只谓无明无住处，一切身见、欲贪、欲爱、虚妄计之生死烦恼法，皆自始无住处。此何以故？以一切因缘生者，即当体真空，而为假有幻有故。以无住为本，即住无所住，本无所本，而无住无本故。百千之无明烦恼之生起，皆容吾人之透入，而深观其不自有、无自性，而视如镜中像故。此观之及于其不自有，无自性，即见此真空，亦即是越过此无明法之明，而无无明故。此无明法之可无，亦即此无明法之本性或法性故。无明法不能离其本性、法性之可无，以成为无明法，则无明法即依此法性而住。然此所谓住法性者，正是住于其可无之性。此可无之性或法性，即真空，故言无明法依法性而住，即住在真空，而真空中则实无住处。故无明法，亦实无住处。人能知其住真空，即无住处，则见及此无明法之只是假有幻有，而可于世间之无明法，皆不视为实，亦不染着，则在世间而未尝不出世间，于世间出世间之一切法，能见不二矣。人若为菩萨行，即不当离世间之生死，而只住出世间之涅槃，而当不住生死，亦不住涅槃。此即《维摩诘经》之旨也。

至于智𫖮于通教经中更言《楞伽》，则自《楞伽》之亦重言幻有假有义说。但《楞伽》之言如来藏，乃别一系统之佛学，亦正近其所谓别教之经者。今暂不及。

八 智顗之言别教义

至于智顗之于通教之后，更言别圆二教，此不能说是别圆二教必然高于通教之谓。因通教即通于别圆二教。人果能知无明法无住，而见真空之法性，以至不住生死，不住涅槃，即可更成大乘佛故。然智顗之所以必更说别圆二教者，则尝明言此别教乃意在对菩萨说。此即谓菩萨之尚未成佛者，特别教以种种之方便道品。此菩萨者，自其不住生死言，固超三界外。然菩萨未得涅槃，亦不住涅槃，不舍世间，而还顾三界内之众生之在生死烦恼之无明法中，而不知无明之无住无本，以无无明；则必更起悲心弘愿，以一面求自度，一面度他；自不得不更学种种方便道品，以成其自度度他之事。此一切学，即对“自己与一切众生，皆无无明，得涅槃而成佛”之大理想或悲愿，而次第修学。此修学有次第，便有似藏教之次第转苦集成灭道。但中此更有一使己与一切众生，皆得涅槃而无无明而成佛之大理想或悲愿，则与藏教全异。依此使己与一切众生成佛之大理想，必须同时肯定此大理想之可实现，己与一切众生能作佛，而有佛性。故《摩诃止观》卷六言别教“事相次第，不殊三藏，但以大涅槃心，导于诸法，以此异前；渐修五行，以此异后。故称为别。观幻化见思、虚妄色尽，别有妙色，名为佛性……如来藏者，即是佛性”。当即指由通教之观幻有，至知佛性有，为别教义也。众生之佛性，亦即能见一切生死烦恼无明法之真空之法性之心性。见此诸法之真空，即见此诸法之所本有之真实相。此真实相即诸法实相。故见法性与见实相，为同义语。众生之佛性，即能见此法性实相之众生心性。此中之义，似有二层。一层为所见之法性实相，一层为能见此法性实相之佛性，为众生心性。但此二层，亦可化归为一层。此即由于此众生与其心性，如客观化而言之，亦即是众生法之法性。故见法性，见实相，即包涵见此众生与其心性中之烦恼无明法之真空之法性。此即同于此众生之佛性之实现。故见法性即见佛性，显法性即显佛性，而法性即佛性。自另一面言之，则众生之在主观上实现其佛性，亦必于其所知为客观之一切法，皆知其真实空之性，为其法性。故显众生心性中之佛性，即显法性，而佛性即法性。此佛性使人可成佛，成如来，故称为如来藏或自性清净心。此佛性或如来藏或自性清净心之实现，即法性之显，而成法身。智𫖮又言此法性，又可名为实相、实际、毕竟空、如如、涅槃、妙有、真善妙色、中实理心、中道、第一义谛、微妙寂灭等。(《玄义》卷八下）此佛性亦可名为"虚空佛性"。法性即一切法之空性空相，而一切法可说实有此空性空相，故即实相。观此一切法之实相，即观其实际，故又名实际。谓之"涅槃"，乃自生死烦恼于此寂灭说。此实相为佛得，称"妙有"。佛能见之，称"真善妙色"。谓之妙有，即不同因缘生灭法之有，而亦非只是空者。"中道"一名，乃自俗有即真空而兼统有空二义，"不依于有，不依于无，非二边之有，名毕竟空"说。"中实理心"，自其心寂照灵知，实见此中之谛理说。"如如"，自其如法之所如，而知其法，亦知其法性空，于法与此法性之空，知其"非一非异"说。"第一义谛"，自此中道最上无过说。"自性清净"，自其烦恼生死惑业之染尽说。此诸名相，原皆散见诸经论。然在智𫖮言别教义处，则皆以之指法性、佛性、实相，而法性实相，亦即佛性也。

于此如自佛教思想史言之，则原始佛教之言涅槃真如，般若宗之言中道、第一义谛、法性、实相，初并未言其即佛性心性。即在智𫖮，亦谓在藏通二教中，无此佛性义。但智𫖮必谓般若宗之法性实相，即有佛性心性义，般若经论之教，主要为别教。此实为高说或深说般若经论之义，亦可说是依当时之摄论、地论宗之言如来藏为佛性，更以《法华》《涅槃》之言佛性，释《般若》之法性实相义，而意在通《般若》《摄论》《地论》《涅槃》《法华》之说者。然此通，亦不是强通。因客观说之法性实相，与主观说之佛性，原有其相通之义。如上文所及。然智顗又未尝不知有不说实相佛性之通教般若，与说实相佛性之别教般若之分。所谓不说实相佛性之通教般若，即只说一切生灭因缘生，为幻有假有，与真空不二之义者。而说实相佛性之般若，则更依此幻有假有与真空之不二，而依此不二更统之为一，以说一中道之实相佛性，兼肯定众生之皆有此一佛性，而其有此一佛性，为一妙有者也。依智顗说，则藏教于因缘法见有实生灭，此中之实生即实有，实灭即实空，而其求灭度而证空，其空为偏空。通教则见实生灭非实生灭，皆为假生假灭，亦幻有假有，而不异空者。既能知空有不异，于空有之二见不二，更知此能于二见不二者，即行于中道之佛性；而此中道，亦为一真理或谛实，则当名之为统假有与空之中谛。能知此中谛，以知此佛性，即别教之异于通藏二教之根本义也。对此空假中，如在心上了解，《摩诃止观》卷一“发大心”一节，尝言三者之关系如一明镜，明之虚，喻即空；像，喻即假；镜，喻即中。此可助理解。

然吾人如何可说此佛性当依中道中谛以说，此则须先说此佛性之问题，在印度原是般若宗思想以外之另一流。人之所以要说佛性，乃欲为己及众生之成佛之真实可能，求一形而上之根据。其所以须有此根据，乃由人之成佛，非当下可办之事，而为一待相续之修行之事者。此亦可说由于人之当下一念清净者，不必能念念清净，一清净念起后，可更有其他染污念起，一染污念灭后，亦可再起；此即见人有业习之不断，而必待于相续之修行之事。在此人之相续之修行中，人即可自发现染心之起而灭而有净心之后，更有染心之起，即见其染心之底更有染心。然其净心之起而灭后，亦可更有净心之起，则见净心之底，更有净心。合以见人之心识除所自觉之六识为表层外，更有其所不自觉之底层之心识。此底层之心识为表层之心识之根，亦为表层之心识之染净善恶之念所自出之根本或真因。于此吾人若要说人毕竟能成佛，即须肯定人之净心，必可更继染心而起。依此以说此最底层之心，即必须说其为一自性清净之心，以之为使吾人成佛之事，成为可能之根据或真因所在。由此而印度佛学如《胜鬘》诸经，即言人有自性清净之如来藏心，为人成佛之真因。然要说明人成佛之可能，人虽必说如来藏心为最底层之心。但为说明人之现非佛而为众生，恒有不断之染心之生起，则此底层之心，又似非只是一如来藏心。若说为如来藏心，亦当说其亦带有染污，兼为人之染净善不善之因之一如来藏心。何以一为人之成佛因而自性清净之如来藏，又兼为人之染净善不善因，则《胜鬘经》已言其义难可了知，由此而有《楞伽经》之说此底层之心，为如来藏藏识。此则意在以如来藏之名，说其为人之成佛因，更以藏识之名，表其为藏人之染净善不善之种子，而为人之染净善不善之因。后之唯识论则更以赖耶识或藏识之名，统如来藏，谓其中兼藏无漏种为人之成佛因，亦藏一般善不善、染净之种子，为其现只是众生之因。故此佛性心性之说，在印度，已极分歧。此一问题，传入中国，则译《摄大乘论》之真谛，即分赖耶识与如来藏识为二，以前者为第八识，后者为第九识庵摩罗识，以求销解一心识为兼染净与为善不善因之冲突。谓此庵摩罗识，乃为人之能成佛成如来之真因或佛性所在，亦即人真正之如来藏识，而为人之一切修行成佛之事之所依持者。然当时之相州北道之地论宗，则以如来藏识即是藏识、赖耶识。相州南道之地论宗，则素习般若宗之言法性之说，而以此如来藏之法性即佛性，而主此法性，即人之成佛成如来之真因所在，为人之一切修行成佛之事之所依持者。此以第九识庵摩罗识为佛性之说，与以第八赖耶识为佛性之说，及以法性即佛性之说，即亦不免互相争论矣。

由此争论所引起之另一问题，即无论以佛性为如来藏或阿赖耶识之说，皆以佛性为深藏于意识之底层者。如以法性为佛性，此法性亦为深藏而不显者。人之成佛之事，则待人之依种种因缘而修观行，以去除人意识底层之种种染污，以使此真实佛性，得显其清净。此依种种因缘而修观行，可名为缘修。真实佛性之得清净而显现，又可名为真修。于此毕竟缘修为成佛之本，或真实佛性自身之得显现其清净之真修，为成佛之本，亦可有争论。据智𫖮《维摩经玄疏》卷二言，当时地论北道中人，即重缘修作佛。“以缘修显真修”，即此宗之说。地论南道中人，则重真修作佛。其《摩诃止观》卷六下文谓缘修灭真自显者，盖即此宗之说。然地论宗人，则盖同认人之成佛，须有真修、缘修二面。智𫖮于《维摩经玄疏》言：“地人言八识是真修，智识是缘修，八识显，七识即灭，八识名真修，任运体融常即。六识是分别识，七识智障波浪识。而《摄大乘论》七识是执见心，八识是无记无没识，岂得云真修耶？岂有六识灭，别具真缘修也？”此所谓地人乃主第八识即净识者。智𫖮即以《摄论》所言八识是无记无没识，非必净识，以斥其主第八识为净识，及真修所依之说。上文所引最后一语，则意在言真修、缘修，皆不能离第六智识而言。然由此智𫖮所言地人之意，即可见地人乃以八识之真修与六识之缘修互相分别，而南地北地之相争，则在一主真修为成佛之本，一主缘修为成佛之本而已。

此真修、缘修之不同，盖亦为主第九识为净识或真正之佛性之真谛所主张，故《维摩经玄疏》五四八页谓“地论师以八识真修体显，断二障，明不思议解脱，正是别教明义也。真谛三藏意，同地论别教”。其所以说此皆为别教者，则依此真修、缘修分别之论，则当说人之成真修之正因佛性，与成缘修之缘因佛性为二，更说此二者，与人之了因佛性，合为三，而此三者即隔别不融。盖人之成其缘修，必先赖人之在观智上于因缘作种种明了工夫，以成般若智。此必须待于说人之原有能明了之佛性。是为了因佛性，如《涅槃经》言佛性，所谓为“因因”之观智。次须待人之能作种种成就解脱之行为，以为其成佛之缘。人之能成此行为，又须待于人之原有成此行之佛性。此即为缘因佛性，如《涅槃经》所谓为因之十二缘。此了因缘、因二佛性，乃合以成人修观行之事者，亦可说为合以成人之缘修者。此人之修观行之事，乃在人之第六识或智识。则此二佛性，乃连于人之第六识或智识之佛性者。此便与此识底层之如来藏或真实佛性或真如，或法性为人之成佛正因者，其义不同，而共为三佛性。依此分缘修与真修之说，则缘修中之观或行是二事，真实佛性或真如法性之得清净，而彰显，而有其功德，又是一事。由此而人之真实佛性或真如法性，在未有缘修时，是一情形，有缘修时，是一情形，已彰显后，又是一情形。由此而真谛遂有“道前真如”“道中真如”“道后真如”（《法华玄义》卷五上）三者，成一次第之说。在未有缘修时，此真如佛性，只为无明所覆。此无明之覆障深，而此真如佛性深藏。此无明覆障之深，则见其如亦自有其住地。此称为无明住地。在无明住地之底层，方是此佛性。则言修观行，必须次第破此无明住地，而次第不住于善恶、身见、贪欲、虚妄分别，颠倒想，方得见无明之实无住地，而无本，以破无明住地。故《摩诃止观》言次第断五住，为别教法门。此别教之修观行之事，为次第的，即前后隔别不融。而其彰显此如来藏之正因佛性之事，乃以观行之修为先，亦即以显此观行中之了因佛性与缘因佛性为先。此三佛性之显，即亦成一前后之次第。此修观行，以观为先，以成般若智，即以了因佛性之显为先。次方修有解脱之行，是谓缘因佛性之显为次。最后方有正因之真实佛性，或真如、法性之显，以成佛之法身。此法身即佛性或法性之显之异名。法性佛性本有，则法身亦本有。然此法身、解脱、般若三果之证得，则有次第。所谓“法身本有，般若修成，解脱始满”，即成一次第之三果。于此如言人原有三佛性，并为成佛果之因。则此三佛性之因之并列或横列，便称为因横性横。其次第修观行，则称为修纵。由此修之纵者为因，而般若解脱法身三果次第得，则称为果纵。如此三果一齐得，而彼此并列横列，则称为果横。然无论此中之因果为横列与纵次，皆有互相隔别之义。而别教之言性修因果，则正不出此纵横之义也。(可参考蒙润《天台四教仪集注》卷八)

吾人观智顗所谓别教，固是本理别、教别、智别之义，作一般之界定。如其《四念处》卷三言："三谛之理，理隔不融，……教别也。智别者，菩萨欲学常住佛法，先修无量四谛，后观诸法实相中道，佛性不生不灭，不垢不净，次第梯隥，先观空，次学恒沙佛法，后开如来藏，次第修三眼三智。"此固可指智顗于般若论中，所特重之《大智度论》所言之般若学，其中有三十七品、八念、十想、十力、四无畏、四无碍智、十八不共法等无数道品者。然观智顗说别教时之意指，则是指当时之地论宗、摄论宗之说。地论宗、摄论宗以人之正因佛性如来藏为深藏，亦为无明住地所覆，故须分别有无量之观行之缘修，以成其真修，而不得不视了因佛性、缘因佛性与此正因佛性为隔别，以成上述之性横修纵与因纵果横之情形。故此别教之所以分别有无量之观行为缘修以成真修，根底点唯在其视佛性为深藏，初为无明住地所覆，而须次第显。在此点上，吾人亦原可说：此别教之所见，较藏通二教之初未特重此佛性，亦不知此佛性之深藏为无明所覆，待次第无量观行以破无明者，其所见者为深，而藏通二教所见者为浅。故在《摩诃止观》卷八下观业境中谓"别教菩萨能达生死涅槃二边之浅，渐渐深达，故名深达"。达二边之浅，即达于中道佛性。渐渐深达，即渐渐以观行工夫转化深处之无明惑业，以彰显深藏之佛性也。至于由显得佛性而有妙觉，固是顿，然湛然著《止观辅行传》卷四更谓："本智顗旨言，此亦只是渐中顿。生公所言顿悟，亦是渐中顿。"则生公之顿悟，在智顗观之，亦属别教也。

九　智𫖮之言圆教义

至于智𫖮所言之圆教义，则正欲于此别教之深达于中道佛性与深业者，更进一步。故其下文言：“又别教渐深，亦非深达。圆教即于浅业，达于深业，方乃得名深达罪福相。”说圆教之于浅达深，扣在佛性之论上说，则正在合《地论》《摄论》人所言之真修、缘修为一。即于缘因、了因佛性之显中，显正因佛性，以使三佛性在因、在性，不成横列。在修中亦不成纵次，在果中亦复不成横列，而使此中之性与修、因与果，如印度之伊字之三点，不纵不横，而性修因果亦不二。此亦即使吾人之第六识中之修，与深藏之佛性法性之显，合为一事。此方为于浅达深之深也。于浅达深，则初与后皆顿悟圆理，故湛然于《止观辅行传弘决》，说此为“顿中顿”也。

所谓于浅达深之深，乃即以人现有之第六识之修与深藏之佛性法性之显，合为一事，亦即视此佛性法性，乃直接显于吾人当前意识之一念心中，而人即可于此一念心中，破无明、见法性、见佛性；而非只往思议吾人之有一深藏之佛性法性，在无明住地之底，为无明所覆，更待无量观行，以次第破无明，如别教所说者。此别教之说有佛性，固可使人生一自信，以信其必能成佛。如《法华玄义》卷三谓地人别教智，“中道（佛性）乃是果头能显，初心学者，仰信此理，如藕丝悬山，故说信行”。然谓其为无明所覆，而待修无量观行方显，则亦可于此佛性之是否能显生疑，即不能断疑生信，而须待于次第修；则当下工夫不能直接呈现佛性，以直接破无明。智𫖮言唯《法华》之圆教乃真能断此疑，生大信。其所以能断疑生信，则在此圆教工夫中，有佛性法性之直接呈现，以直接破无明之故也。

此智𫖮之言圆教工夫，以直接破无明，非不知：此无明之根之深植在人之意识底层之阿赖耶识，而有所谓无明住地；亦即非不知人如只有一般之照空照有之二谛之智，亦不足以破此智自身所成之障。如人照真空而执真空，照俗有而执俗有，即是智障。此智障之根，即深处之无明。照空而执空者，以不照有故，此不照是无明。照有而执有者，以不照空故，此不照亦是无明。吾人一般之照，恒依于有所不照而成，即恒依于无明。有此无明为根，而吾人智照之本身，即可引致偏执障碍，而有智障。于是人之愈自以为智者，其智障亦恒愈多，其无明愈炽。此无明之住地，即在吾人之种种智之后。故其根甚深，而属于意识之底层之赖耶识。此乃智𫖮所承认。故智𫖮于《维摩经玄疏》卷二云“虽有照二谛之智，未破无明，不见中道，真俗别障，即是智障……智障甚盲暗，谓真俗分别。智障者，依阿赖耶识，即是无明住地”。又《摩诃止观》卷六最后节，论智障段言“识智分别，体违想顺，想顺故说为智；体违，分别与证智为碍，故说智为障”，又谓“无明为智障体”。此后段语，即谓识智之分别，照真空俗有等，其思想虽顺于真空俗有之谛理，然其思想所依之体，则有偏执，而有无明。故与无无明之证智相违也。于此人必须有破一般之智之后面之无明之工夫，以去此依智而起之智障，以见中道佛性。此即智𫖮之所以于尘沙惑，见思惑之外，兼言一无明惑之理由。人之照真空之智，破见思惑；照假有之智，破尘沙惑；而见中道佛性，则所以破此无明惑者也。此无明惑之独立为一惑，须有一见中道佛性之智，加以正破，是为智𫖮之不同于昔般若宗人之只言二边之惑执，只以二智观二谛破二边之惑执；而必言三智观空假中三谛，以破三惑之理由所在。若不能以三智善观三谛，而于三谛生执见，则又可依三谛起惑。如其破五盖中，言空假中皆能起盖。盖即惑执也。

今按此智𫖮之正视此第三之无明惑障之存于一般之意识之后，以阿赖耶识为其住地，正见智𫖮之承受当时地论、摄论师之义，而深达于此无明之义。然智𫖮虽深达于此无明之义，而知此无明住地之深，又不碍其言人之破此无明者，只须在人之第六识，或当前意识之一念中破。在此当前一念中，破无明似浅，然亦自能达于深，是为最深。此人之破无明，须在当前意识之一念中破者，此可说由于对意识底层之赖耶识，吾人原无可下工夫处。此底层之赖耶识与当前之意识，亦可说其只是吾人之一心之表里二面。其中之里即见于表，则表中之惑执破，其里中之惑执亦破。此无明之惑执，虽在吾人一般之分别智之底层，然吾人之意识，既能知有此底层，此底层亦表现于此意识之知中，即可就其表现，而加以正观，正破也。当此表出之无明惑破，其底层之无明惑亦随破，而人之意识与其底层之赖耶识，以及执此赖耶识之末那识或阿陀那识，亦一齐俱转，而皆化为成佛之智。于是此意识中之破无明之修，遂即缘修，同时是真修。不须如《地论》《摄论》中人之分别缘修、真修，而生争执，亦不须因人有第六识与底层之第七、第八识等三识，便谓有三佛性之横列，与三修之纵次，及三果之横列，以成性横修纵、因纵果横等说矣。

今问：吾人如何能即在当前意识之一念与对此一念之知中，知其有无明，而正破此无明惑，以显中道佛性？此则赖于吾人于此当前一念作正观，而观其即假、即空、即中。此即为一心三观之圆观。依此圆观，以一方破无明，一方显中道之法性，此法性亦即佛性。由是而在此圆观中，人即一方观无明，一方观法性。此中观法性，固所以显所观者之法性，与能观之心之法性之明。而观无明之能观，亦是一能观之明，而为此心之法性之表现。又观无明，而无明为所明，即为明所观达贯穿，亦为法性之明之表现处，而无明即不复是无明，而无无明。此即所以正破无明，而唯显一中道、佛性、法性之事。此乃圆教之直下顿显中道、佛性、法性之道，而不同别教之历渐次之观行，以显中道、佛性、法性之道者也。

此圆教之直下显中道佛性之道，吾人可说乃依于其不视法性、佛性，为无明住地所覆，而深藏，而乃如将此无明自其住地，加以上提而出，以使之直显于当前之观之之明之中，成此观之之明之所明与所破。此深藏之佛性、法性，亦即同时由此观之破无明，而如《法华经》中之塔，由地中涌出而呈显，亦非复为无明所覆而深藏者矣。故依此圆观以观无明，而显佛性、法性之道，非求不见无明，以别观佛性、法性，而正是要见有此无明，而正观此无明，更无逃避躲闪。然此不对无明逃避躲闪，而正观无明，即正所以使无明为明所贯穿观达，而破无明，以无无明，而显佛性、法性之道也。

在圆教义，观无明即所以显佛性、法性。无明即烦恼生死，佛性、法性，即菩提般若，亦即涅槃。故依圆教义，人当观无明即法性，烦恼即菩提，生死即涅槃。亦可暂视人当前之意识之一念为无明与法性之合，或视一切心念与其中之一切法，亦皆无明与法性之合。然圆观此合之目标，则正在破无明，显佛性、法性。故圆教之言“无明即法性，烦恼即菩提”等，不特不同于别教之以法性、佛性之中道，为深藏者，亦不同于通教只依此等言，以不落二边，而未尝意在正显中道、佛性、法性者。不可以其言之似同者，而等视之也。

吾人如知上文所说，则于圆教之特性，可有一真实之了解。其与别教之同处，在同言中道、佛性。此与藏通二教不言中道、佛性，只言真空俗有二谛者不同。故《维摩经玄疏》(《大藏经》三十八册五三四页）谓：“三藏教……通教，但诠二谛理，所以禀教之流，不闻常住佛性涅槃。”湛然《止观辅行传弘决》卷一之二，亦云离断常，属前二教；言佛性，属后二教。至于别圆二教不同处，则湛然更谓是于佛性中，教分权实。今按在别教，以此中道、佛性之第三谛，为无明所覆，而须另以缘修中之观行，得观真空俗有之二智，以渐开显。故下文言：“别教别缘三谛名，所以禀教之流，三十心但成二观二智，方便登地，乃见佛性。”方便即“权”，而圆教“圆诠三谛，禀教之徒，初心即开佛知见，自然流入萨婆若海”。自然流入，即“实”。所谓圆诠三谛，即对俗有、真空与中道佛性，三者并观，观俗有成道种智，观真空成一切智，观中道、佛性成一切种智。而此中圆教之特色，则在直观中道、佛性，以直破无明，而无二智障，以使三智于一心中得。此直观中道、佛性，以破无明，则又赖于对无明与佛性或法性二者，有一“在当前工夫中之双照双观”。此乃前三教所无。此双照双观，乃直接破无明，亦直接显佛性、法性，故其道最高最深，亦至近至切。故言：“别（教）除两惑，历三十心，动经劫数，然后始破无明。圆教不尔。只于是身，即破两惑，即入中道，一生可办。”（《止观》卷六中道止观）至于详说此圆教之观行之义，则要在《摩诃止观》一书。然此书之归趣，亦不外上述对佛性、法性与无明之双观双照，以破无明，而显佛性、法性。兹于下一章，更就此书，一述其言观行之要旨。

第八章　智𫖮之圆顿止观论

一　观心成不思议境与一心三观

上文已述智𫖮之判教之说，今即可略述智𫖮《摩诃止观》，言修习圆顿止观之道，以与其判教中言圆教者互证。智𫖮所传止观原有渐次、不定、圆顿三者。然其论前二者之书，犹是传述，而《摩诃止观》，则言其所自行。《摩诃止观》一书共五略十广。五略为大旨，十广为正说之十章，然缺三章及第七章中之三境未说，而智𫖮殁。然湛然为《止观辅行传弘决》末页言，此所缺三境，可以前所说十观观之；所缺三章之义，则已具五略中。则此书仍可谓为全璧。此书首言上求佛道、下化众生、发菩提心，为诸佛经之旨。更说发大心、起大慈悲、四弘誓。此四弘誓者，即“烦恼无尽誓愿断，众生无边誓愿度，法门无量誓愿知，佛道无上誓愿成”。此即类同儒者之学，以立志为本。由此发心，而从事修证，则一切义理，即皆只对此发心修证，而有其意义矣。《摩诃止观》首说发大心之后，第二即说修大行。第三释体相，第四明摄法，第五明偏圆。此三章，要不外连四教之教相，以说观行。第六明方便，则正说善巧修行，而首论持戒。第七言正观，为此书之主干。于此首论观阴界入境之十观法：一、观不思议境，二、发菩提心，三、安心止观，四、破法遍，五、识通塞，六、道品调适，七、对治助开，八、知次位，九、能安忍，十、无法爱。此十观法，虽只论于正观中之观阴入境之文，然实为可用之以观任何境之十法，以成乘。此为智顗所自撰之《维摩经玄疏》卷二所及。此十观法观心，是以观不可思议境为主，余九乃资助之观法，故亦即以观心是不思议境为宗。此即与藏通别三教之观心，皆是思议境者不同。其言："观心是有善有恶……无常生灭，能观之心，亦念念不住。"即指藏教二乘之依因果以观心之法。其言："观此空有堕落二边，沉空滞有，而起大慈悲，入假化物。实无身，假作身；实无空，假说空，而化导之。"即指通教之观假有或假空之观心法。其言："观此法能度、所度，皆是中道实相之法，毕竟清净，谁善谁恶？谁有谁无？谁度谁不度？"即指别教之观"超于一切相对之实相佛性，自常自净"之观心法。此三教之观心，皆对心尚有所思议，亦视心为可思议者。圆教之观心法，则在观心之不可思议，而成一不可思议境。此即圆教之观法之异于前三教者也。

兹按《维摩经玄疏》卷四言："观心明三藏教者，即是观一念因缘所生之心生灭，析假入空。……观心明通教者，观心因缘所生一切法，心空则一切法空，是为体假入空。……观心明别教者，观心因缘所生，即假名具足一切恒沙佛法，依无明阿梨耶识，（佛性）分别无量世谛。……观心明圆教者，观心因缘所生，具足一切十法界法，无所积聚，不纵不横，不思议中道二谛之理。"又言："观心生灭，见一切三藏教，横竖分明。观心不生灭，见一切通教，横竖分明。观心假名，见一切别教横竖分别。观心中道，见一切圆教横竖分明。"此与《摩诃止观》所言相对而观，则圆教之观心之不可思议，即观心中道。故《维摩诘经玄疏》言："若是真谛之理，即是思议之理，若是中道佛性之理，即是不思议之理。真谛名思议理者，非如来藏也。以中道之理名不思议者，即如来藏也。"（《大藏经》三十八卷五四九页）

但人如何能观此心不为可思议，以成一不可思议境？实则此意，当通过其后文"破法遍"之义，而理解。在此节之本文中，唯言心造种种五阴，而有十法界，四圣、六凡之众生，并有其所居之世界或国土世间，合五阴世间、众生世间，为三世间。三世间皆各有十如是："相""性""体""力""作""因""缘""果""报""本末究竟"，而各各不同。此十如是之名，见《法华经》,《摩诃止观》只本之而言。① 以十法界互相涵摄，故一念在一法界，即具十法界。十法界又各具十法界，共成百界。一界具三世间，每一世间，各有十如是。则共为三千法，皆为在一法界之当下一念所具。此三千法在一念心。"若无心而已，介尔有心，即具三千。亦不言一心在前，一切法在后；亦不言一切法在前，一心在后。……若从一心生一切法者，此则是纵；若心一时含一切法者，此即是横。纵亦不可，横亦不可，只心是一切法，一切法是心。故非纵非横，非一非异，玄妙深绝，非识所识，非言所言，所以称为不可思议境。"

此节下文，即反对当时地论宗人之或以法性为依持，而言心具一切法或心生一切法之说；此即上文所谓纵。又反对摄论宗人之以阿梨耶为依持，盛持一切种子、含一切法，而从缘显现，而主缘具一切法者；此即上文所谓横。智𫖮所谓不纵不横之实义，即既不许"先有心以生一切法"之说，亦不许"先只有心之种子含一切法，后依缘乃实有此心，而实有一切法能呈显于心"之说；而是谓此现有之心，即是呈显于其中之一切法。此心即法，法即心。此心现起，其中之法亦现起。不可说心先于法，亦不可以为此心之因缘之梨耶种子等法，先于此心之现起，而能生起此心。故下文言此心与法之现起，"非内非外，亦非中间，亦不常自有"。并引龙树"诸法不自生，亦不从他生，不共不无因"之语。此即谓于此心之现起，不能言其先有而自生，如上文之纵说；亦不能言由他因缘生而他生，如上文之横说；复非此二者之共；又不可说无因缘。下文更设问为例。问："依心故有梦？依眠故有梦？眠法合心故有梦？离心离眠故有梦？"下言："若依心有梦者，不眠

①《大智度论》卷二十七、三十二，及三十三，亦言法之力、相、性、体、因、缘、果、限碍、开通方便，与《法华》之十如是略同，但无《法华》之整齐。

应有梦。若依眠有梦者，死人如眠，应有梦。若眠心两合而有梦者，眠人那有不梦时？又眠心各……无梦，合不应有。若离心离眠而有梦者，虚空离二，应常有梦。”以此“四句求梦，尚不可得，当知四句求心不可得……求三千法亦不可得。既横从四句生三千法不可得，应从一念灭生三千耶？心灭尚不能生一法，云何能生三千法耶？若心灭亦不灭，生三千法者，亦灭亦不灭……二俱不立，何能生三千法耶？若谓心非灭非不灭，生三千法者，非灭非不灭，非能非所，云何能所生三千法耶？亦纵亦横，求三千法不可得。非纵非横，求三千法亦不可得。言语道断，心行处灭。故名不可思议境”。

但其下文又言于世谛中亦可言心生一切法与缘生一切法。此是世谛之方便说。再下文更言“随便宜者应言无明法法性生一切法，如眠法法心，则有一切梦事。心与缘合，则三种世间、三千相性，皆从心起。一性虽少而不无，无明虽多而不有。……”此即谓一切法中，虽皆有无明而无明多，然皆依此一法性。因其皆依此一法性，则一切法即一法。下言：“法性与无明，合有一切法。阴界入等，即是俗谛。一切阴界入（五阴、十八界及六入）是一法界，即是真谛。非一非一切，即是中道第一义谛。”此所谓一切阴界入是一法界，即一法性，故说是真谛。非一非一切，即非法性之一，亦非一切法之多，故言其是中道。至于下文之言“一法一切法”者，此一法，即依真空法性而说一切法，即成一法。故谓若一法一切法，即《中论》之“众因缘生法”，是为假名、假观。又谓一切法一法，为《中论》之“我说即是空”；非一非一切，即是中道观。由此故更言“一空一切空，无假中而不空，总空观也；一假一切假，无空中而不假，总假观也；一中一切中，无空假而不中，总中观也”，是即《摩诃止观》所说之不可思议境。

由上文所述，则知智颢之言无明与法性合，生一切法，乃唯在俗谛观，或假观中言。若在空观，则当知此一切法，皆有真空法性，当观其空。在中观，则当知一切法之非有非空，而亦有亦空，当观其中。此观其中，即双观无明与法性，而通达之。此通达，乃一“明此无明与法性二者”之“明”，亦使人“能超无明而破无明”之“明”。故后文言“无明法法性，一心一切心，如彼昏眠。达无明即法性，一切心一心，如彼醒寤”。此所谓“一心”之“一”，乃指法性之一。一心一切心，即由一法性心之显为具众多无明之一切心也。故言如彼昏眠。而言一切心一心者，即于具众多无明之一切心中见法性，而自无明解脱，成一法性心也。此中观一心一切心，只是假观，故言如彼昏眠。观一切心一心，则是由假有而证真空。故言如彼醒寤。能双观此二者，则正为一中观。依此三观以观境，即形成对一切法、一切心之不思议境。“此境发智，何智不发？依此境发誓，乃至无法爱，何誓不具？何行不满足耶？如上次第行时，一心中具一切心。”此所谓一心具一切心，即“依法性而有之一心”，具一切法之一切心，而能作即空、即假、即中之三观之心也。

上文只就智𫖮言不思议境，与一心三观之文，略增文句加以解释。便知其所谓不思议境，不可凭吾人之思议，随意加以解释。此所说者：乃是心即三千诸法；吾人于此心此法，更当直就其当下之现起，而观吾人以四句推检或推求思议之不可得，即见其为不可思议境。此所谓以四句推求思议之不可得之义，其详论乃在其后文之破法遍中。依此四句推求思议不可得，亦即形成一超推求思议之观。此观乃面对当下现起此心此法，而正观其假有、真空与中道之三谛，而非推求思议之事。故所见之境为不思议境也。

于此当问所谓对当下现起之此心此法，作推求思议是何意义？则吾人可答：凡以之为由自生、他生、共生或无因生，即皆是思议推求之事，亦皆离正观之事。而观其：非自生、非他生、非共生、非无因生，而不生；只如其所如而现，并知其现有为假有而真空；而依一“非空非假、即空即假之中道”而观。则为正观，而非偏观。只偏观则有无明，而此心法为法性与无明合。正观则为破此无明，而显法性者也。

此吾人之思议推求一法之生，恒不出于思议推求其为自生、他生、共生或无因生四者之外。而此四者，则皆依于无明。如吾人谓一法为自生，即无异以此法重复其自己为两自己，以一为能生、一为所生。而见一法之重复其自己，即于一法加以分裂，而不见此一法。此不见，即无明。如谓一法为他生，则为视一法先在他中，而初只见他不见自，不见他中之无自，此不见亦为无明。谓由共生，则由不见此自之无二，一自不能更有一自，又不见他中之无自。此二不见，共为一无明。谓无因缘生，即不见其所依而有之为其因缘之法，此亦为无明。今谓法非自生、非他生、非共生、非无因缘生，皆所以破无明，即成吾人对一法之正观。而欲成此正观，亦必须见以此四者推求思虑之不可得，而破以此四句推求思议之事。此四句推求思议之事破，则所显之境，即非推求思议之境，而为不思议境。对此不思议境，更观其假、观其空、观其中，而不止于此三观之一，以成偏假、偏空或但中，以破吾人对此三者之无明，即对三谛之圆融的三观也。

二　破法遍与三观

然吾人如何可成就此一心三观？则智𫖮下文首言发菩提心与安心，更言破法遍。菩提心为求智慧求正观之心，不发菩提心则不能求此正观，心不安则不能起此正观。今欲起此正观，则须破吾人平日对心法之种种深固之偏执见。在此破法遍中，智𫖮先言生生、生不生、不生生、不生不生四者之不可说。以引至对此四者之思议之皆不可得。更就当下一念心，依成实论师所传之因成假、相续假、相待假三者，次第破此一念心，乃由自生、他生、共生，或无因生之执见；以言此一念心之无此“由自、由他、由共、由无因缘”，而生之四性；以见此一念心之生，乃不可思、不可议，故绝言说。唯以说法利生之因缘，方可有种种言说，以使人悟此不可思议境。故下文更谓人不可偏执绝言，成一绝言见。此绝言见亦当破。又当知绝言，亦有种种之绝言。唯圆教之绝言为至极云云。依圆教之绝言，则须破绝言见。绝言见乃空见。此空见与绝言见，作为见而观，亦是偏执固当破。故有圣默然，亦有圣说法。此则要在言“对此不可思议，如加以思议，谓此中无议无思，唯有绝言与空，而执此绝言与空，成绝言见空见”者，同是当破。此即为遍破一切偏执见，以显中道。此上合为“破见假以入空”之文。

于破见假以入空文之后，智𫖮更说破思假以入空。“见”指一般所谓之思想上执见，此“思”则指由执见而有之情意上之种种烦恼惑业。此见思二者皆假有，同不可执为实，亦同当作四句推检，以知其不可思议，以破其执而观其空，以入空。人由知此见思假入空之后，更有由空入假，以知世间人之种种病患，而知病识药，以有菩萨之观行。再有由假入中，观上所入之假，皆不离中道；更见空假中三谛圆融，本此修观，以实有圆教之观行。若只由假入空，而停于此，尚可止于藏教。若只由空入假，可止于通教。由假入中，而见中道佛性，亦可止于别教。必既由假入空，再入假，更入中，而见三谛圆融，一空一切空，一假一切假，一中一切中，方实有圆教之观行。则由假入空，由空入假，由假入中，即皆为此圆教观行之所用，亦皆代表此圆教观行之一方面，而属于此圆教。故智𫖮亦于说圆教止观中之《摩诃止观》一书，兼说之也。

此破法遍之文，约占《摩诃止观》之文之五分之一，为此书之主干。其文之章节分明，今不必一一加以重述。此中吾人如自思想史之眼光，以观智𫖮以四句破四性，以正观一不可思议境，当说其实全本龙树《中论》之破四句之旨。智𫖮亦自言之。但龙树《中论》，乃遍对心色诸法，而一一依四句以破之。而智顗于此，则去丈就尺，去尺就寸，而专就当前之一念心，言依此四句，加以推求思议不可得，以由思议境至不思议境。此则较龙树《中论》以及提婆之《百论》《十二门论》，用此四句，泛破小乘外道于心色诸法之所论者，为能集中论点，而切近于人当下之用止观工夫。又其取成论师之三假之说，谓此在大小乘中皆有之，并谓小乘藏教之三假，乃在事上说，为随事三假；大乘之三假，则直就理观，为随理三假云云。然实则此三假之说，明初为成论师之一贡献。今用此三假，连之于四句破，即已为智顗之一综合大乘小乘以论义之事。此与其直就当前一念心上，以四句推检，盖皆当说为智顗之一思想上之创造，为前此之般若宗思想中所未有，亦《中论》所未有，盖亦为其言“莫以《中论》相比”之二端也。

三　一念三千义

复次，智顗言“去丈就尺，去尺就寸，置色等四阴，但观识阴之心”，更于此心，又直观当下之一念心，同时又谓此一念心为具三千法之心，亦为其进于《中论》或三论之旨者。此一念心即具三千法之义，可先自此当前之一念心，本可为属任何界、任何世间之心，去了解。盖此一念心，初无论属任何界、任何世间，原可转化为其余诸界诸世间之念。又无论其如何转化，亦皆有性、相、体、力、作、因、缘、果、报、本末究竟等十如是，而容吾人观之。此吾人之观此当前一念心，初固可只知其属某一界（如人界），属某世间（如属某五阴法之世间之某色、某受等；或属某众生世间，如某类众生；或属某国土世间，如为某一国土），亦可初只观其十如是之一（如其性或相或力等）。但于此当前一念心之属某界、属某世间者，而只观其某一如是后，皆可更观其九如是之如何，亦知其有转化为他界、他世间之念之可能，而可更观其所可能转成之任何念之任一如是。如以十界之四圣、六凡之别而论，则在凡界之吾人之当前一念心，如不自加执取，而体其法，以观其空，明可转而生起圣界之清净念。在圣界中，阿罗汉或菩萨未至圆满之佛界者，皆不纯圣。则其有一清净之念，忽自加以执取，亦成染污，便转属凡界。又在凡界之吾人于其一念，不自加执取，而体其法以观其空，固原是清净念。但吾人于观其空后，若再执空，成空见，又转成染污之恶见。人若执空成恶见，即对此“空”有法爱，而有贪；又可对反对其空见之人，生瞋，对不有此空见者，生慢。故此“空见是瞋处、爱处、慢处”（卷七正观观见境）。人之由空见，而有此贪爱瞋慢之为染污不善，亦即无异于世间之人，依酒色财气而生，种种贪爱瞋慢之为染污不善。由是而此空见，亦可使人有种种苦乐颠倒，故久流转生死大苦海，如智顗观见境中所说。盖此贪瞋慢等，乃佛学所视为人之入地狱、饿鬼、修罗、畜生等道之因，则依空见而有之贪爱痴慢之心念，亦可成为入地狱、饿鬼之因。此外，人在有其他种种清净之念，如慈悲喜舍等时，人如自加以执取，亦成执见，而由之以对他人他物，生慢、生瞋，或对此诸清净念，求多所据有，即生贪爱。至人之或不知其可生此贪慢瞋等，此即是痴。反之，人当前一念为贪瞋慢痴之念时，如自知其能贪与所贪、能瞋与所瞋等，其性之空，而观其空，更不贪不瞋，则又能自转得、生起圣界之清净念。此上之义，皆不难了解，便见在佛界之外之九界众生之当下一心念，皆可互相转入，亦皆可转入佛界。此可互相转入，乃此一当下心念之本性所具，而此当下心念之为一法，即性具三千诸法。则吾人当“观根尘相对，一念心起，于十界中必属一界。若属一界，即具百界、千法，于一念中悉皆备足。此心幻师，于一日夜，常造种种众生、种种五阴、种种国土”。（《法华玄义》卷二上）至于佛界中之佛，虽功德圆满，其念无不清净，不再转生染污之念。然佛以度众生为心。众生心念皆佛之智慧慈悲所护念。则佛之一念，亦自性具此众生心念中之三千法。故《摩诃止观》卷五谓“十法界互有，一念三千，法性自尔，非作所成”。此一念三千之义，更为湛然以至宋代天台宗之山家、山外所特重之义，而天台宗即以此三千性具之说，与华严宗性起之说相抗。依此佛界具九界之说，智𫖮在《观音玄义》中即有佛性有恶之论。后天台宗人更重此佛性有恶之说。然佛性有恶，毕竟如何有法？又言性具，则于性修关系，毕竟当如何说？皆引起种种后之天台宗思想中种种问题。然在智𫖮之言十法界互有，言一念三千为法性自尔，则以吾观之，尚无如许之复杂之问题，后有另章论此。其《摩诃止观》言一念三千，只是使人由知此当前一念之具三千，以便于其当下之修观。盖人知此当前一念具三千之义，则人若能空此当下一念中之执取，使之清净，于其次第转成三千诸法，亦便无不能体其法而观其空，以使之成清净念。又此当前之一念，既法性自尔具三千，则此一念之染污，亦即三千之染污；一念清净，亦即三千之清净。吾人真能见此一义，则吾人于此当前一念，依上述之以四句，推求思议其为自生、他生、共生、无因生，皆不可得，而观其生即不生，体法观空，以化为清净；则此当下之不可思议境，即成三千之不可思议境。由是而吾人之求超凡入圣之工夫，即不待他求。只须依上述之空假中三谛圆融之理，以观其生之为假，生即不生，而假即空；体假法观空，更双照此空与假有，即中。此便是最直接之超凡入圣之工夫。于空假中有圆满之三观，更依观以起行、以证果，即佛之所以成佛。今在凡境、凡地、凡界之吾人，能修此三观，则直接与佛之境地或佛界相应，而人可于凡界中之此一生，即行于中道，入智𫖮所谓五品弟子位。此则要在知此圆教工夫之胜于藏通别之教，而于此断大疑、生大信。然后人可由一生之修行，而决定不退。于此所生之大信，智𫖮尝依《璎珞经》分为十信。依十信、历十住、十地行位，能次第升进，则人可定成佛果；而智𫖮有三生必成之语。此皆依于人之知此一念原具三千，而又对一念能作三谛圆融之三观，以为人最直接之超凡界入圣界之因缘故也。

四 观当前一念心之意义

此智𫖮所言之观一念心，只是修佛道者之当前一念心。此不须先问此一念心为染、为净、为善、为恶、为无明之表现、为法性之表现。然自众生心之未破尽无明言，又皆可称之为无明一念心（卷六正观破法遍，横竖一心，明止观）。对此当前之一念心，人皆可直下对之成观。此一念纵为一大贪、大瞋，如全体是染是无明；然吾人能知以四句推求思议之不可得，而观其假有、性空、不离中道佛性，则能于此无明见法性，而可无此无明，以转变此无明之表现以为法性之表现，同时无明即如转变为法性。反之，纵此一念心为清净至善或佛性法性之直接表现，如更有一念加以执取成执见，即为无明所覆，而一切贪瞋痴慢等，皆可相缘而至，如上节所说。于是此法性之表现，即转变为无明之表现，法性即如转变为无明。故于此"无明之可无而见法性，无明如转变为法性，以及此法性之可为无明所覆，而法性如转变为无明"，皆为吾人所当观。观"无明可无而转变为法性"，则于无明能不脱而脱。观"法性可为无明所覆"，则于法性之表现为清净之一念心者，不以为足恃，而加以执取，以成染污念或邪见。[1] 故观此法性之可为无明所覆，以至观此法性可转变无明，正所以免于染污念起中之

[1] 如藏教由有入空，由生至不生，而谓："大生生小生，皆从无明生，不由真起。若无明灭诸行灭，不关真灭。执此见者即成自性邪见也。通教明真是不生，不生故生，生一切惑，若灭此惑，还由不生。如此执者，是他性邪见也。界中以惑为自，真为他，故作此说也。界外以法性为自，无明为他。别教计阿梨耶生一切惑，缘修智慧，灭此无明。能生能灭，不关法性。此执他性生邪见也。圆教论法性生一切法，法性灭一切法。此则计自性邪见。"（《摩诃止观》卷十）此非谓诸教中必有此诸邪见。然于诸教所言之义，偏执一面，则固皆可引起此种种邪见也。

无明，以无无明；亦如观染污念中之无明，而知其性空，以见其法性，亦即所以无无明也。

由上所说，故人之所观之一念心，无论为染或净、善或恶，为无明或法性之表现，皆与此观不相干，亦不形响此观。此观之所观，可是无明之念之法性，亦可是法性之念之无明。依无明念与法性念之可相转，则吾人可说生此念之心，为一无明法性心。又可说观此念之无明与法性之心，即一“兼有此无明、法性为所观”之一能观之心。然当知此能明观法性、无明之能观之心，只自是一圆观之明，此明则当说只出于法性心。如此能观之自身，偏观假有、偏观真空、偏观无明、偏观法性，而自陷于其观之无明；则此自亦可引起邪执见。当更依不偏之中观，以破此中之无明，而再归于此圆观。此圆观之观偏观中之无明，其自身亦是明而非无明，且正所以成此圆观之明。故一切所观之一念心中之无明，与偏观中之无明，皆只是此圆观之所观、所明。而圆观果为圆观，则其自身只是明，而无无明，亦只是法性之直接表现。此即圆观之所以能使人悟法性，而于法性断疑起信，以历十信、十住、十地成佛，而自无明解脱也。故自此圆观之所观言，有“无明法性相转变而相即”之一义。而依此圆观之明，成就此自无明之解脱言，则法性与无明，又不一不即，亦无相转变之义。此皆不可不知，下节更详论。

至于智𫖮之书在言上述之观一般之五阴境之后，有观烦恼境、观病患境、观业相境、观魔事境、观禅定境、观诸见境。其计划中尚有增上慢境、观二乘境、观菩萨境，未及说而终。智𫖮之所以分别论对此种种境之观者，非谓人皆能于当前一念中同时观此种种境。乃唯是自此当前一念，原可在此种种境之任一境中说。盖此当前一念，历种种缘，即可形成种种当前一念之境。而人之修行历种种之次第工夫，即其当前一念之境之次第成为如何之因缘。此当前一念境不同，其中无明与法性之表现之情形不同，其中之烦恼与菩提或智慧之情形不同；而人修道所遭遇之通塞与得失之情形不同，其当如何依道品调适，与对治助开亦不同。故智𫖮有此观烦恼、病患、业相、魔事，以至二乘、菩提等境之论，以使人之当前一念心，在此任何一境中，皆能识其通塞得失，以修其对治助开之道。然吾人却不可以其遍论此诸境，遂以先对此诸境有一一之观想，即修道之要。修道之要，唯在对当前一念，依对空假中三谛之圆观，以观之，以使之成一不思议境；更知一念具三千法，则一念成不思议境，三千诸法亦顿成一不思议境。今能对当前一念有圆观，而此念与境，相俱而转变，则无论至何境，同可以此圆观观之，使成一不思议境；更随境，以自识通塞得失，以修其对治助开之道。故智𫖮于此诸境之所言，亦皆可供人之当机而用之资耳。

五　对无明与法性之圆观

如吾人能知此智𫖮之全书，乃为成就对一不思议境之圆观，而说种种上来之义，则于智𫖮所言及无明、法性之种种关系，其中似相矛盾者，皆可分别其层面，加以理解。如智𫖮尝言无明与法性合，而生一切法，无明法法性，生一切法。如言："以痴迷故，法性变为无明，起诸颠倒，善不善等。如寒来结水，变作坚冰。又如眠来变心，有种种梦。"此似以无明、法性如二物相依，而合以生一切法。又言："不识冰人，指水是冰，指冰是水。但有名字，宁有二物相即？如一珠向月生水，向日生火，无向则无水火。一物未曾二而有水火之珠耳。"（卷六）此又似言由一物之二向，能变为法性、无明之二物。此上二段语明似不同。唯前者言法性与无明为二而一，后者言其为一而二，尚不必然相矛盾。然彼又言法性与无明"不相妨碍。所以者何？若蔽碍法性，法性应破坏。若法性碍蔽，蔽应不得起。当知蔽即法性。蔽起则法性起，蔽息则法性息。《无行经》云：贪欲即是道，恚痴亦如是。如是三法中，具一切佛法。若人离贪欲，而更求菩提，譬如天与地。净名云：行于非道，通达佛道……淫怒痴即是解脱。……一切尘劳是如来种”。(《摩诃止观》卷二）此言则似谓法性无明，为不相合、不相转，亦不相碍，而俱行者。则与上之言其相即相合相依而相转之说，似相矛盾。至其言破无明以无无明，而显法性以求解脱之言，又明似与二者之必相即相合，及二者不相碍而俱行之说，皆相矛盾。

然吾人若知此上之种种说，皆是依吾人对法性、无明关系之所观而说，又知吾人对法性、无明之圆观中，吾人对法性、无明关系之所观，原有种种层面，则可销除此中之种种矛盾。

于此首当知所谓法性，亦即此能观所观之心法之性。故智𫖮以此能观之心法之自寂，而能觉能观，为法性。如《摩诃止观》首谓“法性寂然为止，寂而常照为观”。此观原指心之明，而非无明。故谓“无明为不观，而以法性非观（非一般之观）非不观，而名为观”。然所观之心法，则其中恒有种种烦恼染污颠倒之不善等。则此所观之心法中，其中虽亦有能观能觉之明，然亦有无明。是即可说为无明与法性所合成，或无明法法性之所成。如眠之无明加于心，而有之种种梦。此所观之心法，为一念，即可称为法性与无明所合成之无明一念心，或无明法性心。但说此心念为无明法性之合，乃自此心念之有，而说其兼以无明、法性为因缘，亦即观此心念为无明之法法性，而合成之假有。然此只是此圆观中之一面。人固不可停于此观，当知依圆观之中观，而更观此法性之不法无明，二者亦不相即相合，以观此假有之空，而观此无明之无，以无无明；方能成此圆观中之中道正观。故不可止于前者之观，视为究竟也。此进一步之破无明之中道正观，据《摩诃止观》卷六，是以三番观此无明与法性之关系，以见法性之明，不法无明，并见法性之明，亦不由无明之灭不灭生，复不由其真因、缘因生，以正观此法性之明，而破无明。其文曰："观此无明，即为三番：一、观无明，二、法性，三、观真缘。一观无明者，空假之智与心相应。观此二智，为从法性生？为从无明生？为从法性无明合生？为从离生？若从法性，法性无生。若从无明，无明不实，亦不关中道。若合共生，则有二过。若从离生，则无因缘。……二约法性破无明者，为当无明心灭，法性心生？为当不灭，法性心生？为当亦灭亦不灭，法性心生？为当非灭非不灭，法性心生？若无明灭而法性生者，灭何能生？不灭生者，明无明并。共生者，有二过。离则不可。不自、不他、不共、不无因，如是四句，一一句中，信法回转，四悉善巧，即能得悟。……虽未得悟，决定谓此中道观智，能破无明。……三约真缘破无明者，观此观智……为是缘修？为是真修？真缘合修？（为）离真离缘？……（若）约真自显，是自生；由缘显，是他生；真缘合，是共生；离真缘，是无因生。四句求智不可得，亦不得无智。……无得之得，以是得无所得，入空意；无所得即是得，入假意；得无所得，皆不可得，双照得、无得，即中意。"

此上之文观无明之第一番，乃言空假之智与心相应，即言心有兼观空假之智。此心智，在所观之一念心法之无明法性之上层，而能观此心法之假有与空者。于此心法如只执为实有，即是无明，不执为实有，即兼显此心之寂而能照之法性。合此二者，则于此当前之一念心，能兼观其无明与法性。然此能观之心智，则不由此所观而生。此能观之心智，不由所观之无明生，以此心智明此无明，即更能见此无明之不实故。此明无明之明，不能说由无明生。然说此心智之明由法性生，亦不可。因此心智之明，即是法性之明故。此法性之明，自是明，但此"明"不自分裂为二，以自生自。故不可说自生。无明对法性之明为他，此无明不生明，则此明亦非他生。明既不自生又非他生，则亦非共生。又此"明"能明于无明法，亦非无所明之无明法为缘，又非无此心自有之能明之佛性法性为因，则此明亦非无因缘。破此自生、他生、共生、无因缘之四句，正所以正观此法性之明。而人只须正观此法性之明，即所以破无明也。

上文之第二番言观法性破无明，亦是赖四句推求法性心之生之不可得，以破无明。此四句推求之所以归于不可得，乃由于此法性之明，不可说为依于无明之灭不灭而生。此法性之明，能明彼无明之灭与不灭，而以之为其所明。此所明之无明之灭与不灭，固不生此能明之者。亦如上说所明之无明与法性，不生能明此二者之法性之明。由此而可言法性与无明或蔽之互不相碍。然此法性心之明，不由所明之无明之灭与不灭而生，又不涵蕴：此法性心之明之生，是无因缘。此法性心之明，能明此“无明之灭不灭”，即以此所明之“无明之灭不灭”，为其缘也。又此当下之法性心之明，亦非无此心自有能明之佛性法性为因，故不得言此明无因缘生，此亦如上所已及。今以此四句破此法性心之明之由无明灭不灭而生，与无因缘生，则于此当下之法性心之明，有正观、现观。然正观、现观此法性之明，即所以破无明也。

至于第三番之言约真缘破无明者，则不外言人之有此当前之法性之明之表现时，不可说只是依于其心自有之真佛性法性而有之真修以作佛，亦不可说只是依于其心所遇之缘而用工夫以有之缘修以作佛。如只依真修，即为自生；如只依缘修，则为他生。然此真佛性与所遇之缘中，分别观之，皆初未有此当前之法性之明，即皆不能实生此当前之明，亦不能言其中已有佛在。因此佛性是性而非佛，此缘亦非佛故。则于此说自生他生，皆不可说。自生他生无，共生亦无。然又不可说人之成佛或当前之法性之明之生，无此上之佛性之真修与缘修为因缘。今依此四句破，而当前之法性之明或智，即皆不可实得，亦不得无智。只有无得之得，而所得者是无所得，即入真空。得此无所得，即是假有，双照得、无得，即中。此双照得、无得，是明。此亦即所以破无明也。

六　圆观中之上下二层义，及无明即法性、烦恼即菩提、生死即涅槃与不脱而脱义

吾人本此上所言观无明、观法性（破无明）、观真缘，以破无明之三番之旨，以更观前所说“无明与法性，合生一切法，于一切法中，见无明即法性”之言，即能知此“所观之无明法性或无明生灭”实未尝生“此当前能观之法性之明”。此当前之能观之明，虽以“此心自有之佛性法性”与“所观之无明法性合成之一切诸法”为因缘，而此诸因缘，则不能说为生此当前之法性之明者。谓此“明”之由因缘生，即同时是“以四句推求不可得不可思议”之“生而无生”者。今能观此因缘生之为生而无生，而只得无所得；则所得者，只是对此当前之法性之明之正观现观，而其中无无明。此即所以破无明。在此破无明中，无所观之“无明与法性之合”，或所观之“无明即法性”，而只有此法性之明之无无明破无明，而与无明更不相即。此亦如能观眠与心合成梦者，乃一不梦之觉心。此觉心之无梦，亦如“能观无明与法性合，而生一切法”之“法性”之明，非无明，无无明，而能破无明，以成其解脱也。

由上所说，则知智𫖮言“无明与法性合”“无明法法性”，皆自圆观之所观上说，此乃下一层义。上一层之义，是“能观此无明与法性之圆观”之只有法性之明，乃无无明而能破无明者。在此上下层中，分说二义，则不成矛盾，亦互不相碍。自下层所观说，则无明与法性相合相即，亦可相转变，以由此成彼，以一而二，二而一。自上层能观说，则此能观自只是一法性之明。其愈观此所观之无明法性之相合、相即、相转变；亦即愈显此法性之明，而愈能依四句破，以见此明之不由所观之无明法性之合而生，以愈向于显其心中所自有之法性之明，以成其解脱也。

然人在初依上述观无明以破无明，见此能观无明之法性之明中，无无明之后；恒不免由此能观之明与其所观之无明乃能所相即，而亦可生一无明即法性之见。故智𫖮于“约法性破无明”中，曾言：“上四句观于智障，求无明生，决定叵得，或生一种解，或发一定，决谓无明即是法性。”然下文智𫖮更云：“如此计者，非是悟，但发观解。”此即谓观无明即法性，虽是发一观解，但非究竟。故下文更言“当移观于法性”云云。移观于法性，即不见法性由“无明之灭不灭”生，而只现观此法性之明，更不见无明，而无无明。故此言无明即法性，仍只是观解进行中之一过渡的所观。而一切言“无明法法性”或“无明与法性合”，而互相转变，亦皆是一过渡的所观。自究竟处说，则观于无明与观于法性之明，或观于此法性之明之“真缘”或因缘之事，皆是归于无无明、破无明，而唯显此能观而居上层之法性之明者也。

然此能观之上层之法性之明，即能明能观其下层之法性无明者。若其不能明其下层，即亦不能成其是上层之法性之明。此上层亦自以其下层为其因缘。若无其下层之无明为所观，此上层之明即非明，而为无明。故此上层之法性之明，愈能观其下层之无明法性等之相即、相合、相转变等，即愈显其明，而其自身愈得无无明。其自身之得无无明，正依于其能明下层之无明，对无明与法性能双照兼观，而不偏观偏照。此双照兼观，即又自有一兼与无明法性相即之义，亦必兼观此无明与法性之自相即。故观无明即法性，正所以成此法性之明，而破无明者也。

按烦恼、生死缚，皆由于无明；菩提、涅槃、解脱，皆由于法性。故双观双照无明法性，而观无明即法性，即涵双观双照此烦恼与菩提、涅槃与生死、缚与脱，而圆观烦恼即菩提、生死即涅槃、缚即脱之意。故言：“烦恼道即般若道，当知烦恼不暗；般若道即烦恼道，当知般若不明。”（《维摩诘经玄义》）由此而于由般若证涅槃之圣界众生，及有烦恼而在生死之凡界之六道众生，亦当双观双照，而知其相即，更不生分别见。吾人能空此分别见，即知凡界众生之烦恼，既与菩提相即，其生死亦与涅槃相即。故《摩诃止观》卷十更言："不思议境者，一念空见具十法界，（凡圣俱在）即是法性。法性更非远物，即是空见心。净名云：诸佛解脱，当于众生心行中求……三法（心佛众生）不异，故宛转相指，一切众生即是菩提，不可复得，即圆净解脱。五阴即是涅槃，不可复灭，即方便净解脱。众生如即佛如，是性净解脱。……观此五阴即是涅槃，不可复灭，本无系缚，即是解脱……摄一切法。故言解脱即心而求。又观见心五阴即是法性，便无复见心五阴。因灭是色，获得常色等法性五阴。因灭众生，获得常住法性众生。……此境无明法性，宛然具足。伤已昏沉，今始觉知。一切众生，亦复如是。既是法性，那得不起慈？既是无明，那得不起悲？……"然凡此所言，唯是谓于此无明与法性、烦恼与菩提、众生界与圣界，不当起分别见，而以所谓平等大慧，双照而双观之。然此双照双观中所呈现者，则唯是一法性之明，而通于般若智慧涅槃清净，以成其解脱者也。

由此法性之明之必双观双照无明与法性、烦恼与菩提、生死与涅槃、圣与凡等二边，方成其明照与解脱，故可说此为"不断痴爱，起诸明脱，乃名为道"。（《摩诃止观》卷八）其由此以证涅槃，即不断烦恼而入涅槃。（《摩诃止观》卷八观烦恼境）然此所谓不断烦恼，唯依于其能明照烦恼。此明照中自无烦恼。而以明照照烦恼，乃依圆观以成其明照，而见烦恼之即假、即空、即菩提。则于烦恼不断而未尝不断，不脱而未尝不脱，以成此"于无脱法中，而求于脱"（《摩诃止观》卷一发大心），是即名为不思议断、不思议解脱。如《四教义》谓"圆教于烦恼不断而断，为不思议断"。《维摩诘玄疏》言"不脱烦恼之缚，为不思议解脱"是也。《维摩经玄疏》言不思议解脱，所以可不断烦恼之义，尝曰："譬如未得神通之人，若在牢狱，必须穿墙破壁，方得解脱。若是得神通之人，处在牢狱，虽不穿墙破壁，而出入无碍也。”(《大藏经》本卷三十八，五五一页）然此言实无异谓得不思议解脱者，先已知烦恼性空而视若无物，而实已断烦恼。如神通人已视墙壁如无物，然后能不断烦恼。则其不断，亦实是断，其不脱已实是脱。故能不断而断，不脱而脱，以成不思议断，不思议脱。谓之为不思议者，亦皆是以上述之四句推求思议，此断此脱如由自生，或他生，或共生，或无因生，皆不可得；而依圆观，以观其为即假、即空、即中之断或解脱，而说者也。

依此圆观之断为不断而断，不脱而脱，故其得道也，乃不断世间烦恼而证菩提，亦不出生死而得涅槃，不离无明而观其法性之空，故恒能明无明。其明无明，而破无明，亦破无所破。如其视烦恼为空而断之、脱之，为断无所断、脱无所脱；其不出生死，正由不见有生死之可出也。然此明无明，而不见有无明，则无明真可谓“即”于法性。依此而生死，则生死亦真“即”于涅槃，依此而烦恼，烦恼亦真“即”于菩提。则此明无明等事，便唯是“以法性系法性，以法性念法性，常是法性，无不法性时。体达既成，不得妄想，亦不得法性。还原反本，法界俱寂，是名为止……观者观察无明之心，等于法性，本来皆空”（卷五）。此无无明，即是明“无明即明，不复流动，故名为止。朗然大净，呼之为观”。(《止观》卷一，缘起，释止观）然此中于一切生死烦恼无明等法，并不须去除一分，亦不须此外更有所造作，人即由苦集而至灭道。故此中之苦集灭道之四谛，称为无作四谛。此中之一切修行工夫之要点，唯在对一切生死烦恼无明法之即其假有，而观其即空、即中道佛性法性，以成一此心之圆观。依此圆观成圆悟，而有对烦恼生死之圆断与圆行，以入圆位，证圆果，而别无所去除造作。是即见四谛无作。四谛无作，一切生死烦恼无明法，本来即空、即假、即中，亦即佛性法性。故后之天台学者，亦依此以言其性具之说，有别于华严之言性起。依此生死即涅槃，圆观圆悟等皆无作，故能“于生死而有勇，于涅槃而不味。勇于生死，无生而生，不为生法所污，如华在泥，如医疗病。不味涅槃，知空不空，不为空法所证，如鸟飞空，不住于空。不断烦恼，而入涅槃，不断五欲，而净诸根，即是不住调伏，不住不调伏。……何以故？烦恼即空故，不住不调伏；……烦恼即假故，不住调伏；烦恼即中故，不住亦调伏亦不调伏；双照烦恼故，不住非调伏非不调伏。虽不住调不调等，而实住调不调等……何以故，不偏观一句故。……如是体达，名为无碍道”。（卷八，观烦恼境）此即《维摩诘经玄疏》，所谓不住于假与空，而住于第一义空。第一义空，即非真空、非假有之中道佛性法性也。

按《摩诃止观》卷一序述缘起，谓：“圆顿者，初缘实相，造境即中。无不真实，系缘法界。一念法界，一色一香，无非中道。己界及佛界、众生界亦然。阴入皆如，无苦可舍；无明尘劳即菩提，无集可断；边邪皆中正，无道可修；生死即涅槃，无灭可证。”此即标出全书宗旨。所谓圆者即圆观。所谓顿者即顿悟。合之即谓圆观所成之圆顿之悟。渐断渐破苦与无明尘劳者，为渐。然悟苦等性空而破无所破，断无所断，则亦无渐断渐破，故只为圆顿之悟。然此圆顿之义，智𫖮首书之于前者，其本身亦不易为人所顿解。故今乃书其语于最后，盖所以明此圆顿之悟，虽自为顿悟，而吾人之解之，则仍只有渐解也。

第九章　法相唯识宗之佛学道路

一　法相唯识学之渊源

中国佛学初盛般若之学。僧肇为能本老庄之义以通般若之学者。道生言顿悟佛性，而契于《涅槃经》之佛性常之旨。继有成实论师，盛言二谛三假之义。吉藏为能申般若义以通《涅槃》《法华》者。《法华经》言开佛知见，三乘归一，亦吉藏所素习。《摄论》《地论》译出，而有摄论、地论宗人之言修行之次第所达之等地，与"修"及"性"之差别。智颢则为本《法华》义，言开三乘之权，归一乘之实，以重判教，而判此摄论、地论宗言性修差别者，为别教，更言圆教之性修不二、一心三观之观行，以综合前此之佛学，而加以销化融通者。然其理论之根底，则在以龙树《中论》四句，推检一切因缘生之三假之法之不可得，以见一不思议境，更于一切假法之不可得而即空处，言第三谛之中道佛性。此智颢之佛学，亦可称为缘此印度之般若宗之义，而通《法华》《涅槃》二经所成之一至高之发展。然印度之佛学原有大乘之瑜伽宗或法相唯识宗之一支，与般若中观之学并行。此派之佛学可直溯原于部派佛学中，上座部所出之化地部、一切有部与经量部，及世亲之《俱舍论》与所自出之《大毗婆沙论》《杂心论》等。然世亲作《俱舍论》后，更回小向大，与其兄无著，共宏扬大乘，论法相唯识之学。此法相唯识之学所宗之大乘经论，则为由《胜鬘》《楞伽》《密严》《解深密》诸经，及传为弥勒著之《瑜伽师地论》等。此则不同于般若宗之龙树、提婆，乃遥接部派佛学中大众部所出之一说部与说假部等之精神，其所宗之大乘经论为《般若经》者也。

此法相唯识宗一流之佛学之输入中国，乃先有若干部派佛学论典之翻译，次为世亲之《十地经论》、无著之《摄大乘论》，与《胜鬘》《楞伽》《解深密经》等之译出。然魏晋及南朝之佛学之显学，则初皆属般若之流。由《十地经论》所开之地论宗，及由《摄大乘论》所开之摄论宗，初兴于北魏，后乃化及于南。然当时此流之经论，所译出者仍不足，名义错杂，使人疑惑。玄奘即由感此疑惑，而至印度求法，学于印度此宗之戒贤，而传入印度由无著、世亲至护法之一系之法相唯识之学于中国。窥基更本此系之学，以为他经如《涅槃》《法华》等作疏，遂成中国之法相唯识宗。后起之华严宗之法藏，上溯其师承，则在中国原有之地论宗。传法藏在少年时尝参加玄奘之译场，对此系之学之大体，亦心知其意。乃通过《大乘起信论》之义，由法相唯识宗之言赖耶缘起，转出其法界缘起之论，以判论一切佛教。故中国之华严宗之对法相唯识宗之义，有进一步之发展，亦如天台宗之于般若宗之义，有进一步之发展。天台之智𫖮乃由《般若经》四论之旨，以通《法华》《涅槃》成圆教，而判当时所传《地论》《摄论》之义为别教义，并判般若、三论之教义为通教，而通于别圆二教者，故更为近般若宗之《维摩诘经》等作疏。华严之法藏，则由法相唯识宗心识缘起之论，以通华严，而成圆教，并判法相唯识与般若宗为大乘始教，亦为印度般若宗所宗之《十二门论》，及唯识法相宗所宗之《胜鬘经》等作疏。故亦是综摄印度之二大流之佛学思想者，而为中国佛学之一大创造。中国天台、华严之学，代有传人，而弘般若之吉藏之学，则唐代唯有均正之《大乘四论玄义》，能承其说。弘法相唯识者是中国之玄奘、窥基，逮及慧沼、智周，其学统亦断。至明乃有智旭等理其坠绪。然窥基之疏其时已多流入海外，为其不及见。至清末杨仁山，由日本取回此宗之唐疏，乃有欧阳竟无先生等对此宗之重光。故今论唐以后之中国佛学教义，唯有以天台华严二流为主。于印度之佛学唯有姑视之如中国佛学之此二流之先导。吾人前论般若中论之旨，既已及于其足以为吉藏智𫖮之学之先导者为止。今论法相唯识之学，亦将唯及于可通接于《大乘起信论》之义以至华严宗义者为止。法相唯识宗之名相繁而析义密，其诸经论所立之义，原有其次第之发展与变迁。经玄奘传入中国之唯识学，要为护法之学者，与传入西藏唯识学要为安慧之学者又不同。欲辨此中之种种异同之际，乃属专家之学。而民国以来通论此宗之义之书，出版者亦多，吾亦不拟多所重复。故此下之文唯当略论此印度之法相唯识一流之佛学之特性毕竟何在，其所开出之佛学之道路，循何方向而进行；并依哲学之思辨，试代说明其中若干义，在今日当何如契入。此则多本吾一人之见。此皆所以为后章进而论《大乘起信论》之义与华严宗义之资者也。

此印度之法相唯识一流之佛学之根本之特性，乃在明此心识之缘起，更次第修相应之行或瑜伽行。此一重心识之缘起之说，可远溯至释迦说法之重十二因缘。此十二因缘之说，唯是就吾人之生命心识之流转与还灭，以说缘起。此十二因缘之说生命心识之缘起，乃将此因缘拉长而纵说之。此与依五蕴、十二处、十八界而言因缘者，乃将因缘关系铺开而横说者，可互相配合。于此更施以分析之功，以纵横广说一切因缘生法之法相，则成毗昙之学，而部派佛学中之一切有部，为其极峰。然在如此分析一切法之有而说之之时，即已可见此心识法远多于外界之色法。今即据世亲之《俱舍论》以观，其对一切法所分之大类中，色法即只居其一。心识与心所皆属心，无为法为心识实性，亦属心。不相应行法虽可说兼依心色分位而建立。然其建立，乃由心自建立之。又一切修道以成佛之法，更无不属于心。故重此心，亦一切佛教所同趣。然此所重之心可为现有之意识心，亦可为此现有之意识之底层之下意识心或超意识心。原始佛教初只言六识，即只限于意识心。然原始佛教所言之业，则已不在意识心中说。由行而有业，此业为一行为已过去之后，而能再现之余势，如一般所谓行为所养成之习惯或习气；而为人依其善恶，以更受种种苦乐之报者。此业之力贯于众生生命之过去现在未来之三世，而永不散失。此为原始佛教与大多数之印度之哲学宗教思想中所共有。而此业之存在与其力之贯于三世，则非吾人之意识所能自觉。又吾人之意识，亦恒有断绝不行之时，如在睡眠与闷绝。在此意识不行之时，此业之存于何处，即为人所必然发生之一问题。于此数论即说有一神我之执持此业。佛家部派佛学中之犊子部，亦不顾原始佛教之言无我，而谓有一与吾人之心身诸法（五蕴法）非即非离之“不可说的我”。然此与原始佛教之无我义相违，故犊子部被称为附佛法外道。而在部派佛学中，如上座部遂别立一识能持此业，名“有分识”；化地部于人的自觉之五蕴之外，别立一人所不自觉而穷贯于三世生死之蕴，名“穷生死蕴”；大众部别立一识，名“根本识”；经量部则别立一“细意识”，并建立“种子”之说。能生者谓之种子。人之行为已过去，而有一余势、习惯、习气之遗留或业之遗留，而能再现起或生起。故名之为种子。此最后之一说，即为唯识宗之种子说、阿赖耶识说之所自发展而出者也。

对上列之种种在此吾人自觉的意识之外，说有一底层之下意识心，或超意识心之说，可直下自吾人现有意识之活动之相续不断地流出，或欲断之而不能断，以直下认取：此意识之应有其根原或底层。又人欲作佛，必须先自肯定其有求超一般意识之意识，或一求成佛之心性。此一心性未全实现，亦可说其在吾人现有之意识或心性之底层。由此人之现有意识或心性之相续不断地流出，而其染净善恶，与人之欲作佛之意识或意愿，不必相顺，而或相违，人即不能不思此吾人现有之意识其底层之下意识心、超意识心之何所似，及其与吾人欲作佛之意识或意愿所自出之“向往在清净至善者之心性”之为一为二，其关系如何之种种问题矣。

兹据印度此一流佛学之经论以观，则《胜鬘经》之出现，盖早于《楞伽》《密严》《解深密》之出现。因《楞伽》中，常提及《胜鬘》，则《胜鬘》书先出。而《密严》中提及之五法、三自性、八识、二无我，乃《楞伽》中所出之义。则《密严》当后于《楞伽》。《解深密经》则重言三性及赖耶识，而未如《楞伽》之及于第七识。其与《楞伽》之先后则难定。《瑜伽师地论》中全载此《解深密经》，而广说诸地与大小乘之法，则应为后出。然《瑜伽师地论》，似一类书，博而不精。由《摄大乘论》《辩中边论》，至《二十唯识论》《三十唯识论》，乃分别讨论种种问题，是为此宗之说之更理论化之论典。在《胜鬘经》中言无明住地之深与无明之力之大，皆自意识之底层而说。由此更及于最深处之自性清净之如来藏心，为人之成佛之因。此经既谓此自性清净之如来藏心，难可了知，亦谓其何以有无明之染污，难可了知。然亦意涵此无明染污，乃浮于此如来藏心之上层，可加以化除，以显此如来藏心之旨；而意在教人信此如来藏心之为实有，即依此信，以化除其浮层之染污无明者。故亦言此如来藏之真实空与真实不空之二义。言真实空，乃自其无一切染污无明说；言真实不空，乃自其真实为成佛因说。《楞伽经》言如来藏藏识，亦有以如来藏为人之成佛因之义。兼名之为藏识，则盖在言其藏吾人之染净善恶业之习气种子，为吾人后起之染净善恶业之因者。则此如来藏藏识之名，乃表示吾人之底层之心识中，既有染净善恶业之习气种子，为后起之染净善恶业之因，亦有纯清净之如来藏为成佛因。则见其仍存《胜鬘》以如来藏为最深一层之即佛性即心性之旨。[①] 至于在《密严经》，则以人必出此藏识或赖耶识，方至密严国土。此密

① 据云《楞伽经》之梵本日人铃木大拙有英译本，更显见其以如来藏之义为本。但我尚未及读。

严国土，相当于如来藏呈现之境界，则当由于视赖耶识或藏识之亦恒藏染污不善之种子，或其所藏净善种子，尚非成佛之种子之故。至《解深密经》，乃唯言赖耶识，而不言其即如来藏识。唯重言此赖耶识，与其他心识之自具三性中之圆成实性或真如，以言此心识之可转为智，以悟此圆成实或真如，以言人之成佛之事所以可能。此即为后之唯识宗之诸论之所宗。故此由《胜鬘》至《楞伽》《密严》《解深密》与后之唯识宗诸论之发展，乃倾向于以此最底层之心识为兼具染污不善性与清净善性之赖耶识者。然此中如人循《胜鬘》《密严》经之最底层之心识为如来藏之义而发展，亦可另形成一路之思想。此即为中国之《大乘起信论》之依如来藏为本，以言藏识之思想。循此《大乘起信论》之思想，更言唯此如来藏自性清净心为唯一真实，此心亦即遍法界之心性者，则为由《大乘起信论》更发展一步所成之华严宗义也。

二　法相唯识宗与般若宗之思想道路方向之同异

由上所述，此由《楞伽》之言如来藏、藏识，至《解深密》，至唯识宗诸论，言藏识或赖耶识之法相唯识宗之一思想道路，可说是就吾人现有之心识与其所对境，而反省其内在的根原，以明上已提及之“心识之缘起，更次第修相应之行”之道路。此与般若宗之思想道路，为将吾人之智慧，向上升起，以观一切法，更见其如化如幻，性空无实之道路，初大不相同。然亦非无通处。盖依般若宗之道路，人由智慧之向上超升，而遍照一切法，知其性空，即成一般若智慧。此般若智慧自亦是一涵摄一切法为境之心法。但此般若智慧无心境之二边之分别，亦不自执而自见其心，与境之属此心，则亦不成一唯心唯识之论；其即色观空，色不为心碍，亦不须有此唯心唯识之论耳。至于在法相唯识宗之所以必先建立唯心唯识之论，则初只为一使人得转识成智之方便。在转识成智以后，见一真法界时，亦无此唯心唯识之可说。此即与般若宗之义亦有通处。唯在法相唯识宗之经论，因必先建立一唯心唯识之论，更言如何转识成智，成相应行或瑜伽行，以有此般若智慧，则不同般若宗未尝建立此唯心唯识之论，未详及种种瑜伽行者。般若宗不建立此唯心唯识之论，而只往遍观一切法空，以生般若慧，则于一切法，亦先未一一统摄之于心法识法。故此遍观之事，亦可浩瀚莽荡，若无所归宿。法相唯识宗明以心识统一切法，则首可免此弊。又般若宗必须破种种执见，此一切执见之共同根原，应只在心识。今能明此心识之如何起诸执见，以开出种种瑜伽行，即绝此诸执见之根之道。此与般若宗之随人之执见之起而后一一破之，或只升此般若智慧于一切执见之上，以不见一切执见之道，亦正可并行不悖，而未尝无通处也。

此法相唯识宗之唯心唯识之论中所谓心识，初乃指吾人现有之心识。就此现有之心识，与其所对境，而观其性相，以便反省其根原之思想，乃为分析的或追溯的思想。此现有之心识中，原有其种种不善染污之行，故只顺其自然流行，不能成佛果。人今于此能对其性相加以反省，则此一反省之活动，即已是先截止其自然之流行。而由此反省，自照见其种种性相，此自照见，即是一心识之明。其所照见者虽有染污，然此照见之自身，则不必是染污，而可是一清净之明。如依智顗言，心之明固当照无明。唯愈照无明，方愈显此心之法性之明。然不对此心识之性相，有穷根究底反省的分析与追溯，则亦不能照彻此心识中之染污无明。然智顗则并未尝从事于此。法相唯识宗之从事于此，则正无异完成智顗之照无明以显法性之明之旨者。此盖明代天台宗之智旭，能重有契于此宗之学之故也。

此唯识法相宗所宗之《楞伽经》，对吾人现有之心识之反省的分析与追溯所成之义，不外所谓五法三自性、八识二无我之旨。此中之五法为相、名、分别、正智、真如，三自性为遍计所执自性、依他起自性、圆成实自性。八识为六识外加末那、赖耶。二无我为人无我、法无我。此中言二无我，即同般若宗之旨。般若宗所言者，亦可以人无我、法无我二义，总摄之。由此《楞伽》之言二无我，则见其与般若宗之旨，在归趣上无别。至其言五法中所谓相，即指一切因缘生法之相，名则为此相与依此相而立之概念观念之名，分别则为依相名而有之分别心，正智则为超此分别心而有之无分别智，与依此无分别智而有之分别。真如即以正智所知之一切法之真实。此中之正智即般若，真如即般若所照之诸法实相。此二者皆由"超分别心之人我执、法我执"而后显，亦与般若宗之旨同。然《楞伽经》则重此分别心之所以形成此人法之执，由于此心之依相名而遍计，而有其所执之遍计所执性。更言此心之依其他之因缘而起，而有依他起性。并于依他起上，见所执之人我、法我空，以言此心之圆成实性。立此三性，则为《楞伽经》《解深密经》及《摄大乘论》《辩中边论》《三十唯识论》所特详之义，而为法相唯识宗之教义之一特色所在者也。

此谓遍计所执，乃依相名与分别而起，即言一切执见之根底，在此对相名之分别心。此分别心，实即吾人一般之意识心。吾人一般之意识心与五识俱。此五识及与之俱之意识，即能以因缘生之一切法为境，而知其性相或相者。然依相而更有种种概念观念以更有名，则纯为意识之分别之所成；此意识之分别，亦缘此相名以进行。此分别亦原表现此意识之明者。然其明，依某相名而进行，即同时自限于此相名所规定之方向，而与其他相名所规定之方向，互相分别对峙，而更不见有此其他方向，则即有无明、偏执之生起，亦有此心灵之自身之能所内外二者之分别对峙。由此无明、偏执，而有种种法我执、人我执，以有种种之贪瞋痴慢与种种苦。此乃佛家公义，不必更说。然吾人必须注意一切偏执之根原，乃在吾人意识之明之"依相名而进行，即恒自限于一定之方向，而有上述之分别对峙，亦不自见其有无明"之"分别心之遍计”。而人之自一切染污烦恼解脱，而成佛之道，实亦不外求自此一分别心之遍计得解脱而已。

三　境不离识义，及三性义之契入

然吾人如何能自此分别心之遍计所执解脱？此则首当知此遍计之所执为外之种种境相，原属于吾人之内在之心识之自身。盖人之依相名而进行之遍计，虽出于心识，[①]但此心识既有遍计而有其所执之境之后，恒同时以其所执之境，在心识之外。而不知其所执者，既为其能执之所执，则不在此能执之心外。其他任何可执之境，皆为其能执之心之所可执之境，亦即不在此能执之心之所可执者之外。然此义，则为正有所执之人，所极难悟得者。其故在方人之能执之心识，正向于其所执者时，乃前望其所执，而求得此所执。求而未得，则此所执便如在心识外。又当人执此求此，而不执彼不求彼，或求此而欲排斥彼，对彼生瞋生慢时，亦必以彼在心识外。由此而人恒以其心识外别有其所求所执，或将求将执，或所排斥之种种外境。然此外境之想，实与吾人之心识于因缘生法之相名，有种种分别、有种种执求排斥之事，俱起俱生。今人若真能反观其俱起俱生，即可见人若不先有此种种分别，更有其偏求偏斥，则亦无外境之想。又在人于其有所执求而不得时，更反省此所执求者之已呈现于心识，其得之之时，亦有得之之心识之呈现，与所得者俱起俱生；亦可悟得此所求与所得者，不在心识外。再人于境有所排斥或生瞋慢之时，如能反省此所排斥生瞋慢之境，初乃呈于心识者，而在其被排斥之后，另有一新

① 此能遍计之心识，据《瑜伽师地论》《显扬圣教论》，乃以八识皆能遍计。《成唯识论》，则以唯六、七识能遍计，第八识只藏遍计种。实则此言第七、八识能遍计或藏遍计种，皆由意识之能遍计，推论而出，而亦初当由此吾人所经验之意识之遍计处，先加以了解也。

境呈现时，此新境亦与能见此境之心识，俱起俱生；亦可悟及此所排斥之境与排斥所达之境，不在心识外。然吾人于此，必须谓吾人之现有心识乃次第呈现者，其根乃在吾人可能有之心识。于此一切可能有之心识，吾人皆当亦视作吾人之心识。则吾人即不难悟得：人所可能有之心、识，与其可能遇之境，二者之范围同大，恒两两相孚。人可能遇之境若无穷，此可能有之心识亦无穷，则不可说境在心外。对此可能有之心识，克就其可能现起为现有之心识，而尚非已现起言，则可说为此现有之心识之底层之心识。此即法相唯识宗所谓赖耶识或藏识也。

人能知一切心识可能遇之境，皆不离一人之可能的心识或赖耶识，则吾人可说当此赖耶识，显为吾人之现有之心识或意识时，乃恒与其所对之境，俱起俱生，而恒不相为内外。此中之现有之意识，为呈现其所对之境者。而此意识之生起，又依于可能的意识或赖耶识，而可说为此赖耶识或可能的意识之实现或呈现；则此意识中之境，亦可说为赖耶识之所呈现。此呈现之事，又可说为此赖耶识自身之一转变之所成，亦可说之为其所变现。由此而可说吾人之一切意识与其中之境，皆此赖耶识之所变现。此识即吾人之根本的心识，而吾人可说一切现有之意识与其所对境，皆此根本心识之转变、变现所成。此即法相唯识宗所谓三界唯心，万法唯识。于是即此人初由遍计所执，而执之为外之种种境，亦当说其唯依此心之遍计，而被执为外，以对此作遍计之心，现一在外之相者。今能悟知此所执为外而现一在外之相之境，乃属于此遍计心，知在外之相，实属此心，而不离此心，则其外非外。此即所以使人之心更不外向遍计境，而知其唯是依此心之遍计所执性，而有，并可使人由此以更知此心之依他与圆成二性之始点也。

何以知此遍计境不离心之遍计所执性，即为知心之依他起性圆成实性之始点？因知此遍计境依于心之遍计执，即知此遍计境之所由生之因缘，亦即知此境所依之他。而知此境之所依，在心之遍计执，则此心即能由外向于境，自转向于其所依之心，而超此遍计境。然由超于遍计境所成之心，则非复原初之心。超于遍计境之心，亦同时为超于对此境之遍计执者。此即通于圆成实性之心。然吾人之观此心之依他、圆成二性，则又尚不可只由知遍计境不离遍计心以入，更当观此遍计心之生起所依种种之他。如上述之赖耶、末那识与此心生起之其他之缘等。又人亦实不只有遍计而依他起之心，亦有超遍计，而亦依他起之心。遍计而依他起者，为所谓染分依他；超遍计而依他起者，为所谓净分依他。吾人欲观此心之种种染净所依之种种他，更观于此心无一定之染净可说时，又如何依他而起，以及此心所依之赖耶识，又如何依他而起；以旷观此心之依他起性，于此种种依他起中，更见其中之圆成实，则皆当另有其种种相应之观解。故于此心之三性，必加以分别说也。

四　法相唯识宗对心理之反省的分析与追溯之态度

今按《楞伽经》即注重言人所遍计之人我、法我诸执见所对之境，依此心之遍计而现，即以此言遍计执之依他起者。此遍计之依他起，即依心识之分别、相、名而偏向一方向，而有对此外者之无明而起。此外《楞伽经》亦于此相、名、分别三者间，言及其相依而起，而互为依他起之义。如依相立名，名即依他。依名生相，相亦依他。依分别而知有相与相之别、名与名之别、名与相之别，则名、相依于分别。此分别，亦依名相之有种种而有种种，则分别亦依他。又人有种种分别心，亦互相依而起。再人之现有之意识心、分别心，亦依此心底层之赖耶、末那而起。而现有之意识心分别心所造之业，转成赖耶识中之习气种子，则赖耶识亦依他而有其习气种子。于此一切依他起法中，空其遍计所执之人我、法我，即见圆成实性。此皆《楞伽经》所及。故三性义之大旨，已备在《楞伽经》。至《解深密经》之言三性，则论说更为精整。又明以赖耶识之名代《楞伽经》之如来藏藏识之名，而如来藏即无异赖耶识中人之成佛种子。则此经似更后《楞伽经》而出。然日人木村泰贤则以《解深密经》未确立第七末那识，《楞伽经》乃确立末那识，而疑《楞伽》为后出。吾今亦未能断此二经孰先孰后。然要是先有二经之言八识、三性，乃有《摄大乘论》之言大乘佛学之境行果，《辩中边论》之言空有二谛与中道，《二十唯识论》之辨境不离识之义。更有世亲《三十唯识颂》，直就八识以假说种种我法之相转，于五法、三性，及二无我义，皆附于说此八识中说。然后法相唯识宗之流之佛学，成一纯以心识论为中心之一严整之系统。此中如要据此一流佛学诸经论之一一文句，以论其所立义之发展变迁之迹，或专就中国玄奘、窥基本护法之学，所成之《成唯识论》及《述记》一书，加以析论，皆专门之学，上已言之。吾今所欲论者，唯是就此《成唯识论》之系统，以言此一流之佛学，本其反省的分析与追溯之态度，而有之对此心识之了解，其深度毕竟如何，与其所示之学佛之道路，其异于前所说他流之佛学者，又果何所在，以更显此一流之佛学之特性。

吾今将说者，是此《成唯识论》所展示之此一流之佛学态度，不同于先想象一佛之智慧境界，加以描述者，亦不同于禀教之徒，先对诸佛经所说有一宗教信仰，而后更立种种理由，加以证成；或立一判教之论，求加以融会贯通者。复非唯以破斥异说为事，以破尽即是立者。此一流之佛学态度，乃为直循吾人之一般经验，而依逻辑的理性，以对吾人之心识从事反省的分析与追溯之态度，故亦为一最接近今所谓科学或哲学之态度者。此中如其首言我法之非实有，言唯有种种心识之相转，亦最近似西方经验主义，言无实体性之我与法之论者。其言心识，有能缘所缘或见分与相分，则相当于西方知识论中之能知所知之分。其以相分为所缘缘，亦为心所对境，而此境有性境、独影境、带质境之别，亦如西方哲学之言所知中有直接对象、“无直接对象，而有之意识中之观念”，与以一观念所指之“间接对象”之别。唯识宗之言心之知境，有现量、比量与非量三者之别，亦如西方哲学之言知识之于真理，有“直觉之知”，有“推理之知”，与“不合直觉与正当推理，而与对象不相应或错误之知”三者之别。其言心之知境，有善恶无记之别，则犹西方哲学言人之认识活动，有为连于情意活动而有善恶之价值意义者，与不连情意活动，而无价值意义者之分。至于其言心更分心王心所，此则无异西方哲学言心之自体与其活动之分。唯识家言心所有种种，即如西方心理学哲学之言心之活动之有种种。唯识家之于心所分遍行、别境，乃以心之活动之是否遍行于诸境而分。其言有善与不善心所，则以价值意义分。言不定心所，则自其所对境与价值意义之不定说。合上所说，而有成唯识宗五类五十一心所之说。在诸不善心所，更分根本烦恼、大随烦恼、中随烦恼、小随烦恼，则由佛家原重自烦恼解脱，故不可不于烦恼法求如实知之故。凡此对心所之种种分别，与西方心理学哲学中之分心理活动之种类，正循一相同之思路而有。至于其言心识活动之生起，有种种之因缘，有其种种果，亦同西方哲学心理学之求知心理活动之因果之事。其言有赖耶识、末那识，亦与今之心理学之言有下意识、潜意识或意识底层之“我”者相类似。

五　赖耶识之存在之契入

此唯识宗之言赖耶识之异于西方心理学中之言下意识，以及哲学家如叔本华、哈特曼所言之下意识者，则在唯识宗之赖耶识，乃一一众生所各具，而又各变现其根身与器界者。此言赖耶识之各变现根身器界，乃依于众生生命之身体及内外可能的经验与其所可能对之境，皆不能离此心识而说。每一心识自变现其根身与器界，即类似西方哲学中之来布尼兹之一心一世界之说。但此唯识宗所谓能变现根身器界者，乃第八识，而非只吾人之第六意识。自意识而观，则固有超意识之客观之山河大地之存在。唯此对意识为客观之山河大地，则为此意识所依之底层之赖耶识所变现。吾人上文说，在人之缘相名而起分别心，以至有遍计执时，其所对之境不离此分别心或遍计心。此固易解。此遍计心初乃吾人之自觉的意识或第六识。今由此自觉的意识或第六识之相续生起，以说其有一底层之赖耶识。而此自觉的意识，亦即依赖耶识之种子而生，亦无异此赖耶识之表现或变现。此亦不难解。但说吾人自觉的心识所未尝自觉的加以分别遍计之根身器界，不为吾人之自觉的意识所对之境者，皆此赖耶识之所变现，则似较难于理解。此即须有一哲学的思辨，以契入之。

然实则吾人如知前已提及人之可能遇之境与可能有之心识之俱生俱起，其范围同大，亦同其无穷，则上义亦原不难解。因吾人所谓对意识为客观外在，而不为其自觉所已及之山河大地，要皆为吾人在某某条件下可能经验者。如其果在任何条件下，皆不可能经验，则吾人亦无理由必谓其存在。一可能经验之对象，如依西方之康德哲学言，即可说之为吾人之超越的统觉之所涵摄。凡可能经验之对象，皆是在其尚未被经验时，吾人已可说其为吾人之超越的统觉所统之感性或理解之范畴运用之范围之内，而为在此超越的统觉所涵摄之内者。依唯识宗之义，则依于吾人之意识中之能知与所知，见与相之恒不相离，则亦可说无离此能知而独立存在之所知。凡吾人所未知未经验之物，吾人如说其为存在，亦即就人之可能经验之，而说其存在。但唯识宗则不同于康德之自可能经验之对象，在感性理解之范畴之运用范围之内，以说此对象为超越的统觉之所涵摄。在唯识宗乃以此类感性理解之范畴，皆依色心之实法而假立者。又依唯识宗思路，以言客观对象，则对意识虽只为一可能经验者，然其自身，恒有已存在于一客观现实世界之意义。如门外之树，虽未在我之现实经验中，而已存在于客观之他人现实经验中者，便有一已存在于现实世界之意义。此与只是可能存在，而尚未存在于客观现实世界之事物（如树可开之花）乃不同者。而吾人之说此已存在者，为吾人所可能经验，亦不同于说根本尚未存在，而可存在之事物，为吾人所可能经验。此后者中之可存在者非必存在者，而人对之之可能经验，亦可有可无者。此前者中之已存在者，则为吾人与之相遇时，定必有种种现实的经验发生者。于此说人定必有种种现实的经验发生，亦即同于说人之定必有此种种现实的经验之意识，依于其底层之赖耶识，而定然必然的表现出。由是而此对现有之意识之经验，尚未呈现之已存在之客观对象，对赖耶识言，则当说为其所已呈现之对象。由是而一切在意识之经验外之山河大地，虽非此意识所呈现之对象，即皆可说为赖耶识所已呈现之对象，而可说其已先为此赖耶识之所变现。亦必需此一切客观之对象，为赖耶识所先已呈现变现，此中之能识与所识，互不相离，然后可以说明依此赖耶识而表现出之意识，何以恒能呈现其所意识之对象，而有一与之互不相离之情形。今吾人之意识对所意识之对象，既有此互不相离，而能加以呈现之情形，亦即可由此以推知在赖耶识中，应必有同类之情形也。

唯识宗之一方言一切山河大地之器界，为赖耶识所变现，一方亦言吾人之根身，亦为赖耶识所变现。此说乃依于此根身为吾人意识活动之所依，而与之不相离之经验；正有类似于其说客观之山河大地与赖耶之不相离，乃根于意识经验中之能所不离。由此意识与根身之不相离，则意识之根在赖耶识，“根身”之根，亦在赖耶识，同为赖耶识之所表现变现，亦如器界之为赖耶识之所表现变现也。

由此吾人现有之意识与所对之器界及所依之根身，三者互不相离，而皆为赖耶识之所表现变现，而吾人可说此现有之根身、意识与器界之种子，皆在赖耶识中。然此现有之根身、意识与器界，其本身又为可能转变为其他状态之根身、意识与器界者。则赖耶识中所具之种子，不限于此现有之根身、器界、意识之种子，而包涵吾人之所可能转变成之一切根身、意识与其器界种子。吾人若不能说此意识必不能转变成某一意识，此根身、器界必不能转变成某一根身、器界，则吾人当说此根身、器界、意识有无量转变之可能。此赖耶识亦即当为尽具此一切种子而无遗者。于是此赖耶识即为具全法界之一切种子，[①] 而亦可表现变现任何可能形态之根身、意识、器界者。而其所以不俱时表现变现此一切可能形态之根身、意识、器界，则由此各类之种子或性质互相违反，如善种恶种之性质、叶之是绿与是红之性质之互相违反，不能同现实化或现行，而其现行亦须待种种其他之现实上之因缘之故。然自赖耶识之种子之性质有相违反者说，虽不能俱现行，但自赖耶识包涵一切可能现行之种子说，则一切种子，又皆互不相违。如人善恶之种子，虽不能一时现，然人固可同时有为善为恶之二可能，而可说人之赖耶识中同时包涵善恶种而互不相违也。由是而此能包涵相违之善恶种子之赖耶识之自身，初虽有谓其性为善净或染恶之不同说，然依《成唯识论》说，则当为无偏无党、无善无恶，而为无记，即无善无恶者。亦正因其为无记，而其所包涵之善或恶之种子，可以其现行于其他之转识中而增强，或由相违种子之现行而被损伏，以至于无。此赖耶识中之善恶种子之强弱之情形，可转变，以至恶种尽去，唯存清净善种，于是之人成佛，即可能。依此上所说，则此赖耶识，一方为一切种子之“所

① 此阿赖耶识与种子之关系，《成唯识论》依护法说为不一不异，又以种子为赖耶识所缘。此中可有问题，因种子即兼有能所之种子，若赖耶更以此二种子为所缘以自为能缘。其能缘又有其种子，更待一能缘以缘之，则成无穷。不如说种子即依赖耶中之差别而假立，或说赖耶即一切种子之总体，即可成其不一不异之义也。

藏”之处，而当此种子之表现于转识中，而现行时，则见其为“能藏”种子以生现行者。然此赖耶识更有一重要之性质，则在其可为另一转识末那之所执，而被称为执藏。此末那识与赖耶识有为末那识所执，以为“执藏”之义，尤为《三十唯识论》所特加发挥，为此一流佛学思想前此所未及者。[①]

六　末那识之存在之契入

此末那识在唯识论称为意根。然泛说意识之根，亦似可指赖耶识即其根。故赖耶识亦称根本识。今何以必别立一末那识？则不易明。在《楞伽》《密严》诸经，于末那识与赖耶识之界限，亦未清楚说。在《成唯识论》，乃界定末那识，为一面内执赖耶识，以之为其所缘，即下通其所内执之赖耶识，并执之为我者；一面上通于自觉之意识，为此意识之根。故末那识，名意根又名执我识，为人所以妄执一实我之妄执之原。吾意对此末那识之存在与其性质，须有一自最切近处开始，而次第加以理解之道路。此最切近处，是自吾人现有意识（此名兼指前五识）相续无间断的，循一定方向而进行处设想，以知此意识之有一根，此一根为执此意识，使之循一定方向进行者。此一根即末那识。然此现有意识之不断进行，即赖耶识中之“意识种子”之不断实现或现行，亦即此现有意识之“向”于若干“意识种子”之现行以进行。此现有意识既“向”于意识“种子”之现行，故人不特以现有之意识属于我，亦以我之“意识种子”属于我。于此即见吾人对“现有之意识”与“意识种子”，皆有初不自觉的加以执取之心识活动。此一执取之心识活动，在另一层面，而有其独立之意义。此即名之为末那识。此所执持种子在赖耶识中，赖耶识初即统此一切种

①《中国佛教论集续·明唯识宗之发展》一文，曾论此末那识与其以赖耶识为所执，乃后期之唯识学之思想，其文可参考。

子者或此一切种子之总名。故此末那识之执持种子，即同于执此赖耶识自身。然此意识种子之现行为意识，恒同时有吾人之根身器界之如何变化，与之不相离。故吾人前说此根身器界，亦有其在赖耶识中之种子，为赖耶识所变现。于是此末那识执赖耶识，亦同时执其所变现之根身器界；执此根身为我的根身，此器界为我的器界。此中，人之意识之与其根身器界不相离地循一定方向，而不断变化进行者，自可不断转移其方向。然无论如何转移，总是一定之方向，而末那识之执持亦恒与之俱。人若由此意识之进行，可向种种方向转移，而成种种形态之意识看，即可谓此种种形态之意识种子，皆可与其所不相离之根身器界之种子，一齐现行。而见此末那识之能同时执持赖耶识中，此种种形态之意识种子与其根身器界之种子者。由此吾人即可更进而泛说：全部之赖耶识与其中之一切种子、其所变现之根身器界，皆为末那识所执持。唯末那识所特现执者，则当是此正现行之意识与其种子，及与此现行意识不相离，而为赖耶识所变现之根身器界。然此末那识亦当说为随其所特现执者而现行。此末那识之现行，则亦应自有其种子在赖耶识中。现行意识有其性质内容及强度之不同。末那识现行，亦随之有种种强度等之不同，即见此末那识种子，亦有种种之不同，初亦皆为存于赖耶识中者。由此而亦当说此现行之末那识，执持赖耶识中之其他种子外，同时执持其自身之一切种子。凡种子皆能表现为现行。其表现为现行后，种子亦更增强。此在唯识宗称为种子与现行之互相熏习。此在诸转识皆然。然在末那识中，则以其能执持一切识之种子，亦能执持其自身之种子之在赖耶识中者；而其自身又即其所执持之自身种子之现行；故此中之现行与种子互相熏习之情形，特为显著。至此中之谓末那识自执持其种子，更为其种子之现行，所以皆可说者，则以此种子之成现行，现行之更增强种子，以再有更强种子之现行，乃一次第辗转之事。则末那识之现行之自执持其种子之一“现行之事”，亦为一次第辗转之事。非其在现行时所执持之种子中，即有此现行所转成或所增强之种子之谓也。此末那识之现行，亦当是唯于其所执持之赖耶识中之意识种子现行处，同时现行为执持此赖耶识之意识种子及其现行，与其所变现之根身、器界等者。若在无意识之现行处，当亦无此末那识之现行可说。由意识种子与其现行之强度，为有定限者，则末那意识种子与其现行之强度，亦随之而有定限。而由其种现之相熏，而强度更增，亦当有定限。故末那识亦可随意识中之善心所之现行或修持工夫而转化。固不可离此意识（此名兼指前五识）种子之现行，而言此末那识自有其对赖耶识之执持之现行也。果如此说，则吾人无所据以谓此末那识之现行之强度为有限量者。即谓之为有限量者，而此有限量之末那之现行既可增强其种子，以存于赖耶中，更立即再为其现行之所执，此现行又再立即增强其种子……更为其现行之所执，……则其种子现行辗转增其强度，亦将顿成无限量，此识即永不可转。可自思之。

上言末那识即执持吾人之意识之种子与其现行，使之向于一定方向，其现行亦在其执持此意识种子之现行处现行。故有意识种子现行，即有末那识种子之现行，而此识亦即可说存于意识后，以为意识所根，故称为意根。对此意根或末那识之存在，只须吾人自现有意识之何以向一定方向相续进行，细加以反省，即可知其存在。然由此意识之限于向一定方向进行，即可使意识不向他方向，于他方向无意识之明，而见此意识中有无明，如前文所说。故此末那识之为意根，即一方为支持此意识之限于向一定方向，而有其明者，同时亦即为使之于他方向，无所明，而有无明者。一切意识之限于一定方向而有之无明，皆同根于此末那识。而此末那识即为人之根本无明之所在或无明住地，而末那识之为识乃恒与无明俱，亦即所谓恒行之无明相俱者。此恒行之无明，独与末那识俱，唯识宗又名之为恒行不共无明。意识之明恒限于一定方向，于一切他方向之所可明者皆无明，亦即使可能有之他方面之意识之明，皆不得显。此亦即使此可能有之他方面之意识之种子，存于赖耶识中者，不得显。依此，吾人即可说此与恒行不共无明相俱之末那识，同时乃以其无明，覆盖赖耶识中之无数种子，如使之只存于无明黑暗中，而不得显者。人之一切染污罪恶，皆依无明出，而此末那识即一切染污之本。此末那识，即为人之求行于佛道所最当正视，而当由修持之工夫，以彻底加以转化者也。

七　末那识与人我执、法我执，及不善心所与善心所

此末那识在唯识宗之所以称为执我识，为人之妄执一实我之原者，则以此实我之在意识经验中原来无有。故人若自反省其意识经验，于其中，并不见有此一实我。西哲休谟所论，正与唯识宗之旨相契。然人在日常生活又恒谓有一自我，此又何故。此则先须知人之自谓其有我，乃谓有我能主宰，为常、一之实体。而此所谓我能主宰，即谓我有种种能力之谓。说我有种种能力，亦即说我有种种可能之意识及其所对境，得呈现于意识之前之谓。此我所有之可能的意识与所对境，在未呈现时，则正是赖耶识中“意识与其所对境”之种子。故人之自谓其有一实我能主宰，虽是在意识中自谓，而此自谓之所根据，则在其对赖耶识与其中之种子之执持。此执持之活动，即为末那识之活动。故一般人之离此末那识之赖耶识以言有一实我能主宰，纯为妄执。盖此妄执之自身实原依于末那识之执赖耶种子而成者也。然人能知此妄执之原，则初非妄执，而正为人之破此妄执之始。至于人之执有自我时，更谓之为常一，此与谓此自我为能主宰，亦同为妄执。此妄执之原，亦可依末那识之执赖耶，加以说明。因赖耶识中固有无数种子、无数可能之意识，得在因缘具足时现行者。然末那识之现行，恒只现行于对现有之意识，加以执持，以使其明限定于一方向，

于他方向无明；而末那识即同时为具一根本无明，以覆盖赖耶识中其余一切种子，使不得现行者，如上所述。此不同之一切种子，在无明之所覆盖下，即不见其不同与变异，而末那识即只感其为混然，为常一。亦可说此末那识之无明，化之为混然，为常一；吾人即在意识中自谓有常一之我。此常一之我在意识经验之反省中不可得，而西方哲学家或谓此常一之我之观念为先验的。依唯识宗观之，此先验观念，正是一妄执。此妄执之根，正在此末那识具根本无明，于其所执赖耶识中种子之变、异，不能如实知，而有之为混然常一之感而已。

此人之执其自我为能主宰、为常一，乃唯识宗所谓人我执，亦即一般所谓我执。至于一般所谓法执，则唯识宗称为法我执。所谓法我执者，即执某一法为能主宰而为常一者。此法我执，乃是人之思想知见中之执。在人有思想知见中之执时，同时亦有谓此思想知见为我所有，而对其自我有一执。人若不视其思想知见为我所有，亦即对其所思想知见者无执。故此人我法我二执，同依于末那识之执我。此执我而执此我为能主宰而常一，为人我执，执此我之所思想知见之某一法，为能主宰为常一，即法我执。依唯识宗义，一切法皆因缘生，不能自单独为主宰、为常一。故二我执皆虚妄不实，亦皆根于末那识之无明而不见其所自生之因缘，遂不知任何法皆不能自为主宰，必待因缘而生者也。

此末那识具根本无明或恒行不共无明，依此无明而人有我见以执我，亦有对我之自体爱，而有我爱、我贪，更对所视为非我之人、法起慢。此无明亦使人迷因缘等正理，即是痴。此我爱或我贪、我见、我慢、我痴，乃相缘而起，以为与此末那识恒俱行之四惑，或四根本烦恼心所。此末那识为意根，故其具此根本无明、根本烦恼心所，即意识之根底上所依之无明或烦恼心所。至于依此意根而有之人之意识中之烦恼心所，其中自有无明，但其中除“疑”，可使人于正道犹豫疑惑，及“恶见”可遮障正道，亦称根本烦恼外，其余之种种大随、中随、小随诸烦恼心所，皆只为随于根本烦恼而来之枝末烦恼，其中之无明亦只为枝末之无明者。

依此诸枝末无明所生大随烦恼，如不信、懈怠、放逸、惛沉、掉举、失正念、不正知、散乱八者，以其皆为自类俱起，遍不善性，遍诸染心，故称大随。所谓自类俱起，即其恒相依而起。所谓遍诸不善性，即一切不善之烦恼中皆有之。所谓遍诸染心，即遍于意识及末那识之染心。染心中有明显为不善性者；亦有非明显之不善，只是不见真实事理，而有无明，以覆障此真实事理者。此后者称为有覆无记。如末那识恒与无明俱，而覆障真理，即为有覆无记之染心。故言大随烦恼遍染心，即要在说其与末那识恒相应俱行。至于中随烦恼之无惭无愧，则只有上所述自类俱起、遍不善性之二义，而无第三义，即只为第六意识中之可自类俱起之不善心所。

至于小随烦恼中之忿、恨、恼、覆、诳、谄、憍、害、嫉、悭，则只为意识中之不善心所，而不自类俱起者。所谓不自类俱起，即其行相粗猛，其中之一起，必无其他之谓。此上所说之随烦恼二十，皆依根本烦恼六而起。而根本烦恼之四，皆与末那识俱起。由此根本烦恼与随烦恼，而人有种种之染污不善之惑业，造种种苦，而沉沦生死海中。故人欲成佛，必须转化此一切烦恼。而转化之道则依于吾人之十一善心所：即信、精进、惭愧、无贪、无嗔、无痴、轻安、不放逸、行舍、不害。此十一善心所，与此上之二十六烦恼心所相对反。然其中之烦恼心所共二十六，善心所只十一，似不相应。然细观其义，此十一善心所，亦足以与此二十六烦恼心所，相对反相克治。但只观其名数，则不见其相对反克治义。吾初于此亦颇疑惑。后细观之，乃不复疑。盖此中之不善心所中小随烦恼十忿、恨、恼、覆、诳、谄、憍、害、嫉、悭，溯其原皆在根本烦恼中之贪、嗔、痴，此在《成唯识论》等书已明言及之。中随烦恼之无惭、无愧依根本烦恼之慢与痴起，大随烦恼之不信，依疑与痴起。不正知，依恶见与痴起。散乱、放逸、掉举，乃一心之肆动而不自主之状态。失念、懈怠、惛沉，乃一心之疲缓而不自主之状态。此二者之所依之根本烦恼甚难言。然亦可泛说此肆动乃由心底之恒自生疑，疲缓乃由一心之痴迷；而其下皆更覆藏有欲遂未遂之贪、瞋、慢、恶见等者。然此十一善心所，对治此根本烦恼六及大中随烦恼十之用，则甚显明。如无贪对治贪，无瞋对治瞋，无痴对治痴，不害对治由瞋起之害，惭对治无惭，愧对治无愧，惭愧与无痴，对治慢。精进对治懈怠，不放逸对治放逸，信对治不信及疑与恶见。此皆无可疑。则轻安应对治惛沉失念，行舍对治掉举散乱。人能不失念不惛沉，则有正念；不散乱，不掉举，则有正定；无痴、无疑、无恶见、无不正知，则有正慧与正信。此中之正信为正慧之所生，初最难成，而信之为善心所，所对治者亦最多，故信列为十一善心所之首也。

吾人如知唯识论之十一善心所，与二十六烦恼可相对反相克治之义，则人可依此十一善心所以修行，而转化一切烦恼心所。此十一善心所，初皆只与第六意识（及相俱之前五识）相应之心所。然此善心所能常生起，则能增强赖耶识中之善心种子，而减弱其中之烦恼种子。又此与第六识相应之善心所生起时，第七末那识自亦可执之为我所有之善心。由此而行善之人，亦恒有我见与之俱起，而或亦有我爱、我瞋、我慢等，与之俱起；以更生起诸随烦恼。此中由善心所生起，可更转出不善心所之生起，皆依于末那识之执此善心所而有我执，为其过度之关键。然诸善心所之本性，又原为超于我见、我爱、我瞋等我执之外者。如无贪之心所，即去贪；无瞋之心所，即去瞋。人之自谓我独能无贪无瞋，固亦是我执，由此我执而生我见我慢，自贪爱其无贪无瞋，瞋恨其所视为有贪有瞋之人，固亦常有之。此皆依于七识之有我执而致。然克就人之无瞋无贪之心而言，则唯所以克治去除我执，而其本身实不可执者。果其能相续不断，则可使末那识不得更执之以成我执，而转出上述之其他之不善矣。此末那识之对此诸善心所之相续现行，欲执之而又终不能执，即使此末那识之现行自身转弱，亦即使人原有之我执，与末那识相应之无明与根本烦恼，皆转弱。故人之修善之事，虽只在意识中，然其修善之功，则可导致赖耶识中善种之增强，不善种之相对的转弱，与末那识之现行之转弱，以及与之相应之无明烦恼之转弱者。故此修善之事，虽在意识中，其功则彻入于意识之底层之末那赖耶识，而能加以转化者。故此中之修善之事，果完全满足，则人之转识成智，以超凡入圣之事，于是乎在矣。

在此诸善心所中，乃以信居第一。信者信真实之事理。人必先成就此真实之事理之信，方能断疑惑犹豫及恶见以修道。而欲成就此信，则当知种种真实之事理。佛家所言一切法因缘生，或八识之摄一切法，八识之相互之关系，以及方才所言之如何修善去烦恼，皆真实之事理，而为人之断疑生信时，所当知当学者也。

八　转识成智之可能与缘生正理

至关于此八识之何以能摄一切法，则初由于唯识论之分一切法为五类。其中除识法外，色法为识所变现，心所有法系属于心，与心相应。不相应行法，则为色心分位上假立，无为法为识实性。故八识能摄一切法，而可言唯识。关于八识相互关系，则前五识恒与意识相俱，亦依意识起。意识之根在末那，而此七识皆为转识。其所以能转变，则依于有转变之可能性。此可能性，即赖耶识中所藏之诸识之种子。此转识之实际转变，见于此种子之现行。有赖耶识而后有种子之现行或显出，赖耶识为显现其种子，以成此转识之转变者，故称为显识。一种子现行，而种子增强，其相反之种子亦转弱。由此而赖耶识中之种子之情形或赖耶识自身之情形，亦依此转识之转变而转变。此赖耶之显识与前七之转识之相依而转变，自亦同时夹带其识所变现之境之相依而转变。于是一生命之心识之向染或向净、向善或向恶之转变，即同时有其所对之境或世界之转变，以使之轮转于凡境之六道，或超凡境而入圣境之四道。然凡此等等，皆是一因缘生之事，而莫或使之，亦非一般所谓自我或神我或某一特定之法之所主宰者。谓有主宰，乃人我或法我之妄执所成恶见，为人所当破，以生正信者。人愈能知一切法或八识之因缘生，亦愈能破此诸妄执恶见，而不生起此妄执恶见。佛学中般若三论宗重破妄执，法相唯识宗亦非不取其义，以破我法之执，如其《成唯识论》首二卷之说言是也。然欲破我法之妄执，亦须先知此我法之妄执所自生之因缘。此则如唯识宗之言末那识之执赖耶，为此妄执所自生之根本因缘之类。知此妄执所自生待于其因缘，则知其破除，亦待于因缘。是即唯识论之所以特重因缘生之义，教人广学种种因缘法，而其论因缘法，亦自然不得不归于详密，而繁琐之故。然吾人如能心知其意，知此广学因缘法，唯所以破妄执恶见，以转识成智，超凡入圣，则于其论之详密繁琐，亦即可不视为害，而正当视为此唯识宗于佛学之特殊贡献之所在者。唯非吾今所及尽论耳。

此唯识宗之言转识成智之工夫，在《成唯识论》最后二卷有资粮位、加行位、通达位、修习位、究竟位之说。历此五位，次第修行，以去除人我法之种种执障，即使此心识次第净其遍计所执，次第无染分之依他起法，以有其修道之行，为净分之依他起法；而由此以证一切法之二无我相，即为证一切法之真实之如是如是或证真如。亦即证此心识之圆满、成就、实在之圆成实性。由此而知遍计所执“体相毕竟非有，立相无性”；知依他起“如幻事，托众缘生，立生无性”；知圆成实性“远离遍计所执我法性故，立胜义无性”。故依遍计、依他、圆成有三自性，即同时立三无性。能证知此三有性、三无性，吾人心识即远离实我、实法之执，则无所执所知之我法与能知之心之分别，而一般有所知与能知之分别之心识，即化为一无此执，而亦无此能所之分别之一纯粹之智照之明。此中，人之前五识，即化为成所作智，第六识化为妙观察智，第七识化为平等性智，第八识化为大圆镜智。八识成四智。更依此智，以显为利乐有情之无尽功德，则佛之所以为佛也。

关于此转识成智之工夫，在《成唯识论》所说者，乃以知缘生之正理，而依之以次第修行为本，而初未有专门之唯识观之论。然唯识论之摄境归识，并由有能所分别之识，转成无能所分别之智，则有人对其心识之观念之转变，与所形成之心识自身之转变，而有此“识观”之进展。窥基即依此而立其五重唯识观。此可称为中国唯识学者对唯识学之一贡献。兹略述之于下。

窥基于其五重唯识观中，谓五重唯识观即以心所中之慧心所为能观体，以一切法之遍计、依他、圆成之三性，为所观境。此唯识观之进行之次第，首为遣虚存实识，即遣除遍计之虚妄而空之，而存依他圆成之实性。观依他，以存诸法之事相，观圆成，以见诸法之理而知其皆有。合名遣虚存实识。二为舍滥留纯识，即于依他圆成之事理，知其皆不离内识。内识中有境有心，心有相、见、自证、证自证四分，相分通外境为所缘，后三唯属心。今舍相分所缘，唯存见、自证、证自证三分，以观唯识理，是为舍滥留纯识。三摄末归本识，即知此见、相二分，皆由识自体分起。自体分为能变，为本；见、相二分为所变，为末。摄相、见之末，归之本，唯就自体分以观唯识，名摄末归本。此即由观识之自证分之统相见，能所二分，以知此二分在自证分上，原无分别，而契此无分别之义者也。四隐劣显胜识，隐心所劣，显心王胜。此即由心之活动而观心之自体，以观唯识理之谓。五遣相证性识，此即由依他起之一切心识中之事相，更观其实性，唯是我法二执空所显之圆成实性；而唯依此圆成实性以证唯识理。此即无异唯就心识之真如理，以观此心识，而观此真如理，亦即转一般心识成智之事也。

此唯识论之思想系统，其先观心识之因缘，后观转识成智之因缘，乃一彻底具足之缘生论。此一缘生论之观心识因缘，又能知不信缘生，而妄执实我实法之执，亦依末那之执赖耶而生，即亦为一缘生。于是一切众生之由妄执而有种种染污不善，而轮转六道，以至去妄执成清净善，转识成智，超凡入圣，证圆成实性，所有之修行，同为依他起之事，亦缘生之事。今以此唯识之论，作为一对一切众生心识之种种转变情形之客观的说明看，则人可问若众生之在凡或入圣，既皆是缘生，亦皆表现此缘生之正理，则人何必须转凡成圣？此为圣为凡，又果有何差别。则此当答曰：自表现此缘生正理而言，一切圣凡之事，原无不同。此不同，唯在凡之有种种人我法我之执障，而不知此缘生，亦依其执以行，而有种种我见、我慢、我爱之染污不善，以止于其一般心识。圣则无此诸执障，而知此缘生，以有种种清净善行，以转一般之心识以成智。此人之不知缘生而有执障，乃缘于人之末那识中之无明。然人在执障中，亦不知其有末那识、有此无明。人心不知此无明，妄自以为明，遂亦不知其妄之依于一无明。此依于无明之事，亦复不为其所知所明。此皆是以不知缘生为缘，以无明为缘，而更生起无明，以增其染污不善，而致长沦生死海者。人欲求转凡成圣，则必求知此缘生之义，以观一切法之缘生，亦观“此人之不知缘生无明”之所自生之缘，与依此无明所生之一切染污不善，与此“不知无明”之所生而更增盛之无明。……并知其成圣而破此无明，所待之因缘。此即圣凡所以别。至凡之所以当求成圣者，则以此缘生原是圣凡之一切法之正理，而为圣凡所同不能违。故当为人所知，亦为人所能知，更依之而行，以去除种种我法之执障，……以至成其清净善行以至成佛者。此人之能知，亦能依此知以行，以有一般之善行之能力，即人之赖耶识中有漏善种。而其能真破除此我法之执障之根在赖耶识之染污不善种子，而彻底根绝之之能力，则为其赖耶识中之无漏善种。此无漏善种，乃人与一切有情众生，所必有而后可成佛者。故成佛之事即依之为因，更以种种修道之事为缘，而合此因缘，以有。故人亦当知此成佛之事，亦依因缘生，不可谓其不待因缘。若谓其不待因缘，望佛果无端从天而降，此亦是妄想妄执，而悖缘生正理者。今于此一切缘生之正理，皆依其为正理，而言其为人之所当知，亦可更依其为人之所能知，而言其为人之所当知。此外亦更无其他当知之理由可说。人若说此正理不当知，则又只因缘于其人之自安于对正理之无知无明而生之事，即仍依于此缘生正理。然今既指出此人之不能逃于此正理之外，则人亦不能自安于对此理之无知，而不求知此正理。若于此人仍不求知此正理，则唯识宗之人，亦只能谓其无明之障太重，方致于此，而将以此更自证此无明之障此人对此缘生正理之知。人果知此障亦是缘生，则亦终将不见其无明之障之重，为此缘生正理之碍也。

依此缘生正理，以观人之成佛之事之所以可能，则客观说是人之心识法中原有此正理，则此理有可知之义，而人可由知之，以去除其对我法之执、无明之障而成佛者。自主观说，则此知之以至缘此知以行，以至成佛之能力，即人之有漏善种与无漏善种。然于此却不许说此无漏善种即赖耶识中所藏之一本来自性清净之如来藏或本来自性天真佛，唯以为执障所缠所覆不得出，故当由修行以破执障，使之出缠，而显此本来自性清净之如来藏。因依此唯识之论，此赖耶识虽藏善种无漏种，亦藏染污不善种。则赖耶识非自性清净之心或如来藏，而为一无记之心。无漏种非依因缘不能现，染污不善种，非依因缘不能去除，则纵有一本来自性清净之如来藏，为染污不善种所覆，此人之意识之底层所有者之全体，仍为兼有此清净之如来藏与染污不善种者。此全体之内容，即仍同于赖耶识之内容。此清净之如来藏未现，即只是种子，而其义即仍同于唯识宗之无漏种。此中，人之成佛之可能，唯系于此染污不善种，原有可依因缘而化除而空之理。亦如此无漏种有能现实化，而呈现或现行之理。合上二者，而吾人亦可说一切法之真如或一真法界，有可为转识所成之智所知所证之理。故真如亦只是理。证真如之正智，则由转识所修成之能知能证者，而真如只为其所知所证。正智证真如时，虽相应而如如不二；然真如本有，正智则依无漏种之现行，与染污种之化除而修成。则二者初不同其来路。此正智之呈现，依无漏种为主缘，更依其他外缘为附缘。若无无漏种，则众生不得成佛。然众生之有此无漏种，与无此无漏种，在理论上同为可能者。故法相唯识宗许众生中之或无无漏种，为一阐提，而不能成佛者，并谓无漏种须以为佛所说之正法等流之言教为外缘，方得现行。此皆相连而起之理论。对此诸理论，吾于《原性篇》中尝加以评论，谓其有一阐提之众生之说，与佛之度尽一切众生之悲愿相矛盾。又言无漏种不能自现，必待闻以前之佛之言教为外缘方能自现之说，即使后待前，前更待前，而无佛能成。吾又言正智缘真如之事，可说是一整个之“真如心”之全体之自现，不必说正智只是修成。此则意在由此以引致于一切众生皆本有自性清净心如来藏，为成佛因之佛学之论。吾人于前此所论之中国佛学如吉藏、真谛、智𫖮与《大乘起信论》所言，即皆意许有此正智与真如合一之心，或智如合一之如来藏，为成佛正因者。故此法相唯识宗所归之《成唯识论》之说，与此前此所论之中国佛学，在根本义上，正大有出入。吾对此问题所加之评论，自是以唯识法相宗所论，尚有一间未达。然亦认为此《成唯识论》之说，最能贯彻佛家缘生之义，以言一切心佛众生之成，无不赖于因缘者。又在众生未成佛，有染污执障之种子与现行时，此种子与现行之可转化可空，初亦原只是一理。由其转化而空，方证真如，则真如亦当说是一理。人亦必须正视此染污之种子现行之可转可化，是理；亦实有此理，而依因缘以实成其转化之事，方能在现实上成佛。人之染污之种子与现行，有种种差别，其依因缘以实成之转化之事，亦有种种之差别。此皆须一一正视。人固不能只自恃其有一自性清净之如来藏心，便谓其可克日成佛。此自恃，即是末那识之妄执一恒常之自我，亦即人之我见、我慢、我爱之所依，而为自信其有此如来藏者所恒难自免者。在此点上，则此唯识法相宗之论，有一破此自恃妄执之教化上的价值。又唯识法相宗言人须由清净法流之言教为缘，方得显其无漏种子。吾人固不能以此而谓此无漏种或如来藏，必无自显之义。然以众生无量劫来，染污执障之深重，则不闻清净法流之言教，在实际上，亦实极难得悟。此亦正如人为学之不能全离师法，而妄自择。再法相唯识宗之谓众生既可有无漏种，亦可无无漏种，此自抽象之可能说，自亦应说二者同为可能。而自现实经验说，则现见六道众生，只一人成佛，其余众生在现实上既未成佛，自亦可能永不成佛。唯此事与佛之悲愿相违。又人在修道成佛之历程中，必相信其有成佛之可能，而不能自谓为一阐提。吾人亦不能对一特定众生，言其必为一阐提。此则皆吾前书所已说。今若只自抽象可能与现实经验看，而忽此修道成佛之事，乃属一有情生命之内在的理想之事，固不合于佛学之精神。而依此修道成佛之事，为有情生命之内在的理想看，则一切现实经验，无不可转化而空。不成佛之一抽象的可能，即亦可被销除，而不可执此不成佛之抽象的可能为实有。今视之为实有，即使从事修道成佛者，可自疑其为一阐提，而于其生命心灵中投下一阴影，或使其更不自修。此则生心害政，而又义无必然者。故至多只为一权说，而非究竟了义说也。

第十章 《大乘起信论》之佛学道路

一 《大乘起信论》之时代与其宗趣及内容

《大乘起信论》一书，对中国后世之佛学影响至大。华严宗之法藏，始大推尊此书。法藏判教，以印度所传之法相唯识与般若宗之义为始教，而于《大乘起信论》，则判为终教。而法藏之论华严为圆教，亦立根在本书之义。后之天台宗学者湛然，亦有取于此书言真如之不变随缘之义。(《金刚錍》)宋之天台宗之山家、山外之争，亦正与此真如随缘问题，密切相关。山家之知礼以真如随缘，仍是别教理。然至明末为天台宗之殿军之智旭《起信论裂网疏》，则依智颤所言之当前之介尔一念心，释此书所言之心真如，为此书作注，并称此书为圆教义。而一般禅门课诵，在家学佛者，亦多习此书。故此书之注疏，不下数十种。此吾人论中国佛学中之哲学思想，不能不及于此书也。至于此书之真伪之问题，则传为龙树造、姚秦三藏筏提摩多译之《释摩诃衍论》，提及此书为马鸣造，但《衍论》书，全取《起信论》义，敷衍成书。其本身已不足信。梁启超《大乘起信论考证》篇末尝辨之。隋之众经目录，已将《起信论》列入“众经疑惑部”，《开元释教录》言玄奘至印度未见此书，而更译之为梵文云。此记亦可疑。然要由人先疑印度无此书，方有此记。近世中国日本学者于《起信论》真伪，讨论极多。欧阳竟无先生早期之《唯识抉择谈》，谓《起信论》言如来藏自性清净心，而不立种子义，以成染净法之熏习，为承印度部派佛学中分别论之说。王恩洋先生继为《大乘起信论料简》，更谓其义非佛法。李证刚先生则谓：说真谛译《起信论》之译人、译年、译地，皆可疑。（张心澂《伪书通考》）然章太炎、太虚法师等，则又为《起信论》辩护。（兹据张心澂所引及武昌佛学院《大乘起信论真伪辨》）又《大乘起信论》一书，更有唐实叉难陀之译本，亦似其书，实原出印度。然据梁启超《大乘起信论考证》，则日本学者望月氏已先论此唐译本亦是伪作，实叉难陀亦无译此书之事。吕澂氏有文，谓法藏与难陀友，而其讲《起信论》，仍用旧译，亦可知其未译此书。[①]唯日本常盘大定，又仍持此书原出印度之说。因法藏判教，乃以马鸣坚慧为一宗。法藏既释《起信论》，亦为坚慧《法界无差别论》作疏，于疏中并以《起信论》之旨释此书，如《法界无差别论》出自印度，则《起信论》亦有出自印度之可能云云。然上引之吕文，又谓均正《四论玄义》卷五，即谓《起信论》虏鲁人作者。其卷十又谓此书为北地论师所造。此二段文，分别为日人珍海《三论玄疏文义要》卷二，昔贤《宝册钞》卷八，及湛睿《起信论决疑钞》所引。但现存均正《四论玄义》残本卷五卷十则无其文。又晚唐新罗珍嵩《华严探玄记私记》，亦谓《起信论》乃依《渐刹》（《占察经》）所造云云。吕氏更谓《起信经》，其用名及文句皆本魏译《楞伽》，以证其为中国人所伪造。印顺法师《大乘起信论讲记》，则颇言其书义，印度论师已多有之。但亦未言其不伪也。

今谓此书为中国人所伪造，自不碍此书之价值，与其在中国思想中影响之大。然若为伪造，毕竟为何时人所伪造？今按吉藏及智𫖮[②]皆未提及此书，唯慧远之《大乘玄论》，则详引此书。若

①《现代佛学》第十二卷五期《起信与禅》。吕文又谓《起信论》乃本于魏译《楞伽》，更加当时北方止观禅法而成，托为难陀新译之《起信论》，异于所谓旧译《起信论》之处，则又合于其时之言禅法者之新说云云。

② 蒋维乔《中国佛教史》卷三谓智𫖮《小止观》《观音别行玄义》，提及此书。但此二书，非智𫖮之主要著作，且有疑其非智𫖮所著者。

如吕氏说均正已疑此书之伪，则此书应在慧远、均正之时代已流行。又按托为天台二祖慧思著之《大乘止观法门论》，亦多本此书立义。此《大乘止观法门论》一书，初未为天台宗之徒所征引；据云早佚于中国，于宋初乃由海外重还中国。其时天台宗之遵式，尝为之序释。明之天台宗智旭乃重其书，并为之作释要；清末民初天台宗谛闲，又为之作述记。盖中国佛学书佚于中国，而保留于韩日者甚多。近则如唯识论与吉藏之书，多自日本取回，远则如明代高丽义天之取回华严宗书，宋初吴越王发使高丽求天台宗书。则此《大乘止观法门》，亦或即于其时自日本取回。若然，则其书之传入高丽，亦当即在慧远均正之时代，[①] 否则天台宗徒灌顶于此书，亦当或加征引，或疑其伪。不当全不齿及也。此《止观法门》既本《起信论》立义，其时代亦应与《起信论》，相差不远也。

今按《起信论》与《大乘止观法门》二书之内容，固不全同。如《起信论》于一切众生是否具同一之如来藏识未明言，而《止观法门论》，则明言一切众生同一如来藏心，并兼具染净二性。《起信论》不言唯识宗之分别、依他、真实三性，《止观法门论》则取三性之说，更各分为善恶、染净二者，以言止观，似为一综合起信一心二门及唯识三性，以合于天台言止观之著。吾于《原性篇》尝略及此书之义，然其详则待细加考究。今之所拟说者，是此二书之言如来藏，虽同坚慧之《大乘法界无差别论》，亦与其他印度经论之言如来藏者，相差不远；然却同有一特色，即以本觉与始觉之二名，言在缠之如来藏与出缠之如来藏。此始觉与本觉之二名，则不见于当时其他由印度所译之经论中。此本、始之二名，乃为初自王弼以降中国玄学家所习用。涅槃或佛性为本有始有，正为六朝至隋之一中心问题。吉藏之论此问题，则归于佛性实非本始，只可方便说佛性本有或始有。智顗亦言三德（佛性）非故

① 蒋维乔《中国佛教史》卷三引志磐《佛祖统纪》《谛观传》谓遣使高丽，《羲寂传》又谓遣使日本，然于日本史无征，故当是遣使高丽云云。

非新（如《摩诃止观》归大处文），则此中之进一层之思想发展，似正当为直说此佛性之亦本亦始，为本觉兼为始觉，如《大乘起信论》及《止观法门论》之所持者。此吾在论吉藏学时已言及。至于此书之用名，既多同《楞伽经》，则盖亦实是于《楞伽经》之义有所承。然《楞伽经》于如来藏与藏识，合为一名，而《起信论》则以如来藏为第一义之心，更言依之而有赖耶识或藏识，则为将《楞伽经》之言如来藏藏识分为二层次之说。此即不合《楞伽经》原义。若《起信论》为国人所伪造，则其旨盖在综合当时之摄论师与地论师之争。当时之摄论师，如真谛于第八识之阿赖耶识外，言第九识庵摩罗识，为纯清净之佛性，为成佛之所依持，相当于如来藏，更以赖耶识为藏识，为杂染法所依。地论师所宗之《十地经论》，则只言一如来藏识。北地论师，谓其即阿梨耶识，则阿梨耶识即清净之佛性，亦即如来藏，为成佛之所依持。慧远《大乘义章》以阿梨耶识为自性清净，另有阿陀耶识，为无明痴暗，盖亦指北地之说。南地则以法性为佛性，为成佛之所依持。此乃近般若天台之说者。今《起信论》以如来藏为第一义之心，则近宗《十地经论》之地论师之说，亦通接于印度言如来藏、如来性，为第一义之心之诸经论，如《胜鬘》《宝窟》《如来藏》《不增不减》诸经，及《究竟一乘宝性论》《大乘庄严经论》《大乘法界无差别论》诸论之流者。《大乘庄严论》谓是无著所著，而言一切众生皆有如来藏，即法界大我。谓为世亲著之《佛性论》，亦以如来性为第一义之佛性，而不同后之护法以无漏种子为佛性之说也。《起信论》以如来藏即心真如，亦即法性，则又通于南地之说。其以阿梨耶识为杂染所依，更言其为由第一义之如来藏，而衍出之第二义之心，则显然意在综合此北地与摄论宗之义。故其依《楞伽经》之如来藏藏识之为一名，更言依如来藏以有藏识或赖耶识；以由一开二。此开之为二，未必合《楞伽经》之本旨，即正形成《起信论》之思想上之创造者也。

《起信论》以起信为名，此信以自信有清净如来藏为成佛因为主，所谓自信己性是也。然亦言人之成佛赖诸佛菩萨等之慈悲愿护为外缘，此则略类似法相唯识宗之言人之成佛，必以清净法流之圣教为外缘之说。然诸佛菩萨之慈悲愿护，可不只表现于其言教，而可表现于言教外之神通感应。此乃依宗教情操以信佛者，所共许。智𫖮之《法华玄义》十妙中有感应妙、神通妙是也。自此点看，则《大乘起信论》所言之诸佛菩萨之慈悲护念，为成佛之外缘，其义亦广于法相唯识宗所言之清净法流之言教。总而言之，即《大乘起信论》所言成佛因缘，乃既许此众生有如来藏为成佛正因，使人有以信其自力，又有诸佛菩萨之慈悲护念，使人兼信此诸佛菩萨之他力者。兼此二信，即能起大乘之大信。此与智𫖮之释《法华》，重在断疑起信，与《成唯识论》之言善心所，以信为首，其旨亦正同。然此书以此大乘起信为书名，兼以有法能起摩诃衍（即大乘）信根，为总论之第一句，则其重起信之义，更为昭显耳。

至克就此书内容说，则全书分因缘分、立义分、解释分、修行信心分、劝修利益分。读者不难次序研读。其中之立义，乃以解释分为本书主干。在立义分中，言："摩诃衍者，总说为二种，云何为二？一者法，二者义。所谓法者，谓众生心，是心则摄一切世间法、出世间法。依此心显示摩诃衍义。何以故？是心真如相，即示摩诃衍体故；是心生灭因缘相，即示摩诃衍自体相用故。所言义者，则有三种。云何为三？一者体大，谓一切法真如平等不增减故。二者相大，谓如来藏具足无量性功德故。三者用大，能生一切世间、出世间善因果故，一切诸佛本所乘故，一切菩萨皆乘此法到如来地故。"

此立义分全文，即本书所立根本义。于此吾人首当在其所用之名义上注意。其说法只有一法，即众生心。此与智𫖮之《法华玄义》之先言心、佛、众生三法，而以"观心"释佛之化度众生之言教，亦不全同。此是直下以众生心之一法，摄世间之众生法与出世之佛法。于此只言一心，则不同于法相唯识宗之言八识。其以心真如合为一名，则不同玄奘、窥基所传之护法唯识学，分正智与真如为二者，又不同《般若经》之以“即真如是心，离真如有心，即心是真如，离心有真如”（《大般若经·课功德品》）皆不可说者。然此与亲胜、火辩、难陀之唯识古学，以圆成实性兼摄真如正智之义，及《大乘庄严论》之合真如与心为一如来藏之旨，则又相通。此亦据前所引及吕澂氏《唯识今古学》之一文所说。此《起信论》用心真如之名，复不同智𫖮承南地而用之法性之名。智𫖮之言法性，固恒即指此心法之寂而能照之性。但此法之一名，亦可遍指非心法之一切法。此法初乃一具客观普遍义之名。以法性指心法之性，对其外延之义，有所缩减，而不能全切。故《摩诃止观》中用法性一名而实指心性之性者，实不如改名为心性或“心之如是”为佳。今在《大乘起信论》，则其正文前之经中，固亦言法性真如海，后文言发心处亦时用法性一名。然要在以心真如之名义为主。此心真如，正即心之真实如是。此心之真实如是，若依《法华》之十如是说，即“心之如是相，如是性，如是体，如是力……如是因缘，如是果报，如是本末究竟”。吾观此《大乘起信论》之言心真如有体相用之三大，亦盖正可说为将《法华》之十如是所归约而成。盖性相皆是相，力与因缘果报、本末究竟，则是用。此性相之名，乃自道安以降所习用。此“体”“用”之相对，则原出自中国之玄学，为自僧肇以降至吉藏智𫖮所习用。《楞伽经》五法中，则特举“相”为说。故《大乘起信论》之以体相用三大，言心真如，正有其综摄前此之佛学概念之功，其义固不同《胜论》之言实德业，亦必非自《胜论》之思想而出也。

二 心真如门

至于下文解释分言一心法有二门，一者心真如门，一者心生灭门，皆为总摄一切法者。下文言曰："心真如者，即是一法界大总相法门体。所谓心性不生不灭，一切诸法，唯依妄念，而有差别；若离妄念，则无一切境界之相。是故一切法，从本已来，离言说相，离名字相，离心缘相，毕竟平等，无有变异，不可破坏。唯是一心，故名真如。以一切言说，假名无实，但随妄念，不可得故。言真如者，亦无有相。谓言说之极，因言遣言。此真如体，无有可遣，以一切法，悉皆真故；亦无可立，以一切法，皆同如故。当知一切法，不可说、不可念，故名为真如。问曰：若如是义者，诸众生等，云何随顺，而能得入？答曰：若知一切法，虽说无有能说可说，虽念亦无能念可念，是名随顺。若离于念，名为得入。复次，真如者，依言说分别，有二种义。云何为二？一者如实空，以能究竟显实故。二者如实不空，以有自体，具足无漏性功德故。……依一切众生，以有妄心，念念分别，皆不相应。故说为空。若离妄心，实无可空故。所言不空者，已显法体，空无妄故；即是真心常恒不变，净法满足，则名不空。亦无有相可取，以离念境界，惟证相应故。"兹按此说心真如是一法界大总相法门体，即谓此是"一切法所合成之全法界之总相，为法门，而容众生入"之实体。此总相，乃不可说有差别之总相。其可为法门容众生入之，即其用。此相用之体，即名心真如。此心真如之总相，无有差别相，故非说差别之言说名字之所能及，亦非缘了种种差别之心识所能及，亦无言说名字心缘之相。而吾人用言说，使心识遣除此诸相所得者，唯是此真如体之真相、如相之总相而已。

至于下文之言如何随顺得入，则是解释其如何可称为法门，而容众生之得入，以显其用。其答文是说：人虽说之、念之，而无能说、可说，或所说，能念、可念，或所念之分别——便能随顺而入此法门。此即谓人于说念此心真如时，不以之为一言说心念之所对，而加以体证，即能入。故后文有“唯证相应”之言也。

兹按其中之解释此心真如有如实空、如实不空之二义，则此正同《胜鬘经》之言如来藏，有此如实空、如实不空二义，亦同《楞伽经》之言若无识藏名如来藏者，则无生灭；如来藏自性无垢，毕竟清净。无垢，即如实空；而毕竟清净，即如实不空也。然《胜鬘》在说如来藏时，又对其何以连于染污，谓其难可了知。《楞伽经》于如来藏及识藏或藏识，亦恒相连说。而《大乘起信论》即将此连于藏识之如来藏，属于此如来藏心或心真如之生灭门，而将此如来藏、心真如之自身，纯属于不生灭门；遂将此二者，在概念上明白加以划开，以使人能自信，在其如来藏，或心真如之自身上说，只有此“如实空，与如实不空，离妄空妄，而其自体实无可空，而常恒不变，净法满足”之义。此《大乘起信论》之义，虽当说是出自《胜鬘》《楞伽》，然亦自有其所进者在也。

三　心生灭门与本觉、始觉、究竟觉义

至于《大乘起信论》之言心生灭门，则曰：“依如来藏，故有生灭心。所谓不生不灭与生灭相合，非一非异，名为阿梨耶识。此识有二种义，能摄一切法，生一切法。云何为二？一者觉义，二者不觉义。所言觉义者，谓心体离念。离念相者，等虚空界，无所不遍。法界一相，即是如来平等法身。依此法身，说名本觉。何以故？本觉义者，对始觉义说。以始觉者，即同本觉。始觉义者，依本觉故而有不觉，依不觉，故说有始觉。又以觉心源故，名究竟觉。不觉心源故，非究竟觉。此义云何？如凡夫人觉知前念起恶，故能止后念，令其不起，虽复名觉，即是不觉故。如二

乘观智、初发意菩萨等，觉于念异，念无异相，以舍粗分别执着相，故名相似觉。如法身菩萨等，觉于念住，念无住相，以离分别粗念相故，名随分觉。如菩萨地尽满足方便，一念相应，觉心初起，心无初相，以远离微细念故，得见心性，心即常住，名究竟觉。是故修多罗说：若有众生能观无念者，则为向佛智故。又心起者，无有初相可知，而言知初相者，即谓无念。是故一切众生不名为觉，以从本来念念相续，未曾离念，故说无始无明。若得无念者，则知心相生住异灭，以无念等故，而实无有始觉之异；以四相俱时而有，皆无自立，本来平等，同一觉故。”

按此《大乘起信》之言依如来藏而有生灭心，生灭与不生灭和合名阿梨耶识，正同《胜鬘经》所谓为生灭之染污所覆之如来藏，或《楞伽经》之为藏识所覆之如来藏。而其名之为阿梨耶识，则不同于唯识宗阿梨耶识，只是藏染净善恶种子，其自身无善恶染净而为无记者。《起信论》以此阿梨耶识，乃依不生灭之如来藏，与生灭和合所生。而唯于此生灭心所依之不生灭之如来藏，方说为本觉。谓人悟此本觉，而有始觉，至究竟觉即能成佛，即无异谓人之成佛，即以此阿梨耶识中之如来藏为依持。此即正同北地论宗之以阿梨耶识为依持者。然北地论宗以阿梨耶识为纯净，而《大乘起信论》之阿梨耶识，则于不生灭之如来藏外，尚有其所和合之生灭心，而非纯净者。故二说又不同。《大乘起信论》以阿梨耶识之中之生灭心一面，依于不生灭之如来藏心，而以此后者为本觉。此本觉，即上节所说之心真如之本觉。故人只须拨开其阿梨耶识之生灭之一面，而有对本觉之始觉，以至究竟觉，即能成佛。此即以求成佛之始觉、究竟觉，唯是求返本还原于本来有之本觉，而别无所增之说。又此本觉心真如，即人本有之佛性，始觉至究竟觉，则为此佛性之始实现，至圆满之实现。此言始觉即觉本觉，遂无异言本觉之佛性与始觉、究竟觉之佛性为一也。

此《大乘起信论》之言由始觉至究竟觉，分凡夫之止其后念之始觉，与二乘之相似觉，法身菩萨之随分觉，与入佛地之究竟觉为四层。此正颇似智𫖮之言六即，有观行即、相似即、分真即、究竟即之四者。六即中之理即、名字即，则为知此中之理，而持此中之名，乃六即中之初二步。有如《大乘起信论》之所言之义，所立之名，为由修道而有始觉之初步。《大乘起信论》之言此始觉之至究竟觉，有四阶段，正与智𫖮言相似。此固不必是受智𫖮之影响，然亦非无是由受智𫖮之影响之可能也。因智𫖮书言心亦及于觉，如《法华文句》卷一上言："先空、次假、后中，皆偏觉也；观心即空、即假、即中，是圆觉也。"圆觉之极，即究竟即，亦即正同《起信论》之言究竟觉也。

依此《大乘起信论》之以人之始觉至究竟觉，不外自呈现其本觉之事，则成佛之事，只是反本还原之事。此反本还原之语，在智𫖮之书亦有之。如卷五第七正观，安心止观言"还源反本，法界俱寂，是名为止。观者，观察无明之心，上等于法性，本来皆空"。凡许本有佛性、法性者，皆可言人之成佛，只是以觉悟此佛性、法性，而返本还原。但《大乘起信论》则说此本为一本来已有之"等虚空界同于如来平等法身"之本觉。此本觉，即体相用俱大之真如心。则其先之经论，尚未如此说，而亦有其所特显之义蕴在也。

此所特显之义蕴，是先肯定此一真如心或本觉之真实，而后更依之以起修，以有始觉究竟觉而还证此本觉。此即不同于智𫖮之言反本还原，乃透过止观之修习而见，初未尝先建立一本觉或心真如者。至在智𫖮言判教中，则其所谓本迹之本，乃以能垂教迹之佛心为本，而非直指众生之心之以其本觉为本。故此《大乘起信论》之先立此一一众生皆有此本觉或心真如，为其成佛与修行之事之本，乃另成一思想路向。此乃承《胜鬘》《楞伽》《摄论》之思想路向而来，亦近《成唯识论》之先立阿赖耶识与其种子为修行之本之思路者。此一思路，乃以一形上学为先，修行工夫论为后，而不同于般若宗至智顗，乃以观照般若之工夫或止观之工夫为先，而由之以显诸法实相或法性者。然此一形上学之所以能建立，则又实须人对其修行工夫之究竟处，加以一悬想，与更进一步反省其如何可能，方得建立。否则此只为一独断论之形上学也。今试说明此义，以助吾人对此形上学为先之佛学之理解。所谓吾人须对修行之工夫之究竟处，加以悬想，更有进一步之反省，方能建立此形上学者，则以在此工夫之究竟处看，即在人之成佛处看。在人之成佛处看人之生命心灵，必是一无限而遍法界而永恒常住、不生灭之生命心灵。然人现有之生命心灵，则为一生灭无常者。此现有之生灭无常而有限之生命心灵其自身，必不能为此不生灭而永恒无限之心灵生命之出现之理由，或原因。则能为其原因与理由者，即只能是一尚未显出之永恒无限之心灵生命。简言之，即尚未显出之心真如，或佛性，而在内容上同于如来平等法身者。吾人之显此心真如，诚须赖于修行之工夫，以化除吾人现有之生灭的心灵生命或生灭心。然此修行之工夫，只是化除此生灭心，即不能说人之成佛，乃此工夫之所造作。因若其是此工夫所造作，则凡造作者，皆先无后有，而既有亦旋无者，其本身便是一无常法或生灭法。则人造成一佛之后，亦可再坏，而还为众生。所谓“若属修成，修成还坏”，则人终不能成此常住不坏之佛也。故必须谓人之所以能成常住不坏之佛之根据，在人之本有此同于如来平等法身之心真如为佛性，然后使此成佛之事为真实可能，而亦须形而上学地先建立此心真如或本觉，而以人之成佛，只是觉其本觉或心真如，由始觉至究竟觉之事也。

然此《大乘起信论》之先建立一心真如与本觉，又更说一依本觉而有不觉与念念相续之无始无明，人于此似可问：若依本觉更有无明，则人破无明由始觉至究竟觉而显本觉后，亦可更起无明，则人之成佛后，正可再还为众生，人仍不能成一永恒常住之佛。但吾人可说此问乃由对《大乘起信论》之旨，未能如实理解而生。

此《大乘起信论》，固谓此不觉或无明，依本觉或如来藏或心真如而生。然此依之而生之义，非即在时间中某时，由之直接生出之义。若是此义，则当说无明有始，不能说无始无明。说无始无明，即非说此无明在时间中之某时，由心真如或如来藏生出。此说依如来藏而生之依，亦非直接生出之义。此依之而生，犹傍之而生，以之为缘而生，固非直接由之而生也。若说无明直接由心真如、如来藏而生，则后者只是一大光明藏，其中如何可生出无明？此与其自身相矛盾，亦在理性上无可索解也。若无明原不由大光明藏之明，直接生出，则人破无明，而见此大光明藏之后，亦不能更有再生无明、成佛还为众生之事矣。

然吾人虽不说无明于某时间由如来藏或心真如而直接生出，仍可说无明依傍此心真如或如来藏而生，此所谓依傍，即不相离之意。此说其是不相离，只是现象学地说，亦可以说是经验地说。人固有此无明，然亦能由破无明以显明，即见无明与明可相翻，而于此相翻处，即见此无明与明之不相离义，固不须由明在某时直接生出无明，方有此二者之不相离也。吾人能循此以理解《大乘起信论》，所谓无明依为大光明藏之心真如或如来藏以生之义，则亦可理解人之有始觉至究竟觉，而无无明之后，此始觉、究竟觉之同于本觉，而亦不再出无明，更无成佛还为众生之事之故。因此有无明之依其本觉生，而为众生者，自非是佛。但由破无明而有明、有始觉至究竟觉，即此本觉之明彼无明，以显为始觉、究竟觉。故始觉、究竟觉即是本觉之实现，而不可相二。无明既无，唯有此本觉之显为始觉、究竟觉之光明藏在，则自亦不能再有无明；而成佛之后，亦即必不能再有还为众生之事矣。在《大乘起信论》对治邪执一章中更谓此还作众生之难，乃由人之妄谓众生有始而生。读者可参看。

吾人今更可缘上文之旨，以看《大乘起信论》之下文，如何言此本觉随彼依之而起之念念相续之无始无明，而表现之作用之相。此念念相续之无始无明，即念念相续之不净而染污之种种执着分别，故此相亦即本觉随染分别而生者。此所生者，有二种相："一者智净相，二者不思议业相。智净相者，谓依法力熏习，如实修行，满足方便故。破和合识相，灭相续心相，显现法身，智淳净故。此义云何？以一切心识之别，皆是无明。无明之相，不离觉性，非可坏、非不可坏。如大海水，因风波动，水相风相，不相舍离，而水非动性。若风止灭，动相则灭，湿性不坏故。如是众生自性清净心，因无明风动，心与无明俱无形相，不相舍离，而心非动性。若无明灭，相续则灭，智性不坏故。不思议业相者，以依智净能作一切胜妙境界，所谓无量功德之相，常无断绝，随众生根，自然相应，种种而现，得利益故。"此原文自明，不须另释。下文更言本觉之体相曰："有四种大义，与虚空等，犹如净镜，云何为四？曰如实空镜，远离一切心境界相，无法可现，非觉照义故。二者因熏习镜，谓如实不空，一切世间境界，悉于中现，不出不入，不失不坏，常住一心，以一切法即真实性故。又一切染法所不能染，智体不动，具足无漏，熏众生故。三者法出离镜，谓不空法，出烦恼碍、智碍，离和合相，淳净明故。四者缘熏习镜，谓依法出离故，遍照众生之心，令修善根，随念示现故。"此即言此本觉之依其如实空、如实不空，与对众生所呈之用，以言其四相，原文亦明，今不更释。

四 不觉义

至于下文之言心生灭门之不觉义，则曰："所言不觉义者，谓不如实知真如法一故。不觉心起，而有其念，念无自相，不离本觉。犹如迷人，依方故迷，若离于方，则无有迷。众生亦尔，依觉故迷，若离觉性，则无不觉。以有不觉，妄想心故，能知名义，为说真觉。若离不觉之心，则无真觉之自相可说。"此言以妄想心，故能知名义，亦如《楞伽经》言依分别取名相，而有种种妄想。其以妄想对真觉，亦如《楞伽》以妄分别，对正智之缘真如。但在《楞伽经》以正智与真如之名说者，在《大乘起信论》，则以一真觉之名说；《楞伽经》以“分别”“相”“名”三名说者，《大乘起信论》则以“不觉”一名说之而已。

至于《大乘起信论》下文于不觉，则更说三相：“一者无明业相。以依不觉故心动，说名为业。觉则不动，动则有苦，果不离因故。二者能见相。以依动故能见，不动则无见。三者境界相。以依能见故，境界妄现，离见则无境界。以有境界缘故，复生六种相。云何为六？一者智相。依于境界，心起分别爱与不爱故。二者相续相。依于智故，生其苦乐，觉心起念，相应不断故。三者执取相。依于相续，缘念境界，住持苦乐，心起著故。四者计名字相。依于妄执，分别假名言相故。五者起业相。依于名字，寻名取著，造种种业故。六者业系苦相。以依业受苦，不自在故。当知无明能生一切染法，以一切染法，皆是不觉相故。”

上文既于生灭门中说此觉与不觉二义，下文更言觉与不觉有二种相：“云何为二？一者同相。……同相者，譬如种种瓦器，皆同微尘性相，如是无漏无明，种种业幻，皆同真如性相。是故修多罗中，依于此真如义故，说一切众生本来常住，入于涅槃。菩提之法，非可修相，非可作相，毕竟无得，亦无色相可见；而有见色相者，唯是随染业幻所作，非是智色不空之性，以智相无可见故。言异相者，如种种瓦器，各各不同。如是无漏无明，随染幻差别故。”兹再引下文言生灭门中之一切法之生灭因缘一段文，方作一总释。其文曰：“生灭因缘者，所谓众生依心、意、意识转故。此义云何？以依阿梨耶识，说有无明，不觉而起，能见能现，能取境界，起念相续，故说为意。此意复有五种名。云何为五？一者名为业识，谓无明力不觉心动故。二者名为转识，依于动心，能见相故。三者名为现识，所谓能现一切境界，犹如明镜，现于色像；现识亦尔，随其五尘，对至即现，无有前后，以一切时任运而起，常在前故。四者名为智识，谓分别染净法故。五者名为相续识，以念相应不断故，住持过去无量世等善恶之业，令不失故。复能成熟现在、未来苦乐等报，无差违故。能令现在已经之事，忽然而念，未来之事，不觉妄虑。是故三界虚伪，唯心所作，离心则无六尘境界。此义云何？以一切法皆从心起妄念而生。一切分别，即分别自心。心不见心，无相可得。当知世间一切境界，皆依众生无明妄心，而得住持。是故一切法，如镜中像，无体可得，唯心虚妄，以心生则种种法生，心灭则种种法灭故。复次，言意识，即此相续识，依诸凡夫取著转深，计我我所，种种妄执，随事攀缘，分别六尘，名为意识，亦名分离识，又复说名分别事识。此识依见爱烦恼增长义故。”

兹按此心生灭门中之不觉义，乃谓不如实知真如法，为不觉，非谓无一般之念念相续为不觉。此一般之念念相续，正是一般所谓有觉。然此一般之念念相续，正依于有所不觉。如依不觉彼方觉此，觉此不足，乃转而求觉彼，遂暂不觉此。即成此彼二念之相续。吾人一般之心，因不能顿觉全法界之一切法，故须依次第而觉。依次第而觉，即依其所不觉而觉，亦即依无明，而有所谓觉，依不觉而有所谓觉。故此觉，即实是不觉。然此不觉，既是依其有所不觉，而不觉，亦是依其本觉而不觉。据《大乘起信论》，则此人所自谓为不觉者，皆为人之本觉所觉。全法界皆为本觉所觉。唯依全法界皆为本觉所觉，而人又不觉此本觉，乃有无明。即由此本觉之与无明，不相舍离，以表现其自己，方成一般吾人所谓次第生灭之觉。故此觉，又实是依不觉、依无明而起；此无明不觉，又依本觉而起。亦可说此次第生灭之觉，即是依此本来之心觉之有无明，而又不安于无明，更欲自无明中动出，而旋出旋没，所成之之一“不觉之觉”。此心觉欲自无明中动出，而成不觉之觉，由于有无明。故此动，即可说为无明之作用，无明之业。

故言“以依不觉，故心动，说名为业”。若无此无明，纯是觉，“觉则不动”。唯今以非全是觉，乃有动。此动即表示无明使本来之心觉不安，此不安，即是苦。故言“动则有苦”为果。此即谓此心有其无明或不觉，而必不免有动，即必有此苦。而吾人之心之种种次第生灭之念或觉，亦自始皆为有无明业相，而皆为苦果者也。①

至于下文所谓第二之能见相、第三之境界相，则可合加说明。即人之所以有能见与所见境界之分者，乃由于此心之依其在无明中之一动。吾人之心以有无明，故不能于全法界一切法皆觉，而恒有所不觉，故必求能更有所觉。人于求能更有所觉时，即自谓有此能觉或能见，而求其所可觉、所可见者，为其境界。故有此能见相与所见之境界相之分别。于此须知吾人之自谓有能觉，即谓此吾人当前之觉，更有其能，以向于其他所可觉者，以为其境界。然当吾人自谓有此能觉之时，而其所可觉者，又不在此能觉中，则此能觉对所可觉者，即有一无明。至于此能觉既觉某一所可觉者时，则此所可觉者，实成一所觉，而吾人对此实所觉者，固可说有一明；然对其余之所可觉者，仍有无明。故在有能觉与所可觉，或所觉相对说，而更求有所觉时，即必有一无明或不觉。亦依此无明不觉，而有此所谓能觉与所可觉，或所求觉之分。若一切所可觉或所求觉之法界一切法，皆为吾人所觉，而呈现于此能觉之中，此外更无所可觉，或所求觉，则亦更无此所谓能觉与所可觉或所求觉之分矣。故能觉与所可觉或所觉，或能见相与境界相之分，即依无明不觉而有。此“能见相”“境界相”及上述之“无明业相”，即合为由不觉而生之三相。此三相又称为三细。《大

① 此依无明而心动，在《起信论》喻如风动，而水有波之生灭。《楞伽经》言依境界，而心有分别妄想，则喻境界为风。故慧远《大乘义章》卷二《八识义》中谓在《楞伽经》中，境界为风，在《大乘起信论》，则无明为风。慧远谓此二皆可说。然实则依《大乘起信论》，必先有依无明之一动，乃有能见与所见之境界之别。则《大乘起信论》之义，显然深一层。即由其喻无明为风之义，已见其胜于《楞伽》之以境界为风矣。读者可细思之。

乘起信论》之言此三相或三细之义，甚为精辟。乃法相唯识论中所未有者，不可加以忽视。

至于依此无明业相、能见相与境界相之三细相，而更说六种粗相，则首为此心对呈现于其前之境界，再起分别，而有爱不爱之“智相”。次为依分别爱不爱而生，苦乐相续不断之“相续相”。三为还执其所爱与其所不爱之境界，而将其苦乐依附、黏着于此境界，以自住持于其苦乐与所执取之境界，而不得拔之“执取相”。四为更对此境界与其苦乐，有一观念概念，更有种种名字以表之，并依此名字，以更增强其执着之“计名字相”。五为依种种名字，而更造种种业之“起业相”。六为依业“受果报，皆非心所自安得自在之处，即此业皆为系于苦”之“业系苦相”。此第六相中之苦，乃广义之苦，即凡心不自安、不自在处，皆是苦。如前说之依不安于无明，而有之念念生灭，即是苦。此与依爱不爱而生之苦乐之苦，为狭义者不同。依此广义之苦，则一般之依爱而生之乐中，其爱不能当下完全满足，而不免于求相续，即皆有不自安、不自在之苦在也。

至于下文之言觉与不觉，有异相、有同相者，则依上文所说，初不难解。所谓异相者，此不觉即指次第生灭之觉。此次第生灭之觉，恒有所不觉，故有无明业相，更有能见相、境界相。而此圆满究竟觉中，则无此三相故。所谓同相者，即此不觉之为念念生灭之觉，乃由本来之心觉不安于无明，而欲自其中动出而有，故为一不觉之觉。不觉之觉之依于觉，亦如觉之依于觉，则为其同相也。

至于下文言生灭之因缘中，特提出心、意、意识三名，实则不外用之以指上述心依其不觉而生之六相，而或说之为意，或说之为意识。此所谓意，乃由心起心。此意始于心之依上述之无明业而动。故此意即名为业识。其动而能见，即名转识。于所见境界能呈现，即名现识。此乃依不觉而生之三相说。上文言，依三细相而有之第一粗相，为分别爱与不爱。依此分别，即更名此意，为智识。第二相为依于智，而有苦乐执取之相续，业报之相续。即名此意为相续识。至于专就此执取之相续之转深，而计虑有我、我所，相分别对立，为主客二世界，更有执取、计名字、起业等者，则称为意识。

此中之言心、意与意识之分，亦盖取于《楞伽经》之有此三者之分。唯识宗之以此心为赖耶识，意为末那识，与意识，合为三。然在《大乘起信论》，则无末那之名。然法藏谓亦非无其义。①《起信论》初只说一心，依无明，而又不安于无明，而有动，遂生三细相；更有依三细相而起之六粗相。前皆已说。《起信论》即依此三细六粗，以说意之种种名义，与意识之义。其所谓心，初不同于唯识宗之赖耶，只是一意识底层之不觉者。此心在第一义上为心真如、为如来藏、为本觉。此本觉依无明而有动，遂成念念相续之生灭心。此即吾人之意及意识之“不觉之觉”。故在此《大乘起信论》系统中，为最底层之心，乃是一觉心，而又能显于吾人之意与意识之“不觉之觉”者。此中之“无明”，相当于唯识宗之“末那识之无明”者，乃在其为“此最底层之心之觉或明”与“意识之念念相续中之不觉之觉，而无明之明”间之一“阻隔者”。然此阻隔，唯是使此底层之心之觉，显为念念相续之生灭心中之“不觉之觉”者；有如由风之吹压于海面，遂使海水只显为波浪而生灭；又如日月之为黑暗之物所蔽障，遂使日月之光只显为流光而生灭。故此最底层之心，乃是依此无明，而动成生灭心。而此生灭心之为不觉，亦非全是不觉，而其中自有此一般所谓之觉；而此觉，亦即此最底层之心之一断断续续之表现，以成其为生灭心之形态者。由是而在《大乘起信论》，其心与意、意识，虽有类于唯识论之意识、末那识、赖耶识之三心，而三心又实只是一心。

① 法藏《起信论别记》十八页，谓《起信论》虽无末那之名，但非无其义。盖指《起信论》中之无明及意而言。

于是人之修道之工夫，亦只须在人意识中进行，以求展现其最底层之为大光明藏之本觉或心真如。此即不同于唯识宗所说之在意识中进行之修行工夫，只所以增强赖耶识中清净善种，更减弱其中之染污不善种，以更呈现赖耶识中之无漏种之事；而是以此修行工夫，为直显此本觉或心真如之本体之事也。

五 无明熏习相应染与染净心法之熏习

《大乘起信论》之下文，言无明熏习所起之识之六种相应染，即言一切修行工夫之所对治。此中之六种染，即相应于意之有五名、五义及意识，而起之六种染。其第一种执相应染，即相应于前说之“意识之自觉的分别我与我所，而有之种种分离主观客观世界之执障”，而有之染污。第二不断相应染，即相应于前说之“念念相续不断，业报相续不断”，而有之染污。分别智相应染，即相应于前说之“分别善恶染净之智识”，而有之染污。现色不相应染，即依于前说之“有境界相呈现，而未能无此境界相”之染污。五能见心不相应染，即依于前说之“有能见相，而未能无此能见相”之染污。六根本业不相应染，即依于前说之“有依无明之一动，而未能无此依无明之一动”之染污。此中之前三名相应者，以有分别执之意识与相续识及智识三者中，“心之知之相”与“所缘之相”相同，故名相应。所谓不相应者，“本觉之心之知，与其所知之一切法之真如相”，与“由无明业相及由无明而有之能知能见相，及所知所见相”，彼此不同，而名不相应。此中与心相应之染为粗，与心不相应之染为细。知有粗中之粗，为凡夫境界；知有粗中之细，及细中之粗，为菩萨境界。知有细中之细，为佛境界。凡夫知粗中之粗染，而不能转之，菩萨能转此粗染至细染，尽去一切为智碍之无明，以灭一切生灭心，而显不生灭之心体之本觉，或心真如。以此心体不灭，心智不灭，心得相续，如风灭而水之动相灭，而非是水灭。此修行之事，亦实即唯是人之去除其无明，以有自觉其本觉之始觉，及究竟觉之事而已。

至于再下之数段文，则为论真如与无明之染净二法之互相熏习者。此以真如无明，可互相熏习，实迥不同于法相唯识宗之言染净法为异类，不能互相熏习者。此乃由于在《大乘起信论》，原以无明依心真如而生起。在此依处言，则二者不二。故可言其相熏习。此相熏习，乃由其相依，以言其可相互为因。故曰："真如净法，实无于染，但以无明而熏习故，则有染相。无明染法，实无净业，但以真如而熏习故，则有净用。"由此真如无明之相熏，一方面是由无明之熏心真如，使成妄心，以更熏习无明，现妄境界，而有妄心，与妄境界之熏习，即无明自身之熏习。另一方面是真如之熏习无明，"令妄心厌生死苦，乐求涅槃。以此妄心，有厌求因缘故，即熏习真如，自信己性；知心妄动，无前境界，修远离法，以如实知无前境界故，种种方便，起随顺（真如）行"。由此而有分别事识熏习，及意熏习，与真如自身之熏习。此言真如之自身之熏习，则有其自体之相熏习，与用熏习之二义。合此二义，不外言此真如，"从无始世来，具无漏法，备有不思议业作境界之性。依此二义，恒常熏习。以有力故，能令众生厌生死苦，乐求涅槃；自信己身，有真如法，发心修行"。此则要在言人本此真如为佛性，而此真如佛性，能自己熏其自体之存在，而亦能有力有用，以令众生发心修行，而自具一能现行之义而已。

然《大乘起信论》之下文，又伸此真如之自身之体用上之熏习，只是一正因熏习之力。此即同于谓只是正因佛性。然除此亦待外缘之力。必此内因外缘皆具足，人乃能成佛。故谓："虽有正因熏习之力，若不遇诸佛菩萨善知识等，以之为缘，能自断烦恼入涅槃，则无是处。若虽有外缘之力，而内净法未有熏习力者，亦不能究竟厌生死苦，乐求涅槃。若因缘具足者，所谓自有熏习之力，又为诸佛菩萨等慈悲愿护故；能起厌苦之心，信有涅槃，修习善根。以修习善根成熟故，则值诸佛菩萨，示教利喜，乃能进趣向涅槃道。”此亦如吾在篇首文所谓《大乘起信论》之旨，在既言人有心真如为佛性，具自能呈现之义，而亦不废诸佛菩萨之慈悲愿护等为外缘之说也。上文所说者，皆是真如自体熏习，至于此下文言如何赖众外缘，以有真如之用熏习，则从略。

再下一段文，更言此无明染法，“无始以来，熏习不断，乃至得佛后则有断，净法熏习，则无有断，尽于未来。……以真如法，常熏习故，妄心则灭，法身显现。起用熏习，故无有断。”由此而下文，更及真如自体相，与真如用之“从本以来，自性满足一切功德，所谓自体有大智慧、大光明义故，遍照法界义故，真实识知义故，自性清净心义故，常乐我净义故，清凉不变自在义故。具足如是过于恒沙、不离、不断、不异、不思议佛法，乃至满足无有所少义故，名为如来藏，亦名如来法身。……虽实有此种种功德义，而无差别之相，等同一味，唯一真如。……以无分别，离分别相，是故无二”。至于真如用者，则所谓“诸佛如来，本在因地，发大慈悲，修诸波罗密，摄化众生；立大誓愿，尽欲度脱等众生界，亦不限劫数，尽于未来，以取一切众生如己身故，而亦不取众生相。此以何义？谓如实知一切众生及与己身真如平等，无别异故，以有如是大方便智，除灭无明，见本法身，自然而有不思议业，种种之用，即与真如等遍一切处，又亦无有用相可得”。下文言此用即显为佛之应身报身等，今从略。

六　对治邪执，及止观方便与发心

此上所述，乃解释分中显示正义之部。在此分中之第二部，为对治邪执，第三部为分别发趣道相。在对治邪执，谓一切邪执，皆依于我见。我见或为人我见，或为法我见。此与《楞伽经》《唯识论》之言人无我，法无我之旨，亦固通。然其下文所说之人我见，则唯限就闻佛经所说而不解时，所起之对如来法身、如来藏、真如之见执，而破之。此中人对如来法身之一执见，是闻经说“如来法身……犹如虚空，而不知其为破著故，即谓虚空是如来性”，则对治之道，在“明虚空相……以对色故有，是可见相……以一切色法本来是心，实无外色，若无外色者，则无虚空之相。……唯一真心，无所不遍。此谓如来广大性智究竟之义，非如虚空相故”。第二执见是，闻经说“世间诸法毕竟体空，乃至涅槃真如之法，亦毕竟空：……不知为破著故，即谓真如涅槃之性，唯是其空”，则对治之道，在明“真如法身自体不空，具足无量性功德故”。第三执见是，闻经说“如来之藏无有增减，体备一切功德之法，以不解故，即谓如来之藏，有色心法，自相差别”，则对治之道，在知“以唯依真如义说故；因生灭染义示现，说差别故”。此即谓在真如门上，不可说有差别，唯示现在生灭门之染法，可说有差别。第四执见是，人闻经说“世间生死染法，皆依如来藏而有，一切诸法不离真如，以不解故，谓如来藏自体，具有一切世间生死等法”，则对治之道在知：“如来藏从本以来，唯有过恒沙诸净功德，不离、不断、不异真如义故；以过恒沙等烦恼染法，唯是妄有，性自本无，从无始世来，未曾与如来藏相应故。若如来藏体有妄法，而使证会永息妄者，即无有是处故。”第五执见，是闻经说“依如来藏故有生死，依如来藏故得涅槃，以不解故，谓众生有始。以见始故，复谓如来所得涅槃，有其终尽，还作众生”，则对治之道在知：“以如来藏，无前际故，无明之相，亦无有始。若说三界外更有众生始起者，即是外道经说。又如来藏无有后际，诸佛所得涅槃，与之相应，则无后际故。”

至下文所破之法我见，亦只限就人之怖畏生死妄取涅槃之执见，而对治之。此对治之道，在知：“五阴法自性不生，则无有灭，本来涅槃。”此义无特殊处。再下文更言究竟离妄执之道，曰：“当知染法、净法，皆悉相待，无有自相可说。是故一切法，从本已来，非色非心，非智非识，非有非无，毕竟不可说相；而有言说者，当知如来善巧方便，假以言说，引导众生。其旨趣者，皆为离念，归于真如，以念一切法，令心生灭，不入实智故。”至于在此书解释分之第三项言分别发趣道相，则谓一切诸佛所证之道，一切菩萨发心修行趣向。此中略说信成就发心，解行发心，与证发心。此中之前二，合为《大乘庄严论》之四发心中信行发心。此中之证发心，则可包括《庄严论》后三之净依发心、报得发心、无障碍发心。此重发心，亦与智颤著《摩诃止观》，重发大心之旨同。其中信成就发心又有三：一为正念真如法之直心，二为乐集一切善行之深心，三为欲拔一切众生苦之大悲心。于正念真如中，更言四方便，一者行根本方便，即“观一切法自性无生，离于妄见，不住生死；观一切法因缘和合，业果不失，起于大悲。修诸福德，摄化众生，不住涅槃，以随顺法性无住故”。此即摄般若三论之言自性无生，与法相唯识宗之言因缘义者也。二者能止方便，谓“惭愧悔过，能止一切恶法，不令增长，以随顺法性离诸过故”。此亦同智颤之重惭愧、忏悔之义。三者发起善根增长方便。谓“勤供养礼拜三宝，赞叹随喜，劝请诸佛，以爱敬三宝，淳厚心故，信得增长，乃能志求无上之道。又因佛法僧力所护故，能消业障，善根不退，以随顺法性，离痴障故”。此即摄净土宗之拜佛义。四者大愿平等方便。此谓“发愿尽于未来，化度一切众生，使无有余，皆令究竟无余涅槃，以随顺法性，无断绝故。法性广大，遍一切众生，平等无二，不念彼此，究竟寂灭故”，此第四方便。总此四者，“菩萨发是心故，得少分见于法身。以见法身故，随其愿力，能现八种利益众生”，此则皆大乘佛学所共同之义也。

至于其言解行发心，则更在于真如法深解，而有六波罗密之行。其言证发心，则言菩萨究竟地证真如而发心。“谓以一念相应慧，无明顿尽，名一切种智自然而有不思议业，能现十方，利益众生……诸佛如来，离于见想，无所不遍。心真实故，即是诸法之性，自体显照一切妄法，有大智用，无量方便，随诸众生，所应得解，皆能开示种种法义，是故得名一切种智。……诸佛如来法身平等，遍一切处，无有作意故，而说自然，但依众生心现。众生心者，犹如于镜，镜若有垢，色像不现；如是众生，心若有垢，法身不现故。”此即谓在证法身之佛心，遍照一切众生心，而有一切种智。此与《大智度论》及智顗之以此一切种智为佛智之旨同。其言佛之如来平等法身，无所不在，乃《般若》《法华》《涅槃》诸经及中国般若与天台学者共有之义，固非此《大乘起信论》之所独者也。

再后在《大乘起信论》修行信心分中，则以立信心，信法佛僧三宝为本，更言五门之修行。此中前四门：即施门、戒门、忍门、进门。此合于印度之六波罗密中之布施、持戒、忍辱、精进四波罗密。第五门为止观门，则合禅定与般若波罗密为一。此言止观门，即通于智顗等重止观之义。其后文言观之道，虽不若《摩诃止观》之详密，但其言止观特重正念。正念者，当知“唯心，无外境界”，更知“即复此心，亦无自相，念念不可得”。此重唯心观以成正念，则有类法相唯识宗窥基言唯识观之旨，亦与《大乘起信论》之自始依一切唯心义为本之旨趣，正相合者。又其言修止观，“除坐时专念于止”外，“若余一切悉当观察应作不应作”，当观众生之可愍，以勇猛立大誓愿。以修止“对治凡夫住著世间”之过，以修观“对治二乘不起大悲”之过。在言止观之后，更言众生初学是法，欲求正信，其心怯弱，则可专念西方极乐世界阿弥陀佛。此则同净土之教。然此则为对心怯弱而不能起信者之退一步之方便，不可谓为《大乘起信论》之根本义也。至于其言修习止观历程中之其他种种，则原文具在。真修行者，皆当细读，方有实受用处。今不赘述，非视之为不重要，亦以于此不须更语上起语之故耳。

第十一章　华严宗之判教之道及其法界观（上）

一　导言

义净自印度归著《南海寄归传》，谓印度所言大乘，无过二种。一则中观，一则瑜伽。中观即般若宗，瑜伽则法相唯识宗。而天台与华严二宗，皆同纯属中国人所创造。华严宗之初祖，传为杜顺，二祖传为智俨。然日人多疑此传承之说，或谓初祖是智俨，或谓初祖是智正。传为杜顺所著《法界观》，初在法藏《劝发菩提心章》中，亦复可疑。[①] 实际开此宗者，乃三祖法藏。继有澄观及宗密，皆能博学精思，宗密更会通禅教。法藏尝封贤首国师，故此宗亦称贤首宗。此宗特重《华严》一经，故称华严宗。此《华严经》之义，与天台智𫖮所重之《维摩诘经》《法华经》《涅槃经》其本身之内容与所言之义，原不同。李通玄《华严经合论》卷一卷二，尝论《华严经》与此《维摩诘》等六经，各有十别，读者可加参考。今不拟述。此《华严经》之传入中国，盖始于与鸠摩罗什同时之觉贤，已译《六十华严》，世亲之《十地经论》亦释《华严·十地品》者。由《地论》之释出，而有中国之地论宗。后以相州南道之弘《地论》者，为南地，相州北道之弘《地论》者，称为北地。北地继与摄论宗之思想合流。南地与南方之般若学之言法性之思想相接触。南地自勒那摩提、慧光为其开祖，历昙遵、昙迁、智正至智俨。智俨又承杜顺弘华严，而后人推杜顺为华严

①《现代佛学》第四卷九月号吕澂论华严宗文。

宗初祖。然自华严宗传承言，则当更上溯至慧光。若再接印度佛学以观，则《华严经》为法相唯识宗所自出之“六经十一论”之一经。故对其中《十地品》，世亲尝为《十地经论》。如前所已及。《成唯识论》言品地与胜行，亦取此华严十地之说。《摄大乘论》与《十地经论》，在印度并属一系之思想。至法藏所重之《大乘起信论》，则无论谓其为印度或中国之撰述，其重言心、意、意识，亦与《摄论》《唯识论》等，同属一系之思想。此乃初由弥勒、无著、世亲所开，而盛于印度西北者。故自始不同于《般若经》及四论之思想，乃由龙树、提婆所开，盛于印度之南方者。法藏即上承杜顺言《五教止观》、智俨所敷之十玄、六相与同别二教之义，又取《起信论》之义，以通《华严》。法藏之时，更有《华严》之新译，为法藏所取资，以弘华严宗义。后澄观所见之《华严经》之译文，又更多。其《华严疏钞》卷七十九，更摄天台湛然所重之佛性有恶之义，而言如来不断性恶，盖由其尝就湛然学《摩诃止观》之故。唯澄观于此染恶之上，更有染净双泯、至净无染之二义以超之耳。宗密更疏《圆觉经》，作《禅源诸诠集都序》《原人论》。而澄观、宗密，皆研儒道之学；故其书对《周易》、老、庄，以及魏晋玄言，皆时加引用评涉，如澄观《疏钞》卷一，以易之天道喻智正觉、人道喻有情、地道喻器世间。宗密《圆觉经疏抄》序以“元亨利贞，乾之德也”与“常乐我净，佛之德也”对言。此则较吉藏、智𫖮之藐视中土玄言者，胸度为广阔。然大体言之，则皆不出法藏所定之义理规模耳。

印度佛学之传入中国，初盛大乘般若之学，次有成实论师为小乘佛学近大乘般若者。及吉藏以般若通《涅槃》《法华》，至智𫖮而归宗法华圆教，以摄论、地论人所论者，为别教义。此是沿印度般若之学之路，而进至融摄印度二大流之佛学所成之圆教。故智𫖮于《法华文句》卷一有“敷八教网，亘法界海，漉人天鱼，置涅槃岸”之语，气象弘阔。此是中国佛学之一大成。前文尝谓之为一大创造。至于由《十地经论》《摄大乘论》之译出，中国之地论宗、摄论宗之成立，至《大乘起信论》之出现，再至华严宗之成立，则为沿印度瑜伽法相唯识之学之道路，而进以融摄般若之学所成之又一圆教。故法藏于《华严一乘教义分齐章》，稍易智𫖮之语，而言华严圆教，亦有“张大教网，下生死海，漉人天鱼，置涅槃岸”之语。其《游心法界记》，亦有此四语，更易第三句为“漉人天龙”，其语尤美。此正以华严之教为中国佛学之又一大成或一大创造之故也。

天台宗之为一中华佛学之大成，一表现于其判教，一表现于其言止观。华严宗之为中国佛学之大成，亦一表现于其判教，一表现于其言法界观。天台智𫖮之判教，乃慧观以降之判教论之一综合。华严宗法藏以至宗密之判教，则可谓依天台之判教，而重加增补修造以形成。华严之五时判教同天台，亦皆上承慧观之五时判教之说。慧观五时判教，以《涅槃经》为极至，智𫖮以《法华》《涅槃》同出一时，而以法华之圆教为宗，乃是自此经为佛最后所说，而以之为极致。《华严经》则传为佛初成道后第二七日，在菩提树下海印定中，升三天说其所证法界，亦即佛后所说之一切教义所自出之原始教义。天台宗判教所谓乳教，为后之酪、生酥、熟酥、醍醐等四教之所自出。即佛后说之藏通别教及圆教之《法华》《涅槃》共所自出之原始教义是也。此乃天台宗之智𫖮之所言。而说此《华严经》为圆教，则光统早有其说。护身法师判五教，以《华严》为法界宗，而耆阇法师判六教，以华严为圆宗（《一乘教义章·古今立教》章）。吉藏亦以《华严经》为依本起末之法轮。然智𫖮又以《华严》只为佛对别教菩萨说圆顿教，故圆而带别，尚未能遍应群机；必至更说藏通别三教后，再说《法华》，乃能普被三乘，而开权显实。故以《法华》为圆教之极致，亦所以开示佛初说《华严》之本怀者。然智𫖮于《华严》一经，未有撰述。唯取其中“心、佛、众生，三无差别”之言，以说佛、众生、心之三法种种之妙。于《华严》一经，所可能启示之义理，智顗亦未能深会。华严宗人，则依此《华严经》既为佛后来所说之一切教义之原始，而为乳教，更由《华严》一经所启示之义理，以建立华严之圆顿教。天台宗人，既以佛在第五时所说之《法华》《涅槃》为究竟。然华严宗人于佛之五时说法，更喻之如日之照世界。其在华严时之说法，如日初出之照高山，为日出先照时。此时乃为圆顿大根众生，转无上根本法轮，名为直显教。并以佛阿含时、方等时、般若时所说者，喻如日升转照时，乃为上中下三类众生转“依本起末法轮”，而成种种方便教。再以佛法华、涅槃时所说之会三乘归一乘以摄末归本之教，乃日没还照时所转之“摄末归本法轮”，以令彼偏教之五乘人等，转偏成圆。然此日没之还照，亦即还与日初之先照在高山，自相照映，终始相生，如一圆周。故既有天台宗人之弘此佛第五时所说之《法华》，亦理当更有华严宗人之弘此佛在第一时，所说之《华严》；然后可见佛之说法之终始皆圆之胜义所存也。（此圆依教义说，不依闻法者说。若依闻法者说，则闻说《华严》者，可只限于大乘菩萨；亦如佛说《法华》时，小乘人皆退席也。）

二　法藏判五教十宗之大旨

至于克就此华严宗之以《华严》为圆顿教之判教之理论内容而说，则法藏之五教之说，据云原自杜顺之《五教章》。智俨《孔目章》已有小乘教之三乘初教、三乘终教（熟教），与一乘圆教之分，又有顿教之名。法藏则正式形成五教十宗之说。此说之远原，则上承慧光之以顿渐判教，及智顗之五时八教之说。如顿、渐、秘密、不定，智顗所谓化仪四教也；藏、通、别、圆，智顗所谓化法四教也。法藏之五教为小、始、终、顿、圆。其中之小教即小乘教，与智顗之藏教相当。大乘始终教与智顗之通别教，大体相当。二家又同判《法华》《华严》为圆教。然法藏之五教中，则顿教亦为化法之一，澄观更有其十仪之说，以言化仪。澄观十仪之说，今不拟及。[①] 今观法藏之五教之说，其以小始终顿圆标五教之名，盖于佛所说之教义，乃由小而大，大之由始而终，与教之由渐而顿，由偏而圆之义，实最能豁显。此与藏通别圆之名之义尚暧昧，待解说而明者，固有其优胜之处也。

在此法藏之五教之说中，所谓大乘始教，在其《华严一乘教义章》，乃以般若三论之说为代表。据其《十二门论宗致义记》卷一、《起信论义记》及《华严探玄记》等书，则于法相唯识宗，亦视为属大乘始教。此与其《起信论义记》卷一，及《大乘法界无差别论疏》之判四宗，又略不同。后宗密《原人论》判教，乃以唯识法相之说，为相始教，以般若三论之说为空始教。宗密于《普贤行愿品疏钞》（卷一，九十五页）又判教为小乘教、大乘权教、大乘实教、顿教及法界性海圆融缘起无碍之教。然要之，皆以印度之大乘般若唯识法相及《大乘起信论》之上，尚须历一顿教，方抵于一最高之圆教。此皆不同于智𫖮之更重视般若之教，而以之为兼通别圆三教者；亦不同于智𫖮之以《摄论》《地论》之说为别教，其地位即接近于圆教者。华严宗人以《大乘起信论》为终教，乃由视《起信论》之言心真如之兼空不空，有进于唯识法相般若之教义。其位顿教于大乘终教之后，以通圆教，则由其特有取于顿教之绝言会旨之故。此即更开后之华严宗与禅宗相接之机。至依法藏之《一乘教义章》十宗之说，则在其所谓小教中更分六宗。足见在法藏之时代，对印度之部派佛学，已有更多之了解与重视，而非智𫖮之时代所有者也。

---

① 十仪即本末差别门、依本起末门、摄末归本门、本末无碍门（此上四门之名，法藏《探玄记》卷一已有之）、随机不定门、显密同时门、一时顿演门、寂寞无言门、该通三世门、重重无尽门。可参考澄观《疏钞》卷四，九十五至九十八页（华严印经会本），或续法之《贤首五教仪》卷二。

兹按法藏于《华严一乘教义章》卷一及《华严探玄记》卷一，言其五教十宗之说尝曰："就法分教，教类有五。后以理开宗，宗乃有十。"此中教与宗之不同，在教乃自教人如何修行，以有其断证阶位等殊上说，立宗则只自其所尚之根本义理说。又论五教曰："一小乘教、二大乘始教、三终教、四顿教、五圆教。初一即愚法二乘，后一即别教一乘。……中间三者，有其三义。一、或总为一，谓一三乘教，一也。二、或分为二，所谓渐顿。以始终二教所有解行，并在言说，阶位次第，因果相承，从微至著，通名为渐……顿者言说顿绝，理性顿显，解行顿成。一念不生，即是佛等。故《楞伽》云：顿者如镜中像，顿现非渐，此之谓也。以一切法，本来自证，不待言说，不待观智，如净名以默显不二等。三、或开为三，谓于渐中，开出始终二教。……以空门为始，以不空门为终。……又《起信论》中约顿教门，显绝言真如；约渐教门，说依言真如。就依言中，约始终二教，说空不空，二真如也。"此节文言其判五教之旨甚明，但此书以空门为始教之说，乃只以般若宗为始教，未如《十二门论宗致义记》等书中，兼以唯识法相宗亦为始教，如上所及者，更为兼备。此外法藏于《游心法界记》谓小属法是我非门，始属缘生无性门，终属事理混融门，顿属言尽理显门，圆则法界无碍门。《金师子章》以声闻教（即小教）言一切事法从缘有；始教言缘生法无生，性唯空；终教缘生假有，二相双存；顿教即此二相，互夺两亡；圆教是情尽理露，繁兴大用。皆是以般若教为始教也。

至于以理开宗，则法藏分为：一、我法俱有宗，小乘中犊子部等；二、法有我无宗；三、法无去来宗；四、现通假实宗；五、俗妄真实宗；六、诸法但名宗；七、一切皆空宗，谓大乘始教，说一切诸法，悉皆真空……如般若等（此言始教亦只及般若未及法相唯识）；八、真德不空宗，说一切法唯是真如，如来藏实德故，有自体故，具性德故（如《维摩》《胜鬘》《密严》《楞伽》等）；

九、相想俱绝宗，如顿教中绝言之教，显绝言之理等，如净名默显等；十、圆明具德宗，如别教一乘，主伴具足，无尽自在，所显法门也。

此五教之别，自其所依心识上说，《一乘教义章》更言：小乘只依六识；始教中之唯识，则依阿赖耶识；[①] 终教以赖耶识名如来藏；顿教则一切法唯一真心；华严圆教即性海圆明，法界缘起，无碍自在，一即一切，一切即一，主伴圆融，故说十心，以显无尽。又唯一法界性起心，亦具十德。此等据别教言。若约同教，即摄前诸教所说心识。甚深缘起一心，具五义门。一、摄义从名门，如小乘教说。二、摄理从事门，如始教说。三、理事无碍门，如终教说。四、事尽显理门，如顿教说。五、性海具德门，如圆教说。《教义章》其他辨五教差别之文，今并从略。

据此上引法藏《一乘教义章》所言五教十宗之说，吾人当注意其所谓十宗中前六，皆小乘教。此小乘教之排列次序，乃以我法俱有者为第一；空此中之我，而言法有我无者为第二；于诸法中谓唯现在之法有，过去未来之法无者为第三；于现在之法中，更分假实，谓现在之法，亦不尽实者为第四；于一般之实法中，更以世俗之实法为妄，只出世法为真为实者，为第五。此排列之次序，乃逐步缩减一般所谓真实有之范围，以向于空。而以第六之诸法但名宗，过渡至大乘始教之一切皆空宗；更由此一切皆空宗，过渡至真德不空宗，以言真正之实有。其后之相想俱绝宗，虽绝相想，但亦有实理。圆明具德宗则言一切全体具足之实有。故此十宗之排列，即表示一次第缩减一般所谓实有之范围，而趣向于空；更由空而趣向于真德之不空，而有之一辩证的思想历程者也。于此中之大乘始教，若于般若宗之说空外，再加法相唯识宗，为始教之重说有者，而以终教之《大乘起信论》及《楞伽》之言如来藏者，为真实空亦真实不空之一综合之教；则可说

① 此明言唯识属始教，可见在法藏之始教，亦原应有唯识也。

此大乘教中，有一正反合之辩证历程。然此皆属有言教之渐教，而后之顿教，则以绝言教为教，又与其前之以言教为渐教者相对反。而最后之圆教，则又当为缘此对反再升进所成之合。今即拟本此意，以观此法藏圆教义之如何形成，而先述其若干对般若三论宗义与法相唯识宗义重加之解释，以归于《大乘起信论》之旨；再透过其言顿教义，以归于其言法界缘起之四法界、十玄、六相，以使人修法界观之论。此则略不同一般之言法藏或华严宗义，恒直下说其四法界、十玄、六相之说者。此直下说其四法界、十玄、六相之论者，恒先不注意其思想，乃由对若干般若、唯识等之义，重加解释而形成，故亦不重其归在成就一法界观，以为修行之资。则十玄、六相等论，纯成一套无学术渊源之玄谈。故非今所取也。

三　法藏所传唯识、般若二宗之判教论，及其论“破”“立”，与论护法、清辨立义之相违中之相顺

关于法藏对般若三论宗及唯识法相宗之义，如何重加解释，吾人当先注意其对般若三论宗所重之十二门论，有《宗致义记》一书之导论十节。其中第三定教分齐中，先述其所闻于自中印度来唐之日照法师，有关印度戒贤、智光之判教之论。其论曰：“戒贤则远承弥勒、无著，近踵护法、难陀，依《深密》等经《瑜伽》等论……谓佛初鹿苑，转于四谛小乘法轮，虽说人空，翻诸外道，然于缘生，定说实有。第二时中，虽依遍计所执，而说诸法自性皆空，翻彼小乘，然于依他、圆成，犹未说有。第三时中，就大乘正理，具说三性、三无性等，方为尽理。是故于因缘生法，初时唯说有，则堕有边；次说于空，则堕空边。既各堕边，俱非了义。后时再说所执性空，余二为有，契会中道，方是了义。是故依此所说，判《般若》等经为说多空宗，是第二教摄，非为了义。此依《解深密经》判也。”

然下又曰："智光论师，远承文殊、龙树，近禀青目、清辨，依《般若》等经，《中观》等论……谓佛初鹿苑，为诸小根，转于四谛小乘法轮，说心境俱有。次于第二时为中根，说法相大乘，境空心有，则唯识义等；以根犹劣，故未能全入平等真空，故作是说。于第三时，方为上根，说此无相大乘，显心境俱空，平等一味，为真了义……则依此说，判法相大乘有所得等，为第二教，非了义也。"①

按此印度佛学中之护法与清辨，各自谓所宗是了义，而相破斥，戒贤、智光亦各立门户，更无能综合融通其说者。护法清辨之争，则前有吉藏知之，后法藏亦知之，皆谓其可融通。法藏融通戒贤、智光二家判教之道，是先谓戒贤之判教，乃依"摄机之广狭判，初时唯摄小乘声闻，第二时唯摄大乘菩萨，第三时具摄小乘大乘，故为了义"。更谓智光之判教，则以显理增微判。则"初说心境俱有，不达性空；次……显一分性空；后心境俱空"，故显理最微，是名了义。故法藏谓："戒贤乃约教判，以教具为了义；智光约理判，以理玄为了义。是故二说所据各异，分齐显然，优劣浅深，于斯可见。"此后之二语，即谓依理而说，般若三论之义高于唯识法相。故后之宗密以前者为空始教，高于后者之相始教也。

又法藏《十二门论宗致义记》导论第六节，论所诠宗趣，初泛明立破仪轨，讨论破与立之种种方式，此尤为重要。其文先说"佛法大纲，……一为上品纯机，直示教义，不立不破。二为中下杂机，方便显示，有立有破"。下文分别明破、明立、明立破无碍。在明破中，言破有五种：一、讥征破，即略对对方讥讽，使其自

① 此外法藏于《大乘起信论义记》卷一，《华严经探玄记》卷一，皆兼述此戒贤、智光之三时判教之说。但《一乘教义章》则只述及玄奘之三时判教说，而未言其本诸戒贤。盖法藏其时尚未闻日照之所传，亦尚未有《十二门论宗致义记》《探玄记》之书之著耶。

悟原所已知，此为最高之破斥方式。二、随宜破，此即依对方思宜所在，破其计，而显其思宜。三、为随执破，随对方所执而斥之，令其执心无计，顺入真空。四、标量破，即依因明比量道理，如依今所谓逻辑，以成破论，更不存此比量法，即不存此逻辑形式。五、定量破，即依因明或逻辑形式，以成其破论。如陈那所造因明、清辨所造《般若灯论》《掌珍论》。然此第五种破之方式，乃对最下劣之根而说。即对最愚者，方用此破法。故此破之方式列在最后。下文更明立，亦有五种立之方式：一、应机立，即随对方之已有其愿立之机者，而对之立言。二、斥破立，即为上述第三以斥破彼执，使心无寄处，而显真空。即是立。此即无立立也。三、随时立，即依对方之智，在其时所能悟而少立、分立或多立、全立。四、翻邪立，即以胜辩随时显说，答问难，以令义坚固之立。此中之胜辩，只须自依逻辑形式，而不必自觉说出者。五、定量立，即自觉依因明逻辑形式，以立义。此亦对下劣之根之立义方式也。此中之五种破立之言，皆不容人之自执其破立，方为究竟。其故在破乃破情执，情执之所以须破，则“以情执非理，当体即空，致使无破之破，破即无破。若执有破，还同所破。今既非所破，是故以无破为破，则能所俱绝，心无所寄，为究竟破。取意思之，勿着于言”。又立乃立正法，然“法既超情，何容得立，约情假立，立即无立……为究竟立……但可舍情入法……取意思之”。至于再下文所谓立破无碍者，“遣情（破）无不契理（立），故破无不立；立法无不销情，故立无不破。是以破即立，故无破；立即破，故无立。……立破一而恒二，二而常一。有不碍空，空不碍有。”即立破无碍意也。其次之文，是讨论清辨之宗般若之于一切皆破，设使唯识法相所立之依他之有亦破之说，与护法之宗法相唯识所言之依他之有，定不可破，而破此清辨一切皆破之说，所生之诤论。依法藏之意，则谓此破与不破，理亦自通。如依空宗破执，“欲令荡尽，必至幻有不有之际。要破幻有，令其永尽，方至所执不有之际。”此即谓依他之幻有亦可破。然此破依他，实即破遍计。故此破即立，亦即所以显依他幻有。故后文言：“清辨破有令尽，至毕竟空，方乃得彼缘起幻有。若不至此毕竟性空，则不成彼缘起幻有。是故为成有，故破有也。”下文再谓：“又彼闻说缘生性空，谓为断无，故护法等破空存有。幻有存故，方乃得彼不异有之空。以若不全体至此幻有，则不是彼真性之空。是故为成空，故破于空也。”下文综结之曰：“若无如此后代论师，以二理交彻，全体相夺，无由得显缘起甚深，是故相破，反是相成。由缘起法幻有真空二义，故一、极相顺，谓冥合一相，举体全摄；二、极相违，谓各互相害，全夺永尽。若不相夺永尽，无以举体全收，是故极违即极顺也。龙树、无著就极顺门，故无相破。清辨、护法据极违门，故须相破。违顺无碍故，方是缘起。是故前后不相违也。”此乃以依于相破极相违，即是互立而极相顺，以融通印度空有二宗之事。印度佛学乃以此二宗之争，而归于衰落者。然由法藏之于其相破相违中，即见其互立相顺，而皆摄入其圆教义中，则遂皆成为成就此圆教义者，以成就佛学之发展于中国者也。

四　法藏对唯识宗之三性义，及般若宗之二谛义之融通

此于印度佛学中极相违之清辨、护法之各自立量以相破中，见其未尝不相顺，前已有吉藏言之。此法藏之辨护法、清辨之言虽极相违亦极相顺，则除于《一乘教义章》总述其大旨外，详论则在此《十二门论宗致义记》导论第六节中之第三“总申宗意”。于此法藏谓般若之论，乃以二谛中道为宗趣。此二谛中道，亦是吉藏所先尝言及者。然法藏所论亦有进于吉藏者。其文言二谛中道有三门：一示义理、二约成观、三显德用。于示义理中，要在

依法相唯识宗之遍计、依他、圆成之三性，以明此般若宗之二谛中道义。此即意在融通此般若与法相唯识二大宗，乃中国佛学思想中昔所未有，而为法藏之一思想上之创造。法藏《华严一乘教义章》所言之融合此二大宗之义，亦只为略说此书所言者。依本书，此法藏之本三性以言二谛中道，又分为三：一就依他起性说，二就遍计、圆成二性说，三是总三性说。此中就依他起说二谛中道，则首谓："诸法起无不从缘，从缘有故，必无自性。……缘有性无，更无二法。但约缘有万差，名为俗谛；约无性一味，名为真谛。是故于一缘起，二理不杂，名为二谛。缘起无二，双离两边，名为中道。"① 于依他起中说俗谛，乃直就差别万法之缘起说，非就世俗情见所执之实法实我性说，故不同于吉藏及他人所言之俗谛，多指此情见所执者。此乃即因缘起之一切法为俗谛，而此一切法中之无情见所执之实我实法之性，为真谛。此一切法皆无实性，同此无性，而其无性为平等、为一味，此即真谛。此中缘起是一理，无性是一理，二理不杂，则说为二。然此二理所说者，只是一缘起事，而无二事。在此缘起事上，此二理不二，而离两边，即是中道。此缘起事之全体，应即法藏于他处所言之事法界。一切事法之此"二理之无二"之中道，即理法界。此二理之无二中道，与此事之不相碍，即事理无碍法界。事事皆有此二理之无二中道，而互不相碍，即事事无碍法界。（但法藏有此义，而无其名，后文当说。）在《十二门论宗致记》中，对此缘起无二之中道，法藏更就（一）开合（二）一异（三）有无三者，分别解释。其文颇繁琐。但亦见昔人之辨析之密，兹加以总述如下。

（一）此中之开合者，于一缘起开为缘起幻有义与无性真空义。缘起幻有，即具"无所有，举体全空"之"非有"义，与"不待坏彼差别相"之"非不有"义。无性真空义中，又具"空无空

① 法藏《密严经疏》卷九谓诸法依遍计，名依他。此与今所引法藏言依他，乃指众缘者不合，故不取。

相”之“非空”义，与“余一切相，无不尽”之“非不空”义。此中，吾人当注意者，是法藏于俗谛之幻有，不直说为有，而只说非不有，更说其非空。即此幻有直下便是非有，亦非不有，而超有与不有之二边之外者。于真谛之真空，法藏亦不直说为空，而只说其非不空，更说其非空。则此真空，直下便是非空、非不空，而超空与不空之二边之外者。由此幻有可开为非空、非不有二义，真空亦开为非空非不空二义，故于合之而说时，则有五重之义。一是由缘起幻有之俗，是“非有、非不有”之无二，以成其为幻有，此即俗谛中道。二是由无性真空之真，是“非空非不空”之无二，以成其真空。此即真谛中道。三此幻中非有，即真中非不空，而此二者无二。幻中非不有，即真中非空，此二者亦无二。此二“无二”，亦无二，是故二谛俱融，不堕一边，名为中道，此是二谛中道。此上之三中道，与吉藏所言之三中道，名义皆无别。然法藏下文更言：四、幻中非有与真中非空，融无二故，名为中道。此是非有非空中道。此相当于吉藏第四重二谛之第四重，亦相当于智𫖮所言“圆中”或“不但中”之即真空即假有，依此中而假有非有、真空非空者。但法藏再有：第五层之“幻中非不有，真中非不空，而非非有、非非无”之中道，为绝中之中，以使二谛镕融，妙绝中边。此最后一层之义，乃依于其所谓幻有原有二义，而具非不有义，其所谓真空亦原有二义，而具非不空义之故。若幻有真空，只各是一义，而不各具有二义，则无此第五重之义也。有此第五重之义，以言有“绝中”之中，在文义上，即对天台之只言圆中、不但中，吉藏之只言对偏中、尽偏中、绝待中，而不言此绝中者，更翻进一层。但此亦非随意之播弄文字，以成翻说。此翻说至第五层之目标，在重显幻有之非不有，真空之非不空，以见此幻有真空，原各具有二义，而非只具一义。而其前文之于此幻有真空，在始点上即先说其各具二义二理，而合显“缘起幻有之无性一味”，亦正为其所以必翻出此第五层之义之根据。此即无异谓人当直下先在缘起之无性中，见中道，而不当如吉藏之先分真俗二谛，然后阶升而上，至三中道；亦不当如智𫖮之先分空假，至但中，再至不但中或圆中，将此中置于最后。今当先直下认取真空、幻有，原各有二义，其二义之不二中，已有中道在。如要翻成层次，则须到第五层。此第五层，实即重回到“此先所直下认取之真空幻有之各有二义，其二义之不二”之中道者也。

（二）上是法藏就开合言依他之缘起无性之义，其次为就一异，以言依他之缘起无性之义。此中法藏一方言缘起与无性之不异，一方言其不一，更言此“不异”与“不一”自身之不异亦不一。所谓不异者：“谓缘有者，显不自有；不自有者，则是无性。又无自性者，显非自有；非自有者，则是缘有。……若待灭缘生，方为空者，则情中恶取空也。又不得许缘有故，违害真空。以若不空，非是缘有；自若有者，非缘生故。……异空之因果，非幻法故，失于俗谛。异因果之空，非真空故，失于真谛。是故二谛得存，由于不异；不异，则是中道平等，是则由中道而有二谛，则是中道二谛也。”至所谓缘起与性空或无性不一者，则以“此缘起法，由性空故，令彼幻有，亦不得有。……依彼幻有非有之门，及依真空非不空门，说彼真空，永害幻有，是故遂令俗相永尽，而为真谛。又此缘起法，由幻有相故，令彼真空，亦成不空，唯是缘起幻有差别……如是并依真空非空门，及依幻有非不有门，说彼缘有，永非是空。永非空故，方为俗谛。如是二谛，极相形夺，方成本性”。

此上乃谓缘起与性空，一方不异以相顺，而空有二谛得并存；一方又不一以相违，而空夺有、有亦夺空，而相坏。此相顺与相违，则又似只互相违，而不得相顺，则人可有疑难。下文为答此难，更有二门四句，明真俗空有之与夺存坏。自唯真空说，有四义：“一、由此空故，不坏缘有。以性若有者，非从缘有故。”此是以空存有。“二、由是空故，坏尽缘有。以空必害缘有故；有若不尽，非真空故。”此是以空坏有。“三、由空故，亦坏真空。以此性空，既由缘有，缘有存故，则无真空。”此谓空自坏空。“四、由空故，不坏真空。以坏于缘有，尽彼空相，方是真空故。”此是空自存。此上是自真空说其不坏缘有、坏缘有、自坏、自存，四句皆可说。自幻有说，亦有四义：一、“由缘有故，不害性空。以从缘之有，必是性空，定无性故。”此是有存空。二、“由缘有故，必乖性空。以缘有不无故。”此是有坏空。三、“由缘有故，则坏缘有。以从缘之有，必是性空，性空现故，必害缘有。”此是有自坏有。四、“由缘有故，不坏缘有。以从缘之有，必害空尽，有方为缘有也。”此是有自存。此上是自缘有说其不坏空、坏空、自坏、自存，四句皆可说。

故下文更总上八句，而说：“此缘有性空，或相夺全尽，或相与全存，或自坏自存，无有障碍。”

此上言缘起与性空，非一又非异。下文更言“非一与非异，复无有异”。因缘起无二故，谓坏有之空，即是尽空之有。如是空有，无障碍故，极相违反，还极相顺。是故相夺相与，复无有二。缘起镕融，义理无碍故也。由非一即非异故，即二谛为中道。由非异既非一故，即中道为二谛。最后言：“此非一非异亦不一。”此乃自“即非一之非异”与“即非异之非一”，二者之义，仍不相杂，故非一。如不异于“中”之“二”，与不异于“二”之“中”，其义亦不相杂。非“中”非“二”，具足“中”“二”，是谓“中边无障无碍”。

（三）法藏就依他起性明二谛中道，真空俗有，除由二谛开合之五层论，与就此二者之不一不异等四句论以外，更就二谛之有无论，其中更分甲乙二者。甲、自表说，先总说，后分别说。一总说谓于一缘起融成，四句各不堕边。第一句谓不碍空之有，不堕有边；第二句不碍有之空，不堕空边；第三句不相异之空有，于空有俱办，不堕于二边；第四句极反之空有，双泯俱非，亦不堕二边。此中之第三、四句“不堕二边”乃佛家之通说，但法藏之前二句以不碍有之空为空，不碍空之有为有，则此空此有在开始一点，即不堕二边，则为法藏之特说。今合此四句，而“不堕二边……亦俱得说边，是故非中非边，具足中边”。二分别说，则“或以幻有为有，无性为空；或以无性为有，以理实故；幻有为空，以不实故。皆俱融双泯，各不堕边，是名有无中道”。乙、自遮说，亦先总说后分别说。一总说是问此依他（之缘有），是有耶？答不也，以无自性故。是空耶？不也，不坏缘相故。是亦有亦无耶？不也，无二法故，不相违故。是非有非无耶？不也，以有无既离，无所待故，不碍二义故。是故由前三句，离有离无，故不着边。由第四句离非有非无，亦不着中。如此不着中，不着边，方为无寄中道。二分别说者，则是言于幻有及真空，还以有无四句说之，以见此四句皆不可说，姑略。

以上是直就唯识宗之依他起性，明般若宗二谛中道。其下文则是就唯识宗三性中之遍计执性与圆成实性言二谛中道。此中亦先分说后总说。分说，则于遍计执性言中道者，则自遍计所执之情有理无说，“约妄情谓有，……约理中实无……此有彼无无二，名为中道。……此是情理相望说。若单就情，一切皆是情谓虚妄。若唯约理，一切有无等，并无所有，无所有亦无所有，一切皆绝，亦无中无边。”于圆成实言中道者有三义：“一、约言就诠，亦得为俗；离言舍诠，非安立故，方乃为真、俱融无碍，以为中道。二、约绝诸相故，是空义，约真德实故，是不空义。此空不空无二为中。如经中空不空如来藏等是也。三、约此真如当体无碍，则无所有，为空。此真体不可坏故，名不空。此空不空不二，为中。”至于总说此遍计圆成之中道义，则有二义：一、遍计之迷真起妄为俗，圆成之舍妄归实，为真。真妄俱融，交彻无碍，以为中道。是真该妄末，妄彻真源。真俗混融，以为中道。二、摄真从妄，则俗有真无；摄妄从真，则俗无真有。如是真俗、有无，无碍，以为中道。此即见不只依他起性中，有无碍义，遍计圆成二性中，皆有此无碍义也。

此下一节文是总上依他遍计圆成三性，而先开后合说。开者遍计所执有二义，谓情有、理无。依他亦二义，谓幻有、性空。圆成亦二义，谓体有、相无。合者，以所执情有，依他幻有，圆成相无，如是有无无二，名俗谛中道。所执理无、依他性空、圆成体有，如是有无无二，名真谛中道。如是真俗，合而恒离，离而恒合，离合无碍，是二谛中道。

五　总述法藏融摄般若二谛与唯识三性之根本旨趣

总上所述，可见法藏之融摄般若之二谛与唯识宗之三性之根本旨趣。此实乃法藏之所以能进而言华严圆教之义理基础之所在者。此其言所具之义理之特色，在言缘起幻有之俗谛，与其性空之真谛，不只有一般之不二而相即，以成极相顺之义，亦许其可相夺，以成极相违之义。于此极相违亦可充其互相矛盾之量而说。如言真空可于依他之幻有，亦空尽，而永害幻有，言缘有亦永非是空。此二者即各自存而极相违。然此真空幻有，又皆有自坏与极相顺义。故此极相违与极相顺，还不相违，而更相顺，以相圆融。由此而法藏于般若宗之清辩之充空之量，以至言依他、圆成，皆为幻如空华，及护法之言圆成、依他皆实有之二说，在印度原视为无可融通者，在法藏则以为其相破而相夺以成极相违，正所以成其极相顺，而皆可加以圆融会通。此如以新名辞释之，可称为依绝对矛盾而形成之绝对一致。此绝对矛盾之所以能形成绝对一致者，在此绝对矛盾，即是矛盾两端之互相破斥，而互相彻入，而此端将彼端所有夺尽，以成为此端；彼端亦将此端所有夺尽，以成为彼端。此即无异彼此易位，而更无可夺，即成其相与而极相顺。故由此所显之中道，不同吉藏、智顗所言之中道，唯是能即此两端之偏以成不二中道者。此乃是更于此中之两端之偏，更许其绝对矛盾，以相破斥，而互相彻入，以成不二中道者。依此不二中道，以观缘起，则于缘起之事中，凡有诸缘或多缘和合，以生一法之处，亦不能只就诸缘之和合，而相即相顺处，以见其有能生起此一法之用；而当自此诸缘之有相对之义之处，更见其有相破斥相夺，而相彻入之义，以言其有生起一法之用。凡依众缘生之法，此众缘不相夺，则众缘不空。众缘不空，则不能更有所生起，而缘起之事不成。众缘不相入，则众缘自众而为多，则所生起之法之一不成。众多相入，则众多中之每一，皆摄诸他一所成之多，而每一皆摄多，多皆入于每一，以互相圆融无碍，以共显此众多者之自性之空，方能有所生起之一。此即法藏言终顿圆之教义，言事理无碍、事事无碍、六相十玄之论之所据。后文更详。法藏之会通二谛三性之论，虽见于《十二门论宗致义记》者，然固非专为解说《十二门论》而说者也。

六　法藏对《大乘起信论》之重释，及事理无碍、真如随缘不变义

法藏既于《十二门论》作《宗致义记》，又为《起信论》作义记及别记。法藏言真俗空有二谛及三性义，在《宗致义记》；言心识真如之义，则在其《起信论义记》及《别记》。其《起信论义记》卷一随教辨宗，尝分四宗。此与其在《大乘法界无差别论疏》之分四宗之说相同：一、随相法执宗，即小乘诸部是也。此相当于五教十宗中小乘教中之六宗。二、真空无相宗，即《般若》等经、《中观》等论所说是也。此即五教中之始教，十宗中之一切皆空宗。三、唯识法相宗，即《解深密》等经、《瑜伽》等论所说是也。此亦属五教中之始教。四、如来藏缘起宗，即《楞伽》《密严》等经，

《起信》《宝性》等论所说是也。此即五教中之终教，十宗中之真德不空宗。法藏于此未及顿圆二教及后二宗。其下文更言曰：此上四之中，初则随事执相说，二则会事显理说，三则依理起事差别说，四则理事融通无碍说。此与法藏《入楞伽心玄义》中所分四宗，以小乘为有相宗，空宗为无相宗，唯识宗为法相宗，以《起信》《楞伽》为实相宗之旨亦相合。本此理事无碍而言如来藏、心真如之理，依觉与不觉成阿赖耶识，更随缘成转识中事，此即理彻于事也。其言转识中依他缘起之事之理，同此真如，则事彻于理也。然此中尚未及于由此理事之圆融无碍，而事之缘起亦重重无尽，而事事无碍之义，盖必历顿教至圆教，方真有此最后之义也。

对此《大乘起信论》之言心识，法藏于其《义记》卷三，以四句辨之：如来藏唯不生灭，如水湿性。七识唯生灭，如水波浪。梨耶亦生灭亦不生灭，如海含动静。四无明倒执，非生灭非不生灭，如起浪猛风，非水非浪。此四义与《起信论》原文所说，亦不相违。法藏下文更言于此四者，随举一义即融体全摄。以如来藏为本以说，则如来藏恒不变，如水不失湿性。而水之动静不一，水与湿性恒相随；不可谓水不在浪中，亦非离水有浪。由此而如来藏即随动静而不变，如来藏即真如。此即法藏之真如随缘不变之论所由生也。

此法藏之依《大乘起信论》，而言真如之随缘不变，即谓无论吾人之转识如何生灭，或染或净，或善或恶，此转识恒依赖耶识，而赖耶识恒依如来藏或心真如。如来藏或心真如，亦恒随此转识之缘而不变。如海水与其湿性，恒遍随波浪之动静生灭而不变。此如来藏心真如即吾人之佛性，而佛性亦恒随吾人心识与其所对境界之转变而自不变。由此而无论吾人心识与其境界如何转变，吾人皆有止息其种种扰动烦恼染污以归清净，而自觉其佛性所在，以成佛之道路。如海水之息波以归明净，而日月山川皆于其中，全然呈现。此佛性、如来藏或心真如之如何呈现，亦由其原能如何呈现。此呈现即其本有之大用，其呈现为如何，即其本有之大相。故此心真如之随缘，亦即为随缘而能表现其自身之体相用，而以其自身为因，以成佛果者。由此而在法藏，即以法相唯识宗之真如，只是一正智或般若智所缘之理为无为法，其正智之种子，即所谓无漏种，亦无自现之义者；其所说之真如只为一不动之凝然真如，乃不能随缘而自表现，以其自身为因，以成佛果者矣。

然对此法藏之以海水与其湿性之恒随其波，喻真如或如来藏之随于吾人现有之心识与其境界，亦非谓此二者只相即，而无相离义。因此吾人现有之心识与境界，乃有染污，而当转依或转化成清净者。在未转化时，依唯识宗说，则此时只能说其有可转化之理，即真如有能现之理。而真如亦只能说是一理。依此说，则人谓有正智与真如合一之心，名心真如，为佛性，亦当说其未现，仍只是有能现之理，而不能说在事上已现此理。因若事上已现此理，则人是现成佛，应更不待修。在此点上，法藏亦不能否认，故说有事法界与理法界之分。故在一义上，亦可言事理不相即。因众生未成佛时，在事上看众生只是众生，只有一成佛之理故。此亦如自种种事之差别，而同有真空或真如之理时，其事与事间、事与理间，皆有不相即义。故法藏于《起信论别记》言理事不相即亦有四句：一、二事不相即，以缘相事碍故（即二事之缘之相各不同）；二、二事之理不相即，以无二故（即二事为二，而理可为一，一与二不同）；三、理事不相即，以理静非动故；四、事理不相即，以事动非静故。此皆见理事之不相即义，亦法藏所承认，然后方说有理法界、事法界之分。依此二法界之分，则说真如佛性只是理而非事，只是静而非动，以至只是一凝然真如，而非随缘真如，亦原非不可说。故于唯识宗之论，法藏亦视为依理起事差别说，如上文所引及，而初未斥其全非也。

然法藏对此理事之不相即而相差别之说，毕竟不视为了义，必进而以《大乘起信论》言理事融通无碍，为进一层之义，而更言理事之相即义。故于上文所言理事不相即之后，更有四句言理事相即：一、事即理，以缘起无性故。二、理即事，以理随缘，事得立故。三、事之理相即，以约诠会实故。四、二事相即，以即理之事无别事，是故事如理而无碍。此中第一句即说事为缘起，缘起者必性空，性空即事之理，此理与事，应不离而相即。此对“不相即四句”中之第四句。第二句是以性空故，一切法得依缘而起，如旧事之自性不空，则不能有缘起以成新事。故事之缘起，即依此性空之理，而亦依此理，而随缘得立。此对“不相即四句”中第三句。第三句是说事之理之相即，此即对“不相即四句”中第二句。此乃依于二事之理相即，二事同一理，以此理为其真实。故今会其实之同，即不见对二事之思虑诠说上之差别，则二事之理相即为一。第四句是对“不相即四句”中之第一句。因事既即理，二事同一理，于理上不相碍，则二事亦不相碍。此中前三句言理事无碍，第四句则由理事之无碍至事事之无碍之义也。

第十二章　华严宗之判教之道及其法界观（中）

七　唯识宗之重缘生义，及法藏对缘生与种子义之重释

依此理事相即而融通无碍之义，则言真如、如来藏为理，必须更言其一切转动之心识与其境界中之一切事之融通无碍。此即不能说此理只是静而非动，只是一无为法或一凝然真如，而不能随缘表现者。然唯识宗之说此真如是无为法，以至说无漏种子，亦不能自现，证真如正智，必待转识而修成，则固亦是依于缘生之大义。若只泛言人之心真如、如来藏能自动的忽然表现，不待修行之因缘，此又何殊外道之神我？又岂非同于谓此如来藏有自性？此一切法之生之必待因缘，乃佛家所共许之义。而唯识宗之言因缘，更分亲因与其他增上缘、等无间缘、所缘缘。现行法之亲因，即内容与之全同之种子，藏在赖耶识者。故唯某色法之种子，为某现行之色法之亲因，某心法之种子，为某现行之心法之亲因；亦唯某染法之种子，足以为某染法现行之亲因；而某净法之种子，为某净法现行之亲因。种子现行，必兼待其他增上缘等；若无此其外之缘，则种子之藏在赖耶者，即无作用，而无所谓现行。人之能证真如之无漏种之在赖耶，亦复如是。真如乃一切法之真实之如是，或一切之真理。此真理本是无为，证真如之正智，乃如其无为，以证知其无为。然此正智乃由无漏种之现行而有，其由未现至现，以成正智，即是有为；故此亦必待缘生。人之修

行，即其缘也。无此修行之缘，此无漏种必不能显，正智亦必不能有。无此正智之有为法，则只有真如之无为法，只有此未表现而无作用之无漏种。若将此无漏种说为一如来藏或心真如，此如来藏、心真如既未表现，即亦为无作用者。而法藏言如来藏、心真如能随缘表现，其理能自即于事，与事融通无碍，若依此唯识宗义论之，即皆不可说，说之必违佛家所共许之缘生大义矣。然法藏之言心真如、如来藏之能随缘表现，亦非不重此“缘”，故言随缘。而法藏之言此心真如之随缘，而能自表现，亦正透过其对唯识宗所言之因缘关系与种子义之分析，而重加解释以形成。此亦正是法藏对佛学之一真实贡献之所在也。

今吾人可先试思唯识宗或佛家所言之因缘关系，果当如何加以理解？于此吾人当说，如纯就一般经验之因缘关系上看，人对此因缘关系，初并不能有一般所谓理性的理解。而般若宗即顺此而言，人当于此自止息其理性的理解，而对经验中之因缘关系作现观。此即前所述般若三论宗之“诸法不自生，亦不从他生，不共不无因”，一套以四句推求皆不可得之说。唯识宗于此言种子，为一法生起之亲因，此乃意在成就此一般所谓理性的理解。如吾人一般说因有谷种故有禾，禾由谷种生。但依般若三论宗言，则实不可说禾由谷种生，以谷种在经验中现见无此禾故。此谷种对禾为他，禾为自。此自之如是如是，不在此他中，故不由他生。但禾亦不由自生。如由自生，则应先已有自，先如已有自，即不须更生故。亦不自他共生，以既无他生无自生，则亦无共生故。然亦非无因生，以无谷种亦不能有禾故。然虽无谷种不能有禾，又不能还说禾由谷种生，此是上所已破之他生故。由是而此生即不能依一般之理性以理解其所以生。然一般理性又必问其所由生，以说明其所以生，而依般若三论，此所由生或所以生，实不可得；故一般所谓生实不可说，而归于说不生、无生。此一义实亦为法相唯识宗之所承认，如世亲《佛性论》卷一，亦同有此破自生、他生、共生、无因生之论。故亦同不许一般常识所谓由谷种生之说，以谷种中现见无禾故。但唯识宗可说禾别有其自身之种子为其亲因。此现见之谷种只是其增上缘，非真种。此禾之种子，乃与此禾一模一样，而内容全同者，只此种子为潜隐而非现行耳。然以其内容与现行者全同，则可作为说明此现行之所由生，或所以生之一亲因，或真正理由所在，而合乎吾人一般之理性之所要求者。此唯识宗之建立此种子义，自更有其他种种说，然要皆是依一般理性之要求：同内容者作为同内容者之原因或理由，而有此种种说。依此唯识宗之建立种子义，而任何法之生起，即兼有与其内容全同之种子为亲因，更与其他外缘相和合，以成此一法之生。此种子之建立，依理性原则，其他外缘之发现与建立，则依经验原则。合此二原则，以说明任何法之生起，皆可据其法之种子之亲因，与其他外缘，加以一既合一般理性又合经验之说明矣。

然此唯识宗之因缘论中，实有一更根本问题。即此因缘和合，毕竟是如何和合的？此中之因与其他之缘，性质内容并不相同，如何可相和合？便是一根本问题。亲因是种子，其他外缘，则恒是已有之现行。种子不能自现，则其现，似纯由其他现行外缘之力。然若说其现是其他现行之外缘之力，则如何又可说其为其自身之现行之亲因？此种子既为其自身之现行之亲因，又何以无不待其他外缘之现行，而自直接现行之力？又若谓必待其他外缘力方能现，则须知此其他外缘与其自身之内容，乃彼此相异，而各有其相者。种子之现行，只现其自身之内容，以为其自相，何以必须待与之异相之其他外缘之力？然若谓种子有能自现之力，则种子初非现，如何能非非现？非现与现，固自相异。若种子只是种子，则种子亦不能自现，而无此自现之力。种子若必待外缘之现，而有其现，则其现为他生。种子若能自现，则应唯现能生现，种子应先已现。已现更生现，还同自生。依般若三论，则自生他生皆不可，而说种子由其他外缘而现，由自现，皆不可。由他现、由自现皆不可，则亦不可言共现，或种子与其他外缘和合生现。因此和合无异共现共生故。然吾人又不可说此一法之现行无此种子、外缘为因缘，此一法现行，亦不可说无因缘。此则还只有归于三论宗之四句矣。

吾人上文指出唯识宗言因缘论之种种问题，即意在显出法藏言因缘之和合之胜义。依法藏说，此一法之待因缘和合而生，不可专自因之力上理解，亦不可专自缘之力上理解，复不可专自因缘二力之合力上理解，而当合此因之具空有二义，有力无力二义，及待缘不待缘二义，加以理解。此在法藏《华严一乘教义章·缘起因门》，共说六句，即以此六句重释唯识宗之种子之六义。

按唯识宗言种子共有六义：一、刹那灭，此即谓种子为不断生、不断灭，以自相续者。此乃依于人之所以建立种子，乃所以说明现行。一切现行法皆生灭法，而刹那刹那生，亦刹那刹那灭者，故种子一复如是生而灭，灭而生，以存于藏识。又种子随现行而增强，亦可以相违种子之现行而减弱。所谓种子之增强变弱者，实即后起一不同强弱之度之种子之谓。故于此必说其先之种子已灭。而所谓种子不增强变弱者，亦可说为即后起之种子与其先同强弱之度之谓。然如此说，仍须说后起者生时，其先之种子已灭。此即种子之刹那灭义，以见种子非常住法者。二、果俱有，此是说种子为因以显为现行之果，亦即与现行俱时而有，故现行可更熏种，使更强之种子相续生。三、待众缘，即上说之种子之现行，必待其他外缘之和合。四、性决定，即种子之内容恒为有一定性质之内容。五、引自果，即上述种子所生之现行之内容，必限于与其自己之内容相同者。六、恒随转，即种子恒存赖耶识中，随转识而与之俱转。然唯识宗之说此为一切法亲因之种子六义，只是散说，而未能总持的说其如何与其他缘和合，便能生果之理由所在。而法藏于此《缘起因门》所提示之六句，则能总持的说此中理由所在，今先照引《一乘教义章·缘起因门·十玄缘起》中若干原文，然后再加以总释。

《缘起因门》六义法中前三为：一、释相，二、建立，三、句数，六则为约教辨。其要语如下：

“一、释相……初列名，次释相。……初列名者，谓一切因皆有六义：一‘空’有力不待缘，二‘空’有力待缘，三‘空’无力待缘，四‘有’有力不待缘，五‘有’有力待缘，六‘有’无力待缘。二、释相者，初者是刹那灭义，何以故？由刹那灭故，即显无自性，是空也。由此灭故，果法得生，是有力也。然此谢灭，非由缘力，故曰不待缘也。二者是俱有义，何以故？以俱有故方有，即显是不有，是空义也。俱故能成有，是有力也。俱故非孤，是待缘也。三者是待众缘义，何以故？以无自性故，是空也。因不生缘生故，是无力也。即由此义故，是待缘也。四者决定义，何以故？以自类不改故，是有义。能自不改而生果故，是有力义。然此不改，非由缘力故，是不待缘也。五者引自果义，何以故？由引现自果，是有义。虽待缘方生，然不生缘果，是有力义。即由此故，是待缘也。六者恒随转义，何以故？由随他故，不可无。不能违缘故，无力用。即由此故，是待缘也……

“二、建立……定说六义不增至七，不减至五耶？答：为因对缘，唯有三义。一因有力不待缘，全体生故，不杂缘力故。二因有力待缘，相资发故。三因无力待缘，全不作故，因归缘故。又由上三义，因中各有二义，谓空义有义，二门各有三义，唯有六故……

“三、句数……有二种，一约体，二约用。初约体有无，而有四句：一、是有，谓决定义。二、是无，刹那灭义。三、亦有亦无，合彼引自果，与（果）俱有，无二是也。四、非有非无，谓合彼恒随转及彼待众缘无二是也。就用四句者，由合彼恒随转，及待众缘无二故，是不自生也。合彼刹那灭，及（性）决定无二故，不他生也。由合彼（果）俱有，及引自果无二故，不共生也。

由具三句，合其六义，因义方成故，非无因生也。……

“六、约教辨……由空、有义故，有相即门也。由有力、无力义故，有相入门也。由有待缘、不待缘义故，有同体异体门也。”

此同体异体之释，见下节言十玄缘起处。兹亦先引后文相关之语如下：

“一异体、二同体，所以有此二门者，以诸缘起门内有二义故。一不相由义，谓自具德故。如因中不待缘等是也。二相由义，如待缘等是也。初即同体，后即异体。就异体中有二门，一相即，二相入。所以有此二门者，以诸缘起法，皆有二义故。一空有义，此望自体。二力、无力义，此望力用。由初义故，得相即；由后义故，得相入。初中由自若有时，他必无故，故他即自。何以故？由他无性，以自作故。二、由自若空时，他必是有，故自即他，何以故？由自无性，用他作故，以二有、二空，各不俱故，无彼不相即；有无、无有、无二故，是故常相即。若不尔者，缘起不成，有自性等过。思之可见。

“二明力用中，自有全力故，所以能摄他。他全无力故，所以能入自。他有力、自无力（反上可知）；不据自体，故非相即；力用交彻，故成相入。又由二有力、二无力，各不俱故；无彼，不相入，‘有力无力’‘无力有力’无二故，是故常相入。又以用摄体，更无别体故，唯是相入；以体摄用，无别用故，唯是相即。”

此下之后文，是由同体异体，正释十玄，俟后文更引及。

按上文所引法藏之言唯识宗之种子六义，要在通空有之义，通有力无力以说因之待不待缘，以显缘起之无碍性，而使缘起事可为一圆融之理性所理解。缘起事之所以显为有碍，而非一般之理性之所理解者，在此中之因缘与其所生之果，各有性相，而互相差别，便成对碍。缘此而吾人于此所生之果说其由他生、自生、共生、无因生，皆无一而可。故即如唯识宗之分因缘为二，谓种子为因，其内容与所生之现行果同，仍有吾人前说之种种问题。

以此为因之种子与其他缘，固不同其性质内容。种子自身非现，而其自身之现行又为现。此现与非现，亦不同性质内容。凡不同性质内容者，皆有互相对碍义，则此中之因缘如何和合以生现，仍非一般之理性，对此中之因之缘及现行三者，只加以分别理解时，所能理解者。然法藏于此则兼空有、有力无力、待缘不待缘诸义，以理解此缘起之事之无碍性。此即为综合般若宗义与唯识宗义，以成此理解，更由此综合，以说唯识宗言为因之种子之六义。兹先释其种子六义之文，再看其如何兼空有、有力无力、待缘不待缘诸义，以理解缘起事之无碍性。

第一，于种子刹那灭义，法藏说之为显此种子之无自性而空者。于是现行之依种子而生，即依此空而生，而见此空之有力。又此种子之刹那灭，即种子自灭，非由其他缘之力。故此空为不待缘之空。现行之依此空而有，亦为不待缘者。由此而吾人言现行依种子而生，即同于依此种子之灭之空而生。则种子与现行，虽或现或非现，似相对相反。而相碍即亦不相碍，何以故？以种子刹那灭，其自性空，“空”即不与任何有相对相反而相碍故。

第二，唯识宗所谓种子之第二义，是言种子与现行果俱有。此乃自种子虽刹那灭亦刹那生，而自相续，以说一种子生现行后，仍自相续，以与现行俱时而有。法藏于此，则谓此种子之与现行，俱有而方有之处，即显种子之非能单独自有。此非自有，即是其自性空之义。其自性空，而能生其现行，即又见此空之有力。但此种子之自性空，而与其现行俱有，即亦待此俱有为缘，以成其为种子，故又为待缘。此第二义，不同于上之种子之刹那灭义，乃只就其自灭说，不连其所俱有之现行说者。故说此为“空”有力待缘。

第三，唯识宗谓种子必待众缘而后生现行，法藏则由其待众缘，言其不能自生现行，而无自性。此种子之无自性，即其空义。种子无自性生现行，即无力以生其现行，必待缘乃生现行。故说此为“空”无力待缘。

第四，唯识宗言种子，有其一定之性质内容而自类不改。法藏于此，即说其是有义，其不改而生与之同性质内容之自果，即有力。此有力，乃自其自身说，不自其他缘说，故为不待缘，是为“有”有力不待缘。

第五，唯识宗又言种子引生自果，然不引生其他之果，故虽待缘而生，而不生缘之果。如禾之亲因之种子，只生禾。禾虽待他缘，如其先之谷种、阳光、水分等，而禾之种子不生此等等。此种子之有，是有义，引生自果，是有力义。其待缘方引生自果，是待缘义。是为有有力待缘。

第六，唯识宗又言种子恒随“转识”与其“境界”而转，即随缘转，不能违缘而自现。其能随缘，即见其是有；不能违缘，即见其无力用，而待缘。是为有有力待缘。

依此法藏之释此种子六义，则种子及他缘与其现行便可不相对碍。若此种子及他缘与其现行，皆只是有，而性质内容不同，又皆有力，可不待缘而自有，则此三者固必相对碍。则于种子与他缘如何能和合，以生现行，即不能理解。又若此三者皆空、皆无力、皆待他缘他力而后有，而又无他缘他力可待，以皆空无力故，则亦无所谓种子与缘之和合，以生现行；而其和合以生现行之事，亦不能理解。然法藏于此，乃谓此种子原兼具空有二义，自其有言，则种子之有其一定之性质为内容；自其空言，则刹那灭而无自性。由此而种子与缘之关系，可自两面看。即一、自现行之依种子而生处看，则此种子之因有力，而缘无力，二、自现行之待众缘而后有看，则缘有力，此种子之因无力。又在待缘中，则空或有力或无力。在不待缘中，有亦或有力或无力，皆可两面看。由是而对此整个之因缘和合，以生现行之事中之因缘关系之理解，即可合此空有、有力无力、待缘不待缘之全体而理佛。自因观，因有力，同时见缘无力；自缘观，缘有力，同时见因无力。

此中之一有一无，即互不相碍。观“空”有力时，同时观“有”无力，观“有”有力时，同时观“空”无力。此空有之力，亦不相碍。于此为因缘二者中，一为自，另一即为他。此中之“自”若有而有力，此“他”即空而无力，亦可成其不相碍。反之，亦然。依法藏之十玄缘起说，则凡有自他之相待关系之法，皆有此一“自有力，则他无力，他有力则自无力”之关系，以成其相即相入。此因与缘之可和合，亦即根在其间之亦有此相即相入之关系。人能知因缘间，有此相即相入关系，则对因与缘，何以能和合以生不同于此因此缘之现行，即可更不生疑矣。

何以凡有自他之相对关系之法，皆有此相即相入之关系？此即因凡有自他相对关系之法，只由此中之“自”去看时，则“自”中无“他”，而“他”空，则“他”即为“自”所空，而他无“自性”，只在此“自”之所空中，而“他”即属于此“自”；只此“自”之有、“自”之作。此即上文所谓“自若有时，他必无故。由他无性，以自作故”之义也。然凡看自而看之为有者，皆可由此“自”之缘生、无自性，而更看之为空。凡自可从其有看，亦可从其空看。则于一切自他之相对关系中，若从自之空看，则只见他之有；他之有中无此自，自亦为他所空；而自无“自性”，只在此他之所空中，而自即属于此他；便只有他之有、他之作。此即上文“自若空时，他必是有，故自即他，由自无性，用他作故”之旨。然上列之“看自之有而他空”，与“看他之有而自空”二看法，乃轮替而转，不俱时而有，故“自有他空”与“他有自空”中之二有与二空，皆不俱时而有，即互不相碍，亦无“不相即”而为二之情形，自有与他空、他有与自空，固相即而不二也。

在因缘相对关系中于其一视为自，另一则为他，今说此种子因为自，则其他之缘为他。于此若从此种子因之自之有看，其中固无此为他之缘，此为他之缘即为其所空，而在其所空之中，以属于此自。此他之属于自，即自之摄他，亦即他之入于自。此他之入于自，乃由于自能空他。此自之空他，即自对他之力，自能空此他，即对他有全力，即唯见种子因之有全力，此缘之无力。此即上文明力用中所谓“自有全力故，所以能摄他，他无力故，所以能入自”之旨。反之，自此种子因之自之空看，则当只见此为他之缘。此缘中无此种子因，即能空此种子因；而此因即为缘所空，而属于缘，为缘所摄，而入于此缘。即当归于唯见此缘之有全力，此种子之因之无力。故此种子之因兼具此有力与无力二义，亦兼具“摄缘”与“为缘所摄”之二义，与“为缘所入”与“入于缘”之二义者也。

在此因与缘之相对关系中，若于此因缘二者各视为一自体，而只看其相互之力用，则只见其互相摄入，而更无别体，故唯是相入。但此互相摄入，而自体在他体中，他体在自体中。即自他体之相即。言相入，乃自用看；言相即，乃自体看。此体用二者，亦固不二也。

吾人若识得此因缘二者在一相对之自他关系中，有此相即与相入之义，则对因缘之可和合无碍，即可有一圆融的理解。而对能生现行之种子之因，即不能如唯识宗之只视为一定有，而当如上文所引，而以四句说之，一是有。即自其性质内容之决定之义说。二是无。即自其刹那灭之义说。三是亦有亦无。此中之亦有，即自其引自果说，此中之亦无，乃自其与果俱有，而自性空说。自此二者之为一事，而无二说，则总为亦有亦无。四是非有非无。即自其待他缘生，说非自有而非有；自其恒随缘转，说非无。待缘生与随缘转，为一事而不二。故总为非有非无也。

又依此法藏所释种子六义，以观其与缘和合以生现行果之事，则由其恒随缘转，而待众缘，乃一事而无二；即当说非此种子能自生现行，而非自生。由其依种子性决定，而刹那灭，方有现行生；即当说其非他生。由此种子与现行之果俱有，而引此现行之果，此二者之无二；即当说其非共生。此语费解，其意盖是谓唯种子，引生自果，故现行果不由他生。然种子既与现行果俱有，“俱有，故方有，即显是不有”，即亦非能自生此现行者。合此现行之果之不由他生，亦非种子自生，即为不共生。然有此不自生、不他生与不共生三句合所成之六义，即可说明此现行之因，故现行亦即以此六义三句所表者为因而生。故又非无因生也。

此种子六义，乃唯识义，不自生、不他生、不共生、不无因生，乃般若三论义。今法藏合之为一，即所以融贯唯识宗、般若宗之义，以说缘起也。

八 圆融的缘起论之应用，及佛性真如之随缘不变义，及本觉始觉义

此上只就法藏对唯识宗之缘起义之重释之文，更加以解说。今若离其原文，以观其大旨，则吾人可说唯识宗所谓现行之种子，原即指一现行法之功能，如吾人今所谓现实事物之潜能。吾人可说凡一事物生起于天地间，必有生起此一事物之一功能或潜能。如人绘一画，必有绘此画之功能或潜能。此能，可说先在画家之心识之世界中，然后实现或表现于其画之成。然说此能在画家之心识之世界中，却初非画家所自觉所意识，故当说此能在其下意识或赖耶识中。此能之为能，当其未表现实现成一现实上存在之画之先，当说是有。然此有，不同于现实之有，其中亦无此现实之有，则亦当说其为非有，而无自己存在之自性。又此“能”属画家之心识，亦为属其生命者。其生命相续生生不已，而恒不住于其故，则此“能”之在此生命中亦然。此不住于故，即故之不住而灭，而其生，即为旋灭旋生，其生生不已，亦是灭灭不已。故说刹那灭。依此能之非现实有与刹那灭，皆可说此“能”是空。然由此“能”可成现实之画，此画是有，故此“能”亦是有。由是而此“能”即兼具空有二义，即种子兼具此二义。

今问此能如何能表现实现？此必待其他条件，如画家之铺纸、运笔、墨等，是为此能之表现实现之外缘。画家依此外缘，而成一画时，其成此一画之能，即表现实现；而此能即不同于先之未表现实现之能。如说此先之未实现之能，今转化为实现于画之能，则此二能之义已不同。其先之能只是能，今是一实现之能，即与此现实之画之有俱有之能。于此亦当说，前能已空，而与此画俱有之能新起。此新起之能，与画俱有，即依此画而有，故人可由见其画，以知其有为此画之能。此能，依此画而有，则此能待此画，方得说为有。则此能，非自有，而为依他而有。自其依他有，而非自有处看，即亦具非有义、空义。人若更专自此画之有待纸笔墨众缘而成处看，则吾人亦可说此画只是笔墨如何在纸上动作之结果，而不见此画家之先有作画之能，若此能，为非有为空，亦无力成此画；唯笔墨在纸上之动作诸缘，为有力成此画者。是即待众缘。然吾人于此画成时，更反省何以此画为有如此内容之一画，又必说此乃由画家有一“作如此内容之画之能或种子”，为因，即性决定。更必说依其“作如此内容之画之能或种子之有”，为因，即只能成此如此内容之一画之有，为自果，即引自果。又必说其作此画之能，乃随其纸笔墨之运用为缘而转，而表现其能之有，于此现实之画之有之中。是即恒随转。此即吾人自然的依种子六义，以次第理解此作画之缘起事，亦任何缘起事之始终之思想历程也。

在此上之思想历程中，吾人之思想，乃由注意在能或种子自身之有与非有、必待其他众缘之有，而后此能或种子之内容之有，生现行之有；而亦于“此现行之有之其他众缘之有”中，表现其有。此一思想之历程，乃由为自之种子，至为他之缘，再至为自之种子，更至为他之缘之一圆周。历此圆周，以思想此因缘关系之全体，亦即圆融的理解此因缘关系之真实或真理。此中之思想循圆周而进行，不容吾人之只停于其一阶段。如停则成偏执，而与真实或真理不相应。不停而历此圆周，于偏执起时，即更历一圆周，以化除偏执，则其中之观自因、观他缘，以至观空、观有，皆互相补足，互相涵摄。则不只此为自之因、为他之缘，乃相即相入，以成一圆融之真实事；此中之次第所见之理，亦相即相入，而亦为圆融之真实理矣。

此上所说之圆融的缘起论，可用以观全法界之缘起，以成一遍摄全法界之缘起观，今暂不说。然亦可先自限用于观吾人之如何呈现其无漏种或心真如或如来藏，以成佛之事。于此如依唯识宗说，人之成佛，唯赖其无漏种子。然无漏种初非现，则在现实上，亦具非有义。由无漏种在赖耶识中，亦可增强减弱，则亦当旋生旋灭，旋灭旋生，以自类相续，而亦有刹那灭之空义。今以如来藏、心真如，代此无漏种，人亦不可执此如来藏、心真如，只是一般之实有，而当说其亦具真空义。故对此人之成佛因或佛性，说其为具有义时，亦可说其具空义。如般若宗言涅槃，亦如幻如化，即自此说。此皆法藏所许。但人修行而成佛，则此佛性必表现实现于其修行成佛之事中，以此事为此佛性之表现或现行果之所在，而与此现行果俱有。又此修行成佛之事，亦待其他众缘，如闻佛之言教，及历种种之生活事，对种种之生活境等。则于此可说佛唯是依缘以修之所成，离此缘修，佛性即空而无力。此亦法藏所可承认。然此缘修成佛，唯依人有佛性而可能。则必谓此佛性先为决定有。又依此佛性，亦只引生此缘修成之佛果。再人之随缘成修，此佛性亦即与之随转，而表现于其缘修之中，亦即以缘修成此佛性自身之表现，而除此佛性自身之表现外，亦无缘修。人恒实有缘修，即恒实有此佛性之表现，而见此佛性之为能表现，亦为真实不空者。则不得说此佛性只为一非现，而有生灭之无漏种，而当说其为实能现，而亦超一般之生灭，真实不空之如来藏、心真如之佛性矣。此依种子六义之恒随转，以言佛性之表现，为随缘以成修，以至成佛，即法藏所谓真如之随缘不变，而用之以释《起信论》之旨者也。《起信论别记》二十二谓真如随缘义，即翻对妄染，显自真德，内熏无明，令起净用也。

法藏之不取唯识宗之以无漏种为佛性之说，而取如来藏、心真如为佛性之说，并谓此心真如恒随缘而不变，而能表现为人之依缘起修以至成佛者。此即同于谓此心真如原有觉义为不生灭，而为本觉，亦有不觉义，而为心生灭之所依；更由自觉其本觉，以成始觉、究竟觉，以至成佛者。此中有种种关于此心真如与心生灭，及本觉与始觉之关系之细密问题，为法藏于《起信论别记》中所讨论及者。其中之第二十五节所论之一问题，是人可问人既有本觉，何以又容许有由不觉与心生灭，而起之无明或惑？毕竟此本觉是否灭惑而无惑。"若灭惑者，则有无凡夫过"，因既灭惑，则不应有起惑之凡夫。"若不灭惑者，即无觉义过"，因本觉既不灭惑，即不灭不觉，而有不觉，便不可说本觉是觉也。又既有本觉，有力能灭惑，则何须更有始觉之力？此二者毕竟是否皆有，而为二或一？此皆为人最易生起之问题。法藏于《别记》中有一段文答此诸难，亦是连上文所言之空有及有力无力，及本觉之显为始觉，待缘修即不待缘修之义，以答之者。今亦先照抄原文如下，再加以解释。兹按其答上述之无凡夫无觉义过之文曰："（本觉）灭惑，故非无觉义过。无凡夫者，亦非过也。何以故？一切凡夫，即涅槃相，不复更灭。是故凡夫本无，有何过也。亦非无凡夫过。何以故？以彼本觉性灭惑，故方名本觉。本觉存，故得有不觉。不觉有故，不无凡夫。故本觉灭惑，方成凡夫，何得有过？"

此上之答中，谓凡夫本无，乃自凡夫之惑种，原无自性，而具空义说。然凡夫之惑种，亦现是有，故有凡夫。然凡夫有本觉，能灭惑。唯依其有本觉能灭惑，方成凡夫。则说凡夫有此本觉，并无过。然下文之问更深一层。"问：本觉若灭惑者，即应无不觉，以障治相违故。若有本觉，即不得有不觉。如何言依本觉而有不觉耶？”此即谓有本觉，便不当有不觉，以二相违故。其答文即就此二相违，亦即所以成此本觉之灭惑，本觉与灭惑，原相顺而不相违以答。其言曰：“由本觉性自灭不觉故，是故依本觉得有不觉。何者？若本觉不灭不觉者，即应本觉中，自有不觉。若本觉自有不觉者，则诸凡夫，无不觉过。以不觉在本觉中，凡夫不证本觉故；不觉即不成凡夫过。又若本觉中有不觉者，则诸凡夫既有不觉，[1] 应得本觉；得本觉故，名不成凡夫过。若本觉中有不觉者，圣人得本觉，应有不觉；有不觉故，即非圣人，是无圣人过。又若本觉中有不觉者，圣人无不觉故，即无本觉……即无圣人过。……是故本觉性灭不觉。是（疑衍）又若不灭不觉，即无本觉；无本觉故，即无所迷；无所迷故，即无不觉。是故得有不觉者，由于本觉；本觉有者，由灭不觉。是故当知由灭不觉，得有不觉也。”

此上说若本觉中有不觉，则无凡夫者，以本觉中既有不觉，则凡夫之不觉，便非不觉此本觉，以此不觉原在此本觉中。此凡夫，正是不证或不觉此本觉者，则此不觉，不能使凡夫成凡夫，而无所谓凡夫矣。又若本觉中，原有此不觉，则凡夫之有不觉，即同于得此本觉，而亦不得称为凡夫。再如本觉中有不觉，圣人得本觉，即亦得此中之不觉，而非圣人。又若本觉有不觉，圣人无此不觉，不得此不觉，亦非圣人。由此上所说，故在本觉中，必须言其中无不觉，本觉之性即灭此不觉者。亦不能依人之对本觉有迷惑，而说无本觉。因此迷惑是对本觉之迷惑，亦即对本觉之不觉。言对本觉有不觉，即言有本觉。然本觉自是灭不觉者。然其灭不觉，亦即自有此不觉，为其所灭。故本觉亦得许有此不觉，以更灭之也。

上既答本觉灭不觉何以亦许有不觉之疑。下更答问“若本觉能灭惑者，何用始觉为”之疑曰：“以惑有二义故，一理无义，二

① 金陵刻经处刊本刊“不”字为“本”，今依义理校改。

情有义。由对初义，故名本觉。由对后义，故名始觉。故佛性论云：烦恼有二种灭，一自性灭，二对治灭。对此二灭，故有始本二觉。又此始觉亦是本觉之用也。何者？以依本觉故有不觉。有不觉故有始觉，是故始觉即是本觉，更无异体。唯一本觉灭烦恼也。始本相对，各有二义。本中，一是有力义，以能成始故；二是无力义，对始名本故。始中，一是有力义，以能显本故；二是无力义，为本所成故。”

下文再答“各有二义，有无矛盾，岂不相违”之问曰：“非直有无性不相违，亦乃相顺，便得成立。何者？始觉中，非从本所成之始觉，无以能显于本觉。本觉中，非对始之本觉，无以成于始觉。是故始本四义，缘起一故，不可为异。然四义故，不可为一。犹如圆珠，随取皆尽。……问：是始觉有耶？答：不也，以即是本觉故。又问：本觉有耶？答：不也，即是始觉故。问：亦本亦始耶？答：不也，始本不二故。问：非本非始耶？答：不也，本始具足故。此并生灭门中，净缘起义；真如门中，则无此义。”

此上一段言以惑或不觉，于理上无，故言有本觉；而惑或不觉，在情上有，亦即在事上有。故更有本觉之灭此不觉，对治由此不觉而有之生灭烦恼，以表现为始觉。此中，如以本觉为因，则始觉为果，本觉所灭所对治之不觉生灭烦恼，则为此因之缘。以有此缘，而此为因之本觉，得表现或生起此始觉之果。则此始觉，亦可说为因缘之所起。然此始觉之内容，又唯是此本觉之内容，此始觉唯是本觉之表现。如一般之种子，虽依他缘而现行，此现行之内容，只为此种子之内容，现行只为种子之表现。由是而吾人若重在言此本觉之能表现为始觉，即当说此本觉为有力，以能成始故。而此始觉不过此本觉之表现，则始觉为无力。亦如吾人之可于一般之缘起事中，说种子之因有力，其他之缘无力也。然吾人若重在观：若无此始觉之对治一切由不觉而起之生灭烦恼，则本觉在不觉中，则当说此始觉有力，“以能显本故”；而本觉亦不过此始觉之所显，而“对始名本”者，此本觉即为无力。亦如吾人之可于一般之缘起事中，说一般之缘有力而种子之因无力也。合而言之，即非从本觉所成之始觉，无以显本觉；非对此始觉之本觉，无以成始觉。而始本二觉之义，即圆融不二。此乃本于上述之四义而成。合此四义，以说一人之所以能由本觉至始觉，而成佛之一缘起事。则一事四义，四义一事，如一圆珠，即又如此四义之只合成一圆融之理也。

第十三章　华严宗之判教之道及其法界观（下）

九　顿教之地位

上文已述法藏之如何会通大乘始教之般若宗义，与唯识宗义，以说大乘终教之《起信论》之旨。今当继而述其如何言顿圆二教之旨。于此当知，其会通般若唯识，而以《起信论》为终教，已是依圆教之义以为说。如其言空、有、有力、无力、待缘、不待缘、相即相入、相与相夺，诸义之互相圆融不二，即是圆教义。其言顿教之理，亦依圆教义。故其《华严游心法界记》最后节，谓："顿终二教，法在圆中。何者？以彼空有无二，圆融交彻，是即为终。融通相夺，两边相尽，是即为顿。一多处此，即为圆。三法融，教诠故别。是故华严受彼二教辨。"此即谓其言诸教之理法，皆是圆融之理法。圆教之所以别于他教，在其依理而起之诠说。此中之终教之特性则依空有无二，以言种种相即相入、相与相夺之圆融义，如上所说。相与是顺，相夺是逆。此法性缘起具足逆顺，同体不违，德用自在，无障碍。（《一乘教义章》十玄缘起无碍法）而顿教之所以为顿教，即在依此圆融义中皆有相对之两边，而即此两边之相对，以见其绝对相反相矛盾，而使其由相即相顺以相与，而归在相夺，[①] 使对两边之义，皆心无可思，亦言无可说。此即由见不可思议，而直证此两边相夺，所显之空有不二之真实。此一顿教之位于终教之

① 杜顺《五教止观》第五，华严三昧门，亦有此互夺互融文，与法藏《发菩提心章》文大同，故人疑之。

后，初看乃以智𫖮之化仪为化法，而混乱化仪化法之分，即法藏之弟子慧苑亦尝有疑，以为五教中不当有此顿教，而建其半满四教之论。但法藏之言一切相对两边之义之不二，不只如吉藏之只依一尽偏中或绝待中为之统，亦不如智𫖮由一不但中之即两偏，见三谛之直下圆融于一心者，皆是直自中偏之无不归于相统、相即、相与、相顺说。法藏之说，乃于此两偏，除见其可依中“以”相统、相即、相顺、相与之外，更见其亦有“绝对相反，而相矛盾，或相违，以更相夺”之义。于此即不可不有此顿教所示之一境。此顿教所示之境，要在依凡为相对之两边者，皆有此相夺之义说。此相对之两边之相夺，乃一边之充极其量，以夺尽另一边，而另一边则更无所有；而此另一边，亦复夺尽此一边，亦使之更无所有而说。故即以理事相对作两边观，法藏虽言理事可相显、相成、相即、相遍，亦言其可相隐、相非、相夺而俱尽。如其《发菩提心章》既言“理遍于事，事遍于理，依理成事，事能显理”，亦言“以理夺事，事能隐理”。既言“真理即事，事法即理”，又言“真理非事，事法非理”，故“事理双观，互相形夺，遂使两双俱尽，非理非事，寂然双绝”。至于一般之事与事相对，理与理相对，互为空有隐显，以成两边者，吾人之观之，更无不见其既可相即而俱存而并在，亦可相夺，而俱尽、双绝，故凡分别说此两边之一切思想言说，皆可相夺，而皆可归于寂然双绝，以入于一不可思议境。然由此两边互夺，而一边之自，夺尽另一边之他，为其所有，而他全入于自，即又再成相入而相即。由相夺以再成相入而相即，而相与相顺，亦原只是圆教之义理。然人之契此相夺而相入相即所成之境界，则非义理之思议之事，亦不同于说此义理之事，即不同于说始教终教之事，亦非始教终教所立之教。故亦不同于天台所谓绝言，在其四教中皆有者。便当说为另一教。法藏即依此而言顿教之旨，以说《维摩经》之默然无言，即是说不二法门之旨，及《思益经》中之圣默然之义，并以《大乘起信论》之离言真如，即终教之通于顿教之义者也。

至关于法藏之言此顿教义之前别于小乘及大乘始终二教，后不同圆教之义者，则于其《华严游心法界记》所论，最为明晰。其中言游心法界之五门：第一门法是我非门，即小乘之无我执而言有法。人可依此门以就一切法之有，而观其总别同异等相。第二门缘生无性门，即大乘始教，如般若之所说。人可依此门，以入诸法皆空，相无不尽者。第三门事理混融门，即大乘终教。人可由之以入事理两门，圆融一际，空有双陈，无障碍者。此即上所述之《大乘起信论》为代表之说。法藏于此更说入此一门，则有止观双行，悲智相导，“以有即空，而不有，故是止境也；以空即有而不空，故为观境也。空有全收，而不碍二，故止观二法融（离）也。空有二而不二，故是止观二法离（融）也。即以能观之心契彼境，故是止观二法融也。”言悲智相导者：“观有即空而不失有，故悲导智而不住空；观空即有而不失空，故智导悲而不滞有。以不住空之大智，故恒随有以摄生，即大悲也；以不滞有之大悲，故常处空而证灭，即大智也。……以有即空，故不住生死；以空即有，故不住涅槃。空有一块而不碍两存，故亦住生死亦住涅槃。其犹水波高下动转，是波；湿性平等，是水。……波水一而不碍殊，水波殊而不碍一。不碍一，故处水而即住波；不碍殊，故住波而即居水。”此皆易解。而其意在以此事理无碍，通生死与涅槃，言于此二皆不住而亦兼住之义。此亦可合于智𫖮所言之止观与圆教之即生死即涅槃之义者也。然法藏于言此事理两门圆融无碍之后，更言入言语道断，心行处灭之顿教之方便。其言曰：“此方便即于空有之上，消息取之。何者？以空全夺有，有空而无有，有见荡尽也；以有全夺空，空有而无空，空执都亡也。空有即入，全体交彻。一相无二，双见俱离也。即以交彻无碍而不坏，两相双存……得是方便入法者，即契圆珠于掌内，诸见不拘。证性海于心端，逍然物外。超情离念，迥越拟议，顿塞百非，语观双绝。故既妄心永灭，诸见云披，唯证相应，岂关言论。……故论云：如人饮水，唯证者自知等。《楞伽经》云：真实自悟处，觉想所觉离。……”[①]

此法藏之言唯证相应，乃一切佛教所同趣。中国言顿悟义者，亦自竺道生以下，言之者亦甚多。法藏之言之特色，乃在依空与有之相对而相夺，以互相荡尽，以归于全体交彻，亦全体荡尽。一切法无不可相对而观其互为自他。于此自中观他，则自有他无；于他中观自，则他有自无，遂互为空有。一切抽象之思想范畴，如因与缘、始与本，以及全体与部分、同与异、一与多，其相对者各自有义，而无其相对之他义，即互为空有。而此空与有之自身，在一般之见中，亦谓“空”中有“空”，而无“有”，“有”中有“有”而无“空”者，亦实同是互为空有者，思之可知。凡此互为空有者，皆兼有此空有二义。今于此空有二义之自身，见其互为空有，使自相夺而互相荡尽。则于世间一切相对之法，无不互为空有者，即皆无不可见其自相夺，而互相荡尽，以至于一思虑路绝，言语道断之空有双泯无二之境。而吾人由任一相对为自他之法入门，而观其相夺而互相荡尽，亦皆可入于此空有双泯无二之境，亦非必须于一切相对之法，皆一一举而出之，一一荡尽之，然后能入此境也。此一一举出之事，固不可能，以世间相对之法无穷无尽，举出之而不能使之相夺，则唯是更向言说思虑之境中驰逐，而离于“入此境”之顿教法门愈远。此顿教法门之教人入此境，要在于空有之相夺中入。则于一切相对互为空有之法中，入此境，不为多；即在一相对互为空有之法中，入此境，亦不为少。此入乃深度的契入之事，固非广度的思议之事。人亦正须绝此广度之思议，乃能有此深度的契入也。故此顿教法门，决不同于以前之诸门，有广度的观有观空与观空有之相融之观解者。此乃以空有之相夺而互相荡尽，以使相对者由绝对矛盾不融，更绝对相夺，以无此不融，故与前三教不同。

---

① 此上所引法藏文《游心法界记》文有误脱，其文与今存杜顺《华严五教止观》第四语观双绝门大同，宜互参校以观。

而由相夺以无不融，即更有由相入而相即，以更成融，由相入而相即之重重无尽，以成一大缘起。此即其后文之法界无碍之大缘起，圆教之华严三昧所证之境也。

十　华严之圆教义与天台之圆教义

此华严之圆教三昧与法界无碍之大缘起之义，与前此四教之义不同者，在前四教皆是方便入法界门，而华严之说此法界，则纯是实显真实相，故不同于前三教之方便为权说，与顿教为绝思议而无说者。此华严之圆教，法藏承智俨而称为别教一乘。一乘即一佛乘，说其是别教，非同智𫖮之藏通别圆四教中之别教，此乃低于圆教者。此是说此《华严》只说真实之一乘，故与他教之有方便有权说者别异，亦与《法华》之开权显实，废权立实之圆教别异。澄观《华严随疏演义钞》卷六，依唐初印法师之分屈曲教与平道教，谓《法华》之随机隐显，开权显实，即是"屈曲"；不同《华严》之权实齐彰，一时显用，无边差别，皆是"平道"。又谓《华严》为根本一乘，《法华》为破异一乘。《法华》之开权废权，即有权可开可废，而开之废之，以化同于此实教之一乘圆教。此实教虽为绝待，然亦初与权相待，开权废权乃见其为绝待。故华严宗只说之为同教一乘。[①] 而华严之说一乘，则只直显此佛

① 华严之别教一乘与天台之同教一乘，法藏《一乘教义章》卷一尝辨之。其《探玄记》卷一又谓存三（乘）之一为《解深密》，遮三之一为《法华》，三表体之一为《华严》。又谓《华严》为根本一乘教，《法华》《涅槃》为破异一乘教。此即谓别教一乘，乃以三名一，有积极正面之教义。后澄观合大小三乘为一实教，于其中更开同别二教，此与法藏《一乘教义章》，直于圆教中开同别二教者又略异。（可参考《续藏经》百〇三卷四百三十五页宋师会述善熹注《同教问答》文）后宗密《普贤行愿品疏钞》卷二，谓能所无二，是大乘始教；能所俱泯，是大乘终教。华严则兼有同教、别教义。全收诸宗，即同教门缘起；全拣诸宗，即别教门缘起。又言"全收是别"，华严全收，即有同教别教之义。此与澄观之言又略异。然皆以华严圆教不同于天台圆教者也。

境界之真实究竟法，更无权可开可废；而为一自始不与权教相待之绝待教，[①]迥然别异余教，以成实教一乘。故又名别教一乘。此实教一乘，在说法界无碍之大缘起法。此必须先发彻到信心，然后能受此无碍法。此大缘起法之所以为大缘起，在于任一法中展一切法，亦卷一切法于一法。而一即一切，一切即一；一切入一，一入一切。此在前之大乘始终教，及智𫖮之圆教相较而言，则亦初非无其义。如般若慧照一切法，一切法同一性空之理。赖耶摄一切法，一切法同一缘起之理。性空缘起之二理，其二而不二之义，则详在终教。而佛般若智慧与解脱法身皆遍法界，其大悲大智遍摄一切众生，即在般若唯识宗中，亦有其义。而智𫖮之言由佛之悲智所生之神通感应之种种妙，心佛众生三法无差别，及一念之中即摄法界三千诸法，亦有此一摄一切，一切摄一之义。既已相摄，亦应有相入之义。然华严宗所言之法界缘起之义，仍有其特色者，则在其言一切法自其相对而观，以一法为自，其余一切法即并是他。依自观自，其中无其他一切法，而一切法皆对自为空，而为此自之所空，亦即在此所空之中，为自所夺所摄，而一切法，即皆入于此自中。而一切法之相入相即，又皆由其相对而相反相矛盾，以相夺而成。相夺净尽，为顿教境界。过此顿教境界，更观其由相夺所成之相入相即，与一摄一切，一切摄一……方是华严之圆教大缘起境界。此则不特为华严之五教中前四教所未能及，而智𫖮之圆教之要在明中偏相即，而非在由相夺以明相即相入者，亦未有之也。

至于吾人若立于天台、华严之言之外，以平观此二圆教之别，则天台之以法华为圆教，乃自其开权显实，废权立实说。此自是有权可废，意在开显。而华严则只说一佛境界之实，而无权可废，

① 湛然《止观义例》下谓绝待即绝相对，即必先有相待，乃有绝待。又谓《法华》之非顿非渐，即超过前此已说之华严顿教。此乃本智𫖮《法华玄义》相待妙绝待妙之义立说。自华严宗说，则未有相待，即是绝此相待，不须有待可绝，方为绝待也。

意在直显。二经不同，而天台、华严二宗，其立根，亦初不一。此即直依本流出乳教，与由三教之末教会归于本之醍醐教之不同也。[①]归本之教以摄末为事，而其工夫，亦以收摄此心为要，智𫖮言止观，皆要在收摄此心。其言一念三千，乃意在于当前之一念中，见其即具三千诸法，而即在此介尔一念心中，起空假中观。故智𫖮言小止观，更教人于数息中起止观工夫。于此介尔一念中起工夫，乃强度的说此一念中具三千，即言不须于一念外求三千，亦不须于三千法更起观。此三千法，固亦是相摄而相即相入者。但亦不须于此起观，以观其相即相入，而更明此相即相入如何展现为一法界无碍之大缘起法。故智𫖮之言一念三千，乃重在摄三千于一念，而不重在开一念为三千。其判教之论所归者，全在教人于当前介尔一念中，用止观工夫，使此工夫与此一念相即，而止于是，而更即假、即空、即中，以观其理或法性。先持举其名，更与此理相应，而生起相似之念，与法性有相似即，更有分证即，与由分证而全证之究竟即等。此皆为凝聚心念更求息止，以成观之强度的工夫。然华严之圆教，则始于直观华严所说之佛境界之广大无碍。《华严经》言佛以一音说法，为众菩萨所围绕。佛说法时，于“高台楼观师子之座，诸庄严内，一一各出一佛世界，尘数菩萨，谓海慧等。此是如来依报所摄，以表依正无碍故、人法无二故。又如佛眉间，出胜音等佛世界，尘数菩萨，以表因果无碍故。……十方各十亿佛土微尘数等大菩萨来，一一各将一佛世界，尘数菩萨，以为眷属。一一菩萨各兴一佛世界，微尘数等妙庄严云，悉皆弥覆，充满虚空……一一毛孔，各出十佛世界……

---

① 吉藏早言《华严》为根本法轮，《法华》为摄末归本法轮。清慈云续法《贤首五教仪》卷四尝本法藏《一乘教义章》，澄观《华严疏钞》，宗密《圆觉经大疏》《普贤行愿品疏钞》《禅源诸诠集都序》等书，以广辨法相唯识宗、般若宗、终教性宗之同异，其中言天台华严圆教有五异：一、直显开显异，二、会归流出异，三、废立普容异，四、圆融无尽异，五、性具性起异。文略不详。今本吾前文所及，总说二宗之别，不更机械分为五也。

一切妙宝净光明云，一一光中出十佛世界”（据《华严经旨归》）；而佛说法之音声，即遍重重无尽之世界，而无不闻，其光明遍重重无尽之世界，而无不照。而《华严经》中言善财童子之五十三参，见法界中之重重无尽之境，其故事皆甚美。

华严宗人，即由《华严经》所说之事法界如是，而得其所启示之义理，并即以此义理，为吾人当前所见之事法界之义理；谓一切事法界之事，即皆同依此义理而成就，以成事理无碍法界与事事无碍法界。由是而此华严之法界观即自始为广度的，故重周遍、重普融。故以有大行愿之普贤菩萨为宗，而不同天台之本法华而以救苦救难之观世音菩萨为宗。《华严经》言一毫端出大千世界无量经卷，虽亦似天台之言一念三千，然却非重在纳三千于一念，纳大千世界无量经卷于一毫端；而意在于一毫端开出大千世界无量经卷，以见法界缘起之广大无碍。此非谓其全无纳广大法界于一毫之意，如天台亦非无即一念以观三千诸法之意。然畸轻畸重，则显有不同。又天台、华严虽皆言止观，然天台自是重在止于介尔一念，以成观；而华严则重在观无碍法界之大缘起，以成止。天台所止之介尔一念，即吾人凡夫无明法性心，以止观破无明，而开显法性。而华严所观之大缘起，则初只佛眼所见一真法界。故吾尝于《原性篇》谓天台宗能道中庸而极精微，而华严宗则是极高明而致广大。天台之一念三千，乃即一念心以言此心之性具三千。而《华严经·性起品》言“如来性起正法，一切如来平等智慧光明所起”。则此大缘起为佛眼所见者，皆佛之如来种性之所起。然心佛众生，三无差别；则此大缘起，亦即由吾人一念心性之所起。故天台宗由智顗至湛然、知礼益重言性具，华严宗由智俨、法藏、澄观、宗密，益重言性起。天台知礼言性具，而以华严之言性起，乃随外缘方起，故不如言本性内具之必具。然后华严宗之续法，则以“外全起，内岂不具？”“起必含具”，而“具不必起”，乃以言性具者，不如言性起之全备。天台言一念无明法性心，可归于观妄心、观性恶为法门；华严以一念心上契佛眼所见之大缘起法，则要在见此兴起万法之真心真性之清净无妄，为法门。观妄所以即真，不可说为止于观妄心；契真所以破妄，亦不说为离妄别缘真心。天台即九界众生性，以开显其所具之佛性，会三乘于一乘。华严观九界众生性，皆如来性之所起，由一乘之本教，以出三乘。会三归一，如日之还照；一能出三，如日之初照。三原是一，方能归一；一原函三，方能出三。天台之圆，在即众生心性，开佛知见，开三乘之权，显一乘之实；而其本则在《华严经》所言；佛眼所见之"心佛众生三无差别"。华严之圆，则在直契此佛眼所见，以知佛之本怀，必普度众生，使与佛无异。而其末，则为《法华经》之开权显实，使一切众生毕竟成佛，而还契佛之本怀。故不可以天台之观即众生性之妄心，为偏妄而不圆；亦不可以华严之观即佛性之真心，为偏真而不圆；更当知本末之相贯而不可相离；还照之日即初照之日之自行于一圆也。

至就华严与天台之说法方式而论，则天台之教义，乃以中统假空二偏成三法、三谛、三观、三佛性、三法身……皆如伊字三点，不纵不横，华严于一切法皆自其异体之自他之相对，与同体中自与自之相对，以观其"相即相入"与"相夺相泯"；乃由两两对开，而有四法界、六相、十玄之说，故其义理皆纵横交错，而亦纵亦横。天台所宗之《法华》，只一佛说法，众生闻教，《华严经》则一佛说法，十方世界诸佛一齐俱说，而说者即是闻者。菩萨闻法亦皆能说法者，故亦皆为能说能闻者。于是一切佛法皆在诸佛菩萨之相对互说相闻之中，以相即相入。佛对众生说法，众生由本觉之因，而得始觉之果是为佛。佛之有此始觉之果，亦由其原是一有本觉之众生为因。因果不二，相即相入，而佛与众生，亦相即相入，以合为一无碍之大缘起法。故佛之为众生说法，《探玄记》卷一言四义：一、"众生无别自体，揽如来藏以成众生。然此如来藏即是佛智证为自体，是故众生举体，总在佛心智中”；二、“佛证众生心中真如成佛，亦以始觉同本觉故，是故总在众生心中”；三、“众生心内佛，为佛心中众生说法；佛心中众生，听众生心中佛说法。如是全收，说听无碍”；四、“或彼圣教，俱非二心，以两相形夺，不并现故；双融二位，无不泯故。谓佛心众生，无听者故；众生心佛，无说者故。两相俱泯，二相尽故。经云夫说法者，无说无示；亦其听法者，无闻无得。……是故此四……圆融无碍，方为究竟”。《探玄记》依此四义之圆融，以观佛对众生说法所成之圣教。依其中之第一义言众生所依以成众生之如来藏，即佛智证为自，使众生在佛心中者；则不可言众生所自有如来藏佛性，只属于众生，而当说为是佛所证得，以使众生在佛心中者。依其中第二义，言佛证此众生如来藏，众生之心真如，即佛以其始觉，同于此众生之心真如之本觉；则佛乃在众生心中，而佛亦不属于其自己而属于众生。此即为佛与众生之相入而相即。由此而有第三义，即佛对众生说法，即众生心中之佛对此佛心中众生说法；亦是佛心中众生，听众生心中佛说法。于是此说法听法之事，与此中所说所闻之圣教即全在此二心。他说他闻，即自说自闻。此即佛心与众生心自体他体相即，同时是佛心与众生心之自体，各与其自体之相即。此即终教义。至于依第四义，则佛心与众生心，异而相夺，其说听亦相夺，无说无闻，皆归寂默，亦无佛与众生之差别相，如顿教之所直会。合此四者，以成圆融观，即为一乘圆教所说之圣教流行之大缘起法。此与智𫖮言较，则智𫖮能言佛心与众生心相即，以说一念具三千法，则其圆教中亦有前三义。然智𫖮未言众生心与佛心相形夺而成之顿教义，亦未言前三义通过此顿教义，以为一乘圆教所摄也。

十一　佛法十义及理事无碍观、事事无碍观

循此以观法藏所言之种种义理，则其《一乘教义章》言佛法之十义：一、教义，二、理事，三、解行，四、因果，五、人法，六、分齐境位，七、师弟法智，八、主伴依正，九、随其根欲示现，即摄一切（感应），十、逆顺体用自在等。此十义与智顗言圆教之本迹中十妙，亦大体相同。此十义中之教义，是总说诸教判别等，有如智顗之言判教。理事即智顗迹中十妙所谓境。解行，即智顗迹中十妙之智与行。于因果中，法藏乃本《起信论》以如来藏本觉与解行为佛因，始觉、究竟觉而成佛为果。此在智顗，即以境智行三法，合为本中十妙之本因妙。第五人法、第七师弟法智，此在智顗属于本迹十妙之说法妙。第六分齐境位，即同智顗十妙迹中之位妙与本中之国土妙。八、主伴依正，则智顗之本迹十妙中之眷属妙及本中之国土妙，皆有其义之一部分。九、随其根欲示现，即摄一切，则与智顗之感应妙、神通妙相应。十、逆顺体用自在，则涵智顗迹中十妙之功德利益妙，亦与本中十妙中本涅槃妙、本寿命妙、本利益妙等相应。是见法藏之十义，与智顗之本迹中之十妙可相摄而说，佛教大义固不出此十义也。慈云续法《贤首五教仪》，于贤首之十义，更依心以释其名义曰“心之意言曰教，心之法相曰义，心之一如曰理，心之万别曰事，心之所缘曰境，心之能照曰智，心之游履曰行，心之阶级曰位，心之初作曰因，心之终成曰果，心之归托曰依，心之主持曰正，心之自性曰体，心之干能曰用，心之负荷曰人，心之轨则曰法，心之违背曰逆，心之和合曰顺，心之招致曰感，心之酬还曰应”，并可助初学之理解。

至于法藏之说此十义之具哲学意味之义理，则一般皆依其言真空观、理事无碍观、周遍含容观之三观，及四法界、六相、十

玄之意讲说。此法藏之三观，澄观《华严疏钞》卷十谓为杜顺所说，然今传杜顺书多同法藏书，可能即法藏所著。至四法界中之事事无碍，法藏有其义，如《探玄记》卷一于理事无碍门之后，更言事融相摄门，即事事无碍之义也。然似尚未定其名。此乃盖至澄观、宗密而后定其名。故澄观《华严法界玄镜》及《华严经疏钞》卷二，宗密注《华严法界观门》，皆谓周遍含容观，即事事无碍法界；澄观《华严疏钞》卷十，谓十玄自第二玄以下皆说事事无所碍是也。至于六相之名，则见《华严经·大地品》，智俨先言之而法藏更析其义。十玄则先有智俨之古十玄，而法藏略变其说，以成新十玄。法藏弟子慧苑，又对之有所修正，并以上说之十义，为一重十玄，修正法藏十玄所成之十玄，为再一重十玄，则共成两重十玄。此法藏之十玄依何而建立，亦当略说。人只观其立名之美，作光景玩弄，亦于义无取。法藏之言三观之说，详见其《华严三昧章》，此书有金陵刻经处本，但原文有脱误。《大藏经》本较全，名《发菩提心章》，又似即取澄观所释以重编者。华严宗书，或参差错杂，不如天台宗书之整秩。兹本此数书，略加整理，述此三观之义如下。

按此三观中之真空观法有四句：一、会色归空观，二、明空即色观，三、空色无碍观，四、泯绝无寄观。真空观法，要在对小乘之灭色析色归空，或外色求空，而本般若之体法真空，以会色归空成空观，明空即色成假观，由空色无碍，泯绝无寄，以明中观，即天台之妙有真空。故澄观说空色无碍是双照明中，泯绝无寄是双遮明中，谓此三四为妙色观。然此中之第四泯绝无寄观之使空有相夺，亦即顿教义也。

至于下之理事无碍观，则说理事镕融有十门义：一、理遍于事门，谓一一事中，理皆全遍，非是分遍。二、事遍于理门，谓有分限之事，与无分限之理全同，非分同。于此当知此所谓理，非一般之抽象普遍之理，乃具体之理。克实究竟言之，即真如理，如来藏之理，众生能成佛之理。此理遍在众生之一一事中，此一一事固皆有分限，然其中皆有此无分限之理之全体贯注，而内在于其中。如全海在波，而海非大，一波匝海，而波非小。是为理遍事，而事遍理。事理相即为一如，而互不相碍。如众生之事与其心真如、如来藏之不相碍也。三、依理成事门，以诸缘起事皆无自性，依此无性之理，事方成故。如波依水成。四、事能显理门，事虚理实，故实理得显，如波相虚，令水体露现。[①]《大藏经》本第五以理夺事门。六、事能隐显理门（此与《三昧章》之第四理事双绝门相当）。此皆自理事相夺义说。《大藏经》本《三昧章》第七门为真理即事门，第八门事法即理门。此乃自缘起事与真如理之相即、相是、相同，而得以“相即”说。第九真理非事门与第十事法非理门，乃自理事之相非、相异以至相夺说。此在《三昧章》皆无之。然皆不出此理事相即、相成与相夺、相泯之二义也。

至于《大藏经》本《发菩提心章》所定为周遍含容观者，则似全抄澄观《华严法界玄镜》之事事无碍门十义以成，后同为《续法贤首五教仪》卷六，言周遍含容观之所取。但此中之前五门，皆只及事理无碍义。[②]后五门：六、遍容无碍门，七、摄入无碍门，八、交涉无碍门，九、相在无碍门，十、普融无碍门，方可说是言事与事之无碍义为主。此五者与《探玄记》中，第七事融相摄门以下，皆及于事事无碍义。此与《三昧章》六事事相在门以下者，可大体相配合。依《探玄记》事融相摄门有二：一、相在，二、相是。此“相在”即《玄镜》之六遍容无碍门，亦当即

① 此《大藏经》本中上述四义之前二与金陵刻经处之《三昧章》会相归性，及会事归理二义相当。言依理成事门，二书亦同。《大藏经》本事能显理门，属《三昧章》之理事无碍门，然不能尽此理事无碍之义也。

② 此十门中前五门理如事门，事如理门，事含理事无碍门三者，文同《三昧章》理事俱融门之前三义。但《三昧章》下文，更有理事相夺之义，此当更合法藏之旨。至于其第四通局无碍门，第五广狭无碍门中，所谓通者是理，理所以摄广，局者是事，事则狭。谓此二无碍，亦犹言事理无碍也。

《三昧章》之事事相在门。此乃自事事虽相入而又非一，各住自位说。此“相是”是自事与事之相入，亦相即，而不异说，亦即《三昧章》第四显德中，第七彼此相是门，复即《玄镜》之摄入无碍门。又八、交涉无碍门，与《三昧章》以“交参”言“即入无碍门”旨合。《探玄记》则只于第八言帝网重重门，言一具一切，此一之一切中之一，复具一切。此亦具交涉无碍之旨，亦与《三昧章》之帝网重现门，及《玄镜》九相在无碍门中，所谓一切与一切重重交参之义合。又《玄镜》之普融无碍门，则与《探玄记》之海印炳现门、主伴圆备门，言一切教法在如来海印定中，炳然呈现、主伴圆融之二义相通。《三昧章》亦即名之为主伴圆备门，以摄《探玄记》之海印炳现门也。要之，在《探玄记》中只有事融无碍门、帝网重重门等名，而尚未有事事无碍门之名，则此名盖澄观、宗密之所立也。[①]

今若说此法藏之虽无此事事无碍之名，而《探玄记》中之事融相摄等、《三昧章》之事事相在等，即其义；则此事事无碍之义，不外言事与事之相入而相在，以不一；与相是而相即，以不异。由此相入相即，更互相反映，则可至于重重无尽。如因陀罗网上之珠光或镜光之相照，至于重重无尽，总不出此事与事之相即相入之义。此事与事之相即相入，可是异体之二事，如因与缘之相即相入；亦可是一事之内部之前后事之相即相入，如本觉与

① 吾人如将《大藏经》所名为《发菩提心章》与金陵刻经处名为《华严三昧章》，与《探玄记》对比，可见《大藏经》本之《发菩提心章》与澄观《玄镜》之内容全同。而金陵刻经处名为《三昧章》者，则与《探玄记》更为一致。故疑此《大藏经》本之《发菩提心章》说为法藏所著者，实亦采澄观著以成。然澄观《玄镜》与《大藏经》本《发菩提心章》中，所视为属周遍含容观者，既只有后五门方说事事无碍之义，则澄观与宗密之谓此周遍含容观即事事无碍观，亦并不切。言事事无碍之义，如依《探玄记》，则当自第七之事融相摄门说起。依《三昧章》亦只当自后五门说起。法藏《探玄记》，只有事融相摄门等之名，未立事事无碍之名。法藏之《一乘教义章》等书，亦未见此名。慧苑《华严刊定记》有理事无碍宗、事事无碍宗之分。然此又不同四法界说，以理事无碍、事事无碍，乃二法界者也。

始觉之相即相入，此为同体之相即相入。而将事与理对观，则有事与理之相即相入；将理与理对观，亦有理与理之相即相入。然此中之相即，只由相是相同可成。至相入之为相对之异体相入者，其相入，乃相对者之互以其有，空他之有，以夺他之有，而摄他于自，以使他入于自，或使此自入于他，为他所摄。故无此相夺，而相泯相隐，即无此相入，而相存相显。由此观《发菩提心章》或《三昧章》中所言之理法隐显门、事法存泯门、[①]一事隐现门、多事隐现门、一多存泯门、一事存泯门、多事存泯门，即皆不外依此相夺义，以言相即相入之义，更说一切事理之法，皆有存与泯、显与隐者。然后之华严学者言相即相入者，恒忽此相入之根于相夺，由相夺方可言相泯与相隐。顿教义之精神，亦全在此相夺相泯相隐。法藏之五教中，必立顿教，亦即依其重此相夺相泯相隐之义。其弟子慧苑，必废顿教。澄观对此亦不如法藏之重视。宗密则较能契此，而依此顿教之绝思议以通禅。然今人言华严者，则多只就其言相入相即而泛说，而不知法藏之相入相即，当先历大乘始终二教，再通过此顿教中相夺相泯之义而说。若泛说一切法之相入相即，则《大般若经》言一切法趣一切，《金光明经》言一切法含受一切法，《维摩经》言须弥芥子相入，皆有其义，则于华严宗言相入相即之特色，与其进于其前之佛学之处，亦未能如实了解也。

十二　法藏言十玄、六相及华严法界观

至于法藏之言十玄、六相之义，则此十玄初于连于上文之教义、理事、解行等十义，而说佛之言此十义，其中亦具相即相入

---

①《大藏经·发菩提心章》五理事圆融义，第八，一多存泯门，金陵刻经处《三昧章》作一事存泯门。此二书之五理事圆融义中第七事事相是门之内容所说者，方是一多存泯门之事也。

与相夺相泯，以互为隐显存泯之义。而六相之总别同异成坏之相，乃就其所说之菩萨自利利他各有十句之义相涵，以状此《华严》之义海。今人以之为泛说客观天地万物之十玄六相，则失其本旨。此天地万物自亦属于其所谓成佛之事之中。故此十玄之义，自亦可用于说此客观天地万物。然其本旨则唯在状此《华严》之义海。此十玄六相，皆由上文言理事之即入等义以引出，而不须更说。但以其可助人之把握华严宗义而最流行于世，故下文亦本《一乘教义章》分别略释之。

法藏之十玄门，一、同时具足相应门。此即谓圆教之佛教乃于前所说之十义同时具足，以成一法界之大缘起法也。二、一多相容不同门。即谓此十义中之随以一义为门，即具摄前因果理事一切法门，此即较智顗之《法华玄义》，亦有境、智、行、因果等十重玄义，而未言其中之每一重义皆可为门，以通余九重者，更转进一层。此乃依法之可相对为自他，而说其自力用言，皆可相摄而相入，则一摄多、容多，而不失一。故一多相容而不同也。三、诸法相即自在门。此诸法或是异体之相即，或是同体之相即。如因之待外缘者与外缘之相即，为异体之相即；因之不待缘，而自具德，以表现为果者，其与果，为同体之相即。后者即如初发心作佛之事或佛性因与佛果之相即。然依《一乘教义章》，则重在言同体中之相即。四、因陀罗网境界门。因陀罗网即宝珠网，在此网之一珠中，现一切珠，其余珠亦然，隐显互现，重重无尽。此即喻一切法之相即相入之重重无尽也。五、微细相容安立门。此谓一切法门于一念中，可炳然齐现。重重互现，是因陀罗网义，平等齐头炳显，是此门。依《华严旨归》，此门意在言异体之相容而相入。六、秘密隐显俱成门。谓隐覆、显了，俱时成就。《华严经旨归》，言异体相容是微细义，又谓“异体相是，具隐显义”。即谓异体相即，而互为隐显有无，故二者俱成也。七、诸藏纯杂具德门。法之平等普遍者为纯，其差别特殊者为杂，纯杂之德皆具，而自在不相碍，是此门义。八、十世隔法异成门。过现未三世，各有过现未，合为九世。此九世相即相入，成一总世，合为十世。此十世相即相入，以成一切修生成佛之事之始终相涵之缘起。九、唯心回转善成门。此乃说上来诸义门，唯是一如来藏自性清净心之回转，性起具德，悉是此心自在作用，更无余物。此心是理，回转是事，即依理成事。十、托事显法生解门。此上诸义门，皆可托事加以喻显，此乃即事显理，与上之依理成事，合见理事圆融。此上十门等与前十义，皆同时会融，成一法界缘起具德门，普眼境界，但在大解、大行、大见闻心中。[①]

此十玄，乃直说大缘起法之内容。至于六相，则是说此缘起法之合多为一，而一多相摄入，而相即，以圆融不相碍之相状。六相即总相、别相、同相、异相、成相、坏相。“总相者，一含多德故”，如上述之大缘起法，合为一总相。“别相者，多德非一故”，如上之大缘起法，中有十义十门，各自有别义。“同根者，多义不相违，同成一总故”，如上之十玄十门，皆有同属此大缘起法之相。“异相者，多义相望，各各异故”，如上之十义十门之每一义一门，依其别义，以异于余九。“成相者，由此诸义，缘起成故”，

---

① 此法藏之十玄与智俨之古十玄，亦相差不多。只古十玄中之广狭自在无碍门，在法藏为诸藏纯杂具德门，纯即纯一普遍，故广；杂即杂多特殊，故狭。纯杂自内涵说，广狭自外延说。又古十玄之主伴圆明具德门，新十玄改为唯心回转善成门。圆明固指心说，心之活动自有主有伴，但言具德，重在心之性中所具；言回转善成，重在心之所表现之功用。此外，则古十玄与新十玄，只有次序之安排不同而已。据《华严经旨归》言就法之用言“有力无力、相持相依，故有相入”，即有同时具足相应门。就体言“全体有空，能作所作，全体相是，故有相即”。相即相入，各有二义：“异体相容，具微细义；异体相是，具隐显义；……同体相入，故有一多无碍；同体相即，故有广狭无碍。又由异体摄同故（《华严经疏钞》为异体相入带同体相入），故帝网无碍义。现于时中，故得十世义。缘起无性，故得有性相无碍义。（指托事显法生解门）相关互摄，故得有主伴无碍义。”此所说较整齐，便于把握。此虽是说古十玄。然此古今之十玄之义通，则亦即可用以释今十玄也。此外则澄观《华严经疏》卷二及续法《五教仪》卷六之二，对十玄之所以立，纯依事理关系说，亦颇严整，并可参考。

如由上之十义十门，以融成一大缘起，而大缘起法得成；十义十门，亦得成为此大缘起之十义十门，以别成总，以异合同。“坏相者，诸义各住自法，不移动故”，此即谓别成总，异合同，而别自是别，异自是异，而各住自法。此如上述之大缘起法中之一义一门，皆住自法，亦唯以各住自法，而不失自法，方得共成此大缘起法。（此可观后文以舍譬总，以椽等譬别中之释文。）此大缘起法，有如是六相，一切缘起法，莫不有如是之六相。盖合观，则为总相，分观则为别相。别合于总，为同相；别自分，为异相。别合成总，而别得成为总之别，为成相；别自分，而总失别即不见总，为坏相。故任何一缘起法中之诸别皆自在相即，无碍镕融。本此义之现前以修道，则“一切惑障，一断一切断，行德则一成一切成，理性则一显一切显”；以别皆成总，异皆合同，力用互相周遍故。“普别具足，始终皆齐，初发心时便成正觉。”“因即普贤解行，果即十佛境界。”《华严经》云：“一念之功德，深广无边际，如来分别现，穷劫不能尽。”此皆根于一摄一切、一入一切、一即一切，而一切摄一、一切入一、一切即一，其相反映，重重无尽，故功德亦无穷尽也。人能于此以高明广大之心契入，以成其深信，则此功德之无穷尽，亦即随此信而现前。唯凡人之此信，不深而浅，难续易断，则自不能见此功德之无穷尽。然若能深之又深，相续不断，则一念功德即不可思议，力用周遍法界中之一切法，而无穷无尽。一发心便成正觉，亦确有此理，而非虚语。此即华严宗之圆顿法门。其要唯在知此一摄一切，一切摄一之法界缘起；而更修法界观，以成其高明广大之心之深信。此与智顗之教人生大信，要在于介尔一念之无明法性心，以空假中三观破无明，以开显法性，由凝翕以成其辟之工夫者固不同。而是先辟此心，以向于高明广大，观法界大缘起，而更观此当下一念之发心，依此法界之大缘起，而功德无穷尽，即凝翕成大信。然其皆为一超思议之圆顿工夫，则一也。

至于法藏《华严经旨归》乃依智俨之十玄说。《华严还源观》，由体用言五止六观，《华严义海百门》则言教理观行之义海有百门。诸书言义理之开合，皆不必相同，然文义皆易解，今不拟一一述。而此中义理开合，不必相同之故，盖由于本相即相入相摄，以观一切教理观行等，皆原有多途，皆可成此相即相入相摄之义。如将诸镜相对，横斜错置，亦能互相反映，以成其种种之相即相入。今言义理之世界中诸义理之关系，如抽象而论，固可一一孤立，不必皆成相即相入。然若连之于具体之事物而论，则事物之力用，皆直接间接，相即相入，以成缘起法；则于其所具之义理，亦即无不可见其相即相入，以之为说明此缘起法之用。此义可自思之。事物有种种，其义理亦有种种。说此事物与义理之相即相入，以成缘起之说，亦有种种方式。固不必一一拘格以求加以配比，或更谓其配比之方式，亦只一而无二也。若果其如是也，此所拘之格式，皆只是有而不空，亦不能更与其他之格式，相即相入，则于《华严》之义，更何有哉？亦非我所敢知，而亦不欲更论者也。

第十四章　宗密论禅原与禅宗之道

一　导言

此中国之禅宗与印度传来之禅法禅观之关系，原为一待考究之一问题。印度禅观之法，传入中国甚早，前文已略及。智𫖮之言渐次与不定止观，亦即融合印度所传之禅观之法而成。然其圆顿止观，则归在于介尔一念中成就。于此观中依种种教义之思维，以形成一不思议境，则为其特色所在。然此天台之止观之工夫，乃一人于其在静坐或行动中所自用。华严之言止观，而游心法界，亦是一人之自默想成观。般若宗之空观，唯识宗之唯识观，人如加以应用，亦是一人自用之事。中国后来之禅宗，则重学者与其师之直接对语，而使学者之心直下有所开悟。又禅宗以前之习禅之僧人，皆“闲居静处，息诸缘务，住寺庙中，衣食具足”，无须自事生产，然后可修禅观。智𫖮《摩诃止观》，即明言此等等为习禅之必须条件之一。慈云《贤首五教仪》，言修法界观，亦当先衣食具足。故此僧人之得修禅观，全赖世间之供养。而以世间之眼光观之，则僧徒皆无异无业游民。韩愈《原道篇》辟佛，即要在依僧尼之不事生产而说。然在禅宗之徒，则多非身居大寺，恒须一面自理其生活中事，一面学佛。由此而其学佛之事，与日常生活之事，亦可打成一片，在劳动生产穿衣吃饭之事中，皆可悟道。故传六祖惠能为不识字之柴房舂米之人。此禅宗之兴起，无论自僧徒在中国社会中之生活方式说，与其谈论佛学之方式说，皆表示其与中国原有之社会文化有更多之结合。此中若专就其谈论佛学之方式，重师徒之直接对语而言，实正上承孔门师弟讲学之风。此乃大不同于南北朝之高僧大德之依经论讲义学者。义学之讲习，必须博学，并用佛典之专门名辞，求所讲者之系统化，依义理之位次，循序讲述。对语则知之为知之，不知为不知，亦可用日常语言，与文学中之语言，更不须求系统化，唯要在使学者之心直下有所开悟。在此对语中，其引用佛家之经论之文，亦要在取其当机者，加以活用。此活用之智慧，则不同于讲义学者之须有一对种种义理，加以分析综合安排组织之智慧。此后一智慧，可依一定方法训练而成。活用之智慧，则恒赖于天资，其训练亦无一定之方法。然人有此对经论活用之智慧，则佛家经论中之义理，亦无不变活；而由人之言说无碍，即得真显其义理之无碍矣。

依上述禅宗之于经论之文，恒表现一活用之智慧，以显其义理之无碍；故宗下之学风，大不同于教下之学风。在教下之中，最重此无碍义者，乃华严宗。华严宗能知此无碍义之重要，又于其五教中特立顿教，并言依顿教悟道，可不历位次，则正可用以说禅宗。然华严宗虽知顿教之不历位次，然又置之于五教之第四位，于此不历位次者，亦为之定位。此则非禅宗之所许。禅宗之施教，则不特不如讲教义者，须循义理之位次讲述，并知佛家之修行证果，亦无一定之位次。依修行证果之位次之说，天台言圆教可使学者当身入五品弟子位，三生必成。华严宗亦言三生入法界。此较印度佛教恒须历无量劫数方成佛之说，固大为简易直截。然禅宗则可更言即当下一念心，以直悟佛心。依华严义，顿教亦原可有此义。在华严必以华严圆教为至极者，乃以唯此圆教，乃能融摄此顿教与小始终三教之渐教而说。然若由顿教已可直悟佛心，则禅宗人亦可说：不须更多此一融摄之事，而禅宗即可独自脱颖而出于前此之诸教之外，而更与教门教下相分别，以自称为宗门宗下，而不必依傍于一定之教矣。

上文乃本章一导言，以便读者于禅宗与他宗之不同，有一总括之印象。其中若干义，后文更有发挥。下文正论，重在介绍宗密之《禅源诸诠集都序》书之大旨，再及于禅宗之特性。盖宗密既习教于澄观，又学禅于神会。此书乃一依教义以说禅之书，正足为本书上文论佛家诸宗教义以至论禅之一通邮也。

二 禅宗之三宗与三教

此宗密之《禅源诸诠集都序》之一书，乃言禅之原于教者，其意在通教与禅，而重在以教义明禅。其言禅宗内部之各宗所本之教义，亦未尝谓其皆本于华严所谓之圆教。其分别禅宗为三宗，乃意在言其所本之教义，亦有三宗。此其分禅宗为三宗之说，盖大体可尽当时之禅宗之说。此自与后之禅宗之开为五宗者不同。禅宗五宗之宗师，如临济、曹山、洞山等皆后宗密而兴。此后之五宗，与诸佛教教义之关系如何，后亦当略论。吾于惠能《坛经》之旨，已于《原性篇》论之。今不拟重复。故唯姑就宗密所言之三宗，属早期禅宗者，与其所本之经教之关系，先加以述论于下。

此宗密之言禅宗之三宗与所本经教之关系，初未特重六祖惠能，亦未特重南北宗之分，此与后世之观念不必同。而就禅宗之历史发展以观，由达摩至六祖惠能，亦非直线相传。达摩以壁观为教，亦犹是印度之禅法，与后之天台之禅法亦相近。其以《楞伽经》授学者，而《楞伽经》初属瑜伽宗或法相唯识宗之一流之经典。传为禅宗二祖之慧可，亦讲《楞伽》。摄山之慧布讲三论，参学于慧可。传为三祖之僧璨，有《信心铭》，其书未知真伪，似唯广用佛家常语而成。传为四祖之道信，讲《般若》，道信下之牛头，更以讲《般若》名。传为五祖之弘忍，则《六祖坛经》谓其以《般若》教惠能。但张说之《弘忍传》，谓弘忍以《楞伽》教授。弘忍弟子神秀特重《楞伽》，而重经旨由心悟。弘忍或兼讲《楞伽》

《般若》者。今存《大藏经》中弘忍之《最上乘论》，言守本真心，以去妄念，似近《楞伽》之旨。其书真伪则未考。六祖惠能，则据《坛经》乃初闻无尽藏尼讲《涅槃经》，后闻《金刚经》，乃至黄梅就弘忍学，其所得者以《般若》义为多，故《坛经》多明《般若》。然吾之《原性篇》尝论其心性即佛性之义，可出于《涅槃经》，及前此言自性清净心如来藏一流之佛学。则于由达摩至弘忍所重之《楞伽经》之言如来藏者，惠能亦可有所承。要之自此禅宗之历史发展而观，其中大有曲折，其宗旨亦非直线相传。宗密《禅源诸诠集》所言江西、荷泽、北秀、南侁、牛头、石头、保唐、宣什等十室之学，毕竟如何，后《传灯录》所载师弟相承之迹，是否可信，中日学者于此禅宗史之考证甚多，此属专门之学，其中问题繁碎。但《禅源诸诠集》之分禅宗为三宗，则要在以宗风，与其所连之义理判，而非以地域与师弟之传承判，则吾人亦可据其书，以理解其分为三宗之理由与义理宗旨之所在也。

宗密之《禅源诸诠集》，谓一切禅之源，即："一切众生本觉真性，亦名佛性，亦名心地，悟之名慧，修之名定。定慧通称禅那。此性是禅之本原，故云禅源，亦名禅那。理行者，此之本源是禅理，忘情契之是禅行。"但"此真性，非唯是禅门之源，亦是万法之源，故名法性；亦是众生迷悟之源，故名如来藏藏识；亦是诸佛万德之源，故名佛性；亦是菩萨万行之原，故名心地。万行不出六波罗密，禅门但是六中之一，当其第五"。此即见宗密非即以真性为禅，亦非以禅行为一切行。然下文更谓"禅定一行，最为神妙，能发起性上无漏智慧，一切妙用万德万行，乃至神通光明，皆从定发。故三乘学人，欲求圣道，必须修禅。离此无门，离此无路。至于念佛求生净土，亦须修十六观禅，及念佛三昧、般舟三昧。又真性则不垢不净、凡圣无差；禅则有浅有深，阶级殊等。谓带异计欣上厌下而修者，是外道禅。正信因果，亦以欣厌而修者，是凡夫禅。悟我偏真之理而修者，是小乘禅。悟我法二空所显真理而修者，是大乘禅。若顿悟自心，本来清净，元无烦恼，无漏智性，本自具足，此心即佛，毕竟无异，依此而修者，是最上乘禅。亦名如来清净禅，亦名一行三昧，亦名真如三昧。此是一切三昧根本。若能念念修习，自然渐得百千三昧，……达摩门下展转相传者，是此禅也。达摩未到，古来诸家所解，皆是前四禅八定。诸高僧修之，皆得功用。南岳天台，令依三谛之理，修三止三观，教义虽是圆妙，然其趣入门户次第，亦只是前之诸禅行相。唯达摩所传者，顿同佛体，迥异诸门；故宗习者，难得其旨……”云云。

此谓达摩所传顿同佛体，为迥异诸门，是否事实，尚待考究。达摩禅法，盖未必迥异诸门。唯后之为禅学者，祖述达摩，谓其法由释迦灵山会上之迦叶拈花微笑[①]得教外别传，历二十八祖，“以心传心，不立文字”，次第传来，以为中华禅宗初祖，然后可说此达摩禅法迥异诸门。实则此唯是中国之禅宗之教学方式，迥异前此之禅法而已。

至于宗密之下文谓“佛说顿教、渐教，禅开顿门、渐门。二教二门，各相符契，今讲者偏彰渐义，禅者偏播顿宗，禅讲相逢，胡越之隔……”下文更说其欲通此禅教之隔之旨。然以渐道修禅，正是前此十六观禅、四禅、八定之类。中国之禅宗，则所趋既在顿同佛体，自是偏在顿悟。唯启迪心悟，亦自当有言。而所言之义，自亦当与习禅者所浸渐之教理有关。故宗密可于当时之禅宗，就其与诸教理关系之不同，以分别其宗趣所存也。

至其后文之分禅宗为三宗，今可依次述之于下：

“初息妄修心宗者，说众生虽本有佛性，而无始无明，覆之不见，故轮回生死，……故须依师言教，背境观心，息灭妄念，念尽即觉悟……如镜昏尘，须勤拂拭，尘尽明现，即无所不照。又须明解，趣入禅境方便；远离愦闹，住闲静处，调身调息，跏趺

① 据范古农《佛学答问》卷六谓拈花传法出《大梵王问佛决疑经》云。

宴默，舌拄上腭，心注一境。南侁、北秀、保唐、宣什等门下，皆此类也。”宗密于此书共说五教。后文更说此宗乃依佛教中之密意依性说相教中之第三教，将识破境，教相扶会。其前第一教为一般人天教，说善恶因果业报者，第二教断业或修道证灭之教，皆与禅不相干。此其前之一、二教，即小乘佛教所说者。此第三教将识破境，宗密则以唯识宗之言境由识变，我法二执空之义说之。故谓“息妄者，乃息我法之妄；修心者，修唯识之心”。此即禅宗之渐教，为神秀禅师所弘扬。而亦合于达摩以壁观教人“安心，外止诸缘，内心无喘，心如墙壁，可以入道”，“亦与天台及侁、秀门下意趣无殊”云云。

今按宗密说此息妄修心宗为禅宗之第一宗，乃自其先自信有佛性，或如明镜之无所不照之心说。然其工夫，则要在次第息妄，以显此心，是为渐教。然谓其与唯识宗相扶会，则盖未切。因唯识宗并不言人原有此如明镜无所不照之心。依唯识宗此一心乃转识成智所修成。然唯识宗所承之《楞伽》一经，则谓人有如来藏心原为清净，人能止息对外境攀缘之妄念，而深信有如来藏为真性，而自缘之，即为攀缘如禅，而此心亦自随其所攀缘之如而变。此亦具境随心变之理。达摩言壁观，更以《楞伽》授学者，则其壁观之教理，应即在此《楞伽经》，而以息妄修心言《楞伽》之旨，亦更适当。按《楞伽经》卷二亦尝分禅为四种，一愚夫所行禅。即执有法不空，而行禅者。此即宗密之带异计之外道禅。二观察义禅。此即于定中对义谛作静虑之禅。三攀缘如禅。此即宗密之欣上厌下之凡夫禅。四如来禅。此即成内自证之圣智境界之禅，此内自证界，《楞伽经》恒言其离妄想与不可说，亦即息妄而清净如来藏或真心之显现之境。然《楞伽》一经在印度，自属法相唯识宗一流之所承。则谓此息妄修心宗，即连于此一大流之佛学而生之中国禅宗之一宗，固亦可说也。

至于宗密所言之第二宗，则彼名之为泯绝无寄宗，所谓泯绝无寄宗者，即谓："凡圣诸法，皆如梦幻，都无所有，本来空寂，非今始无。即此达无之智，亦不可得。平等法界，无佛、无众生。法界亦是假名。心既不有，谁言法界？无修不修，无佛不佛。设有一法胜过涅槃，我说亦如梦幻。无法可拘，无佛可作，凡有所作，皆是迷妄。如此了达，本来无事，心无所寄，方免颠倒，始名解脱。石头、牛头，下至径山，皆示此理，便令心行与此相应，不令滞情于一法上。日久功至，尘习自亡；则于怨亲苦乐，一切无碍。……"

后文更说第二教之密意破相显性教，言："心空即境谢，境灭即心空。……故未曾有一法，不从因缘生。是故一切法，无不是空。……生死涅槃，平等如幻。但以不住一切，无执无著，而为道行。诸部《般若》，千余卷经，及中、百论等三论，《广百论》等，皆说此也。"谓此教与禅门之泯绝无寄宗之旨全同，即谓泯绝无寄宗，乃承印度般若三论宗，而生之禅宗之一宗。今观道信即重《般若》，牛头一派，原与摄山言三论宗之人相接。则见宗密所言者之谛当。大约由达摩、慧可之重《楞伽》，至道信、牛头之接般若三论，乃一禅宗思想之发展。其发展之序，乃由息妄修心，至不见有妄可息，有心可修。此自是进一层义。如唯识法相之教，至般若之教，在华严之判教中，亦属进一层之义也。

宗密所谓禅之第三宗，为直显心性宗。此宗"说一切诸法，若有若空，皆唯真性。真性无相无为，体非一切。谓非凡非圣，非因非果，非善非恶等。然即体之用，而能造作种种。谓能凡能圣，现色现相等。于中指示心性，复有二类。一云即今能语言动作，贪瞋慈忍，造善恶、受苦乐等，即汝佛性。即此本来是佛，除此无别佛也。了此天真自然，故不可起心修道。道即是心，不可将心还修于心。恶亦是心，不可将心还断于心。不断不修，任运自在，方名解脱。性如虚空，不增不减，何假添补？但随时随处息业、养神，圣胎增长、显发，自然神妙。此即是真悟、真修、真证也。二云诸法如梦，诸圣同说，故妄念本寂，尘境本空。空寂之心，灵知不昧。即此空寂之知，是汝真性。任迷任悟，心本自知。不借缘生，不因境起，知之一字，众妙之门。由无始迷之，故妄执身心为我，起贪瞋等念。若得善友开示，顿悟空寂之知。知且无念现形，谁为我相人相？觉诸相空，心自无念。念起即觉，觉之即无。修行妙门，唯在此也。故虽备修万行，唯以无念为宗。但得无念知见，则爱恶自然淡泊，悲智自然增明，罪业自然断除，功行自然增进。既了诸相非相，自然无修之修，烦恼尽时，生死即绝。生灭灭已，寂照现前；应用无穷，名之为佛"。

宗密于后文，更谓此禅宗之直显心性宗之教义，即第三教显示真心即性教。"此教说一切众生，皆有空寂真心，无始本来性自清净，明明不昧，了了常知，尽未来际，常住不灭，名为佛性，亦名如来藏，亦名心地。……开示此心，全同诸佛。如《华严经·出现品》云：佛子无一众生而不具有如来智慧，但以妄想执著而不证得。若离妄想，一切智、自然智、无碍智，即得现前。……"后文更谓达摩之壁观，归在"默传心印，……至荷泽时，……恐宗旨灭绝，遂明言知之一字，众妙之门"。

此上文破相显性教，与此显示真心即性教，极相似，但实不同。故宗密后文，以"一、法义真俗异；二、心性二名异；三、性字二体异；四、真智真知异；五、有我无我异；六、遮诠表诠异；七、认名认体异；八、二谛三谛异；九、三性空有异；十、佛德空有异"，加以分别，皆可助人理解此二教之差别，亦理解禅宗第二宗与第三宗之差别。今不繁引，读者宜加以参考。今按此禅宗第三宗，宗密又或名之为圆宗。其所依之教，应是圆教。但谓人有此自性清净如来藏心，则在法藏所谓终教经论，如《思益》《楞伽》《起信》等中已有之。而就对心性之教义说，圆教与终教，亦本无殊别。皆谓真如如来藏之理，即在众生之生灭事中，而不相碍；一切众生当下无不具足如来智慧，为其本觉。但不自觉，未有始觉，即有妄想，而名众生。故在宗密，于圆教终教之心性义，只说为一显示真心即性教。宗密以教配宗，除人天教与小乘教，有教无宗外，共为三教三宗。此即与法藏之判教稍异。亦见其更重禅宗，故开之为三，以与大乘三教相配。宗密尝学于荷泽神会而通宗，又学于澄观而通教。则其志在会通宗教，亦即所以会通其师承所自也。

三　禅定、禅观与教义关系之理解

然吾人于观宗密之会通宗教之言之后，亦可问宗与教，毕竟有何不同。是否修禅者，必先习教义？其关系毕竟如何？此二问题，乃言会通宗教时，人所及必思者。今加以提出，并试为代答如下。

吾意以禅宗发展之实际情形看，修宗门者并非皆如论教者之须知种种教义。其所修教义，亦事实上可甚少。则讲宗、讲教者，在事实上仍可分途。一人既习教，又修宗，其在习教义时，与修宗时之用心方式，仍必有不同。如宗密于此书之自序中，亦言先学教，而后舍教“入山，习定均慧，前后息虑，相计十年”，方见“清潭水底，影像昭昭”是也。则吾人如何言此习教与修禅之用心方式，当是一问题。

此修禅与学教之不同，吾意是在学教，须次第知未知之义之境，而修禅则皆是本已知义已知境，而更求实证其义其境。此中之知与证之不同，在知一义一境之时，此义此境，初只为此知之所对，便有能所。而在证义证境之时，则此心更能与所知之此义此境，冥合为一，更无能所之分。此后一事，言之易，行之则甚难。此不仅对种种胜义胜境，吾人之心难与之冥一。即一极平凡之境，如一色一香，吾人之心亦难与之冥一。此冥一，待于此心之止或定于此一色一香。然人心于见一色一香时，必由之而思他色、他香，或其所附着之实体实物……此吾人之心，即不能止或定于此一色一香。然于此不能止，即见吾人之心，不能自作主，而只是随念迁流生灭。一切宗教，一切哲学，以至一切内心之精神修养，凡要求有此心之自主者，即皆可以求此心之能止能定，为其目标。而其工夫之下手处，则皆可是求此心之止于或定于其知之所对，而更与之冥一。印度佛学中之禅定，或译为心一境性，即谓此心能定于其所对之境，止于此所对之境。更能观，则为禅观；能实证此境，而与之冥然为一，即禅定禅观之极致。此皆非对尚未知而求知之境之义，冥然为一也。对人尚未知之境之义，人之知之，初只是对之作寻求。此中无禅定工夫可说。即吾人于佛家之境之义，未解求解时，此中亦不能有禅定、禅观工夫。只在对一义一境，已解已知，而更求定止于其中而观之之时，方有禅定禅观可说。故禅定禅观工夫，与一般之知解，决定不同其层次。此禅定之工夫之特性，初只在心之定止于一境，更自观照之。故由一切宗教信仰或哲学思想，或内心精神活动，而知有一境，想及一义，更使此心定止于其中，而观之，皆可说是广义之禅定禅观。如宗教徒之思及一上帝、天国、梵天，而于祈祷时专注其心，于此上帝等，或专注其心于此上帝之一字一名，而观之，皆是广义之禅定禅观。人之默想任何事、任何物之性相，而有境，有义，更反复念之，使心定止于其中更观之，皆是此广义之禅定禅观。凡此广义之禅定禅观，皆只是使其心之相续之知之活动，定在其原所已知。盖人在知原所已知者时，固有心之明在，今更由定在此所已知，而更观之，即使相续之明，继之而起，以增益其明，即引出其原内具之心之明，使其明明不尽。在一般人求知未知之境之义之情形下，此心之知之明，只向其所求知求明者，望更有所知所明，由此以增益知识。然在此求知识途程中，此心之知之明，只向其所不知不明者沉入，以自竭其知其明，于所得之知识成果之中。故其知识愈多，则原始之聪明智慧，必然愈少。

能见及此一义者，不限佛家。中国之儒道与世界其他之哲学宗教家，亦多有能见及此一义者。循此义，则人不可只用其天赋聪明智慧，更当求开其聪明智慧之原。此原如何开辟，其道亦有多端。若在儒家，则养得真性情与至诚恻怛之仁，亦可开辟聪明智慧之原。若在道家，人能去伪存真反朴，亦即开辟聪明智慧之原。若在一般神教，则对神忘我、知罪、忏悔，与由上述之心定于神，以成祈祷等，亦可开辟聪明智慧之原。但在佛家，则以此神，初乃由想象思维等所虚构之境。此虚构之境，在开始一点上，即在经验中无可证，人亦随时可依此经验，以对此境生疑。生疑则心不能定止于此境，以境可自动摇故。又人心之求定止于此所虚构之境者，虽可由心自坚持其虚构，以恒存此境，而视为一超越在上之境。然人必离此在下之经验中之境，方能定止其心于此在上之境。则此心一方于在下之境，有所厌弃；于此在上之境，有所欣慕。此一厌一欣，即是一心之分裂，挂带于上下之二境，而不能使心实定止此在上一境者。则如依广义之禅定，而认此中亦有禅定，即宗密所谓带异计之欣上而厌下之外道禅也。带异计，即指此境由计虑想象等构成。欣上厌下，即于下之经验世间有厌，而希慕神之境界也。此外人尚可于此所欣慕之境，不说之为神，如说之为柏拉图之理型世界等。然要之，凡先依一计虑想象，构成一境，更欣慕之，而对世间生厌弃者，亦此宗密所谓带异计之欣上厌下之外道禅也。

至于佛家所谓凡夫禅，则是指无此上之异计，而知善恶因果报应，遂修善行，以使心定止于善行而望得善报者。在此凡夫禅中，人心可定止于善行，以与善行为一，然所望果报则在后。于是此中之心，亦有二境，即不能真使心，定止于善行。此义易知。至于小乘禅之进于凡夫禅者，则在凡夫禅中，有由我行善以自得报之想。小乘禅则能知我之空，唯见法有而不见我，遂能定止其心于法。然其不知法亦空，故宗密谓其为悟我空偏真之理而修者。以我空、法空，皆固是真理。今知其一，不知其二，即只知偏真也。

至于能悟我法二空，所显真理而修者，则为佛家之大乘禅。此中知我法二空为真，有我法之念为妄。知此妄，而求息妄以修真，即上文之息妄修心宗。知真妄皆原自空者，即上之泯绝无寄宗。至于所谓最上乘禅，即知此心此佛之无异，即直显心性宗之禅。此如上已说，今不赘。

此宗密所说大乘禅，或最上乘禅，其所依之教理，固与外道禅、凡夫禅、小乘禅大别。但自其为禅定禅观工夫上说，意在实证心与所知之境之义，与之冥一，则初无别。唯如一境为虚构，则势终不能一。又凡夫之修善行于今，而欣果于后者，其心亦二向而不一。又小乘禅不知法空，则法之有，与其外之空，相对成二。则此心之念一法时，同时念其外为空，则心亦歧出而二。为二，亦势不能如一。而上所谓吾人之自求定止其心于所念之一色一香，而不能作到者，亦即恒由吾人念一色时，意此色为有，而其外为空；吾人之心遂即依此空，而由色中转出，以起他念，而念念生灭不已。然今如设吾人能本宗密所谓第二宗之般若教义，以知此色即是空，而空此色法，则心止于色，即止于空。则可无上述之转念之事。故能于此色观空，或于一切法一切境观空。即能真正作到心之定止于其所观之法或境，而心与境一。此可细思之。

此所谓于色见空，或于法见空，而不见其只是有，以与其外之空相对，及使心念歧出而不一，依佛家一般义，皆非谓不见色。唯是见色，而不住于色，则色亦不自住，即是空。念念见色，念念不住，即念念中色色自空。人欲不住于现色，可由析一色为一集结之部分或相续之片断，而见其无常。然人不住现色，恒住于此色所由成之部分、片断与继起之色。又人见色，亦恒不能不住，乃由人之以色或法，有其“自性”，以支持其有之故。此“自性”之观念，乃吾人对色或法既起一观念，更将此观念之内容，投射于现前之色之法之后而生者。然人可不自觉其是投射，故恒谓此色或法，有其自性。由此而人或谓此色或法，由其自性生，即自生；否则谓其原附于其他之物，而由他生——而谓一法由其部分片断集结而成，亦是由他生之一种——或由自他共生；或无因而自然生等。大乘空宗则破此等等，以谓其自性空而不自生，亦不他生、不共生、不无因等，而说此等等观念，皆当空；教人即此法上见其此等等皆空，而即在此法上，观此等等之空义。而此空义，亦即与此法不离而相即。此空义，既与此法相即，而观此相即，亦即观此法空、无自性。此即吉藏智𫖮所谓体法之真空也。此体法真空，乃即当前之法，而体其即空；非析之为集结之部分片断，见其无常，方见其为空者也。人能即当前之法，而体其即空，以定止其心于此法，更使此心不住于此法，而观之；此观即具智𫖮《摩诃止观》所言之贯穿义、观达义之观；而能使心由透过、观照，更实证此法之虽有而空者。亦正因其虽有而空，而后人得透过之、观照之，更定止其心于其中；而不须于其法外别见不空或空，使心歧出为二。故使心更得实证之，而与之冥一之事，真正可能。此即使禅定禅观之事，真正可能也。

上所说之禅定禅观之事所以可能，在能即当前之有以观空。此即当前之有，以观其空，依于先知法之不自生、不他生……而空无自性。此中所知者，初只是此般若宗之教义。此即见由知此教义，至心能定止于当前之法，而观照之；更实证之而与之冥一；当说共有三层之事，而非只为二层之事也。

此依一切法不自生他生……而一法空无自性之教义，以使心实证此法之境，与之冥一，以成禅观禅定，是宗密所言依破相显性教而有之第二宗之禅。而宗密所谓知所对之法之境，皆唯心识所现，不视之为外法外境，以与内心相对成二，又是一教义；而亦可本之以定止于当前所对之法之境，而观其即在此心识之中，而实证此法此境与心识之冥一者。此则是依其所谓依性说相教之唯识唯心之教义，而成之第一宗之禅。此中教义，要在言人知其初视为外之法之境，实与心不离，同时即将其有独立之自性之想销除，而空其独立之自性，而知其即有即空。此则不须先依其不自生、不他生等义用心，以见其空无自性。然此中之人，须先知一套唯心唯识之教义，此是一层。而依此所知之理，以止于当前之境，而观其非独立于外，不离心识，又是一层。更实证此不离，再是一层。此中仍有此三层之事也。

至于如吾人最初所知之教义，便是知得吾人现有之心境，即依于空寂之真心，其空寂非有，此真心非无，而于若有若无，皆知为一真心所显，而一切不二；即本此教义，以观其自有此不二之真心，以拨除上述之心境之二、空有之二之一切想；即定止于是，以观之，而实证此真心，即止于此真心而观真心之心；则是由知真心即性之教义，以成禅观禅定之途。然其中有上述三层，则未尝不同也。

上述之心之知教义，与心之止于一义一境，而观之，及心之得实证此所止所观者，与之冥一，合为三层，成就此禅观禅定之三层。今配之于三种教义，即有三种之禅观禅定之学。此即可使宗密之言，更加明朗。人所以或只求知教义，而更不从事于禅观禅定之工夫，亦由此中原有三层可分，人即可只求有第一层之故。又人若于教义所知者多，而所欲观者广，或不易于所观者一一皆得其止。于教义所知者少，而所观者少，则如能专于所观，亦易得定止其心。由此而人之习禅者，亦可有观多止少，即所谓慧多定少；或止多观少，即定多慧少之不同。此中之观慧与定止之二工夫，亦可说为分别成就，而教禅者，亦可或偏定或偏慧，更可相互为用，以至即定即慧，即慧即定，定慧不二。若以此方才所说之偏定偏慧，与定慧之不二，配前说之三教三宗，则禅已应有九种。而依一教中有种种义，则禅亦可依此种种义，而更加分别，则禅法无量。然吾人亦可说，凡重定止者，恒皆重在摄妄境归心，而息此妄，则皆属息妄修心宗。凡重观慧者，皆重在直下即有而透过之，更观空以空破有，而空有双泯，则皆属泯绝无寄宗。又凡能止观不二，而止观双运者，皆能即自止于此空寂而能观之心，而即此止成观，定慧不二，皆属直显心性宗也。

四　禅宗之言说方式与华严之事理无碍、事事无碍义

然循此上所说以释宗密之旨，则吾人所能讲之禅观工夫，是否必能超出天台智𫖮所言之止观工夫，则亦可成问题。因在智𫖮所言之止观工夫中，亦并有上述之种种，而归在直显法性心。则中国后之禅宗之所以为禅宗，更当别有所在。宗密亦言达摩所传之禅，不同天台之止观，而说达摩所传之禅，有顿同佛体之义。然此顿之一字，当如何解？如只说其依在信有空寂之真心，或如来藏之同佛体者，则智𫖮亦有此义。如以一念相应为顿，则智𫖮之观介尔一念无明法性心，以求破无明，而显此法性心，亦是求顿入顿悟。则于此达摩以后之禅，与其前之禅，仍未能辨别界限所在。依吾人于此章之文初所说，则当说后之禅宗之禅观，与前此言禅观之不同，在此前之禅观，多是须历种种位次以成观，如五停心、四背舍等。即天台之止观之由假入空，由空入假，由假入中，亦有其位次。而其历种种位次以成观，乃依一一教义之知而后成；则此教义之显于其心，亦成一定之次第。禅宗之禅观工夫，则无一定之位次。而即此禅观工夫之进行，亦须先依其所知之教义以成观，此教义之显于其心，亦可无一定之次第。故禅宗大德之教人习禅，而说及教义时，亦不须有一定之次第，而可随学者当时之机，而自由应用经论中之教义为答。[①] 此中之教者须有一自由活用教义，而无碍之智慧，亦使学者之依教义，以成禅观之事，

① 永明禅师《万善同归集》中引“《思益经》云：入正位者，不从一地至十地。《楞伽经》之寂灭真如，有何次第？何乃捏目生华，强分行位”。此正禅家之意，至其下文曰“于无次第中而立次第，虽似升降，本位不动……”则调停之说也。

得自由无碍。由此方有载禅宗人对语之语录。在此随机问答之中，须自由运用语言，亦可取日常生活中之语言，一般文学中之语言为用。此皆如吾人篇首所已说。而宗密所说禅学三宗之师徒，世亦皆传其机感相应之对语。在其对语中，亦即表现其当下自由活用某教义之智慧。而其语言亦皆不避日常语言，亦恒带文学性。故其所作偈语，恒无异作一诗，亦恒以诗句言道。即见吾人此言之不谬也。然吾人于此更当进而说，由此禅宗之重自由活用教义，随机问答，其语言兼用日常语言、文学语言，即使禅宗最长于即日常生活中之事、日常生活中所对之自然境物，以喻说种种甚深微妙之义理，而使此等等义理，皆由当前所见之平凡事物中显示。而其言说之带文学性，则使此诸义理所形成之境界，皆同时成一审美境界，为人所欣赏，而有一亲切感。此中其所取以为喻之事物，乃随机而自由取用无碍，亦如其于佛家之经论教义，乃随机而自由取用无碍。此后者乃于理无碍，前者即于事无碍。而说之之语言之带文学性，使人有亲切感，则使人与此事理，更能相即相入，而更无碍。[①] 此即与华严宗言事理无碍、事事无碍之旨，最相契合。诚然，此即事物以显理，或谓一切事物皆可显示譬喻佛法，而如能自说佛法，在佛家《华严经》以外之经，亦多有其言。释迦说法，见于四《阿含》者，原善以譬喻显义。众经皆有譬喻。天台宗之《法华经》则说九喻。近般若宗之《维摩诘经 · 菩萨行品》云："有以光明而作佛事……有以佛所化人而作佛事……有以佛衣服卧具而作佛事……有以园林台观而作佛事。"近唯识法相宗之《楞伽经》卷二云："非一切刹土有言说……或有佛刹瞻视显法，或有作相，或有扬眉，或有动睛，或笑，或欠，或謦咳，或念刹

① 如《永嘉证道歌》《黄檗太和集》即诗歌。《景德传灯录》卷二十九至卷三十五，并是赞颂、偈诗、铭记、箴歌。宋法应集之《颂古联珠通集》四十卷，全部是诗。世儒之注意及此者，则如胡应麟《少室山房笔丛》卷四十八《双树幻钞》下，所录禅宗大德之诗句，亦有数十则。然不免陋矣。

土，或动摇，……普贤如来国土，但以瞻视，令诸菩萨，得无生法忍。”而《阿弥陀经》中之林池树鸟，亦皆演法音也。然《华严经》之全经，言佛之法界之相即相入，却整个是即事事之无碍，以显事理之无碍。禅宗乃即吾人众生于其所在之世界所见之事物，取以喻佛家之义理；而于此当前之世界，得见此事理无碍，事事无碍。此则无异使《华严经》中之佛世界，入于吾人当下所见之世界；而庄严佛土，即成本地风光，而相入相即。在此点上，禅宗固与《华严经》之意趣最近。禅宗大德之善观此无碍，于吾人日常生活之事物所成之境中，虽高远广大，不及《华严》，而亲切平易，则又大过之；以使人更能即其平日生活所行之境，以见佛境，即其平日之心以见佛心，即其平日之事见佛事。故永明《宗镜录》序谓“无边义海，咸归顾眄之中；万像形容，尽入照临之内，斯乃曹溪一味之旨”；则亦更能表现华严所谓“心、佛、众生无差别”，或宗密所谓“一切众生，皆有空寂真心”之直显心性之教，于当下可即事物而成之禅观之中。由此以观，则宗密所谓禅宗之三宗，无不重即平日生活之事物取喻，而皆善观此事理之无碍与事事之无碍，于吾人平日生活所行之境中。又不只其所谓直显心性宗，方能如此也。然此亦不须废除宗密所谓三宗之分。以三宗之教义有分，则其所取以喻义之事物，与说之之语言，亦仍可有分。但禅宗之所以为禅宗，及其与华严宗，特相契应之处，则当涵吾人所说。唯依此而华严宗人有宗密，能了解此禅。禅宗固有宗密所谓三宗，然三宗之所以皆为禅宗，则在其能依日常生活中之事事无碍，以说事理之无碍，而重此无碍之教义者，则为华严宗。在《大藏经》中，有宋人本嵩《华严七字经题法界观三十门颂》一书，于华严宗所言真空观、理事无碍观、事事无碍观中之各各门，皆以宗门之具体譬喻说之，而为之释。而以“深明杜顺旨，何必赵州茶”二语之一节终之。即意在言华严与禅之不二也。清代慈云续法集《五教仪开蒙》，有一附章名“法界宗莲花章”，更将华严宗之全部教义，以莲花为喻。如谓“从一本种生开多花，名依本起末，虽多支派，不离原种，名摄末归本。花蕊初开为小教，花泛莲现为圆教，下风则合为空教，上风则开为相教，日没花合为顿教”之类。此书之配比，虽嫌机械，然亦由华严原重以事喻理，而与禅宗之重以事喻理之旨，相合使然也。

此上言华严宗与禅宗之契合之处，自非谓禅宗谈禅所本之教理，皆是华严宗之教理。即在六祖门下，与由唐至五代次第兴起之五宗，皆可说其各有所偏尚之教理。如永嘉玄觉《证道歌》，明由天台宗教义转手。南岳怀让历马祖、百丈、黄蘗，至临济之重破夺，则般若宗之精神。然法眼宗之十玄六相，曹洞宗之依理事言五位君臣，又取诸华严。法眼宗之永明延寿著《宗镜录》，辑教下诸宗教义，以为禅宗之镜。延寿则师德韶，德韶乃兼禅与天台者。然延寿《宗镜录》共百卷，其第一百卷则归于华严义，余卷及其《万善同归集》与《唯心诀》，亦多本华严义和会诸宗。其余宗下之人与教下之人交涉甚多，亦难一一指出其所偏尚之教理所在。禅宗自马祖、石头以下，尤重接机。故论五宗之别，与其说在其所偏尚之教理之不同，不如说在其用言说以施教之方式态度，更有细微之别。故“云月是同溪山各异”。今观论五宗书，如宋智昭所集《人天眼目》(《大藏经》四十八卷)，朝鲜僧退隐《禅家龟鉴》，明虚一《宗门玄鉴图》(《续藏经》一一二卷)，日僧圆慈《五家参详要路门》(《禅学大成》)，及清法藏《五宗原》(《续藏》一一四卷)等；要皆自五宗施教方式态度之有别，言其宗风之别。盖法眼禅师《十规论》(见《禅学大成》第三册)谓“曹洞敲唱为用，临济互换为机，韶阳则函盖众流，沩仰则方圆默契”，即已是自其前诸宗之施教之方式态度，言其宗风之别。然此五宗之施教方式态度之不同，亦不易说。如在《人天眼目》，只举禅宗宗师原有之言此方式态度之名辞，如临济宗之四料拣、三玄、三要、云门三句，加以辑集，尚不见多少问题。虚一之《宗门玄鉴图》之分十二门，更言三玄论、四大式论、八棒论、五句论、八大势论等，以下论五宗之别，则已过求整齐。圆慈之《五家参详要路门》，谓临济战机锋，论亲疏为旨；云门择言句，论亲疏为旨；曹洞宗究心地，论亲疏为旨；沩仰宗明作用，论亲疏为旨；法眼宗先利济，论亲疏为旨。更无异将五宗宗风，各以一概念，加以说明。其当否更难言。唯要可见此五宗宗风之不同，在其言说施教方式耳。至于不欲只以概念看五宗之别者，则于五宗之言说施教方式，亦以譬喻之言说之。如《人天眼目》之一节《五宗问答》，以"五逆闻雷"，说临济宗风；以"红旗闪烁"，说云门宗风；以"断碑横古路"，说沩仰宗风；以"持书不到家"，说曹洞宗风；以"巡人犯夜"，说法眼宗风。再如退隐《禅家龟鉴》之谓："要识临济宗么？青天轰霹雳，平地起风涛。""要识曹洞宗么？佛祖未生空劫外，正偏不落有无机。""要识法眼宗么？风送断云归岭去，月和流水过桥来。""要识云门宗么？拄杖子踍跳上天，盏子里诸佛说法。""要识沩仰宗么？断碑横古路，铁牛眠小室。"《宗门玄鉴图》亦有七律五首，分别咏颂五宗。再如《续传灯录》卷二十七，人问景元禅师，如何是临济宗？曰："杀人不眨眼。"如何是云门宗？曰："顶门三眼耀乾坤。"如何是沩仰宗？曰："推不向前，约不向后。"如何是法眼宗？曰："箭锋相敌不相饶。"如何是曹洞宗？曰："手执夜明符，几个知天晓。"此则皆以文学性之譬喻，以说五宗宗风之别。然此以文学性之譬喻之语，说五宗宗风之别，使人在解与不解间见烟雨楼台，亦自有其趣味，而又正更代表禅宗之言说方式之特色，重在以事喻理，以见其于事理之无碍，亦见其于事事之无碍者也。

五　禅宗之言说与超言说，及道之通流

上言禅宗之五宗之别，要在其言说施教之有种种方式态度之

别，又皆重即事喻理，以见其于事理之无碍，事事之无碍，而其言说皆重文学性之譬喻。此自尚不足以尽禅宗之所以为禅宗。因禅宗亦可不用言说，而直用棒、喝、烧庵、斩猫之日常行事代言说。而此言说与行事代言说，又皆原是可多可少，可有可无。其目标唯在教人默悟本心，而默证本性。此则超于外表言说与行事之事。然此由闻言说，而归于默证，又非禅宗之所独。因一切佛学之言说，皆必归于默证。然吾人可说于师徒之直接对语，而随机问答之际，说者闻者，觌面相看，直下由言说声音动作之互相表示之中，默证其不可表示者，而各直下承担，不再转念拟议，才作转念拟议，即被闻者所知；而或如马祖至临济，以喝止喝，以言破言，左来右打，右来左打，四边来，旋风打，虚空来，连架打；或如曹洞之一敲一唱，回互叮咛；或如沩仰之方圆默契等；皆旨在以使说者闻者，同返本还原于其所默证，使对语者之言，如古德所谓“两个泥牛斗入海，直到而今无消息”。此则应说为中国后之禅宗之所独。依此以言禅宗之悟道之道，当说不在说者，亦不在闻者，不在师，亦不在徒；亦不在说者闻者或师徒相对时所共在之情境，或山河大地；而在此三者之通流之际。此则赖于说者、闻者，皆不住于所说所闻之义理或法，而恒将此所说所闻，收归各自之默证，而亦互证其所默证，于互不见更有转念拟议之处。此盖即惠能《坛经》所谓“心不住法，道即通流”之旨。此通流，盖尚非只如吾于《原性篇》所言之通流于闻者或说者之心间，亦通流于此心与其身所在之情境或山河大地间，然后可说为以心传心，而亦“无心为道”，以上契迦叶于灵山会上之默然无语，而自拈花微笑之旨也。默然无语，自证“即心是佛”之事。花则犹山河大地，笑则对佛而笑。道通流于其间，则亦“不是心、不是佛、不是物”（南泉语）也。

如上之所述为不谬，则禅宗师徒之对语，皆唯在当机有用，亦不容蹈袭。其对语若不能使学者直下得悟，更留此对语中问题，为一公案，或一句话头，使学者再自行参悟，如大慧杲之拈话头，亦初各对一学者有用。然事过境迁，而将此对语、公案、话头加以记下；容后人再想象当时情境，体同一之问题；再加参究，拈同一之话头，更求话尾；即已是今古遥隔，未必相应。至于将此古德之对话之语录辑集成书，以评唱指点，如雪窦以下之颂古、拈古，或更加以比较研究，以论古德之宗风，如通论五宗者之所为，则渐成知解宗徒，与禅宗之原始精神或距千万里。此即大慧杲之所以只拈话头，而必焚烧其师圆悟辑集前人公案，加以评唱而编成之《碧岩录》也。然《碧岩录》迄今犹存，而大慧杲亦辑前人之语录，为《正法眼藏》。后人依语作解，以比较宗风之事，仍不可以已。吾之谓只参公案、颂古、拈古，比较五宗宗风，乃与禅宗之原始精神不同，此本身亦犹是比较之论，依然"平芜尽处是青山，离人更在青山外"。然吾人又毕竟可再越此千万里与古今之遥隔，涌身千载上，与禅宗古德之原始精神，觌面相看，更废对此原始精神之所说之一切，以及此原始精神之一名；则亦无古无今，无远无近，而古德之德，皆近在眼前，即吾心今德。"早知灯是火，饭熟已多时"，而吾今所说者，亦皆是说不说，不说说。则吾与读此文者，亦皆可不住此文所说，而道亦可通流于吾心与读者之心间，而见此禅境之当下即是也。唯吾今只一人作文，与读者之心间，有无此道之通流不可知，则吾亦尚未在此禅境中，只在哲学境中。凡谈禅者，若不能轮刀上阵，证此道之通流，于与人当机问答之境之中，更把臂共行，相期于其言之如两泥牛之共入于海，以自遂其老婆心切，亦仍在哲学境或独觉禅，或他宗之一人观想所成之禅境中，而未至昔之禅宗师徒所在之禅境中者也。此义可更细思之。

第十五章　湛然以后之天台宗之佛道与他宗佛道之交涉

一　湛然以后之天台学中之论争，及湛然之学与智顗之学之不同

在隋唐之佛学，智顗先出，玄奘继起，法藏又继，方有禅宗之惠能。然法藏后有澄观，大弘华严，而智顗后湛然，复兴天台，惠能后有神会，而宗密又兼师澄观神会而通禅教。五代至宋天台宗人则承湛然，而于宗密之言，或迎或拒，更有天台之山家、山外之分流。此中诸佛道之交涉，其关系至为微妙。今补此章，略论湛然以后之天台宗之佛道，以见天台宗之教义之发展，及其所生之新问题，以及天台之山家、山外所以分流之故。并当论其立义之相反，而未尝不相涵。即以结束本书之论佛道者。唯此章后数节所论之问题，更入深山深处。此文虽于此山中行迹，略加点示，以便初学。然初学者即具慧根，若于佛学之名相，及前此所讨论之佛学问题，与诸家义理，不先习熟于心，亦可感艰难，或味如嚼蜡，则暂缓读亦可。

前文所述智顗之学，要在就其《法华玄义》《摩诃止观》二书立义之哲学义理之大处言之。智顗弟子有灌顶，灌顶既笔录智顗所讲，亦更有其著述。继有湛然，为智顗《摩诃止观》《法华玄义》及《法华文句》三大部作疏记；更作《十不二门》，撮《玄义》大旨；作《金刚錍》，辩佛性；作《止观义例》，辩止观；为一代大

师。然其学与智𫖮之学，是否全同，则是一问题。湛然之书，对五代宋以后之天台学影响至大。宋之天台学者对其《十不二门》及《金刚錍》《止观义例》等，更作注疏，今见正、续藏者，亦十余种；讨论其言之义者尤众。宋之天台有山家、山外之分，初由山家知礼与山外之晤恩之争《金光明经》之广本之真伪而起，更及于种种教理之问题。然山家、山外皆宗湛然。山家知礼，力争天台一家教法别于他宗，以辟山外晤恩、庆昭、智圆、源清、洪敏、宗昱等之说，谓其袭华严宗人之意。然山外之学，出于行满、道邃，亦原于湛然。知礼弟子仁岳，助知礼作《别理随缘十门析难》等书，斥山外之说。然仁岳后又著《十谏书》及《雪谤书》，与其师辩佛尊特相之身之问题。其后一书，知礼不及答而殁。仁岳更作《十不二门文心解》，于知礼之《十不二门论指要》，亦多持异议。知礼之门徒众多，由梵臻下之可观、宗印；尚贤下之继忠、处元、法登、善月；本如下之处谦、处咸、了然，并有书论天台教义之问题，多扶知礼之说，而斥仁岳。唯继忠门下之从义，又有异论，近仁岳。遂与仁岳，并被斥为后山外。然即宗知礼诸人，其所著书，亦不必全同其说。由元至明，梵臻系下，有怀则与传灯；至明末而有智旭崛起，由天台义以疏通他宗义，其影响更及于今。故自中国佛学各宗派之传承言，天台实最为源远流长。智𫖮以后有唯识宗、华严宗、禅宗之兴起，天台宗人，为自护其传统，固须一一与之划清界限，而不免有争。而天台宗人与他宗之佛学相接，亦自不免受其影响，并引起其自身之教义上之种种问题，其自相争辩之事，亦最多而最烈。大率宋之知礼，因被视为山家正统，故后人之言天台宗者，多依知礼以讲湛然，更依湛然以讲智𫖮；此乃由流溯原，以明天台教旨。然此则非吾前章论智𫖮之学之所取。吾之前章论智𫖮之学，要在更由智𫖮之前之佛学，以见智𫖮之学与其前之佛学者异同何在。此乃更由其学之原，以观其所成之学。吾意欲论智𫖮以后之天台学，亦当更观其与智𫖮之学之异同何在，及其后之天台学之流之所以别；而亦不可径以知礼释湛然，以湛然释智𫖮。然后可见此天台之学之发展，其种种教义之问题之所由生，其后之对外对内之争辩之所由成，以及后起之人对天台学之贡献之所在。此则专家之业，非吾书之所能详及者。然于由湛然以降至宋之天台学，其思想发展重点之转移与新问题所在，则当略说。

湛然对智𫖮三大部作疏记，其功之大，人所共认。其《十不二门》一文，亦原在《法华玄义》之疏记中。此文撮述《玄义》之十妙大旨，亦是顺智𫖮之旨而说。然湛然之学之思想方向及重点所在，则与智𫖮不必同。如湛然之以十不二门撮智𫖮之十妙，其思想方向，乃重在将智𫖮所开为之十妙，以言四教之分者，及言法华之纯圆独妙之种种义者，加以收摄而说。此以“不二”标名，乃还至吉藏、智𫖮以前之如僧肇、《维摩诘经》、《成实论》、《中论》之重此不二之义者。盖自成实论师至吉藏、智𫖮，皆由不二义言中道、中谛，以成三谛，今湛然再以十不二门收摄智𫖮之十妙，正是还至智𫖮以前之重此不二义者也。

此湛然之以十不二门撮智𫖮之十妙，乃重撮迹门十妙之义，以显本门之十妙，又重在此迹门十妙所及之内容与结论，而不重智𫖮所以言此十妙之思想形式及次第过程。故《十不二门论》中之要义，不必与智𫖮之学之精彩处相应。大率此十不二门中之后五门，即依正不二门、自它不二门、三业不二门、权实不二门、受润不二门，皆连于佛果上事；以之总摄智𫖮之感应、神通、说法、眷属、功德五妙，自更可见智𫖮言佛果妙之归趣。然其以色心不二门摄智𫖮之境妙，以内外不二门摄智妙，修性不二门摄行妙，因果不二门摄位妙，染净不二门摄三法妙，则与智𫖮之言之精彩，不必相应。如智𫖮言境妙之精彩处，在言七种二谛、四谛、三谛、一谛、无谛，以判四教之次第，及诸谛之形式的义理之相通。今只约之为心色不二，则只成一平面之义。再如智𫖮之言智妙、行妙、位妙，亦重在言种种形式与次第之智与行及修道之位之相通摄。今只约之为内外、修性、因果之不二，亦只成一平面之义理，而亦不见此中形式与次第相通摄之妙是也。唯以染净不二门摄三法妙，则以三法之妙，原在其不纵不横，亦可以不二之义，加以横摄。然三法之三，则非所摄。要之，以十不二门，约十妙，不必与十妙之精彩处，皆相应。然湛然对智顗之言十妙所及之内容与归结之义，则有凝聚的加以提示之功，使之逼向于一焦点。而后此之天台之学，亦即缘湛然之所提者，更环绕之以用其心思，而发现焦点性之问题，更于此湛然提示者，起种种之争辩。此则与湛然以前之天台学大不同者也。

在此后来之天台学，其由湛然所提示之义，而引起后之天台学者种种问题者，其要者有三：其一为缘湛然之重言心色、依正不二、无情成佛，而引起者；其二为缘湛然之以一念理具三千，言内外因果不二，而引起者；其三为由湛然之重言染净、性修不二及佛性有恶，而引起者。而此三者，又皆湛然引申智顗之义，向焦点而趋之所成，而初非智顗之言之所明具，明加以重视者。由此即可见由智顗至湛然之天台学之一发展。兹试分别说之如下。

二　湛然之心色不二义、依正不二义，及草木成佛义

上述之第一点所谓心色不二，固非智顗言境妙之要义，如上所说。言心色不二者，在智顗之言中，固多有之。如《摩诃止观》之言观“一色一香，无非中道”，《四念处》卷三之言“若圆说，亦乃唯色、唯声、唯香、唯触、唯识”，此皆心色平观，而言心色不二也。然智顗之学，要在以观心为主，故以观心释释《法华》，著《摩诃止观》言观心；临终著《观心论》，以概其一生之学。其《摩诃止观》言一色一香，无非中道，亦是言以心观此色香，无非中道。其《四念处》卷三，于圆说唯识唯色之后，更谓总在一念。

故《四念处》卷四言“观众生一念无明心，此心即是法性”，为此书之宗旨。湛然为智颉作疏记，亦自深契此义；而湛然之学，亦同重观心。其在色心不二门中言心之色心，即以心统此色心。其言色心不二，亦当是于一念心中，见色心之不二也。然湛然之特以此色心不二标名，则重在观色心之平等而不二，以使人于观行中，于色心，不作分别之殊见。由此而能于佛之依正，即佛之心身之正报，与其所在之山河大地之依报，不生分别之殊见。故当言人成佛时，不只此心身成佛，此山河大地中之草木无情，亦莫不成佛。故无情之草木，亦当同有此佛性。此即其由心色不二，以言依正不二，以至言无情有性、草木成佛之旨，而见于其《金刚錍》一书，及《止观辅行传》卷一之二，以成一当时之“惑耳惊心”之说，亦智颉明言中所未有之一义也。

此湛然之由依正不二，以成其《金刚錍》中之无情有性、草木成佛之说，其意乃在反对当时之华严宗人分佛性与法性，讲草木无情有法性而无觉，不能成佛，亦无佛性，唯有觉有情方有即佛性之法性，而能成佛之说。从义所谓“《金錍》……正为破于清凉，傍为斥于贤首”(《止观义例纂要》卷三,《续藏经》九十九册三百三十页）是也。此谓有觉有佛性，无觉者具有法性，亦见天台宗所宗之《涅槃经》及《大智度论》，亦原非不可说。昔之论此一问题者，则吉藏已谓无情有佛性、无佛性皆可说，如前论吉藏时所已及。李通玄《华严经合论》卷六，亦谓：于有情、无情，无二见……无成佛者、无不成者，正是《华严经》之旨，非《法华经》所有。其言亦早于湛然。至在华严宗之澄观，则虽一方分有觉与无觉、佛性与法性，一方亦有“二性互融，无非觉悟”以通之。(《华严疏钞》卷三十九，七十七页，华严印经处刊本）然湛然则盖仍不以此为满足，唯言佛性、法性无二，而无情草木，皆能成佛。此则由其重此色心不二、依正不二之义而来者。此则不能不成为其所谓“惑耳惊心”之说，而亦引起天台宗人与其余之华严宗人间及后之天台宗人之种种疑问与讨论者矣。

三 以一念理具三千说体用、因果义

此湛然所特提示之第二义，为其依一念理具三千，以说因果染净不二之义。此一念三千之名，在智𫖮之《摩诃止观》，言不思议境下有之，前文已及。此外于《法华文句》亦有十界、百界、千如、三世间之语。《四念处》有观心十界之语。然智𫖮之书，言及此者甚少。今观《摩诃止观》言一心具三千法之下，智𫖮更以四句推检，言说此三千法为心具、缘具、共具、离具，皆不可得，以成一不思议境。此在智𫖮乃是以此一念具三千之说，为一例证，以明不思议境；而非以此一念三千为其主要之教义。湛然《止观义例》，谓智𫖮以三千为指南，似智𫖮之学之方向即依此而定。则亦唯是在湛然之意，智𫖮之学之发展方向，宜向此一念三千之义而趋；固非谓智𫖮必以此一念三千为主要之教义也。今观智𫖮文，唯有此三千为心具、缘具之问。而湛然之《辅行传》，则肯定是心具，并以理具说明此心具。谓必观此理具，乃为其“天台一家教法观门，永异诸师”者。又谓“具即是假，假即空中。理性虽具，但言观心，则不称理”云云。此皆湛然之言，非智𫖮原文所有者也。

依吾等后人以观湛然之特重此一念理具三千之义，乃缘智𫖮之重观行之思想方向，而兼往转向一本体论、因果论之思想方向，而持之以与《大乘起信论》，及华严宗人之本体因果之论，互相对扬者。此一念理具三千之要义，在言吾人之一心念即理具十界之一切法或三千法，以为吾人此现有心念之体。此三千法，湛然更依三谛三观，而详说其为即假、即空、即中，以为吾人此现有心念之体之因；而吾人之现有心念，即其用、其果。此即兼为一本体论、因果论之思想。今按《起信论》，乃以一心具摄一切世间出世间法为体，华严宗则以一法界性起心为体。依湛然之说，则此应即是一心本具十界三千世间法为体。故宋天台宗之善月之《台宗十类因革论》卷一，即谓《起信论》一心之为一大法门，应以台宗一念摄三千之义说之。后智旭注《起信论》，更依此旨而注。华严之法界中之一切法互摄，以成其重重缘起，亦固可以一念摄三千言之也。故此湛然之提示此一念三千所成一本体论、因果论，固足与《起信》《华严》之论对扬也。

依此一念理具三千，以言此理具之三千为现前一念心与其所对境之体，乃不同《起信论》说一心之总法门之似一元论者，亦不同《华严》之万法互摄中，有一多相摄，即一即多之论者。此三千之名，直下引起一“多”之联想，而似一多元的本体论。然此唯是一联想而已。实则天台之言此三千为体，要在言其理，是三谛之即假、即空、即中之理；而当依三观以观之，以见其理之具于吾人之心，即吾人之三德或三佛性者。此三千之法，就其有数量、性质之差别，而言之者，只是三谛中之假谛。然自此假谛之圆融于空、中二谛以言，则此差别即无差别，而此二者平等不二；故亦非一非多，即一即多，而具华严之旨。然此一念理具三千之说，乃克就一心念而言其理具三千以为体，则不同《起信论》先立一心大法门之体，更说到其用与相者；亦不同于《华严》自佛心境界中，所见之万法互摄，更由上说下来，至众生心念者。此乃即吾人之众生之现前心念与其境，以言其有此即三谛之三千为体，而见此心念之即其用。则依此心念而修道成佛果之事非他，即悟此“三千之体之三谛理与三德，初在无明中者”以为因，而修此因，以见其用于此果之成。故湛然《十不二门》曰：“三千在理，同为无明；三千果成，咸称常乐。”此三千原为十界之佛与众生之三千。故言此三千为体，最易见佛界之佛之心身，与其余九界之众生心身，相即不二，及体用、因果之不二。而此中之知一念之理具三千为体，则湛然所视为一最重要之事。故谓：“若不谈唯心，了体具者，一切大教，全为无用。”《金刚錍》更言此体之

“随缘不变为性，不变随缘为心”。此则更能通于《起信论》、华严宗人之旨，而与智𫖮之学之重在言判教之义理与观心之工夫之次第历程者，其思想之重点方向，正不必相同者也。

四 佛不断性恶义

依上所言之吾人之心念理具三千为体之说，则吾人之修行之工夫，要在本三谛以观三千，以成三德。此观法，即仍如智𫖮所说：在人未能本三谛以观三千之时，则在迷三谛之境中；而对此三谛，分别有三惑或三障。必破三惑、三障，以如实观知三谛，方得依之以成三修德。人之所以能修，由于能修之性，即上所及之三佛性之三德。故修皆依性而起，而修亦不外开显此性之事。是为全性起修，亦全修在性。此义亦智𫖮之所有，湛然之所承。然此佛性乃纯净善之佛性，由翻破惑障之恶染而显者。在未翻破之时，则此纯净善之佛性在障惑之恶中；故必推此恶，乃见善。故智𫖮谓：“凡夫一念……悉有恶业性相，只恶性相，即善性相。由恶有善……遇缘成事，即能翻恶……恶中有善，善成还破恶；故即恶性相，是善性相也。”（《法华玄义》卷五）此乃以恶业之性相为表层，其所即之底层，则为纯善之佛性，故智𫖮在《法华玄义》《摩诃止观》诸书，亦初无佛性有恶之说也。

然传亦为智𫖮所著之《观音玄义》一书中，则言佛亦不断性恶，如阐提之不断性善，因佛能现恶相作恶事，以化度众生故。性以不改为义，佛亦不能改故。故佛与众生之不同，唯在佛通达于恶，而不染于恶，故只修善不修恶。然此非谓其断性恶也。此书之大旨，吾于《原性篇》尝略及之，并谓其不必足证佛性之有恶；因其通达于恶或现恶相，以化度众生，皆是纯净善故。此书之言佛不断性恶，亦不见智𫖮之他书，故后之子璿疑其为伪著。然湛然则极重此佛性有恶之义，故于《止观义例》言：“佛不断性恶法，性恶若断，普现色身，从何而立？”其《摩诃止观辅行传弘决》卷五之三，“何必须明六道法邪之问”下曰：“为欲知性恶法门遍故。”又特引《观音玄义》言佛不断性恶之一节文于下。于《法华文句记》卷七下曰：“忽都未闻性恶之名，安能信有性德之行？”然此以智𫖮书原文按之，皆不必须以此性恶之义注之。此性恶之义，乃湛然之所重，而与智𫖮之除《观音玄义》一书外，初不重此义，唯言佛性之净善大不同者也。

智𫖮虽不重此佛性恶之义，《观音玄义》亦可能非其所著；然由智𫖮之论，亦非不可引申发展出此佛性恶之义。此则由于依智𫖮说吾人之佛性原与三惑三障相即，而与恶相即。则吾人之翻破此惑障而显佛性之后，亦是一“原有与此惑障相即义”之佛性。此与惑障有相即义，乃吾人之佛性之所以为佛性。故此佛性原当称为“即于惑障之佛性”。此佛性又即法性。吾人之能破惑障之法性或佛性之明，亦原当称为“即于无明之明”。此惑障无明乃先有，更有佛性之明以破之，而自显其三德。然无明既破，即明；三障破，即见三德之法身，则亦无先后新旧可说。故智𫖮尝谓：“三障先有，名之为故；三德（即佛性）破三障，今始得显，故名为新……三障即三德，三障非故；三德即三障，三德非新……无明先有名为故；法身是明，破于无明，名为新……无明即明，无明非故；明即无明，明则非新。”（《摩诃止观》卷二归大处文）然若吾人之佛性之明，原有此“即于障惑无明之染恶之义”，则吾人之成佛，亦即只显得此一“即于此障惑无明之染恶之义”之“佛性”。此佛性之义中，即不能断此性恶之义。此佛性之不断此性恶义，亦必为佛所知。此亦即佛之所以亦能通达于恶，以现恶相作恶事，以化度众生之根据所在也。若佛断此性恶义，则亦不能通达于恶，以现恶相矣。则由智𫖮之言吾人之佛性，原是“即于恶”之性，转进一层，以观吾人成佛时所实现之佛性；亦固当说其仍是一“即于恶而不断此恶之佛性”。吾人与佛之不同，唯是在吾人则恶性在外，在上，净善之性，若在内、在下；而佛则上下加以翻转，而其净善之性显于外，而居上层，恶性则只为其内心所通达所知，而亦如在其心之下层而已。其善恶之性，固俱在也。

依此一佛性有恶之义，可使吾人知佛心之常护念在吾人之恶，并知此佛心，乃恒可以恶事成其化度之业者。而吾人于其所遭遇之恶事，亦即皆可视为佛之所以成就其对吾人之化度以观之。然尤要者，则在由此以知吾人之一切修恶，在为佛所护念时，亦与此佛之恶性相即而不二。亦如吾人之善性与佛之修善之相即而不二。此便使吾人之恶及善性与佛之善及恶性，互相涵具，成一圆，以相即而不二。而将此义连于一念三千之说，则是众生之九界，摄得佛界，而佛界亦摄众生界。九界众生心念，以佛界为体；佛之心念，亦以众生界为体。二者亦相互为用；更可本即假即空即中之三谛，以圆观之，以共显一不可思议之法界妙境。则此湛然之申智𫖮之言三障、三德、法性、无明之相即，以成此佛性亦有恶，固为天台教义之一大发展，不可轻心忽之者也。

上文二三四节湛然所特提示之三义，其中，尤以由此华严宗以至唯识宗所共许之法界互摄心识交遍义，是否可言佛性有恶，不许佛性有恶，是否即为缘理断九而非圆教，尤为一主要问题。

五 天台宗山家、山外所争之问题，与山家、山外在中国佛学中之地位

此山家与前山外之争辩，自历史言之，其往复答辩，前后历七年之久。初由前山外晤恩作《光明玄义发挥记》，以《金光明经》之广本为伪，而其弟子源清、洪敏为文助之，而知礼则作《释难扶宗记》辩之，而引起。所谓后山外仁岳与知礼之争，则由辩佛之尊特身之相而引起。此前者似纯属经典真伪之考证问题，后者则纯为宗教信仰中之佛相问题。然实关乎山家、山外所本之教理

之不同。晤恩门下源清、洪敏之文，吾未及见，似已佚。今由知礼《释难扶宗记》，及《四明十义书》，可推想前山外之所以以《金光明经》之广本为伪，盖由以《金光明经》略本中，言佛之十种三法，即"妙性、真源、若法若心，即金光明，契此即是观法性，成理观，不须更别谈观心"，故以广本之观心为伪。此即见山外教理，近乎华严之直契真心者，方有此广本为伪之说。而知礼之必争此广本之真，则由其重此观心之论，而其观心之论，乃以观一念妄心之事为主之故。此后文当再及。至于仁岳与知礼之辩佛之尊特身，则仁岳以佛之身相，由感应而见，"法身无相，相必属应"（《四明十谏》书所引），而知礼则以佛身相即性。故成诤论。而此中双方争论之教理背景，则为相与其体其性，是否相即之问题。仁岳言法身无相，而唯由感应而显相，近华严之教。而知礼即相见性，则以感应所显相用，皆属此法身之性之体，故言"性即相，相即性"。自谓此言为天台一家之旨。是见知礼、仁岳之争，亦由其所本教理不同之故。此后文亦当再及。由此可见，山家、山外之争论，就其表面观之，为经论之真伪文句之解释问题，或纯宗教性问题者，皆可更探其所本之教理之异同。今纯就其教理之异同而说，则可循上所说湛然特提示之三义，以观山家、山外所讨论之主要问题，及其对湛然之书之解释所根据之教理之不同。

此上所说由湛然所特提示之三义，以观山家、山外所讨论之主要问题，一为言色心不二，是否真视色心为平等，或仍当以心为本之问题；二为言一念三千，此三千诸法，以三谛观之，此三千之体，毕竟有无此三千之相，及是否只有心法具此三千之体之问题；三为言佛不断性恶，通达于恶之通达之心之全体，是否仍可以恶说之之问题。大率在所谓前山外与后山外之天台宗学者，如智圆、源清、宗昱、仁岳、从义，皆多少受华严宗之影响，而主虽色心不二，然毕竟当以心为本。故无情之有佛性，亦是依有情之心而说。如后山外之从义《止观义例纂要》卷三，即宗智圆之“有情体遍，即无情有佛性”之说；并谓“湛然亦是约于有情体遍，以明无情有佛性”是也。此则可以湛然之《十不二门》，言色心乃“心之色心”，《金刚錍》言“法名不觉，佛名为觉，只是有情（之）性遍心遍”语证之。至对一念心具三千法为体，此三千法是否有相之问题，则山外派倾向于此三千法之数量性质之差别，唯自假谛说；若通空谛与中谛，以圆观之，则无此三千之差别可说。此即如仁岳谓“三千之法，定属于假；空、中之体，断非数量”（《十不二门文心解》）。此亦可以湛然《十不二门》“照故三千恒具，遮故法尔空中”，“三德三谛三千，自行唯在空中”等语证之。对是否只有心法具三千之问题，则山外派自智顗初言一念三千，乃自心念说，即主心法具三千，而色法则不能单独具三千。又众生由心悟三千，而成佛，故可只说心具三千。此亦可由湛然之只言及一念心具三千，未言色法具三千，亦未说心、佛、众生各具三千，以证之。再对佛不断性恶之问题，亦可依此湛然之言佛之自行唯在空、中，而言其不断而断，更无此恶。此如湛然谓：“一理之内，而分净秽，别则六秽四净，通则十通净秽，故知刹那染体悉净……忘净秽故，以空以中；仍由空中，转染为净。”（《十不二门》）则佛由通达染净，所证者，亦只是净善，而不当言其性终有恶也。故依此山外以释湛然，非无所据。而由此可与《起信论》、华严宗之以本觉真心或法界性起心为无相，而纯净善之旨相通；更与华严宗之宗密，以空寂灵知纯净无染，言心体之旨相合。则不可谓山外之天台学，非天台学之一发展也。

然在宋之天台之山家自知礼以降之说，则深以此山外之说与《起信》、华严宗义相结为不然，尤以华严宗之宗密之言空寂灵知之心体为异说，足以坏天台一家之圆教。故山家之人，虽与山外诸人，同注湛然之《十不二门》《金刚錍》《止观义例》等书，而注解之立义大异。山家于心色不二、无情成佛之义，视为乃直下泯息心色之“情想分别”之论；而以说必是有觉之有情，方能成佛者，乃“心虑不亡，故为荆溪之所破”云云（处元《止观义例随释》卷三，《续藏经》九十九册四百三十九页）。而于此三千之体，则既当本三谛观之，而三谛中有假谛；今作假谛以观之，则必有相；故三千之体，自有其假相。唯可说其与空中圆融，而为妙假之相，不可说为无相也。于此，知礼《十不二门指要钞》，更谓湛然《十不二门·因果不二门》文中，只有空中之句，皆由漏脱，当以义补一假字云云。至对是否只有心法具三千之问题，则知礼依湛然之心色不二之说，言心法既具三千，色法亦应具三千。又心、佛、众生，既为三无差别，则佛与众生，亦应各具三千；故不可说只心具三千。此亦可由湛然之言引绎而出。对佛性恶之问题，知礼谓天台一家教法，正在言佛之不断性恶，以别于他宗。于其《指要钞》，更谓染净与善恶不同，染净之分即悟与不悟之分。佛既悟一切善恶法，自是染体悉净，如湛然所说；然所悟之善恶之性，则固不改，而佛之恶性，固仍不断，而当说佛性恶也。

由上述山外、山家对湛然所提示之三义，不同其解释，更连及于吾人之修行工夫，当以知空寂灵知之真心为主，或当观吾人现有之一念无明妄心之问题；只言一为纯净善之佛之性之理，能随缘而不变，不变而随缘，是否可称为天台之圆教之问题；及吾人一念心之具三千法，只是理具三千，或兼有事用三千之问题。对此诸问题，在山外，则言修观要在直契此真心中之纯净善之佛性之理，自能随十界缘而不变，亦不变而随缘，是即见此理之具三千。而山家知礼，则以观心当以一念无明妄心为所观，以真心非在圣境，不能显现故。又以纯善之佛性之理中，若无九界恶，而断九界恶之理，则其随缘，非能与九界恶之理相即。是为别理随缘，而非圆理随缘。因其理不“当体全是”此九界之理故。又吾人之一念妄心，亦不只理具三千。此一念妄心为事，其事不只与三千事同依一理而有，亦可更相缘，以变造彼三千事。故理具三千之外，亦有事造三千，或事用三千之义。又谓必由此理具三千、事用三千之二者，以言性具，乃能言性修之相即不二，言众生与佛以智𫖮所谓“六即”相即。此“由具以言即”，乃山家知礼最重之义。此上之山家、山外之异说，亦皆各可由智𫖮与湛然之言，得其若干之根据。智𫖮、湛然皆言观一念无明妄心，即山家观妄心之所据；然能观此无明心而破之之心，则亦可说为法性真心，亦为可观者。是即山外观真心之所据。又智𫖮言十界互为因果，湛然言佛性有恶，则佛之性之理，固应为具九界恶之圆理；但亦皆言佛之修中无恶，则亦可引出佛之性之自为纯善之义。又智𫖮只言心具三千，湛然乃言理具三千，初无事造三千之明言。知礼《十义书》卷上，“不辨事理二造”节，谓湛然《止观辅行记》中有之，乃依义推衍。盖理事不离，知礼固可由理具三千，引出事用三千之义也。是则山家、山外之论，皆同可于智𫖮、湛然之言中得其据，以成其诤论之无已也。

关于此山家与前后山外之争论，其相连而讨论之问题尚多，其在义理上与如何释其前经论上之互相辩驳，尤多曲折。山家责山外，要在言其失天台一家教法。山外责山家，则谓不顾他家之义，如人谓知礼鲸吞《起信论》。此亦皆未为不是。就天台论天台，则山家亦实最能于湛然所提示之新义，如无情成佛、一念三千、佛不断性恶等，更坚执不舍，方成知礼之重观一念妄心中之事理三千等。故仁岳尝言知礼“一生所悟法门不出三千……《指要》二卷凡四十二纸，有一百五十余处言乎三千”云云。（据可观《山家义苑》卷上所引。《续藏》卷百〇一册一八三页）观湛然于《止观义例》尝谓智𫖮“以三千为指南”，知礼则全自位于此南方中矣，故亦实可称为天台之正统。知礼之重视妄心之事理三千，亦自更有其更切实于当下之修行工夫之义。由此以言全性起修、全修在性，亦更有警切之功。后虎溪怀则著《天台传佛心印记》，谓知礼之“立阴观妄、别理随缘、究竟蛣蜣、理毒性恶、十不二门之指要、十种三法之观心、三双之论佛身，即具之判经本，判教说实，说性说修，章安荆溪，未暇结显之诸深门，莫不表而出之”。宋法登之《议中兴教观》文，则谓知礼之立别理随缘，乃中兴天台圆顿之教；其立阴观妄，则显天台之境观云云。而吾人亦可缘此怀则与法登所标出者，以知知礼之所学也。

唯山家知礼虽能承湛然所提示之新义而发挥之，然亦未必能尽湛然之所学之全体。因湛然之学固原承于智𫖮，而其言心性三谛三观等义，则承智𫖮而说。山外之承于湛然者，亦正可是此湛然之承于智𫖮者之一方面。山外固不免受华严宗人之影响。然其所受于华严宗人之影响，亦可正同时为上契于智𫖮湛然之旨者。华严宗固初亦受智𫖮之影响。如以心统色心，以三谛圆观三千，或一切法，以心法为佛法与众生法之本及第一义之性为净善，固华严与智𫖮之所同，而湛然亦可无异辞者也。则山外之说，固亦不能谓其为天台之叛徒。而当说其与山家合为天台宗之二流；而其教义之能通摄于《起信论》、华严宗之义，正所以见天台、华严之教义之可相摄，而可使二宗之人，各破其门户之见，而显此二宗之差别，乃差别而无差别；此差别亦假相而可空，以见其教义之亦有不可二处，而并加以圆观者也。则吾人生于后世，亦不必本昔天台宗人之门户之见，以为抑扬也。

六　山家山外之论义之相反与相成

对天台之山家、山外之所争之问题与所持之理由，如一一循文论述，其事甚繁，当另文别论。唯吾人若细观天台宗人在争论时，各在思想上所预设或隐涵之义，及双方争论中所持之理由，各有改变，以渐趋共许对方所持之义；则亦可说其持义相反，而未尝不相成。此可就以上所提示之诸问题，更分别略加点示，聊使初学知此中之持义相反者，可能有相成者，存于其中而已。

如以心色内外、依正之二不二而生之无情是否有佛性、草木是否成佛之问题而论，山外固许一心之能见此心色之不二，此即须涵山家之义。至山家之顺湛然之说，而即此心色平等不二，以言无情有性、草木成佛者，初亦必先意许此色心，乃心所知之色心，而在此心知中，观得此色心之不二；并先许此色心乃当前一念心之二方面。此即仍隐涵此一念心，为外色内心之统。故其言佛之依报土，属于无情色法者，亦应与佛之正报之有情心身，俱时成佛云云，亦先意许此二者并为佛之所知所证，而属于一佛心。其谓依正不二，实亦先意许此依正之二名，而此二名亦自是二义。在此依报中之草木，乃依其正报，而与之俱成佛；然其自身则不能为正报，更以佛之心身为依报。此即亦见此依正之不二而二。此中，除非谓草木自身，亦有觉性，而亦能自以其心身为其成佛之正报，更以佛之心身为其依报；则佛之国土中草木之无觉无情，仍不同于佛之正报所在之心身之为自身有觉性而有情者。则色心依正，亦不二而二；而依报中之无情草木，与佛之正报所在之心身，亦不二而二。能为此二之统者，仍当是一心知或心觉。此则须涵山外之义。对此问题，山外智圆之《金刚錍显性录》，与山家可观之《金刚经论义》及善月《会解》所论，其中翻折至多，非今所能详。然观其翻折之多，亦正可见其相反而必相涵也。

复次，对于即三谛之三千之体是否有相，是否只有心法具三千，色法与佛众生法是否亦具三千之问题，则山家知礼承湛然之言佛悟三千之体，仍有其依之以赴物（即与众生相感应）之事，以对众生显相，而说此三千之体与佛心之证此三千之体中，亦应有妙假之相。山外如仁岳等，则谓在此体中之假，既与空中不二，而空中无相，则应无相。此二说更显然为一相反相成互相涵摄之说。因由此佛心之赴物而有相，遂推其未赴物亦当有相，乃由果说因，由用说体，以言其有相。然此中既用因果体用二名，则亦意许因果体用，可有不同之义；而在用上、果上有相者，在因上、体上，亦可无相。知礼说此是妙假之相应有，然假既妙矣，即不同有相之假，而兼为无相，而只能说为一无相之相。则即亦涵具仁岳所言无相之义矣。[①] 山家善月亦谓四明（即知礼）所说之相，即无相，“四明霅川（即仁岳）不当矢石”也。(《台宗十类因革论》卷二,《续藏》卷九十五，四五六页）至于仁岳之谓佛所悟三千之体为无相者，则自佛之赴物之假，在佛之自行境中，以空中圆观之，必亡泯其相而说。然说亡泯其相，亦必有所亡泯之相，在能忘泯之之佛心中，亦即此佛心有其所无之相。则此无相，亦即相之无相，而亦即一无相之相，而非单纯之无相，亦同知礼之所谓妙假之相之为一无相之相矣。

至缘此以论是否只心具三千、色与生佛不具三千之问题，则山家只言心具三千者，乃自色为一念心之所知所统，众生与佛皆以其有心有觉而成，故可举心之三千，以统色之三千，亦统生、佛之三千。然心既统色，亦与色不二而在于色；心既使众生得成为众生、佛成为佛，心亦在此生佛中；则说心具三千，亦当说其所在之色，及生佛亦皆具此三千。则山家之言色具三千，观色则心趣色，观心则色趣心，二观之用无殊。又言外观佛与生之三千与观心三千，二观之用无殊，固皆可为山外之说所隐涵之义矣。反之，山家之谓心色与生皆具三千者，亦必谓知其皆具三千者，乃此心之事，而非必色之事；又必谓生佛无此心，亦不能具三千。则亦将意许此心之具三千，有一特殊义、根原义。心色及心与生佛之不二、无差别中，仍有不二之二与差别在。则亦即可依此差别，以专说心具三千，暂不说色与生佛具三千。则山家之义，亦可隐涵山外之义矣。

至于就染净之不二，而连及之佛性是否有恶之问题而论，则

---

① 了然《十不二门论枢要》卷下（《续藏》一百卷百三三页），谓佛之寂光境，在知礼乃“即相之无相”，而仁岳则只说一无相，故二者殊。然无相者乃相之无，亦即相之无相；而仁岳之言无相，亦自可涵此了然所谓知礼之“即相之无相”之旨者也。

知礼之承湛然之言佛定不断性恶者，亦谓佛悟善恶性，而不染，其悟纯是净。然此净正当是一善之别名。依佛之悟之净，以说佛之性，仍当意许其纯善，此中恶已断。其所不断之性恶，则属于所悟所通达之下一层次之性。谓佛可依此不断之性恶，为化度众生而现之恶之相，与众生之恶之相之依于其恶性而有者，其相固可同。然此中之二性，所居之层次则不同，其义亦不同。则吾人于佛亦即可依其无此众生之恶性，而可说其性之无恶，而只为净善矣。至于言佛性之为纯净善者，亦必不谓佛之悲智不足以通达于恶，而现恶相，以化度众生，而有此能现恶相之恶性，则亦当意许佛有此义之恶性。则此佛性有恶无恶，皆可分别层次，而见其义之未尝不相成矣。

至于山家山外之别理随缘问题之争，则在山外，谓佛性断九界恶，而只证一真之理，此理亦能随缘者，乃是意谓此断九界恶之佛，亦能以其悲智，随缘而下彻于九界之众生。则此佛实未尝断九界，而亦必能依其悲智，以通达九界恶，方便为恶事，现恶相，亦有通达恶而现此恶相之性。则其断九界恶之性，即是断而不断。[①] 若非“断而不断”，则此佛之悲智不足，其善非全善故。则此全善之佛之所以成佛之性之理，亦即须同时为一不断九之圆理，而亦非只为一别理。则此山外之义，亦涵山家之义矣。

自另一方面言之，则山家固必主佛性不断性恶，方能与九界之恶相即，以通达于恶，现恶相为恶事；然后此佛性之理，乃为不断九之圆理。唯山家亦必以佛之不断九，正所以成此佛之悲智之下彻于九界之全善，而谓断九之佛之悲智，不及此不断九之佛之为全善。则此佛所以不断九之恶，乃正所以成就此佛之全善之一内容。今自具此全善之佛之性之理之自身言，则可只谓其是一全善，更不须再以此九界之恶说之者。则言此全善之佛之性之理

① 如法藏《入楞伽经心玄义》谓“有惑之智，此智亦须断；诸惑之性空，此惑不须断”，此即谓证诸惑性空之智中，此诸惑亦不断也。

为圆理，亦可以此“断九界之恶”说之。而其不断九界恶，是不断而断。若必说此不断而断，而圆理成别理，则此不断九界恶亦别理矣。则此山家之义，亦涵山外之义矣。

至于连于此缘理之断九与否之问题者，则上文说尚有观真心与观妄心之问题。如佛之心性纯善，吾人之真心性纯善，则观心归于观此真心，即契佛心，观佛心亦宜归于观佛心全是其真心性显现，以自还契其真心性。如佛之心性有恶，则观吾人之妄心之惑障恶性，亦即有契于佛性。由吾人平日之心正是妄心，若须别观真心，则工夫不切。今只拣此现前之妄心为所观，则工夫自切。此即知礼《十义书》与《十不二门指要》，言拣妄心为境而观之旨也。然知礼所谓观妄心者，乃依三谛而观其即假、即空、即中。而此知其即假、即空、即中之心，又当即一义之真心之显现。此岂不可以还自观之，以契真心？故《十义书》亦尝以观妄心成真心为言，则于此一义真心显现处，更自观之，亦可归于观真心之说矣。然自观其真心之显现者，亦可由更自染着于此真心之显现，而有妄执起妄心；便亦当更自观其妄。则观真心者，岂不可再归于观妄心？实则能观妄而知其妄者，应即一义上之真心；而真心之所观，亦原可是妄心。则真妄相即而相涵。至如知礼之说，谓观妄心者，初仍是妄心。此自亦可说。然妄心观妄之假、空、中，要必有所观之妄之次第破，亦有能观之妄之次第破；即有能观之真心之次第显，否则观行无功，修道无成。[①] 知礼既言观妄心成真心，则亦当谓有此次第显之真心，可为其所自观。然此真之显，又即在妄之破中显；破妄时，亦自先有妄为所观，方有妄之破。则观真心中，亦自涵观妄。是见此真心观与妄心观，亦自可相涵也。

---

①《四明尊者教行录》卷三：“今圆实教中既诠性具九界，则见思王数，即是性恶，惑既即性，只以此惑而为能观……能所一如，境观不二。《辅行》所谓非但所观无明法性体性不二，抑亦能观观智，即无明是。是义故，方知初心修观，造境即中，无不真实，功由性恶。”由观此性恶，而造境无不真实。即真心之显也。

至于上所提及之理具、事具之问题，则山外之言理具三千之理，乃即天台宗之三谛理，或能知三谛之法性心之理，或《起信论》之心真如理，或华严宗法界性起心之理、法界之理。此三者在山外，皆可说是一理。此一理，则为三千事所由成之共理。则所谓理具三千，即谓“理”之义中，具有此三千之“所由成之义”。此理即此三千之“所由成”。故对三千言，则理为总，三千事为别。至山家之更谓一念心之事中，具事理三千者，则是直下视此一念之心之事为总，更言其理之具三千事，而此事之自身，更自有事用，而具事用三千。此中事理各有三千，观理具三千，为实相观，观事具三千，为唯识观。此则较山外之论，大为复杂矣。

然山外之谓理具三千者，亦由理原为三千事之所由成，如上所说。然事既成，则理亦即在事中，而可说事具此理。然此理亦为余外之三千事所由成之理。故一事具此理，亦即无异具三千事所由成之理。而亦即可说其有成就三千事之用，或知礼所谓变造三千之用。此即由山外之理具三千，以引致知礼之一事之兼有理具三千与事用三千之说矣。

反之，山家知礼之言事理三千，谓一事中不只其理具三千，其事亦为有能变造或成就三千事之用者，则此后者唯依于此事之理，亦为三千事所以得变造，而成之理说。此仍是依理成事、理总而事别说。知礼于此亦有理总事别之说。至于知礼所说之一念心之事，固可自为总。然今若将其与余一切事平观，而见其同依此理而变造成，则又是以理为总。此一念之心之一事，即仍亦可视为别，以为总之之理之所具之三千之一矣。则此山外之理具三千，亦可摄尽知礼之事理两三千；而知礼之言两三千，亦可归于只言一理具三千矣。此理即心之性，则人亦可只言理具三千，亦即可只言心具三千。唯此心具之三千，可为吾人当前之一念心之体。此即又同山外以一灵知之心为体，以具一切法之义，亦还通于《起信论》及华严宗人之以一心真如，或法界性起心为体之说。此即智圆之《金刚錍显性录》卷一之旨也。

总上所论，则山家山外之争中，其立义相反者，如就其所意涵者而观之，亦可相反相成。则吾人可更于其所言中，见法藏所谓“相夺中之极相顺”，而相即相入；再圆观此天台山家之圆教与山外及华严之圆教，其二圆之合为一圆。但此中人所明说及之义理，与其所意许隐涵者，又毕竟不同。前者为显，后者为隐。由此人所说者其所显所隐之不同，则其对闻言者之感应亦不同。人依之而用修持工夫者，所得之效果，亦不同。则二教仍相别。故山外之以一真心为纯善，而教人观之，以直契其理者；与山家之言性有恶，教人观一念之妄心之事，而即此事观其所具之性之理者，其教仍大别。此即不能只依哲学义理，加以融通混合，以成一圆教。此中自有种种隐显相涵之义理，可往复翻折，以至无穷；终不容人于此妄分高下，而一切融通混合之论，亦皆可舍，人果能知此中义理隐显相涵，固可后据一端，前引一端，以成其互相破斥之论。则两相对辩时，先开口者必错，后说者终胜。此即成一场戏论。至于真正依教言理者，其所以必各引一端，则所以应合于人在修行工夫上之真实需要。盖由人之气质之差别，一时心态之差别，及所在情境之差别，而人在修行工夫上，亦恒有不同之需要。如以上述之山家山外而论，大率人之气质笃实，而能面对其妄染而修行者，必多契于为天台正宗之山家。至其气质高明，而能直契其一念清净而修行者，必多契于山外及山外所摄之华严宗人言一空寂灵知之心之旨。又人之自感其妄染之缚重者，则意自力不足，而恒信他力；在佛学中则恒趋于信净土，念佛心佛境，而对之忏悔，以自见其本心，而达于清净境。而天台宗山家之教义，言色心不二，佛自具三千，三千有相，正可使人缘之以观佛之净身净土之色相庄严。故尤为信实有净土者之所喜。[1] 又人之缘其一念清净心而信自力者，则不须信他力；在佛学中则恒或趋于重明自本心、悟自本性之禅宗。华严宗教理之言法界性起心，能繁兴万法者，更为禅者之所喜。此即气质之偏向也。然亦有气质高明，或自感其轻浮，而改习净土，以归笃实者。又有气质笃实，而自感其重滞，乃改慕禅境，以求高明者。此即自求化其气质之偏向之心态也。又人之多处逆境，而厌弃世俗者，易信净土；而处在顺境，以游戏人间者，亦恒能习禅。此则所在情境之异也。然此亦大率而言。此中更有种种因缘，使人更或喜净土或喜禅，并于教理或喜天台山家，或喜天台山外与华严。固非今所能备论者也。

附说：天台山家、山外之争后之中国佛学之一方向

上文所述对天台山家山外之争之评论，多是吾一人之见。自佛家思想史之发展言之，此争论之有无一定之结论，及其后之佛学思想如何发展，乃另一问题，为此书所不及详。然有二点，宜略加说明。

在天台之山家、山外之争中，以知礼门徒众多，而持义甚辩，以存天台一家教法，故一般皆以山家为正统，似此争论之胜负已

---

① 在宋以后天台之与净土宗密切相接，亦正以山家知礼缘湛然所言之真心不二、依正不二等义，以佛之依正报土亦有色相之论为据。智𫖮止观本为禅观，而原始之禅观中，自亦包括观佛境或念佛三昧，为其一部分。但智𫖮《摩诃止观》《法华玄义》诸书，并以佛境太高，众生法太广，故归于观一念心法，以为工夫。智𫖮《观无量寿经疏》，亦仍以一心三观，说此净土经之义；并明谓"以心观净则佛土净，为此经宗致"。至其《阿弥陀经义记》，则以此净土经乃挟别带通之教，非纯圆教也。宋以后之天台宗，乃与净土更密切相接。今言净土宗之教理，若只持唯心净土、实相净土之义，则净土即在一心、实相即无相，念他佛无异念自佛，净土境将无异禅观境。然在一般人之信净土，仍必先视为客观之他佛之依正报境，而有其色相者。在魏晋时僧肇主佛之法身有色相，道生主无色相。后唐昙鸾倡净土，即仍取僧肇之有色之说。正见此净土之说，宜主佛之依正报为有色之论也。

定。然实则知礼门徒如仁岳、从义，即与知礼异论，而成山家中之后山外。知礼所固守之十界互具之性具之论、缘理断九、别理随缘之论，此其所持以抵拒华严宗人，及山外之天台中人所受华严思想之影响者，皆可再加论辩，大可不必如知礼于此之故作张皇。如十界之性互具，在唯识中之众生心识交遍之义中有之，亦华严之万法互摄义之一端。此十界互具，必由佛之悲智之遍满十界，方能有其真知，以如实知见此十界互具。然知礼则以凡唯自佛之真心真智立根之言，皆为缘理断九，其所言者皆为别理。此盖遥本印度佛学中之分别论者“心性本净，客尘烦恼所染”之言，于是对凡只就本净之心性，或佛之真心真智，以及众生之真心真智，为第一义者，皆以为是分别说，亦别教说，而非圆满说之圆满教。圆满说之圆教，当无一法可舍，亦不离妄心情见之无明，以言真心真智所悟之真如真理或法性；而当承智𫖮言“无明法法性”之旨，以言即妄即真，众生之无明与法性相即，亦即恒沙之佛法所在，故以观当前“一念无明法性心”，以对抗华严宗宗密之言“一念灵知”，为一切观行之本。若只本一念灵知，求缘真如真心以为观行之本，即无异分别论者之只言心性本净，而以客尘烦恼为其外之物。此其立说，即分别取真，非圆满教，亦不能使人即无明烦恼，而见法性，知一切尘劳如来种，而亦不免于归在求缘佛所证之一真无妄之真如理，而断离九界矣。

然实则印度之分别论者之说，只是早期之佛学。其以心性本净与客尘烦恼，相对并言，固未至圆融之论。若人于此，只取相对中之二者之一，而离客尘烦恼，说心性本净。此则诚不如兼说二者，而言其相即者之圆满。然复当知：此所谓相即，有种种意义。天台宗之六即，亦实有六种之“即”义。佛学言“即”，并非逻辑中所谓“同一之是”，唯自不离为说。而不离之即，有种种之不同。又所谓无明即法性，烦恼即菩提，妄心即真心，皆对观行而说。在观行中之妄心即真心，乃谓能观妄者，即真。观行中之烦恼即菩提，乃谓知烦恼者，乃无烦恼之智慧。观行中之无明即法性，依智颛《摩诃止观》说，亦是谓知无明者是法性之明。而此中观行之归止处，则在知无明、烦恼、妄心之毕竟不实，其自性是空，以如实知见法性，证菩提，显真心，而亦更不对此法性等起执。此则重在超一般之真妄之相对，以归于绝对之一真无妄之佛境。华严宗人，即本此立言，而谓佛初成道时，即先见此境，而说《华严经》，然后次第流出其余之教。此其立义之根据，与分别论者之说，于真妄相对之中，别取真心之说，显然不同。而与只说真妄相即者，相较而论，正是更上一层楼。依此更上一层楼之义，则言一念无明法性心，只可于当下之观行工夫说。然在此工夫之究竟处说，则一切无明法之无明，乃以毕竟空为其法性。除无明后，一切法之差别，自仍在此，为唯识法相宗所谓证真如之无分别之根本智后，其后得智所分别。然无明既以法性为性，即毕竟要归消除，仍只有法性心，更无无明与之同体，即唯有真心而无妄心，十界中之九界，即以同归佛界为究竟，不可止于将十界平等并观，以言十界互具矣。

此上之论，在知礼之意，盖必将仍视之为缘理断九之别教理。并将谓此佛之唯一真心之再随九界缘而显用，有待于外之九界缘，非其性具九界，以佛唯有一真心，而九界中皆不能无妄故。人在观行中，只希此佛境，亦与当前一念无明法性心，隔别不融。然吾人亦可说：华严宗人依《起信论》而言真如随缘不变，不变随缘，原只是体用相涵之义。此佛之随九界缘，正是随其自性中所具九界缘，以九界之缘，皆与一真法界同体之佛之真心本性所起，而起必先具故。人在观行中，希此佛境，即破无明显法性之事；故人一切观行工夫中，皆有此即心即佛之境之次第显示。此中之论辩，可翻折至无穷，而唯有将一切论辩之言说，皆分别纳于不同根器之行者之工夫之诸阶段而说，乃能使其融通无碍，此在前文，已及其义，非今所能详也。

下文再拟说者，唯在言：知礼以后之天台学，自宋历明，至明末之智旭，世称为天台最后之大师者，其论学即大不同于知礼之唯意在存天台一家教法，斤斤计较于经论所陈义理，是否合于其一人所定之圆别之分者。智旭以《大乘起信论》以及唯识之论，同不悖圆教之旨。而由宋及明之中国佛家学者，于佛经所著注疏最多者，则为《圆觉》与《楞严》二经。疏《圆觉》一经，始于华严宗之宗密。疏《楞严》之书，则首有宋之子璿。而子璿尝疑传为智顗著，而言性恶之《观音玄义》为伪著，亦华严宗人。自此以后，天台宗人，亦渐竞为《楞严》《圆觉》二经作注疏，而上所提及明末天台宗之大师智旭，其学之中心，亦尝自谓在《楞严》云云。据今存《续藏经》,《圆觉经》注疏有十五种,《楞严经》注疏，则有四十种。此《楞严经》之言常住真心,《圆觉经》之言"流出一切清净真如之圆觉"，皆同是承华严宗在第一义之言毕竟真实，唯一真心之说，则凡只言真妄和合，一念无明法性心，其所异于性善恶混之说者，即不易辨；盖皆属第二义，乃观行工夫中一阶段之方便说。则知礼之论，固不足为天台宗思想之发展之最后定论所在。而其后中国佛家思想之发展，实归向于华严宗之万流赴海之教、毕竟真实、唯一真心之旨，唯多借对《圆觉》《楞严》之注疏，而表现耳。关于此由宋至明之佛学思想之表现于注疏者，尚待人之爬梳扶剔之而出者，当亦不少。唯非吾之疏陋之所及耳。至读者若欲问吾个人对此佛性问题之意见，则吾愿借用西哲黑格耳之名辞，谓"众生心之无明法性之矛盾的统一，其展开而对立，及其矛盾之超化而唯显法性"之"全部历程中之道"，即众生之佛性，则天台之论佛性，乃原其"始"之论；华严之论佛性，则要其"终"之论；而唯识宗之善恶染净法对立之论，则居间之论也。读者可自参详之。

第十六章　略论佛学以外之南北朝至隋唐学术中之道，及宋以后学术中之重守道及辨道

一　佛学以外之南北朝至隋唐之哲学文学中之道

吾书之论佛法中之哲学之义理或道，暂止于唐。于宋以后者，虽或涉及，如上述禅宗，及于五宗，述天台，及于山家山外，皆只为随文附及之论述。于南北朝至唐代之中国哲学中之道，吾亦只限在论佛家哲学中之义理或道。此亦非谓在此一时期，中国固有之哲学中之道，更不流行。实则中国儒道佛之学，自魏晋以后，即为三教并行之势。佛徒亦多皆初学儒道之学，如东晋之慧远，更能言礼；其时之礼学名家，如雷次宗等，初皆从之问礼。北齐之颜之推，有《颜氏家训》一书，则先言儒行，而终于言仙之非无；并以归心之论，言佛教义。南北朝之君王，亦多兼倡佛、道、儒之学。道佛之教自不免有争，而北周武帝尝下破佛令。然唐之高祖、太宗则于朝廷，设三教互相讲论之制。既敕令孔颖达等编《五经正义》，亦定道教为国教。唐玄宗封老子为太上玄元皇帝，又封庄子等为真人。道教三洞四辅之经典，固多仿佛经为之，然亦次第成书，其中亦未必无进于佛儒与前此道教与老庄及魏晋玄学之书，所立之义者。然吾人于此所知太少，又其原之在老庄与魏晋玄学者，与其道之方向何在，前已论之。至于中国固有经史之学与儒道之学之传，则历南北朝至隋唐，自亦不断，而注疏之

著尤多。然其道之大方向，则盖不出于两汉魏晋人之所开，而学更加密。此亦专门之学，非今所能论，亦非今所欲论。至于就纯言义理之儒家之诸子而观，则如《四库全书》所著录，而属之儒家者，有梁元帝之《金楼子》。其书卷四谓："周公没五百年而有孔子，孔子没五百年而有太史公；五百年运，余何敢让焉？"其自序言六岁能诗，龀年即受咒、诵咒于法朗道人。颜之推《颜氏家训·勉学》篇，亦谓梁元帝自言年始十二，便已好学。其所著之《金楼子》中，又载其所著书，则经史子集皆备，共六百七十七卷，亦可谓天才。然吾读其《金楼子》，亦不见其于"道"能开一新方向。此外《四库提要》所著录者，如《傅子》，亦只汇集陈言。唯隋唐之际，有文中子《中说》一书，则甚怪。其书直以孔子自比，谓唐之开国名臣，如魏徵等，皆为其弟子，而向之问道。然《四库提要》考其书所及之文中子之事，则于时代皆不合。然据杨炯文，则其人实为王勃之祖，而尝讲学者。宋儒更称之为唐代之儒学之传人。然今读其书，亦不见精彩。其书《问易》篇有"三教于是乎可一也"之言，明指儒佛道三教。又《周公》篇谓"梁国亡非释迦之罪"，谓"佛为圣人"；然又谓其为"西方之教，中国则泥"，即言其不宜行于中国也。今亦不知其如何合三教为一。此外其书又有评斥南北朝之文家之语。此书盖为唐初之不满南北朝之文风，而不免迂阔之一儒者之所著。唐世有经师，而罕有能言义理之儒者。故宋儒于王通，加以推尊，其名固不足以符实也。此外为《四库提要》所著录之南北朝至隋唐儒家之书，更无足论矣。

然此整个之唐代，自是中国之国力最盛之时代，唐代之天子，西域诸国称之曰天可汗，即无异一世界之君王。长安则无异世界之国都，为中国人与印度人、西域人，以至西方人相接触之地，亦世界之宗教与文化交流之中心。故景教、波斯教、犹太教，亦皆于其时传入中国。然要以儒佛道三教为最盛。此景教等之书，后皆在《道藏》中发现。此三教之学之影响，盖由晋至唐，而及于当时之政治、社会、文学、艺术之各方面。在晋唐之时，更能以其文学表现儒家之道者，则在东晋之时有陶渊明，唐则有杜甫。渊明自言“游好在六经”，又称孔子为先师，则其人初为一儒者。唯其“纵浪大化中，不喜亦不惧”之情，与形影神赠答之诗，则有道家意味。杜甫则自喻为“乾坤一腐儒”，其笃于伦理之情、家国之感，更纯然一儒者气象。此二人，皆为最能将哲学中之义理或道，融化于其生活与生命，更表之于诗，而由哲学境至超哲学之诗境者。此外则李白之表现道家与游侠精神于诗，王维之表现佛家意境于诗，亦皆可谓能将道佛二家之哲学义理或道，融化于其生活与生命，而由哲学境至超哲学境之诗境者。此亦皆如佛家之义理或道，在禅宗之语言中，皆渐入于诗境，成超佛教之佛教、超佛家哲学之佛家哲学境也。

总而言之，则在中国哲学中之道之大方向上，历汉至唐，皆已全部开出。由哲学至超哲学之境，亦已达到。唐亦为中国文化之世界化，世界文化皆摄入中国文化之一盛世。然盛极而衰，唐之国力之向四方发展，而其内政不足以自凝固，遂成藩镇之祸。安史之乱后，而国势日衰。佛道之徒，据寺观以逃租税、免兵役，亦足更使民穷财尽。于是韩愈遂谏宪宗迎佛骨，更作《原道》，言儒家之道之别于二氏，以成其辟佛之论。韩愈之时代，正与宗密同时。宗密没于会昌元年，至五年而武宗下破佛令，而佛教亦微。唯禅宗之徒，遁迹山林，得传其教于民间。韩愈作《原道》而辟佛老，以谏佛骨，而身遭贬谪，则有一特殊之时代意义之事也。

韩愈原为一文人，而只言“好道”“志道”。同时代有柳宗元，则言文以明道。而刘禹锡、李翱皆善文而能说义理。韩柳、韩李、刘柳，皆尝为人所并称。其中以李翱之《复性书》，能上接王弼之书言性其情之义，并承《中庸》，而下开宋儒心性之学。其论义理能及于精深。此吾于《原性篇》，已略及其言，今不拟赘。刘禹锡为《天论》三篇，言天只为自然之天，无预乎人，而废汉人一切天人感应之说。柳宗元之《天说》，亦言天人不相预，天于人无赏善罚恶之意，亦无赏罚之事。此与王充之言天，无对人赏善罚恶之意，初不殊，而详辩皆不如王充。而依唐代盛行之佛家义，言天地，亦原不过四大之色法，自亦不能视天如神圣，而谓其能与以祸福也。此刘柳之论天之文，一时传诵，义实平常。柳宗元辩封禅，抑受命之符，谓“唐之受命不于天，而于人”，亦天地山川中原无神灵之自然结论。柳又辩封建，谓古之封建非圣人之意，只由于势之不得已，故今之时势变，而封建亦不可复云云。宋明之儒者，更多封建可复或不可复之辩论，皆初由柳引起。然柳于政道，亦难言能自有一规模，自开一方向。即曰有之，亦未能申而明之，以为世所共见。柳又以“明”与“志”，言天爵，不以孟子之仁义忠信为天爵，自谓胜孟子。实则其明与志，亦正不出孟子下一句所谓“乐善不倦”之义。善固不必限于仁义忠信也。至其言“仲尼之志之明，授之于庸人，则仲尼矣”。近有人以此言盛称其能缩减庸人与圣人之距，实则人皆可以为尧舜，而能为仲尼，此本是儒者之公言。此外柳更有辨史事、辨诸子之文，如辨桐叶封弟，及辨《列子》《文子》《鬼谷子》《鹖冠子》，及《论语》中若干篇之伪等。或谓其开宋以后辨伪之业，然此亦实上同王充辨书说多伪。辨伪学之祖，更宜为王充，亦可上推至孟子言尽信《书》不如无《书》，非子厚也。柳宗元之言天，重自然之势、重辨伪，皆似王充。柳于道家之自然义，既有所取，亦能知山水之美，故能为山水之诗文。柳又有取于佛，谓其与《易》《论语》合。又其《无性和尚碑》之文，尝称天台宗之中道。然就其所辨说及义理而观，非实尝深究佛家义理者。盖亦如唐代文人一般皆好佛耳。

至于韩愈，则辨理不如子厚之谨密，其言儒者之道，亦不能及于精微。其《原性》之篇言性三品，亦远不若王充之言性三品之论之详至；或亦并荀悦之言性三品之义，而未能及；更不能如李翱之《复性》之篇，及于心性之本体与工夫之精微。其《原道》

篇与他文之辟佛之说，若只就其所及之义理而观，正如其诗所谓“蚍蜉撼大树，可笑不自量”。然韩愈之《原道》之文，直由“博爱之谓仁，行而宜之之谓义，由是而之焉之谓道，足乎己无待乎外之谓德”开始，谓唯由“博爱”“行宜”之仁义，而“之”者，方为道。进以言古之为民者四：士农工商之行，皆有其所宜，以合乎义，使人相生相养，以合乎仁。更言僧道之不事生产而衣食，即足使民穷且盗，则正对应其时代之僧道之据寺观，以逃租税、免兵役，所引起之问题。故其大声疾呼，欲于僧道之徒“人其人，火其书，庐其居”，明先王之道以道之，以矫一代之所偏向。其言儒者之道，“尧以是传之舜，舜以是传之禹，禹以是传之汤，汤以是传之文武周公，周公以是传之孔子，孔子以是传之孟轲，轲之死不得其传焉”，而志在上承孟子之辟杨墨，以辟佛老自任。孟子善养浩然之气，韩愈则学孟子之养气以为文，以求配义与道。而其《原道》等文，亦确有一气势贯注，如有一雷霆万钧之力。则其所见于道之义理，虽不能及于深微广大，而足配道义以生气；然能专用力于为文，而善安排字句，使文之自身有其气，亦自有其一道。韩愈之为文人之雄，即在于此。其于儒佛之义理之未深究，而亦力能辟佛者，亦在于此。故在宋以后之辟佛者，如石介、欧阳修等，皆推尊韩愈。凡为佛家辩护者，如宋张商英之《护法论》，契嵩之《镡津文集》卷十四至十六非韩三卷，元刘谧之《三教平心论》，皆以韩愈之论，为其所辩驳之主要对象。韩愈直下提出一“尧以是传之舜”，直至“轲之死不得其传焉”之道，而志于此道，亦即有涌身千载上之大段精神在，然后宋之石介、欧阳修与范仲淹、苏轼，并盛推其文。朱子虽以韩愈于义理，所见不精，然亦谓其“有些本领，大纲是”（《朱子语类》百三十七）。朱子之道统之说，亦可谓由韩愈《原道》之言开其先。韩愈在中国文化史中之地位，柳子厚终不足以相比。此则要在其行文之气势中，即有一辟佛之力，其辟佛亦对应于其时代之一需要之故。至于朱子之谓其晚年觉没顿身处，他人之谓其辟佛之事，不能贯彻始终，并议及其为人之种种，则与此所说皆不相干。即吾此上所说其辟佛之论中义理之不足，亦不于此相干。盖以韩之辟佛之论中之义理而言，则观宋之契嵩之文，不止其《非韩》之文，足以破韩愈之论，即其言儒学与治道，亦非韩愈所能及。然韩愈之在一举世之上下皆信佛之时，作《谏佛骨表》，致遭贬谪，其《与孟尚书书》言“虽被万戮亦无悔”之一大段精神，表现于其行文之气者，则非契嵩所能破，亦非其所能及。其文之精神可超乎所辩之义理之上，以求配义与道，读其文者可自知之。此亦超哲学之义理之辨之上之物也。吾书以虽论哲学义理为主，然吾亦恒信有在哲学义理之上之物之存在；言哲学义理，亦只所以明其物；而能明其物者，亦可是文学艺术或宗教道德上之实修实行，而非必对义理之论说也。如专以论说道为言道，则文学之言与艺术及宗教道德上之实修实行，皆不言之道、不道之道也。中国哲学中诸道之大方向之次第开出，始于周以前之礼乐人文中之不言之道，而归于唐代之诗文艺术，与三教之徒之实修实行中之不言之道、不道之道。至于五代与宋以后之道之流行，则吾下文另有说。

二　五代宋以后中国哲学中之守道精神

此五代宋以后中国学术思想中道之流行，在一一大方向上看，实亦未能更有所增。自五代以降至今之中国，亦自盛世而衰世，由世界性之国家，成一为北方夷狄及今之西方势力所压迫之国家。故此五代至宋以后之中国文化精神，亦不复以开拓胜，而只以求自保自固胜。其学术之言哲学上之义理或道者，则重在对其前之先哲所开出之种种之道，再重加以自觉、反省、批判、讨论，择善而固执之、保存之，而处处亦表现一保道、守道，以明道之精神。如在五代之时，禅宗之徒，则保佛学之传于山林。五代不出大学者，然禅宗之五宗门下，则正多坚苦卓绝之豪杰之士。道教之流，至于陈抟，亦有其所保之道教之传。传陈抟初有志王业，闻宋太祖即位，知天下大定，而撒手入华山，为道士，亦是豪杰之士。邵康节之术数之学，其传正遥出于陈抟。然陈之事迹不详，亦或是后人想象中人物。然后人之必想象此一人物，以见道教之传，仍出于一保此传统之一意识。而宋代儒学之起，则当依《宋元学案》所述，以孙明复、石介、胡安定开其先，范仲淹、欧阳修之奖励人才继其后。孙明复之讲春秋尊王之义，乃义在明夷夏之防，而保华夏文化之统。石介承韩愈，而辟二氏，其意亦在是。胡安定教学湖州，则所以养人才。范、欧为名臣，更提拔人才。欧阳修作《本论》，言佛教之入中国，在中国文化之不能自树其本。周、程、张、朱之理学，则正是在义理之学上，求见此本根之在《易传》《中庸》《论语》《孟子》《大学》之诸书者。朱子定四书，以代汉唐所重之五经，而保此先秦儒者之义理之传。此诸人之辟佛老，亦皆意在自保自固其学之传统。故朱子依韩愈之言，而有其道统之说。在道之大方向之树立上，宋明之儒固亦不自谓别有所增也。

此一宋儒之学之重保存华夏文化之传统之精神，表现于宋代之史学中之对政治上之正统与偏霸之辨。如司马光之以三国之魏居中原之地，而定为正统；朱子则自刘备为汉宗室，蜀之诸葛亮之治近于儒，而定蜀为正统。在学术思想之中，则石介已上承韩愈之言道之传授之说。朱子为《中庸序》，更言孔子至曾子、子思、孟子之道统之传；又为《伊洛渊源录》一书，以述宋代儒学之传。朱子门人黄榦，为《朱子行状》，更以唯朱子能承此道统之传。此言学术之传授，汉之司马迁、班固之《儒林传》已有之。汉初之经今古文经师，皆上溯其师承至孔子。然尚未有一道统直线相传之说。此乃始于韩愈之《原道》之辟佛，以保中国文化之统。宋儒继之而重此道统之传，以辟异端。此则由其更重保存一学术义理之统之故。故陆子与朱子异，朱子与后之为朱学者，即必斥之为异端。其流至于清初熊赐履之为《学统》之分正统、翼统、附统与异学。唐鉴《国朝学案小识》，更分清儒之学为传道、翼道、守道，以与经学心学相别。明末之为阳明之学者，则有周海门为《圣学宗传》一书，由伏羲以来，至孔孟程朱陆王，以及其师罗近溪，以言陆王之学统。其时之孙奇逢，则兼取程朱陆王之传，更为《理学宗传》一书。清儒之反对宋明儒学之传者，而言汉学者，如江藩之著《汉学师承记》，则又欲别建立一学术之正统者也。在佛学之中则智颉之祖述慧思、慧文，以接龙树，禅宗之神会为六祖争法统，固已是在建立一佛学之正传。然至宋世，道原著《景德传灯录》，契嵩著《传法正宗记》及《定祖图》，皆本《宝林传》，以奠立由西天由迦叶至达摩二十八祖之统，以接中国之禅宗之传统。然在天台宗，则宋有《宗源录》《释门正统》之书。此乃天台定佛门之正统，而斥禅宗之说者。志磐删补《宗源录》，为《佛祖统纪》，其书依《史记》法，分"祖纪"同"本纪"，更有"世家""列传"等，而佛祖之传，皆同帝王。其书斥禅者之二十八祖之说，谓在西方只二十三祖，东土则只有天台宗八祖之相承所成之统云云。宋之天台宗虎溪怀则，著《天台传佛心印记》，更谓禅宗之迦叶"传此心印，的在法华"。直至明末天台之智旭，乃不斤斤于争一家正统。凡此儒佛之人之争学术之正统，在近人观之，或觉其无多意味，亦如以近人之眼光观宋人之政治上之正统偏霸之辩无多意味也。吾初亦甚不喜之。然后更试与以同情的理解，则知其原皆为一保存学术文化之统绪于不断，以守道而明道之精神，亦代表吾人所说为五代至宋以后之文化学术之精神者也。至于此言学术宗派偏正之说，影响及于文学之论，则有种种文体正宗之争。论文学宗派者，则唐末张为有《主客图》，宋吕本中有《江西诗派图》，宋末方回之《瀛奎律髓》，有江西诗派之一祖三宗之说。明董其昌以禅言画，清包世臣言书法，皆有南北宗之说。此皆正如儒佛学者之《伊洛渊源录》《传法正宗记》之类也。

然此五代两宋以后之儒道佛之徒，对所学之儒道佛之学，亦自更有所发明。然此发明，不在大方向之道之开拓，而在义理之精微细密之方面。如宋以后佛学，更无新宗派。在儒学，则明末高攀龙尝谓：宋明之儒者濂溪、明道与颜子一脉；阳明、子静与孟子一脉；横渠、伊川、朱子与曾子一脉；康节、白沙与曾点一脉；敬斋、康斋、和靖与子夏一脉（《高子遗书》卷五《会语》）。此皆大致不差。宋儒中更有永康永嘉之功利学，其中之叶适，尝称子贡。则凡为功利之学者，皆与子贡一脉者也。故宋明儒亦皆未尝于儒学之大方向上，自谓别有所开。清人之言经学者，亦不能大出汉之今古文经学家所开之道之外。金元之道教之全真教，为新开之道教。然其特色唯在“其逊让似儒，其勤苦似墨，其慈爱似佛”（陈教友《长春道教源流》所引金辛愿文），以合数教之精神为教。则在道之大方向上，宋以后之儒佛道三教，皆不能更有所开也。

然此唐以后之中国之学术，亦自有进于其前世者。此则要在其于“旧学商量加邃密”之一方面，及诸分流之学术之互相影响，而参伍错综，或相互讨论辩论之一方面。故于道之大方向虽无所开，然于义理之精微，则更有辨析之功。朱子尝言“道字弘大，理字细密”。宋以后之儒学之精神，皆在辨理，故有理学之名。此理自亦是道之理，然重在道之理，与重在道之大方向之开拓亦不同。唐以前之儒，重在道之大方向之开拓，宜名之为真正之道学。宋儒之道学，则真理学也。宋以后佛道家之学之辨理，其趋于精密者，亦皆可名为其教之理学也。

三　宋以后讲学之重宗旨，及学术之辩争

此宋以后之理学重辨义理之精微，而偏向一理以言道，其讲学遂或重在先提一定之宗旨。此或始于禅宗之五宗之各有宗风，

或教人参话头。周濂溪以主静、无欲，立人极，而配太极之道，为圣学宗要。张横渠言太和所谓道，以变化气质，穷神知化、立心立命、为乾坤孝子，为圣学宗要。程明道言“学者当先识仁”，伊川以“主敬”与“致知穷理”并重。朱子承程门之学更言太极，以接濂溪言太极人极之义。其时之陆象山，则以理即在人之本心，而重人之自明其本心，而以此为大中之道或皇极之道。象山之前，邵康节有《皇极经世》之书，同时之叶适《习学记言》，以皇极言道统。稍晚之蔡沈有《皇极内篇》之著。宋儒言太极、人极、皇极之三极者，皆对不极者，树立一极为标准之道，以便人之持守固执者也。至于明之陈白沙言“静中养出端倪”，阳明言“致良知”，湛甘泉言“随处体认天理”，刘蕺山言“慎独”，归于立人极，亦皆各有其讲学之宗旨所在。而清以后之为诗文者，或标神韵，如王渔洋；或标性情，如袁子才；或标格律，如沈德潜；或标义法，如方苞，亦皆此宋明理学家讲学标宗旨之遗风所及也。然此宋明理学家之标出一宗旨，要在教学者依一理言一工夫，以为入道之门户。宋明儒之言工夫，恒兼有正反二面。如濂溪之“主静”为正面，“无欲”即其反面。横渠之言“神化”为正面，其“变化气质”即反面。程朱则“存天理”与“去人欲”并重。象山之“立大”与“去意见”并重。阳明之致良知，则善善恶恶并重。此人之学圣贤必去反面之私欲意见，以及习气之不善者，亦即人在道德生活上所以自保自固其善之工夫。此中人由正反二面之工夫，为门户，以入于道，则其中自另有“宗庙之美，百官之富”。立宗旨为门户之意，亦初不可非。然必以宗庙只有一门户，唯此门户可入，其余之门户必不可入；则各持一定之宗旨以讲学者，亦可相争辩无已。此即在不重言说之禅宗之徒中亦有之。如朱子所常称引之临济宗大慧杲，即力斥曹洞宗宏智之默照禅。程朱与陆王学派之相争辩，更人所共知。此儒佛之学者，多相讨论争辩之事，亦可视为宋以后之儒佛之学之特色。其争辩之事，则皆是意在以其所见之义理之是者，斥人之所见之异者为非。然其所言之道之大方向，则又未必不同。其必谓人非而己是，亦意在自保自固其所见之义理，以自通于道；则其争辩之事，亦不得已，亦依其有其所特见之义理，以存道脉而有，亦不能只以门户之见斥之者也。

今如顺上来所说，更扩大而观此宋以后之儒佛之学者，由义理之讨论争辩，以存道脉之事，则五代末宋初，已有天台宗之山家知礼与山外之庆昭智圆之论争，后有知礼之后嗣广智、处元、与咸、继忠等与后山外仁岳及从义之论争。前已略述其争论之问题，并言天台山外之义，兼摄华严，而知礼以降之山家，则志在存此天台一家教法，使不乱于他宗。故知礼名其书为《释难扶宗记》，继忠名其书为《扶宗集》，与咸名其书曰《复宗集》。知礼更言天台之佛学之宗旨，全在性具之义，而谓"只一具字，弥显今宗"，则所争者，只是有关此"具"字之义理之精微，以存其天台宗旨而已。禅宗之宗杲，斥默照禅，其文虽多，则不过言只事默照则有定静之功，失活泼泼地之慧而已。宗杲又烧其师圆悟之《碧岩录》之分析前人公案之书，以为可贻误来学。则其意，盖亦在免学者之成知解宗徒，而慧命不流。至清代，则更有法藏之作《五宗原》，而其师密云辟之；法藏弟子弘忍，又为《五宗救》，以救法藏之说。雍正乃以帝王之尊，作《拣魔辨异录》，破弘忍，更以帝王之命，夺法藏之法嗣。清代禅宗之衰，此盖其一因。凡此天台与禅宗内部之辩论之争之烈，皆唐以前所未有。其所及之义理之精微细密处，亦前所未有。而其所以必相争者，亦唯由其各欲自保自固其所见所宗之义理。名曰"五宗救"、曰"拣魔辨异"，亦皆志在存其宗风以扬佛道，皆佛学中之义理之精微细密处之争，而非其学之大方向之道之必不同也。

至于在宋儒之中，则朱子尝言宋儒好议论，而北宋之洛蜀朔与王安石之新学，即互相议论以成争。南宋则有朱子与陆子、陈同甫等之论学而成之争辩，其所争辩者，亦皆可说在义理之精微细密处。阳明之评朱子，亦谓其学与朱子之学初入门处，有毫厘之辨。其时之湛甘泉、吕泾野、罗整庵、黄绾之疑阳明之学，亦在少数之观念上。而阳明学与陈白沙、湛甘泉之异，尤非深入诸人之学者不能辨。后周海门、许敬庵与之辩，李见罗与高攀龙、顾宪成之评阳明学，其所争皆只在一善字。刘蕺山之疑阳明，所争者，则在言意之至善。此皆及于义理之精微细密处，而不在道之大方向者也。诚然，小大为相对之辞，差以毫厘者，亦可谬以千里，其道之方向，亦即可以此而有千里之隔。然此亦夸大之辞。二线其始之有毫厘之别者，固未必皆直线进行，以成千里之距，而亦有再自绕折而回，以相涵接者矣。吾昔为文言朱陆之争辩，非无交会之义，则于明代之王学与他家之争，或王门诸子间之辩论，更可作如是观。唯亦须知其毫厘之差处果何在，如何可由其义之环绕以相接，则非今之所及论耳。

贯于此宋明之时代之学术之争，其有关儒佛之辩者，所争者则较大。大约宋儒多辟佛，以自固儒学之传，唯杨慈湖、真德秀，不辟佛。至明而儒学之势既盛，佛学之光辉为宋元以来儒学所掩，明初之宋濂、陈白沙皆不辟佛。阳明亦用佛语论儒义。王龙溪更以良知之义通三教。王学之徒，有赵大州，著《经世通》明儒学；又著《出世通》明佛学。有李卓吾，著《三教归儒说》。其余如焦竑、管东溟、陶望龄，以至晚明之方以智等，皆兼综佛学，亦或会通三教为论。明末之佛教高僧，如株宏、真可、德清、智旭，又皆尊儒。德清及智旭，更注《周易》《老》《庄》诸书。此与吉藏、智顗、玄奘之轻视中国固有之学之态度，已大不同。而其原则在华严宗之澄观、宗密，已喜征引儒道之言，宋之天台宗之山外之智圆，已自号中庸子，于其《孤山闲居编》卷十九，谓儒释异而理贯；契嵩亦论儒家之内圣外王之学；禅宗之宗杲，则言佛义可改头换面为儒说。然唯至明末，而后三教思想之交流之势乃大盛，为前此所未有者也。

然明末之思想家，由刘蕺山而黄梨洲，与其同时之王船山、顾亭林，则又皆严辟佛老。盖其皆志在经世成外王之业，而佛老之学，于此初无所用。黄梨洲承蕺山阳明之心学，而言盈天地皆心，于是研天地间之一切事之学，皆心学。梨洲遂研治历算之学与史学。王船山则即事言理、即器言道，亦研治经史子之学。而在黄王之心中，天地间之学，亦无非理学与道学或心学。顾亭林则以能经世易俗之经学，便是理学。船山避世，学无传人。梨洲、亭林之传，即开后之清人之经史之学者。然自明中叶以后，有西方天主教义之传入，此则另说一宗教之道。由利玛窦《天主实义》，至清初孙璋之《性理真诠》，亦大体能明其道之义。利玛窦之流，以补儒、益儒、超儒之学自许，而反对佛家之教，与宋明以下之儒学。其时为佛学之株宏，及儒家之王船山与杨光先等，皆尝斥其学。此亦明末之一学术辩论，其争亦甚大。然以罗马教廷之禁天主教徒祭祖与祭孔子，而康熙帝亦禁其再传教于中国。故其与中国固有之儒佛之学之辩论亦断，亦不更为清之学者之所知。直至鸦片之战后，传教士再东来，而儒佛之道与天主教或基督教之道之异同何在，乃再成一问题。

在清学之初，除顾黄与其同时之经学家，如毛奇龄、阎百诗所开之经史之考证之学外，亦有程朱陆王之学之传。明末清初之孙奇逢、李二曲，于宋明之学，已无门户之见，而二曲更尊陆王。陆王之传，自王昆绳而与新兴之颜李之学相接。然颜李只自谓承孔子之六艺之教、《周礼》格三物之学，亦非自谓于儒学之道别有所开也。清初之程朱之学者中，张履祥为刘蕺山弟子，与陆桴亭同为当时之醇儒。又有吕晚村能言民族大义。陆陇其、李光地，则得清帝之尊宠。孙承泽、张烈之流，则继明之罗整庵、陈建之书，而力辟陆王。然李穆堂更为陆学辩诬，并谓陆学之旨，在明义利、别是非。李亦以直言下狱，而讲陆王之学者，乃后继无人。朝廷以程朱之学取士，然承顾黄之经史考证之学者，则主在博古。

于是先有惠栋之言汉学，更有戴东原之谓为学要在以心知之明，照察物理，以斥宋之程朱言理为“得于天而具于心”之说。然戴氏之言心知与物理之关系，以疏证《孟子》者，实近乎荀学，亦非能另开一儒学之道者也。惠戴重汉唐之学，与言宋学者宗程朱者殊科。为宋学者之方东树，遂有《汉学商兑》之书，与其时为汉学者相争。与戴东原同时而稍后之章实斋，又言六经皆史，而重史学。然其学不显于其生前，唯闻名于今世。道咸以后之经学，由东汉而及于西汉，遂上接公羊家所传之微言大义之学。公羊家自龚自珍、魏源，而论时政，魏源更为《海国图志》。西方之学于道光后亦次第再入于中国。今文之经学发展为康有为之变法改制。清末为古文经学者如章太炎，亦能依史事，而言民族革命。则皆无异汉儒之通经致用精神之再显。凡此上所述清之程朱陆王之争、汉学宋学之争与今古文经学之争，皆上承宋明而来，亦皆由学者于先秦两汉所已开之种种儒学之大方向中，更各有所偏尚，而有之争。亦如宋之天台宗之山外、山家之争，宋至清之禅宗内部之争，宋明之程朱陆王之争，皆只是其前之种种儒学佛学之大方向中，各有偏尚而有之争也。

四　清之文字训诂等学之本原，及宋以后学者之守道、辨道精神之价值

若夫由清代之经史考证之学，而重文字之训诂声韵之学，对书籍之校勘、注疏、辑佚之学，对文物如金石之考证诠释之学，则各为一专门之学。其根本精神，则是由文字或文物，以上探古代之文化历史，亦即文字之训诂、文物之观摩，以求其义理之所存。文字之可表达义理，原为人所共认。宋明之禅宗与为儒学者之讲学，皆重宗旨。标义理之宗旨，可只须数字，即以此数字，为入道之门。尊此宗旨之数字，即尊此道与义理。清儒之重对一

一字之训诂，盖亦即承此尊文字之意而来。则清儒如钱大昕、戴东原、阮元等之谓“训诂明而义理明”，所以求圣人之道，亦初非虚言。唯文字所表之义，有大有小、有近有远、有高有低，而不能如为文字训诂之学者，只一一加以平等而观。又文字之义由于人之次第赋与，亦不能专以古义为准。再诸文字之义，必互相贯通，恒沿诸文字之表面意义，而次第深入，乃得见其贯通。文字非复只是散列之形声，而实为人之所以通达于义理之天地或道之诸方向之媒介或桥梁。桥梁即人所行之道，则文字亦可以为道。唯桥梁必由人之通过，乃为道。人亦必通过文字，以见义理之世界，或其所说道之诸方向，然后文字本身，乃亦成为道。此皆未必为清儒之为文字训诂之学者之所及知。然本吾人今之所言观之，则文字既是道，文字之意义之只及具体事物者，亦皆可由其意义，与其他文字之意义之相通，以次第及于种种由小至大、由低至高、由近至远之义理，而通乎道。凡文字之有意义者，亦莫不为有关于道之义理之所贯注。如杯杓所盛之溪涧之水，皆为江河之水之所注，而皆可循诸方向，以流入一大海也。为文字训诂之学者，求确定一一字之意义，使其意义不得与其他文字之意义，相混乱而俱泯，即所以保存凝固此一一字之意义，亦间接所以保固其所通之义理之道，而亦为人之于道求自保自固之事也。以此观清之文字训诂之学，与文字声韵之学，以及缘此而有校勘注疏之学，辑古之佚书，以求复其旧之辑佚之学，与对文物如金石加以研究之学，皆由一保存文献，而求明其此文字文物之意义之精神所贯注，亦皆志在由此以明义理或道，使中国学术中之道得保存而自固之道。吾之书之依先哲之名言，以探其义理与道，虽不同清人之训诂之学，然亦是由古昔所留下之文字，以求见此义理之世界之道，而重辨之；而志在保存此中之道，而固执之，或多少发明之。此亦是承此宋明至清之学者精神以为论，固不能自外于此精神也。

吾上文之说此唐以后之中国学术精神，不在于道有新方向之开拓，而在于道求自保自固，并只在义理之精微细密处，更有辨析之功云云，初无轻视此一唐以后学术之意。盖于道有开拓固难，能自加以保固亦不易。辨析之功之及于精微细密，亦学术进步之征。吾又观宋以后之大学者之精神，其坚苦卓绝，以求保固中国之文化中之道；亦有非先秦学者之周游列国，为时君世主所尊礼，汉唐之儒者与僧道之流，多居庙堂寺观，养尊处优者，所能及。如宋初孙明复于泰山讲学，石介从游，固极坚苦。胡安定教学湖州，亦居处简淡。范仲淹、欧阳修，皆出自贫苦之家。程朱皆尝遭贬谪，此则遇同韩愈。宋末之文天祥之殉难，亦遥出理学之精神。明初之方孝孺，十族见诛。阳明亦受廷杖，而流放蛮荒之地。王门后学，如何心隐、李卓吾，虽不免狂放，然亦以自守道不移，然后见诛戮。明末大儒，如黄道周、高攀龙、刘蕺山皆殉节。王船山则遁迹猺洞，方以智亦死难。李二曲之坚苦卓绝，为亭林所称。清之吕留良，承程朱之学，遭戮尸之刑。李穆堂承陆王之学，刚节自持，亦下狱几死。颜习斋之学行，近墨子。清代乾嘉经师，亦多朴实有守。曾国藩、罗泽南，诵法程朱，而能治兵平乱。清末之从事革命以复中华者，亦正多成仁取义之士。此皆非有一保文教存气节，以固守此道义之精神者，莫能为，而未必为唐以前之学者之所能及。吾之谓此唐以前学者于道诸大方向，无开拓之功，则唯由诸大方向以先开拓成之故，非谓此宋以后人，若生于前世，必不能亦成此开拓之功之谓也。若自学术而言，则对此诸大方向之道之进一步之事，亦自当在求对义理之精微细密处，切磋琢磨。而其间之争辩之多，亦不可只说为门户之争，或以庄子所谓“辩也者，有不见也”，荀子所谓“辩生于末学”概之。此亦是学至精微细密之地，不可免之事。故吾人今欲论此宋以后之学术义理，其事亦有难于论唐以前之学所开之诸大方向者，为今书所不及。然人不能于唐以前之学术中之道之诸大方向所在，旁皇周浃，识其大体，则人之论此后之学术，必不免先心存偏尚，而难得其平，亦难为此宋以后之学者之学，一一安排其适当之地位。故吾书亦即暂以唐为止。若吾欲再继而论此宋以后之学术义理，则吾意可即自诸家之辩论之问题入，观其双方之得失，以知其异而未尝不通。对此宋以后之天台山家、山外之辩，阳明与其同时学者之异同之辩、儒佛之辩、明世传入天主教义与儒佛之异同之辩、清初程朱陆王之争、汉宋学之争、今古文学之争，以至清末之中学西学异同之辩、民国与今日之世界中之西方文化与哲学及东方文化与哲学之异同之辩，莫不可由其辩之问题，与其辩争之久而不决者，以见其双方所必欲保存固执不舍者，其真实义理之所在。更皆可由其义理之异，以求其会通之道；并于其争辩之久而不决处，见其必求保存固执其所见之真实义理之精神，亦皆同志在明道。则其固执而不求通，亦皆所以成通。如江河溪涧之水，各行其旧道，皆所以汇归于大海，以成其通。能知此异而不通，皆所以成通，则吾人更可对其异而初不相通之处，亦具敬意，而求加以同情的了解，如大海之还谢彼众流。此即《易传》所谓“观其会通，以行其典礼”之大业盛事也。《朱子语类》卷九十三，谓唐子西于一邮亭梁间，见“天不生仲尼，万古如长夜”十字。然天既生仲尼，则万古皆如昼，而道之流行于中国，亦未尝一日息。安可不观其会通以行其典礼哉？

对此上之种种学术异同之辨，吾亦皆尝有所加意。然欲先行一具同情敬意之了解为典礼，则其中亦有种种待研究之问题，而非一人之力所可办。吾昔年曾为《王船山学述》《朱陆异同探源》《王阳明与朱陆异同重辨》及其他论宋明儒学之文，合不下四五十万言，亦只及于宋明二代，后此者尚未能及。然吾意凡此宋明以后之学术之辩，皆只是在辨道，而道之诸大原与大方向，则皆唐以前之学者所已开出，其辨道只在义理之细密精微处，有进于前，以求更能明道、守道而不移。故吾今只欲合吾前此所写之论宋明之学之文别为一编，名“续原道篇”或“原教篇”。其余不更求一一备论。凡吾之所未及论者，吾意皆同可以“观其会通，以行其典礼”之道，加以处理，乃可免于其门户之见之弊害。而欲观其会通，则必识此唐以前所开之诸大原、诸大方向之道然后可。此即本书之所以述作之微意也。

附　录

前　言

吾《原道篇》所论述止于唐代佛学，于宋明儒之道，不能更有所论，总不免使读者有一中国哲学慧命之流，至佛学而极，更不向前之开拓之印象。此自非吾之意。盖吾固谓宋明儒，亦有进于佛者。今除拟更辑吾论宋明儒学之文为一编外，并先将昔年所著有关宋明儒学之二文，附录于此。此中第一文，原名“宋明理学之精神论略”，为旧作《中国哲学史》之一章，发表于民国三十五年，我与友人周辅成先生所编《理想与文化》第八期。此期乃在友人程兆熊先生故里，朱子象山尝论学之鹅湖之书院印行。今改名“宋明理学家自觉异于佛家之道”。第二文原名“朱子理先气后论疏释——朱子道德形上学之进路”。原发表于三十六年友人牟宗三先生于南京所编之《历史与文化》第一、二期。今改名为：“由朱子之理先气后论当然之理与存在之理”。前一文发表后，支那内学院张德钧、王恩洋二先生曾著文评斥，以为我意在反对佛学。实则吾之此文，乃述而不作。至于后一文，则吾意在说明宋明儒学之理，应由其为当然之理兼存在之理契入。此文要在反对当时冯友兰、金岳霖二氏所为之《新理学》及《论道》二书，本西方哲学以由逻辑分析而出之共相形式，为宋明儒学中之理，以质或能为气，以逻辑上之先后，论理先气后之说。此二文或亦多少有一历史的意义。王张二先生于儒佛之学，著述弘富，虽所见不同，亦素相过从。冯氏之著，为一时显学；金著主“能”之出入于“式”为“道”，尤具精思。然今则此评吾文者，及吾所评者，并为政治潮流所淹没，思之可悲。今重加刊布，亦表纪念。此二文，皆不足言佳善，但亦大致不差。后文依西方式哲学思辨而为之，乃今我所不肯为。今除于后一文，删去约四分之一，字句少有改正外，皆照旧重印。于儒佛之辨，在吾今之意，则以儒佛皆是大教。历史上之儒佛之争，使二教成一大相斫场，亦非幸事。吾今以为一切哲学之中心问题，乃生命价值观念问题。一切形上学知识论之玄思玄辩，皆为护持其价值观念而立，乃属第二义。吾意佛家之根本精神，在对有情之生命心灵中之苦痛、染污、迷妄、罪恶等，一切负价值之事物，原于生命心灵之自觉或不自觉之执着、封闭者，最能认识真切，而于此动大悲愿，求加以超化解脱之道。佛家以般若证空，是为成就此超化解脱。龙树《大智度论》卷二十，谓般若为诸佛母，大悲为般若母，诸佛之祖母。欧阳竟无先生定悲为支那内学院校训。其旨最弘深，世莫能及。又佛家深信生命心灵之存在与活动，不限于当生，而有无尽之前程，在凡则业力不失，在圣则功德无尽。此二者皆非儒者所重，亦非儒者所能反对。此即佛之立根处不可拔者也。然儒者之精神则在对生命心灵之存在之美善等正面价值，先有一积极之肯定，而学者则当自求其生命心灵之存在与活动之原始的方向之端正，以切问而近思，下学而上达。至于其上达之所届之境界，则罕加以想象推述。而人果能以其全幅之生命，为其所欲实现正面之价值所充实者，亦不必对此境界，与其生命之无尽之前程，先加想象推述，使人生外羡外慕之心。佛家之由此生命之有种种苦痛，而以求自此苦痛解脱，为生命之目标，儒者亦恒以为此非人之为学，其原始的方向之所当在。此苦痛固为人所欲避。于一切有情之苦痛，深心悲悯，固出于至仁。然一切有情苦痛之原，则在其不自觉或自觉的定限其生命心灵活动于一方向。此即佛家所谓妄执。生命心灵活动，有其所定限之方向或妄执者，必有苦痛。此妄执与苦痛，固皆为一负面而无价值者。然以苦痛对妄执，则有破妄执之用。合而观之，亦未尝不表现一正面之价值。故吾在另一书，谓此世界之有苦痛，所乃以成就生命心灵之破执，而使其存在得由封闭而开通之一“法界方便”。此非谓此生命之有苦痛与妄执之事，不堪动人之悲悯。唯当知此乃法界中之奥秘，于此悲，亦当知自节耳。至于人于其苦痛，能以坚忍心加以承担，同时直下用之为破执之资，以成更开通之生命心灵者，则在儒者，乃视为一在本原上更端正之人生态度。在此态度中，则人必需同时先积极肯定此一能承担苦痛之生命心灵之存在之正面的价值。生命受苦，以成其生命之开通。生命所受之苦，亦不能超于其所能承担之能量之外。此即生命之庄严与伟大，而生命亦非只为可悲悯之存在者也。今体此庄严伟大，即能更转而尊生、乐生，并肯定此生命之存在即是善，即是有价值。此即儒者之基本态度。儒者之言尊生、乐生，亦非于世间之苦痛、迷妄、罪恶等负价值，闭眼不见，漠然无情，唯认为须于其正价值，先有一肯定，方能据之以化除一切具负价值之事物耳。佛家思想之发展，至于言一切众生皆有常乐我净之佛性，亦正是以此具正价值之佛性之肯定，以为拔苦转业之所据也。唯儒者之言尊生、乐生，肯定此生命之存在即是善，即是有价值，则又不必自其具佛性说之；而可直至其是人、是一生命存在，或只是一存在说。此即形成儒者对人与宇宙中之一切存在，直下加以一积极肯定，而视为有真实不虚之态度，而显与佛家之教重消极破执，而以成其救度之业，重本般若谈空理，大不同者。然佛家所空者，只是生命中妄执染污。空妄执染污，乃意在成就一真实不虚之常乐我净之生命，则与儒者之目标，亦相应合。至其余之体用本迹之抽象的形上学哲学观念上之异同，皆次要者，亦莫不可加以疏通。儒者之积极肯定此人或生命存在之善与价值，亦不能否认：此人与生命存在之活动之有种种定限，而致之过失罪恶苦痛，待于超化拔除。吾观宋明儒者，则正是除承受以前儒者之正面人生文化理想之外，兼能深知人之生存于此王龙溪所谓“缺憾世界”中，而有种种气质之偏蔽、情欲、私心、习气、意见、光景，为吾人之生命存在活动之定限、桎梏、网罗，待于种种之工夫加以化除，方能致此生命之流行，皆合乎天理，而纯亦不已，而达于至善之境者。则宋明儒者之精神中，亦正有佛家之去妄破执之精神在；故为中国儒家思想之当有之一发展者也。吾年来所论宋明儒学之文，皆重其如何化除气质、偏蔽等工夫论，故与吾在为此附录之二文时，多着眼在形上学之问题者，颇有不同。人类思想言说，总在发展中，个人亦然，只须不相矛盾，则今固可是，而昔亦未必非。故吾将此二旧文，并附于此，其意唯在使人不致以隋唐佛学大盛，中国之哲学慧命之流，即至此而极。吾意中国儒佛之学间，固有如华严宗所谓“极相夺”而“极相顺”，以成此中国哲学慧命之流之大开大合之道在。其交臂而相失，亦犹诗人之言“纵然一夜风吹去，只在芦花浅水边”。此则非今所能尽论者也。

一　宋明理学家自觉异于佛家之道

一　为学之动机

欲论宋明理学家之学，不可不先明隋唐佛学思潮，所以自然转为宋明理学思潮之故，及宋明理学家所以反对佛学之故。原小乘佛学之目的，唯是在脱生死苦海，其根本精神为超现世的，盖无可疑。至大乘佛学虽有不舍众生，为救度众生而有不住涅槃、不离世间之义，然其救度众生之目的，亦在使众生同趣涅槃、同得解脱。虽所谓涅槃不外世间诸法之清净寂灭相，解脱不外证此清净寂灭相，然证此世间之清净寂灭相以得解脱，必待多生之修行，非一生可办。此涅槃境界虽即世间之清净寂灭相，然于此相，吾人今生今世之心不能证之，则此涅槃境界，对吾人今生今世之心，仍为有距离的，超越而外在的。此涅槃境界必经多生多世之修行乃证得，则念念在此涅槃境界，即不免念念在多生多世以后之我所证得，而或不能念念在此生此世之我所应行应为。是故佛学之精神，遂亦可谓之超此现世间的。然中国佛学经天台、贤首之教理之发展，依圆教义，而言成佛入法界之事，三生可办，即在缩短现界与佛界之距离。终成就禅宗之当下明自本心，见自本性之教。则更不重说明此涅槃之必经多世修行而得证一面，而重说明当下之转念，即可离烦恼得清净一面。盖所证之清净，系于能证之心之清净，而能证之心不待外求，当下即是。故禅宗常就此当下之心，与人以提撕警觉，以“一念离境即菩提”之言，使人超出凡情。于是有顿悟之教。离境顿悟，系于一念之不执境，故可即世间而出世间，于寻常心见道心。则运水担柴、着衣吃饭，皆不为修道之障，而为悟道之资。今着衣吃饭、运水担柴，诸世间法，既皆可为悟道之资，则政治上社会上伦理上之诸世法，又何不可为悟道之资？故禅宗之义再转进一层，则必为将出家与在家，作平等观，于现世政治社会伦理之道，皆予以肯定，而归于真正之入世出世平等观。故宋明理学家阐扬世间之教理，匪特佛家不能加以贬斥，即视为禅学必然发展之一趋向可也。

吾人虽可谓宋明理学为禅宗思想之进一步发展，然此进一步中即有一根本之转变，以显示宋明理学与佛学之分水岭。盖禅宗虽可谓对世间诸法及世间，作平等观，于世间诸法，加以肯定应许；然禅宗肯定应许世间诸法，可非积极之肯定应许。运水担柴，固无不可见道，然运水担柴之所以可见道者，惟是因运水担柴，而心无系着、无念、无相，则运水担柴当体即空，故可见道。故禅宗之肯定世间法，不可谓积极的肯定世间法，充佛家不舍世间救度众生之义而极之，亦可在更高之意义中，积极的肯定世间法，肯定社会政治伦理之道必须有之理由。然即在更高之意义中，所肯定之世间法伦理政治社会之道，仍可说为求得解脱、达涅槃境界之方便，乃经一转手，以间接加以肯定。儒家则不然，其肯定世间法，则可谓之直接加以正面的肯定。自来儒者所用心，皆直下求建立伦理政治社会之道必须有之理由。宋明儒者之用心，自亦在是。故宋明儒者谓佛“知上达而不知下学”，有“敬以直内，而无义以方外”（明道），能穷神知化而不足开物成务（伊川），或并以废三纲五常为佛之大罪（朱子等）。然宋明理学家更有进于汉唐儒者者，则在自觉的追求伦理、政治、社会之道之形上学、心性论的根据，缘是而自觉的重新提出儒家人生理想，而自觉的肯定种种伦理政治社会之道。此种种之自觉，则可说为由佛家思想之刺激，与佛家思想相对照而后引起者。吾今亦唯在此处论宋明理学家之自觉异于佛家者，及其对儒家之贡献。

宋明理学家之自觉异于佛之第一点者，为学之动机不同。盖佛学以求解脱证得涅槃为目的。其所以欲求解脱，则初源于视世界为无常，无常故苦，而无常之最苦者，则为生死之无常，此为世间诸学所皆不能解决之问题，故一般佛徒恒以生死事大，无常迅速之言，引人以信佛。人之信佛亦多出于解脱生死之动机。虽佛所谓解脱生死，非同道家之长生，而惟是自生死之执，生死心中解脱，故解脱生死之佛菩萨，仍有变现生死之化身；然亦毕竟是要自吾人之生死之苦、生死之心中解脱，以渡生死海。此一精神亦至伟大、崇高、庄严、神圣、不容轻视。然儒家则素缺“无常故苦”之世界观，或以生死为人生之大苦之人生观。无常即变易。自周秦儒家观之，变易之义，即含生生之义，变易之事，即生生之事。而生生之事，乃被视为可乐而非所苦者。佛家喜言生死或生灭，成住坏空。然儒家之则不言生灭，而言“生生”“生成”“始终”，不言成住坏空，而言元亨利贞。利非坏而为变通，贞非空而为完成。以成代灭，则死可唯是完成而非灭。孔子曰：“大哉死乎，君子息焉，小人休焉。”又曰：“君子曰终，小人曰死。”死之为完成或灭，为苦与否，系于死者之为君子与小人。死者为君子，则君子一生之自强不息，惟在成德，既成其德则非死而为终。终者已完成其德之名也。君子终而无所谓死，故君子之终，可使后人怀念思慕，而非可悲悯。故陆象山《与王顺伯书》，谓“吾儒中圣贤，岂皆只在他生死海里浮沉也”。至于小人之死，则其可悲者，亦在其德之未成，而不在其死。至于苦痛之问题，若自君子而言，则“杀身成仁、舍身取义”，“朝闻道，夕死可矣”，死本不视为苦。小人之死而苦，则其过在其不能如君子之所欲有甚于生者，能欲仁义而得仁义。如其能之，亦将能生顺死安，不以死为苦。故儒家初不自生死之问题，苦痛之解脱问题出发，而唯自如何成君子、如何成德之问题出发。若能使人人有士君子之行，知所欲有甚于生者，复得其甚于生者之欲，则其死也为终，而不可怖。其生也，则乐有甚于单纯之生存欲之满足者。如是而此生遂成真可乐。故孟子“乐则生，生则恶可已，恶可已，则不知手之、舞之、足之、蹈之”，乐者何，得其甚于生者之欲，仰不愧俯不怍之乐，反身而诚之乐也。乐则生者，言有此乐而后真有此生，此生乃真可乐，而手舞足蹈也。故儒佛之辨，可说在：一以生死之苦为首出之问题，一以如何成德为君子为首出之问题。以生死之苦为首出之问题，亦自当引出舍染取净、为善去恶之道德问题。然此为次出之问题。以如何为成德之君子为首出之问题，则至少可使生死之问题，暂不成问题。得成德之乐而生非苦痛，则此生中即有真乐。故《论语》首曰：“学而时习之，不亦悦乎！”孔子特称颜子之不改其乐，称曾点之鼓瑟自得，孟子以礼义悦心为言。以种种成德之乐，兴发鼓舞人之精神，原是孔孟之遗教。即与佛家喜说生死之苦，教人力求解脱者，正成一对照。汉唐儒者皆未能提出孔孟之此种精神。然自经佛学之输入，宋明理学家复兴儒学，则首提出儒家之此种精神。故理学家本成德为人生目的之态度，斥佛家之求自生死解脱，不免于自躯壳起念之自私心。

谓其欲自生死解脱，即“爱身舍不得”（明道），谓“圣贤以生死为本分内事，无所惧，故不论死生，佛之学为怕死生，故苦说不休，皆利心动之”（明道）。此视佛家之求解脱生死，为功利心自私心，同时即标出孔孟相传遗教中，德乐一致之旨，为学之归趣。自二程从周茂叔游，周即教以寻孔颜乐处所乐何事。程子作《颜子所好何学论》，即论其所好者在仁，所乐者即是仁。及伊川恐人误会仁与乐为二，故又有“非是乐这仁，仁中自有其乐”之言，以明由仁而乐，乐即在仁中之意。横渠之矢心儒学，亦感于范文正“名教可乐”之一言。又谓“和乐道之端乎？和则可大，乐则可久”。邵康节则有“得自苦时终入苦，来从哀处卒归哀。此非哀苦中间得，此乐直从天上来”，以明儒者之乐非与世间之悲苦相对，自悲苦中解脱而来，乃自别一根源而来。此根源为何，实即成德是也。乐由德来，德为绝对，乐乃绝对。及至王阳明，更谓“乐为心之本体”，而心之本体即良知，则谓乐原于良知。致良知之乐亦即成德之乐。而泰州之王心斋，更本“学不至于乐，不可谓之学”，作《乐学歌》，谓“学是学此乐，乐是乐此学，不学是不乐，不乐是不学”。此学之乐，亦成德之乐也。宋明理学家由德以言乐，则此乐非是凡情；德而必至于乐，则德非枯淡。乐则生趣盎然，而德适所以润生。宋明理学家之所以能积极的肯定人生，肯定世间法，而与佛不同之故，即在其为学之归趣上，已略乎可睹。

宋明儒自觉的教人寻孔颜乐处，以成德之乐为归趣，同时即自觉的要讲明圣学。故教人为学之始，即立志作圣。古者圣与王连，所谓内圣外王。孔孟教人皆偏重教人为士，由为士自可归于为圣，故曰：“人皆可以为尧舜。”然孔孟教人殊少直截教人为圣。荀子虽明言为学“始乎为士，终乎为圣人”，亦未尝直截教人人皆以为圣自勉。汉儒则恒谓圣由天生，非由学而至。然宋明理学家之教人，则常在第一步即要人立志为圣。周濂溪答圣可学乎之问，而曰：“圣可学。”唯其“士希贤、贤希圣、圣希天”之言犹有层级。而程子则言："学者必需立志作第一等人，才说且作第二等人，即为自弃。"第一等人者，圣也。《二程遗书》附载吕氏发明中特指出："二程之学，以圣人必可学而至，而己必学而至圣人。"象山阳明教人，更处处要人知其本心良知之所在，即圣心所在。至于罗近溪、王龙溪等，则更进一层教人自信当下此心即为圣心；赤子之心与圣心，更无二体。横渠、晦庵教人，虽重循序渐进，然其讲学亦教人有必为圣人之志。此种教人于初发心即以德行圆满之圣果为依归，与其标示成德之乐，实为一事之二面。盖乐者自慊自足之谓，必成德，而后有真正之仁者之乐。有真乐乃德具于心之符验，亦即成德之果相。初学即教人寻孔颜乐处，亦即初学即以圣贤之心为依归。由宋明诸理学家之自觉的处处以为圣自勉而勉人，于是使宋明理学家自觉其所讲之学为圣学，而异于其他之学。宋明理学家讲学重宗旨。宗旨即作圣之工夫。一家之宗旨，即一家之自觉的作圣之工夫。盖佛家讲学，初即要人发菩提之心，立志得佛果，宗旨鲜明。宋明理学家亦以立志得圣果，以鼓舞群伦；而其讲学亦不可不有自觉之宗旨也。

由宋明理学家之自觉的以作圣自勉而勉人，讲学务有自觉的宗旨，故宋明理学家遂有对形上论、心性论、修养工夫论本身之真正哲学兴趣。在先秦之儒者，孔孟荀诸哲固亦论性与天道及修养之道。然孔孟荀诸哲，皆志在重建当时之文化如礼乐政治制度之类。其栖栖皇皇，皆为此事。故其真正之兴趣，初不在学问本身，而在文化事业。盖托之空言，不如见诸行事之深切著明。至于汉儒，则重在论为治之术，并喜论实际宇宙之构造。其哲学兴趣，实邻于科学之兴趣。然在宋明理学家，则可谓之有纯粹之哲学兴趣。盖宋明人之讲圣学，乃自觉的欲讲明此事。既是自觉要讲明此事，则在讲明此事之思想、言说过程中，必孳生一为讲明此事，而讲明此事之纯理的兴趣。所谓圣人之心境，据孔孟以来儒者之言，皆谓其为万物皆备于我，与天地合德之一种通内外、贯物我的心境。欲讲圣学，则须讲明此圣人之心境，讲明此圣人之心境所通贯之宇宙，与圣人心境所根据之心性，及由工夫以达此心境之方。由是而其纯理之兴趣，遂为形上学、心性论、工夫论之纯理的兴趣。是即为宋明理家之哲学兴趣之所由产生。此哲学兴趣，但为讲明圣学之所以为圣学而有，故亦附于学圣之事，而与西洋哲学家为哲学而之哲学之兴趣，终有不同。

上来论宋明理学家所自觉讲学动机之异于佛者，及其讲学态度之有进于以前儒家者。次即当论宋明理学家所自觉之对宇宙看法之异于佛，及其有进于以前儒家者。

二　生灭与生生不已之几

宋明理学家之自以为其对宇宙看法之根本不同于佛家者，即佛家以当前之现实宇宙为空，而宋明理学家则多以之为实。故横渠诋释氏曰："诬天地为幻妄。……溺其志于虚空之大。其过于大也，尘芥六合；其小也，梦幻人事。"二程评佛曰："生死成坏，自有此理，何者为幻。"朱子曰："释氏一切皆虚，吾儒则一切皆实。"宋代理学家始皆同有此意，惟或未明说。明代理学家则罕有以此斥佛者。今谓此为儒佛对宇宙看法开始点之一种不同，似不无可疑。盖先秦及汉代儒学家，虽皆未有以空说宇宙者，但亦未明言其为实。佛家说空，据吾人以前所论，亦唯是空我法二执，空执以显真。佛家讲缘生，缘生法即诸行。空宗虽谓缘生即空，然空即在缘生上说。故在真谛虽空，而俗谛不空。唯识宗空外境，不空内识；空遍计，不空依他、圆成，缘生法即依他也。三论宗俗谛不空，唯识宗依他不空，即可安立此现实宇宙。故宋明理学家谓佛家知空而不知实，诬天地为幻妄，似未可谓为得佛家意，不可持以辨儒佛。然以前儒家虽未明言宇宙为实，佛家亦以缘生安立宇宙；儒佛之宇宙观之出发点，终可谓有不同，其不同亦有可以空实之义辨之者。盖佛家言诸法必待缘而生，而未尝言诸法必待缘而灭。生必待缘而后可说，灭不必待缘亦可说。如依唯识家说，诸法刹那刹那不住，生已即灭，灭已复生，以相续相似，故若暂住，而显恒常相。实则生生灭灭，当体即是无常。其相续相似而生，皆待缘。其刹那刹那而灭，则不必待缘。（事实上虽灭有违缘，然所谓违缘者，不过与其灭并有者。在理论上则并非必待违缘，而后可说灭也。）常相待缘，而无常相则诸法自相。此义唯识家言之最详。诸法之生也待缘，故无缘则诸法无自而生。然一法之有他法为缘否，非此一法中事。故对一法言，可有引生之缘，亦可无。一法可生，亦可不生。依他而起，则可不起。故生非诸法自性，而生已即灭，乃诸法自性。夫然，故佛学虽安立缘生法，以说明世间，然缘生法之生，无内在之必然理由，则世间之一切法之存在，亦无内在之必然理由，而在理论上未尝不可断灭。佛家虽谓无依他起法则无圆成实法，依他起法之空性，即圆成实法，然宇宙何必有相续相似之依他起法，则圆成实法，并不保证之，以圆成实法是无为法也。故由佛家之义，但可谓法尔如是，相续相似之宇宙诸法，是依他起，其实性是圆成实。然此相续相似之宇宙，其不断灭，乃事实上未断灭，而未说其在理论上必不可断灭。然在传统儒家，则在其理论上根本不许宇宙有断灭之可能。上节吾人已提及儒家言生生、生成、始终、元亨利贞，不言生灭之义。《易》之言“与时偕行”，“天地之道，恒久不已”，“日进无疆”，易卦终于未济，以示物不可穷之义。孔子之言“逝者如斯夫，不舍昼夜”。《中庸》之言“天之道生物不测”，“唯天之命，於穆不已”，则儒家自始即不许宇宙有断灭之义甚明。其所以不许宇宙为有断灭之故，则在以生生不已为宇宙之本性，此即天道为生生不已，宇宙之诚为生生不已之义。探儒家之言生生不已，为宇宙之本性之义，非谓就宇宙一件一件生生不已之事上看，宇宙事实上在生生不已之过程中，而是于“天地之生物气象”中，肯定一宇宙之生生不已之几，由此几以见宇宙之本性。此几，不在一件一件之生生不已之事上，而姑可谓之在刹那刹那、一件一件，更迭而生之事之交，而复贯于此诸一件一件之生生不已之事，以表现其自身者。盖就宇宙一件一件之生生不已之事上看，则在事实上虽有一件一件之事，不断出现，然此诸事既分成一件一件，则在理论上为可相舍离者。可相舍离，则前者生已即灭，后者之生，在理论上遂无必然之保证。后者可不生，而宇宙有断灭之可能。且既已将生生不已之事，分为一件一件，则后件代前件而生，后件生，前件必先时，或同时灭。若谓前件可不灭或不灭，则为心之执着，挂累于前件。后件之生，本无必然之保证，故其生待缘而非自生。佛家于此立缘生，以说“有”。前件必灭已灭，而人或犹执着之，念念不舍，必灭而不知其必灭，已灭而犹执以为尚在，佛家于此乃破人之执着，而说空，使人即有观空、证空。然吾人自始即不自宇宙生生不已之一件一件事上看，或不将此宇宙之生生不已之事，析为一件一件而分别观之，但直下承担此生生不已之流，于诸事更迭之交，肯定一生生不已真几，潜运于其间，则佛家谈空说有，皆失其所对。盖一直下承担此生生不已之流，观此生生不已真几，则此流为真正前后无间，密密潜运之流，根本不许吾人孤立其中之一事，而执着之以为常。心随时运，与化同流，则“执着”先无毕竟之安立处。如此则不须破执着，不须说空。生生不已真几承前启后，一直贯注，根本不能容吾人作断灭想。由此生生不已真几之运，而后事不得不生。故后事之生，虽必待众缘，然其所以具众缘，而能生之根据，则本于此生生不已真几。此生生不已真几，即在事之本身中，故为事之生之理由。事之待缘生，实即自生。事生之理由，即在事之自身中之生生不已之真几。自此生生不已真几，以观生生不已之事，则一切生生不已之事，皆同此真几之洋溢，故有生生之相续，而无生与灭之对举。执今方生者，以观昔所生，则若昔所生已灭。通今之生者，与昔所生者，视作一真几之表现而观之，则今方生者，与昔所生者，乃一几贯注，为物不二。昔之所生者，以贯注于今之方生者，故似灭而实不灭。以不灭，故曰“成”、曰“终”，以与方生者之“生”“始”对举。有生成而无生灭，此宇宙之所以恒久不已，而不可断灭。故儒家不须广说缘生之义，而一切诸事之有，非无理据。佛家说空、说缘生、破执常，而儒家本未尝执常。佛家谈空、谈缘生，而无宇宙不断灭、诸法必生之保证；而儒家则以宇宙生生不已真几，潜运于缘生诸法，言宇宙之恒久不已，与宇宙恒久不已之形上学的根据。于是诸法之待缘而生，即是自生。生而不灭，唯有相续不断之生成。故宇宙之恒久不息，原于宇宙之本性；诸法之生生，本于内在之不容已之生几而有。是儒佛之义，毕竟不同。佛虽未尝谓缘生法为无，然就其未尝肯定宇宙之本性为生生不已，在理论上未说明宇宙之必不断灭恒久不已之根据言，则其宇宙观仍可说为空观，而非实观。故明道曰：“佛也言一前后际，纯亦不已是也，彼乌知此哉。”至古代儒家，则虽未明言宇宙为实，然就其肯定一宇宙生生不已之真几，为宇宙之恒久不息之根据言，则为绝对之实观，而非空观。此生生不已之真几，在孔孟之天道中言之，在《中庸》之诚之自成中言之，在《易传》之乾坤之大生广生中言之，汉儒则在元或气中言之。然其肯定此真几之存在也，多用描述之语、暗示之语、象征之语，而未尝如宋明人之自觉的加以建立，盖必待经佛家之学说之激荡，而后乃有宋明儒之直接指出此真几之所在。此在周濂溪则指出之于一动一静互为其根之太极中，张横渠则指出之于贯有无隐显、虚气不二之太和中，朱子则指出之于生生不息之理中，谓理为实理，明儒王阳明、王龙溪、罗近溪则直指于良心本知为生生不已之真几之所在，皆积极的加以肯定而后自觉的加以说明。此则宋明儒之进于以前儒者也。

三　心性与天理

宋明理学家之自觉儒之异佛者之第三点，为谓佛氏知心而不知天命，知心而不知性。此乃在宋明儒程朱一派，最喜以此斥佛。自宋儒开始自觉的复兴儒学，即反对释氏之自心说境空，而肯定宇宙之为实。故周濂溪、张横渠、程、朱等，即皆以心与天对言。周濂溪之太极、横渠之太和、程朱之理，皆为天地万物共同之本源，非我所得而私，故虽内在于心，复外在于万物者。唯其不仅内在于心，然后不随个人之心虑之起灭，而能永恒存在，为天地万物所以生之共同根据。万物之所以生，皆赖此本源之所赋与，以为其所以生之根据，或其所以生之性，生之理。此之谓天命之谓性。然以心为本之释氏不足以知此，故横渠曰："释氏不知天命，而以心法起灭天地，以小缘大，以末缘本。""释氏妄意天性，而不知范围天用，反以六根之微，因缘天地，明不能尽，则诬天地为幻妄。"朱子曰："吾儒本天，释氏本心。"又答人问儒释差处曰："只如说天命之谓性，释氏便不识了。"皆谓释氏只知心而不知天命，与承天命而为吾人所赋得之天性。在横渠，则性原为太虚与气之合，心为性与知觉之合，心之作用唯是知觉。在晦庵则性是实理，而心则虚灵不昧之明觉，而此明觉中，则具备万理以为性。心唯是虚灵明觉，性为实理，故心虚而性实。故曰："吾儒心虽空，而理则实，吾以心与理为一，彼以心与理为二。彼见得心空而无理，吾见得心虽空，而万理咸备也。"后来罗整庵，即专就此点以论佛氏之"有见于心，而无见于性"。夫谓佛家知心而不知天命，不知性理，亦可谓之不当之评。佛家固亦言宇宙，言法界、诸法自性；佛家亦言理。然佛家唯识之义，终以吾人所见之宇宙，为随识变现，无心外境，诸有情各有一宇宙；则有相似之宇宙，而无真共同之宇宙。天台、华严以其一念三千，万法互摄之说，虽可立一共同之宇宙，然彼等终是以全法界不出一心之外。如《西铭》之以乾坤为父母，终当被释氏斥为颠倒见。至于言性言理，虽儒佛所同，然佛之言诸法实性，即是空性，即无自性性，其空者乃空所执，正是对心而言。无自性之性是遮诠而非表诠。菩提自性，则是心之空性。以宋明儒者观之，此可谓不外指心之虚灵不昧、无所执着之本然状态。故谢良佐曰：“释氏所谓性，乃吾儒所谓心。”佛之言理，亦只是我法二执毕竟空，诸法皆缘生，而无自性之理。其理是即破我法执之理，诸法无自性之空理。故其证此空理也，非于空诸执外，别有一实理可得。其空执也，正不外显心之虚灵，别无所得。此之无所得，虽同时即是证得诸法之实性。然佛家于此实性，可不别有所说，并不名之为实理。若于此安立一实理，便成法执理障。然宋明理学家所言之理，则是生生不已之实理，此理之在宇宙，即万物之所以生生不已之理。此理之在吾人，即吾人之性，具于此虚灵之心，由心之虚灵之作用而显现者。故非与虚灵之心，为同一物。理虽为吾心所具，而非即系属于吾心。其所以为吾心所具，而非系属于吾心者，盖其不特为吾心所具，亦具于他心及万物，故此理为客观的普遍的。就其为客观普遍之理而言，则名之为天理。就天理之赋与吾人及万物言，曰天命。又由心之作用，原是虚灵，故心与万物，可彼此相感通，万物之理与吾心之理，又复不相隔绝。无论由心之自反而得，复验之于物或观万物以后，复证之于心，以得此理，皆实有所得。此理不得为障，盖理即吾人之本性，即吾人之真自己。故伊川曰：“释氏以理为障，此把理错看了。天下唯有一个理，若以理为障，不免以己与理为二。”既知理即吾人之性、吾人之真自己，不得为障，故吾人不须如佛家之破理障，而可姑对理加以思维，以积极之语言，加以积极之表述，而以之为天地万物生生不已之根据，及率性、修道、成贤、成圣之根据。此又即宋明儒之一自觉异于佛者。其由此以畅论性、天道及心诸概念之意义，及性、天道、心之关系，言夫子之所罕言，则又有进于先秦汉代儒家者。程子“性即理也”之言，明以理释性。朱子又承横渠、程子心性不同之意义，而分心性为二，则周秦及汉代诸儒所未有。陆王一派，虽不以心性为二，谓心即性理，然此乃透过程朱“性即理”之言以言心，其心实非徒一虚灵不昧之觉，而即天理本然之性。故特标理字以论天道心性，诚为宋明理学家之特征。

四　天道、人性与圣道之互证

由宋明理学家以成德之问题为首出，而有“以德润身”及“宇宙为实”，“天命之谓性”之义，所归结之一根本义，即为以天道人性为至善，以至善说天道人性之至真之义。盖以成德之问题为首出之问题，即以求善之问题为首出。得善而乐此生，即此生唯由善，乃得安顿、得满足。生于善乃得安顿满足，即证生之必以善为其内容，生以善为性，以实现善为事。故谓生为真实、宇宙生生不已之几为真实，不能止于以一朴素之生或朴素之生生不已之几为真实，而同时即当本生之内容之以善为真实之义，谓此生生不已之几，同时是善之相续显现之几，此之谓“继之者善”。生生不已，善必求继，故宇宙以生生不已而真实，即以善必求继而真实。宇宙之所以必须恒久，即根于善之必须相继。此之谓以圣道证人性，以人性证天道。此中理据，颇有可得而言。盖一人之善，必须相继，修德者皆可内证而自明。必善念念念相继，而后真善。凡善念，皆超越于小己之生，而通于人物之生。由己之生，以通于人物之生，仁也。故善以仁为本。仁善必通乎己以外之人物之生，故仁善之心，必肯定人物之生。仁善之心之继续，必继续不断肯定人物之生。由肯定人物之生，而仁善之心，必求有利于人物之生。如是而仁善之心，能润泽人物之生。仁善之心，肯定人物之生，而利之、润泽之，则仁善之心得畅遂。由吾仁善之心之畅遂，而吾亦自充实其生、扩大其生之意义。是由仁善之心之畅遂，即所以润吾之生。故我真欲求所以继续润吾之生，即必须继续肯定仁善之心，而继续肯定人物之生。故仁善之心之充量发展，必不能忍宇宙之断灭。仁善之心由润泽他生，以润泽自生，即以润泽他生，为其润泽自生之意义，故此心为普遍而客观之心。由其为普遍客观之心，故其所欲肯定其继续不断者，非徒我之生，而为宇宙之群生之继续不断。而仁善之心之为客观之心也，博爱而大公，其利他生而润泽他生之情流，遍注于所接之他生，而无所滞住，亦不滞住于他生之个体相。故此仁善之心所肯定之他生之继续不断，不必为一个一个之他生之长久存在，而可但为群生之蝉联相继，一宇宙之生生不已。故此仁善之心，诚念念求继，必念念求所以肯定群生之蝉联不断、宇宙之生生不已。然此仁善之心之所以能念念求继者，由心有向善、为善之几为之根，有此根，而后善念善行之流出，乃沛然莫之能御，而不容已。不肯定此向善为善之几，则善非不可已，善可无继，而善非真善。故不肯定宇宙生生不已之几，则宇宙之生非不可已，生可无继，而生非生生不已。然仁善之心必求继，即必求所以肯定宇宙之生生不已。于是肯定吾心有向善为善之几，即必须肯定宇宙生生不已之几。故吾人所以能肯定宇宙生生不已之几，而肯定宇宙之恒久而真实，其根据即在吾人之肯定此心向善、为善之几之真实，与善之必求继上。善之必求继为必然，故宇宙之生生不已、恒久，而真实，亦为必然。

然尤有进者，则吾由吾心之有必求继善之几，即知此心之善几，所本之性善、所本之理善。吾心之善几，不离吾之生，故吾心之性善、理善，而吾生之性善，吾所以生之理善。盖若吾生之性，吾所以生之理非善，善何足以润吾之生，使吾之生于善得安顿满足，而使吾更乐吾之生更有生之乐？生而不乐，则生不若死。生必归于乐，乃成其为生。乐者，生之自己肯定之符验也。生有真乐，而生乃真自己肯定。生之真乐，则在于以善润生。善能润生，即证生之性善。必以善润生，有真乐，而后生乃能真自己肯定。即必性善，而后我之生，乃能自己肯定。故我真肯定我之生，即必须肯定我生之性善。我生之性既善，则他人之生之性亦当善，而宇宙之生生不已之几，所本之性亦当善。盖仁善者无私。无私，则不特将不私其生，而通其生之情于他生，以利他生、润他生；且亦不私其仁、不私其善。若私其仁、私其善，则不仁不善，而无仁善可私。不私其仁其善，则不当以仁善为我所独有，属于我一人之生，而当视人之好仁乐善同于我，而亦有仁善之性。如程朱一派，且视一切有生之伦，皆以仁善之性为其性，惟气质障蔽不显耳。夫然，而此仁善之性，即可视为普遍客观的超个人的我与人共同所自生的宇宙之生生不已之几之性，而吾之仁善之性，则可说为宇宙之此仁善之性表现于我之生、赋于我之生者；故可转而由天命以言性，由天道之仁善，以言人性之仁善。此之谓以天道之善证人性之善。然此天道之仁善之所以必需加以肯定者，其本正在吾性之仁善，不容我之自私其仁善，乃不得不肯定仁善之普遍性、客观性，而承认其根原于超个人之宇宙。既推其根原于宇宙，乃转而谓我生之性之仁善，原于宇宙生生不已之几之仁善之性所赋与。此即谓此天道之善，亦初由人性之善而证得也。

上来所陈之义，乃宋明理学家大体共许之根本义。此最后一义为前三义之总持，而前三义，则不外此一义之注脚。以人之生之性善，故成德可以乐生。以善必求继，故宇宙为恒久而真实。以善性非我所得而私，故可言天道天命之善；更可言吾人之善性，原于天道天命之善。先秦儒家中，孔子言人心之安仁，孟子乃言性善，而未明言天道之善、天命之谓性。《中庸》《易传》，乃发挥天道之善、天命之谓性之义。然汉儒皆未足解此，既不知天道人性之至善，亦未能以至善说至真。至宋明理学家乃以佛家之激荡，而自觉此义愈亲切。由此义，而宋明理学家之形上学，为真正之道德的形上学，而其道德为形上学的道德。然非真知儒家所谓德乐一致之旨，默契于其所谓性与天道之真者，则殊难会此义。今略陈端绪，以俟学者之旦暮得之。

上来唯就宋明理学家之自觉异于佛者之数要点，加以指出，兼示彼等对儒家旧义，所特别提出加以发挥解释之处，以明宋明理学家用心之所在。至于彼等用发挥解释之理据，则非本文之所及。我今之疏释，亦只以说明诸儒之自觉异于佛者为止，至于衡其得失，则非本文事矣。

二　由朱子之言理先气后，论当然之理与存在之理（上）

一　前言

朱子之论理气，为后世所不满，且不易解者有二。一为理气为二，理先气后之说。此不特为王阳明学派及清代之反理学者所反对，亦且为明清之宗朱名儒，如薛文清、罗整庵、陆桴亭所訾议。二为其所谓理是人心当然之理，故穷物理于外，即穷此内心之理。然此二种理，如何可说为一？如其不一，则穷物理于外，便成逐物，与圣学背道而驰。阳明即于此反对朱子。而此问题之核心，在如何可真说理是一。若真可说理是一，则穷物之存在之理于外，即穷此内心当然之理，亦有可说。本文即旨在指出当依何意义，朱子所谓“理先气后”及“理一”之义，可得其解。吾在此将先略斥流行之以逻辑上先后说朱子之理先气后之说，如冯友兰、金岳霖先生所代表；并说明朱子理先气后之说可首于当然之理之先于实现此理之气上，得其解。其次即说明依何意义，朱子可说当然之理即存在之理，并可说理一，使于当然之理可说理先气后者，而于存在之理亦可说。此二者皆大费疏释。熊先生《新唯识论》以本体说理，以用说气，以立体呈用，即用显体，说理先气后，此是截断众流句，非针对今日之哲学问题以释朱子。至冯金诸氏之说，则可与西洋一派之哲学问题相应，使闻者易解。然实则弥近理而大乱真。吾在此文，则将循今日之思想方式，以疏释此了解朱子思想之凝滞。此凝滞恒顺问题之发展，而自然孳生，而吾将随波逐浪，以一一扫荡之，由建立朱子之义，以说明朱子义。故此种疏释之方式，非一般哲学史之寻文绎义之疏释，而同于佛家所谓密义之疏释。吾文中所陈之论辨，多非朱子之言中所已有，而唯是朱子理论系统中所当涵。吾之所言，既不能一一皆于朱子所已言者，得其明显之根据，故对朱子所言，本可全不征引。然对一般读者计，仍一先罗列朱子论理气之言，加以排比，以为导言，作以后讨论之准备。则此略同于一般哲学史之疏释，而非吾之所以疏释朱子之正文也。

二　朱子论理气之不杂与不离义

一、朱子之论理气，首明白决定说理气是二。所谓理气是二者，一方是自人物之所以生之二方面所看出，一方是自人物之所以成之二方面所看出，故在物上看，理气二者又不可分。故曰："天地之间，有理有气。理也者，形而上之道也，生物之本也；气也者，形而下之器也，生物之具也。是以人物之生，必禀此理，然后有性；必禀此气，然后有形。"（此下所引之言，除一条外，皆见《朱子语类》第一卷）

又曰："理与气决是二物。但在物上，则二物浑沦；不可分开，各在一处。"

二、在物上看理与气虽不能分，然物既有此二方面，则可单自理之一方面看。单自理之一方面看，则不见气与物。未有气与物，亦可说有理。故上一语之下文曰：

"未有天地之先，毕竟也只有此理，便有此天地；若无此理，便亦无天地。"又曰：

"若在理上看，则虽未有物，而已有物之理。然亦但有其理而已，未尝实有是物也。"

又从理一方面看，虽可无物无气，亦可有理，然实际上则理不可离气。因此理可谓只是一"洁净空阔的世界，无气则理无挂搭处”，故理实际上不能离气。理但可超乎气而观，以肯定其真实而已。

三、然理虽可超乎气而单独观之，气则不能离乎理而单独观之。因凡有气处必先有理，而气凝聚处，理便在其中。于是气不可离理而观，以肯定其真实性。故理之真实性之肯定，可就其本身加以肯定，而气之真实性之肯定，则必赖于理之真实性之肯定。故须先肯定有理，乃能肯定有气。故曰理先气后。理为形而上者，气则为形而下者。形上者之肯定，先于形下者之肯定，故朱子曰理先气后，乃自形而上下言。朱子所谓理先气后，乃形而上之先后，非时间之先后，朱子亦未明言其是逻辑上之先后。故曰：

“有是理，便是有气，似不可分先后。要之亦先有理。只不可说今日有是理，明日却有是气。

“理未尝离乎气，然理，形而上者，气，形而下者。自形而上下言，岂无先后？”

由理先气后，故气依傍理而行。于是理为主、气为从。由气之从理、依傍理而行，气上乃显理。气上显理，理即寄托于气中。故曰：“有此理而后有此气；既有此气，然后理有安顿处。”然以理主气从之故，于是即在具理之气上物上看，亦是理在中为主。故其《文集》中《答王子合》曰，“气之所聚，理即在焉，然理终为主。”

四、理可超乎气而观，以肯定其真实，理先而气后。故肯定有此气，虽必肯定有此理；不肯定有此气，未必不可肯定有此理；肯定有此理，可不肯定有此气。故理不以气之有无，亦不以气之聚散而聚散，而理为实理。故曰：

“有觉者，皆气之所为也，故聚则有，散则无。若理则初不为聚散而有无。”

理不以气之有无聚散，而有无聚散，故理常而气变。故曰：

“理无形，故卓然而常存，气有象，故阖辟聚散而不一。”又曰：“理常不移，而气常有变。理常故理实，曰实理。”

五、理先气后，理主气从，理无聚散，而气有聚散，理常而气变：此即理与气之不同。然理之所以能先于气、主于气，即在于气之从理、随理而行。若气不从理、随理而行，则气无所谓后，理亦无所谓先，而理亦不得为气之主。理为先于气、主于气之理，则理为必有气实现之之理，故理与气既不杂，亦不离。理先故不杂，气必后故不离。必理先而气继之，理乃实现。理实现乃有物，故物直接依气而生，非直接由理而生，只有理不能直接生物，故曰：“理无情意。气能凝结造物，理却无计度、无造作。且如天地之间，人物草木禽兽，其生也，莫不有种子。不会无种子，白地生出一个物事。这个都是气。若理，只是一洁净空阔的世界，无形迹，他却不会造作。气则能酝酿凝聚生物也。”然理虽非直接生物者，而气之生物，则本于理为必有气以实现之之理。此之谓理生气。理生气乃生物。故理为真正之生物之本。故曰生理，生生不息之理。

上文所析朱子之言理气有五义。一、在物上看，理气浑沦，理在气中。二、自物之理一方面看，理可超乎气而观，无气亦可有理。三、自气一方面看，气不能离理，必有理而后有气，理先而气后，理主而气从。四、气以聚散、有无不定而无常，故于气不言实气。理不以气之聚散而有无，故不移而有常，故于理言实理。五、必理先气从而气后，而后理可为主，以为必实现于气之理，乃可说“有理必有气”。理实现于气，而后可说“有气必有理”，更可说“有物”、说“物有理”。故气之若为直接生物者，根据于理之为必实现于气之理，故理为真正生物之本。于是在究竟义上，理与气既不相杂，亦不相离。

以上就朱子语，加以排比竟。此五义，一、三两义为一组，乃说明理气之不离者。二、四两义为一组，乃说明理气不相杂，理可超乎气而观，仍为真实之理者。第五义为此二者之综合或圆融。然此中实表面有矛盾。因如理可超乎气，而为实理，则理不待气之真实，而真实，则理气虽不相杂，而可相离。如理与气不可相离，则有气处皆有理，唯有气处乃有理，则理不能超乎气而为实理，理气虽不相离，而可相杂。唯理气可不相杂，乃可成就理先；唯理气不相离，乃可成就气之必后。然自理先以观，则理气可相离。自气之必后以观，则可但见理气之相杂。有理必有气，则理不得单独肯定，而似无所谓理先。理先而理可单独肯定，则有理不必有气，而似无所谓气之必后。故理气不相离，亦不相杂，既谓理先又谓气必后，乃不易同时肯定，而似有矛盾者。然如吾人不能同时肯定此二者，则综合与圆融，成矛盾之拼凑。今欲去其矛盾，似必走入一端，或谓理只为气之理，而理后于气，如明清反朱学者之所为。或只谓理先于气，而理可离气，自为潜在，如今人之所为。信乎中道之难持，朱子之意之不易得，而此矛盾之不易避免也。然吾人今若不先正视此矛盾，亦终不能圆融此矛盾，而得朱子之真意。故先特表而出之。以下即当先辨朱子所谓理先气后之先后，为何种之先后，然后再由道德意识之现象学的解析，以明当然之理之先于实现此理之气，且有形上学之真实之意义，以使理先气后之言有意义者。此为本文正文之上篇。然后再说明当然之理即存在之理，说明理先气后之言，可应用于一切存在之理，此为下篇。上篇重在明理气之不杂，而重在理先。下篇重在说明理气之不离，而重在气之必后。下篇为本文重心之所在，而上篇则为导入下篇之根据。二篇之曲折皆甚多，而下篇尤甚。读者如一粗心，即不见其关联。幸留意焉。

三　辨五种先后义，及逻辑之先后义等，非理先气后之先后

吾今讨论朱子所谓理先气后，当先辨朱子所谓理先气后之

先，为何种之先。自今日哲学上言，先后盖有五种。今先举出此五种，以辨朱子所谓理先气后之先属何种。一为客观存在之时间上之先后，如昨日之云先于今日之雨。此种先后义，非朱子理先气后之先义甚明。朱子已明说理先气后非今日有理，明日有气矣。二为主观心理（此心理二字取俗义）去认识客观所对之自然之次序之先后，如心理学及根据于心理学之知识论上之先认识个体或先认识共相，即与理气先后问题相似，然实全不同。以共相虽可说是理，而气非个体物。且朱子所谓理气，乃哲学上所创发之概念，以说明宇宙者，非自然心理之所对。论其在自然心理中之被认识次序之先后，则成为问在朱子个人心理之发展过程中，究先认识理或先认识气之问题。其为不相干，尤为明显。三为真正之知识论上之先后，如康德之就知识之可能上言知识之成立，必有其先经验之条件，为知识或经验成立之根据。此乃克就“能知”之知“所知”所表现之形式，以发现此条件。必“能知”有此形式，然后得知“所知”，以成就知识或经验，故谓此形式为先于经验知识者。此与朱子义亦不相干。以朱子思想根本非知识论之进路。近人亦有以康德之先验范畴，释朱子所谓理者，乃纯为望文生义者。四为逻辑上之先后之意义，以此意义释朱子之理先气后，乃为表面最易说者。所谓逻辑上在先之概念，即一概念所必须预设或涵蕴者。如动物之概念在逻辑上先于人之概念，以人之概念涵蕴动物之概念，人之概念必预设动物之概念故。由此吾人可说x是动物之命题形式，先于x是人之命题形式，孔子是动物之命题，先于孔子是人之命题。凡逻辑上在先之概念，皆外延较广而内包较少者，故所指示之事物之范围较广，而对事物之所说者较少。吾人之应用概念以指示事物，说明事物也，乃先以一较广泛之概念，指出一大范围，然后再以较专确之概念，指定一小范围，先对事物之少数性质有所说，然后对事物之更多性质有所说。此乃概念之逻辑先后之名所由立。今根据逻辑上在先之概念所作之命题，即为逻辑上在先之命题。如以此逻辑上之先后，释朱子所谓理先气后，即为说理之概念为气之概念所预设或涵蕴，有理之命题为有气之命题，所预设或涵蕴。然逻辑上在先者为在后者所涵蕴，而在先者不涵蕴在后者。故动物不涵蕴人，是动物不涵蕴其是人，而理不涵蕴气，有理之命题，不涵蕴有气，无气亦可说有理。则自气而观，有气皆有理，而理气不离之义成；自理而观，无气亦可说有理，而理气不相杂，理先于气之义成。此意最浅近易晓。即是吾之所以说以逻辑上先后，释理先气后之说之弥近理处。然此中实有一大乱真处。即谓理概念逻辑上先于气概念，乃包含一大混淆。因克就已实现理之气言，此气概念中固涵理概念，然须知已实现理之气而涵理概念者，便已同于物之概念，而非只是气之概念。（或谓气为存在，至少其中函一“存在之为存在”之理。若如此说，便无所谓纯粹之气概念。）吾人在此时，便唯可说物概念中涵理概念。则吾人之说理在气先，同于说理在物先。吾人亦唯可说理在物先，别无所谓理在气先矣。然朱子又谓物由理气二者浑合而成。对物之概念而言，不仅理为逻辑上在先者，气亦为逻辑上在先者。以“有理”“有气”之命题，同在“有物”之命题之先也。如朱子所谓未有物亦有理，纯为自逻辑上说，则亦当纯自逻辑上说，未有物亦有气。而朱子并未言未有物亦有气。此诚可释为朱子思想之逻辑上不一贯处，然亦可释为逻辑之分析，原非朱子之问题。复次，物既由理气浑合而成，理气二概念，皆各为逻辑上先于物之概念者。二者平等为物概念之内涵，乃不能归并者。自其不能归并处言，则对物概念而言，理气二概念，互不相涵蕴，无所谓谁在谁先。然欲自逻辑上在先之义，以说理在气先，又非将此气混同于已实现理之气，即混同于物之义者不可。然“气”概念本身不能混同于“已实现理之气”。以此二概念，明明不同。已实现理之气，而同于物者，明较气之本身涵义为丰。吾人唯可说已实现理之气之概念，涵蕴气之概念，即气之概念，逻辑上先于已实现理之气。吾人不能逆转之，谓气之概念涵蕴已实现理之气之概念。若然，则为一逻辑上在先与在后之混淆。此自逻辑上在先之义，以说理在气先者，即惟赖此逻辑上之在先、在后之混淆。由一逻辑上在先、在后之混淆，以成就一逻辑上理在气先之义；则所谓逻辑上之理在气先，未必即在气先亦明矣。

然吾且将进而溯此将气与已实现理之气二概念，加以混淆之所由生。此盖由朱子言有气必有理、凡有气处皆实现有理；则有气处即可分析出理概念，便可说气概念中涵蕴理概念。然实则徒由有气必有理，有气处皆有理，并不可转出气概念中可分析出理概念之说。此中又有一滑过。所谓"凡有气处皆实现有理"一命题，单自其形式观之，可是一由经验之概括而成之综合命题。如有烟处皆有火之类。如其是一经验之综合命题，则主辞中并不能分析出谓语，如烟概念中并不能分析出火概念，而气概念中，亦不能分析出理概念。朱子之此命题，自非一由经验之概括所成之综合命题，以理与气，皆非通常所谓经验事物，而为形上学之概念。则所谓凡有气处皆实现有理，当释为"有气必有理"之先验的形上学命题之例证。而待说明者，即此所谓有气必有理，是否为一分析之形上学命题。如其是一分析之形上学命题，或只可作一形上学之分析命题解，则主辞气概念中必涵谓辞之理概念，而此"气"非视同于"已实现理之气"不可；而上述之"气"概念与"已实现理之气"之混淆，成不可避免。然吾人并无理由谓一切形上学之命题皆必为分析的。以形上学之命题，即为对宇宙之根本真实，有所说之命题。只须对宇宙之根本真实有所说，则此命题即为形而上学之命题。此形上命题之性质与定义，并不含其必为分析的。不含必为分析的，而谓之必为分析的，则此"必为分析的"之谓语，成综合上的。由综合上此"必为分析的"，以成之"一切形上学命题必为分析的"之命题，并不能由经验而证实。因吾人所经验过而为古人所作之形上命题，明明有综合性之形上命题；而无尽时间中人，所能作之形上命题，吾人亦不能尽加以经验故。于是此谓“一切形上学命题必为分析的”一命题之本身，便非一经验命题。又以其非分析的，而亦非一逻辑之分析命题，或形上学之分析命题。则此命题如有意义，此命题本身，即成一形而上学中之综合命题，而陷于自相矛盾。然如吾人承认形而上学之命题，可非分析的而是综合的，则朱子有气必有理之命题，亦可是综合的必然命题，而非必为分析的必然命题，如其可为非分析的必然命题，则主词气概念中可并分析不出理概念，而不碍其有意义。夫然，故将气概念混淆于已实现理之气之概念，混淆于物概念，乃并非不可避免；而将理在气先之义混淆于理在物先，亦非不可避免者。然人唯先有此混淆，乃可以逻辑上之在先，释理在气先之语。今诚知此混淆之不仅当避免，而且可避免，则以逻辑上之先，释理在气先，全无可安立之处矣。

四　辨逻辑先后，不足以成就形上学之先后，及分析经验事物以发现共相，而以之为理，不能即建立朱子形上学之理先于气，与理一，及理善之义

吾人既不能以时间上之先后、心理认识上之先后、知识论之先后、逻辑上之先后，释朱子所谓理先气后，则唯有就朱子本人之言，与其意所谓形上之先以释理之先。所谓形上之先者，以今语释之，即在宇宙根本真实之意义上，理为超乎形以上之更根本之真实，而气则根据理之真实性而有其形以内之真实性者；而吾人之论说宇宙之真实，当先肯定未形之理之真实，而后能肯定已形之气之真实。此形上之先后义，不仅与逻辑上之先后义迥别；而由逻辑先后之分析，亦决不足以成就此形上学中之先后义。逻辑上之先后义，可示吾人以必先肯定逻辑上在先者，乃能肯定逻辑上在后者。然逻辑不能示吾人以逻辑上在先者之必为真实，更不能示吾人以必先肯定逻辑上在先者之真实，乃能肯定逻辑上在

后者之真实。吾人纯论概念之逻辑先后，可与所说概念之真实与否之问题，全不相干。即诸概念皆毫无真实性，仍可说其间有逻辑上之先后关系，如鬼先于三头之鬼。形上学之在先者，或同时是逻辑上在先者；然逻辑上在先者，不必即是形上学之在先者。以逻辑上之先后，唯依概念内容之涵蕴关系而辨，形上学之先后，则依概念所指示者之真实性而辨。吾人可惟赖对概念自身之分析，即可决定其逻辑之先后。然吾必须对概念所指示者有经验、体验或直觉，以证实其真实性，及其真实性之相依赖，乃能肯定孰为形上学之在先者。否则吾人必须指出一概念真实性，为此概念自身所保证，或其真实性，为其他吾人所肯定为有真实性之概念所保证。然无论如何，吾人之用心，必须及于概念之所指，乃能有所谓概念之真实性，及概念之真实性之先后问题。此即说明辨逻辑之先后，与形上之先后，乃根本不同之二问题。朱子所谓理先气后，唯是谓理之真实性之肯定，先于气之真实性之肯定；气之真实性，根据于理之真实性。故朱子于理，常名之曰实理，真实不虚之理，曰天下无实于理者。其纯为以理为形上之在先者甚明。故吾人今论如何说明朱子所谓理先气后，必须就理气二概念之所指，如实体会之，思维其真实性之倚赖关系，乃能知理先气后之说之是非。理先气后，乃表述真实界之情状。真实界之是否有此情状，为使此命题有意义，核定此命题之是非之标准。非先确定理气二概念之所指，不能进入理先气后之了解。

然吾人欲明朱子所谓理气二概念之所指，有一最易坠入之陷阱：即以朱子所谓理，乃指观察经验事物所得之共相。因朱子所谓理，朱子常言即物之性。而物之性由物之相而见，性即表现如是相之性。又理必为公共者。故吾人最易以观察经验事物之共相，即物之共性，而共相之所在即理之所在。如一切方物同有方之相，即一切方物同有方之性、方之理，一切黄物同有黄之相，即一切黄物同有黄之性、黄之理。吾在此文之末，亦承认此种由相以观性、观理之道，承认由此可以识取各物之特殊之理。然吾在此必须说明，如径以物之共相，为朱子之理，或徒自物之共相，以观朱子之理，乃一入路上之错误。由此所建立之理，单自其本身而观，乃不能建立其先于气之真实性者。盖此共相乃由吾人之认识活动向外观察经验事物，经吾人认识活动之抽象作用，而认取者。如吾人不承认此共相之依心之抽象作用，而有真实性，而但悬空独立，如其所如而观之，则此共相，无所表状，无所隶属，无所指示，即无所谓真实与否。如吾人谓其有真实性，必陷于矛盾，其详见本文下部。然吾今至少可指出，吾人对任何共相，如其所如而观之时，吾人此时之直接体验中，但有此相而无其他，则亦无附着其上之真实之意义。吾人通常之谓一共相有真实性者，恒自觉或不自觉的根据于此共相之为吾人所肯定为真实之个体事物之共相之故。然若共相之有真实性，根据于个体事物之真实性，则此共相之真实性之肯定，后于个体事物之真实性之肯定。而个体事物则由理与气浑合而成，则此共相亦后于理与气之浑合而有。如共相即理，则此理之真实性，根据于理与气浑合之真实，则此理兼是后于气而真实。而形而上学上之理先气后，于此适得一相反之建立。在此处，吾人诚不必谓此共相之真实性，根据其所自抽出之个体事物而取得，而可姑许此共相本身之真实性；并谓其真实性，亦不根据于其吾人之心之认识活动之抽象作用之真实性而取得，而谓吾人之心之抽象作用，只是其真实性发现之条件；而非其真实性之所系。然即使如此说，吾人仍不能断定此共相本身，所具有之形上学的真实性，先于个体事物之真实性，而为个体事物之真实性之根据。因不肯定此共相本身之真实性，并非即不可肯定个体事物之真实性故。（如吾人采一唯心论之立场，亦可自一义说不肯定心之共相，即不能肯定心所知个体事物。然此时则共相及个体事物本身，皆同为无离心之真实性者矣。此义今不论。）是此说亦但能成就共相与个体事物之同为真实。若此中之共相，即朱子之理，则此中亦无理必先于物、必先于气之义。由此，故吾人之以共相为理，绝不能成就朱子形上学之理先气后义。凡以共相为理者，吾将谓其只能成就逻辑上理先于物之义。如其欲成就理先于气义，则只得混气于物，如吾前文之所论。吾前文既不许混气于物，亦不重逻辑上之理先于物义，且欲说明形上学的理先气后义，亦不许直接以抽象之共相，释朱子所谓理。吾在此文之末，将论物之共相得视为物之特殊之理之表现。然此特殊之理，必须通过一根本之理，乃得视为物之理。故吾绝不许直接以观察经验事物，所抽成之共相为理之说。

复次，吾人如直接以观察经验事物所抽成之共相为理，则恒忘物之相，不足以尽表现物之性、物之理，或物之相不足表现物之性、物之理所能表现、当表现之处。则吾人之执一时所经验事物之相，以观理、观性，便成大过误。盖在性上、理上之所有，而只观察其于外表现之相，不足以识之者，然自一与此观察相异之他种认知机能，则足以识之。如吾人只直接以观察事物所得之共相释理，则不足以知此。于是以为凡相上之如是有，性上理上亦如是有。如人物之善事，有善相，则有善理；恶事，有恶相，则有恶理。而其理之为理本身，则无所谓善恶。任何物有各方面之相，而每一相均为可与他物共同者，即有各方面之理。由是而人或以任何物皆为一大堆共相共理之集合体，而不见其共同之理。纵见其共同之理，亦被视为无数共相所成之无数理之一。则朱子之所谓理有善无恶，性有善无恶，一切理皆善之说，与理一之说，皆不得其正解。然只就事物表现于外之相加以观察，求自事物中抽出共相，而即视之为理者，则非至此不止。盖此事物之生也不穷，新显之可共之相不穷，而所可能抽出之共相，而可视之为理者，亦益多，而皆散处并在；即永不能得“一”理。即得此“一”理，亦唯是已经验事物中之共相。吾人并不能保证其为未来事物之共相，则吾人思及未来可有之事物之共相时，此理便复被视为与之散处并在者。此中人之抽出共相之活动，初无所谓善恶，故即理本有善恶之性质，而此活动亦不足以发现之。盖善恶之名理，若唯其是诸特殊之善恶事中，分析出之共相，则自其为理处以观，与其他一切理，平等平等，而依同一意义以为理。故自其为理处以观，则善理本不善，恶理亦不恶，而理无善不善、性无善不善，成必然之结论。而由此活动之唯以发现共相为事，故当人转而反观其由知共相，而形成之概念时，则立即转而分析此概念。于是但见由一概念之内容，可分析出另一概念之内容，此即逻辑之分析。由逻辑之分析，即能发现逻辑上之在先或在后之概念。然逻辑之分析，亦不能外此而另有所为。缘此抽出共相之活动，既不能建立其所抽出之共相之形上学地先于共相所自出之个体事物，故此活动所转出之对概念之逻辑分析，亦不能建立一概念之形上学地先于概念所指示之经验个体事物。故吾人在此必须谓：由事物抽出共相而直接以共相为理之说，与以逻辑上之先后，释理先气后之说，乃同一根长出之思想，而同与朱子所谓形上学之理先气后，乃无缘，而必须彻底加以否认者。

五　辨“当然之理之自觉，先于实现此理之气之自觉之体验”乃使理先气后之言，最初得其所指处者

吾今说明对概念之逻辑先后之逻辑分析，与观察经验事物以抽出共相，不足以建立形上学的理先气后义，乃所以说明朱子之形上学的理先气后义，必须先于吾人内在之当然之理，与实现此理之气之关系之体验中，得其所指示之意义。理先气后之形上学的意义，亦必须通过此体验，乃能透视出。由此透视，而可见吾心之当然之理，亦即一切存在之存在之理。故理先气后之言，对一切存在之理与其气之关系之有意义，并非直接建立，而为间接建立者。吾人欲建立理先气后，唯有先在吾人对当然之理与实现之之气之关系之体验上措思。吾人必须使当然之理与其气，为首

出之理与气，使理先气后之言，在此有意义；而不能谓理先气后之言，可先对一切存在之存在之理与其气之关系，有意义。而观察经验事物抽出其共相为理，则是希图以存在之理为首出之理，而以存在之理为首出，则理先气后之言，即自始不能对之有意义。吾之所以以当然之理为内而非外者，则以此当然之理，初唯是直接呈现于我，而对我有意义；当其呈现于我也，可纯为己所独知，而他人不知者。此非同通常所谓经验事物之相之自始表现于外，而为人可共见者。吾在以后将说明当然之理之自有其超主观性。然此超主观性，亦非同于经验事物之相之超主观性。经验事物之相，所有之超主观性，非直接呈现于吾心之当然之理之所有。对经验事物之相之有超主观性而言，则谓当然之理纯为我主观之心所独知者亦可。吾即依此义，而谓当然之理纯为内在而初非表现于外者。吾以下即将说明理先气后之言，如何可先对当然之理与其气之关系，有意义。然在说明此事之先，吾必须说明在朱子之心中理先气后之言，亦必先对当然之理与其气之关系，有意义，而非先对一般存在之理与其气之关系，有意义。此可由朱子之学原为如何为人之学，其所言之理，十九皆是言人之当然之理，及朱子所承之宋代理学之一贯问题，以证之。吾在此将一述宋代朱子以前理学之一贯问题，及其理字之原义，以明理之为纯粹之存在之理，乃次于由理之为当然之理之义者。

原宋明理学家之根本问题，唯是一如何作圣之问题，吾前已有文论之。由问如何作圣，而对宇宙人生加以反省。其反省乃所以知如何作圣之道。作圣之道，在乎以理导行，故其所求之理，初重在“应如何”之当然之理，而不重在宇宙“是如何”之存在之理。周濂溪《通书》谓“理曰礼”。此以理为当然之理甚明。张横渠虽较有纯粹之研究宇宙是如何之兴趣，然其言理，仍是就应如何上说。故《正蒙 · 诚明篇》曰“义命合一存乎理”。义者当行之义，当行而行，以处我所受于气之命者谓之理。彼言及理字时极少，而此语为其对理字，最明晰而重视之注解。其言天理也，曰“所谓天理也者，能悦诸心能通天下之志者也”，亦即就善而为人心所共悦，而视为当实现者，以言理。程明道之言理则曰：“天所付与谓之性，禀之在我谓之命，见于事业谓之理。”此则就性命之实现于事业上言理。而性即仁，故理即指仁之当实现于事上而言。程伊川又曰“在义为理”。谓在义为理即纯就当然之义以言理，此即宋明儒言理之原义。故宋明儒之言理也，恒曰义理。义理即初是自当然之义上所说之理也。虽义理之义可引申为一切道理之通称，而宋明儒之言理，亦确有纯属于存在之理者，如明道之言“有此则有彼，有上必有下，其理须如此”之类。然理之基本义为当然的义理之理，则不可诬，而治宋明理学者不可不深切铭记者也。

吾人既知朱子所承之理学问题，原是当然之理之问题，即以言当然之理为主，以言存在之理为次。故吾人亦当先向内反省吾人对当然之理之直接体验，以使朱子所谓理先气后得其直接所可指处。然后再说明此理先气后，何以于一切存在之理亦可说。

吾人如反省吾人于当然之理之体验，吾人首发现者，即当然之理之呈现于吾人也，乃首表现出一命令之姿态，命令吾人应遵此理而行，以实现此理。质言之，即表现为当实现之一理。而“当然”云者，即当如此然之意，亦即当如此实现之意。故吾人于觉一当然之理时，吾人即有不容吾人之不遵此理而行，不得不使此理实现于我之感。此即所谓道德义务之感。如人无道德意识，或有之而不加反省则已，如有之而加以反省，人皆可发现如此之义务感。然吾人但将此义务感重加分析，即知吾人此时是先有当然之理之命令之自觉，而继之以当然之理不容我不遵之而行，而即往遵行之、实现之之自觉。吾人之遵之而行以实现之，为气之动。以气之为气，即就为理之实现者而立名。气之活动即是一“去实现理”之“去实现”。然吾人于此乃先有理之命令之自觉，而后有气从之动之自觉。吾今即以此为“理先气后”“理主气从”之言之最初直接有所指处。吾人之一方觉理之命令，乃不容我不实现之，我即有求实现之之心气，遂更遵之而行，此即“有理必有气”之所指。吾人既遵理之命令而以心气实现之，吾人此实现之活动，即为理所贯彻、所寄托、所表现之处。故此实现之之心气活动中，即有所实现之理，此即“有气必有理”之所指。吾将以朱子所谓有理必有气，有气必有理，理先气后，理主气从，最初之克实所指处在此。以唯在此乃可使此诸言，皆直接有意义也。

六　“辨理之自觉”先于“气之自觉”，非时间之先后、知识论之先后与逻辑之先后

吾上文以在义务之感中，先有理之命令之自觉，后有气从之动之自觉，以明理先气后之所指处在此。然吾何以可说此义务之感或义务意识中自觉之先后，即形上学之先后，义务意识中之当然之理，如何有形上学之意义，又如何可视为一切存在之普遍之理，而可说理先气后之言，为普遍应用于一切存在，而成之一普遍的形上学之命题。此则必须对上述之义务意识之反省之所示，深加辨析，以展露其意义，乃能答覆此问题。而吾将先辨此义务意识中所示之此种先后，非时间之先后、认识论之先后、逻辑之先后，与一般心理之先后，乃能指出其中展露一形上学之先后之义。

吾今当先说明在义务意识中先有理之命令之自觉，而后有气从之动之自觉，以为理先气后之所指，非客观时间上之先后义。以在义务意识之中，一方觉理，一方即有心气之从理而动，是以克就此理此气存在于吾人义务意识之时间意义言，此二者为同时。盖觉理之心觉本身，依朱子义，其中即有理与气之合。故觉理之心觉本身，即包涵气之活动之为实现理之义。故理之呈现与气之动，在此心觉中为同时有。吾人只可说理之自觉在气动之自觉之先，而不可说理之呈现在气动之先。故在义务意识中，此理与其

气之存在于吾之义务意识中，无时间先后义。后阳明即自此说即知即行，即理即气。复次，此种先后，亦非知识上之先后，如康德之所谓先验范畴之先于经验。此当然之理之为理，非如先验范畴之为理。先验范畴唯纯粹是人认识活动发出时，其自身所具之形式。其认识活动表现此形式乃自然发出而自然表现。故此形式，虽可被发现为规定认识活动者，然并不能直接呈现于自觉之中，而对吾人未来之行为活动，表现出规定指导之实作用。然当然之理之呈现，则恒正因吾之自然发出之行为活动中，虽尚未真具有此理；而此理则又恒对吾人之未来行为活动施发之方向，表现出规定指导之实作用者。此二者之不同，即康德所谓纯粹理性与实践理性之不同。康德已严别之，吾人更无理由混同之。复次，此种先后非逻辑之先后。以当然之理之表现，乃为一命令之姿态。此命令之意义，即是要变我以前未与此理相应之心气，而生出一种与此理相应之心气。如仁爱之理命我爱人，此爱人之理之表现，即命我变化以前锢蔽麻木之心气，而生一种与爱人之理相应之恻然蔼然之心气。故理之表现为一命令之姿态也，即表现为一扭转心气之姿态，而此理即在心气之扭转之枢上呈现。故此理非自以前之心气之状态中可分析出，以其正为此理所命之去除者。然亦非立即可自以后与理相应之心气中，可分析出者，以此与理相应之心气，乃此理正命之生、引之生者。虽在事实上有此理呈现时，吾已有心气之动，所谓有理必有气，然有理之自觉时，可尚未有与理相应之气之自觉，而但有理之自觉，则理概念可成立，理概念即有意义。而对气之自觉可尚未有，则气概念可尚未成立，或尚无意义。则理概念不必由与理相应之气之概念中，分析出之义明。而由理之自觉到相应于理之气之自觉，既觉理复觉气，由理概念之成立而有意义，到气概念之成立且有意义，仍为有所增加之一综合的思维历程。理概念与气概念之关系，即为综合的关系。此即一方根据于理之呈现对以前之气，为一综合关系，一方根据于理之呈现之自觉，到气之自觉，为一综合关系。由此而理如其理，气如其气，以思维此二概念，则其间无逻辑上之涵蕴关系、先后关系。诚然有理必有气，有气即实现理，而此气中可分析出理，则气涵蕴理，然此乃既有气之自觉，对理气二者之全体（即理之实现于气所成之全体之物）有一自觉，气概念、物概念皆成立，复混气概念于物概念以后之事。自事实上言，理之呈现与气之动，及气显于理而成一全体之物，三者固同时。然其概念之成立，唯依于被自觉之先后，则三者非同时。以其概念之成立，不同时，故吾曰由理概念到气概念，是一综合历程，其关系为一综合关系。吾人不能将“既综合理气二概念后所成之理实现于气之物之概念，与理概念之关系”与“由理概念到气概念之综合历程中之关系”混淆。故吾人亦不能据理概念可自“已实现理之气”或“物”之概念中分析出，而即谓理气二概念本身之间，有逻辑上之涵蕴关系、先后关系。故所谓有理必有气，有气必有理之必，决定非逻辑之必。

七　辨当然之理之自觉，先于气之自觉，可说是一种心理认识之先后；然非一般之心理认识之先后，而可启示出一形上学之理先气后之命题者

吾上之就理之自觉先于气之自觉，以释理先气后之言，必使人联想及我乃以一通常所谓主观心理认识上之先后，释朱子所谓理先气后。吾在此点，初不拟否认。以吾确是溯之于主观自觉中体验次序之先后，以使理先气后之言，有其所指示之意义。然吾将说明此心理认识上之理先气后，唯在义务意识对当然之理之认识中有之。在其他种心理认识活动中，皆非必先认识理，而后认识气之动。如在人之顺欲之行为中，即恒先觉心气之鼓动，先觉欲有所实现，而初不知所欲实现者为何，依何理而当有如是之心气之鼓动。即在纯粹之认识活动，吾人亦非必先觉理，然后觉“思

此理”之心气之动。而恒是所思之理，与对此理之思之活动，同时被自觉。人唯在感当然之理之命令之心理中，乃觉此理先昭露于前，气从之以动。盖吾人之感当然之理之命令，吾人必感吾人先尚未为吾人所当为，即吾人必感吾人先尚有未能实现此理之处。唯以吾于此理尚有未能实现之处，乃感其当实现。故此中当实现某理之感，即包含有“理与气之距离之感”，包含有“理尚有未实现于气处之感”。在此理尚未实现于气之感中，如其所如而观之，即有一“纯粹之理之自觉”，与觉“此理之在一意义上，尚无足与之相应之气之存在”之自觉。诚然，在感一理当实现中，除有我先未实现此理之感外，尚包含一要去实现理之感。在此要去实现理之感之自觉中，即有从理之气之自觉。然此理呈现时，终是先觉我之尚未能依此理而行，先觉我之气，未与此理相应，以实现此理，然后方觉我应去实现，而有此要去实现之心气。① 在此，吾人必牢记当然之理之呈现于我也，乃呈为一扭转心气之状态，而表现于一去除吾人之旧习气，更引生与理相应之心气之命令中，即表现于我之心气之革故取新之枢纽或关键上。在革故取新之际，则唯有一理昭露于自觉之中。（如时时吾人均在革故取新，而新新不已，则时时均只有一理昭露于自觉之中。）故理必先行被自觉。吾人复须牢记：当然之理之所以被觉为当然，即在其实际上之尚有未然。故在体当然之理之心境，必先有只觉理，而不觉气之一境界。（如时时吾人皆在体一当然之理，则时时均只觉有理。）由此境界中，再自然转出气随理动之自觉。气既随理动，而由气以从理，即有理气浑合之自觉，吾将只觉气之包理、理之在气中，而不觉理之先气。而理先气后之言，到此亦成无所指者。此亦即

① 在形上学之一意义上，当说在一切心理活动、一切存在活动，皆是理先气后。然吾此处唯是自主观心理上说，谓唯在义务心理中乃觉理先气后。吾在本文下篇之所以可说一切心理活动、存在活动，皆是理先气后，亦是由此义务心理中发现其超主观的意义以透入，然后能建立者。故此处必须辨此种心理之不同。

在其他种非义务超义务之心理中，吾人之不觉理先之故。吾人欲使理先气后之言有所指，必须克就当然之理之呈现之际，如其所如而体验之，乃得其所指之意义。故吾上文说朱子之理先气后，虽可说是依于心理认识之先后而说，而非泛说在主观心理中理之认识在先、气之认识在后。吾唯说在义务之意识之如其所如之现象学的描述中，理之自觉，先于气之自觉而已。故人如谓我之说，乃以主观心理认识之先后，说朱子之理先气后，如彼所谓心理认识，乃只指义务意识中之自觉之认识，及对此自觉之如其所如的描述而言，吾皆不否认。

然吾今所欲论者，即此义务意识之自觉理先气后，虽是一心理现象，然此现象，即启示，且根据于一形而上学之理先气后。此即自真实之意义，言理为更根本之真实，气为根据理之真实性而有真实性者。盖在此义务意识中，理之自觉而被认识，与气之自觉而被认识，非同一般认识中之认识。在一般认识中，其认识与意识相对之对象，如物之共相殊相等，吾人在此时恒设定对象，如有存在或真实之意义者，乃意其属于此对象之本身。故其被认识而入于认识，乃是外加上之关系。其为真实或存在，与其被认识乃二事；而诸对象之为真实之相互倚赖关系、先后关系，与认识之先后，亦二事。而认识上之先后与其形上学之先后，亦不必相应。然在此义务意识中，则此理此气，皆非与意识相对而先有存在意义、真实意义之物事。在义务意识中，吾人认识一当然之理，然此当然之理，即我当如何行为之理。吾真对此理有认识时，乃在感此理对吾人下命令时，亦即在此命令之贯彻于我时。如吾人不感此理之命令之贯彻于我，则不能认识之为我所当如何行为之理。我之能认识之，唯在其对我有所命令，我之有所感动上。故我之能认识其有，肯定其有，唯在其对我呈现一种作用，而显露其真实性时。我愈认识其有，肯定其有，则其呈现之作用亦愈大，而愈显露其真实性，其所呈现之作用愈强，亦愈显露其真实性。而所谓我之感其命令、感其呈现一作用而认识之，我即有心气之动，与之相应而去实现之。故其真实性被认识被肯定，即在其能转移我之心气或我有心气之转移上，被认识被肯定。故理之真实性之肯定，与其被认识，及心气之转移三者，在此处乃相待而成，相持而长。故我不能外吾之认识与肯定，凭空思维其真实性。盖一凭空思维之，则彼非复为对我有所命令者，而对我亦无转移心气之作用，亦无其真实性之显露。吾人亦不能外此理之呈现作用显露其真实性，而凭空思维为此理所转移之气或从此理之气。以吾人不觉此理之作用，不觉其显露其真实性，则亦无其所转移之气或从之之气故。夫然，故将此理此气，离当下之义务意识之自觉与认识而推之于自觉与认识之外，以论其形上的先后，则此理此气，皆成无真实性者。而论其自身之形上的先后，亦成无意义者。然若吾人克就此义务意识中之自觉与认识，以论理气之真实性，则吾人将发现：吾人前所谓之理之自觉先于气之自觉之现象学的描述，亦即包含形上学的“理之真实性之肯定先于气之真实性之肯定”。盖吾人虽可谓觉理之作用时，已有气从之，然吾人必先觉理之作用，乃有气从之，即必先肯定理之真实性，乃有从之而真实之气。吾唯愈肯定理之真实性，吾之气乃愈随之而从理而生。吾之肯定理之真实性之肯定一停止，吾之认识此理之活动即停止，而从理而生之心气，亦即懈弛而退堕。此气唯从此理之肯定而生，唯由理之肯定而气从之生，吾乃有对从理之气之肯定。此皆义务意识之体验所昭示。吾人在此亦不能由当然之理自外观之，可被人遵从或不被人遵从，而谓当然之理不同一般存在之理之有真实性。因当然之理如不呈现则已，如其呈现，即呈现为命令吾人之遵从，而不容吾人之不遵从者。吾人如细反省吾人之义务感发生时，便皆可知当然之理，乃对吾人乃有真实作用者，而其有，即为真有实有，而使人不可不肯定其为有真实性者。吾人若试于此一怀疑其真实性，疑其为真有实有，而谓之为妄有或假有，或虽是有而无所谓真妄假实，则吾人对此理之为当然之理之意义，即不复认识，而亦不成为一呈现于我之当然之理，而与此理相应之气，立即退堕，不复循之而生。唯吾人愈肯定其真实性，愈信其为真有实有，吾对此理之为当然之理之意义，乃愈认识，而与此理相应之心气，乃愈循之而生生不穷。故不肯定此理之真实性，则气之真实性，亦不得肯定。必肯定此理之真实，乃有气得被肯定为真实。于是肯定此理之真实，同时是形上学的先于气之真实之肯定。

人于此处可发一问题，即在义务意识中，当然之理之真实之肯定，虽必先于从之而生之气之真实之肯定，然理之真实性，既显于其气之随之而转移，则理之真实性之肯定，亦待气之真实性之肯定。则自超主观之纯粹形上学之立场观之，吾人亦可颠倒之，而谓气在理先。此即宋明儒者中气本论之说法。吾人今不拟详为评述。然吾人如直就当然之理之如何呈现，如其所如而观之，吾人只能说气之真实性之肯定，待理之真实性之肯定，而不能颠倒之。以在义务意识中，当然之理呈现时，吾人此时心中，初但有对当然之理之肯定，而无对与之相应之气之肯定故。吾人此时必须只见理而不见气，乃能一心于实现当然之理故。此即仁人志士，终身只见一理，只为成就一个是之故。盖当然之理被肯定时，同时即命吾人之气转易，使旧习气去除，而使与理相应之气生。旧气不除，则新气不生。人若不忘旧习气，而专注一心于理，则旧习气不得除。故当然之理被肯定时，吾人心中必念念在理，而只有此理被肯定。惟念念只在理，然后旧去新来，与理相应之气，自循理而日生。故气之应理而生，乃念念在理之结果。念念在理，便是忘气；忘气而念念在理，乃是去旧习之先行条件，同时亦为与理相应之新气生出之先行条件。只念理而忘气，而后气随理生；即只肯定理之真实，而不肯定气之真实，而后其气乃得生，而有其真实之可肯定。故理气之真实，不能先在一平面上同时被肯定。

在此义务意识中，必先只肯定理之真实，然后乃可继以气之真实之肯定。唯在既肯定气之真实以后，再反省理之实现于气，乃觉理气在一平面上，为同时可加以肯定者。在此时说理气之真实性为平等相待而成立者，亦自有其意义。然理之既实现于气之反省，乃后于气之生，而气之生，乃后于理之单独被肯定为有真实者。理之单独被肯定为真实者，既为此气生之先行条件，故先只肯定理之真实，亦为同时肯定此理此气之真实之先行条件。于是理之真实之肯定，为形上学之在先之肯定，而气之真实之肯定，则为由理之真实性之肯定，本身所引出而后有者。故于此唯可说理在气先，不可说气在理先。

八　辨吾人对当然之理之自觉或肯定中，同时显示出当然之理之超主观的形上的真实意义；当然之理之自觉，先于其气之自觉，乃根据于此形上学的理之在先性

然此时读者，仍可谓吾上所谓肯定理之真实，先于肯定气之真实，仍不外一义务意识之现象学的描述。吾所证明者，仍可谓唯是一种主观心理认识过程之先后，而此所谓先肯定理之真实，后乃肯定气之真实中之此肯定本身，仍可说只是一主观心理上之认识活动。此仍是一心气之活动。则肯定理之真实之所以可能，仍本于气之存在；而吾人肯定理之真实活动性之时，乃此理与此气俱真实之时。吾人即不能由吾人之有只肯定理之真实之时，而谓理真可单独被肯定。肯定即认识之之心气去肯定，则肯定理之真实，须同时肯定气之真实。不得说理先气后。

为答此难，吾即可再进一层，指出在义务意识中肯定理之真实，非肯定理之真实于我之主观之心理认识活动内，而是同时肯定其于我之主观心理认识之上。吾人在义务意识中之肯定当然之理之真实，乃一超主观心理认识之肯定，亦即肯定之于我之主观肯定活动之上之肯定。盖吾人肯定此理之真实时，此肯定虽为我

之主观活动；此肯定之所对，则非此肯定本身，而是此理。吾肯定此理为真实，真实一名，初乃直接用以状理，而初非所以状吾之肯定。吾固可转而肯定吾之肯定，而谓此肯定为真实，然吾人仍是先肯定理之为真实，而非先肯定此肯定之为真实。如肯定之活动为气之所为，则吾人仍是先肯定理，而后肯定气。汝谓肯定理时即须肯定气，乃混对理之肯定，与对此肯定之肯定为一，此乃一逻辑层次之混淆。如弄清层次，则肯定理，不必即肯定此对理之肯定，便仍是理之真实，可单独先行被肯定之说，而理先气后之说，仍有意义。诚然吾即可单独肯定理，仍不足证理之必有超我之主观肯定活动之性质，或超主观之真实性。如吾人之肯定痛，痛为我肯定之所对，尚不足证痛有超主观心理之真实性。故吾尚必须说明此种当然之理之肯定，必含有当然之理为超主观心理之意义。盖当然之理之呈现也，吾已屡说其显为一命令之姿态。其显为命令之姿态也，即表示吾初尚未能真实现此理。吾之心气，固可渐循理以生，然吾现实之心气，必与此理间，有一意义之距离。若全无距离，则当然之理不复呈现为当然之理，而只可视作吾之人格中实际上已具有之理，而只可视作实然之理，即不复为吾今日之所论。此当然之理与气间之有一距离，即表示当然之理所示之意义，超越于气所已实现者之外。故在吾人觉当然之理时，必同时觉此为超越于现实之我之心气之上者。当然之理命我实去超越我现实之心气，而新生与理相应之气。唯前者尚未实被超化，而后者尚有未如理以生者，我乃继续感此理之命令。故理之命令，必显为超越于我之现实心气之上，贯彻于我为心气之革故取新之枢纽之中，而非局限于我已有之现实心气之中者。故吾人前谓此理不能自现实心气中，分析而出。夫然，故吾人之肯定此理，一方知其为贯彻于吾主观之心气，其真实之意义，即表现在其与此现实心气之关联之中；一方即知其不局限于此现实心气，而超临乎此现实心气之上。故吾之肯定其真实性，亦非只在其贯彻于吾之肯定之心气活动中，肯定其真实性，而兼是于其超越于吾之肯定之心气活动之上，肯定其真实性。吾亦不能谓吾之肯定活动接触此理，此理自一义言，即为内在于吾之肯定活动中，因而谓此理即失其超越性。因吾之肯定活动虽接触此理，然当吾转而肯定吾之肯定活动，而知其只为一现实心气之动时，吾人同时即知此理之意义，溢出此肯定之心气活动之外。其所溢出之意义，在此理乃命我改易此现实之我，以成理想之我者。理想之我虽尚未实现，然此理之命令，指示我以如何行为，即已指示出一理想之我。此理直接指示出一理想之我，吾不特知其尚未有足以实现之与之全相应之现实心气，吾且知吾之肯定之，非即真能全实现之者。吾之求全实现之，必不止于只肯定之，必须进而作践行此理之事，乃能真实现之。吾之由肯定此理，循此理之所指示，而践行此理以全实现此理，皆由此理引导以前进。即复证明此理之意义溢出于我此时对之肯定之外。夫然，故吾人不得说此理唯对吾人之肯定活动，而有其真实之意义，吾人必须承认此理之兼有超越此肯定活动之真实意义。此即为纯粹形上学之真实意义。

关于吾人所肯定之当然之理之有超主观的真实的意义，吾人且可由当然之理之普遍性与永恒性以证之。

盖当然之理之被吾人肯定为真实，而为真正之当实现之理也，吾匪特肯定之为正觉当然之理之我之所当遵行，以实现之者，抑且肯定之为未来任何时之我所当遵行以实现之者。并肯定之为一切与我同类之人，一切能实现之者，所永当遵行实现者。故当然之理之命令于我，而呈现于我也，我不仅觉其命令对此时之现实之我，有意义，且对过去未来之我，亦有意义，对一切与我同类之已生未生之人，亦有意义。当吾见及一当然之理之真实性时，吾不特求此时之我之遵行之，且以之衡量过去之行为之不合于此当然之理者，而有忏悔；其望未来之我遵行此理也，则有立定志愿之功夫。其望其他已生未生之他人亦遵行之，则我对人更有责备、劝告、教化等事。故吾人见及一当然之理之真实性时，即同时见及此理之普遍永恒的真实性，为过去未来之一切能实现之之气所当实现之性质。然过去之气为已化去，而未来之气为尚未生出者，即皆尚无真实性者。然过去之气之化去，未来之气之未生出，无碍理之当实现于过去未来能实现之之气中。气之已生而化去或气尚未生，皆无真实性，唯正现实、正生之气乃有真实性。气非于一物为现实者，即非此物真实有之气。以气即以为现实者而立名。故唯现实之气，乃真实之气。然应实现之理，则不以其不为能实现之者所正实现，而不为其应实现之理。故此理乃普遍永恒地被视为对能实现之者，有真实性者。我或他人或其他存在者之气，虽可根据于应实现之理之普遍永恒的真实性，而可相继不断以生，以实现此理；然相续不断之气，仍是旋生旋灭、旋实旋虚。气虽不断根据此理以生，由生以取得其真实性，然过去未来之气，不能并在，则终不能将此理之永恒普遍的真实性反映出，而此理之永恒普遍的真实性，亦永不能真全寄托于变化无常之气中。变化无常之气之真实性，虽根据于理之真实性，而有真实性，然终不可与理之真实同其真实。此即朱子恒就理常而气变，理有定而气无定，天理浩浩不穷，不随人而绝续，以言理为实理、真理之故。凡此等等，皆吾真见及当然之理之具此普遍永恒之真实性时，所不能不承认者。此中即包含此理之为有真实性者之意义，超出我个人一时之肯定之活动之外，且超乎一切但有一时之真实性之心气之外。

读者于此如再生疑，而谓此吾人于当然之理虽知其有永恒普遍之真实性，对一切时一切能实现之者皆永恒普遍的真，然吾人之知此理对一切能实现之者之永恒普遍的真，仍本于我之如是肯定；而我之肯定仍是我主观之心气，则此理之永恒普遍的真，仍寄托于我此时此地之肯定之主观心气；则吾仍只有先取以前答覆难者之方式曰：汝此处仍是未辨真理之意义与我对真理之肯定活动之别。我之肯定活动，可只是我一人一时一地之气，而此理则超出于我一人一时一地之气之外。因我肯定一切能实现此理之他人或他存在者，皆当实现此理云者，乃克就一切时、一切人、一切能实现之者身上说其“当”。故为一切时、一切人之“当”，而非只此时此地之我之心气之“当”。我之肯定其“当”，不同我肯定我之有此肯定，乃一纯粹关涉于此地此时之我之命题。我只肯定我有此肯定，其意义，可只限于此时此地之我。而我之肯定一切时、一切人、一切存在者当实现此理，则其意义溢出于此时此地之我之外。而此溢出之意义，乃直接为此理之所涵，而非直接为我之肯定本身之所涵。我不能谓我所肯定之此理，无此普遍永恒之意义，然我不能直谓此时此地之我之肯定之心气活动，有此普遍永恒之意义。以此去肯定之心气，吾明知其转瞬即逝去，而非永恒者。唯此时之我有之，非他人所共有，亦非普遍者故。吾人在此自可由吾之此心气能肯定永恒普遍之理，而反证此心气亦有永恒普遍之意义。然此仍是先肯定理之永恒普遍之真实性，而依理之永恒普遍之意义，以释此心气，将此一时之心气之现实性、局限性解放，而视之为一普遍永恒之心气，则此肯定亦成永恒普遍之肯定。此即走上陆王一派之思路，而朱子之论心，或不自心之气上言，而自心之顺理之所指，以流通于古今四海、无所不到言，亦有此义。然此则非否认理之永恒普遍之超主观之真实意义，而正是更成就理之永恒普遍超主观的真实意义。即不特此理本身被视为超个人一时之主观，而关涉于一切时、一切能实现此理之一切人、一切存在，而对之有真实之意义者；即原被视为只属个人主观之肯定之心气，今亦以其联系于此理之故，而被视为超主观之气。此超主观之心气，其意义固可与此理之意义相应合而为一，然已非吾人原所说之心气之意义。吾人仍是先肯此理之超主观意义之心气，乃能更进而肯定此超主观意义之心气。

故此理之超主观心气的形上的真实意义，无论如何均是当肯定。而对此理之先于主观心气之自觉，所建立者，亦非特一心理上之在先，而同时是一形上学的在先者亦明矣。

三　由朱子之言理先气后，论当然之理与存在之理（下）

一　前言

此文上篇唯是专就义务意识之分析，以展示理先气后之为形上学的先后之意义，故所说之理皆只是当然之理。吾由宋明理学之问题之发展，可以断定朱子之理先气后之说，乃首于义务意识中得其证实。吾人今欲了解其说，亦必须自义务意识中反省以透入。然朱子之理先气后说，又为一普遍之理先气后说。彼未尝只谓当然之理乃先于气，乃普遍说理先于气，则一切存在之理，亦概括于其中。故当然之理之先于气之形上学的意义，虽可由义务意识中展示出，然当然之理似可不实现，而非属于存在之理，更非一切万物存在之理。自阳明义，说当然之理即心之理，而此心即通人物之心，而为存在者，固可直接说此理即一切万物存在之理，此是另一思路，非今所及。在朱子，则理为心所具，亦物所具。故徒由心具此理，不能直接证万物皆同具此理。此理为心之当然之理，亦不足证其即一切万物存在之理。吾人不能就吾心当然之理先于气，以说当然之理即属于存在之理，更说一切万物存在之理皆先于气，则朱子之理先气后说，仍不得其解。故吾必须进一层说明此见于吾心之当然之理，即一切存在者存在之理，说明一切存在之理，皆根据于当然之理。此种当然之理即存在之理，当然即自然，乃宋明理学家之所共信。朱子亦明说一切理之为善。必说明当然之理即存在之理，乃完成道德的形上学之学说。然此朱子言之不详，吾今唯有循其思路，代为抉发当然之理，何以即存在之理之密意，此则更不必皆有朱子之明言足证，而只视之为吾个人之见，亦可也。此中须辨者有八端：

一、当然之理本身是一种存在者之理。

二、当然之理为存在者所以存在之根据之一种。

三、一切存在之物皆自具仁之理之可能。

四、一切存在之物必具仁之理之先验的建立。

五、仁之理之超个人自觉性，仁之理即生之理。

六、一切存在之物之生之事，必根据一形上的生之理。

七、一切存在之物之理，皆根据生之理而名理。

八、论无不仁、不生之理，并总结本文大旨。

今依序论之于下：

二　当然之理本身是一种存在之理

今论当然之理为存在者之理，此乃直接对主张当然之理非存在，故非属于存在者之理而说。照此说，当然之理非属于存在者，其根据即在当然之理可不被人肯定为当然。然人知不知当然之理，无碍于其为当然之理。如人之不知守信之为当然之理，吾仍可说其当守信。当守信之理，不以人之是否知此理，而失其真实性。此吾前文所已言。朱子所谓天理浩浩不穷，不随人绝续是也。当然之理虽从未实现，从未成存在之理，而仍是当然之理，则世间可有无尽之从未尝存在之当然之理，此随处可取证，如人类应当皆相敬，此理则从未实现，则当然之理可非存在之理可知。且吾人可进一层谓，凡吾人正觉其为当然之理时，此理必为尚未全实现者。亦正以其未全实现，乃为当实现之当然之理。吾前所说理与气有距离，为当然之理呈现之条件，亦即谓当然之理未成存在之理，为当然之理呈现之条件。则吾谓其为当然之理时，即同时谓其非存在之理。则当然之理不同于存在之理更可知。凡此人之所以别当然之理于存在之理者，皆似为义务意识中所发现之当然之理之性质，所必涵蕴者。吾今将说明此种种性质，并不涵蕴当然之理非一种存在者之理。盖吾循朱子意，谓当然之理可不被人所知、不被人实现，而仍是对其人为当然之理；非谓当然之理可不关涉存在，悬空与存在隔绝，而自成其为当然之理。当然之理可不被存在之人实现，然仍是对存在之人，而为当然之理，当然之理之为当实现，仍是克对存在之人，而有意义。当然之理即当实现之理，其为当实现，乃对一能实现之者而言。当实现而无一能实现之者，则当实现之辞无意义。吾固可泛指此理普遍为任何人或任何存在者所当实现，不指定其为某某特殊人所当实现。然任何人非无人，任何存在者非无存在。吾谓此理当普遍的为任何人所当实现，乃谓此理应一一分别为诸存在之个体人所实现，而非谓为普遍的人所当实现。普遍的人唯是一概念，固为不存在者。然任何人，乃指任何存在之个体人，而非普遍的人之概念。吾谓任何人当实现此理，以任何人之一名，指及过去之一切人，吾固不能一一谓其所指及之一切人，皆正存在，更不能一一认识其存在。然吾至少须设想其为存在者，就其为存在者之意义上，谓其当实现此理。设想其为存在者，固可尚未存在，而非存在者，然吾不能就其为非存在者之意义上，谓其当实现此理。故当实现之理，只能对存在者而有意义。无存在者即无所谓其所当实现之理。吾人可谓有存在者，而存在者未尝实现其当实现之理，即此理虽未被实现，然仍有其真实之意义之谓。然其所以有真实之意义，仍以其为存在者之当实现之理。吾谓当实现之理，为存在者之当实现之理，此“当”是一超越之当。然超越之当仍对存在者，而为其超越之当。故仍不能离存在者而有意义。此即朱子所谓理不杂乎气，亦不离乎气之一义。吾人论当然之理与存在或气之关系，恒易犯二种错误之一。盖吾念当然之理为气之理，当然之理为心气之当然之理时，则易自当然之理隶属于心气，无超心气之主观意义上设想；而以当然之理无超主观心气之超越的真实意义。如吾人知当然之理，有超主观心气之超越的真实意义，则以为当然之理为悬空，而与存在之气相隔绝，而非存在之理，此理成非气之当然之理。然实则当然之理，虽有超主观心气之真实意义，然其为超主观心气，乃对主观心气而为“超”。其超越的真实意义，乃对主观心气之现实存在的真实意义，而为超越。故当然之理之超越的真实意义，不能离现实存在之真实意义而说。当然之理即存在者当实现之理，离存在者而说当然之理，则无当实现之者，则当然之理即无所对，而无意义故。

三　当然之理即存在者所以存在之根据之一种

以上论当然之理为存在者之理之一种意义，以下当论当然之理即存在者所以存在之根据之一种，以论当然之理即存在之理。欲论当然之理为存在者存在之根据之说，在西洋有自知识论上立言者。如谓一切存在之理，皆为吾之知识在求真理过程中，所当承认者、当肯定者。吾之所以必说存在之理是如此，是吾当说存在之理是如此。其是如此，与当说其是如此，二者同义。如吾不当说其如此，则亦不能说其是如此。存在上之是如此，必透过吾人之认为当是如此，乃有意义。存在之理之是如此，即根据在吾人之认为当是如此。故存在之“是如此”之理，皆是“当是如此”之理，而根据于其为当然之理。然吾今不取此路数，以论当然之理概括存在之理，谓存在之理即当然之理。以此匪特非朱子之意，亦且包含种种问题，非今所及。吾今唯就当然之理，为存在者存在根据之一种，以进而论一切存在之理，皆根据当然之理而成为存在之理。

吾今之论当然之理，为存在者存在之一种根据，将首指出当然之理为知当然之理、行当然之理者之知行，及由此知行所成之人格存在之根据。此乃极易明者。盖知当然之理，固不必即实现之，然当其知此理时，已在知的意义中，实现之于此知之中。今如不采取知行合一之说，谓知之未必行之，则当然之理之被知，未必即实现于行。然在事实上，实有能知之且行之者；则事实上，即有实现当然之理于行之中者。由知行当然之理，即形成一种人格。此种知行之存在、人格之存在，为宇宙间一种存在，乃无人能否认者。此种知行之存在、人格之存在，纯由有当然之理，为其存在之根据之一，亦无人能否认。以此人格之形成，由能行此理；行此理，由于知此理；知此理，由于先有此理。（此自是本程朱之路而说，非本于陆王之路而说。）无此理，则对此理之知行，及所形成之人格，自不得存在。由人之实现一当然之理于其人格，恒须发生行为。此行为，又可使若干事物发生。则此当然之理，又为此若干事物之所以存在根据之理之一。故宇宙间，至少有“人格之存在”及“此人格之行为所使之发生、使之存在之事物”二种存在者，是根据有当然之理而存在。而此二种存在所以存在之理中，包含此当然之理。此当然之理，为说明此种存在，所必需肯定之理，故此理即此种存在之得存在之理。

然当然之理实现时，此理虽即为实现此理之人格之知行之存在之理，只足证当然之理，为此一种存在者之存在之理之根据。然如何可证当然之理为其他存在之根据？

吾今答此问题，先姑不问吾人所认为应实现之当然之理为何。然吾可谓如吾能实现当然之理，则能实现此理之存在者，如我之人格之知行等，亦为具此当然之理，而为当存在者。然吾谓实现此理之我之此存在者，为应当存在者；则吾不能谓其他实现此理之存在者，为不应存在者，以同为实现此理者故。若吾之要求实现此理为应当者，则吾不能谓其他存在者，要求实现此理为不应当者，以同为要求实现此理故。吾就此理之实现于我为应当者，实现此理之我，为应当存在者，则吾必须承认其他实现此理之存在者，亦为应当存在。盖吾人觉一理之应实现，吾固可先觉其应实现于我。然凡理皆为有普遍性者，吾觉其应实现于此时此地之我之一存在者，吾同时即觉其亦应当实现于彼时彼地之其他可实现之之存在者。由此转进一层，则我之知其应普遍的实现之知，本身为应有之知；而我之要求其普遍的实现于其他存在者，并以行为使之普遍的实现于其他可实现之存在者，亦为应有之行。故吾人自应当使吾所认为应实现之理成一切可实现之之存在者存在之理。则吾对其他可实现此理之存在者，当先肯定其当存在，且当望其继续存在，使其继续存在。因如其不存在，则此理不能实现于其存在。吾之要求此理之普遍实现，乃对于任何可实现之之存在者，皆要求其实现此理。此要求，遍摄及于一切可实现此理之个体，而一一寄托我之此要求。故任何可实现此理之存在者之不得存在，皆我之此要求之所不能忍。吾之要求此理之普遍实现，既为应当者，则吾之望一切可实现此理之存在者，得继续存在，以实现此理，亦为应当者。

此种求一切存在皆得继续存在，以实现当然之理之要求，即为仁爱之要求。此仁爱要求之理，或求一切存在得存在之理，即为仁之理。此理照吾人以上之推论，乃不论吾人所谓当然之理之内容如何，吾人皆必须承认者。故此仁之理之为当然之理，乃一切当然之理所根据之当然之理。故仁之理，为吾人必须承认之当然之理。以仁之理为当然之理，故吾一方当使吾人所认为当然之理，实现于其他能实现此理者，一方当使一切能实现此理者，得继续存在。而对于不知其能否实现此理之存在者，亦不能谓其不应存在，而应使之继续存在，以便发现其为能实现此理，变成能实现此理者。由此而有普遍之仁爱意识，于一切存在无所不爱之仁爱意识。此即宋明理学家所谓浑然与万物同体之仁。由是而此仁爱之当然之理，即不仅为实现仁爱之理者之人格之知行之存在，得存在之理；而对整个存在界一切存在者，亦为一维持促进其存在之存在之理。仁爱之当然之理，又是一切当然之理之根据。如上段说，则一切当然之理之内容，无论如何殊异，皆不得与此仁爱之理相悖。如其相悖，则此当然之理，失其所以为当然之理者，而不得称为当然之理。故一切当然之理之内容，必须为此仁爱之理所规定。在人类之道德心理中，亦无人真能主张“不仁爱”之为当然之理之故，即在于此。盖如有任何人主张不仁爱为当然之理，则亦必承认他人之不仁爱为当然之理，且将要求一切他人之不仁爱，以普遍的实现此当然之理。姑无论事实上，人亦未有要求一切他人之不仁爱者。即纵有人要求此他人之不仁爱，而此要求本于彼之相信此不仁爱之真理，而望人信此真理、获得此真理，则彼已对人有一种仁爱。如其无仁爱，则彼必不将此真理告人，而望人知之，亦获得此真理故。彼如真望此真理为普遍的实现于人者，则必须有人之继续存在，且彼必须求维持人之继续存在，以便此真理得普遍之实现。故若有人主张不仁爱为当然之理，仍须预设仁爱之当然之理，而以仁爱之当然之理，为其根据。然以仁爱之理为根据，而主张不仁爱为当然之理，乃自相矛盾，而不能成立者，故人必不能相信任何与仁爱之理违反之当然之理。而一切当然之理之内容，均必为合乎仁爱之理。由此而仁爱之理之为绝对的当然之理，遂得建立。而一切当然之理，均为合乎仁爱之理者，即皆对整个存在界，而为促进维持其继续存在者，而亦皆为存在之理。

四　一切存在物皆自具仁之理之可能

吾今更欲说明一切存在皆须根据此仁之理以为其存在之理。盖吾人诚肯定仁之理为当然之理而体此仁，则必归极于朱子所谓会天地万物以为己，而一无所私之境界。然所谓无私者，非特无只求个人生存欲望之满足之私，亦将不私据此仁之理，谓此仁之理唯我能具有之。若我私据此仁之理，谓唯我具有此仁之理而能仁，不承认他人能仁，即我未尝望他人之能仁，即我之不仁。仁者必视人如己，而望他人之能仁，亦不容已于望他人之能仁。此不容已之望，即使其不能不承认他人之能仁，而使其普遍地肯定此能仁之理，于一切同为人之人矣。

然读者可谓仁之理虽为我以外之其他存在之人所能实现之理，而为一切由实现此理，以成为仁人之存在者之存在之理。然尚不足证明此仁之理，为一切存在者之存在之理。且一切具此理之人，未必皆实现此理而成仁人，则仁之理非即一切存在之人，所以如是存在之理。至旷观充塞宇宙之禽兽草木，更非能如仁人之能实现仁之理，人之本具此仁之理者或不能实现之，而动若禽兽，静如草木，唯知求其个体生存者，亦比比皆是，则仁之理非仁人以外之存在者之存在之理可知。

然吾人如了解上文所谓仁之理之实现之所以为仁之理之实现一种意义，则吾人可在此种意义中，发现一切存在者与人之行同动植者之存在所根据之理，皆可谓具有此仁之理。此万物与凡人与仁人之不同，唯是充量实现仁之理与否之差别，而非性质之无别。（自辨人禽之别言，可言有性质之别，然非本文之论题。）盖吾以上已谓仁之理之实现，所以为仁之理之实现之义，即在吾人能超个体之现实存在之外，而去成就其他存在。由去成就其他之存在，以使此理得实现，即亦成就仁之事，而使仁之理为存在之理。然此超一现实存在，而去成就其他存在，即生之事。仁之事根据于仁之理，仁之理实现于仁之事，即实现于生之事。故仁之理即可说是生之理。（今只言仁之理可说是生之理。证成其决定是生之理，读全文乃知。）物必有变化，而凡有变化，皆有所生发。变化生发，即是有所超越，而另有所成就。既超越复成就，即变化生发之所以为变化生发，亦即生之所以为生。仁者所以成为仁者之义，正在其超越一己之存在，而另欲有所成就。其所另欲成就者，极其心量之所及，乃全存在之一切存在，故能极大生、广生之事，以变化裁成万物、发育万物，而大显生之理。仁者极此生之事，以发育万物，固非一切未仁之人，与万物之所能。然一切物既皆在变化生发之过程中，则一切物无不本此生之理而生，亦可谓无不本此仁之理而生。盖在其生发之过程中，无不对其现实状态之存在，有所超越，而成就另有一状态之存在故。生物之保其种族，生其子孙，以至延其自身之生命于未来，皆为超越其当下现实状态之存在外，成就一另一状态之存在之事。吾人在此可谓万物之超越其现实状态之存在，而所成之存在，仍限于其种族子孙与其个体之未来。故其超越现实存在状态，乃非绝对之超越；而其所成就者，仍限于另一特殊之现实状态之存在。其生之活动，头出头没于此所自限之特殊现实状态中，而终有所系缚，故亦不能有“于一切存在者，皆求有以成就之”之大生、广生之事。遂与仁者之自小己之现实存在超越，会天地万物为一己，以曲成万物，发育万物为事，成就一切之存在为事者不同。故对此至高之仁者而言，则凡人与万物，皆不能安仁而为不仁。然其为不仁，可只是尚有所未仁，可只是其未能大显生之理、充量实现仁之理、自安于此仁之理；而不在其无生之理。充量实现与否，乃气之实现能力之程度上差别，而非理之性质上之差别。夫然，而一切存在皆根据此当然之仁，以为其存在之理之一义可明。吾人旷观宇宙间鸟啼花笑、山峙川流，凡有存在之处，即有变化之处；凡有变化之处，即有生发之处，即有生之理为其根据，亦可谓有仁之理为其根据。而充实宇宙之存在，无非此生之理、仁之理之洋溢。生之理、仁之理，即一切存在者存在之理，若举目可证矣。

然吾上本于生之事同于仁之事，遂谓生之事之生之理，皆可同于仁之理，仍只是拟想之言，尚不足以确立万物皆有仁之理。因生之事之同于仁之事，可惟是外表之相同。此外表之相同，但可证其内部所根据之理，不必不同而可同，不可证其内部所根据之理之必同。欲证其内部所根据之理之必同，徒由此外表相同之经验，尚不足以决定之。因自外表之经验上观之，人之仁之事与万物之生之事，固有相同，亦有相异。自其外表同者观之，谓有同一之理固可。自其外表之异者观之，则虽不能谓无同根据之理，然大可不见其同根据之理。且自经验上，吾人今固见一切皆在变化生发之过程中，可说其有所以变化生发之生之理；然吾并不能断定未来经验中，一切万物亦将皆有变化生发之事，皆有此生之理，则谓万物皆具生之理之普遍的命题，不能由经验证实而建立。至于其所根据之生之理，是否即仁之理，吾亦不能由一般经验以亲证之。其生之理大可是另一种，与仁之理全无相同之处者。故上文所举生之事之同于仁之事，今唯以之证万物之不必无仁，以遮拨万物必无仁，固已理由充足。然以之证万物必有仁之理、生之理，尚不足。欲证万物之必有仁之理、生之理，为其生之事之根据，惟有自超经验之先验推论，以建立之。自陆王之直下承担物我同体之义说，则不须待先验推论，亦可当下建立此义。然此非朱子之思路。陆王以本心良知即天理，以通物我，而朱子则由同具此理通物我。心知可当下自证，可不须以推论建立。然朱子以同具此理通物我，则必须辅以推论以建立其同具此理。而吾人既已由生之事，有同于仁之事之经验事实，以否证万物之必无仁，证其可有仁，而自生之事、仁之事之相异之经验，亦不可证其必无相同之理，则无人能根据经验事实，以阻当吾人之先验推论。

此由先验推论所建立之万物皆有仁之理，为其生之事之根据，吾将论其同于谓他人有仁之理，为其生之事之根据。吾人之谓他人之有仁之理，其为一不可自经验完全证实之一命题，与万物之皆有仁之理同。吾之谓他人必有仁之理，其根据唯在我之不能私据此仁之理。我私据此仁之理，即为不仁，故我承认此仁之理，即必望他人之能仁，而不能不承认仁之理，亦为他人所具，如前之所论。然我之仁之充量发展，不特表现为望他人之能仁，亦且未尝不望禽兽草木如人之能仁，则吾又何不可承认仁之理，为禽兽草木之所具？我望他人之能仁为应当者，则望禽兽草木之能仁，亦为应当者。由我望他人之能仁，即不能已于承认仁之理，亦为人所具，则由我望禽兽草木之能仁，我又何能已于承认仁之理，亦为禽兽草木之所具？人之所以仍不望禽兽草木之能仁，或以为吾人根本不当望其能仁者，盖本于其不同于我。他人同于我而皆为人，故我能仁，他人亦能仁。禽兽草木，不同于我，则我为人，而能仁，彼非人亦即可不能仁。然彼虽不同于我而为人，然未尝不同于我而为存在。我为存在而有仁之理，彼为存在，又何不可有仁之理？则此问题转而为仁之理系属于我，是系属于我之为人之特殊性，抑系属于我之为一存在之存在性。如仁之理之系属于我，乃系属于我之存在之存在性，我为存在而有仁之理，则任何物为存在，亦有仁之理，而万物皆具仁之理，可普遍建立矣。此将于下文论之。

五　论万物必有仁之理之先验的建立

由仁之理不可私据，而吾必望他人之能仁，由此望而普遍建立他人之能仁，经验复示我以人我同仁之事，足证人之有仁，故谓人有仁易于见信。而由吾人望万物之能仁，而普遍建立万物之能仁，则大违于常识，而难使人喻。盖在常识经验中，人物之异，随处可征。有异，本不能证其无同。然多见异，则使人忽其所同，故以为人物毕异之习，牢不可破。谓其同本一理，则人不待思惟，即举其全部经验中所经验之人物之异点，以抗之。而吾亦非泯人物之差别者。吾不特不泯人物之差别，且大重视凡人与圣人、仁人之差别。以圣仁之人与禽兽草木相较，固是天地悬殊。然吾将于至异中见至同焉。吾将由真正之仁者，古往今来不二三数之仁者心境中，见一根本之原则，即上所谓仁之理之系属于吾人之为存在者之存在性本身。由此而可谓凡一切存在，但有存在性，皆可望其具此理，亦皆能具此理。所谓由仁者之心境中，可见仁之理系属于吾人之为存在者之存在性本身者，即仁之理为绝对当然之理。其为绝对的当然之理，本于其为一切当然之理所根据之当然之理。此义前已详之。然谓此理为绝对当然之理，即谓此理为不可须臾离之当然之理，为人在任何存在状态下，所当然实现之理。故在能实现此理之仁人必自知其无论成任何状态之存在皆当仁，而常自诏曰“我但存在，我即当仁”，以成一绝对无条件之命令。亦可自谓：我之存在即此仁之理，对我有意义之唯一充足理由；我之存在即仁之理为我之当然之理之唯一条件。在真正之仁者心境，决不计其存在之状态为何种，而以之为其当仁之条件。即此当仁之理，非对其为存在之任何特殊状态而有意义。吾将谓大仁之人，将不计及其真是否为人，故可以杀身以成仁。在大仁之人之心境，将觉其化为草木，而可度众生，即愿化为草木，如佛菩萨之愿沦入畜生、地狱诸趣，以救一切有情。此固是虚拟之辞。然此虚拟之辞中实包含一根本之肯定。即仁之理，直接对其存在之存在性，而有意义，乃为其存在之本身之理，而非其存在之任何特殊性状态之理。若无此肯定，即此虚拟亦不可能。此肯定乃仁者之心境所必含。而吾人若承认仁之理为当实现，亦当有此心境便当承认仁之理，系属于我之存在性之本身，以成为对我之存在本身之绝对的当然之理矣。

吾人既知仁之理，乃直接系属于我之存在性本身，无论我为任何状态之存在，吾均当实现此理。则本于吾之仁心，而望其他存在之能仁也，亦当对任何状态之存在，皆望其能仁。凡当然之理皆有普遍之意义，对我为当然者，对他人亦可为当然。然一般当然之理，皆有一特殊之内容，恒为对某状态之我为当然。故由其普遍意义之认识，我唯可肯定其对有某相同状态之人，或相同情境之人为当然，而不能谓其对任何状态、任何情境之人，以至任何状态、任何情境之存在者，皆为当然。盖此理，初非对任何状态之我而为当然，其普遍之意义中，不含其对任何状态之他人或存在者，皆有当然之意义。则我之谓其对其他任何状态之他人或存在者，亦为当然者，而望其实现此理，则为我之不应当。然此仁之理，则为一切当然之理，所根据之绝对之当然之理。此仁之理乃对任何状态下之存在之我皆为当然之理，此当然之理乃直接连系于我之存在之意义；则我本于我之仁，而对任何状态之存在，皆谓其当仁，而望其能仁，则为绝对之应当者。然我之希望任何存在皆当仁能仁也，此希望为超主观之希望。此希望中亦包含一超主观之承认或肯定，即肯定任何存在之当仁能仁。我不能谓此希望，同于一般主观心理上之希望，以此希望根据于仁之理而发生，以仁之理为根据，而此理为超主观有形上之真实义者。此文上篇已详论。故此希望乃对我以外之客观存在之本身，致其希望。（自陆王义可通我与客观存在为一，自程朱义必承认我以外之客观存在。）此希望，系托于此客观存在之本身。而此希望中所必包含之客观存在之当仁能仁之肯定，亦是有客观意义者。常言此肯定，可确是一假定，然此假定中，无反面或其他之可能，则应言此是肯定。我不能说此肯定，唯是我主观之肯定，以此肯定，乃以存在者为主辞，而对之施此当仁能仁之肯定故。此亦已详辨于当然之理之超主观意义一节。由此而吾人但承认上段所谓仁之为当然之理，乃直接系属于我之存在之存在性，我思及我之“存在”，即知我当实现此理，则思及任何存在时，亦知其当实现此理。我为存在，我当实现此理，则任何物为存在，皆当实现此理，此乃先验推论之无可逃者。任何物为存在而当实现此理，则此理即任何存在者之当然之理。此乃吾顺吾对仁之理之肯定，所必涵之一肯定。既不能由经验之事实以否认之，则当顺超验之推论以承认之者。

然我虽已证任何存在，皆当实现此仁，吾若不能证其能实现此仁，此仁实被其实现，则此仁仍非任何存在者实际存在之理。则其于其他之人与万物亦然。然吾可再进一步说明此理之被肯定为当实现，即被肯定为能实现，且常在被实现之过程中者。盖仁之理为一切当然之理所根据之当然之理，故在吾人之应当意识之中，无时不有仁之理之呈现。吾之觉一特殊之当然之理也，吾初固觉其为未实现。然即在吾觉其尚未实现时，吾即以此觉，而开始实现之于心气之中。故理气一方有距离，然吾人即在感其有距离之感中，已多少将其加以联系。盖吾觉其未实现而当实现，吾即已去实现。此去实现，缘我之觉其未实现，而当实现以生，故理先而气后。然有理必有气，理先，气必从而后，此吾人反省吾之义务意识，所不能不承认而之一种必然连系。此连系为吾人心理之反省所发现者，然同时是有形上之根据者。因所谓当然之理即应当然、应实现之理，亦即应连系于气之理，而含连系于气之意义。故此理之实际连系于气本身，唯是此理之实现其意义。当然之理之有应实现之意义，为形而上地具于此理本身者，故义务意识之反省中，所发现之理气之必然连系，乃有形而上之根据，而非徒一主观心理上之必然。则吾由理之对我呈现时，必有气之从而后，即可形而上学地断定理对任何存在呈现时，亦必有气之从而后。唯以理对我呈现时，不必即理对其他人或存在者呈现时，故吾在觉一理呈现为对我为当然之理，我之心气已从而后时，而他人或存在者可尚未有此之理呈现，则我虽认此理对彼为当然之理，而他人或他存在者，以尚未有此理之呈现，故亦可尚未有气以实现之。在此情形中，则我之说他人或存在者之有此理，当实现此理，便唯是超越的当、超越的有。如孤立此理而论之，可谓在一意义上，与其气相离。然此唯由此理根本尚未呈现于彼，不是理之呈现于彼而无气从之。然此种我谓彼有，于彼可不呈现之当然之理，唯在特殊之当然之理为然。盖特殊当然之理，唯我在一特殊之状态特殊之情境中时，乃呈现于我；其呈现也有时与条件，则呈现于他人他存在也，亦有时有条件。然据此以论仁之理，则不可。盖仁之理，为普遍绝对的当然之理，此理乃显示为仁者之任何状态之存在，所当实现、不能不实现之理。如上文所说。则本于此理之超主观之普遍意义，即同时显示为任何状态之存在所当实现、能实现、不能不实现，而贯彻于任何状态之存在之理。

亦即必然显示为遍在于一切存在之理，而在一切存在内部鼓之舞之之理。

六　论仁之理之超个人自觉性，仁之理即生之理

对上节所述仁之理之普遍建立，在一般之读者最易生之问题为：何以解于万物及人之有不仁。此问题吾将在最后答之。然在稍深思之读者，则问题将集中于仁人之自觉之问题。盖难者可谓在吾上述仁人之心境中，虽有此理为其任何存在状态所当实现、能实现、不能不实现之理，然此理乃显于仁人之自觉中。唯仁人之自觉，只以实现仁为事，乃觉彼纵为任何状态之存在，皆当实现、能实现此理，彼在此自可推其自信之心，而信其他任何状态之存在，亦为当实现、能实现此理者。然须知此全部之理，乃显于其自觉之中者，亦即唯对其有自觉，而有意义。故仁人虽自信其在任何存在状态下，皆能实现此理，实则彼如非人或不自觉，则此理之为其任何存在状态，所当实现之义，不显于彼。而彼实际上转为其他非人、非能自觉之存在状态下，亦未必能实现此理。故如其由此发现任何状态之存在，皆当实现、能实现此理而信之，则其所发现所信，亦唯对其主观之自觉，而有意义，而不足为一超主观之真理。

吾对此问题答复曰：任何状态之存在，皆当实现、能实现此仁之理，虽为自仁人之自觉中，所发现，所显示，而为其所承认相信，然其意义自始即超出其个人之自觉之外，而有意义。其自觉之觉此理，乃觉此理之超主观的普遍意义，觉此理之对任何状态之存在之意义，非觉其对其一时之自觉之意义；而是觉其对彼个人一时之自觉外任何其他状态之存在，及彼个人以外之其他状态之存在而有意义。故此理虽显示于其个人一时自觉之中，而非由其个人一时之自觉而建立。盖当彼知此理时，即知此理之真实性与其个人之觉之与否无关。故仁人之实现仁之理也，可自动求

入于全不自觉之存在状态，以实现之，是乃有所谓杀身以成仁。杀身成仁者，可使其身成任何状态之身，以实现此仁，即任何状态之身皆可以为实现仁者。吾人不能谓杀身成仁者之所以为仁人，唯在其自觉此杀之际，而其仁唯表现于此时之自觉中。盖其欲成仁，即要求此杀后之身，则其杀后之身，亦正是表现其仁者。仁人之要求成杀后之身，即要求一不能自觉之存在状态，以实现此仁。此所实现之仁与此杀后之身，为其死后不朽之英灵所自觉，固属可能。然在成仁者之自觉中，则不必先念及有此死后之自觉，谓惟在此死后之自觉心中，可表现仁。彼在杀身成仁之际，可明知其死后身，成另一存在状态，而无任何自觉之能力者，仍自动要求此不能自觉之存在状态，以实现其仁。则知在仁者心中，一方虽有仁之理之自觉，然一方亦知此理之意义，超乎彼之自觉外。彼要求入于不能自觉之存在状态，以实现其仁，即表示彼之承认且相信彼之是否为能自觉者，非所考虑之问题。此问题与彼之是否当成仁、能成仁，且在实现仁，乃不同之问题。彼未尝以必有自觉为成仁、实现仁之条件。彼之入于不自觉之存在状态以成仁，则仁之理，不特为其自觉之存在状态所实现，亦且为其继起之不自觉之存在状态所实现。则彼求入于不自觉之存在状态时，一方固自觉此仁之理而为有自觉之存在，一方亦自觉此仁之理之实现时，与自觉状态是否仍存在无关。吾人如识此仁之理之实现时，与其自觉状态是否尚存在无关，亦为仁者之自觉中的启示，则吾人不得说仁之理，惟存于其个人自觉之中。盖其自觉，即启示此仁之理之超自觉的意义故。此中似有一矛盾。然是一必须同时兼肯定之矛盾。惟同时兼肯定之，谓自觉此理，即自觉此理之超自觉意义，乃能去此矛盾。故吾人若承认仁之理呈现于仁者之自觉，即须承认仁之理有超主观自觉之意义，不能谓上节之先验推论，唯依于仁者之自觉，而谓其无超仁者主观自觉之意义也。

复次，吾人深观仁者之自觉，复可见仁者之实现仁，必忘其自觉之重要性，而以其出于自觉求仁，所为之仁之事之价值，并不高于不自觉的实现仁之理之事之价值。盖仁者之感仁之理当实现，而实现此仁也，其目的全在为仁之事，以成就其他之存在。彼惟感物有未成就，乃曰，吾当有仁之事、仁之行为，以成就之，而自谓：吾之仁之行为，固是直接实现我自觉之当仁之理，然吾之行为之目的与意义，则直接在物之成就。故吾之为有仁之行为时，复可自觉此行为，为一达到其成物之目的之一事。此事乃以目的未达而存在，如此目的已达，则此事可不存在。故在仁者之心中，唯物之成为重要者，而其个人之行事之有不有，亦为不重要者。唯其愈能感其个人之行事之有不有之不重要，乃益见其人之仁。故在仁者之心中，如得见他人之能代为其成物之事，或得见其所欲成就之物之能自成，亦觉其无异于其自为此仁之事，而彼之仁心未尝不满足，仁之理仍为实现于彼之人格者。仁人之为仁之事之所以无尽，唯以物之当成者无尽。然仁人之为无尽之仁之事之目的，即在达于无物不成，而无仁之事可为。然此无仁之事可为，正其仁之理完全实现。夫然，故万物若皆能自然成就，如仁者之所望所欲，则仁者虽自始无仁之事可为，而但观物之自然变化而成就，如其所望所欲，彼之仁心亦无不满足，彼仍觉仁之理之实现于其人格。吾人试思此时仁者既未为仁之事，其所自觉之仁之理，既未由其行为以实现之，彼何以亦觉此理之实现？便知此中预设一对我之有意的自觉的遵此当然之理而发生行为之所成就者，与由自然而成就者之平等观。此乃由于我之依仁理而有仁心，只是以成物为目的，乃于物之自然成就上，即觉此理之实现、此心之满足。然后对我之本有意之自觉所为仁之事，可与自然成就者，作平等观，觉其可相代替。然此代替之所以可能，即显示：在仁人之心为求实现仁之理时，是否有其个人之本有意自觉所为之仁之事，乃非重要者。同时又见仁之理，在仁人之心中，唯所以显为仁之事，而仁之事在仁人之心中，唯是一去成物之事。仁之理之作用，唯是使此成物之事，成为可能。此视仁之理之作用，唯是使其成物之事成可能，即意涵：在仁者之心，此理之被自觉一面，非此理之必须有之属性，而此理之使成物之事可能，乃此理之必须有之属性。同时意涵：凡真能使成物之事成可能者，即可谓具此理，而此理之是否被自觉，非此理呈现之必须条件，唯其能成物，乃此理之必须条件。夫然，故人能自觉此理而实现之，固为能具此现者；而不能自觉此理之其他万物，亦未必不能具此理而实现之者矣。

吾人之讨论，乃首由一切存在之物之表现之生之事，与仁者所表现之成物之生之事之相同，以说一切存在之可有仁，而本道德理性作先验推论，以建立万物之当有仁而能仁。再论仁之理之超自觉的意义，仁者之唯以成物为心，仁之理唯是使物成之理，以明不能自觉之万物，未必不能实现仁。由此三途会合，即可以证仁之理，当即一切生之事所根据之生之理。盖循仁者之唯以成物为心，其去使物成，即其仁理之实现处，则见仁者之事，除成物以外无事。而成物即生物，故仁者之事，除生物之事外无事。故仁之理之呈现于仁者也，唯是满腔生意，一片生几。此生意、生几之所表现者，即一去生物之理；而仁之理，即此去生物之理；舍此生物之理外，无仁之理；舍此去生物之意外，无仁之意。故仁者之表现于外者，是实有此生之事、成之事，而其具于内者，亦唯是此去生之意、去生之理。其去生之理，即谓当有此生之事，去生之意即去有此生之事；而生之事，所实现者此生理，所完成者此生意。生意周流而不息，生物之事亦不穷。唯有诸内者乃形诸外，其有诸内者，是“去形诸外”，故此实形诸外者，便唯是有诸内者之完成而不可分。夫然，故仁者有仁之心，即有仁之事，仁之事唯是生之事，仁之心亦唯是生之心，仁之理唯是生之理。不可说仁者外有生之事，而内无生之理。于其他存在，吾既先验地推断其能实现仁，当有仁之理。而彼又显有生之事。今如彼之显有生之事，亦必据一具于内之生之理，则其生之事，即不能不说为此生之理之表现，亦即其仁之理之表现。仁之理、生之理之必求表现，既可由对仁之理、生之理之反省，而知其必然；则吾人之问题，唯在问吾人所明见之万物之生之事，是否必根据于一内在之生之理，一如吾人之为生物之事时，必先有去生物之理之具于吾人内部者然。此则须尚待讨论者。

七 论一切存在之物之生之事，必根据一形上的生之理

吾以上既明仁之理，即吾人之“成就其他存在”之“生之事”之“生之理”，又谓一存在之能自觉与否，与其是否具此生之理或仁之理无关，则吾今讨论其他存在之物是否具此理，将不问其是否自觉之，而唯问其是否真可说具有此理，且具有之于气之先，而为其生之事或其变化，而能成就其他存在之物之事之根据。吾以下将谓吾人真欲说明存在之物之生之事之所以可能，或一存在之物所以能变化，以成就其他存在之物之所以可能，必须肯定一存在之物具有一真实之此理，于其变化之气之先，以为其能成就他存在之物之根据。至于此理在最后意义上，是否亦属于一本心、天心等，则此问题，今文所不讨论。

缘吾人之所以不易承认物有先于气而真实之生之理者，其极大之阻碍，为吾人易以生之理，为由吾人观察万物之生之相，而视之为理者。常人恒谓事物先于其所抽出之相而真实，故由相直接撰成之理，亦被视为后于事物与事物之气而真实，而不能谓其形而上的先于事物、先于气而真实。然朱子所谓生之理，非生之相。生之相惟是生之事之物外表之共相，乃无实作用者。而朱子之生之理，乃生之事物之所以生之内在根据，而为有实作用者。生之相无实作用，唯自生之事物中抽出，逻辑的先于生之事物，而非形上学的先于事物之真实而真实者，因而在形上学上，此生之相，亦可后于生之事物之真实而真实，而不能形而上的先于气

者。然朱子所谓生之理，非由生之相直接撰成。生之相之后于事物而真实，不足证生之理之后于万物而真实。故此难不成立。而问题之关键，遂在是否可说一有真实作用之形而上的生之理，为生之事物所以生之内在根据，如仁之理之为吾人之仁之事之内在根据然，以同为先于气而真实之理。对此问题，常人恒以为一生之事物，可由其他事物之作用影响而说明，故一物之生之事之根据，可求之于此物以外之他物，而不必另求之于形而上的先于气之一生之理。或则以为一物之一所以生他物之根据，可由此物之潜在的可能或种子等说明，亦不必求之于形而上的先于气之生之理。故吾人之问题即为：形上真实之生之理之肯定，是否为不必须？物生之事是否可由其他事物之影响作用，或潜在的可能之类，加以说明？吾之论点，将集中于论后二种说明之不可能，以明形上真实之生之理之肯定为必须。吾之所以说物之生之事不可由其他事物之影响作用说明者，以凡此类说明，皆假定其所欲说明，而同于无所说。因如一物之生之根据，但在他物之影响作用，则他物必先变化，而生发出一种作用影响。此他物之变化生发，又根于其他物之变化生发，则此追溯成无穷之后退，而吾人思想之所停之处之物之变化生发，仍不得其解。复次，吾人经验中，唯见一物之生之事，继他物之生之事而起，然此不足证明此物之生之事，即根据他物之生之事为理由。因此物之生之事，与他物之生之事，明为不同时之二事。吾人思惟之亦明见有不同之性质，而对之可有不同之概念，在彼物之生之事之性质中，无此物之生之事之性质。则由彼物之生之事之概念，以推论出此物之生之事之概念，在思惟中为不可能。然吾人于一事物之由未生而生，必要求一根据，因其原是未生，即现实世界中原无此事物，其由无而有，不能不有一根据，然后方可说明其由无而有故。

人于此或谓一事物之潜在的可能，为一切新生之事物继起之真正根据与真正理由。然此说唯是对一继起之事物之如何如何，指出一根据与理由，而仍非对于继起之事物所以生之本身，指出理由与根据。即唯是为一切继起事物之生之特殊性，指出理由与根据；而非对一切继起事物之“生”，指出理由与根据。此说不能说明何以潜在者之不永只为潜在，可能者之何以不永只为可能，而由潜在的可能转为现实；则何以有此去转为现实或去生之事，仍不可解。此具特殊性之潜在的可能，唯是去生之事中之气之所实现。然此气唯在有此去生之事时乃有，在未有此去生之事前，无此气。由无此气到有此气本身，仍须有一理由与根据。若无其理由与根据，何以不长无此气，而必有此气？其先之物事之气，非新生之气之理由，以先有之气非继起之气故。先有之气，存在于一时，新生之气，存在另一时。先有之气只是先有之气，新生之气非先有之气，则新生之气之理由与根据，不在先有之气中。新生之气之理由与根据，不在先有之气，故吾人必须承认一超乎先有之气之形上的生之理，以为新生之气所以生之根据。此超乎先有之气之生之理，即使先有之气消逝，而新生之气之继起，成可能者。吾人不得谓此理非真实。因如无此理，则新生之气不得生。气真实则所根据者亦必真实。不真实者，不能为真实者之根据故。

八　论一切存在之物之理，皆根据生之理而名理

吾人上文既已明生之理之真实，则今当进论一切物之理，皆根据于生之理之真实，而有真实之意义。此所谓一切存在之物之理，本当概括通常所谓物之存在之理，及仁之理以外之人物之当然之理。然我前已说仁之理即一切当然之理所根据之理，故以下唯说通常所谓物之存在之理。缘吾之上文已别“生之理”于“说明物之特殊性之特殊之理”，物有特殊性，此自当有其理。如潜在可能之状态、形式、共相，皆可用以说明物之特殊性，即皆物之特殊之理。此吾人所不否认，以万物现见各不相同故，此亦朱子

之所许。故朱子谓桌子有桌子之理、阶砖有阶砖之理。吾人如只承认物有共同之生之理，固可说明万物之所以生，然不足以说明万物之各生其所生。吾人既在万物共同之理内，承认各别之特殊之理，则此各特殊之理，各自其为理处而观，与此共同之理平等平等。此生之理虽为普遍之理，然在其为理之意义上，同于其他特殊之理之为理，则独谓此理为形上之真实，便失其所据。故吾人必须进一层论一切物之理，均通过此生之理而有真实性，以论肯定一切理之真实，皆必在物之生之理中肯定。而此生之理即为一切理之中心之理。一切理皆通过此中心以为理，即皆存在于中心之理中。由此而吾人将可言一切理之表现于存在物，唯是此生之理表现于存在之不同方式，然后可说理一分殊，说统体一太极，一物一太极。

吾之所以说一切理必通过此生之理，一切物之理之肯定必在此生之理中肯定者，以一切物之特殊之理，若离此生之理则不能被实现。一切特殊之理之实现，皆气实现之。然气之去实现，必根据此生之理。唯此生之理，乃气之去实现任何理之根据。唯此生之理，能为新生之气之所依，而为气之存在而真实之根据。一切特殊之理，如不被气实现，则不得为真实。吾不能谓其虽未实现而可实现，故有真实之意义，更不能谓其虽不实而真。盖如只是可实现，即有真实之意义，则其真实之意义纯由其可实现之性而取得。然特殊之理既为特殊者，则对一类之物之气，为可被实现者，对另一类物之气言，为可不被实现者，如自其可实现，而言有其真实性，则亦可自其可不实现，而谓其无真实性。吾人亦不能谓其可实现之性，可不与物之气相对而立名，遂言即无物之气能实现之，彼仍有可实现之性。因所谓无物之气能实现之，只能谓为某一类物之气，不能实现之。而不能谓为任何物之气，皆不能实现之。唯其虽为此类物之气所不能实现，而可为另一类物之气所可能实现，然后谓其可实现。故所谓可实现，必涵有能实现之物之气。因所谓可实现，即可为气所实现之义。如任何物之气，皆不能实现之，则可实现，为无意义。对一特殊之理所加之可实现之谓辞，乃一综合上之谓辞。故惟有物之气能实现之，乃谓可实现。非将一特殊之理，如其所如而观之，即可分析出可实现之谓辞。故谓特殊之理，可无任何气以实现之，而仍具可实现性，乃自相矛盾者。然若吾人承认理之可实现性，惟对一能实现之之物之气，而有意义，则理对一物之气为可实现者，并不排斥其对另一物，为可不实现者，而凡可实现者，皆为可不实现者。夫然，故一特殊之理之有真实之意义，如唯由其可实现而得肯定，则由其可不实现之意义，亦可谓其无真实之意义，而归于上之所论。

复次，吾人亦不能离一特殊之理可实现，亦可不实现之意义，但如其所如而观之，见彼之是其自身，而谓之为真。因如此之真，唯是逻辑上之自语重复之真，而非形上学之真。唯是“一概念是一概念”之真，而不足证此理之真有，为形上学之真有。吾人亦不能惟就吾人能思及之，即谓其为真有，因如徒就吾人之能思及之，即谓其为真有，则谓其真有，乃谓其有于我之思。如其有乃为有于我之思，则我不思之，彼即非有。复次，吾人亦不能就一思及之对象本身，而谓之为真有。因如只为一对象即是真有，则无所谓幻妄之对象。真对幻而有意义，有真象则必有幻象。如谓幻象如其所如而观，则无所谓幻，则须知任何对象，但如其所如而观之，则心中但有此象、但见此象，而不见其真。若谓于一象如其所如而观之，即可见彼之是其自身，此是为真是，则重将彼概念化，而落入逻辑上之真，非形上学之真，而还至前之所论。

由上二者，故吾人若欲肯定特殊之理有真实性，既不能由其可实现上建立，更不能由其本身建立。唯可由其必能被物之气所实现上，乃建立。吾谓此树将开花，如此语而真，即谓此树必开花，此树之气必能实现其开花之理；或谓此树及其所受阳光水分之气，必能实现此开花之理。我谓此水冷至零度成冰，如此语真，即谓水冷至零度必成冰，其气必能实现成冰之理。故凡谓某一物真有某特殊之理，或谓有一特殊之理，对此物为真，即为对此物作一定然命题，而非只作一假然命题。此定然命题之意义，即谓其必能实现此特殊之理，此特殊之理必可被其实现。然此特殊之理之本身，并不涵必被实现之意义，以其本身，不涵有实现之之气也。故吾人于此必须肯定一生之理，为实现之之气，依之以生，此特殊之理，乃真成为必被实现者。若吾人不肯定此生之理，则此物之自转变其气以引生新气不可能，而此特殊之理即可不被实现。则谓其必能实现此理之定然命题，即不能作，而吾人亦不能谓其真有此特殊之理。故吾欲肯定任何物之有特殊之理，均只能通过生之理，而作此肯定。如离此生之理，则吾根本不能作任何特殊之理必被实现之肯定，亦无任何特殊之理可被肯定为真实，便只能有科学上之假然命题。吾人之肯定任何特殊之理之真实，亦唯在知其必可为依生之理，而为生之气所实现，然后得肯定其真实。一切所谓形而上的潜在可能，而尚未实现为事物之特殊之理者，吾人若欲肯定其真实，亦唯可通过一形而上之生之理肯定，以肯定其真实。否则，吾人之谓其是真实，即无意义故。夫然，故一切特殊之理，由潜在可能而实现于物也，唯是在形而上之生之理实现过程中实现；其显为存在之理也，唯是在生之理之显为存在之理中显示。由是而一切特殊之理之实现于存在，皆可谓为生之理实现于存在，所表现之各种特殊之方式。由是而吾人可将一切特殊之理，隶属之、内在之，于一生之理，而观之，而可以了解理一分殊之意义。

然吾人尚须答一疑难，以完成上述之义。即人可谓吾所谓一切物之理，唯可在生之理之肯定中肯定者，乃限于预测物之未来变化之理。然物即在现实之状态中，亦有其性质，如此桌是黄的、方的，此黄与方即桌之所以为桌子之理。此理为现实之物之状态上，所直接显示之理，而此类理之肯定，似可不在生之理中肯定。又凡物之理均可视之为性。吾人言物之理，易思之为必须能实现者。然吾人谓物有某性时，吾人可根本未考虑及其性之将实现，仍可谓其有某性。即在实际上吾人谓其有某性，彼必能实现某性，然吾谓其有某性时，亦可并不思及其能实现一点，仍可谓其有某性。此即转而证吾之肯定物之理，可不思及其能实现，而不须肯定之于生之理之肯定中矣。

对此一疑，吾将答曰：一切物之理、一切物之性之肯定，皆必须包含生之理之肯定。即物之现实状态中所抽出之性质，如吾人真视之为物之性、物之理，而不徒视为物之相时，亦必须在生之理中肯定。盖吾人谓物有某性，虽可不念及其能实现某性，然如彼不能实现此性，则不得说其真有某性，而谓其有能实现之之性。其实现即生之事，此性即为一生之理，而为其所以有实现之气之根据。盖吾人凡言物有某性，皆谓此性为物之内部者，非克就其外表所表现之相，而即指之为其性。吾必超越物之相，而对物之本身有所肯定，乃为物之性之肯定。吾人可视物之相即出于物之性，物之相即表现物之性。然此时仍预设性之超于相，而为在物之内部、属物之自身者。故吾谓此桌是方黄的，此黄方之相，非即桌之性。吾谓之为桌子之性，乃溯此方黄之相所自出，而肯定一表现如此相者，即名此桌子之方性、黄性。然此黄性、方性，即是在物之内部，而属之物自身者。唯性为属于物之自身者，故吾必有一根据，而谓其属于物之自身。吾何以可说某物有某性。吾将言其根据正在其能表现某相。如吾何以可说此桌之性是黄，正由其表现此黄。由是可知性相之互为根据。而一物如不能表现某相，则我不得说其有某性，而表现之事即生之事。又如此桌表现黄相后，即不复再表现此黄，吾亦不得说其有黄性。吾在此如仍可说其有黄性，必意谓其可再表现此黄。而意谓其可再表现此黄，即谓其能根据一生之理而表现此黄。夫然，物之理固由物之相，反溯而得知，然物之相与物之性之二概念，截然不同。物之相乃物外表状态所直接显示，而此相之肯定，乃或可不在生之理中肯定者。物之性则必须为具于物之本身内部，且含能表现之意义，而必在生之理中肯定者。物之理即物之性，故吾人之说某特殊之理具于物之本身内部，且能表现之，即谓其有表现此特殊之理之理。而此表现此特殊之理之理，即生之理。如吾人谓桌有方之理，虽可由此方相而知，然吾人真谓此桌有方之理，则必此桌能继续表现方。如其不然，则不得再说此桌有方之理。而此能表现之理，即生之理。此生之理，即其所以能表现方之理之理。由此而凡谓物有某种某性，皆含有预测未来之意义，皆为对物之现实状态，当前直接显示之相之外，有所肯定。吾人所肯定之物之理、物之性，为对物之本身之肯定，同时即为超于物之现实状态、当前直接显示之相之超越的肯定。谓其有某特殊之性、某特殊之理，皆是超越的有、形上的有。此形上的有，即根据于生之理之为形上的有而有；亦根于生之理之为形上的真实，而后实现此特殊之理之气，乃依之以生；而此特殊之理乃得显于气，以成形以内之有、现实之有。由是而一切物之理物之性，惟根据于生之理之肯定，乃得肯定之说，遂得确立。而一切物之特殊之理，即以此生之理为中心，而依于此中心而名理，而可谓存于此中心之理。一切物之特殊之理之各种表现，皆此中心之理之表现之不同方式。而朱子所谓理一分殊，一物一太极，统体一太极义，亦可得其解矣。

九　论无不仁、不生之理，并总结本文大旨

吾人今再回顾吾人论证仁之理，即存在之理之过程，首在由仁之事与万物之事之相同，以证万物之可有仁之理。次则本仁者之道德意识作一先验推论，以肯定万物必有仁之理。再次，则由仁之理即去成物之理，即表现生之事之生之理，而谓仁之理即生

之理；仁之理之为理，与其是否被自觉无关。再次则言生之事必根据之一生之理。最后则明一切特殊之理皆本于一生之理。事为外，而理为内。故吾人之论万物与我皆有此仁之理、生之理也，乃先由外者之同，以测其内者之可同。次由我之有诸内者，以推证其亦有于万物之内。再本于我有诸内者之必形诸外者，同于物之形诸外者，而谓仁之理，可即万物生之事之生之理。再由万物之有形诸外之生之事，以推证其必有生之理。合此“内必形诸外”，与“外必根诸内”二者，而本于道德意识之先验推论之所建立，与为说明经验事实、说明生之事之纯粹理性之所要求，两相契合。即初只由我与物之外表之事之相同，以测其内在之理之可同者，得其证实。由是而我匪特应于凡仁之理、生之理呈现于我心之处，知即其意在有生之事，而必表现于生之事；且当于凡有生之事之表现处，即知其有与我所直接体验者同一之仁之理、生之理。而我即应本于我对仁之理、生之理之直接体验，以体验万物生之事。而由一切物特殊之理，皆依于一生之理，一切物之特殊之理之表现，皆生之理之表现；则吾人可唯见一生之理，而不见特殊之理。而吾之体验万物之生之事，可唯是体验此生之理。由吾人之本于吾之仁之理、生之理之直接体验，以体验其直接呈现于吾之生之事，而唯见一生之理、仁之理；则生之事之生之理，匪特为超越生之事之外表之相，而存于其内部者，亦且为内在于生之事之外表之相中，而表现于其外部者。而其所表现于外部等，又内在于我之体验，而为我生之理、仁之理之直接表现者。由此而当前之宇宙之一切生之事，即皆此“通物我之仁之理、生之理”之直接表现，而皆可于其中见我之仁矣。

吾人诚能识得此仁之理即生之理，而于一切生之事之体验中，见此生之理、仁之理无不在，则一切生之事，皆是此理之表现；亦无此理以外之理，无不生之理，亦无无生之理之物。夫然，濂溪窗前之草、程子座上之鱼、鸟啼花笑、山峙川流、江南草长、塞北梅开，以及人之饥餐渴饮、夏葛冬裘，天之日月相推、寒来暑往，凡有变化之处，即有生之事处；凡有生之事处，即有此生之理、仁之理之呈现。凡存在之物，林无静树，川无停流，皆有此生之理、仁之理，以各变化其所变化，各生其所生，各仁其所仁。自其生而观，则无不生，自其仁而观，则无不仁。宇宙唯是一生之理、仁之理之充塞弥漫处。万物之生，诚有所不生，仁有所未仁，而或害其生以贼其仁。然不有所生于此，必有所生于彼，不仁于此，必仁于彼。不仁于物者，仁于人；不仁于人，仁其家；不仁其家，仁其身。兽残而不伤其子，落叶以养其根。风云变化，花草精神，皆将有所成、有所生。其有所不仁也，而非无所仁也。唯有其所仁，而不能充其仁，乃害他生以贼他生之仁，则舍其所仁，亦无以害他生贼他生之仁；离仁，而不仁亦不可能。则世间焉有真不仁之存在哉。若乎万物，有所不仁，而害他生以贼其仁，则宇宙固显有不仁之事矣。在人则愚痴傲慢，横起贪嗔；骨肉相残，利夺权争；年年战伐，大地血腥。在物则弱肉强食，相逐相吞；饥鹰厉吻，禽鸟悲鸣；迅雷风烈，禾黍飘零。斯固可使仁人恻然生悲，黯然伤神，而疑天地之无情。然反求其所以有此不仁，皆由人物之不能如仁者之赞天地化育以为心，扩充其仁，尽实现此仁之理。若人物皆如仁人之以赞天地化育为心，则万物亦将但有相成，而无相毁，其相毁以相成，亦将如仁人之自损其己而利他人，成物而己亦成。此所谓人物之不能尽实现此仁之理，其咎不在其不具此仁之理而有不仁之理，而咎在其所以实现仁之理之气。理必求普遍实现而无限。气有所实现，而实现者，皆一特殊而有限。气有限，而其仁也有所未仁。未仁非无仁。故气有限而将不限其所限，而循理以破其限，以从仁，则气亦无咎。此即于人之不安于不仁，而得其实，亦可于万物之愈高等者，而其变化发育之仁愈显，以得其征。而仁人之所以欲赞天地之化育，化人类众生之相残为相亲者，亦正以人类万物皆有此当仁之理，而万物之气未能实现之，故求有以助其实现之。不可由万物之有不仁，即证万物所以生之理，有不仁之理，或仁之理中有不仁之理。不仁之理即不生之理，亦非仁之理。谓万物所以生之理中，有不生之理；仁之理中，有不仁之理，明为矛盾之言。万物之有所不仁，其根据唯在其气之未全实现仁之理。气之未全实现仁之理，即有不仁。全实现此仁之理而无不仁。则不仁唯可在气上说。而其在气上说者，亦反照于气之仁之理而说也。

至于人若问气之何以不能尽量实现理，气既能依理生，何不将实现理之气，一齐生了，则无理可说。盖凡有理，皆在生之理中肯定，亦当在仁之理中肯定。气未尽量实现之理，即此气对此理而言，有所未实现，而此气于此理之意义，有所无。其无此理之意义处，即理未实现处。其所以有无理之意义，即无理可说处。无理可说处，亦即以无理说之。无理，即无理之理也。以无理说不仁可。如以无明之贪嗔，说杀害业是也。谓有不仁之理不可，无明本身实无理可说也。故无明所以为无明，则惟以未明此理、未显此理；以于理尚有所无，故曰无明。则无明即无理可说，别无一无明之理也。无理即无明之理，不可别求。气之不能尽量实现仁之理、生之理，即不仁不生之事，所以有之理，而另无一不仁不生之理也。如气而有此不仁之理、不生之理，则气不实现仁之理、生之理，乃所以实现此不仁不生之理。气之有此理，唯可以“不实现仁之理、生之理”实现之。若气而果有此理，则气永不能实现仁之理、生之理，而气成不生之气。不生之气，无所表现，因表现即生。无所表现，则于此气如何可说之其有？如有，将何由知之？此中矛盾无穷，不必细说。至于气既能依理生，何以不将实现理之气，一齐生了，亦无理可说。因气之依理生，正以气不尽实现理，故须依理生。如一切实现理之气，一齐生了，则亦无生，更何得言气依理生。唯不能将气一齐生了，气之依此理而生者乃不穷，而理为生理也。

故于气之有限制，不能尽实现此理处，依上说，实不能有追问。如问之，则反其所以问，即证其不能再问。故于此问，大智在所不虑，而惟观物之所已实现、当实现，而知此理之不离气；观气之自破其限，而知气能循理以生生不穷；更不疑此理之纯一无不仁，谓另有不仁之理；而将唯以未仁说不仁。若夫仁者，则将于此人物之气之尚有限制而未仁处，悲其未能实现其当实现之理，而益见此理之当实现，求所以实现之之道，使人物之耳目聪明、血气和平、移风易俗、天下皆宁，人人有士君之行，万物并育，无不遂其生畅其仁，庄严世界，普渡有情。即本此理之普遍与永恒，显为悠久无疆之事业。彼之自实现其仁，即实现万物之仁，成己即成物，必成物而己乃成。则其于宇宙之不仁之事，乌能不悲之。然悲之之心，出于此仁之理，益悲之而仁之理益见。悲其不仁，正所以显其仁之理。则宇宙之所以有此可悲之不仁与仁人之悲，正所以显此仁。而仁人由悲以显此理，此理显，而知此理之遍于万物，则为德不孤，友信群伦。此仁者之所以悲而不失其乐。悲乐相生，如环无端。悲而乐，则无绝望之情；乐而悲，则无怠肆之意。其悲之也，以理先而气有所未从也。其乐之也，理先而气未尝不从也。理先，乃见理为当然之理；气必后，乃证理为存在之理。由此理之为当然之理，见此理之尊严；由此理之为存在之理，见此理之广大。仁人观此理于其为当然之理而践之，则其事业乃先天而天弗违之事业；由仁人之观存在万物，无不表现此理，而体爱之也，则其事业为后天而奉天时之事业。先天故尽其在我，邵尧夫所谓“宇宙在乎手，万化在乎心”；后天则乐取诸人，游心万物，明道所谓“观鸡雏可以观仁”，而尧夫所谓“月到天心处，风来水上时”，皆可见此生生不息之理也。先天之事业，“振衣千仞岗”之事业；后天之事业，“濯足万里流”之事业。凡此乃仁人所以宅心，更乌能容宇宙间有一不仁之理之念哉。

唯世之论者，或以相为理，谓有不仁之事，即有形上之不仁之理。善有善理，恶有恶理，谓有此相，即有此概念，即有此理。或又谓生唯是流转，善念相续生，恶念亦相续生，由此而善恶二元之说立。或者谓善之理并不善，恶之理并不恶，先有生而后有善恶，生本身亦无所谓善恶，而无善无恶之说生。凡此诸说，或混逻辑之分析之理，于形上之理；或混心理学之说明中之理，于形上之理。不知“相”与“概念”之本非物之理，而恶念之生皆由有所不仁、有所不生。依其有所不生，而为恶，非依其生而为恶。又或者以生为生物学上之生，而生之理，唯所以指自然生命之进化。不知先儒说生，皆为形上之意义。而生之理之实义，是仁之理，而当由此仁之理说之。当以说人者说物，不可以说物者说人。以说物者说人，则齐人于物；以说人者说物，乃升物于人。齐人于物，则人之异于物者，不可得见。升物于人，则人未尝不知物之所不足也。吾人虽可谓物亦有生之理、仁之理，然彼之生至小，仁至微。而人之生、人之仁，则扩大之而可无极。而有觉无觉之别，虽非具此理与不具此理之别，而关系至大。由觉之义，乃可见万理之统于一心。不觉则行不著、习不察，安于所限而不能充之。觉之则充之，而不能自已。此中深义尚多，固非今之所及。然要在先识以物之生说人之仁之理之不可，以仁之理说物之生乃可。或者又谓在当然之理上可说善，而此理不存在，存在之理则无所谓善恶，存在者可合于当然之善，亦可不合；当然之理惟由内心之体验得，存在之理，惟赖经验之观察，或纯粹理性之推论得；于是裂人道天道，当然自然而二之。人道无根于天道，天道无继于人道。凡此等卤莽灭裂之论，皆悖于道，而足以乱朱子仁之理即生之理，而理先气后、理无不善之形上学也。

吾之此文，首则辨逻辑先后等非形上先后。次由当然之理之直接体验，以明其超主观之意义，而显其为形上的先于气之意义。再则由当然之理之超主观的意义，以明其为存在者所以存在之理，一切存在之特殊之理所根据之理。吾之论此理之为存在之理也，乃由外表之类比，以知其可有；本道德理性为先验之推论，以建立其必有；以仁者唯以成物为事，明仁之理即生之理；以纯粹理性之推论，明一切生之事皆根于生之理，一切特殊之理，皆根于一生之理。四途会合，内外孚应，而后归于即万物之生生，以体验仁之理即存在之理。由是而仁之理即为当然之理，亦为存在者所以存在之理乃明。其间设疑作答，或视为过多，或容有未尽。然古人往矣，坠绪茫茫。欲探朱子之微旨，兼祛当今之惑乱，又乌能不顺理路之所之，破疑障，而睹重光耶。辞虽缴绕，苦心则寄，而以为过多者未必过多矣。至其所未及，亦可引申以通之。则匪特可将朱子全部思想，加以说明，象山、阳明之进于朱子者何在，更可加以指出，则必更能见得一具更高胜义之道德的形上学、形上的道德学，所必由之路。后之来者，其将有意于斯。

三十五年暑于重庆化龙桥

推荐书目

中国哲学原论・导论篇
定价：108.00 元

中国哲学原论・原性篇
定价：118.00 元

中国哲学原论・原教篇
定价：128.00 元

哲学概论
定价：340.00 元

生命存在与心灵境界
定价：260.00 元

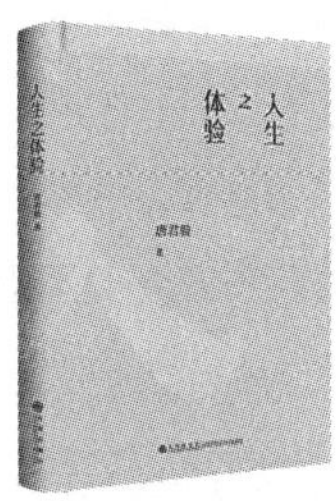

人生之体验
定价：52.00 元

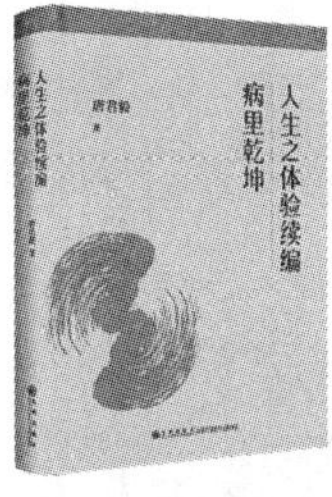

人生之体验续编 病里乾坤
定价：48.00 元

道德自我之建立
定价：38.00 元

心物与人生
定价：46.00 元

青年与学问
定价：35.00 元